INTERNATIONAL FINANCIAL MANAGEMENT

제 10 판

국제재무

Cheol S. Eun | Bruce Resnick | Tuugi Chuluun 공저

김동순 | 김현도 | 임윤수 공역

Mc Graw Hill

經文社

International Financial Management, 10th Edition

1 2 3 4 5 6 7 8 9 10 KMS 20 24

Original: International Financial Management, 10th Edition © 2024
By Cheol Eun, Bruce Resnick, Tuugi Chuluun
ISBN 978-1-26-441309-6

This authorized Korean translation edition is jointly published by McGraw-Hill Education Korea, Ltd. and Kyung Mun Sa Publishing Co. This edition is authorized for sale in the Republic of Korea.

This book is exclusively distributed by Kyung Mun Sa Publishing Co.
When ordering this title, please use ISBN 978-89-420-0947-3

Printed in Korea

저자 서문

교재집필의 동기

우리는 지난 30여 년간 죠지아테크 대학과 웨이크 포리스트 대학, 텍사스 대학 알링턴 캠퍼스, 그리고 다른 방문 대학 등에서 학부와 경영전문대학원 학생들에게 국제재무관리를 강의해 오고 있다. 이 기간에 우리는 또한 국제금융시장과 관련된 여러 주제들에 대해 여러 연구를 수행하였고 주요 학술지에 많은 논문을 게재하였다. 이 연구와 교육 과정에서 자연스럽게 우리는 많은 강의 자료를 축적하게 되었고, 세월이 흐르면서 우리는 우리의 강의에서 다른 사람의 강의 교재보다 스스로의 강의 자료를 더 많이 활용하게 되었다. 제9판에서는 메릴랜드 로욜라 대학교의 투기 추룬 교수가 공동 저자로 참여하여 국제재무관리란 과목에 대한 최신 정보 및 시기적절한 사례들을 업데이트하였다.

여러분이 잘 알 수 있듯이 국제재무 이론과 실무는 금융시장에 대한 규제완화와 규제의 사이클, 금융혁신, 기술진보 등에 의해 빠르게 진화하고 있다. 세계의 자본시장이 빠르게 통합되면서 국제재무에 대한 심층적 이해가 없이는 합리적 경영 의사결정을 하기 어렵게 되어가고 있다. 이처럼 국제재무의 중요성이 점증하면서 업계와 학계의 국제재무 분야 전문가에 대한 수요가 급증하고 있는 것을 우리는 보고 있다.

국제재무 제10판을 집필하면서 우리는 이 분야에 대한 다년간의 연구와 강의 경험을 바탕으로 관련 주제들을 포괄적으로 잘 정리하여 학생들의 학습효과를 높일 수 있도록 해주는 것을 강의 교재 개발의 목표로 설정하였다. 우리는 이 교재가 국제재무를 처음 접하는 학생들에게는 약간 어렵게 느껴질 수도 있다는 생각을 한다. 하지만 이 책이 읽기 어렵다는 것은 아니다. 우리는 이 책을 공부하는 사람의 입장에서 될 수 있으면 친절하게 각 주제들을 설명하려고 노력하였으며, 각 주제를 따로따로 공부해도 큰 어려움이 없게 설명하려고 노력하였다. 이 교재는 학부 고학년 및 경영전문대학원 학생의 강의 수준에 적합할 것으로 생각한다.

교재집필 원칙

국제재무 제10판에서도 지난 이전 9개 판들에서와 마찬가지로 두 가지 기본 원칙에 충실하려고 노력하였다. 그 하나는 기본에 충실하라는 것이고, 다른 하나는 경영자의 관점을 중심으로 한다는 것이다.

기본에 충실하라

우리는 어떤 주제든지 기본에 입각해서 공부하게 되면 잘 이해할 수 있게 된다고 믿는다. 그래서 우리는 이 책의 여러 장들을 국제재무와 관련된 기본 개념을 이해하는 데 할애하였다. 이 장들을 잘 이해하게 되면 나머지 장들을 공부하는 데 아주 든든한 밑거름이 되어줄 것이다. 어떤 주제의 난이도가 높아질수록 우리는 이 주제의 기본 개념과의 관계를 상기시키며 설명하려고 노력하였다. 이렇게 함으로써 우리는 이 교재로 공부한 학생들이 장래에 자신들의 일터에서 이 교재에서 배운 이론들을 응용할 때 이 교재가 제시한 분석의 기본 틀을 잘 활용할 수 있게 될 것이라고 믿는다. 우리는 이러한 접근방법이 세계의 여러 저명 경영대학들로 하여금 이 국제재무관리 교재를 채택하여 사용하게끔 유도했다고 믿는다. 이 교재는 중국어, 스페인어, 한국어, 인도네시아어로 번역되었으며, 현지 공동 저자들이 캐나다, 말레이시아, 인도어 판본을 준비하는 데 도움을 주었다..

10판의 구성

국제재무 제10판은 완전히 최신 자료로 갱신되었다. 모든 도표와 통계치는 인쇄시점의 가장 최신 자료를 사용하는 것을 원칙으로 하였다. 우리는 기후변화 위험, 코로나 바이러스 팬데믹, 암호화폐, 그리고 LIBOR에서 대체 무위험이자율(Alternative RFR)로의 전환과 같이 국제적으로 중요한 새로운 주제들과 이슈들에 대한 논의를 추가하였다. 그리고 각 장의 주제와 주개념에 연관된 새로운 여러 실무사례를 '현장의 국제재무' 사례 박스에서 다루고 있다.

제1장

- 국제재무의 추가적인 "독특한" 관점으로 정치적위험을 포함하였다.
- 브렉시트, 중국 정책의 변화, 러시아-우크라이나 전쟁 등 최근의 지정학적 사건들을 사용하여 정치적위험의 기원과 결과에 대한 논의를 추가하였다.
- 기후변화와 COVID-19 팬데믹이란 두 가지 트렌드 및 사건을 추가하였다. 기후변화가 전 세계에 미치는 물리적 및 재무적 위험과, 파리 기후 협정과 같이 국가들이 국제 협력을 통해 기후변화의 영향을 완화하고 적응할 수 있는 방법을 논의하였다. 또한, 공급망 중단, 높아진 인플레이션, 금융 및 교역의 빠른 디지털화, 그리고 증가하는 불평등 등을 포함한 COVID-19 팬데믹의 경제적 및 재무적 결과를 포함하였다.
- 도표 1.1, 1.4, 1.7을 업데이트하고, 새로운 도표 1.6: COVID-19 충격과 거시경제적 대응을 추가하였다.
- 미니 케이스: 나이키와 노동착취 공장을 수정하였다.
- 더 많은 참고문헌을 추가하였다.

제2장

- 암호화폐의 역할과 엘살바도르에서 비트코인을 법정화폐로 도입한 실험에 대한 논의를 추가하였다.
- 유럽의 통화 통합을 보완하기 위한 "재정 통합"의 전망에 대해 논의하였으며, 전 세계 중앙은행들에서 화두가 되고 있는 중앙은행 디지털 화폐(CBDC)에 대한 논의를 추가하였다.
- 도표 2.2, 2.3, 2.4, 2.7, 2.8, 2.13을 업데이트하였다.

제3장

- "오징어 게임과 글로벌 서비스 무역의 부상"이라는 제목의 새로운 현장의 국제재무 사례 박스를 만들었다. 이는 이전의 "달러와 적자"라는 제목의 현장의 국제재무 사례 박스를 대체한다.
- 최신 미국의 경상수지 데이터로 도표 3.1을 수정하고, 해당 장 전체의 관련 논의를 업데이트하였다.
- 금융계정의 논의를 수정하고 재구성하여 명확성을 향상시켰다.
- 전체 공적준비자산의 구성을 보여주는 도표 3.4와 세계 외환준비고의 통화별 구성을 제시하는 도표 3.5를 수정하였다.
- 주요 경제국의 경상계정 및 금융계정 잔액을 보여주는 도표 3.6과 3.7, 그리고 미

국의 최상위 무역파트너 국가들을 제시하는 도표 3.8을 업데이트하였다.
- 학생들이 이전 연도의 미국 경상계정 및 금융계정 잔액을 분석하도록 하는 새로운 EOC(End of Chapter) 문제(문제 1과 2)를 추가하였다.
- 멕시코의 경상수지 문제에 대한 미니 케이스를 대체할 중국의 경상수지 추세를 분석하는 새로운 미니 케이스를 추가하였다.
- 경상수지 문제를 설명하는 새로운 비디오가 추가되었다.

제4장

- 주주 대 이해관계자 자본주의의 현재 이슈에 대해 논의하는 새로운 절을 추가하였다.
- 새로운 미니 케이스: 페트로브라스 스캔들을 추가하였다.
- 최근 도시바의 경험을 사용하여 외국 행동주의 주주들이 기업지배구조를 강화할 수 있는 방법에 대한 논의를 포함하였다.
- 더 많은 EOC 질문들을 생성하였다.

제5장

- 외환시장에 대한 최신 데이터로 도표 5.1과 도표 5.3-5.13을 업데이트하고 해당 장 전체에서 관련 논의를 수정하였다.
- "FX 시장의 전자화" 및 "중국 위안화의 국제화로 가는 길"이라는 제목의 현장의 국제재무 사례 박스를 최근의 상황 전개를 반영하도록 업데이트하였다.
- 수정된 도표에 제공된 가장 최신 데이터를 사용하여 교차환율 계산 및 삼각 차익거래 이익에 대한 예제 5.2-5.4를 수정하였다.
- 선물환 프리미엄/할인 및 투기적 선물환 포지션을 설명하는 예제 5.5-5.7을 수정하였다.
- 학생들이 직접 및 간접적 환율 고시들을 통한 문제를 연습할 수 있도록 EOC 문제 1을 추가하고, 선물환 시장 투기를 연습할 수 있도록 문제 14를 추가하였다.
- 삼각차익 거래에 대한 EOC 문제 12를 수정하여 Connect에서 할당하기 더 쉬운 다단계 문제로 전환하였다.
- 비공식 통화지역(currency zones)에 대한 실증연구에 관한 논의를 포함하였다.
- 코레스은행 관계의 감소 보고에 관한 논의를 추가하였다.
- 매입-매도 스프레드 크기에 대한 실증연구 결과를 포함하였다.
- 환율 고시 방법 및 교차환율 계산 방법, 그리고 삼각차익 거래 문제의 상세한 예시를 보여주는 비디오를 추가하였다.

제6장

- 캐리 트레이드에 대한 도표 6.3, 실질실효환율에 대한 도표 6.6, 세계 물가에 대한 도표 6.7, 구매력평가 환율로 측정된 GDP에 대한 도표 6.8을 최신 정보로 업데이트하였다.
- 빅맥 지수에 대한 현장의 국제재무 사례 박스를 업데이트하였다.
- 캐리 트레이드에 대한 논의를 포함하였으며, 이는 어떻게 가계가 외화로 표시된 모기지를 사용할 때 효과적으로 캐리 트레이더가 될 수 있는가를 설명한다.
- EOC 문제 2를 수정하였다.
- 이자율 평가와 헤지된 금리차익 거래를 상세한 예제를 사용하여 설명하는 비디오를 추가하였다.

제7장

- 장 전체에 걸쳐 시장 데이터를 업데이트하였다.
- 통화옵션의 실증연구에 대한 논의를 추가하였다.
- 네 개의 새로운 EOC 문제를 생성하였다.
- 통화선물 계약의 일일 정산과 콜 및 풋 옵션의 다양한 포지션의 특성을 설명하는 비디오를 추가하였다.

제8장

- 거래적 노출에 직면했을 때 기업들이 현실 세계에서 다양한 재무적 및 운영적 헤징 방법을 어떻게 사용하는지에 대해 자세히 논의한 것을 포함하여 도표 8.12를 대폭 수정하였다.
- 더 많은 EOC 문제와 미니 케이스를 생성하였다.
- 상당한 수의 참고문헌을 추가하였다.

제9장

- "사례 연구: BMW가 환율 위험에 대처한 방법"이라는 제목의 새로운 현장의 국제재무 사례를 추가하였다.
- 참고문헌을 업데이트하였다.

제10장

- 장을 재구성하고, FASB ASC830에 대한 절을 추가하며, FASB 8, FASB 52, 및 FASB ASC830의 논의를 "미국 GAAP"이라는 새로운 절 아래에서 수정하고 통합

하였다.

- 국제회계기준 절을 수정하고 중국의 회계 기준에 대한 논의를 통합하였다.
- 외화표시 거래의 측정 개념과 외화표시 재무제표의 환산 개념 간의 차이를 강조하였다.
- 더 큰 명확성과 일관성을 위해 장 전체에 걸쳐 통화 기호를 수정하였다.

제11장

- 세계 최대 은행을 나열한 도표 11.1을 업데이트하였다.
- 자기자본 적정성 기준과 바젤 III 협정에 대한 논의를 수정하였다.
- 유로커런시 예금에 대한 주요 참조 금리로서 LIBOR의 종료에 대한 논의를 포함하였다.
- 다양한 유로커런시에 대해 발효된 새로운 일련의 참조 금리, 즉 대체 무위험 금리를 소개하였다.
- 유로달러 예금 및 FRAS의 벤치마크 금리로 USD LIBOR을 대체하기 위해 선택된 담보부 익일물 금융이자율(SOFR)을 도입하였다.
- 유로달러 포지션에서 단기 USD 이자율 위험을 헤지하기 위한 수단으로 CME Group SOFR 선물 계약이 도입되었다.
- 모든 관련 유로커런시 도표를 업데이트하였다.
- 현재 글로벌 거시경제 환경에 대한 영향이 덜 중요하게 되면서 글로벌 금융 위기에 대한 논의를 대폭 수정하고 단축하였다.
- MBS, SIV, CDO, CDS에 대한 심층 논의를 부록으로 옮겼다.
- 유로달러 대출 가격 책정에 SOFR을 사용하는 것을 강조하기 위해 장 마지막 인터넷 연습 1을 업데이트하였다.

제12장

- 내용 흐름을 개선하기 위해 통화 분포, 발행자의 국적 및 유형에 대한 소분류를 포함하여 장의 여러 절들을 재구성하였다.
- 가장 최근의 데이터를 사용하여 세계채권시장에 대한 자세한 개요를 제공하고 해당 장 전체의 관련 논의를 수정하기 위해 도표 12.1-12.4 및 12.9-12.11을 업데이트하였다.
- 변동금리채권에서 사용되는 참조 금리를 LIBOR에서 SOFR과 같은 다른 벤치마크 금리로 전환하여 수정하였다.
- 학생들이 중국 위안화로 표시된 판다채와 딤섬채를 비교할 수 있도록 "Alpha Gen

Technologies: 판다채권 혹은 딤섬채권"이라는 새로운 미니 케이스를 생성하였다. 이는 이전의 "Sara Lee Corporation의 유로본드"라는 미니 케이스를 대체한다.
- EOC 문제를 설명하는 비디오를 추가하였다.

제13장

- 도표 13.1-13.4 및 13.8을 업데이트하여 가장 최근의 데이터를 사용하여 세계 주식시장에 대한 자세한 개요를 제공하고 해당 장 전체에서 관련 논의를 수정하였다.
- 1990년대 이후 중국 기업의 교차상장 추세와 최근 중국 기업의 해외 상장에 부과된 더 엄격한 규칙을 포함하여 설명하는 논의를 추가하였다.
- 더 큰 명확성을 위해 도표 13.6을 수정하였다.
- 전 세계 주식 거래소 간의 시장 통합 및 합병에 대한 논의를 수정하였다.
- ADR에 대한 논의를 명확성을 높이기 위해 수정하였다.
- 몇몇 교차상장된 기업의 최신 주식 가격을 사용하여 예제 13.1-13.3을 수정하였다.
- 거시경제 요인, 환율, 산업 요인, 시장 요인 등 국제주식 수익률에 영향을 미치는 요인들에 대한 논의를 확장하고 수정하여 광범위한 실증연구의 결과를 요약하였다.
- 시장 요인에 대한 새로운 소분류를 추가하였다.

제14장

- 가장 최근의 데이터로 도표 14.1과 14.2를 업데이트하였다.
- 스왑의 논의와 설명에서 LIBOR에서 SOFR과 같은 대체 무위험 금리로의 전환을 통합하였다.
- 장 마지막 문제들은 이제 SOFR과 같은 새로운 참조 금리를 사용한다.
- 이자율 및 통화 스왑의 가이드 예제 비디오를 추가하였다.

제15장

- 도표 15.1, 15.2, 15.4, 및 15.5를 업데이트하여 가장 최근의 데이터를 사용해 주요 주식 시장들의 특성과 상호 연관성을 제시하고 해당 장 전체에서 관련 논의를 수정하였다.
- 도표 15.6-15.8을 업데이트하여 최적의 국제 주식 포트폴리오 구성과 국제 분산투자로부터의 이득을 제시하였다.

- 국내 편향도(모국편의)에 대한 내용을 재구성하고 업데이트하였다.
- 새로운 EOC 문제를 추가하였다.
- 환위험을 헤지한, 또는 헤지하지 않은 경우의 해외 투자에 대한 수익률을 계산하는 방법을 보여주는 새로운 비디오를 추가하였다.

제16장

- 선진국 지역과 개발도상국 지역의 FDI 유출 추세를 묘사하는 새로운 도표, 도표 16.1을 생성하였다.
- 도표 16.1-16.5, 16.7, 16.9, 및 16.12를 업데이트하고, 국경 간 M&A, 정치적 위험을 포함한 글로벌 FDI의 최신 데이터와 추세에 대해 논의하였다.
- 몰수에 관한 실증연구 결과에 대한 논의를 추가하였다.

제17장

- 도표 17.8 및 17.9를 업데이트하였다.
- 국제 자산가격결정 모델에 대한 더 상세한 설명을 제공하였다.

제18장

- 예제 18.2의 표현을 명확하게 하였다.
- 전액출자한 외국 자회사에서의 자본적 지출 제안 평가에 관한 새로운 미니 케이스를 추가하였다. 이 케이스는 프로젝트의 NPV를 계산하기 위해 해외 현금 흐름을 계산하고 할인하는 방법을 다룬다.

제19장

- 계열사 간 현금흐름의 다자간 상계에 관한 미니 케이스 1의 표현을 명확하게 하였다.

제20장

- 장의 시작 부분에서 글로벌 무역금융 시장을 정의하고 요약하는 새로운 절을 생성하였으며, COVID-19 팬데믹이 글로벌 무역금융에 미친 영향에 대한 논의를 포함하였다.
- 전 세계 수출신용 기관을 조사하는 새로운 절을 포함하였다.
- 수출신용 규모별 상위 25개국을 제시하는 새로운 도표, 도표 20.2를 생성하였다.

- "수출입은행의 불확실한 상황"이라는 제목의 현장의 국제재무 사례 박스를 최근 상황 발전을 반영하여 업데이트하였다.

제21장

- 전 세계 법인세율을 보여주는 도표 21.1을 업데이트하였다.
- 미국이 선택한 국가들과의 조세협정에 따른 원천징수세율을 보여주는 도표 21.2를 업데이트하였다.
- 현재 세율을 사용한 자회사 운영에 대한 외국납부 세액공제를 보여주는 도표 21.4를 업데이트하였다.
- 비교적 덜 최신인 현장의 국제재무 사례 박스는 제거하였다.
- 다국적기업(MNCs)이 이전가격을 통해 소득을 더 높은 세율의 관할 구역에서 조세회피처로 이전하는 방법에 대한 관점을 제공하는 새로운 현장의 국제재무 사례 박스를 추가하였다.
- 2021년 글로벌 협정에 대해 논의하는 새로운 절을 추가하였다. 이 협정은 OECD와 함께 139개 참여 G-20 국가 중 136개국이 로마에서 공식적으로 승인하여 최소 법인세율을 15퍼센트로 설정하였다.
- 장 마지막 인터넷 연습 두 개를 업데이트하였다.

강의 활용 가이드

예제 11.1 유로크레디트의 롤오버 가격결정

Teltrex International사는 런던의 Barclays으로부터 3개월마다 롤오버를 하면서 연율로 +0.75%의 대출마진으로 \$3,000,000을 차입할 수 있다. 3개월 만기 CME Term SOFR은 현재 0.53%이며, 3개월 만기 은행 신용프리미엄은 26 bps라고 가정하자. 더 나아가 두 번째 3개월 기간 동안에 CME Term SOFR이 .42%로 하락했다고 가정하자. Teltrex는 유로달러 대출에 대해 6개월 기간 동안 Barclays에게 얼마나 많은 이자를 지급해야 하는가?

〈해답〉 \$3,000,000 × (0.0053 + 0.0026+0.075)/4 +
\$3,000,000 × (0.0042 + 0.0026+0.0075)/4
= \$11,550 + \$10,725 = \$22,275

예제(Examples)

이 예제들은 본문 전체에 걸쳐 통합적이며, 본문 개념들의 즉각적인 응용들을 제시하여 학생들에게 이해를 제공한다.

현장의 국제재무 사례(International Finance in Practice Boxes)

일부 선택된 장에 포함된 이 사례들은 해당 장의 주요 개념들이 현실 세계에서는 어떻게 응용되는지를 학생에게 보여준다.

현장의 국제재무

외환시장의 전자화

거래처리 능력의 증대로부터 즉각적인 데이터이전에 이르기 까지 기술의 진보는 전세계 금융시장을 변화시키고 있으며, 외환시장도 예외가 아니다. 많은 전화 대화를 하고 전화기에 대고 외침으로써 고객을 위한 외환을 거래하는 외환거래자들은 더 이상 표준이 아니다. 국제결제은행(BIS)는[1] 2013년 이후 현물환 거래의 70% 이상이 전자적으로 실행된다고 제시한다. 2021년 10월에 뉴욕연방준비은행이 행한 북미외환거래량조사에 의하면 북미에서의 모든 외환거래의 약 57%와 현물환 거래의 65%가 전통적인 음성 거래에 의존하는 대신에 전자적으로 실행되고 있다. 일부 외환조합의 거래들에서 전자거래량의 비중은 2021년 10월 훨씬 커서 영국 파운드-유로 조합의 경우 72%,

외환(FX) 전자거래의 비중
(월별 총거래량에서 전자거래 실행의 백분율)

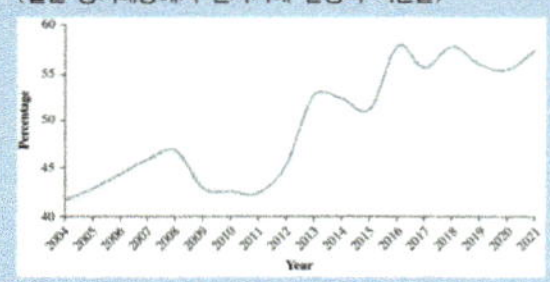

예를 들어, 2015년에 설립된 전자 시장조성자인 XTX 마켓은 2021년에 이미 유로머니 잡지의 최상위 외환유동성 제공자 순위에서 4위를 차지했다. 이 회

(심층학습) 이항옵션가격결정모형

지금까지 논의한 옵션가격 관계는 프리미엄에 대한 정확한 값을 표현하는 대신 콜옵션 프리미엄과 풋옵션 프리미엄의 하방경계에 초점을 두었다. 이항옵션가격결정모형(BOPM: Binomial Option Pricing Model)은 정확한 유러피언 콜과 풋 가격공식을 제공한다. 이항옵션모델의 가격결정 성격을 더욱 잘 이해하기 위해 단일기간 이항옵션가격결정모형의 경우를 분석해 보자.[4]

심층학습(In More Depth)

어떤 주제는 다른 것에 비해 더 어려울 수도 있다. 이에 대한 보완설명이 필요한 경우 별도의 "심층학습" 코너를 활용하고 있다. 이 부분은 학생들에게 숙제로 내주거나 하는 방식으로 강의의 연속성을 잃지 않으면서도 강의에서 다루지 않아도 무방할 것이다. 이 심층학습 주제와 관련된 장 말미의 연습문제가 있는 경우는 별도의 표시를 해두고 있다.

계산문제

스프레드시트 TRNSEXP.xls는 문제 2, 3, 4, 6 부분들을 푸는 데 사용될 수 있다.

01. 미국의 Cray Research사는 독일의 Max Planck Institute에 슈퍼컴퓨터를 외상으로 판매하고 6개월 후에 15백만 유로의 결제를 받게 되어 있다. 현재, 6개월 만기 선물환율은 $1.10/€이고 Cray Research사의 외환 자문인은 현물환율이 6개월 후 $1.06/€이 될 것으로 예측한다.

a. 선물환 헤지로부터의 기대되는 이익/손실은 얼마인가?

b. 당신이 Cray Research사의 재무관리자라면, 이 유로 매출채권의 헤지를 권고할 것인가? 왜 권고할 것인가, 또는 왜 권고 안 할 것인가?

연습문제

01. 거래적 환노출을 당신은 어떻게 정의할 것인가? 경제적 환노출과 이는 어떻게 다른가?

02. 선물환 계약과 단기금융시장 상품을 이용한 거래적 환노출의 헤징을 논의하고 비교하라. 대안적 헤징 접근법들이 동일한 결과를 낳는가?

03. 선물환 및 옵션 계약들에 의한 헤징의 비용들을 논의하고 비교하라.

연습 및 계산문제(Questions and Problems)

각 장이 끝나면 학생들이 자신들의 이해도를 스스로 측정할 수 있도록 연습 및 계산문제를 제시하고 있다. 이를 학생들에게 과제로 내줄 수도 있을 것이다.

엑셀 활용 연습문제(Questions with Excel Software)

문제들 중에 저자들이 개발한 엑셀 프로그램을 활용할 수 있는 경우는 이를 아이콘으로 표시하고 있다. 이 엑셀 소프트웨어에 대한 설명이 필요하면 보조자료 섹션을 참고할 수 있다.

CFA자격시험 기출문제(CFA Questions)

여러 장들이 CFA 시험 준비에 필요한 학습자료를 제시하고 있으며, 연습문제 중에서 CFA 시험 기출문제에 대해서는 CFA 로고로 표시를 해두고 있다. 이것을 보면서 학생들은 CFA 자격증 획득을 위해 무엇을 공부해야 할지 이해할 수 있을 것이다.

CFA® PROBLEMS

사례분석(Case Applications)

일부 선택된 장들에서는 학생들이 교재에서 배운 이론과 개념들을 현실 세계에 적용하는 것을 도와주고 특정 주제들의 이해를 도와주기 위해 사례 분석이 포함된다.

사례분석: 민텔의 이전가격 전략

저마진 대 고마진 가격정책

민텔 사는 제조업체로서 미국과 해외에 제품을 판매하고 있다. 완제품은 모기업으로부터 해외 단독투자 판매자회사로 선적되어 현지 판매된다. 민텔의 재무관리자 힐러리 반커크는 해외자회사에 대한 경영 평가의 일환으로 현재의 이전가격 전략을 재검토하기로

미니 케이스

에어버스(Airbus)사의 달러 환노출

에어버스사는 미국의 델타항공에 A400 항공기를 판매하고 6개월 후 3천만 달러를 받기로 했다. 에어버스사는 국제 판매로부터의 유로화 대금에 대해 환위험을 통제하고 싶어한다. 현재 현물환율은 $1.05/€이고 6개월 만기 선물환율은 $1.10/€이다. 에어버스사는 1달러당 €0.02의 가격으로 €0.95/$의 행사가격에 6개월 만기 미 달러 풋옵션을 매입할 수 있다. 현재, 6개월 만기 이자율은 유로존에서 2.5%이고 미국에서 3.0%이다.

01. 에어버스사가 선물환 계약을 사용하여 헤지하기를 결정하면 미국 판매로부터 보장되는 유로화 대금을 계산하라.

02. 에어버스사가 단기금융시장 상품을 사용하여 헤지하기로 결정하면 에어버스사는 어떠한 행동을 취해야 하는가? 이 경우 미국 판매로부터 보장되는 유로화 대금을 계산하라.

03. 에어버스사가 미 달러 풋옵션을 사용하여 헤지하기로 결정하면 미국 판매로부터 "기대되는" 유로화 대금은 얼마인가? 에어버스사는 현재의 선물환율을 미래의 현물환율의 불편 예측치로 간주한다고 가정하자.

미니 케이스(Mini Cases)

각 장에서 다룬 여러 이론을 복합적으로 이해할 수 있도록 유도하기 위해 미니 사례를 개발하여 제시하고 있으며 이 사례 분석을 통해 학생들의 현실 감각을 높여 줄 수 있을 것으로 기대한다.

역자 서문

21세기 들어 글로벌금융 위기 및 유럽재정위기에 이어 러시아의 우크라이나 침공 등에 따른 정치적 위험의 현재화, 탈세계화 및 경제블록화의 진전, 유로존의 위협으로서 브렉시트가 실현되었다. 2020년 들어서는 COVID-19 팬데믹이 세계경제에 암울한 영향을 미쳤으며, 기후 온난화 변화는 기업과 국가에 미래 큰 위험으로 다가오고 있다. ESG 경영의 확산, 투자 자산으로 암호화폐의 출현, 중국 위안화의 부상, 글로벌 서비스 무역의 성장 등도 국제금융시장을 둘러싼 중요한 환경 변화로 인식되고 있다.

이러한 국제금융 환경의 변화와 경제 및 금융 위기의 재발과 함께 다른 한편으로 각국의 자본시장에 대한 규제 완화와 개방, 금융혁신 등으로 국제금융시장의 통합 및 금융의 글로벌화가 심화되었다. 금융의 글로벌화는 거래비용을 줄이고, 자원배분을 국제적으로 최적화하고, 국제분업과 기술혁신을 촉진하면서 세계경제 성장과 발전에 기여할 수 있지만 다른 한편으로는 금융기관이나 제도의 기능에 장애가 발생하게 되면 금융시장뿐만 아니라 실물시장도 함께 붕괴되면서 전 세계적인 경제위기를 초래할 위험도 더 커진다는 사실을 주목해야 한다. 그러므로 우리는 국제금융시장의 동태적 균형과 안정의 확보가 세계경제 성장과 발전에 관건이 된다는 것을 재인식할 필요가 있다.

국제재무는 국제금융시장의 글로벌화와 통합이 이루어지고 있는 환경 하에서 다국적기업의 최적 재무의사결정을 유도할 수 있는 이론을 탐구하는 학문 분야로 정의할 수 있다. 국제재무 의사결정은 다국적기업의 최적 자금조달과 투자 의사결정을 주축으로 한다. 그러므로 국제재무 의사결정의 지평은 글로벌 자본시장과 외환시장을 포괄하면서 확장될 수밖에 없다. 그리고 이 합리적 재무의사결정을 축으로 한 국제재무관리는 다국적기업과 글로벌 금융시장 간의 최적 결합(best match)을 도모하는 것을 목표로 해야 한다. 즉, 국제재무관리의 세 주축 변수는 환율과 국제이자율 그리고 투자수익률이 된다. 그리고 이 세 변수 간의 동태적 균형을 모색하는 것과 각각의 위험을 효율적으로 관리하는 것이 국제재무관리자의 성패를 좌우하는 관건이라 할 수 있다.

오늘날 세계경제의 구조가 금융부문이 실물부문을 주도하는 소위 글로벌금융 자본주의 체제로 발전하면서 유능한 국제재무관리자의 양성은 다국적기업의 지속가능성장(sustainable growth)뿐만 아니라 국가의 경쟁력 제고에도 도 필수불가결한 과제라고 할 수 있다. 경쟁력 있는 국제재무관리자의 양성을 위해 어느 나라나 많은 정책적 지원과 투자가 이루어지고 있는 것이 사실이다. 그리고 국제재무 대학교재의 개발은 그러한 노력의 초석이 될 수도 있다.

우리 역자들은 다년간 대학 교단에서 국제재무관리를 강의하면서 이 분야의 좋은 교재 개발의 필요성을 절감하고 교재를 출간하기도 하였다. 더 나아가 10여년 전 미국에서뿐만 아니라 수 개 국어로 번역되어 높은 평가를 받고 있는 "Eun, Resnick & Sabherwal(2012, Global 6th ed.), International Finance(NY: McGraw-Hill)," 원서를 번역해서 소개하는 것이 좋겠다는 데 의기투합하게 되었다. 이 후 2019년에 "Eun and Resnick(2018, Global 8th ed.), International Financial Management(NY: McGrawHill)," 8판을 다시 번역 출판하였고, 다시 올해 자료의 최신화와 새로운 국제재무의 최근 추세와 이슈 변화를 반영한 "Eun, Resnick and Chuluun(2024, Global 10th ed.), International Financial Management(NY: McGraw-Hill),"이 개정 출판되어 이 10판을 새로 번역 출판하게 되었다. 우리는 이전 번역들에서의 문제점들을 바로잡으면서, 새로 개정된 내용들을 충실히 소개하기 위해 노력하였다. 참고로 원저의 제1부와 2부는 충남대학교 임윤수 교수가, 제3부와 4부는 중앙대학교 김동순 교수가, 제5부와 용어해설 등 나머지는 전남대학교 박상철 명예교수가 책임 번역하고, 교차 교정작업을 통해 상호간의 퇴고 과정을 거쳤다. 그리고 이 10판 개정에는 중앙대학교의 김동순 교수와 함께 강남대학교의 김현도 교수가 새로 참여하여 역서의 질을 높이는 데 크게 기여하였다.
특히 이번 10판에서는 러시아의 우크라이나 침공 등 정치적 위험, 브렉시트, COVID-19 팬데믹, 기후 변화, 암호화폐, 중국 위안화의 부상, 넷플릭스의 '오징어 게임' 및 글로벌 서비스 무역의 성장, 알리바바의 IPO 기록 등 최근 국제금융시장을 둘러싼 중대하고 다양한 주제들을 추가하였다.

이러한 새로운 주제들은 국제금융 환경이 어떻게 빠르게 변화하고 있는지를 반영하며, 학생들에게 현재 글로벌 금융시장의 핵심 이슈들을 이해하는 데 필요한 지식과 통찰력을 제공할 것이다. 이 교재는 학부 및 MBA 학생들에게 국제재무관리의 기본 개념들을 튼튼하게 다지는 것뿐만 아니라, 다국적기업을 비롯한 기업들의 국제재무관리자의 관점에서 심층적인 분석을 가능하게 하는 것을 목표로 한다. 저자들이 강조한 바와 같이, 기본에 충실하면서도 관리자적 관점을 강조하는 이 두 가지 원칙은 학생들이 국제금융시장의 복잡성을 이해하고, 미래의 경력에서 직면할 다양한 상황에 대해 잘 대응할 수 있는 분석 틀을 갖추도록 한다. 이러한 접근 방식은 전 세계 최고의 비즈니스 스쿨들에서 널리 사용되는 성공적인 교재를 만들어냈다.

이 역서를 통해 한국의 학생들이 글로벌금융 환경에서 중요한 역할을 할 수 있는 지식과 능력을 갖추게 되기를 기대한다. 또한, 이 교과서가 학생들에게 국제금융시장의 최신 동향을 이해하고, 이를 바탕으로 현명한 재무적 결정을 내릴 수 있는 토대를 제공할 것으로 믿는다. 국제금융시장은 끊임없이 변화하고 있으며, 이번 제10판에서 다루는 새로운 주제들은 이러한 변화에 발맞춰 학생들을 기업의 훌륭한 국제재무관리자, 더 나아가 최고경영자로 준비시키는 데 중요한 역할을 할 것이다. 이 교과서가 학생들에게 단순히 지식을 전달하는 것을 넘어서, 그들이 미래에 글로벌금융 전문가로서 성공적인 경력을 쌓아가는 데 필수적인 도구가 되기를 희망한다. 끝으로 어려운 상황에서도 이 역서의 개정판 출판을 위해 열과 성을 다해 노력해 준 도서출판 경문사의 한헌주 대표를 비롯한 임직원들에게도 감사의 마음을 전하고 싶다. 끝으로 강호제현의 질정과 편달을 부탁드리며 역자 후기에 갈음한다.

갑진년 신춘

역자들 씀

차 례

제 1 부 국제재무관리의 기초

01 국제화와 다국적기업

국제재무의 특수성 ······ 5
  환위험 6
  정치적 위험 7
  시장 불완전성 9
  확대된 기회 10
국제재무관리의 목표 ······ 11
세계경제의 국제화: 주요 추세와 최근 동향 ······ 14
  국제금융시장의 출현 15
  국제통화로서의 유로(Euro) 탄생 16
  2010년 유럽 국가 채무위기 17
  무역자유화와 경제통합 19
  민영화 24
  2008-2009년 국제금융위기 26
  브렉시트(Brexit) 29
  COVID-19 팬데믹 31
  기후변화 35
다국적기업 ······ 37
요약 ······ 41
주요 용어 ······ 43
연습문제 ······ 43
인터넷 연습문제 ······ 45
미니 케이스: 나이키와 노동착취 공장 ······ 45
참고문헌 및 추천도서 ······ 46
부록1A: 비교우위론 ······ 48

02 국제통화제도

국제통화제도의 변천과정 ······ 52
복본위제: 1875년 이전 ······ 53
고전 금본위제: 1875-1914년 ······ 54
세계대전 기간: 1915-1944년 ······ 57
브레튼우즈체제: 1945-1972년 ······ 58
변동환율체제: 1973년-현재 ······ 62
현행 환율체계 ······ 65
암호화폐(Cryptocurrencies) ······ 72
유럽통화제도 ······ 75
유로화와 유럽통화동맹 ······ 78
  유로화의 간략한 역사 79
  통화동맹의 이점 81
  통화동맹의 비용 83
  유로화의 전망: 몇 가지 중요한 문제들 86
멕시코 페소위기 ······ 87
아시아 외환위기 ······ 89
  아시아 외환위기의 기원 90
  아시아 외환위기의 교훈 93
아르헨티나 페소위기 ······ 95
중국 위안화의 부상 ······ 97
고정환율제와 변동환율제 ······ 98
요약 ······ 101
주요 용어 ······ 103
연습문제 ······ 103
인터넷 연습문제 ······ 104
미니 케이스: 그리스는 유로 존에 남을 것인가? ······ 105
참고문헌 및 추천도서 ······ 106

03 국제수지

국제수지 회계 ··· 108
국제수지 계정 ··· 110
경상계정 111
자본계정 117
금융계정 117
통계적 차이 120
공적준비자산계정 121
국제수지 항등식 ··· 125
주요국들의 국제수지 추세 ··· 127
요약 ··· 132
주요 용어 ··· 133
연습문제 ··· 133
계산문제 ··· 134
인터넷 연습문제 ··· 135
미니 케이스: 중국의 국제수지 동향 ··· 136
참고문헌 및 추천도서 ··· 136
부록3A: 국제수지와 국민소득계정 관계 ··· 137

04 세계의 기업지배구조

공적기업의 지배구조 관련 현안 ··· 141
대리인 문제 ··· 144
대리인 문제의 해결책 ··· 147
이사회 147
인센티브 계약 149
소유권의 집중 150
회계 투명성 152
부 채 153
주주행동주의 154
해외 교차상장 156
기업통제권 시장 157
법과 기업지배구조 ··· 158
법적 결과 ··· 162
소유권과 통제 패턴 163
통제권의 사적 효익 166
자본시장과 기업평가 168
기업지배구조 개혁 ··· 169
개혁의 목표 170
정치 역학 171
사베인-옥슬리(Sarbanes-Oxley) 법 172
캐드베리(Cadbury) 모범실천규약 174
도드-프랭크(Dodd-Frank) 법 175
기업은 무엇을 위한 것인가? 177
요약 ··· 179
주요 용어 ··· 180
연습문제 ··· 181
인터넷 연습문제 ··· 182
미니 케이스: 파말라트(Parmalat): 유럽의 앤론 ··· 183
미니 케이스: 페트로브라스(Petrobras) 스캔들 ··· 185
참고문헌 및 추천도서 ··· 186

제2부 외환시장, 환율 결정, 통화파생상품

05 외환시장

외환시장의 기능과 구조 ··· 193
외환시장 참여자들 198
코레스 은행(Correspondent Banking) 관계 202
현물환시장 ··· 204
현물환율 고시 205
교차환율 고시 208
매입-매도 스프레드 210
현물환 거래 211
교차환율 거래 데스크 212
삼각차익거래 214
현물환시장의 미시구조 220
선물환시장 ··· 222
선물환율 고시 222
선물환 매입·매도 포지션 224
선물환 프리미엄 227

역외선물환 계약 228
외환스왑거래 228
상장통화펀드 232
요약 233
주요 용어 234
연습문제 234
계산문제 235
인터넷 연습문제 238
미니 케이스: Shrewsbury Herbal Products, Ltd. 238
참고문헌 및 추천도서 239

06 국제평가이론과 환율 예측

이자율 평가이론 242
커버된 이자 차익거래 246
이자율 평가이론과 환율 결정 250
통화 캐리 트레이드(Currency Carry Trade) 252
이자율 평가이론으로부터의 이탈 이유 254
구매력 평가이론 258
PPP 이탈과 실질환율 262
구매력 평가이론에 대한 증거 263
피셔효과 269
환율 예측 271
효율적 시장 접근법 271
기본적 접근법 272
기술적 접근법 274
예측자들의 성과 277
요약 279
주요 용어 280
연습문제 281
계산문제 281
인터넷 연습문제 285
미니 케이스: 터키의 리라와 구매력 평가이론 285
참고문헌 및 추천도서 286
부록6A: 구매력 평가이론과 환율 결정 289

07 통화선물과 통화옵션

선물계약: 예비지식 293
통화선물시장 297
기본적 통화선물 관계 298
옵션계약: 예비지식 302
통화옵션시장 303
통화선물옵션 304
만기시 옵션가격결정 관계 305
아메리칸 옵션가격 관계 311
유러피언 옵션가격 관계 312
이항옵션가격결정모형 315
유러피언옵션 가격결정 공식 318
통화옵션 실증연구 320
요약 321
주요 용어 322
연습문제 323
계산문제 323
인터넷 연습문제 325
미니 케이스: 옵션 투기거래자 326
참고문헌 및 추천도서 326

제3부 환노출과 관리

08 거래적 환노출의 관리

세 가지 유형의 노출 332
기업이 헤지를 해야 하는가? 334
외화표시 매출채권의 헤징 336
선물환시장 헤지 337
단기금융시장 헤지 341
옵션시장 헤지 342
헤징 전략의 비교 345

외화표시 매입채무의 헤징 347
선물시장 헤지 347
단기금융시장 헤지 348
옵션시장 헤지 348
헤징 전략 비교 349
소수(minor)통화의 환노출에 대한 교차헤징 349
우발적 노출의 헤징 352
스왑계약을 통한 반복적인 노출의 헤징 354
송장통화(invoice currency)를 통한 헤징 354
리딩(leading)과 래깅(lagging)을 통한 헤징 355
노출 상계 356
기업들은 어떠한 위험관리 상품을 사용하는가? 357
요약 360
주요 용어 361
연습문제 361
계산문제 362
인터넷 연습문제 366
미니 케이스: 에어버스(Airbus)사의 달러 환노출 367
사례분석: 리차드 메이의 옵션 367
참고문헌 및 추천도서 374

09 경제적 환노출의 관리

경제적 환노출의 측정 379
자산 노출의 측정 381
자산 노출의 헤징 384
운영 환노출의 정의 386
운영 환노출: 예 386
운영 환노출의 결정요인 391
운영 환노출의 관리 394
저비용 생산입지의 선택 395
유연한 조달정책 395
시장 다각화 396
연구개발 노력과 제품 차별화 397
재무적 헤징 398
사례분석: Merck사의 위험관리 400
요약 403
주요 용어 404
연습문제 404
계산문제 405
인터넷 연습문제 406
미니 케이스: Albion Computers PLC의 경제적 환노출 406
참고문헌 및 추천도서 406

10 환산 환노출의 관리

환산 방법 410
유동성/비유동성 방식 411
화폐성/비화폐성 방식 411
속성 방식 412
현행환율 방식 412
FASB 8 415
FASB 52 415
FASB ASC 830 416
FASB ASC 830의 환산 과정의 역학 416
높은 인플레이션을 겪는 경제 418
국제회계기준 419
사례분석: FASB ASC 830에 따른 계정들의 연결: The Centralia Corporation 420
환산 환노출의 관리 426
환산 환노출 대 거래적 환노출 426
환산 환노출의 헤징 427
대차대조표 헤지 428
파생상품 헤지 429
환산 환노출 대 운영 환노출 430
요약 431
주요 용어 432
연습문제 432
계산문제 433
인터넷 연습문제 433
미니 케이스: Sundance Sporting Goods, Inc. 434
참고문헌 및 추천도서 436

제 4 부

국제자본시장과 기관

11 국제은행 및 단기금융시장

국제은행 서비스 ········· 440
세계의 대형은행들 441
국제은행업의 이유 ········· 442
국제은행 조직들의 유형 ········· 444
환거래은행 444
대표사무소 443
해외 지점 443
현지법인 은행과 계열 은행 446
엣지법 은행 446
역외금융센터 447
미국 역외금융시장 448
자기자본적정성 기준 ········· 449
국제 단기금융시장 ········· 452
유로커런시 시장 452
유로크레디트 456
선도금리계약 458
유로노트 461
유로기업어음 461
CME SOFR 선물계약 462
국제 외채위기 ········· 464
문제 465
대출금출자전환 466
해결책: 브래디 채권 469
아시아 위기 ········· 469
글로벌 금융위기 ········· 470
신용경색 471
금융위기의 영향 475
요약 ········· 476
주요 용어 ········· 479
연습문제 ········· 479
계산문제 ········· 480
인터넷 연습문제 ········· 481
미니 케이스: Detroit Motors사의 라틴아메리카 확장 ········· 481
참고문헌 및 추천도서 ········· 482
부록11A: 유로커런시의 창출 ········· 484
부록11B: MBS, SIV, CDO와 CDS ········· 487

12 국제채권시장

세계의 채권시장: 통계적 개관 ········· 492
외국채와 유로본드 ········· 492
표시통화 분포, 국적 및 발행자의 유형 ········· 493
무기명채권과 기명채권 495
미국의 증권규정 496
채권발행을 용이하게 한 증권규정 497
글로벌 본드 498
발행수단의 유형 ········· 499
고정금리채 499
유로중기노트 500
변동금리채권 500
주식연계채 501
이중통화표시채 502
국제채권시장 신용등급 ········· 503
유로본드 시장의 구조와 관례들 ········· 507
발행시장(primary market) 508
유통시장(secondary market) 509
결제 절차 510
국제채권시장 지수 ········· 511
요약 ········· 513
주요 용어 ········· 514
연습문제 ········· 514
계산문제 ········· 515
인터넷 연습문제 ········· 515
미니 케이스: Alpha Gen Technologies: 판다 혹은 딤섬 본드? ········· 516
참고문헌 및 추천도서 ········· 517

13 국제주식시장

세계의 주식시장: 통계적 개관 …… 520
시가총액(Market Capitalization) 523
시장 유동성(Market Liquidity) 524
시장 집중도(Market Concentration) 524
시장구조, 거래관행 및 거래비용 …… 527
시장 통합 및 합병 530
국제주식의 거래 …… 531
주식의 교차상장 532
양키(Yankee) 주식 공모 537
미국 주식예탁증서 537
글로벌 등록주식 544
교차상장에 대한 실증연구 결과 545
국제주식시장 벤치마크 지수 …… 547
iShares MSCI …… 548
국제주식수익률에 영향을 미치는 요인들 …… 550
거시경제요인 550
환 율 551
산업구조 552
시장요인 553
요약 …… 554
주요 용어 …… 555
연습문제 …… 555
계산문제 …… 556
인터넷 연습문제 …… 557
미니 케이스: San Pico의 새로운 증권거래소 … 557
참고문헌 및 추천도서 …… 558

14 금리 및 통화 스왑

스왑의 유형 …… 562
스왑시장의 규모 …… 563
스왑은행 …… 564
스왑시장 호가 …… 565
금리스왑 …… 568
기본적 금리스왑 568
기본적 금리스왑의 가격결정 571
통화스왑 …… 572
기본적 통화스왑 572
통화스왑 부채상환 채무의 동등성 575
기본적 통화스왑의 가격결정 576
기본적 통화스왑의 재조명 577
기본적 금리 및 통화스왑의 변형들 …… 580
금리 및 통화스왑의 위험들 …… 580
스왑시장은 효율적인가? …… 582
요약 …… 582
주요 용어 …… 584
연습문제 …… 584
계산문제 …… 585
인터넷 연습문제 …… 588
미니 케이스: Centralia사의 통화스왑 …… 589

15 국제포트폴리오 투자

국제 상관관계 구조와 위험 분산 …… 593
최적 국제포트폴리오의 선택 …… 509
환율 변동이 미치는 영향 …… 605
국제 채권 투자 …… 606
본국에서의 국제분산투자 …… 610
국제 뮤추얼펀드를 활용한 국제분산투자 610
컨트리펀드를 활용한 국제분산투자 611
ETF를 활용한 국제분산투자 613
미국 주식예탁증서(ADR)를 활용한 국제분산투자 614
헤지펀드를 활용한 국제분산투자 615
산업, 스타일, 요인 포트폴리오를 활용한 국제분산투자 617
포트폴리오 보유의 모국편의(Home Bias) …… 620
요약 …… 623
주요 용어 …… 624
연습문제 …… 624
계산문제 …… 624

인터넷 연습문제 ··· 629
미니 케이스: 최적포트폴리오 구하기 ··· 629
참고문헌 및 추천도서 ··· 630
부록15A: 환위험 헤지와 국제 투자 ··· 633
부록15B: 최적포트폴리오 구하기 ··· 635

제 5 부 다국적기업의 재무관리

16 해외직접투자 및 국제 기업인수

해외직접투자의 최근 동향 ··· 641
기업의 해외투자 동기 ··· 645
　무역장벽 647
　노동시장의 불완전성 648
　무형자산 648
　수직적 통합 650
　제품수명주기이론 651
　주주에 대한 분산투자 효과 제공 654
국제 인수 · 합병 ··· 654
정치적 위험과 FDI ··· 663
요약 ··· 673
주요 용어 ··· 674
연습문제 ··· 674
인터넷 연습문제 ··· 675
미니 케이스: 앤론 사와 인도 봄베이 정치인들 ··· 676
참고문헌 및 추천도서 ··· 679

17 국제자본구조와 자본비용

자본비용: 개관 ··· 682
분리된 시장과 통합된 시장의 자본비용 ··· 685
국가 간 자본비용의 차이가 있는가? ··· 688
사례분석: 노보 인더스트리(Novo Industri) ··· 691
주식의 교차상장 ··· 693
교차상장에 따른 자본자산가격결정 ··· 699
외국인투자자의 주식소유 제한의 효과 ··· 703
　이중가격 현상 705
사례분석: 네슬레(Nestlé) ··· 705
외국인 소유 제한 하의 자산가격결정 ··· 707
해외자회사의 자본구조 ··· 710
요약 ··· 713
주요 용어 ··· 714
연습문제 ··· 714
계산문제 ··· 715
인터넷 연습문제 ··· 716
참고문헌 및 추천도서 ··· 716
부록17A: 국제거래불능자산 가격결정: 계산사례 ··· 719

18 국제자본예산

국내 자본예산: 개관 ··· 723
조정현재가치(APV) 모델 ··· 725
모기업 관점에서의 자본예산 ··· 728
　APV 모델의 일반성 732
　미래기대환율의 추정 373
사례분석: 센트랄리아 사(The Centralia Corporation)의 사례 ··· 733
자본예산에서의 위험도 조정 ··· 749
민감도 분석 ··· 740
구매력평가 가설 ··· 741
실물투자 옵션(증권투자 옵션 가격결정이론의 응용) ··· 742
요약 ··· 744
주요 용어 ··· 745
연습문제 ··· 745
계산문제 ··· 746
인터넷 연습문제 ··· 747
미니 케이스1: 도체스터 사(Dorchester, Ltd.) ··· 747
미니 케이스2: 스트릭-잇-리치 광업사(Strik-it-Rich Gold Mining Company) ··· 749

미니 케이스3: 예스퍼 테크(Jesper Tech) ········ 749
참고문헌 및 추천도서 ································ 751

19 다국적기업의 현금관리

국제현금보유고 관리 ································ 754
사례분석: 텔트렉스(Teltrex) 사의 현금관리시스템 ··· 755
  상계 시스템 756
  현금보유고의 집중화 759
사내외 순현금흐름의 통합 상계 ···················· 762
예비적 현금보유고 감축 ···························· 763
실제의 현금관리시스템 ···························· 765
요약 ·· 767
주요 용어 ··· 767
연습문제 ·· 767
계산문제 ·· 768
인터넷 연습문제 ···································· 768
미니 케이스1: 트렌디 디자인(Trendy Designs Company) 사의 효율적 자금관리 ··· 768
미니 케이스2: 트렌디 디자인 사의 신참 MBA ··· 769
참고문헌 및 추천도서 ································ 770

20 국제무역금융

글로벌 무역금융 시장 ······························ 772
전형적 외국무역거래 ································ 773
포페이팅(Forfaiting) ································ 777
정부의 수출지원 ···································· 778
  수출입은행과 유관기관 778
  전 세계 수출신용기구 781
연계무역 ·· 782
  연계무역의 유형 782
  연계무역의 일반적 특성 786
요약 ·· 787
주요 용어 ··· 788
연습문제 ·· 788
계산문제 ·· 789
인터넷 연습문제 ···································· 789
미니 케이스: 아메리칸 기계공구(주) ··············· 789
참고문헌 및 추천도서 ································ 790

21 국제 조세환경 및 이전가격

조세 목표 ··· 792
  조세 중립성 793
  조세 형평성 794
과세의 유형 ··· 794
  소득세 794
  원천징수세 795
  부가가치세 798
국별 조세환경 ······································· 800
  거주지 과세 800
  원천지 과세 800
  외국납부세액 공제(Foreign Tax Credit) 801
조직구조 ·· 802
  지점과 자회사 소득 802
  조세피난처 804
  통제해외법인 805
이전가격 및 관련 이슈 ······························ 806
사례분석: 민텔의 이전가격 전략 ···················· 806
  저마진 대 고마진 가격정책 806
  외환통제 807
  상이한 법인세율 하에서의 가격정책 효과 808
  이전가격 관련 정부 규제 809
  수입 관세 811
  이전가격의 원가요인별 분해 813
  기타 요인 815
  사전합의가격제 816
봉쇄 자금(송금 제한) ································ 816
요약 ·· 818
주요 용어 ··· 819
연습문제 ·· 819
계산문제 ·· 820
인터넷 연습문제 ···································· 821

미니 케이스1: 시그마(Sigma) 사의 입지선정 ···· 821
미니 케이스2: 동방무역회사의 최적 이전가격 전략 ···· 821
참고문헌 및 추천도서 ···· 822

주요 용어 해설(Glossary) / 823
찾아보기(Index) / 833

PART

01

국제재무관리의 기초

제1부는 뒤에서 논의될 주제들을 위한 거시경제적 기초와 제도적 기초를 제공한다. 이에 대한 철저한 이해는 다음에 논의될 고급 주제들을 제대로 이해하기 위해 매우 중요하다.

제1장은 국제재무관리에 대해 소개한다. 이 장에서는 국제재무관리를 공부하는 것이 왜 중요한지를 논의하고 국제재무관리와 국내재무관리를 구별해 본다.

제2장은 세계경제가 기능할 수 있도록 하며 또한 여러 시대에 걸쳐 기능토록 했던 여러 형태의 국제통화제도들을 소개한다. 이 장에서는 1800년대 초에서 현재까지의 국제통화제도들에 대한 역사적 전개과정을 추적한다. 추가로 유럽통화동맹(European Monetary Union)에 대한 자세한 논의도 제시한다.

제3장은 국제수지개념과 회계를 소개한다. 본 장은 국가도 자신의 경제를 질서정연하게 유지하지 못하면 자신의 통화 가치를 약화시키는 경상수지 적자를 겪게 됨을 보여줄 것이다.

제4장은 세계의 기업지배에 대해 조감해 본다. 기업지배구조는 다양한 문화적, 경제적, 정치적, 법률적 환경을 반영하여 국가별로 상당한 차이를 보인다.

Chapter 01

국제화와 다국적기업

CHAPTER OUTLINE

- **국제재무관리의 특수성**
  - 환위험
  - 정치적 위험
  - 시장 불완전성
  - 확대된 기회
- **국제재무관리 목표**
- **세계경제의 국제화: 주요 추세와 최근의 전개**
  - 국제금융시장의 출현
  - 국제통화로서의 유로화(Euro) 탄생
  - 2010년 유럽 국가 채무위기
  - 무역자유화와 경제통합
  - 민영화
  - 2008-2009년 국제금융위기
  - 브렉시트
  - COVID-19 팬데믹
  - 기후변화
- **다국적기업**
- **요약**
- **주요 용어**
- **연습문제**
- **인터넷 연습문제**
- **미니 케이스:** 나이키와 노동 착취공장
- **참고문헌 및 추천도서**
- **부록 1A:** 교역의 이득: 비교우위론

본서의 제목인 **국제재무관리**라는 말이 의미하는 바처럼 본서는 국제적 정황에서의 재무관리에 관한 교재이다. 재무관리는 주로 주어진 일단의 기업 목표를 달성하기 위해 투자, 자금조달, 배당정책, 운전자본 관리 같은 다양한 기업의 재무 의사결정을 어떻게 최적으로 수행할지에 대해 관심을 갖는다. 잘 발달된 자본시장을 가지고 있는 영미국가를 위시한 많은 선진국들은 주주 부의 극대화를 가장 중요한 기업목표로 간주하고 있다.

그렇다면 우리는 왜 "국제"재무관리를 공부할 필요가 있는가? 이 질문에 대한 대답은 명백하다. 우리는 상당히 **국제화되고 통합된 세계 경제** 속에 살아가고 있다. 예컨대, 미국의 소비자들은 일상적으로 사우디 아라비아와 나이지리아로부터 석유, 한국으로부터 TV 세트, 독일과 일본으로부터 자동차, 중국으로부터 의류, 인도네시아로부터 신발, 이탈리아로부터 핸드백, 프랑스로부터 수입된 와인 등을 구입한다. 그리고 다른 국가의 소비자들은 반대로 미국산 항공기, 소프트웨어, 영화, 청바지, 스마트폰, 기타 제품들을 구입한다. 지속되는 국제 무역의 자유화는 분명히 전 세계 소비패턴의 국제화를 가속화시킬 것이다.

소비활동과 마찬가지로 재화와 용역의 생산활동 또한 상당히 국제화 되어졌다. 이러한 생산활동의 국제화는 상당 부분 원가가 낮고 이익이 높은 지역이라면 어디든지 찾아가 생산요소들을 조달하고 생산 거점을 확보하고자 노력한 다국적기업(MNCs: multinational corporations)의 끊임없는 노력의 결과로 나타난 것이다. 예컨대 전 세계에서 판매되는 개인용 컴퓨터는 대만산 모니터, 한국산 키보드, 미국산 칩들을 말레이시아에서 조립되고 미국과 인도의 엔지니어들이 합작으로 개발한 소프트웨어 패키지가 장착되어진다. 하나의 제품을 분명하게 단일 원산지와 연결시키기가 종종 어려워지고 있는 것이다.

최근에는 금융시장 또한 상당히 국제적으로 통합되었다. 이러한 발전은 투자자들이 투자 포트폴리오를 국제적으로 분산할 수 있도록 해 주었다. 예컨대, 2020년 미국 투자자들은 외국의 주식과 채권 등의 증권에 총 2,200억 달러를 투자하였고, 반면에 외국인 투자자들이 미국의 증권에 7,160억 달러를 투자하였다.[1)] 특히 아시아와 중동의 투자자들은 거대한 무역흑자로 인한 잉여 자금을 재순환하려고 미국을 위시한 해외 금융시장에 대량으로 투자하였다. 더욱이 IBM, Toyota, British Petroleum 등의 세계 유수 기업들은 자신들의 주식을 해외 증권거래소에 교차상장(cross-listing)

1) 이 정보는 미국 상무부 경제분석국(U.S. Bureau of Economic Analysis)에서 구하였다.

시킴으로써 자신의 주식들이 국제적으로 유통될 수 있도록 하고 동시에 해외 자본시장에 접근하여 자금을 조달할 수 있게 되었다. 그 결과 Toyota의 중국에서의 사업을 위한 자금을 뉴욕증권거래소에서 거래되는 Toyota의 주식을 구입한 미국 투자자로부터 부분적으로 조달할 수 있게 된다.

의심의 여지없이, 우리는 오늘날 소비, 생산, 투자 등의 모든 주된 경제 활동들이 고도로 국제화된 세계에서 살아가고 있다. 그러므로 재무 관리자는 재무관리의 국제화 차원들을 충분히 이해하는 것이 필수적이다. 이러한 국제화 추이는 이 책의 저자들이 재무를 공부했던 수십 년 전과는 극단적 대조를 보인다. 그 당시에는 대부분의 교수들이 관행적으로(그리고 어느 정도는 안심하고) 재무의 국제적 측면을 무시했었다. 그러나 이런 편협된 태도는 그 후로 유지될 수 없게 되었다.

국제재무의 특수성

우리는 국제재무를 공부해야 할 중요성을 확신할지라도 국제재무가 어떠한 특수성을 갖는지에 대해 스스로에게 물어 보아야 할 것이다. 달리 말해 국제재무가 순수 국내재무와 어떻게 다른지를 알아보기로 하자. 아래 세 가지의 주요 차원들이 국제재무를 순수 국내재무와 구별시켜 주는 요인들이다.

1. 환위험(Foreign Exchange Risk)
2. 정치적 위험(Political Risk)
2. 시장 불완전성(Market Imperfections)
3. 확대된 기회(Expanded Opportunity Set)

이러한 국제재무의 주요 차원들은 주권 국가들이 각자 자신의 통화를 발행할 수 있는 권한을 가지고 있고, 자신의 경제정책들을 입안하고, 세금을 부과하며, 인력, 재화, 자본들이 국경을 넘어서는 이동을 규제한다는 사실로부터 주로 발생한다. 우선 간략하게 국제재무관리의 주요 차원들을 하나하나 설명해 보기로 하자.

도표 1.1
일본 엔-미 달러간 환율의 월 변화율

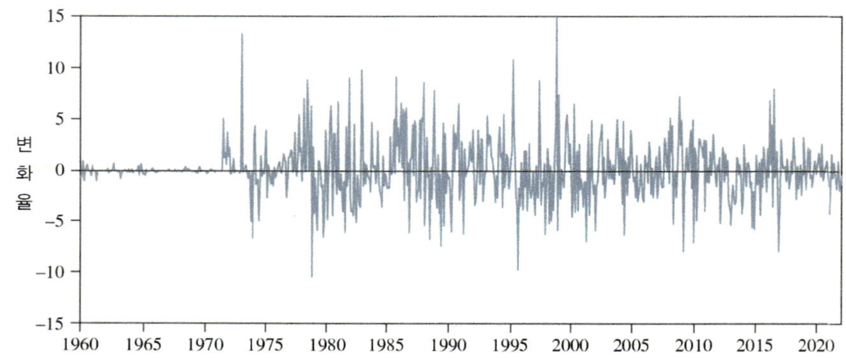

자료: International Monetary Fund, *International Financial Statistics*, 각 호.

환위험

예컨대 멕시코가 당신 회사의 주요 수출시장인데, 만일 1994년 12월처럼 멕시코의 페소화가 미 달러화에 대해 급격히 가치하락(depreciate)하는 일이 발생했다고 가정해 보자. 이는 페소화의 가치 하락으로 인해 미국으로부터 수입한 제품의 페소화 가격이 상승하게 되므로, 결국 당신 회사의 수출품은 비싼 가격으로 인해 멕시코시장에서 축출될 것이다. 만일 인도네시아, 태국, 한국과 같은 나라들이 당신 회사의 주요 수출시장이었다면 1997년 아시아 외환위기로 인해 당신 회사는 멕시코의 예에서처럼 동일한 어려움을 겪었을 것이다. 통합된 금융시장에서는 개인이나 가계들도 예상치 못한 심각한 환위험에 처할 수 있다. 예컨대 헝가리가 유럽연합(EU)에 가입한 이후 헝가리 사람들은 주택을 구입하기 위해 외화 주택담보대출 자금의 이용 수월성과 낮은 금리에 이끌려 유로화와 스위스 프랑화를 차입하였다. 그러나 헝가리 통화인 포린트(forint)가 최근 국제금융위기로 인해 유로화와 스위스 프랑화에 대해 가치가 급속히 하락함에 따라, 포린트로 갚아야 할 주택담보 부채의 부담이 급격히 증가하게 되어 많은 채무자들이 파산에 이르게 되었다. 앞의 예들을 통해 기업이나 개인들이 국제적 거래를 행하는 경우 순수 국내거래에서는 겪지 않는 **환위험**(foreign exchange risk)에 잠재적으로 노출되게 됨을 알 수 있다.

현재 미 달러, 일본 엔, 영국 파운드 및 유로화 등의 주요 국제통화 간 환율들은 고정환율제도가 포기된 1970년대 초반 이후 지속적으로 예측하기 어려운 변동을 보이고 있다. 〈도표 1.1〉에서 보는 바와 같이 환율의 변동성은 1973년 이후 급격히 증가하였다. 환율의 불확실성은 소비, 생산, 투자를 포함한 주요 경제적 활동들에 폭넓은 영향을 미치게 된다.

정치적 위험

국제화 시대에 기업과 개인이 직면할 수 있는 또 다른 위험은 **정치적 위험**(political risk)이다. 정치적 위험은 예상치 못한 세금 규제의 변화에서부터 외국인이 보유한 자산의 몰수에 이르기까지 다양하다. 정치적 위험은 주권국가가 갑작스럽게 규제를 변경할 수 있고, 영향을 받는 당사자들이 적절한 해결책 혹은 대응방안을 가지지 못할 때 발생한다. 예를 들어, 1992년 휴스턴에 본사를 둔 에너지 회사인 Enron은 인도 최대의 발전소 건설 계약을 체결했다. Enron이 3억 달러 가량을 투자한 후, 1995년에 인도 마하라슈트라 주의 민족주의 정치인들이 발전소 건설 프로젝트를 일방적으로 취소했다. 또 다른 예로, 2012년 4월 아르헨티나 정부는 100억 달러에 달하는 스페인 모기업 Repsol이 보유한 국내 최대 석유 회사 YPF지분의 과반을 국유화했다. 표면상으로는 Repsol이 아르헨티나에서 석유 생산을 충분히 하지 않았다는 이유였지만 사실 YPF의 지분 몰수는 전략 산업을 정부 통제하에 두려는 목적이었다. Enron과 Repsol 사례는 해외에서 사업을 진행할 시 발생할 수 있는 위험들을 보여준다.[2)]

다국적 기업과 투자자들은 법치주의가 약한 국가에 투자할 때 특히 정치적 위험을 고려해야 한다. 러시아에서 가장 큰 석유 회사인 유코스(Yukos)의 붕괴가 대표적인 예이다. 2003년 반정부인사이자 유코스의 대주주였던 미하일 호도르코프스키가 사기 및 탈세 혐의로 체포된 후, 러시아 정부는 유코스를 파산으로 몰아갔다. 정부는 회사에 200억 달러 이상의 체납세를 청구하고 이를 충당하기 위해 유코스의 자산을 경매에 부쳤다. 이러한 정부의 조치는 정치적 이유로 해석되었으며, 유코스의 국내외 주주 및 투자자들에게 심각한 손해를 끼쳤다. 즉, 주주 및 투자자들의 재산권이 보호받지 못할 수 있다.

최근에, 2022년 2월 24일 러시아의 우크라이나 침공으로 러시아는 지정학적 위험

2) 이후, Enron은 마하라슈트라 주와의 거래를 재협상했고 스페인 정부는 아르헨티나로부터의 수입을 제한하는 보복 조치를 취했다.

을 절실히 보여주고 있다. 이러한 정당한 이유 없는 침공 이후 애플, 포드 모터, 비자, 맥도날드, 마이크로소프트, 펩시, 브리티시 페트롤리엄, 폭스바겐 등 많은 다국적기업들이 러시아에서의 사업 중단 또는 철수를 선언했다. 펩시는 2022년 기준 러시아에 여러 공장과 사무소와 함께 약 20만 명의 근로자를 고용하고 있다. 2차세계대전 이후 최초의 큰 전쟁으로 인해 이 근로자들은 일자리를 잃을 위험에 직면하게 되었다. BP는 러시아 최대 국영 석유 생산업체인 Rosneft의 지분을 19.75%를 보유하고 있으며, 지난 30년간 러시아에서 활동해왔다. BP는 러시아 철수로 인해 대손상각 및 비용 등을 포함한 약 200억 달러의 손실이 발생할 것으로 추정하고 있다.[3] 또, 다른 영국의 석유 회사인 Shell도 (독일에 천연가스를 공급하는) Nord Stream 2 파이프라인 프로젝트에 대한 러시아와의 합작 투자와 러시아 정부가 대주주인 주식회사 Gazprom에 대한 지분 제휴를 종료하겠다고 발표했다. 이러한 투자 회수로 인해 Shell은 약 50억 달러의 손실을 예상하고 있다. 국제투자자들도 러시아 주식 보유로 인해 최근 큰 손실을 입었다. 일례로, 2022년 4월 5일 현재, 달러화 표시로 iShare Russia ETF의 연초 대비 수익률은 −81.2%로, 러시아에 투자한 투자자들은 심각한 손해를 입었다. 즉, 다국적기업과 국제 투자자들은 특정 외국에서 사업을 운영하거나 외국 자산을 보유할 때 지정학적 위험에 노출될 수 밖에 없다. 따라서, 해외 프로젝트나 자산과 관련된 정치적 위험을 가능한 한 정확히 평가하고 예방 및 완화 조치를 취하는 것은 매우 중요할 것이다.[4]

우크라이나 침공 이후, 미국과 유럽연합(EU)는 (i) 러시아 은행을 국제 금융네트워크에서 추방하고, (ii) 전 세계 중앙은행들에 예치한 러시아 중앙은행의 외환보유고를 동결하고, (iii) 러시아산 석유, 가스, 석탄의 수입을 축소 또는 금지했으며, (iv) 러시아에 대한 첨단 기술 수출을 제한하는 등 엄격한 경제 제재를 가했다. 또한, 미국 의회는 러시아의 최혜국 지위를 철회하는 법안을 통과시켰으며, 세계무역기구(WTO)에서 러시아의 참여 유예를 추진하고 있다.

분명히 이러한 정치적 위험과 경제 제재는 세계 경제를 더욱 분열시킬 것이다. 그러나 불행 중 다행히도 러시아 경제의 규모가 비교적 작기 때문에 (2021년 세계 GDP의 1.8%를 점유, 94.94조 달러), 이 전쟁이 러시아와 우크라이나에 국한되는 한, 세계 경제의 글로벌화는 심각한 차질을 겪지 않을 것으로 보인다.

3) 출처: 2022년 3월 19일 Wall Street Journal B1면

4) 정치적 위험에 대해서는 16장에서 더 자세히 논의할 예정이다.

도표 1.2

Nestl é사의 소지인식 주식과 등록식 주식의 일별 주가 움직임

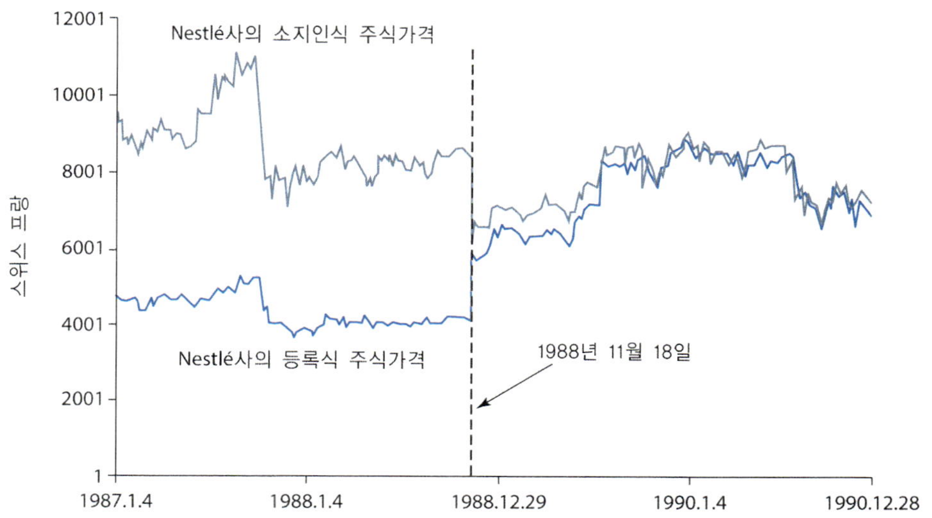

자료: Elsevier Science S.A., P.O. Box 564, 1001 Lausanne, Switzerland.의 친절한 허락으로 *Journal of Financial Economics*, Volume 37, Issue 3, Claudio Loderer and Andreas Jacobs, "The Nestl'e Crash," pp. 315-339, 1995에서 재인쇄하였음.

시장 불완전성

오늘날 세계는 10~20년 전보다 훨씬 통합되었으나 여전히 인력, 재화, 용역 및 자본이 국경을 넘어 자유롭게 이동하는 것을 방해하는 다양한 장벽들이 존재하고 있다. 이러한 장벽들은 법적 제약, 과도한 거래 및 운송비, 정보 비대칭, 차별적 과세 등을 포함한다. 따라서 이 세계는 상당히 불완전하다. 나중에 이 책에서 논의되는 바와 같이 시장이 완전하게 작용하지 못하도록 하는 **시장 불완전성**(market imperfections)들이 다국적기업들로 하여금 해외에서 생산기지를 설치하도록 하는데 중요한 역할을 하게 된다. 예컨대 일본의 자동차 회사인 Honda사는 무역장벽을 극복하기 위해 미국에 생산시설을 설치하기로 결정하였다. 이로 인해 다국적기업은 시장 불완전성의 산물이라고 말하는 사람들도 있다.

국제금융시장의 불완전성은 투자자들이 자신들의 포트폴리오를 분산화를 어느 정도는 제약하는 경향이 있다. 잘 알려진 스위스의 다국적기업인 Nestlé사가 흥미로운 예이다. Nestlé사는 소지인식 주식(bearer share)과 등록식 주식(registered share) 두 종류의 주식을 발행하여 외국인들은 소지인식 주식만 보유토록 하였다. 〈도표 1.2〉

에서 보는 바와 같이 소지인식 주식이 스위스 거주자만이 보유할 수 있는 등록식 주식보다 약 2배의 가격으로 거래되었다.[5] 이러한 종류의 가격 불일치는 시장 불완전성에 기인한 독특한 국제적 현상이다.

그러나 1988년 11월 18일 Nestlé사는 외국인들에게 가해졌던 제약을 철폐하여 외국인들도 소지인식뿐만 아니라 등록식 주식도 보유할 수 있도록 허용하였다. 이러한 조치 이후 두 종류의 주식 간 가격 차이는 극적으로 사라졌다. 〈도표 1.2〉에서 보는 바와 같이 소지인식 주식 가격이 상당히 하락한 반면 등록식 주식 가격은 상당히 상승하였다. 이는 외국인 주주들이 보유한 부의 상당 부분이 내국인 주주들에게 이전되었음을 의미한다. Nestlé사의 주식을 보유한 외국인 투자자들이 정치적 위험으로부터 상당히 요원한 국가로 여겨졌던 스위스에서 정치적 위험에 노출되는 입장이 된 것이다. Nestlé사의 일화는 국제금융시장의 불완전성을 고려해야 하는 중요성과 정치적 위험의 위해에 대한 좋은 예이다.

확대된 기회

기업들이 국제 시장에 진입하게 되면 **확대된 기회**(expanded opportunity set)로부터 많은 혜택을 누릴 수 있다. 이전에 언급한 바와 같이 기업들은 그들의 성과를 극대화할 수 있는 생산시설을 어떠한 국가나 지역에도 마련할 수 있고, 자본비용을 최소화할 수 있는 어떠한 자본시장에서도 자금을 조달할 수 있다. 더욱이 기업들은 자신의 유형 무형자산들을 전 세계적으로 배치할 때 보다 더 큰 규모의 경제효과(economy of scale)를 누릴 수 있다. 재무관리 활동을 국제적으로 접근하여 이득을 얻을 수 있음을 보여주는 현실적 예가 아래의 월 스트리트 저널에서 발췌한 기사(1996년 4월 9일자)에 잘 나타나 있다.

> 채권시장을 보다 통합적으로 만드는 또 다른 요인은 국제스왑시장 덕분에 전 세계에 걸쳐 마음껏 채권을 발행할 수 있는 대기업들의 탄력성이다. 미국의 GE사와 같은 대기업들이 선도적 역할을 하고 있다. 파리바 은행(Banque Paribas)에서 자금조달 부서를 운영하는 Mark VanderGriend 씨는 GE사를 위해 40억 프랑

5) Nestlé사의 소지인식 주식과 등록식 주식은 배당에 대해서는 동일한 청구권을 가지나 상이한 의결권을 갖는다. 제17장에서 이에 대해 자세히 논의한다.

(791.6백만 달러)의 계약을 체결하는데 "약 15분 정도" 밖에 걸리지 않는다고 말한다. 프랑으로 자금을 조달하여 즉시 달러로 스왑한 GE사는 5bp(0.05%)를 절약하여 9년짜리 스왑계약에서 연간 40만 달러의 이득을 얻는다. VanderGriend 씨는 "그들은 엄청난 자본 요구액이 있어 끊임없이 차익을 추구하고 있다. 그들은 그러한 차익을 어떻게 얻을 것인지에 대해 그다지 신경 쓰질 않는다"라고 덧붙였다.

개인 투자자들도 국내에서만 투자하기보다는 국제적으로 투자함으로써 상당한 이득을 얻을 수 있다. 만일 당신이 주식에 투자할 일정량의 돈이 있다고 하자. 당신은 전체 금액을 미국의 국내 주식에만 투자할 수도 있지만 국내외 주식에 나누어 투자할 수도 있다. 만일 당신이 국제적으로 분산투자한다면 순수 국내 주식에만 투자한 것보다는 투자 위험을 낮추거나 보다 큰 수익률을 얻을 수 있다. 이는 주식 수익률의 공분산이 특정 국가에 한정하여 투자한 경우보다는 국제적으로 분산투자한 경우가 더 유리하기 때문이다. 일단 당신이 해외 투자 기회를 인식하고 국제적으로 분산투자하고자 한다면, 당신은 보다 확대된 기회를 누려 보다 많은 이득을 얻을 수 있다. 모래상자의 한 모퉁이에서만 논다는 것은 어리석은 일이다. 따라서 이 책 전반에 걸쳐 지속적으로 논의할 규범적 주제는, 환위험이나 정치적 위험을 현명하게 통제하고 다양한 시장 불완전성을 관리하면서 어떻게 국제적 기회로부터 이득을 극대화할 것인가이다.

국제재무관리 목표

앞에서의 논의를 통해 환위험과 정치적 위험을 이해하고 관리하면서 시장 불완전성을 극복하는 것이 재무관리자의 직무 중 중요한 부분이라는 사실을 인식하였다. 본 교재인 국제재무관리는 현대 재무 관리자들에게 효율적인 국제적 관리를 위해 필요한 기본적 개념이나 도구들을 제공하고자 한다. 이 책은 전반적으로 확대된 기회로부터 얻을 수 있는 이득을 극대화하면서 다양한 이용가능한 수단과 도구들을 사용하여 환위험과 시장 불완전성을 어떻게 다루어 나갈 것인지를 강조한다.

그러나 효율적인 재무관리는 단순히 최신 경영기법의 적용이나 효과적 운영 그 이상이다. 기저에 깔려 있는 근본적 목표가 있어야 한다. 본 교재인 국제재무관리는 건실한 재무관리의 목표는 **주주 부의 극대화**(Shareholder Wealth Maximization)라는 관점에서 쓰여졌다. 주주 부의 극대화란 기업은 소유자인 주주들을 이전보다 금전적으로 보다 더 부유하게 만들고자 하는 시각에서 기업의 모든 경영결정 및 투자결정이 이루어져야 한다는 것을 의미한다.

주주 부의 극대화는 일반적으로 호주, 캐나다, 영국 특히 미국 등과 같은 앵글로-색슨계의 국가들에서 재무관리의 궁극적인 목표로 수용되는 반면, 세계의 다른 지역에서는 폭넓게 받아들여지지는 않는다. 예컨대 프랑스나 독일과 같은 나라에서는 주주를 종업원, 고객, 공급업자, 은행 등의 이해관계자들 중 하나로 간주한다. 유럽의 경영자들은 기업의 전반적인 이해관계자들의 후생 증대를 가장 중요한 목표로 고려하는 경향이 있다. 다른 한편 일본에서는 많은 기업들이 Mitsubishi, Mitsui 및 Sumitomo사와 같이 가족들에 의해 소유된 기업들의 통합에서 발생한 소수의 상호연계된 재벌(keiretsu)이라고 불리는 기업집단을 형성한다. 최근에는 재벌이 상당히 약화되었지만 일본 경영자들은 여전히 재벌의 번영과 성장을 최종 목표로 삼고 있다. 예컨대 그들은 주주 부의 극대화보다는 시장 점유율을 극대화하고자 애쓰는 경향이 있다.

그러나 최근에 자본시장이 자유화되고 국제적으로 통합됨에 따라 프랑스, 독일, 일본 및 비 앵글로-색슨 국가의 경영자들조차도 주주 부의 극대화에 상당히 주의를 기울이고 있다. 예컨대 독일의 기업들이 주주들을 위해 필요하다면 자사주를 매입할 수 있도록 허용되고 있다. 영국의 유수 무선통신기업인 Vodafone AifTouch사에 의한 전례 없는 2,030억 달러 규모의 인수 제의를 수용하면서 독일 Mannesman사의 최고 경영자인 Klaus Esser 씨가 주주의 이해를 언급하였다. "주주들은 분명히 대규모의 우리 회사가 Vodafone AifTouch사와 함께 번영할 것이라고 생각하고 있다 …… 최종 결정은 주주들에게 달려 있다."[6)]

물론 기업들은 다른 목표를 추구할 수도 있다. 그러나 이것이 주주 부의 극대화 목표가 단지 하나의 대안에 불과하다거나 다른 적절한 목표를 찾기 위해 논쟁을 벌어야 한다는 의미는 아니다. 오히려 정반대이다. 기업이 주주 부의 극대화를 추구한다면 가치 있다고 여겨지는 적절한 다른 목표들을 동시에 달성할 가능성이 높다.

6) 이 정보의 출처는 *The New York Times*, 2000년 2월 4일자 p. C90이다.

주주 부의 극대화는 장기 목표이다. 기업이 종업원을 부당하게 대우하고 허드레 제품을 생산하고 원자재나 천연자원을 낭비하고 비효율적으로 운영되거나 소비자들을 만족시키지 못한다면 생존이 어려워 기업이 주주 부를 극대화할 수 없다. 효율적인 방법으로 시장에서 요구되는 제품을 수익성 있게 생산해 내는 잘 운영되는 기업만이 장기적으로 생존하여 고용의 기회를 제공해 줄 것으로 예상할 수 있다.

한편 경영자들은 주주들을 위해 기업을 운영하도록 고용되었으나, 그렇게 하리라는 보장은 없다. Enron, WorldCom 및 Global Crossing과 같은 회사들에서 발생한 최근 일련의 스캔들에서 알 수 있듯이 경영자들은 철저히 통제되지 않는 한 주주들을 희생시키면서 자신의 이익을 추구할 수 있다. 소위 대리인 문제(agency problem)라고 불리는 이러한 현상은 공개 기업의 주요 취약점이다. 이들 기업에서의 광범위한 부정행위와 회계비리들은 결국 기업들을 재무적 곤경이나 파산으로 몰아넣었고 주주와 종업원들을 다 함께 파멸시켰다. 안타깝게도 그 과정에서 고위 경영자들은 엄청난 부를 치부하였다. 분명히 그러한 회사에서는 주주의 이익을 최종적으로 대변해 주어야 할 이사회가 자신의 의무를 수행치 못했다. 이러한 자유 시장 제도의 신뢰성을 약화시킨 기업 재앙으로 인해 사회는 고통스럽게 기업의 경영진과 주주 간의 관계를 규율하는 재무적 법률적 관계인 **기업지배**(corporate governance)의 중요성을 배웠다. 기업지배의 문제가 미국에만 국한된 문제가 아니라는 것은 말할 필요도 없다. 사실 세계의 다른 지역 특히 주주에 대한 법률적 보호제도가 약하거나 존재하지 않는 인도네시아, 한국, 중국, 러시아 등의 신흥국가나 과도기에 있는 국가들에서는 이 문제가 훨씬 심각하다.

제4장에서 자세히 언급되는 것처럼 기업지배구조는 상이한 문화적, 법률적, 경제적, 정치적 환경을 반영하여 국가별로 상당히 다르다. 주주의 강력한 법적 권한이 없는 많은 나라에서는 기업 소유권이 집중되는 경향이 있다. 이러한 소유권의 집중은 지배적 주주(흔히 창업 가족)와 외부 소액주주 간에 이해갈등을 유발시킨다. 수십 년 동안의 회계 부정으로 인해 가족에 의해서 통제되어 온 이탈리아 기업인 Parmalat사의 붕괴는 기업지배 위험의 한 예이다. 그 회사는 채무를 감추고 가공의 자산을 만들고, 다른 가족이 운영하는 쓰러져 가는 회사를 구제하기 위해 자금을 전용하였다는 주장이 제기되었다. 창업가족인 Tanzi가와 가까운 친지들만이 회사가 어떻게 운영되는지를 알고 있었기 때문에 수십 년 동안 의심스런 행위를 감출 수 있었다. 전체적으로 지분 49%를 가지고 있던 외부 주주들은 회사가 어떻게 운영되

고 있는지를 알지 못했다. 로마대학의 사회학 교수인 Franco Ferrarotti 교수가 다음과 같이 말한 것으로 인용되었다.

"정부는 약하고, 국가 개념도 없고, 공공 서비스는 최악이고, 사회 서비스도 약하다. Tanzi가가 여러분들을 실망시키지 않는 유일한 기관일 정도로 그 가족은 강하다."[7)]

주주들은 기업의 소유자이다. 그들의 돈이 위험에 투자되었다. 그들은 투자에 대해 공정한 보상을 받는 것이 공평하다. 기업이 다른 목표를 달성하고자 한다면 민간자본은 기업에게 가지 않을 것이다. 곧 논의되겠지만 국민들의 생활수준을 높이고자 하는 개발도상국가나 사회주의 국가들에서 대규모로 일어나고 있는 민영화는 민간의 투자에 의존한다. 따라서 주주들이 투자에 대해 공정한 보상을 받을 수 있도록 기업지배를 강화하는 것은 실제로 매우 중요하다. 다음에는 (1) 세계 경제의 국제화와 (2) 세계 경제에서 다국적기업들의 증대된 역할에 대해 자세히 논의하고자 한다.

세계경제의 국제화: 주요 추세와 최근 사태

"국제화"라는 용어는 지난 수십 년 동안 경영을 대표하는 유행어였으며, 금세기 내내 여전히 경영을 표현하는 키워드가 될 것으로 보인다. 이 절에서는 몇몇 세계 경제의 주요 추세와 사태들을 검토한다.

(i) 국제금융시장의 출현
(ii) 국제통화로서의 유로화(Euro) 탄생
(iii) 2010년 유럽 국가 채무위기
(iv) 무역 자유화와 경제 통합
(v) 국영기업들의 대규모 민영화
(vi) 2008~2009년 글로벌 금융위기
(vii) 브렉시트
(viii) COVID-19 펜데믹
(ix) 기후변화

7) *USA Today*, 2004년 2월 4일, p. 2B.

국제금융시장의 출현

국제금융시장은 1980~90년대 급속히 통합되었다. 처음에 금융시장의 국제화는 자신들의 외환 및 자본시장의 규제들을 철폐하기 시작한 주요 국가들에 의해 추진되었다. 예컨대 일본은 1980년에 외환시장의 규제를 철폐하였고, 1985년에 동경증권거래소는 제한된 외국중개회사들을 거래소 회원으로 허용하였다. 추가로 런던증권거래소는 1986년 2월에 외국중개회사들을 정회원으로 허용했다.

아마도 가장 기념적인 규제철폐 사건이 1986년 10월 27일 런던에서 발생하였는데, 이를 흔히 빅뱅(Big Bang)이라 부른다. 그날 런던증권거래소는 미국이 1975년 노동절에 그랬듯이 고정 수수료 제도를 철폐하였다. 또한 주문접수기능(중개업무)과 시장조성기능을 분리시키는 규제도 제거되었다. 유럽에서는 금융기관들이 상업은행업(commercial banking)과 투자은행업(investment banking)의 겸업이 허용된다. 따라서 외국 상업은행의 런던 소재 자회사는 런던증권거래소의 회원이 될 수 있다. 이러한 변화들은 런던을 이 세계에서 가장 개방적이고 경쟁적인 시장이 되도록 기획되었다. 그러한 변화는 효과가 있었으며 오늘날 런던은 세계 주요 금융시장 중 매우 치열하고 경쟁적인 금융시장이 되었다. 미국도 상업은행업과 투자은행업(증권 인수업무 등을 수행함)을 분리시킨 글라스-스티걸법(Glass-Steagall Act)을 폐기하여 금융기관 간 경쟁을 더욱 가속화시켰다. 심지어 중국, 멕시코, 한국 등 개발도상국가들 조차도 외국인들이 자신들의 금융시장에 직접 투자할 수 있도록 허용하였다.

금융시장에서의 규제 철폐와 격화된 경쟁은 금융혁신을 위한 자연스런 환경을 제공함으로써 여러 금융 신상품들이 도입되었다. 이러한 혁신적 금융 신상품으로 통화선물 및 옵션, 복수 통화채, 국제투자신탁, 국가투자신탁, 상장지수펀드(ETFs: exchange traded funds), 해외 주가지수 선물 및 옵션 등을 들 수 있다. 기업들 또한 그들의 주식을 전 세계에 상장시킴으로써 세계의 금융시장을 통합하는데 적극적인 역할을 담당하였다. 잘 알려진 BHP Billiton, Petrobras, China Mobile, Novartis, Wipro, Honda Motor, Telmax, ING, BP, Korea Telecom, UBS 등의 비미국 기업들이 뉴욕증권거래소에 상장되어 거래되고 있다. 동시에 IBM, GE 등의 미국 기업들 또한 프랑크푸르트, 런던, 파리 증권거래소에 상장되어 있다. 그러한 주식의 교차상장은 투자자들로 하여금 외국 주식을 마치 국내 주식처럼 매매할 수 있도록 함으로써 국제투자를 매우 용이하게 해준다.[8)]

마지막이지만 중요한 것으로 컴퓨터와 통신기술의 발전은 국제금융시장의 출현에 엄청난 공헌을 하였다. 이러한 기술의 발전 특히 인터넷에 기반을 둔 정보기술은 전 세계의 투자자들에게 투자에 영향을 미치는 최신의 뉴스와 정보에 신속히 접근할 수 있도록 하여 정보비용을 급속히 낮추었다. 또한 컴퓨터에 의한 주문처리 및 결제절차는 국제거래의 비용을 낮추었다. 미 상무성의 컴퓨터 가격지수에 의하면 계산력의 상대비용지수는 1960년 100의 수준에서 1970년 15.6, 1980년 2.9, 1999년 단지 0.5로 급속히 감소되었다. 이러한 기술진보와 금융시장 자유화의 결과 국제금융거래가 급증하게 되었다.

국제통화로서의 유로화(Euro) 탄생

1999년 유로화의 출현은 세계 경제에 막대한 영향을 미친 기념비적 사건이다. 현재 유럽 20개국(오스트리아, 벨기에, 크로아티아, 키프러스, 에스토니아, 핀란드, 프랑스, 독일, 그리스, 아일랜드, 이탈리아, 라트비아, 리투아니아, 룩셈부르크, 말타, 네덜란드, 포르투갈, 슬로바키아, 슬로베니아, 스페인)의 3억 인구가 매일 단일 공동 통화를 이용하고 있다. 로마제국 이후 어떤 통화도 유로화처럼 널리 통용되지는 않았다. 체코, 헝가리, 포트랜드, 폴란드 등의 신생 EU 회원국들도 결국 유로화를 채택할 가능성이 높다는 것을 고려해 본다면 가까운 장래에 유로화의 **거래 영역**(transaction domain)이 미 달러화보다 더 넓어질 수 있다.

일단 어떤 국가가 공동 화폐를 채택하면 자신의 통화정책을 가질 수 없다. 현재 유로존의 공동 통화정책은 독일 중앙은행인 분데스뱅크를 모델로 하여 만들어진 프랑크푸르트에 본부를 둔 **유럽중앙은행**(ECB: European Central Bank)에 의해 수립된다. 유럽중앙은행은 유로존의 물가안정을 달성할 권한을 법적으로 부여받았다. 인구, GNP, 세계 무역비중 등의 면에서 본 유로존의 규모를 고려해 볼 때 유로화는 국제무역과 금융에 있어 미국 달러와 주도권을 경쟁할 또 하나의 국제통화가 될 잠재력을 가지고 있다. 유로화 도입의 정신적 지주로 언급되는 Robert Mundell 교수는 최근 "유로존의 탄생은 통화정책의 우수성과 여타 통화들의 유로화로의 편입 관점에

8) 여러 연구들은 자본시장의 자유화는 자본비용을 낮추는 효과가 있음을 보여준다. 예컨대 Peter Henry, "Stock Market Liberalization, Economic Reform, and Emerging Market Equity Prices," *Journal of Finance* (2000), pp. 529-64를 참조하라.

서 볼 때 달러존과 필연적으로 경쟁하게 될 것이다"라고 언급하였다.[9] 만일 유로화가 신뢰성을 유지한다면 세계는 양극체제의 국제통화제도를 맞이하게 될 것이다.

1999년 유로화의 출범 이후 유로화는 이미 유럽 금융에 혁명적인 변화를 불러일으켰다. 예컨대 여러 상이한 통화로 표시된 기업과 정부의 채권과 주식을 공동 통화로 표시함으로써 유로화는 깊이와 유동성 면에서 미국에 버금갈 만한 유럽 대륙 전체의 자본시장의 형성을 가속화시켰다. 전 세계의 기업들은 이러한 진전으로 유럽에서 유리한 조건으로 더 수월하게 자본을 조달할 수 있는 혜택을 누릴 수 있다. 더욱이 최근 인수합병(M&A)의 급증, 증권거래소 간 국제적 연대, 자본 조달에 있어 은행에의 의존도 감소 등은 유로화의 중대한 영향을 보여주는 예들이다.

1차 세계대전이 끝난 뒤로 미국 달러는 영국 파운드를 대체하는 국제 통화의 지배적인 역할을 하게 되었다. 결과적으로, 통화간 환율은 자주 달러에 대해 고시되었고, 통화 거래의 상당 부분이 매수나 매도에 있어 달러가 개입된다. 마찬가지로 석유, 커피, 밀, 금과 같은 주요 상품의 국제적 거래가 송장 통화로서 미국 달러를 사용하여 행하여졌다. 세계 경제에서 달러의 지배적 위치를 반영해 봤을 때, 세계의 중앙은행들은 그들의 대외준비자산의 큰 비중을 달러로 보유하고 있다. 달러의 상승세는 미국 경제의 지배적 규모, 성숙하고 개방된 자본 시장, 가격 안정, 미국의 정치적 군사적 힘과 같은 여러 주된 요소들을 반영한 것이다. 달러의 지배적 국제 통화로서의 지위는 미국에게 많은 외환을 보유치 않고도 무역수지 적자 즉 "눈물 없는 적자"를 볼 수 있는 능력과 환위험을 부담치 않고 달러로 상당한 국제 거래를 행할 수 있는 많은 특권들을 부여한다. 그러나 일단 경제 주체들이 송장과 대외 준비자산 통화로서 유로를 열정적으로 사용하기 시작하면, 달러는 앞서 언급한 특권들을 유로와 나누어 가져야 할 것이다.

2010년 유럽 국가 채무위기

그러나 최근 국제통화로서 유로화의 출현은 유럽의 국가채무위기의 와중에서 심각한 좌절을 겪었다. 그 위기는 2009년 12월 그리스의 신정부가 그 해 예산적자가

9) 출처: Robert Mundell, 2000, "Currency Area, Volatility and Intervention," *Journal of Policy Modeling 22* (3), 281-99.

도표 1.3 그리스 사태

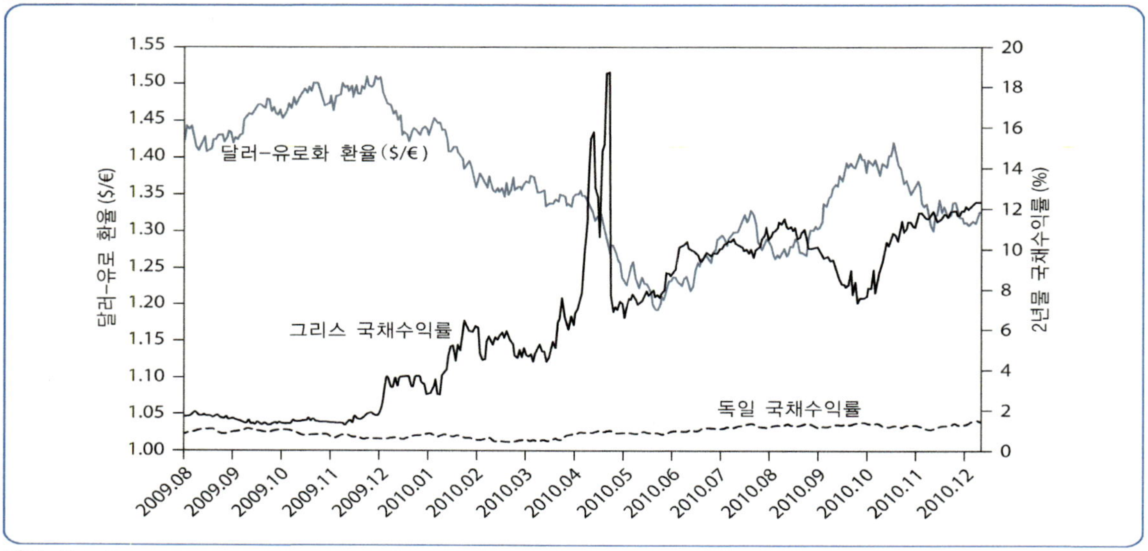

자료: Bloomberg.

이전에 예측했던 GDP의 3.7%가 아니라 12.7%라고 발표하면서 시작되었다. 구정부가 국가회계 자료를 속였던 것이다. 외부에 알려지진 않았지만 그리스는 유로존 국가들이 연간 예산적자를 최대 3%를 초과해서는 안 된다고 제한하는 유럽 안정성 협정을 심각하게 위반하였던 것이다. 이 소식은 금융시장을 경악케 하여 국가 부도를 염려하는 투자자들로 하여금 그리스 국채를 서둘러 매각토록 하였다. 그리스의 곤경은 임금과 물가가 생산성보다 급속히 증가하면서 과도한 차입과 지출로 인한 것이었다. 그리스는 더 이상 자국의 경쟁력을 회복하기 위한 전통적인 수단인 자국통화의 가치절하를 사용할 수 없다. 공황은 다른 취약한 경제를 가지고 있는 국가들 특히 아일랜드, 포르투갈, 스페인 등으로 퍼져 나갔다. 2010년 봄에 양대 신용평가기관인 Standard & Poor's와 Moody's는 영향을 받은 국가들의 국채 신용등급을 떨어트려 이들 국가의 차입과 차환비용이 크게 높아지게 되었다. 특히 그리스 국채는 기관 투자자들이 투자하기에 적합하지 않은 하급채권(junk bond)이 되었다. 그리스 사태의 전개 상황이 그리스와 독일의 2년물 국채 수익률과 달러와 유로화 간의 환율을 보여주는 〈도표 1.3〉에 예시되고 있다. 도표에서 보듯이 그리스는 2009년 12월까지 독일의 이자율에 대한 프리미엄을 전례 없던 최소 수준으로 지불하였다. 이는 그리스가 유로존의 회원국이었기 때문에 가능하였다. 그러나 그 후 그리스 이자율은 2010년 5월 7일 18.3%로 급속히 상승하였고 2010년 5월 9일 구제안이 발표되고 나서야 하락하였다. 또한 국가 부도위기의 두려움은 외환시장에서 유로화의 가치를 급속히 떨어트렸다.

유로존 GDP의 약 2.5% 정도를 차지하는 그리스의 채무위기는 2008~2009년의 심각한 국제금융위기로부터 간신히 벗어나려고 하는 세계경제의 회복을 위협하면서 유럽 전역의 채무위기로 급변하였다. 급속히 확산되는 위기에 직면하여 프랑스와 독일에 의해 이끌어지는 유럽연합(EU: European Union) 국가들은 국제통화기금(IMF: International Monetary Fund)과 함께 그리스와 다른 취약 국가들에 대한 7,500만 유로의 대규모 구제안을 마련하였다. 유럽의 정치적 통합 부족과 분열된 의사결정 구조로 인해 EU 국가들이 구제안에 대한 합의가 논란을 겪으면서 늦어지게 되어 그렇지 않았을 경우보다 구제비용이 더욱 높아지게 하였다.

2010년 유럽의 국가 부채위기는 공동통화로서의 유로화의 심각한 약점을 드러냈다. 유로존 국가들이 재정통합 없이 유로화를 채택함으로써 통화통합만을 달성하였다. 유로존 국가들이 조세, 지출, 차입 등을 지배하는 재정정책을 개별 국가의 통제하에 두고 단지 공동 통화정책만을 공유하였다. 따라서 유로존 국가들에 대한 재정규율 부족이 항상 유럽 전역의 위기를 만들어 유로화의 가치와 신뢰를 위협할 수 있다. 유로화의 장기적 생존과 국제통화로서의 잠재력은 통화통합과 재정통합의 괴리를 어떻게 해소할 수 있느냐에 달려 있다. 이러한 도전에 대해 유럽중앙은행장인 Jean-Claude Trichet는 유로존의 경제적 지배구조에 대한 획기적 변화를 요청하며 재정동맹의 형성을 촉구하였다. 유럽이 이러한 도전들을 극복해 나갈 수 있을지는 지켜볼 일이다.

무역자유화와 경제통합

전통적으로 국가들을 연결시켜 주는 국제무역은 지속적으로 확대되어 왔다. 〈도표 1.4〉가 보여주듯이 세계 GDP에 대한 상품수출비율이 1950년 7%에서 2020년 26.5%로 증가했다. 이는 동 기간에 국제무역이 세계 GDP의 성장률보다 3배 빠르게 증가하였음을 의미한다. 일부 국가들은 국제무역이 더 빠르게 성장하였다. 동 기간에 독일은 그 비율이 6.2%에서 43.4%로 증가한 반면 한국은 1%에서 36.4%로 증가

도표 1.4

장기개방(1990년 가격수준 기준 상품수출/GDP, %)

국가	1870	1913	1929	1950	1973	2020
미 국	2.5	3.7	3.6	3.0	5.0	10.1
캐나다	12.0	12.2	15.8	13.0	19.9	29.4
호 주	7.4	12.8	11.2	9.1	11.2	24.0
영 국	12.0	17.7	13.3	11.4	14.0	28.1
독 일	9.5	15.6	12.8	6.2	23.8	43.4
프랑스	4.9	8.2	8.6	7.7	15.4	27.9
스페인	3.8	8.1	5.0	1.6	5.0	30.6
일 본	0.2	2.4	3.5	2.3	7.9	15.5
한 국	0.0	1.0	4.5	1.0	8.2	36.4
태 국	2.1	6.7	6.6	7.0	4.5	51.5
아르헨티나	9.4	6.8	6.1	2.4	2.1	16.6
브라질	11.8	9.5	7.1	4.0	2.6	16.9
멕시코	3.7	10.8	14.8	3.5	2.2	40.2
세 계	5.0	8.7	9.0	7.0	11.2	26.5

자료: JP Morgan의 *World Financial Markets*와 IMF의 *World Development Indicators, International Trade Statistics*와 *International Financial Statistics*의 각 호

하였다. 아르헨티나, 브라질, 멕시코 등의 남미 국가들은 GDP에 대한 수출비율이 비교적 낮은 편이었다. 예컨대 1973년 비율이 아르헨티나 2.1%, 브라질 2.6%, 멕시코 2.2%였다. 이는 이들 국가들이 과거에 추구하였던 국내 지향적 보호주의 정책을 반영한 것이다. 현재는 이들 국가들조차도 국제무역의 이득 때문에 점차 자유 시장과 개방 경제정책을 추구하여 2020년에는 GDP에 대한 수출비율이 아르헨티나 16.6%, 브라질 16.9%, 멕시코 40.2%가 되었다.

국제무역의 핵심적 주장은 David Ricardo가 그의 저서 『정치경제론(Principles of Political Economy』(1817)에서 제시한 **비교우위론**(theory of comparative advantage)에 기초하고 있다. 그에 따르면 각 국가들이 효율적으로 생산할 수 있는 재화들을 전문적으로 생산하여 이들을 서로 교역하면 상호이득이 된다는 것이다. 예컨대 영국은 섬유를, 프랑스는 포도주를 효율적으로 생산한다고 가정하자. 그러면 영국은 섬유를, 프랑스는 포도주를 전문적으로 생산하게 되면 전체적으로 더 많은 섬유와 포도주를 생산할 수 있고 이를 서로 교역하면 양국은 더 많은 섬유와 포도주를 소비할 수 있다는 것이다. 이 주장은 일국이 다른 국가보다 두 재화를 효율적으로 생산할 수 있는 경우에도 타당하다.[10] Ricardo의 이론은 분명한 정책적 함의를 가지고 있다. 국제무

10) 독자들은 비교우위론에 대한 상세한 논의를 위해 부록 1A를 참조하라.

역의 자유화는 전 세계 인류의 후생을 증대시킬 수 있다. 바꾸어 말하면, 국제무역은 "중상주의자들(mercantilists)"이 주장하는 관점인 한 국가의 이득은 다른 국가의 손실을 대가로 얻어지는 "제로섬" 게임("zero-sum" game)이 아니라는 것이다. 오히려 국제무역은 모든 플레이어가 승자가 되는 '합이 증가하는 게임(increasing-sum game)'이라는 것이다.

비교우위론은 결코 비판받을 게 없는 이론은 아니나 국가 간 자유무역을 촉진하기 위한 강력한 지적 근거를 제공한다. 현재 국제무역이 국제적 수준과 지역적 수준에서 더욱 자유화되고 있다. 국제적 수준에서, 회원국 간 다자협정인 **관세 및 무역에 관한 일반협정**(GATT: General Agreement on Tariffs and Trade)은 국제 무역에 대한 장벽들을 제거하는 데 중요한 역할을 수행해 왔다. 1947년 설립 이래, GATT는 성공적으로 관세, 보조금, 할당 및 기타 무역장벽들을 점진적으로 제거하고 축소시켰다. 1986년에는 GATT의 감시하에 (i) 전 세계적으로 수입관세를 평균 38% 만큼 낮추고 (ii) 산업화 국가들의 경우 비관세 제품의 비율을 20%에서 44%로 증가시키고 (iii) 세계 무역 규칙의 적용 분야를 농산물, 은행 및 보험 등의 서비스업과 지적 재산권 등의 분야로까지 확대하기로 하는 목적으로 우루과이 라운드(Uruguay Round)가 출범되었다. 우루과이 라운드는 GATT를 대체할 영구적인 **국제무역기구**(WTO: World Trade Organization)를 탄생시켰다. WTO는 국제무역 규칙을 강제할 수 있는 보다 강력한 권한을 갖는다. 최근에 중국이 WTO에 가입하였으며, 이는 자유무역의 정신을 더욱 합리화시켰다. 2001년 최근 회담인 카타르의 도하에서 시작된 도하 라운드(Doha Round)가 시작되어 지금까지 진행되고 있다. 도하 라운드의 목표는 전 세계적으로 무역장벽을 낮추고, 선진국과 개발도상국 사이의 자유무역을 촉진시키는 것이다. 그러나 미국, 유럽연합, 일본이 이끄는 선진국과 브라질, 중국, 인도가 이끄는 개발도상국 사이의 분열로 인해 도하 라운드가 교착된 국면에 처해 있다. 양측의 주요 의견 불일치는 각국의 농산물과 공산품 시장의 개방과 선진국의 농산물에 대한 보조금 축소 등에 관한 것이다.

등소평의 "치부 영광(to get rich is glorious)"의 실용주의 노선에 의해 고무된 중국이 1970년대 후반부터 시장 지향적 경제개혁을 실행하기 시작했다. 그 후로 중국 경제는 급속한 속도－종종 놀라운 연 10%의 성장률－로 성장하여 수천만 명의 중국 국민들을 빈곤에서 벗어나도록 하였다. 중국의 인상적인 성장은 싹트는 국제무역과 외국인 직접투자에 의해 이루어졌다. 그에 따른 천연자원, 자본재, 기술에 대한 중국의 수요는 여타 국가들의 중국으로의 수출을 촉진시켰다. 최근 인도도 중국과 같이 경제 개방 정책을 시행하고 외국 투자를 끌어들이기 시작했다. 1990년대 초 이래, 인도는 자신들의 시장 지향적 경제개혁들을 실행하여 점차 각 경제 분야에서 허가제 혹은 할당제 등의 제한을 해제하고, 적극적으로 민간 창업을 촉진하였다. 이미 알려진 바와 같이 인도는 정보 기술 외주, 후선 서비스, 연구개발 서비스 등을 위한 중요 센터로서 부각되고 있다. 중국과 인도의 대규모의 숙련된 노동력은 세계 경제 구조에 중대한 변화를 일으킬 것으로 예상된다. 구매력 면에서 중국은 이미 미국 다음으로 두 번째로 큰 국가이며, 인도는 일본을 앞선 세 번째로 큰 국가이다. 중국과 인도의 중요성은 더욱 증가할 것으로 보이며, 세계의 생산, 교역, 투자의 경향을 상당히 바꿀 것이다.

지역적 수준에서 경제적 통합을 촉진할 공식적 체제가 마련되었다. **유럽연합**(EU: European Union)이 대표적인 예이다. 유럽연합은 서유럽 국가 간 경제통합을 촉진키 위해 설립된, 전신이 유럽경제공동체(EEC: European Economic Community)였던 유럽공동체(EC: European Community)의 후신이다. 현재 유럽연합은 회원국 간 재화, 자본, 인력의 자유로운 이동에 대한 장벽을 제거한 27개 회원국으로 되어있다. 유럽연합 회원국들은 이러한 조치가 미국, 중국, 일본에 대해 경제적 지위를 강화해 주기를 기대한다. 1999년 1월 유럽연합 내 11개 회원국들은 국제교역과 투자를 위한 지배적 통화인 달러와 경쟁할 만한 잠재력을 지닌 단일 공동통화인 유로를 성공적으로 채택했다. 그리스도 2001년 1월에 유로존에 가입했다. 뒤이어 크로아티아, 키프로스, 에스토니아, 라트비아, 리투아니아, 몰타, 슬로베니아, 슬로바키아 등 8개 국가들이 유로를 채택했다. 유로의 출범은 대대적인 유럽 회사들이 범 유럽과 국제적 연합을 하도록 박차를 가하였다. 최근 몇 년간 유럽에서 인수합병(M&A)거래는 이미 미국의 거래 숫자에 필적할 만한 수준에 이르렀다.

유럽연합에 의해 계획된 경제 및 통화통합이 가장 진보된 경제통합의 형태이긴 하나, 자유무역지역이 가장 기본적인 형태이다. 1994년에 캐나다, 미국, 멕시코는 **북미자유무역협정**(NAFTA: North American Free Trade Agreement)을 체결하였다. 캐나다는 미국의 가장 큰 교역 파트너 국가이며, 멕시코는 세 번째로 큰 교역 파트너 국가이다. 자유무역지역 안에서는 관세, 수입 쿼터 등 모든 무역장벽들이 회원국 간에 제거된다. 북미자유무역협정의 조건은 15년에 걸쳐 단계적으로 관세를 철폐해 갈 것을 요구한다. 여러 관찰자들은 북미자유무역협정이 회원국 간의 무역 증대를 촉진시켜 모든 회원국들에게 일자리와 생활수준의 향상을 낳게 할 것으로 믿는다.

〈도표 1.4〉에서 우리가 볼 수 있듯이, 멕시코의 경우 GDP에 대한 상품 수출의 비율이 1973년 2.2%에서 2020년 40.2%까지 급속히 상승한 것을 주목하는 것은 흥미로운 일이다. 이러한 멕시코 무역 성향의 극적인 증가는 북미자유무역협정에 기인한 것이다.

트럼프 대통령은 NAFTA가 미국의 무역적자에 기여한다고 비판하고 이 자유무역협정의 재협상을 시작했다. 2018년 11월에 NAFTA의 3개 회원국들은 미국-멕시코-캐나다 협정(USMCA)이라고 불리는 새로운 협정에 서명하였다. 이 새로운 협정은 환경과 노동권의 보호를 요구하고, 디지털 무역의 보호를 업데이트하고, 정부에 의한 환율 조작을 제한하고, 관세 면제 대우와 관련하여 북미에서 제조될 필요가 있는 자동차의 비율을 올린다. USMCA는 NAFTA의 "현대화된" 형태라고 할 수 있다.

무역전쟁들에 대한 지배적인 얘기에도 불구하고, 3개의 새로운 자유무역협정들이 최근에 서명되었다. 2018년 3월, 호주, 브루나이, 캐나다, 칠레, 일본, 말레이시아, 멕시코, 뉴질랜드, 페루, 싱가포르, 베트남 등 11개 태평양연안국들 사이에 새로운 무역지역이 설립되었다. 이 국가들은 회원국들 사이에 관세를 대폭 낮추고 무역을 촉진하기 위해 환태평양파트너쉽(TPP)에 서명하였다. TPP는 약 5억의 인구를 포함하는 11개국들에 있어 자유 및 공정 무역 규정들을 채택했다. 미국은 처음에는 TPP에 참여하였으나, 트럼프의 "미국 우선" 정책을 인용하면서 이 협정에서 철수했다. TPP가 서명된 거의 같은 시점에 49개 아프리카 국가들은 아프리카대륙자유무역협정(AfCFTA)에 서명하였다. 12억 인구와 2.5조 달러 총 GDP를 포함하는 AfCFTA는 관세를 축소함으로써 역내 무역과 투자를 촉진하고, 지적재산권을 보호하고, 이민에 대한 장벽을 낮추는 것을 목표로 하고 있다. AfCFTA가 완전히 실행될 때에는, 아프리카 경제의 성장과 통합을 촉진하는 역할을 할 수 있을 것이다.

COVID-19 팬데믹 와중에, 2020년 11월 15일 15개 아시아태평양 국가들이 역내포괄경제파트너쉽(RCEP)라고 불리는 세계 최대의 자유무역협정에 서명했다. RCEP는 2022년 1월 1일 발효되었다. 회원국들은 호주, 브루나이, 캄보디아, 중국, 인도네시아, 일본, 한국, 라오스, 말레이시아, 미얀마, 뉴질랜드, 필리핀, 싱가포르, 태국 및 베트남이다. RCEP는 10개 아세안(ASEAN) 국가들에 호주, 중국, 일본, 뉴질랜드, 한국의 5개 기타 국가들을 포함한다. RCEP는 총 25억 인구를 포함하고, 전세계 GDP의 30%를 점유한다. RCEP는 상품 및 서비스에 대한 관세를 낮추거나 없앨 것이며, 투자, 경쟁 및 지적재산에 대한 규정들을 제정할 것이다. 그러나, TPP와 달리 RCEP는 노동 및 환경 기준들에 대한 조항들을 포함하지는 않는다. 분명히, 팬데믹은 세계경제를 분할하는 영향을 미쳤지만, 그 대응으로 RCEP, USMCA 및 AfCFTA로 예시되는 바 보다 큰 지역적 통합이라는 영향을 가져왔다.

민영화

1980년대 시작된 경제통합과 국제화는 1990년대에 민영화를 통해 더욱 가속화되었다. 국가는 민영화를 통해 그들이 소유하고 운영하던 공기업을 자유 시장체제로 넘겨주고 투자를 회수하게 된다. 민영화가 베를린 장벽의 붕괴로 시작된 것은 아니나, 민영화의 속도는 동구권 진영의 국가들이 유지해 온 공산주의 체제 붕괴 이후 가속화되었다. 얼마 전까지만 하더라도 국유화의 덕목을 찬양하였던 그런 정치경제 시스템이 매우 극적으로 공기업을 벗어 던져 버리고 자본주의로 전향하고 있다. 미 대통령 Calvin Coolidge는 한때 "미국의 사업은 기업이다"라고 말했다. 이제는 "기업은 세계의 사업"이라고 말할 수 있을 것이다.

민영화는 여러 방식으로 고찰될 수 있다. 한 측면에서 민영화는 탈 국유화(denationalization)다. 어떤 국가가 국영기업에서 투자를 회수할 때 그것은 국가 실체(national identity)의 일부를 포기하는 것이다. 더욱이 새로운 주인이 외국인인 경우 국가는 동시에 이 전에는 존재하지 않았던 문화적 영향도 수입하게 된다. 민영화는 종종 목적을 위한 수단으로 간주된다. 많은 저개발 국가들의 경우 민영화의 한 이점은 국영기업의 매각은 국가 재정에 경화의 외환 보유고를 늘려준다. 매각 대금은 종종 경제를 짓눌렀던 외채를 상환하는 데 사용되곤 하였다. 추가적으로 민영화는 종종 관료주의의 비효율성과 낭비에 대한 처방책으로 간주된다. 일부 경제학자들은 민영화는 효율성을 개선시키며 운영비용을 20% 정도 줄여 주리라고 추정한다.

국영기업을 민영화하는 데 있어 유일한 방법은 없다. 국가의 목표가 지배적 지침이 되는 것 같다. 체코 공화국의 경우 속도가 압도적 요인이었다. 민영화를 한꺼번에 달성하기 위해 체코 정부는 실제로 그들의 기업들을 국민들에게 넘겼다. 소액으로 기업 경매 시 입찰에 참여할 수 있는 증명서를 국민들에게 매각하였다. 1991년에서 1995년까지 1,700개 이상의 국영기업들이 민간인들에게 넘겨졌다. 더욱이 국민의 3/4이 이들 새로이 민영화된 기업들의 주주가 되었다.

세계은행에 따르면 러시아는 "되돌릴 수 없는" 사유 재산제로 전향하였다. 이제 러시아의 비농업분야 노동자의 80% 이상이 민간 분야에 고용되고 있다. 240,000개 기업의 절반이 민영화되었듯이 1,100만 개의 아파트가 사유화되었다. 추가로 체코식 증명서를 통해 4,000만 러시아인들이 국영기업에 대한 대량 경매를 통해 최근에 민영화된 15,000개 이상의 중형 내지는 대형 기업의 주식을 소유하고 있다. 그러나, 러시아 정부는 정부와 밀접한 관계를 가진 소위 "과두제 집권층(oligarchs)"을 통한 주요 전략적 기업들의 효과적인 통제를 유지한다.

중국에서의 민영화는 국영기업(SOEs: state-owned enterprises)의 주식을 조직화된 증권거래소에 상장시키는 방법으로 국영기업이 적법하게 사유화될 수 있도록 진행되었다. 중국은 시장 지향적 개혁을 향한 노력의 일환으로 1980년대 초 두 개의 증권거래소 — 상해(Shanghai)거래소와 선전(Shenzhen)거래소 — 를 개장하였다. 개장 이후 중국의 증권시장은 경이로운 속도로 성장하여 시가총액 측면에서 아시아의 가장 큰 증권시장들 중 일부가 되었다. 2021년 현재 약 4,400개 기업들이 증권거래소에 상장되어 있다. 중국의 증권시장은 기업 투자와 사업을 위한 신규 자본을 조달하고 국민들에게 기업 소유권을 전파하면서 국영기업의 민영화에 중요한 역할을 하고 있다. 외국인들도 상해거래소와 선전거래소에 상장된 B-주식이나 홍콩증권거래소(H-주식), 뉴욕증권거래소 및 기타 국제증권거래소에 직상장된 주식들에 투자함으로써 중국의 주식 소유에 참여할 수 있다. 중국 기업의 A 주식은 국내 투자자들에게만 투자가 한정되고 있음을 주목하라. 개인과 기관 투자자들이 중국 주식에 투자하고는 있으나 중국 정부가 여전히 공개기업 주식의 과반수를 보유하고 있다.

일부 국가들의 경우 민영화는 국제화를 의미했다. 예컨대 뉴질랜드는 재정 안정성을 달성하기 위해 한때 사회주의 체제였던 경제를 외국 자본에 개방해야만 했다. 호주 투자자들이 뉴질랜드의 상업은행들을 통제하고 있으며, 미국 기업들은 전국전화회사와 목재 사업들을 매입하였다. 노동자들의 권익이 외국인 소유와 자본주의 경제 체제하에서 변하게 되면서 뉴질랜드는 현재 가장 경쟁적인 시장 환경을 가진 국가들 중 상위에 기록되고 있다. 재정 안정성도 실현되었다. 1994년 뉴질랜드의 경제는 연 6%로 성장하고 있으며, 인플레이션도 통제되고 있다. 뉴질랜드의 경험에서 알 수 있듯이 민영화는 엄청난 국제 투자를 불러일으켰다.

도표 1.5
미국 실업률과 다우존스산업평균지수(DJIA)

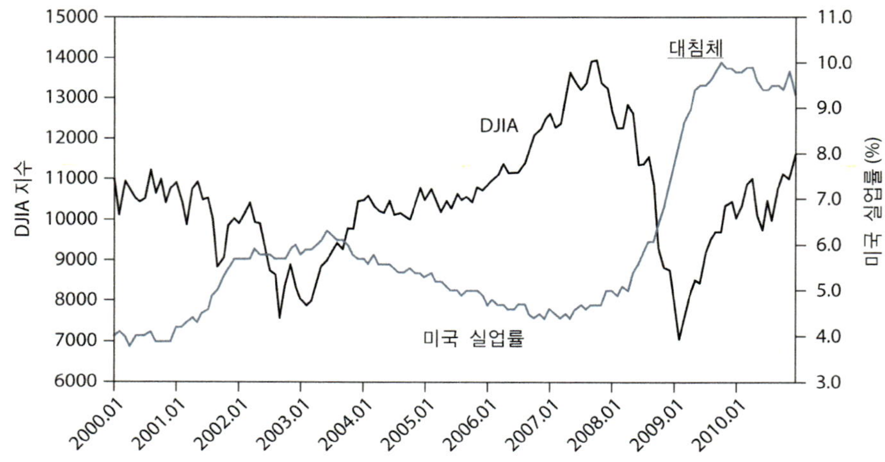

자료: Bloomberg.

2008-2009년 국제금융위기

2007년 여름에 시작된 미국의 서브프라임 모기지(subprime mortgage) 사태는 심각한 신용위기를 일으켜 가계, 기업, 은행들의 차입과 차환을 어렵게 만들었다. 그 후 신용위기는 2008~2009년에 대규모 국제금융위기로 확산되었다. 위기의 결정적인 순간은 세계적인 미국 투자은행인 Lehman Brothers가 파산된 2008년 9월 14일에 왔다. 우상적 존재인 미국은행의 갑작스런 붕괴는 전 세계의 금융시장과 기관들에게 엄청난 신뢰의 위기를 불러 일으켰다. 주가가 급락하였다. 생산량이 떨어지고 실업이 급증했다. 〈도표 1.5〉에서 보듯이 미국의 유명한 증권시장 지수인 다우존스산업평균지수(DJIA: Dow Jones Industrial Average)가 2007년 10월 9일에 기록한 14,164에서 2009년 2월 27일에는 약 50% 하락한 7,062의 나락으로 떨어졌다. 한편 실업률은 2007년 5월에 4.4%였던 것이 2009년 10월 10.1%로 상승했다. 동시에 국제 무역이 갑자기 위축되었다. 이 위기는 미국, 일본, 유럽연합 등 선진국뿐만 아니라 정도는 다소 덜하지만 브라질, 중국, 러시아 등의 신흥국가들도 덮쳤다. 세계는 대공황(Great Depression) 이래로 가장 심각하고 동조적 경기하락인 대침체(Great Recession)로 빠져들고 있었다.

서브프라임 모기지란 저·중소득층 가계들이 주택 소유를 돕기 위해 고안된 금융수단이다. 대부분의 서브프라임 모기지는 이자율이 조정 가능한 담보대출이며 비교적 빈번하게 차환된다. 주택담보대출 은행들은 주로 증권화(securitization)를 통해 대출 재원을 조달한다. 일단 서브프라임 주택담보대출이 발생하면 이들 대출들이 모여서 재포장된 다양한 주택담보대출증권(MBS: Mortgage Backed Securities)이 발행되어 미국과 해외의 기관 투자자들에게 판매된다. 서브프라임 모기지는 주택가격이 상승한 1996~2005년 동안은 계획대로 작동했다. 그러나 미 연방지불준비은행의 긴축 금융정책으로 인해 미국 이자율이 2004년 초부터 상승하기 시작하자, 주택가격이 상승을 멈추고 2006년 하락하기 시작했다. 그 결과 서브프라임 차입자들은 파산하기 시작했고, 투자자들 간에 위험이 확산되고 미국과 해외 은행들의 자본 기반이 침식되었다.

무엇이 국제금융위기를 유발했는가? 이 중요한 질문에 결정적인 대답을 하기에는 너무 이른 감이 있지만, 위기에 공헌했을 것 같은 몇 가지 요인들을 확인해 보는 것은 가능하다. 첫째, 가계와 금융기관들이 너무 많이 차입하고 너무 많은 위험을 부담했다. 이러한 과도한 차입과 위험부담은 (i) 미 연방지불준비은행의 전 의장 Allan Greenspan의 유산인 "완화 금융(easy money)"정책과 (ii) 중국, 일본, 한국 등의 아시아 국가들과 중동 산유국들의 무역 흑자의 재순환과 관련된 해외 자본의 대규모 유입에 의한 풍부한 유동성과 신용공급에 기인했다고 할 수 있다. 둘째, 위기는 증권화에 의해 몇 배로 확대되어 전 세계로 퍼져 나갔다. 증권화는 최초의 대출자로 하여금 파산위험 부담을 벗어나도록 해줌으로써 대출자들이 대출기준을 완화해 주고 차입자의 신용 감시를 게을리 하는 도덕적 해이(moral hazard)를 낳게 한다. 또한 금융공학자들이 과도한 위험부담을 가능케 하는 기이하고 복잡한 주택 담보 대출에 기반을 둔 증권들을 만들어냈다. 이러한 증권들은 거래가 빈번하지 않아 종종 가치평가하기가 어렵다. 셋째, 자유시장의 "보이지 않는 손(invisible hands)"이 명백히 시장의 지나친 현상들에 대해 자율적으로 규제하지 못해 은행위기를 불렀다. 동시에 증권거래위원회(SEC: Securities and Exchange Commission)와 연방지불준비위원회와 같은 정부 규제기관들의 가벼운 규제들로 인해 그러한 기관들은 금융시스템의 증가된 위험을 인지하지 못하고 위기를 방지하기 위한 시의적절한 규제조치를 취하지 못했다. 이러한 자유방임적 규제입장은 1980년대 이후 일어났던 미국 경제의 전반적인 규제완화의 추세를 반영한 것이다. 1999년 글라스-스티걸법(Glass-Steagal Act)의 폐기는 미국의 규제완화 추세에 대한 명백한 예이다. 그 법은 대공황

이 후 채택된 것으로서 상업은행과 투자은행 사이에 방화벽을 설치한 법이다. 그 법의 폐기는 은행들로 하여금 과도하게 위험을 부담토록 부추겼다. 넷째, 오늘날 국제금융시장이 밀접하게 상호 연계되고 통합되어 있다. 미국의 서브프라임 모기지의 부도는 미국의 모기지 증권에 투자했던 노르웨이의 교사퇴직연금기관의 지급능력을 위협하게 되었다. 미 정부는 역사상 단일 기업에 대한 구제금액으로는 최고액수인 1,800억 달러의 구제안으로 미 보험회사인 AIG를 구제해야만 했다. 이는 AIG가 파산하는 경우 그 회사의 국제적 거래 상대자들인 Goldman Sachs, Deutsche Bank, Barclays, Union Bank of Switzerland(UBS), Société Générale, Merrill Lynch 등이 연쇄반응으로 파산할 것이 두려워 미 정부가 AIG를 구제한 것이다. 따라서 AIG는 파산하기에는 너무 클 뿐만 아니라 많은 곳과 상호 연결되어 있다. 현대의 세계경제는 한 시장에서 발생한 국지적 금융 충격이 급속히 전염되거나 다른 경로를 통해 파급될 수 있다. 어떠한 시장이나 기관도 통합된 세계에서는 고립된 섬일 수는 없다.

심각한 금융위기와 경기침체에 직면한 미 정부는 은행들을 구하고 경제를 촉진시키기 위해 강제적 조치를 취했다. 사실상 미 정부는 경기를 부양하기 위해 최종적으로 의존할 대부자이며 지출자로 행동했다. 구체적으로 부시 행정부는 2008년 10월 입법화된 고충자산구제프로그램(TARP: Troubled Asset Relief Program)을 실행했다. 은행들로부터 비활동성 자산과 모기지 관련 증권을 매입하고 직접적으로 은행의 자본금을 강화하기 위해 7,000억 달러의 TARP 기금이 금융시스템에 긴급 투여되었다. 이어서 오바마 행정부는 경제활동을 활성화하고 취업을 늘리기 위해 8,500억 달러의 경제촉진 프로그램을 집행했다. 영국, 프랑스, 독일, 중국, 한국 등 전 세계 많은 국가들이 촉진 조치를 취했다. 더욱이 미래 금융위기와 비용이 큰 구제안들을 방지하기 위해 미 정부는 2010년 7월에 훨씬 강력한 금융 법안들을 채택했다. 무엇보다도 새로운 법안들은 은행의 기본 자본금을 위태롭게 만드는 은행 자신의 자금으로 위험투자를 하는 것을 금지한다. 더욱이 약탈적 대출로부터 소비자를 보호하기 위해 소비자금융보호청(Consumer Financial Protection Bureau)을 신설하였다. 또한 재무장관을 의장으로 하고 규제기관들로 구성되는 새로운 금융안정감독위원회(Financial Stability Oversight Council)가 전체 금융시장을 위협하는 **시스템위험**(systemic risk)을 주도면밀하게 통제할 책임을 맡게 될 것이다.

마지막으로 2008~2009년의 국제금융위기 동안 독일, 일본, 미국 등의 주요 선진국들과 브라질, 중국, 인도, 한국, 남아프리카 등의 주요 개발도상국가들로 구성된

G-20이 국제경제 문제를 토론하고, 금융규제와 거시경제정책을 협력 조정하기 위한 정상회의로 등장한 것은 주목할 만한 일이다. 우리는 제11장에서 다시금 이러한 문제들과 다른 관련된 문제들을 보다 자세히 논의할 것이다.

브렉시트(Brexit)

최근, 영국 국민 대다수가 유럽연합(EU) 탈퇴를 결정한 브렉시트 사건으로 인해, 지난 60년 동안 진행되어 온 글로벌 및 지역 경제 통합 과정이 큰 타격을 받았다. 전 영국 총리 데이비드 캐머런은 자신의 보수당 내 유로체제에 회의적인 정치인들과 보수당의 유권자 기반을 위협하는 영국 독립당의 인기 상승으로 인한 정치적 압박을 받아서 2013년에 국민투표를 약속했다. 2016년 6월 23일에 시행된 영국 국민투표의 예상치 못한 결과는 지난 60년 동안 진행되어 온 세계화 과정의 변곡점이 될 수 있다. 브렉시트는 경제적, 정치적으로 영국과 유럽연합 모두를 약화시킬 가능성이 높다. 또한, 영국이 유럽 단일 시장에 대한 무제한 접근을 잃을 경우, 런던의 유럽 금융 중심지로서의 위치가 악화될 수 있다. 실제로, 브렉시트가 영국이 정치적 실체로서 천천히 붕괴되는 것을 촉발할 가능성을 완전히 배제할 수 없다.[11)]

장기적으로 다른 회원국들이 자체적인 탈퇴를 고려하게 될 경우 유럽연합의 무결성에도 위협이 될 수 있다. 자유무역과 자유자본주의를 옹호했던 영국이 가장 야심찬 세계화 프로젝트인 EU에서 자발적으로 탈퇴하기로 결정한 첫 번째 국가가 된 것은 아이러니하다. 어떻게 이런 일이 발생할 수 있었을까? 이 질문에 대한 답변도 다소 아이러니하게 들린다: 세계화가 성공했기 때문에 브렉시트가 발생했다. 유럽 통합이 깊어지면서, 런던은 유럽 금융의 수도로 부상하여 크게 이익을 얻었다. 하지만 나머지 영국은 이러한 성공의 열매를 많이 공유하지 못했다. 런던 시민의 60%가 EU에 남는 것에 찬성했지만, 영국의 다른 지역에서는 45%의 유권자만이 같은 방향으로 투표했다. 기본적으로, 런던 외부의 대다수 유권자들은 세계화된 경제에서 소외감을 느끼고 이민자들과의 일자리 경쟁에 대해 우려했다.

"탈퇴파"의 국민투표 승리 이후, 캐머런을 이은 영국 총리 테리사 메이는 EU와 브렉시트 조건에 대한 협상을 시작했다. 장기간에 걸친 협상 끝에 EU와 도달한 주

11) 스코틀랜드에서 EU에 대한 상대적으로 우호적인 여론을 고려할 때, BREXIT는 스코틀랜드 독립 운동을 재점화시킬 수 있으며, 이는 국민이 그렇게 결정한다면 스코틀랜드의 EU 재진입으로 이어질 수 있다.

요 합의 사항들은 다음과 같다: (i) 영국과 EU 간의 관세 동맹은 대체하는 장기적 관계가 확립될 때까지 유지되고, (ii) 사람들의 자유로운 이동이 종료되며, (iii) 영국의 일부인 북아일랜드와 아일랜드 공화국 간에 검문이 있는 국경선이 설정되지 않는다. 첫 번째 합의는 영국이 가까운 미래에 다른 국가들이나 지역들과 자유무역 협정을 협상할 수 없음을 의미하며, 영국의 주권을 크게 제한한다. 두 번째 합의는 영국이 국경 통제를 다시 확립하고 국가 정체성을 보호하는 데 도움을 주지만, 이는 EU 단일 시장에서의 영국의 배제라는 대가를 치러야 한다. 반면 세 번째 합의는 EU 회원국인 아일랜드 공화국 쪽으로 북아일랜드가 기울게 할 수 있어 북아일랜드의 정치적 불안정을 증가시킬 수 있다. 2019년 1월 메이의 브렉시트 합의안이 의회에 상정되었을 때, 이는 결정적으로 기각되었으며, 이는 의회 구성원들 사이의 심각한 의견 분열을 반영한다. 그 후, 이 합의안은 2019년 3월에 두 차례 더 기각되었다. 모든 대안적 합의안들도 부결되었다. 원래 3월 29일로 설정되었던 브렉시트 마감 기한은 2019년 10월 31일로 연장되어야 했다.

의회에서 발생한 전례 없는 교착 상태는 경제 통합으로부터 얻은 이익을 희생하지 않고서는 정치적 주권을 완전히 회복하는 것이 얼마나 어려운지를 반영한다. EU와 협상한 브렉시트 조건에 대해 의회의 승인을 여러 차례 얻지 못한 후, 결국 테리사 메이 총리는 사임했다.

2019년 7월 보리스 존슨이 보수당의 리더이자 총리로 테리사 메이를 이어받았다. 그는 EU와의 협상을 재개하고 EU와 탈퇴 협정에 도달했다. 마침내 보리스 존슨 총리는 2020년 1월 31일에 "브렉시트 완료"라는 자신의 약속을 이행했다.

세계화로부터 과도하게 이익을 보는 것으로 여겨진 도시의 엘리트에 대한 다수의 불만과 영국 국가 정체성 상실에 대한 두려움에서 비롯된 브렉시트는 고립된 현상이 아니다. 최근 몇 년간, 헝가리, 폴란드, 이탈리아, 브라질, 그리고 미국과 같은 다른 나라에서도 유사한 대중주의적 민족주의가 유행하고 힘을 얻고 있다. 도널드 트럼프의 미국 대통령 선출과 그의 행정부의 "미국 우선" 정책은 본질적으로 같은 정치적 세력에 기인할 수 있다. 트럼프 대통령 취임 이후 미국과 주요 무역 파트너들, 특히 중국 간의 이른바 무역 전쟁은 세계 경제 성장에 그림자를 드리우며 세계경제 통합에서 얻은 이익을 위협한다. 분명히, 국가는 여전히 사람들이 자신의 정체성을 정의하는 데 강력한 문화적, 정치적 틀을 제공한다.

브렉시트는 자유무역과 세계 통합이 추구하는 상품, 서비스, 자본, 그리고 사람들의 국가 간 자유 이동과 관련된 심각한 어려움들을 드러냈다. 국제 무역은 경제 성장에 크게 기여하여 전 세계 수천만 명의 사람들을 빈곤에서 벗어나게 하지만, 명확한 승자와 패자를 만들어낸다. 결과적으로, 패자들에게 이전 지급과 좋은 일자리 재교육이 제공되지 않는 한, 자유무역은 정치적 저항에 직면할 가능성이 높다. 따라서 나라들은 보호주의를 방어하고 자유무역 및 경제 통합에서 계속 이익을 얻기 위해 "공유 성장"을 촉진하고 추구하는 것이 중요하다. 1930년대에 발생했던 것처럼 보호주의가 자유 무역을 이기면 모두가 결국 손해를 볼 수 있다. 세계 통합과 관련된 사람들의 자유 이동은 상당한 경제적 이득을 가져올 수 있지만, 동시에 개최국의 국가 정체성을 희석시키는 것으로 인식될 수 있어 어려운 질문들을 제기한다. 따라서 국가들과 경제 공동체들은 이러한 상충 관계를 이민 정책을 수립할 때 신중히 고려해야한다.

COVID-19 팬데믹

2019년 말 중국 우한에서 처음으로 확인된 급성 호흡기 증후군을 일으키는 코로나바이러스 질병 2019(COVID-19, 약칭)는 태국, 일본, 한국, 이탈리아, 영국 및 많은 다른 국가들로 빠르게 확산되었다. 2020년 1월 20일, 미국 질병통제센터(CDC)는 워싱턴주 스노호미시 카운티에서 미국 내 첫 사례를 확인했다. 2020년 1월 31일, CDC는 COVID-19 발병이 국제적으로 중요한 공중 보건 비상 사태라고 선언했다. COVID-19가 세계 곳곳으로 무자비하게 퍼짐에 따라, 세계보건기구(WHO)는 2020년 3월 11일 COVID-19를 "팬데믹", 즉 최고 수준의 보건 비상 사태로 공식 선언했다. 이후 2년 동안, COVID-19는 전례 없는 글로벌 보건 위기가 되어 삶의 모든 측면에 깊은 영향을 미쳤다. 2022년 3월 25일 현재, 전 세계 누적 확진자 수는 약 4억 7,600만 명에 달하며, 사망자 수는 610만 명에 이른다. 국가별로는 미국이 약 7,910만 명(사망 96.8만 명)으로 가장 높은 누적 확진자 수를 기록했으며, 이어 인도 4,300만 명(사망 51.7만 명), 브라질 2,970만 명(사망 65.8만 명), 프랑스 2,390만 명(사망 13.8만 명), 영국 2,060만 명(사망 16.4만 명), 독일 1,990만 명(사망 12.8만 명) 순이다. 인구가 많음에도 불구하고 중국은 총 확진자 수가 비교적 적은 87만 명, 사망자 수 1.2만 명을 기록했다.[12] 미국이 풍부한 재정 자원과 선진 의료 인프라에도 불구하고 세계에서 가장 높은 COVID-19 발생률과 사망률을 기록한 나라가 된 것은 공중 보건 분야에서

도표 1.6
COVID-19 충격과 거시경제적 반응

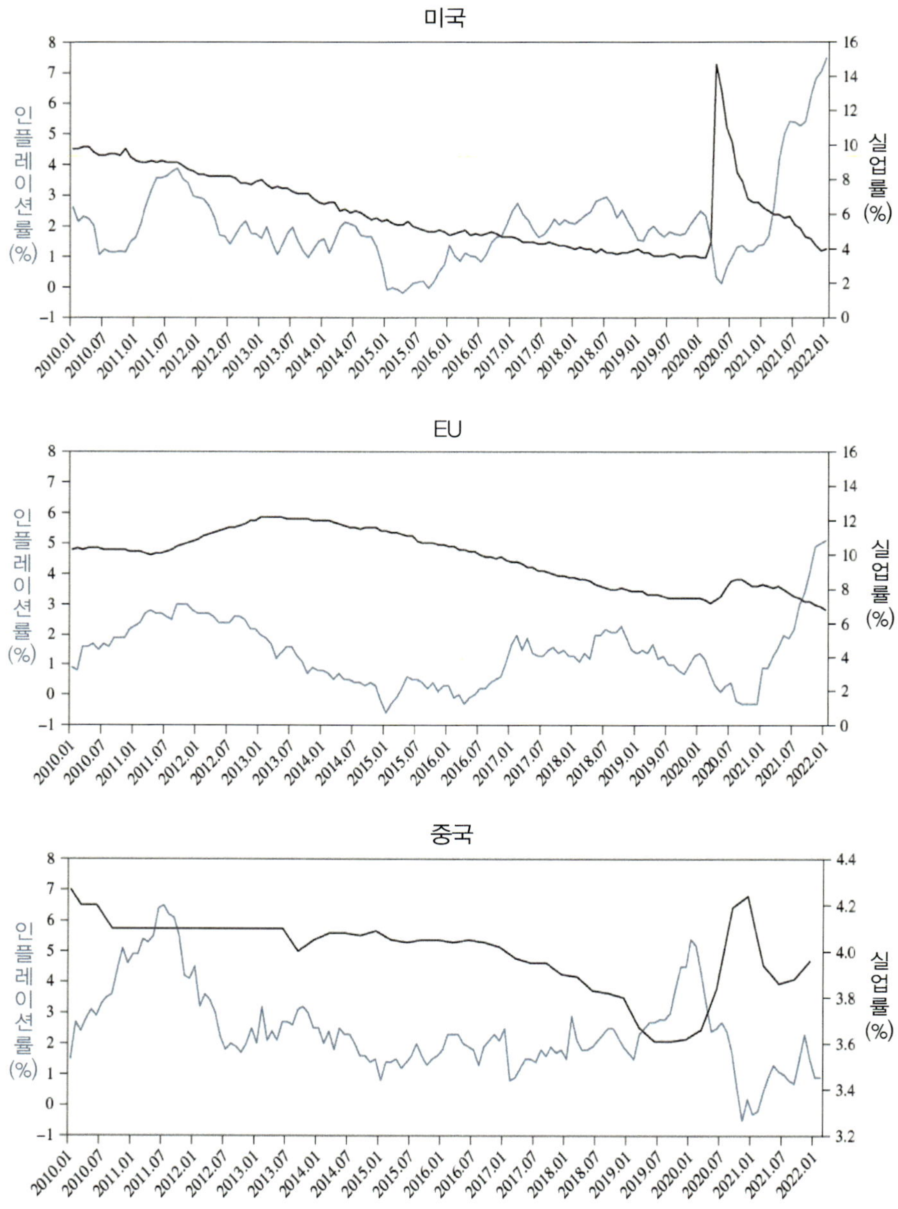

자료: Bloomberg.

12) 데이터 출처: https://covid19.who.int

깊이 있는 조사가 필요한 의문스러운 문제이다.

처음에 정부들은 국제 여행 제한, 공장 폐쇄, 지역사회 봉쇄 및 사회적 거리 두기를 통해 팬데믹을 억제하려고 시도했다. 정부들은 또한 개인 위생을 촉진했다. 그러나 이러한 사회적 상호작용을 제한하는 정책 조치들은 심각한 일자리 감소, 소득 감소, 공급망 차질을 초래하여 사회 및 비즈니스 활동을 저해했다. 2020년 4월, 미국의 실업률은 대공황 이후 최고 수준인 14.7%로 치솟았다. 경제를 부양하기 위해, 미국 정부는 확장적인 통화 및 재정 정책을 시행했다. 구체적으로는, 연방준비이사회는 정책 금리를 사실상 제로로 낮추고 2020년과 2021년 내내 제로 금리를 유지했다. 2021년 3월, 미국 의회는 조셉 바이든 대통령이 서명한 1조 9천억 달러 규모의 부양 법안인 '미국 구조 계획 법'을 통과시켰다. 유럽연합, 영국, 일본, 캐나다를 포함한 다른 주요 경제국들도 마찬가지로 금리를 낮추고 재정 지출을 증가시켰다. 결과적으로, 2020년 2분기에 마이너스 GDP 성장률을 기록했던 대부분의 국가들은 2020년 3분기 동안 다시 성장하기 시작했다. 예를 들어, OECD 회원국들은 2분기에 -10.4%의 GDP 성장률을 기록했지만, 3분기에는 9.4% 양(+)의 성장률을 실현했다. 약 한 분기 동안 지속된 비교적 짧은 글로벌 경기침체가 있었다. 그러나 대규모이고 동시적인 정부 부양책으로 인한 총수요의 급증이 노동, 원자재, 컴퓨터 칩과 같은 중요한 구성 요소들의 공급 부족이 결합되어 불가피하게 인플레이션으로 이어졌다. 물류 및 해상 운송의 혼란은 공급 부족을 더욱 악화시켰다. 실제로, 2022년 6월 미국의 인플레이션율은 9.1%에 달해 연방준비제도의 목표인 연간 평균 2.0%를 크게 상회했다. 주식 시장 역시 부정적인 영향을 받았다. 투자자들의 우려를 반영하듯, 다우존스 산업평균 지수(DJIA)는 2020년 2월 14일의 29,398에서 2020년 3월 23일에 18,592로 36.5% 하락했다가 정부 구제책에 대한 기대감으로 다시 상승하기 시작했다.

COVID-19는 세계적인 성격을 띠고 있지만, 그 경제적 영향은 국가와 지역에 따라 다양하다. 도표 1.6에 나타난 바와 같이, 미국의 실업률은 2008~2009년 세계금융위기에서 회복 중이던 2010년 1월에 9.8%였다. 이후 실업률은 꾸준히 감소하여 2020년 1월에는 거의 완전 고용에 가까운 3.5%에 도달했다. 그러나 2020년 3월에 COVID-19가 본격적으로 확산되면서 실업률이 4.4%로 상승했고, 2020년 4월에는 급격히 14.7%로 치솟았다가 점차 감소하여 2021년 말에는 팬데믹 이전 수준에 도달했다. 2020년 1월 2.5%였던 연간 인플레이션율은 2020년 5월에 0.1%까지 하락했으나, 이후 꾸준히 상승하여 2022년 6월에는 1980년대 이후 최고 수준인 9.1%에 이르렀다. 연방준비제도가 정책 금리를 인상함으로써 인플레이션과 싸울 가능성이 높지만, 높은 인플레이션은 COVID-19 팬데믹의 장기적인 유산으로 남을 수 있다. 〈도표 1.6〉에서 볼 수 있듯이, 유럽연합(EU)의 인플레이션율도 팬데믹 기간 동안 미국의 인플레이션율과 유사한 양상을 보였다. 그러나 유럽연합(EU)의 실업률은 2020년 8월에 최고점인 8.6%에 달했는데, 이는 미국의 14.7%보다 훨씬 낮은 수치로, 근로자의 직업 안정성을 더 강력하게 보호하는 유럽 복지 시스템을 반영한 것으로 보인다.

도표 1.6는 중국 경제가 미국과 EU와는 상당히 다른 방식으로 팬데믹에 반응했음을 보여준다. 예를 들어, 중국의 인플레이션은 2020년 1월에 최고 수준인 5.4%에 달했지만, 이후 급격히 하락하여 2020년 11월에는 마이너스 0.5%까지 떨어졌다가 다시 상승하기 시작했다. 반면, 중국의 실업률은 2020년 1월 3.6%에서 2020년 9월에는 4.2%로 적당히 높아졌다가 약간 하락했다. 팬데믹 기간 동안 중국의 비교적 안정적인 경제 상황은 중국의 낮은 COVID-19 발병률과 사망률을 반영하는 것으로, 이는 대규모 검사, 격리, 봉쇄 및 국경 폐쇄에 기반한 중국의 엄격한 "제로 코로나" 정책에 기인할 수 있다. 그러나 최근 중국에서 COVID-19 발병률이 급격히 증가하고 있다. 2022년 4월, 중국의 가장 중요한 상업 및 금융 중심지인 상하이는 하루 확진자 수가 2만 명을 넘어서면서 엄격한 봉쇄 조치를 취했다. 따라서 중국의 14억 인구가 다른 많은 나라보다 더 정상적으로 생활할 수 있게 해준 제로 코로나 정책이 오미크론 및 기타 전염성이 더 강한 COVID-19 변이들과의 미래 전투에서 계속 효과적일지 여부는 미지수이다. 그렇지 않다면, 중국은 더 효과적인 mRNA 기반 백신 도입을 고려하고 "코로나와 공존" 접근 방식의 일부 요소를 고려하여 제로 코로나 정책으로 인한 증가하는 경제적 및 행정적 비용을 줄여야 할 수도 있다.

COVID-19의 경제적 영향은 산업 부문에 따라 크게 다르다. 미국 노동통계국에 따르면, 2020년 4월 미국의 고용은 여가 및 숙박 부문에서 약 758만 명이 감소했으며, 이어 교육 및 보건 서비스 부문에서 260만 명, 소매업에서 230만 명이 감소했다. 반면, 금융 서비스와 정보 부문은 각각 26만 명과 28만 명의 고용만 감소했다. 원격 근무가 금융 및 정보 부문에서 여가 및 숙박 부문보다 더 실현 가능하다는 점이 다양한 부문 간의 일자리 손실 차이를 부분적으로 설명할 수 있다. 여가 및 숙박 부문에서 저임금 일자리가 우세하다는 것을 고려하면, 저소득 근로자들이 COVID-19 팬데믹으로 인해 더욱 심각하게 영향을 받았을 가능성이 높다. 이는 팬데믹으로 인해 경제적 불평등이 증가했을 수 있음을 시사한다. 실제로, 연방준비이사회 의장 제롬 파월은 2020년 5월 13일에 "2020년 2월에 일하던 개인 중에서 연소득 4만 달러 미만인 가구의 거의 40%가 일자리를 잃었다"고 보고했다.[13] 따라서 COVID-19 팬데믹의 중요한 경제적 결과 중 하나는 소득과 부의 불평등 증가로 보인다. 2022년 세계 불평등 보고서에 따르면, 실제로 이것이 전 세계적으로 사실인 것으로 나타났다. 즉, 팬데믹 시대 동안 소득과 부의 분배가 상위 10% 부유한 사람들에게 훨씬 더 집중되었다. 이 상황은 재정 정책이, 예를 들어 저소득 가구를 위한 직접적인 소득 보조, 더 진보적인 소득세, 부유세 등을 통해, 증가하는 불평등을 완화하는 데 더 적극적인 역할을 해야 함을 시사한다.[14]

기후변화

세계 경제에 영향을 미치는 또 다른 주요 트렌드는 기후변화이다. 널리 인정되는 바와 같이, 대부분 화석 연료의 연소에서 발생하는 이산화탄소(CO_2) 배출에 의해 발생하는 대기 중 온실가스 수준의 상승은 글로벌 경제와 지구 생태계에 장기적 위협이 되는 주요한 물리적 및 금융적 위험의 원천이 되고 있다. 온실가스 수준의 상승은 지구 온난화를 초래하여 해수면 상승, 가뭄, 산불, 홍수, 폭풍 등과 같은 극단적인 기상 사건들이 더 자주 발생하게 했다. 지구 온난화와 관련된 기상 사건들은 농작물, 실물 자산, 생명의 피해와 같은 물리적 위험뿐만 아니라 자산 가치의 하락, 보험료 상승, 기업 부도와 같은 금융위험을 야기한다.[15] 세계 과학적 합의를 반영하여, 기후변화 평가를 위한 주요 비정치적 기구인 정부간 기후변화위원회(IPCC)는 2014년 종합 보고서에서 다음과 같이 결론지었다: 기후 변화는 실제이며 인간 활동이 주요 원인이다.

기후변화의 역학은 글로벌하게 통합되어 있으므로 국가적인 경계가 없다. 따라서 해결책 역시 글로벌한 범위에서 이루어져야 한다. 기후변화의 글로벌한 성격을 고려할 때, 기후변화에 대항하는 데 있어 유엔 기후변화협약(UNFCCC)이 중요한 역할을 하는 것은 논리적이다. UNFCCC가 취한 가장 중요하고 포괄적인 이니셔티브는

13) 2020년 5월 13일 피터슨 국제경제연구소에서의 제롬 파월의 연설

14) 금리가 매우 낮은 상황에서 확장적인 통화정책에 대한 추가적인 여지가 없을때, 재정정책의 역할은 경제성장에 더 중요해지며, 이러한 상황은 케인즈주의 유동성 함정과 관련이 깊다.

15) 장기간의 가뭄 이후 캘리포니아에 발생한 산불의 법적 책임으로 캘리포니아 주의 가장 큰 유틸리티 공기업인 Pacific Gas and Electric이 파산했다는 것을 주목해야한다.

2015년 파리 기후 협약이다. 구체적으로, UNFCCC를 비준한 정부 당사자들은 2015년 12월 파리에서 만나 획기적인 파리 기후 협약을 통과시켰다. 파리 협약의 주요 요소들은 (i) "완화"(온실가스 배출 감소) 및 (ii) "적응"(기후 변화에 대한 회복력 강화)을 촉진하기 위해 설계되었다:

1. 파리 협정은 산업화 이전 시대의 평균과 비교하여 세계 온도 상승을 2.0도 섭씨 이하로 제한하는 목표를 확인하고, 이 세기 말까지 상승 폭을 1.5도 섭씨로 제한하기 위해 노력한다고 명시하고 있다.[16)]
2. 파리 협정은 모든 당사국이 국가 결정 기여(NDC)를 준비하고 소통하며, 이를 달성하기 위한 국내 조치를 추진할 구속적인 약속을 설정한다. 또한, 당사국이 5년마다 그들의 NDC를 소통하도록 요구한다.
3. 파리 협정은 적응 능력을 강화하고, 회복력을 강화하며, 기후변화에 대한 취약성을 감소시키는 것을 목표로 하는 글로벌 적응 목표를 수립한다.
4. 파리 협정은 개발도상국이 깨끗하고 기후에 대해 회복력 있는 미래를 구축하는 노력을 지원하기 위한 선진국의 의무를 재확인한다.
5. 파리 협정은 강력한 투명성 및 회계 시스템에 의존하여, 당사국들의 행동과 지원에 대한 명확성을 제공하며, 그들의 다양한 역량을 고려하여 유연성을 제공한다.
6. 파리 협정은 5년마다 진행되는 "글로벌 주기적 평가"를 설정하여, 협정의 목적을 충족시키기 위한 집단적인 진전을 평가한다.[17)]

2021년 8월, IPCC는 얼마나 많은 CO_2 배출이 감소되는지에 따라 분류되는 다섯 가지 시나리오에서, 2030년대에 세계가 1.5도 섭씨의 온난화 기준을 넘을 것이라는 과학적 보고서를 발표했다. 이는 파리 협약이 요구하는 바 이 세기 내에 글로벌 온도 상승을 1.5도 섭씨로 제한하기 위해 국가들은 온실가스 배출을 상당히 급격하게 줄여야 한다는 것을 의미한다. IPCC 부의장이자 미국 국립해양대기청의 기후 고문인 코 바렛은 "이 보고서는 최근 기후변화가 수천 년 동안 전례 없이 광범위하고 빠르며 심화되고 있다고 말해준다"고 밝혔다. IPCC 과학자들은 급변하는 기후를

16) 기후 변화를 측정하기 위한 기준점으로 가장 자주 사용되는 것은 1850-1900년으로, 이 기간 동안 이미 산업화가 진행 중이었지만 상대적으로 신뢰할 수 있는 글로벌 기후 기록이 존재하기 때문이다.

17) 파리 협정에 대한 자세한 내용은 http://bigpicture.unfccc.int를 참조하시오.

"인류에 대한 적신호"라고 부른다. 2021년 스코틀랜드 글래스고에서 열린 당사국 총회(COP)에서, 각국은 순수 CO_2 배출 제로 목표 달성 연도를 발표했다. UNFCCC에 따르면, 순수 제로 목표 연도는 우루과이는 2030년, 핀란드는 2035년, 독일과 스웨덴은 2045년, 미국, 프랑스, 일본, 한국, 영국을 포함한 120개국은 2050년이다. 중국, 러시아, 카자흐스탄, 사우디아라비아는 목표 연도로 2060년을 선택했다. 글로벌 CO_2 배출의 주요 기여자인 인도는 늦게나마 2070년을 목표 연도로 선택했다. 글래스고 COP는 많은 국가들에게 파리 협약 하의 목표를 달성하기 위해 필요한 보다 야심찬 순수 제로 계획을 세우도록 설득하는 데 실패했지만, 온실가스의 또 다른 기여자인 메탄 배출을 제한하고 산림 파괴를 중단하며 저배출 에너지에 대한 투자와 같은 탄소 배출 감소를 향한 몇 가지 주목할 만한 성공을 거두었다. 국가들처럼 개별 회사들도 자체적으로 CO_2 배출 감소 목표를 채택하기 시작했다. 예를 들어, 제너럴 모터스와 볼보는 2035년까지 내연 기관 자동차 생산을 중단하고 전기 자동차 생산으로 완전히 전환할 계획을 발표했다. 또한 전 세계의 많은 투자 회사들이 ESG(환경, 사회, 거버넌스) 펀드를 통해 녹색 채권과 지속 가능한 기업의 주식에 대한 투자를 촉진하고 있다. 분명히, 세계는 기후변화에 대응하는 데 있어 줄어드는 시간 창에 의해 제기되는 심각한 도전에 직면하고 있다. 기후 문제의 신속한 해결은 저배출 경제로의 전환에 따른 경제적 및 기술적 어려움뿐만 아니라 부유한 국가들과 빈곤한 국가들, 현재 세대와 미래 세대 간의 이해관계 충돌로 인해 방해받고 있다.

다국적기업

국제무역과 더불어 다국적기업의 해외직접투자(FDI: Foreign Direct Investment)가 세계경제의 국제화를 촉진시킨 주요한 동력이다. 유엔 보고에 따르면 전 세계는 해외에 500,000개 이상의 자회사를 거느린 대략 60,000개의 다국적기업들이 있다.[18)] 1990년대 이래로 다국적기업의 해외직접투자는 매년 10%로 성장해 왔다. 이와 비교해 볼 때 같은 기간 동안 국제무역은 매년 3.5%로 성장했다.

18) 이 정보의 출처는 UN이 발행하는 *World Investment Report* 각 호이다.

다국적기업(MNC: Multinational Corporation)이란 한 국가에서 설립되었으나 여러 다른 나라에서 생산 및 판매활동을 행하는 기업이다. 이 용어는 한 국가의 시장에서 원자재를 구하고, 다른 국가의 시장에서 자본을 얻고, 그리고 제3국의 시장에서 노동력과 자본 설비로 생산을 진행하고 기타 여러 국가들의 시장에서 완제품을 판매하는 기업을 의미한다. 몇몇 다국적기업들은 수십 개가 넘는 여러 국가에서 경영활동을 한다. 다국적기업들은 전 세계 주요 금융시장에서 상이한 종류의 통화로 자금을 조달한다. 국제적 활동은 재무 부서로 하여금 국제적 은행관계를 형성하고, 단기자금들을 여러 종류의 통화로 예치하고, 효율적으로 환위험을 관리하도록 요구한다.

〈도표 1.7〉은 2020년 해외자산규모로 서열을 정했을 때 가장 큰 100대 다국적기업 중 최상위 40개 기업들의 목록이다. 이 목록은 유엔 무역개발위원회(UNCTAD: United Nations Conference on Trade and Development)에 의해 작성되었다. 목록에 있는 기업들은 가정에서 많이 사용하는 제품들을 만들기 때문에 매우 익숙한 이름들이다. 예컨대 Microsoft, Tencent, British Petroleum(BP), Toyota, BMW, Apple, Johnson & Johnson, Nestlé, Amazon, Volkswagen 등 많은 사람들이 잘 알고 있는 기업들이다. 만약에 모회사 소재 국가별로 구분해 보면, 전체 40개의 다국적기업 중 미국 기업이 8개로 가장 많다. 영국과 독일이 각 4개의 기업을 구성하고 이어서 중국과 일본이 각 4개의 기업이 있다. 프랑스, 이태리, 스페인, 스위스의 4개 국가들이 40개 최상위에서 각 2개의 다국적기업을 구성하고, 벨기에, 아일랜드, 네덜란드, 한국이 각 1개의 기업을 구성하고 있다. 일부 스위스 회사들이 극히 국제화 정도가 높은 것은 매우 흥미롭다. 예를 들면, Nestlé는 매출의 98%를 해외에서 달성하고 있으며 총 직원의 97%인 264,460명의 직원을 스위스 밖에서 고용하고 있다. 분명히 다국적기업들이 전 세계의 취업 기회의 창출에 매우 큰 공헌을 하고 있다.

다국적기업은 여러 국가에서 활동함으로써 다양한 측면에서 이득을 얻을 수 있다. 무엇보다도 다국적기업은 (1) 연구개발비용과 광고비를 전 세계의 매출에 대해 분담시킬 수 있다. (2) 공급업자들에 대한 국제적 구매력을 모을 수 있다. (3) 최소의 추가 비용으로 전 세계적으로 자신의 기술적, 관리적 노하우를 사용함으로써, 규모의 경제효과로부터 혜택을 얻는다. 더욱이 국제적인 활동을 통해 개발도상국의 싼 노동력을 이용할 수 있고, 선진국에 있는 특별한 연구개발 시설들을 이용할 수 있다. 다국적기업은 국제적인 활동을 통해 이윤을 증가시켜 주주 가치를 창출해 낸다.

최근 수년 간 다국적기업들은 원가를 낮추고 생산성을 향상시키기 위해 보다 더

해외 **외주**(outsource)에 의지하고 있다. 예를 들면, 비디오 게임 시장에 진입하기 위해서 Microsoft는 모든 Xbox 게임 콘솔의 제작을 싱가포르에 본사를 둔 Flextronics라는 제조업체에게 아웃소싱하였다. 그리고 Flextronics는 중국에서 생산하기로 결정하였다. 이러한 아웃소싱 결정으로 소프트웨어에서 강점을 가지고 있는 Microsoft는 Flextronics의 제조 및 물류 능력과 중국의 낮은 노동력을 이용하여 이득을 얻을 수 있다. Microsoft와 같이 전 세계 많은 회사들이 아웃소싱을 통해 시장에서 자신들의 경쟁적 지위를 향상시키고 있다.

지난 수년간, 많은 기업들이 팬데믹과 러시아의 우크라이나 침공으로 인해 공급망의 혼란에 직면했다. 이러한 상황에서 이들 기업은 공급망을 단축하기 위해 생산의 일부를 자국으로 가져오거나 여러 다른 국가들에 걸쳐 외주를 다각화하는 것을 고려할 수 있을 것이다.

도표 1.7 2020년 해외자산 규모 순위에 따른 세계 상위 40대 비금융 다국적기업

순위	기업	국가	산업	자산 (10억 달러)		매출 (10억 달러)		고용 (1,000명)	
				해외	합	해외	합	해외	합
1	Toyota Motor Corp	일본	Motor vehicles	336.16	561.99	175.67	256.66	219.39	366.28
2	Royal Dutch Shell Plc	영국	Mining, quarrying and petroleum	323.24	378.63	122.34	169.37	60.00	87.00
3	Deutsche Telekom AG	독일	Telecommunications	259.63	325.09	98.63	115.19	160.24	226.29
4	Volkswagen Group	독일	Motor vehicles	258.10	610.03	205.33	254.20	370.00	665.00
5	Total SA	프랑스	Petroleum refining and related industries	239.97	267.41	85.76	111.79	69.61	105.48
6	BP Plc	영국	Petroleum refining and related industries	234.76	267.20	129.12	169.21	12.40	68.10
7	Anheuser-Busch InBev NV	영국	Food and beverages	187.00	227.49	37.40	43.78	141.34	163.70
8	British American Tobacco PLC	미국	Tobacco	175.17	187.95	32.82	33.06	31.54	55.33
9	Daimler AG	독일	Motor vehicles	174.54	350.64	147.18	175.99	80.43	288.48
10	Exxon Mobil Corp	미국	Petroleum refining and related industries	171.36	332.75	93.47	181.50	28.80	72.00
11	EDF SA	프랑스	Electricity, gas and water	170.80	375.37	29.36	78.38	33.17	164.27
12	Vodafone Group Plc	영국	Telecommunications	166.17	181.18	43.60	51.07	58.64	68.23
13	Chevron Corp	미국	Petroleum refining and related industries	165.45	239.79	57.45	94.47	22.84	45.00

14	CK Hutchison Holdings Ltd	홍콩, 중국	Retail trade	150.32	161.81	31.09	34.35	279.00	300.00
15	Honda Motor Co Ltd	일본	Motor vehicles	142.81	187.55	87.74	124.20	152.48	218.67
16	Enel SpA	이탈리아	Electricity, gas and water	141.34	200.58	44.09	71.42	36.89	66.72
17	BMW AG	독일	Motor vehicles	136.85	265.87	97.34	112.90	41.53	122.87
18	China National Petroleum Corp	중국 스위스	Mining, quarrying and petroleum	133.55	610.32	180.88	383.28	133.73	1344.41
19	Johnson & Johnson	미국	Pharmaceuticals	124.94	174.89	39.45	82.58	88.23	134.50
20	Microsoft Corp	미국	Computer and data processing	123.99	301.31	69.86	143.02	67.00	163.00
21	Stellantis NV	네덜란드	Motor vehicles	120.15	122.38	92.60	98.85	131.04	189.51
22	Siemens AG	독일	Industrial and commercial machinery	116.51	145.06	50.51	63.97	177.00	293.00
23	Bayer AG	독일	Pharmaceuticals	113.79	143.63	44.52	47.22	56.43	99.54
24	Hon Hai Precision Industries	타이완	Electronic components Motor vehicles	113.72	130.77	177.27	181.94	658.63	757.40
25	Takeda Pharmaceutica Co Ltdl	일본	Pharmaceuticals	111.88	116.54	24.88	30.16	45.60	47.50
26	Iberdrola SA	스페인	Electricity, gas and water	111.70	150.35	22.15	37.80	27.53	37.13
27	Nisan Motor Co Ltd	일본	Motor vehicles	106.12	148.49	56.40	74.15	79.48	138.91
28	Nestlé SA	스위스	Food and beverages	105.75	140.89	88.67	89.88	264.46	273.00
29	Eni SpA	이탈리아	Petroleum refining and related industries	105.45	134.57	33.38	50.17	9.61	30.78
30	Tencent Holdings Ltd	중국	Computer and data processing	104.11	163.28	5.12	61.18	6.35	85.86
31	Telefonica SA	스페인	Telecommunications	99.34	128.91	34.99	49.13	90.19	113.18
32	Glencore Plc	스위스	Mining, quarrying and petroleum	98.27	117.80	93.49	133.53	140.89	145.00
33	Rio Tinto Plc	영국	Mining, quarrying and petroleum	97.07	97.23	41.62	41.85	43.93	47.47
34	GlaxoSmithKline Plc	영국	Pharmaceuticals	96.50	109.79	42.48	43.74	53.36	94.07
35	Apple Computer Inc	미국	Computer equipment	95.81	323.89	165.32	274.52	43.49	147.00
36	General Electric Co	미국	Industrial and commercial machinery	95.28	253.45	44.31	79.62	118.00	174.00
37	Alphabet Inc	미국	Computer and data processing	91.13	319.62	97.51	182.53	38.58	135.30
38	Amazon.com, Inc	미국	Ecommerce	90.02	321.20	149.78	386.06	210.00	800.00
39	Samsung Electronics Co. Ltd	한국	Commuications equipment	88.20	347.19	169.58	200.96	182.40	287.44
40	Medtronic Plc	아일랜드	Instruments and related products	87.61	90.69	28.83	28.91	86.94	90.00

자료: UNCTAD의 *World Investments Report 2020*.

요 약

이 장에서는 국제재무관리를 소개하였다.

01. 우리는 상당히 국제화되고 통합된 세계 경제 속에서 살아가고 있기 때문에 국제재무관리를 공부해야 한다. (a) 국제무역과 투자의 지속적인 자유화, (b) 통신과 운송기술의 급속한 발전으로 세계 경제는 더욱 더 통합될 것이다.

02. 다음 세 가지 차원에서 국제재무관리는 국내재무관리와 차이가 있다. (a) 환위험과 정치적 위험, (b) 시장 불완전성, (c) 확대된 기회

03. 다국적기업의 재무관리자는 어떻게 적절한 수단과 도구를 이용하여 환위험과 정치적 위험을 어떻게 관리해 나갈 것이며, 시장 불완전성을 다루고 활용하여 확대된 투자와 자금조달 기회로부터 이득을 얻어낼 수 있는지를 배워야 한다. 그렇게 함으로써 재무관리자는 국제 재무관리의 최종 목표인 주주 부의 극대화에 공헌할 수 있게 된다.

04. 비교우위론은 국가들이 각자 비교우위에 있는 재화를 생산하고 이를 교역하게 되면 경제적 후생이 증대될 수 있다고 주장한다. 비교우위론은 자유무역의 강력한 논거를 제공한다. 현재 국제무역이 국제적 수준에서나 지역적 수준에서 자유화되고 있다. 국제적 수준에서는 WTO가 자유무역을 촉진하는데 주요한 역할을 담당하고 있다. 지역적 수준에서는 EU와 NAFTA가 지역 내의 무역장벽을 제거하는데 핵심적 역할을 하고 있다.

05. 2007년에 시작된 미국의 서브프라임 모기지 사태가 심각한 신용위기를 낳았다. 이 신용위기는 2008～2009년 국제금융위기로 확산되었다. 국제금융위기의 원인들로는 (1) 가계와 은행의 과도한 차입과 위험부담, (2) 금융시스템의 증가하는 위험을 인지하지 못해 적시의 방어조치를 취하지 못한 정부 규제자들, (3) 금융시장의 상호 연계성과 통합성 등을 들 수 있다. 추가로 세계 경제는 유럽의 국가 채무위기로 고통을 받았다. 위기는 그리스가 국가 예산 적자가 이전에 예상했던 것보다 훨씬 악화되었음을 공표한 2009년 12월에 시작되었다. 공포는 취약한 유럽 국가들에게 퍼져 나갔다. 이들 국가의 이자율이 급등하고 동시에 유로는 외환시장에서 가치가 급락하여 주요 국제통화로서의 신뢰에 커다란 손상을 입었다.

06. 최근 수십 년 동안의 주요 경제적 추세는 국영기업의 급속한 민영화이다. 공산주의의 몰락으로 많은 동유럽 국가들이 국가에 의해 운영되던 비효율적 사업에서 벗어나기 시작했다. 민영화는 국영기업을 매입하기 위해 필요한 자금을 조달하기 위해 국제 자본시장에 대한 새로운 수요를 만들어냈으며, 또한 국제경영 기술을 가진 새로운 경영자에 대한 수요를 낳았다.

07. 자유무역과 글로벌 경제통합은 전세계적으로 경제성장에 크게 기여했으며, 수백만명의 시민들을 가난으로부터 탈피시겼다. 그러나 최근 몇 년간 글로벌화에 대한 증가하는 불만들 – 예컨대, 승자와 패자 간의 경제적 불평등 증가, 국가 정체성에 대한 사람들의 불안 증대 – 은 폴란드, 헝가리, 이태리, 영국 및 미국을 포함하는 국가들에 포퓰리즘적 민족주의를 낳았다. 브렉시트는 이러한 글로벌화에 대한 불만의 가장 극적인 표현일 수 있다. 글로벌화로부터의 이득을 보호하기 위해, 국가들은 가장 많은 수의 사람들을 위해 공유되는 성장을 촉진하는 것이 필요할 것이다.

08. 석탄과 석유 등 화석 연료를 태우는 것으로부터 배출되는 이산화탄소에 의해 대부분 야기되는 온실가스 수준의 증가는 글로벌 경제 및 지구 행성의 생태계에 장기적인 위협을 가져오는 물리적 및 금융 위험의 주요 요인이 되었다. 2015 파리기후협약 아래, 국가들은 글로벌 기온 증가를 산업화 이전 평균에 비해 섭씨 2.0도 미만으로 제한하는 동시에, 이 세기말까지는 그 증가를 섭씨 1.5도까지 제한하는 노력을 한다는 목표에 동의했다.

09. 2020년 3월 11일, 세계보건기구(WHO)는 COVID-19를 가장 높은 수준의 보건 비상사태로서 "팬데믹"으로 선언했다. 약 2년여 시간 동안, 전세계 총 누적 감염 건수는 약 4억 8천만 건에 도달하고 6백만명이 사망했다. COVID-19 팬데믹은 기업 활동도 심각하게 방해했다. 2020년 4월, 미국의 실업률은 대공황 이후 가장 높은 수준인 14.7%으로 급증했고 그 이후 하락하기 시작했다. 미국 정부의 경기부양 통화 및 재정 정책은 노동, 원자재, 컴퓨터 칩 등 공급 부족과 함께 2022년 6월에 1980년대 이후 가장 높은 수준인 연 9.1% 인플레이션율을 가져왔다. EU경제도 또한 비슷한 방식으로 영향을 받았다.

10. 현대에는 어떤 국가의 다른 국가에 대한 비교우위를 갖게 해주는 것은 국가 자체라기보다는 그 나라에 거주하는 자본과 노하우의 통제권자이다. 이러한 자본과 기술을 가진 통제권자가 다국적기업이다. 다국적기업이 여러 많은 나라의 투자자들에게 증권을 발행하여 다양한 통화로 조달된 자금으로 구입한 자본재 설비를 이용하여 한 나라에서 제품을 생산하여 전 세계의 소비자들에게 완제품을 판매하는 행위는 일상적인 일이 되었다.

주요 용어

- 브렉시트
- 기업지배
- 유럽중앙은행
- 유럽연합(EU)
- 확대된 기회
- 환위험
- GATT
- 파리기후협약
- 환태평양파트너쉽(TPP)
- COVID-19 팬데믹
- 국제화되고 통합된 세계경제
- 시장불완전성
- 다국적기업(MNC)
- NAFTA
- 외주
- 정치적 위험
- 역내포괄경제파트너쉽(RCEP)
- 미국멕시코캐나다 협정(USMCA)
- ESG 펀드
- 민영화
- 주주 부의 극대화
- 시스템 위험
- 비교우위론
- 거래 영역
- 세계무역기구(WTO)

연습문제

01. 국제재무관리를 공부하는 것이 왜 중요한가?

02. 국제재무관리가 국내재무관리와 어떻게 다른가?

03. 지난 20년 동안 국제경영을 주도한 주요 추세들을 논의하라.

04. 재화와 용역의 자유 국제교역을 통해 한 나라의 경제적 후생이 어떻게 증대될 수 있는가?

05. 어떤 고려 사항들이 비교우위론의 현실성의 정도를 제약하는가?

06. 다국적기업이란 무엇이고, 그들의 경제적 역할은 무엇인가?

07. NAFTA가 1994년에 출범되긴 하였으나 미국의 제3당인 개혁당의 대통령 후보였던 Ross Perot이 이의 창설을 강력히 반대했었다. Perot은 임금이 싼 멕시코에 미국의 일자리를 빼앗길 것을 걱정하였다. NAFTA에 대한 Perot의 입장의 장점과 단점은 무엇인가? 북아메리카의 최근 경제발전을 고려해 볼 때 당신은 Perot의 입장을 어떻게 평가하는가?

08. 1995년에 프랑스 산업연맹(Confederation of French Industry)과 프랑스 사기업협회(French Association of Private Companies)에 의해 프랑스의 기업지배구조를 연구할 프랑스 경영자들로 구성된 실무 그룹이 만들어졌다. 이 그룹은 무엇보다도 다음 내용을 보고했다.

"이사회는 영국이나 미국의 경우처럼 단지 주주 부를 극대화하는 것을 목표로 해서는 안 된다. 오히려 이사회의 목표는 기업이 주주, 종업원, 채권자, 공급업자, 고객 등의 목표를 분명히 구분하여 기업의 번영과 영속성을 보존할 수 있는 일반적인 공동의 이해를 추구할 수 있도록 해야 한다."

위 실무 그룹의 추천에 대해 평가하라.[19]

09. Enron이나 WorldCom 등이 관여된 기업 스캔들의 후유증으로 강제성보다는 자발적 순응을 강조하면서 미 대통령 George W. Bush는 보다 강력한 법이 도움이 될 수는 있지만 "궁극적으로 미국 기업의 윤리는 미국 경영자들의 양심에 의존한다."고 말했다. 이 진술에 대한 당신의 견해를 설명하라.

10. 당신이 휴대전화, TV, 가구에 있어 세계 선두주자인 한국의 삼성 전자 주식에 대한 투자에 관심을 가지고 있다고 가정하자. 당신은 투자결정에 앞서 그 기업에 대해 알고 싶어할 것이다. Yahoo의 웹사이트(finance.yahoo.com)를 방문하여 최근 주가와 분석가들의 견해 등 삼성 전자에 대한 정보를 수집해 보라. 당신이 그 기업에 대해 배운 것을 논의해 보라. 또한 인터넷을 통해 정보에 즉각적인 접근이 금융시장의 성질과 운영에 어떻게 영향을 미칠 수 있는지를 논의해 보라.

11. 대부분의 기업들은 기업의 활동이 환경에 미치는 가능한 부정적인 영향들을 고려하지 않고 이익을 극대화하기 위한 기업 결정을 함으로써, 기후변화에 기여한다. 당신은 기업들이 환경을 보호하는 방향으로 행태를 변화하도록 하기 위해 어떻게 유인을 줄 것인가?

12. 2020년초 시작된 COVID-19 팬데믹의 주요 경제적 결과들 중의 하나는 대부분의 국가들에서의 대단히 높은 인플레이션율이다. 예를 들어, 2022년 6월 미국은 1981년 이후 최고 수준인 연 9.1% 인플레율, EU는 1999년 유로화 도입 이후 최고 수준인 8.6% 인플레율을 기록했다. COVID-19 기간에 인플레이션이 그렇게 높게 된 이유와, 인플레이션을 줄이기 위해 무엇을 해야 하는지 당신의 의견은 어떠한가?

---

19) 이 질문은 François Degeorge의 "French Boardrooms Wake Up Slowly to the Need for Reform," in the Complete MBA Companion in Global Business, *Financial Times*, 1999, pp. 156–160.에 의존하여 만든 것이다.

인터넷 연습문제

01. 세계에서 가장 다국화된 기업 중 하나인 Nestlé의 웹사이트를 방문하여 그 기업의 매출이나 수익이 어느 정도 지역적으로 다변화 되어 있는지를 공부해 보라. 또한 관련된 웹사이트에서 그 기업의 재무 정보를 수집하여 분석해 보라. Google이나 Yahoo 등의 인터넷 검색엔진을 사용해 볼 수 있다.

미니 케이스

나이키와 노동 착취공장

미국 Oregon주의 Beeverton에 본사를 두고 있는 Nike는 미국 이외의 지역에서 연간 300억 달러가 넘는 매출액의 반 이상을 달성하고 있는 스포츠화와 운동복 업계의 막강한 기업이다. 그 기업은 1964년 Price Waterhouse의 CPA로 근무하던 Phil Knight와 대학 육상 코치였던 Bill Bowerman이 각각 500달러씩 투자하여 세워졌다. 그 회사는 처음에 Blue Ribbon Sports로 불리다가 1971년 Nike로 이름을 바꾸고 원래는 한 대학생이 디자인했던 전 세계에 알려진 부메랑 모양의 로고(Swoosh logo)를 35달러를 주고 매입하여 이를 채택하였다. Nike는 Air Jordan과 같이 대중에게 어필되는 제품을 디자인하고 판매하는 데 매우 성공하였다.

Nike는 미국에 생산시설이 없다. 오히려 그 회사는 중국, 인도네시아, 베트남 등 아시아 국가에서 운동화와 운동복을 제조하여 미국과 국제시장에서 판매하고 있다. Nike가 생산시설을 가지고 있는 아시아 국가들은 실업률과 과소 고용률이 상당히 높다. 이들 국가에서의 임금은 미국 기준으로 볼 때 매우 적다. 이들 국가의 제조 분야의 시간급은 미국에서의 35달러에 비해 훨씬 적은 2달러 미만이다. 더욱이 이들 국가의 노동자들은 종종 건강에 좋지 않은 열악한 환경에서 근무하고 있으며 그들의 권리 또한 잘 보호받지 못하고 있다. 현지 국가들이 그들의 경제를 개발하고 시민들의 생활수준을 높이기 위해 Nike와 같은 외국인 투자를 유치하기 위해 애쓰는 것은 이해할 만하다. 그러나 최근에 Nike는 - 비판가들의 표현에 의하면 거의 무일푼에 가까운- 저임금으로 노동자들을 고용하고 현지국의 열악한 노동조건을 묵인하고 있는 관행에 대해 전 세계의 비판을 받고 있다.

처음에 Nike는 노동 착취를 부인하고 비판가들을 비난했다. 그러나 나중에 그 기업은 해외 공장들의 노동 관행을 감시하고 노동 기준을 향상시키기 위해 공장들을 평가하여 등급을 매겼다. 또한 이해관계가 없는 공정한 단체들이 무작위로 공장들을 감시하는 것에 동의하였다.

다음을 논의하라.

01. 당신은 현지국가들의 취업기회에 대한 엄청난 필요성을 고려해 볼 때 Nike에 대한 비판이 정당하다고 생각하는가?

02. 당신은 해외 공장에서의 노동 착취에 대한 민감한 비난을 방지하기 위해 Nike의 경영진이 달리 무엇을 할 수 있었을 거라고 생각하는가?

03. 기업들이 투자 의사결정을 할 때 소위 기업의 사회적 책임을 고려할 필요가 있는가?

관련 웹사이트 WWW

https://www.cia.gov/library/publications/the-world-factbook

CIA에 의해 발간되는 *The World Fact*의 웹사이트로서 세계 각 나라의 지리, 정부, 경제 등에 대한 배경지식을 제공한다.

www.imf.org

국제통화기금(IMF)의 웹사이트로 국제화와 금융발전에 대해 조감한다.

www.wto.org

국제무역기구의 웹사이트로 국제무역 발전에 대한 소식과 자료를 제공한다.

www.lib.berkeley.edu/doemoff/govinf/intl/gov_eu.html

캘리포니아 대학 Berkeley 분교 도서관의 웹사이트로 유럽연합과 관련된 자료에 대한 웹 가이드를 제공한다.

www.unctad.org/wir

UNCTAD의 웹사이트로 다국적기업들에 의한 해외 투자활동에 대한 폭넓은 내용을 제공한다.

참고문헌 및 추천도서

기초 재무관리 문헌

Bodie, Zvi, Alex Kane, and Alan J. Marcus. *Investments*, 9th ed. New York: Irwin/McGraw-Hill, 2010.

Ross, Stephen A., Randolph W. Westerfield, and Jeffrey F. Jaffee. *Corporate Finance*, 9th ed. New York: Irwin/McGraw-Hill, 2011.

국제회계 문헌

Choi, Frederick D.S. International Accounting, 5th ed. Pearson Education, 2007.

Meuller, Gerhard G., Helen Gernon, and Gary Meek. *Accounting: An International*

Perspective, 5th ed. Burr Ridge, Ill.: Richard D. Irwin, 2000.

국제경제학 문헌

Baker, Stephen A. *An Introduction to International Economics*. San Diego: Harcourt Brace Jovanovich, 1990.

Husted, Steven, and Michael Melvin. *International Economics*, 9th ed. Pearson, 2012.

Krugman, Paul R., and Maurice Obstfeld. *International Economics: Theory and Policy*, 8th ed. Reading, Mass.: Addison-Wesley, 2008.

Rivera-Batiz, Francisco L., and Luis Rivera-Batiz. *International Finance and Open Economy Macroeconomics*, 2nd ed. Upper Saddle River, N.J.: Prentice Hall, 1994.

추가 문헌

Carney, Mark. “Fifty Shades of Green.” *Finance and Development* 56 (2019), pp.12 - 15.

Fox, Porter. *The Last Winter*. Little, Brown, and Company, 2021.

Hanson, Thor. *Hurricane Lizards and Plastic Squid: The Fraught and Fascinating Biology of Climate Change*. Basic Books, 2021.

Keynes, John. *The General Theory of Employment, Interest, and Money*. Palgrave Macmillan, 1936.

Kindleberger, Charles. *American Business Abroad*. Yale University Press, 1969.

Levinson, Mark. Outside the Box: How Globalization Changed from Moving Stuff to Spreading Ideas. Princeton University Press, 2020.

Mundell, Robert. “A Theory of Optimum Currency Areas.” *American Economic Review* 51 (1961), pp. 657 - 65.

Ricardo, David. *On the Principles of Political Economy and Taxation*. John Murray, 1817.

Sachs, Jeffrey. *The Ages of Globalization: Geography, Technology, and Institutions*. Columbia University Press, 2020.

Schumpeter, Joseph. *Capitalism, Socialism, and Democracy*. Harper and Brothers, 1942.

Solnik, Bruno. “Why Not Diversify Internationally?” *Financial Analyst Journal* 56 (1974), pp. 48 - 54.

Tobin, James. “Financial Globalization: Can National Currencies Survive?” (1998), Cowles Foundation Discussion Paper No.1188

부록 1A 무역으로부터의 이득:비교우위론

비교우위론은 왜 국가들이 서로 교역을 하는지 그 이유를 설명하기 위해 원래 19세기 경제학자인 David Ricardo에 의해 제시되었다. 이 이론은 각 나라 사람들이 다른 나라 사람들에 비해 비교우위가 있는 제품들을 생산하여 이를 서로 교역하게 되면 경제적 후생이 증대될 수 있다고 주장한다. 이 이론의 근저에는 국가들은 자유로운 교역이 가능하며 생산요소(토지, 노동, 기술 및 자본)의 이동이 비교적 어렵다는 가정이 깔려 있다. 이 이론을 설명하기 위한 수단으로 〈도표 A.1〉에 기술된 예를 고려해 보자.

〈도표 A.1〉은 서로 교역을 하지 않고 단지 식료품과 섬유만을 생산하는 A, B 두 나라를 가정한다. 국가 A와 B는 각각 60,000,000단위의 투입요소를 가지고 있다. 각 국가는 식료품 생산에 40,000,000단위, 섬유 생산에 20,000,000단위의 투입요소를 배분하고 있다. 〈도표 A.1〉를 살펴보면 국가 A는 생산요소 한 단위로 5파운드의 식료품이나 3야드의 섬유를 생산할 수 있음을 알 수 있다. 국가 B는 국가 A에 대해 절대우위(absolute advantage)를 갖는다. 국가 B는 생산요소 한 단위로 15파운드의 식료품이나 4야드의 섬유를 생산할 수 있다. 모든 생산요소가 투입될 때 국가 A는 200,000,000파운드의 식료품과 60,000,000야드의 섬유를, 국가 B는 600,000,000파운

도표 A.1

비교역시 투입/산출

	국가		
	A	B	합계
I. 투입 단위 (000,000)			
식료품	40	40	
섬유	20	20	
II. 투입 1단위당 산출 (파운드 또는 야드)			
식료품	5	15	
섬유	3	4	
III. 총 산출 (파운드 또는 야드) (000,000)			
식료품	200	600	800
섬유	60	80	140
IV. 소비량 (파운드 또는 야드) (000,000)			
식료품	200	600	800
섬유	60	80	140

도표 A.2

교역시
투입/산출

		국가 A	국가 B	합계
I.	투입 단위 (000,000)			
	식료품	20	50	
	섬유	40	10	
II.	투입 1단위당 산출 (파운드 또는 야드)			
	식료품	5	15	
	섬유	3	4	
III.	총 산출 (파운드 또는 야드) (000,000)			
	식료품	100	750	850
	섬유	120	40	160
IV.	소비량 (파운드 또는 야드) (000,000)			
	식료품	225	625	850
	섬유	70	90	160

드의 식료품과 80,000,000야드의 섬유를 생산할 수 있다. 총 생산량은 식료품이 800,000,000파운드, 섬유가 140,000,000야드가 된다. 교역이 없다면 각 나라는 생산한 것만을 소비할 수 있다.

〈도표 A.1〉를 살펴보면 국가 B는 식료품과 섬유를 생산함에 있어 국가 A에 대해 절대 우위(absolute advantage)를 갖는다는 것을 알 수 있는 반면, 국가 A(B)가 섬유(식료품)생산에 있어 국가 B(A)에 대해 비교우위가 있다는 것이 분명치 않다. 생산요소를 사용함에 있어 국가 A는 3야드의 섬유를 위해서 한 단위의 생산요소를 사용하게 되면 5파운드의 식료품의 생산을 포기해야 하는 상충관계(trade off)가 성립한다. 따라서 섬유 1야드는 식료품 5/3=1.67파운드, 혹은 식료품 1파운드는 섬유 3/5=0.6야드의 기회비용(opportunity cost)을 부담한다. 유사하게 국가 B는 섬유 1야드당 식료품 15/4=3.75파운드, 혹은 식료품 1파운드당 섬유 4/15=.27야드의 기회비용을 부담한다. 기회비용 관점에서 볼 때 국가 A는 상대적으로 섬유를 보다 효율적으로 생산하는 반면, 국가 B는 상대적으로 식료품을 보다 효율적으로 생산한다. 즉 국가 A(B)의 섬유(식료품) 생산의 기회비용이 국가 B(A)보다 작다. 보다 낮은 기회비용을 통해 나타나는 상대적 효율성을 비교우위라 일컫는다.

〈도표 A.2〉는 수입할당, 수입관세 및 수송비용 등의 자유무역에 대한 어떤 제약이나 방해가 없을 때 양 국가 국민들의 경제적 후생이 교역을 통해 향상될 수 있음을 보여준다. 〈도표 A.2〉는 국가 A가 생산요소 20,000,000단위를 식료품 생산에서 비교우위가 있는 섬유 생산으로 옮기고, 국가 B는 생산요소 10,000,000단위를 섬유 생산에서 비교우위가 있는 식료품 생산으로 옮겼을 경우를 보이고 있다. 식료품과 섬유의 총 생산량은 850,000,000파운드와 160,000,000야드가 된다. 국가 A와 B가 섬유 1야드당 식료품 2.5파운드의 가격에 동의하여, 국가 A가 국가 B에게 50,000,000야드의 섬유를 주고(즉, 수출하고) 그 대가로 125,000,000파운드의 식료품을 받는다고(즉, 수입한다고) 가정해 보자. 〈도표 A.2〉는 서로 교역을 통해 각 국가의 국민들은 그들의 식료품 소비량이 25,000,000파운드, 섬유 소비량이 10,000,000야드씩 증가했음을 보여준다.

연습문제

01. 국가 C는 투입요소 한 단위당 식료품 7파운드나 섬유 40야드를 생산해 낼 수 있다. 섬유 대신 식료품을 생산하는 경우의 기회비용을 계산하라. 마찬가지로 식료품 대신 섬유을 생산하는 경우의 기회비용을 계산하라.

02. 국가 X와 Y에 대한 아래 표에 제시된 교역을 하지 않는 경우의 투입/산출 상황을 고려해 보자. 자유 교역이 허용되는 경우 양 국가의 국민들에게 이득이 되는 시나리오를 만들어보라.

비교역시 투입/산출

	국가		
	X	Y	합계
I. 투입 단위 (000,000)			
식료품	70	60	
섬유	40	30	
II. 투입 1단위당 산출 (파운드 또는 야드)			
식료품	17	5	
섬유	5	2	
III. 총 산출 (파운드 또는 야드) (000,000)			
식료품	1,190	300	1,490
섬유	200	60	260
IV. 소비량 (파운드 또는 야드) (000,000)			
식료품	1,190	300	1,490
섬유	200	60	260

Chapter 02

국제통화제도

CHAPTER OUTLINE

- 국제통화제도의 변천과정
- 복본위제: 1875년 이전
- 고전 금본위제: 1875-1914년
- 세계대전 기간: 1915-1944년
- 브레튼우즈체제: 1945-1972년
- 변동환율체제: 1973년-현재
- 현행 환율체계
- 암호화폐
- 유럽통화제도
- 유로화와 유럽통화동맹
    - 유로화의 간략한 역사
    - 통화동맹의 이점
    - 통화동맹의 비용
    - 유로화의 전망: 몇 가지 중요한 문제들
- 멕시코 페소위기
- 아시아 외환위기
    - 아시아 외환위기의 기원
    - 아시아 외환위기의 교훈
- 아르헨티나 페소위기
- 고정환율제와 변동환율제
- 요약
- 주요 용어
- 연습문제
- 인터넷 연습문제
- **미니 케이스**: 그리스는 유로 존에 남을 것인가?
- 참고문헌 및 추천도서
- 관련 웹사이트

이 장은 다국적기업과 국제 투자자들이 활동하는 전반적 금융 환경을 규정짓는 **국제통화제도**(international monetary system)에 대해 논의한다. 1장에서 언급된 바와 같이 고정환율체제가 1973년에 폐기된 이래로 미 달러, 영국 파운드, 스위스 프랑, 일본 엔 등의 주요 통화간 환율들이 변동해 왔다. 그 결과 현재 기업들은 환율 변동이 그들의 시장에서의 경쟁적 입장에 불리한 영향을 미치는 환경에서 활동하고 있다. 이러한 상황으로 인해 많은 기업들은 환위험을 주의 깊게 측정하고 관리해야만 한다. 마찬가지로 국제 투자자들도 그들의 투자 수익률에 영향을 미치는 환율 변동의 문제에 직면해 있다. 그러나 곧 논의되는 바와 같이 유럽 국가들은 유로(euro)라 불리는 단일 통화를 채택함으로써 유럽 내 무역과 투자가 환위험의 영향을 덜 받게 되었다. 복잡한 국제통화체제로 인해 훌륭한 재무 의사결정을 위해서는 경영자들은 국제통화제도의 체제와 운영에 대해 자세히 이해를 하여야 한다.

국제통화제도는 국제결제가 이루어지고, 자본이동이 수용되며, 각국 통화 간 환율이 결정되는 제도적 틀로 정의될 수 있다. 그것은 환율, 국제결제, 자본이동에 관한 일련의 계약, 규칙, 제도, 메커니즘, 정책 등으로 이루어진 복합체이다.

국제통화제도는 시간이 흐름에 따라 진화해 왔으며, 세계경제의 근저에 깔려 있는 근본적인 경영 및 정치상황이 계속해서 변함에 따라 미래에도 계속 진화해 나갈 것이다. 이 장에서 우리는 국제통화제도의 역사를 회고하고 미래 전망을 고찰할 것이다. 더불어 대체적 환율제도, 즉 고정환율제과 변동환율제를 비교하고 대비해 볼 것이다. 기민한 재무관리를 위해서는 국제통화 환경의 동태적 성격을 이해하는 것이 중요하다.

국제통화제도의 변천과정

국제통화제도는 여러 단계를 거쳐 변천해 왔다. 그 단계는 아래처럼 요약된다.

1. 복본위제: 1875년 이전
2. 고전 금본위제: 1875 ~ 1914년
3. 1, 2차 세계대전 기간: 1915 ~ 1944년
4. 브레튼우즈체제: 1945 ~ 1972년

5. 변동환율체제: 1973년 이래

우리는 이제 5개 단계 각각을 자세히 살펴보기로 한다.

복본위제: 1875년 이전

1870년대 이전, 많은 국가가 **복본위제**(bimetallism)를 시행하였다. 즉 금은 두 금속을 본위(standard)로 하여 자유 화폐주조가 이루어진다. 예컨대, 영국은 의회가 은화의 자유 화폐주조를 취소하고, 단지 금화의 자유 화폐주조만을 허가하는 법령을 통과시킨 1816년(나폴레옹 전쟁이 끝난 후)까지 복본위제를 계속하여 사용하였다. 미국은 "1792년 화폐주조법(Coinage Act of 1792)"에서 복본위제를 채택한 이후 의회가 주조될 수 있는 동전 목록에서 은화 주조를 삭제한 1873년까지 복본위제가 합법적 본위제로 유지되었다. 다른 한편 프랑스는 프랑스혁명부터 1878년까지 복본위제를 채택하여 유지하였다. 중국, 인도, 독일, 네덜란드 등 몇몇 나라들은 은본위제를 시행하였다.

1870년대 이전 국제통화제도는 금은이 국제지불수단으로 사용되고 각국 통화 간 환율은 통화의 금은 함유량을 통해 결정되었다는 의미에서 "복본위제"로 특징지을 수 있다.[1] 예컨대 1870년경 완전히 금본위제만을 채택한 영국의 파운드와 공식적으로 복본위제를 채택한 프랑스의 프랑 간의 환율은 두 금속화폐의 금 함유량에 의해서 결정되었다. 다른 한편 프랑과 은본위제를 채택한 독일의 마르크 간의 환율은 두 금속화폐의 은 함유량에 따라 결정되었다. 파운드와 마르크 사이의 환율은 두 통화의 프랑에 대한 환율에 의해 결정되었다. 또한 여러 전쟁과 정치적 격변으로 인해 미국, 러시아, 오스트리아・헝가리 등 몇몇 주요 국가들은 1848~1879년 이러저러한 전쟁 동안 불환화폐제도(화폐가 금은으로 태환(redeemable)되지 않는)를 시행하였다. 1870년대까지 국제통화제도는 충분히 체계적이지는 못했다고 말할 수 있다.

복본위제를 시행한 국가들은 종종 잘 알려진 **"그레샴 법칙**(Gresham's law)**"**이라 불리는 현상을 경험했다. 두 금속 간 교환비율이 공식적으로 정해져 있기 때문에,

1) 이는 각국이 복본위제를 시행하였음을 의미하는 것은 아니다. 사실 많은 국가들은 1870년대까지 금본위제나 은본위제 중 하나를 채택하였다.

희소한 금속의 화폐는 유통에서 빠져나가고 단지 풍부한 금속의 화폐만이 사용되었다. 이것이 악화(풍부한 금속의 화폐)가 양화(희소한 금속의 화폐)를 구축한다는 "그레샴 법칙"이다. 예를 들면 1850년대 캘리포니아와 호주에서 채굴된 대량의 금이 시장으로 몰려들어 금 가치가 하락하여 금 프랑 한 개당 은 프랑 15.5개로 설정된 프랑스의 공적 교환비율 하에서 금이 과대평가되었다. 그 결과 은 프랑은 양화가 되고 금 프랑은 악화가 되어 프랑스는 실질적으로 금본위제 국가가 되었다.

고전 금본위제: 1875–1914년

인류가 부의 저장과 지불수단으로 금을 선호하는 역사는 고대로 거슬러 올라가며 그러한 금의 선호는 다양한 문명사회에서 널리 공유되었다. Christopher Columbus가 한 때 "금은 부의 상징이며, 이를 보유한 자는 그가 원하는 세상의 모든 것을 가진다"고 말했다. 그러나 최초의 정식 **금본위제**(gold standard)는 영국은행이 발행한 지폐를 충분히 금과 태환해 주기로 한 1821년이 되어서야 비로소 성립되었다. 앞에서 언급한 바와 같이 프랑스는 금본위제를 실제로는 1850년대부터 시작하였고 1878년에 이를 공식적으로 채택하였다. 프랑스로부터 거액의 전쟁배상금을 받기로 한 신흥 독일제국은 은화 주조를 중단하고 1875년에 금본위제를 채택하였다. 미국은 1879년에, 러시아와 일본은 1897년에 금본위제를 채택하였다.

국제적인 금본위제가 1875~1914년 동안 역사적 실체로서 존재했었다고 대략 말할 수 있을 것 같다. 제1차 세계대전이 발생한 1914년에 절대 다수의 국가들이 금본위제를 포기하였다. 고전 금본위제는 국제통화제도로서 약 40년 동안 지속되었다. 이 기간 동안, 런던은 영국의 선진 경제와 국제무역에 있어서의 탁월한 지위가 반영되어 국제금융체제의 중심이 되었다.

대부분의 주요 국가들에서 다음의 조건들을 만족하는 경우 국제적인 금본위제가 존재한다고 말할 수 있다. (i) 금만이 통화주조의 본위이다. (ii) 금과 자국 통화 간에 일정한 비율로 상호 태환성이 있다. (iii) 금이 자유롭게 수출입된다. 금으로의 무제한적 태환을 보장하기 위해서는 은행 지폐는 최저 규정비율의 금을 보유하여 이를 뒷받침해야 한다. 또한, 금의 국내 유입과 유출에 따라 국내 통화량이 증가하거나 감소해야 한다. 1875~1914년 동안은 이 조건들이 대체로 충족되었다.

금본위제 하에서는 두 통화 간 환율은 각 통화의 금 함유량에 의해서 결정된다. 예를 들면, 파운드가 금 온스당 6파운드로 금과 고정(peg)되어 있는 반면, 프랑은 금 온스당 12 프랑으로 금과 고정(peg)되어 있다고 가정해 보자. 그러면 파운드와 프랑 간의 환율은 1파운드당 2프랑이 되어야 한다. 파운드와 프랑이 일정가격으로 금과 연계되어 있다면 두 통화의 환율은 안정적으로 유지될 것이다. 사실 금본위제가 시행된 1875 ~ 1914년 동안 영국, 프랑스, 독일, 미국 등 주요 국가들의 통화 간 환율은 특별한 변화가 없었다. 예컨대, 미국 달러와 영국 파운드의 환율은 파운드당 $4.84와 $4.90 사이의 작은 범위에서만 변동하였다. 고전 금본위제 하에서의 상당히 안정된 환율은 국제 무역이나 투자에 양호한 환경을 제공하였다.

금본위제 하에서 환율의 괴리는 국가 간 금의 이동을 통해 자동적으로 조정될 수 있을 것이다. 위에 예에서 어떤 순간에 1파운드가 1.80프랑으로 거래가 되고 있다고 가정해 보자. 파운드가 외환시장에서 프랑에 대해 과소평가되었기 때문에 사람들은 파운드로 프랑을 매입하지 않고 프랑으로 파운드를 매입하고자 할 것이다. 프랑이 필요한 사람은 우선 영국은행에서 금을 매입하고 이를 프랑스로 수송하여 프랑으로 매각하면 비용이 덜 든다. 예를 들어 당신이 파운드를 사용해서 1,000프랑을 매입한다고 가정해 보자. 만약에 외환시장에서 1,000프랑을 매입한다면 환율 Fr1.80/£이므로 £555.56의 비용이 들 것이다. 다른 방법으로 당신이 영국은행에서 £500파운드의 비용으로 83.33=1,000/12 온스의 금을 매입할 수 있다.

$$£500=(1{,}000/12) \times 6$$

그러고 나서 이 금을 프랑스로 운반하여 1,000프랑의 가격(= 1,000/12 온스 ×12프랑/온스)으로 프랑스 은행에게 매각한다. 이런 방법을 쓴다면 £55.56파운드를 절약할 수 있다.[2] 환율이 Fr1.80/£인 경우 사람들은 파운드를 팔지 않고 사기만 하려고 할 것이므로 결국 파운드는 공정가치인 Fr2.0/£까지 상승할 것이다.

금본위제 하에서는 국제수지 불균형도 자동적으로 해소될 수 있다. 영국이 프랑스로부터의 수입보다 프랑스로의 수출이 많은 상황을 고려해 보자. 금본위제 하에서는 이러한 무역 불균형이 지속될 수 없다. 영국의 프랑스에 대한 순 수출은 반대

2) 이 예에서 우리는 운송비를 무시했다. 운송비가 £55.56를 초과하지 않는 한 외환시장을 통하는 것보다는 "금 수출"을 통해 프랑을 매입하는 것이 더 유리하다.

방향으로 프랑스에서 영국으로 금의 순 유입이 뒤따른다. 이런 국가 간 금의 이동은 프랑스의 물가수준을 하락시키고 동시에 영국의 물가수준을 상승시킨다. (금본위제 하에서는 국내 통화량이 금의 유입이나 유출에 따라 증가하거나 감소한다는 것을 상기하라.) 이로 인해 나타나는 상대적 물가수준의 변화는 영국의 프랑스로의 수출은 줄고 프랑스로부터의 수입은 늘어날 것이다. 그 결과 영국의 초기의 순 수출은 궁극적으로 사라질 것이다. 이 조정 장치는 Scotland의 철학자 David Hume에 의해 제시된 것으로 **가격－정화－흐름 장치**(price－specie－flow mechanism)라 불린다.[3)]

오래 전에 금본위제는 사라졌지만 금본위제가 인플레이션을 가장 효율적으로 막을 수 있는 방법이라 인식하는 학계, 업계와 정계에는 여전히 많은 지지자가 있다. 금은 천연의 희소성을 가지며 어떤 사람도 금의 수량을 마음대로 증가시킬 수 없다. 따라서 금을 통화 창출의 유일한 기본으로 삼는다면, 통화량이 통제를 벗어나질 않아 인플레이션을 야기 시킬 수 없다. 더욱이 금이 유일한 국제수지 지불수단으로 사용된다면, 각 국가의 국제수지는 금의 이동을 통해 자동적으로 조정될 것이다.[4)] 결국 어떤 나라도 지속적인 수지 적자나 흑자의 문제를 갖지 않을 것이다.

그러나 금본위제는 몇 가지 주요한 단점들이 있다. 우선, 새로이 채굴되는 금의 양이 제한되기 때문에 충분한 결제 수단의 부족으로 세계 무역과 투자의 성장이 방해를 받을 것이다. 세계 경제는 심각한 물가하락(deflation)의 압력에 직면할 것이다. 둘째로 만약에 한 국가의 정부가 금본위제의 유지와 일관되지 않은 국가 목표를 정치적으로 필요하다고 생각하면 그 국가는 금본위제를 포기할 수 있다. 달리 말하면, 국제 금본위제 자체는 본질적으로 각 국가가 금본위제의 게임규칙을 지키도록 강요할 장치가 없다.[5)] 이러한 이유들 때문에 가까운 미래에 고전 금본위제가 복귀될 가능성은 없어 보인다.

3) 가격－정화－흐름 장치(price－specie－flow mechanism)는 정부가 금의 유입/유출에 따라 통화량을 증가/감소되도록 하는 금본위제의 게임 규칙(rule of game)을 준수하는 경우에만 작동된다. 정부가 일단 금과 통화와의 관계를 끊으면(demonetize or neutralize) 그 메커니즘은 정지된다. 더욱이 메커니즘의 효과는 수입수요의 가격 탄력성에 의존한다.

4) 국제수지는 제3장에서 자세히 논의될 것이다.

5) 이 점은 금본위제 자체의 약점으로 볼 필요는 없으나 금본위제의 장기적 실현성에 대한 의구심을 던진다.

세계대전 기간: 1915–1944년

1914년 8월 제1차 세계대전은 영국, 프랑스, 독일, 러시아 등 주요 국가가 은행지폐와 금과의 태환을 중지하고 금 수출을 금지함에 따라 고전 금본위제를 붕괴시켰다. 전후 독일, 오스트리아, 헝가리, 폴란드, 러시아 등 여러 국가가 극심한 인플레이션을 겪었다. 독일의 경험은 초 인플레이션의 전형적인 예를 제공한다. 1923년 말까지 독일 도매 물가지수는 전쟁 전 수준보다 1조 배(!)를 넘었다. 전쟁 중 각 나라의 통화 간 환율은 고정에서 벗어나 1920년대 초에 변동하고 있었다. 이 기간 동안 각 국가들은 세계 수출시장에서 우위를 얻기 위한 수단으로 "약탈적"이라 할 만큼 자국 통화의 가치 하락을 널리 사용하였다.

전후 주요 국가들의 경제가 회복되고 안정됨에 따라 금본위제를 다시 재건하려고 시도하였다. 영국을 대체한 금융 강국이 된 미국은 금본위제를 재건을 위해 노력한다. 낮은 인플레이션을 가진 미국은 금 수출 규제를 제거하고 1919년에 금본위제로 복귀하였다. 영국에서도 재무장관이였던 Winston Churchill이 1925년 금본위제를 재건하기 위해 주요 역할을 수행했다. 영국 이외에도 1928년까지 스위스, 프랑스, 스칸디나비아 국가들이 금본위제를 재건하였다.

1920년대 말의 국제금본위제는 허울에 지나지 않았다. 대부분의 주요 국가들은 국내 경제 안정성을 우선적으로 고려하여, 금의 유입/유출에 따라 통화량과 신용을 감소/증가시키는 **불태화**(sterilization) 정책을 체계적으로 사용하였다. 예컨대, 미연준 이사회는 금을 기초로 한 신용 증가를 막기 위해 금 증명서로 유통시켰다. 영란은행도 금 이동의 영향을 중화시킴으로써 이용 가능한 국내 신용 규모를 안정적으로 유지하는 유사한 정책을 따랐다. 한 마디로 각 국가가 "게임 규칙"을 준수할 정치적 의지가 결여되어 금본위제의 자동조정장치가 제대로 작동될 수 없었다.

금본위제의 허울조차도 대공황과 그에 따른 금융위기의 휴유증으로 인해 무너졌다. 1929년의 주식시장 붕괴와 대공황에 의해 오스트리아, 독일, 미국의 여러 은행들의 투자 포트폴리오 가치가 하락함에 따라 예금 인출소동(bank run)을 불러일으켰다. 이러한 배경으로 영국은 만성적 국제수지 적자와 파운드에 대한 신뢰 결여로 인한 금의 대규모 유출을 겪었다. 파운드를 구제하기 위한 국제적 협력에도 불구하고 영국의 금 보유량은 금본위제를 유지할 수 없는 수준으로까지 줄어들었다. 1931년 영국 정부는 금 지불을 중지하고 동시에 파운드의 가치가 변동되도록 놔두었다.

영국이 금본위제를 포기함에 따라 1931년 말까지 캐나다, 스웨덴, 오스트리아, 일본 등 여러 국가들도 그 뒤를 따랐다. 미국은 수많은 은행의 도산과 금 유출을 겪은 후 1933년 4월에 금본위제를 포기했다. 마지막으로 Leon Blum이 이끄는 Popular Front 정부의 출범 이후 경제적 정치적 불안으로 인한 프랑화로부터의 이탈 때문에 1936년에 프랑스도 금본위제를 포기할 수밖에 없었다. 금본위제가 포기된 후 불환지폐제도가 도입되기 시작했다.

요약컨대 두 번의 세계대전 기간은 경제적 민족주의, 금본위제로 복귀하려는 의지 부족과 그에 따른 복귀 실패, 경제적 정치적 불안, 은행 도산, 불안에 따른 자본의 해외 도피 등으로 특징지어진다. 이 기간 동안은 일관된 국제통화제도가 존재하질 않아 국제 무역 및 투자에 심각한 악영향을 주었다. 이 시기에 달러가 지배적 국제통화로 등장하여 파운드의 국제통화로서의 역할을 점차 대체해 갔다.

브레튼우즈체제: 1945－1972년

1944년 7월 44개 국가 대표들이 전후 국제통화제도에 대해 논의하고 설계하기 위해 미국 New Hampshire주의 휴양지인 Bretton Woods에 모였다. 오랜 시간의 논의와 협상을 통해 대표들은 **브레튼우즈체제**(Bretton Woods System)의 핵심인 국제통화기금(IMF: International Monetary Fund) 협정서의 초안을 성공적으로 기안하고 이에 서명하였다. 이 협정서는 그 후 1945년에 국제통화기금을 출범시키기로 다수 국가들의 인준을 받았다. 국제통화기금(IMF)은 국제통화정책의 수행과 관련된 일련의 명시적 규정들을 수록하고 이러한 규정들의 집행을 책임진다. 대표들은 또한 IMF의 자매기관으로 주로 개발 프로젝트의 자금조달을 책임지는 국제부흥개발은행(IBRD: International Bank for Reconstruction and Development)－세계은행(World Bank)으로 더 잘 알려져 있다－을 창설하였다.

브레튼우즈체제를 설계하는 과정에서 대표들은 어떻게 하면 상호파멸적인 "근린정책 혹은 인접국궁핍화정책(beggar－thy－neighbor policy)"의 경제민족주의 재발을 방지하고, 전쟁 기간 동안 괴롭혔던 명백한 게임규칙의 부재를 해결할 것인지에 대해 고민하였다. John Maynard Keynes가 이끄는 영국 대표단은 "방코르(bancor)"라

도표 2.1
금환본위제의 구조

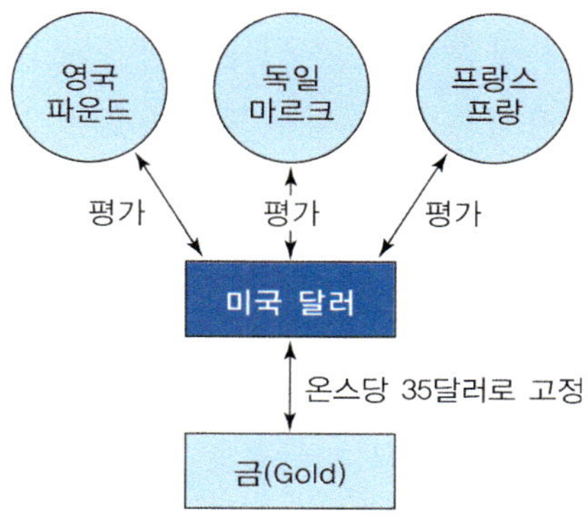

불리는 국제준비자산을 창출할 국제청산연합(international clearing union)을 제의하였다. 그 제의에 의하면 국가들은 국제거래의 결제에 있어 방코를 무제한적으로 받아들이기로 한다. 국가들은 또한 국제청산연합의 당좌대월제도를 이용하여 방코를 취득하는 것이 허용된다. 다른 한편 Harry Dexter White가 이끄는 미국 대표단은 회원국들이 기부금을 내서 통화기금(currency pool)을 만들고 이 기금에서 회원국들이 차입을 하여 단기 국제수지 적자를 극복할 수 있도록 하자는 제안을 하였다. 두 대표단은 모두 금본위제를 복귀하지 않고 환율의 안정성을 확보하길 원했다. 미국 대표단의 제안이 IMF 합의서에 대부분 반영되었다.

브레튼우즈체제 하에서 모두 국가는 온스당 35달러로 연계된 달러와 관련하여 자국 통화의 **평가**(par value)를 정하였다. 이 내용이 〈도표 2.1〉에 예시되어 있다. 각 국가는 설정된 평가의 ±1%의 범위 내에서 유지하여야 하며 이를 위해 필요에 따라 외환시장에 개입할 수 있다. 그러나 국제수지가 "근본적 불균형(fundamental disequilibrium)"인 회원국은 평가를 바꿀 수 있도록 허용되었다. 브레튼우즈체제 하에서는 달러만이 금으로 완전히 태환될 수 있는 유일한 통화이며, 다른 국가의 통화는 직접적으로 금으로 태환되지 않았다. 각 국가는 국제지불수단으로 금과 달러를 보유하였다. 이러한 체계 때문에 브레튼우즈체제를 달러에 기초한 **금환본위제**(gold-exchange standard)라 할 수 있다. 금환본위제를 시행하는 국가는 국제지불준비금(줄여서 국제지준)의 대부분을 실제로 금본위제를 시행하는 국가의 통화로 보유한다.

금환본위제의 지지자들은 각 국가가 금뿐만 아니라 외환을 국제지불수단으로 삼을 수 있기 때문에 금환본위제는 금을 절약한다고 주장한다. 이처럼 외환을 국제지준으로 사용하는 것은 세계 화폐용 금의 제한된 증가로 인한 디플레이션적 영향을 상쇄할 수 있다. 금환본위제의 또 다른 이점은 금을 보유하는 경우에는 아무런 수익을 얻지 못하나 외환을 보유하는 경우에는 이자를 벌 수 있다는 것이다. 더욱이 금환본위제하에서는 국경을 넘어서 금을 운송하는 데 따른 비용을 절약할 수 있다. 환율의 안정성과 함께 풍부한 국제지준의 공급은 1950 ~ 60년대에 국제무역과 투자의 성장에 도움이 되는 환경을 제공하였다.

그러나 Robert Triffin 교수는 장기적으로 금환본위제는 반드시 붕괴되도록 되어 있다고 경고하였다. 지준에 대한 점증적 요구를 충족시키기 위해서는 미국이 지속적인 국제수지 적자를 부담하여야만 세계에 달러를 공급할 수 있게 된다는 것이다. 그러나 미국이 장기적으로 국제수지 적자를 나타낸다면 그것은 결국 달러에 대한 대중의 신뢰를 잃게 되어 달러로부터의 이탈을 일으키게 된다. 금환본위제 하에서 지준통화 발행 국가는 지준을 공급하기 위해 반드시 국제수지 적자를 겪어야 한다. 그러나 적자가 크고 지속되면 지준통화 자체에 대한 신뢰위기를 초래하여 체제의 붕괴를 불러일으킨다. **Triffin의 역설**(Triffin paradox)이라 알려진 이 딜레마가 1970년대 초 달러를 기초로 한 금환본위제의 종국적인 붕괴의 진정한 책임이었다.

1950년대 말 미국은 다른 국가들에 대해 무역수지 적자를 경험하기 시작하여 1960년대까지 지속되었다. 1960년대 초에 미국 금 보유량의 총 가치는 금 1온스 당 35달러로 평가했을 때 외국인이 보유한 달러에 미치지 못했다. 이러한 사실은 자연스럽게 사람들로 하여금 달러를 기초로 한 금환본위제의 생존 가능성에 대해 의심하게 만들었다. 이런 배경으로 프랑스의 Charles de Gaulle 대통령은 프랑스은행이 보유한 달러를 줄이고 미국재무성으로부터 금을 구입하도록 독촉하였다. 이러한 문제를 해결하기 위한 처방들은 (i) 미국 정부에 의한 일련의 달러 방어조치, (ii) IMF에 의한 **특별인출권**(SDRs: Special Drawing Rights)이라는 새로운 준비자산의 창출을 중심으로 이루어졌다.

1963년에는 미국 대통령 John Kennedy가 달러 유출을 막기 위해 자국민들이 구입하는 외국채권에 **이자평형세**(IET: Interest Equalization Tax)를 부과하였다. 이자평형세를 통해 미국 채권시장에서의 해외 차입비용을 증가시키려는 의도였다. 1965년에 미연방준비제도이사회는 미국 은행들이 해외직접투자에 관여된 다국적기업들에게

도표 2.2 특별인출권(SDR)의 구성*

통화	1991–1995	1996–2000	2001–2005	2006–2010	2011–2015	2016–2021	2022–2027
미국 달러	40%	39%	45%	44%	41.9%	41.73%	43.38%
유로	–	–	29	34	37.4	30.93	29.31
독일 마르크	21	21	–	–	–	–	–
일본 엔	17	18	15	15	9.4	8.33	7.59
영국 파운드	11	11	11	11	11.3	8.09	7.44
프랑스 프랑	11	11	–	–	–	–	–
중국 위안	–	–	–	–	–	10.92	12.28

* 특별인출권의 구성은 5년마다 조정된다.
자료: The International Monetary Fund.

대출해 주는 금액을 규제하는 "자발적 해외 신용 제한 계획(Voluntary Foreign Credit Restraint Program)"를 도입하였다. 1968년에는 이런 규제들은 법적으로 구속하는 강제적인(mandatory) 규제가 되었다. 이자평형세 및 해외 신용 제한 계획 등의 조치들은 규제 받지 않는 초국가적 자금시장인 유로달러시장(Eurodollar market)이 급속히 성장하는 자극제가 되었다.

중심 지준통화로서의 달러에 대한 부담을 부분적으로나마 완화시키기 위해서 IMF는 1970년에 인위적 국제지준으로 몇몇 주요 통화로 구성된 바스켓 통화(basket currency)인 SDR을 창출하여 IMF 회원국들에게 분배하고 회원국들은 이를 회원국 간 거래나 IMF와의 거래에 사용할 수 있도록 하였다. 금과 외화에 덧붙여 각 회원국은 SDR을 국제지불수단으로 사용할 수 있게 되었다.

처음에 SDR은 세계 수출시장에서 1% 이상의 비중을 차지하는 16개 국가들의 통화들의 가중평균이 되도록 고안되었다. 각국 통화가 SDR에서 차지하는 비중은 그 나라가 세계 수출시장에서 차지하는 비중과 대략 같았다. 그러나 1981년에 SDR은 미 달러, 독일 마르크, 일본 엔화, 영국 파운드와 프랑스 프랑 5개 통화만으로 구성되도록 단순화되었다. 〈도표 2.2〉에서 보는 바와 같이 각 국가가 상품과 서비스의 세계무역에서의 상대적 중요성과 IMF 회원국들에 의해 보유된 지준통화량 등을 반영하여 각 통화의 비중은 정기적으로 조정된다. 1999년 유로화의 출현으로 SDR은 미 달러, 유로, 영국 파운드, 일본 엔 등 4개의 통화로 구성되었다. 2016년 중국 위안화가 SDR에 포함되었다. 그 결과 SDR은 현재 미 달러(41.73%), 유로(30.93%), 중국 위안(10.92%), 일본 엔(8.33%), 영국 파운드(8.00%)로 구성되어 있다.

SDR은 준비자산으로 이용될 뿐만 아니라 국제거래의 표시통화로도 사용된다. SDR은 통화 "포트폴리오(portfolio)"이기 때문에 그 가치가 그 내의 어떤 개별적 통화보다 더욱 안정되는 경향이 있다. 환율이 불확실한 상황에서 SDR의 포트폴리오 성격이 SDR을 국제적인 상업 및 금융계약을 위한 매력적인 표시통화로 만들었다.

그러나 달러를 기준으로 한 금환본위제를 지지하려는 노력은 미국이 베트남 전쟁 및 사회보장제도인 위대한 사회 프로그램(Great Society Program)을 위한 자금조달과 관련하여 시행된 확대 금융정책과 물가상승에 직면하여 효과를 보지 못했다. 1970년대 초 달러는 명백히 과대평가되었다. 특히 마르크와 엔에 대해서 더욱 그랬다. 그 결과 독일과 일본의 중앙은행들은 그들의 평가를 유지하기 위해 외환시장에 대규모로 개입해야만 했다. 미국 정부의 통화팽창을 억제하려는 의지가 없었기 때문에 중앙은행들의 반복된 개입이 근본적인 불일치를 해결치는 못했다. 1971년 8월에 Richard Nixon 대통령이 달러의 금과의 태환을 금지하고 10% 수입 초과관세를 부과하였다. 브레튼우즈체제의 기초가 붕괴되기 시작했다.

1971년12월 브레튼우즈체제를 구하기 위해 G10으로 알려진 10개 주요 국가들은 Washington의 스미소니언 박물관(Smithsonian Institution)에 모였다. 그들은 (i) 금 가격을 1온스당 $38로 올린다. (ii) 다른 국가들의 통화는 달러에 대해 10%만큼 평가절상한다. (iii) 환율 변동은 원래 ±1%에서 ±2.25%까지 확대를 허락한다는 내용의 **스미소니언 협정**(Smithsonian Agreement)에 합의하였다.

스미소니언 협정은 다시 공격받기 전까지 불과 1년 정도 지속되었다. 분명히 달러의 평가절하만으로 형세를 안정시키지는 못했다. 1973년 2월에 금융시장에서 달러는 엄청난 매도 압력을 받았고 이에 전 세계 중앙은행들은 서둘러 달러를 매입하였다. 금 가격은 온스당 38달러에서 42달러로 더욱 상승하였다. 1973년 3월 유럽과 일본의 통화들의 환율은 자유롭게 변동되도록 허용됨으로써 브레튼우즈체제는 종말을 고하였다. 그 후 달러, 마르크(나중에 유로로 승계된다), 파운드, 엔화 등 주요 통화 간의 환율들도 변동되었다.

변동환율체제: 1973년－현재

브레튼우즈체제가 붕괴된 후 뒤따라온 변동환율체제는 IMF 회원국들이 Jamaica에 모여 새로운 국제통화제도를 위한 새로운 규칙들에 동의한 1976년 1월 사후적으로 인준되었다. **자마이카 협정**(Jamaica Agreement)의 주요 내용은 다음과 같다:

1. 변동환율체제가 IMF 회원국들에게 수용될 수 있음을 선언하고 중앙은행들이 부당한 환율 변동성을 제거하기 위해 외환시장에 개입할 수 있도록 허용된다.
2. 금은 공식적으로 국제준비자산으로서의 역할이 폐기된다. IMF가 보유한 금의 절반은 회원국들에게 반환되고 나머지 절반은 매각하여 그 대금으로 가난한 나라들을 돕는데 사용한다.
3. 비산유국과 저개발 국가들에게 더 많은 IMF 자금을 이용할 수 있도록 한다.

IMF는 국제수지와 환율문제에 직면한 국가들에게 지속적인 지원을 제공하였다. 그러나 IMF는 이들 국가들이 IMF의 거시경제정책 처방을 따른다는 조건으로 회원국들에게 지원과 대출을 해주었다. 종종 디플레이션적 거시경제정책과 다양한 보조금 프로그램의 제거 등을 요구하는 IMF의 지원에 대한 "조건성(conditionality)"은 IMF의 국제수지 대출금을 받는 개발도상국의 국민들의 분노를 불러일으켰다.

예상되는 바와 같이 1973년 3월 이래로 환율은 브레튼우즈체제에서 보다 훨씬 심하게 변동하였다. 〈도표 2.3〉는 1960년 이후 달러 환율의 움직임을 요약한 것이다. 도표는 달러와 무역량의 비중에 맞추어 구성된 주요 21개 통화 바스켓 간의 환율을 보여준다. 1970~1973년 동안 달러의 하락은 브레튼우즈체제에서 변동환율체제로 넘어가는 변천 과정을 나타낸다. 〈도표 2.3〉에 나타나는 뚜렷한 현상은 달러가 1980~1984년의 경이로운 상승과 1985~1988년의 상당한 하락이다. 이런 기이한 상황은 약간 논의할 가치가 있다.

1980년 미국 대통령 선거 이후 Reagan 행정부는 재정적자와 국제수지적자가 급증하는 시기로 들어섰다. 그러나 미국의 이례적으로 높은 실질이자율로 인한 대규모 해외 자본의 유입 때문에 1980년대 전반기 내내 달러의 가치가 상당히 절상되었다. 재정적자를 해결하는데 도움이 되는 해외 투자를 유인하기 위해 미국은 높은 실질이자율을 제공해야만 했다. 외국 투자자들의 달러에 대한 막강한 수요는 외환시장에서 달러 가치를 상승시켰다.

1985년 2월 달러 가치가 최고점에 도달한 후 1988년 안정되기까지 지속적으로 하락하였다. 이런 환율변동의 반전 추세는 부분적으로는 치솟는 달러로 인해 야기된 1985년의 기록적인 1600억 달러의 무역적자를 반영한 것이었다. 이러한 하락 추세는 정부들의 협조적 개입에 의해 더욱 보강되었다. 1985년 9월에 소위 G-5라 불리는

도표 2.3 무역량 비중에 기초한 1964년 이후의 미국 달러 가치[a]

[a] 미국 달러 가치는 27개 산업화 국가들 간의 무역량의 가중치를 사용하여 계산된 명목환율지수(2010년=100)를 나타낸다.
자료: Bank for International Settlement

국가들(프랑스, 일본, 독일, 영국, 미국)은 뉴욕의 Plaza Hotel에서 만나 **플라자 협정**(Plaza Accord)에 합의하였다. 그들은 미국의 무역적자 문제를 해결하기 위해 달러가 주요 국가들의 통화에 대해 절하되는 것이 바람직하다고 합의하고 이 목표를 달성하기 위해 외환시장에 개입할 의지를 천명하였다. 2월에 시작된 달러의 하락은 플라자 협정에 의해 더욱 가속화되었다.

달러가 지속적으로 하락함에 따라 주요 선진국 정부들은 달러가 지나치게 떨어지는 것을 염려했다. 환율의 변동성과 기타 관련 문제들을 해결하기 위해 G-7 정상회담이 파리에 소집되었다.[6] 이 회의가 **루브르협정**(Louvre Accord)을 낳았고 주요 내용은 다음과 같다:

1. G-7 국가들은 좀 더 환율이 안정되도록 상호 협력한다.
2. G-7 국가들은 더욱 밀접하게 거시 경제정책들을 상의하고 조정한다.

루브르협정은 통화 가치의 과대평가나 과소평가를 시정하기 위해 G-7 국가들이 연합하여 외환시장에 개입하는 **관리변동환율체제**(managed-float system)를 시행한

6) G-7은 캐나다, 프랑스, 일본, 독일, 이탈리아, 영국, 미국으로 구성된다.

효시였다. 루브르협정 체결 후 한 동안 환율은 비교적 더 안정되었다. 그러나 1996~2001년 동안 신기술 붐에 의한 미국 경제의 강건한 성과가 반영되어 달러의 가치가 전반적으로 상승되었다. 그 기간 동안 외국인들이 미국의 급상승하는 경제와 주식시장에 참여하기 위해 대규모 자금을 미국에 투자하였다. 이는 미국 달러의 가치가 상승하는데 도움을 주었다. 그러나 2001년에 대폭적인 주식시장의 조정, 무역수지 적자의 급속한 증가 및 9·11 테러사건으로 인한 정치 불안의 상승 등의 이유 때문에 달러가 절하되기 시작하였다.

현행 환율체계

달러, 엔, 파운드, 유로 등 세계에서 가장 활발하게 거래되는 통화들의 가치가 상호 변동하지만, 상당수의 세계 통화들은 특히 달러, 유로 등의 단일 통화나 특별인출권 등의 바스켓통화에 고정되어 있다. IMF에 의해 분류된 현행 환율체계가 〈도표 2.4〉에 제공된다. 〈도표 2.4〉에서 사용된 분류체계는 공식적으로 발표된 법률상(de jure) 체계와는 다른 IMF 스태프들에 의해 확인된 IMF 회원국들의 실제 운영(de facto) 체계에 기반을 둔 것이다. 이 분류체계는 환율이 정부의 공식적 조치에 의해서라기보다는 시장에 의해서 결정되는 정도에 주로 기반을 두고 환율체계를 분류한 것이다. 일반적으로 시장에서 결정되는 환율은 보다 탄력적이다.

도표에서 보는 바와 같이, IMF는 현행 환율체계를 10개의 체계로 분류하고 있다:[7]

1. 독립된 법화 부재체계(No separate legal tender): 이 체계에서는 별도로 독자적인 자국 법화를 발행하지 않고 다른 국가의 통화를 유일한 법화로 유통하는 체계이다. 이러한 체계의 채택은 통화당국의 국내통화정책에 대한 완전한 통제 포기를 의미한다. Ecuador, El Salvador, Panama가 그 예이다.

7) IMF의 *Annual Report on Exchange Arrangements and Exchange Restrictions 2015*에서 제공되는 분류체계에 의존하였다.

도표 2.4 환율체계의 사실상 분류와 통화정책 체계(2020년 4월 30일 현재)

환율체계 (국가 수)	통화정책 체계								
	환율의 기축(anchor)						목표 통화량	목표 인플레이션	기타
	미 달러 (38)		유로 (25)		복합 (8)	기타 (9)	(22)	(43)	(47)
독립된 법화 부재체계 (13)	에콰도르 엘살바도르 마셜 미크로네시아	파라우 파나마 동티모르	코소보 몬테네그로	산마리노		키리바시 나우루 투발루			
통화위원회체계 (11)	지부티 홍콩 SAR ECCU 앤티가바부다 도미니카 그레나다	세인트키츠 네비스 연방 세인트루시아 세인트빈센트 그레나딘	보스니아 헤르체고비나 불가리아			브루나이			
전통적 고정환율체계 (41)	아루바 바하마 바베이도스 벨리즈 퀴라소와 신트마르텐 에리트레아	이라크 요르단 오멘 카타르 사우디 아라비아 투르크 메니스탄 아랍에미리트	카보베르데 코모르 덴마크[5] 라트비아[5] WAEMU 베냉 부르키나파소 코트디부아르 기니비사우 말리 니제르 세네갈 토고	CEMAC 카메룬 중앙아프리카 공화국 차드 콩고 적도기니 가봉	피지 리비아	부탄 스와질란드 레소토 나미비아 네팔	사모아		솔로몬 제도

환율체계 (국가 수)	통화정책 체계								
	환율의 기축(anchor)						목표 통화량	목표 인플레이션	기타
	미 달러 (38)		유로 (25)		복합 (8)	기타 (9)	(22)	(43)	(47)
안정화 체계 (23)	가이아나 이란 레바논	몰디브 트리니다드 토바고	크로아티아 북마케도니아		모로코 베트남		볼리비아 나이지리아 수리남 탄자니아 예멘	아르메니아 과테말라 세르비아 스리랑카	아제르바잔 키르키스 공화국 말라위 수단 타지키스탄
크롤링 페그체계 (3)	온두라스 니카라과				보츠와나				
유사 크롤링체계 (23)	콜롬비아 리베리아				싱가포르		알제리 방글라데시 부룬디 콩고민주공화국 에티오피아 기니 파푸아뉴기니	코스타리카 도미니카 공화국 파라과이 루마니아	이집트 아이티 라오스 모리타니 몽골 르완다 남수단 튀니지 우즈베키스탄
목표환율대의 고정환율체계 (0)									
기타 관리환율체계 (15)					쿠웨이트 시리아		아프가니스탄 앙골라 중국 미얀마 시에라리온 잠비아 짐바브웨		아르헨티나 케냐 파키스탄 통가 바투니아 베네주엘라
변동환율체계 (32)							베라루스 마다가스타르	알바니아 브라질	말레시아 모리셔스

환율체계 (국가 수)	통화정책 체계						
	환율의 기축(anchor)				목표 통화량	목표 인플레이션	기타
	미 달러 (38)	유로 (25)	복합 (8)	기타 (9)	(22)	(43)	(47)
					부룬디 감비아 기니 자메이카 케냐 마다가스카르 몰도바 몽골 모잠비크 파푸아뉴기니 파라과이 세이셸 시에라리온 수단 탄자니아 튀니지 우간다 잠비아	칠레 콜롬비아 조지아 가나 헝가리 아이슬란드 인도 인도네시아 이스라엘 자메이카 카자스탄 한국 몰도바 뉴질랜드 페루 필리핀 세이셸 남아프리카공화국 태국 터키 우간다 우크라이나 우루과이	모잠비크 스위스 잠비아
자유 변동환율체계 (31)						오스트레일리아 캐나다 체코 일본 멕시코 노르웨이	소말리아 미국 EMU 오스트리아 벨기에

환율체계 (국가 수)	통화정책 체계						
	환율의 기축(anchor)				목표 통화량	목표 인플레이션	기타
	미 달러 (38)	유로 (25)	복합 (8)	기타 (9)	(22)	(43)	(47)
						폴란드 러시아 스웨덴 영국	키프로스 에스토니아 핀란드 프랑스 독일 그리스 아일랜드 이탈리아 라트비아 리투아니아 룩셈부르크 몰타 네덜란드 포르투갈 슬로바키아 슬로베니아 스페인

주: CEMAC = Central African Economic and Monetary Community; ECCU = Eastern Caribbean Currency Union; EMU = European Monetary Union; WAEMU = Western African Economic and Monetary Union.

자료: Annual Report on Exchange Arrangements and Exchange Restrictions 2020.

2. 통화위원회체계(Currency board): 이 체계에서는 자국 통화를 특정 외화와 고정 환율로 교환하겠다는 명시적인 법적 공약에 기초하는 통화체계로서 통화 당국에 법적 의무를 확실히 이행하도록 하는 규제가 부과된다. 이는 통화 통제와 최종 대부자로서의 전통적인 중앙은행의 기능을 배제하고 국내 통화는 보통 해외 자산에 의해 충분히 뒷받침됨으로 독자적인 통화정책의 여지가 없다. Hong Kong, Bulgaria, Brunei가 그 예이다.

3. 전통적 고정환율체계(Conventional peg): 이 체계에서는 공식적으로 자국 통화를 다른 국가의 통화나 바스켓 통화와 일정한 고정환율로 고정시킨다. 바스켓 통화는 일반적으로 주요 무역 및 금융 거래 상대국들의 통화로 구성되며 그에 대한 가중치는 상품, 서비스, 자본이동의 지리적 분포를 반영하여 정해진다. 기준 통화(anchor currency)나 바스켓 비중은 공개되거나 IMF에 통보된다. 통화 당국은 직접 개입(즉 외환시장에서 외환의 매매를 통해)이나 간접 개입(환율과 관련된 이자율 정책, 외환 규제의 부과, 외환활동에 대한 도덕적 설득의 행사, 다른 공적 기관에 의한 개입 등)을 통해 고정환율을 유지할 준비가 되어 있다. 고정환율을 반드시 지키겠다는 공약은 없으나 공식적 체계가 실증적으로 확인받아야 한다. 환율은 중심 환율을 기준으로 ±1%의 좁은 범위 내에서 변동하거나 혹은 최소 6개월 이상 현물환율의 최대치와 최소치가 2%의 좁은 범위 내에 머물러야 한다. Jordan, Saudi Arabia, Morocco가 그 예이다.

4. 안정화 체계(Stabilized arrangement): 이 체계에서는 현물환율이 6개월 이상 2%의 범위 내에 머물러 있어야 하며(이 범위를 초과하거나 단계적 조정을 하는 경우들의 규정된 횟수에 대한 예외를 갖는다) 변동적이지 않다. 이러한 요구되는 안정화 범위는 단일 통화나 바스켓 통화에 대해서 충족되어야 하며, 기준 통화나 바스켓 통화는 통계적 기법을 사용하여 확인 내지는 확증된다. Vietnam, Nigeria, Lebanon이 그 예이다.

5. 크롤링 페그체계(Crawling peg): 이 체계에서는 통화 당국에 의한 공식적 환율체계에 대한 확인이 관련된다. 통화 가치가 고정된 환율에서 소량 조정되거나 주요 무역상대국들과의 과거 인플레이션 차이나 목표 인플레이션율과 주요 무역 상대국들의 예상 인플레이션율과의 차이 등과 같은 선택된 정량적 지표의 변화에 대응하

여 조정된다. Honduras와 Nicaragua가 그 예이다.

6. 유사 크롤링체계(Crawl-like arrangement): 이 체계에서는 환율이 통계적으로 확인된 추세에 대해 6개월 이상 ±2%의 좁은 범위 내에서 유지되어야 하며(이 범위를 초과하는 경우들의 규정된 회수에 대한 예외를 갖는다.) 환율은 변동적이라고 간주되지 않는다. 일반적으로 안정화(페그제와 유사) 체계에서 허용되는 것보다 큰 최소 변화율이 요구된다. Singapore, Romania, Tunisia가 그 예이다.

7. 목표환율대의 고정환율체계(Pegged exchange rate within horizontal bands): 이 체계에서는 통화 가치가 고정환율을 중심으로 최소 ±1%의 변동 범위 내에서 유지되어야 하거나 환율의 최대치와 최소치 간의 차이가 2%를 초과해야 한다. 이러한 체계를 사용하는 국가는 현재 없다.

8. 기타 관리환율체계(Other managed arrangement): 이 체계는 어떤 다른 환율체계의 기준을 충족하지 않는 나머지 경우의 환율체계이다. 빈번한 정책 변동으로 특징되는 체계들은 이에 속한다. China, Argentina, Kuwait가 그 예이다.

9. 변동환율체계(Floating): 이 체계에서는 환율이 주로 시장에서 결정되므로 변동적이고 따라서 환율의 움직임을 확신하거나 예측하기 어렵다. 특히 환율의 안정성이 공식적 조치에 의한 것이 아니라면 안정화 체계나 유사 크롤링체계의 통계적 기준을 충족하는 환율이라도 이 체계에 속한다. 외환시장 개입이 직간접적으로 이루어져 환율의 변동을 조정하여 부당한 환율 변화를 방지할 수는 있으나, 목표 환율 수준을 설정하는 정책이 있다면 이 체계로 볼 수 없다. Brazil, Korea, Turkey, India, South Africa, Thailand가 그 예이다.

10. 자유변동환율체계(Free floating): 시장개입은 무질서한 시장 상황을 해결할 목적으로 예외적으로만 행해지며 통화 당국이 과거 6개월 동안 많아야 시장개입이 3번 정도이며 매 시장개입이 3영업일을 초과하지 않았다는 정보나 자료를 제공하는 경우 이 체계에 해당된다. Canada, Mexico, Japan, U.K., U.S., Euro zone이 그 예이다.

2020년 4월 현재 Australia, Canada, Japan, U.K., Euro area, U.S. 등을 포함한 31개의 많은 국가들이 다른 통화들에 대해 자유변동환율체계를 취하고 있다: 이들 국가의 환율은 본질적으로 시장에 의해 결정된다. India, Brazil, Korea 등을 포함한 32개

국가들은 환율이 주로 시장에 의해서 결정되는 변동환율체계를 채택하고 있다. 대조적으로 13개 국가들은 자국 통화를 가지고 있지 않다. 예컨대, Panama와 Ecuador는 미 달러화를 사용하고 있다. 다른 한편 Brunei, Hong Kong SAR, Dominica 등 11개 국가들은 자국 통화를 가지고 있으나 그 가치를 미 달러와 유로 등의 경화에 영구히 고정되어 있다. 나머지 국가들은 고정환율체계와 변동환율체계를 혼합한 형태를 취하고 있다. 잘 알려진 바와 같이 유럽연합은 유럽통화제도(EMS)를 거쳐 유럽통화동맹(EMU)을 구축하여 유럽 전역의 통화통합을 추구해 왔다. 이들은 자세히 논의될 가치가 있다.

암호화폐(Cryptocurrencies)

〈도표 2.4〉에 언급된 모든 화폐는 이른바 '법정 화폐'로, 금, 은 등과 같이 기초 실물자산에 대한 청구권에 의해 지지되지 않는 본질적 가치가 없는 화폐이다. 법정 화폐는 정부의 법령에 의해 정해진 영역 내에서 거래 및 유통되며, 그 영역 내의 모든 경제 주체는 지불 수단으로 해당 화폐를 사용한다. 첫 법정 종이 화폐의 도입은 13세기 중국 칭기즈칸의 손자이자 중국 원나라의 창시자인 쿠빌라이 칸 시대로 거슬러 올라간다. 법정 화폐의 도입은 그가 방대한 영토를 지배하고, 많은 전쟁에 필요한 자금을 금, 은과 같이 희귀한 자원이 없이도 조달할 수 있게 도와주었다. 하지만 법정 화폐는 종이와 잉크 등의 인쇄 비용과 정부의 재정 규율 외에는 별다른 제약 없이 인쇄될 수 있기 때문에, 이는 종종 장기적으로 심각한 인플레이션을 일으키고 궁극적으로 화폐에 대한 신뢰를 잃게 하였다. 이러한 법정 화폐 관련 현상은 중국 원나라, 바이마르 공화국 시대의 독일, 페론주의 시대의 아르헨티나 등 다양한 시대와 국가에서 관찰되었다. 이러한 법정 화폐의 가격 불안정성에도 불구하고 각국의 정부는 법정 화폐를 발행했고, 현재 전 세계적으로 가장 많이 사용되는 통화의 형태가 되었다.

2008년 10월, '사토시 나카모토'라는 가명으로 암호화된 메일링 리스트에 블록체인 기술을 기반으로 한 가상화폐, 즉 암호화폐에 대한 9페이지 분량의 논문이 게시되었다. 암호화폐란 정부나 중앙은행의 개입없이 암호화된 분산원장기술(Distributed

Ledger Technology)을 활용하여 분산된 컴퓨터 네트워크에 거래내역을 기록하도록 설계된 가상화폐이다. 암호화폐는 분산원장 시스템을 통해 스스로 유지되며, 암호화 기술을 사용하여 거래당사자의 익명성과 거래의 투명성을 보장한다. 그리고 각 거래는 네트워크에 존재하는 모든 참여자 또는 노드에게 실시간으로 통지함으로써 인증된다.

네트워크에 보고된 거래 데이터는 블록으로 그룹화되어 체인으로 연결되며, 네트워크 참여자들에 의해 공개적으로 검증된다. 사용자는 화폐 소프트웨어에 의해 생성된 암호 퍼즐을 풀어 새로운 블록을 만들 수 있는데, 이는 순수한 컴퓨팅 파워로만 해결될 수 있으며, 암호화폐 사업에서 '채굴'이라고 알려진 과정이다.

의도적이든 아니든, 암호화폐의 기본 설계는 프리드리히 폰 하이에크가 주장한 '화폐의 자유 시장'과 일관적이거나 심지어 그로부터 영감을 받은 것으로 보인다. 하이에크 교수는 그의 저서 "화폐의 국제화: 재정의된 논쟁"에서 중앙은행의 독점을 종식시키기 위해 화폐의 생산, 유통 및 관리에 있어 완전한 자유 시장을 주장했다(1976년). 하이에크 교수는 번영과 자유를 달성하는 가장 효과적인 방법으로 자유시장과 개인 선택을 주장하는 오스트리아 경제학파의 선도적인 학자였다.

같은 맥락에서 루드비히 폰 미제스 교수(1912년)는 "화폐는 시장에서 비롯되었을 뿐만 아니라 항상 그래야 한다"고 썼다.

가장 중요하고 첫 번째 암호화폐인 비트코인(Bitcoin)은 2009년 1월 오픈 소스 소프트웨어로 소개되었으며, 이더리움, 라이트코인, 리플 등과 같은 많은 다른 암호화폐들이 뒤따랐다. 비트코인은 본질적인 가치를 가지고 있지 않지만, 그 설계는 비트코인의 공급을 최대한 제한하여 그 가치 하락을 방지하는 내장된 메커니즘을 포함하고 있다. 구체적으로, 사토시 나카모토가 명시한 바와 같이 최대 2,100만 개의 비트코인이 존재할 것이다. 미래의 어느 시점에 최대치에 도달하면, 그 이상의 비트코인 추가 공급은 없을 것이다. 최대 공급량의 존재와 그로 인한 희소성 기대는 비트코인 가치를 이끄는 요인 중 하나일 수 있다. 본질적 가치의 부재를 반영하듯이, 비트코인의 시장 가격은 매우 변동적이었다. 구글 파이낸스에 따르면, 비트코인의 시장 가격은 2015년 3월 20일에 327달러였으며, 2017년 5월 12일에는 1,792달러로 상승했고, 같은 해 12월 8일에는 15,309달러에 달했다. 이후 2021년 11월 21일에는 68,991달러라는 사상 최고치를 기록했지만, 2022년 5월 1일에는 37,840달러까지 떨어졌다. 분명히 비트코인의 가격은 매우 변동성이 크다.

이러한 극심한 가격 변동성으로 인해, 비트코인은 회계 단위나 교환 수단, 가치 저장 수단으로서의 기능을 하는 데 적합하지 않은 것으로 나타났다. 즉, 비트코인은 지금까지 화폐로서의 역할을 하지 못했다. 대신, 비트코인은 점점 더 매우 투기적인 자산 클래스로 사용되고 있다. 실제로, 미국에서 가장 큰 은퇴 자산 관리 회사인 피델리티는 최근 401(k) 은퇴 기금에 대한 투자 옵션으로 비트코인을 제공하기로 결정했다. 이 조치가 실행된다면, 비트코인은 합법적인 자산 클래스로서 주류에 합류할 수 있을 것이다. 그럼에도 불구하고, 많은 투자 전문가들과 정치인들은 피델리티가 대중에게 평생 저축에 대한 과도한 위험을 지우고 있다고 비판했다. 현재 미국과 다른 많은 국가들은 투자 목적으로 암호화폐를 사용하는 데 관한 적절한 규제 규칙이 부족하다.

극심한 변동성에도 불구하고 엘살바도르는 2021년 9월 비트코인을 국가의 법정 화폐로 선택했다. 엘살바도르는 비트코인을 법정 화폐로 채택한 세계 최초의 국가가 되었다. 이렇게 한 주된 이유로는 (i) 해외에서의 국제 송금의 효율성 증가, (ii) 은행 서비스를 충분히 이용하지 못하는 사람들을 위한 금융 포용성 증가, (iii) 미국 달러에 대한 의존도 감소 등이 있다. 엘살바도르가 크게 의존하는 미국에서의 송금 비용이 높고, 국내 인구 중 상당수가 은행 계좌를 갖고 있지 않으며, 국가 화폐가 없는 상황을 고려할 때, 이러한 이유들은 비트코인을 법정 화폐로 고려하는 데 있어 이해할 만하다.

그러나 IMF는 법정 화폐로 암호화폐를 채택하는 것이 거시경제적 효과를 평가하기 어렵다며 이 계획에 반대했다. 따라서 엘살바도르 정부와 IMF가 이 전례 없는 통화 실험의 효과를 연구하여 비트코인을 법정 화폐로서의 장기적 타당성을 평가하는 것이 중요할 것이다. 엘살바도르의 선례를 따라 중앙아프리카공화국(CAR)도 2022년 4월에 비트코인을 법정 화폐로 채택했으며, 이로써 세계에서 두 번째로 그렇게 한 국가가 되었다. 비트코인 법을 통과시킨 후, CAR의 파우스탱 아르샹지 투아데라 대통령은 "이것이 자국 시민들의 상황을 개선하고 세계에서 가장 대담하고 비전 있는 국가들의 지도에 그것을 올릴 것"이라고 말하며 이를 정당화했다.

중앙아프리카공화국(CAR)은 1960년에 독립한 전 프랑스 식민지로, 세계에서 가장 가난한 국가 중 하나이며, 세계은행에 따르면 인터넷 접근이 가능한 사람이 전체 인구의 약 10%에 불과하다. 또한 이 나라는 지속적인 내전에 휩싸여 있으며, 이는 러시아와 서방의 이해관계가 충돌하면서 이 나라의 다이아몬드와 금 채굴권을 놓고 다투는 상황이다. 이러한 복잡한 상황에서 암호화폐의 채택이 이 시점에 실현 가능하다고 해도 국가에 어떤 이득을 가져다줄지는 불분명하다. 오히려 암호화폐는 돈세탁, 탈세 및 기타 불법 활동에 악용될 가능성이 매우 높아 국가에 해를 끼칠 수 있다. 예상대로 IMF는 다시 한번 채택 계획에 반대 권고를 했지만, 기각되었다.

최근에는 다른 유형의 디지털 화폐인 중앙은행 디지털 화폐(CBDC)가 전 세계적으로 많은 주목을 받고 있지만, 아직 공식적으로 채택된 곳은 없다. CBDC는 본질적으로 중앙은행이 발행하는 법정 화폐의 디지털 버전으로, 디지털 시대에 발맞추어 현대화된 것이다. 국제결제은행(BIS)이 2021년에 실시한 중앙은행 설문조사에 따르면, 중앙은행의 86%가 CBDC의 잠재력을 적극적으로 연구하고 있으며, 60%가 기술 실험을 진행 중이고, 14%가 시범 프로젝트를 진행하고 있다.

분명히 CBDC는 중앙은행가들 사이에서 화두다. BIS는 CBDC가 개인이 상점, 기업, 서로 간에 지불하거나 금융 기관 간에 금융 거래를 결제하는 데 사용될 수 있는 디지털 지폐가 될 것으로 생각한다. CBDC가 성공적으로 구현된다면, 이 디지털 화폐는 (i) 지불 옵션을 다양화하여 보다 탄력적인 지불 시스템에 기여할 수 있고, (ii) 저소득 가구가 더 넓은 금융 서비스에 접근할 수 있도록 금융 포용성을 증가시킬 수 있으며, (iii) 국경 간 지불을 더 빠르고 저렴하게 만들고, (iv) 위기 동안 재정적 이전을 용이하게 할 수 있다. 현금 없는 사회를 향해 나아가는 CBDC는 실행 가능성이 매우 높으며, 적절히 실행된다면 많은 긍정적인 결과를 가져올 것으로 보인다.

유럽통화제도

1971년 12월에 서명된 스미소니언 협정에 따라 환율 변동 폭이 원래의 ±1%에서 ±2.25%로 확대되었다. 그러나 유럽경제공동체(EEC: European Economic Community) 회원국들은 그들 통화 간에는 환율이 그보다는 좁은 ±1.125%의 범위에서 변동되도록 결정했다. 이처럼 규모가 축소된 유럽형 고정환율제는 브레튼우즈체제의 붕괴와 동시에 발생했는데 이를 **뱀**(snake) 혹은 **터널 속의 뱀**(snake in the tunnel)이라고 불렀다. **뱀**(snake)이라는 이름은 EEC 회원국 통화 간 환율들은 미국 달러와 같은 다른 통화에 대해서 허용된 ±2.25%의 넓은 범위(이는 터널로 비유된다) 내에서 긴밀하게 변동해 가는 방식(이는 뱀으로 비유된다)에서 유래된 것이다.

EEC 회원국들이 snake체제를 채택한 이유는 회원국 간의 안정된 환율이 EEC 역내 무역을 촉진시키고 경제적 통합을 심화시키기 위해 필요하다고 느꼈기 때문이다. 1979년에 snake체제는 **유럽통화제도**(EMS: European Monetary System)로 대체되었다. 원래 독일 총리 Helmut Schmidt에 의해 제안된 EMS는 1979년 3월에 정식적으로 출범하였다. 그것의 주요 목표는 다음과 같다:

1. 유럽에 "통화안정지대" 설정.
2. 비 EMS 통화들에 대한 환율정책 조정.
3. 유럽통화동맹(EMU: European Monetary Union)의 궁극적 창설 기초 마련.

정치적으로 EMS는 유럽의 경제적 정치적 통합 속도를 가속화하려는 프랑스와 독일의 주도적 노력을 의미한다. 영국과 그리스를 제외한 모든 EEC 회원국들은 EMS에 가입했다. EMS의 두 가지 주요 도구는 유럽통화단위와 환율 메커니즘이다.

유럽통화단위(ECU: European Currency Unit)는 유럽연합(EU: European Union) 회원국들의 통화들을 가중 평균하여 구성된 "바스켓통화(basket currency)"이다. 각 통화에 대한 가중치는 통화 발행국의 상대적 GNP와 EU 역내 무역에서 차지하는 비중에 기초한다. ECU는 EMS의 회계단위로 기능하며, 환율 메커니즘의 운영에 있어 중요한 역할을 한다.

환율 메커니즘(ERM: Exchange Rate Mechanism)은 EMS 회원국들이 공동으로 환율을 관리하는 절차를 뜻한다. ERM은 회원국들의 통화 간 평가들로 이루어진 "평가그리드(parity grid)"를 기반으로 한다. 평가그리드 내의 각 평가는 회원국들의 통화를 먼저 ECU로 정의함으로써 계산된다.

1979년 EMS가 출범되었을 때 한 통화가 다른 통화들과의 평가에서 최대 ±2.25% 내에서 벗어날 수 있도록 허용되었다. 예외로 이탈리아 리라는 최대 ±6% 내에서 벗어날 수 있도록 허용되었다. 그러나 1993년 9월 그 범위가 최대 ±15%로 확대되었다. 그런데 한 통화의 환율 변동이 상한과 하한의 경계에 다다르면 두 나라의 중앙은행들은 시장환율이 규정 범위 내에 유지되도록 외환시장에 개입해야 한다. 외환시장에 개입하기 위해 중앙은행들은 회원국들이 금과 지준외화로 출자해 만든 신용기금으로부터 차입할 수 있었다.

EMS 회원국들은 경제정책 조정에 대한 약속을 반드시 지켜야 할 의무로 보고 있지 않았기 때문에 EMS는 일련의 재조정 과정을 거쳤다. 예를 들면, 이탈리아 리라

도표 2.5
EU 연대기

연도	내용
1951	프랑스의 외무장관 Robert Schuman에 의해 제안된 유럽석탄철강공동체(ECSC: European Coal and Steel Community)을 창설하기로 하는 협정이 프랑스, 독일, 이탈리아, 네덜란드, 벨기에, 룩셈부르크 등 6개국에 의해 서명됨.
1957	로마에서 유럽경제공동체(EEC: European Economic Community)를 창설키로 하는 협정이 서명됨.
1968	관세동맹이 완전하게 가동됨; EEC 회원국 간 무역장벽이 폐지되고 공동의 대외 관세제도가 설정됨.
1973	영국, 아일랜드, 덴마크가 EEC에 가입함.
1978	EEC가 유럽공동체(EC: European Community)로 전환됨.
1979	EC 회원국 간 환율 안정을 촉진할 목적으로 유럽통화제도(EMS)가 창설됨.
1980	그리스가 EC에 가입함.
1986	포르투갈과 스페인이 EC에 가입함.
1987	1992년 말까지 공동대내시장을 달성하기 위한 테두리를 마련하기 위한 단일유럽법(Single European Act)이 채택됨.
1991	마스트리히트 협정이 체결되고 12개 회원국에 의해 인준됨. 동 협정은 유럽통화동맹(EMU: European Monetary Union)을 완수하기 위한 일정을 수립함. 또한 EC가 정치동맹이 되도록 공약함.
1994	유럽공동체(EC)가 유럽연합(EU)으로 개명됨.
1995	호주, 핀란드, 스웨덴이 EU에 가입함.
1999	유럽 단일 통화인 유로가 11개 EU 회원국들에 의해 채택됨.
2001	그리스가 1월 1일 유로를 채택함.
2002	유로화 지폐와 동전이 도입됨; 개별 국가 통화들의 유통이 정지됨.
2004	EU가 10개의 신규 회원국들을 승인함으로써 확대됨: 사이프러스, 체코, 에스토니아, 헝가리, 라트비아, 리투아니아, 몰타, 폴란드, 슬로바키아, 슬로베니아
2007	불가리아와 루마니아가 EU에 가입함. 슬로베니아가 유로를 채택함.
2008	사이프러스와 몰타가 유로를 채택함.
2009	슬로바키아가 유로를 채택함.
2010	유럽 국가 부채 위기
2011	에스토니아가 유로를 채택함.
2013	크로아티아가 EU에 가입함.
2014	라트비아가 유로를 채택함.
2015	리투아니아가 유로를 채택함.
2016	영국이 브렉시트에 대한 국민 투표 후 EU를 탈퇴키로 결정함.
2020	보리스 존슨 영국 총리가 1월 31일 브렉시트를 완수함.
2023	크로아티아가 유로를 채택함.

가 1985년 7월에 6% 평가절하 되었고 또 다시 1990년 1월에 3.7% 평가절하 되었다. 1992년 9월에는 독일의 높은 이자율이 독일로 대규모 자본유입을 유입토록 유인함에 따라 이탈리아와 영국이 ERM에서 탈퇴했다. 1990년 10월 독일 재통일 후에 독일정부는 통화정책에 의해 수용되지 못한 엄청난 예산적자를 경험했다. 독일정부가 인플레이션에 대한 두려움 때문에 이자율을 낮추려 하지 않았고, 영국과 이탈리아

정부는 높은 실업률이 두려워 (본국의 환율을 유지하는 데 필요한) 이자율의 인상을 꺼려했다. 그러나 이탈리아는 유럽통화동맹에 참여하기 위한 노력으로 1996년 12월에 ERM에 다시 복귀했다. 그러나 영국은 여전히 유럽통화동맹에 참여하고 있지 않다.

이러한 EMS의 반복되는 소요에도 불구하고 EU 회원국들은 1991년 12월 네덜란드의 Maastricht에 모여 **마스트리히트 협정**(Maastricht Treaty)에 서명하였다. 조약에 따라 1999년 1월 1일까지 EMS는 회원국 간 통화 환율을 취소 불가능하게 고정키로 하고 그 후 유럽 개별 국가의 통화들을 공동통화로 대체키로 하였다. 독일 프랑크푸르트에 본부를 둔 유럽중앙은행(ECB: European Central Bank)이 공동 통화의 발행과 유로존의 통화정책의 수행에 단독으로 책임을 지기로 하였다. 개별 국가의 중앙은행들은 미국 연방지불준비제도의 각 지역 회원은행들과 같은 기능을 수행키로 하였다. 〈도표 2.5〉는 EU의 연대기를 제공한다.

유럽통화동맹(EMU: European Monetary Union)을 위한 길을 열기 위해 유럽통화제도(EMS)의 회원국들은 재정, 통화 및 환율정책을 긴밀하게 조정하고 각국 경제의 *수렴화*를 달성하기로 합의했다. 구체적으로 각 회원국들은 다음 내용들을 위해 노력하기로 하였다.

(i) GDP에 대한 정부예산적자의 비율이 3%보다 낮게 유지한다:
(ii) 공공부채총액은 GDP의 60%보다 낮게 유지한다.
(iii) 상당 수준의 물가 안정을 달성한다.
(iv) 환율을 ERM의 규정된 범위 내에서 유지키로 한다.

현재 "수렴화(covergence)"라는 단어는 미래에 EMU에 가입할 체코, 헝가리 및 폴란드 등의 국가에서는 유행어(buzz word)가 되었다.

유로화와 유럽통화동맹

1999년 1월 1일 국제금융 분야에 세기적인 사건이 일어났다: 15개 유럽연합(EU) 회원국 중 11개 국가들이 자발적으로 유로라는 공동통화를 채택하고 자국의 통화주권을 포기하였다. 최초의 유로화 채택 11개 국가들은 오스트리아, 벨기에, 핀란드,

프랑스, 독일, 아일랜드, 이탈리아, 룩셈부르크, 네덜란드, 포르투갈, 스페인을 포함한다. EU 회원국 중 4개 회원국—덴마크, 그리스, 스웨덴, 영국은 초기에 가입하지 않았다. 그러나 그리스가 수렴조건을 충족할 수 있었던 2001년에 유로클럽에 가입했다. 그 후 2007년에 슬로베니아, 2008년에 사이프러스와 몰타, 2009년에 슬로바키아, 2011년에 에스토니아가 유로화를 채택하였다. 2014년에 라트비아, 2015년에 리투아니아가 유로화를 채택하였다. 마지막으로 크로아티아가 2023년에 유로화를 채택하였다. 그 결과, 유로존은 지금 20개 국가들로 구성되어 있다.

국제통화로서 미 달러와 경합할 가능성이 있는 유럽 단일통화의 출현은 국제금융의 여러 측면에서 중대한 의미를 갖는다. 이 절에서 우리는 (i) 유로화의 역사적 배경과 그 실행 과정을 간단하게 설명하고, (ii) 회원국의 관점에서 유로화의 잠재적 이익과 비용을 논의하고, (iii) 유로화가 국제금융에 가져다줄 전반적인 영향을 분석하고자 한다.

유로화의 간략한 역사

로마제국의 멸망 이후 유럽의 단일통화가 유통되지 않았다는 사실을 고려해 볼 때 1999년 1월 유로화의 출범은 진정 세기적 사건이다. AD286~301년 로마 황제 Gaius Diocletianus가 통화 개혁을 단행하여 전 지역에 걸쳐 단일통화를 도입했다. 유로의 출현은 경제통합을 촉진하기 위해 주권 국가가 자발적으로 통화정책을 포기한 최초의 사건으로 기록된다. 따라서 유로는 역사적으로 전례가 없는 실험이며 그 결과는 광범위한 영향을 미칠 것이다. 예컨대 유로가 성공한다면 유로와 미국 달러가 국제금융계를 지배할 것이다. 덧붙여 성공적인 유로는 유럽의 정치적 통합에 강력한 추진력을 갖게 될 것이다.

유로는 1958년 유럽경제공동체(EEC)의 형성으로 열렬하게 시작되었던 유럽통합의 강화를 향한 역사적 진화의 산물이다. 앞에 언급한 바와 같이, 유럽의 통화 안정지대를 설정하기 위해 1979년에 유럽통화제도(EMS)가 창설되었다. 회원국들은 자국의 통화 가치의 변동을 억제하도록 요청받았다. 1991년에 마스트리히트 유럽위원회(Maastricht European Council)는 1999년까지 유럽 단일통화의 도입을 요구하는 유럽연합(EU)에 대한 협정서 초안에 합의하였다. 1999년 1월 1일에 유로의 정식 출범으로 **유럽통화동맹**(EMU: European Monetary Union)이 만들어졌다. EMU는 EMS의 논리적 확장이며 유럽단위통화(ECU)는 유로의 전신이다. 그러므로 ECU로 체결된 계약들은 EU 법에 따라 일대일 기준으로 유로 계약으로 전환되도록 요구되었다.

유로가 도입됨에 따라 유로화를 채택한 11개국의 통화는 1999년 1월 1일자 전환율로 유로화로 확정되었다. 그 전환율은 〈도표 2.6〉에 제공된다. 2002년 1월 1일에 유로화 지폐와 동전의 유통이 시작되었고 반면에 각 회원국의 지폐와 동전은 점차 유통시장에서 사장되었다. 2002년 7월 1일까지 교체가 끝나 각 회원국의 통화는 법화(legal tender)로서의 지위는 사라지고 유로만이 유럽존 국가들의 유일한 법화가 되었다.

유럽존 국가들의 통화정책은 물가안정의 유지를 주목표로 삼는 독일의 프랑크푸르트에 본사를 둔 **유럽중앙은행**(ECB: European Central Bank)에 의해 수행되고 있다. 모든 회원 국가나 기관의 부당한 정치적 압력을 받지 않도록 ECB의 독립성은 법적으로 보장된다. 전반적으로 ECB는 독일에서 물가 안정을 성공적으로 달성한 독일 중앙은행인 Bundesbank를 모델로 하였다. 이전에 네덜란드 중앙은행 총재였던 유럽중앙은행 초대 총재 Willem(Wim) Duisenberg는 "물가 안정"을 "연 2% 이하의 인플레이션율"로 정의하였다.

유로존 국가의 중앙은행들이 사라지지는 않을 것이다. 그들은 유럽중앙은행과 함께 미국 연방지불준비제도(Federal Reserve System)에 유사한 **유로제도**(Eurosystem)를 형성한다. 유로제도의 과업은 3가지이다. (i) 유로통화동맹의 공동 통화정책을 정의하고 실행하기, (ii) 외환 운용을 수행하기, (iii) 유로 회원국의 공적 외화지준

도표 2.6

유로 전환율

1 유로당 전환율	
오스트리아 실링	13.7603
벨기에 프랑	40.3399
네덜란드 길더	2.20371
핀란드 마르카	5.94573
프랑스 프랑	6.55957
독일 마르크	1.95583
아일랜드 펀트	0.78756
이탈리아 리라	1936.27
룩셈부르크 프랑	40.3399
포르투갈 에스쿠도	200.482
스페인 페세타	166.386

자료: *The Wall Street Journal*.

을 보유하고 관리하기. 이에 덧붙여 각 국가의 중앙은행 총재들은 ECB의 집행 이사회를 형성한다. 각국의 중앙은행들은 ECB의 정책을 준수해야 하지만, 그들은 자국에서 신용 분배, 자원 수집, 지불시스템 관리 등의 중요한 기능을 수행할 것이다.

우리가 진행하기 전에 우리는 잠시 미국 달러-유로 환율의 움직임을 살펴보기로 하자. 〈도표 2.7〉의 패널 A는 유로 탄생 이후 미 달러-유로의 일별 환율을 보여주는 반면 패널B는 환율의 변화율을 나타낸다. 패널 A에서 보는 바와 같이 1999년 1월 유로가 도입되었을 때의 환율인 $1.18/€로부터 꾸준히 하락하여 2000년 10월까지 $0.83/€까지 낮아졌다. 이 기간 동안 유로의 가치 하락은 미국 경제의 강건한 성과와 유럽의 미국에 대한 대규모 투자를 반영한 것이다. 그러나 2002년 초부터 유로는 달러에 대해 가치 상승을 시작하여 2002년 7월까지 1:1이 되었다. 이는 미국 경제의 둔화와 유럽의 미국에 대한 투자의 축소를 반영한 것이었다. 유로는 달러에 대해 계속 강세를 유지하여 세계 금융위기가 확산되기 전인 2008년 7월에는 $1.60/€에 도달했었다. 금융위기 기간에는 투자자들이 달러를 안전 투자처(safe haven)로 선호함에 따라 달러가 보다 강해졌다. 2009년 초에 유로가 반등을 시작했으나 유럽의 국가채무위기가 유로의 신용에 타격을 주어 다시 하락했다. 패널 B는 달러와 유로 간의 환율이 매우 변동적이라는 것을 확인시켜준다.

통화동맹의 이점

유로존 국가들은 단일통화를 채택하지 않기로 선택한 국가들과는 대조적으로 분명히 통화동맹 가입에 따른 이익이 관련 비용보다 크다고 믿었기 때문에 공동통화의 통화동맹을 형성하기로 결정했다. 따라서 통화동맹의 잠재적 이득과 비용을 이해하는 것은 중요하다.

공동통화 선택의 주요 이점은 무엇인가? 가장 직접적이고 즉시적인 이익은 거래비용의 감소와 환율 불확실성의 제거이다. 만약에 어떤 사람이 EU국가들을 한 푼도 지출하지 않고 단지 환전만 하면서 여행한다면 그 사람은 들어올 때 남는 돈이 원래의 반밖에 되지 않는다라는 유명한 일화가 있다. 국가들이 동일한 통화를 사용하면 이러한 거래비용은 크게 감소될 것이다. 이러한 절감은 개인, 기업, 그리고 정부 등 모든 경제주체들에게 이득이 된다. 비록 외환 거래비용의 크기를 정확히 추정하기는 어렵지만 유럽 GDP의 약 0.4% 정도가 될 것이라는 것이 일반적 추정이다.

도표 2.7 유로화 탄생 이후 달러-유로의 일별 환율

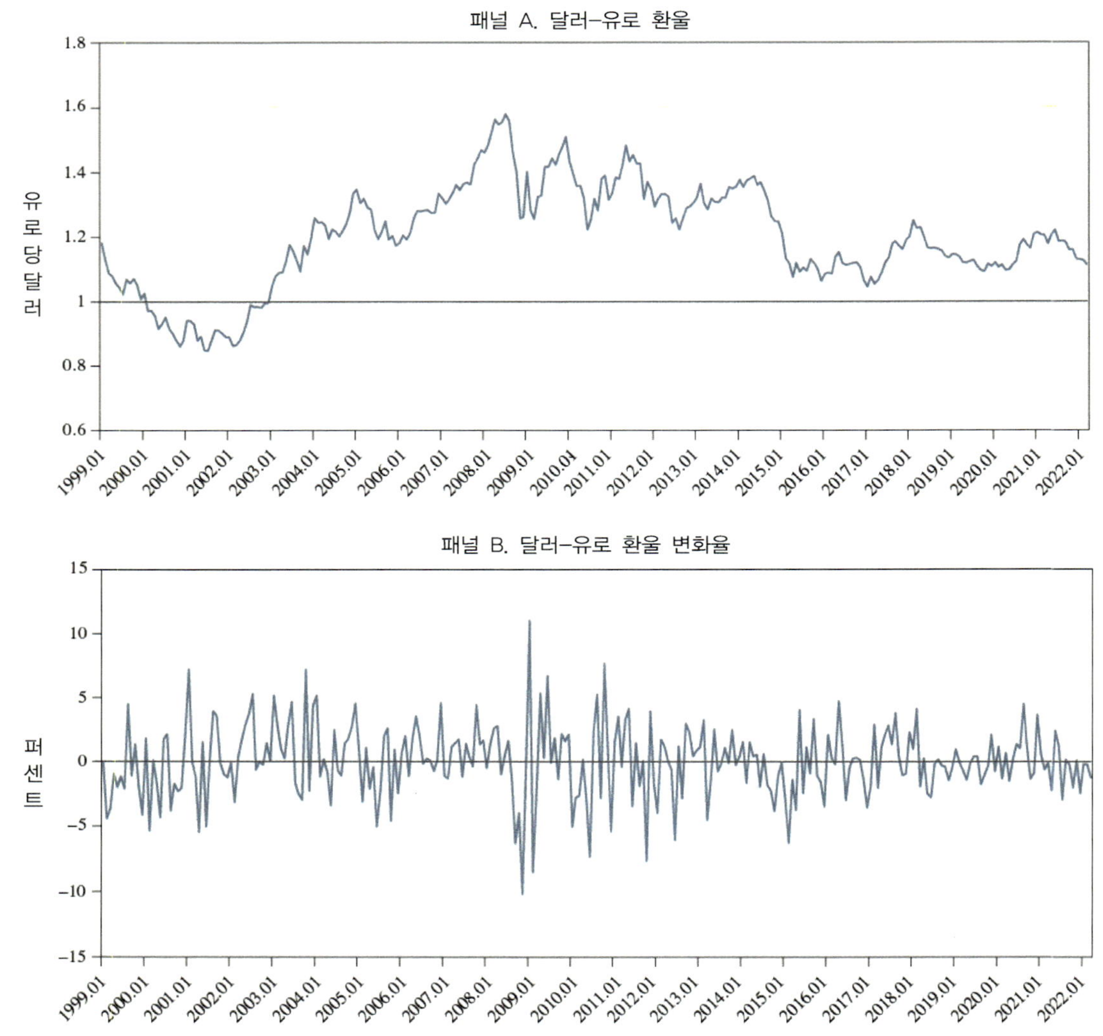

자료: Datastream

또한 경제 주체들은 환율 불확실성의 제거로부터 이익을 얻을 것이다. 유로존의 역내 거래로부터 기업들은 더 이상 환 손실을 당하지는 않을 것이다. 환위험을 헤지하던 기업들은 헤지 비용을 절약할 수 있을 것이다. 단일 통화를 이용하기 때문에 가격비교가 더 쉬워져 소비자들은 비교 쇼핑을 통해 이득을 얻을 수 있다. 가격 투명

도의 증가는 전 유럽의 경쟁을 일으켜 가격하락의 압력을 가할 것이다. 거래 비용의 감소와 환위험의 제거는 유로존 내에서의 국경을 초월한 투자와 무역을 촉진시키는 순 효과를 가질 것이다. 유럽의 경제통합을 더욱 심화시킴으로써 단일통화는 기업합병을 통한 구조조정을 촉진시키고 최적의 기업 입지결정을 고무시켜 결국에는 유럽 기업들의 국제 경쟁력을 강화시킨다. 그러므로 유럽 경제의 향상된 효율성과 경쟁력이 통화연맹의 세 번째 이점으로 간주될 수 있다.

유럽 공동통화의 출현은 미국자본시장에 견줄 수 있는 깊이와 유동성을 가진 유럽 대륙의 자본시장 발전에 도움이 되는 여건들을 만드는데 도움을 준다. 과거에는 개별 국가 통화와 현지 법률과 규제체제는 유럽 자본시장을 비유동적이며 분열된 시장으로 만들었다. 이는 유럽의 기업들이 경쟁적인 조건으로 자금을 조달하지 못하도록 하였다. 단일통화와 유럽금융시장의 통합은 유럽과 비유럽의 기업들이 유리한 조건으로 자금을 조달할 수 있는 유럽 자본시장을 창건하기 위한 길을 열어준다. Bris, Koskinen, Nilsson(2004)의 연구는 공동통화로서 유로의 채택은 유로존 기업의 자본비용을 감소시키고 기업가치를 평균 17%나 증가시켰다는 자료를 제시하고 있다. 유럽통화 간 위험에 노출되었던 기업들－이들은 공동통화로부터 보다 큰 이득을 볼 것으로 예상된다－의 가치가 보다 더 많이 증가되었다.

마지막이지만 어떤 이점에도 뒤처지지 않는 이점은 유럽의 정치적 협력과 평화를 증진시키는 것이다. Jean Monnet, Paul-Henri Spaak, Robert Schuman 및 그들의 후임자 등의 유럽연합 창시자들은 유럽 국가들을 연계코자 하는 일련의 경제적 조치들을 취했다. 그들은 지역과 국가 간의 경제적 상호의존 및 협력이 과거에 처참한 전쟁을 불러일으킨 국수주의적 경쟁심을 대체할 수 있는 새로운 유럽에 대한 비전을 가졌다. 이러한 맥락에서 전 독일 총리 Helmut Kohl은 유럽통화동맹은 "전쟁과 평화의 문제(matter of war and peace)"라고 말했다. 만약에 유로가 성공적이 되면 그것은 유럽 정치통합을 상당히 진전시켜 결국에는 "유럽합중국(United States of Europe)"을 가능하게 만들 것이다.

통화동맹의 비용

통화동맹의 주요 비용은 국가의 통화 및 환율정책의 독립성을 상실한다는 것이다. 종이와 펄프 산업에 크게 의존하는 국가인 핀란드가 세계 종이와 펄프 가격의 급격한 하락에 직면했다고 가정하자. 이 가격 하락은 다른 유로존 국가들에게 거의 영향을 주지 않는 반면, 핀란드의 경제에 심각한 타격을 주어 실업률과 소득의 하락을 초래한다. 따라서 핀란드는 "비대칭적 충격"에 직면한다. 일반적으로 국가의 경제가 덜 분산화되어 있고 무역 의존도가 높을수록 그 국가는 더 많은 비대칭 충격을 받는 경향이 있다.

만약에 핀란드가 통화의 독립성을 유지한다면, 핀란드는 쇠약한 경제를 부양시키기 위해 국내의 이자율을 낮추거나, 외국 소비자들의 핀란드 제품에 대한 수요를 부양시키기 위해 통화의 절하를 고려할 수 있다. 그러나 핀란드는 EMU에 가입했기 때문에 이러한 정책적 선택을 마음대로 사용할 수 없다. 더욱이 유로존의 다른 국가들은 핀란드만이 안고 있는 특정 문제에 의해 영향을 받지 않으므로 유럽중앙은행은 통화정책의 조정을 통해서 국지적인 핀란드의 충격을 해소할 것 같지는 않다. 다시 말하면 유럽중앙은행이 정하는 공동의 통화정책은 개별 국가나 하부지역의 비대칭적 충격을 해결하지는 못한다. 유럽중앙은행은 유로존 전역에 미치는 충격만을 다룰 수 있을 뿐이다.

그러나 핀란드의 임금과 물가수준이 탄력적이라면 이런 비대칭적 충격을 여전히 다룰 수 있다. 핀란드의 낮아진 임금과 물가수준은 핀란드 통화의 가치 하락과 유사한 경제적 효과를 가질 것이다. 더욱이 자본이 유럽존에서 자유롭게 이동하거나 노동자들이 취업이 되는 곳으로 기꺼이 재배치되고자 한다면 통화정책의 조정 없이 비대칭적 충격의 상당 부분을 해소할 수 있다. 그러나 이러한 조건이 충족되지 않는다면 비대칭 충격은 영향을 받는 국가에게 심각하고도 장기적인 경제적 혼란을 야기시킬 수 있다. 이 경우 통화동맹은 비용이 큰 모험이 된다. 1961년에 Columbia 대학의 Robert Mundell 교수에 의해 최초로 제시된 **최적통화지역**(optimum currency areas)이론에 따르면 공동통화지역으로 지정되기 위한 적절한 기준은 지역 내에서의 요소(즉, 자본과 노동) 이동성이다. 높은 요소 이동성(mobility)은 특정 국가 고유의 통화/외환정책 조정을 대체하는 조정 장치를 제공한다.

미국 내에서의 자본과 노동의 높은 이동성 수준을 고려해 보면 미국은 최적통화지역에 근접한다고 주장할 수 있다. 미국의 50개 주가 각자의 통화를 발행하는 것은 최적이 아니다. 반면에 Helsiniki의 실업자들이 문화, 종교, 언어 및 기타의 장벽 때문에 그들이 취업 기회를 찾기 위해 Amsterdam이나 Stuttgart로 이동할 것 같지는 않다. 유럽통화동맹 창립 이후 무책임한 재정정책을 억제하려고 만들어진 유럽통화동맹의 안정성 협약(stability pact)이 또한 핀란드 정부의 예산적자를 GDP의 3% 이하로 규제한다. 동시에 유럽연합 국가들 간의 다소 낮은 재정통합도 때문에 핀란드가 Brussels(EU의 본부 소재지)로부터 대규모의 이전지급을 얻을 수 있으리라고 기대할 수는 없다. 전반적으로 위에 사항들을 고려해 보면 유럽통화동맹은 상당한 경제적 비용을 수반할 것이다. 침체된 경제 여건으로 어려움이 있는 국가들로 하여금 프랑스와 독일은 예산 적자의 한계를 3% 초과토록 종종 허용하였다. 이런 안정성 협약의 위배를 통해 유로를 유지하기 위해 필요한 재정규율과 타협을 하게 된다.

Von Hagen와 Neumann(1994)의 실증연구는 최적통화지역의 조건을 충족하는 나라들로서 오스트리아, 벨기에, 프랑스, 룩셈부르크, 네덜란드, 독일 등을 들고 있다. 그러나 덴마크, 이탈리아, 영국 등은 최적통화지역의 조건을 충족하지 못하는 나라들이다. 실제로 덴마크와 영국이 유럽통화동맹에 참여치 않기로 결정한 것은 주목할 만하다. Von Hagen와 Neumann의 연구에 의하면 이탈리아가 유럽통화동맹에 너무 이르게 가입한 것으로 보인다. 이탈리아의 몇몇 정치인들은 이탈리아의 경제적 비애는 유로를 택한 탓이라고 비난하며 이탈리아의 리라화를 회복해야 한다고 주장하고 있음을 목격하는 것은 흥미로운 일이다.

최적통화지역(OCA) 덕분에, Munell 교수는 유럽의 공동통화인 유로화의 지적인 아버지라고 늘리 알려지게 되었다. OCA 이론은 단지 유럽만 아니라 널리 적용될 수 있다. 미국은 단일 통화인 달러화를 가지고 있고 달러의 영역내에서 사람들이 자유롭게 움직일 수 있다는 분명한 사실을 언급하면서, 그는 "당신은 뉴욕과 캘리포니아 간에 고정환율을 가지고 있고 이는 완전하게 작동한다" 라고 얘기한 것으로 인용되었다. (1999년 10월 14일자 Wall Street Journal) 이렇게 얘기함으로써 Mundell은 미국이 하나의 최적통화지역을 구성하고 그러한 지역의 예시라고 효과적으로 제시했다. 그렇지 않다면 뉴욕과 캘리포니아가 서로 상이한 통화들을 가지는 것이 최적일 것이다. Mundell 교수는 또한 "국제금융에서의 달성 불가능한 삼원체계" 이론에 상당한 기여를 했다. 이 이론은 한 국가가 대부분의 국가들이 그러하듯이 통화독립성을 선택한다면 이 나라는 안정적인 환율과 개방된 자본시장 사이에서 하나를 선택해야 한다고 주장한다. 이 나라는 둘 다를 가질 수는 없다. 우리는 이 장에서 곧 상세하게 이 이론을 논의할 것이다. 개방경제 거시경제학에서의 그의 중요한 기여로 인해 Mundell은 유로화가 도입된 해인 1999년에 노벨경제학상을 수상하였다.

유로화의 전망: 몇 가지 중요한 문제들

유로가 장기적으로 살아남아 성공할 것인가? 유로의 진정한 최초의 시험대는 유럽존이 중대한 비대칭적 충격을 경험할 때 등장할 것이다. 이런 충격에 성공적으로 대응하려면 임금, 물가, 재정정책 등의 탄력성이 요구된다. 비대칭적 충격이 단일 국가 내에서도 일어날 수 있다는 경고는 적절해 보인다. 예를 들면, 1970년대에 미국에서 석유 가격이 급등했을 때 뉴잉글랜드와 같은 석유 소비 지역은 심각한 경기 침체를 겪은 반면, 주요 석유생산지역인 텍사스 주는 오히려 호경기를 누렸다. 마찬가지로 이탈리아의 고도 산업화 지역인 Genoa-Milan과 남부의 후진지역인 Mezzogiorno은 완전히 다른 경기순환 단계에 있을 수 있다. 그러나 이런 국가들은 모두 단일 통화정책으로 경제를 관리해 왔다. 비대칭적 충격이 국제적으로는 분명히 더 심각할지라도 그것이 통화동맹에 대한 방해물로서의 중요성을 지나치게 과장하지 않도록 주의해야 한다. 덧붙여 1979년 EMS가 출현된 이후 EMU 회원국들은 유럽의 환율 안정을 유지하기 위해 그들의 통화정책을 자제해 왔다. 유로존 내의 무역이 유럽존 국가들의 대외무역의 약 60%를 차지하는 것을 고려해 보면 EMU로부터 얻는 이득이 관련 비용을 훨씬 초과하는 것 같다. 게다가 유럽 정치와 경제계의 지도자들이 유로의 성공에 상당한 정치적 자본을 투자해 왔다. 유럽이 그리스 부채위기에서 드러난 것처럼 내부의 갈등과 불균형을 해결할 수 있는 한, 유로가 살아남을 수 있다. 그러나 만약 그리스, 포르투갈, 스페인 같은 남유럽 국가들이 긴급구제 기금과 긴축 정책에도 불구하고 가까운 미래에 빚을 줄이거나 경제적 성장을 재기하는데 실패한다면, 그들은 사람들의 실업과 다른 경제적 고통 그리고 유로존으로부터의 퇴출 요구로 더 이상 감당할 수 없는 극적인 상황에 다다를 수 있다. 그러므로 공동 통화로서 유로의 미래는 전적으로 이 나라들이 유로화를 견지하면서 그들의 경제를 성장시킬 수 있는 방법을 찾을 수 있는지에 의존한다. 이 문제에 대해서 좀 더 지켜봐야 할 것 같다.

유로가 달러와 경합하는 국제통화가 될 수 있을까? 제1차 세계대전 끝난 후부터 달러는 국제 상업 및 금융거래에서 선택되는 통화로서 파운드를 대체하고 주도적 국제통화가 되었다. 설령 달러가 1971년 금본위제를 포기한 후에도 달러는 여전히 세계 경제에서 지배적 지위를 유지했다. 이런 지배적 지위는 미국 경제의 규모와 미국 연방지불준비제도의 비교적 건전한 통화정책의 후원에 의한 것이다. 〈도표 2.8〉에서 보는 바와 같이 현재 유로존은 인구규모, GDP, 국제무역 비중 등의 면에서

도표 2.8

주요 경제국의 거시경제자료[a]

경 제	인구 (백만)	GDP (1조 달러)	연간 인플레이션율	세계 무역 점유율	미상환 국제채권 (10억달러)
미 국	329	21.0	2.1%	13.0%	13,124
유로존	343	13.0	1.8%	14.9%	10,668
중국	1,411	14.7	2.1%	15.8%	123
일 본	126	5.1	0.1%	4.3%	402
영 국	67	2.8	1.9%	3.5%	2,211

a 인플레이션율은 1999－2020년의 연 평균치이다. 국제채 잔액은 2015년 6월 현재 미상환 국제채 잔액을 뜻한다. 나머지 자료들은 2020년도의 수치에 기초한 것이다.
자료: IMF, World Bank, UNCTAD, Bank for International Settlements로부터 발췌함.

모두 미국에 비교될 수 있다. 〈도표 2.8〉은 또한 국제채권시장에서의 표시통화로서 유로는 달러만큼 중요하다는 것을 보여준다. 반대로 엔화는 국제채권시장에서 미미한 역할을 하고 있다. 앞에서 논의한 바와 같이 유럽중앙은행이 건전한 통화정책을 추구할 것이라는 사실은 의심의 여지가 없다. 유로존의 경제 규모와 유럽중앙은행의 권한을 반영해 보면, 유로는 달러의 유일한 패권자 지위에 도전하는 제2의 국제통화로서 부상할 것이다. 엔화는 달러와 유로의 공동체제 하에서 하위 파트너가 될 것으로 보인다. 다른 한편 중국의 위안화는 인구, GDP면에서 상당한 거래 영역을 가지고 있어 주요 국제통화가 될 수 있다. 그러나 현재로서는 위안화는 국제화의 초기 단계에 있다.

다음으로, 우리는 국제통화제도(IMS)의 취약성을 드러낸 세가지 주요 통화 위기들 －즉, 멕시코 페소위기(1994-1995), 아시아 통화위기(1997-1998), 및 아르헨티나 페소위기(2002)－를 논의한다. 이러한 위기들의 근본 원인들을 이해하는 것은 IMS를 개선하고 미래의 위기들을 예방하는 데 필수적이다.

멕시코 페소위기

1994년 12월 20일 멕시코의 새로운 대통령 Ernesto Zedillo가 이끄는 멕시코 정부는 페소를 달러에 대해 14% 평가절하한다고 선언했다. 그러나 이 결정은 대량의 페소 및 멕시코 주식과 채권에 대한 투매를 일으켰다. 〈도표 2.9〉가 보여주는 바와 같이 1995년 1월 초까지 페소가 달러에 대해 40% 정도 가치가 하락했다. 이는 멕시코 정부로 하여금 환율이 변동되도록 할 수밖에 없었다. 염려하는 국제투자자들이 신흥시장의 증권에 대한 보유량을 줄임에 따라 페소위기는 신속하게 기타 라틴아메리카와 아시아의 금융시장으로 파급되었다.

멕시코 정부의 임박한 파산과 국제금융시장의 붕괴 가능성에 직면하여, 클린턴 행정부는 국제통화기금(IMF) 및 국제결제은행(BIS)과 공동으로 530억 달러의 멕시코 구제안을 마련했다.[8] 구제안이 1995년 1월 31일 공포된 후 멕시코를 포함한 세계 금융시장이 안정되기 시작하였다.

멕시코 페소위기는 증권투자 자본의 해외유출로 인해 촉발된 아마도 최초의 국제금융위기였다는 점에서 큰 의미를 갖는다. 페소위기가 발생되기 3년 전에 국제투자신탁은 멕시코 증권에 450억 달러를 투자한 것으로 알려졌다. 페소가 평가절하되었을 때 펀드 관리자들은 신속히 보유한 멕시코 및 기타 신흥시장의 증권을 투매했다. 이는 국제금융시스템의 안정성을 해치는 전염 효과(contagious effect)를 가졌다.

세계 금융시장이 보다 통합됨에 따라 전염성의 금융위기가 더욱 빈번하게 발생할 것 같다. 멕시코 페소위기로부터 두 가지 교훈을 얻을 수 있다. 첫째는 페소위기와 같은 사건으로 국제금융시스템을 방어하기 위해서는 반드시 다국적 안전망을 구축하여야 한다는 것이다. 어떤 한 국가나 기관도 잠재적 국제금융위기를 단독으로 처리할 수는 없다. 더욱이 보통 느리고 편협적인 정치적 과정으로는 빠르게 변하는 시장 여건에 대처할 수 없다. 사실상 클린턴 행정부는 멕시코의 구제안을 마련할 때 국회와 해외 동맹국으로부터 강렬한 반발에 직면했었다. 결국, 위기를 조기에 저지할 수 없었다. 다행히 G7은 재무적 곤경에 처한 국가들을 위해 IMF에 의해 관리되는 500억 달러의 구제기금과 모든 국가가 준수해야 할 일련의 제고된 공시요건들을 승인하였다. 떠나는 Salinas 정부가 멕시코의 급속히 고갈된 외환보유고와 극심한 무역적자 등에 대한 멕시코의 진실한 경제 상황을 공개하는 것을 꺼린 것이 멕시코 페소의 갑작스러운 붕괴에 기여했다. 이렇듯 투명성은 금융위기의 방지에 도움이 된다.

둘째는 멕시코는 경제 발전에 필요한 자금을 조달하는 데 있어 지나치게 외국 증권자본에 의존하였다. 되돌아 보건데 멕시코는 국내저축을 보다 증가시키고 단기보다는 장기의 외국자본투자에 의존했어야 했다. 스탠포드 대학의 Robert Mackinnon

8) IMF와 BIS는 각각 178억 달러와 100억 달러를 공헌한 반면, 미국은 환 안정화 기금에서 200억 달러를 기여했다. 캐나다, 라틴 아메리카 국가들과 상업은행들의 기여액은 모두 합해서 50억 달러였다.

도표 2.9
멕시코 페소당 미 달러 환율 (1994.11.1–1995.1.31)

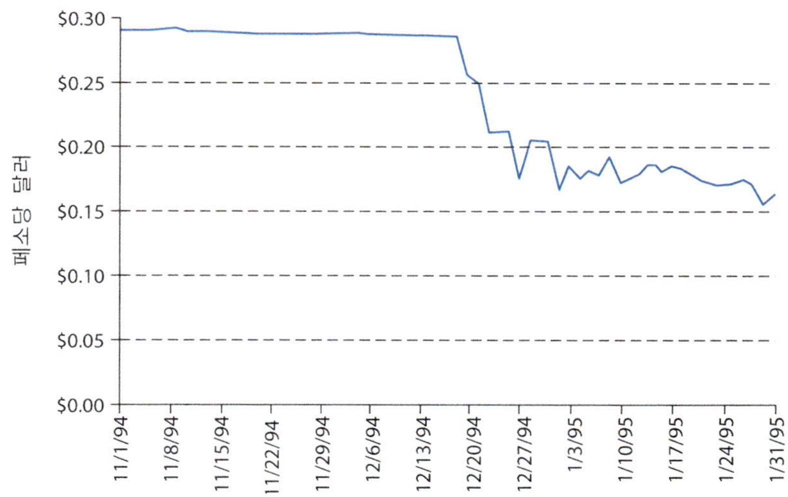

교수가 지적한 바와 같이 외국자본의 대량 유입은 두 가지의 부정적인 효과가 있다. 외국자본의 대량 유입은 국내 차입에 대한 완화된 신용정책으로 이끌어 멕시코 사람들이 더 소비하고 덜 저축하게 만든다.[9] 또한 외국자본의 유입은 국내의 높은 인플레이션과 페소의 과대평가를 유발하며 이는 멕시코의 무역 균형을 손상시킨다.

아시아 외환위기

1997년 7월 2일 미국 달러에 거의 고정되어 있던 태국 바트가 갑자기 평가절하되었다. 처음에는 단지 태국에서 발생한 지역적인 금융위기처럼 보였으나 먼저 인도네시아, 한국, 말레이시아, 필리핀 등 다른 아시아 국가들로 번지고 그 후 훨씬 먼 러시아와 라틴아메리카 국가, 특히 브라질까지 퍼져 급속히 세계적 금융위기로 확대되었다. 〈도표 2.10〉에서 볼 수 있는 바와 같이, 달러 가치로 계산했을 때 위기의 절정기에 한국의 원화는 위기 발생하기 전보다 50% 하락한 반면, 인도네시아 루

9) "Flood of Dollars, Sunken Pesos," *New York Times*, January 20, 1995, p. A2g를 참조 바람.

피는 80%나 하락하였다.

1992년 유럽통화제도(EMS) 위기와 1994 ~ 1995년간 멕시코 페소위기에 이어 발생한 1997년의 아시아 외환위기는 1990년대에 발생한 세 번째로 큰 통화위기였다. 그러나 아시아 위기는 전염의 범위와 위기에 의한 경제적 사회적 비용의 심각성면에서 이전의 두 위기보다 훨씬 심했다. 현지 통화의 대폭적인 평가절하 이후 타격을 입은 국가의 외화 부채를 가지고 있는 금융기관과 기업들은 극도의 재무적 곤경으로 몰렸으며 상당수가 도산을 당할 수밖에 없었다. 설상가상으로 외환위기는 과거 수십 년간 세계에서 가장 빠른 경제성장을 향유했던 지역인 동아시아를 전례 없는 깊고도 폭넓은 장기 침체로 내몰았다. 동시에 선진국의 대출자와 투자자들도 신흥시장의 증권에 대한 투자에서 거액의 자본손실을 입었다. 예를 들어 대규모이며 그 당시까지만 하더라도 수익이 높았던 헤지펀드 중 하나인 LTCM(Long Term Capital Mana- gement)는 러시아 채권투자에 따른 손실로 인해 거의 파산상태를 경험했다. 1998년 8월 중순에 러시아 루블과 달러와의 환율이 루블6.3/$에서 루블20/$로 급속히 상승해 루블의 가치가 급락했다. 러시아의 주식과 채권 가격도 급락했다. 미국 금융시스템의 도미노현상과 같은 금융파산을 두려워 한, 미 연방지불준비제도이사회(Federal Reserve System)는 1998년 9월에 35억 달러의 LTCM에 대한 구제금융을 단행했다.

아시아 외환위기의 세계적 영향과 국제금융시스템에 제기하는 도전들을 고려해 볼 때 그 위기의 기원과 원인들을 이해하고 미래에 유사한 위기를 어떻게 하면 방지할 수 있는지를 논의하는 것은 유익한 일이다.

아시아 외환위기의 기원

일부 요인들이 아시아 외환위기의 발생에 책임이 있다. 취약한 금융제도, 자유로운 국제자본 이동, 변화하는 시장 정서의 전염효과, 비일관된 경제정책 등이다. 최근 수십 년 동안 개발도상국과 선진국들은 자국의 금융시장을 개방하여 자본이 국경을 넘어 자유롭게 이동될 수 있도록 독려해 왔다. 자본시장이 자유화됨에 따라 아시아의 개발도상국들의 기업과 금융기관들은 빠르게 성장하는 신흥시장에서의 투자에 대한 초과 수익률에 이끌린 미국, 일본, 유럽의 투자자들로부터 열렬히 외화를 빌렸

도표 2.10
아시아 외환위기

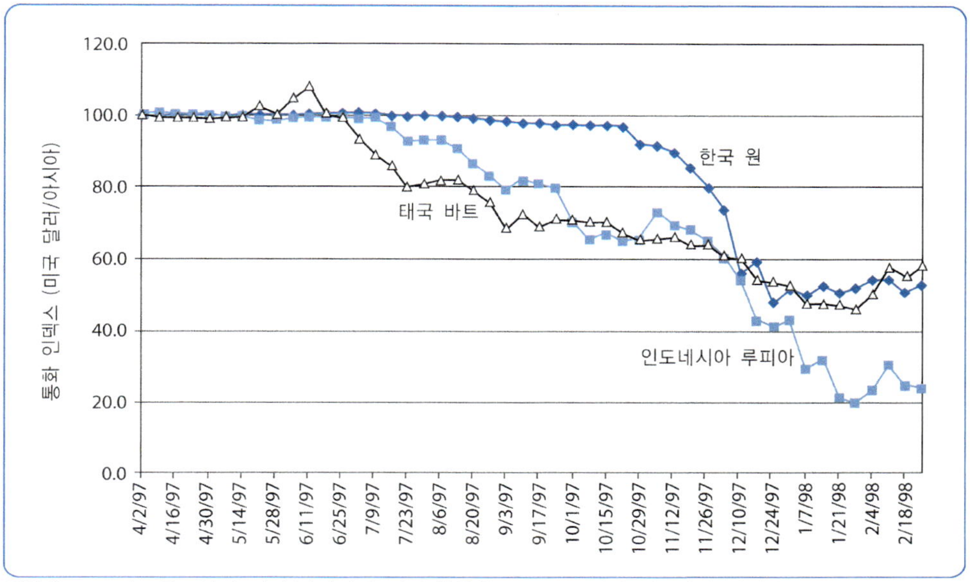

환율은 1997년 4월 2일의 달러/아시아 통화의 환율을 100으로 하여 지수화된 것이다.
1997년 4월 2일의 환율: 0.00112U.S.$/원화, 0.03856U.S./바트, 0.00041U.S.$/루피.

다. 예컨대 1996년 단지 한 해에만 인도네시아, 한국, 말레이시아, 필리핀과 태국 5개 아시아 국가들은 930억 달러의 민간 자본유입을 경험했다. 반대로 1997년에는 5개 국가들은 120억 달러의 순 자본유출을 경험했다.

대규모 민간자본의 유입은 1990년대 초 중반에 아시아 국가들의 신용 팽창을 일으켰다. 이런 신용 팽창은 종종 부동산이나 주식에의 투기와 한계적인 산업프로젝트로 몰렸다. 고정되었거나 안정적인 환율로 인해 금융거래를 헤지하지 않거나 환위험에 별로 걱정하지 않는 대출자와 차입자들이 과도한 위험을 수용토록 하였다. 과열된 경제를 통제하기 위한 정부의 노력으로 인해 자산 가격이 하락함에 따라(예컨대, 외환위기 이전에 태국에서 일어난 것처럼), 그 자산을 담보로 한 은행 대출자산의 질 또한 하락하였다. 분명히 위기 피해국의 은행과 기타 금융기관들의 위험관리가 형편없었고 감독도 보잘 것 없었다. 더욱이 그들의 대출 결정은 자주 정치적 고려에 의해 이루어짐으로써 자원의 비효율적 배분을 낳게 하였을 가능성이 높다. 그러나 이런 정실 자본주의(crony capitalism)가 새로운 상황이 아니었으며 그럼에도 불구하고 동아시아 경제는 동일한 제도 하에서도 경제적 기적을 이루었다.

한편 명목환율이 고정되거나 안정된 상태에서 경기의 호황은 필연적으로 실질환

도표 2.11
금융 취약도 지표

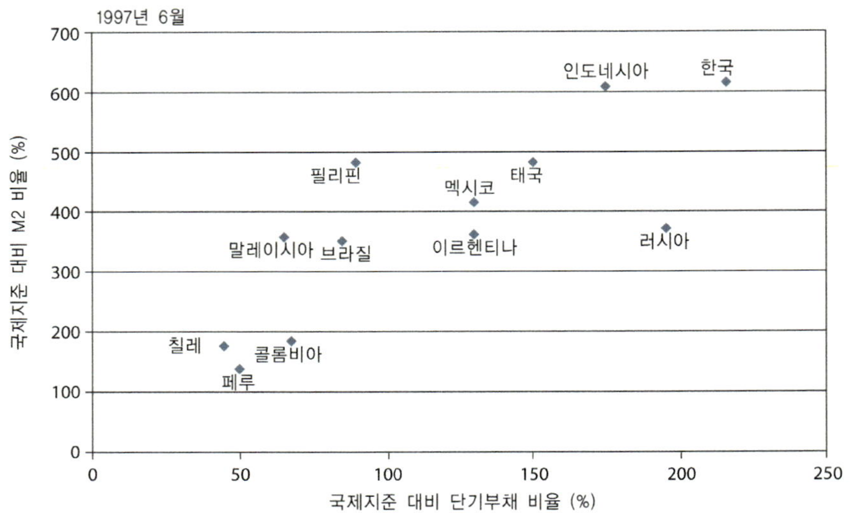

자료: The World Bank. International Monetary Fund.

율의 상승을 가져왔다. 이로 인해 태국과 한국 등 아시아 국가들의 수출 증가가 뚜렷하게 하락하였다. 게다가, 일본 경제의 장기 불황과 엔화의 달러에 대한 가치 하락은 일본의 주변 국가에 타격을 주어 아시아 개발도상국들의 경상수지를 더욱 악화시켰다. 만일 아시아 국가들의 통화들이 실질적으로 평가절하되도록 허용되었더라면(고정 명목환율 때문에 가능하진 않았지만), 1997년에 관찰된 재앙적인 갑작스런 환율변동을 피할 수도 있었을 것이다.

태국에서 바트의 투매가 시작되었을 때 태국 중앙은행은 초기에는 국내금융시스템에 유동성을 투입하고 보유외환에 의존해 환율을 유지하려고 하였다. 외환보유고가 급속히 하락하자 태국 중앙은행은 바트의 평가절하를 결정했다. 바트의 갑작스런 붕괴는 금융 취약성 정도가 비교적 높은 아시아 국가들로부터 자본이 황급히 빠져나가도록 하였다. 〈도표 2.11〉로부터 외환위기로 가장 많은 타격을 받은 국가들은 모두 (i) 국제지준에 대한 단기외채 비율 (ii) 국제지준에 대한 광의의 통화량 M2(은행부문의 부채를 나타낸다) 비율에 의해 측정된 금융 취약도(degree of financial vulnerability)가 높았다. 외환위기의 전염은 위기의 확산이 두려워진 자본이 무차별적으로 아시아로부터 빠져나가기 때문에 일어났다. 따라서 공포는 자기실현적(self-fulfilling)이 되었다. 채권자들이 자본을 회수하고 새로운 단기대출의 갱신을 거절함에 따라 이전의 신용팽창(credit boom)은 신용경색(credit crunch)으로 전환되어 한계적 차입자 뿐만 아니라 신용이 좋은 차입자도 타격을 입게 되었다.

위기가 전개됨에 따라 IMF는 가장 심하게 타격을 받은 세 나라－인도네시아, 한국, 태국－를 구제키로 하였다. 그러나 구제조건으로 IMF는 환율을 떠받칠 수 있도록 국내 이자율의 인상, 정부 지출의 삭감 등 일련의 절제적 조치를 요구하였다. 이미 경제가 심각한 신용경색으로 인해 축소된 상황에서 그 성격상 축소적인 IMF의 절제적 조치들이 실행되었기 때문에 결과적으로 아시아 경제는 심각한 장기침체로 고통을 겪었다. 1999년 세계은행은 태국과 인도네시아가 1년 동안에 겪은 20% 이상의 산업생산량 하락은 대공황 시절에 미국과 독일이 겪은 상황과 비교할 만하다고 보고하였다. 따라서 혹자는 IMF가 초기에 타격을 입은 아시아 경제에 잘못된 처방을 내렸다고 주장할 수 있을 것이다. IMF의 구제안은 또 다른 근거인 도덕적 해이(moral hazard)로 인해 비판받았다. 즉 IMF의 구제안은 개발도상국들의 의존성을 키우고 국제 대출자들이 기꺼이 위험을 부담하려고 하도록 만들 수도 있다는 것이다. 납세자의 돈이 살찐 고양이 같은 투자자들을 구제하기 위해 쓰여서는 안 된다는 정서가 있다. 전 미국 상원의원 Lauch Faircloth가 "IMF를 통해 이익은 사유화되고 손실은 사회화되었다"라고 말한 것으로 인용되었다. 그러나 구제를 없애자는 것은 사람들이 불을 더욱 조심하도록 하기 위해 마을에 하나뿐인 소방서를 없애자고 하는 제의에 비유될 수 있다.

아시아 외환위기의 교훈

일반적으로 말해 금융체계가 취약하고 잘 발달되어 있지 않은 상황에서 금융시장의 자유화는 외환위기와 금융위기에 매우 취약하다. 흥미롭게도 멕시코와 한국은 모두 상당한 금융 자유화를 요구하는 OECD에 가입한 후 수년 내에 상당한 외환위기를 당하였다. 먼저 국내 금융체계를 강화하고, 그러고 나서 금융시장을 자유화하는 것이 안전해 보인다.

국내 금융체계를 강화하기 위해서는 많은 조치들이 취해져야 한다. 무엇보다도 정부는 금융 부문에 대한 규제와 감독체계를 강화해야 한다. 이를 행하기 위한 한 방법은 바젤 은행 감독 위원회(Basel Committee on Banking Supervision)가 마련한 "효과적 은행감독의 핵심 원칙(Core Principle of Effective Banking Supervision)"에

서명하고 그 원칙을 준수하는지를 감독하는 것이다. 더욱이 은행들은 대출 결정시 정치적 고려보다는 경제적 이점만을 기초로 이루어져야 한다. 추가로 기업, 금융기관 및 정부는 대중에게 적시의 신뢰성 있는 재무정보를 제공해야 한다. 재무정보의 공시와 그에 따른 경제 상황에 대한 투명성이 높을수록 모든 이해 당사자들이 정황을 감독하기가 쉬워져 신뢰성 있는 정보의 부족으로 인한 투자자 심리의 불안을 완화시킬 것이다.

비록 자본이 국경을 넘어 자유롭게 이동될 수 있도록 허용하는 금융시장 자유화를 결정했다 하더라도 해외직접투자(FDI), 지분 및 장기 채권투자를 추구해야 한다. 하루밤 만에 방향을 선회하여 금융 불안을 일으키는 단기투자를 억제해야 한다. 칠레가 이미 성공적으로 실시한 바 있는 국제 핫머니(hot money) 이동에 대한 "**토빈세**(Tobin tax)" 형태의 징수가 유용할 수 있다. 국제금융이라는 차바퀴에 약간의 모래를 뿌리는 것은 국제금융시장에 안정화 효과를 가져다줄 수 있다.

통합된 국제금융시장에 직면하여 고정 내지는 조정가능 환율제도는 문제가 있을 수 있다. 금융 취약 시기에 이런 환율제도는 공격을 종종 부를 수 있다. 국가가 자본통제를 기꺼이 실시하려고 하지 않는 한 고정환율제로 복귀하려고 해서는 안 된다. 경제학자들이 말하기 좋아하는 소위 "트릴레마(trilemma)"에 따르면 어떤 국가도 아래 세 가지 조건 중 두 가지만을 달성할 수 있다.

(i) 고정환율제, (ii) 자본의 자유로운 국제이동, (iii) 독립적 통화정책

설령 불가능한 것은 아니라 하더라도 동시에 세 가지 조건을 갖춘다는 것은 매우 어렵다. 이 어려움이 "**달성 불가능 삼원체계**(incompatible trinity)"라고 불린다. 만일 어떤 국가가 자신의 국내 경제목표를 추구하기 위해 독립적 통화정책을 유지하면서 고정환율제를 지키고자 한다면, 그 국가는 자본의 자유로운 이동을 제한해야 한다. 아시아 금융위기 때 중국과 인도는 자본이동을 통제하여 자신들의 자본시장을 세계 다른 국가들의 자본시장과 분리시켰기 때문에 눈에 띄는 영향을 받지 않았다. 홍콩은 다른 이유로 위기에 의해 충격을 적게 받았다. 홍콩은 통화위원회를 통해 자신의 통화를 영구하게 달러에 고정시키고 자본의 자유 이동을 허락하였다. 그 결과 홍콩은 통화의 독립성을 포기해야 했다. 통화위원회(혹은 화폐국)의 고정환율제는 홍콩 통화가 완전히 미국 달러에 의해 지지되는 극단적인 형식이다. 홍콩은 경제를 실질적으로 달러화(dollarize)하였다.

아르헨티나 페소위기

그러나 2002년 아르헨티나 페소위기는 유지해 오던 통화위원회체계조차도 가능한 붕괴로부터 완전하게 안전할 수 없음을 보여준다. 〈도표 2.12〉은 1990년대 내내 달러에 고정평가를 유지하던 페소가 어떻게 2002년 1월에 붕괴되었는지를 보여준다. 완전한 "달러화"에 미치지 못하는 경우(예컨대 파나마의 경우처럼) 통화위원회체계가 정치적 의지와 경제적 규율에 의해 뒷받침되지 않는다면 통화위원회체제도 붕괴될 수 있다.

페소가 1991년 2월 "태환법(Convertibility Law)" 하에서 최초로 달러와의 1:1의 평가에 연계되었을 때 초기의 경제적 효과는 긍정적이었다. 아르헨티나의 만성적인 인플레이션이 크게 낮아지고 외국인 투자 유입이 급증하여 경제를 호경기로 이끌었다. 그러나 시간이 지나서 1990년대 하반기에 달러가 강세가 됨에 따라 달러에 연계된 페소는 대다수 통화들에 대해 가치 상승되었다. 이러한 페소의 강세는 아르헨티나 수출에 타격을 주었고, 2002년 1월 페소가 달러와의 1:1의 평가를 포기토록 한 장기 경기침체에 빠지게 하였다. 이러한 변화는 심각한 경제적, 정치적 고통을 안겨주었다. 실업률이 20%를 상회했고, 2002년 4월에는 인플레이션율이 월간 약 20%까지 상승했다. 반대로, 홍콩은 아시아 금융위기라는 중대 시험대에 직면했을 때 성공적으로 통화위원회체계를 성공적으로 지켜냈다.

도표 2.12
아르헨티나 통화위원회체제의 붕괴

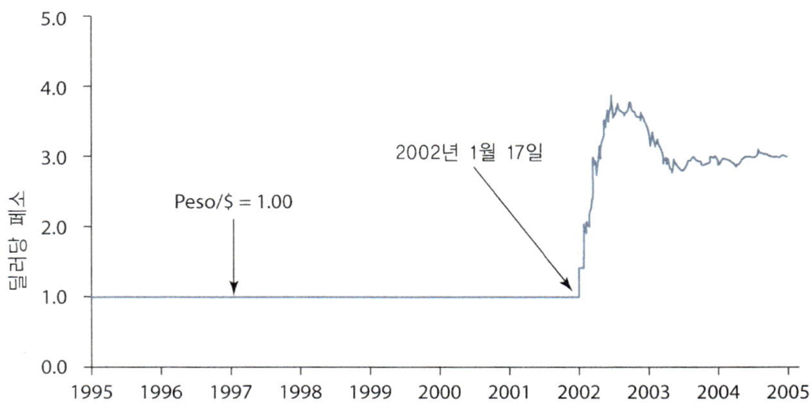

자료: Bloomberg.

아르헨티나 위기의 원인에 대해 지금까지 확실한 합의는 없으나 통화위원회체계의 붕괴와 그에 따른 경제위기와 관련하여 적어도 세 가지 요인이 있다.

(i) 재정규율의 부족,
(ii) 노동시장의 비탄력성
(iii) 러시아와 브라질 금융위기의 전염

아르헨티나의 전통적인 사회정치적 분열을 반영하여 이해가 다른 집단들의 경제적 자원에 대한 청구권 경쟁은 공적 채무의 증가로 봉합되었다. 아르헨티나가 "제3세계 경제의 유럽식 복지제도(European-style welfare system in a Third World economy)"를 가지고 있다고들 말한다. 1990년대 내내 아르헨티나 연방정부는 대량으로 달러를 차입하였다. 1990년대 말에 아르헨티나의 경제침체가 시작되었을 때 아르헨티나 정부는 추가 차입이 어려워졌고, 마침내 대내외 채무를 갚지 못했다. 아르헨티나가 통화위원회체계하에서 채택한 강고한 고정환율제로 인해 아르헨티나는 전통적인 통화의 가치 하락을 통해 경쟁력을 회복하는 것이 불가능했다. 더욱이 강경한 노동조합 때문에 임금의 하락을 통한 제품 원가의 감소를 통해 고정명목환율제도 하에서 실질적인 평가절하에 해당되는 방법을 실현할 수 없었다. 러시아와 브라질의 금융위기에 따른 국제자본유입의 지체로 아르헨티나의 형편은 더욱 악화되었다. 이 밖에, 1999년에 브라질 통화 헤알(Real)의 급격한 가치 하락으로 말미암아 아르헨티나의 수출은 더욱 타격을 입게 되었다.

이제 외환위기는 끝났지만 채무 문제는 아직 해결되지 않았다. 경제의 지속적인 침체와 증가하는 사회적, 정치적 소요 때문에 아르헨티나 정부는 2001년 12월 모든 채무상환을 중지하였다. 이는 역사상 가장 큰 국가부도이다. 아르헨티나가 7개의 통화로 차입되고 8개 국가의 법률이 적용되는 1,000억 달러의 부채에 대한 복잡한 재구성에 직면해 있다. 2004년 6월 아르헨티나 정부는 부채의 순현재가치의 75% 삭감이라는 "최종" 제안을 제시하였다. 외국 채권자들은 이 요구를 거절하고 개선된 제안을 요청했다. 2005년 초 채권자들은 드디어 그들이 보유한 채권가치의 70%를 삭감하는 재구성에 동의했다.

중국 위안화의 부상

〈도표 2.8〉에서 보듯이, 중국은 최근 미국 및 유로 지역과 함께 세계 최고의 무역 강국 중 하나가 되었다. 또한, 전례 없는 경제성장을 거듭한 끝에 중국의 GDP는 이제 개별 국가 중 미국에 이어 두 번째로 크다. 하지만 중국의 통화인 위안화(RMB)는 아직 그 거대한 경제 규모에 걸맞는 국제적 위상을 달성하지 못했다. 이 상황은 주로 중국 자본시장의 여전히 제한적인 개방성 때문이다. RMB의 국제적 사용이 제한적임에도 불구하고, IMF는 2016년부터 RMB를 특별인출권(SDR)의 구성 통화로 포함하기로 결정하여 중국 통화의 가시성과 명성을 높였다. SDR 바스켓에 RMB를 포함하는 것은 국제 무역 및 투자에서 이 통화의 더 넓은 사용을 촉진할 수도 있다.

앞서 언급한 바와 같이, 중국은 오랫동안 1 미 달러화 당 8.27 RMB로 달러화에 대한 RMB의 고정환율을 유지했다. 그러나 2005년 7월 21일, 중국의 중앙은행인 중국인민은행(PBC)은 시장의 수요와 공급에 따라 RMB가 변동하기 시작할 수 있도록 허용하고, RMB를 달러당 8.11 RMB로 일회성 평가절상하겠다고 발표했다. 〈도표 2.13〉에서 볼 수 있듯이, 이후 3 년 동안 RMB는 달러에 대해 점진적으로 절상하도록 허용되었다. 새로운 환율 제도는 여전히 미국 달러화와 상대적으로 밀접한 연계를 유지하고 있다. 예를 들어, 매 거래일 시작 전에 "고정"되고 발표되는 "중앙 평가 환율"이 있으며, 이 중앙 평가 환율은 RMB/USD 환율이 그날 동안 변동할 수 있는 범위의 중간점으로 작용한다. 초기에 중앙 평가 환율 주변의 일일 변동 폭은 플러스 또는 마이너스 0.3%였지만, 시간이 지남에 따라 2014년 3월에 플러스 또는 마이너스 2.0%로 확대되었다.

약 3년간 변동환율을 유지한 후, 위안화는 2008년 7월에 달러당 약 6.82 RMB로 사실상 고정환율제로 되돌아갔다. 이러한 고정환율제로의 회귀는 미국에서 시작된 글로벌 금융 위기와 관련된 경제 불확실성이 높아진 데 따른 것이다. 그러나 2010년 6월부터 금융위기가 진정되면서 위안화는 다시 변동하기 시작했다. 이 최근의 변동 결정은 중국의 무역 파트너들이 중국에 대한 무역적자를 줄이기 위해 강한 위안화를 요구하는 압력이 증가함에 따른 것이기도 하지만, 동시에 중국 자본시장의 더 자유로운 개방을 향한 중국의 광범위한 움직임과도 관련이 있다.

최근 몇 년간 중국은 국제 자본 흐름에 대한 장벽을 점차 낮추어 왔다. 동시에,

도표 2.13
위안화–미 달러 환율

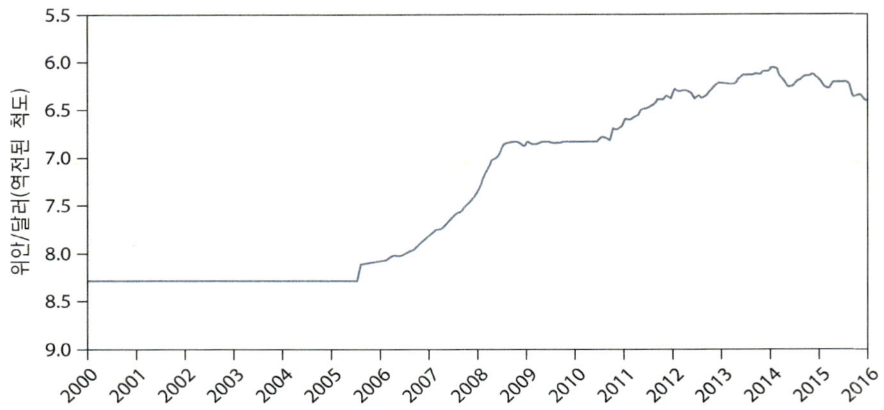

자료: Datastream

중국은 국제 거래에서 위안화의 사용 증가를 촉진시키고 있으며, 장기적으로는 위안화를 미국 달러화와 같은 주요 글로벌 통화로 자리매김하는 것을 목표로 하고 있다. 앞서 언급했듯이, 인구, GDP 또는 국제무역 점유율 측면에서 측정된 위안화의 큰 거래 영역을 고려할 때, 중국의 통화는 글로벌 통화가 될 잠재력을 가지고 있다. 그러나 위안화가 완전한 글로벌 통화가 되기 위해서는 중국이 몇 가지 중요하고 관련된 조건들을 충족시켜야 한다: (i) 통화의 완전한 교환성, (ii) 깊이와 유동성이 있는 개방된 자본시장, 그리고 (iii) 법치와 재산권 보호. 미국과 유로 지역은 이러한 조건들을 충족하고 있으며, 이 조건들은 제한 없는 경쟁적인 자본 조달 및 투자를 위해 중요하다.

고정환율제과 변동환율제

미국과 영국 그리고 일본을 포함한 몇몇 국가들이 변동환율제를 선호하는 반면 기타 국가들 특히 유럽통화동맹(EMU)의 회원국 및 여러 개발도상국은 고정환율제를 유지하고자 하므로 우리는 고정환율제 혹은 변동환율제를 지지하는 주장들을 살펴볼 가치가 있다.

변동환율제를 지지하는 주요 논거는 (i) 보다 수월한 대외조정, (ii) 국가정책에 대한 자치권 등에 의존한다. 어떤 국가가 국제수지 적자를 겪고 있다고 가정해 보자. 이는 현행환율에서 해당 국가 통화에 대한 초과공급이 외환시장에 존재하고 있음을 의미한다. 변동환율제 하에서는 해당 국가 통화의 대외가치가 초과공급이 사라지는 수준까지 가치 하락된다. 이 새로운 환율 하에서 해당 국가의 국제수지 불균형이 사라질 것이다.

환율이 시장 수급에 의해 결정되는 한 대외균형은 자동으로 달성될 수 있다. 결과적으로 정부는 국제수지 불균형을 시정하기 위해 별도의 정책적 조치를 취할 필요가 없다. 따라서 변동환율제 하에서 정부는 자신들이 선택하는 경제 목표를 추구하기 위한 통화 및 재정정책을 사용할 수 있다. 그러나 고정환율제도 하에서 정부는 기존 환율에서 발생하는 국제수지 적자(흑자)를 시정하기 위해 긴축적(확장적) 통화 및 재정정책을 취해야 한다. 환율을 유지하기로 한 약속을 지키기 위한 정책수단이 필요하기 때문에 정부는 그 정책수단을 사용하여 다른 경제목표를 추구할 수 없다. 그 결과 고정환율제 하에서 정부는 정책의 자치권을 잃게 된다.

〈도표 2.14〉는 어떻게 국제수지 불균형이 두 환율제도하에서 시정되는지에 대한 앞에서의 논의를 파운드를 대표적 외환으로 사용여 예시하고 있다. 〈도표 2.14〉에서는 영국 파운드당 미국 달러 가격 즉 환율을 수직축으로 나타내고, 각 환율에서 파운드에 대한 수요량과 공급량을 수평축으로 나타내고 있다. 대다수 상품의 경우처럼 파운드의 수요곡선은 하향하고, 파운드의 공급곡선은 상향한다. 현재 환율이 $1.60/£이라고 가정하자. 도표에서 보는 바와 같이 이러한 환율에서 파운드에 대한 수요가 공급을 훨씬 초과한다(즉 달러에 대한 공급이 수요를 훨씬 초과한다). 미국은 무역수지(혹은 국제수지) 적자를 겪는다. 변동환율제도 하에서 달러는 파운드의 초과수요(즉 미국의 영국에 대한 무역적자)가 사라지는 새로운 환율수준인 $1.80/£로 간단히 가치 하락한다. 이제 환율이 $1.60/£에 고정되어져 있다고 가정하면, 파운드에 대한 초과수요는 환율조정을 통해 해결될 수 없다. 이런 상황에 직면하여 미연방지불준비은행은 파운드의 초과수요를 충족시키기 위해 처음에는 외환보유고에 의존할 것이다. 그러나 초과수요가 지속되면, 미국 정부는 고정환율 $1.60/£에서 파운드에 대한 초과수요가 제거될 때까지 파운드에 대한 수요곡선이 왼쪽으로 이동되도록(도표에서 D가 D*로 이동) 긴축적 통화 및 재정정책에 의존해야 할 것이다. 환언하면 정부는 고정환율을 유지하기 위한 정책적 조치를 취해야 한다.

도표 2.14

외부 조정 메커니즘: 고정 환율제 VS 변동 환율제

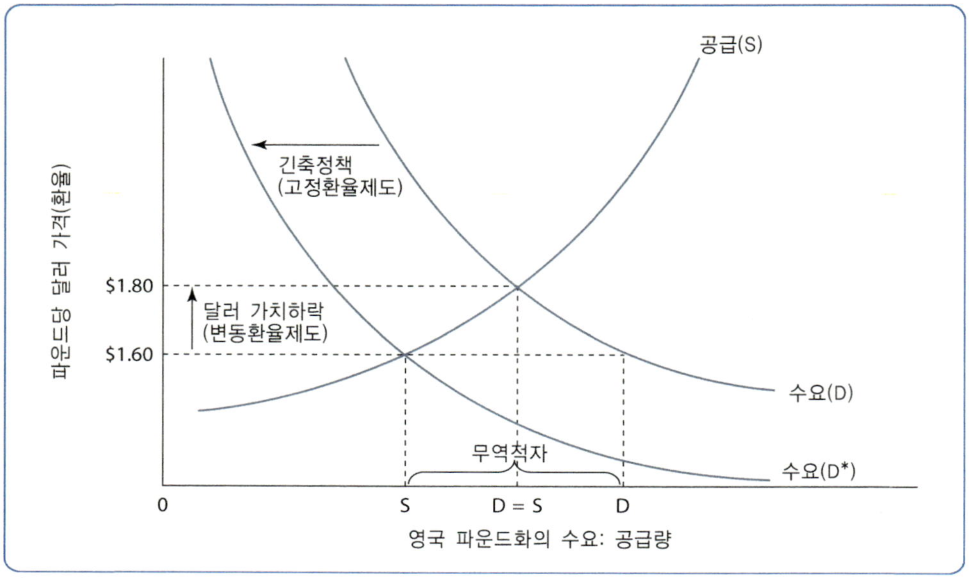

자료: Bloomberg

변동환율제의 가능한 단점은 환율 불확실성이 국제무역과 투자를 방해한다는 것이다. 고정환율제의 옹호자들은 미래 환율이 불확실할 때에는 기업들이 국제거래를 피하려는 경향이 있다고 주장한다. 환율이 불확실한 경우 국가들은 국제거래를 통해 충분한 혜택을 누릴 수 없기 때문에 자원이 세계적으로 비최적 상태로 배분된다. 고정환율제의 옹호자들은 고정환율제가 환율의 불확실성을 제거하여 국제거래를 촉진시킨다고 주장한다. 그러나 어느 정도 기업들이 통화선물이나 옵션을 이용하여 환위험을 회피할 수 있기 때문에 환율의 불확실성이 필연적으로 국제거래를 방해한다고 할 수는 없다.

앞의 논의가 제시하는 바와 같이, 환율제도의 선택은 국가정책의 독립성과 국제경제의 통합 간의 상충관계(trade-off)가 관련될 것 같다. 만약 국가들이 각자의 국내경제 목표를 추구하고자 한다면, 그들은 상이한 거시경제정책을 추구할 가능성이 높아 고정환율제는 실현될 수 없다. 다른 한편 각 국가가 국제경제 통합의 추진에 몰입한다면(예컨대 유럽연합의 핵심 회원국인 프랑스와 독일의 경우), 고정환율제의 혜택이 관련 비용을 훨씬 앞설 것이다.

"좋은" (혹은 이상적인) 국제통화제도는 (ⅰ) 유동성, (ⅱ) 조정, (ⅲ) 신뢰성 등을 제공해야 한다. 다시 말하면 이상적 국제통화체계는 국제무역과 투자의 성장을 뒷받침해 줄 충분한 국제지준을 세계경제에 제공해 줄 수 있어야 한다. 또한 국제수지 균형이 훼손되었을 경우 균형을 복구할 수 있는 유효한 장치를 제공할 수 있어야 한다. 마지막으로, 한 지준자산에서 다른 지준자산으로 황급히 도피토록 만드는 국제금융시스템에 대한 신뢰위기를 방지할 수 있는 안전망을 제공해 주어야 한다. 국제통화제도를 구축하거나 평가할 때에는 정치가와 경제학자들은 이 3가지 기준을 염두에 두어야 한다.

요 약

본 장은 다국적기업과 국제 투자자들이 활동하는 환경을 정의하는 국제통화제도에 대해 전반적으로 살펴보았다.

01. 국제통화제도는 국제결제가 행해지고, 자본이동이 수용되며, 통화 간 환율이 결정되는 제도적 테두리로 정의될 수 있다.

02. 국제통화제도는 5단계를 거쳐 진화해 왔다. (a) 복본위제, (b) 고전 금본위제, (c) 세계전쟁 시기, (d) 브레튼우즈체제, (e) 변동환율제

03. 고전 금본위제는 1875～1914년에 걸쳐 존재하였다. 이 제도 하에서 두 통화 간 환율은 각 통화의 금 함유량에 의해 결정된다. 국제수지 불균형은 "가격－정화－흐름 장치(price－specie－flow mechanism)"를 통해 자동으로 조정된다. 오늘날에도 금본위제에 대한 열렬한 추종자들이 있는데, 그들은 금본위제가 인플레이션에 대한 실질적 해결책으로 믿고 있다. 그러나 금본위제 하에서 세계경제는 화폐용 금의 공급량이 부족하기 때문에 디플레이션 압력을 받는다.

04. 전쟁기간 중 명확한 "게임규칙"이 없는 경제민족주의의 재발을 막기 위해 1944년 44개국 대표들이 뉴 햄프셔(New Hampshire)주의 브레튼우즈(Bretton Woods)에서 모여 새로운 국제통화제도를 채택했다. 브레튼우즈체제에서 각 국가의 통화는 금으로 태환되는 달러와 관련하여 평가(parity)를 정했다. 각 국가는 국제지불수단으로 금과 외환(특히 달러)을 사용하였다. 브레튼우즈체제는 환율의 안정과 금의 절약을 위해 구상되었다. 브레튼우즈체제는 주로 미국의 인플레이션과 국제수지적자 문제 때문에 1973년에 붕괴되었다.

05. 브레튼우즈체제를 대체한 변동환율제가 자메이카 협정(Jamaica Agreement)에서 승인되었다. 1980년대 달러 가치의 극심한 변동에 이어 산업화 국가들이 보다 더 안정된 환율을 달성하기 위해 서로 협력하기로 합의하였다. 1987년의 루브르협정(Louvre Accord)은 G7 국가들이 통화의 과대평가 혹은 과소평가를 시정하기 위해 공동으로 외환시장에 개입하기로 하는 관리변동환율제(managed-float system)의 시초로 기록된다.

06. 1979년 EEC 국가들이 유럽에 "통화안정지역(zone of monetary stability)"을 설치하기 위해 유럽통화제도(EMS)를 출범하였다. 유럽통화제도(EMS)의 두 가지 주요 수단은 유로통화단위(ECU)와 환율메커니즘(ERM)이다. ECU는 EMS 회원국의 바스켓통화로 구성되며 EMS의 회계단위로 기능한다. ERM은 EMS 회원국이 환율을 공동으로 관리하는 절차이다. ERM은 각 회원국이 유지하도록 요구되는 평가그리드제도(parity grid system)에 바탕을 두고 있다.

07. 1999년 1월 1일 유로화가 도입되어, 현재 프랑스와 독일을 포함한 11개 유럽 국가들이 유로화를 사용하고 있다. 궁극적으로 달러와 국제 기축통화로서 경합을 벌리게 될 단일 유럽통화의 출현은 유럽뿐만 아니라 세계경제에 큰 의미를 갖는다. 유로존 회원국들은 줄어든 거래비용과 환율 불확실성의 제거를 통해 이익을 얻는다. 또한 유로의 출현은 기업들이 유리한 조건으로 자금을 조달할 수 있는 유럽대륙의 자본시장을 발전시키는데 도움이 된다.

08. 유럽통화동맹(EMU) 하에서 프랑크푸르트에 본부를 둔 유럽중앙은행(ECB)이 유로존 회원국의 공동 통화정책을 수립한다. ECB는 유럽의 물가안정을 유지할 권한이 법적으로 위임되어 있다. ECB와 함께 유럽존 국가의 중앙은행들이 공동으로 EMU의 공동 통화정책을 결정하고 실행할 책임을 지는 유럽중앙은행제도(Eurosystem)를 구성한다.

09. 프랑스와 독일을 포함한 EMU의 핵심 회원국들은 분명히 고정환율제를 선호하는 반면 미국과 일본 등 기타 주요 국가들은 변동환율제를 채택하고자 하는 경향이 있다. 변동환율제 하에서 대외균형은 정책 개입보다는 환율조정을 통해 달성되기 때문에 정부는 정책 독립성을 유지할 수 있다. 그러나 환율 불확실성은 국제무역과 투자를 방해한다. 따라서 환율제도의 선택은 국가 정책 자율성과 국제경제통합 간의 상충관계(trade-off)와 관련이 있어 보인다.

10. 비트코인과 같은 암호화폐는 분권화된 컴퓨터네트워크를 통해 교환수단으로 기능을 하는 디지털통화로 정의될 수 있다. 이 컴퓨터네트워크는 정부 또는 중앙은행과 같은 중앙 당국의 개입없이 대부분 암호화 기술인 분산원장기술(distributed ledger technology)을 활용하여 거래자료의 기록을 공개적으로 유지한다.

11. 아직 시행되지는 않았지만, 중앙은행디지털통화(CBDC)는 많은 관심을 받고 있다. CBDC는 법정화폐의 디지털 형태로서 다음과 같이 다양한 이점들을 줄 수 있다: (i) 지급수단의 다양화, (ii) 증가하는 금융적 수용성, (iii) 보다 효율적인 국경간 지급, (iv) 재정 이전의 용이화 등.

주요 용어

가격–정화–흐름 장치	관리변동환율제	국제통화제도
금본위제	금환본위제	달성 불가능 삼원체계
루브르 협정	토빈세(Tobin tax)	마스트리히트 협정
비트코인	뱀(snake)	복본위제
불태화	브레튼우즈체제	스미소니언 협정
암호화폐	유럽중앙은행(ECB)	유럽통화단위(ECU)
유럽중앙은행제도(Eurosystem)	유럽통화동맹(EMU)	유럽통화제도(EMS)
유로그레샴의 법칙	자마이카 협정	최적통화지역
통화 위원회	트리핀 역설	특별인출권(SDRs)
평가(par value)	플라자 협정	환율메커니즘(ERM)

연습문제

01. 그레샴의 법칙(Gresham's law)을 설명하라.

02. 금본위제 하에서 국제수지 균형이 훼손될 때 이의 회복 메커니즘을 설명하라.

03. 파운드가 금 온스당 6파운드로 고정되고 프랑이 금 온스당 12프랑으로 고정되어 있다고 가정하자. 그러면 파운드와 프랑의 균형환율은 ₣2/£이다. 만약에 실제 시장환율이 ₣2.2/£이라면, 어떻게 이익을 얻을 수 있는가? 금 수송비용의 영향은 무엇인가?

04. 금본위제의 장점과 단점을 논의하라.

05. 브레튼우즈체제의 주요 목표들은 무엇이었나?

06. 브레튼우즈체제가 종국적으로는 붕괴될 수밖에 없도록 설계되었다는 주장에 대해 논평해 보라.

07. 특별인출권(SDRs)이 어떻게 구축되었는지를 설명하고, 그 탄생 배경을 논의하라.

08. 유럽통화제도(EMS)의 체제와 운영방식을 설명하라.

09. 고정환율제와 변동환율제에 대한 찬반의 주장들이 있다.

   a. 변동환율제의 장점을 열거하라.
   b. 고정환율제 옹호자의 입장에서 변동환율제를 비판하라.
   c. 변동환율제 옹호자의 입장에서 b의 비판을 반박하라.

10. 통합된 국제금융시장에서 어느 한 국가의 금융위기는 아주 빠르게 다른 국가에 파급되어 세계적 위기로 전환된다. 아시아 금융위기와 같은 사태가 재발되지 않도록 하기 위한 대책들을 제시해 보라.

11. 이상적인 국제통화제도에 대한 기준들을 제시하라.

12. 일단 자본시장들이 통합되면, 한 국가가 고정환율제를 유지하는 것이 어렵다. 그 이유를 설명하라.

13. 유로가 달러와 경합하는 국제통화가 될 가능성을 평가하라. 만약에 유로가 진정 국제통화가 된다면, 유로는 달러와 세계경제에 어떤 영향을 미칠 것인가?

14. 왜 위안화가 대규모 중국 경제에도 불구하고 미 달러화나 유로화처럼 글로벌통화가 아직 되지 못하는지를 논의하라.

15. 당신이 은퇴 준비를 위해 저축을 한다고 가정하자. 당신의 은퇴 자금을 조달하기 위해 당신은 비트코인에 투자할 것인가? 왜 투자하는가 또는 투자하지 않는가?

인터넷 연습문제

01. http://federalreserve.gov/releases/h10/hist 의 자료를 이용하여 먼저 2000년 1월 이후의 유로와 달러간 월별 환율을 도표로 작성해 보고 왜 환율이 도표에 나타난 바와 같은 움직임을 갖는지 설명해 보라.

미니 케이스

그리스는 유로 존에 남을 것인가?

1999년 유로가 도입되었을 때 두드러지게도 그리스가 유로를 채택한 EU 회원국의 명단에 보이지 않았다. 그리스는 준비가 되어 있지 않았다. 그러나 멀지 않아 그리스가 유로존에 가입할 조건을 거의 분명히 충족시키지 못했음에도 불구하고 정치적 이유로 유럽의 지도자들은 2001년에 그리스가 유로 클럽에 참여하도록 허용했다. 하여튼 유로 클럽에 가입함으로써 그리스의 정부, 가계, 기업들은 역사적으로 낮은 이자율로 풍부한 자금을 쉽게 이용할 수 있게 되어 막강한 신용 성장에 접어들었다. 한 동안 그리스는 완전한 회원국으로서의 과실을 누리게 되었다. 그러나 2009년 12월에 그리스의 신정부는 2009년 재정 적자가 떠나는 구 정부가 발표한 GDP의 3.7%가 아니라 12.7%가 되리라고 발표했는데 , 이는 EU의 3% 아래로 유지하라는 수렴화 가이드를 훨씬 초과하는 것이다. 정부 재정에 대한 진실이 알려지자 그리스의 국채 가격은 급락하였고 이는 국제 투자자들이 국채를 황급히 매각토록 하여 국가 부도를 위협했다.

수년간의 위기로 그리스 국가 부채는 GDP의 180% 정도가 되었고 청년 실업률이 약 50%에 달했다. 그리스의 GDP는 약 25% 감소했다. EU, IMF, ECB에 의해 마련된 구제 조건으로 급속한 세금 인상, 연금 수혜의 축소 등 극심한 절제 조치들이 가해졌다. 더욱이 국민들은 예금 인출 사태를 막기 위해 그들의 예금에 대한 접근이 상당히 제한되었다. 여론 조사에 의하면 그리스의 일부 사람들이 스스로 유로존을 떠날 것(Grexit)을 요구하며 과거의 그리스 화폐인 드라크마(drachma)로 돌아갈 것을 요구한 반면 그리스의 주 채권국가인 독일 국민의 대다수가 그리스가 유로존을 떠나기를 원하는 것으로 나타났다.

다음 사항들을 논의해 보라: (i) 그리스 곤경의 근본 원인들, (ii) 그리스의 유로존 잔류에 대한 장단점, (iii) 그리스가 장기적으로 유로존에 머무르는 것이 바람직하다면 그러기 위해서 필요한 조치들, (iv) 당신이 그리스 정부를 위한 객관적 입장의 외부 조언자라면, 당신은 그리스에게 유로존을 떠나라고 할 것인가 아니면 남아 있으라고 조언할 것인가? 그에 대한 이유를 제시해 보라.

참고문헌 및 추천도서

Bris, Arturo, Yrjöo Koskinen, and Mattias Nilsson. The Euro and Corporate Valuation. Working Paper, Wharton Faculty Research (2009).

Chinn, Menzie, and Jeffrey Frankel. "Why the Euro Will Rival the Dollar." *International Finance* 11 (2008), pp. 49 - 73.

Cooper, Richard N. *The International Monetary System: Essays in World Economics*. Cambridge, Mass.: MIT Press, 1987.

Eichengreen, Barry. *The Gold Standard in Theory and History*. Methuen: London, 1985, pp. 39 - 48.

——— *Exorbitant Privilege: The Rise and Fall of the Dollar and the Future of the International Monetary System*. Oxford University Press, 2011.

European Central Bank, Virtual Currency Scheme. Report (2012).

Friedman, Milton. *Essays in Positive Economics*. Chicago: University of Chicago Press, 1953.

Hayek, Friedrich, *Decentralization of Money: The Argument Refined*. London: Institute of Economic Affairs, 1976.

Hayek, Friedrich. *The Road to Serfdom*. University of Chicago Press, 1944.

Jorion, Philippe. "Properties of the ECU as a Currency Basket." *Journal of Multinational Financial Management* 1 (1991), pp. 1 - 24.

Lane, Philip. "The Resilience of the Euro." *Journal of Economic Perspectives* 35 (2021), pp. 3 - 22.

Machlup, Fritz. *Remaking the International Monetary System: The Rio Agreement and Beyond*. Baltimore: Johns Hopkins Press, 1968.

Mises, Ludwig. *Theory of Money and Credit*. Skyhorse Publishing, 1912.

Mundell, Robert. "A Theory of Optimum Currency Areas." *American Economic Review* 51 (1961), pp. 657 - 65.

——— "Currency Areas, Volatility and Intervention." *Journal of Policy Modeling* 22 (2000), pp. 281 - 99.

Nurkse, Ragnar. *International Currency Experience: Lessons of the Interwar Period*. Geneva: League of Nations, 1944.

Obstfeld, Maurice, Jay Shambaugh, and Alan Taylor. "The Trilemma in History: Tradeoffs among Exchange Rates, Monetary Policies, and Capital Mobility." *Review of Economics and Statistics* 87 (2005), pp. 423 - 38.

Prasad, Eswar. *The Future of Money: How the Digital Revolution Is Transforming Currencies and Finance*. Belknap: Harvard University Press, 2021.

Solomon, Robert. *The International Monetary System*, 1945 - 1981. New York: Harper & Row, 1982.

Stiglitz, Joseph. "Reforming the Global Economic Architecture: Lessons from Recent Crisis." *Journal of Finance* 54 (1999), pp. 1508 - 21.

Tobin, James. "Financial Globalization." Unpublished manuscript presented at American Philosophical Society, 1998.

Triffin, Robert. *Gold and the Dollar Crisis*. New Haven, Conn.: Yale University Press, 1960.

Chapter 03

국제수지

CHAPTER OUTLINE

- 국제수지 회계
- 국제수지 계정
  - 경상계정
  - 자본계정
  - 통계적 차이
  - 공적준비자산계정
- 국제수지 항등식
- 국제수지 추세
- 요약
- 주요 용어
- 연습문제
- 계산문제
- 인터넷 연습문제
- 미니 케이스: 중국의 국제수지 추이
- 참고문헌 및 추천도서
- 관련 웹사이트
- 부록 3A: 국제수지와 국민소득계정 관계

국제수지(balance of payments)라는 용어는 종종 뉴스 매체에서 언급되며, 세계 각지의 경제적 정치적 토론에서 인기있는 주제이다. 그러나 그것이 다양한 상황에서 언급될 때, 용어가 정확히 무엇을 의미하는 지가 항상 분명한 것은 아니다. 이런 애매모호함은 종종 용어의 오해나 오용을 불러일으킨다. **국제수지**는 한 국가가 일정기간 동안 세계 다른 국가들과의 거래를 기록한 통계를 의미한다. 한 국가의 국제수지를 연구해야 하는 몇 가지 중요한 이유가 있다.

첫째, 국제수지는 한 국가의 통화에 대한 수요와 공급에 대한 상세한 정보를 제공한다. 예를 들어 미국이 수출보다 수입을 많이 한다면, 이는 여타 조건이 일정한 경우 외환시장에서 달러의 공급이 수요를 초과한다는 것을 의미한다. 따라서 달러가 다른 통화들에 대해 가치 하락의 압력을 받으리라는 것이 추론된다. 반면에 미국의 수출이 수입보다 많다면, 달러는 가치가 상승될 가능성이 높다.

둘째, 한 국가의 국제수지 자료는 세계 여타 국가들에게 해당 국가의 거래 상대로서의 잠재력에 대한 신호를 제공한다. 만약에 한 국가에 심각한 국제수지 문제가 존재한다면, 해당 국가는 다른 국가들로부터 수입을 확대할 수 없을 것이다. 오히려 이 국가는 국제수지 상황을 개선하기 위해 수입을 제한하고 자본유출을 억제하는 조치들을 취하고자 하는 유혹에 빠질 것이다. 다른 한편 상당한 국제수지 흑자를 누리는 국가는 수입을 확대할 가능성이 높아 외국 기업들에게 마케팅 기회를 제공하고 외환규제를 부과할 가능성이 낮다.

셋째, 국제수지 자료는 국제 경제적 경쟁에서 해당 국가의 성과를 평가할 수 있다. 만일 한 국가가 매년 무역적자를 겪고 있다면, 이러한 자료는 해당 국가의 산업들이 국제경쟁력이 부족하다는 신호를 보내는 것이다. 국제수지의 자료를 정확히 해석하기 위해서는 국제수지 계정이 어떻게 구축되는지를 알아야 한다.

국제수지 회계

국제수지란 공식적으로 일정기간 동안 한 나라의 국제거래를 복식부기 형태로 작성된 통계적 기록이라고 정의내릴 수 있다. 국제거래의 예들은 상품과 서비스의 수출입 및 기업, 은행 계좌, 채권, 주식 및 부동산 등에 대한 국제적 투자를 포함한다. 국제수지는 일정기간(예컨대, 분기 혹은 연간)에 걸쳐 발생한 거래를 기록하기 때문에

국제수지와 국민소득 계정은 동일한 시간 차원을 갖는다.[1)]

일반적으로 외국으로부터 수령하게 되는 거래는 미국의 국제수지에서 대변에 기록 즉 대기되며 양(+)의 부호로 표시되는 반면, 외국에 지불하게 되는 거래는 차변에 기록 즉 차기되며 음(−)의 부호로 표시된다. 미국의 국제수지 대변의 항목에는 미국 상품과 서비스, 영업권, 재무 청구권 및 부동산 등의 해외 판매가 기록되는 반면에, 차변의 항목에는 미국의 상품과 서비스, 영업권, 재무 청구권 및 부동산 등의 해외 구입이 기록된다. 더욱이 대변 항목들은 달러에 대한 수요를 일으키고, 차변 항목들은 달러에 대한 공급을 일으킨다. 달러의 수요(혹은 공급)는 외환의 공급(혹은 수요)과 서로 관련되어 있음을 주목하기 바란다.

국제수지는 복식부기 체계이기 때문에 모든 대변 계정은 이에 상응하는 차변 계정에 의해 대응되고 그 역도 마찬가지이다. 그러나, 국제수지는 일정 기간 동안의 국제거래를 추적하기 때문에 기업 회계에서의 대차대조표 보다는 현금흐름표와 유사함을 주목하라.

예제 3.1

예를 들어, Boeing사가 일본 항공사(JAL)에게 보잉 747기를 5천만 달러에 수출하고 JAL이 그 대금을 뉴욕의 Chase Manhattan 은행에 있는 자신의 달러 예치금 구좌에서 지불하였다고 하자. 그러면 Boeing사의 5천만 달러의 수령은 (+)로 대변에 기록되며, 이에 대응되어 미 은행 부채의 감소를 나타내는 동일한 금액이 (−)로 차변에 기록된다.

예제 3.2

다른 예로, Boeing사가 Rolls-Royce사가 생산한 제트 엔진을 3천만 달러에 수입하고 한 뉴욕 은행에 있는 Rolls-Royce사의 계좌에 자금을 이체하여 지불했다고 가정해 보자. 이 경우 Rolls-Royce사의 자금 예치는 (+)로 대변에 기록되며, 이에 대응되어 Boeing사의 지불은 (−)로 차변에 기록된다.

1) 사실상 한 국가의 수출과 수입의 차이인 경상수지는 그 나라 GNP의 한 구성요소이다. GNP의 다른 구성요소들은 소비, 투자, 정부지출을 포함한다.

위의 예에서 본 바와 같이 복식부기체계에 따라 국제수지의 모든 대변은 차변과 대응되어진다.

국제무역, 즉 수출과 수입뿐만 아니라 국가 간 투자도 국제수지에 기록된다.

예제 3.3

미국의 정보 서비스 회사인 Thomson사가 영국의 뉴스 매체인 Reuters사를 7억5천만 달러에 인수하고 Reuters사가 그 돈을 영국의 Barclays은행에 예치한 후 다시 Barclays은행이 이 돈으로 미 재무성 증권을 취득하는데 사용했다고 가정해 보자. 이 경우 Barclays은행의 미 재무성 증권 구입은 (+)로 대변에 기록되는 반면, Thomson사의 7억5천만 달러의 지불은 (−)로 차변에 기록된다.

위의 예들은 다음과 같이 정리될 수 있다.

거래	대변	차변
Boeing사의 수출	+$5천만	
U.S.은행에서 출금		-$5천만
Boeing사의 수입		-$3천만
U.S.은행에 예치	+$3천만	
Thomson의 Reuters 인수		-$7억5천만
Barclays은행의 U.S. 채권 매입	+$7억5천만	

국제수지 계정

국제수지는 일정기간 동안 한 국가가 수행한 모든 형태의 국제거래를 기록하기 때문에 국제수지는 다양한 계정들을 포함한다. 그러나 한 국가의 국제거래는 네 가지의 주요 형태로 구분된다.

1. 경상계정(current account)
2. 자본계정(capital account)
3. 금융계정(공적준비자산을 제외한)
4. 공적준비자산계정(official reserve account)

경상계정은 상품과 서비스의 수출과 수입을 포함하는 반면, **자본계정**은 주식, 채권, 은행계정, 부동산 및 기업과 같은 자산의 구입과 매각을 포함한다. 다른 한편 **공적준비자산계정**은 미 달러, 외환, 금, 특별인출권(SDRs) 등 국제준비자산의 구입과 매각을 포함한다.

이제 국제수지 계정에 대한 자세한 설명을 해보기로 하자. 〈도표 3.1〉은 우리가 예로 사용할 2020년도 미국 국제수지 계정들을 요약하고 있다.

경상계정

〈도표 3.1〉은 미국이 2020년에 2조, 8,111억 달러를 수입한 반면 2조 1,334억 달러를 수출하였음을 보여준다. 경상계정 수지는 수출－수입＋본원소득(primary income)＋이전소득(secondary income), 즉 〈도표 3.1〉에서 (1)＋(2)＋(3)＋(4)로 정의되는데 －6,161억 달러이다. 따라서 2020년 미국은 경상수지가 적자였다. 경상수지 적자는 미국이 생산한 것보다 더 많은 산출물을 사용했음을 의미한다.[2] 한 나라가 경상수지 적자를 메우기 위해서는 반드시 해외로부터 차입하거나 기존에 축적해 놓은 본국의 해외 부를 감소시켜야 하기 때문에 경상수지 적자는 그 나라의 해외 부의 감소로 나타난다. 다른 한편 경상수지가 흑자인 나라는 외국 채권을 취득하게 되므로 해외 부가 증가한다.

경상계정은 상품, 서비스, 본원소득 및 이전소득 네 범주로 세분된다. **상품무역**(Goods trade)은 석유, 밀, 의류, 자동차, 컴퓨터 등의 유형의 상품의 수출과 수입의 차이를 나타낸다. 〈도표 3.1〉이 보여주는 바와 같이 미국의 2020년 상품 수출액은 1조 4,288억 달러이고 수입액은 2조 3,508억 달러였다. 따라서 미국은 9,220억 달러의 무역수지 적자를 겪었다. 무역수지는 상품의 순수출을 의미한다. 미국은 1980년대 초부터 지속적으로 무역수지 적자를 겪었으나 주요 무역파트너인 중국, 일본, 독일은 전반적으로 무역흑자를 실현하였다. 미국과 주요 무역파트너 간 지속적 무역불균형 문제는 국제적 논쟁거리가 되고 있다.

---

2) 경상수지(BCA: Balance of Current Account)는 국내산출(Y)에서 소비(C), 투자(I), 정부지출(G)로 구성되는 국내지출(이는 국내흡수(domestic absorption)라고도 불린다)의 차이로 나타낼 수 있다.

$$BCA = Y - (C + I + G)$$

만일 한 국가의 국내지출이 국내산출보다 적으면 경상수지가 흑자가 되어야 한다. 보다 자세한 논의는 부록 3A를 참조하라.

도표 3.1

2020년도 미국 국제수지 개요 (단위: $10억)

	대변	차변
경상계정		
[1] 수출	2,134.4	
[1.1] 상품	1,428.8	
[1.2] 서비스	705.6	
[2] 수입		−2,811.1
[2.1] 상품		−2,350.8
[2.2] 서비스		−460.3
[3] 본원소득	957.9	−769.4
[4] 이전소득	166.3	−294.2
경상계정 수지 [[1]+[2]+[3]+[4]]		−616.1
자본계정	0.4	−5.9
자본계정 수지		−5.5
금융계정(공적준비자산을 제외한)		
[5] 직접투자	211.3	−311.7
[6] 증권투자	715.9	−220.0
[6.1] 지분증권	648.4	−241.8
[6.2] 부채증권	61.7	21.8
[6.3] 파생상품(순)	5.8	
[7] 기타투자	535.1	−268.6
자본계정 수지 [[5]+[6]+[7]]	662.0	
[8] 통계적 차이	9.0	
종합수지		
공적준비자산계정		−9.0

출처: The U.S. Bureau of Economic Analysis

경상계정 중 두 번째 범주인 **서비스**(service)는 법률, 컨설팅금융, 엔지니어링 및 기타 서비스, 특허 및 지적 재산권에 대한 로열티, 보험료, 운송비, 여행비 등에서 벌어들인 돈과 지급한 돈의 차이를 나타낸다. 서비스 무역은 때때로 **무역외거래 또는 무형무역**(invisible trade)라고도 불린다. 2020년 미국의 서비스 수출액은 7,056억 달러, 수입액은 4,603억 달러로 2,453억 달러의 흑자를 실현하였다. 분명히 미국은 서비스 무역에서 상품 무역보다 성과가 좋게 나타났다. 사실상 미국은 2020년에 전 세계에서 가장 많은 서비스 수출국이었다.

IT 기술의 급속한 발전 덕분에 이전에 거래하기 어려웠던 서비스들이 지금은 거래가 가능해지고 있다는 사실에 주목해야 한다. 예를 들어 미국의 한 지방 병원에서 촬영한 X 방사선 사진이 하루 밤 동안에 인터넷을 통해 인도의 IT 아웃소싱 센터에 전송될 수 있다. 디지털 영상과 자료를 분석한 인도의 의사들은 대가를 받고 진단 결과를 이메일로 미국 병원에 재전송한다. 이 경우 미국은 실질적으로 인도로부터 의료서비스를 수입한 것이다. 〈현장의 국제재무〉 "오징어게임과 글로벌 서비스무역의 부상"은 어떻게 오징어게임이라고 불리는 새롭게 출시한 스트리밍 시리즈가 글로벌 서비스 무역의 증가의 예시인지를 논의한다.

경상계정 중 세 번째 범주인 **본원소득**(Primary factor income)은 이전에 행해진 국제투자로부터의 이자, 배당금 및 기타소득의 수취와 지급으로 대부분 구성된다. 만약 미국 투자자가 보유한 외국 채권에서 받는 이자는 국제수지의 대변에 기록된다. 다른 한편 미국 채무자가 외국 채권자에게 지불한 이자는 차변에 기록된다. 2020년 미국 거주자가 외국의 거주자에게 지불한 본원소득은 7,694억 달러, 국외로부터 받은 본원소득은 9,579억 달러로서 1,885억 달러의 흑자를 실현하였다. 그러나 최근 몇 년 동안 미국이 외국으로부터 차입한 거액 외채를 고려한다면, 미국이 해외에 지불하는 이자 및 배당금이 급속하게 늘어날 것이다. 다른 조건이 일정하다면 이는 미래 미국의 경상수지 적자를 증가시킬 수 있다.

네 번째 경상계정의 세목인 **이전소득**(Secondary income)은 경상이전으로 불리는 "반대급부 없는" 지급을 포함한다. 이의 예로서 해외원조 , 송금, 배상금, 공적 및 사적 증여와 선물 등을 포함한다. 다른 국제수지 계정과는 달리 이전은 한쪽 방향으로만 흘러가고 이를 상쇄하는 반대 방향으로의 흐름이 이루어지지 않는다. 예를 들어 상품무역의 경우 상품이 한 방향으로 흘러가고 지급은 그 반대 방향으로 흘러온다. 복식부기 원칙을 유지할 목적으로, 상품, 서비스, 자산이 이에 상응하여 경제적 가치가 있는 무엇이 돌아오지 않고 공급될 때, 상응하는 장부 기입은 이전소득으로 기록된다. 그래서 이전은 일반적으로 상업적인 기관 또는 단체를 포함하지 않는다. 경상이전은 소유권의 변동, 인수 또는 자산의 처분을 포함하지 않는 이전이다. 기대되는 것처럼 2020년 미국은 해외로부터 수취한 이전지급 수취(1,663억 달러)에서 해외 기관 또는 단체에 대한 이전지급(2,942억 달러)를 뺀 −1,279억 달러의 순 경상이전 지급을 기록했다.

상품과 서비스의 수출과 수입, 본원소득의 수취와 지급을 포함하는 다양한 유형의 국제거래는 글로벌 COVID-19 팬데믹의 영향으로 2019년에서 2020년 사이 감소하였지만, 그 순효과는 본원소득과 서비스무역에서는 다소 줄어든 흑자, 상품무역에서는 더 커진 적자였다. 결과적으로, 미국의 경상수지 적자는 2019년 4,721억 달러에

현장의 국제재무

오징어 게임과 글로벌 서비스 무역의 부상

한국의 디스토피아 생존 드라마인 ‘오징어 게임’은 2021년 9월 17일, 인기 스트리밍 플랫폼인 넷플릭스에서 데뷔했다. 넷플릭스에 따르면, 142백만 가구가 한 달 내에 시리즈를 시청하여, 오징어 게임은 플랫폼 역사상 가장 큰 시리즈 출시가 되었다. 넷플릭스는 이 시리즈가 낮은 제작 비용과 결합된 인기를 고려할 때 회사에 거의 9억 달러의 가치를 창출할 것으로 추정한다. 이 드라마는 수많은 밈(meme)과 더 많은 것들을 일으켰다. 인기 있는 언어 학습 웹사이트인 듀오링고는 오징어 게임이 첫 방영된 후 2주 동안 미국에서 한국어를 배우는 새로운 학습자가 이전 주에 비해 약 40% 증가했다고 보고했다. 오징어 게임에 영감을 받아 새롭게 도입된 암호화폐는 사기로 판명되었으며, 익명의 창시자들은 투자자들의 자금 340만 달러를 가지고 사라졌다.

오징어 게임과 그 화려한 데뷔에 대해 많은 이야기가 있었다. 드라마와 한국 경제의 고충 사이의 유사점이 지적되었다. 많은 사회 평론가들은 이 드라마가 사회적 불의와 소득 불평등에 시달리는 한국 사회와 현대 자본주의 세계를 비판한다고 이야기했다. 다른 이들은 1990년대부터 성장해 온 한류 또는 한국 문화 수출의 물결과 이 드라마를 연결했다. 한 때 자동차와 휴대폰으로 주로 알려진 한국은 정부 지원을 받으며 성장하는 문화 수출 산업을 가지고 있다. 오징어 게임은 아카데미상 최우수 작품상을 수상한 최초의 외국어 영화(기생충)와 세계 최대의 소년 밴드(BTS)와 같은 한국 엔터테인먼트 산업이 달성한 명성 목록에 추가되었다. 한국 드라마와 팝 밴드는 이미 아시아에서 잘 알려져 있었지만, 오징어 게임은 그들을 전 세계 관객에게 알리고 한국의 소프트 파워를 크게 증가시켰다.

그러나, 오징어 게임에 대한 긴 논평 목록에서 언급되지 않은 것은 이 드라마와 그 성공이 서비스 부문의 글로벌 무역 증가의 증거라는 점이다. 다른 국가의 디지털 플랫폼에서 영화가 스트리밍될 때, 이는 서비스 무역으로 기록된다. 상품 무역의 동향은 종종 뜨거운 논쟁의 대상이 되며, 상품 무역 불균형은 자주 정치적 문제가 된다. 글로벌 수출의 거의 4분의 1을 차지하는 서비스 무역은 그에 상응하는 주목을 받지 못한다. 그러나 서비스 무역에서 많은 것이 변하고 있다.

첫째, 국제 서비스 무역은 상품 무역 및 세계 경제보다 높은 평균 성장률을 유지하고 있다. 1982년부터 2020년까지 세계 경제는 연평균 2.9% 성장했다. 같은 기간 동안 글로벌 상품 수출은 연평균 6.6% 증가했으며, 글로벌 서비스 수출은 7% 증가했다. 서비스 수출의 약간 높은 평균 성장률은 2020년 글로벌 서비스 수출이 1982년 대비 1,182%에 달함을 의미한다. 이에 대해 상품 수출은 938%, 세계 경제는 731%에 불과하다. 비록 코로나바이러스 팬데믹이 2020년 글로벌 서비스 무역을 19.3% 감소시켰지만, 서비스 수출의 화려한 성장 기간이 있었다. 예를 들어, 1986년부터 1992년까지 연평균 13.1%, 2003년부터 2008년까지 연평균 14.7% 성장했다. 상품 무역보다 서비스 무역의 더 높은 성장률은 시간이 지남에 따라 글로벌 무역에서 서비스의 비율이 증가했음을 의미한다. 팬데믹 이전인 2019년에 서비스는 전체 수출의 25%를 차지했으며, 이는 1982년의 18.7%에 비해 증가한 수치이다.

교역이 일어나는 서비스의 종류도 변화하고 있다. 역사적으로, 운송 및 여행이 서비스 무역의 대부분을 차지했으며, 서비스는 일반적으로 지역적으로 제공되었다. 그러나 정보 기술이 지리적 장벽을 낮춤에 따라, 금융, 의료, 엔터테인먼트와 같은 모든 종류의 서비스가 전 세계적으로 거래되고 있다. 결과적으로, 운송 및 여행의 비율은 1982년 글로벌 서비스 수출의 56%에서 2020년 28%로 감소했으며, 보험 및 금융 서비스와 같은 다른 유형의 서비스 비중이 증가했다.

서비스를 수출하는 국가들의 구성도 변화하고 있다. 미국은 여전히 총액 기준으로 가장 큰 서비스 수출국이며, 고소득 국가들이 여전히 대부분의 글로벌 서비스를 수출한다. 그러나 중간 소득 국가들이 점차 서비스를 수출하고 있으며, 이는 1982년의 12%에서 2019년에는 글로벌 서비스 수출의 20%를 차지한다. 예를 들어, 한국은 1982년에 1인당 GDP가 약 2,000달러인 저소득 국가에서 2020년에 1인당 GDP가 31,000달러 이상인 고소득 국가로 성공적으로 변모하면서 1982년부터 2020년까지 연평균 7.9%의 서비스 수출을 증가시켰다. 그러나 저소득 국가들은 여전히 글로벌 서비스 수출에 미미한 기여를 한다.

결국, 글로벌 서비스 무역은 오랫동안 증가해 왔다. 그 증거는 항상 우리 거실이나 손에 든 기기에서 명확히 보이지 않았을 뿐이다. 넷플릭스는 최근 한국 콘텐츠에 추가로 5억 달러를 투자할 것이라고 발표했다. 다른 국가들의 콘텐츠에 대한 유사한 투자가 이어질 것이며, 우리는 글로벌 엔터테인먼트 무역의 추가 성장의 혜택을 누리게 될 것이다.

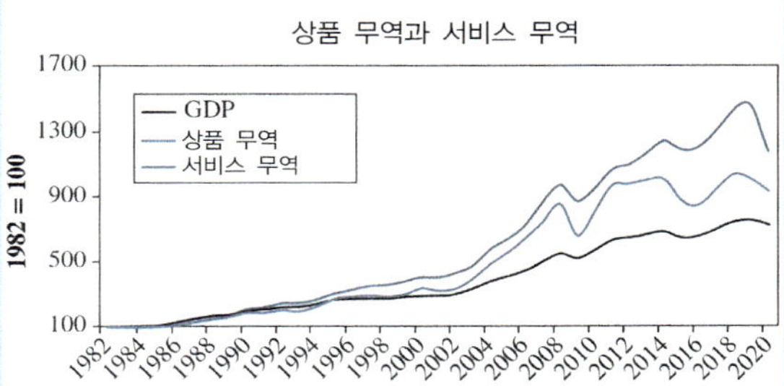

서 2020년 6,161억 달러로 확대되었다.

경상수지 특히 무역수지는 환율 변화에 매우 민감하다. 한 나라의 통화가 주요 무역 상대국의 통화에 대해 가치 하락되면 그 나라의 수출이 증가하고 수입이 감소하여 무역수지가 개선되는 경향이 있다. 예를 들어 멕시코는 1994년 내내 분기별로 약 45억 달러의 지속적인 무역적자를 겪었다. 그러나 그 해 12월 페소의 절하 후 멕시코의 무역수지는 신속하게 개선되기 시작하여 1995년에 약 70억 달러의 흑자를 실현하였다. 보다 최근의 예로서 터키의 경상계정은 2017년 상당한 적자를 기록하다가 터키 리라화의 급격한 가치하락으로 인해 2018년 말에는 흑자를 기록하였다. 그러나 터키 리라화는 변동성이 여전히 심해서 최근 움직임의 장기적 영향은 두고 볼 일이다.

통화의 가치 하락이나 평가절하가 무역수지에 미치는 효과는 위에서 설명한 상황보다 더 복잡할 수 있다. 통화의 가치 하락 후 만약 수입과 수출이 환율 변화에 탄력적으로 반응한다면, 무역수지는 즉각적으로 개선되기 시작할 것이다. 다른 한편 수입과 수출이 비탄력적으로 반응한다면, 통화의 가치 하락 후 무역수지는 악화될 것이다. 국내 통화의 가치 하락에 따른 수입 상품의 가격 상승에도 불구하고 국내 거

도표 3.2

통화 가치하락과 무역수지의 시간 경로: J곡선 효과

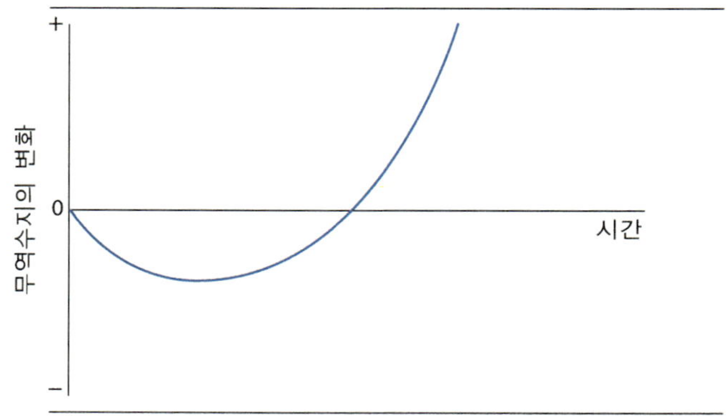

주자들은 짧은 시간에 소비습관을 바꿀 수 없기 때문에 계속해서 수입 상품을 구입할 것이다. 높아진 수입 상품 가격 때문에 그 나라는 수입에 더 많은 지출을 하게 된다. 국내 거주자가 국내의 저렴한 수입 대체상품을 구매하고자 하더라도 국내 생산자가 수입 대체상품을 공급하는 데는 어느 정도 시간이 필요하다. 마찬가지로 국내 통화의 가치 하락으로 저렴해진 국내 상품에 대한 외국인들의 수요도 같은 이유로 비탄력적이 될 수 있다. 이에 따라 통화 가치 하락 후 무역수지는 처음에는 얼마 동안 악화될 수 있다.

그러나 무역수지는 결국에는 개선될 것이다. 장기적으로 수입 및 수출 모두 환율 변화에 반응을 하는 경향이 있으며, 무역수지에 긍정적인 영향을 미치게 된다. 이러한 통화의 가치 하락에 대한 무역수지의 특정한 반응 패턴을 〈도표 3.2〉에 예시된 **J곡선 효과**(J-curve effect)라고 불린다. J곡선은 통화의 가치 하락 후에 한 나라의 무역수지는 처음에는 악화되었다가 결국에는 개선되는 상황을 보여준다. J곡선 효과는 1967년 영국의 무역수지가 파운드의 평가절하 후 악화되었을 때 폭넓은 관심을 받았다. Sebastian Edwards(1989)은 1960년대부터 80년대까지의 개발도상국들의 통화의 평가절하 사례들을 분석하여 약 40% 정도의 사례에서 J곡선 효과가 나타나고 있음을 확인했다. Bahmani- Oshkooee and Ratha(2004)와 Bahmani-Oshkooee and Hegerty(2010)은 J곡선 효과를 실증한 많은 연구들을 검토하고 일부 산업과 1차 상품들에서 또는 일부 국가들 사이에서 무역수지가 J곡선 현상을 더 나타낼 수 있음을 주목했다.

자본계정

자본수지는 미국 거주자와 외국인 간의 자본 이전, 인수, 비생산 또는 비금융 자산들의 처분을 포함한다. 경상이전(즉, 이전소득)과는 달리 자본이전은 소유권의 변화, 인수 또는 자산의 처분을 포함하며, 대규모로 이루어지고 자주 일어나지 않는 경향이 있다. 비생산, 비금융 자산들은 토지, 광산권, 영공과 같은 천연자원들, 상표, 도메인 이름과 같은 마케팅 자산, 그리고 계약, 리스 및 라이선스를 포함한다.

〈도표 3.1〉에서 보는 바와 같이 2020년 미국의 국제수지는 자본계정에서 4억 달러의 수취, 59억 달러의 지급을 기록하였다. 자본계정의 종종 무시할만한 금액을 고려할 때, 이 장에서 논의는 주로 다른 세가지 계정들에 초점을 맞춘다.

금융계정

금융계정수지는 미국의 외국인에 대한 자산 매각과 미국의 외국 자산의 매입의 차이를 측정한다. 미국의 자산 매각(또는 수출)은 대변에 기록되고 자본유입을 가져온다. 다른 한편, 미국의 외국 자산 매입(또는 수입)은 차변에 기록되고 자본유출을 낳는다.

상품과 서비스의 무역과는 달리, 금융자산의 거래는 본원소득의 미래 지급과 수취에 영향을 미친다. 미국의 외국인에 대한 금융자산 매각은 자본유입을 가져오고 대변에 기록되지만, 이 거래들은 미래 금융 채무를 창출하고 미래 외국인에 대한 지급을 가져올 것이다. 예를 들어, 오늘 외국인들이 미국의 부채 증권들을 매입할 때, 이 거래는 자본유입을 가져오고 대변에 기록된다. 그러나 미래 이자지급과 채무 상환이 이러한 미국 부채 증권들에 대해 이루어져야 한다. 다른 한편, 미국의 외국 금융자산 매입은 이 거래가 차변에 기록되더라도 외국인으로부터의 미래 지급을 낳을 것이다.

〈도표 3.1〉은 미국의 외국인에 대한 총 금융자산 매각(직접, 포트폴리오 및 기타 투자를 포함하는)은 1조 4,623억 달러인 반면, 미국의 총 외국 금융자산 매입은 8,003억 달러임을 보여준다. 따라서, 미국으로의 자본유입이 자본유출을 훨씬 초과했고, 2020년 금융계정 수지는 6,620억 달러의 흑자를 나타냈다. 이러한 금융계정 흑자는 미국의 외국으로부터의 차입을 나타낸다. 분명히, 경상계정 적자는 금융계정 흑자에

의해 상쇄되었다.

금융계정은 직접투자, 포트폴리오투자, 기타투자 세 범주로 세분된다.

직접투자(direct investment)는 투자자가 해외 기업의 통제권을 취득할 때 이루어진다. 미국의 국제수지에서는 투자자가 해외 기업의 의결권 주식을 10% 이상 취득하면, 그 기업의 통제권을 가진 것으로 판단한다.

일본 자동차 제조회사인 Honda가 오하이오에 조립공장을 세웠을 때 그 회사는 **해외직접투자**(FDI: Foreign Direct Investment)를 행한 것이다. 또 다른 해외직접투자 예로는 스위스의 다국적기업인 Nestlé는 미국 기업인 Carnation을 인수한 경우이다. 당연히 미국 기업도 외국에서 해외직접투자를 행하고 있다. 예를 들어 Coca-Cola는 전 세계에 콜라를 병에 주입하고 밀봉하는 기업들을 세웠다. 최근 몇 년 동안 많은 미국 기업들은 부분적으로 생산원가를 낮추기 위해 그들의 생산설비를 멕시코와 중국으로 이전하였다. 일반적으로 기업들이 저렴한 노동력, 보호받는 시장 등 시장의 불완전성을 이용하고자 할 때 해외직접투자가 이루어진다. 2020년 미국의 해외직접투자는 3조 1,170억 달러인 반면 해외로부터 받은 직접투자는 2조 1,130억 달러에 달하였다.

기업들은 해외투자의 기대수익이 환위험과 정치위험을 고려한 자본비용을 초과한다면 해외직접투자를 행한다. 해외투자의 기대 수익률은 저렴한 임금, 원재료 비용, 금융 지원, 특혜적 세금, 현지시장에의 독점적 접근 등 때문에 국내투자의 기대 수익률보다 높을 수 있다. 해외직접투자의 규모와 방향은 환율의 변화에 매우 민감하다. 예컨대 1980년대 후반 엔화가 달러에 대해 급속히 가치 상승되었던 시기에 일본의 미국에서의 직접투자가 급증하였다. 강세의 엔화로 일본 기업들은 엔화로 평가해 볼 때 저렴해진 미국의 자산을 구입할 여력이 더 생겼기 때문이다. 같은 환율변화에 대해서 미국 기업들은 달러로 평가한 일본의 자산이 너무 비싸 일본에서의 직접투자를 원하지 않았다.

자본계정의 두 번째 범주인 **포트폴리오투자**(portfolio investment)는 대부분 통제권의 이전과는 관련이 없는 주식과 채권 등의 해외금융자산의 매매를 뜻한다. 국제 포트폴리오투자가 부분적으로는 전반적인 자본통제의 완화와 투자자들의 국제적 위험 분산 욕구 등으로 최근 급속히 증가하였다. 포트폴리오투자는 지분증권과 부채증권 및 파생증권을 포함한다. 〈도표 3.1〉에서 보듯이 2020년에 외국인 투자자들이 미국 금융증권에의 투자는 7,159억 달러이고 미국 투자자들이 해외 금융증권에의 투자는 2,200억 달러이므로 미국은 4,959억 달러의 흑자를 실현하였다. 〈도표 3.1〉에서 보듯이 이 흑자는 주로 지분증권 거래에서의 4,066억 달러 흑자에 기인하였다. 부채증권 거래에 있어서는 2020년 미국 투자자들의 해외 부채증권에 대해 218억 달러 투자가 감소한 반면, 외국인 투자자들은 미국 부채증권에 대해 617억 달러를 매입하였다.

투자자들은 일반적으로 위험을 낮추기 위해 투자포트폴리오를 분산시킨다. 국가 간 증권 수익률은 상관관계가 낮은 경향이 있기 때문에 국내적으로만 투자포트폴리오를 분산시키는 것보다는 국제적으로 분산시키는 것이 보다 효과적으로 위험을 낮출 수 있다. 더욱이 투자자들은 일부 해외시장에서의 더 높은 기대수익률의 이점을 가질 수 있다.[3)]

최근 몇 년 동안 **국부펀드**(SWF: Sovereign Wealth Funds)라고 불리는 국가가 관리하는 펀드가 국제투자에서 눈에 띄는 역할을 하고 있다. 국부펀드는 주로 아시아나 중동 국가들에 소재하고 있는데, 이들은 무역흑자와 오일 머니로 축적된 외환 보유고의 재환류를 책임지고 있다. 국부펀드들이 서브프라임 모기지(한계적 신용도를 가진 차입자들에게 행해진 주택담보 대출)사태와 관련된 손실로 큰 타격을 받은 여러 서방 은행들에게 막대한 자금을 투자했다는 사실이 주목된다. 예를 들어 Abu Dhabi 투자청은 서브프라임 모기지 위기 후유증으로 자본금을 보충해야 하는 Citigroup에 75억 달러를 투자한 반면, 싱가포르의 국가 소유 투자회사인 Temasek Holdings는 미국 가장 큰 투자은행 중 하나인 Merrill Lynch에 50억 달러를 투자했다. 국부펀드는 국제은행체제의 안정화에 긍정적 역할을 하고 현지국의 국제수지 상황에 도움을 주지만, 그들은 거대한 규모와 운영 투명성의 부족 때문에 점점 철저한 감시를 받고 있다.

금융계정의 세 번째 범주인 **기타투자**(other investment)는 외환거래, 은행예금, 무역신용 등을 포함한다. 이러한 투자는 국가 간 상대적 이자율의 변화와 예상 환율변화에 대해 매우 민감하다. 만약에 다른 변수가 변하지 않고 단지 미국의 이자율이 상승한다면, 투자자들은 높은 이자율을 이용하기 위해 미국에 투자나 예금하기를 원하므로 미국은 자본유입을 경험할 것이다. 다른 한편 높은 이자율이 달러의 가치하락으로 다소 상쇄될 것으로 예상된다면 미국으로의 자본유입은 크게 발생되지 않을 것이다.[4)] 이자율과 기대환율은 변동적이므로 자본흐름의 방향도 쉽게 역전될 수

3) 국제증권투자에 대한 자세한 논의는 제15장을 참조하라.

4) 제6장에서 상대적 이자율과 환율의 예상 변화 간의 관계를 논의할 것이다.

있다. 2020년 미국 투자자들은 이 범주의 해외 자산 보유에 2,686억 달러를 투자한 반면, 미국은 이 범주에서 5,351억 달러의 유입을 경험했다.

앞서 언급했듯이, 한 국가의 경상수지 적자는 외국인으로부터의 차입이나 과거 해외투자를 매각함으로써 지급되어야 한다. 정부의 대외준비자산 거래가 없는 경우에는 경상 및 자본계정의 수지 합계는 금융계정 수지와 반대 부호이지만 동일해야 한다. 아무 것도 배제되지 않을 때, 한 국가의 국제수지는 균형을 이루어야 한다. 2020년에 금융계정 흑자(6,620억 달러)는 경상수지 적자(6,161억 달러)와 자본수지 적자(55억 달러)의 합계를 초과했다. 이 차이는 통계적 차이와 공적인 준비자산에 기인한다.

통계적 차이

〈도표 3.1〉은 2020년 미국의 국제수지에 누락과 잘못 기록된 거래를 의미하는 -310억 달러의 통계적 차이(statistical discrepancy)를 보이고 있다. 국제거래로부터 발생하는 지급과 수취에 대한 기록이 상이한 시간과 장소에서 행해지며 아마도 상이한 방법이 사용되기도 한다. 따라서 국제수지 통계 작성의 기초가 되는 기록이 완전할 수 없다. 상품수지는 상당히 정확하게 세관에서 기록될 수 있는 반면, 자문 등의 무형 서비스는 기록에서 누락될 수 있다. 그러나 상당한 거래가 전자수단을 통해 이루어지는 국가 간 금융거래는 추적이 매우 어렵다. 이러한 이유 때문에 통계적 차이를 이용하여 국제수지의 대차 "평형"을 제시한다.[5] 이전에 언급한 바와 같이 자본수지와 통계적 차이의 합이 −4조 6,300억 달러의 경상수지를 대부분 상쇄하게 된다. 이는 금융거래가 통계적 오차를 초래한 주요 원인일 것이라고 제시한다.

경상수지, 자본수지, 금융계정 및 통계적 차이를 포함한 누적 국제수지를 계산하면 소위 **종합수지**(overall balance) 혹은 **공적결제수지**(official settlement balance)를 얻을 수 있다. 종합수지를 구성하는 모든 거래는 국제수지 균형을 달성하는 목표와 상관없이 자동적으로(autonomously) 발생한다.[6] 종합수지는 정부의 공적준비자산거

5) 독자들은 국제수지에서 통계적 차이를 어떻게 계산하는지 궁금해 할 수 있다. 정의에 의해 오차와 누락을 의미하는 통계적 차이를 미리 알 수는 없다. 그러나 모든 항목이 포함될 때 국제수지는 순수지가 영(0)이 되어야 하므로 통계적 차이를 메꾸기 방식(residual manner)으로 계산할 수 있다.

6) 자발적 거래는 국제수지 균형을 달성하려는 목표와 상관없이 발생하는 거래를 뜻한다.

래를 통해 **수용**(accommodated)되어야 할 국제수지 갭을 나타내기 때문에 매우 중요하다.

종합수지는 또한 한 국가의 통화에 대한 가치 하락이나 가치 상승에 대한 압력을 나타내 주는 지표이다. 예를 들어서 한 나라가 지속적으로 종합수지 적자를 겪게 되면 그 나라의 국제준비자산이 고갈되어 그 나라의 통화는 다른 나라의 통화에 대해 가치 하락 되어야 할 것이다. 2020년 미국의 종합수지가 90억 달러의 흑자를 기록하였다. 이는 미국이 세계의 다른 나라들로부터 그 금액만큼 순 지급을 수취한 것을 의미한다. 만약에 미국의 종합수지가 적자였다면, 미국은 전세계 나머지 국가들에게 순지급을 했을 것이다.

공적준비자산계정

한 나라가 국제수지상 종합수지 적자로 인해 외국인들에게 순 지급을 해야 할 때에는 그 나라의 중앙은행(미국의 경우 연방지급준비제도)은 금, 외환, 특별인출권 등 **공적준비자산**(official reserve assets)을 소진시키거나 해외 중앙은행들로부터 새로이 돈을 빌려야 한다. 다른 한편으로, 한 국가가 종합수지 흑자가 발생하면, 그 나라의 중앙은행은 해외 부채의 일부를 상환하거나 해외로부터 준비자산을 추가로 취득한다. 〈도표 3.1〉에서 보는 바와 같이 미국은 90억 달러의 국제수지 흑자를 처리하기 위해 예컨대 외환보유고를 획득함으로써 동일 금액만큼의 대외 준비자산을 증가시켰다.

공적준비자산 계정은 정부가 종합수지의 보전이나 외환시장에 개입하기 위해 취하는 거래들을 포함한다. 미국과 외국의 정부가 외환시장에서 달러의 가치를 지지하기를 원한다면 그들은 달러를 매입하기 위해 외환, 특별인출권(SDRs) 혹은 금을 매각해야 한다. 달러의 수요를 증가시키는 이러한 거래는 공적준비계정에 양(+)의 값으로 기재된다. 다른 한편 정부가 달러를 약화시키고자 한다면, 그들은 달러를 매각하고 금과 외환 등을 매입한다. 달러의 공급을 증가시키는 이러한 거래는 공적준비자산계정에 음(−)의 값으로 기재된다. 정부가 보다 적극적으로 외환시장에 개입하면 공적준비자산의 변동은 더욱 커진다.

도표 3.3
스위스의 외환시장 개입

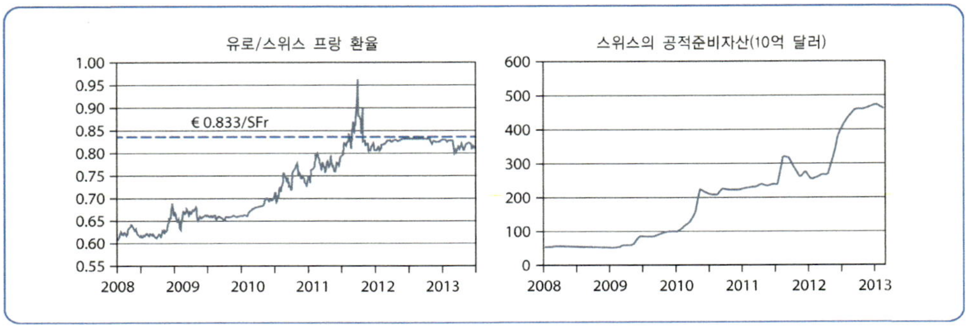

출처: Datastream과 International Financial Statistics

예를 들어, 2011년 9월 6일에 스위스의 중앙은행(Swiss National Bank, SNB)은 스위스 프랑이 약 €0.833/SFr에 상응되는 SFr1.20/€ 이상으로 가치가 상승하는 것을 막기 위해 "무제한" 외환시장에 개입할 것임을 공표함으로써 금융시장을 놀라게 했다. 중앙은행은 "즉각적인 효과와 함께, 은행은 스위스 프랑에 대한 유로의 환율이 최소 SFr1.20 아래로 내려가는 것을 더 이상 감내할 수 없다고 공표했다. SNB는 최대의 결의로 최소 환율을 실행할 것이며 무제한으로 외환을 사 들일 준비가 되어 있다"라고 공표했다. 스위스가 유로존의 불확실함으로부터 투자 피난처로 여겨지면서, 스위스 프랑은 2008년 초 €0.61/SFr에서부터 2011년 8월 유로와 거의 같은 가치인 1:1의 수준까지 꾸준히 가치가 상승하여 스위스의 수출 지향형 경제에 상처를 주었다. 스위스 프랑의 가치상승을 막기 위해, SNB는 프랑을 찍어 유로를 사 들였다. 이 개입은 유로에 초점을 맞췄다. 왜냐하면 유로존은 스위스 제품에 대한 단연코 가장 큰 수출시장이기 때문이다. 〈도표 3.3〉에서 보는 것처럼, 스위스의 공적준비자산은 기본적으로 개입이 없었던 2008년에는 일정했지만 SNB의 개입을 반영한 2009년 이후로는 빠르게 상승하기 시작했다. 이런 개입에도 불구하고, 스위스 프랑은 계속 유로에 대해 가치가 상승했고 스위스 경제를 침체로 밀어 넣었다. 이런 배경으로 SNB는 유로에 대한 SFr1.20의 최소 환율을 지키기 위해 무제한 외환시장에 개입하는 극단적인 조치를 발표했다. 〈도표 3.3〉은 스위스 프랑이 SNB의 발표에 따라 급격하게 하락하고 SNB는 최소 환율로 유지하는데 성공했음을 보여준다. 수년간에 걸친 중앙은행의 개입 결과, 스위스의 공적준비자산은 2008년에 500억 달러 아래에서부터 2013년 거의 5,000억 달러로 상승했다. SNB의 "최소 환율"정책은 2015년 1월까지 지속 되었다. 스위스 사례는 소위 "시장이 결정하는 환율"의 실물 경제에 미치는 부정적 효과가 정부로 하여금 시장의 "보이지 않는 손"을 묶어두게 할 수 밖에 없음을 보여준다.

1945년 브레튼우즈체제가 출현되기까지 금은 지배적인 국제 준비자산이었다. 그러나 1945년 이후에는 국제준비자산은 아래와 같은 자산들로 구성된다.

1. 금
2. 외환
3. 특별 인출권(SDRs)
4. IMF에의 지준 포지션

〈도표 3.4〉에서 보는 바와 같이 국제지불수단으로서 금의 상대적 중요성이 지속적으로 하락한 반면 외환의 중요성은 상당히 상승되었다. 2020년 현재 IMF 회원국들이 보유한 총 공적준비자산 중 외환이 96%를 차지하고 금은 1%에 미치지 못했다.

도표 3.4

공적준비자산의 구성(%)

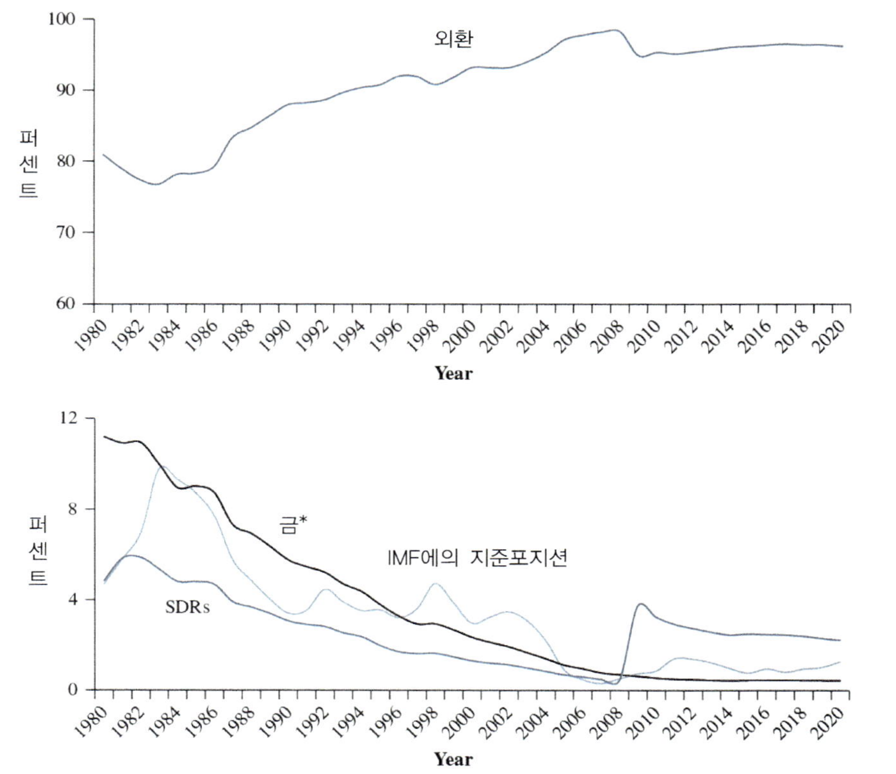

* 금 가치는 온스당 SDR 35로 평가되었다.

출처: IMF, *International Financial Statistics*.

금과 마찬가지로 SDR과 IMF에의 지준 포지션의 상대적 중요성이 지속적으로 하락하였다. 그러나 IMF가 신규로 2,500억 달러의 SDR을 발행하여 2009년 SDR이 국제준비자산에서 차지하는 비중이 약 4%로 상승했다. SDR의 신규 발행은 2009년 4월 런던에서 개최된 G-20 정상회담의 건의에 바탕을 두고 있다. 신규 발행의 목적은 국제 유동성을 제고하는 것이었다.

〈도표 3.5〉에서 보는 바와 같이 1995년 달러가 세계외화준비자산 중 차지하는 비중이 59.05%이고, 독일 마르크(15.8%), ECU(8.5%), 일본 엔(6.8%), 프랑스 프랑(2.4%), 영국 파운드(2.1%), 스위스 프랑(0.3%) 및 네덜란드 길더(0.3%)가 그 뒤를 따른다. 유로의 전신통화인 독일 마르크, 프랑스 프랑, 네덜란드 길더, ECU 등을 전부 합하면 그것들이 세계외화준비자산에서 차지하는 비중이 상당히 큰 27%에 이른다. 비교를 위해 2000년 세계외화준비자산은 달러(71.1%), 유로(18.3%), 일본 엔(6.1%), 영국 파운드(2.6%), 스위스 프랑(0.3%) 및 기타 통화(1.5%)로 구성되었다. 달리 말하면 달러의 점유율이 1990년대 상당히 증가하고 다른 통화들의 점유율은 떨어졌다. 이런 변화는 달러의 강세 및 새로운 통화인 영유로의 도입과 관련된 불확실성에 기인한 것이라 할 수 있다. 2020년 국제외화준비자산은 미 달러(58.9%), 유로(21.3%), 일본 엔(6.0%), 영국 파운드(4.7%), 중국 위안화(2.3%), 캐나다 달러(2.1%), 호주 달러(1.8%), 스위스 프랑

도표 3.5 국제 외화준비자산의 통화 구성(%)

통화	1995	2000	2005	2010	2015	2020
미국 달러	59.0	71.1	66.5	62.2	65.7	58.9
일본 엔	6.8	6.1	4.0	3.7	3.8	6.0
파운드	2.1	2.8	3.7	3.9	4.7	4.7
스위스 프랑	0.3	0.3	0.1	0.1	0.3	0.2
호주 달러					1.8	1.8
캐나다 달러					1.8	2.1
중국 위안화						2.3
유로	–	18.3	23.9	25.8	19.1	21.3
독일 마르크	15.8	–	–	–	–	–
프랑스 프랑	2.4	–	–	–	–	–
네덜란드 길더	0.3	–	–	–	–	–
ECU	8.5	–	–	–	–	–
기타 통화	4.9	1.5	1.7	4.3	2.8	2.7

주: IMF는 공적외환준비자산 데이터베이스에서 호주 달러와 캐나다 달러를 2012년부터, 중국 위안화는 2016년부터 분리해서 식별하기 시작함

출처: IMF eLibrary and Currency Composition of Official Foreign Exchange Reserves (COFER) database

(0.2%) 및 기타 통화들(2.7%)로 구성되었다. 유로화가 좀 더 안정되고 더 잘 "알려진 수량"이 되고 중앙은행들이 준비자산을 다각화하고자 함에 따라 미 달러의 국제 외환준비자산에서의 지배적 지위가 어느 정도 떨어질 가능성이 있다. 사실 유로의 비중이 2000년의 18.3%로부터 2010년에는 25.8%로 상승하였다. 그러나 2020년까지 유로존 채무 위기와 경제성장 둔화로 인해 그 비중이 21.3%로 상당히 떨어졌다.

신뢰할 수 있는 국제지준 통화로서 유로의 출현에 덧붙여 미국의 지속적인 무역적자와 외국인들이 그들이 보유하는 외환을 다양화하고자 하는 욕구가 국제지준 통화로서의 달러의 지배적 지위를 더욱 약화시킬 수 있다. 특히 달러의 가치는 아시아 중앙은행들의 외환 다변화 결정에 의해 큰 영향을 받는다. 이들 은행들은 전체적으로 무역흑자로부터 생긴 거대한 외화준비자산을 주로 달러로 가지고 있다. 아시아 중앙은행들은 또한 자신들의 통화가 달러에 대해 가치 상승되는 것을 방지하기 위해 외환시장에서 달러를 매입한다.

국제수지 항등식

국제수지 계정들이 정확히 기록되면 경상계정, 자본계정, 금융계정 및 준비자산계정의 합은 0이여야 한다. 즉:

$$\mathrm{BCA}+\mathrm{BKA}+\mathrm{BFA}+\mathrm{BRA}=0 \tag{3.1}$$

여기서
BCA = 경상수지
BKA = 자본수지
BFA = 금융계정 수지
BRA = 준비자산수지

준비자산수지 BRA는 공적준비자산의 변화를 뜻한다.

식 (3.1)은 필연적으로 성립해야 하는 **국제수지 항등식**(BOPI: balance-of-payments identity)이다. 이 식은 어떤 국가도 자신의 공적준비자산을 늘리거나 줄임으로써 국제수지 흑자나 적자를 운영할 수 있음을 의미한다. 고정환율제 하에서는 국가들은 환율 조정 없이 BCA+BKA+BFA가 영이 아닌 국제수지 불균형을 허용하기 위해서는 공적준비자산을 유지해야 한다. 고정환율제 하에서는 경상수지와 자본수지 및 금융계정 수지의 합이 공적준비자산의 변화와 크기가 같으나 부호는 반대다.

$$BCA + BKA + BFA = -BRA \quad (3.2)$$

예컨대, 만약에 한 나라의 종합수지가 적자라면, 즉 BCA+BKA+BFA가 음수(−)라면 그 나라의 중앙은행은 보유하는 준비자산에서 외환을 공급할 수 있다. 그러나 만약에 지속적으로 적자가 발생하면, 그 나라의 준비자산이 고갈되어 자국 통화를 평가 절하해야 한다. 이런 상황이 1994년 12월 멕시코 페소에게 발생한 것이다.

순수 변동환율제에서는 중앙은행이 외환시장에 개입하지 않을 것이다. 사실 중앙은행은 공적준비자산을 유지할 필요가 없다. 이 제도에서는 종합수지가 반드시 균형여야 한다. 즉

$$BCA + BKA = -BFA \quad (3.3)$$

달리 말하면, 경상계정의 흑자나 적자가 (자본계정이 무시할 만하고 가정하면) 반드시 금융계정의 적자나 흑자와 일치되어야 한다. 반대로 금융계정의 흑자나 적자가 반드시 경상계정의 적자나 흑자와 일치되어야 한다. 중앙은행이 신중하게 외환을 매매하는 **관리변동환율제**(dirty floating exchange rate regime)에서는 식 (3.3)이 철저하게 성립되지는 않는다.

식 (3.3)은 항등식이기 때문에 그 자체로 인과관계를 의미하지는 않는다. 경상계정의 적자(흑자)는 금융계정의 흑자(적자)를 일으킬 수 있으나 그 반대도 성립한다. 미국의 지속적인 경상계정 적자는 그에 상응하는 금융계정 흑자를 영위해야 할 필요가 있다는 주장이 종종 제시되어 왔는데, 이러한 주장은 전자가 후자를 야기 시킨다는 의미를 함축하고 있다. 그러나 동일한 정당성을 가지고 미국의 높은 이자율에 의해 발생된 지속적인 금융계정 흑자가 달러 가치를 상승시켜 지속적인 경상계정 적자를 초래한다고 주장할 수 있다. 이 문제는 신중한 실증연구를 통해서만 해결될 수 있는 것이다.

주요국들의 국제수지 추세

국제수지 자료가 언론매체에서 상당한 관심을 받는 것을 고려해 볼 때 주요 국가들의 국제수지 추세에 대한 자세한 검토는 유용하다. 〈도표 3.6〉은 1982~2020년 동안의 중국, 일본, 독일, 영국 및 미국 등 주요 5개 국가들의 경상수지(BCA)와 금융계정수지(BFA)를 보여준다.

첫째, 〈도표 3.6〉은 미국이 1982년 이래로 지속적인 경상수지 적자와 금융계정수지 흑자를 경험하고 있음을 보여준다. 명백히 39년의 표본기간 동안 미국의 경상수지 적자 규모는 다른 어떤 나라들의 그것보다 훨씬 크다. 미국의 경상수지 적자가 경기 침체로 인해 하락하기 시작되기 전인 2006년에 8,078억 달러에 달했다. 〈도표 3.7〉은 미국 국제수지의 추세를 예시한다. 〈도표 3.7〉이 보여주는 바와 같이 미국의 경상수지 적자는 1997년 이래로 급증했다. 이런 상황은 일부 정치가와 평론가들로 하여금 미국 사람들이 소득을 훨씬 초과하는 생활을 하고 있다는 걱정을 하도록 하였다. 1986년까지만 해도 미국이 보유한 해외자산이 외국인이 보유한 미국 자산보다 약 350억 달러가 많은 순 채권국으로 간주되었다. 사실상 1987년에 미국의 순국제투자액이 수십 년 만에 처음으로 음수(−)로 전환되어 지속적으로 악화되었다. 2006년 말 미국의 해외부채 - 외국인이 보유한 미국 자산의 가치에서 미국인이 보유한 해외자산의 가치를 뺀 차이 - 는 국내외 투자의 가치가 대체원가에 의해 측정되었을 때 2조 5,400억 달러에 달했다. 미국과 마찬가지로 영국도 금융계정 흑자와 더불어 지속적인 경상수지 적자를 경험했다. 그러나 그 규모는 미국보다 훨씬 적었다.

다른 한편 독일은 전통적으로 경상수지 흑자를 나타냈다. 그러나 1991년과 2001년 사이에 독일은 경상수지 적자를 경험했다. 이는 독일의 재통일과 이에 따른 동독지역을 재건하기 위해 더 많은 생산량을 국내적으로 흡수할 필요에 주로 기인하였고, 이에 따라 수출에 생산량을 덜 돌리게 되었다. 2002년 이후 독일은 경상수지 흑자와 금융계정 적자를 실현했고 이전의 패턴으로 회귀하였다.

〈도표 3.6〉은 엔화의 가치가 1990년대 중반까지 지속적으로 상승했음에도 불구하고 일본이 1982년 이래로 계속해서 경상수지 흑자를 가졌음을 보여준다. 동일한 내용을 〈도표 3.7〉에서도 뚜렷하게 볼 수 있다. 예상되는 바와 같이 이 기간에 대부분의 연도에서 일본은 지속적으로 금융계정수지 적자를 실현했다. 일본은 대규모의 지속적인 경상수지 흑자를 재순환시키기 위해 해외 주식과 채권, 기업, 부동산, 예술

도표 3.6 5개 주요 국가들의 경상수지(BCA)와 금융계정수지(BFA): 1982–2020(단위: 십억 미 달러)*

연도	중국		일본		독일		영국		미국	
	BCA	BFA	BCA	BFA	BCA	BFA	BCA	BFA	BCA	BFA
1982	5.7	0.6	6.9	−11.6	4.9	−1.5	8.0	−10.4	−11.6	16.6
1983	4.2	−0.6	20.8	−19.3	3.7	−5.7	5.3	−6.2	−44.2	45.4
1984	2.0	−1.9	35.0	−32.9	8.6	−9.1	1.8	−2.8	−99.0	102.1
1985	−11.4	9.0	51.1	−51.6	17.3	−15.0	3.3	−0.7	−124.5	128.3
1986	−7.0	5.7	85.9	−70.7	37.9	−32.4	−1.3	5.0	−147.2	146.9
1987	0.3	4.4	84.4	−46.3	43.3	−21.8	−12.1	32.2	−460.6	151.5
1988	−3.8	6.1	79.2	−61.7	53.1	−68.7	−35.0	39.5	−121.3	125.2
1989	−4.3	3.8	63.2	−76.3	56.2	−53.3	−42.8	34.4	−99.7	125.0
1990	12.0	−0.4	44.1	−53.2	43.6	−36.4	−38.2	38.3	−86.2	88.4
1991	13.3	0.8	68.2	−76.6	−29.6	23.4	−18.7	23.4	−2.3	−3.5
1992	6.4	−8.5	112.6	−112.0	−26.9	64.1	−22.6	20.2	−50.2	46.2
1993	−11.6	13.4	131.6	−104.2	−22.9	8.7	−17.4	18.7	−85.5	86.9
1994	6.9	23.5	130.3	−105.0	−35.2	33.2	−10.1	11.6	−122.8	117.4
1995	1.6	20.9	111.0	−52.4	−35.3	42.5	−13.0	12.1	−113.8	123.5
1996	7.2	24.5	65.7	−30.6	−20.0	18.8	−8.7	8.1	−124.7	118.1
1997	37.0	−1.1	91.4	−84.8	−12.1	8.3	−0.1	−3.8	−141.0	142.0
1998	31.5	−25.2	100.2	−106.4	−16.2	20.2	−5.2	4.9	−215.0	221.8
1999	21.1	−12.5	97.9	−21.4	−32.4	18.2	−42.3	41.3	−292.5	283.8
2000	20.5	−9.8	121.4	−72.5	−29.2	24.0	−39.0	44.3	−403.5	403.8
2001	17.4	30.1	83.4	−42.9	−10.0	4.5	−36.3	31.9	−376.5	381.4
2002	35.4	39.8	105.5	−59.4	35.7	−37.7	−41.2	40.5	−450.9	454.6
2003	43.0	62.7	135.4	51.8	43.0	−43.7	−39.7	37.1	−520.6	519.0
2004	68.9	121.0	177.2	−16.4	127.21	−129.0	−55.1	55.5	−628.5	625.7
2005	136.5	114.5	165.2	−142.9	130.2	−132.8	−52.5	54.2	−732.1	718.0
2006	235.9	48.8	169.9	−137.9	171.7	−175.4	−85.3	84.0	−807.8	805.4
2007	356.3	104.4	207.7	−171.2	233.5	−232.3	−111.1	113.6	−710.6	710.8
2008	423.6	55.9	136.6	−105.8	212.1	−209.3	−122.5	119.4	−675.4	680.2
2009	247.2	153.3	140.7	−111.1	198.4	−186.0	−84.2	93.7	−372.7	424.8
2010	242.4	229.2	215.9	−174.7	197.8	−195.7	−84.2	94.3	−431.4	433.3
2011	141.5	246.3	130.1	46.5	232.4	−228.5	−52.6	63.5	−446.9	462.8
2012	219.7	−123.1	59.1	−97.4	251.0	−249.3	−101.8	113.4	−419.9	424.4
2013	151.3	280.1	28.7	0.1	244.5	−243.3	−143.9	150.9	−349.2	346.1
2014	236.0	−118.2	34.4	−25.9	282.3	−285.6	−152.5	162.7	−365.2	361.7
2015	304.5	−647.4	134.2	−129.1	288.1	−290.5	−145.3	176.6	−407.8	401.5
2016	191.0	−634.6	190.5	−195.8	297.4	−295.5	−148.5	157.1	−404.2	406.3
2017	188.6	−97.1	200.7	−177.1	285.1	−286.6	−100.4	107.9	−349.3	347.6
2018	23.6	−4.7	175.3	−151.4	313.7	−313.2	−116.1	140.4	−442.5	447.5
2019	102.3	−121.9	172.4	−147.7	289.0	−289.6	−78.6	77.4	−478.6	483.2
2020	273.9	−245.9	162.2	−153.6	262.9	−262.9	−76.0	71.7	−621.6	630.5

* 도표에서 경상수지(BCA)는 자본수지(BKA)를 포함한다.

** 금융계정 수지(BFA)는 공적준비자산 계정을 제외하고 통계적 오차를 포함한다. 대부분의 오차는 금융계정에서 발생한다.

출처: IMF, Balance of Payments and International Investment Position Statistics

도표 3.7

국제수지 추세: 1982-2020년

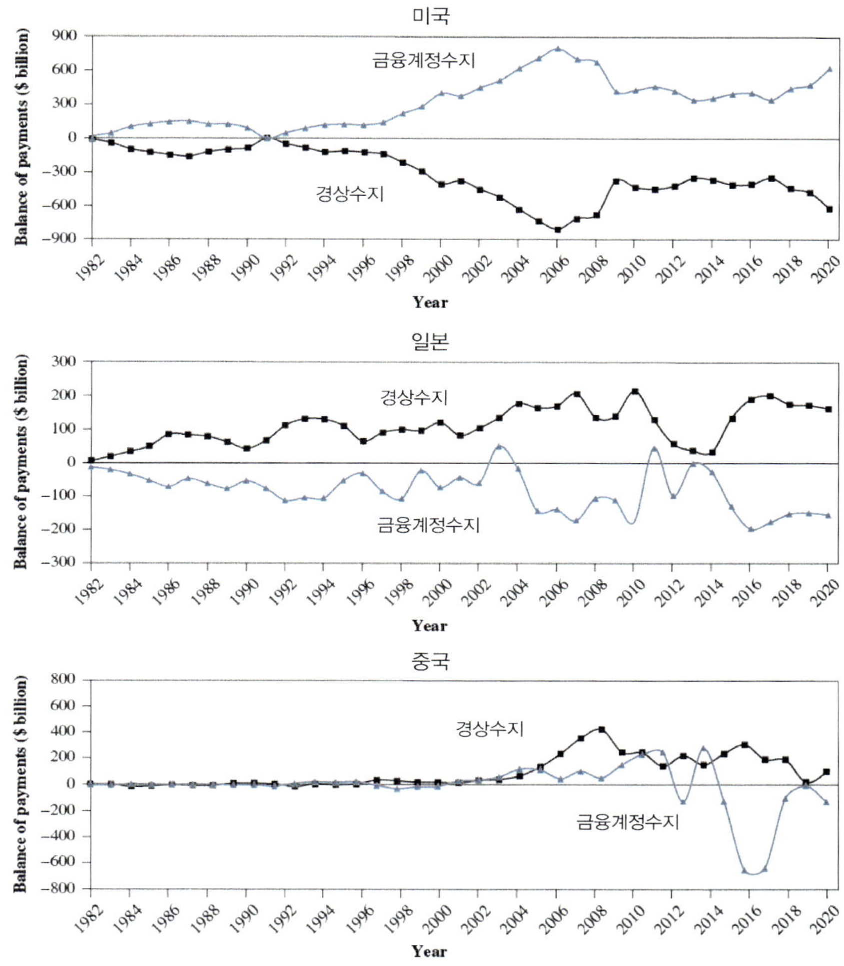

출처: IMF, MF, Balance of Payments and International Investment Position Statistics

품 등에 대한 상당한 투자를 하였다. 이 때문에 일본은 세계에서 가장 큰 채권국으로 등장한 반면 미국은 가장 큰 채무국이 되었다. 2003년, 2011년과 2013년에 다른 나라들의 일본의 증권 및 기업에 대한 투자 증가로 인해 일본은 금융계정의 흑자를 나타냈다. 지속적인 경상수지 불균형은 일본과 기타 주요 무역 상대국들 특히 미국과의 마찰의 주요 원인이었다. 사실 일본은 지속적인 무역 흑자를 확고히 하는 **중상주의**(mercantilism)를 추구한다는 비난을 종종 받아 왔다.[7] 그러나 보다 최근에, 중국은 미국에 가장 큰 무역 흑자를 실현하면서 무역파트너로서 일본을 대체했다. 결과적으로, 중국은 그들의 통화가 달러에 대해 가치가 상승하도록 해야 한다는 압력에 놓이게 되었다.

일본과 마찬가지로 중국도 경상수지 흑자를 보이는 경향이 있다. 그러나 일본과 달리 중국은 최근까지 금융계정에서도 흑자를 실현하는 경향을 보였다. 예컨대 2011년 중국은 경상계정에서 1,415억 달러의 흑자를, 동시에 금융계정에서도 2,463억 달러의 흑자를 기록하였다. 이는 이 해에 중국의 공적준비자산 보유액이 증가해야 함을 의미한다. 사실, 중국의 공적준비자산은 급증하여 2012년 말에는 3조 3천억 달러에 달했다.

그러나 최근 몇 년 동안 이런 쌍둥이 흑자의 패턴에 변화가 있었다. 한편으로, 중국의 금융계정 수지는 최근에 적자로 전환했다. 예컨대, 2020년에 금융계정 수지는 −2,459억 달러로 이는 중국의 급증하는 해외투자를 반영했다. 2015년 최정점에서 금융계정 수지는 −6,474억 달러였다. 다른 한편, 중국은 서비스 부문에서 무역수지 적자의 증가를 보였고 2018년 1분기에는 20년 내 처음으로 경상수지 적자를 경험했다. 그러나 나머지 달들에서는 경상수지가 흑자로 돌아서서 연간 흑자는 236억 달러를 기록했다. 2018년 경상수지의 하락이 세계 경제에 중요한 결과를 분명히 가져올 것인 장기적 추세의 시작인지는 두고 볼 사항이다. 당신은 이 장 마지막에 있는 미니케이스를 사용하여 중국의 국제수지 추세를 추가 분석할 수 있다.

〈도표 3.6〉으로부터 분명하게 알 수 있듯이 미국과 영국은 경상수지 적자 경향을 보이는 반면 중국, 일본과 독일은 경상수지 흑자의 경향을 보인다. 이러한 "국제 불균형(global imbalance)"은 미국과 영국은 그들이 생산한 산출량보다 더 많은 양을 소비하는 반면 중국, 일본과 독일은 정반대가 적용된다. 따라서 국제 불균형을 줄이고자 한다면 적자국들은 덜 소비하고 더 저축하며 흑자국들은 더 소비하고 덜 저축한 것이 바람직하다.[8)]

지속되는 국제수지 적자나 흑자는 문제가 될 수 있으나 각 나라가 매년 국제수지

---

7) 절대 군주시절에 기원된 중상주의는 금은 등의 귀금속이 국부의 주요 구성요소라고 보고 경상수지 흑자가 귀금속의 유입과 국부의 지속적 증가를 보장하므로 지속적인 경상수지 흑자가 주요 정책 목표여야 한다고 주장한다. 따라서 중상주의는 무역적자를 싫어하여 수입을 억제하는 다양한 규제의 부과를 지지한다. 중상주의자들의 생각은 David Hume과 Adam Smith 같은 영국의 철학자들에 의해 비판 받았다. 그들은 국가의 부의 주된 원천은 귀금속이 아니라 국가의 생산 능력이라고 주장했다.

8) 경상수지 흑자(BCA)는 국민 총생산량(Y)에서 소비(C), 투자(I), 정부지출(G)로 구성되는 총국내지출 내지는 총국내흡수(domestic absorption)를 차감한 것과 같다. 즉 BCA = Y − (C + I + G).

균형을 달성해야 할 필요는 없다. 가령 경제개발 사업에 필요한 자본재의 수입수요 때문에 어떤 나라가 무역적자를 겪고 있다고 가정해 보자. 이 경우 경제개발 사업이 마무리 되면 그 나라는 수출을 증가시키거나 국내제품으로 외국수입제품을 대체하여 수입을 감소시키기 때문에 무역적자는 장기적으로 자율조정이 될 수 있다. 반대로, 무역적자가 소비재 수입의 결과라면 이러한 적자는 저절로 조정되지는 않을 것이다. 따라서 중요한 것은 불균형의 성질과 원인이다.

마지막으로, 미국이 적극적으로 거래하는 주요 무역 상대국들을 간단하게 살펴보자. 〈도표 3.8〉은 상품수출과 수입 면에서 미국의 상위 15개 무역 상대국들을 제시했다. 도표에서 보는 바와 같이 미국은 2020년에 세계 2대 경제 대국인 중국으로부터 4,354억 달러를 수입하고 중국에 1,246억 달러를 수출함으로써 중국과 가장 활발하게 교역하였다. 분명히 두 국가 간에 가장 큰 무역불균형이 존재한다. 인접 국가이며 미국멕시코캐나다협정(USMCA)의 회원국인 캐나다와 멕시코가 중국 다음으로 중요한 미국의 교역 국가들이다. USMCA는 NAFTA를 대체했다. 미국과 두 인접 국가간의 교역량은 2020년에 5,000억 달러를 초과하였다. 그러나, 중국의 미국과의 최상위 무역상대국으로서의 지위는 2019년 상반기 동안 멕시코에 의해 대체되었다. 2019년 상반기에 멕시코와 캐나다와의 교역은 미국 전체 무역에서 각각 15%, 14.9%를 차지하였고, 중국은 세 번째로 13.2%를 차지하였다. 이러한 최상위 3개 무역상대국 순위 변화는 미국과 중국 간 관세 증가에 기인했을 가능성이 높다. 이러한 통계

도표 3.8

2020년 미국의 상위 무역 상대국 (십억 달러)

순위	국가	수입	수출	무역수지	무역 총액
1	중국	435.4	124.6	−310.8	56.0
2	멕시코	325.4	212.7	−112.7	538.1
3	캐나다	270.4	255.4	−15.0	525.8
4	일본	119.5	64.1	−55.4	183.6
5	독일	115.1	57.8	−57.3	172.9
6	한국	76.0	51.2	−24.8	127.2
7	영국	50.2	29.0	8.8	109.2
8	스위스	74.8	18.0	−56.8	92.8
9	대만	60.4	30.5	−29.9	90.9
10	베트남	79.6	10.0	−69.6	89.6
11	인도	51.2	27.4	−23.8	78.6
12	아일랜드	65.5	9.6	−55.9	75.1
13	네덜란드	27.5	45.5	18.0	73.0
14	프랑스	43.0	27.4	−15.6	70.4
15	이탈리아	49.5	19.9	−29.6	69.4

출처: U.S. Census Bureau.

는 국가간 교역량은 주로 경제적 규모와 국가 간 지리적 거리에 의존하게 되는 것으로 보이는데, 이는 무역에 대한 중력 모델(gravity model)과 일맥상통 한다.[9] 위에 언급한 최상위 세 나라에 뒤이어 일본, 독일, 한국, 영국이 미국의 주요 교역 상대국이다. 이 네 나라들 각각의 미국과의 쌍방 교역량이 2020년에 1,000억 달러를 초과하고 있다. 이 도표는 또한 2020년에 미국은 최상위 무역상대국들과 상당한 무역수지 적자를 보이고 있다는 사실을 보여준다.

요 약

01. 국제수지란 일정기간 동안 한 나라의 모든 국제적 거래를 복식부기 형식으로 작성된 통계적 기록이라고 정의될 수 있다.

02. 국제수지에서 해외로부터 수령한 모든 거래를 대변에 플러스(+)로 기록하는 반면, 해외에 지불한 모든 거래는 차변에 마이너스(−)로 기록한다.

03. 한 나라의 국제거래는 크게 경상계정, 자본계정, 금융계정, 공적준비자산계정 네세 범주로 세분된다. 경상계정은 상품과 서비스의 수출입을 포함하며 금융자본계정은 주식, 채권, 은행계정, 부동산, 기업 등의 자산들의 매매를 포함한다. 자본계정은 통상 매우 작은 규모로서 자본이전, 국경간 인수 및 비생산, 비금융 자산의 처분으로 구성된다. 공적준비자산 계정은 달러, 외환, 금 및 특별인출권(SDRs) 등의 국제준비자산의 매매를 포함한다.

04. 경상계정은 상품, 서비스, 본원, 이전소득 등 네 범주로 세분된다. 상품무역은 유형의 상품 수출입을 나타낸다, 서비스무역은 법률, 엔지니어링, 컨설팅, 기타 수행된 서비스 및 관광 지출 등의 수취와 지급을 포함한다. 본원소득은 이자, 주식 배당금 및 이전에 행해진 해외투자로부터의 기타 소득의 수취와 지급으로 구성된다. 끝으로 이전소득은 선물, 해외원조, 배상금 등 무상의 이전 지급을 포함한다.

05. 금융계정은 직접투자, 포트폴리오투자 및 기타투자 세 범주로 세분된다. 직접투자는 해외 기업의 통제 지분의 인수를 포함한다. 포트폴리오투자는 통제권의 취득과 관련이 없는 외국 주식과 채권 등에 대한 투자를 나타낸다. 기타투자는 은행예금, 외환투자, 무역신용 등을 포함한다.

---

9) 국제무역에 대한 중력모델은 무역 흐름이 경제적 규모(질량)와 국가간 거리에 의존한다고 주장한다.

06. 경상계정, 자본계정, 금융계정 및 통계적 차이를 포함하는 누적 국제수지를 계산할 때, 우리는 종합수지 혹은 공적결제수지를 얻는다. 종합수지는 공적준비자산 거래를 통해 수용되어야 할 한 나라의 국제수지 갭을 나타낸다. 한 나라가 국제수지 적자로 인해 해외에 순 지급을 해야 한다면 그 나라의 중앙은행은 금, 외환, 특별인출권 등 공적준비자산을 감소시키거나 해외로부터 새로이 차입해야 한다.

07. 한 국가는 공적준비자산의 증가나 감소를 통해 국제수지 흑자나 적자를 기록한다. 고정환율제에서는 경상수지, 자본수지 및 금융계정 수지의 합이 공적준비자산의 변화와 같지만 부호는 반대가 된다. 중앙은행이 공적준비자산을 유지하지 않아도 되는 순수 변동환율제에서는 경상수지 흑자나 적자는 자본수지가 무시할만큼 작다고 가정하면 금융계정 적자나 흑자로 충당되어야 한다.

주요 용어

- J-곡선 효과
- 경상계정
- 금융계정
- 공적결제수지
- 공적준비자산
- 공적준비자산계정
- 국제수지
- 국제수지 항등식(BOPI)
- 기타 투자
- 무역수지
- 무역외수지
- 상품
- 서비스
- 본원소득계정
- 자본계정
- 종합수지
- 중상주의
- 포트폴리오투자
- 이전소득
- 해외직접투자
- 공적결제수지

연습문제

01. 국제수지를 정의하라.

02. 왜 국제수지 자료를 분석하는 것이 유용한가?

03. 1980년대 초부터 미국은 지속적인 경상수지 적자를 겪어오고 있다. 적자를 초래한 주요 원인은 무엇이라고 생각하는가? 지속적인 경상수지 적자의 결과들은 무엇인가?

04. 미국과는 반대로 일본은 지속적인 경상수지 흑자를 실현해 왔다. 이러한 흑자의 주요 원인은 무엇인가? 지속적인 경상수지 흑자는 바람직한가?

05. "미국의 수입이 수출보다 많기 때문에 미국은 경상수지 적자를 보전하기 위해 해외로부터 자본을 수입해야 한다." 라는 진술에 대해 논평하라.

06. 한 나라가 종합수지 적자 및 흑자를 어떻게 가질 수 있는지를 설명하라.

07. 공적준비자산과 그것의 주요 구성요소들에 대해 설명하라.

08. 종합수지를 어떻게 계산하지를 설명하고 그 중요성에 대해 논해보라.

09. 1980년대 초부터 해외 포트폴리오 투자자들이 상당 부분의 미국 국채를 구입해 왔다. 외국인들의 포트폴리오투자가 미국의 국제수지에 미치는 장단기 영향을 논하라.

10. 국제수지 항등식을 설명하고 그것이 고정환율제와 변동환율제에서의 의미를 논하라.

11. <도표 3.6>는 중국이 2013년에 경상수지 흑자와 금융계정 흑자를 동시에 보았음을 나타낸다. 이런 현상이 어떻게 발생할 수 있는지를 설명하라.

12. 다음 거래들이 어떻게 미국의 국제수지의 차변과 대변에 분류되고 기록되는지를 설명하라.
    a. 한 일본 보험회사가 미국 국채를 구매하고, 뉴욕의 한 은행에 유지되고 있는 계정을 통해 지불한다.
    b. 한 미국 국민이 파리의 한 식당에서 식사를 하고 그의 American Express 신용카드로 지불한다.
    c. 로스앤젤레스에 거주하고 있는 한 인도 이민자가 그녀의 LA은행에 있는 자신의 계정에서 발행된 수표를 인도 봄베이에 살고 있는 부모에게 선물로 보낸다.
    d. 한 미국 컴퓨터 프로그래머가 영국회사에 자문을 위해 고용되어 이 영국회사가 보유하는 미국은행의 계정에서 지불받는다.

13. <도표 3.1>의 형식에 맞추어 독일의 2018년의 국제수지표를 작성하고 수치적 자료를 해석하라. 자료를 구하기 위해서 국제통화기금이 발행한 국제금융통계(International Financial Statistics)나 유용한 웹사이트를 찾아 참조하라.

14. SDR이 주요 준비자산통화로서의 장단점을 달러와 비교해 논하라. SDR이 국제지준통화로서 달러를 대체해야 하거나 대체할 수 있다고 생각하는가?

계산문제

01. 아래 미국의 2019년도 요약 국제수지표를 분석하라. 경상계정과 하위 계정들이 수지를 계산하고 논의하라.
    a. 미국의 상품, 서비스, 및 상품과 서비스 합계의 무역수지
    b. 미국의 본원소득 수지

c. 미국의 이전소득 수지

d. 미국의 경상계정 수지

02. [문제 1]의 미국의 2019년도 요약 국제수지표를 분석하라. 금융계정과 하위 계정들이 수지를 계산하고 논의하라.

a. 미국의 직접투자 수지

b. 미국의 포트폴리오투자 수지

c. 미국의 금융계정 수지

2019년 미국 국제수지표 요약(단위: 십억 달러)

	대변(Credits)	차변(Debits)
경상계정		
(1) 수출	2,528.4	
(1.1) 상품	1,652.1	
(1.2) 서비스	876.3	
(2) 수입		−3,104.7
(2.1) 상품		−2,513.6
(2.2) 서비스		−591.1
(3) 본원소득		−893.0
(4) 이전소득		−286.9
자본계정	0.1	−6.5
금융계정(공적준비자산은 제외)		
(5) 직접 투자	302.2	−122.2
(6) 포트폴리오투자	218.9	13.5
(6.1) 지분증권	−244.1	163.4
(6.2) 부채증권	421.3	−149.9
(6.2) 파생상품 등	41.7	
(7) 기타투자	276.4	−203.6
(8) 통계적 차이		−2.0
종합수지	4.7	
공적준비자산계정		−4.7

출처: The U.S. Bureau of Economic Analysis

인터넷 연습문제

01. 국제통화기금의 웹사이트인 www.imf.org 를 연구해 보고, 국제수지와 통화위기를 처리함에 있어 국제통화기금의 역할을 논하라.

미니 케이스

중국의 국제수지 동향

지난 수십 년간, 중국은 글로벌 경제 대국으로 부상했다. 2020년 중국은 미국에 이어 세계 두 번째로 큰 경제 규모로서, 명목 GDP가 14.7조 달러에 달했다. 중국 경제의 상황, 특히 중국의 국제수지 상황은 경제학자들, 정책 입안자들, 시장 참여자들 사이에서 많은 논의와 논쟁을 불러일으켰다.

1982년부터 2020년까지의 중국 국제수지 데이터를 온라인 데이터베이스에서 분석하고 이 주제에 대한 보고서를 작성하십시오. 보고서에서는 다음과 같은 내용을 다룰 수 있습니다:

1. 1982년부터 2020년까지 중국의 주요 경제 지표들의 동향을 기록하십시오. 예를 들어, 경제성장률, 총생산에서 소비의 점유율, 환율 등이 있습니다.
2. 중국의 경상수지 계정 및 그 하위 범주의 동향을 분석하고 그 원인을 조사하십시오. 예를 들어, 상품 및 서비스 무역의 수지는 각각 시간에 따라 어떻게 변화했습니까?
3. 중국의 금융 계정 및 그 하위 범주의 동향을 분석하고 그 원인을 조사하십시오.
4. 중국의 외환보유고 동향을 검토하고 미래에 중국의 쌍둥이 흑자가 다시 나타날 가능성에 대해 논의하십시오. 쌍둥이 흑자는 한 국가가 경상 계정과 금융 계정 모두에서 흑자를 유지할 때 발생합니다.

참고문헌 및 추천도서

Bahmani-Oskooee Mohsen, and Artatrana Ratha, "The J-Curve: A Literature Review," *Applied Economics* 36, no. 13(2004), pp. 1377-98.

Bahmani-Oskooee, Mohsen, and Scott W. Hegerty. "The J- and S-Curves: A Survey of the Recent Literature." *Journal of Economic Studies* 37, no. 6 (2010), pp. 580 - 96.

Edwards, Sebastian. *Real Exchange Rates, Devaluation and Adjustment: Exchange Rate Policy in Developing Countries*. Cambridge, Mass.: MIT Press, 1989.

International Monetary Fund. *Balance of Payments and International Investment Position Manual, Sixth Edition (BPM6)*. Washington, DC, 2009.

Krueger, Anne O. *International Trade: What Everyone Needs to Know*. New York: Oxford University Press, 2020.

부록 3A 국제수지와 국민소득계정 관계

여기서는 주요 국제수지와 국민소득 간의 관계와 이것이 갖는 함의를 논의하고자 한다. 국민소득(Y) 혹은 국내총생산(GDP)은 상품과 서비스의 명목소비(C), 민간투자지출(I), 정부지출(G) 및 상품과 서비스의 수출(X)과 수입(M) 간 차액의 총합과 항등적으로 일치한다:

$$GDP \equiv Y \equiv C + I + G + X - M \tag{3A.1}$$

민간저축(S)은 국민소득에서 소비 및 세금(T)을 차감한 후 남는 부분으로 정의된다:

$$S \equiv Y - C - T \tag{3A.2}$$

혹은

$$S \equiv C + I + G + X - M - C - T \tag{3A.3}$$

$BCA \equiv X - M$임을 주목하면 식 (3A.3)은 아래와 같이 정리될 수 있다:

$$(S - I) + (T - G) \equiv X - M \equiv BCA \tag{3A.4}$$

식 (3A.4)는 한 나라의 경상수지가 국내투자에 대한 자금의 조달방식과 정부지출에 대한 지불방식 등과 밀접한 관계가 있음을 보여준다. 식 (3A.4)에서 (S－I)는 한 나라의 민간저축과 투자의 차이이다. (S－I)가 음수(－)이면, 국내의 저축이 국내의 투자를 충당하기에 부족함을 의미한다. 마찬가지로 (T－G)는 한 나라의 세수와 정부지출의 차이이다. (T－G)가 음수(－)이면, 세수가 정부지출을 충당하기에 부족함을 의미한다. 이러한 재정적자는 국채의 발행을 통해 조달된 재원으로 메꾸어야 한다.

식 (3A.4)는 한 국가의 수입이 수출보다 많다면, 그 나라의 경상수지(BCA)는 음수(－)가 된다. 이는 무역을 통해 내국인이 해외 자산에 대한 청구권을 취득하는 것보다 외국인이 국내 자산에 대한 청구권을 취득한 것이 더 많기 때문이다. 결과적으로 경상수지가 음수(－)라면, 정부재정적자와 국내투자의 일부분이 외국인에 의해 통제되는 자본으로 충당되었음을 의미한다. 한 국가의 경상수지 적자를 줄이기 위해서는 아래 조치를 취해야 할 것이다.

1. S와 I가 주어진 경우, 정부재정적자를 줄여야 한다.
2. I와 (T－G)가 주어진 경우, 상황에서는 S를 늘려야 한다.
3. S와 (T－G)가 주어진 경우, I를 줄여야 한다.

Chapter 04

세계의 기업지배구조

CHAPTER OUTLINE

- **공개기업의 지배구조 관련 주요 현안**
- **대리인 문제**
- **대리인 문제의 해결책**
  - 이사회
  - 인센티브 계약
  - 소유권의 집중
  - 회계 투명성
  - 부채
  - 주주행동주의
  - 해외 교차상장
  - 기업통제권 시장
- **법과 기업지배구조**
- **법적 영향**
  - 소유권과 통제 패턴
  - 통제권의 사적 효익
  - 자본시장과 기업평가
- **기업지배구조 개혁**
  - 개혁의 목표
  - 정치 역학
  - 사베인-옥슬리(Sarbanes-Oxley) 법
  - 캐드베리(Cadbury) 모범실천규약
  - 도드-프랭크(Dodd-Frank) 법
  - 기업은 무엇을 위한 것인가?
- **요약**
- **주요 용어**
- **연습문제**
- **인터넷 연습문제**
- **미니 케이스:** 파말라트(Parmalat): 유럽의 엔론
- **미니 케이스:** 페트로브라스(Petrobras) 스캔들
- **참고문헌 및 추천도서**

제1장에서 주주의 부를 극대화하는 것이 재무관리의 핵심 목표가 되어야 한다는 것을 논의한 바 있다. 하지만 현실에서 경영자가 주주의 부를 극대화하도록 기업을 경영하리라는 보장은 전혀 없다. 실제로 최근의 여러 부실기업 경영 사례들, 미국의 앤론과 월드컴, 그리고 글로벌 크로싱(Global Crossing), 한국의 대재벌 대우그룹, 이탈리아의 파말라트, 호주의 HIH(주요 보험그룹), 일본의 도시바, 독일의 Wirecard 등의 일련의 기업스캔들은 전세계의 공개주식기업들이 지배되는 방식에 대해 심각한 질문들을 낳았다. "이기적" 경영자들이 기업을 통제하면서 때로는 주주의 이익이나 기타의 이해관계자 집단의 이익에 반하는 행동을 취할 수도 있다. 예를 들어 경영자가 자신에게 스스로 과도한 급여나 관대한 특전을 준다든지 경영 왕국 건설에 자원을 낭비한다든지 사익을 위해 기업의 현금이나 자산을 유용한다든지 정실 인사를 한다든지 기업의 사업기회를 도용한다든지 등이다. 하버드 비즈니스 리뷰(2003년 1월호)의 한 보고서는 미국의 경영자들이 "기업을 마치 현금자동인출기처럼 생각하고 기업 특전으로 수백만 달러씩 가져가는 경우"에 대해 설명하고 있다. 많은 개도국과 체제전환국가에는 기업지배구조 관련 메커니즘이 아주 약하거나 사실상 거의 존재하지 않는다. 예를 들어 러시아에서는 취약한 기업지배구조 시스템으로 인하여 경영자들이 새로 민영화되는 기업의 자산을 대규모로 유용하는 것을 막지 못하고 있다.

경영자의 과도한 이기적 행동은 적절하게 규제되지 않을 때 기업가치와 자본시장의 기능에 아주 심각한 부정적 영향을 미칠 수 있다. 이제 경영자의 횡포를 막고 자본시장에 대한 신뢰를 회복하기 위해 그리고 **주주의 권리**를 보호하기 위해서 **기업지배구조**를 강화하는 것이 근본적으로 중요하다는 점에 대해 전 세계적으로 컨센서스가 이루어져 있다. 기업지배구조는 기업 통제권과 자금 배분권이 주주와 경영자, 그리고 기업의 다른 이해관계자 사이에 합리적으로 배분되는 경제적, 법적, 제도적 틀로 정의된다. 기업의 다른 이해관계자에는 종업원, 채권자, 은행, 기관투자가, 그리고 정부도 포함될 수 있다. 이 장에서 앞으로 살펴보겠지만 기업지배구조는 국별로 문화적, 경제적, 정치적, 법적 환경의 차이를 반영하여 아주 다양하고 다기하다. 그러므로 국제 투자자와 다국적기업 경영자는 세계의 기업지배구조 환경에 대해 확실한 이해를 해야 한다. 이와 관련된 사례가 바로 시티은행 그룹의 파말라트 부도에 따른 피해다. BBC 뉴스(2005년 3월 18일)에 따르면 시티은행의 윌리엄 밀스는 다음과 같이 말했다. "시티은행 그룹은 파말라트 그룹 부정 사태로 5억 유로의 손해를 입은 희생자다. 우리가 진실을 알았더라면 파말라트와 거래를 하지 않았을 것이다."

공개기업의 지배구조 관련 주요 현안

다중의 유한책임 주주에 의해 공유되는 **공개기업 내지 주식회사**(public corporation)는 획기적 조직 혁신의 산물이며 막강한 경제적 영향력을 갖고 있다. 글로벌 기업의 대다수는 세계적으로 경제성장을 주도하면서 혁신을 계속하고 있다. 아마존, 애플, 구글, GE, IBM, 도요타, 삼성전자, BP, 및 BMW 등이 그러하며, 이들은 사적 기업이라기보다 공개 기업이라고 하는 것이 더 타당할 것이다. 최초의 공개기업은 1602년에 설립된 네덜란드 동인도회사로서 네덜란드의 남아시아 지역 향료 무역에 대한 독점권을 갖고 있었다. 동사는 아시아 지역에서 영국, 프랑스, 포르투갈, 중국 등의 막강한 라이벌 회사들과 경쟁하면서 멀리 떨어진 미지의 지역들과의 교역을 포함하는 고비용, 고위험의 모험사업을 하기 위해 역사상 최초로 주식을 발행하였다. 공개기업의 특장은 사업위험을 많은 투자자들에게 효율적으로 공유 또는 분산할 수 있게 해주며, 동시에 주주들은 자신들의 주식을 유동성이 있는 증권거래소를 통해 매매할 수 있고, 전문경영자들이 주주를 대신하여 기업을 경영하도록 위임할 수 있게 해준다는 것이다. 이 효율적인 위험 분산 메커니즘은 공개기업이 상대적으로 낮은 비용으로 대규모 자금을 동원할 수 있게 해주고, 개인 투자자라면 고비용이나 위험 때문에 기피해야 할 많은 투자 프로젝트를 수용할 수 있게 해준다. 공개기업은 지난 수세기에 걸쳐 전 세계적으로 자본주의를 전파하면서 경제성장을 확산시키는 데 주도적 역할을 해왔다[1].

하지만 공개기업에도 핵심 약점이 있다. 즉, 바로 경영자와 주주 간의 이해가 상충될 수 있다는 것이다. 기업의 소유와 경영(또는 통제)의 분리는 미국과 영국 등의 국가에서 더욱 현저한데, 기업의 소유권은 고도로 분산되어 있어서 주주와 경영자 간의 갈등을 초래할 가능성이 높아진다. 원칙적으로는 주주가 기업의 이사회 이사를 선임하게 되어 있고, 이사회가 주주들의 이익을 위해 기업을 운영할 경영자를 고용하게 되어 있다. 미국의 경우 경영자에게는 법적으로 주주에게 "충성할 의무"가 주어져 있다. 경영자들은 이처럼 기업의 실질적 소유주로서의 본인인 주주에 대하

1) 네덜란드 동인도회사는 현대적 의미에서 최초의 다국적기업으로 자주 언급되고 있다. 현재의 자카르타인 바타비아에 아시아 사업본부를 둔 이 기업은 남아프리카에서 일본에 이르는 광대한 지역을 무대로 무역왕국을 건립하였으며, 설립 후 백년이 지나지 않아 종업원이 전세계적으로 50,000명에 달하고 거느린 상선 수도 150 척에 달하는 세계에서 가장 부유한 회사가 되었다.

여 대리인의 입장에서 일하게 되어 있는 것으로 이해되어야 한다. 공개기업에서 소유권이 고도로 분산되어 있으면 이사회가 경영층의 행동을 감시하고, 경영층이 주주의 이익을 보호하도록 감독해야 할 의무를 진다.

그렇지만 현실에서는 경영층에 우호적인 내부 이사들이 이사회를 지배하고, 독립적으로 경영층을 감독할 수 있는 사외 이사는 상대적으로도 소수에 불과할 수 있다. 엔론이나 그 아류기업의 경우 이사회가 주주 이익을 보호하는 데 총체적으로 실패하였다. 더구나 분산된 소유권으로 인해 일부 주주들이 경영층을 감시하고 싶어도 감시비용은 그 일부 주주에게만 부담되는데, 감시 이익은 전체 주주에게 돌아가기 때문에 그럴만한 유인이 크지 않은 셈이다. 즉, 이익은 공유되는 데 반해 비용은 분담되지 않아서 문제라는 것이다. 기업의 소유권이 고도로 분산되어 있는 경우 이 "무임승차" 문제가 주주들의 적극적인 참여를 막아서게 된다. 그 결과 주주와 경영자의 이해관계가 부합하지 않을 수도 있게 된다. 이사회의 기능이 제대로 발휘되지 못하면서 경영자의 사적 이익 편취를 통제할 수 있는 효과적인 수단이 주주들에게 결여되는 것이다. 이러한 공개기업의 핵심 약점에 대한 지적은 그 기원이 최소한 애덤 스미스의 국부론(1776)으로까지 거슬러 올라간다. 여기서는 이렇게 지적하고 있다.

> 그러나 주식회사의 이사들은 자신들의 돈이 아니라 타인들의 돈을 관리하는 입장이기 때문에 사적인 공동파트너쉽 회사의 동업자들이 자신들의 돈에 대해 염려하는 마음과 같은 그런 조심성을 기대할 수는 없다. … 따라서 그러한 기업의 운영에 있어 경영층의 태만과 낭비는 정도 차이는 있지만 항상 문제라 할 것이다.

국부론이 발표된 후 200여 년 뒤 Jensen & Meckling(1976)은 그들의 기념비적 논문 "기업 이론: 경영자 행동, 대리인 비용, 그리고 소유 구조(Theory of the Firm: Managerial Behavior, Agency Costs, and Ownership Structure)"에서 공개기업의 소위 "대리인 문제"를 정식으로 분석하였다. 이들의 대리인 이론은 기업재무의 아주 중요한 문제로 관심을 불러일으켰다.

그러나 미국과 영국 이외의 국가에서는 기업 소유권의 고도 분산이 일반적이라기보다는 예외에 더 가깝다는 지적이 제기된다. 예를 들어 이탈리아에서는 3대주주가 평균적으로 공개기업의 발행주식 총수의 약 60%를 장악하고 있다. 3대주주의 지분율 평균은 홍콩의 경우 54%, 멕시코 64%, 독일 48%, 인도 40%, 이스라엘 51% 등이다.[2] 이들 대주주들(많은 경우 창업 가족들을 포함함)은 효과적으로 경영자들을 통제하면서 이런저런 방법으로 소액주주들의 이익을 도외시하고 자신들의 이익을 위해 기업을 운영할 수도 있다. 이러한 집중된 소유구조의 국가들의 경우 대주주와 소액주주 간의 갈등이 경영자와 주주 간의 갈등보다 더 크다.

www.ecgi.org
유럽 여러 나라의 기업지배구조를 이해할 수 있는 자료를 제공한다.

일련의 영향력 있는 연구를 통해 La Porta, Lopez-de-Silanes, Shleifer & Vishny(이하에서 LLSV라 함)는 (1) 기업의 소유구조, (2) 자본시장의 폭과 깊이, (3) 기업의 외부 자금조달 접근성, (4) 배당정책 등과 관련한 국가 간 상당한 차이를 실증하고 있다. 이들은 이러한 국가 간 차이가 법에 의해 투자자들이 어느 수준까지 경영자, 그리고 지배주주의 전횡으로부터 보호를 받느냐에 의해 대체로 설명된다 주장한다. 나아가 LLSV는 법에 의한 투자자 보호 정도는 상당 부분 그 나라의 "법률 시스템의 성격"에 따라 달라진다고 주장한다. 특히 캐나다, 미국, 영국 등 영미계통의 관습법적 법률 시스템 하에 있는 나라들은 투자자 보호 정도가 가장 강하고, 벨기에나 이탈리아, 멕시코 등 프랑스 계통의 성문법적 전통 하의 법률 시스템 하에 있는 나라들은 투자자 보호 정도가 가장 약하다. 법과 지배구조 간의 관계는 이 장의 말미에서 다시 다루게 될 것이다.

여러 나라의 투자자들은 사실상 상이한 기업지배구조에 직면할 수 있다. 그러나, 기업지배구조의 핵심 과제는 어디에서나 동일하다. 즉, 어떻게 하면 기업의 외부 투자자들을 기업 내부의 경영지배층으로부터 잘 보호하여 투자자들로 적정한 투자 수익률을 확보할 수 있게 해주느냐 하는 것이다. 이 과제에 대해 어떤 방식으로 접근하느냐에 따라 주주의 복지, 기업 자원의 배분, 기업의 자본조달과 평가, 자본시장의 발전, 경제성장 등이 획기적으로 달라질 수 있다. 이 장 나머지 부분에서는 다음과 같은 이슈들을 자세히 다룬다.[3]

- 대리인 문제
- 대리인 문제의 해결 방안
- 법과 기업지배구조
- 법률시스템의 영향
- 기업지배구조 개혁

2) 자료: R. La Porta, et. al.(1998), "Law and Finance," *Journal of Political Economy*, 106, pp. 1113–55.
3) 이 장의 주요 인용은 Jensen & Meckling(1976), Jensen(1989), LLSV(1997–2002), Denis & McConnell (2002) 등임.

대리인 문제

경영자(또는 기업가)와 투자자가 계약을 체결하여 경영자가 자금을 어떻게 운영하고, 투자수익은 어떻게 양자가 배분할 것인가에 대해 합의한다고 해보자. 만약에 양자가 **완벽한 계약**을 체결하여 미래의 모든 가능한 상황에서 경영자가 해야 할 일을 정확히 규정할 수 있다면 양자 간의 이해 갈등이나 경영자의 자유재량의 여지는 완전히 사라질 것이다. 따라서 완벽한 계약 하에서는 **대리인 문제**(agency problem)가 발생할 수 없다. 하지만 현실에서 미래의 모든 상황을 다 예측하여 완벽한 계약을 체결한다는 것이 사실상 불가능하다. 이는 계약에서 구체적으로 명시하지 못한 미래 일어날지 모를 우발적 상황에서 경영자와 투자자가 어떻게 대처해야 하는가에 대한 의사결정 권한을 양자 간에 나눠가질 수밖에 없다는 것을 의미한다. 외부의 투자자들은 경영 의사결정에 대해 관심도, 또 능력도 없기 때문에 결국 경영자들이 이 계약 외 상황에 대한 **잔여통제권**(residual control right)을 차지하게 되는 것이 일반적이다. 투자자들은 기업에 자금을 공급하지만 매일매일의 경영 의사결정에는 개입하지 않는다. 그 결과 대부분의 공개기업에서는 "강한 경영자, 약한 주주" 현상이 나타나게 된다. 대리인 문제란 기업의 주인인 주주와 대리인인 이기적 경영자 간에 이해 상충이 나타날 수 있다는 것을 말한다.

잔여통제권을 장악한 경영자들은 투자자의 자본을 배분하고 처분하는데 상당한 재량권을 행사할 수 있게 된다. 이러한 상황에서 투자자들은 자신들의 투자에 대한 정당한 보상을 보장받을 수 없게 된다. 위에서 기술한 계약론적 기업이론 관점에서 대리인 문제는 기업 외부의 투자자들이 투자 자본에 대한 정당한 수익을 보장받기 어렵다는 데에서 시작된다.[4]

통제권을 확보한 경영자들은 과도한 특전을 누릴 수도 있다. 예를 들어 애플 사의 고(故) 스티브 잡스는 9천만 달러짜리 자가용 비행기를 타고 다닌 것으로 알려져 있다.[5] 그리고 경영자들이 투자자의 자금을 횡령 할 때도 있다. 아니면 아주 교묘한 방법을 동원하기도 하는데 자신의 독립된 회사를 설립하고 이전가격을 통해 이 기업에 현금과 자산을 빼돌리는 수법이다. 부연하면 자기가 대표이사인 기업의 제품

4) 계약론적 기업이론은 Coase(1937), Jensen & Meckling(1976) 등에 의해 개발되었음.

5) 자료: *Financial Times*, 2002년 11월 27일 자, p. 15.

을 자기 소유 기업에 시장가격보다 싸게 팔거나, 아니면 자기 소유 기업 제품을 비싸게 주는 방법으로 사리를 채울 수 있다. 일부 러시아 석유기업들은 경영자가 소유한 판매기업에 시장가격보다 낮게 유류를 공급할 때도 있고, 판매대금을 굳이 추심하지 않을 때도 있다고 한다.[6]

이기적 경영자들은 자신들에게는 유익하지만 투자자들에게는 그렇지 못한 수익성이 낮은 프로젝트에 자금을 낭비할 수도 있다. 예를 들어 경영자들은 다른 기업을 인수하거나 합병할 때 사적인 이익을 취하기 위해 과도한 대금을 지불하면서 자금을 유용할 수 있다. 언급할 필요도 없지만 이런 식의 투자는 주주 가치를 파괴하는 일이 된다. 더구나 자신의 개인적 직업안정과 지속적 사익 추구를 위하여 자기 소유 기업의 합병을 막을 수도 있다. 동일한 맥락에서 경영자를 해고하는 것이 주주의 이익을 위하는 길이라는 것을 알 때도 해당 경영자는 이러한 시도에 대항할 수 있다. 이와 같은 **경영자 참호**(managerial entrenchment)라고 불리는 사익 추구 노력은 대리인 문제의 확실한 징표가 된다.

Jensen(1989)이 지적한 바 있듯이 대리인 문제는 "잉여현금"이 많은 기업에서 더 심각할 수 있다. **잉여현금흐름**(Free cash flows)이란 기업의 모든 수익성 있는 투자안, 즉 양(+)의 순현재가치(NPVs)를 갖는 모든 투자안 수용에 필요한 자금을 다 충당하고도 남는 자금을 말한다. 이 잉여현금흐름은 성장성은 낮지만 성숙된 산업, 예컨대 철강, 화학, 담배, 종이, 섬유산업 등에서 많이 나타난다. 이 잉여현금흐름을 주주들에게 배당의 형태로 돌려주는 것이 경영자의 수탁자로서의 의무이다. 하지만 여유자금이 풍부한 성숙산업의 경영자들은 자칫 자금을 낭비하게 될 수익성이 낮은 투자안을 선택하여 주주들의 부를 날려버리고 대신에 자신들의 사복을 채우려 할 수도 있다.

경영자들이 현금흐름을 유보하는 몇 가지 중요한 유인이 존재한다. 우선 현금 보유고가 높아지면 자본시장으로부터 자본조달 필요성이 그만큼 감소하게 되고, 이로써 외부의 감독과 규제를 받을 필요성도 낮아지게 된다. 이것이 경영자에게 쉬운 길이 될 수도 있다. 둘째, 현금 보유고가 늘어나면서 기업 규모가 커지면 경영자에 대한 보상을 인상시키는 효과를 가져오는 경향이 있다. 잘 알려져 있듯이 경영자 보상은 기업의 수익성만큼 또는 그 이상으로 기업규모에도 의존하게 된다. 셋째, 기업의 규모가 커지면서 고위 경영자의 사회적·정치적 영향력이 커지고 위신이 높아

6) 자료: A. Shleifer & R. Vishny(1997), "A Survey of Corporate Governance," *Journal of Finance*.

진다. 대기업 경영자일수록 중소기업 경영자보다 사회적 주목을 더 받게 되고 더 많은 관심의 대상이 된다. 또한 기업의 규모라는 것이 경영자의 자만심을 충족시켜 줄 수도 있다.

경영자가 현금을 기업 내부에 유보할 강한 유인에 대항하여 경영자들로 하여금 주주에게 현금을 돌려주게 강제할 수 있는 효과적인 매커니즘은 거의 없다. 젠센은 이에 대한 아주 좋은 예를 하나 인용하고 있다(Jensen, 1989, p. 66).

> 포드자동차의 최고 경영층은 이에 대한 생생한 예가 된다. 자동차산업은 이미 과잉설비 상태인데 이 회사는 얼추 150억 달러나 되는 현금과 시장성이 있는 증권을 내부에 유보해 두고 있다. 포드의 경영층은 금융업이나 우주산업에 진출하는 등 수십억 달러 상당의 다각화 투자를 검토하고 있는데 이보다는 오히려 자사의 과잉 현금을 기업의 소유주들에게 돌려주어 이들이 합리적 재투자를 하도록 하는 것이 더 바람직할 것이다.

그는 또한 1980년대에 일본 공재기업들도 수익성 있는 내부 투자안에 대한 자금 조달 규모보다 훨씬 더 큰 지나친 잉여현금흐름을 보유하였다고 지적한다. 예를 들어 토요타자동차는 100억 달러 이상의 현금을 보유하여 "토요타은행"이라는 얘기를 들을 정도였다. 효과적인 내부통제와 외부감시 체제가 결여됨으로써 이들 기업들은 수익성이 높지 않은 기업인수와 사업다각화에 나서기도 하면서 1980년대의 과잉투자 사태를 초래하는 데 기여하였다. 이러한 기업의 비효율적 자금운용은 적어도 부분적으로라도 1990년대 초 일본에 들이닥친 경기침체의 원인이라고 볼 수 있다.

이상의 설명에서 대리인 문제의 핵심은 경영자와 외부 투자자 간의 여유현금 처분과 관련된 이해 갈등이라는 것을 이해할 수 있다. 하지만 생명공학이나 금융서비스, 제약 등 고성장 산업에서는 내부 유보자금이 투자자금 수요에 미치지 못하므로 경영자들이 수익성이 낮은 투자안에 자금을 낭비하는 일은 드물 것이다. 그리고 이들 산업의 경영자들은 외부자금 조달을 위해 자본시장을 자주 이용해야 하기 때문에 시장에서 "좋은 명성"을 유지하지 않으면 안 된다. 어떤 기업의 경영자가 사적인 이익을 위해 기업의 자금을 유용한 것이 알려지게 되면 그 기업에 대한 외부 자금 공급은 빠르게 소진될 수 있다. 그러므로 이들 고성장 산업의 경영자들은 외부 투자자들의 요구에 부응해야 할 유인이 크며, 그럼으로써 "좋은" 투자 프로젝트를 수행하는 데 필요한 자금을 조달할 수 있다.

대리인 문제의 해결책

대리인 문제의 통제는 주주들에게 아주 중요한 과제가 아닐 수 없다. 이를 통제하지 못하면 자신들의 투자금을 회수할 수 없을지도 모르기 때문이다. 사회 전체적으로도 이 대리인 문제의 해결은 아주 중요한데 이것이 잘못되면 희소한 자원을 낭비하고, 자본시장의 기능을 저해하고, 경제성장을 억제할 수 있기 때문이다. 그래서 이 대리인 문제를 해결하기 위한 다음과 같은 여러 가지 지배구조 관련 매커니즘이 개발되어 있다.

1. 독립적 이사회
2. 인센티브 계약
3. 소유권의 집중
4. 회계 투명성
5. 부채
6. 해외 교차상장
7. 기업통제권 시장

이하에서 이들 메커니즘이 기업지배구조 결정에서 어떤 역할을 하는지 살펴볼 것이다.

이사회

미국의 경우 주주들은 이사회를 구성할 이사 선임권을 갖고 있다. 이사회는 법적으로 주주의 이익을 대표하게 되어 있다. 이사회가 경영층과 독립되어 있기만 하다면 대리인 문제를 경감시키는 데 아주 효과적인 수단이 될 수 있다. 예를 들어 외부이사를 영입하게 되면 기업 실적이 좋지 않을 때 최고경영자 교체가 상대적으로 더 쉽게 이루어져 경영자 참호를 제한할 수 있다는 연구결과가 제시되어 있다. 그리고 이와 동일한 맥락의 영국 기업지배구조 관련 연구에서 Dahya 등(2002)은 이사회에 외부인사 영입이 늘어나면 외부에서 최고경영자를 초빙할 가능성이 높아진다는 것을 밝히고 있다. 하지만 공개기업의 분산된 소유구조로 인해 최고경영층이 자신들과 친근한 인사를 이사로 선임하기 쉽다. 다음에 제시되어 있는 〈현장의 국제재무〉: "이사회 멤버가 모두 가족이라면"에서 알 수 있듯이 내부자가 지배하는 이사회는 열악한 지배 매커니즘이 된다.

현장의 국제재무

이사회 멤버가 모두 가족이라면

최근 들어 기업 이사회의 독립성을 강화해야 한다는 목소리가 높다. 그럴 필요성은 오래전부터 제기되어 왔다. 실제로 경영층과 독립적일 수 없는 경영자의 친구나 동업자를 이사로 선임하는 경우가 비일비재하다.

이것이 최고경영자가 기업의 실질적인 소유주로서 행동하는가 아니면 주주에 의해 선발되어 주주의 이익을 대변하는 자인가에 대한 신뢰할 만한 척도가 된다. 사실 이사회의 독립성을 강화하는 것이 현행의 개혁 분위기 하에서 기업의 사회적 신뢰를 회복할 수 있는 가장 중요한 조치라고 해도 과언이 아닐 것이다.

최고경영자가 지배하는 이사회는 곤경에 처하기 쉽다는 여러 사례가 보고되어 있다. W. R. Grace는 좋은 예가 된다. 이 기업의 최고경영자 피터 그레이스는 너무 막강한 권한으로 이 기업의 이사회를 통제하면서 기업이 마치 자기의 세습영지인 것처럼 마음대로 운영했다.

그는 1990년대 말에 기업은 어려운 상황에 빠졌는데도 이사회로 하여금 자기의 은퇴 선물로 업무용 비행기와 회사 소유 아파트를 사용할 수 있게 하는 안을 가결시키도록 하였다. 그리고 이사회는 이 기업의 자회사를 그레이스의 아들에게 매각하고 또 주주들에게 밝힐 수 없는 다른 특혜도 제공하였다. 이 비공개는 범법에 해당하였으며 결국 증권거래위원회법에 따른 처벌을 받게 되었다.

또 다른 하나의 예가 애플 사인데 나는 이 회사의 이사로 초빙을 받은 적이 있다. 최고경영자인 스티브 잡스 외에 현재 이 회사의 이사는 네 명뿐이며, 잡스는 자기 친구이자 9월에 오라클로 옮겨간 래리 앨리슨의 빈자리를 채울 새로운 이사를 물색하고 있다.

어찌되었거나 앨리슨은 이사회 회의에 절반도 출석하지 않았으니 잘된 일인지도 모른다. 또 다른 이사인 빌 켐프벨은 형식적으로는 독립적이지만 실제로는 그렇지 않을 수도 있다. 그는 기업의 감사위원회를 책임지고 있으며 현재 애플 사와 별 관계가 없다는 측면에서 독립적 이사로 평가할 만하다. 하지만 그는 이전에 애플 사에서 일했고, 자기의 소프트웨어 회사 크레리스(Claris)를 애플에 매각하였다.

애플 감사위원회의 또 다른 위원인 제롬 요크는 마이크로웨어하우스의 최고경영자이며, 애플의 2001년 매출액 54억 달러 중 약 1억 5천만 달러가 이 회사에 대한 것이었다. 그는 이전에 IBM과 크라이슬러의 재무관리담당 사장이었으며 이사로서의 충분한 자격을 갖추고 있다 할 것이지만 애플의 감사위원회에 참여하는 것에 대해서 NASDAQ 시장은 약간 예외적 상황으로 판단할지 모른다.

내게는 이런 이사회 구성이 좋지 않은 판단을 유도할 수 있다는 생각이 든다. 예를 들어 2000년 1월에 애플의 이사회는 향후 10년 간 주가가 5% 상승하는 것을 옵션으로 잡스에게 2천만 주, 약 5억5천만 달러 상당을 주기로 결의하였다. 그리고 애플이 잡스에게 9천만 달러짜리 업무용 항공기를 사주는 것을 승인하였다. 하지만 주가는 하락하였고 그 옵션은 무효가 되었다. 그래도 이사회는 750만주를 그에게 주도록 결의하였다. 이 당시에 애플의 주가는 애플이 속한 산업지수 구성 기업의 평균주가를 28%나 하회하고 있었다.

기업에 대한 공적인 감시와 관심이 기업지배구조를 개선하는데 도움을 줄 수 있다는 많은 증거가 제시되어 있다. 캘리포니아공무원퇴직기금(Calpers)은 (기관투자가로서) 1993년에 평균 이하의 실적을 내는 기업에 대해 이사회 교체를 권고하였다. 이 기금에서는 기업지배구조 표준을 설정하였는데 독립 이사가 이사회 구성의 절반 이상을 차지해야 하고, 이들이 최고경영자와 연 3회 이상 별도 회합을 가져야 하며, 이사회는 매년 스스로의 활동에 대한 평가를 실시해야 한다 등의 사항이 거기에 포함되었다.

윌셔협회는 Calpers가 평균 이하 실적이라고 지적

한 62개 기업을 조사 분석하였다. 이들 기업의 주가는 지난 5년간 S&P500 주가지수 평균의 89% 수준 이하로 떨어진 경우다. 하지만 실적이 공개된 뒤에 이들 기업의 주가는 그 후 5년간 주가지수 평균을 23%나 상회하였다.

물론 이것이 기업의 이사회 구성이 나쁘면 모두 실패한다는 의미는 아니다. 워렌 버핏의 버크셔 헤더웨이 사의 경우 일곱 명의 이사에 그의 아내, 아들, 동업자 찰리 멍거가 포함되어 있고, 그의 법률자문회사 변호사, 버크셔 헤더웨이와 공동투자하고 있는 동업타사 사장 등도 포함되어 있다.

버핏 회장은 가장 좋은 이사란 자기 기업에 대해 가장 큰 경제적 이해관계를 갖는 자라고 강변하고 있다. 그러나 실적이 낮거나 윤리적으로 문제가 있는 기업의 이사회를 잘 살펴보면 결국 독립된 감시자로서의 이사가 있어야 부정부패를 잘 막을 수 있다는 것을 쉽게 알 수 있다.

출처: Arthur Levitt, "이사회 멤버가 모두 가족이라면," *Financial Times*, 2002년 11월 27일 자, p. 15. 전재허가를 득함.

기업 이사회의 구조와 법적 권한은 나라마다 아주 다르다. 예컨대 독일의 경우 기업의 이사회가 법적으로 주주의 이익만을 대변하지 않는다. 오히려 단지 주주만이 아니라 다른 이해관계자(노동자, 채권자 등) 일반까지 대변하게 규정되어 있다. 그리고 독일의 기업 이사회는 감독 이사회와 경영 이사회의 두 계층으로 구성된다. 독일의 공동의사결정(codetermination) 전통에 기초하여 이사회 관련법은 노동자 대표가 감독 이사회에 참여하도록 규정하고 있다. 이와 비슷한 맥락으로 볼 수 있을 것인 바, 미국에서도 법적으로 강제된 것은 아니나 이사회에 노동조합 대표가 참여하게 되어 있다. 영국에서는 대부분의 공개기업이 자발적으로 캐드배리위원회가 권고하는 기업지배구조에 관한 모범행동강령(Code of Best Practice)을 준수한다. 이 행동강령에 따르면 이사회엔 세 명 이상의 사외 인사가 참여해야 하고, 이사회 의장과 최고경영자는 상호 겸임하지 않도록 해야 한다. 사외 이사를 두는 것, 그리고 의장과 최고경영자 직위를 분리하는 것은 이사회의 독립성을 강화하기 위한 조치로 이해할 수 있다. 일본에서는 대부분의 기업 이사회가 내부인사로 충원되며, 이사회는 그 기업이 소속된 계열(keiretsu)의 공동이익을 우선해야 한다.

인센티브 계약

앞에서 논의한 바 있듯이 경영자들은 잔여통제권을 잡고 기업을 어떻게 운영할지에 관해 상당한 재량권을 갖게 된다. 그러나 이들은 자기가 경영하는 기업의 주식은 상대적으로 적은 수만 보유하고 있다. 경영자가 자사 주식을 적게 보유할수록 현금흐름도 작아야 마땅하다. 경영자가 스스로의 재량에 따라 기업을 운영하더라도 자신의 노력과 능력에 따라 얻어진 기업이익에 대해 큰 몫을 차지하지 못할 수도 있다. Jensen & Murphy(1990)에 따르면 미국의 경우 주주의 부가 1,000달러 증가할 때 경영자의 그것은 고작 3달러 증가하는데 그친다고 한다. 즉, 경영자 보수는 주주 부의 변화와 거의 무관하다는 것이다. 그리고 이것은 경영자가 주주 부의 극대화에 크게 관심을 두지 않을 수도 있다는 것을 의미한다. 이 경영자의 통제권과 현금흐름 간의 "괴리"가 대리인 문제를 악화시킬 수 있다. 분산된 기업 소유구조 하에서 전문경영자들의 자기 지분이 아주 작을 때, 사적 거래의 권한과 동기를 모두 가지게 된다.

이러한 상황을 잘 인식하고 많은 기업들은 이러한 간격을 줄이고 경영자의 이해를 투자자의 그것과 더 잘 일치시키기 위해 경영자와 주식이나 주식 옵션 등의 **인센티브 계약**(incentive contracts)을 체결한다. 주식이나 주식 옵션 등의 인센티브를 줌으로써 경영자가 자신의 부와 주주의 부를 동시에 증대시키려는 방향으로 기업을 운영할 동기가 부여된다는 것이다. 이러한 관점에서 미국의 공개기업은 일반적으로 고위 경영자에게 인센티브를 부여하고 있다. 그러나 뒤에서 더 자세히 살펴보겠지만 고위 경영자들은 회계장부를 때로는 회계 감사의 묵인 아래 인위적으로 조작하면서(예를 들어 앤론 사태의 아더 앤더슨 사의 경우처럼) 또는 투자 정책을 변경하면서 이 인센티브 계약을 오용하여 개인적인 사익을 상당히 채울 수도 있다. 그러므로 이사회는 경영자들의 인센티브 계약을 면밀하게 설계하고 그들의 행동을 부지런히 감독할 수 있는 독립된 (경영자)보상위원회를 설치하는 것이 중요하다.

소유권의 집중

대리인 문제를 경감시키는 효과적인 방법 중의 하나는 주식 보유를 집중화하는 것이다. 일인 또는 소수의 대주주가 기업 주식의 상당 부분을 소유하게 되면 이들은 경영층을 감독할 강한 유인을 가지게 될 것이다. 예를 들어 한 투자자가 51%의 주식을 보유하게 되면 경영자 임면권을 확보하여 쉽게 경영자를 통제할 수 있고, 기업운영에서 주주의 권익이 보장되도록 경영자를 감찰할 수 있다. 말하자면 **소유권의 집중화**(concentrated ownership)로 원자화된 소액주주의 무임승차 문제가 사라지게 된다.

그러나 미국이나 영국의 공개기업에서 소유권 집중은 아주 예외적이다. 하지만 다른 여러 나라에서는 오히려 소유권 집중이 대세다. 예를 들어 독일에서는 상업은행, 보험사, 타사 또는 가족 등이 공적기업 주식의 상당히 높은 비율을 확보하고 있다. 그리고 일본에서는 계열사들이 상호간에 계열기업 주식을 보유하거나, 기업의 주거래은행이 그 기업의 다수 지분을 보유하는 것이 일반적이다. 프랑스에서도 기업간 상호 보유, 그리고 "핵심" 투자자가 존재하는 것이 일반적이다. 아시아나 중남미의 여러 나라에서는 창업자나 그 가족이 대주주가 되어 기업경영을 통제한다. 중국에서는 정부가 공적기업의 지배주주가 되어 있다. 소유권 집중화가 기업의 실적과 가치에 긍정적 영향을 미친다는 여러 연구들이 있다. 예를 들어 Kang & Shivdasani(1995)는 일본 기업의 경우에 대해, 그리고 Gorton & Schmid(2000)은 독일 기업의 경우에 그러한 효과가 있다는 것을 밝히고 있다. 이것은 대주주가 지배구조로서의 기능을 실제로 잘 발휘하고 있다는 것을 의미한다.

여기서 경영자의 지분소유 효과에 대해 살펴볼 필요가 있다. 앞에서 인용한 연구들은 경영자의 지분소유와 기업가치 및 실적 간에는 비선형관계가 존재한다는 결론을 제시하고 있다. 즉, 경영지분소유가 증가할 때 초기 단계에서는 경영자와 주주간의 이해관계가 일치하면서 (대리인 비용이 감소하고) 기업가치가 상승하게 되나, 경영지분소유가 일정수준을 지나 더 증가하게 되면 경영자가 더 참호를 파고 사익추구 성향이 나타나게 되어 기업가치가 하락하기 시작한다는 것이다. 예를 들어 지분소유가 증가하면서 경영자들은 기업인수 제안에 효과적으로 대응할 수 있게 되고, 다른 주주들의 이익을 희생하면서 사익을 추구할 수 있다는 것이다. 하지만 경영자의 지분소유가 그 수준을 넘어서서 더 증가하게 되면 다시 이해일치 효과가 지배하게 되고 스스로의 이익을 해하려 들지 않게 된다는 것이다. 요약컨대 경영자의 지분소유와 기업가치 간에는 사익추구 효과가 지배하는 "중간범위"(interim range)가 존재한다고 언급할 수 있을 것이다.

이러한 상황에 대해 〈도표 4.1〉이 경영자의 지분소유와 기업가치 간의 관계를 보여주고 있다. Morck 등(1988)은 포춘 500대 기업을 대상으로 이 관계에 대해 연구하였으며, 이들에 따르면 첫 번째 전환점(x)은 5%에서 나타나고 두 번째 전환점(y)은 약 25% 수준에서 나타난다. 이 두 전환점 사이에서, 즉 경영자 지분소유가 5% 이상 25% 이하 수준에서 (경영자의) "경영자 참호 효과"가 지배적으로 나타나고, 5% 미만이나 25% 초과 수준에서는 (주주 및 경영자 이익의) "일치화 효과"가 지배적으로 나타난다는 것이다.[7] 경영자의 지분소유와 기업가치의 관계는 나라마다 차이가 있

도표 4.1

경영자 지분소유의 이해일치 대 참호 효과

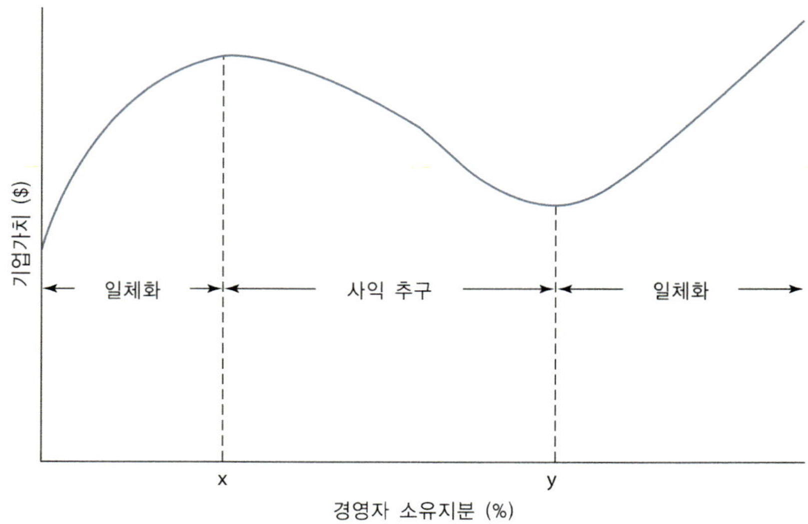

는 것처럼 보인다. 예컨대 Short & Keasey(1999)는 영국의 경우 첫 번째 전환점이 12% 수준에서 나타나며, 이는 미국의 경우보다 훨씬 높은 비율 수준이다. 이들은 이 두 나라 간의 차이를 영국의 경우 기관투자가들의 감시가 미국보다 더 효과적이고, 기업매수에 대한 영국 경영자의 기업인수 방어력이 미국의 경우보다 더 낮기 때문으로 풀이하고 있다.

회계 투명성

엔론, 파말라트, 와이어카드 등 주요 기업추문 사태가 대규모 회계 사기와 관련이 있음을 고려할 때, 회계 기준을 강화하는 것이 대리인 문제를 경감시키는 효과적인 방법이 될 수 있다. 이기적인 경영자나 기업 내부 직원이 (예컨대, 이익수익을 부풀리거나 채무를 감추는 등) "회계장부를 조작"을 추구할 유인을 가질 수 있다. 경영자는 회계 정보를 불투명하게 함으로써 주주의 이익을 희생시키고 자신의 이익을 추구할 수 있다. 그러므로 기업이 정확한 회계정보를 시의적절하게 공시한다면 경영자가

7) 이 연구자들은 기업가치에 대한 척도로 토빈q 비율을 활용하고 있다. 토빈q 비율은 기업자산의 대체비용에 대한 기업자산의 시장가치 비율이다.

주주에게 해가 될 수 있는 행동을 취하지 못하게 막을 수 있을 것이다. 기본적으로 회계 투명성이 높아질수록 기업의 내부자와 일반 대중 간 정보 비대칭성이 해소되고 경영층의 자기거래를 막을 수 있게 된다.

하지만 회계 투명성을 제고하기 위해서는 (1) 국가 차원에서 회계 규칙을 개선해야 하고, (2) 기업은 적극적이고 합당한 감사위원회를 운영해야 한다. 이 장의 후반부에서 논의할 사베인-옥슬리(Sarbanes-Oxley) 법(2002)은 다른 무엇보다도 미국의 회계 투명성을 제고하기 위한 목적으로 입안되었다. 독일에서는 2020년 와이어카드의 파산에 이어, 정부가 회계 규정을 강화하는 대책들을 발표하고 독일의 핵심 금융 규제당국인 연방금융감독청(BaFin)의 권한을 넓혔다.

부 채

주주에 대한 배당을 얼마나 할 것인지에 대해서는 경영자가 어느 정도 재량적 결정을 할 수 있으나 부채에 대해서는 그럴 수 없다. 채권자에 대한 원금과 이자를 지급할 수 없게 되면 기업은 부도가 나고 경영자는 실직하게 된다. 차입과 그에 부수하는 이자 지급 의무는 경영자에게 막중한 규율로 작용하게 되며 낭비적 투자와 사익 추구, 방만한 조직 경영 등을 막아준다. 실제로 부채에 대한 이자는 배당의 대체물로 볼 수도 있으며, 경영자가 잉여현금흐름을 외부 투자자에게 돌려주게 하여 이를 낭비할 수 없게 한다. 잉여현금흐름을 보유한 기업의 입장에서 보면 주식보다는 부채가 더 경영자로 하여금 그 현금흐름을 투자자에게 돌려주도록 신뢰성있게 구속하게 된다.[8)]

하지만 과도한 부채는 그 자체로 문제가 될 수 있다. 경제의 부침이 심한 상황에서는 자기자본이 기업의 어려움을 이기게 해주는 일종의 완충 기능을 발휘할 수 있다. 즉, 어려운 시기가 지날 때까지 배당을 줄이거나 삭감할 수가 있는 것이다. 하지만 부채에 대해서는 그런 융통성을 부릴 수가 없으며 기업의 생존이 위협받을 수 있다. 과도한 부채를 지고 있는 기업의 경우 위험 회피적 투자성향의 경영자라면 수익성이 높은 투자안일지라도 선뜻 수용하기가 어려울 것이며 이로 인해 저투자

8) 부채조달에 의한 기업인수(LBO)는 대리인 문제의 해결책으로 간주될 수도 있다. LBO는 공적기업의 인수자가 대규모 부채조달을 통해 소유 지분을 확보하는 기업인수책이다. 소유권의 집중과 LBO 관련 높은 부채비율은 대리인 문제의 해결책이 될 수 있다.

문제가 야기될 수 있다. 이런 이유로 부채라는 것이 현금보유고가 낮고 유형자산도 많지 않은 신생기업의 경우라면 바람직한 지배구조 개선책이 될 수 없을지도 모른다. 더구나 부채를 동원하여 기업 제국을 건설하는데 오용될 소지도 없지 않다. 한국의 재벌 대우는 부도가 날 때까지 무리한 사업 확장을 위해 부채 자본을 계속 증대하였고, 부도가 나기 직전의 부채비율은 600%에 달했다.

주주행동주의

최근 몇 년 동안, 기업의 경영에 영향을 미치기 위해 명시적 목적으로 그 기업의 주식에 투자하는 "행동주의 투자자들"이 주주의 이익을 증진시키는 데 중요한 역할을 하기 시작했다. 예를 들어, "기업 침입자"라고 종종 불리는 칼 아이칸은 2013년 8월에 애플의 지분을 처음으로 취득하고 경영진에게 주주들에게 현금을 돌려줄 것을 압박했다. 아이칸은 애플 주식이 저평가되었으며 회사는 주식을 매입해야 한다고 주장했다. 실제로 애플은 대규모 주식 매입 프로그램에 착수하여 2016년 중반까지 주주들에게 1160억 달러를 돌려주었다. 2018년 초에는 아이칸이 후지필름과 제록스의 합병 제안을 중단시키는 데 주요한 역할을 했는데, 이 합병은 이해 충돌로 인식되었다. 아이칸의 선도를 따라 많은 헤지 펀드들이 보유한 회사들의 주가를 높이기 위해 행동주의 투자자 역할을 하기 시작했다. 헤지 펀드는 종종 이사회 자리를 얻고 회사들이 경영 결정을 내리는 방식에 영향을 미친다. Brav, Jiang, Partnoy, and Thomas(2008)의 연구에 따르면, 헤지 펀드가 행동주의를 발표하고 대상 기업의 전략적, 운영적, 재무적 결정에 관여할 때 이들 기업은 주가가 상당히 상승하는 경험을 한다.

최근 몇 년 동안 주주 행동주의는 미국을 넘어 전 세계로 확산되었다. 예를 들어, 일본에서는 외국 기관투자자들이 점점 더 주주 권리를 강화하고 회사 간의 주식 교차 보유와 같은 관행을 약화시키는 데 중요한 역할을 하고 있다. 이러한 관행은 주주들의 손해를 감수하면서 경영진의 참호 고착을 지원한다. 도시바는 이와 관련된 사례이다. 1875년에 설립된 도시바는 도쿄에 본사를 둔 다국적 대기업이다. 한때 일본 산업의 보석으로 여겨졌던 이 회사는 2006년에 웨스팅하우스를 과도한 금액(54억 달러)으로 인수하는 등 잘못된 투자 결정을 내리면서 명성이 훼손되고 쇠퇴하기 시작했다. 이는 주주총회에서의 부정 투표, 일본 정부와 부적절하게 협력하여 주주들의 기업지배구조 개선 움직임을 억제하는 등, 기본적으로 열악한 기업지배구조를 반영한다.

그러나 전환점은 2021년 6월에 왔다. 이때 외국 행동주의 주주들이 주도하여 오사무 나가야마 회장을 해임하는 결의안을 성공적으로 통과시켰다. 나가야마 회장의 해임 이후, 감사위원회 전체도 교체되었다. 이 전례가 없는 사건은 일본의 다른 회사들에게 기업 경영진과 직원들, 그룹 은행, 계열사 회원들의 이익만이 아니라 주주들의 이익을 고려하는 것이 중요하다는 분명한 메시지를 전달했다. 2021년 11월, 도시바는 주주 가치를 개선하기 위한 극적인 조치를 발표했다. 즉, 회사를 인프라 서비스, 기술 장치, 메모리 칩의 세 가지 핵심 사업에 집중하는 세 개의 독립 조직으로 분할하는 것이다. 나중에 도시바는 전자 장치와 에너지 및 인프라를 포함한 나머지의 두 부분으로 회사를 분할하는 계획으로 수정했다. 그러나 이 분할 계획은 일반적으로 기업의 외부 투자자에 의한 민영화를 선호하는 외국 주주들에 의해 강력하게 반대되었다.

결국 도시바 경영진은 헤지 펀드 및 사모펀드를 포함한 외부 투자자들로부터 투자를 유치하기 시작했으며, 이는 회사 자산에 대한 여러 입찰로 이어졌다. 외국 기관 투자자들의 영향력 증가를 반영하여 도시바 이사회는 헤지 펀드 투자자인 엘리엇 매니지먼트와 파랄론 캐피탈의 두 이사 후보를 승인했다. 2022년 6월 28일 도쿄에서 개최된 주주총회에서는 외국 행동주의 주주들을 대표하는 두 후보의 임명이 승인되었다. 이 사건은 경영진, 외부 주주들, 일본 정부 간의 투쟁에 빠졌던 도시바의 기업 지배구조 발전에서 중요한 이정표를 나타낸다. 일본 내에서 에너지 및 국방과 같은 전략적 분야에서 중요한 역할을 하는 기업이므로 도시바 문제에 대한 일본 정부의 관여가 있었다. 개선된 기업지배 전망을 반영하여, 도시바의 주가는 2022년 상반기 동안 전반적인 일본 시장지수가 5% 하락한 반면, 20%나 급등했다.[9)]

점증적으로, 행동주의 주주들은 또한 회사들의 환경, 사회 및 지배 관행에 변화를 촉진함으로써 사회 및 정치적 의제를 추구한다. 이들 행동주의자는 기업에 대해 기업의 사회적 책임을 약속하고 또한 이사회 내 성별 및 인종 다양성을 증가시키라고 권유한다. 이들 행동주의자는 개인 투자자, 연금 기금 또는 뮤추얼펀드일 수도 있다. 이러한 이니셔티브가 성공하면, 다양한 배경과 관점을 가진 사람들의 다양한 경험으로부터 회사가 혜택을 받을 수 있다. 2018년 10월, 캘리포니아는 캘리포니아에

9) 여기의 주식 수익률 데이터는 2022년 6월 29일자 월스트리트 저널, "At Toshiba, Activist Investors Finally Get a Seat," B16에서 인용되었다.

본사를 둔 공개기업의 이사회에 여성 대표를 의무화하는 법을 제정했다는 점이 주목된다. 이사회 내에 법으로 정해진 성별 대표가 회사의 성과와 평가에 어떤 영향을 미칠지 보는 것은 흥미로울 것이다.

해외 교차상장

투자자 보호가 취약한 이탈리아, 한국, 러시아 등의 국가에 소재하는 기업들은 미국, 영국 등 투자자 보호가 더 강력한 나라에 주식을 교차상장함으로써 스스로 투자자 보호를 더 잘할 것이라는 믿음을 줄 수 있다. 환언하면 취약한 지배구조를 가진 외국 기업들은 교차상장을 통하여 미국 등 선진국의 우월한 지배구조를 아웃소싱할 수도 있다. 이탈리아의 자동차회사 피아트가 자사 주식을 뉴욕증권거래소(NYSE)에 상장하기로 한 결정을 공표한다고 해보자.[10] 미국증권거래위원회와 뉴욕증권거래소는 이탈리아보다 훨씬 높은 수준의 주주 보호를 보장해 주고 있기 때문에, 피아트의 이러한 결정은 당사의 주주권리 보호에 대한 신호로 받아들여질 것이다. 그 결과 이탈리아와 해외의 투자자들은 이 기업에 대한 자본 공급을 더 하고 많은 투자를 하고 싶어할 것이고, 이 기업의 주식을 더 높이 평가하게 될 것이다. 일반적으로 기업지배구조가 취약한 나라의 기업이 미국에 상장하게 되면 더 큰 유익한 효과를 거둘 것이다.

여러 연구들이 교차상장의 효과를 입증하고 있다. 특히 Doidge, Karolyi, & Stulz (2002)는 미국에 상장한 외국 기업은 그렇지 않은 외국 기업보다 시장에서 더 높은 평가를 받게 된다고 보고하고 있다. 이들은 미국에 상장한 기업들은 성장기회를 더 잘 이용할 수 있고 지배주주들은 많은 사익을 취할 수 없다 라고 주장한다. 그러나 성장기회가 제한되어 있는 성숙산업의 외국 기업들은, 더 적극적으로 미국시장 상장을 추진하려 하는 성장기회가 많은 기업들보다 대리인 문제가 상대적으로 더 심각할 수 있지만 미국시장 상장을 추진하지 않을 것이라는 점을 이들은 또한 지적하고 있다. 즉, 문제가 심각한 기업이 오히려 해결책을 덜 모색하고 있다는 것이다.

중국, 인도, 러시아, 베트남 등 신흥국 주식시장은 부적절한 공시 및 규제 제도, 불투명한 법률 및 기업지배 구조, 소유권 제한 등으로 아주 불완전하다. 예를 들어

10) 피아트는 실제로 뉴욕증권거래소에 상장하였다.

중국의 경우 주식시장은 많은 소액 개인투자자들이 지배적인데 이들에 대한 정보 제공이나 보호가 아주 미흡하다. 투자신탁, 연금관리공단, 보험회사 등 기관투자가들은 상장기업에 대한 고급정보를 생산해 낼 수 있고 주주의 권리를 효과적으로 보호할 수 있지만 현재까지 이들은 중국 자본시장에서 아주 작은 역할만 담당하고 있다. 하지만 중국의 공개기업은 국내 투자자를 위한 A-주식 외에 외국인 투자자를 위한 소위 B-주식을 상장할 수 있으며, 홍콩증권거래소에 H-주식을 직상장할 수도 있고, 뉴욕증권거래소를 포함한 외국의 증권시장에 교차상장할 수도 있다. Eun & Huang (2007)에 따르면 중국의 내국인 투자자들은 외국투자자들에게 B- 또는 H-주식을 발행하고 있는 중국기업의 A-주식에 대해 국제 투자자들보다 더 높은 할증가격을 지급하고 있다고 한다. 이는 다음과 같은 사실들을 입증하는 것이다. (1) B- 또는 H-주식, 즉 국제 주식의 발행은 더 엄격한 공시 및 상장 요건을 충족시켜야 하기 때문에 더 많은 정보가 주주에게 제공된다. (2) 외국인 주주 특히 기관투자가는 더 면밀하게 기업 경영을 감시할 것이고, 이로써 국내투자자들도 덩달아 그 혜택을 보는 셈이다. Eun & Huang(2007)은 또한 다른 조건이 동일하다면 중국 투자자들은 배당을 지급하는 주식에 대해 할증가격을 지급할 것이며, 이는 배당이 기업의 현금흐름을 유용하지 않고 외부 투자자에게 돌려 주려는 경영층의 의지를 보여주는 신호로 확신적으로 받아들여지기 때문임을 밝히고 있다.

기업통제권 시장

어떤 기업이 지속적으로 저조한 실적에 허덕이면서도 내부 지배메커니즘이 이 문제를 해결할 수 없다고 가정하자. 이 상황은 다른 기업이나 투자자 등 외부로부터의 기업인수 제안을 불러올 수도 있다. 적대적 기업 인수의 경우 제안자는 보통 표적 주주들에게 접근하여 시세보다 높은 가격으로 이들 주주 보유주식의 일괄매입을 시도한다. 따라서 표적 주주들은 상당한 할증가격을 받고 자신들의 주식을 매도할 기회를 갖게 된다. 이런 제안이 성공하게 되면 그 제안자는 기업의 통제권을 확보하게 되고 기업의 구조재조정을 시작하게 된다. 인수 후에 인수인은 경영층을 교체하고, 자산이나 부서의 일부를 매각 처리하고, 조직 효율성 제고를 위해 감원을 시행하게 된다. 이러한 노력이 성공을 거두게 되면 인수 및 피인수 기업의 결합 시장가치는 시너지 효과를 반영하여 두 기업 시장가치의 단순 합보다 더 커지게 된다. 이처럼 기업통제권 시장이 존재하면 경영자에게 경각심을 불러일으킬 수 있고, 기업의 효율성을 제고할 수도 있다.

미국과 영국에서 적대적 인수합병은 기업지배구조 혁신의 최후의 수단으로 인식되고 있다. 적대적 인수합병의 위협은 경영자에게 경영통제권을 지키기 위해 최선을 다해야 한다는 경각심을 심어줄 수 있다. 하지만 다른 나라에서는 적대적 인수합병이 아주 드물다. 이는 부분적으로 이들 나라의 소유권이 집중되어 있기 때문이고, 부분적으로는 적대적 인수합병을 금기시하는 문화적, 정치적 환경 때문이기도 하다. 그러나 이들 나라에서도 기업 인수합병 사례가 점증하고 있다. 이것은 자본시장의 개방과 규제완화가 진행되면서 글로벌 주식 문화가 확산되기 때문으로 풀이된다. 예를 들어 독일에서는 인수합병이 블록 지분의 이전으로 이루어진다. 일본에서는, 독일에서도 마찬가지로, 기업 간 지분 상호소유 방식이 약화되면서 기업 인수합병에 보다 적합한 자본시장 환경이 조성되고 있다. 하지만 투자기회는 상대적으로 적고 현금 보유는 많은 기업이 인수나 합병을 주도하는 정도가 높을수록 이것이 대리인 문제의 해결책이라기보다 오히려 그 증상으로 볼 수도 있다.

법과 기업지배구조

외부 투자자가 자기의 돈을 기업에 맡기면 법적으로 보호받을 특정 권리를 확보하게 된다. 즉, 이사회를 선임할 권리, 투자비율에 따라 배당을 받을 권리, 주주총회에 참석할 권리, 불법행위에 대해 소송을 제기할 권리 등을 갖게 된다. 이들 권리로 자기의 투자금에 대한 적정한 수익률을 경영자로부터 받아낼 수 있는 힘을 갖게 된다. 하지만 투자자 보호 관련법의 내용과 실제 법의 집행은 나라마다 아주 큰 차이가 있다. La Porta 등(앞으로 LLSV)에 따르면 나라마다 기업지배구조에 큰 차이가 나는 것은 법에 의해 경영자나 기업 내부인의 탈취로부터 외부 투자자가 보호를 받는 정도가 다르기 때문이라고 한다. 그리고 투자자 권리에 대한 법적 보호가 나라마다 근본적으로 달라지는 것은 그 나라 법률시스템의 역사적 기원이 다르기 때문이라고 이들(LLSV)은 주장한다. 법학자들에 따르면 거의 모든 나라의 상법체계(예를 들어 회사법, 증권법, 파산법, 계약법 등)가 다음과 같은 비교적 소수의 법적 기원들

(legal origins)에서 비롯되었다고 밝히고 있다.

- 영국의 관습법
- 프랑스 성문법
- 독일 성문법
- 스칸디나비아 성문법

프랑스와 독일 성문법은 로마법에 기원을 두고 있으며, 스칸디나비아 국가들은 로마법의 영향을 거의 받지 않은 독자적 성문법 체계를 발전시켰다. 성문법 전통은 가장 널리 전파되어 있으며, 포괄적인 법률의 성문화에 기초해 있다. 이와 대조적으로 영국의 관습법은 특정 분쟁에 대한 독립된 판사의 재량적 판결 및 이전의 판례에 기초하여 발전된 것이다.

이들 독특한 법률 시스템, 특히 **영국의 관습법**과 **프랑스 성문법**은 정복과 식민화, 자발적 채택, 그리고 미묘한 모방 등에 의해 전 세계로 전파되었다. 영국과 이전의 영국령 국가들, 호주와 인도, 말레이시아, 싱가포르, 남아공, 뉴질랜드, 미국 등은 관습법 체계를 따르고 있다. 프랑스와 나폴레옹이 정복했던 유럽 국가들, 벨기에와 네덜란드, 이탈리아, 포르투갈, 스페인 등의 국가는 프랑스 성문법 체계를 따르게 되었다. 그리고 프랑스와 네덜란드, 포르투갈과 스페인의 식민국가들, 예컨대 알제리, 아르헨티나, 브라질, 칠레, 인도네시아, 멕시코, 필리핀 등의 국가도 프랑스 성문법 체계를 따르고 있다. 독일 성문법 체계는 독일어권 국가들, 예컨대 오스트리아와 스위스 등의 국가와 일본, 한국 등 몇몇 아시아 국가들이 채택하고 있다. 스칸디나비아의 덴마크, 핀란드, 노르웨이, 스웨덴 등은 스칸디나비아 성문법 체계를 공유하고 있다. 그러므로 대부분의 국가에서 자국의 법률시스템은 내생적으로 발전한 것이 아니라 오히려 여러 법적 기원 중의 하나를 전수받아 발전시킨 것이라고 얘기할 수 있다. 각국의 법률시스템이 자국의 법적 여건에 맞게 변형되어 발전되어온 것이 사실이지만 여전히 그 근본적 특성을 바탕으로 소수의 법체계로 분류할 수 있다. 그러한 분류가 〈도표 4.2〉에 제시되어 있다. 이 표에는 또한 LLSV(1998)가 계산한 각국의 주주권리 지수와 주주권 관련법 시행(rule of law) 지수가 제시되어 있다.

〈도표 4.2〉에 보면 영국 관습법 체계 하의 국가들의 주주권리 지수의 평균은 4.00이며, 프랑스와 독일 성문법 체계 하의 국가들의 그것은 2.33, 스칸디나비아 성문법 체계 하의 국가들의 그것은 3.00으로 나와 있다. 이것은 영국 관습법 체계 하의 국가들이 가장 강한 투자자 보호를 보장하고, 프랑스와 독일 성문법 체계 하의 국가들이

도표 4.2

국가별 법적 기원 분류

법적 기원	국가	주주권리 지수	주주권 관련법 시행 지수
1. 영국 관습법	호주	4	10.00
	캐나다	5	10.00
	홍콩	5	8.22
	인도	5	4.17
	아일랜드	4	7.80
	이스라엘	3	4.82
	케냐	3	5.42
	말레이시아	4	6.78
	뉴질랜드	4	10.00
	나이지리아	3	2.73
	파키스탄	5	3.03
	싱가포르	4	8.57
	남아프리카	5	4.42
	스리랑카	3	1.90
	태국	2	6.25
	영국	5	8.57
	미국	5	10.00
	짐바브웨	3	3.68
	평균	4.00	6.46
2. 프랑스 성문법	아르헨티나	4	5.35
	벨기에	0	10.00
	브라질	3	6.32
	칠레	5	7.02
	콜롬비아	3	2.08
	에콰도르	2	6.67
	이집트	2	4.17
	프랑스	3	8.98
	그리스	2	6.18
	인도네시아	2	3.98
	이탈리아	1	8.33
	요르단	1	4.35
	멕시코	1	5.35
	네덜란드	2	10.00
	페루	3	2.50
	필리핀	3	2.73
	포르투갈	3	8.68
	스페인	4	7.80
	터키	2	5.18
	우루과이	2	5.00
	베네수엘라	1	6.37
	평균	2.33	6.05
3. 독일 성문법	오스트리아	2	10.00
	독일	1	9.23
	일본	4	8.98
	한국	2	5.35
	스위스	2	10.00
	대만	3	8.52
	평균	2.33	8.68
4. 스칸디나비아 성문법	덴마크	2	10.00
	핀란드	3	10.00
	노르웨이	4	10.00
	스웨덴	3	10.00
	평균	3.00	10.00

주: 주주권리 지수 척도는 가장 낮은 수준 (0)에서 가장 높은 수준 (6)까지임. 주주권 관련법 시행 지수 척도는 0(최저수준)에서부터 10(최고수준)까지임.
자료: LLSV(1998), "Law and Finance," *Journal of Political Economy*, 106, pp. 1113–55.

가장 약한 수준의 투자자 보호를 제공하며, 스칸디나비아 성문법 체계 하의 국가들의 경우 중간에 위치함을 의미한다. 주주권 관련법 시행 지수에 나타나는 법운용 실태는 스칸디나비아와 독일 성문법 체계 하의 국가들의 수준이 가장 높고, 영국 관습법 체계 하의 국가들이 그 뒤를 이으며, 프랑스 성문법 체계 하의 국가들의 수준이 가장 낮다.

투자자에 대한 법적 보호 측면에서 가장 영향력 있는 두 법률시스템, 즉 영국 관습법과 프랑스 성문법 시스템 간에는 분명히 현저한 차이가 있다. 여기서 이런 의문이 제기될 수 있다. 왜 영국 관습법 시스템에서 프랑스 성문법 시스템보다 더 투자자 보호 수준이 높은가? 이에 대한 일반적인 견해는 관습법 시스템 하의 국가들보다 성문법 시스템 하의 국가들은 역사적으로 경제활동에 대한 규제를 더 적극적으로 시행해 왔으며, 재산권 보호에는 상대적으로 더 소극적이었기 때문이라는 것이다. 영국에서는 17세기에 법원에 대한 통제가 왕권으로부터 의회와 재산소유권자들에게로 이양되었다. 그래서 영국의 관습법은 재산소유권자에 대한 보호가 더 적극적이며, 시대가 변하면서 이 보호가 투자자에게도 연장되었다. 영국의 이러한 법적 전통은 법원이 어떠한 경영자의 사익을 위한 자기거래가 투자자에게 불공정한지에 관해 "재량적 판결"을 하거나, "개연성(smell test)" 판단을 할 수 있도록 허용하고 있다. 독일뿐만 아니라 프랑스도 의회의 권한이 약하고 상법은 국가에 의해 성문화되며, 법원의 역할은 범법 여부를 법률에 따라서만 판단하도록 제한되어 있다. 그래서 창의적인 경영자들은 조문화된 법망을 피하면서도 투자자에게 피해를 줄 수 있는 의사결정을 할 수 있어 성문법 체계하의 국가들의 경우 투자자 보호 수준이 낮아지게 된다.

Glaesser & Shleifer(2002)는 중세의 상이한 정치적 상황을 바탕으로 영국과 프랑스의 법률 시스템의 기원에 대해 다음과 같이 흥미롭게 설명하고 있다. 당시 프랑스에서는 봉건 영주의 권세가 강하였고 전쟁이 빈번하였다. 이런 혼란한 시대에 봉건 영주로부터 재판관을 보호할 필요성이 제기되었으며 왕권만이 그 일을 감당할 수 있었다. 그래서 프랑스는 13세기 로마제국의 유스티니아누스 법전에 기초하여 국왕이 재판관을 임명하는 시스템을 채택하게 되었다. 이 법체계에 따르면 왕이 임명한 재판관은 증거를 수집하고 조서를 작성하고 그에 따라 판결을 하게 된다. 왕이 임명한 재판관들이 왕의 의중을 살피게 되는 것은 어쩔 수 없는 일이었다. 프랑스의 법적 전통은 나폴레옹 법전으로 집대성되었다고 해도 과언이 아니다. 나폴레옹은 광범위하게 법규를 성문화하였고 국가가 임명한 재판관은 법률용어로 죄형법정주의 하에서 성문화된 법규를 단순 적용하여 판결하도록 의무화하였다. 이와는 대조적으로 영국에서는 봉건영주의 힘이 그렇게 세지 못하였고 전쟁도 덜 빈번하였다. 섬나라라는 지정학적 여건을 반영하여 다른 유럽국들보다 상대적으로 더 평화로웠던 영국에서 지방 영주들은 왕권을 가장 경계하였고, 왕의 의중을 살피지 않으면서도 지역의 실정과 사정을 더 잘 아는 지방 판관들의 판결을 더 선호하였다. 최초에 이 법정은 12명의 기사로 구성되었으며, 이들은 지역의 불한당들이나 압력집단을 별로 두려워하지 않으면서 합리적 판결을 할 수 있을 것으로 기대되었다. 1215년의 대헌장(마그나 카르타, Magna Carta) 이후 지방 영주들은 지방의 특권, 독립된 재판권, 그리고 기타의 권리 등 특권에 대해 기본적인 지급을 왕에게 하게 되었다. 이와 같은 환경 차이로 인해 영국과 프랑스의 법률 체계는 달라졌으며, 이 차이가 다른 많은 나라의 법률시스템에도 지속적인 영향을 미치게 되었다.

법적 결과

투자자 권리 보호는 흥미있는 법적 기원과 연관되어 있을 뿐만 아니라 기업 소유권과 기업가치 평가, 자본시장의 발전, 경제성장 등에 중요한 결과들을 가져오는 것으로 입증된다. 이를 설명하기 위해서 유럽의 두 나라 이탈리아와 영국을 살펴보기로 하자. 〈도표 4.3〉에 보면 이탈리아는 주주권리 보호가 미약한 프랑스 성문법 체계의 영향을 받았으며, 반면에 영국은 그 관습법적 전통 위에서 주주권리 보호가 아주 건실하다. 이탈리아에서는 평균적으로 기업의 3대 주주가 총 주식의 58%를 보유하고 있으며, 영국은 19%이다. 그러므로 이탈리아의 기업 소유권은 고도로 집중되어 있고 영국은 분산되어 있다고 언급할 수 있다. 그리고 2017년 현재 이탈리아 밀라노증권거래소에는 총 339개 기업만 상장되어 있는 데 반해 영국 런던증권거래소에는 2,038개 기업이 상장되어 있다. 동년의 주식시장의 시가총액은 이탈리아의 경우 GDP의 38%에 불과했지만 영국의 경우는 208%에 달했다. 이처럼 현저하게 두 나라가 대비되는 것은 투자자에 대한 법적 보호 정도에 따라 그 경제적 결과가 크게 달라진다는 것을 의미한다. 소유권의 집중은 미약한 투자자 보호에 대한 합리적인

도표 4.3

법이 중요한가?: 이탈리아와 영국의 경우

	이탈리아	영국
법적 기원	프랑스 성문법	영국 관습법
주주권리	1(낮음)	5(높음)
기업의 3대 주주의 주식소유비율	58%	19%
GDP 대비 주식시장의 시가총액	38%	208%
상장 기업 수	339	2,038

주: 주주권리란 LLSV(1998)의 대(對)이사회권리 지수를 말한다. 3대 주주 소유비율도 동일한 출처이다. 주식시장 시가총액의 대 GDP 비율, 그리고 상장 기업 수는 2017년 현재임.

반응으로 여겨질 수 있지만, 기업의 대주주와 외부의 소액주주 간에 상이한 이해상충을 야기할 수 있다. 이제 그 문제를 일부 상세하게 검토해 보기로 하자.

소유권과 통제 패턴

투자자보호가 미약한 나라에 있는 기업은 법적 보호막을 대신해 줄 집중화된 소유권 구조를 필요로 할 수 있다. 소유권의 집중화로 대주주들은 경영층을 효과적으로 통제할 수 있게 되고 대리인 문제를 해결할 수 있다. LLSV(1998)은 실제로 투자자보호가 취약한 나라에서 소유권이 더 집중화되는 것을 발견하였다. 〈도표4.4〉에서 보듯이 3대 주주의 평균 지분은 영국 관습법 체계 하의 나라의 경우 43%, 프랑스 성문법 체계 하의 나라의 경우 54%이다.

대주주가 지분 비율에 따라서만 이익을 배분받는다면 대주주와 소액주주 간에 갈등이 있을 수 없다. 대주주에게 좋으면 당연히 소액주주에게도 역시 좋은 것이 될 것이기 때문이다. 하지만 기업 경영에 대한 통제를 통해 투자자는 다른 사적 이익도 챙길 수 있기 때문에 현금흐름권을 초과하는 경영통제권의 확보를 추구할 수 있다. 지배 주주는 다음과 같은 여러 수단을 통해 경영통제권을 확보하게 된다.

1. 투표권이 많은 주식의 소유
2. 피라미드식 소유구조
3. 기업 간의 주식 교차 보유

많은 기업이 1주 1표의 원칙을 벗어나 투표권이 상이한 여러 종류의 주식을 발행한다. 투표권이 많은 주식을 보유한 투자자는 그만큼 경영통제권 확보가 용이해진다. 그리고 기업의 설립자와 그 가족인 대주주는 **피라미드식 소유구조**(pyramidal

도표 4.4

법적 결과:
소유권과 자본시장

법적 기원	국가	소유권 집중도	외부자본/GNP	국내기업수/인구
1. 영국 관습법	호주	0.28	0.49	63.55
	캐나다	0.40	0.39	40.86
	홍콩	0.54	1.18	88.16
	인도	0.40	0.31	7.79
	아일랜드	0.39	0.27	20.00
	이스라엘	0.51	0.25	127.60
	케냐	n.a	n.a	2.24
	말레이시아	0.54	1.48	25.15
	뉴질랜드	0.48	0.28	69.00
	나이지리아	0.40	0.27	1.68
	파키스탄	0.37	0.18	5.88
	싱가포르	0.49	1.18	80.00
	남아프리카	0.52	1.45	16.00
	스리랑카	0.60	0.11	11.94
	태국	0.47	0.56	6.70
	영국	0.19	1.00	35.68
	미국	0.20	0.58	30.11
	짐바브웨	0.55	0.18	5.81
	평균	**0.43**	**0.60**	**35.45**
2. 프랑스 성문법	아르헨티나	0.53	0.07	4.58
	벨기에	0.54	0.17	15.50
	브라질	0.57	0.18	3.48
	칠레	0.45	0.80	19.92
	콜롬비아	0.63	0.14	3.13
	에콰도르	n.a	n.a	13.18
	이집트	0.62	0.08	3.48
	프랑스	0.34	0.23	8.05
	그리스	0.67	0.07	21.60
	인도네시아	0.58	0.15	1.15
	이탈리아	0.58	0.08	3.91
	요르단	n.a	n.a	23.75
	멕시코	0.64	0.22	2.28
	네덜란드	0.39	0.52	21.13
	페루	0.56	0.40	9.47
	필리핀	0.57	0.10	2.90
	포르투갈	0.52	0.08	19.50
	스페인	0.51	0.17	9.71
	터키	0.59	0.18	2.93
	우루과이	n.a	n.a	7.00
	베네수엘라	0.51	0.08	4.28
	평균	**0.54**	**0.21**	**10.00**
3. 독일 성문법	오스트리아	0.58	0.06	13.87
	독일	0.48	0.13	5.14
	일본	0.18	0.62	17.78
	한국	0.23	0.44	15.88
	스위스	0.41	0.62	33.85
	대만	0.18	0.86	14.22
	평균	**0.34**	**0.46**	**16.79**
4. 스칸디나비아 성문법	덴마크	0.45	0.21	50.40
	핀란드	0.37	0.25	13.00
	노르웨이	0.36	0.22	33.00
	스웨덴	0.28	0.51	12.66
	평균	**0.37**	**0.30**	**27.26**

주: 소유권 집중도는 3대주주의 지분율 평균으로 측정한 것이다. 외부자본/GNP 비율(1994년 기준)은 3대주주 이외의 소액주주들이 보유한 주식의 시가총액을 GNP로 나눈 비율이다. 국내기업수/인구 비율은 1994년 현재 인구 백만명당 상장기업수를 말한다.

자료: LLSV의 여러 연구들을 참조함.

ownership)를 통하여 지주회사를 소유함으로써 이 지주회사가 방계회사 주식의 통제 블록지분을 소유하고 이 방계회사가 또 다른 방계회사 통제비분을 확보하는 방식으로 여러 회사의 통제권을 확보할 수 있다. 또한 그룹 내 기업 간에 주식의 **교차 보유**(equity cross-holdings)를 통해 소유권의 집중화와 경영통제권을 확보할 수도 있는데 일본의 계열기업이나 한국의 재벌이 이런 방법을 활용하고 있다. 물론 이 두 가지 방법을 모두 활용하여 통제권을 확보할 수도 있을 것이다.

호치슨 험포아 사는 홍콩에서 세 번째로 큰 공개기업으로서 피라미드식 통제구조의 좋은 예라고 할 수 있다. 이 기업은 또 다른 공개기업이자 지주사인 청콩 사가 43.9%의 지분으로 통제하고 있다. 청콩 사는 홍콩에서 다섯 번째로 거래량이 많은 또 다른 공개기업이다. 그리고 이 청콩 지주사는 리카싱 가문에 의해 35%의 지분이 소유되어 통제되고 있다. 따라서 리카싱 가문의 허치슨 험포아 사에 대한 현금흐름권은 15.4%(.35×.439=.154)이지만 통제권은 43.9%이다. (리카싱 가문이 지주사를 통제하고 있기 때문에 지주사의 43.9% 지분이 결국 리카싱 가문의 지분과 같은 것으로 해석함.) 이러한 통제구조는 〈도표 4.5〉에 제시되어 있다. 한국에서는 이소유구조가 한층 더 복잡하다. 한국에서 기업가치가 가장 큰 삼성전자의 경우 삼성 재벌그룹 창업자의 아들이자 현 삼성그룹 회장인 이건희 개인이 삼성전자의 8.3%의 지분을 보유하고 있다. 그리고 이 회장은 삼성생명보험의 15%의 지분을 보유하고 이 삼성생명보험은 삼성전자의 8.7%, 그리고 제일제당의 14.1%의 지분을 보유하고 있으며, 제일제당은 다시 삼성전자의 3.2%, 삼성생명보험의 11.5%의 지분을 보유하고 있다. 이처럼 복잡한 기업 간 주식 교차보유로 이 회장은 삼성전자에 대한 실질적인 통제권을 확보하고 있다.[11]

아시아와 마찬가지로 유럽에서도 소유권의 집중화 및 경영통제권과 현금흐름권 간의 간격이 확산되어 있다. 〈도표 4.6〉은 독일 기업 다이믈러-벤츠 사의 1990년대의 피라미드식 소유구조를 보여주고 있다.[12] 이 기업의 주식은 세 주주가 대지분을 보유하고 있다. 즉, 도이체방크(28.3%), 메르세데스자동차지주(25.23%), 그리고 쿠웨이트 정부(14%) 등이다. 그리고 나머지 32.37%는 소액주주에 분할 소유되어 있다. 〈도표 4.6〉에 나와 있는 피라미드식 소유구조를 통해 이들 소수의 대주주들은 상대

11) 이 예는 LLSV(1999), "Corporate Ownership around the World," *Journal of Finance*, 54, pp. 471–517를 인용한 것임.

12) 이 예는 Julian Franks & Colin Mayer(2001), "Ownership and Control of German Corporations," *Review of Financial Studies*, 14, pp. 943–77에서 인용함. 이 회사의 소유구조는 1990년 이후 많은 혁신을 거쳤다.

도표 4.5

허치슨 험포아 사의 경영통제권 사슬

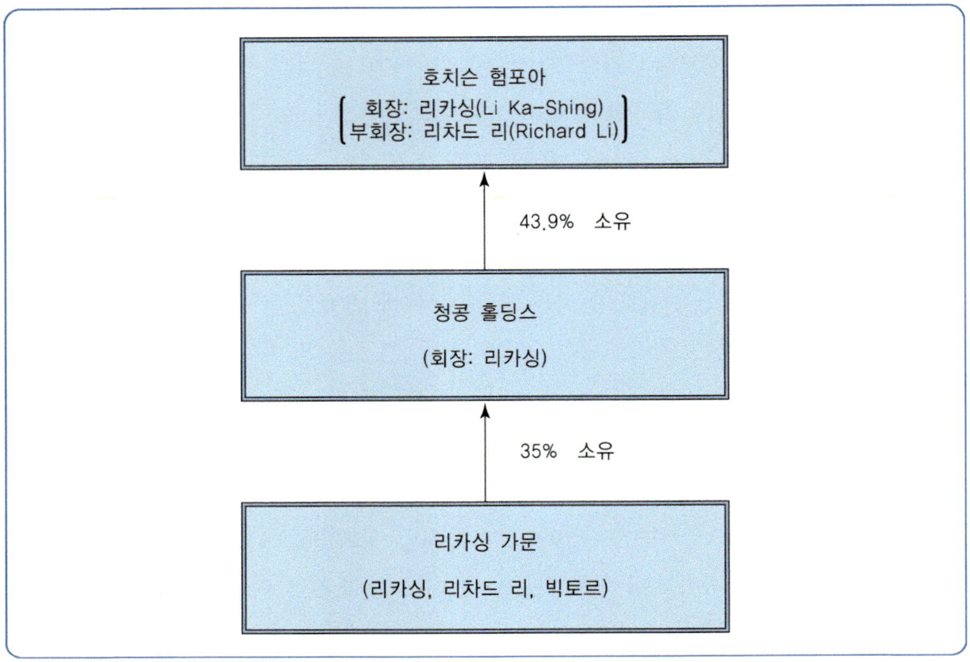

자료: LLSV(1999), "Corporate Ownership around the World," *Journal of Finance*, 54, p. 483.

적으로 낮은 투자를 통해서도 경영통제권을 실질적으로 확보하고 있는 셈이다. 예를 들어 로버트 보쉬 사는 스텔라 자동차협력(주) 주식의 25%를 보유하고, 이 스텔라 자동차협력(주)는 다시 메르세데스 자동차 지주사의 주식 25%를 보유하고, 이 지주사가 다시 다이믈러-벤츠 사의 주식 25%를 보유하고 있다. 이런 방식을 통해 로버트 보쉬는 다이믈러-벤츠 사에 대한 현금흐름권(실제 지분)은 1.56%에 불과하지만 투표권의 25%를 장악하고 있는 셈이다.

통제권의 사적 효익

대주주가 현금흐름권을 초과한 통제권을 확보하게 되면, 다른 주주들은 지분율에 따라 공유하지 못하는 **통제권 확보에 따른 사적 효익**(private benefits of control)을 뜯어낼 수 있다. 몇몇 연구가 이 사적 효익의 존재와 크기를 보고하고 있다. Nenova (2001)는 여러 국가들에 대해 의결권 주식의 무의결권 주식에 대한 가격 할증에 대해 연구하였다. 이 의결권 할증은 총 의결권가치(1개 의결권표의 가치 × 의결권의 수 총주

도표 4.6 다이믈러-벤츠 사의 소유구조(1990)

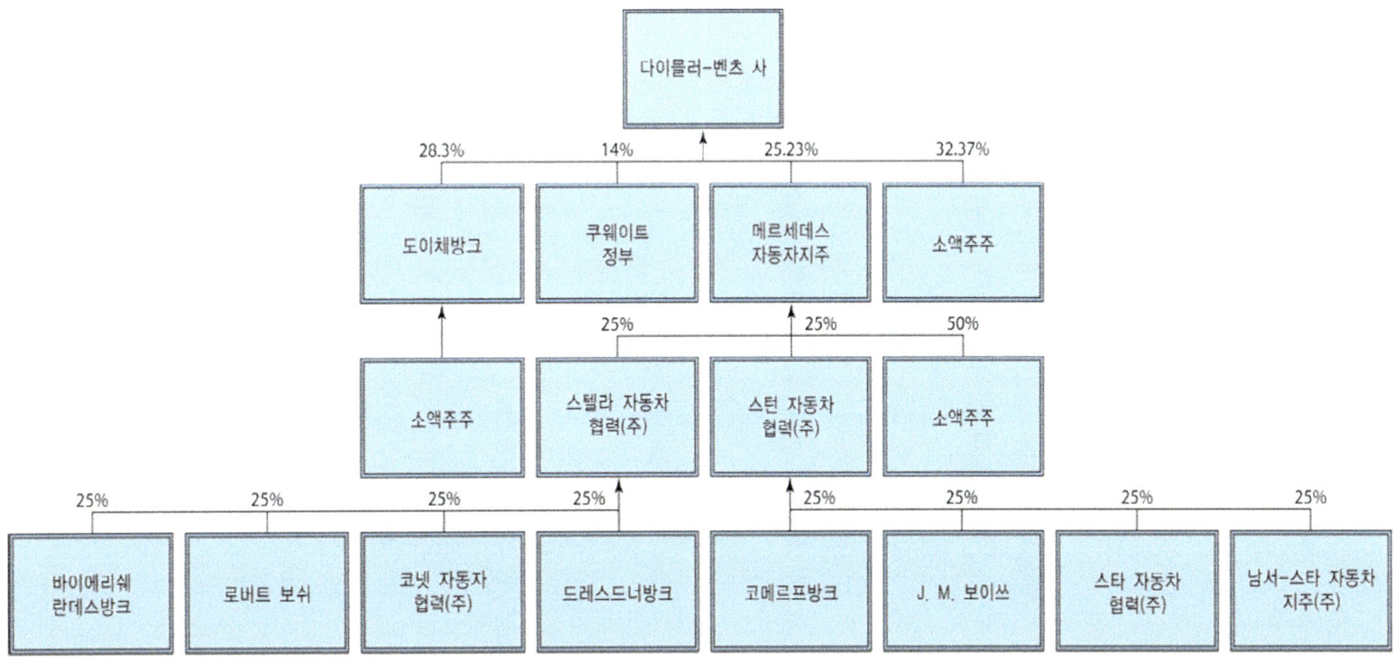

자료: Julian Franks & Colin Mayer(2001), "Ownership and Control of German Corporations," *Review of Financial Studies*, 14, p. 949.

식수)를 기업 주식의 시장가치로 나눈 비율로 정의되는데, 미국의 경우는 2%에 지나지 않았고, 캐나다의 경우도 2.8%에 지나지 않았다. 이는 통제권의 사적 효익이 두 나라의 경우 그리 크지 않다는 것을 의미한다. 하지만 의결권의 할증이 브라질의 경우 23%, 독일 9.5%, 이탈리아와 한국의 경우 각각 29%, 멕시코의 경우 36%였다. 이들 나라에서는 지배주주가 상당히 큰 사적 효익을 통제권 확보로부터 기대할 수 있다는 것을 의미한다. 통제권 확보로부터 유의한 효익을 기대할 수 없다면 투자자들이 무의결권 주식보다 할증된 가격으로 의결권 주식을 매입할 이유가 없을 것이다.

다른 한편으로 Dyck & Zingales(2004)는 블록매매(block deal)의 가격 할증, 즉 블록매매의 주당 가격에서 통제블록 거래발표 후 장내거래 주당 가격을 뺀 차액을 통제블록 거래 후 장내거래 주당 가격으로 나눈 비율을 계산하여 사적 효익을 측정하였다. 분명히, 블록지분 보유자가 사적인 통제 효익을 얻어낼 수 있을 경우에만 통제 블록지분은 할증을 보일 것이다. Nenova의 연구와 마찬가지로 이들의 연구에서도 1990~2000년 기간에 캐나다, 영국, 미국 등에서의 평균적인 블록매매 할증은 1%에 불과했고 호주와 핀란드에서는 2%에 불과했다. 하지만 다른 나라에서는 이 할증 가격이 아주 높았다. 즉, 브라질 65%, 체코 58%, 이스라엘 27%, 이탈리아 37%, 한국 16%, 멕시코 34% 등이었다. 분명히, 이들 나라에서는 통제권을 확보한 대주주가 상당한 사적 효익을 얻어내고, 소액 주주의 권리가 제대로 보호되지 못하고 있다.

자본시장과 기업평가

기업지배구조에 관한 법적 분석을 통해 투자자 보호가 외부 자본시장의 발전을 촉진하게 된다는 것을 알 수 있다. 투자자들이 자기 투자금에 대해 적정한 수익률을 보장받을 수 있다고 믿게 되면 기꺼이 증권에 대해 더 높은 가격을 지급할 용의가 있을 것이다. 이에 따라 기업이 외부 투자자들로부터 더 많은 자금 조달을 추구하게 하는 한, 강력한 투자자 보호는 큰 자본시장을 낳을 것이다. LLSV(1997)는 주주권리 보호가 강력한 나라들이 취약한 보호 국가들에 비해 주식시장의 시가총액이 더 크고, 1인당 증권거래소 상장기업 수가 상대적으로도 더 많다는 것을 실증적으로 증명하고 있다. 또한, 몇몇 연구는 내부자의 현금흐름권이 더 높으면 기업자산에 대한 가치평가가 더 높아지고, 내부자의 통제권이 더 높으면 기업자산의 가치가 저평가되는 경향이 나타난다는 것을 밝히고 있다. 〈도표 4.4〉가 보여주듯이 소액주주 보유주식의 총시장가치(총발행주식에서 3대주주의 지분을 차감한 주식 수×시가)의 GNP대비 비율은 1994년 영국 관습법 체계 하의 국가들은 평균 60%였고, 프랑스 성문법 체계 하의 나라들의 평균은 21%였다. 또 이 표에서 우리는 인구 백만 명당 증권거래소 상장 국내기업 수의 비율이 영국 관습법 체계 하의 나라들의 경우 평균 약 35개사, 프랑스 성문법 체계 하의 국가들의 경우 평균 10개사에 불과하다는 것을 알 수 있다.

취약한 투자자 보호는 또한 금융위기 시 시장의 급락을 초래하는 하나의 요인이 될 수 있다. 취약한 투자자 보호 국가의 경우 사업 전망이 좋아 지속적으로 외부 자본조달이 필요한 경우에는 내부자가 외부 투자자를 합리적으로 대우할 수 있다. 하지만 전망이 불투명해지면 외부 자본조달의 필요성이 급감할 것이므로 외부 투자자를 약탈적으로 대우하기 시작할 것이다. 그리고 약탈적 행동이 가속화되면 증권 주식 가격은 급락할 수 있다. Johnson 등(2000)은 1997~1998 기간의 아시아 금융위기 시에 투자자 보호가 취약한 나라들에서 주식시장의 급락이 실제 더 컸다는 증거를 제시하였다.

견실한 투자자 보호에 의해 금융시장이 잘 발달되어 있으면 낮은 자본비용으로 용이하게 투자 자본을 조달할 수 있게 되어 경제성장을 촉진할 수 있다. 일찍이 슘페터(1934)는 금융의 발전이 경제 성장을 촉진하게 된다는 것을 역설한 바 있다. 이 슘페터 가설을 실증하는 여러 연구들이 금융의 발전과 경제 성장 간의 양(+)의 관계를 증명하고 있다.[13] Beck 등(2000)에 따르면 금융발전은 다음과 같은 세 가지 측면에서 경제성장에 기여할 수 있다. (1) 금융발전이 저축을 증대시킨다. (2) 금융발전이 저축을 생산시설에 대한 실물투자로 연결시켜 자본축적을 가져온다. (3) 자본시장의 감시 및 신호전달 기능을 통해서 투자 배분의 효율성을 증대시킨다.

www.oecd.org/daf/da/corporategovernanceprinciples / 43653645.pdf
이 웹사이트는 기업지배구조 관련 지침을 제시한다.

기업지배구조 개혁

1997~98년의 아시아 금융위기와 대우, 엔론, 월드컴, 파르말랏트 등 여러 유수의 대기업들의 극적인 파산 이후, 세계 도처의 투자자들은 기업지배구조 개혁을 요구하고 있다. 이들 기업의 파산은 주주뿐만 아니라 노동자, 고객, 공급업자 등 다른 이해관계자에게도

13) 예컨대, King & Levin(1993), Rajan & Zingales(1998), 그리고 Beck, Levine & Loayza(2000) 등임.

많은 피해를 주게 되었다. 은퇴 후를 위해 자사 주식에 투자했던 종업원들은 이 위기사태로 엄청난 금융적 손해를 보게 되었다. 이 기업의 실패는 단순히 내부 지배구조의 와해 때문만이 아니라 감사, 규제당국, 은행, 기관투자자 등이 각자의 역할을 제대로 수행하지 못했기 때문에 나타난 결과였다. 기업지배구조의 개혁이 실패하게 되면 투자자의 신뢰를 잃게 되고, 자본시장 발전을 저해하고, 자본비용을 상승시키고, 자본배분을 왜곡시키며, 심지어 자본주의 자체에 대한 신뢰를 흔들 수도 있다.

개혁의 목표

1980년대 독일과 일본 경제가 아주 잘 나가고 있었을 때 이 두 나라의 기업지배구조는 많은 관심과 찬탄의 대상이었다. 독일과 일본 두 나라 모두에서 은행과 소수의 영속적인 대주주가 기업지배구조의 핵심적 역할을 하고 있었다. 이러한 "은행중심적" 지배구조는 기업의 경영자로 하여금 장기적 목표를 추구하게 만들고 기업이 자금상의 어려움에 처했을 때 효과적으로 이를 타개할 수 있게 해주는 것으로 인식되었다. 이와는 대조적으로 미국의 "시장중심적" 지배구조는 경영자의 단기지향적 의사결정을 유도하고 여러 가지로 비효율적인 것으로 인식되었다. 하지만 1990년대에 미국 경제와 자본시장이 다시 독일과 일본을 제치고 급부상하면서 독일-일본식 지배구조 대신에 미국의 시장중심적 지배구조가 찬탄의 대상이 되었다. 미국의 시장지향적 시스템이 말하자면 대세가 된 셈이었다. 그러나 뒤이은 미국경제의 침체와 자본시장의 후퇴, 그리고 충격적인 기업 비리사태가 미국시스템의 위용을 꺾어버리게 되었다. 이제 "어느 나라 지배구조도 다른 나라 시스템을 완전히 따돌려버릴 수 있을 만큼 완벽한 것은 아니다."라고 말하는 것이 옳을 것이다.

현재 기업지배구조 개혁은 전 세계적 관심사가 되어 있다고 해도 과언이 아니다. 몇몇 나라가 다른 나라들보다 더 심각한 문제에 직면하고 있는 것이 사실이지만 많은 나라의 기존 기업지배구조는 외부 투자자를 효과적으로 보호하지 못하고 있다. 무엇이 기업지배구조 개혁의 목표가 되어야 하는가? 이 장에서 우리가 논의한 바에 따르면 그 해답은 이렇다. 경영자와 통제 내부자들의 통제주주의 수탈로부터 외부 투자자에 대한 보호를 강화하는 것이다. 이런 목표달성을 위해 다른 무엇보다도 다음과 같은 개혁이 필요하다. (1) 더 많은 외부 인사가 참여하는 독립된 이사회 구성, (2) 재무제표의 투명성과 공시 기준표준의 상향 조정, (3) 증권거래위원회 (미국)와 증권거래소의 규제 및 감독 기능의 강화. 물론 많은 개도국과 체제전환국에서는 지배구조 관련 법제도를 현대화할 필요도 있을 것이다.

정치 역학

여러 나라의 경험에 비추어 지배구조 개혁은 말은 쉽지만 실천은 어렵다고 할 수 있다. 무엇보다 기존의 지배구조는 그 나라의 경제적, 법률적, 정치적 하부구조의 역사적 진화의 산물이라는 점을 간과할 수 없다. 역사적인 제도를 변화시키는 것은 어려울 수밖에 없다. 두 번째로 여러 이해당사자들이 현행 시스템에 기득권을 가지고 있고, 현상을 변화시키는 어떠한 시도에도 저항하게 되어 있다. 예를 들어 1990년대 거의 전 기간에 증권거래위원회(SEC) 위원장을 지낸 Arthur Levitt은 회계산업을 개혁하려고 시도하였으나 이들이 로비와 광고를 통해 저항함으로써 그 뜻을 관철할 수 없었다. 월스트리트 저널(2002년 6월 17일 자 p. C7)의 보도에 따르면 그는 다음과 같이 얘기하였다.

"수년 전 회계산업을 개혁하려는 우리의 시도에 대하여 회계전문가들이 보여준 반대는 문자 그대로 맹렬 그것이었다. … 이들은 자신들의 이익을 보호하기 위하여 무슨 일이든 다 할 것처럼 보였다. 그리고 공공의 이익은 이들의 안중에 전혀 없는 것처럼 보였다."

회계산업을 개혁하려는 이러한 시도가 실패로 끝난 것이 미국의 대형 기업 비리 사태 발생의 원인이 되었다고 볼 수 있을 것이다. 월드컴 사의 이전 경영진은 회계감사의 묵인 도움으로 서로 공모하여 역사상 최대의 회계부정으로 기소되었던 것은 주목할 사항이다.[14] 또 다른 예로서 아시아 금융위기 후에 한국 정부는 재벌 개혁을 추진하였지만 통제권의 사적 이익을 상실할 것을 우려한 설립자 가족들의 강력한 반발에 직면하게 되었다. 하지만 당시 한국의 재벌 개혁은 여론의 지지를 얻고 있었고, 이를 추진하는 정부에 대한 국민의 신뢰와 정부의 강한 의지로 어느 정도 성공을 거둘 수 있었다.

개혁이 성공적이려면 이의 추진주체가 지배구조 관련 이슈의 정치 역학을 잘 이해하고 대중매체의 도움과 여론의 지지, 그리고 민간기구(NGOs)의 도움을 받을 수 있어야 한다. 개혁과정의 민간기구와 대중매체의 역할은 한국 고려대학교의 장하성

14) *New York Times*, 2002년 9월 2일자, p. A16.

교수가 조직한 참여연대(PSPD)가 성공한 사례에서 잘 이해할 수 있다. 참여연대와 장 교수는 해당기업에 대하여 부당한 관행을 바로잡도록 법적 소송 등의 압력을 가하고, 동시에 여론을 조성하기 위하여 대중매체를 적극 활용하였다. 예를 들어 참여연대는 SK텔레콤의 이전가격 관련 문제를 성공적으로 해결한 적이 있다. 즉, SK텔레콤은 선경유통과 대한텔레콤 두 자회사에 대한 내부거래 이전가격을 조작하면서 거대한 이윤을 이 두 자회사에 이전시키고 있었다. 선경유통은 선경그룹 최종현 회장이 94.6%의 지분을 보유하고 있었으며, 대한텔레콤은 그의 아들과 사위가 100% 지분을 보유하고 있는 회사였다. SK텔레콤에서 이 두 자회사에 이윤을 이전시킴으로써 당사의 소액주주들은 손해를 보고 있었던 셈이다. 참여연대는 이러한 사실을 언론에서 보도하도록 몰아갔고, 이 기사를 국내 신문·방송뿐만 아니라 *Financial Times* 등 외국 언론에서도 보도하게 되었다. 불리한 여론에 직면하여 SK텔레콤은 결국 이러한 관행을 중단하기로 합의하였다.[15)]

사베인-옥슬리(Sarbanes-Oxley) 법

미국의 기업 스캔들 사태로 여론이 악화되면서 정치인들은 이 문제를 해결할 방안을 모색하기 시작했다. 그리고 미국 의회는 2002년 7월에 **사베인-옥슬리 법**(Sarbanes- Oxley Act)을 제정하였다. 이 법의 주요 목표는 기업의 회계정보 공시의 정확성과 신뢰성을 제고함으로써 투자자를 보호하고, 기업재무 보고의 성실성에 대한 공중의 신뢰를 회복하는 것이었다. 이 법의 골자는 다음과 같다.

- **회계 규제** : 공적회계감시위원회의 창설로 이들의 공개공기업 감사활동을 감독하고, 감사인이 그 회계감사 고객에게 제공하는 컨설팅서비스를 제한함.
- **감사위원회** : 기업은 독립된 "금융전문가"를 감사위원회 위원으로 임명해야 함.
- **내부통제 평가** : 공개기업과 그 감사인은 재무 기록과 부정 방지에 대한 내부통제의 효과성을 평가해야 함.
- **경영자 책임** : 최고경영자와 최고재무관리자(CEO & CFO)는 기업의 분기 및 연간 재무제표에 서명해야 함. 회계부정이 이익의 과다계상을 야기하면, 이들 경영자는 상여금을 회사에 돌려주어야 함.

15) Alexander Dyck & Luigi Zingales, "The Corporate Governance Role of Media," Working Paper(2002).

사베인-옥슬리 법은 1930년대의 최초 증권법들 제정 이래로 가장 중요한 증권관련 입법 중 하나가 되었다. 이 법에 규정되듯이, 뉴욕증권거래소와 NASDAQ도 투자자 보호를 위한 여러 가지 조치들을 채택함으로써 상장요건들을 또한 강화했다. 그 주요한 조치들은 무엇보다도 다음을 요구한다. (1) 상장기업은 독립적인 이사가 다수를 차지하게 이사회를 구성한다. (2) 경영자 보상위원회, 선임위원회, 및 감사위원회는 독립적인 이사로만 구성한다. (3) 기업지배구조 가이드라인를 공표하고, 이사회와 최고경영자의 연간 평가를 보고한다. 이들 조치는 적절히 시행된다면, 미국의 기업지배구조를 확실히 개선할 것이다.

사베인-옥슬리 법의 기업 공시와 지배구조 기준 등에 대한 효과에 대해서는 긍정적인 평가가 일반적이다. 예를 들어 Lobe & Zhou(2000)는 이 법의 시행으로 기업재무보고에서 "보수주의"가 현저히 증가하였다고 밝혔다. 구체적으로 말하면 기업들이 이 법의 시행 이후 기간에서 더 낮은 재량적 발생액(이익관리가 덜 활발함을 의미하는)을 보고하고, 이익을 보고할 때 이익보다 손실을 더 빨리 인식하기 시작했다. 이 법의 시행 전에 발생한 엔론 사례에서는 수익을 너무 이르게 인식하고, 손실이나 부채는 많은 비연결 특수목적법인에 감추거나 이전함으로써 이익을 매우 공격적으로 관리했다는 사실은 주목할 일이다. 이러한 의심스러운 불공정 회계 관행은 결국 엔론의 파산으로 연결되었는데, 사베인-옥슬리 법 시행 후에는 이 법에서 요구하는 조건을 충족하지 못하는 부정한 재무제표 작성에 대해 CEO와 CFO에 대해 가중 처벌 규정(최고 5백만 달러의 벌금과 20년의 징역)을 적용하게 됨으로써 부분적으로 회계 비리가 감소하게 되었다. Linck 등(2009)에 의한 또 다른 연구도 이 법 시행 후 기업의 이사회와 이사들에 있어 상당한 변화를 밝혔다. 구체적으로 주목한 것으로는 (1) 이사회 위원회들이 더 자주 열리게 되었고, (2) 이사회 규모가 더 커지고 더 독립적인 것으로 변화되었으며, (3) 이사회가 기업 내부자로 구성될 가능성은 낮아졌고, 법률가, 컨설턴트, 재무전문가 등으로 구성될 가능성이 더 높아졌다. 이러한 실증결과들은 이사회가 이전보다 더 적극적으로 그 책임을 이행하게 되었으며, 그 의무를 이행하는 데 필요한 전문성을 더 잘 갖추게 되었다는 것을 나타낸다. 그리고 이 법의 시행으로 기업은 그 의사결정에서도 이전보다 더 신중해지게 되었다. 예를 들어 Kang 등(2010)은 미국 기업들이 이 법의 시행 후 (소규모 기업에서 특히 더) 신규 투자안의 평가에서 더 높은 할인율을 적용하게 되었는데 이는 경영자의 의사결정이 보다 신중해진 것을 반영한다.

그러나 사베인-옥슬리 법의 시행에는 갈등이 없지 않았다. 많은 기업이 이 법의 특정 조항, 404항을 준수하는 것이 수백만 달러의 비용이 들어 부담스럽다고 인식한다. 이 조항에서는 공개기업과 그 감사들이 재무기록의 유지와 부정 방지를 위한 내부통제의 효과성을 평가하고, 보고서들을 SEC에 제출하도록 요구하고 있다. 이 규정을 준수하는 데 드는 비용은 기업규모가 작을수록 더 부담스러울 수밖에 없다. 더구나 미국 증권거래소에 교차상장하고 있는 외국기업들도 또한 모국의 지배구조가 미국과 달라서 사베인-옥슬리 법을 준수하는 데 비용이 많이 든다고 생각한다. 실제로 이 법안이 통과된 이후 준수 비용을 피하기 위해 일부 외국기업들은 미국 증권거래소 대신에 런던증권거래소나 다른 유럽거래소들에 교차상장하는 대안을 선택하였다.

캐드베리(Cadbury) 모범실천규약

미국과 마찬가지로 영국에서도 1980년대와 1990년 초에 일련의 기업 스캔들로 타격을 입었는데, 그 결과 페란티, 콜로롤 그룹, BCCI, 멕스웰 그룹 등 유명기업들이 파산하였다. 유수의 영국기업들이 이처럼 "불미스러운" 붕괴를 하게 된 것은 최고경영자 한 사람의 완전한 기업지배, 취약한 기업지배구조, 이사회의 기능 마비 등에 기인한 것으로 일반적으로 지적되었다. 이를 배경으로 영국 정부는 영국의 기업지배구조 문제점들을 해결하기 위한 광범위한 권한을 1991년 캐드베리 위원회에 부여했다. 캐드베리 사의 회장인 아드리언 캐드베리 경이 이 위원회의 위원장직을 맡게 되었다.[16] 이 위원회의 활동으로 영국의 기업지배구조 개혁은 성공적이 되었다.

1992년 12월 캐드베리 위원회는 기업지배구조에 대한 모범실천규약(Code of Best Practice)을 포함하여 보고서를 발행하였다. 이 규약은 다음과 같이 권고한다. (1) 공개기업의 이사회는 최소한 세 명의 외부(비경영층) 이사들을 포함한다. (2) 공개기업의 최고경영자와 이사회 의장의 직위는 동일인이 겸임하지 않는다. 대부분의 영국 공개기업의 이사회는 내부 인사들로 구성되고, 최고경영자와 이사회 의장을 한 사람이 겸임하는 것이 통상적이었다. 구체적으로 이 규약은 다음과 같이 규정했다.

16) 이 캐드베리 위원회에 대한 자세한 내용과 영국 기업지배구조에 대한 이 위원회의 영향에 대해서는 Dahya et. al.(2002) 참조.

이사회는 정기적으로 회합을 가져야 하며, 기업경영에 대한 통제권을 완전히 그리고 효과적으로 장악하고 경영자의 기업경영을 감찰해야 한다. 기업의 최고위층은 권한과 권력 배분상의 균형이 이루어져 어떤 한 사람에게 의사결정 전권이 장악되지 않도록 명확한 책임분장이 이루어져야 한다. 이사회 의장과 최고경영자가 동일한 경우 이사회에 영향력 있고 독립적인 저명인사가 포함되는 것이 필수적이다. 이사회는 이사회의 의사결정에 상당한 비중의 영향력을 행사할 수 있는 적정 수의 역량 있는 사외 이사가 포진해야 한다.

캐드베리 규약(Cadbury Code)은 입법화되지는 않았으며, 이 규약의 준수는 자발적인 것이다. 하지만 런던증권거래소는 상장기업에 대해 이 규약을 따르고 있는지를 보여주고, 따르지 않고 있는 경우 그 이유를 설명하도록 요구하고 있다. 이 "준수 또는 해명" 방식은 분명히 많은 기업들에게 해명 보다는 준수 쪽을 택하게 했다. 즉, 현재 런던증권거래소 상장기업의 90%가 이 규약을 따르고 있다. Dahya 등(2002)의 연구에 따르면 이 규약을 새로 수용한 기업의 경우 사외 이사의 구성비가 이전의 26%에서 47%로 높아졌다고 한다. 다른 한편으로 최고경영자/이사회의장 겸임의 경우는 이전의 37%에서 규약 수용 후에는 15%로 떨어졌다고 한다. 이는 이 규약의 준수가 자발적 성질의 것이긴 하지만 이 규약이 영국의 기업지배구조에 상당한 영향을 미쳤음을 시사한다. 그리고 Dahya 등(2002)의 연구는 더 나아가 최고경영자 이직율과 기업실적 간의 "음(−)"의 관계가 이 규약의 도입 이후 더 강화되었음을 보여준다. 이는 최고경영자의 직업 안전성이 기업실적에 더 민감하게 되었으며 경영자의 책임 경영을 강화하고 경영자의 기업 내 참호 구축을 약화시켰음을 의미한다.

도드-프랭크(Dodd-Frank) 법

서브프라임모기지 위기와 세금을 통한 대형 금융기관들의 구제금융에 이어, 미 의회는 2010년 7월에 도드-프랭크 월스트리트 개혁 및 소비자보호법(Dodd-Frank Act)을 제정하게 되었다. 무엇보다 이 법은 은행과 그 내부지배메커니즘에 대한 정부의 규제를 강화함으로써 미래에는 유사한 금융위기들이 재발되지 않도록 하는 것을 목적으로 한다. 이 법은 대공황 이후 가장 포괄적인 금융 법규들의 혁신을 대표하고, 금융기관의 내부 의사결정 방식에 중용한 영향을 미칠 것으로 보인다. 이 **도드-프랭크법**의 주요 내용은 다음과 같이 요약될 수 있다.

- **볼커 규칙** : 예금 수취 금융기관은 헤지펀드나 사모회사의 소액 지분 이상을 보유할 수 없으며, 자기자본으로 거래하는 프롭트레이딩을 하는 것이 금지된다. 이 규칙은 전임 FRB 의장 폴 볼커의 이름을 딴 것이다. 볼커는 은행에 대해 예금의 안전성을 해치는 카지노 같은 행위를 할 수 없게 금지해야 한다고 주장하였다.
- **정리결의 권한** : 정부는 대형 은행이 임박한 실패에 직면하여 금융시스템 전반에 체계적 위험을 가하면, 질서정연하게 그 은행을 접수하여 해체할 수 있다. 이 권한은 부분적으로 "대마불사의 초거대은행"의 구제와 관련된 비용과 위험을 경감시키는 것을 목적으로 한다. 은행들은 규모가 너무 커져 부도를 낼 수 없을 만큼이 되면 왜곡된 위험 부담을 시도할 유인을 가진다. 대형 은행의 (소액) 주주들은 이러한 경영자의 왜곡된 유인을 통제하기 위해 경영자의 보수 및 황금낙하산 식 고액 퇴직금 지급에 영향을 미칠 수 있는 구속력 있는 주식을 확보하지 못하고 있다.
- **파생증권** : 장외시장에서 거래되는 파생상품은 전자거래소로 이관될 것이며, 이렇게 함으로써 각 계약은 중앙청산소를 통해 정산될 것이고 거래의 투명성은 높아지고 거래상대방위험은 줄어들 것이다.
- **체계적 위험 규제** : 미 재무부장관이 의장인 정부 규제당국들의 금융안정감독협의회는 '체계적으로 중요한 금융기관들'을 확인하고, 이들의 활동과 재무상태를 감독한다. 이들 금융기관은 부도시에 어떻게 청산될 것인지를 기술한 "사전(死前) 유서"(living will)를 작성해야 한다.
- **소비자 보호** : 독립적인 금융소비자보호청을 새로 설립하여 약탈적 모기지 대출이나 다른 유사 대출상품을 감독한다.

이 도드프랭크 법은 기본적으로 은행의 과도한 위험 부담 행위를 통제하고, 금융시스템에서 체계적 위험을 완화하는 것을 목적으로 하고 있다. 이 법이 성공적으로 시행되면 은행의 지배구조를 강화하고 금융위기의 가능성과 비용을 경감하는 데 기여할 것이다[17].

그러나, 2018년 5월 미 의회는 도드프랭크 법을 상당히 약화시킨 새로운 법으로

17) 이 법의 효과를 평가하기는 시기상조이다. 하지만 확고한 소비자 보호 목적의 금융소비자보호국이 공식적으로 발족하였고, 주요 은행들의 고위험 거래 활동이 감소하였으며, 내부 유보액이 증가하였다 (Dimitrov 등 (2015)).

경제성장-규제완화-소비자보호 법을 통과시켰다. 무엇보다 중요한 것은 이 2018년 법이 도드프랭크 법의 상향된 건전성기준들의 적용을 위한 자산 한계를 500억 달러에서 2,500억 달러로 높힘으로써, 대부분의 중소규모의 은행들과 은행지주회사들이 스트레스테스트와 상향된 위험관리요건들로부터 면제를 받는다. 또한, 자산규모가 100억 달러 이하의 은행과 은행지주회사는 볼커 규칙으로부터 면제된다. 이 새로운 법의 통과 후에 2,500억 달러 이상 자산 규모의 소수의 초대형 은행들만이 "대마불사"로 여전히 간주되고 그러므로 도드프랭크 법의 상향된 건전성기준들의 적용 대상이 된다. 이러한 도드프랭크 법의 개정이 금융시장의 안정성과 소비자 복지에 어떠한 영향을 미칠 것인지는 두고 볼 일이다.

끝으로 기업지배구조 개혁은 주주의 현금흐름권을 강화하는 데 그치지 않고 기업의 실적을 향상시킬 수 있다는 점이 주목된다. 예를 들어 Gompers 등(2003)은 미국 기업을 대상으로 강한 지배구조를 갖춘 기업일수록 기업가치도 높고, 이익도 높고, 매출증가율도 높고, 자본적 지출은 낮고, 기업인수도 덜 한다는 것을 밝히고 있다. 이들은 또한 자신들의 연구대상 기간에 가장 강한 지배구조를 가진 기업의 주식을 매수하는 투자전략과 가장 약한 지배구조를 가진 기업의 주식을 매도하는 투자전략이 높은 "비정상 수익률"을 올린다고 밝혔다. 이들은 또한 기업지배구조의 강화로 기업 실적이 개선되고, 기업가치가 상승하며, 주식수익률이 제고된다는 것을 보여주었다. 세계 각국의 기업가치 평가를 비교·연구한 Chua 등(2007)은 최근 몇 년간 국제금융시장 통합에도 불구하고 기업가치 평가는 국가별로 아주 큰 편차가 있다는 것을 확인하고 있다. 구체적으로 기업가치 평가는 기업지배구조의 질에 직접적으로 연관되어 있으며, 국가별 경제성장 전략이나 금융 개방의 정도와도 관련이 있었다.

기업은 무엇을 위한 것인가?

https://opportunity.businessroundtable.org/ourcommitment 이 사이트는 2019년 8월에 Business Roundtable이 제시한 기업의 목표에 대한 설명서(Full Statement)를 제공하고 있다.

상장 공개기업들은 대부분의 시장 지향적 자본주의 경제에서 희소 자원의 배분, 부의 창출, 그리고 경제성장에 있어 중심적인 역할을 수행하는 것으로 믿어지고 있다. 이상적인 세계에서, 이러한 기업들은 투명하고 철저한 공개 검토를 거쳐, 부채, 주식, 또는 유보 이익에 의해 자금을 조달하는 수익성 있는 투자 프로젝트를 식별하고 수행함으로써 그 역할을 수행할 것이다. 앞서 언급했듯이, 그러나 열악한 기업 지배구조는 기업의 소유주인 주주들에 손실을 끼치는 최적이 아닌 결정을 내리도록 기업을 유도할 수 있다. 지금까지 이 장에서 우리는 소위 대리인 문제와 관련된 문제들을 주로 다루었다.

그러나 기업 경영자들이 항상 주주들을 위한 최적의 결정을 내리는 충실한 대리인으로서 행동한다고 가정하자. 이것이 기업이 사회 수준에서 자원을 가장 효율적으로 배분할 것이라는 의미일까? 만약 기업들이 그들의 활동이 나머지 사회와 지구에 대해 때때로 매우 부정적인 '외부성'을 고려하지 않고 결정을 내린다면, 대답은 '아니오'이다. 예를 들어, 기업 활동으로 인해 발생하는 오염 및 환경의 훼손, 특히 대기 중으로 이산화탄소와 메탄 가스를 대량 배출하는 에너지, 유틸리티, 광업, 제조업, 교통산업 등이 있다. 이는 전 지구적 온난화에 기여하며, 이는 차례로 기후 변화를 초래하여 해양 온도 상승, 산불, 가뭄, 홍수, 그리고 전 세계적으로 더 심각하고 잦은 태풍과 허리케인을 유발한다.

사회와 지구에 대한 부정적 외부성을 통제하는 어려움을 차치하고라도, 성공적인 자본주의 경제는 사회 차원에서 교정 조치가 취해지지 않으면, 사회 구성원 간에 심각한 소득과 부의 불평등을 초래하는 경향이 있다. 또한, 구글, 페이스북, 아마존과 같은 하이테크 기업들의 등장은 글로벌 디지털 플랫폼을 통제함으로써 시장에서의 독점적/과점적 시장 구조를 이끌어 내어 시장 경쟁과 소비자 복지에 해를 끼친다. 소수의 글로벌 승자들이 과도하게 큰 이익의 몫을 차지함으로써 국내외 경제 불평등을 더욱 악화시킨다.

통제되지 않은 자유시장 자본주의의 이러한 단점과 기타 문제점에 대한 인식의 증가는 미국과 다른 나라들에서 기업 경영의 지침으로서 '주주 우선주의'의 미덕에 대한 의문을 제기한다. 사실, 2021년 8월, 미국 자본주의의 선장들인 비즈니스라운드테이블의 181명의 CEO들은 기업의 목표에 대한 새로운 선언을 발표하며, 고객, 공급업체, 직원, 지역 사회, 주주를 포함한 '모든 이해관계자'들에게 혜택을 주기 위해 그들의 기업을 운영하겠다고 약속했다.[18] 분명히, 이것은 미국 기업의 존재 이유에 대한 현저히 다른 견해이다. 실행된다면, 이러한 기업 목적의 재정의는 어떻게 희소 자원이 서로 경쟁하는 다양한 목표들에 걸쳐 배분될지에 대해 심오한 영향을 미칠 수 있다.

기업의 재정의된 목적은 칭찬할 만하다고 보이지만, 그것이 바람직하고 공정한지에 대한 합의는 아직 없다. 최근 이코노미스트지의 기사(2019년 8월 24일-30일)에

18) 비즈니스라운드테이블은 미국 경제성장과 경쟁력에 영향을 미치는 중요한 정책 문제에 대한 비즈니스 관점을 제시하는 미국 주요 기업의 CEO들을 대표하는 조직이다.

따르면, '기업의 목적은 그들의 소유주에 의해 설정되어야 하며, 경영진이나 운동가들에 의해서가 아니다' 라고 주장한다. 또한 이 기사는 자본주의의 문제에 대한 해답은 더 많은 경쟁과 광범위한 주식 소유라고 더 주장한다. 주주 가치 대 이해관계자 혜택, 즉 기업 목적에 대한 경쟁적인 견해는 장기적인 가치 창출을 위해 경쟁하는 기업들과 경제 및 사회 계층의 더 넓은 단면을 대표하는 주주들이 있을 때, 더 수렴되고 덜 충돌하는 방향으로 만들어질 수 있다. 그러나 이 중요한 문제에 대한 판결은 여전히 나오지 않았다.

요 약

미국과 해외에서 반복되는 금융위기와 유수기업의 스캔들 및 파산에 이어서 기업지배구조에 대한 관심이 세계적으로 높아지게 되었다. 이 장은 국가간 기업지배구조의 상이성을 분석하는 데 중점을 두고 기업지배구조 관련 현안문제를 개괄적으로 논의하고 있다.

01. 공개기업은 유한책임의 수많은 주주들에 의해 공동 소유되어 있으며, 경제성장에 크게 기여한 중요한 조직의 혁신이라고 할 수 있다. 이 메커니즘은 효율적 위험분담을 통해 낮은 자본비용으로 대규모 자본을 조달할 수 있게 해주고, 수익성 높은 투자를 수행하여 경제성장을 촉진시켜 준다.

02. 공개기업은 주요 약점을 갖고 있다. 그것은 바로 주주와 경영자 간의 이해관계가 상충하는 데서 발생하는 대리인 문제이다. 이기적 경영자는 주주의 이익을 희생하면서 자신의 이익을 도모할 수 있다. 이 대리인 문제는 현금유입은 많지만 성장기회가 제한되어 있는 기업의 경우 더 심각할 수 있다.

03. 주주 권리를 보호하기 위하여, 그리고 경영자의 독단을 막기 위해서, 또한 자본시장의 발전을 위하여 기업지배구조를 강화하는 것이 긴요하다. 기업지배구조는 기업의 통제권과 현금흐름권이 주주와 경영자 그리고 다른 이해관계자 사이에 적정하게 분배될 수 있게 하는 제도적 틀을 말한다.

04. 기업지배구조 관련 핵심 이슈는 어떻게 하면 투자자들이 적정한 투자수익률을 보장받을 수 있도록 경영자와 통제권을 가진 내부자의 수탈로부터 외부 투자자를 보호할 수 있을 것인가 하는 문제이다.

05. 대리인 문제는 다음과 같은 여러 가지 방법으로 해소될 수 있다. (a) 이사회의 독립성을 강화한다. (b) 경영자와 주주의 이해가 더 잘 부합될 수 있도록 주식이나 주식옵션 등으로 경영자와 인센티브 계약을 체결한다. (c) 대주주가 경영자를 통제할 수 있도록 소유권을 집중화한다. (d) 부채를 활용함으로써 경영자가 외부 투자자에 대한 대가 지급을 철저히 하도록 강제할 수 있다. (e) 주주 보호가 강력한 뉴욕이나 런던 증권거래소에 복수 상장한다. (f) 경영자가 자금을 비효율적으로 활용하거나 주주 이익을 침해하는 경우 적대적 기업 인수 제안자를 물색한다.

06. 법에 의해 체계적으로 주주 권리를 보호하는 방식은 그 법률시스템의 역사적 기원에 따라 국가마다 상이하다. 영국 관습법 전통 하의 국가들은 가장 강력한 주주 보호를 하고 있으며, 프랑스 성문법 전통 하의 국가들은 가장 약한 보호를 하고 있다. 성문법 체계는 모든 법규를 종합적으로 조문화하며, 관습법 체계는 이전의 판례 및 특정 분쟁에 대한 독립된 판사의 독자적 판결에 의존한다. 영국의 관습법 전통은 독립적 판사와 배심원의 심리를 바탕으로 하며, 영국 관습법은 원래 재산권 보호에 적극적이었기에 이것이 강력한 투자자 권리 보호로 진전되었다고 볼 수 있다.

07. 투자자 보호의 경제적 효과는 우선 기업의 소유구조를 합리화하고, 자본시장의 발전과 경제성장을 촉진하는 것 등이다. 투자자 보호가 취약한 경우 집중화된 기업소유구조와 통제권에 의한 과도한 사적 이익 추구, 자본시장의 미발달 및 경제성장의 둔화 등의 문제가 나타날 수 있다.

08. 미국과 영국 이외의 나라들에서 대주주는 보통 창업자 가족인 경우가 많은데 이들이 경영자를 통제하고 외부 소액주주의 이익을 침탈할 수도 있다. 환언하면 지배주주가 통제권 확보에 따른 사적 효익의 대부분을 차지하게 된다.

09. 기업지배구조 개혁 노력은 내부 지배주주로부터 외부의 투자자를 더 잘 보호할 수 있는 수단의 모색에 초점이 맞춰져야 한다. 종종 지배주주는 통제권의 사적 효익 상실을 우려하여 개혁 노력에 저항한다. 그러므로 개혁 추진 측은 개혁과 관련된 정치 역학관계를 잘 이해하고 여론을 잘 활용할 필요가 있다.

10. 기업 부문이 경제적 불평등 증가와 환경 악화에 기여하려면, 주주 부의 극대화가 사회와 지구를 위해 최적이 아니 될 수도 있다. 비즈니스라운드테이블의 CEO들이 새로운 기업 경영의 가이드 원칙으로 "이해관계자 이익"을 옹호하는 것에 반영되었듯이, 주주 가치의 최고성이 미국과 해외에서 도전에 직면하고 있다. 이러한 해결되지 않은 상황은 기업 목표에 대한 두가지 견해를 조화시키는 것이 중요함을 시사한다.

주요 용어

경영자 참호 구축　　계약 외 상황에 대한 통제권(residual control rights)

공개기업　　기업지배구조　　대리인 문제

도드-프랭크 법　　법적 기원　　사베인-옥슬리 법

소유권 집중화　　영국 관습법　　완벽한 계약(complete contract)

인센티브 계약　　잉여현금흐름(free cash flows)

주식 교차보유　　주주 권리　　캐드베리 규약

통제권의 사적 효익　　프랑스 성문법　　피라미드식 소유

연습문제

01. 대부분의 주요 대기업은 공개기업이라고 해도 과언이 아니다. "공개기업"의 장점과 단점을 논하라. 어느 경우에 이 공개기업 형태의 조직이 부적합할 것으로 생각하는가?

02. 공개기업은 다수의 주주에 의해 소유되나 전문경영자에 의해 운영된다. 경영자는 주주 이익에 반하여 이기적 행동을 취할 수 있다. 어떤 조건 하에서 대리인 문제가 발생할 수 있는가에 대해 논하라.

03. 미국과 여러 나라에서 기업 비리와 부도 사태로 인해 기업지배구조에 대한 개혁 요구가 점증하고 있다. 기업지배구조 개혁의 목표는 무엇인가? 어떤 장애요인이 개혁을 가로막을 것인가?

04. 주주 권리에 대한 법적 보호는 나라마다 아주 큰 차이가 있는 것으로 알려져 있다. 영국 관습법 전통 하의 국가들이 가장 강한 투자자 보호를 해주고, 프랑스 성문법 전통 하의 국가들에서 가장 약한 보호가 나타나는 이유가 무엇이라고 생각하는가?

05. 주주의 통제권과 현금흐름권 간의 '간극(wedge)'이란 무엇이고 이것이 기업지배구조 논의에서 어떤 의미를 갖는지 논하라.

06. 지배주주가 상대적으로 작은 투자를 하면서 기업의 통제권을 장악하고 이를 유지하는 방법들에 대해 논하라.

07. 영국에서 채택된 캐드베리 모범실천규약은 이 나라의 기업지배구조 개혁에 크게 기여하였다. 이 주요 내용을 설명하고 이것이 어떻게 개혁 성공을 유도하였는지 논하라.

08. 많은 기업이 경영자에게 주식이나 주식 옵션을 주고 있다. 이런 유형의 인세티브 보상체계의 효익과 비용을 논하라.

09. 미국 증권거래소에 상장하고 있는 외국 기업은 그렇지 않은 다른 모국 기업에 비해 고평가되고 있다. 그 이유에 대해 생각해 보라. 그리고 미국 증권거래소에 상장하고 싶어 하지 않는 외국기업은 왜 그럴 것인지 생각해 보라.

10. "잉여현금흐름(free cash flows)"이란 무엇인가? 경영자가 이를 주주에게 배당하지 않고 내부 유보하려는 이유는 무엇이라고 생각하는가? 이 문제를 푸는 가장 좋은 방법은 무엇이라고 생각하는가?

11. 기업에 자금을 공급하는 대가로 외부 주주들은 법적으로 보호받는 여러 권리들을 가진다. 가장 중요한 세가지 주주 권리들을 열거하고 이 권리들을 보호하는 것이 중요한 이유를 논이하라.

12. 피라미드식 소유구조는 대주주들이 현금흐름권을 초과하는 통제권을 확보하기 위해 종종 사용하는 인기있는 수단이다. 알파 사의 창업자인 캐드린 그레샴이 알파사 주식의 20%를 보유하고 있다고 가정하자. 또한 알파 사는 또다른 공개기업인 베타 사의 40%를 보유하고 있다. 더욱이 베타 사 자체는 또다른 공개기업인 델타 사의 주식 45%를 보유하고 있다. 캐드린 그레샴이 델타 사에 대해 가지고 있는 현금흐름권은 얼마인가? 알파 사의 창업자인 캐드린 그레샴이 델타 사에 대해 가지고 있는 현금흐름권과 통제권의 차이는 얼마인가? 델타 사에 대한 통제권과 현금흐름권의 간극이 가지는 함의는 무엇인가?

13. 2022년에 외국인 행동주의 주주들이 배타적인 일본 도시바 사의 주요 개혁을 가능하게 함으로써 어떻게 긍정적인 영향을 미칠 수 있었는지 논의하라.

14. 2019년에 비즈니스라운드테이블의 CEO들이 채택한 기업지배 원칙들에 있어서 주요한 변화가 시사하듯이, "주주 부의 극대화"에 반대하여 "이해관계자 이익의 추구"가 미국과 해외에서 논쟁을 가져온 주제가 되었다. 이 중요한 주제에 대해 평가하고 당신의 견해를 서술하라.

인터넷 연습문제

미국은 시장지향적 기업지배구조의 나라라고 회자되고 있다. 반면에 독일은 은행중심적 지배구조를 갖고 있다. OECD의 공식 웹사이트 www.oecd.org 혹은 다른 관련 웹사이트를 방문하여 다음 질문에 대한 답을 찾아보라.

(a) 두 나라의 기업지배구조를 비교 분석.

(b) 두 나라가 각각의 지배구조를 확립한 배경.

(c) 두 나라의 상이한 지배구조의 경제적 파급효과.

미니 케이스

파말라트(Parmalat): 유럽의 엔론

미국에서 엔론과 월드컴 같은 유명기업이 비리로 인해 부도가 나자 유럽의 경영자들은 대서양 반대편에서는 미국의 자유방임적 자본주의를 공유하지 않고 있기 때문에 그런 사태가 일어날 수 없다고 자만하였다. 하지만 불행하게도 이탈리아 자본주의의 꽃으로 칭송되던 파말라트가 회계부정으로 황당하게 무너지면서 그들의 자만도 너무 쉽게 무너지게 되었다.

파말라트는 1961년에 낙농회사로 설립되었다. 창업자 칼리스토 탄지는 1980년대에 이탈리아의 지방정부가 공영 낙농회사를 민영화하는 과정에서 공격적으로 이를 매수하면서 일약 전국적으로 유명한 기업이 되었다. 이탈리아 국내시장에서의 입지를 확고히 하면서 파말라트는 1990년대에 미주, 아시아/태평양, 남아프리카 등 30여 개 국으로 진출하면서 국제시장 확장에 나서게 되었다. 이러한 급성장에 필요한 자본조달을 위해 당사는 국제은행과 투자자로부터 대규모 차입을 하지 않을 수 없었다. 그리고 2002년 당사의 전 세계 총 매출액은 76조 유로에 달해 우유산업의 코카콜라가 되겠다던 당사의 야망이 달성되는 듯했다. 하지만 2003년에 들어 상황이 빗나가기 시작했다.

파말라트는 2003년 11월에 1억 8천5백만 달러의 부채 지급을 하지 못해 일차 부도가 났다. 이로 인해 당사의 재무구조에 대한 감사가 행해졌다. 감사인과 규제 당국은 당사의 케이먼 도 자회사가 뱅크 오브 아메리카 구좌에 보유하고 있어야 할 49억 달러가 사라져버린 것을 발견하였고, 당사의 총부채가 대차대조표 상의 72조 유로보다 두 배 이상이나 많은 160조 유로에 달한다는 것을 밝혀냈다. 이탈리아 수사당국은 당사의 경영자가 기업의 부채에 상응시키기 위해 "가공 자산"을 고안해냈을 뿐만 아니라 15년간 가공구좌를 운영해 왔다는 것을 추가로 밝혀냈다. 이러한 대형 부정이 발각되면서 당사는 2003년 12월에 부도처리되었다. 창업자이자 최고경영자였던 칼리스토 탄지는 부정과 횡령, 위장회계, 투자자 기만 등의 죄목으로 체포되었다. 파말라트 비가는 유럽 역사상 가장 파렴치하고 가장 큰 부정 사건이었으며, 보통 유럽의 앤론 사태로 회자되고 있다.

파말라트의 새 최고경영자 앤리코 본디는 시티은행그룹과 뱅크 오브 아메리카, 이전 감사회사인 그랜트 손튼 & 델로이트 터치 토마츠 등에 대해 이들도 기업부도에 공동책임을 져야 한다고 주장하면서 100억 달러의 손해배상 청구소송을 제기해 놓고 있다. 그는 또한 스위스의 UBS, 도이체 방크에 대해서도 파말라트의 붕괴를 초래한 거래에 대해 소송을 제기했다. 그는 해외의 국제은행과 감사회사 등이 이 회사의 부정에 공모를 한 것이나 다름없다는 주장을 하고 있는 셈이다. 그는 이들이 회사의 조작된 재무상태를 알면서도 수수료를 두둑하게 받는 대가로 회계조작을 묵인해 주었다고 주장한다. 말하자면 그는 당사가 거래하는 국제은행과 채권자들에 대해 효과적으로 전쟁을 선포한 셈이다.

다음 그래프는 당사의 주가 흐름을 보여주고 있다. 주가 급락에 뒤이어 2003년 12월 22일에는 거래중지되었다.

자료: Datastream.

논의 사항

01. 파말라트 사의 경영자는 어떻게 회계장부를 조작하고 또 그렇게 긴 세월 이를 감출 수 있었을까?

02. 당사의 붕괴에 국제은행과 감사회사는 어떤 역할을 했는지에 대해 조사하고 논의하라.

03. 이탈리아의 기업지배구조에 대해 공부하고 이것이 파말라트 사의 붕괴에 어떤 영향을 미쳤을지 논의하라.

미니 케이스 페트로브라스(Petrobras) 스캔들

2015년에 발생한 거대한 뇌물 스캔들은 브라질 정부가 관리하는 주요 석유 회사인 페트로브라스를 중심으로 일어났으며, 브라질의 경제적, 정치적 기반을 크게 흔들었다. 간단히 말해, 회사 내부자들, 외부 계약자들, 공급업체들, 그리고 정치인들이 공모하여 페트로브라스에서 리베이트 사례금(kickbacks), 입찰 조작, 건설 프로젝트에 대한 과대 청구 등을 통해 수십억 달러를 횡령했다. 이 사건은 “세차 작전 (Operation Car Wash)”라는 조사를 통해 드러났다. 브라질 검찰의 조사에 따르면, 이 부패는 브라질의 최고 비즈니스 및 정치 엘리트에까지 영향을 미쳤으며, 브라질 최대 건설 회사인 노베르토 오데브레히트의 CEO인 마르셀로 오데브레히트, 당시 대통령 딜마 루세프, 그녀의 전임자인 전 대통령 루이스 이그나시오, 룰라 다 실바 등 많은 인물들이 연루되었다.

페트로브라스, 공식 명칭은 페트로브라스 S.A.,는 브라질에서 가장 크고 중요한 회사다. 이 회사는 석유 및 천연가스를 탐사, 추출하고, 이를 다양한 제품으로 정제하여 브라질 내외로 유통한다. 석유 및 천연가스 사업 외에도 페트로브라스는 화력발전, 에탄올, 바이오디젤, 비료 사업 등을 운영하고 있다. 회사의 석유 및 천연가스 사업은 브라질 GDP의 10% 이상을 차지한다. 페트로브라스는 매년 건설 및 다른 계약에 수십억 달러를 지출하며, 외부 계약자 및 공급업체들은 계약 금액의 상당 부분을 페트로브라스 경영진에게 뇌물로 지급하는 것으로 알려져 있다. 이 중 일부는 정치인과 정당에 전달된다. 루세프는 상원 탄핵 투표로 대통령 직위에서 물러났으며, 브라질 대통령이 되기 전에는 페트로브라스 이사회 의장을 역임했다. 다 실바는 노베르토 오데브레히트와의 연관성으로 인해 감옥에 갇히게 되었다.

마르셀로 오데브레히트는 계약의 가격을 과다하게 책정함으로써 페트로브라스에서 수십억 달러를 빼돌린 공급업체 카르텔의 핵심 인물이었다. 브라질 검찰은 페트로브라스에서 부풀려진 계약을 통해 최소 17억 달러가 유용되었다고 주장한다. 카르텔에서의 역할로 인해 오데브레히트는 19년의 징역형을 선고받았다. 오데브레히트가 이익을 추구하며 부패를 퍼뜨린 역할은 브라질에만 국한되지 않았다. 그의 회사는 2016년 12월에 거의 8억 달러가 라틴 아메리카 전역에서 리마 지하철, 페루의 고속도로 프로젝트와 천연가스 파이프라인, 베네수엘라의 다리 및 공공 주택 프로젝트 등 다양한 인프라 계약을 얻기 위한 뇌물로 지급되었다고 인정했다. 2016년 말에 오데브레히트는 브라질, 스위스, 미국과 최소 35억 달러에 합의하여 미국의 해외부패방지법을 위반한 책임을 인정했으며, 이는 역사상 가장 큰 규모의 반부패 합의였다.

페트로브라스 스캔들은 회사 주가의 급락을 초래했고, 수천 명의 근로자가 해고되었으며, 국가 경제를 침체로 기울게 하였다. 이 스캔들은 또한 브라질이 유망한 신흥시장으로서의 이미지를 크게 실추시켰다.

논의 주제

01. 정부가 페트로브라스의 대다수 지분을 소유하고 있는 것이 대규모 부패에 어떻게 영향을 미쳤는지, 또는 미쳤을 수 있는지에 대해 논의하시오.

02. 브라질의 기업지배구조가 페트로브라스 스캔들과 어떻게 관련되어 있는지 논의하시오.

03. 앞으로 유사한 스캔들을 예방하기 위해 어떤 조치들이 취해져야 한다고 생각하는지 논의하시오.

참고문헌 및 추천도서

Beck, T., R. Levine, and N. Loayza. "Finance and the Sources of Growth." *Journal of Financial Economics* 58 (2000), pp. 261–300.

Brav, A., W. Jiang, F. Partnoy, and R. Thomas, "Hedge Fund Activism, Corporate Governance, and Firm Performance," *Journal of Finance* 63 (2008), pp. 1729-75.

Chua, Choong, C. Eun, and S. Lai. "Corporate Valuation around the World: The Effects of Governance, Growth, and Openness." *Journal of Banking and Finance* 3 (2007), pp. 35–56.

Claessens, S., S. Djankov, and L. H. P. Lang. "The Separation of Ownership and Control in East Asian Corporations." *Journal of Financial Economics* 58 (2000), pp. 81–112.

Coase, Ronald. "The Nature of the Firm." *Economica* 4 (1937), pp. 386–405.

Dahya, Jay, John McConnell, and Nickolaos Travlos. "The Cadbury Committee, Corporate Performance, and Top Management Turnover." *Journal of Finance* 57 (2002), pp. 461–83.

Demsetz, H., and K. Lehn. "The Structure of Corporate Ownership: Causes and Consequences." *Journal of Political Economy* 93 (1985), pp. 1155–77.

Denis, D., and J. McConnell. "International Corporate Governance." Working Paper (2002).

Dimitrov, V., D. Palia, and L. Tang, "Impact of the Dodd-Frank Act on Credit Ratings," *Journal of Financial Economics* 115 (2015), pp. 505-20.

Doidge, C., A. Karolyi, and R. Stulz. "Why Are Foreign Firms Listed in the U.S. Worth More?" Working Paper, NBER (2002).

Dyck, A., and L. Zingales. "The Corporate Governance Role of the Media." Working Paper (2002).

Dyck, A., and L. Zingales. "Private Benefits of Control: An International Comparison." *Journal of Finance* 59 (2004), pp. 537-600.

Eun, C., and Victor Haung. "Asset Pricing in Chinese Domestic Stock Markets: Is There a Logic?" *Pacific-Basin Finance Journal* (2007), pp. 452-80.

Franks, J. R., and C. Mayer. "Ownership and Control of German Corporations." *Review of Financial Studies* 14 (2001), pp. 943-77.

Glaesser, E., and A. Shleifer. "Legal Origin." *Quarterly Journal of Economics* 117 (2002), pp. 1193-1229.

Gompers, Paul, Joy Ishii, and Andrew Metrick. "Corporate Governance and Equity Prices." *Quarterly Journal of Economics* 118 (2003), pp. 107-55.

Gorton, G., and F. A. Schmid. "Universal Banking and the Performance of German Firms." *Journal of Financial Economics* 58 (2000), pp. 28-80.

Holstrom, B., and S. N. Kaplan. "Corporate Governance and Merger Activity in the U.S.: Making Sense of the 1980s and 1990s." Working Paper, NBER (2001).

Jensen, M. "Eclipse of the Public Corporation." *Harvard Business Review* (1989), pp. 61-74.

Jensen, M., and W. Meckling. "Theory of the Firm: Managerial Behavior, Agency Cost, and Ownership Structure." *Journal of Financial Economics* 3 (1976), pp. 305-60.

Jensen, M., and K. Murphy. "Performance Pay and Top Management Incentives." *Journal of Political Economy* 98 (1990), pp. 225-63.

Johnson, S., P. Boon, A. Breach, and E. Friedman. "Corporate Governance in the Asian Financial Crisis." *Journal of Financial Economics* 58 (2000), pp. 141-86.

Johnson, S., R. La Porta, F. Lopez-de-Silanes, and A. Shleifer. "Tunneling." *American Economic Review* 90 (2000), pp. 22-27.

Kang, J., and A. Shivdasani. "Firm Performance, Corporate Governance, and Top Executive Turnover in Japan." *Journal of Financial Economics* 38 (1995), pp. 29-58.

Kang, Quiang, Qiao Liu, and Rong Qi, "The Sarbanes-Oxley Act and Corporate Investment: A Structural Assessment," *Jounral of Financial Economics* 96 (2010), pp. 291-305.

King, R., and R. Levine. "Finance and Growth: Schumpeter Might Be Right." *Quarterly Journal of Economics* 108 (1993), pp. 717-38.

La Porta, R., F. Lopez-de-Silanes, A. Shleifer, and R. Vishny. "Legal Determinants of External Finance." *Journal of Finance* 52 (1997), pp. 1131-50.

________. "Law and Finance." *Journal of Political Economy* 106 (1998), pp. 1113-55.

________. "Corporate Ownership around the World." *Journal of Finance* 54 (1999), pp. 471-517.

________. "Investor Protection and Corporate Governance." *Journal of Financial Economics* 58 (2000), pp. 3-27.

________. "Investor Protection and Corporate Valuation." *Journal of Finance* 57 (2002), pp. 1147-69.

Lemmon, M. L., and K. V. Lins. "Ownership Structure, Corporate Governance, and Firm Value: Evidence from the East Asian Financial Crisis." Working Paper (2001).

Linck, J., J. Netter, and T. Yang, "The Effects and Unintended Consequences of the

Sarbanes-Oxley Act on the Supply and Demand for Directors," Review of Financial Studies 22 (2009), pp. 3287-328.

Lobo, G., and J. Zhou, "Did Conservatism in Financial Reporting Increase after the Sarbanes-Oxley Act? Initial Evidence," Accounting Horizons 20 (2006), pp. 57-73.

Morck, R., A. Shleifer, and R. Vishny. "Management Ownership and Market Valuation: An Empirical Analysis." *Journal of Financial Economics* 20 (1988), pp. 293–315.

Nenova, T., "The Value of Corporate Votes and Control Benefits: A Cross-Country Analysis." Working Paper (2001).

Rajan, R., and L. Zingales. "Financial Dependence and Growth." *American Economic Review* 88 (1998), pp. 559–86.

Reese, W. A., Jr., and M. S. Weisbach. "Protection of Minority Shareholder Interests, Cross-listings in the United States, and Subsequent Equity Offerings." Working Paper, NBER (2001).

Schumpeter, J. *The Theory of Economic Development*. Translated by R. Opie. Cambridge, MA: Harvard University Press, 1934.

Shleifer, A., and R. Vishny. "A Survey of Corporate Governance." *Journal of Finance* 52 (1997), pp. 737–83.

Short, H., and K. Keasey. "Managerial Ownership and the Performance of Firms: Evidence from the UK." *Journal of Corporate Finance* 5 (1999), pp. 79–101.

Smith, Adam. *An Inquiry Into the Nature and Causes of the Wealth of Nations*. (1776).

Stulz, R., and R. Williamson. "Culture, Openness, and Finance." *Journal of Financial Economics* 10 (2003), pp. 313–49.

Zingales, L. "The Value of the Voting Right: A Study of the Milan Stock Exchange Experience." *Review of Financial Studies* 7 (1994), pp. 125–48.

INTERNATIONAL
FINANCE

PART 02

외환시장, 환율 결정, 통화파생상품

제2부는 먼저 외환시장의 구성에 대한 논의로 시작한다. 현물환 및 선물환 거래를 연구해 본다. 다음 장에서는 환율 결정에 대해 살펴본다. 두 국가의 명목 이자율과 물가 상승률의 상대적 차이가 환율 변화에 어떠한 영향을 미치는지에 대해 중점적으로 논의한다. 제2부의 마지막 장에서는 환위험을 관리하는 데 유용한 외환파생상품들을 소개한다.

제5장은 현물환 및 선물환 외환시장의 구성과 운영에 대한 소개를 한다. 이 장에서는 또한 외환시장의 제도적 체제와 전 세계적으로 환율이 어떻게 고시되며 외환이 거래되는지에 대해 상세히 다룰 것이다.

제6장은 환율, 이자율, 물가 상승률 간에 성립되는 기본적인 국제평가관계에 대하여 알아볼 것이다. 이러한 평가관계에 대한 이해는 글로벌 환경에서 재무관리를 실행하는데 있어서 필수적이다.

제7장은 거래소에서 거래되는 통화선물과 통화옵션계약에 대한 광범위한 내용을 다룰 것이다. 그리고 기본적인 가치평가모형들이 제시된다.

Chapter 05

외환시장

CHAPTER OUTLINE

- **외환시장의 기능과 구조**
  - 외환시장 참여자
  - 코레스 은행 관계
- **현물환시장**
  - 현물환율 고시
  - 교차환율 고시
  - 교차환율의 대체 표현
  - 매입-매도 스프레드
  - 현물환 거래
  - 교차환율 거래 데스크
  - 삼각차익거래
  - 현물환시장의 미시구조
- **선물환시장**
  - 선물환율 고시
  - 선물환 매입·매도 포지션
  - 역외선물환 계약
  - 선물환 교차환율
  - 선물환 프리미엄
  - 외환스왑거래
- **상장통화펀드**
- **요약**
- **주요 용어**
- **연습문제**
- **계산문제**
- **인터넷 연습문제**
- **미니 케이스:** Shrewbury Herbal Product, Ltd.
- **참고문헌 및 추천도서**
- **관련 웹사이트**

돈은 구매력을 의미한다. 한 국가의 돈을 가지고 있다는 것은 해당 국가의 거주자에 의해 생산된 재화나 서비스(혹은 보유된 자산)를 구매할 수 있는 힘, 즉 구매력을 갖는다. 그러나 다른 나라의 거주자에 의해 생산된 재화나 서비스를 구매하기 위해서는 먼저 다른 나라의 통화를 구입할 필요가 있다. 이는 당신이 소유하고 있는 당신 나라의 통화를 팔고 그 대가로 당신이 거래하고자 하는 외국 사람의 통화를 구입함으로써 이루어질 수 있다. 보다 공식적으로 표현하면 한 나라의 통화가 다른 나라의 통화인 외환(foreign exchange)을 사는 데 이용되고, 그렇게 함으로써 구매자는 자국의 구매력을 다른 나라의 구매력으로 전환하게 된다.

외환시장은 사실상 어떠한 기준에 의하든 세계에서 가장 큰 금융시장이다. 외환시장은 1년 365일, 하루 24시간 세계 어딘가에 언제나 열려 있다. 2022년 국제결제은행(BIS: Bank for International Settlements)을 통해 3년마다 작성되는 조사 보고서(triennial report)에 따르면 세계적으로 이루어지는 현·선물환의 일 평균거래가 7.5조 달러에 이르는 것으로 발표되었다. 이것은 지구상의 모든 사람들이 개인당 하루에 900달러 이상의 거래를 하는 것과 같다. 이러한 거래량은 현재 환율을 기준으로 2019년에 비해 14% 증가한 것이다. 런던은 여전히 세계에서 가장 큰 외환 거래 센터이며, 2022년에 행하여진 3년 마다의 BIS 조사에 따르면 영국의 일 거래량은 3.76조 달러로 집계되었다. 그러나 영국이 글로벌 거래에서 차지하는 비중은 2019년의 43%에서 2022년에는 38%로 하락했다. 미국의 일 거래량은 2022년 1.91조 달러로서, 2019년 17% 비중보다 증가하여 글로벌 거래량의 19%를 차지하였다. 〈도표 5.1〉에서는 국가별 글로벌 외환거래의 비중을 파이 차트로 보여주고 있다.

외환시장(FX market: foreign exchange market)은 폭넓게 정의하면 한 나라의 통화에서 다른 나라 통화로의 환전, 외화예치금, 외화로 표시된 신용 공여, 무역 금융, 통화옵션 및 통화선물 계약의 거래, 통화스왑 등을 포함한다.

한 장에서 모든 내용을 적절히 다룰 수는 없다. 따라서 이번 장에서는 현물환 및 선물환 시장에 국한된 내용을 다룰 것이다. 그리고 제7장에서는 통화선물과 통화옵션 계약을 설명하고, 제14장에서는 통화스왑을 다룰 것이다.

이번 장은 외환시장의 기능과 구조, 그리고 통화 거래의 주요 시장 참여자에 대한 조감으로 시작할 것이다. 그 다음은 현물환 시장에 대해 논의할 것이다. 이 장은 현물환율(spot rate)의 고시(quotation)를 어떻게 읽어낼 것인지와 교차환율(cross rate)의 고시가 어떻게 도출되는지를 살펴보고, 나아가 시장 효율성을 확실하게 해 주는 삼

도표 5.1

2022년 국가별 보고된 국제 외환 거래의 점유율

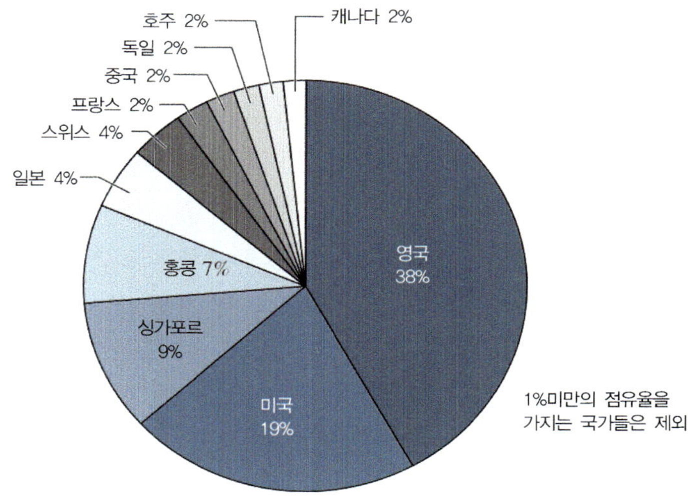

주: 현지 딜러간 거래의 이중계산을 조정하여 보고된 총 외환 거래량의 점유율.
출처: *Triennial Central Bank Survey, Preliminary Results*, Bank for International Settlements, Basle, October 2022 자료를 기초로 하여 도표로 작성.

각차익거래(triangle arbitrage)의 개념에 대해 알아보도록 한다. 그리고 선물환 시장(FX forward market) 대한 논의로 이번 장을 마무리한다. 선물환율의 고시 방법과 선물환시장의 목적에 대해 논의해 보고 스왑율 고시(swap rate quotation)의 목적에 대해 설명할 것이다.

이 장은 이 교재의 나머지 부분의 논의의 상당 부분을 위한 기초를 마련해 준다. 외환시장이 어떻게 운영되는지에 관한 확실한 이해가 없으면 국제재무를 제대로 공부할 수 없다. 이 장을 주의 깊게 그리고 철저히 읽어 보기를 권고한다.

외환시장의 기능과 구조

외환시장의 구조는 상업은행의 중요 기능 중 하나인 고객의 국제무역을 돕는 기능에 따른 결과물이다. 예를 들어 외국 수출업자로부터 상품을 수입하고자 하는 고객 기업이 수출업자 국가의 통화로 송장이 청구된다면, 수입업자인 고객 기업은 외환을 필요로 할 것이다. 반대로 수출품의 송장 청구 통화가 수입업자 국가의 통화여서 지급이 수입업자 국가의 통화로 이루어진다면, 수출업자는 외환을 처리할 방법을 필요로 할 것이다. 이러한 형태의 외환거래를 돕는 것은 상업은행들이 고객들에게 제공하는 서비스 중의 하나이며, 고객들이 은행에게 바라는 서비스 중의 하나이다.

현 · 선물환시장은 **장외시장**(OTC: over-the-counter market)이다. 다시 말해서 매입자와 매도자들이 중앙시장인 거래소에서 모여 거래가 이루어지는 것이 아니다. 오히려 외환시장은 전화 네트워크, 컴퓨터 단말기, 자동화된 거래 시스템으로 연결된 은행 외환~~통화~~거래담당자, 비 은행 딜러들, 그리고 거래를 돕는 외환 브로커들의 세계적인 연합체라고 볼 수 있다. Thomson Reuters와 ICAP는 외환거래에서 이용되는 환율고시 스크린 모니터를 판매하는 가장 큰 사업자들이다. 외환시장의 통신 시스템은 산업, 정부, 군, 국가 안보 및 첩보 활동 모두를 통틀어서 그 중에서도 최고다. 아래 〈현장의 국제재무〉에서 소개되는 "외환시장의 전자화 (Electronification of the Foreign Exchange Market)"는 오늘날 외환거래 환경의 전자적 성격을 잘 묘사하고 있다.

외환거래는 태양이 떠 있는 지역을 돌면서 하루 24시간 내내 이루어진다. 세 개의 주요 외환시장 부분은 호주권, 유럽권, 북아메리카권으로 나뉜다. 호주권은 시드니, 도쿄, 홍콩, 싱가포르, 바레인 센터들을 포함하며, 유럽권은 취리히, 프랑크푸르트, 파리, 브뤼셀, 암스테르담, 런던 센터들을 포함한다. 그리고 북아메리카권은 뉴욕, 몬트리올, 토론토, 시카고, 샌프란시스코, 로스앤젤레스 센터들을 포함한다. 대부분의 외환 거래실들은 하루 9시간에서 12시간 정도 운영되며, 몇몇 은행들은 실험적으로 하루에 8시간씩 3교대로 나누어 24시간 내내 쉬지 않고 운영하고 있다. 어떤 거래 센터들과 기간들이 다른 것들보다 시장에 더 지배적인 영향을 미친다. 특히 활발한 거래는 호주권와 유럽권의 거래시간대가 중첩되는 시간과 유럽권과 북부 아메리카권의 거래시간대가 겹치는 시간에 일어난다. 미국에서 절반 이상의 거래는 유럽 시장도 열려 있는 동부표준시간으로 오전 8시부터 정오 사이(런던은 그리니치 표준시간으로 오후 1시에서 5시에 해당됨)에 이루어진다. 도쿄의 거래자들이 점심을 먹는 시간이면 호주권 시장의 거래는 극적으로 감소한다! 실증연구들 (예컨대, Cai, Howorka, and Wongswan, 2008과 Wang and Yang, 2011)은 런던과 뉴욕이 거래 시간이 겹칠 때에 환율 결정의 과정에서 특히 중요하다는 것을 밝혔다. 〈도표 5.2〉는 시간당 외환관련 평균 전자 대화 횟수를 보여줌으로써 세계적인 외환시장에서의 일반

현장의 국제재무

외환시장의 전자화

거래처리 능력의 증대로부터 즉각적인 데이터이전에 이르기 까지 기술의 진보는 전세계 금융시장을 변화시키고 있으며, 외환시장도 예외가 아니다. 많은 전화 대화를 하고 전화기에 대고 외침으로써 고객을 위한 외환을 거래하는 외환거래자들은 더 이상 표준이 아니다. 국제결제은행(BIS)는[1] 2013년 이후 현물환 거래의 70% 이상이 전자적으로 실행된다고 제시한다. 2021년 10월에 뉴욕연방준비은행이 행한 북미외환거래량조사에 의하면 북미에서의 모든 외환거래의 약 57%와 현물환 거래의 65%가 전통적인 음성 거래에 의존하는 대신에 전자적으로 실행되고 있다. 일부 외환조합의 거래들에서 전자거래량의 비중은 2021년 10월 훨씬 커서 영국 파운드-유로 조합의 경우 72%, 미 달러-홍콩 달러 조합의 경우 71%에 달했다.마찬가지로, 일부 대형 금융기관들은 이제 거의 전적으로 전자거래에 의존하고 있다.자동화는 전자화와 더불어 가는 발전이며, BIS는 전자중개서비스(EBS)에서의 주문의 70%(추정치)가 이제 수동으로가 아니라 알고리즘에 의해 이루어진다고 보고하고 있다. 이러한 전자화의 증가 추세는 다음 그림에서 볼 수 있다.

외환시장의 거래 실행 방법의 변화는 시장참여자 구성의 변화와 그들이 유동성을 제공하고 위험을 공유하는 방식과 관련이 있다. 톰슨로이터스는 1982년 첫 화면 기반 거래시스템을 출시하고 1992년에는 익명 매칭 플랫폼 시스템을 도입했다. 몇몇 대형 은행들은 1993년에 톰슨로이터스와 경쟁하기 위해 비슷한 매칭 플랫폼인 EBS를 출시했다. 최근 몇 년 사이에는 다양한 비은행 전자 시장조성자들이 주요 유동성 제공자로 부상하며, 은행들과 톰슨로이터스 매칭 및 EBS의 전통적인 거래 장소에서 시장점유율을 빼앗고 있다.

외환(FX) 전자거래의 비중
(월별 총거래량에서 전자거래 실행의 백분율)

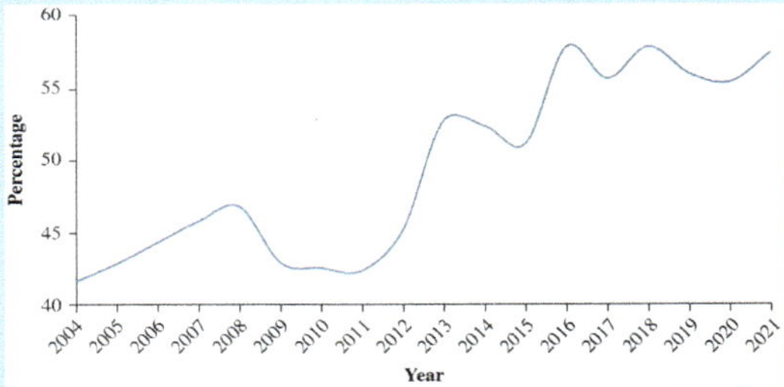

예를 들어, 2015년에 설립된 전자 시장조성자인 XTX 마켓은 2021년에 이미 유로머니 잡지의 최상위 외환유동성 제공자 순위에서 4위를 차지했다. 이 회사는 2021년 외환을 포함한 자산 클래스들에서 하루 평균 2,950억 달러의 거래량을 보고했다.

외환시장의 전자화 증가는 긍정적이고 부정적인 결과를 낳고 있다. 한편으로, 전자화의 증가는 거래비용 감소, 데이터 접근성 및 가용성 증가, 그리고 더 효율적인 가격 결정과 관련이 있다. 예를 들어, Ding and Hiltrop(2010)은[2] 전자 거래시스템으로 인해 더 작아진 매수-매도 스프레드와 지역적인 시장 유동성 차이 감소를 보고하고 있다. 정보 흐름이 크게 증가했으며, EBS 플랫폼의 특정 구독자들에게는 5밀리초마다 가격이 업데이트된다.

다른 한편으로, 외환시장의 변동성이 더 커지고 시장폭락, 즉 플래시 크래시(flash crash)와 같은 시장 기능의 장애에 취약해졌다는 우려가 커지고 있다. 2016년 10월 7일 홍콩 시간으로 오전 7시경(런던 시간으로 자정, 뉴욕 시간으로 오후 7시)에 영국 파운드화 가치가 불과 몇 초 만에 6% 이상 폭락했을 때, 알고리즘 거래는 이미 거래가 얕은 시간에 일련의 지정가매매 주문을 유발하고 자동 매도의 흐름으로 이어질 수 있는 잠재적 원인으로 지목되었다. 따라서, 외환시장의 전자화 증가는 클라우드 서비스에서 새로운 거래 전략에 이르기까지 새로운 도전, 서비스 및 기회를 가져오고 있으며, 이 모든 것이 일어나는 속도는 더욱 놀라운 것이다.

출처: *Semi-Annual North American Foreign Exchange Volume Surveys*, Federal Reserve Bank of New York, October 2004-2021

도표 5.2

시간당 외환관련 평균 전신 대화 횟수(월-금, 2001)

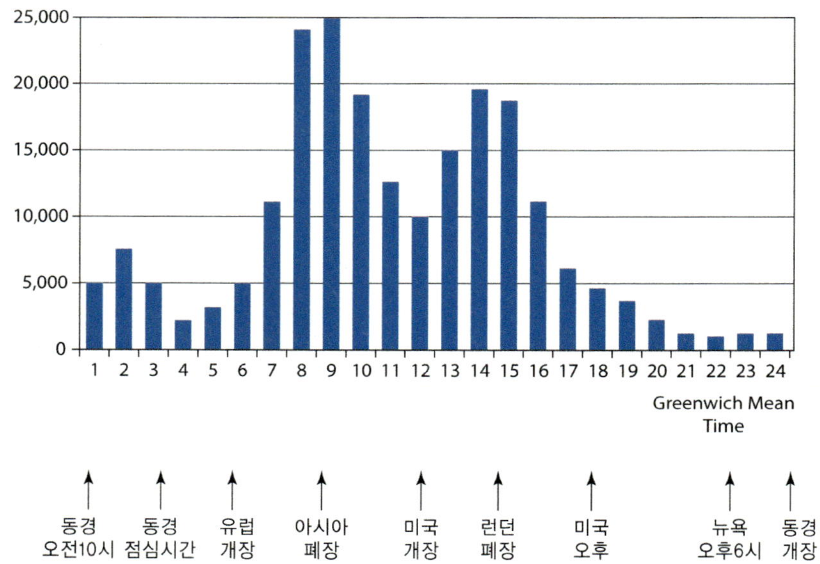

출처: Federal Reserve Bank of New York, "The Foreign Exchange Market in the United States," 2001, www.ny.frb.org.

적인 참여 수준을 제시해 준다. 물론 모든 대화가 완전한 거래로 결과를 맺는 것은 아니다.

세계적으로 외환 거래자들 사이에는 미 달러화에 대해 각 통화의 가격을 결정하고 거래를 하는 것이 관례이다. 예를 들어, BIS 통계는 2022년에 전세계 외환거래의 88%가 거래의 한 쪽에 달러화를 포함하고 있음을 나타낸다. 다음으로 가장 거래가 빈번한 통화는 유로화로서 모든 거래의 31%를 차지한다. 〈도표 5.3〉은 통화별 외환

1) Bank for International Settlements, "Monitoring of Fast-Paced Electronic Markets," September 2018.

2) Ding, L., and). Hiltrop. "The Electronic Trading Systems and Bid-Ask Spreads in the Foreign Exchange Market." Journal of International Financial Markets, Institutions & Money 20, no. 4 (2010), pp. 323-45.

도표 5.3

2022년 모든 기타 통화들에 대한 주요 통화별 평균 일일 외환거래대금

국가	상징	통화코드	거래량 (10억 달러)	퍼센트
미국 달러	$	USD	$6,641	88
유로	€	EUR	2,293	31
일본 엔	¥	JPY	1,253	317
파운드	£	GBP	969	13
중국 위안화	¥	CNY	526	7
호주 달러	A$	AUD	479	6
캐나다 달러	C$	CAD	466	6
스위스 프랑	SFr	CHF	390	5
기타 통화			1,999	27
합계 - 이중 계산			15,016	200
합계 - 이중 계산 안함			7,508	100

주: 거래량은 국내외 딜러간 거래의 이중계산을 조정하여 보고된 것이다.
출처: *Triennial Central Bank Survey, Preliminary Results,* Bank for International Settlements, October 2022 자료를 기초로 하여 도표로 작성.

거래의 상세한 분석을 제시한다. 각 거래에 두 개의 상대방 통화가 있으므로 각 통화는 두 번 보고된다. 따라서, 모든 거래의 합은 이중계산으로 인해 200%가 된다.

〈도표 5.3〉은 또한 가장 활발히 거래되는 통화들을 표시하는 상징들을 제시한다. 다양한 상징들과 약어들이 통화들에 대해 사용된다. 당신은 미 달러화에 대해 $, 영국 파운드화에 대해 £, 유로화에 대해 €이 흔히 사용되는 상징임을 인식할 수 있다. 통화는 통상 다양한 상징들을 가지고 있어, 스위스 프랑화의 경우 CHF, SFr Fr 또는 ₣가 사용된다. 3개 문자의 ISO 통화코드가 또한 사용된다. ISO 4217은 국제표준이며 가장 최근의 것은 ISO 4217:2015이다. 3개 문자의 ISO 코드의 앞 2개의 문자는 국가명의 코드와 같고, 세 번째 문자는 종종 통화 이름의 첫 번째 문자와 같다. 예를 들어, 미 달러화는 USD로 표기되어 US는 국가 코드이고 D는 달러를 표시한다. 또한 ISO 코드의 세자리 숫자 표시 방법도 있다.

〈도표 5.3〉에서 제시된 소수 핵심 통화들의 지배를 배경으로, 연구자들은 다른 통화들이 이러한 핵심 통화들과 같이 움직이는 정도를 분석했고 국가들을 비공식적인 통화 존들로 나누었다.(Hzetzki et al. 2017; Tovar and Nor, 2018) 예를 들어, 미 달러화와 더 같이 움직이고 달러화에 대해 상대적으로 안정적인 통화들의 경제는 달러 존으로 간주된다. 현재, 달러 존과 유로 존은 가장 중요한 통화 존이라고 여겨진다. 환율 정책, 통화 정책 또는 무역 관계로 인해 통화들은 다른 핵심 통화 보다 하나의 핵심 통화와 더 같이 움직일 수 있다. Ito and McCauley(2019)에 의한 최근의 추정치

도표 5.4

2022년 모든 기타 통화들에 대한 주요 통화별 평균 일일 외환거래대금

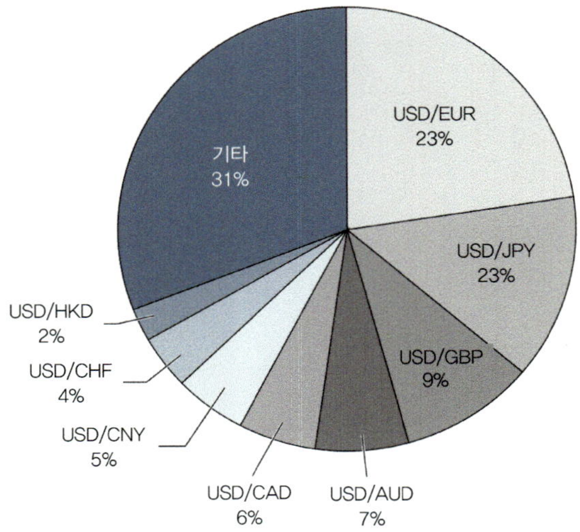

주: 거래대금은 현지 및 국경간 딜러간 이중계산을 차감함.
출처: Triennial Central Bank Survey, Preliminary Results, Bank for International Settlements, October 2022. 자료를 기초로 하여 도표로 작성

들은 달러 존에 속한 국가들이 세계 경제의 약 50-60%를 차지한다고 지적한다. 마찬가지로, 자국 통화가 유로화와 더 같이 움직이는 국가들은 세계 경제의 약 30%를 차지하고 있다.

〈도표 5.4〉에서 보듯이, 세계적으로 가장 흔히 거래되는 통화 조합은 USD/EUR이고 USD/JPY가 그 뒤를 잇는다. USD/EUR 거래는 2022년 모든 외환 거래의 23%를 점유하는데 2019년의 24%보다는 다소 하락한 것이다. 가장 활발히 거래되는 8개의 통화 조합이 2022년 모든 외환 거래의 69%를 차지하였다.

외환시장 참여자들

외환시장은 두 계층의 시장으로 볼 수 있다. 하나는 **도매시장**, 즉 **은행 간 시장**(interbank market)이며, 그리고 다른 하나는 **소매시장**, 즉 **실수요 고객 시장**(client market)이다. 외환시장 참여자들은 5개의 그룹으로 분류될 수 있다. 그것은 국제은행, 은행 고객, 비 은행 딜러, 외환 브로커, 중앙은행들이다. 국제은행은 외환시장의 핵심을 제공한다. 전 세계적으로 대략 100에서 200개의 은행들이 적극적으로 외환

시장을 조성한다. 다시 말해서 그들은 그들 자신의 계좌로 외환을 기꺼이 사거나 팔고자 한다. 이러한 국제은행들은 국제무역을 수행하거나 금융자산에 국제적으로 투자를 하는 과정에서 외환을 필요로 하는 소매고객인 실수요 은행고객들에게 서비스를 제공한다. 그러한 은행고객들은 다국적기업, 재무 관리자, 개인 투기자들을 폭넓게 포함한다. 2022년 BIS 통계에 따르면 소매고객 혹은 실수요 은행고객 거래는 외환 시장의 대략 6%를 차지하며, 나머지 94%는 은행 간 거래나 비 은행 딜러들의 거래가 차지한다. 비은행 딜러들은 투자은행, 뮤추얼 펀드나 연금기금, 그리고 헤지 펀드 같은 대규모 비은행 금융기관들이며, 이들의 거래 규모나 빈도로 볼 때 자신들의 거래실(딜링룸)을 설치하여 은행 간 시장에서 직접 거래하는 것이 비용 면에서 효율적이다. 2022년에 비은행 딜러들이 은행 간 거래량의 48%를 차지하였다.

〈도표 5.5〉는 *Euromoney* 지가 결정하는 2021년 외환시장의 최상위 글로벌 시장 조성 은행들을 열거하고 있다. 전통적으로, 은행들은 외환시장에서 시장조성자 및

도표 5.5

2021년 외환시장의 유동성 제공자의 순위

	전체거래			현물환/선물환	
	기업	시장점유율(%)		기업	시장점유율(%)
1	JPMorgan	11.41	1	JPMorgan	12.23
2	UBS	10.02	2	UBS	10.15
3	Deutsche Bank	8.49	3	Deutsche Bank	8.65
4	XTX Markets	6.69	4	XTX Markets	8.34
5	Citi	6.18	5	Jump Trading	7.37
6	Jump Trading	5.91	6	Goldman Sachs	5.37
7	Goldman Sachs	5.20	7	Citi	5.21
8	Bank of America	4.69	8	Bank of America	4.10
9	State Street	4.54	9	State Street	3.41
10	HSBC	3.49	10	Bank of New York Mellon	3.17
	신흥시장통화			전자거래	
	기업	시장점유율(%)		기업	시장점유율(%)
1	JPMorgan	12.50	1	JPMorgan	12.15
2	Deutsche Bank	8.94	2	UBS	11.20
3	UBS	8.55	3	Deutsche Bank	9.31
4	XTX Markets	7.70	4	XTX Markets	8.30
5	Jump Trading	5.93	5	Jump Trading	7.36
6	Citi	4.94	6	Citi	5.65
7	Goldman Sachs	4.77	7	Goldman Sachs	5.38
8	Bank of America	4.71	8	Bank of America	4.05
9	HSBC	4.18	9	State Street	3.60
10	State Street	4.12	10	HSBC	3.40

자료: Euromoney, July 2021

유동성 제공자로서 서비스를 제공해왔다. 그러나, 새로운 기술들이 비은행 시장참여자들로 하여금 외환시장에서 입지 확보를 가능하게 했다. 이러한 비은행 시장참여자들은 2016년에 처음으로 *Euromoney* 지 순위에 등장했고, 2021년 기준 제 4위 및 6위의 대형 외환 유동성 제공자인 XTX Markets과 Jump Trading사가 비은행 참여자로서 각각 6.69%, 5.91%의 시장점유율을 기록하였다.

국제은행들의 은행 간 거래의 일부는 그들이 보유하고 있는 다양한 외환의 재고수준을 조정하기 위한 것이다. 그러나 대부분의 은행 간 거래는 시장 참여자들이 환율의 미래 움직임을 정확히 예측하여 이득을 보고자 하는 투기거래이거나, 일시적인 가격 불일치로부터 이익을 얻고자 하는 차익거래이다. 외환 거래에서는 시장 심리가 중요한 요인이 되며, 어느 한 딜러는 축적하는 외환 보유 수준으로부터 다른 딜러의 거래 의도를 종종 추론할 수 있다. 헤징 거래는 반대로 환위험을 관리하기 위해 일어나는데 제8-10장이 상이한 유형의 환노출 헤징에 초점을 맞출 것이다.

외환 브로커들은 자신의 포지션은 취하지 않고 단지 외환 딜러들의 매매주문을 매치시켜 주고 수수료를 받는다. 중개업자들은 많은 딜러들이 고시하는 환율 시세에 대한 정보를 가지고 있다. 그러나 오늘날에는 극소수의 전문화된 브로커들만 존재한다. 상당 부분의 은행 간 거래는 Thomson Reuters와 ICAP에 의해 제공되는 외환거래 시스템(플랫폼)에서 이루어진다. 앞서 〈현장의 국제재무〉에서 소개된 "외환시장의 전자화"는 어떻게 외환 거래가 최근에 변화되어 왔는지, 그리고 비은행 딜러들이 전자거래 플랫폼을 이용하여 은행 거래자들이나 다른 비은행 딜러들과 어떻게 경쟁할 수 있는지를 설명하고 있다.

사람들은 종종 한 국가의 통화당국인 중앙은행이 주요 무역 상대국의 통화에 대한 자국 통화의 가격인 환율에 영향을 미치거나 자국의 통화가 기준으로 삼고 있는 국가의 통화에 대한 환율을 "고정" 또는 "페그"시키기 위해 외환시장에 개입했다는 뉴스미디어를 보거나 듣는다. 시장 개입은 자국의 통화 공급량을 줄여 외환시장에서 자국의 통화 가치를 높이기 위해 외환보유고를 이용하여 자국의 통화를 매입하거나, 반대로 자국의 통화 공급량을 늘려 외환시장에서 자국의 통화 가치를 낮추기 위해 자국의 통화를 매각하는 과정이다. 예를 들어, 성공적으로 거래 상대국의 통화에 대해 자국의 통화 가치를 높인 개입은 자국의 수출을 감소시키거나 수입을 증가시킴으로써 거래 상대국의 지속적인 국제수지 적자를 완화시킨다. 외환시장에 개입하는 중앙은행 거래자들은 때때로 자신의 목표를 이루고자 하는 과정에서 외환보유

현장의 국제재무

중국 위안화의 국제화로 가는 길

국제통화기금(IMF)이 2016년 10월 1일 미 달러, 유로, 일본 엔, 영국 파운드 스털링과 함께 중국 위안화(렌민비라고도 알려짐)를 특별인출권(SDR) 바스켓의 다섯 번째 통화로 추가하고, 위안화의 국제적 사용 및 거래 증가를 주된 이유로 인용하면서 중국에게 주요한 경제적 이정표를 표시했다. SDR로 가격이 책정되는 상품과 서비스는 거의 없는 가운데, 소수 SDR 사용 중 하나가 수에즈 운하 통행료이지만, SDR 바스켓에 포함되는 것은 중국 위안화가 세계 경제에서 차지하게 된 중요한 역할을 시사하기 때문에 그 의미가 크다. IMF는 SDR 바스켓에서 중국 위안화의 비중을 10.92%로 할당했는데, 이는 미 달러와 유로보다는 낮지만 일본 엔과 영국 파운드보다는 높은 수준이다. 그러나 일부는 중국이 공식적으로 환율을 복합 통화 바스켓에 대해 2% 범위 내에서 유지하고 있으며, 실제로는 달러의 영향을 많이 받기 때문에 위안화를 SDR에 추가하는 것이 사실상 달러의 비중을 바스켓에서 높인다고 주장한다.

많은 측면에서 중국 경제는 이미 도달했다. 세계에서 두 번째로 큰 경제 대국이자 가장 큰 수출국이며, 미국을 포함한 많은 국가들의 가장 중요한 무역 파트너이다. 중국은 25년 이상 세계에서 가장 높은 경제 성장률을 유지해왔다. 중국의 글로벌 영향력을 더욱 확대하기 위해, 중국 정부는 오랫동안 위안화의 영역을 확장하고 국경 간 투자와 무역을 촉진하며 중앙은행들이 준비금으로 보유하는 소수의 글로벌 통화 중 하나로 만들고자 했다. 위안화를 글로벌 힘으로 만들고 국제통화 지위의 정점에 도달하기 위해, 중국 정부는 시장 개방과 투명성 증가, 환율을 시장의 힘에 따라 더 자유롭게 움직이도록 허용하고 자본 통제를 완화하는 방향으로 노력을 기울였다. 예를 들어, 세계 최초의 위안화 표시 원유 선물은 2018년 3월 도입되어 원유 수출국이 미 달러 외의 다른 통화로 원유를 판매할 수 있게 되었다. 미 달러는 장기간 원자재 가격 결정에서 지배적인 통화였다.

위안화는 실제로 많은 인상적인 성취를 이루었다. 위안화는 동아시아에서 주요 지역 통화로 부상했다. 또한, 2022년 국제결제은행의 최신 조사에 따르면, 호주 달러와 스위스 프랑보다 앞서 세계에서 5번째로 많이 거래되는 통화가 되었다. 대조적으로 2001년에는 35위였다. 영국 중앙은행이 발표한 조사에 따르면, 2018년 런던에서 위안화-미 달러의 거래량이 유로-파운드 거래량을 처음으로 넘어섰다. 2022년 1월 기준으로, SWIFT(주요 통신 및 결제 네트워크) 자료에 따르면, 위안화는 국내 및 국제 결제에서 가치면에서 4번째로 활발히 사용되는 통화로, 2011년 초 30위에서 상승했다. 위안화는 무역을 수용하는 것뿐만 아니라 금융상품으로도 사용되고 있다.

그러나 위안화의 국제화는 쉽지 않았으며, 중국의 거대한 경제력만으로 그것을 세계적인 통화로 만들지는 못했다. 적어도 아직은 그렇지 않다. 위안화가 세계에서 5번째로 많이 거래되는 통화임에도 불구하고, 거의 모든 거래가 미 달러에 대해 이루어지며 다른 통화들과의 거래에서는 유동성이 거의 없거나 전혀 없다. 2020년 위안화는 세계 외환보유고의 2.3%에 불과했으며, 이는 미 달러의 58.9%나 유로의 21.3%에 비해 현저히 낮은 수치이다. 그리고 2022년 1월 기준으로 세계에서 결제에 가장 많이 사용되는 통화 중 4위임에도 불구하고, 실제 위안화의 점유율은 겨우 3.2%에 불과하며, 이는 미 달러의 39.9%에 비교되는 수치이다. 국제 결제에 있어서는 미 달러의 43.1%에 비해 2.3%의 점유율을 가지고 있다. 이는 세계 최대

수출국으로서는 작은 점유율이다. 또한, 현재 거의 모든 원유와 대부분의 원자재는 미 달러로 거래된다.

중국 위안화의 진정한 글로벌 지위로의 상승을 저해하는 요인으로는 중국의 자본통제, 금융시장의 제한된 투명성, 중국 정부와 중앙은행 정책의 불투명성, 중국의 역내 및 역외 시장 간의 갈등 등이 있다. 예를 들어, IMF가 SDR 바스켓에 포함되기 위해 "자유롭게 사용 가능한" 것으로 결정했음에도 불구하고, 중국은 여전히 중요한 자본통제를 유지하며, 국가로 들어오고 나가는 자금에 대한 엄격한 통제를 통해 자본의 급격한 유출을 막고 경제를 통제하고자 한다. 이는 투자자들을 지치게 하고 조심스럽게 만든다. 그러나 SDR 포함과 함께 더 자유롭게 거래되는 위안화와 개방된 시장은 결국 중국 위안화뿐만 아니라 중국과 거래하는 국가들의 통화에 대한 변동성을 증가시킬 수 있다. 한때 강력했던 영국 파운드가 20세기에 미 달러에 자리를 내준 것처럼, 중국 위안화가 미 달러와 경쟁할 글로벌 힘으로 성장할 수 있을까? 결국, 중국은 수십 년 만에 8억 5천만 명을 빈곤에서 벗어나게 했으며, 세계은행에 따르면 글로벌 금융위기 이후 세계 경제성장의 가장 큰 단일 기여국이 되었다. 그러나 위안화의 국제화는 통화에 대한 신뢰를 요구하며, 이는 차례로 경제와 그 경제를 지원하는 제도에 대한 신뢰에 의존한다. 법의 지배, 투명한 정치 과정, 깊고 유동성 있는 금융시장과 같은 제도를 구축하는 것은 시간과 헌신이 필요하지만, 위안화의 국제적 지위로의 상승을 위해 필요하다.

출처: – Foreign Exchange Joint Standing Committee Turnover Survey, Bank of England, October 2018–Foreign Exchange Joint Standing Committee Turnover Survey, Bank of England, October 2018
– RMB Tracker: Monthly Reporting and Statistics on Renminbi (RMB) Progress towards Becoming an International Currency, SWIFT, February 2022
– Triennial Central Bank Survey, Preliminary Results, Bank for International Settlements, October 2022.

고를 잃기도 한다. 단일 중앙은행에 의해 행해지는 시장 개입이 성공적이었다는 증거는 거의 없다. 그러나 몇몇 중앙은행들이 함께 협력하여 행하여진 시장 개입은 매우 성공적이었다.

코레스 은행(Correspondent Banking) 관계

은행 간 시장은 **코레스 은행관계들**(correspondent banking relationships)로 이루어진 네트워크인데, 이는 큰 규모의 상업은행들이 코레스 은행(추심은행 혹은 환결제은행이라고도 부름)계좌라고 불리는 요구불예금 내지 당좌계정을 서로 상대방의 은행에 유지하는 것을 의미한다. 코레스 은행 계좌는 외환시장의 효율적인 기능을 가능하게 하는데, 이는 〈예제 5.1〉을 통해 알아볼 수 있다.

위의 가상의 예는 미국 은행과 네덜란드 수출업자가 둘 다 EZ 은행에 계좌를 가지고 있다고 가정한다. 좀 더 현실적으로 해석하면, EZ 은행이 전체 유로존의 은행

예제 5.1 **코레스 은행 관계**

코레스 은행 계정 네트워크가 어떻게 국제 외환 거래를 용이하게 해주는지에 대한 예로서, 네덜란드의 수출업자로부터 €750,000만큼의 상품을 구입을 원하는 미국의 수입자를 고려해 보자. 미국 수입업자는 자신이 거래하는 미국 은행에 연락하여 $/€ 환율을 문의할 것이다. 미국 은행이 $1.3092/€1.00의 환율을 제시하였다고 하자. 만약 미국 수입업자가 이 가격을 받아들이면, 미국 은행은 미국 수입업자의 요청에 따라 그의 당좌계좌에서 $981,900=€750,000 × 1.3092을 차감한다. 그리고 미국 은행은 유로존에 있는 자신의 코레스 은행인 EZ 은행에게 자신의 계좌에서 €750,000을 차감하여 네덜란드 수출업자에게 지급하도록 지시한다. 미국 은행은 EZ 은행 계좌에서 자신의 유로화 잔액 감소에 대한 보상으로 자신의 은행에 개설되어 있는 미국 수입업자의 계좌에서 차감한 $917,850를 자신의 회계 장부로 이전시킨다.

시스템을 대표하는 것으로 가정하는 것이다. 더욱이, 이 예는 미국 은행과 EZ 은행 사이의 어떤 형태의 커뮤니케이션 시스템을 암시하고 있다. 현실적으로 SWIFT (Society for Worldwide Interbank Financial Telecommunication)라고 불리는 시스템을 통해 국제 상업은행들은 위 예에 나오는 형태의 지시를 서로 행할 수 있도록 해준다. SWIFT는 전세계 200개 이상의 국가와 영토에 있는 11,000개 이상의 금융기관들에 의해 사용하는 민간 비영리 메시지 전달 시스템으로 브뤼셀에 본사를 두고 네덜란드와 버지니아에 대륙 간 교환 센터를 두고 있다. 이전에 Clearing House Interbank Payments System으로 알려져 있었던 Clearing House Interbank Payments System (CHIPS)가 Fedwire라 불리는 미 연방지급준비은행 시스템과 협력하여 국제은행간 미 달러 지급이 수반되는 결제의 95% 이상을 담당한다. CHIPS는 매일 2조 달러 이상의 지급결제를 처리한다.

우리 예시로 돌아와 처음에 미국 은행이 네덜란드 수출업자에게 이체하기 위한 유로화를 구입할 필요가 있다고 가정하자. 미국 은행은 CHIPS를 이용하여 스위스 은행에게 달러를 지불하고 그 대가로 유로화를 구입하는 거래를 결제하고, 스위스 은행에게 정해진 서식에 따라 작성된 송장을 전달함과 더불어 구입한 유로를 EZ 은행에 개설되어 있는 자신의 당좌계좌에 예치하고 이를 EZ 은행이 네덜란드 수출업자에게로 유로를 송금하도록 하는 일련의 소통들이 SWIFT를 통해 이루어진다. 그리고 나서 스위스 은행과 EZ 은행 사이의 이체는 코레스 은행 계좌나 다자간 상계(multilateral netting) 시스템인 CHIPS를 통해 이루어진다.

1995년 8월에 은행 간 외환 거래의 결제를 위한 최초의 국제 청산소인 Exchange Clearing House Limited(ECHO)가 문을 열었다. ECHO는 결제일에 각 통화에 대해 복수의 거래상대방들에게 지불하든 수령하든 상관없이 특정 회원 고객의 지급 및 수취를 상계시켜 주는 다자간 상계 시스템이다. 다국적 상계는 개별 결제의 비효율성과 위험을 제거시켜 준다. 1997년 ECHO는 CLS Services Limited와 함께 합병하여 CLS Group의 한 부문으로 현재까지 운영되고 있다. 현재 70개의 회원사들 사이에 가장 활발히 거래되는 18개의 통화들의 결제가 가능하다.

BIS는 국경간 지급결제 금액이 증가했지만 코레스은행의 숫자는 지난 10년간 약 20% 줄어들었다고 언급했다.[3] 주요 동인은 글로벌 금융위기 이후 규제가 강화되면서 은행들의 사업전략과 위험성향이 변했기 때문이었다. 많은 은행들이 기존의 코레스은행 관계가 더 이상 수익성이 없거나 비용 대비 효과성이 없다고 보고했다. 은행들은 또한 취약한 지배구조와 불법 자금조달에 대한 통제를 가진 국가들로부터 더 많이 철수했다. 더욱이, 기술 진보는 추가적인 국경간 지급결제 수단들을 제공하고 있다.

현물환시장

현물환시장(spot FX market)은 외환의 거의 즉각적인 매입과 매도가 이루어지는 시장이다. 외환을 매입을 하거나(롱포지션을 취하거나) 매도할 수(숏포지션을 취할 수) 있다. 전형적으로 미국 달러와 비 북미 통화 사이의 현물환거래 결제는 거래 후 2영업일(매입자나 매도자의 휴일들을 제외한) 후에 이루어진다. 미국 달러와 멕시코 페소 혹은 캐나다 달러 사이의 현물환거래 결제는 익일 영업일에 이루어진다.[4] BIS 통계에 따르

3) BIS Quarterly Review, March 2020.

4) 여행자들에게 익숙한 소액 환전을 위한 은행권 시장은 현물환시장과는 다르다.

도표 5.6

거래 상품거래 상대별 일평균 외환거래 규모

상품 상대	거래량(10억 달러)		퍼센트	
현물환	2,106		28	
보고 딜러		842		11
기타 금융기관		1,114		15
비금융고객		150		2
일방적 선물환	1,164		16	
보고 딜러		394		.5
기타 금융기관		675		9
비금융고객		95		1
외환 스왑	4,238		56	
보고 딜러		2,225		30
기타 금융기관		1,833		24
비금융고객		180		2
합 계	7,508		100	

주: 거래량은 국내외 딜러간 거래의 이중계산을 조정하여 보고된 것이다.
출처: *Triennial Central Bank Survey, Preliminary Results*, Bank for International Settlements, October, 2022 자료를 기초로 하여 도표로 작성.

면 현물환거래가 2022년 외환거래의 28%를 차지하고 있다. 〈도표 5.6〉에서는 거래 상품별, 거래상대방별로 일평균 외환거래 규모를 자세히 분석하고 있다.

현물환율 고시

현물환율은 **직접통화표시법** 일명 **자국통화표시법**(direct terms)이나 **간접통화표시법** 일명 **타국통화표시법**(indirect terms)으로 나타낼 수 있다. 그 차이를 이해하기 위해서 〈도표 5.7〉을 보자. 이는 2022년 1월 31일 월요일 미 동부 표준시간 늦은 오후 현재 Bloomberg에서 은행 딜러들에 의해 고시된 여러 통화들의 환율들을 보이고 있다.

첫 번째 행은 미국 관점에서의 **직접통화표시법** 일명 **자국통화표시법**에 의한 환율 고시로서 외국 통화 한 단위의 가치를 미 달러로 고시한 것이다. 예를 들어 영국 1파운드의 현물환율이 미 달러로 1.3447달러로 고시되고 있다(다음 절에서 논의될 1개월, 3개월, 6개월 만기의 선물환율들이 5개 주요 통화에 대해서 현물환율 하단에 보인다). 두 번째 행은 미국의 관점에서의 **간접통화표시법** 일명 **타국통화표시법**에 의한 환율 고시로서 미 달러 한 단위의 가치를 외국 통화로 고시한 것이다. 예를 들어, 미국

도표 5.7 환율 고시

통화 2022. 1.31
늦은 오후 뉴욕 거래의 달러 환율

국가/통화	in US$	Per US$
아메리카		
Argentina peso	.0095	105.02
Brazil real	.1883	5.3102
Canada dollar	.7869	1.2708
Chile peso	.001249	800.60
Colombia peso	.000254	3942.5
Costa Rica colon	.001556	642.73
Ecuador US dollar	1	1
Mexico peso	.0485	20.635
Peru new sol	.2601	3.845
아시아/태평양		
Australian dollar	.7067	1.4150
1-mos forward	.7068	1.4149
3-mos forward	.7071	1.4143
6-mos forward	.7077	1.4131
China yuan	.1572	6.3612
Hong Kong dollar	.1283	7.7974
India rupee	.01340	74.622
Indonesia rupiah	.0000696	14368
Japan yen	.00869	115.11
1-mos forward	.00869	115.09
3-mos forward	.00870	114.98
6-mos forward	.00872	114.70
Malaysia ringgit	.2389	4.1855
New Zealand dollar	.6576	1.5206
Philippines peso	.01962	50.975
Singapore dollar	.7400	1.3513
South Korea won	.0008268	1209.5
Taiwan dollar	.03593	27.835
Thailand baht	.03009	33.238
Vietnam dong	.00004	22649.7

국가/통화	in US$	Per US$
유럽		
Czech Rep. koruna	.04616	21.666
Denmark krone	.1499	6.6708
Euro area euro	1.1235	.8901
1-mos forward	1.1241	.8896
3-mos forward	1.1260	.8881
6-mos forward	1.1299	.8851
Hungary forint	.00314	316.19
Norway krone	.1124	8.8963
Poland zloty	.24515	4.0791
Russia ruble	.01293	77.312
Sweden krona	.1073	9.3230
Switzerland franc	1.0785	.9272
1-mos forward	1.0793	.9265
3-mos forward	1.0815	.9247
6-mos forward	1.0857	.9211
Turkey lira	.0752	13.304
UK pound	1.3447	.7431
1-mos forward	1.3444	.7438
3-mos forward	1.3441	.7440
6-mos forward	1.3535	.7443
중동/아프리카		
Bahrain dinar	2.6527	.3770
Egypt pound	.0636	15.722
Israel shekel	.3159	3.1653
Jordan dinar	1.4105	.7090
Kuwait dinar	303002	.3030
Nigeria naira	.00241	415.26
Saudi Arabia riyal	.2665	3.7519
South Africa rand	.0650	15.387
UAE dirham	.2723	3.6730

출처: Bloomberg 자료를 사용하여 편집함.

1달러가 영국 파운드화로 £0.7437의 현물환율 시세를 갖고 있음을 알 수 있다. 분명히 미국의 입장에서 직접통화표시법 일명 자국통화표시법은 영국의 입장에서는 간접통화표시법 일명 타국통화표시법으로 나타낸 것이며, 미국의 입장에서 간접통화

표시법 일명 타국통화표시법은 영국 입장에서는 직접통화표시법 일명 자국통화표시법으로 나타낸 것이다.

은행간 시장에서 대부분의 통화는 미 달러 1단위당 외국 통화의 단위로 표시하는 **유럽식 표시법**(European terms)을 사용한다(이를 미국의 관점에서 보면 간접통화표시법 일명 타국통화표시법에 해당된다). 그러나 관행상 일부 통화 가격들은 달러로 표시하는 **미국식 표시법**(American terms)을 이용한다(이를 미국의 관점에서 보면 직접통화표시법 일명 자국통화표시법에 해당된다). 1971년 이전에는 영국 파운드화는 10진법을 사용하지 않았다. 즉 1파운드가 10개의 하위 통화로 자연스럽게 나누어지질 않는다. 따라서 10진법을 이용하는 통화들을 파운드화로 가격을 나타내기가 번거롭다. 필연적으로 영국 파운드화와 더불어 영연방 국가들의 통화인 호주 달러, 뉴질랜드 달러 등의 가격을 10진법을 이용하는 통화로 표시하는 관행이 생겼으며 이러한 관행이 계속 이어지고 있다. 유로화가 도입되었을 때, 유로화도 미국식 표시법을 사용하기로 결정하였다. 초보자들에게는 혼란스럽지만 환율을 검토할 때 명심해야 할 부분이다.

이 책에서 우리는 현물환율 시세를 다음과 같은 표기를 이용하기로 한다. 일반적으로 $S(j/k)$는 k 통화 한 단위의 가격을 j 통화의 값으로 나타낸 것으로 한다. 따라서 〈도표 5.7〉에서 살펴본 1월 31일 월요일의 영국 1파운드의 미국식 표시법에 의한 환율은 $S(\$/£)=1.3447$로 표시된다. 이에 상응하는 유럽식 표시법으로는 $S(£/\$)=0.7437$이 된다. 환율 표시법 중 어떤 방법이 사용되었는지를 맥락상 분명히 알 수 있는 경우에는 덜 번거로운 S를 현물환율로 쓰기로 한다.

직관적으로 미국식 표시법과 유럽식 표시법은 서로 역수 관계이다.

$$S(\$/£) = \frac{1}{S(£/\$)} \tag{5.1}$$

$$1.3446 = \frac{1}{0.7437}$$

1.3447과 다른 것은 반올림에 따른 차이다. 역수를 계산할 때 계산된 환율과 <도표 5.7>의 환율 간에 사소한 차이가 반올림으로 인해 발생할 수 있다.

유사하게

$$S(£/\$) = \frac{1}{S(\$/£)} \tag{5.2}$$

$$0.7437 = \frac{1}{1.3447}$$

교차환율 고시

잠시 거래비용을 무시하고 **교차환율**(cross-exchange rate)의 개념을 살펴보기로 하자. 교차환율이란 거래할 두 통화 중 하나가 미 달러가 아닌 경우 두 통화 간 환율이다. 이는 거래할 두 통화의 미 달러에 대한 환율(미국식표시법에 의하든 아니면 유럽식표시법에 의하든)을 이용하여 두 통화 간 환율을 계산할 수 있다.

예를 들어, €/£의 교차현물환율은 미국식표시법으로 다음과 같이 표현된다.

$$S(€/£) = \frac{S(\$/£)}{S(\$/€)} \tag{5.3}$$

여기에 〈도표 5.7〉로부터의 수치를 대입하면 다음과 같다

$$S(€/£) = \frac{1.3447}{1.1235} = 1.1969$$

즉, £1.00가 $1.3447이며 그리고 €1.00가 $1.1235일 때 £1.00은 유로화로 €1.1969의 가치가 있음을 의미한다. 유럽식 표시법으로는 다음과 같이 표시되고 계산된다.

$$S(€/£) = \frac{S(€/\$)}{S(£/\$)} \tag{5.4}$$

$$= \frac{0.8901}{0.7437} = 1.1969$$

즉, $1이 €0.8901이고 $1이 £0.7437이면, £1은 €1.1969가 된다.

유사하게

$$S(£/€) = \frac{S(\$/€)}{S(\$/£)} \tag{5.5}$$

$$= \frac{1.1235}{1.3447} = 0.8355$$

그리고

$$S(£/€) = \frac{S(£/\$)}{S(€/\$)} \tag{5.6}$$

$$= \frac{0.7437}{0.8901} = 0.8355$$

반올림으로 인해, 계산된 교차환율은 때때로 사소한 차이가 있을 수 있다.

어떤 목적을 위해서는 교차환율을 미국식 표시법의 환율이나 유럽식 표시법의 환

도표 5.8 주요 교차환율

	USD	EUR	JPY	GBP	CHF	CAD	AUD	NZD	HKD	NOK	SEK
스웨덴	9.3230	10.474	.08099	12.537	10.055	7.3366	6.5886	6.1310	1.1957	1.0480	—
노르웨이	8.8963	9.9949	.07723	11.963	9.5949	7.0008	6.2870	5.8504	1.1409	—	.95423
홍콩	7.7974	8.7603	.06774	10.485	8.4097	6.1360	5.5104	5.1277	—	.87648	.83636
뉴질랜드	1.5206	1.7084	.01321	2.0448	1.6400	1.1966	1.0746	—	.19502	.17093	.16310
오스트리아	1.4150	1.5898	.01229	1.9028	1.5261	1.1135	—	.93055	.18147	.15906	.15178
캐나다	1.2708	1.4277	.01104	1.7088	1.3706	—	.89805	.83568	.16297	.14284	.13630
스위스	.92718	1.0417	.00805	1.2468	—	.72963	.65525	.60974	.11891	.10422	.09945
영국	.74366	.83551	.00646	—	.80207	.58521	.52555	.48905	.09537	.08359	.07977
일본	115.11	129.33	—	154.79	124.15	90.584	81.349	75.700	14.763	12.939	12.347
유로	.89008	—	.00773	1.1969	.95998	.70043	.62902	.58534	.11415	.10005	.09547
미국	—	1.1235	.00869	1.3447	1.0785	.78693	.70670	.65762	.12825	.11241	.10726

출처: 2022년 1월 31일 동부 표준시간 늦은 오후 기준으로 Bloomberg에서 인용.

율을 나누어 계산하기보다는 미국식 표시법의 환율과 유럽식 표시법의 환율을 곱하여 계산하는 것이 더 쉽다. 예를 들어 $S(€/\$)$를 $1/S(\$/€)$로 대체하면 식 (5.3)을 다음과 같이 쓸 수 있다.

$$S(€/£) = S(\$/£) \times S(€/\$) \tag{5.7}$$
$$= 1.3447 \times 0.8901$$
$$= 1.1969$$

일반적으로,

$$S(j/k) = S(\$/k) \times S(j/\$) \tag{5.8}$$

식 (5.8)의 양변을 역수로 취하면 다음과 같다.

$$S(k/j) = S(k/\$) \times S(\$/j) \tag{5.9}$$

식 (5.8)과 식 (5.9)에서 \$가 서로 상쇄되어 소거됨에 주목하라.

식 (5.3)에서 식 (5.9)까지의 식들은 우리에게 N개의 통화가 주어지면 삼각행렬로서 $N\times(N-1)/2$개의 교차환율을 계산할 수 있음을 시사한다. 11개의 주요 통화들에 대해 $S(j/k)$ 혹은 $S(k/j)$로 나타낸 55개의 교차환율들을 Bloomberg에서 이용가능하다. 〈도표 5.8〉은 2022년 1월 31일 월요일자 표를 예로서 보여주고 있다.

매입-매도 스프레드

이제까지의 논의에서는 외환거래에 있어 매매가격 차이(bid-ask spread)를 무시했다. 은행 간 외환거래자들은 **매입가격**(bid price)으로 외환을 매입하여 재고를 늘리고 매수가격보다 높은 **매도가격**(offer or ask price)으로 외환을 매도하여 재고를 줄인다. 〈도표 5.7〉의 Bloomberg 환율 고시를 고려해 보자. 보이는 가격들이 매입가격인가 아니면 매도가격인가? 그것들은 대부분 매입과 매도 환율의 평균인 중간환율을 말한다. 하지만 일반화의 손실 없이 논의의 편의성을 위해 달러 1단위당(per US$) 환율이 매입가격이며, 그리고 달러로(in US$) 표시된 환율이 매도가격이라고 가정하자. 따라서 유럽식 표시법에 의해 고시된 가격은 은행 간 매입가격이고 미국식 표시법은 은행 간 매도가격이다.

우리가 예로서 이용한 £/$ 가격고시에 대해 자세히 알아보기 위해 $S^b(£/\$) = 0.7437$이라고 표시하면, 이는 은행 딜러가 미국 1달러에 대해 £0.7437을 지급하겠다는 것을 의미한다. 그러나 만약 은행 딜러가 영국 파운드를 지급하고 그 대가로 미 달러를 매입하겠다는 것은, 미 달러를 수취하고 그 대가로 영국 파운드를 매도하겠다는 것이다. 이는 $/£ 가격고시가 매도가격임을 의미하며 이를 $S^a(\$/£) = 1.3447$로 표시할 수 있다. 즉 은행 딜러가 1파운드를 $1.3447로 매도하겠다는 것이다.

이제 딜러가 이익을 얻을 수 있게 하는 매입-매도 스프레드를 알아보자. 은행 딜러가 1파운드를 미국식 표시법으로 1.3447 달러를 수취하고 매도하기를 원하면, 딜러는 영국 파운드를 더 싸게 매입 또는 덜 지급함으로써 그 차이 즉, 스프레드로부터 이익을 얻을 수 있다. 매입가격이 매도가격보다 0.0005 달러 만큼 낮아서 $S^b(\$/£) = 1.3442$라고 가정하자. 이에 따라 영국 파운드에 대한 매입-매도 환율 고시는 미국식 표시법으로 $1.3442-$1.3447이 되고, 이는 딜러가 0.0005달러의 매입-매도 스프레드로서 $1.3442에 영국 파운드를 매입하고, $1.3447에 매도하는 것을 의미한다.

미국식 표시법과 유럽식 표시법 간에 역수 관계가 성립한다는 사실과, 매입-매도 스프레드를 인식하면 다음 식을 의미한다.

$$S^a(\$/£) = \frac{1}{S^b(£/\$)} \tag{5.10}$$

과,

$$S^a(£/\$) = \frac{1}{S^b(\$/£)} \tag{5.11}$$

유럽식 표시법으로, 은행 딜러는 미 달러 1단위에 대해 0.7437 파운드의 매입가격보다 더 높은 매도가격을 원할 것이다. 식 (5.11)을 사용하여 다음을 얻는다.

$$0.7439 = 1 / 1.3442$$

그러므로, 은행 딜러의 £0.7439의 매도 가격은 실제 £0.7437의 매입 가격보다 더 높다. 따라서 미 달러에 대한 매입-매도 가격 고시는 유럽식 표시법으로 £0.7437-£0.7439이며, 이는 딜러가 £0.7437의 가격으로 달러를 매입하고 £0.7439의 가격으로 달러를 매도할 의향이 있음을 의미한다.

다음의 표는 미국식 표시법과 유럽식 표시법에 의한 매입가격과 매도가격 간의 역수관계를 요약해 보여준다.

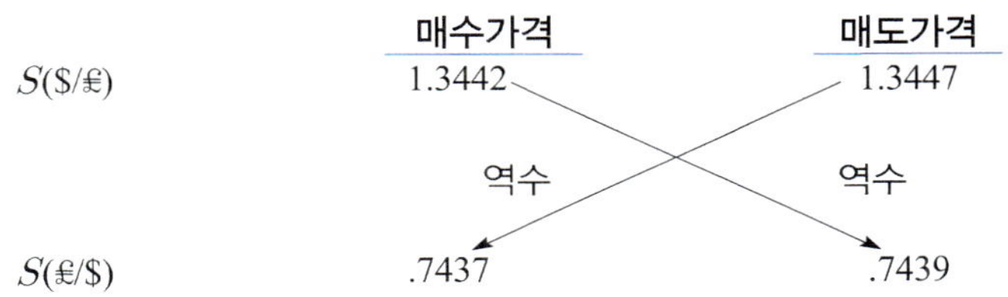

각 열행에서 환율들은 분모 통화, 즉 첫 번째 열행에서는 파운드, 두 번째 열행에서는 달러의 단위당 매수가격과 매도가격 고시임을 주목하라.

외환시장은 유동성이 높다. 따라서, 은행간 매입-매도 스프레드는 매우 얇다. 예를 들어, Karnaukh 등(2015)은 2007~2012년에 걸쳐 9개 주요 통화들에 대해 평균 매입-매도 스프레드를 추정했다. 미 달러-유로와 미 달러-영국 파운드의 평균 매입-매도 스프레드는 각각 $0.0001037과 $0.0001522이었다. 앞서 언급했듯이, 표준 관행은 유로와 영국 파운드를 미국식 표시법으로 고시하는 것이다. 스위스프랑-미 달러 환율의 매입-매도 스프레드는 통상 유럽식 표시법으로 고시되고 SFr0.0002864이었다.

현물환 거래

은행 간 시장에서 큰 은행들의 주요 통화들에 대한 표준화된 거래 규모는 미 달러로 $10,000,000, 즉 거래자들의 용어로 "10달러"이다. 딜러들은 기꺼이 $10,000,000를 사거나 팔고자 하는 가격인 매수-매도 환율을 고시한다. 고시한 현물환율은 단지 몇 초만 유효하다. 만약 어떤 거래자가 살 건지 팔 건지를 고시된 가격으로 즉시 결정하지 못한다면 그 가격은 철회될 가능성이 높다.

은행 간 외환거래자들은 대화에서 간편한 약어를 이용한다. 앞에서 언급한 $/£ 매수-매도가격인 $1.3442－$1.3447을 참고해 보자. "1.34"을 업계에서는 매수환율의 큰 숫자(big figure)라고 불리는데 이것은 대부분의 거래자들에게 알려져 있다. 소수점 오른쪽 뒤 부분 두 숫자는 작은 숫자(small figure)로 알려져 있다. 마찬가지로 "1.34"는 매도환율의 큰 숫자이다. 영국 파운드의 현물환의 경우 매매가격 차이(bid-ask spread)가 약 5포인트 정도라 가정하면 딜러가 환율 고시를 요청받았을 때 그는 분명히 "42－47"라는 가격으로 답변할 것이다.

매매가격 차이의 고시 체제는 딜러의 외환에 대한 보유재고 포지션을 용이하게 늘리거나 줄일 수 있도록 해준다. 현재 대부분의 $/£ 딜러들이 $1.3442－$1.3447에 거래하고 있다고 가정하자. 파운드가 달러에 대해 상당히 가치가 상승될 거라고 믿는 딜러들은 파운드를 더 보유하기를 원할 것이다. 그 경우 딜러가 "43－48"로 환율을 고시하게 되면 몇몇 거래자들로 하여금 시장가격보다 더 높게 해당 딜러가 고시한 매입가격에 파운드를 매도하고 싶게 만들고 또한 다른 거래자들이 시장가격보다 더 높게 해당 딜러가 고시한 매도가격에서 매입하지 못하도록 하여 자신이 원하는 파운드의 보유량을 늘릴 수 있게 된다. 반대로 파운드가 가치 하락할 것이라고 믿는 딜러들은 "41－46"으로 환율을 고시하여 자신의 파운드 보유량을 줄일 것이라고 유추해 볼 수 있다.

소매 시장의 매매가격 차이는 은행 간 거래의 경우보다 더 크다. 다시 말해서 작은 규모의 거래가 이루어지는 소매시장에서는 더 낮은 매수가격 그리고 더 높은 매도 가격으로 인해 더 큰 매매가격 차이가 적용된다. 이는 거래가 어떤 계층의 시장에서 이루어지든 존재하는 고정비 부담을 커버하기 위해서는 어쩔 수 없다.

은행 간 딜링 룸은 전형적으로 개개의 거래자들이 각각의 통화를 거래하도록 이루어져 있다. 큰 은행의 딜링 룸은 미국 달러를 모든 다른 주요 통화(일본 엔화, 유로, 캐나다 달러, 스위스 프랑, 영국 파운드, 추가로 주요 통화가 아닌 현지 통화)와 거래하는 사람들로 배치되어 있다. 또한 개별 은행들은 지역 통화나 개발도상국의 통화와 미 달러 간의 외환시장을 형성하는 데 특화할 수도 있다. 추가로 은행들은 달러를 포함하지 않은 두 통화 간 거래에서 교차환율 거래 데스크도 종종 운영한다. 보다 지역적인 거래에 익숙한 유럽 은행들의 딜러들은 흔히 유로화에 대해 여타 통화의 환율을 고시하고 거래한다.

교차환율 거래 데스크

본 장의 앞부분에서 대부분의 은행 간 거래는 달러를 통해 거래가 이루어짐을 언급했다. 어떤 은행 고객이 영국 파운드를 스위스 프랑으로 환전하기를 원한다고 하자(이는 은행이 고객으로부터 영국 파운드를 매입하고 그 대가로 스위스 프랑을 매도하는 거래가 된다. 따라서 은행은 해당 고객에게 영국 파운드 1단위당 스위스 프랑으로 표시된 매입가격을 고객에게 고시해야 한다). 달러가 아닌 통화 간 거래를 업계의 용어로 **통화 대 통화**(currency against currency)**거래**라고 부른다. 은행은 빈번히(혹은 효과적으로실제로) 고객의 거래를 통해 받게 되는 파운드를 팔아 미 달러로 바꾸고 다시 이 달러를 팔아 스위스 프랑으로 바꾸는 식으로 처리한다. 언뜻 보기에 이런 식으로 거래를 처리하는 게 매우 우스꽝스럽게 보일지도 모른다. 왜 영국 파운드를 직접 스위스 프랑으로 바꾸질 않는가? 이 질문에 답하기 위해 〈도표 5.8〉 교차환율로 돌아가 보자. 어떤 은행의 모국 통화가 주요 통화 11개 중의 하나라고 하자. 그 은행의 트레이딩 룸은 전형적으로 각각의 비 달러 통화와 미 달러 간의 거래를 담당하는 10개의 트레이딩 데스크로 되어 있다. 각 거래자들은 자신이 담당하는 비 달러 통화와 달러 간의 시장을 형성하는 데만 관심을 가지면 된다. 그러나 만약 각각의 11개의 통화가 다른 통화들과 직접 거래하려면 딜링룸은 55개의 트레이딩 데스크를 수용해야 한다. 혹은 더 나쁘게도 개개의 거래자들은 몇 개의 통화 짝들에 대한 외환시장을 조성해야 할 책임을 져야 한다(예를 들자면 단순히 €/$만의 거래가 아니라 €/£, €/$, €/SFr와 같이 여러 종류의 거래를 책임져야 한다).

은행들은 예컨대 언급한 영국 파운드화를 스위스 프랑화로 환전하고자 하는 고객을 위해 교차환율 거래 데스크에서 통화 대 통화거래를 취급한다. 식 (5.8)로부터 *S(SFr/£)*는 *S($/£)*과 *S(SF/$)*을 곱하여 구할 수 있음을 상기하자.

$$S^b(SFr/£) = S^b(\$/£) \times S^b(SFr/\$) \tag{5.12}$$

은행은 영국 파운드 단위당 스위스 프랑으로의 매입가격을, 미국식 표시법으로 표기된 영국 파운드 단위당 미 달러로의 매입가격과 유럽식 표시법으로 표기된 미 달러 단위당 스위스 프랑으로의 매입가격을 곱하여 고객에게 고시한다.

식 (5.12)에서 산출된 식의 역수를 취하면 식 (5.9)와 유사한 식 (5.13)이 얻어진다.

$$S^a(£/SFr) = S^a(£/\$) \times S^a(\$/SFr) \tag{5.13}$$

다음 예제에서 보는 바와 같이, 식 (5.13)은 은행이 또 다른 방식으로 스위스 프랑

1단위당 영국 파운드로의 매도가격을, 유럽식 표시법으로 표기된 미 달러 단위당 영국 파운드화로의 매도가격과 미국식 표시법으로 표기된 스위스 프랑 1단위당 미 달러로의 매도가격을 곱하여 고객에게 제시할 수 있다는 것을 나타낸다.

예제 5.2 **교차환율 매매가격 차이 계산**

$/£ 매입-매도가격이 이전처럼 $1.3442－$1.3447이고, £/$ 매입-매도가격이 £0.7437－£0.7439라고 가정하자. $/€ 매입-매도가격이 $1.1230－$1.1235이며, €/$ 매입-매도가격이 €0.8901－€0.8905라고 하자. 이러한 매입-매도가격과 식 (5.12)로부터 $S^b(€/£)=1.3442\times.8901=1.19647$을 의미한다. 그리고 $S^b(€/£)$의 역수를 취하면 $S^a(£/€)=.8358$임을 도출할 수 있다.

유사하게 식 (5.13)은 $S^a(€/£)=1.3447\times.8905=1.19746$을 암시한다. 그리고 그 역수를 취하면 $S^b(£/€)=.8351$임을 의미한다. 즉 €/£ 매입-매도가격은 €1.19647－€1.19746이고 £/€ 매입-매도가격은 £0.8351－£0.8358이다. 교차환율의 매매가격 차이가 미국식 표시법이나 유럽식 표시법의 매매가격 차이보다 훨씬 크다는 사실을 주목하라. 예를 들어 €/£ 매매가격 차이(bid-ask spread)는 €0.00099인 반면 €/$ 매매가격 차이(bid-ask spread)는 €0.0004이다. £/€ 매매가격 차이(bid-ask spread)는 £0.0007인 반면 $/€ 매매가격 차이(bid-ask spread)는 $0.0005인데, 이는 영국 파운드의 거래되고 있는 달러 가격수준(1.3달러보다 약간 높은)을 고려해 볼 때 두 매매가격 차이(bid-ask spread) 간의 차이(difference)는 상당한 크기이다. 이러한 사실의 함의는 교차환율은 두 개의 비 달러 통화 간 거래를 위해 필요한 두 개의 거래에 대한 매매가격 차이가 암묵적으로 반영된다는 것이다. 그러므로 은행이 비 달러 통화 간 직접 거래를 수행하는 경우라 하더라도 그 거래는 실질적으로 달러를 통해서 이루어지기 때문에 통화 대 통화거래의 환율은 두 통화의 달러 환율로부터 계산되는 교차환율과 일치하게 된다. 〈도표 5.9〉는 더 자세한 통화 대 통화거래를 설명해 준다.

삼각차익거래

어떤 은행들은 교차환율 스프레드보다 좁은 매매가격 차이로 환율을 고시하며, 비 달러 통화 간 직접 시장을 조성하는 데 특화한다. 그럼에도 불구하고 내재된

도표 5.9

교차환율 외환거래

은행 공시	미국식 표시법		유럽식 표시법	
	매입	매도	매입	매도
영국 파운드	\$1.3442/£	\$1.3447/£	£0.7437/\$	£0.7439/\$
유로	\$1.1230/€	\$1.1235/€	€0.8901/\$	€0.8905/\$

a. 은행 고객이 유로화를 대가로 £1,000,000을 매도하기를 원한다.
먼저 은행은 파운드의 매입 가격인 \$1.3442/£에 고객의 영국 파운드를 매입하고 미 달러를 매도할 것이다. 파운드의 매도는 은행 고객에게 £1,000,000×\$1.3442/£=\$1,344,200를 낳는다.
다음으로 은행은 달러의 매입 가격인 €0.8901/\$에 달러를 매입하고 유로를 매도할 것이다. 달러의 매도는 은행 고객에게 \$1,344,200×€0.8901/\$=€1,196,472를 낳는다.
따라서 은행 고객은 실질적으로 유로를 대가로 영국 파운드를 €1,196,472÷£1,000,000=€1.19647/£의 €/£ 매입 가격으로 매도한 것이 된다.

b. 은행 고객이 파운드를 대가로 €1,000,000을 매도하기를 원한다.
먼저 은행은 먼저 달러의 매도 가격인 €0.8905/\$에 고객의 유로를 매입하고 달러를 매도할 것이다. 유로의 매도는 은행 고객에게 €1,000,000÷€0.8905/\$=\$1,122,965를 낳는다.
다음으로 은행은 파운드의 매도 가격인 \$1.3447/£에 파운드를 매도하고 달러를 매입할 것이다. 달러의 매도는 은행 고객에게 \$1,122,965÷\$1.3447/£=£835,104를 낳는다.
따라서 은행 고객은 실질적으로 유로를 대가로 영국 파운드를 €1,000,000÷£835,104=€1.19746/£의 €/£ 매도 가격으로 매입한 것이 된다.

(a)와 (b)로부터 파운드에 대한 통화 대 통화 매입-매도 스프레드는 €1.19647－€1.19746이 되며, 이는 예제 5.2에서 계산된 매입-매도 스프레드와 동일하다.

(implied) 매입-매도 교차환율은 비 달러 간 시장 조성자들에게 규율을 부과한다. 그들의 비 달러 통화 간 직접적인 매입-매도 환율이 내재 교차환율과 일치하지 않는다면 **삼각차익거래**(triangle arbitrage)가 가능하다.[5] 삼각차익거래는 미국 달러로부터 제2의 통화로 거래하고 이를 제3의 통화로 거래하고 이를 다시 미국 달러로 거래한다. 이의 목적은 직접적인 매입-매도 환율이 교차환율로부터 괴리되는 경우, 제2의 통화에서 제3의 통화로의 거래를 통해 이익을 얻기 위한 것이다. 미 달러화 기반의 투자자의 경우, 이 과정은 먼저 미 달러로부터 제2의 통화로 거래, 그 다음 제 2의 통화에서 제3의 통화로의 거래, 다음으로 제3의 통화에서 미 달러화로 거래가 이루어진다.

5) 차익거래는 무위험, 무투자(무비용)로 이익을 보장받는 전략이다.

예제 5.3

삼각차익거래 기회의 이용

삼각차익거래를 보이기 위해 당신이 2022년 1월 31일 월요일에 외환시장을 모니터링하는 트레이더라고 가정하자. 거래 자금으로 1,000,000달러를 보유하고 있으며, 이 예제에서는 매입-매도 스프레드와 거래비용은 고려하지 않는다. 크레디트 스위스와 JP모건이 각각 스위스 프랑 및 일본 엔 대 미 달러에 대해 시장을 조성하고 있으며, 〈도표 5.7〉에 나열된 것과 같은 $/SFr 및 ¥/$ 환율을 제시하고 있음을 본다. 또한, 미즈호 은행이라는 주요 일본 은행이 스위스 프랑과 일본 엔 사이에 직접 시장을 조성하고 있으며, 125.10¥/SFr의 환율을 제공하고 있음을 알아차린다. 아래는 이 환율을 요약한 것이다:

크레디트 스위스	$1.0785/SFr
JP모건	¥115.11/$
미즈호	¥125.10/SFr

교차환율 식 (5.8)은 크레디트 스위스와 JP모건으로부터의 달러 환율들을 기반으로 한 ¥/SFr 환율이 ¥124.15/SFr 이어야 함을 의미한다:

$1.0785/SFr × ¥115.11/$ = ¥124.15/SFr

그러나 미즈호 은행은 내재된 환율(¥124.15/SFr)보다 높은 환율(¥125.10/SFr)을 고시하고 있다:

고시된 직접 교차환율 ¥125.10/SFr ≠ 내재된 교차환율 ¥124.15/SFr

그러므로 환율은 분명히 일치하지 않아, 차익거래로 이익을 얻을 기회를 제공한다. 내재된 교차환율은 1 스위스 프랑이 124.15엔이어야 함을 나타낸다. 그러나 미즈호는 스위스 프랑에 대해 더 높은 환율을 제시하고 있으므로, 당신은 일본 엔에 대해 스위스 프랑을 미즈호에 팔고자 할 것이다. 그러나 당신은 미 달러로 시작하고 있다. 따라서 먼저 미 달러를 스위스 프랑으로 전환한 다음, 스위스 프랑을 일본 엔으로, 그리고 마지막으로 일본 엔을 미 달러로 전환하여 미 달러로 이익을 실현할 것이다.

결과적으로, 이러한 삼각차익거래를 활용하여 위험을 피하고 이익을 취하기 위해 다음 거래들을 동시에 진행할 수 있다.

1. 1,000,000달러를 매도하고 크레디트 스위스에서 $1.0785/SFr의 환율로 927,213.72 스위스 프랑을 매입한다.

$1,000,000 ÷ $1.0785/SFr = SFr 927,213.72

2. 927,213.72 스위스 프랑을 매도하고 미즈호에서 ¥125.10/SFr의 환율로 115,994,436.40 일본 엔을 매입한다.

SFr 927,213.72 × ¥125.10/SFr = ¥115,994,436.40

3. 115,994,436.40 일본 엔을 매도하고 JP모건에서 ¥115.11/$의 환율로 1,007,683.40달러를 매입한다.

¥115,994,436.40 ÷ ¥115.11/$ = $1,007,683.40

결과적으로, 7,683.40달러의 차익거래 이익을 얻는다.

$7,683.40 = $1,007,683.40 − $1,000,000

당신의 차익거래 전략은 〈도표 5.10〉에 나타나 있다. 이러한 삼각차익거래 이익은 환율이 일치하게 되고 제시된 교차환율이 암시된 교차환율과 같아질 때 사라질 것이다. 더욱이, 〈도표 5.10〉에 표시된 거래의 방향은 거래자가 어떤 화폐로 시작하든 이익을 얻기 위해 동일해야 한다. 예를 들어, SFr 1,000,000의 자금으로 시작하는 스위스 거래자였다면, 여전히 미즈호에 스위스 프랑을 매도하고 일본 엔을 매입할 것이다. 따라서 스위스 프랑 기반 거래자의 거래 순서는 다음과 같을 것이다:

1. 1,000,000 스위스 프랑을 매도하고 미즈호에서 ¥125.10/SFr의 환율로 125,100,000 일본 엔을 매입한다.

SFr 1,000,000 × ¥125.10/SFr = ¥125,100,000

2. 125,100,000 일본 엔을 매도하고 JP모건에서 ¥115.11/$의 환율로 1,086,786.55 달러를 매입한다.

¥125,100,000 ÷ ¥115.11/$ = $1,086,786.55

3. 1,086,786.55 달러를 매도하고 크레디트 스위스에서 $1.0785/SFr의 환율로 1,007,683.40 스위스 프랑을 매입한다.

$1,086,786.55 ÷ $1.0785/SFr = SFr1,007,683.40

차익거래 이익 = SFr7,683.40 = SFr 1,007,683.40 − SFr 1,000,000

도표 5.10
삼각차익거래의 예

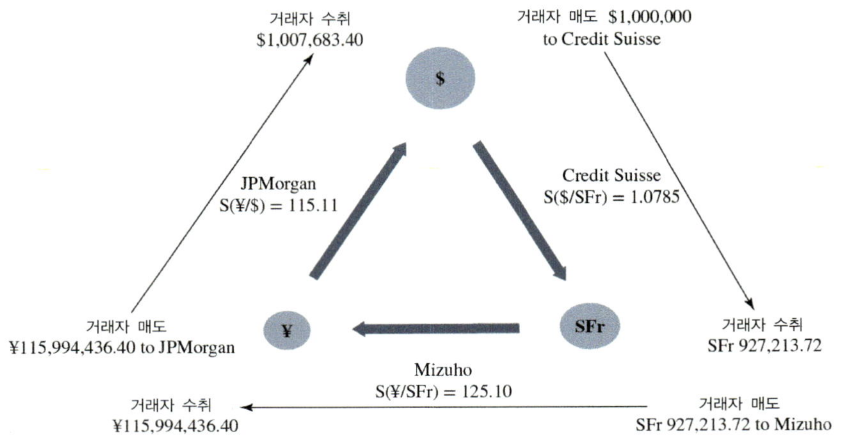

이제 매입-매도 스프레드 내지 매매가격차(Bid-Ask Spread)를 고려해 보자. 예제 5.4는 삼각차익거래 전략에 매매가격차를 포함한다.

예제 5.4 매입-매도 스프레드를 포함한 삼각차익거래 기회의 이용

교차환율 거래자가 BNP 파리바가 달러를 €/$ = .8901의 환율로 매입하고 있다는 것을 알아차렸다고 가정하자. 마찬가지로, 그녀는 바클레이즈가 $/£ = 1.3442의 환율로 영국 파운드를 매입하고 있음을 관찰한다. 그녀는 다음으로 크레디 아그리콜이 유로와 파운드 사이에 직접 시장을 조성하고 있으며, 현재 매도 가격이 €/£ = 1.19500임을 발견한다.

BNP 파리바	Sb(€/$) = .8901
바클레이즈	Sb($/£) = 1.3442
크레디 아그리콜	Sa(€/£) = 1.19500

교차환율 식 5.12는 €/£ 매도 가격이 매입 가격, 즉 €/£ = 1.3442 x .8901 = 1.19647보다 낮아서는 안 됨을 시사한다. 그러나 크레디 아그리콜은 고시된 매도 가격으로 영국 파운드를 €1.19500의 환율로만 매도고 있다.

거래자가 충분히 빠르다면 삼각차익거래 이익이 가능하다. 거래자가 거래할 수 있는 $5,000,000를 가진 미 달러 기반 거래자라고 가정해 보자. 크레디 아그리콜에 의해 고시된 €/£ 교차 환율 매도 가격이 암시된 교차 환율보다 낮기 때문에, 거래자는 크레디 아그리콜로부터 파운드를 매입하고자 할 것이다(유로 매도). 이는 그녀가 먼저 달러를 매도하고 유로를 매입한 다음, 유로를 매도하고 파운드를 매입하고, 마지막으로 파운드를 매도하고 달러를 매입하여 이익을 실현한다는 것을 의미한다. BNP 파리바에게 $5,000,000를 매도하여 얻은 유로는 €4,450,500 = $5,000,000 x €0.8901/$이다. €4,450,500는 €1.19500/£로 크레디 아그리콜에게 다시 매도되어 £3,724,267.78이 된다. 마찬가지로, 영국 파운드는 바클레이즈에게 $1.3442/£로 £3,724,267.78 x $1.3442/£ = $5,006,160.75에 다시 매도되며, 이로 인해 $6,160.75의 차익거래 이익을 얻게 된다. 〈도표 5.11〉은 이 삼각차익거래 예제의 다이어그램을 제시한다.

분명히, 크레디 아그리콜은 그것의 매도 가격을 €1.19500/£ 이상으로 올려야 한다. 교차환율(〈도표 5.9〉로부터)은 €/£의 매입-매도 가격을 €1.19647-€1.19746으로 제시했다. 이 가격들은 크레디 아그리콜이 스프레드 내에서 거래할 수 있고 €1.19746보다는 적게, 그러나 €1.19647보다는 많게 파운드를 팔 수 있음을 의미한다. 예를 들어, €1.19700/£의 매도 가격은 차익거래자에게 이익을 제거할 것이다. 그 가격에서, €4,450,500은 £3,718,045.11 = €4,450,500 ÷ €1.19700/£에 다시 매도될 것이며, 이는 차례로 오직 $4,997,796.24 = £3,718,045.11 x $1.3442/£를 낳아서 $2,203.76의 손실을 초래할 것이다.

도표 5.11

매입–매도 스프레드를 포함한 삼각차익거래의 예

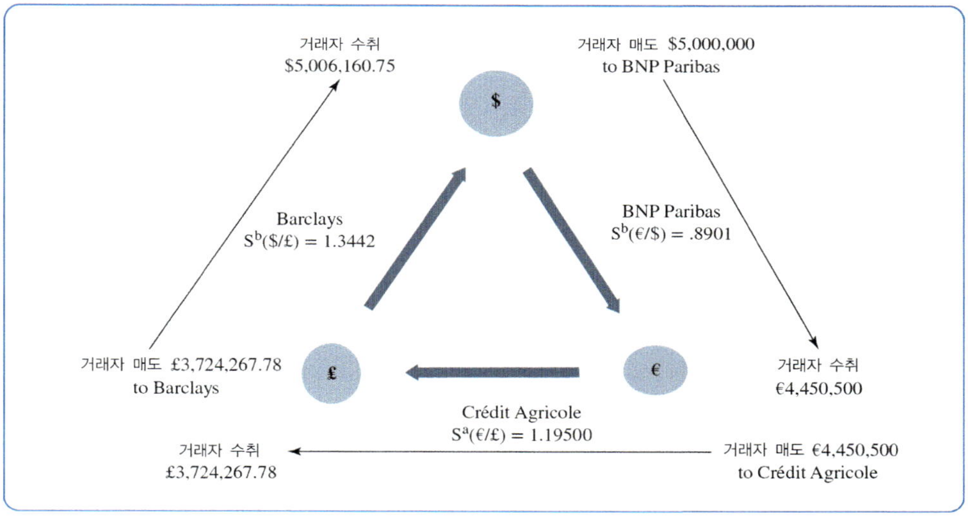

오늘날 "하이테크" 외환시장에서는 전세계 많은 외환거래실들이 삼각차익거래 기회를 찾기 위해 전자 중개시스템으로부터 실시간으로 외환 가격의 디지털 피드를 받는 내부 소프트웨어를 개발해 왔다. Chaboud 등(2014)은 알고리즘 거래 활동들이 가격결정의 비효율성 발견을 가속화함으로써 삼각차익거래 기회의 수를 감소시켰다

고 밝혔다. 심지어 컴퓨터 거래시스템의 개발 이전에도 외환시장은 매우 효율적인 시장이라 삼각차익거래 이익을 얻을 수 없다고 여겨졌다. 그러므로, 어떠한 삼각차익거래 기회가 나타나도 곧 사라질 것이다.

현물환시장의 미시구조

시장의 미시구조는 시장이 어떻게 운영되는지에 대한 기본적인 구조를 말한다. 외환시장은 전세계에서 가장 대규모 금융시장일 뿐만 아니라 다양한 시장참여자들과 제한된 투명성을 가진 분권화된 시장이다. 외환시장의 미시구조에 대한 일련의 실증 연구들은 현물환시장의 운영 방식을 밝혔다. Evans와 Lyons(2002)는 매입자와 매도자가 주도한 주문 간의 차이인 외환시장 주문흐름을 분석하고, 주문흐름이 정보를 전달하고 환율 움직임의 주요 결정요인임을 밝혔다. Reuters의 1996년 5~8월 기간 동안의 DM/$ 거래 자료를 사용하여, 그들은 10억 달러의 순 달러화 매입이 달러의 독일 마르크화 표시 시장가격을 0.5% 상승시키는 것을 보여주었다.

유사하게, McGroarty 등(2009)은 1998~1999년 간 EBS 자료를 사용하여 5개 환율의 일중 주문흐름 패턴을 분석하고, 딜러간 전자 현물환 매매가격 차이가 대체로 작지만 그 날의 거래 흐름에 따라 비례해서 넓어지고 좁아지는 것을 보고했다. 또 다른 실증결과로서 매매가격 차이가 장기적인 U자 형태를 가지고 런던과 뉴욕 시장이 열릴 때 가장 좁아지는 반면, 거래량과 환율 변동성은 런던과 뉴욕 시장이 열릴 때 가장 최대로서 M자 형태를 나타냈다.

이전 연구로서 Huang과 Masulis(1999)는 1992년 10월 1일부터 1993년 9월 29일에 이르는 기간 동안의 DM/$ 현물환율을 연구했다. 그들은 현물환시장의 매매가격 차이가 환율의 변동성이 증가함에 따라 증가하고 딜러들의 경쟁이 증가함에 따라 감소함을 발견하였다. 이러한 결과들은 시장 미시구조에 대한 모형들과 일치한다. 그들은 또한 시장에서 규모가 큰 거래자들의 비중이 증가할 때 매매가격 차이는 감소한다는 것도 찾아냈다. 그들은 딜러들의 경쟁이 현물환 매매가격 차이의 근본적인 결정요소라고 결론을 내렸다.

Lyons(1998)은 거래 기간 5일 동안 규모가 큰 한 뉴욕 은행의 DM/$ 거래자들의 거래 활동을 추적하였다. 그가 추적한 거래자는 연구 기간 동안 $10억의 거래량을 기초로 하루 평균 $100,000에 달하는 상당히 높은 이익을 달성했다. Lyons는 전체

거래를 투기적 거래와 비 투기적 거래 즉, 소매 고객을 위해 단지 금융중개기관으로서의 거래로 나눌 수 있었다. 그는 딜러의 이익이 주로 중개기관으로서의 역할로부터 발생했다고 결론지었다. 투기적인 거래는 모든 투기자들 간에 제로섬 게임이므로 어떠한 거래자도 장기적으로 특별히 유리할 것 같지 않기 때문에 그러한 결론은 납득이 간다. 흥미롭게도 Lyons는 거래자의 비 투기적 거래의 반수명이 단지 10분이라는 것을 알아냈다. 다시 말해서 거래자는 전형적으로 비 투기 거래 포지션을 거래하고 빠져나오는 데 20분 정도 소요된다.

Ito, Lyons, Melvin(1998)은 현물환시장에서 사적 정보의 역할을 연구했다. 그들은 1994년 9월 29일에서 1995년 3월 28일에 걸쳐서 ¥/$과 DM/$ 거래를 조사했다. 그들의 연구는 모든 시장 참여자들이 동일한 공적 정보를 가지고 있을 것으로 가정되기 때문에 사적 정보는 환율 결정에 무관할 것이라는 일반적인 관점에 반대되는 증거를 제공하였다. 그들은 1994년 12월 21일 이전까지는 정오에서 1시 30분 사이의 점심시간에 시장을 휴장하였으나 그 이후에는 휴장하지 않았던 도쿄 외환시장에서 그러한 증거를 발견하였다. 1994년 12월 21일 이후에는 현물환율의 분산(variance)이 점심시간에 휴장하였던 이전 기간보다 증가했다. 이러한 현상은 ¥/$와 DM/$거래 모두에 해당되었지만, ¥/$에서 더 크게 나타났다. 이는 도쿄 외환시장에서는 ¥/$거래가 더 집중되기 때문으로 예상된다. Ito, Lyons, Melvin은 이러한 결과는 보다 많은 사적 정보가 점심시간에 퍼지기 때문이라고 주장했다. 이는 사적 정보가 사실 현물환율의 중요한 결정요인일 것이라는 주장을 제시했다. 그들의 연구는 모든 시장참여자들이 동일한 공개정보 집합을 보유하고 있다고 가정되기 때문에 사적 정보가 중요하지 않다는 통상적 견해에 반대되는 증거를 제시하고 있다.

Cheung과 Chinn(2001)은 미국의 외환거래자들을 조사하고 142개의 사용할 수 있는 설문지를 회수했다. 이 조사의 목적은 거래 자료에서 흔히 관찰되지 않는 여러 가지의 동태적 환율 움직임에 대한 정보를 이끌어내는 것이었다. 특히 그들은 환율을 움직이도록 하는 새로운 뉴스－혁신적 거시경제 변수들－에 대한 거래자들의 인식을 중점적으로 보았다. 그들이 조사한 거래자들은 실업, 무역 적자, 인플레이션, GDP, 연방기금 이자율 등과 관련된 경제적 지표들의 발표에 대한 환율 반응의 대부분이 단 1분 이내에 이루어진다고 대답했다. 사실, "답변한 거래자의 약 1/3이 완전한 가격 조정이 10초 이내에 일어난다고 주장한다"! 그들은 또한 중앙은행의 개입이 환율에 상당한 영향을 미치는 것으로 보이지는 않으나 개입은 시장의 변동성을 증가시키는 것으로 밝혀냈다. Dominguez(1998)는 이 후반부의 발견을 확인해주었다.

Mancini 등(2013)은 2007년 1월에서 2009년 12월 까지 기간 가장 활발히 거래된 9개의 통화 조합들에 대해 EBS의 고빈도 일중 자료를 사용하여 외환시장의 유동성을 연구했다. 이들은 외환시장이 전반적으로 매우 유동성이 높다는 흔한 인식에도 불구하고 환율 조합에 따라 또한 시간이 지남에 따라 유동성의 상당한 변화가 있음을 밝혔다. 결과적으로 EUR/USD 조합이 BIS의 거래량 보고를 바탕으로 가장 높은 점유율을 차지하는 것과 일치하게 가장 유동성이 높은 환율 조합임을 확인했다. 이 기간 동안 가장 낮은 유동성 조합은 USD/CAD와 AUD/USD 환율이었다.

선물환시장

현물환 거래와 연계되어 **선물환시장**이 있다. **선물환시장**(forward FX market)은 미래의 외환 매매에 대해 오늘 계약하는 것을 포함한다. 오늘 계약 시에는 외환의 인수도가 이루어지지 않는다. 다국적기업과 금융기관은 선물환계약을 이용하여 외환 노출을 헤지하거나 외환시장에서 투기를 한다. **선물환율**이 현물환율과 같을 수도 있으나 보통은 현물환율보다 높거나(프리미엄) 낮을(디스카운트) 수 있다. 선물환율은 주요 통화들에 대해 여러 만기별로 고시된다. 1, 3, 6, 9, 12개월 만기의 선물환율에 대한 은행들의 고시가 쉽게 이용가능하다. 비표준일 만기(nonstandard or broken-term maturity)의 선물환율 고시도 얻을 수 있다. 그리고 1년을 넘어서는 만기를 갖는 선물환계약도 더욱 빈번해졌으며 우량한 은행 고객들에게는 5년, 10년, 심지어 30년 만기의 선물환계약도 가능하다.

선물환율 고시

선물환율 고시를 어떻게 읽는지 배우기 위해서 〈도표 5.7〉을 검토해 보자. 다섯 개의 주요 통화(영국의 파운드, 캐나다 달러, 일본의 엔, 스위스 프랑, 유로)의 1, 3, 6월 만기에 대한 **선물환율**이 현물환율의 고시 바로 밑에 고시되고 있다. 한 예로서 3개월 만기 선물환 거래의 결제일은 현물환 결제일로부터 3개월 후이다. 즉 만약 오늘

이 2022년 1월 31일 월요일이면 현물환 결제일이 2월 2일이므로 선물환 결제일은 그로부터 3개월 후인 5월 2일이며 이는 2월 2일부터 89일 후이다.

이 책에서는 선물환율 고시의 표기로서 $F_N(j/k)$을 이용한다. $F_N(j/k)$는 N개월 후에 결제할 조건으로 통화 k 한 단위의 가격을 통화 j로 고시한 선물환율을 의미한다. N이 1이면 1개월 만기를 의미하며 이때 일반적으로 1년을 360일로 간주하는 시장 관행을 따른다(예외적으로 영 파운드 등의 일부 통화는 1년을 365일로 계산하는 일수관행(day counting convention)이 있다). 따라서 N이 3이면 3개월 만기를 의미한다. 정황이 분명하면 선물환율을 간단히 F로 표시하기로 한다. 선물환율 고시는 현물환율 고시처럼 직접 표시법(일명 자국통화표시법)이나 간접표시법(타국통화표시법)으로 표현될 수 있다. 또한 미국의 관점에서 볼 때 직접표시법에 의한 선물환율 고시는 미국식표시법이 된다. 예를 들어 2022년 1월 31일 월요일의 현물환율 고시와 관련하여 미국식 표시법으로 고시된 스위스 프랑 선물환율 고시를 살펴보면 다음과 같다.

$$S(\$/SF) = 1.0785$$
$$F_1(\$/SF) = 1.0793$$
$$F_3(\$/SF) = 1.0815$$
$$F_6(\$/SF) = 1.0857$$

우리는 미국식 표시법으로 나타낸 위 환율고시로부터 스위스 프랑은 달러에 대해 프리미엄 상태로 거래되고 있으며 1월 31일에서 만기가 멀어질수록 프리미엄이 6개월까지 증가되고 있음을 알 수 있다. 다음 장에서 더 깊이 배우겠으나, 일정 조건하에서 선물환율은 N개월 후의 미래 현물환율에 대한 불편 예측치(unbiased predictor)가 된다.[6] 따라서 위 미국식 표시법에 의한 선물환율에 의하면 스위스 프랑이 달러에 대해 프리미엄 상태로 거래되고 있는데, 이 경우 우리는 시장에서 스위스 프랑이 미 달러에 대해 **가치상승하락**(appreciatedepreciate)할 것으로 예측하고 있다고 말할 수 있다. 결과적으로, 스위스 프랑 선물환을 매입하기 위해 달러 비용이 더 들 것이다.

유럽식 표시법에 의한 선물환율 고시는 미국식 표시법에 의한 선물환율 고시의 역수이다. 앞에서의 스위스 프랑의 선물환율의 고시를 유럽식 표시법으로 나타내면 다음과 같다.

6) 선물환율은 위험 중립성을 가정한 상태에서 미래 예상되는 현물환율의 불편 예측치이다.

$$S(SF/\$) = .9776$$
$$F_1(SF/\$) = .9764$$
$$F_3(SF/\$) = .9737$$
$$F_6(SF/\$) = .9692$$

이러한 고시로부터 우리는 유럽식 표시법에 의하면 달러가 스위스 프랑에 대해 디스카운트 상태로 거래되고 있으며 1월 31일에서 만기가 멀어질수록 디스카운트가 6개월까지 증가되고 있다는 것을 알 수 있다. 따라서 위 유럽식표시법에 의한 선물환율에 의하면 달러가 스위스 프랑에 대해 디스카운트 상태로 거래되고 있는데, 이 경우 우리는 시장에서 달러가 스위스 프랑에 대해 **가치하락상승**(depreciate appreciate)할 것으로 예측하고 있다고 말할 수 있다. 결과적으로, 달러를 매입하기 위해 스위스 프랑 비용이 덜 들 것이다. 이러한 내용은 유럽식 표시법에 의한 선물환율 고시는 미국식 표시법에 의한 선물환율 고시의 역수이기 때문에 우리가 예상한 바와 정확히 일치한다.

선물환 매입·매도 포지션

우리는 외환을 선물환으로 매입(long position)할 수도 있고 매도(short position)할 수도 있다. 고객들은 은행들과 미래 특정 날짜에 일정 금액의 외환을 인수도하기로 하는 매매계약을 할 수 있다. 마찬가지로 은행 간 거래자들은 다른 경쟁 은행의 거래자들과 선물환 매입 및 매도 포지션을 취할 수 있다.

〈예제 5.5〉는 〈도표 5.7〉의 스위스 프랑 선물환율을 이용하여 선물환계약이 어떻게 투기 목적으로 이용될 수 있는지를 보여준다. 〈도표 5.12〉는 스위스 프랑에 대한 3개월 만기 선물환 계약의 매입 및 매도 포지션을 그래프로 나타낸 것이다. ~~그~~그래프의 종축은 손익을 보여준다. 그리고 횡축은 미래 3개월 후의 선물환 계약 만기일 시점에서의 현물환율 $S_3(\$/SFr)$을 나타낸다. 우리는 선물환 계약을 통해 미래에 매입하거나 매도할 외환의 가격을 "고정시키게" 된다. 선물환 계약 만기일 시점에서의 현물환율이 얼마가 되든 거래자들은 선물환율 $F_3(\$/SFr) = 1.0815$로 매입하거나 매도할 수 있다.

예제 5.5 **투기적 선물환 포지션**

2022년 1월 31일 $/SFr 거래자가 은행의 수석이코노미스트로부터 경제 예측을 막 들었다고 가정하자. 그리고 그것은 그를 달러가 스위스 프랑에 대해 향후 3개월 가치가 상승할 것 같다는 생각을 갖게 했다. 만일 그가 이 정보를 통해서 투자 방향을 잡는다면 그는 3개월 $/SFr 계약을 매도하게 될 것이다. 우리는 그가 SFr5,000,000을 달러로 판다고 가정하자. 그 예측이 맞는 것으로 밝혀지고 2022년 4월 30일 현물 $/SFr가 $1.0500에 거래된다면 그 거래자는 스위스 프랑 현물환을 $1.0500에 매입하고 이를 선물환계약에 따라 $1.0815의 가격으로 양도할 수 있다. 〈도표 5.12〉를 보면 거래자들은 SFr 1단위당 ($1.0815－$1.0500＝$0.0315)의 투기적 이익을 얻고, 전체 이익은 $157,500＝(SFr5,000,000×$0.0315/SFr)이다. 만약 달러가 가치 하락하여 S_3가 $1.1000이 되면 투기자들은 SFr 단위당 ($1.0815－$1.1000)＝－$0.0185의 손실을 보게 될 것이다. 이 경우 전체 손해는 －$92,500＝(SFr5,000,000)(－$0.0185)이 된다. 〈도표 5.12〉가 이러한 투기 선물환 포지션을 보여준다.

도표 5.12

3개월 만기 선물환 매입·매도 포지션 성과

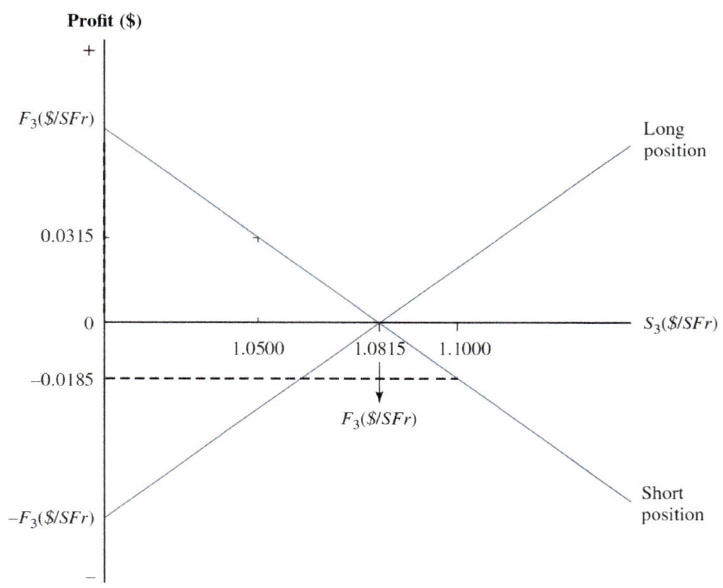

선물환 프리미엄

선물환율이 현물환율에서 얼마나 프리미엄(할증)이나 디스카운트(할인)되었는지를 흔히 연율(annual percentage)로 표시한다. 국제평가관계(international parity relationships)를 논하는 제6장에서 더 자세히 배우게 되겠지만 연율로 계산된 **선물환 프리미엄**(할증)이나 **디스카운트**(할인)를 다른 두 국가 간의 이자율 차이와 비교하는 것은 매우 유용하다. 연율로 계산된 **선물환 프리미엄**(할증)이나 **디스카운트**(할인)는 아래 〈예제 5.6〉에 보이듯이 미국식표시법이나 유럽식표시법을 이용하여 계산될 수 있다.

예제 5.6 선물환 프리미엄(디스카운트)의 계산

미국식 표시법에 의해 통화 *j*의 달러에 대한 선물환 프리미엄(디스카운트)는 다음 공식으로 계산될 수 있다.

$$f_{N,j} = \frac{F_N(\$/j) - S(\$/j)}{S(\$/j)} \times 360/\text{만기일수} \qquad (5.14)$$

정황이 분명할 때는 연율로 계산한 선물환 프리미엄을 간단히 *f*로 표현한다. 선물환 프리미엄(디스카운트)을 계산하는 예로 〈도표 5.7〉에 나타나 있는 1월 31일의 고시를 이용하여 엔화의 달러에 대한 연율로 계산된 선물환 프리미엄을 계산하면 다음과 같다.

$$f_{3,¥} = \frac{.00870 - .00869}{.00869} \times \frac{360}{89} = .00465$$

3개월의 선물환 프리미엄이 .00465 혹은 .465퍼센트라고 할 수 있다. 환언하면 엔화가 달러에 대해 89일 동안 .465퍼센트 프리미엄으로 거래된다고 말할 수 있다.

유럽식 표시법에 의해 달러의 통화 *j*에 대한 선물환 프리미엄(디스카운트)는 다음 공식으로 계산될 수 있다.

$$f_{N,\$} = \frac{F_N(j/\$) - S(j/\$)}{S(j/\$)} \times 360/\text{만기일수} \qquad (5.15)$$

〈도표 5.7〉에 나타나 있는 1월 31일의 고시를 이용하여 달러의 엔화에 대한 연율로 계산된 선물환 프리미엄(디스카운트)을 계산하면 다음과 같다.

$$f_{3,\$} = \frac{114.98 - 115.11}{115.11} \times \frac{360}{89} = -.00457$$

3개월 만기의 선물환의 디스카운트가 −.00457 혹은 −.457퍼센트라고 할 수 있다. 환언하면 달러가 엔화에 대해 89일 동안 .457퍼센트 디스카운트되어 거래되고 있다고 말할 수 있다.

선물환 교차환율

선물환 교차환율도 현물환 교차환율과 유사한 방식으로 계산된다. 그러므로 자세한 예를 제공할 필요는 없을 듯하다. 일반적으로 다음과 같이 나타낼 수 있다.

$$F_N(j/k) = \frac{F_N(\$/k)}{F_N(\$/j)} \qquad (5.16)$$

혹은

$$F_N(j/k) = \frac{F_N(j/\$)}{F_N(k/\$)} \qquad (5.17)$$

그리고

$$F_N(k/j) = \frac{F_N(\$/j)}{F_N(\$/k)} \qquad (5.18)$$

혹은

$$F_N(k/j) = \frac{F_N(k/\$)}{F_N(j/\$)} \qquad (5.19)$$

〈도표 5.7〉에 나와 있는 선물환율을 이용하여 예를 들어 보면, 3개월 만기의 A$/SFr 선물환 교차환율을 식 (5.16)를 이용하여 미국식 표시법으로 구해보면 다음과 같다.

$$F_3(A\$/SFr) = \frac{F_3(\$/SFr)}{F_3(\$/A\$)} = \frac{1.0815}{.7071} = 1.5295$$

그리고 식 (5.17)를 이용하여 유럽식 표시법으로 구해보면 다음과 같다

$$F_3(A\$/SFr) = \frac{F_3(A\$/\$)}{F_3(SFr/\$)} = \frac{1.4143}{.9247} = 1.5295$$

역외선물환 계약

정부가 도입한 자본통제 때문에, 몇몇 신흥시장 국가들의 통화는 자유롭게 거래되지 않아, 선물환 포지션을 결제하기 위해 역외에서 이들 통화를 현물환 시장에서 취득하기는 어렵다. 브라질 헤알화, 인도 루페, 및 러시아 루블과 같은 다수의 이런 통화들을 위해서 **역외선물환 계약** 혹은 **차액결제선물환 계약**(NDF; Non-Deliverable Forward Contract)가 존재한다. 역외선물환 계약은 인도 가능 선물환(DF)과는 달리 계약의 만기일의 현물환율과 역외선물환율 사이의 차이를 계약상의 명목 금액을 곱한 값을 보통 미국 달러 현금으로 결제된다. 예를 들어, 중국 위안화 선물환 시장은 3개 부분으로 구성되는데, 역외 NDF 시장(1990년대 시작), 역내 DF 시장(2007년 이후) 및 역외 DF 시장(2010년 중반 이후)이다. 이제 한 거래자가 선물환율이 $F(\$/CNY) = .1653$인 CNY12,000,000을 역외선물환 계약에서 매입 포지션을 취한 경우 역외선물환 계약의 만기일에 현물환율이 $S(\$/CNY) = .1658$이라면 매입자는 매도자로부터 $(.1658 - .1653) \times$ CNY12,000,000 = \$6,000을 수취하는 것으로 결제된다. 이러한 현금결제는 선물환 매입자의 입장에서 수령하는 CNY 12,000,000의 현물환 달러의 가치인 \$1,989,600 = (CNY12,000,000 × \$0.1658)에서 선물환 계약의 결제를 위해 지급하는 \$1,983,600 = (CNY12,000,000 × \$0.1653)와의 차이인 \$6,000을 얻는 것을 대신한 것이다. 최근 몇 년 동안 중국 위안화 DF는 위안화의 국제화 증가로 인해 역외 NDF를 대체하고 있다.

외환스왑거래

선물환거래는 일방적 선물환거래와 스왑거래(흔히 이를 외환스왑(FX swap)거래라 부른다)로 분류될 수 있다. 은행 거래자들은 거래를 수행하는 과정에서 투기적 포지션을 취하는 경우도 있지만, 거래자들은 더 자주 그러한 거래에 내재되어 있는 환위험을 상쇄시킨다. 은행과 일방적 선물환거래를 행한 실수요 고객의 입장에서는 환위험을 헤지하는 거래가 되겠지만 은행의 입장에서는 **일방적 선물환거래**(outright forward transaction)는 커버되지 않은 투기적 거래가 된다. **스왑거래**(swap transaction)는 은행에게 일방적 선물환거래에 내재되어 있는 환위험을 완화시킬 수 있는 방법을 제공한다. 선물환 스왑거래는 선물환 매입(매도)거래와 동시에 거의 비슷한 금액의 현물환 매도(매입)거래로 진행된다.

선물환 스왑거래는 은행 간 외환 거래 중 약 50% 정도를 차지하는 반면에 일방적 선물환거래는 16% 정도를 차지한다(<도표 5.6>을 참조하라). 스왑거래는 은행 간 선물환거래의 보편적인 형태이므로 〈예제 5.7〉에서 보이는 바와 같이 은행 딜러들은 자신들 간의 대화에서 속기법을 사용해서 매입-매도 선물환율을 고시할 때 매수-매도 현물환율에서 더해지거나 차감되는 선물환 포인트(forward points, 이를 swap points 내지는 swap rates 라고도 부른다)를 사용한다.

예제 5.7 선물환 포인트 가격 표시

스위스 프랑/미국달러(SFr/$)의 매입-매도 현물환율이 SFr0.9272－SFr0.9275라고 하자. 이와 함께 선물환율이 아래의 표와 같이 선물환 포인트로 고시된 경우를 고려해 보자.

현물환율	.9272－.9275
1개월	29-27
3개월	85-81
6개월	171-165

선물환 포인트의 두 번째(매도 고시 쪽) 숫자가 첫 번째(매입 고시 쪽) 숫자보다 작은 경우 딜러는 선물환 포인트가 현물환 매입-매도 가격에서 차감되어야 명시적 선물환율(outright forward rate)을 얻을 수 있다는 것을 안다. 예컨대 현물환 매입가격인 SFr0.9272에서 .0029(29포인트)를 차감하여 명시적 1개월 만기의 선물환 매입가격으로 SFr0.9243을 얻는다. 그리고 현물환 매도가격인 SFr0.9275에서 .0027(27포인트)를 차감하여 명시적 1개월 만기의 선물환 매도가격으로 SFr 0.9248을 얻는다. 유사하게 3개월 만기의 명시적 선물환 매입-매도환율은 SFr 0.9187－SFr0.9194이며 6개월 만기의 명시적 선물환 매입-매도환율은 SFr0.9101－SFr0.9110이다.[5] 다음의 표는 그러한 계산을 요약해 준다.

현물환	선물환 포인트 가격표시	.9272－.9275 명시적 선물환 가격표시
1개월	29－27	.9243－.9248
3개월	85－81	.9187－.9194
6개월	171－165	.9101－.9110

명시적 선물환율과 관련하여 세 가지 사실이 주목할 만하다. 첫째, 달러가 스위스

프랑에 대해 선물환 디스카운트 상태로 거래된다. 둘째 딜러가 시장을 조성하도록 하기 위해서는 모든 매입가격은 그에 상응한 매도가격보다 낮다. 셋째, 매매가격 차이는 만기가 길어질수록 증가한다. 위 예에서 이러한 세 가지 조건은 선물환 포인트를 현물환율로부터 차감하여야 충족된다. 위 표를 보고 확인해 보면 매매가격 차이가 현물환율의 경우 3포인트, 그리고 1개월, 3월, 6월 만기 선물환율의 경우 각각 5, 7, 9포인트로 증가하고 있음을 알 수 있다.

만약 선물환율이 현물환율에 비해 프리미엄 상태로 거래된다면 두 번째(매도 고시 쪽) 숫자가 첫 번째(매입 고시 쪽) 숫자보다 클 것이다. 그리고 거래자들은 명시적 선물환 매입-매도 환율을 구하기 위해서는 현물환 매입-매도 환율에 선물환 포인트를 더해야 한다는 것을 안다. 예를 들어 만약 3개월과 6개월의 선물환 포인트가 5−9, 13−19이라고 하면 3개월과 6개월 만기의 명시적 선물환 매입-매도환율은 SFr0.9277−SF0.9284, SFr0.9285−SF0.9294이 될 것이다. 3개월, 6개월의 매매가격 차이는 7, 9로서 만기가 길어질수록 더 증가하게 된다.

〈도표 5.13〉은 2022년 3월 11일자 유로화의 현물환율과 선물환 포인트를 보여주고 있다. 1주에서 30년의 만기에 걸쳐 선물환 포인트가 보여진다. 각 만기별 매도 포인트가 매입 포인트보다 더 크다. 그러므로 그들은 현물환율에 더해져야 한다. 2년 만기 선물환 매입 포인트가 418.16이고 매도 포인트가 427.16이다. 현물환율이 1.0911−1.0913이므로 2년 만기의 명시적 선물환율은 1.13292−1.13402이 된다.

선물환 포인트로 선물환율을 고시하는 것은 두 가지 이유에서 편리하다. 첫째로, 현물환율이 빈번히 변동하더라도 선물환 포인트는 오랜 기간 일정하게 유지된다. 둘째로, 거래자들이 환위험을 최소화하기 위해 이용하는 스왑거래에서 실제의 현물환율과 명시적 선물환율은 때때로 중요치 않다. 중요한 것은 선물환 포인트로 측정된 프리미엄 및 디스카운트이다. 은행 고객이 달러를 3개월 만기 선물환계약을 통해 스위스 프랑으로 팔기를 원한다고 가정하자. 은행은 고객을 위해 이 거래를 처리하고 동시에 (3개월짜리 차입을 통해 조달한) 달러를 스위스 프랑으로 매도함으로써 고객과의 선물환계약에서 발생한 환위험을 중화시킨다. 은행은 이 과정에서 수령하는 스위스 프랑을, 선물환계약을 통해 고객으로부터 3개월 후에 수취할 달러의 대가로 지급

7) 만일 1개월 만기 선물환 포인트가 예컨대 29–29라면, 선물환 포인트가 현물환율에 더해져야 하는지 빼주어야 하는지를 결정하기 위해서는 시장조성자에게 확인할 필요가 있다. 전자거래시스템에서는 선물환 포인트를 빼주어야 하는 경우에 −29 – −29로 표시한다.

도표 5.13

미국식표시법에 의한 유로화의 현물환율과 선물환 포인트

	매입	매도
현물환율	1.0911	1.0913
기간	선물환	포인트
1W FWD	1.81	2.01
2W FWD	4.07	4.14
3W FWD	7.58	7.89
1M FWD	12.80	13.00
2M FWD	23.07	23.82
3M FWD	36.80	37.80
4M FWD	53.13	53.88
5M FWD	70.01	71.01
6M FWD	87.68	88.93
7M FWD	106.90	108.40
8M FWD	124.20	126.45
9M FWD	143.58	145.83
10M FWD	170.45	172.70
11M FWD	188.12	190.37
1Y FWD	205.56	210.56
2Y FWD	418.16	427.16
5Y FWD	885.60	915.60
10Y FWD	1533.00	1608.00
15Y FWD	3139.00	3239.00
20Y FWD	3834.00	3984.00
30Y FWD	5259.40	5277.40

자료: www.investing.com, May 14, 2022.

해야 하는 스위스 프랑으로 사용하기까지 3개월 동안 여유가 있으므로 이 기간 동안 대출에 이용한다. 그리고 은행은 선물환계약을 통해 고객으로부터 3개월 후에 수취할 달러로 3개월짜리 차입을 상환하는 데 사용한다. 이러한 일련의 거래에서 달러 차입 이자율과 스위스 프랑의 대출 이자율 간의 차이가 내재된다. 이자율 차이는 선물환 포인트로 측정되는 선물 프리미엄 또는 선물 디스카운트에 반영된다. 일반적으로 고시되는(quoted, indirect)) 통화의 이자율이 고시하는(quoting, directing)) 통화의 이자율보다 낮은 경우, 명시적 선물환율은 현물환율보다 크다. 반대의 경우도 성립한다. 이러한 내용은 미국식표시법으로 환율이 표시되는 경우 선물환 프리미엄이 달러와 외국통화 간 이자율 차이와 일치한다. 즉 $(F-S)/S \approx i_{\$} - i_f$이 성립한다는 국제평가관계를 제6장에서 공부하고 나면 명확해질 것이다.

현물환시장에서처럼 실수요 고객 소매시장에서의 선물환시장 매매가격 차이는 은행 간 시장에서보다 크다. 은행들은 전형적으로 매매가격 차이에 덧붙여 고객들에게 선물환거래를 지원하기 위한 자문 서비스와 기타 은행 서비스에 대한 비용을 충당하기 위해 보상적 예금 잔고(compensating balance)를 요구한다.

국제 금융위기 동안 주목을 받았던 장외 파생상품(보통 "스왑"이라 일컫는다)거래에서 부딪히는 문제들로 인해 금융시장의 거래 안정성을 높이기 위한 새로운 규제들이 생겼다. 이러한 규제는 양 거래 상대방들을 보장하기 위한 중앙거래소(CCP: central counterparty)의 신설을 포함한다. 그러나 2012년 11월 16일에 미 재무 장관은 외환 스왑과 선물환계약을 도드-프랭크법이 수정됨에 따라 상품거래법(CEA: Commodity Exchange Act)하에서의 "스왑"에 대한 규제로부터 면제해 주었다. 이는 분명히 미 재무 장관은 선물환시장과 같이 큰 시장이 다른 형태의 파생상품 시장보다도 훨씬 큰 자기자본 보완을 요구하는 CEA의 중앙청산 및 거래에 대한 규제를 받도록 할 경우 미치게 될 영향에 대해 염려한 결과이다.

상장통화펀드

상장펀드(ETF: exchange-traded fund)는 조직적인 거래소에서 거래되는 펀드의 부분적 지분을 공유하는 금융자산 포트폴리오이다. 최근에 ETF는 많은 주가지수에의 투자를 대변하도록 만들어졌다. 뮤추얼펀드처럼 ETF는 소액 투자자들에게 개인적으로 구축하기 어려운 금융자산 포트폴리오에 투자할 수 있는 기회를 제공했다. 최근 몇 년 동안 ETF는 엄청난 성장을 경험했다. ETF 산업 추세를 추적하는 컨설팅기관인 ETFGI에 의하면, 글로벌 ETF 산업에 투자된 자산이 2021년 12월말에 새로운 기록인 10.27조 달러에 달했다. 상장통화펀드(Currency ETF)는 광범위한 ETF 산업내의 한 부분이다. 2005년에 Guggenheim Investments의 한 관계회사가 최초로 CurrencyShares Euro Trust라는 이름으로 유로화에 대한 ETF를 도입하였다. 그 기금은 미국 달러에 대한 유로화의 성과를 따라갈 수 있는 금융자산에 포지션을 취하고 싶은 기관과 소매 투자자들을 위해 고안되었다. 그 기금은 투자자들로부터 달러를 모아 두 개의 예금 계좌에 예치될 유로화를 구매한다. 그 중 한 계좌에서는 이자를 받았다. Guggenheim은 각 주당 100유로를 나타내는 50,000여 주식을 발행하였다.

개별 주식은 미국 달러로 표시되고 뉴욕증권거래소에서 거래된다. 1주당 순자산 가치는 100유로의 현물 달러 가치에 이자를 더하고 비용을 차감한 값이다. 그 후 Guggenheim는 호주 달러, 영국 파운드화, 캐나다 달러, 중국 엔, 일본 엔화, 싱가포르 달러, 스웨덴 크로나, 스위스 프랑 등 8개의 상장통화펀드를 추가적으로 만들었다. 2018년 4월 Invesco Ltd.는 Guggenheim Investments이 ETF 사업을 인수하여 CurrencyShares ETF 상품라인은 Invesco로 이전되었다. 총 9개의 통화 신탁기금의 순자산가치(NAV: net asset value)는 2022년 3월 현재 20억 달러에 근접하였다. 통화는 이제 주식과 채권과 같이 별도의 자산군으로 인식되고 있다. Invesco 통화 신탁기금은 통화들에 대한 투자를 용이하게 해준다.

요 약

본 장은 외환시장에 대한 개요를 살펴보았다. 넓은 의미로 외환시장은 한 통화에서 다른 통화로의 구매력 전환, 외화 은행예금, 외환으로 표시된 신용의 공여, 무역 금융, 그리고 통화옵션 및 통화선물계약을 포함한다. 본 장은 현물환 및 선물환시장에 대해서만 제한하여 설명하였지만 다른 주제들에 대하여 이후 장들에서 논의한다.

01. 외환시장은 전 세계에서 가장 크고 활발한 금융시장이다. 외환시장은 하루 24시간, 1년 365일 전 세계 어디에선가 개장되어 있다. 2016년에 현물과 선물 일평균 외환 거래량은 7.5조 달러이다.

02. 외환시장은 소매 고객시장 그리고 도매 은행 간 시장 등 2개의 시장으로 나뉜다. 소매시장은 국제 은행들이 국제 무역 또는 금융자산 거래를 위해 외환을 필요로 하는 고객들을 위해 서비스를 제공하는 시장이다. 외환거래의 대부분은 외환 재고 수준을 조정하거나 투기 및 차익 거래를 실행하기 위해 국제 은행들 간에 이루어진다.

03. 외환시장 참여자들로 국제 은행, 은행 고객, 비은행 외환 딜러, 외환시장 브로커, 그리고 중앙은행 등이 있다.

04. 현물환시장에서는 거의 즉각적인 통화의 매입 및 매도가 이루어진다. 본 장에서는 현물환율 표시법과 교차환율의 개념이 논의되었다. 비 달러 통화 거래는 교차환율 공식으로부터 결정되는 매수-매도 스프레드를 충족시켜야 한다. 그렇지 않으면 삼각차익거래 기회가 존재하게 된다.

05. 선물환시장에서는 오늘 정한 선물환율로 미래에 인수도가 이루어질 외환 거래를 행하는 시장이다. 선물환율의 표기들이 개발되었다. 현물환율로부터 선물환율을 간단하게 나타내는 선물환 포인트의 사용이 제시되었다. 추가로 선물환 프리미엄(디스카운트)의 개념

이 개발되었다.

06. 기관 및 소매 거래자들이 아홉 개의 주요 통화들에 대한 포지션을 취하기 쉽게 해주는 수단으로서 상장통화펀드를 소개하였다.

주요 용어

가치 상승	가치 하락	간접표시법
고객시장	교차환율	도매시장
매도가격(ask price)	매도가격(offer price)	매수가격(bid price)
미국식표시법	삼각차익	상장지수펀드(ETF)
선물환 프리미엄/디스카운트	선물환시장	선물환율
소매시장	스왑거래	외환시장
유럽식표시법	은행 간 시장	일방적 선물환거래
장외시장(OTC)	직접표시법	코레스 은행관계
통화 대 통화	현물환시장	현물환율

연습문제

01. 외환시장을 충분하게 정의해 보라.

02. 외환시장 내 소매 고객시장과 도매 은행 간 시장의 다른 점을 설명하라.

03. 외환시장에서 시장 참여자들은 누구인가?

04. 국제은행들 간 외환 거래는 어떻게 결제가 이루어지는가?

05. 어떤 통화가 선물환 시장에서 디스카운트나 프리미엄으로 거래되고 있다는 의미는 무엇인가?

06. 왜 세계적으로 대부분의 은행 간 외환거래에 미국 달러가 관련되는가?

07. 은행들은 많은 경우 헤징을 위해 선물환을 매매하고 싶어하는 고객들의 요구를 수용할 필요가 있음을 알고 있다. 은행들은 고객들과의 선물환 거래를 수용함으로써 자연스럽게 발생하는 통화 위험을 어떻게 제거할 수 있는가?

08. CAD/$ 간 은행 거래자가 시장에서 CAD1.3436－CAD1.3441의 가격으로 거래되고 있을 때 작은 숫자(small figure)로 35－40의 매수-매도 환율을 고시하고 있다. 그러한 고시를 하는 거래자의 믿음에는 무엇이 암시되고 있는가?

09. 삼각차익거래란 무엇인가? 삼각차익기회를 일으키는 조건들은 무엇인가?

10. 지난 5년간, 영국 파운드화와 미국 달러 간 환율($/£)이 약 1.69에서 약 1.31로 변해왔다. 그 기간 동안 영국 상품들이 미국 구매자들에게 저렴해졌다는 사실에 동의하는가?

계산문제

01. <도표 5.7>의 환율 고시로부터 다음에 답하라.

a. 아르헨티나 페소의 미국식 표시법 환율 고시
b. 멕시코 페소의 유럽식 표시법 환율 고시
c. 미국 투자자 입장에서 중국 위안화의 직접표시 환율 고시
d. 중국 투자자 입장에서 미 달러화의 직접표시 환율 고시
e. 미국 투자자 입장에서 싱가포르 달러의 간접표시 환율 고시
f. 덴마크 투자자 입장에서 미 달러의 직접표시 환율 고시
g. 나이지리아 투자자 입장에서 미 달러의 간접표시 환율 고시

02. <도표 5.7>의 미국식 표시법 환율 고시를 사용하여 유로, 스위스 프랑, 일본 엔화, 그리고 영국 파운드화의 교차환율 행렬을 계산하여 이것이 <도표 5.8>의 대각선 윗 부분의 삼각 매트릭스와 같음을 보여라.

03. <도표 5.7>의 미국식 표시법을 사용하여 호주 달러와 스위스 프랑 간의 1개월물, 3개월물, 그리고 6개월물 선물환 교차환율을 계산하여라. 선물환 교차환율을 호주 달러로 표시(Australian terms)하라.

CFA® PROBLEMS

04. $/£의 환율이 1.55일 때, 미국 은행의 한 거래자가 £5,000,000의 매도 포지션을 취하였다. 그 후 환율이 1.61로 변하였다. 이러한 환율 변동은 이 거래자의 입장에서 볼 때 유리한 것인가? 이러한 환율 변화로 인해 은행의 채무는 얼마나 변했는가?

05. 다음의 1개월, 3개월, 및 6개월물 명시적 유럽식 시법에 의한 선물환 매입-매도 환율을 선물환 포인트로 나타내 보라.

Spot	1.3431 – 1.3436
1개월	1.3432 – 1.3442
3개월	1.3448 – 1.3463
6개월	1.3488 – 1.3508

06 문제 4에서 주어진 현물환율과 명시적 선물환율을 이용하여 상응하는 매입매도 스프레드를 포인트로 구하라.

07. <도표 5.7>을 이용하여 일본 엔화와 미 달러 간의 1개월, 3개월, 6개월물 선물환 프리미엄 또는 디스카운트를 미국식 표시법으로 계산하라. 단순성을 위해 매 월은 30일로 가정한다. 당신의 결과에 대한 해석은 무엇인가?

08. <도표 5.7>을 이용하여 미 달러와 영국 파운드화 간의 1개월, 3개월, 6개월물 선물 프리미엄 또는 디스카운트를 유럽식 표시법으로 계산하라. 단순성을 위해 매 월은 30일로 가정한다. 당신의 결과에 대한 해석은 무엇인가?

CFA® PROBLEMS

09. 한 은행이 스위스 프랑과 호주 달러의 미 달러에 대한 환율을 다음과 같이 고시하고 있다.

SFr/$ = 1.5960 − 70

A$/$ = 1.7225 − 35

어떤 호주 기업이 A$/SFr 환율을 은행에 문의하였다. 은행은 어떤 교차환율을 고시할 것인가?

10. 주어진 정보를 바탕으로 NZD/SGD 통화 대 통화 간 거래의 매입-매도 환율을 구하라.

	미국식표시법		유럽식표시법	
은행 고시환율	매입	매도	매입	매도
뉴질랜드 달러(NZD)	.7265	.7272	1.3751	1.3765
싱가포르 달러(SGD)	.6135	.6140	1.6287	1.6300

CFA® PROBLEMS

11. Doug Bernard는 교차환율 차익거래의 전문가다. 그는 다음의 환율을 주목하고 있다.

Swiss franc/dollar = SFr1.5971/$

Australian dollar/U.S. dollar = A$1.8215/$

Australian dollar/Swiss franc = A$1.1440/SFr

거래비용을 무시한다면 Doug Bernard에게 차익거래 기회가 존재하는가? 만약 차익거래 기회가 있다면, 차익을 얻기 위해 어떠한 조치들을 취해야 하며, $1,000,000의 자금을 사용할 수 있다면, 얼마의 이익을 얻을 수 있는가?

12. 당신이 Deutsche Bank에서 근무하는 거래자라고 가정하자. 당신이 컴퓨터 스크린에서 Commerzbank가 €0.7627/$1.00, 그리고 Credit Suisse가 SFr1.1806/$1.00의 환율을 고시하고 있음을 알았다. UBS는 현재 €0.6395/SFr 환율을 고시하며 스위스 프랑과 유로 간의 직접 시장을 조성하고 있다. 이러한 가격들을 이용하여 어떻게 삼각차익 이익을 얻을 수 있는지를 보여라. 이 문제에서 매입-매도 스프레드는 무시한다. 차익거래를 위해 $5,000,000를 갖고 있다고 가정하자.

a. Commerzbank와 Credit Suisse에 고시한 달러 환율로부터 내재된 €/SFr의 교차환율은 얼마인가?

b. 삼각차익거래 이익을 얻기 위해 당신이 취해야 할 일련의 거래들을 제시하라. 당신의 삼각차익거래 이익은 얼마인가?
c. 만약 처음에 달러를 스위스 프랑을 대가로 매도한다면 어떠한 일이 발생하는가?
d. 삼각차익거래가 발생되지 않게 하는 €/SFr 환율은 얼마인가?

13. 당신은 은행이 제시한 환율을 살펴보고 있다. 현재 현물환율이 $1.95/£이고, 3개월물 선물환율이 $1.90/£이다. 환율에 대한 분석을 기초로 3개월 후에 현물환율이 $1.92/£이 될 것이라고 확신한다. £1,000,000을 거래하고자 한다고 가정하자.
a. 선물환시장에서 투기를 위해 어떤 조치를 취할 것인가? 예상되는 달러 이익은 얼마인가?
b. 현물환율이 3개월 후 실제로 $1.86/£이 된다면 투기적 이익은 달러로 얼마인가?

14. 당신은 일본 엔화에 특화한 외환거래자이며, 당신의 분석을 토대로 6개월 후 현물환율이 ¥110/$이 될 것이라고 확신한다. 현재의 현물환율은 ¥115/$이고 6개월 만기 선물환율은 ¥105/$이다. 당신은 ¥100,000,000을 매입 또는 매도하고 싶다고 가정하자.
a. 선물환시장에서 어떻게 투기를 통해 이익을 얻을 수 있겠는가? 투기로부터 기대되는 달러 이익은 얼마인가?
b. 현물환율이 6개월 후 ¥113/$이 되면, 당신의 달러 표시 투기 이익은 얼마가 되는가?

CFA® PROBLEMS

15. 국제 연금기금 매니저인 Omni Adivsors는 스위스 프랑(CHF)으로 표시된 주식을 매도하고 같은 금액의 남아프리카 공화국 란드(ZAR)로 표시된 주식을 매입할 계획이다. Omni는 30일 후에 CHF3,000,000의 주식 매각 대금을 받을 것인데 그 사이 ZAR가 CHF에 대해 상대적으로 가치가 상승되는 위험을 제거하고 싶다. 다음에 나오는 표는 ZAR, CHF, U.S. dollar(USD) 간 현재 환율을 보여준다.

환율

	ZAR/USD		CHF/USD	
만기	매입	매도	매입	매도
현물환	6.2681	6.2789	1.5282	1.5343
30일	6.2538	6.2641	1.5226	1.5285
90일	6.2104	6.2200	1.5058	1.5115

a. Omni가 30일 간의 환위험을 제거하기 위해 취해야 할 외환거래를 설명하라.
b. 다음을 계산하라.
- 스위스 주식 포트폴리오의 가치 평가를 위해 Omni가 사용할 CHF/ZAR 교차환율
- 스위스 주식 포트폴리오를 ZAR로 계산한 현재 가치
- ZAR의 CHF에 대한 연율로 환산한 선물환 프리미엄 또는 디스카운트

인터넷 연습문제

01. 외환 거래자는 외환시장을 조성하고 다른 거래자들과의 거래를 통해 투기적 이익을 얻고자 노력한다. 오늘날 전자거래 시스템(electronic dealing system)이 외환 거래자들에 의해 자주 사용된다. 가장 많이 사용되는 현물환 거래 시스템은 ICAP에 의해 제공된다. 그들의 웹사이트 www.icap.com. 에 접속하여, 그들이 무슨 일을 하며, 어떤 시장에 있으며, 어떤 상품들을 제공하는지에 대해 좀 더 배워 보라.

02. $, ¥, ₤, €와 같은 역사적 통화 표시와 함께 각 통화마다 전 세계적으로 인정되는 세 글자로 된 공식적 기호가 있다. 이러한 기호들은 Full Universal Currency Converter 웹사이트인 www.xe.com/currencyconverter. 에서 확인할 수 있다. 이 웹사이트에 접속하여 코스타리카 콜론과 가이아나 달러에 대한 통화 기호는 무엇인지 확인해 보라.

미니 케이스

Shrewsbury Herbal Products, Ltd.

웨일즈 국경과 가까이 있는 영국 중부에 위치한 Shrewsbury Herbal Products는 허브티, 각종 양념 및 약품을 생산한다. 이 제품들은 전 영국과 유럽 대륙의 여러 지역에서도 판매된다.

Shrewsbury Herbal은 외국인 고객들에게 판매할 때 환위험으로부터 벗어나기 위해 주로 영국 파운드화로 송장을 작성한다. 그럼에도 불구하고, 3개월 후에 상품을 인도하고 유로화로 물품대금을 청구한다는 조건하에 중부 프랑스의 큰 도매업자로부터 ₤320,000어치의 상품 주문을 받았다.

Shrewsbury의 재무 책임자인 Elton Peters씨는 유로화 외상매출금이 회수되는 향후 3개월 후에 파운드가 유로화에 대해 가치가 상승하게 되어 이익 전부 또는 대부분이 줄어들 것에 대해 우려하고 있다. 이러한 상황이 발생할 가능성은 거의 희박하지만, 그는 환위험 헷징에 대한 제안을 위해 은행과 접촉하기로 결정하였다.

Peters씨는 은행으로부터 현재 현물환율이 €1.4537/₤라는 것을 알게 되었다. 그러므로 물품대금은 유로화로 €465,184이다. Peters씨는 또한 유로와 파운드, 그리고 달러 간 3개월물 선물환율이 각각 $1.8990/₤1.00와 $1.3154/€1.00이라는 것을 알게 되었다. 은행에서는 각 통화의 달러에 대한 선물환율에서 암시되는 €/₤ 간 선물환 교차환율을 기초로 유로화 매출대금을 선물환계약을 통해 파운드로 매도하는 선물환 헤지를 제의하였다.

당신이 Peters 씨라면 어떻게 하겠는가?

참고문헌 및 추천도서

Bank for International Settlements. *Triennial Central Bank Survey, 2022, Preliminary Results.* Basle, Switzerland: Bank for International Settlements, October 2022.

Bank for International Settlements, "Monitoring of Fast-Paced Electronic Markets," September 2018.

Cai, Fang, Edward Howorka, and Jon Wongswan, "International Linkages across Trading Regions: Evidence from Foreign Exchange Markets," *Journal of International Money and Finance* 27 (2008), pp. 1215-43.

Chaboud, Alain, Benjamin Chiquoine, Erik Hjalmarsson, and Clara Vega, "Rise of the Machines: Algorithmic Trading in the Foreign Exchange Market," *Journal of Finance* 69 (2014), pp. 2045-84.

Cheung, Yin-Wong, and Menzie David Chinn. "Currency Traders and Exchange Rate Dynamics: A Survey of the US Market." *Journal of International Money and Finance* 20 (2001), pp. 439–71.

Ding, L., and J. Hiltrop, "The Electronic Trading Systems and Bid-Ask Spreads in the Foreign Exchange Market," *Journal of International Financial Markets, Institutions & Money* 20, no. 4 (2010), pp. 323-45.

Dominguez, Kathryn M. "Central Bank Intervention and Exchange Rate Volatility." *Journal of International Money and Finance* 17 (1998), pp. 161–90.

Evans, Martin, and Richard Lyons, "Order Flow and Exchange Rate Dynamics," *Journal of Political Economy* 110 (2002), pp. 170-80.

Federal Reserve Bank of New York. *The Semi-Annual Foreign Exchange Volume Surveys.* New York: Federal Reserve Bank of New York, October 2021.

Foreign Exchange Joint Standing Committee Turnover Survey, Bank of England, October 2018.

Huang, Roger D., and Ronald W. Masulis. "FX Spreads and Dealer Competition across the24-Hour Trading Day." *Review of Financial Studies* 12 (1999) pp. 61–93.

Ilzetzki, E., Reinhart, C., and Rogoff K., "Exchange Rate Arrangements in the 21st Century: Which Anchor Will Hold? *NBER Working Paper* No. 23134, February 2017.

Ito, Hiro and Robert N. McCauley, "A Key Currency View of Global Imbalances," *Journal of International Money and Finance* 94 (2019), pp. 97-115.

Ito, Takatoshi, Richard K. Lyons, and Michael T. Melvin. "Is There Private Information in theFX Market? The Tokyo Experiment." *Journal of Finance* 53 (1998), pp. 1111–30.

Karnaukh, Nina, Angelo Ranaldo, and Paul Söderlind, "Understanding FX Liquidity," *The Review of Financial Studies* 18 (2015), pp. 3073-3108.

Keddad, Benjamin, "How do the Renminbi and Other East Asian Currencies Co-Move?" *Journal of International Money and Finance* 91 (2019), pp. 49-70.

Lyons, Richard K. "Profits and Position Control: A Week of FX Dealing." *Journal of International Money and Finance* 17 (1998), pp. 97–115.

Mancini, Loriano, Angelo Ranaldo, and Jan Wrampelmeyer, "Liquidity in the Foreign Exchange Market: Measurement, Commonality, and Risk Premiums," Journal of Finance 68 (2013), pp. 1805-41.

McGroarty, Frank, Owain ap Gwilym, and Stephen Thomas, "The Role of Private Information in Return Volatility, Bid-Ask Spreads and Price Levels in the Foreign Exchange Market, " *Journal of International Financial Markets, Institutions & Money* 19 (2009), pp. 387-401.

RMB Tracker: Monthly Reporting and Statistics on Renminbi (RMB) Progress toward Becoming an International Currency, SWIFT, February 2022.

Tovar, C., Nor, T. "Reserve Currency Blocs: A Changing International Monetary System?" *IMF Working Papers* No. 18/20, 24 January 2018.

Wang, Jianxin, and Minxian Yang, "Housewives of Tokyo versus the Gnomes of Zurich: Measuring Price Discovery in Sequential Markets," *Journal of Financial Markets* 14 (2011), pp. 82-108.

Chapter 06

국제평가이론과 환율 예측

CHAPTER OUTLINE

- **이자율 평가이론**
  - 커버된 이자율 차익거래
  - 이자율 평가이론과 환율 결정
  - 통화 캐리 트레이드
  - 이자율 평가이론으로부터의 이탈 이유
- **구매력 평가이론**
  - 구매력 평가이론의 이탈과 실질환율
  - 구매력 평가이론에 대한 실증
- **피셔효과**
- **환율 예측**
  - 효율적 시장 접근법
  - 기본적 접근법
  - 기술적 접근법
  - 예측기관들의 성과
- **요약**
- **주요 용어**
- **연습문제**
- **계산문제**
- **인터넷 연습문제**
- **미니 케이스:** 터키의 리라와 구매력 평가이론
- **참고문헌 및 추천도서**
- **관련 웹사이트**
- **보론 6A:** 구매력 평가이론과 환율 결정

기업과 투자자 모두에게 환율 변동에 영향을 미치는 요인들에 대해 확고하게 이해하는 것은 매우 중요하다. 왜냐하면 그러한 변동은 투자 및 자금조달 기회에 영향을 미치기 때문이다. 이러한 목적을 위해 이번 장에서는 국제재무관리에 대해 중요한 함의를 갖는 이자율 평가이론과 구매력 평가이론 등과 같은 몇 가지의 중요 국제평가이론들을 살펴본다. 이들 중 일부는 사실상 무차익거래 균형(no arbitrage equilibrium)[1] 에서 성립해야 할 일물일가의 법칙(LOP: law of one price)의 표현들이다. 이들 평가 관계에 대한 이해는 (i) 어떻게 환율이 결정되며 (ii) 어떻게 환율을 예측할 수 있는지에 대한 통찰력을 제공한다.

앞으로의 논의에 있어 **차익거래**(arbitrage)는 중요한 역할을 하므로 이에 대해 미리 정의해 보기로 한다. 차익거래는 확실히 보장되는 이익을 얻기 위하여 어떤 동질적 자산이나 상품을 동시에 사고 파는 행위로서 정의된다. 수익성 있는 차익거래를 할 수 있는 기회가 존재하는 한 시장은 균형 상태일 수 없다. 어떠한 수익성 있는 차익거래도 존재하지 않을 때 시장이 균형 상태에 있다고 말할 수 있다. 사실 이자율 평가이론과 구매력 평가이론 등과 같이 잘 알려진 평가이론들은 무차익거래 균형 상태들을 의미한다. 이제 이자율 평가이론부터 논의를 시작해 보자.

이자율 평가이론

이자율 평가이론(IRP: interest rate parity)은 국제금융시장이 균형 상태일 때 성립되어야 할 무차익거래 조건이다. 예를 들어, 당신이 미국 투자자로서 $1를 1년 동안 투자할 수 있다고 가정해 보자. 당신의 자금을 투자할 수 있는 두 가지 방법을 고려해 보자. (i) 미국 내에 미국 이자율로 투자하는 방법과 (ii) 외국, 예컨대 영국에 영국의 이자율로 투자를 하고 환율의 변동을 헤징하기 위해 파운드로 얻게 될 만기가치를 선물환으로 매도하는 방법이다. 여기에서 당신은 파산위험이 없는 투자만을 고려하길 원한다고 가정한다.

만약 당신이 $1를 미국의 이자율($i_\$$)로 투자한다면 만기에 $\$1(1+i_\$)$를 얻을 것이

1) 동질적 물건이 다른 장소나 시장에서도 같은 가격으로 거래되어 위험과 비용을 부담하지 않고 공짜 이득을 얻는 차익기회를 제거하는 경우 일물일가의 법칙이 성립된다. 우리가 살펴보겠지만, 재무에서 많은 균형가격 관계는 서로 동질적인 두 개의 물건은 같은 가격으로 팔려야 한다는 일물일가의 법칙을 적용됨으로써 얻어진다.

다. 미국 국채와 같은 무위험 자산에 투자한다고 가정하였기 때문에 달러의 미래 만기가치에 대한 불확실성은 존재하지 않는다.

반면에 영국에 투자를 한다면, 아래와 같은 일련의 거래들을 수행하게 된다.

1. 현재의 현물환율 (S)로 \$1를 파운드로 환전한다.[2)]
2. 환전한 파운드를 영국 이자율($i_£$)로 투자하면 만기 가치는 $£(1/S)(1+i_£)$이 된다.
3. 만기가치 $£(1/S)(1+i_£)$를 미리 정해져 있는 $\$[(1/S)(1+i_£)]F$를 대가로 선물환 매도한다(F는 선물환율을 의미한다).

위 예에서 현물환율(S)이나 선물환율(F)은 외국 통화 한 단위의 자국 통화 가격을 나타낸다. 즉, 위의 예에서는 영국 1파운드에 대한 달러의 가치를 나타낸다. 1년을 만기로 영국에 투자했을 때, 1년 후의 가치는 $£(1/S)(1+i_£)$이 된다. 그러나 선물환 계약을 체결한 상대방에게 정확하게 같은 양의 파운드를 지급하기 때문에, 파운드의 순 포지션은 제로가 된다. 즉, 환위험이 완전히 사라진다는 것이다. 미국에 투자한 경우처럼 만기에 확정된 달러를 받을 것이므로 선물환 헤징을 통한 해외 투자는 미국 국내 투자에 대한 완벽한 대체 투자가 된다. 선물환계약으로 환위험을 헤징하였기 때문에 영국에의 투자는 달러로 다시 표현된다. 영국의 대체 투자로부터 "실효적인" 달러 이자율은 아래와 같이 주어진다.

$$\frac{F}{S}(1+i_£)-1$$

무차익거래 균형은 두 가지의 동질적 투자로부터의 미래 달러수익(혹은 달러 이자율)은 동일해야 한다는 것을 뜻하므로 아래의 식이 성립해야 한다.

$$(1+i_\$)=\frac{F}{S}(1+i_£),\ \text{이거나}\ F=S\left[\frac{1+i_\$}{1+i_£}\right] \tag{6.1}$$

이것이 바로 이자율 평가이론(IRP)에 대한 공식적 표현이다. 식 (6.1)에 도달한 방식을 통해 IRP가 국제단기금융시장에 적용되는 **일물일가의 법칙**이 구체적으로 드러난

2) 단순한 표기를 위해, 환율을 나타내는 S 또는 F 등의 환율 표기의 하첨자에 통화 기호를 생략한다. 만약 S 또는 F의 환율이 자국 통화 당 외국 통화의 양으로 표시된다면, 예를 들어 1달러당 영국 파운드의 가격으로 표현되는 경우, IRP 공식은 $(1+i_\$)=(S/F)(1+i_£)$가 될 것이다.

조건임을 알 수 있다. 이자율 평가이론은 19세기부터 외환거래자들이 사용해 왔지만, 1920년대에 이르러서야 비로서 John M. Keynes와 다른 경제학자들의 논문을 통해 대중들에게 널리 알려졌다.[3)]

또는 이자율 평가이론은 **무차익거래 포트폴리오**(no arbitrage portfolio)에 의해 도출될 수도 있다. 무차익거래 포트폴리오란, (i) 무자본투자에 (ii) 무위험이므로 그러한 포트폴리오는 균형 상태에서는 어떠한 순현금흐름(이익)도 발생하지 않는 포트폴리오이다. 다음 3가지의 포지션으로 구성된 차익거래 포트폴리오를 고려해 보자.

1. 현재의 현물환율(S)로 1파운드를 매입할 수 있을 만큼 $S를 차입한다.
2. 1파운드를 영국 이자율로 대출한다.
3. 만기 시에 수취할 파운드를 선물환거래로 매도한다.

여기서 두 가지 주목할 만한 점이 있다. 첫째는, 투자시점의 순현금흐름이 0이다. 당연히 이는 무차익거래 포트폴리오는 완전히 자급자족적 자금조달(self-financing)이므로 이 포트폴리오를 보유하기 위해 어떠한 비용도 들지 않는다. 둘째로, 만기시 순현금흐름을 확실하게 알 수 있다. 이는 현물환율(S), 선물환율(F), 미국 이자율($i_{\$}$), 영국 이자율($i_{£}$) 등의 변수들이 불확실하지 않기 때문이다. 무차익거래 포트폴리오를 보유함으로써 어떤 확실한 이익도 낼 수 없기 때문에, 시장 균형 상태는 이 포트폴리오로부터 만기일에 순현금흐름이 0일 것을 요구한다.

$$(1+i_{£})F-(1+i_{\$})S=0 \tag{6.2}$$

식 (6.2)의 첫 번째 항은 파운드 투자로부터의 만기시 달러 수취액을 나타내고, 두 번째 항은 만기에 대출을 상환하기 위해 필요한 달러 금액을 나타낸다. 이 식을 단순히 재배열하면 식 (6.2)는 식 (6.1)과 동일한 결과를 가진다.

이자율 평가이론은 간단하게 아래처럼 어림치로 표현되기도 한다.

$$(i_{\$}-i_{£})=\left[\frac{F-S}{S}\right](1+i_{£})\approx\left[\frac{F-S}{S}\right] \tag{6.3}$$

식 (6.1)에서 분명히 알 수 있듯이 이자율 평가이론은 두 국가의 이자율 간 연계성을 보여준다. 구체적으로 달러가 선물 디스카운트 상태, 즉 $F>S$라면, 미국의 이자

3) 이자율 평가이론에 대한 체계적 설명은 Keynes의 *Monetary Reform*(1924)에 기인한다.

율이 영국의 이자율보다 높을 것이다. 환율 S와 F는 외화 1단위당 달러로의 가치를 나타낸다는 것을 기억하라. 달러가 선물 디스카운트 상태라는 것은 달러가 파운드에 비해 가치가 하락할 것으로 예상된다는 것을 의미한다. 그렇다면 달러의 예상되는 가치 하락을 보상하기 위해 미국 이자율이 영국 이자율보다 높아야 한다. 그렇지 않다면 누구도 달러 표시 증권을 보유하지 않을 것이다. 다른 한편 달러가 선물 프리미엄 상태 즉 $F < S$라면, 미국의 이자율이 영국의 이자율보다 낮을 것이다. 식 (6.1)은 양국의 이자율이 같지 않다면 선물환율은 현물환율과 같지 않을 것임을 나타내 준다.[4)]

좀 더 일반적인 IRP 식은 다음과 같다.

$$(1+i_{\$}) = \frac{F}{S}(1+i^{*}) \text{ or} \tag{6.3}$$
$$F = S\left[\frac{1+i_{\$}}{1+i^{*}}\right]$$

여기서 i^* 는 외국이자율은 나타낸다.

이자율 평가이론은 간단하게 아래처럼 어림값으로 표현되기도 한다.

$$(i_{\$} - i^{*}) = \left[\frac{F-S}{S}\right](1+i^{*}) \approx \left[\frac{F-S}{S}\right] \tag{6.4}$$

이자율 평가이론이 성립할 때는 미국에 투자하는 것과 선물환 헤징을 이용해 영국에 투자하는 것이 차이가 없다. 그러나 만약 이자율 평가이론이 성립되지 않는다면, 양국 중 어느 한 곳을 더 선호하게 될 것이다. $(1+i_{\$})$가 $(F/S)(1+i_{£})$보다 더 크(작)다면, 미국의 달러 표시 증권(영국의 파운드 표시 증권)에 투자하는 것이 더 유리하다. 차입이 필요하다면, 달러로 계산한 차입비용이 낮은 곳에서 차입할 것이다. 이자율 평가이론이 성립하지 않을 때, **커버된 이자 차익거래**(CIA: covered interest arbitrage)가 발생한다.

4) 차익거래 기회가 존재하는지 결정하기 위해서는 어림값 형태가 아닌 정확한 이자율 평가이론을 사용하여야 한다.

커버된 이자율 차익거래

커버된 이자율 차익거래(CIA) 과정에 대한 이해를 위해서는 수치적 예제를 통해 알아보는 것이 가장 좋다.

예제 6.1

미국의 연간 이자율은 5%이고, 영국의 연간 이자율은 8%이다. 그리고 현물환율은 \$1.80/£이고, 선물환율은 1년 만기가 \$1.78/£이다. 주어진 조건을 앞에서 사용한 표기로 나타내면, $i_{\$}=5\%$, $i_{£}=8\%$, S=\$1.80, F=\$1.78이다. 차익거래자는 \$1,000,000나 혹은 현물환율을 적용하면 이에 상응하는 £555,556을 빌릴 수 있다. 첫 번째로 IRP가 주어진 상황에서 적용되는지 확인해 보자. 주어진 숫자를 대입해 보면 아래의 답을 구할 수 있다.

$$\left[\frac{F}{S}\right](1+i_{£}) = \left[\frac{1.78}{1.80}\right](1.08) = 1.068$$

이것은 미국의 이자율 $(1+i_{\$}) = 1.05$과 같지 않다. 위 식을 자세히 살펴보면, 현재 상황을 다음과 같이 특징지을 수 있다.

$$(1+i_{\$}) < \left[\frac{F}{S}\right](1+i_{£}) \tag{6.5}$$

분명히 이자율 평가이론이 성립되지 않기 때문에, 차익거래자가 이익을 볼 수 있는 기회가 존재하는 것이다. 미국의 이자율이 낮기 때문에 차익거래자들은 미국에서 돈을 빌려 영국에 투자(대출)하려 할 것이다.
차익거래자는 아래의 일련의 거래들을 수행할 수 있다.

1. 미국에서 \$1,000,000을 차입하고, 1년 후 \$1,050,000=\$1,000,000×1.05을 상환한다.
2. \$1,000,000를 £555,556으로 환전한다.
3. 영국에 £555,556을 투자하여 만기에 £600,000=£555,556×1.08을 회수한다.
4. £600,000을 선물환 매도하여 만기에 \$1,068,000=(£600,000)(\$1.78/£)을 수령한다.

1년 후 만기가 되었을 때 차익거래자는 영국 투자로부터 £600,000를 얻고, 그 후 그 파운드를 선물환계약의 상대방에게 지급하고 그 대가로 \$1,068,000의 달러를 받게 된다. 차익거래자는 이 달러로 처음에 빌린 \$1,000,000의 이자를 포함한 \$1,050,000을 상환하고도 여전히 \$18,000(=\$1,068,000−\$1,050,000)만큼의 달러를 자신에게 남긴다. 이것이 바로 차익거래를 활용한 이익이다.

이렇게 확실한 이익을 차익거래자는 아무런 위험도 없이, 그리고 자신의 주머니에서 한 푼도 내지 않고 얻게 되는 것이다. 이것이 바로 우리가 앞서 말한 CIA, 즉, "커버된 이자율 차익거래"가 되는 것이다. 이것은 어떤 한 이자율로 차입과 동시에 선물환 헤징을 통해 환위험을 제거하면서 또 다른 이자율로 대출하여 확실한 차익을 얻는 거래이다. 사실상 차익거래 이익은 유효이자율의 차이와 차입한 금액을 곱한 값과 같다. 즉, \$18,000 = (1.068 − 1.05)(\$1,000,000). 〈도표 6.1〉은 CIA거래를 요약하여 보여준다.

얼마 동안이나 이 차익거래의 기회가 지속될까? 간단히 답하면 아주 잠깐이다. 이자율 평가이론에서 이러한 차이가 나타나는 순간 민첩한 거래자들은 즉각적으로 CIA거래를 수행할 것이다. 이러한 차익거래 활동 결과 IRP는 곧바로 균형을 찾을 것이다. 이를 이해하기 위해, 다시 예제로 돌아가 보자. 모든 거래자들은 (i) 가능한 한 많은 금액의 달러를 차입할 것이다. (ii) 그리고 영국에 투자하고 (iii) 동시에 파운드를 매입하고, (iv) 파운드 선물환을 매도하려 하기 때문에 아래와 같은 조정이 발생하여 식 (6.5)에서 설명한 초기 시장 상태로 돌아가게 될 것이다.

1. 미국의 이자율은 상승한다. ($i_\$ \uparrow$)
2. 영국의 이자율은 하락한다. ($i_£ \downarrow$)
3. 파운드의 현물환율이 상승한다. ($S \uparrow$)
4. 파운드의 선물환율이 하락한다. ($F \downarrow$)

도표 6.1

커버된 이자율 차익거래: 현금흐름 분석

거래	CF_0	CF_1
1. \$1,000,000 차입	\$1,000,000	−\$1,050,000
2. 현물환 파운드 매입	−\$1,000,000	
	£555,556	
3. £555,556 대출	−£555,556	£600,000
4. £600,000 선물환으로 매각		−£600,000
		\$1,068,000
순현금흐름	0	\$18,000

도표 6.2
이자율 평가 도해

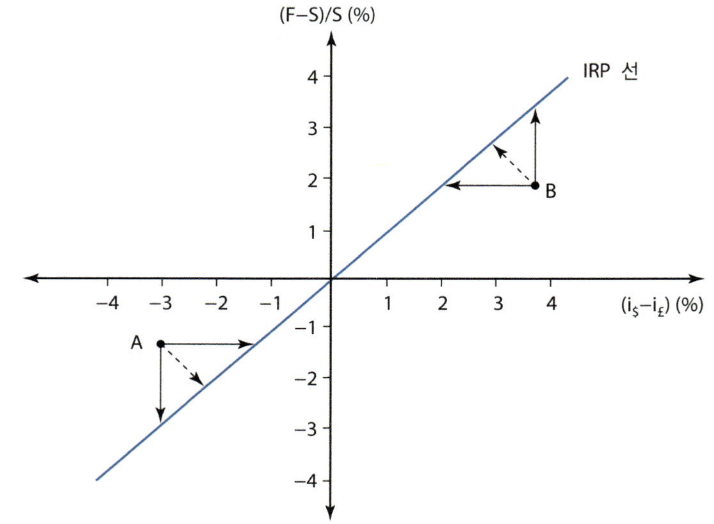

이러한 조정을 통해 식 (6.5)의 좌변은 상승할 것이고, 동시에 우변은 하락하여 양쪽 모두 일치하게 되어 IRP는 회복될 것이다.

이러한 조정 과정이 〈도표 6.2〉에 나타나 있다. 식 (6.5)에서 표현된 초기 시장의 조건들은 상당히 IRP선 밖에 있는 점 A로 나타낼 수 있다. 점 A에서 이자율 차이는 −3%이다. 즉, $i_\$ - i_£ = 5\% - 8\% = -3\%$. 그리고 선물환 프리미엄은 −1.11%. 즉, $(F - S)/S = (1.78 - 1.80)/1.80 = -0.0111$, 또는 −1.11%. CIA 활동은 이자율의 차이를 증가시킬 것이며(수평 화살표가 이를 나타낸다), 동시에 선물환 프리미엄/디스카운트를 낮출 것이다(수직 화살표가 이를 나타낸다). 외환시장과 단기금융시장에서 조정이 모두 발생하기 때문에 IRP에 대한 실제 조정 경로는 점선으로 표시될 수 있다. 더 진행하기 전에 또 다른 CIA 예제를 고려하면 유용할 것이다.

예제 6.2

시장의 조건은 아래와 같이 요약된다고 가정하자.

미국 3개월짜리 이자율 : 연 8%
독일 3개월짜리 이자율 : 연 5%
현물환율 : €0.800/$
3개월 만기 선물환율 : €0.7994/$

이 예제는 거래 기간이 1년이 아니라 3개월이고, 환율도 미국식 표시법이 아닌 유럽식 표시법으로 고시되어 있다는 점에서 앞의 예제와는 차이가 있다.

식 (6.1)로 정의되는 IRP를 적용하기 위해서는 환율을 미국식 표시법으로 전환하고 연간 이자율 대신 3개월 이자율을 이용해야 한다. 환언하면, IRP가 성립되는지를 확인하려면 아래의 수치들을 사용해야 한다.

$$i_\$ = 8.0/4 = 2.0\% \qquad i_€ = 5.0/4 = 1.25\%$$

$$S = 1/0.800 = \$1.2500/€ \qquad F = 1/0.7994 = \$1.2509/€$$

여기서 두 나라 간의 이자율과, 선물환의 만기가 같도록 하는 것이 중요하다.

이제 식 (6.1)의 우변에 숫자를 대입해 보자.

$$\left[\frac{F}{S}\right](1+i_€) = \left[\frac{1.2510}{1.2500}\right](1.0125) = 1.0132$$

이는 미국의 고시된 이자율 $(1+i_\$)=1.02$보다 낮다. 따라서 IRP가 성립되지 않아 차익거래의 기회가 존재한다. 환율을 고려해 보면 독일의 이자율이 미국 이자율보다 낮기 때문에 거래자들은 독일에서 돈을 빌려 미국에 투자(대출)해야 할 것이다. 차익거래자가 $1,000,000나 그에 상응하는 €800,000을 빌릴 수 있다고 가정해보자. 차익거래자들은 다음의 거래들을 행할 것이다.

1. 독일에서 €800,000을 차입하고 3개월 후 만기에 €810,000=(€800,000 × 1.0125)을 상환한다.
2. 현물환 거래를 통해 €800,000을 $1,000,000달러로 환전한다.
3. 미국에 $1,000,000를 투자하여 3개월 후 만기시 $1,020,000를 회수한다.
4. 선물환 매입계약을 통해 $1,013,229=€810,000 × $1.2509/€을 지급하고 대가로 €810,000을 수취한다.

3개월 후 차익거래자는 만기에 미국 투자에 대해 이자까지 포함하여 $1,020,000를 수취할 것이다. 그리고 선물환 계약의 상대방에게 $1,013,229를 지급하고 그 대가로 차입한 유로화를 상환하는 데 사용될 €810,000을 수취한다. 그 결과 차익거래자는 $6,690(=$1,020,000−$1,013,310)의 무위험 차익을 얻게 된다.

〈예제 6.1〉에서와 마찬가지로 IRP는 CIA 거래의 결과 빨리 회복될 것이다. 모든 거래자가 (i) 가능한 한 많은 금액의 차입을 독일에서 할 것이고, (ii) 미국에서 대출하고, (iii) 현물환 달러를 매입하고 동시에, (iv) 선물환 달러를 매도하면, 다음의 조정이 일어날 것이다:

1. 독일의 이자율은 상승한다. ($i_{€}\uparrow$)
2. 미국의 이자율은 하락한다. ($i_{\$}\downarrow$)
3. 달러(유로)의 현물환 가치가 상승(하락)한다. (S ↓)
4. 달러(유로)의 선물환 가치가 하락(상승)한다. (F ↑)

이러한 조정들은 식 (6.5)의 우변을 상승시키고 좌변을 하락시키며, 최종적으로 양변은 같아지고 IRP가 회복될 것이다. 이는 〈도표 6.2〉의 B점에서 예시된 조정 과정과 유사하다. 여기서 수직 화살표가 나타내듯이 부분적으로는 선물환 프리미엄 $(F-S)/S$이 증가하고, 수평 화살표가 나타내듯이 부분적으로는 이자율 차이 $(i_{\$}-i_{£})$이 감소하여 IRP가 회복될 것이다.

이자율 평가이론과 환율 결정

차익거래의 균형조건이 (현물환)환율과 관련되어 있기 때문에 IRP는 환율 결정에 즉각적인 함의를 갖는다. 그 이유를 이해하기 위해 이자율 평가이론을 아래와 같이 현물환율을 중심으로 재정리해 보자.

$$S=\left[\frac{1+i_{£}}{1+i_{\$}}\right]F \tag{6.6}$$

식 (6.6)에서는 선물환율이 주어져 있다면 현물환율은 상대적 이자율에 의존한다는 사실을 보여준다. 여타 조건이 같다면 미국 이자율의 증가는 달러 가치의 상승으로 이어질 것이다.[5] 이러한 상승의 이유는 미국 이자율이 높아지면, 자연스럽게 자본이 미국으로 몰리고, 이는 달러의 수요증가로 이어진다. 반면에, 미국의 이자율이 하락한다면 달러 가치는 하락한다.

상대적 이자율뿐만 아니라 선물환율도 현물환율을 결정짓는 중요한 요소이다. 일정 조건하에서 현재 이용 가능한 모든 관련 정보를 전제로 선물환율은 미래의 현물환율의 기대치와 같다. 즉

$$F=E(S_{t+1}|I_t) \tag{6.7}$$

5) 미국 이자율이 상승한다면($i_{\$}\uparrow$) 현물환율은 낮아진다($S\downarrow$). 이는 달러의 강세를 의미한다. 변수 S는 파운드당 달러로의 가치를 뜻한다.

여기서 S_{t+1}은 선물환계약 만기시점에서의 미래 현물환율이며 I_t는 현재 이용 가능한 정보 집합을 나타낸다.[6] 식 (6.6)과 식 (6.7)을 결합하면 다음의 식을 얻는다.

$$S = \left[\frac{1+i_{£}}{1+i_{\$}}\right] E(S_{t+1}|I_t) \tag{6.8}$$

식 (6.7)로부터 두 가지 점이 주목할 만하다. 첫째로 "기대"가 환율 결정에 핵심적인 역할을 한다는 점이다. 구체적으로 미래 환율의 기대값이 현재의 현물환율의 주요 결정요인이라는 것이다. 즉 사람들이 미래에 환율이 상승하리라 "기대"하면 현재 환율이 상승한다. 따라서 사람들의 기대가 자기충족적(self-fulfilling)이 된다. 둘째로, 환율의 변동은 새로운 뉴스 사건들이 환율을 움직이도록 한다는 점이다. 사람들은 현재 가지고 있는 정보 집합(I_t)을 근거로 기대를 형성한다. 사람들은 지속적으로 새로운 정보를 받게 되므로, 그들의 예상을 계속하여 갱신한다. 그 결과 환율은 다양한 새로운 사건들에 반응하게 되어, 단기적으로 역동적이며 변동적인 행태를 보인다. 정의에 의해 새로운 사건들은 기대할 수 없는 것이기에 환율을 예측하는 것은 굉장히 어려운 일이다.

식 (6.4)에서 선물환율 F를 미래 기대 현물환율 $E(S_{t+1})$로 대체하면 아래와 같다.

$$(i_{\$} - i_{£}) \approx E(e) \tag{6.9}$$

여기서 $E(e)$는 현물환율의 기대 변화율, $[E(S_{t+1}) - S_t]/S_t$ 을 뜻한다. 식 (6.9)는 양국의 이자율 차이는 대략 환율의 기대 변화율과 같음을 진술하는 것으로 이 관계를 **커버되지 않은 이자율 평가**(uncovered interest rate parity)라고 부른다.[7] 예컨대 앞의 수치 예에서처럼 미국 이자율이 연 5%이고 영국 이자율이 연 8%라면, 커버되지 않은 IRP에 의하면 $E(e) \approx -3\%$이므로 파운드화가 달러에 대해 3% 정도 가치 하락할 것으로 기대된다. 곧 논의되듯이 이 동일한 관계가 또한 국제피셔효과라고 알려져 있다.

6) 관련 정보 집합은 환율에 영향을 미치는 통화량, 이자율, 무역수지 등을 포함한다.

7) 곧 논의되겠지만 이 관계는 국제 피셔효과(International Fisher Effect)로도 알려져 있다.

통화 캐리 트레이드(Currency Carry Trade)

IRP와는 달리 커버되지 않은 이자율 평가는 종종 성립되지 않는 경우가 있어 커버되지 않은 이자율 차익거래 기회를 발생시킨다. 그러한 차익거래의 가장 흔한 예로 **통화 캐리 트레이드**(currency carry trade)를 들 수 있다. 통화 캐리 트레이드는 아무런 헤징도 하지 않은 채 낮은 이자율 통화로 자금을 조달하여 높은 이자율의 통화를 매입하는 것이다. 일본의 경우 이자율이 거의 0에 가까웠던 1990년대 중반 이래로, 엔화는 캐리 트레이드에서 가장 인기 있는 자금조달 통화였으며 스위스 프랑이 뒤를 따랐다. 대공황을 방지하기 위한 연준의 저금리 정책 덕분에 최근에는 미국 달러가 가장 인기 있는 자금조달 통화가 되었다. 반면에 인기 있는 투자통화로는 상대적으로 이자율이 높은 호주 달러, 뉴질랜드 달러, 및 일부 개도국 경제의 통화들을 들 수 있다. 일본 엔화를 빌려 호주 달러에 투자한다고 가정해 보자. 양국의 이자율 차이인 $i_{A\$}-i_{¥}$이 캐리 기간 동안의 호주 달러에 대한 엔화의 가치 상승률인 $e_{A\$,¥}$보다 크다면, 즉 $i_{A\$}-i_{¥} > e_{A\$,¥}$이면 호주 달러와 엔화 간 캐리 트레이드는 이익을 얻는다.

만약 많은 투자자들이 대량으로 앞의 거래를 수행한다면, 엔화가 적어도 단기적으로는 호주달러에 대해 가치가 하락할 수도 있는데 이는 커버되지 않은 이자율평가이론과는 반대가 되는 것이다. 투자자들이 엔화를 매도하고, 호주 달러를 매입하려 하기 때문에 엔화가 단기적으로 가치 하락할 수 있다. 만약 엔화가 호주 달러에 비해 일본의 이자율 이상으로 가치가 하락한다면, 캐리 트레이드의 조달비용이 실효적으로 음(−)의 값이 되어 캐리 트레이드는 이익이 더 많이 발생하게 된다.[8] 그러나 만약 일본 엔화가 호주 달러에 대해 가치 상승률이 이자율 차이보다 크다면, 캐리 트레이드는 손실을 볼 것이다. 특히 환율의 변동성이 심할 때는 통화 캐리 트레이드는 위험한 투자가 되는 것이 분명하다.

〈도표 6.3〉은 엔화와 호주 달러 간의 6개월 만기 이자율 차이 $(i_{A\$}-i_{¥})$와 같은 6개월 동안 두 통화 간 환율의 변동률$(e_{A\$,¥})$을 도표로 보여준다. 이 도표는 (중복되지 않는) 6개월 동안 발생한 캐리 트레이드를 조사한 것으로 엔화가 호주 달러에 대해 종종 가치 하락세를 보였던 2000~2007년 그리고 2009~2014년 동안 대부분 수익성이 높았다. 다른 시기에는 간헐적으로 일어나는 급격한 엔화의 가치 상승 때문

8) 0.50%의 이자율로 일본 엔화를 빌려오고, 캐리 거래 동안 엔화는 호주 달러에 대해 1.25% 가치 하락하였다고 가정하자. 그렇다면, 캐리 트레이드를 위한 실질 자금 비용은 −0.75%(=0.50%−1.25%)가 된다.

도표 6.3

이자율 차이와 환율 변동률: 호주 달러-일본 엔의 6개월 캐리 기간

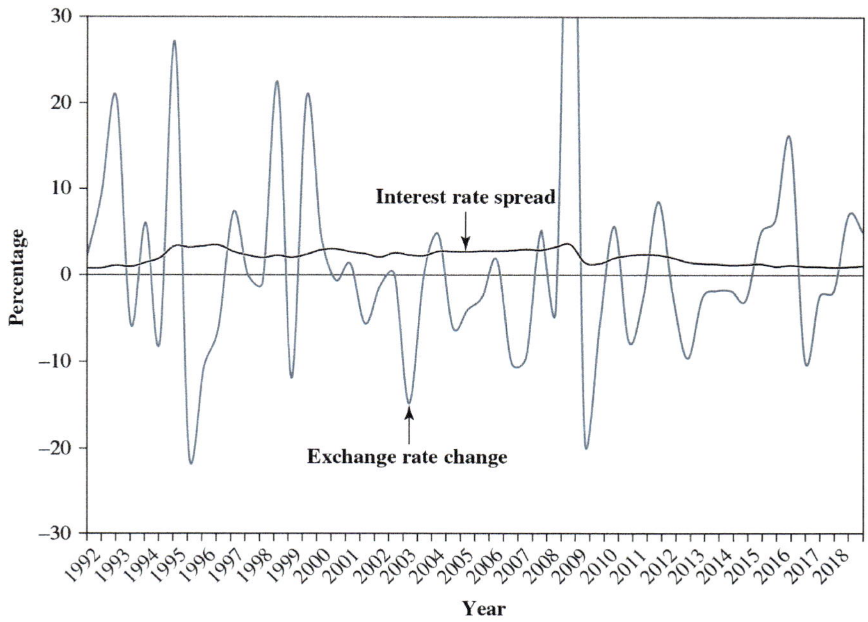

주: 이자율은 양국의 6개월짜리 은행 간 이자율이 사용되었다. 이자율 차이와 환율 변동률은 매 6개월 캐리 기간 초 시점에서 그려진다.

자료: 이자율과 환율은 Datastream에서 구했다.

에 종종 이익을 낼 수 없었다. 글로벌 금융위기 때 일본의 엔화가 안전 자산으로서 엔화의 수요가 급증한 것을 반영하여 2008년의 하반기에 엔화 가치가 급격히 상승하였고 캐리 트레이드는 엄청난 손실을 입었다.

캐리 트레이드의 인기를 배경으로, 연구자들이 캐리 트레이드의 위험과 수익률 특성과 캐리 트레이드의 추가가 포트폴리오 성과를 개선할 수 있는지를 분석했다. 예를 들어, Accominotti 등 (2019)은 1919년 이후의 자료를 이용하여 캐리 트레이드의 수익률을 연구해서 변동환율제 체제의 통화들에서만 상당한 캐리 트레이스 수익률이 발생함을 밝혔다.

더욱이, 캐리 트레이드는 더 이상 기관투자자들만의 전유물이 아니다. DB G10 Currency Harvest Fund(DBV)라고 불리는 ETF가 2006년에 개인투자자들의 캐리 트레이드 참여를 용이하게 하기 위해 도입되었다. 더불어, 많은 가계들이 낮은 이자율을 이용하기 위해 외화 표시 모기지대출을 일으킬 때 실효적으로 캐리 트레이더가 된다. 외화 표시 가계 차입은 많은 유럽 국가들에서 널리 퍼져 있다. 예를 들어, 오스트리아 가계들은 1980년대 후반 낮은 이자율의 외화 표시 차입을 시작했다. 2007

년에 가서는 오스트리아 가계 차입의 거의 1/3이 외화 표시였고, 스위스 프랑화가 가장 흔히 사용된 통화였다. 라트비아와 에스토니아 같은 일부 국가들에서는 외화 표시 부채를 가진 가계의 비율이 훨씬 높다. (Beer 등(2010)과 Kolasa(2021)) 외화의 갑작스러운 가치 상승은 외화 표시 모기지대출의 상환액을 증가시키고, 대부분의 가계들이 현지 통화로 급여를 받기 때문에 그들의 금융 부담을 악화시킬 수 있다. 예를 들어, 2009년에 스위스 프랑화가 헝가리 포린트화에 대해 가치가 급등하였을 때, 수천 헝가리 가계들이 모기지대출 상환을 할 수 없었다. 결국 헝가리 정부는 2011년 새로운 입법을 통해 헝가리 가계가 어느 특정 상황에서는 그들의 외화표시 모기지 대출을 미리 정해진 유리한 환율로 포린트화 표시 대출로 전환할 수 있게 허용했다. 유사하게, 폴란드 가계들도 낮은 스위스 이자율을 이용하기 위해 스위스 프랑화 모기지대출을 빌렸는데, 스위스 프랑화가 폴란드 즐로티화에 대해 가치가 급등했을 때 그들의 월간 모기지대출 이자지급액이 증가하였다. 폴란드 차입자들이 이에 따라 수천의 소송을 대출 은행들에 대해 제기하였기 때문에, 폴란드의 대법원은 2021년 후반 법원이 외화표시 대출 사례들을 어떻게 처리할 것인지에 대해 청문회를 시작했다.

이자율 평가이론으로부터의 이탈 이유

비록 IRP가 잘 성립하는 경향이 있지만, 여러 가지 이유들로 인해 항상 정확하게 성립되지 않을 수도 있다. 예를 들어, Akram, Rime, 및 Sarno(2008)는 2004년 7개월간의 기간의 이자율들과 미 달러의 유로, 파운드 및 엔화 환율에 대해 고빈도 자료를 이용하여 커버된 IRP로부터의 이탈을 분석했다. 평균적으로 수익성 있는 차익거래 기회들을 발견하지는 못했지만, 이러한 기회를 거래자들이 이용할만큼 충분히 수익성 있고 긴 커버된 IRP로부터의 짧은 기간의 이탈이 많이 있었다고 보고했다. Lothian과 Wu(2011)도 두 개의 통화 조합 - 프랑스 프랑 대 파운드 스털링과, 미 달러 대 스털링 - 에 대한 2세기에 걸친 방대한 시계열 자료를 이용하여 커버되지 않은 IRP를 검증하고, 이 평가 관계가 매우 장기간 성립되지만 오랜 기간 이탈할 수도 있다고 결론을 내렸다.

종합적으로, 위 증거와 함께 여타 실증 증거들은 IRP가 특히 짧은 기간들에 걸쳐 항상 정확하게 성립되지 않을 수 있다고 시사한다. 최소한 다음 두 가지의 이유 때문일 수 있다. 즉, 거래비용과 자본통제이다.

이전의 CIA 거래 예제들에서, 우리는 무엇보다도 거래비용이 존재하지 않는다는 묵시적인 가정을 하였다. 현실적으로 거래비용들이 존재한다. 차익거래자가 차입하는 이자율 i^a는 매입-매도 스프레드를 반영하여 그들이 대출하는 이자율 i^b보다 더 높은 경향이 있다. 마찬가지로, 외환시장에서도 매입-매도 스프레드가 존재한다. 차익거래자는 통화를 더 높은 매도 가격인 S^a와 F^a에 매입하고, 더 낮은 매입 가격인 S^b와 F^b에 매도해야 한다. 아래 〈도표 6.1〉의 4개 변수들 각각은 스프레드의 중간 가격을 나타낸다고 간주할 수 있다.

$$F = S\left[\frac{1+i_{\$}}{1+i_{£}}\right] \tag{6.1}$$

우리가 매입-매도 스프레드를 포함하게 되면, 선물환 외환딜러들은 차익거래를 피하기 위해 다음과 같이 가격을 결정해야 한다.

$$F^a > S^b\left[\frac{1+i^{b_{\$}}}{1+i^{a_{£}}}\right] \tag{6.10}$$

비슷하게,

$$F^b > S^a\left[\frac{1+i^a_{\$}}{1+i^b_{£}}\right] \tag{6.11}$$

차익거래 이익이 거래비용 때문에 음(−)의 값이 되면, IRP로부터의 현재 이탈은 수익성 있는 차익거래 기회를 나타내지 못한다. 그러므로 〈도표 6.4〉에서 IRP 선은 하나의 밴드에 의해 둘러싸인 것으로 볼 수 있고, C점과 같이 이 IRP 밴드에서 벗어난 IRP 이탈의 경우에만 수익성 있는 차익거래 기회가 발생한다. IRP 밴드 안에 있는 D점 같은 IRP 이탈의 경우에는 수익성 있는 차익거래가 발생하지 않는다. IRP 밴드의 넓이는 거래비용의 크기에 따라 달라진다.

IRP의 이탈의 다른 주된 이유는 정부에 의해 가해지는 자본통제이다. 다양한 거시경제적 이유들 때문에, 정부는 때때로 국내로 내지 국외로의 자유로운 자본의 유출입을 제한한다.[9] 정부는 세금 부과, 심지어는 직접적인 국경을 넘는 자본이동에

9) 정부는 종종 국제수지를 개선하기 위해서 그리고 원하는 수준의 환율을 유지하려는 노력으로 자본통제를 가한다.

도표 6.4
거래비용이 존재하는 경우의 이자율 평가이론

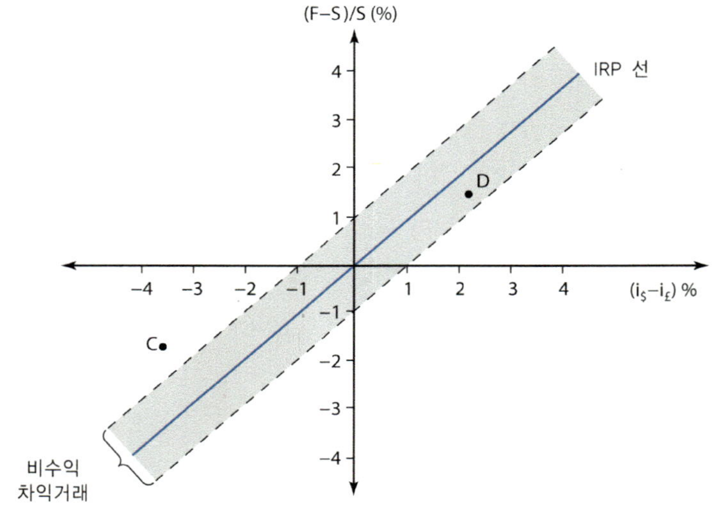

대한 공공연한 금지 등을 통해 이러한 목적을 달성한다. 국제수지 상황을 개선하고 환율을 바람직한 수준으로 유지하기 위한 노력으로 자본통제는 종종 정부에 의해 부과되었다. 정부의 이러한 조치들은 실효적으로 차익거래 과정에 손상을 입혀 그 결과 IRP로부터의 이탈이 지속될 수 있다.

국제 자본이동을 자유화했던 1980년 12월 이전까지 자본규제를 가했다 풀었다 하던 일본은 흥미로운 역사적 예를 제공한다. Otani와 Tiwari(1981)는 1978년에서 1981년에 발생한 IRP로부터의 이탈에 대한 자본통제의 영향에 대해 조사하였다. 그리고 그들은 이자율 평가로부터의 이탈(DIRP: deviations from interest rate parity)을 아래와 같이 계산하였다.

$$\text{DIRP} = [(1+i_¥)S/(1+i_\$)F]-1 \tag{6.12}$$

여기에서,

$i_¥$ =3개월 만기 Gensaki채권의 이자율[10)]
$i_\$$ =3개월 만기 유로달러 예금이자율
S =도쿄에서의 엔/달러 현물환율
F =도쿄에서의 3개월 만기 엔/달러 선물환율

10) 도쿄 단기금융시장에서 발행된 Gensaki 채권은 환매조건부 계약의 형태로 판매된다. Gensaki 채권의 이자율은 시장에서 결정되지만 여전히 다양한 시장 불완전성들에 의해 영향을 받을 수 있다.

도표 6.5

이자율 평가로부터의 이탈: 일본, 1978−1981(%)

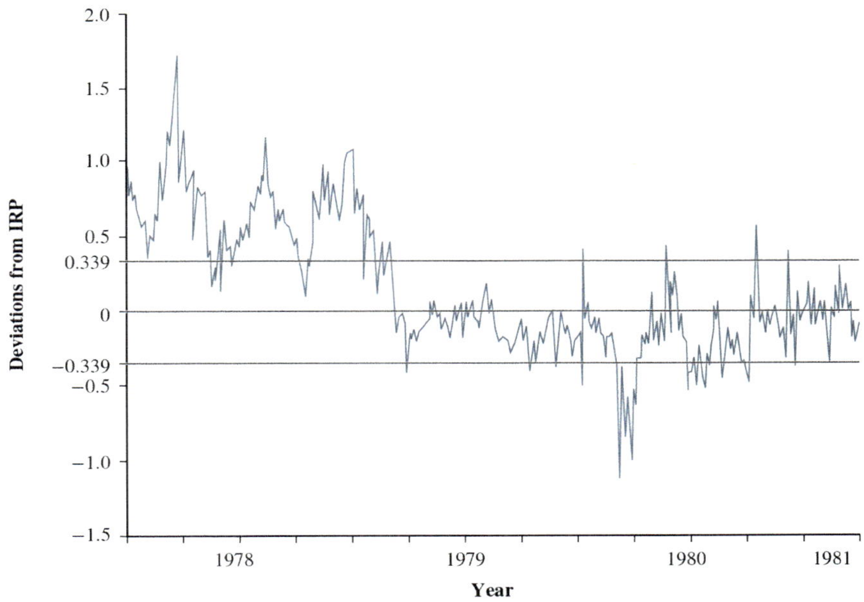

주: 이탈은 일별 자료를 이용하여 계산되었다. ±0.339로 제한된 영역은 표본 기간 동안의 IRP 밴드의 평균 넓이이다.

자료: I. Otani and S. Tiwari, "Capital Controls and Interest Rate Parity: The Japanese Experience, 1978–81," *IMF Staff Papers* 28 (1981), pp. 793−816.

위에서 정의한 바에 의해 계산된 IRP 이탈들을 <도표 6.5>에서 보여주고 있다. 만약 IRP가 정확하게 성립된다면, 이 이탈들은 0의 기대치를 중심으로 무작위적으로 흩어져 있어야 한다.

그러나 <도표 6.5>에서는 IRP의 이탈들이 0을 중심으로 흩어져 있지 않다. 이러한 이탈들이 1980년 말까지 현저하게 나타났고, 최대 이탈은 1978년에 발생하였다. 이러한 이탈들은 엔화가 가치 상승이 되지 않도록 하려고 자본유입을 억제한 일본 정부의 여러 조치들에 의한 것이었다. 이러한 조치들이 1979년에 폐지되면서 이탈이 감소하였다. 그러나 일본 금융기관들에게 외화표시 예금을 억제하도록 요구하는 자본통제의 도입을 반영하여 1980년에 IRP 이탈이 다시 증가되었다.

1980년 12월, 일본은 외환 거래를 자유화시키는 새로운 외환 및 무역 통제법(Foreign Exchange and Foreign Trade Control Law)을 도입하였다. 1981년 1/4분기에 이탈들은 0을 중심으로 맴돈 것은 그리 놀라운 일이 아니다. <도표 6.5>에 나타난 실증적 증거는 연구기간 동안 자본통제의 변화들을 면밀하게 반영하였다. 이 실증적 결과는 1978년과 1980년 사이 IRP 이탈들이 차익거래 이익 기회들이 활용되지 못했음을 나타내기 보다는 국경을 넘는 차익거래에 대한 상당한 장벽을 나타낸다는 점을 시사한다.

유사하게, Du, Tepper 및 Verdelhan(2018)은 커버된 IRP 조건들이 2008년 위기 이후 10개 주요 통화들에서 위배됨을 보여주었다. 그들은 이러한 이탈들이 위기 이후 금융중개기관들에 가해진 규제 제한들과, 통화별 자금조달 공급과 투자 수요에 있어서 지속적인 국제 불균형에 기인하는 것으로 보인다고 주장했다. BIS는 또한 커버된 IRP로부터의 이러한 이탈들이 차익거래 활동에 대한 새로이 부과된 제한들과, 외환 헤지에 대한 진화하는 수요, 특히 달러 헤지에 대한 증가하는 수요에 기인한 것이라고 설명했다.

구매력 평가이론

구매력 평가이론(PPP: purchasing power parity)은 표준 상품 바스켓에 일물일가의 법칙을 국제적으로 적용할 때 얻어지는 이론이다. 이 이론은 양국 통화 간 환율은 양국 물가수준의 비율과 같아야 한다는 이론이다. PPP의 기본 아이디어는 16세기에 스페인에서 가장 오래된 대학인 University of Salamanca의 학자들에 의해 시작되었다. 아메리카 정복 이후, 스페인은 엄청난 양의 금이 유입됨에 따라 국내 인플레이션과 다른 나라 통화들에 대해 스페인 통화인 에스쿠도(escudo)의 가치가 하락하는 현상을 겪었다. 이 새로운 화폐적 현상이 PPP 탄생의 배경이 되었다. 이 이론은 차후 19세기 고전파 경제학자인 David Ricardo에 의해 옹호되었다. 하지만 1920년 스웨덴의 경제학자인 Gustav Cassel이 PPP를 현대적 형태로 공식화하여 대중화 시켰다. 그 당시 독일과 헝가리 그리고 소비에트연방들을 포함한 많은 국가들은 초 인플레이션을 경험했다. 이러한 국가들의 통화가 구매력이 급속히 감소됨에 따라, 그들 통화 역시 미 달러와 같은 안정적 통화들에 대해 가치가 급락하였다. 구매력 평가설은 이러한 역사적 배경으로 유명해졌다.

$P_{\$}$가 미국에서의 표준 상품 바스켓 한 단위에 대한 달러 가격이고, $P_{£}$가 영국에서의 동일한 표준 상품 바스켓 한 단위에 대한 파운드 가격이라고 하자. 공식적으

로 PPP는 달러와 파운드 간의 환율이 다음과 같이 되어야 한다고 말한다.

$$S = P_{\$}/P_{£} \tag{6.13}$$

여기서 S는 1파운드를 미 달러의 가격으로 나타낸 것이다. PPP는 표준 상품 바스켓 한 단위에 대한 미 달러 가격이 $225이고, 반대로 파운드화 가격이 £150이라면, 달러와 파운드 사이의 환율은 1파운드당 $1.50라는 것을 의미한다.

$$\$1.50/£ = \$225/£150$$

만약 미국에서 상품 바스켓 한 단위의 가격이 예컨대 $300 정도로 높다면, PPP는 환율이 $2.00/£로 높아져야 한다고 주장한다.

PPP에 대한 다른 해석을 위해 식 (6.12)을 아래와 같이 고쳐 써 보자.

$$P_{\$} = S \times P_{£}$$

위 식은 미국에서의 한 단위 상품 바스켓의 달러 가격 $P_{\$}$와 영국에서의 상품 바스켓의 한 단위 가격인 $P_{£}$에 환율 S가 곱해서 구한 달러 가격은 같아야 한다는 것을 말한다. 즉, PPP는 미국과 영국의 상품 한 단위에 대한 가격이 공통된 통화로 측정되었을 때 세계 어디에서나 같아야 할 것을 요구한다. PPP는 일물일가 법칙이 표준 상품 바스켓에 적용된 구체적 현상이다. 아래 〈현장의 국제재무〉에서 논의되는 "빅맥지수(Big Mac Index)가 통화들에 관대해 얘기하는 것"에서는 2021년 7월 전 세계에서의 빅맥 가격들을 보여준다. 이코노미스트 경제지(*The Economist*)는 PPP를 측정하기 위해 빅맥 지수를 창출했다. 예컨대, 2021년 7월 미국에서 빅맥 평균 비용은 5.65달러이고, 중국에서는 22.4위안이다. 따라서 빅맥 PPP는 약 3.96 위안/달러 (3.96 = 22.4/5.65)이다. 그러나 실제 환율은 6.48 위안/달러이며, 이는 위안화가 상당히 저평가되어 있음을 의미한다. 대조적으로 스위스에 대한 빅맥 PPP는 1.5 스위스프랑/달러이며, 실제 환율인 0.92 프랑/달러와 비교된다. 이는 스위스프랑화가 과대평가되어 있음을 의미한다.

PPP 관계가 절대적 형태의 PPP에서의 물가수준이 아닌 "변화율" 형태로 제시될 때, 우리는 **상대적 형태의 PPP**를 얻는다.

$$e = \left[\frac{\pi_{\$} - \pi_{£}}{1 + \pi_{£}}\right] \approx \pi_{\$} - \pi_{£} \tag{6.14}$$

여기서 e는 환율 변화율, $\pi_\$$와 $\pi_£$는 각각 미국과 영국의 인플레이션율을 뜻한다. 예를 들어 미국의 인플레이션율이 연 6%이고, 영국의 인플레이션율이 4%라면 파운드는 달러에 비해 2% 가치 상승되어야 한다. 즉, 연간 $e \approx 2\%$이다. 절대적 PPP가 성립되지 않을지라도, 상대적 PPP는 성립될 수 있음을 주목하라.[11] 우리가 외국 이자율 i^*를 이용하여 얻었던 식 (6.3)과 유사하게 $P_£$와 $\pi_£$를 외국 물가와 외국 인플레이션율을 나타내는 P^*와 π^*로 대체하여 더 일반적으로 절대적 및 상대적 형태의 PPP를 구할 수 있다.

현장의 국제재무

What the Big Mac Index Says About Currencies

환율의 "적정한" 수준에 대한 가벼운 지침으로 이코노미스트지가 매년 전 세계 빅맥의 현지 가격들을 수집한다. 2021년 7월에 전 세계 빅맥의 달러표시 가격들을 비교할 때, 가장 싼 버거는 레바논에서 팔린다. 동일하게 생각되는 버거가 스위스에서 가장 비싸게 팔린다. 이에 이코노미스트지는 미국과 다른 곳의 햄버거 가격들을 동일하게 하는 소위 "빅맥 PPP"를 계산한다. 이 PPP와 실제 환율을 비교함으로써 어느 한 통화가 과소평가되거나 또는 과대평가된 것을 판단할 수 있다. 빅맥 지수는 2021년 7월 현재 레바논 파운드가 70% 과소평가된 반면에 스위스 프랑은 25% 과대평가된 것을 시사한다.

햄버거 지수

	빅맥 가격		달러의 내재 PPP[ab]	실제 달러환율 2021.7.1일	달러에 대한 저평가(−)/고평가(+), %
	현지 통화	달러[a]			
United States[c]	US$ 5.65	5.65	1.00	1.00	0
Argentina	Peso 380	3.94	67.26	96.33	−30
Australia	A$ 6.55	4.79	1.16	1.37	−15
Azerbaijan	Manat 3.95	2.32	0.70	1.70	−59
Bahrain	Dinar 1.5	3.98	0.27	0.38	−30
Brazil	Real 22.9	4.36	4.05	5.25	−23
Britain	Pound 3.49	4.75	0.62	0.73	−16
Canada	C$ 6.77	5.31	1.20	1.27	−6
Chile	Peso 2,990	3.94	529.20	759.29	−30
China	Yuan 22.4	3.46	3.96	6.48	−39
Colombia	Peso 12,950	3.37	2,292.04	3,842.11	−40
Costa Rica	Colón 2,370	3.84	419.47	617.74	−32

11) 식 (6.13)으로부터 $(1+e) = (1+\pi_\$)/(1+\pi_£)$을 도출할 수 있다. 이를 재배열하면 $e = (\pi_\$ - \pi_£)/(1+\pi_£)$을 얻는데 이를 어림값으로 하면 식 (6.14)와 같은 $e = \pi_\$ - \pi_£$로 나타낼 수 있다.

햄버거 지수

	빅맥 가격		달러의	실제 달러환율	달러에 대한
	현지 통화	달러[a]	내재 PPP[ab]	2021.7.1일	저평가(−)/고평가(+), %
Croatia	Kuna 24	3.75	4.25	6.40	−34
Czech Republic	Koruna 89	4.08	15.75	21.80	−28
Denmark	Krone 30	4.74	5.31	6.32	−16
Egypt	Pound 42.5	2.71	7.52	15.67	−52
Euro area	Euro 4.29	5.05	0.76	0.85	−11
Guatemala	Quetzal 26	3.36	4.60	7.74	−41
Honduras	Lempira 87	3.66	15.40	23.74	−35
Hong Kong	HK$ 21	2.70	3.72	7.77	−52
Hungary	Forint 908	2.97	160.71	305.65	−47
India	Rupee 190	2.55	33.63	74.62	−55
Indonesia	Rupiah 34,000	2.34	6,017.70	14,517.50	−59
Israel	Shekel 17	5.16	3.01	3.29	−9
Japan	Yen 390	3.55	69.03	109.94	−37
Jordan	Dinar 2.13	3.00	0.38	0.71	−47
Kuwait	Dinar 1.25	4.16	0.22	0.30	−26
Lebanon	Pound 37,000	1.68	6,548.67	22,000.00	−70
Malaysia	Ringgit 9.99	2.36	1.77	4.22	−58
Mexico	Peso 64	3.18	11.33	20.14	−44
Moldova	Leu 52	2.89	9.20	17.98	−49
New Zealand	NZ$ 6.9	4.76	1.22	1.45	−16
Nicaragua	Córdoba 128	3.64	22.65	35.21	−36
Norway	Krone 57	6.30	10.09	9.04	−12
Oman	Rial 1.15	2.99	0.20	0.39	−47
Pakistan	Rupee 580	3.60	102.65	161.10	−36
Peru	Sol 12.9	3.26	2.28	3.95	−42
Philippines	Peso 142	2.82	25.13	50.35	−50
Poland	Zloty 13.43	3.44	2.38	3.91	−39
Qatar	Riyal 13	3.57	2.30	3.64	−37
Romania	Leu 10.6	2.53	1.88	4.19	−55
Russia	Ruble 135	1.81	23.89	74.53	−68
Saudi Arabia	Riyal 14	3.73	2.48	3.75	−34
Singapore	S$ 5.9	4.31	1.04	1.37	−24
South Africa	Rand 33.5	2.28	5.93	14.66	−60
South Korea	Won 4,600	4.00	814.16	1,150.35	−29
Sri Lanka	Rupee 700	3.51	123.89	199.50	−38
Sweden	Krona 54	6.20	9.56	8.72	−10
Switzerland	Franc 6.5	7.04	1.15	0.92	−25
Taiwan	NT$ 72	2.57	12.74	28.05	−55
Thailand	Baht 128	3.90	22.65	32.81	−31
Turkey	Lira 19.99	2.34	3.54	8.56	−59
Ukraine	Hryvnia 65	2.39	11.50	27.22	−58

햄버거 지수

	빅맥 가격 현지 통화	빅맥 가격 달러	달러의 내재 PPP[a]	실제 달러환율 2021.7.1일	달러에 대한 저평가(−)/고평가(+), %
UAE	Dirham 14.75	4.02	2.61	3.67	−29
Uruguay	Peso 225	5.11	39.82	44.00	−9
Venezuela	Bolívar 16,020,000	4.43	2,835,398.23	3,613,989.07	−22
Vietnam	Dong 69,000	3.00	12,212.39	23,028.50	−47

[a] 달러 표시 가격: 현지 통화 가격을 실제 달러 환율로 나누어서 구한 값
[b] 유럽 내 가격의 가중평균
[c] 뉴욕, 시카고, 애틀랜타, 샌프란시스코의 평균
注: 모든 가격은 세금을 포함함.
출처: McDonald' s, Refinitiv Datastream, IMF, Eurostat, LebaneseLira.org, Bankque du Lian: *The Economist,* 2021. 7

PPP 이탈과 실질환율

PPP의 성립 여부는 국제교역에 있어 중요한 의미를 지닌다. 만약 PPP가 성립되고, 국가 간 인플레이션율 차이가 환율 변화로 정확하게 상쇄된다면, 전 세계 수출시장에서 국가들의 경쟁적 지위는 환율 변화에 의해 영향을 받지 않을 것이다. 그러나 만약 PPP로부터 이탈이 생긴다면, 명목환율 변화는 **실질환율**(real exchange rate)의 변화를 가져와서 국가들의 국제경쟁력에 영향을 미친다. 이는 결국 국가의 무역수지에 영향을 미칠 것이다.

PPP로부터의 이탈을 측정하는 실질환율 q는 아래와 같이 정의될 수 있다.[12)]

$$q = \frac{1+\pi_{\$}}{(1+e)(1+\pi_{£})} \tag{6.15}$$

첫째로, 만약 PPP가 성립된다면 이는 $(1+e)=(1+\pi_{\$})/(1+\pi_{£})$이므로 실질환율은 q=1이다. 그러나 PPP에서 이탈이 일어나면, 실질환율은 1에서 벗어날 것이다. 예를 들어, 미국 인플레이션율이 연 5%이고, 영국 인플레이션율이 연 3.5%이며 파운드가 달러에 비해 4.5% 가치 상승한다면, 그러면 실질환율은 0.97이 된다.

$$q=(1.05)/(1.045)(1.035)=0.97$$

12) 실질환율은 PPP가 시작점에서 유지된 것으로 가정하고, 일정 기간 이후 PPP로부터의 일탈 정도를 측정한다. 만약 PPP가 계속해서 유지된다면 실질환율은 1로 유지될 것이다.

위의 예에서 달러는 PPP에 의해 보장되는 것보다 더 많이 가치가 하락하여, 세계 시장에서 미국 산업의 경쟁력이 더욱 강해진다. 만약 달러의 가치 하락이 인플레이션율의 차이보다 적게 이루어진다면, 실질환율은 1보다 클 것이므로 미국 산업의 경쟁력은 약해질 것이다. 그 내용을 요약하자면 아래와 같다.

$q=1$: 미국의 경쟁력은 유지된다.
$q<1$: 미국의 경쟁력은 강화된다.
$q>1$: 미국의 경쟁력은 약화된다.

〈도표 6.6〉은 1980년 이후, 미국 달러, 일본 엔화, 캐나다 달러, 독일(유로), 중국 위안, 그리고 영국 파운드에 대한 **실질실효환율**(real effective exchange rate)을 보여주고 있다. 〈도표 6.6〉에 나타난 실질실효환율 "지수들"은 2010년 환율을 기준으로, 즉 2010 =100으로 계산되었다. 한 국가의 실질실효환율은 여타 국가들과의 실질환율들을 그 국가의 국제 교역에서 여타 국가들이 차지하는 점유율을 가중치로 하여 구한 가중 평균치이다. 국내의 물가상승률이 외국의 물가상승률보다 높은데, 국내 통화의 명목환율의 변화를 통한 가치 하락이 더 높은 국내 물가상승률을 보전하기에 미흡한 경우 실질실효환율은 상승한다. 그러므로 만약 실질실효환율이 상승(하락)하면 국내 산업의 경쟁력은 떨어진다(개선된다). 예를 들어 1980년 중반에 중국 위안화의 실질실효환율이 급격하게 떨어진 후 서서히 증가하기 시작한 2006년까지는 낮은 상태를 유지하고 있었다. 비슷하게 독일의 실질실효환율도 2000년도까지 전반적으로 하락하였다. 반면에 영국의 파운드는 1990년 중반부터 2007년까지 실질가치가 상승하여 영국의 기업들은 경쟁력에 손상을 입었으나 2007년과 2009년 사이에는 상당히 하락하였다.

구매력 평가이론에 대한 실증 증거

위의 논의를 통해 분명해졌듯이, 현실에서 PPP의 성립 여부는 상당히 중요한 문제이다. PPP는 일물일가의 법칙을 표준 상품 바스켓에 적용하여 얻어지는 결과라는 사실에서 볼 때, 그것은 상품 바스켓의 구성 내용이 모든 국가에서 동일하고 어느 하나의 통화로 계산한 상품 바스켓을 구성하는 상품들의 가격들이 모든 국가에서 동일하여야만 성립될 것이다.

도표 6.6 주요 통화들의 실질실효환율(지수, 2010 = 100)

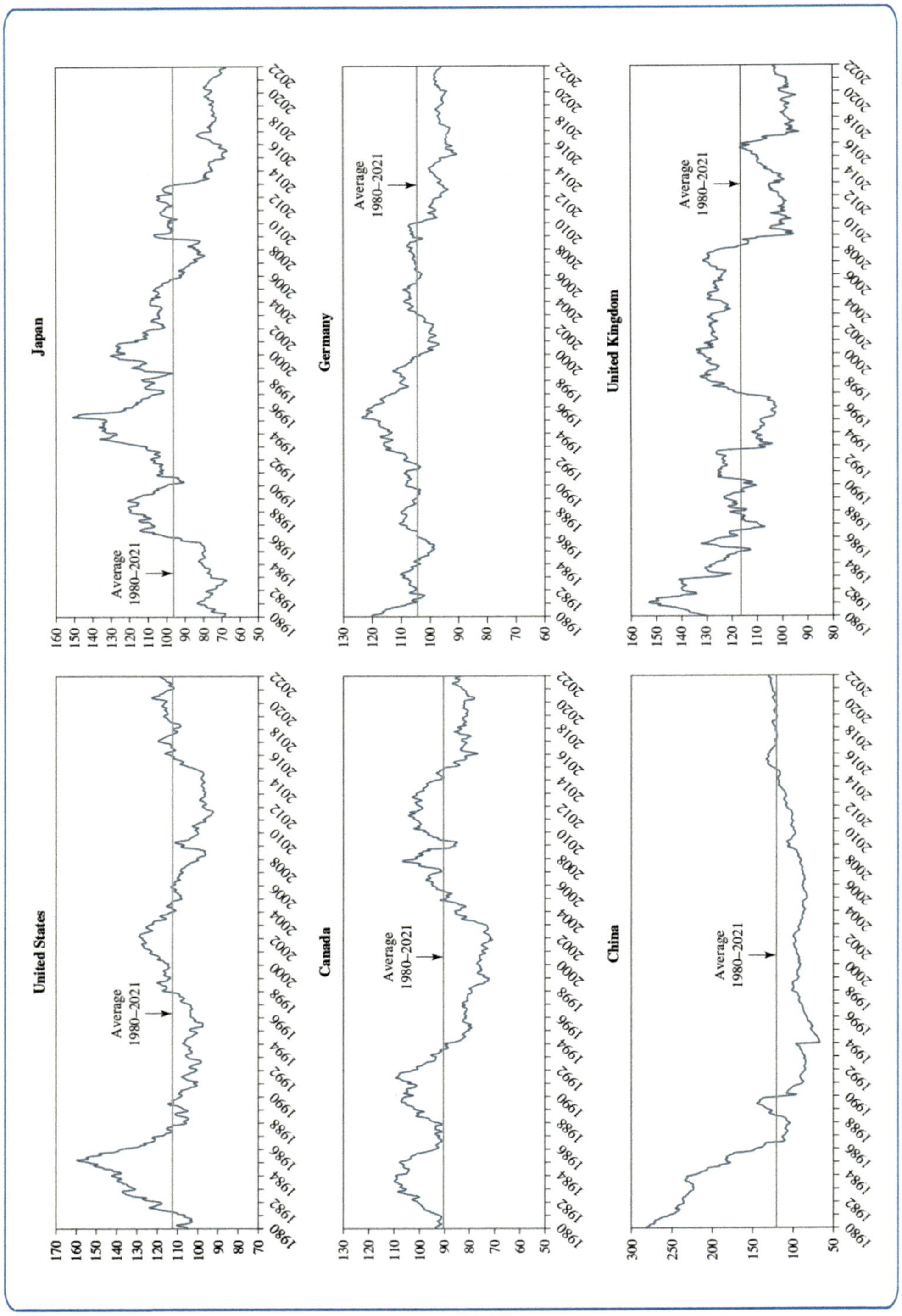

자료: IMF, *International Financial Statistics*.

PPP는 일련의 실증연구들의 주제였는데, 특히 단기간에 있어서 대체적으로 부정적인 결론을 얻었다. 예를 들어 Rogoff(1996)는 1개월 기간과 같은 단기적인 PPP 이탈은 상당히 크고, 심지어 환율이 장기적으로 PPP를 행해 움직일지라도 수렴의 속도는 느림을 주목했다. Cheung 등(2019)은 1973년과 2016년 사이 보다 광범위한 자료를 사용하여 PPP가 장기간에서는 잘 성립함을 확인했다. Abuaf와 Jorion(1990), Frankel과 Rose(1996), Carvalho와 Nechio(2011) 등 여러 연구들이 수렴의 속도를 추정하였는데 합의된 결론은 PPP로부터의 이탈이 절반으로 줄어드는 데 약 3년에서 5년이 걸린다는 것이다. 예를 들어, Frankel과 Rose(1996)는 1948~1992년 기간에 걸쳐 150개국의 자료를 분석하여 이탈이 절반으로 감소하는 기간이 약 4년이라고 추정했다. 보다 최근의 연구들은 PPP 이탈이 상당하고 지속적이지만 이 반감 주기가 감소하는 변화가 있다고 보고한다. 이전의 연구들에서 사용한 종합 물가지수 자료 대신에 1990~2005년 기간에 걸쳐 79개국, 123개 도시들의 개별 상품 및 서비스의 현지 통화표시 가격들을 사용한 Crucini와 Shintani(2008)는 중간 상품에 대해 PPP 이탈의 반감 주기는 OECD 국가들은 18개월, 비OECD 국가들은 16개월이라고 밝혔다.

〈도표 6.7〉도 또한 상품가격등가(commodity price parity)가 이루어지지 않는다는 증거를 제시한다. 아스피린(20정)의 가격은 모스크바의 $1.31에서 타이페이의 $12.14에 이른다. 일반적으로 약품의 생산과 유통은 대부분의 국가에서 강력히 규제된다. 이러한 규제로 인해 국경을 넘어서는 차익거래를 수행하기 어렵게 만들어 이들 제품에 대한 상당한 가격 불일치를 낳게 한다. 마찬가지로 남성 이발 비용도 리오데자네이로의 $18.43에서 오슬로의 $74.07에 이른다. 즉 오슬로에서 이발하는 비용이 리오데자네이로에서 이발하는 것보다 302%(!)나 높다. 그러나 이발 서비스는 단순히 교역이 가능하지 않으므로 이러한 가격 차이는 지속될 것이다. 대조적으로 햄버거의 가격 차이는 상당히 작다. 예를 들어 그 비용이 런던에서는 $6.99, 파리에서는 $7.15, 뉴욕에서는 $7.20이다. 낮은 가격 차이는 맥도날드 같은 다국적기업이 각 나라들에 걸쳐 비교될 만한 수준으로 가격을 설정한다는 사실에 기인한 것이라고 볼 수 있다.

대체적으로 PPP에 대해 비호의적인 증거들은 국제상품차익거래에 대해 상당한 장애물들이 존재한다는 것을 뜻한다. 명백하게 상품의 가격은 차익거래를 유발시키지 않고도 운송비만큼은 국가 간에 차이가 날 수 있다. 만약 1톤의 쌀을 태국에서 한국으로 운송하는 비용이 $50라면, 그 쌀의 가격은 두 국가 간에 어떤 방향으로든

도표 6.7

세계 가격 가이드 2021. 12[a]

지역	아스피린 (20정)	패스트푸드 버거(1개)	남성 이발비 (1회)	영화 표 (1장)
암스텔담	$5.25	$6.94	$55.31	$12.96
아테나	$4.55	$4.47	$24.33	$9.28
바쿠	$3.31	$2.55	$33.68	$4.54
방콕	$3.40	$5.36	$28.25	$10.18
베이징	$3.99	$3.57	$42.12	$12.06
부에노아이레스	$1.49	$5.83	$21.74	$7.80
프랑크푸르트	$7.61	$5.99	$55.37	$11.75
홍콩	$5.46	$2.78	$59.29	$16.45
이스탄불	$1.47	$3.32	$28.83	$4.91
런던	$4.04	$6.99	$49.56	$20.08
멕시코시티	$1.74	$3.76	$26.91	$4.98
밀라노	$9.95	$5.96	$41.57	$9.54
모스코바	$1.31	$2.90	$56.33	$6.52
뉴욕	$2.50	$7.20	$46.15	$19.95
오슬로	$9.53	$7.77	$74.07	$19.14
파리	$4.17	$7.15	$58.29	$14.27
리오데자이루	$3.78	$5.01	$18.43	$7.10
스톡홀름	$2.83	$6.34	$58.24	$15.47
시드니	$3.42	$5.76	$52.70	$15.23
타이페이	$12.14	$3.70	$39.29	$14.88
텔아비브	$5.48	$6.68	$35.07	$13.78
티라나	$4.16	$4.00	$19.28	$5.92
도쿄	$7.53	$3.67	$65.94	$14.80
토론토	$2.07	$5.94	$38.49	$13.16
쥬라히	$12.11	$8.22	$57.75	$24.08
평균	4.99	5.27	43.48	12.35
표준편차	3.11	1.66	15.36	5.18
변동계수[b]	0.63	0.31	0.35	0.42

[a]가격들은 판매세를 포함한다.
[b]변동계수는 표준편차를 평균으로 나누어 계산된다. 따라서 그것은 변수의 크기를 조정한 산포도(measure of dispersion)를 제공한다.
출처: AIRINC, www.air-inc.com.

$50까지 차이가 날 수 있다. 마찬가지로 PPP 이탈은 국제 교역에 가해지는 관세나 할당제 같은 이유들 때문에 발생할 수 있다.

잘 인식되는 바와 같이 몇몇 상품들은 절대로 국제적으로 교역될 수 없다. 교역이 불가능한 품목으로서 이발, 주택 등을 들 수 있다. 이러한 항목들은 서비스 제공자들로부터 움직이거나 분리할 수 없는 서비스들이다. 이발비가 뉴욕에서 $35라 가정해 보자. 그러나 멕시코에선 동일한 질의 이발비가 단지 $10이다. 그러나 당신은 멕시코의 이발 서비스를 수입하지는 못할 것이다. 당신이 멕시코로 여행을 가거나 멕시코 이발사를 뉴욕으로 오게 만드는 것, 이 두 가지 모두 여행에 대한 경비나 이민법 등에 의해 비현실적인 이야기이다. 따라서 이발 가격의 큰 차이는 지속될 것이다. Crucini와 Shintani(2008)의 연구에서 비교역재는 사실상 교역재보다 PPP 이탈이 더 지속적이었다. 중간 비교역재에 대한 PPP 이탈의 반감 주기는 OECD 국가의 경우 21개월, 비OECD 국가의 경우 17개월인 데 대해, 중간 교역재에 대한 PPP 이탈의 반감 주기는 OECD 국가의 경우 18개월, 비OECD 국가의 경우 17개월이었다.

비교역재가 존재하는 한, 절대적 PPP는 성립되지 않을 것이다. 만약 PPP가 교역재에 대해 성립하고, 교역재와 비교역재 간 상대가격이 유지된다면, 상대적 PPP가 성립될 수는 있다. 그러나 이러한 조건들이 충족될 것 같지는 않다. Quyang과 Rajan(2013)은 1990~2010년에 걸쳐 51개국의 분기별 자료를 분석하여, 교역재와 비교역재의 상대가격은 특히 규모가 크고 성장이 더 빠르고 무역 흐름에 더 개방적인 경제들에서 실질환율 변동에 더 기여하고, 정부 소비의 더 큰 증가를 경험한다는 것을 밝혔다.

비록 PPP가 현실에서 성립되지 않는다 할지라도, 그것은 여전히 경제 분석에 있어서 유용한 역할을 할 것이다. 첫째로 PPP에 의해 결정되는 환율을 기준으로 사용하여 어떤 국가의 통화가 다른 국가의 통화들에 대해 과대평가나 과소평가되었는지를 결정해 볼 수 있다. 둘째로 시장에서 정해지는 환율보다 PPP이론에 의해 결정되는 환율을 이용하면 경제적 자료들을 국제적으로 비교할 때 보다 더 의미가 있을 수 있다. 이 점은 〈도표 6.8〉에 잘 나타나 있다.

당신이 국가들의 국내총생산(GDP)을 활용하여 순위를 매긴다고 가정하자. 만약 시장 환율을 이용한다면, 당신은 참된 GDP 가치를 과소평가하거나 과대평가하게 될 것이다. 〈도표 6.8〉은 PPP에 의한 환율과 시장 환율에 의해 계산된 2020년 주요 국가들의 GDP 가치를 제시하고 있다. GDP 가치에 의한 국가별 순위는 사용되는 환율에 따라 민감하게 영향을 받는다. 러시아는 놀랄 만한 예를 보여준다. 시장 환율이 사용될 때 러시아는 캐나다, 영국, 이탈리아와 같은 국가들보다 밀리는 11위에 있다. 그러나 PPP 환율을 적용하면 러시아는 중국, 미국, 인도, 일본 및 독일에 이어 6위로 올라가고, 영국, 프랑스, 이탈리아 및 기타 국가들보다 앞서게 된다. 중국 또한 시장 환율을 사용하면 미국 다음인 2번째의 순위가 되지만, PPP 환율을 사용하면 미국을 앞서 1위로 올라간다. 대조적으로 호주, 캐나다, 이탈리아, 영국은 PPP 환율을 사용하면 순위가 밑으로 내려간다. 사실상, 캐나다와 호주는 PPP 환율을 사용하면 순위가 7계단 및 4계단 각각 내려가고, 전 세계 15대 경제 규모 리스트에서 더 이상 포함되지 않게 된다.

도표 6.8 러시아 경제가 어떻게 규모가 큰가? (단위: 1조 달러)

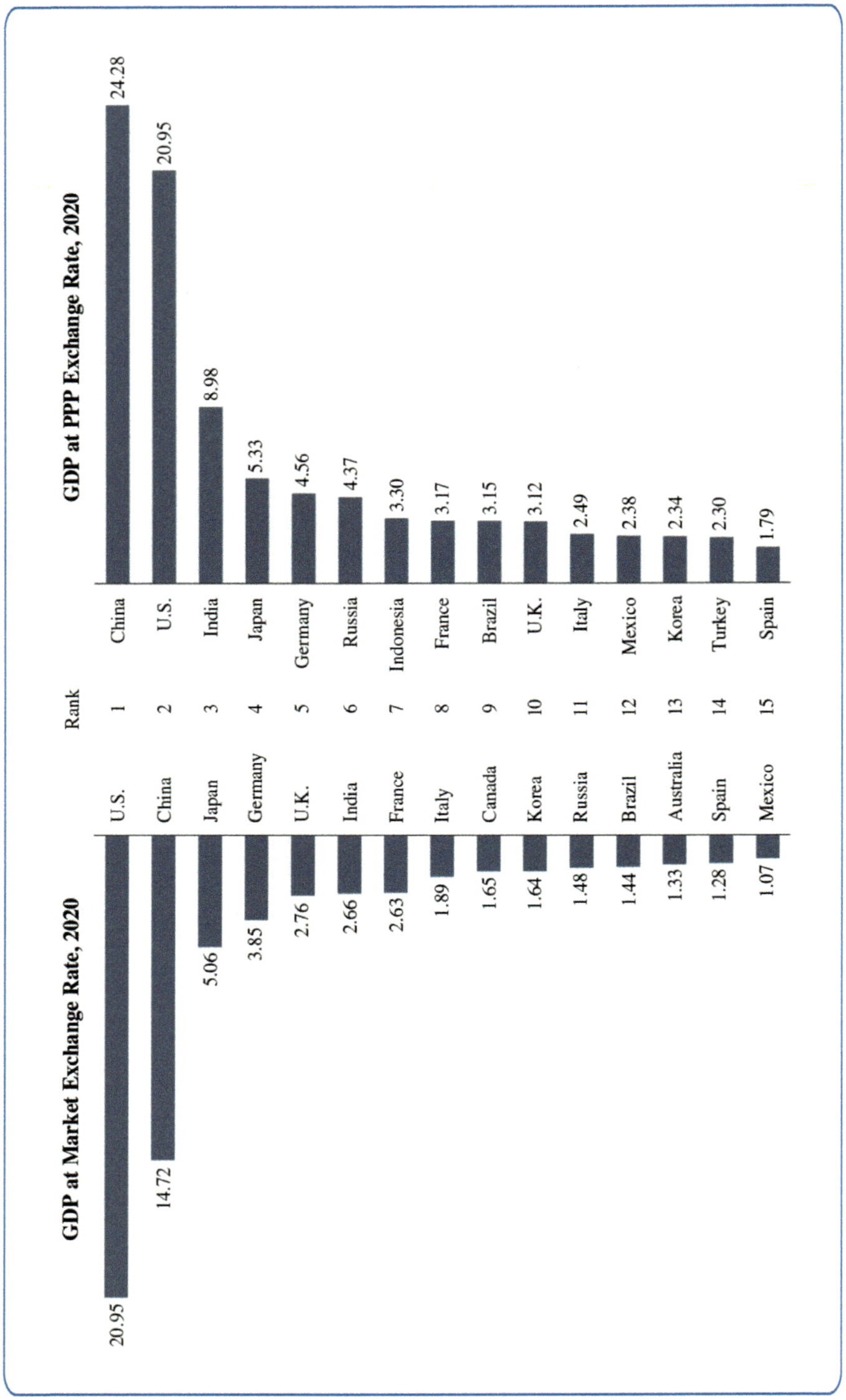

자료: The World Bank, *World Development Indicators*.

피셔효과

문헌에서 종종 접하는 또 하나의 평가이론이 **피셔효과**(Fisher effect)이다. 피셔효과는 어느 한 국가의 기대 인플레이션율의 상승(하락)은 비례적으로 그 국가의 이자율의 상승(하락)를 야기시킨다는 주장이다. 미국에 대한 피셔효과는 공식적으로 아래의 식으로 표현될 수 있다.

$$i_{\$} = \rho_{\$} + E(\pi_{\$}) + \rho_{\$}E(\pi_{\$}) \approx \rho_{\$} + E(\pi_{\$}) \qquad (6.16)$$

$\rho_{\$}$는 미국의 균형 상태에서 기대되는 "실질"이자율을 나타낸다.[13)]

예를 들어, 미국의 연간 기대 실질이자율이 2%라고 가정하자. 이러한 상황에서 미국의 (명목)이자율은 기대 인플레이션율에 의해 자연스럽게 결정될 것이다. 만약 기대 인플레이션율이 4.0%가 된다면, 이자율은 대략 6%가 될 것이다. 6%의 이자율로 대출자는 예상되는 화폐의 구매력 감소에 대해 충분한 보상을 받아 실질수익률 2%가 실현될 것으로 기대한다. 물론 피셔효과는 채권시장이 효율적인 한, 모든 국가에서 성립될 것이다.

피셔효과는, 기대 인플레이션율은 각 국가의 명목이자율과 실질이자율 사이의 차이라는 사실을 의미한다. 이를 식으로 나타내면 다음과 같다.

$$E(\pi_{\$}) = (i_{\$} - \rho_{\$})/(1 + \rho_{\$}) \approx i_{\$} - \rho_{\$}$$
$$E(\pi_{£}) = (i_{£} - \rho_{£})/(1 + \rho_{£}) \approx i_{£} - \rho_{£}$$

자유로운 자본이동으로 모든 국가들의 실질이자율이 같다고 가정해 보자 ($\rho_{\$} = \rho_{£}$). 위의 결과를 상대적 PPP인 식 (6.14)의 기대값 형태에 대입해 보았을 때, **국제피셔효과**(IFE: international Fisher effect)로 알려진 다음의 식을 얻을 수 있다.[14)]

$$E(e) = (i_{\$} - i_{£})/(1 + i_{£}) \approx i_{\$} - i_{£} \qquad (6.17)$$

13) 식 (6.16)은 $(1 + i_{\$}) = (1 + \rho_{\$})(1 + E(\pi_{\$}))$ 관계로부터 도출된다.

14) 국제피셔효과는 이전에 논의한 커버되지 않은 IRP와 같다. 피셔효과는 효율적 시장에서 성립되어야 하나, 국제피셔효과는 투자자들이 위험 중립형이 아니라면 효율적 시장에서도 성립될 필요는 없다. 일반적으로 이자율 차이는 기대 환율 변화율뿐만 아니라 위험프리미엄도 반영한다.

도표 6.9

환율, 이자율, 인플레이션율간 국제평가관계들

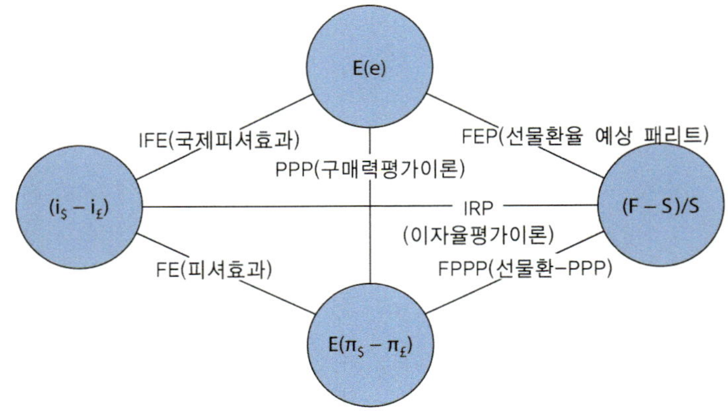

주: 1. 동일한 실질이자율 가정 하에서 피셔효과(FE)는 이자율 차이가 기대 인플레이션율 차이와 같아야 함을 의미한다.
2. 구매력 평가이론(PPP)과 선물환율 예상 패리티(FEP)가 성립된다면, 선물환율 프리미엄/디스카운트가 기대 인플레이션율 차이와 같아질 것이다. 후자의 관계를 선물환율 – 구매력 평가(forward–PPP)라 하고 도표에서는 FPPP로 표기한다.
3. IFE는 international Fisher effect를 줄인 것이다.

IFE는 명목이자율의 차이가 환율의 기대 변화율에 반영된다고 주장한다. 예를 들어, 미국의 연 이자율이 5%이고, 영국의 이자율이 7%라면, 미국의 달러는 영국의 파운드에 대해 매년 약 2% 정도 가치가 상승될 것으로 예상된다.

마지막으로, 국제피셔효과를 IRP인 $[(F-S)/S=(i_\$-i_£)/(1+i_£)]$ 과 결합하면, 아래의 식을 얻을 수 있다.

$$(F-S)/S=E(e) \tag{6.18}$$

이것이 바로 **선물환율 예상 패리티**(FEP: forward expectations parity)이다. 선물환율 예상 패리티는 선물환 프리미엄이나 디스카운트가 환율의 기대 변화율과 같다고 설명한다. 투자자가 위험 중립형일 경우 외환시장이 정보 효율적 시장이라면 선물환율 예상 패리티는 성립한다. 그러나 투자자가 위험 중립형이 아니라면, 시장이 효율적일지라도 선물환율 예상 패리티가 성립될 필요는 없다. 〈도표 6.9〉는 지금까지 논의한 평가(parity) 관계들을 요약하고 있다.[15)]

15) 피셔효과가 미국과 영국 양국에서 성립하며, 두 국가의 실질이자율이 같다고 가정하자. 〈도표 6.10〉에서 알 수 있듯이, 피셔효과는 이자율 차이가 기대 인플레이션율의 차이와 같다는 것을 암시한다. 게다가, 선물환율 예상 패리티와 PPP를 결합시키면, 선물환 프리미엄/디스카운트는 기대 인플레이션율 차이와 같다는 "선물환 – 구매력평가"(FPPP: forward–PPP)를 얻을 수 있다.

환율 예측

1973년 변동 환율제도가 출현한 이후, 환율은 더욱 변동성이 높아지고 변덕스러워졌다. 동시에 기업 활동의 범위가 상당히 국제화되었다. 그 결과 기업들의 의사결정이 명시적으로나 묵시적으로 미래 환율에 대한 예측에 근거해 이루어지고 있다. 환율을 가능한 한 정확히 예측하는 일은 외환시장에서 투기, 헤징, 및 차익거래를 행하는 외환거래자들에게 절대적으로 중요한 문제이다. 이는 국제적인 외주, 생산, 자금조달, 마케팅 전략을 수립하고 있는 다국적기업들에게도 중요한 관심사이다. 이들 기업 의사결정의 질은 결정적으로 환율 예측의 정확도에 의존한다.

몇몇 기업들은 그들 스스로 예측하기도 하고, 또 다른 이들은 비용을 지급하며 외부서비스를 구독하기도 한다. 예측기관들은 다양한 예측기법들을 사용하지만 크게 3가지의 접근법으로 구분될 수 있다.

- 효율적시장 접근법(efficient market approach)
- 기본적 접근법(fundamental approach)
- 기술적 접근법(technical approach)

이제 이들 각각의 접근방법에 대해 간략히 알아보기로 한다.

효율적시장 접근법

현재 자산 가격들이 이용 가능한 모든 관련 정보들을 충분히 반영한다면 금융시장은 (정보)효율적이라고 말한다. 2013년에 노벨 경제학상을 수상한 시카고 대학의 Eugene Fama 교수가 크게 기여한 **효율적시장 가설**(EMH: efficient market hypothesis)은 환율 예측에 대해 강력한 함의를 가진다.[16)]

외환시장이 효율적이라고 가정해 보자. 이는 현재 환율이 이미 통화 공급량, 인플레이션율, 무역수지, 국민총생산의 성장과 같은 모든 관련 정보들을 반영하고 있음을 의미한다. 환율은 단지 시장이 새로운 뉴스를 받을 때만 변화한다. 뉴스(news)는

16) 효율적시장 가설에 대한 자세한 설명은 Eugene Fama, "Efficient Capital Markets Ⅱ," *Journal of Finance* 26(1991), pp.1575–1617을 참조하라.

말 그대로 새로운 것이라 예측 불가능하므로, 환율은 시간이 지나며 무작위적으로 변화한다. 즉, 환율의 미래 변화는 과거의 환율 움직임에 의존치 않고 독립적으로 움직인다는 말이다. 만약 환율이 무작위 행보, 즉 랜덤워크(random walk)를 따른다면, 미래의 환율은 현재의 환율과 같을 것으로 예측된다.

$$S_t = E(S_{t+1})$$

랜덤워크가설(random walk hypothesis)은 오늘의 환율이 내일의 환율에 대한 최선의 예측치라고 주장한다.

연구자들이 실증적으로 랜덤워크가설을 부정하기 힘들다고 보는 반면에, 환율이 순수한 랜덤워크를 따라야 한다는 이론적 이유는 없다. 앞에서 언급한 패리티 관계는 현재의 선물환율은 외환시장이 효율적이라면 현재 이용가능한 모든 정보(I_t)를 기초로 한 미래 환율에 대한 시장의 합의적 예측치가 된다는 것을 의미한다. 즉

$$F_t = E(S_{t+1}|I_t)$$

두 국가의 이자율 차이가 있는 한, 선물환율은 현재 현물환율과 다를 것이다. 이는 미래 환율은 현재의 현물환율과 달라야 한다는 의미이다.

효율적 시장가설을 동조하는 연구자들은 현재의 현물환율이나 선물환율을 사용하여 미래 현물환율을 예측할 수 있다. 효율적 시장가설을 이용한 환율 예측 방법에는 두 가지 장점이 있다. 첫째, 시장가격을 기초로 한 효율적시장 접근법은 시장에서 결정되는 가격을 기초로 하기 때문에 예측치를 생성하는 데 비용이 들지 않는다. 따라서 현물 및 선물환율은 공개 정보이므로 일반 사람들이 무료로 이를 이용할 수 있다. 둘째, 외환시장이 효율적이면 현재 환율에 아직 반영되어 있지 않은 사적 정보를 보유하고 있지 않다면, 어떤 예측자도 시장에서 결정된 예측을 능가하는 예측을 하기는 어렵다.

기본적 접근법

환율을 예측하는 기본적인 접근법은 다양한 모델들을 사용한다. 예를 들어, 환율 결정에 대한 통화적 접근법은 환율이 다음 세 가지의 독립(설명)변수들에 의해 결정된다고 제의한다. (i) 상대적 통화량, (ii) 상대적 통화 유통속도, (iii) 상대적 국민

생산량.[17] 그러므로 통화적 접근법은 다음의 실증적 형태의 공식으로 표현해 볼 수 있다.[18]

$$s = \alpha + \beta_1(m - m^*) + \beta_2(v - v^*) + \beta_3(y^* - y) + u \quad (6.19)$$

여기서,

s = 현물환율의 자연로그
$m - m^*$ = 국내/해외 통화량의 자연로그
$v - v^*$ = 국내/해외 통화 유통속도의 자연로그
$y^* - y$ = 해외/국내 국민 생산량의 자연로그
u = 평균이 0인 무작위 오류항
α, β = 모델 모수(패러미터)

기본적 접근을 사용한 예측은 다음의 3단계의 과정을 수행한다.

- 과정 1 : 알파, 베타와 같은 모수들에 대한 수치를 결정하기 위한 식 (6.19)와 같은 구조적 모델의 추정.
- 과정 2 : 독립변수들 $(m - m^*)$, $(v - v^*)$, $(y^* - y)$에 대한 미래 값들의 추정.
- 과정 3 : 독립변수들의 추정치들을 환율 예측을 위해 추정한 구조적 모델에 대입하여 환율 예측치를 생성.

예를 들어, 1년 후의 미래 환율을 예측하고 싶다면, 1년 후 독립변수들이 가질 값들을 추정해야 한다. 그러고 나서 이러한 값들을 역사적 자료들에 의해 적합화된(추정된) 구조적 모델에 대입한다.

환율 예측을 위한 기본적 접근법은 3가지의 주요 문제점들을 가지고 있다. 첫째, 환율을 예측하기 위해 독립변수들을 예측해야 한다. 독립변수를 예측하는 것은 오류를 범하기 쉽고, 환율을 예측하는 것보다 결코 쉽지 않다. 둘째, 과거의 정보를 바탕으로 측정된 알파나 베타와 같은 모수들은 정부의 정책이나 경제의 기본구조의 변화 때문에 시간이 흐름에 따라 변한다. 모델이 정확할지라도 이와 같은 문제점들로 인해 예측의 정확성이 떨어질 수 있다. 세 번째, 모델 자체가 잘못될 수 있다. 예를 들어, 식 (6.19)에서 설명된 모델이 잘못된 경우이다. 잘못된 모델에 의해 만들어진 예측은 당연히 부정확할 수밖에 없다.

놀랍지 않게도, 연구자들은 기본적분석 모델이 선물환율 모델이나 랜덤워크 모델

17) 통화적 접근에 대한 자세한 설명은 보론 6A를 참고하라.
18) 표기 단순화를 위해 다음 식에서 시간을 표시하는 하위 첨자를 생략한다.

보다 환율을 더 정확하게 예측할 수 있는지에 관해 엇갈린 결과들을 발견했다. 예를 들어, Meese and Rogoff(1983)는 실현된 참값이 독립변수에 사용되었음에도 불구하고, 통화적 접근법에 기초하여 개발된 기본적 분석이 랜덤워크보다 정확성이 떨어졌다고 주장하였다. 그들은 또한 선물환율이 랜덤워크보다 뛰어나지 않다는 것을 확인하였다. Rossi(2013)는 환율을 예측하기 위해 광범위한 설명변수들을 사용한 다수의 연구들을 검토하고, 환율을 예측한 이 모델들의 능력을 평가했다. 그 결과 환율 예측의 성공은 예측 변수의 선택에 매우 크게 달려 있었다. 생산량과 통화량과 같은 전통적인 경제적 예측 변수들은 예측 능력이 대체로 미흡함이 발견되었다. 대신에, 순 해외자산과 같은 예측 변수들이 더 나은 성과를 보였다. 모델 구성과 자료 변환(즉, 계절적 조정)이 환율 예측 가능성에 중요하다. 따라서, 이러한 조사 연구에서의 결론은 환율 예측 가능성은 예측 변수의 선택, 예측 기간, 표본 기간, 모델, 예측 평가 방법 등을 포함하는 다수의 요인들에 의존한다는 것이었다. Cheung 등(2019)은 실증모델들의 집합을 넓혔는데, 유사한 결론을 내리고 이론 모델들, 계량경제학적 모델 구성, 통화들 및 성과 지표들의 일정한 조합이 어느 한 기간에는 예측을 잘 수행하더라도 다른 기간에는 반드시 예측이 잘 수행되지는 않는다는 것이다.

기술적 접근법

기술적 접근법은 먼저 "패턴"을 찾아낼 목적으로 환율의 과거 행태를 분석한 다음, 그 패턴을 미래로 투영하여 예측치를 생성해 낸다. 분명히 기술적 접근법은 "역사는 반복된다"는 전제를 바탕으로 하고 있다. 그러므로 기술적인 접근법은 효율적 시장 접근법과는 충돌된다. 동시에 기술적 접근은 예측을 위해 통화공급량이나 무역수지와 같은 주요 경제 변수들을 사용하지 않는다는 점에서 기본적 접근법과는 다르다. 그러나 기술적 분석은 분석을 돕기 위해 때때로 거래량이나 미결제약정 수량, 그리고 매입-매도 스프레드와 같은 다양한 거래 자료들을 고려한다. 아래에서는 기술적 분석가들이 가장 대중적인 수단으로 이용하는 이동평균교차(moving average crossover)규칙과 삼봉형(HAS: head-and-shoulders)패턴을 기술적 분석의 두 가지 예를 논의해 보기로 한다.

첫째, 이동평균교차규칙에 대한 예시가 〈도표 6.10〉에 나타나 있다. 많은 기술적 분석가나 차트 분석가들은 일일 환율 변화로부터 단기적, 장기적 추세를 구분하는

도표 6.10

이동평균선교차: 골든 크로스 대 데드 크로스

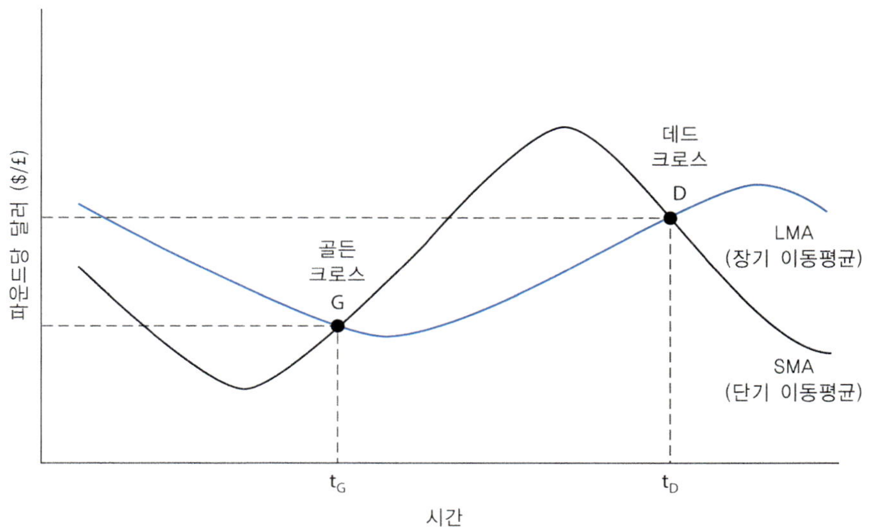

방법으로 이동평균을 계산한다. 〈도표 6.10〉에서는 장·단기적 이동평균의 움직임에 기초하여 어떻게 환율을 예측하는지에 대해 예시해 주고 있다. 단기(예컨대 50일 정도) 이동평균(SMA)은 장기(예컨대 200일 정도) 이동평균(LMA)보다 최근의 환율에 더 큰 비중을 두고 계산되기 때문에 영국 파운드화가 미 달러화에 대해 가치가 하락(상승)하는 경우 SMA이 LMA의 밑(위)에 위치한다. 이러한 특성을 통해 두 이동평균선 간의 교차(crossover)를 보고 환율을 예측할 수 있다. 이 규칙에 따르면 SMA가 LMA의 아래에서 위로 올라서 두 선이 교차되게 되는 G점은 영국의 파운드화가 계속 상승하리라는 신호로 인식된다. 반면 SMA가 LMA의 위에서 아래로 내려가 두 선이 교차되게 되는 D점은 영국의 파운드화가 한 동안 하락하리라는 신호로 인식된다. 거래자들 간에 G점은 "골든 크로스(golden cross)"라 불리며 매입의 신호로 해석되는 반면, D점은 "데드 크로스(death cross)"라 불리며 매도의 신호로 해석된다.

다음으로 삼봉형(HAS) 패턴은 〈도표 6.11〉에서 예시된다. 삼봉형 패턴은 상승세 시장의 역전을 신호해 주는 것으로 해석된다. 삼봉형 패턴은 머리와 왼쪽 어깨와 오른쪽 어깨 그리고 목선(저항선)으로 구성되어 있다. 이 패턴은 보통 영국 파운드가 최고점을 보이다가 하락세로 반전되는 신호로 해석된다. 〈도표 6.11〉에서 보듯이 왼쪽 어깨는 영국 파운드 환율이 상승장에서 국지적 고점에 다다르고 나서 목선 쪽

도표 6.11

삼봉형 패턴: 역전 신호

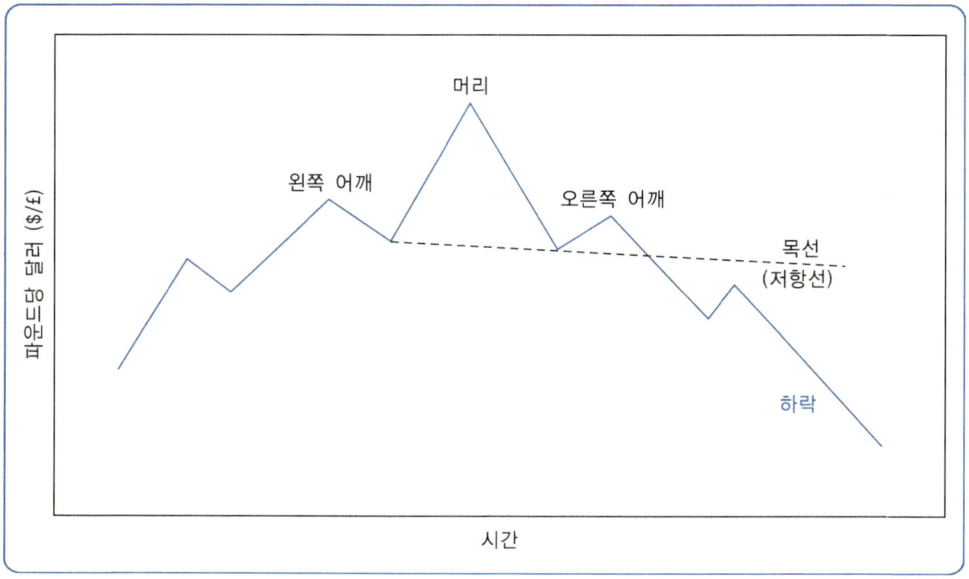

으로 떨어지는 경우 형성된다. 영국 파운드가 다시 상승하여 이전의 국지적 고점보다 훨씬 높은 수준 즉 머리까지 오르고 나서 다시 목선까지 떨어진다. 그 다음 영국 파운드가 다시 상승하나 머리보다는 낮은 국지적 고점까지만 오르게 되면 오른쪽 어깨가 만들어진다. 삼봉형 패턴은 목선, 즉 저항선이 깨질 때 완성된다. 이것은 영국 파운드가 목선 아래로 가치가 하락할 때 발생한다. 삼봉형 패턴의 완성은 영국 파운드가 상당히 가치가 떨어질 것이라는 신호이다.

학계의 연구들은 **기술적 접근법**의 유효성을 불신하는 경향이 있는 반면, 많은 거래자들은 자신의 거래 전략을 위해 기술적 분석에 의존한다. 만약 어떤 거래자가 다른 거래자들도 기술적 분석을 사용하고 있다는 것을 안다면, 그 거래자가 기술적 분석을 사용하는 것은 합리적이라고 할 수 있다. 거래자가 기술적 분석을 사용한다면 이에 기초한 예측들은 적어도 단기적으로는 어느 정도 자기충족적이 될 것이다.

최근 연구에서 Dick과 Menkhoff(2013)는 기본적 접근법이나 기술적분석 방법을 따르는 약 400개 독일의 전문 예측기관들이 만든 개별 환율 예측치들을 분석했다. 그 결과 기술적 분석가들(또는 차트 분석가들이라고 불리는)과 기본적 분석가들이 환율 기대치를 다르게 형성함을 밝혔다. 즉, 차트 분석가들은 기본적 분석가들보다 더 종종 추세를 따르고, 더 자주 예측 방향을 변경한다는 것이다. 저자들은 차트 분석가들이 기본적 분석가들과 동일하게 환율을 잘 예측하는 것을 발견하였는데, 차트 분석가들이 시장에서 살아남는 것을 도와주었다. 더욱이, 차트 분석가들은 보다 단기적인 기간에 있어 상대적으로 예측 성과가 더 좋은 반면, 기본적 분석가들은 보다 장기적 기간에 대해 적어도 예측 성과가 좋았다. 종합적으로, 이들의 실증 결과들은 환율 예측에 있어 기본적 및 기술적 접근법에 대한 표준 가정들을 확인했다.

예측기관들의 성과

환율을 예측하는 것은 어렵기 때문에 많은 회사와 투자자들이 유료의 전문적인 예측시스템을 신청한다. 전문적인 예측시스템을 신청하는 대신 선물환율과 같은 시장에서 결정된 가격을 무료로 사용할 수 있기 때문에 다음 질문은 의미가 있다. **전문적인 예측기관들이 시장보다 더 나은 결과를 낼 수 있는가?**

이 질문에 대한 대답을 Eun과 Sabherwal(2002)가 제시하였는데, 전 세계의 주요 10개 상업은행들의 예측 성과를 평가했다. 이들은 파생증권과 위험관리와 관련된 실용적인 주제들을 다루는 런던에 소재한 월간 간행물인 *Risk*로부터 자료를 사용했다. 1989년 4월부터 1993년 2월까지 기간 동안 *Risk*는 3, 6, 9, 12개월 앞의 환율에 대해 은행들이 제공한 예측치를 발표했다. 이러한 예측치들은 이 모든 은행들에 의해 해당 월의 같은 날짜에 영국 파운드, 독일 마르크, 스위스 프랑, 및 일본 엔화에 대한 미 달러의 환율에 대해 이루어졌다. 이는 은행들의 환율 예측치들이 일반 대중에게 이용가능하게 되었던 희귀한 경우이다. 상업은행들은 시장조성자일 뿐만 아니라 외환시장의 주요 참가자들이기 때문에, 그들은 주문흐름과 시장심리를 면밀하게 관찰할 수 있는 위치에 있다. 그러므로 이들 은행이 어떠한 성과를 보일지는 재미있는 일이다.

은행들의 성과를 평가하기 위해 Eun과 Sabherwal은 벤치마크로서 현물환율을 사용했다. 환율이 랜덤워크를 따른다고 당신이 믿는다면, 오늘의 현물환율이 미래 현물환율의 예측치로 받아들일 수 있다는 것을 기억하자. 이어서 각 은행의 예측 정확성을 계산하고 이를 현물환율, 즉 예측이 이루어진 날짜의 현물환율의 예측 정확성과 비교하였다. 은행들의 성과를 평가하는 데 다음의 비율을 계산했다.

$$R = \frac{MSE(B)}{MSE(S)} \tag{6.20}$$

MSE(B)=어느 한 은행의 예측오차 제곱의 평균
MSE(S)=현물환율의 예측오차 제곱의 평균

만약 한 은행이 현물환율보다 더 정확한 예측치를 제공한다면, 즉 MSE(B) < MSE(S) 라면, 비율 R은 1보다 작을 것이다. 즉 R<1 이다.

〈도표 6.12〉는 10개 표본 은행들의 각각 및 선물환율에 대해 계산된 R 비율을 제시한다. 종합적으로, 도표에서 다수의 항목들의 수치는 1을 초과하고, 이는 은행들이 대체로 랜덤워크 모델의 성과를 넘어서지는 못한 것을 의미한다. 그러나, 일부 은행들은 특히 장기간에 있어 랜덤워크 모델의 성과를 상당히 넘어섰다. 예를 들어, 12개월 후의 영국 파운드 환율 예측에 있어 Barclays Bank(R=0.60), Commerz bank(R=0.72), 그리고 일본의 Industrial Bank of Japan(R=0.68)은 평균적으로 랜덤워크 모델보다 더 정확한 예측치를 제공하였다. 이와 마찬가지로 Commerzbank는 12개월 후 독일 마르크와 스위스 프랑 환율에 대해 랜덤워크 모델보다 더 정확하게 예측하였다. 하지만 예외가 더 많다. 일본 은행을 포함한 모든 은행이 일본 엔에 대한 환율 예측에 있어 미래 어느 기간에 대해서도 랜덤워크 모델을 능가할 수 없었다. 〈도표 6.12〉에서 선물환율에 대한 비율 R은 1에 가까웠는데 이는 선물환율의 성과가 현물환율의 성과와 비슷하다는 것을 뜻한다.

보다 최근의 연구들은 전문가들의 예측 능력을 분석하기 위해 여러 조사 자료를 사용했다. Beckmann과 Czudaj(2017)는 대형 금융기관에서 근무하는 전문가들이 제출한 1986년과 2015년 사이의 기간에 걸친 미 달러에 대한 4개 주요 통화들의 3, 6, 12개월 미래의 환율 예측치들이 제공된 월간 조사 자료를 분석했다. 이들의 결과도 또한 전문가들이 환율을 예측하는 것이 힘든 일이고 경제 정책과 거시경제 및 금융 상황들에 관한 불확실성이 전문가들의 예측 오차에 상당한 영향을 미친다는 것을 발견했다. Dick, MacDonald 및 Menkhoff(2015)는 1991년부터 2009년에 걸쳐 독일의 1,050명의 금융 전문가들이 제공한 예측치들에 대한 연구에서, 미 달러-유로(이전에는 독일 마르크화) 환율을 잘 예측하는 전문가들은 사실상 경제 기본요인들, 특히 미국와 유로 지역의 이자율들을 잘 예측하는 사람들이었음을 발견하였다. 더욱이, 예측 과정과 정확성은 통화, 예측 기간, 접근법에 따라 상이하게 나타났다. 예를 들어, Ince와 Molodtsova(2017)도 또한 투자은행에서 학계까지 다양한 유형의 예

도표 6.12 환율의 예측: 은행들이 더 잘 예측하는가?

통화	Forecast Lead (months)	ANZ Bank (Australia)	Banque Paribas (France)	Barclays Bank (U.K.)	Chemical Bank (U.S.)	Commerz Bank (Germany)	Generate Bank (France)	Harris Bank (U.S.)	Ind.Bank of Japan (Japan)	Midland Montagu (U.K.)	Union Bank (Switzerland)	Forward Rate
영국 파운드	3	2.09	1.31	1.08	1.33	1.31	1.41	1.95	1.95	1.10	0.98	1.02
	6	1.60	1.12	0.92	0.96	1.01	1.17	1.17	1.97	1.11	0.96	1.04
	9	1.42	1.04	0.81	0.88	0.78	0.97	0.97	1.65	0.99	1.09	0.83
	12	1.06	0.84	0.60	1.07	0.72	0.77	0.77	1.69	0.95	1.16	1.02
독일 마르크	3	1.98	1.39	1.09	1.19	1.59	1.39	1.95	1.14	1.26	1.00	1.01
	6	1.15	1.53	1.16	1.03	1.21	1.21	1.97	1.07	1.27	1.05	1.00
	9	0.92	1.45	1.33	0.99	0.85	0.96	1.71	1.00	1.09	0.93	1.06
	12	0.80	1.19	1.14	1.16	0.62	0.97	1.51	1.00	0.87	1.16	0.96
스위스 프랑	3	2.15	1.47	1.13	1.26	1.66	1.32	1.98	1.05	1.19	1.03	1.02
	6	1.18	1.58	1.30	0.98	1.29	1.35	1.88	1.04	1.24	1.05	1.00
	9	0.88	1.46	1.38	0.84	0.96	1.10	1.66	0.96	1.13	0.87	0.99
	12	0.67	1.16	1.15	0.88	0.74	1.01	1.40	0.91	0.98	1.01	0.94
일본 엔	3	3.52	2.31	1.46	1.44	1.73	2.19	2.51	1.52	2.16	1.80	1.08
	6	2.32	2.43	1.55	1.39	1.59	1.62	2.31	1.62	1.68	1.70	1.06
	9	2.54	2.73	1.80	1.57	1.60	1.85	2.22	1.90	1.74	1.97	0.99
	12	2.70	2.61	1.83	1.79	1.44	1.97	1.89	1.93	1.68	2.00	1.10

자료: Eun, Cheol, and Sanjiv Sabherwal, 2002, "Forecasting Exchange Rates: Do Banks Know Better?" Global Finance Journal, pp. 195–215

측자들이 제출한 환율 예측치들의 월간 조사 자료를 사용하여, 예측 성과는 개도국 통화들에 비해 선진국 통화들에 대해 더 강력하고, 장기 예측치들이 단기 예측치들보다 더 정확한 것을 발견하였다.

요 약

이번 장은 주요 국제평가 관계와 환율 결정 및 예측에 대해 체계적으로 논의하였다. 평가이론에 대한 철저한 이해는 빈틈없는 재무관리를 위해서는 필수적이다.

01. 이자율 평가이론(IRP)은 선물환 프리미엄이나 선물환 디스카운트가 두 국가 간의 이자율 차이와 같아야 한다고 간주한다. 국제자본이동에 장벽이 존재하지 않는 한 IRP는 성립되어야 할 무차익거래 균형 상태를 뜻한다.

02. 만약 IRP가 성립되지 않는다면, 한 쪽의 통화를 차입하고, 이를 다른 쪽의 통화로 대출함과 동시에 선물환 계약을 통해 환위험을 헤징함으로써 확실한 이익이 보장될 수 있다. 이러한 커버된 이자율 차익거래 결과, IRP는 다시 회복될 것이다.

03. 단기적으로 IRP는 환율이 (a) 두 국가 간 상대적 이자율 (b) 기대되는 미래의 환율에 의존한다는 것을 암시한다. 다른 조건들이 같다면, 높은(낮은) 국내 이자율은 국내 통화의 가치를 상승(하락)시킨다. 사람들의 미래 환율에 대한 기대는 자기충족적이다.

04. 구매력 평가이론(PPP)은 두 국가의 통화 간 환율이 그들의 물가 수준의 비율과 같아야 한다고 주장한다. PPP는 일물일가의 법칙을 표준화된 상품 바스켓에 국제적으로 적용한 구체적인 경우이다. 상대적 PPP는 환율의 변화율은 국가 간 인플레이션율 차이와 같다고 설명한다. 그러나 기존의 실증적 증거는 특히 단기적으로 PPP에 대해 부정적이다. 이는 국제적 상품 차익거래에 상당한 장벽이 존재함을 의미한다.

05. 환율 예측에 관한 세 가지 접근법이 있다: (a) 효율적시장 접근법, (b) 기본적 접근법, (c) 기술적 접근법 등이 있다. 효율적시장 접근법은 미래 환율을 예측하는 데 있어 현물환율 또는 선물환율과 같이 시장에서 결정된 가격을 사용한다. 기본적 접근법은 예측 목적을 위해 환율 결정에 관한 다양한 공식적 모델들을 사용한다. 다른 한편 기술적 접근법은 과거 환율 정보로부터 패턴을 발견하고, 이를 근거로 미래를 예측한다. 기존 실증적 연구들은 기본적 접근법이나 기술적 접근법이 효율적시장 접근법보다 일관성 있게 더 나은 성과를 보여주지는 못한다는 결과를 내고 있다.

주요 용어

구매력 평가이론(PPP)	국제 피셔효과(IFE)	기술적 분석
랜덤워크 가설	비교역재	선물환 예상 패리티(FEP)
실질환율	이자율 평가이론(IRP)	일물일가 법칙(LOP)
차익거래	차익거래 포트폴리오	커버되지 않은 이자율 평가이론
커버된 이자율 차익거래	통화 캐리 트레이드	통화적 접근
피셔효과(FE)	화폐수량설	효율적시장 가설(EMH)

연습문제

01. 차익거래에 대한 자세한 정의를 내려라.

02. 이자율 평가이론이 환율 결정에 대해 뜻하는 바를 논하라.

03. 선물환율이 미래 현물환율의 불편 예측치가 되기 위한 조건들을 설명하라.

04. 절대적 및 상대적 구매력 평가이론에 대해 설명하라. 무엇이 PPP 이탈을 야기시키는가?

05. 구매력 평가이론으로부터의 이탈이 세계 시장에서 국가 경쟁력에 대해 갖는 의미를 설명하라.

06. 국제적 피셔효과를 설명하고 도출해 보라.

07. 연구자들은 선물환율 또는 현물환율보다 미래 환율을 정확하게 예측하는 것이 어렵다는 것을 발견했다. 이러한 발견을 어떻게 해석해야 하나?

08. 환율 예측을 위한 랜덤워크 모델에 대해 설명하라. 기술적 분석과 일관될 수 있는가?

09. 환율 결정에 대한 통화적 접근법을 도출하고 설명해 보라.

CFA® PROBLEMS

10. 구매력 평가이론과 관련된 다음 3가지 개념을 설명하라.
   a. 일물일가의 법칙
   b. 절대적 PPP
   c. 상대적 PPP

CFA® PROBLEMS

11. 장·단기 환율 움직임을 예측하기 위한 상대적 PPP의 유용성에 대해 평가하라.
   a. 단기(예컨대, 3개월)
   b. 장기(예컨대, 6년)

계산문제

01. IBM의 재무담당자는 6개월 동안 투자할 수 있는 $100,000,000의 여유 자금을 가지고 있다고 가정하자. 6개월 동안 미국 이자율은 연 8%이고, 프랑스 이자율은 연 7%이다. 현재 현물환율은 €1.01/$이고, 6개월물 선물환율은 €0.99/$이다. IBM의 재무담당자는 어떠한 환위험에도 노출되고 싶지 않다. 수익을 극대화시키기 위해서는 그는 어디에 투자해야 하는가?

02. 당신이 런던을 방문하는 동안, 3개월 내에 지불하는 조건으로 £35,000을 주고 Jaguar를 구매하였다. 뉴욕에 있는 은행에 월 복리로 매달 0.35%의 이자를 지급 받고 있는 충분한 달러 현금을 보유하고 있다. 현재 현물환율은 $1.45/£이고, 3개월물 선물환율은 $1.40/£이다. 런던 단기 금융시장에서 3개월 동안의 투자에 대한 이자율은 분기당 2.0%이다. Jaguar 차 값을 지불하기 위한 방법에는 두 가지 대안이 있다.
   a. 미국에 있는 은행에 예금을 유지하고, £35,000의 선물환을 매입한다.
   b. 일정량의 파운드를 현재 구입하여 이를 3개월 동안 영국에 투자하여 만기에 £35,000가 되도록 한다. 각각의 방법을 평가해 보라. 당신은 어떠한 방법을 선호하는가? 이유는 무엇인가?

03. 현재 현물환율은 $1.50/£이고, 3개월물 선물환율은 $1.52/£이다. 3개월 이자율이 미국은 연 8.0%이고, 영국은 연 5.8%이다. $1,500,000 또는 £1,000,000을 차입할 수 있다고 가정하자.
   a. 이자율 평가이론이 현재 성립하는지 결정하라.

b. 만약 IRP가 성립되지 않는다면, 어떻게 커버된 이자 차익거래를 실행할 것인가? 모든 과정을 설명하고 차익거래이익을 계산하라.
c. 무위험 차익거래의 결과 IRP가 어떻게 회복되는지 설명하라.

04. 현재 현물환율은 $0.85/A$이고, 1년물 선물환율은 $0.81/A$이다. 1년 이자율은 미국이 연 3.5%이고, 호주는 연 4.2%이다. $1,000,000 또는 A$1,176,471를 차입할 수 있다고 가정하자.
a. 호주와 미국 간에 IRP가 현재 성립하는지 결정하라.
b. 만약 IRP가 성립되지 않는다면, 어떻게 확실한 이득을 달러로 실현할 수 있는지를 자세히 설명하라.
c. 위에서 수행한 결과 IRP가 어떻게 회복되는지 설명하라.

05. 현재 현물환율은 €0.85/$이고, 3개월물 선물환율은 €0.7813/$이다. 3개월 이자율은 미국이 연 5.6%이고, 프랑스는 연 5.40%이다. $1,000,000 또는 €800,000를 차입할 수 있다고 가정하자.
a. 미국 달러로 이익을 실현하고 싶다고 가정하고, 어떻게 무위험 이자 차익거래를 통해 확실한 이익을 얻을 수 있는지 보여라. 또한 차익거래 이익 금액을 계산하라.
b. 유로로 이익을 실현하고 싶다고 가정하자. 커버된 이자율 차익거래 과정을 보이고 유로로 차익거래 이익을 계산하라.

06. 1999년 10월 23일에 발행된 *The Economist*에서 미국의 연 이자율은 5.93%이고, 터키의 연 이자율은 70.0%라고 발표하였다. 왜 터키의 이자율이 이처럼 높다고 생각하는가? 발표된 이자율을 기초로 미국 달러와 터키 리라 간 환율이 어떻게 변하리라고 예상할 수 있는가?

CFA® PROBLEMS

07. 1999년 11월 1일, 브라질 헤알과 미국 달러 간의 환율은 R$1.95/$이다. 다음 해 미국과 브라질 사이의 인플레이션율에 대해 합의된 예측은 각각 2.6%와 20.0%이다. 2000년 11월 1일경의 환율을 예측해 보라.

08. 국제적 연금 기금 매니저인 Omini Advisorssms 씨는 현물환율을 예측하기 위해 구매력 평가 이론(PPP)과 국제피셔효과(IFE) 개념을 사용한다. Omini는 다음과 같은 재무정보를 수집하였다.

기준 물가지수	100
현재 물가지수	105
현재 남아프리카 물가지수	111
기준 란드화 현물환율	$0.175
현재 란드화 현물환율	$0.158

미국 예상 연 인플레이션율	7%
남아프리카 연 예상 인플레이션율	5%
미국 연간 이자율	10%
남아프리카 연간 이자율	8%

다음 환율을 계산하라(ZAR과 USD는 각각 남아프리카 란드와 미국 달러를 뜻함).

a. PPP에 의해 예측되는 ZAR의 달러 표시 현물환율
b. IFE를 사용하여 1년 후 ZAR의 달러 표시 기대 현물환율
c. PPP를 사용하여 1년 후 ZAR의 달러 표시 기대 현물환율

09. 현재 현물환율은 €1.50/£이고, 1년 선물환율은 €1.60/£이라고 가정하자. 1년 이자율이 유로화는 5.4%이고, 파운드는 5.2%이다. €1,000,000 또는 현재 현물환율로 계산해 볼 때 이에 상응하는 £666,667을 차입할 수 있다.

a. 커버된 이자율 차익거래로부터 보장된 이익을 어떻게 얻을 수 있는지 설명하라. 당신이 유로를 기초로 하는 투자자라고 가정하고 차익거래의 이익을 유로화로 계산하라.
b. 위의 거래 결과 이자율 평가이론이 어떻게 회복되는지 논의하라.
c. 당신이 파운드를 기초로 하는 투자자라고 가정하고 커버된 이자율 차익거래 과정을 설명하고 이익을 파운드로 계산하라.

10. 자본시장의 통합된 특성 때문에 미국과 영국 투자자들은 투자에 대해 동일한 실질 이자율 2.5%를 요구한다. 자본시장에서 향후 3년간 매년 미국 3.5%, 영국 1.5%의 인플레이션율을 보일 것으로 기대한다. 현재 현물환율은 $1.50/£이다.

a. 피셔효과가 성립한다고 보고, 미국과 영국의 연간 명목 이자율을 계산하라.
b. 지금으로부터 3년 후, 예상되는 달러-파운드의 선물환율은 무엇인가?
c. 1년 만기의 달러-파운드 선물환율을 추론할 수 있는가?

CFA® PROBLEMS

11. Iris Hamson의 신용 분석을 공부한 후, George Davies는 Yucatan Resort의 초과 현금 보유량을 멕시코 채권시장에 투자하여 보유기간 수익률을 증가시킬 수 있는지 고려하고 있다. 비록 Davies는 페소로 표시된 채권에 투자하지만 투자 목표는 가장 높은 달러 보유기간 수익률을 달성하고자 한다.

Davies는 신용위험으로부터 자유로운 멕시코의 1년 물 채권이 높은 수익률을 보이고 있다는 사실을 발견하였지만 그는 페소가 가치 하락하여 달러 보유기간 수익률이 감소될 것을 우려한다. Hamson은 Davies가 결정을 내리는 데 도움을 주기 위해 엄선한 경제·재무 데이터를 준비하였다.

미국과 멕시코의 경제 재무 데이터	
미국 기대 인플레이션율	연 2.0%
멕시코 기대 인플레이션율	연 6.0%

미국 1년 국채 수익률	2.5%
멕시코 1년 국채 수익률	6.5%
명목 환율	
현물환율	달러당 9.5000페소
1년물 선물환율	달러당 9.8707페소

Hamson은 멕시코의 1년물 채권을 사고 1년 물 선물환율을 이용하여 환노출을 헤징하기를 추천하였다. 그리고 다음과 같이 결론지었다. "이번 거래는 달러로 미국 1년물 채권의 보유기간 수익률과 같은 보유기간 수익률을 얻을 것이다."

a. Hamson이 추천한 거래로부터 얻은 달러의 보유기간 수익률을 계산하라. 계산과정을 보여라. 이 거래로부터의 달러의 보유기간 수익률에 대한 Hamson의 결론이 올바른지에 대해 설명하라.
미국과 멕시코 경제에 대한 분석 후, Davies는 내년에 미국 인플레이션율과 실질환율은 계속해서 유지될 것으로 예상하였다. 하지만 멕시코의 유리한 정치 발전 덕분에 멕시코의 인플레이션율은 연말 전에 6%에서 3%로 떨어질 것으로 예상된다. 결국, Davies는 환노출을 헤징하지 않은 채, Yucatan Resort의 보유현금을 멕시코의 1년물 채권에 투자하기로 결정하였다.

b. 지금으로부터 1년 후 예상되는 환율을 달러당 페소화로 구하라. 계산 과정을 보여라. 단 Devies가 예상한 실질환율과 멕시코와 미국의 인플레이션율이 옳다고 가정한다.
c. 멕시코의 1년물 채권에 대한 달러 보유기간 수익률을 계산하라. 계산 과정을 보여라. 단 Devies가 예상한 실질환율과 멕시코와 미국의 인플레이션율이 옳다고 가정한다.

CFA® PROBLEMS

12. James Clark는 Wachovia에서 일하는 외환 거래자이다. 그는 다음의 시세를 주목한다.

현물환율	달러당 SFr1.2051
6개월물 선물환율	달러당 SFr1.1922
6개월 달러 이자율	연 2.50%
6개월 스위스 프랑 이자율	연 2.0%

a. 이자율 평가이론이 성립되는가? 거래비용은 무시한다.
b. 차익거래 기회가 존재하는가? 만약 있다면, 차익거래 이익을 얻기 위한 과정을 설명하라. James Clark는 $1,000,000의 기초 자금을 운용할 수 있는 권한이 주어졌다고 가정하고, 차익거래 이익을 달러로 계산하라.

13. 새해가 시작할 때마다 $1,000,000을 차입하여 통화 캐리 트레이드를 수행하고 뉴질랜드 달러로 1년 동안 투자한다고 가정하자. 2000－2009년 동안의 1년 이자율과 미국 달러와 뉴질랜드 달러 사이의 환율은 아래에 제시되어 있다. 이자율은 매해 1월 1일의 은행간 1년 이자율이고, 환율은 매해 12월 31일의 미국 달러당 뉴질랜드 달러의 양이다. 2000년

1월 1일 환율은 NZ$1.9088/$였다. 행 4－7을 채우고 10년간 캐리 트레이드로부터 얻은 총 달러 이익을 계산하라. 또한 이 문제에 대한 답을 기초로 커버되지 않은 이자율 평가의 타당성을 평가하라. 이 문제를 풀기 위해 엑셀을 사용하길 바란다.

연도	(1) $i_{NZ\$}$(%)	(2) $i_{\$}$(%)	(3) $S_{NZ\$/\$}$	(4) $i_{NZ\$}-i_{\$}$	(5) $e_{NZ\$/\$}$	(6) (4)－(5)	(7) $이익
2000	6.53	6.50	2.2599				
2001	6.70	6.00	2.4015				
2002	4.91	2.44	1.9117				
2003	5.94	1.45	1.5230				
2004	5.88	1.46	1.3845				
2005	6.67	3.10	1.4682				
2006	7.28	4.84	1.4182				
2007	8.03	5.33	1.2994				
2008	9.10	4.22	1.7112				
2009	5.10	2.00	1.3742				

자료: Datastream.

인터넷 연습문제

01. 당신은 기술적(차트) 분석을 바탕으로 외환 컨설팅 서비스를 제공하고 있다. 당신의 고객들은 6개월 후의 미국 달러와 멕시코 페소 간의 환율에 대해 알고 싶어한다. 첫 번째 방법은 과거 환율로 챠트를 작성해 보고 미래를 예측할 수 있는 패턴을 발견하도록 시도해 보라. 당신은 어떤 예측 환율을 고객들에게 제공할 것인가? http://fx.sauder.ubc.ca 에서 환율 정보를 다운로드할 수 있다.

미니 케이스

터키의 리라와 구매력 평가이론

Veritas Emerging Market Fund는 전 세계 급성장하고 있는 신흥시장에 대한 투자를 전문으로 하고 있다. 당신의 상관이자 국제 투자 경력자인 Mr. Henry Mobaus 씨는 최근 터키 주식 시장을 관심 있게 보고 있다. 그는 터키가 결국 유럽 연합에 가입하도록 협상을 제의받을 것으로 생각한다. 이는 터키의 주식 가격을 급상승시킬 것이다. 하지만 동시에 그는 터키 통화의 불안한 환율에 대해 우려하고 있다. 그는 터키의 환율을 변화시키는 요소들에 대해 알아보고자 한다. 터키의 인플레이션율이 미국 인플레이션율보다 높기 때문에 구매력 평가이론이 어느 정도 성립할 것으로 생각한다. 그의 연구를 도와주는 조수로서 당신은 이 사실의 진위 여부를 확인하는 일을 맡았다. 즉, 당신은 다음 질문에 대한 보고서를 준비하기 위해 연구해야 한다.

터키 리라와 미국 달러의 환율 사이에 구매력 평가 이론이 성립되는가? 다른 것들 중에서도 Mr. Mobaus는 당신이 다음의 연구를 해 주길 바란다.

01. 지난 20년 동안의 터키와 미국 사이의 인플레이션율 차이에 대한 연간 환율변화를 도표로 작성하라.

02. 연간 환율 변화율을 양국 간 인플레이션율 차이에 대해 회귀분석을 하여 절편과 기울기를 추정하고, 회귀 결과들을 해석하라.

출처: 터키와 미국의 연간 인플레이션율과 터키 리라와 미국 달러 간의 환율 정보는 World Development Indicators https://databank.worldbank.org/에서 다른 곳에서도 정보를 얻을 수 있다.

참고문헌 및 추천도서

Abuaf, N., and P. Jorion. "Purchasing Power Parity in the Long Run." *Journal of Finance* 45 (1990), pp. 157 - 74.

Accominotti, Olivier, Jason Cen, David Chambers, and Ian W. Marsh. "Currency Regimes and the Carry Trade." *Journal of Financial and Quantitative Analysis* 54 (2019), pp. 2233 - 60.

Agmon, Tamir and Yakov Amihud. "The Forward Exchange Rate and the Prediction of the Future Spot Rate," *Journal of Banking and Finance* 5 (1981), pp. 425 - 37.

Akram, Farooq Q., Dagfinn Rime, and Lucio Sarno. "Arbitrage in the Foreign Exchange Market: Turning on the Microscope." *Journal of International Economics* 76 (2008), pp. 237 - 53.

Beckmann, Josch, and Robert Czudaj. "The Impact of Uncertainty on Professional Exchange Rate Forecasts." *Journal of International Money and Finance* 73 (2017), pp. 296 - 316.

Beer, Christian, Steven Ongena, and Marcel Peter. "Borrowing in Foreign Currency: Austrian Households as Carry Traders." *Journal of Banking and Finance* 34 (2010), pp. 2198 - 11.

Borio, Claudio, Robert McCauley, Patrick McGuire, and Vladyslav Sushko. "Covered Interest

Parity Lost: Understanding the Cross-Currency Basis." *Bank for International Settlements Quarterly Review* (September 2016), pp. 45 - 64.

Carvalho, Carlos, and Fernanda Nechio. "Aggregation and the PPP Puzzle in a Sticky-Price Model." *The American Economic Review* 101 (October 2011), pp. 2391 - 2424.

Cheun, Yin-Wong, Menzie D. Chinn, Antonio Garcia Pascual, and Yi Zhang. "Exchange Rate Prediction Redux: New Models, New Data, New Currencies." *Journal of International Money and Finance* 95 (2019), pp. 332 - 62.

Crucini, Mario, and Hakan Yilmazkuday. "Understanding Long-Run Price Dispersion." *Journal of Monetary Economics* 66 (2014), pp. 226 - 40.

Crucini, Mario, and Mototsugu Shintani. "Persistence in Law of One Price Deviations: Evidence from Micro-Data." *Journal of Monetary Economics* 55 (2008), pp. 629 - 44.

Dick, Christian D., Ronald MacDonald, and Lukas Menkhoff. "Exchange Rate Forecasts and Expected Fundamentals." *Journal of International Money and Finance* 53 (2015), pp. 235 - 56.

Dick, Christian, and Lukas Menkhoff. "Exchange Rate Expectations of Chartists and Fundamentalists." *Journal of Economic Dynamics & Control* 37 (2013), pp. 1362 - 83.

Du, Wenxin, Alexander Tepper, and Adrien Verdelhan. "Deviations from Covered Interest Rate Parity." *Journal of Finance* (2018), pp. 915 - 57.

Eun, Cheol, and Sanjiv Sabherwal. "Forecasting Exchange Rates: Do Banks Know Better?" *Global Finance Journal* (2002), pp. 195 - 215.

Fisher, Irving. *The Theory of Interest*, rpt. ed. New York: Macmillan, 1980.

Frankel, Jeffrey A., and Andrew K. Rose. "A Panel Project on Purchasing Power Parity: Mean Reversion Within and Between Countries." *Journal of International Economics* 40 (1996), pp. 209 - 224.

Gande, A., and D. Parsley. "News Spillovers in Sovereign Debt Markets." *Journal of Financial Economics* 75 (2005), pp. 691 - 734.

Ince, Onur, and Tanya Molodtsova. "Rationality and Forecasting Accuracy of Exchange Rate Expectations: Evidence from Survey-Based Forecasts." *Journal of International Financial Markets, Institutions & Money* 47 (2017), pp. 131 - 51.

Keynes, John M. *Monetary Reform*. New York: Harcourt, Brace, 1924.

Kolasa, Marcin. "Equilibrium Foreign Currency Mortgages." *Review of Economic Dynamics* (2021), https://doi.org/10.1016/j.red.2021.06.003

Larsen, Glen, and Bruce Resnick. "International Party Relationships and Tests for Risk Premia in Forward Foreign Exchange Rates." *Journal of International Financial Markets, Institutions and Money* 3 (1993), pp. 33 - 56.

Lothian, James R., and Liuren Wu. "Uncovered Interest-Rate Parity Over the Past Two Centuries." *Journal of International Money and Finance* 30 (2011), pp. 448 - 73.

Meese, Richard, and Kenneth Rogoff. "Empirical Exchange Rate Models of the Seventies: Do They Fit Out of Sample?" *Journal of International Economics* 14 (1983), pp. 3 – 24.

Osler, Carol. "Currency Orders and Exchange Rate Dynamics: Explaining the Success of Technical Analysis." *Journal of Finance* 58 (2003), pp. 1791 – 1819.

Otani, Ichiro, and Siddharth Tiwari. "Capital Controls and Interest Rate Parity: The Japanese Experience, 1978 – 81." *International Monetary Fund Staff Papers* 28 (1981), pp. 793 – 815.

Ouyang, Alice, and Ramkishen S. Rajan. "Real Exchange Rate Fluctuations and the Relative Importance of Nontradables." *Journal of International Money and Finance* 32 (2013), pp. 844 – 55.

Rossi, Barbara. "Exchange Rate Predictability." *Journal of Economic Literature* 51 (2013), pp. 1063 – 1119

Rogoff, Kenneth S. "The Purchasing Power Parity Puzzle." *Journal of Economic Literature* 34 (1996), pp. 647 – 68.

Taylor, A., and M Taylor. "The Purchasing Power Parity Debate." *Journal of Economic Perspectives* 18 (2004), pp. 135 – 58.

부록 6A 구매력 평가이론과 환율 결정

PPP를 환율 결정 이론으로 볼 수도 있지만, 더 완전한 이론인 **통화적 접근법**의 기초이기도 한다. 시카고 경제학파(Chicago School of Economics)와 관련이 있는 통화적 접근법은 두 가지 원리에 기초하고 있다: 구매력평가 이론과 화폐수량설.

화폐수량설(quantity theory of money)에 따르면 각 국가는 다음의 항등식이 성립해야 한다.

$$P_\$ = M_\$ V_\$ / y_\$ \tag{6A.1A}$$

$$P_£ = M_£ V_£ / y_£ \tag{6A.1B}$$

여기서 M은 화폐 공급량, V는 경제 내 화폐가 유통되는 속도를 측정하는 화폐유통속도, y는 국민 총생산량, 그리고 P는 일반 물가수준을 나타내며, 하부 첨자는 국가를 뜻한다. 위의 식들이 PPP 식 (6.12)에서 물가 수준을 대신할 때, 다음의 환율 공식을 얻을 수 있다.

$$S = (M_\$ / M_£)(V_\$ / V_£)(y_£ / y_\$) \tag{6A.2}$$

통화적 접근에 따르면 환율 결정을 결정짓는 요소는 다음과 같다.

1. 상대적 통화 공급량
2. 상대적 화폐유통속도
3. 상대적 국민 총생산량

모든 조건이 같다면, 미국의 통화 공급량 증가는 파운드에 대한 달러의 비례적 가치하락으로 이어진다. 달러의 공급 증가와 동일한 영향을 갖는 달러의 화폐유통속도의 증가도 같은 결과를 미친다. 그러나 미국의 총생산량 증가는 달러의 비례적 가치상승으로 이어질 것이다.

PPP에 기초한 통화적 접근은 단기적인 이론이 아닌, 장기적인 환율 결정이론으로 볼 수 있다. 이는 통화적 접근이 가격 경직성을 허용하지 않기 때문이다. 단기적으로 불가능하지만 결국에는 가격은 충분하고 완벽하게 조정된다고 가정하는 것이다. 많은 상품과 서비스의 가격은 일정 기간 동안은 종종 고정된다. 단기 가격 경직성의 좋은 예는 노동계약에 의한 임금이다. 이런 단점에도 불구하고, 통화적 접근법은 영향력이 큰 이론이고, 현대 환율이론에서 벤치마크 역할을 한다.

Chapter 07

통화선물과 통화옵션

CHAPTER OUTLINE

- 선물계약: 예비지식
- 통화선물시장
- 기본적 통화선물가격 관계
- 옵션계약: 예비지식
- 통화옵션시장
- 통화선물옵션
- 만기시 기본적 옵션가격결정 관계
- 아메리칸 옵션가격결정 관계
- 유러피언 옵션가격결정 관계
- 이항옵션가격결정모형
- 유러피언옵션 가격결정 공식
- 통화옵션 실증연구
- 요약
- 주요 용어
- 연습문제
- 계산문제
- 인터넷 연습 문제
- 미니 케이스: 옵션 투기거래자
- 참고 문헌 및 추천 도서

2008년 1월 24일, 프랑스에서 2번째로 큰 은행인 Société Générale은 31세의 사기꾼 거래자가 승인받지 않고 총 730억 달러 규모의 유럽 주가지수 선물계약에 포지션을 취했다가 주식시장이 하향세로 돌아서는 바람에 불리해져 72억 달러의 엄청난 손실을 입게 되었다고 밝혔다. 거래자는 허구적인 상대방과 일련의 상쇄 거래들을 통해 수개월 간 자신의 포지션을 숨길 수 있었다. 그 손실로 인해 Société Générale은 비상 자본으로 80억 달러를 조달해야만 했다. 비슷한 예로 1995년에 또 다른 사기꾼 거래자가 헤지되지 않은 270억 달러 규모의 다양한 거래소에서 거래되는(exchange-traded, 이하 장내) 선물 및 옵션계약을 통해 13억 달러의 손실을 발생시켜 Barings PLC를 망하게 하였다. 이 거래의 상당 부분은 싱가포르의 Singapore International Monetary Exchange에서 거래되던 Nikkei 225 주가지수 선물계약이었다. 그 손실은 거래자의 투기적인 포지션에 대해 시장이 불리하게 움직임에 따라 발생했다. Barings는 네덜란드의 은행과 보험의 복합기업인 ING에 인수되었다. 거래자는 사기 거래로 싱가포르에서 3년간 복역하였다.

이런 예들이 암시하듯이 선물과 옵션계약은 사실 투기적인 목적으로 사용되었을 때 매우 위험한 투자임을 강조한다. 그럼에도 불구하고 선물과 옵션계약은 중요한 위험관리 수단이다. 이 장에서는 환율 변동에 대한 투기와 불확실한 환율을 헤지하는 데 유용한 장내 통화선물계약, 통화옵션계약 및 통화선물옵션을 소개한다.

이러한 계약들은 현물환과 선물환에 대해 논의했던 제5장에서 소개한 외환시장의 한 부분을 구성한다.

먼저 선물환계약과 통화선물계약을 유사점과 차이점을 중심으로 비교하면서 시작하기로 한다. 통화선물이 거래되는 시장, 계약이 작성되는 통화, 그리고 다양한 통화계약들에 대한 구체적 내용들에 대해 논의한다.

다음으로 옵션과 선물시장을 비교하고 대비하면서 통화옵션 계약을 소개한다. 옵션이 거래되는 거래소를 알아보고 계약조건들을 상세히 살펴본다. 장외(over-the-counter) 옵션시장 또한 논의된다. 기본적인 옵션가격결정 경계 관계들이 실제 시장가격을 이용하여 예시된다. 더불어, 어떻게 투기자들이 통화옵션을 사용하는가에 대한 예시들도 제공한다, 끝으로 통화옵션 가격결정 모델의 도출로 이 장을 마무리한다. 이 장과 제5장과 제6장에서 논의하였던 선물환계약에 대한 지식들은 환위험을 헤지하기 위해 이들 수단들이 어떻게 사용되는지를 설명하는 제8, 9, 10장에 대한 토대가 된다.

선물계약: 예비지식

제5장에서 선물환계약을 일정 금액의 외환을 미래 일정 시점에 단위당 일정한 가격으로 매입 또는 매도하기 위한 수단으로 정의하였다. 선물환과 선물계약 둘 다 그 가치가 기초증권의 가치로부터 파생되거나 그 가치에 의존하기 때문에 **파생상품**(derivative) 또는 **상태의존부청구증권**(contingent claim security)으로 분류된다. 하지만 선물계약은 선물환계약과 비슷하지만 둘 사이에는 많은 차이가 있다. 선물환계약은 국제은행들이 그들 고객의 요구에 맞추어 이루어지는 맞춤형(tailor-made) 계약이다. 이와 반대로 통화선물계약은 **표준화된**(standardized) 특징을 가지는 **거래소에서 거래되는**(exchange-traded) 계약이다. 즉 장외시장보다 조직화된 거래소에서 거래된다. 선물계약을 원하는 고객은 그의 브로커와 접촉하고 브로커는 해당 고객의 주문을 선물거래소에 전달해 주어 거래소의 피트(pit)로 이전된다. 선물거래소의 피트(pit)에서 거래가격이 장내 브로커나 거래자들 사이에서 공개 호가(open outcry)로 협상된다.

주요 표준화 특성은 미래 매입 또는 매도를 위한 기초 통화의 양을 명시하는 **계약 규모**(contract size)와 계약의 **만기일**(maturity date)이다. 선물계약은 고객이 요구하는 맞춤식 금액이라기보다는 정해진 일정 금액의 기초 외환에 대해 체결한다. 이런 이유로 상당한 규모의 투기적 포지션이나 헤지 포지션을 위해서는 복수의 계약 포지션이 필요하다. 선물계약은 어느 달의 특정 날짜에 만료되는, 그 해 동안의 특정 **인도월**(delivery month)을 갖는다.

선물 포지션을 취하려면 공식적으로 증거금(margin)이라 불리는 **개시 이행보증금**(initial performance bond)을 보증 계좌에 예치해야 한다. 개시 이행보증금은 일반적으로 계약가치의 약 2%에 달한다. 이행보증금으로 현금이나 미국 재무부 증권(Treasury Bills 국채)이 사용될 수 있다. 뒤에 예시되는 것처럼 계좌 잔고는 일일 정산(daily settlement)을 통해 변동하게 된다. 계약 보유자에 의해 설정된 이행보증금은 계약자 입장에서의 재무적 책무를 다하겠다는 "선의"를 나타내는 돈으로 생각할 수 있다. 계좌 잔액은 다음의 논의에서 보여주듯이 일일 정산에 의해 변동할 것이다. 만약 투자자의 이행보증계좌가 **유지증거금**(maintenance performance bond, 대략 개시이행보증금의 90% 수준이다) 밑으로 떨어지는 경우 포지션을 유지하기 위해서는 반드시 개시증거금 수준으로 만들기 위해 추가적인 자금의 예치가 요구된다. 유동성에 경색이 있어 추가적인 예치를 하지 못한 투자자는 브로커에 의해 해당 포지션이 청산될 것이다.

선물환계약과 선물계약의 주요 차이점은 미래 매매를 위한 기초자산의 가격을 정하는 방법이다. 선물환계약은 미래 거래를 위한 가격을 최초 계약시점에서 정하고 이것이 만기까지 고정된다. 이와 반대로 선물계약은 매일 정산가격(settlement price)으로 **정산**(settled-up), 즉 **시가평가**(marked-to-market)된다. 선물시장의 일일 정산 특성은 시장 참가자들이 선물환계약과 같이 만기일에 일시에 모든 이익과 손실을 실현하는 것이 아니라 매일매일 그들의 이익과 손실을 실현한다는 것을 의미한다. **정산가격**은 거래소가 장을 마감하는 시점에서 선물거래 가격을 대표하는 가격이다. 이는 정산위원회에서 결정되며, 계약의 거래량이 적은 날은 다소 자의적일 수 있다.

정산가격이 이전 날의 정산가격보다 높은(낮은) 경우 선물 **매입 포지션**(long position)을 취한 거래자는 양(음)의 정산 값을 갖는다. 매입 포지션은 소유주에게 기초자산을 구매할 수 있는 자격을 제공하므로, 높은(낮은) 정산가격은 기초자산에 대한 선물가격의 상승(하락)를 의미한다. 따라서 계약의 매입 포지션은 더 큰(작은) 가치를 갖는다. 당일의 정산가격에서 전일의 정산가격을 차감한 정산가격의 변화가 당일의 정산금액을 결정한다. 즉 기초자산의 단위당 정산가격의 변화와 계약규모를 곱하여 계산한 금액을 매입 포지션의 이행 보증 계좌에 의해 더해지거나 빼주어야 할 정산금액이 된다. 유사하게 선물계약의 **매도 포지션**(short position)을 취한 거래자의 이행보증계좌는 매입 포지션을 취한 거래자의 이행보증계좌가 감소(증가)하는 만큼 증가(감소)한다. 따라서 매입 포지션과 매도 포지션 사이의 선물거래는 **제로섬 게임**(zero-sum game)이다. 즉 매입자와 매도자의 일일 정산금액을 더하면 제로가 된다. 예제 7.1은 정산 과정의 수치적 예를 제공한다.

당일 거래가 끝났을 때, 선물계약은 그날의 새로운 정산가격을 인도가격으로 하는 만기가 하루뿐인 기초자산에 대한 신규 선물환계약으로 비유된다. 이러한 일일 정산 즉 일일 시가평가 때문에, 선물가격은 시간이 흐름에 따라 변동하다가 거래의 만기 시점에서는 현물가격으로 수렴한다. 즉, 기초자산에 대한 어떤 거래이든 간에 최종 정산가격은 거래 마지막 날의 현물환가격과 같게 된다. 그럼에도 불구하고, 실효가격은 이행보증계좌에 있는 이익과 손실이 포함되면 최초의 선물가격이다. 〈도표 7.1〉에 선물환계약과 선물계약의 차이점들을 요약한다.

도표 7.1

선물환계약과 통화선물의 차이점

거래장소
- 선물 : 조직화된 거래소에서 경쟁적으로 거래됨.
- 선물환 : 전화나 전산화된 거래 시스템을 통한 은행 딜러들에 의해 거래됨.

거래규모
- 선물 : 기초자산의 표준화된 양.
- 선물환 : 고객의 요구에 맞춤.

정산
- 선물 : 참여자의 이행보증계좌를 통하여 청산소에 의해 일일 정산 또는 시가평가 됨.
- 선물환 : 참여자가 만기일에 최초 계약 때 정한 선도(계약)가격으로 기초자산의 계약 수량만큼 참여자가 은행으로부터 매입하거나 매도함.

만기일
- 선물 : 표준화된 인도일.
- 선물환 : 투자자의 요구에 맞춤화된 인도일.

인수도
- 선물 : 기초자산의 인수도가 거의 이루어지지 않는다. 주로 만기 전 반대매매를 통해 계약에서 빠져나감.
- 선물환 : 일반적으로 기초자산의 실제 인수도가 이루어짐.

거래비용
- 선물 : 매입-매도 스프레드와 중개인의 수수료
- 선물환 : 매입-매도 스프레드와 보상예금잔고(compensating balance) 요구를 맞추기 위한 간접적 은행 수수료

파생상품시장이 보다 효율적으로 운영되기 위해서는 **투기거래자**(speculator)와 **헤지거래자 또는 헤저**(hedger) 두 종류의 시장참여자들이 필요하다. 투기거래자들은 선물가격의 변동으로부터 이익을 얻고자 한다. 이를 위해, 투기거래자는 순전히 자신들의 미래 가격 움직임에 대한 예측에 따라 선물계약을 매수하거나 매도한다. 반면에 헤저는 선물계약의 매입 포지션을 통해 미래 기초자산의 매입가격을 고정시키거나, 매도 포지션을 통해 미래 기초자산의 매도가격을 확정(lock-in)시킴으로써 가격 변동을 회피하려 한다. 실제로, 헤저는 이러한 가격 변동위험을 보다 잘 수용할 수 있거나 기꺼이 수용하고자 하는 투기거래자들에게 가격 변동위험을 전가시킨다.

선물환시장과 통화선물시장은 매우 유동성이 높다. 두 시장 모두 **반대매매**(reversing trade)를 통해 포지션을 마감시키거나 중화시킬 수 있다.[1] 선물환시장에서는 대략 계약의 90% 정도가 매도자가 매수자에게 기초자산을 실물로 직접 인도한다. 이

1) 반대매매를 통해 선물환시장에서 투자자는 상쇄되는 포지션을 가지게 되면, 선물시장에서는 투자자는 시장에서 실제로 나가게 된다.

는 선물환계약의 고객 맞춤식 조건을 생각해 보면 당연한 결과이다. 대조적으로 통화선물계약에서는 만기에 단지 계약의 1% 정도만이 기초자산이 실물로 직접 인도된다. 통화선물계약은 투기거래나 헤지거래에 매우 유용하긴 하나, 선물계약의 표준화된 결제일이 실제 외환거래가 종결되는 일자와 일치되기가 어렵다. 따라서 선물거래에서는 대부분 반대매매를 통해 포지션을 마감시킨다. 매수자와 매도자 모두 선물거래에 대한 **수수료**(commission)를 지불하는데, 한 번의 사전(up-front) 수수료로 최초 매입(매도)에서 최종 매도(매입)에 이르는 왕복(round-trip) 거래를 커버한다. 요즘은 할인 브로커(discount broker)를 통해 통화선물 계약 당 수수료로 종종 $2 미만이 부과된다.

선물시장에서 **청산소**(clearing house)는 모든 거래에 대해 제3자 역할을 한다. 즉, 선물 매입자는 실제로는 청산소로부터 매입하는 것이고 선물 매도자는 청산소에게 매도하는 것이다. 선물시장의 이러한 특징은 매입자와 매도자가 상대방의 신용도에 대해 정확한 평가를 할 필요가 없기 때문에 유통시장의 거래가 활발하게 될 수 있도록 해준다. 청산소는 청산소 회원들로 구성되어 있다. 청산소의 회원이 아닌 개인 중개자들은 반드시 청산소 회원들을 통해서 고객들의 거래를 청산하여야 한다. 선물계약에서 어떤 한쪽의 거래자가 계약 불이행의 상태에 이르게 된다면 청산소 회원이 해당 계약 불이행 거래자를 대신하고 그 후 그에게 배상을 요구한다. 계약자의 포지션이 일일정산 제도에 의해 정산되기 때문에 청산소의 채무는 제한적이다. 조직 구조를 고려해 보면, 청산소가 청산소 회원들에 대해 이행보증계좌를 유지하는 것은 논리적일 뿐이다.

선물거래소는 종종 선물가격에 대해 **일일 가격제한폭**(daily price limit)을 둔다. 즉 당일의 선물가격 변동폭이 전날의 정산가격에 대비하여 일정 상승 및 하락 폭을 넘어서지 못하게 한다. 하지만 선물환시장에서는 이러한 제도가 존재하지 않는다. 명백히 가격이 제한폭에 다다르면 새로운 시장청산 균형가격을 얻을 수 없기 때문에 거래는 정지될 것이다. 시장 청산가격이 새로 정립될 때까지 일일 가격제한폭을 순차적으로 확대하는 거래소 규칙이 존재한다.

도표 7.2

CME Group의 통화선물계약 명세

통화	계약 규모
가격은 미 달러로 표시	*CME*
호주 달러(dollar)	AUD100,000
브라질 레알(real)	BRL100,000
영국 파운드(pound)	GBP62,500
캐나다 달러(dollar)	CAD100,000
중국 런민비(renminbi)	CNY1,000,000
체코 코루나(koruna)	CZK4,000,000
유로 FX	EUR125,000
헝가리 포린트(forint)	HUF30,000,000
인도 루피(rupee)	INR5,000,000
이스라엘 셰켈(shekel)	ILS1,000,000
일본 엔(yen)	JPY12,500,000
한국 원(won)	KRW125,000,000
멕시코 페소(peso)	MXN500,000
뉴질랜드 달러(dollar)	NZD100,00
노르웨이 크로네(krone)	NOK2,000,000
폴란드 즐로티(zloty)	PLN500,000
러시아 루블(ruble)	RUB2,500,000
사우스 아프리카 란드(rand)	ZAR500,000
스웨덴 크로나(krona)	SEK2,000,000
스위스 프랑(franc)	CHF125,000
교차환율 선물	
(기초 통화/가격 표시 통화)	
유로 FX/영국 파운드	EUR125,000
유로 FX/일본 엔	EUR125,000
유로 FX/스위스 프랑	EUR125,000

자료: CME 그룹, www.cmegroup.com

통화선물시장

1972년 5월 16일, 시카고상품거래소(CME: Chicago Mercantile Exchange)에서 통화선물계약이 시작되었다. 시카고상품거래소에서 통화선물 거래가 급속하게 확장되었다. 1978년에는 단지 2백만 계약만이 성사되었는데, 이 수치가 2022년 3월에만 거의 2천 3백만 계약에 달했고, 46개 통화 조합에 대해 상장된 선물계약들이 이용가능하게 되었다. 2007년에는 CME와 CBOT(Chicago Board of Trade)와의 합병으로 CME

Group이 형성되었다. 그 다음 해에 CME Group은 NYMEX (New York Mercantile Exchange)를 인수하였다. 대부분의 CME 선물거래들은 3월, 6월, 9월 그리고 12월의 만기 월 주기로 거래되며 미래로 최장 6개 분기까지 거래되고, 인도일은 해당 만기 월의 세 번째 수요일이다. 대부분 계약의 최종 거래일은 인도일의 2 영업일 전이다. 추가로, 3개의 근월물 계약들이 非주기로 매월 만기가 되고 6개의 활발한 통화 조합에 대해 거래된다. CME 통화선물거래는 일요일부터 금요일까지 GLOBEX라는 거래 시스템을 통해 시카고 표준시간으로 오후 5시부터 다음날 오후 4시까지 이루어진다. GLOBEX는 거의 24시간 거래가 가능하도록 하는 선물과 옵션에 대한 전 세계 자동 주문 및 거래체결(matching) 시스템이다. 〈도표 7.2〉에 CME Group의 기본적인 통화선물계약에 대한 명세가 요약되어 있다.

CME와 더불어 통화선물거래는 ICE(Intercontinental Exchange) Futures U.S.(이전에 New York Board of Trade였다), 멕시코 파생상품 거래소, 브라질 B3 거래소 (이전에 BM&F 거래소), 부다페스트 상품 거래소, 한국거래소의 파생상품시장 부문에서 이루어진다.

기본적 통화선물 관계

〈도표 7.3〉은 CME의 선물계약들에 대한 가격 고시를 나타내고 있다. 각 통화에 대해 인도월별로 특정일(이 경우 2019년 4월 3일)의 시초가, 최고가와 최저가 및 정산가 등을 볼 수 있다. 이들은 미국식 표시법에 의해, 즉 *F*(\$/*f*)로 나타내고 여기서 f는 외국 통화를 나타낸다. (선물가격과 선물환가격을 동일하게 F로 표시한다. 그리고 그 이유는 곧 설명된다). 각 계약에 대해 각 계약들에 대한 **미결제약정 계약수**(open interests) 또한 제시되어 있다. 이는 특정 인도월별로 아직 결제되지 않은 매입 또는 매도된 계약의 총합이다. 각 통화에 대한 **근월물**(nearby contract) 계약(이 경우 2019년 6월물)의 미결제 약정계약 수가 가장 많음을 주목하라. 실제 인수도가 이루어지는 계약은 아주 적기 때문에, 만일 우리가 시간이 흐름에 따라 6월물 선물계약의 미결제 약정계약 수를 추적해 보면, 반대매매의 결과 거래 마지막 날(2019년 6월 17일)에 여러 통화들에 대한 6월물 미결제 약정계약 잔고가 줄어드는 것을 볼 수 있다. 더불어, 바로

도표 7.3 CME Group의 통화선물계약 가격 고시

	시초가	최고가	최저가	정산가	변화	미결제약정 계약 수
통화 선물						
Japanese Yen (CME)-¥12,500,000; $ per 100¥						
June	.90320	.90440	.90135	.90230	−.00070	153,601
Sept	.91005	.91005	.90840	.90875	−.00070	292
Canadian Dollar (CME)-CAD 100,000; $ per CAD						
June	.75125	.75350	.75030	.75110	.00045	144,458
Sept	.75500	.75500	.75260	.75265	.00045	3,190
British Pound (CME)-£62,500; $ per £						
June	1.3182	1.3245	1.3169	1.3206	.0043	144,222
Sept	1.3243	1.3298	1.3238	1.3263	.0043	671
Swiss Franc (CME)-CHF 125,000; $ per CHF						
June	1.0090	1.0118	1.0083	1.0093	.0006	73,541
Sept	1.0169	1.0181	1.0159	1.0179	.0006	42
Australian Dollar (CME)- AUD 100,000; $ per AUD						
June	.7080	.7141	.7065	.7128	.0054	148,024
Sept	.7094	.7149	.7083	.7141	.0054	322
Mexican Peso (CME)-MXN 500,000; $ per MXN						
June	.05142	.05171	.05134	.05143	.0000	227,270
Euro (CME)-€125,000; $ per €						
June	1.12720	1.13260	1.12720	1.13100	.00405	480,009
Sept	1.13610	1.14100	1.13610	1.13955	.00405	8,844
Euro/Japanese yen (ICE-US) €125,000; ¥ per €						
June	124.80	125.52	124.68	125.35	.55	24,228
Euro/British pound (ICE-US)-€125,000; £ per €						
June	.85485	.85800	.85245	.85645	.00030	27,741
Sept	–	.85940	.85740	.85920	.00025	5
Euro/Swiss franc (ICE-US)-€125,000; CHF per €						
June	1.1174	1.1208	1.1173	1.1206	.0034	10,623

자료: CME Group 웹사이트에서 2019년 4월 3일자 고시된 수치들임. www.cmegroup.com/trading/fx/.

다음의 차(soon-to-be) 근월물 계약에 대한 거래 관심이 높아짐에 따라 차 근월물 계약인 2019년 9월물 계약에 대한 미결제 약정계약 수가 증가하게 됨을 관찰할 수 있을 것이다. 일반적으로, 미결제 약정계약 수(대략적인 수요 지표)는 대부분 선물계약의 만기까지 남은 기간(term-to-maturity)이 길수록 감소하는 경향을 보인다.

〈예제 7.1〉은 통화선물계약도 선물환계약과 매우 비슷하게 가격이 결정된다는 것을 의미한다. 제6장에서 우리는 인도일이 T시점인 선물환계약의 가격을 나타내는

이자율 평가 모델을 개발했다.

$$F_T(\$/i) = S_0(\$/i)\frac{(1+r_{\$})^T}{(1+r_i)^T} \tag{7.1}$$

예제 7.1 **선물가격 읽기**

선물가격을 읽기를 위한 예로서, 2019년 9월물 스위스 프랑 선물계약을 이용하는데, 〈도표 7.2〉에서 보는 바와 같이 계약규모는 CHF125,000이다. 〈도표 7.3〉에서 2019년 4월 3일 수요일에 해당 계약은 \$1.0169/CHF의 가격으로 거래가 시작되었으며, 하루 동안 \$1.0159/CHF(최저가)에서 \$1.0181/ CHF(최고가) 사이에서 거래가 이루어졌다. 정산가격("종가")은 \$1.0179/CHF이었다. 2019년 9월물의 미결제 약정계약 수는 42건이다. 정산가격 \$1.0179/CHF로 계약 한 단위를 매입한 투자자는 2019년 9월 18일에 실제로 인수가 이루어진다면 인도일에 CHF125,000에 대해 \$127,237.50를 지급하겠다고 약속을 하는 입장이 된다. 한편 전날보다 정산가격이 \$0.0006/CHF만큼 상승하였음을 주목하라. 즉 정산가격이 \$1.0173/CHF에서 \$1.0179/CHF로 증가했다. 계약의 매입자와 매도자 계좌에서 해당 일의 정산가격의 변화로 인한 시가평가가 이루어질 것이다. 즉 매입포지션을 보유하고 있는 투자자는 전날에 비해 \$75.00(=\$0.0006/CHF×CHF125,000)만큼 이행보증계좌에 더해지고 (이는 현재의 정산가격을 기준으로 인도 시 지급해야 하는 더 높은 가격을 상쇄한다), 이에 반해 매도포지션을 가지고 있는 상대방은 \$75.00만큼 계좌에서 감소될 것이다. (이는 현재의 정산가격을 기준으로 인도 시 수취하는 더 낮은 가격을 상쇄한다) 앞서 얘기했듯이, 이러한 정산 또는 시가평가는 계약의 수명주기 내내 각 영업일 말에 일어난다.

선물시장과 선물환시장의 운영에 있어 중요한 경제적 차이는 시가평가임에도 불구하고, 이것이 선물환계약의 가격 결정 방식과 대비해 볼 때 선물가격 결정에 미치는 영향은 미미하다. 이를 이해하기 위해 2019년 4월 3일의 CHF 현물환 및 선물환 가격들의 패턴을 주목하라. 현물환율이 \$1.0018/CHF, 선물환율이 \$1.0047/CHF(1개월물), \$1.0104/CHF(3개월물), 그리고 \$1.0193/CHF(6개월물)이었다. 선물환율이 미래 현물환율의 불편 예측치가 된다고 할 때, 시장은 다음 6개월 동안 미국 달러는 CHF에 대해 가치가 하락할 것으로 기대한다. 마찬가지로 CHF 선물계약에 대한 정산가격의 패턴을 통해 미국 달러의 가치가 하락하고 있음을 알 수 있다: \$1.0093/CHF(6월물), \$1.0179/CHF(9월물). 선물환과 선물계약은 둘 다 시간 순서대로 함께 가격 움직임이 나타난다는 것이 또한 주목할 만하다. 예를 들어, 6월물 선물계약 가격(인도

일은 6월 19일)과 9월물 선물계약 가격(인도일은 9월 18일)은 1개월 만기 선물환계약 가격(결제일은 5월 6일)과 3개월 만기 선물환계약 가격(결제일은 7월 5일), 6개월 만기 선물환 계약 가격(결제일은 10월 7일)과 시간 순서대로 나열되어 있고, 이들 가격은 기본적으로 일관된 패턴을 보여준다: 미 달러 가치가 4월부터 10월까지 $1.0018, $1.0047, $1.0093, $1.0104, $1.0179, $1.0193으로 미 달러 가치가 하락하는 패턴이다. 그러므로 선물환시장과 선물시장은 둘 다 가격발견(price discovery)에, 즉 여러 미래 시점에서의 현물환율에 대한 시장의 예측치를 얻는 데 유용하다.

앞으로 선물가격을 구할 때 같은 식을 사용할 것이다. 그 이유는 두 시장의 유사성 때문에 두 가격이 대략 일치하지 않는다면 차익거래 기회가 발생할 것이기 때문이다.[2)]

예제 7.2 **통화선물을 이용한 투기와 헤징**

투자자가 2019년 4월 3일에 2019년 9월 만기의 €선물계약 한 단위를 $1.13955/€의 가격으로 거래했다고 가정해 보자. 거래자가 현물환가격이 $1.12405/€가 되는 최종 거래일까지 선물계약을 유지한다고 하자. 이는 또한 선물가격의 현물환가격으로의 수렴(price convergence)에 의해 최종 정산가격과 같게 될 것이다. 거래자의 손익은 9월물 €선물계약에 대해 매입포지션 또는 매도포지션을 취했냐에 따라 결정된다. 만약 거래자가 유로화에 대한 기초자산에 대한 포지션이 없이 선물 매입포지션을 취한 투기거래자라면, 4월 3일부터 9월 18일까지 누적된 손실은 −$1,937.50[=($1.12405−$1.13955)×€125,000]이 된다. 일일정산을 통해 이 금액만큼 증거금계좌에서 차감될 것이다. 그가 실물로 인수한다면 €125,000를 수취하고 $140,506.25의 비용을 직접 지급해야 할 것이다(€125,000은 현물환시장 가치로 $140,506.25의 가치를 가진다). 그러나 그가 지급하는 실효 비용은 증거금계좌에서 차감된 금액을 포함하면, $142,443.75(=$140,506.25+$1,937.50)이 된다. 이에 대해, €125,000를 9월 18일에 €125,000를 $1.13955/€의 환율로 확보하고자 하는 헤저로서 거래자는 9월 만기의 €선물계약을 매입함으로써 €125,000를 $142,443.75에 매입하게 되어 결국 구매가격을 고정(lock

2) Cox, Ingersoll과 Ross(1981)은 이론적 명제로서 이자율이 일정하지 않거나 확실하게 예측되지 않는 한, 선물환가격과 선물가격은 같을 수 없음을 보여주었다. 우리의 목적을 위해서는 이론적으로 그렇게 구체적일 필요는 없다.

in)시키는 결과를 갖는다.

만약 거래자가 위와 마찬가지로 유로화에 대한 기초자산을 보유하고 있지 않고 단지 선물 매도포지션을 취하는 투기자의 입장이라면, 4월 3일부터 9월 18일까지 그의 누적 이익은 $1,937.50[=($1.13955−$1.12405)×€125,000]이 될 것이다. 이 금액 또한 일일정산을 통해 매도자의 증거금계좌로 입금될 것이다. 그가 실물로 인도한다면, 그는 €125,000(이는 현물환시장에서 $140,506.25의 비용이 든다)를 주고 $140,506.25를 수취하게 될 것이다. 그러나 그가 수취할 실효 금액은 증거금 계좌에 입금된 이익을 포함하면 $142,443.75(=$140,506.25+$1,937.50)가 된다. 이에 대해, 그가 9월 18일에 €125,000를 $1.13955/€의 가격으로 매도하기를 원하는 헤저의 입장이라면, 그 거래자는 9월물 €선물계약을 통해 €125,000를 $142,443.75로 매각대금을 고정시킨 것이다. 〈도표 7.4〉에서 이들 선물계약의 매입 및 매도포지션의 손익을 그래프로 보여주고 있다.

옵션계약: 예비지식

옵션(option)은 옵션 매수자에게 미래 특정 시점에 정한 가격으로 일정 수량의 자산을 사거나 팔 수 있는 의무가 아닌 권리를 부여하는 계약이다. 선물이나 선물환계약과 같이 옵션도 파생상품이고 상태의존부청구증권이다. 옵션의 가치는 기초자산—이 장에서는 외환이나 그와 관련된 청구권이 된다—과의 정의된 관계에 의해 결정된다. 기초자산을 살 수 있는 권리를 **콜**(call)**옵션**이라 부르고, 기초자산을 팔 수 있는 권리를 **풋**(put)**옵션**이라 부른다. 옵션을 통해 기초자산을 사거나 파는 행위를 옵션의 행사(exercising the option)라고 한다. 지급을 하거나(콜의 경우) 수취하기로(풋의 경우) 지정된 가격을 **행사가격**(exercise or striking price)이라고 부른다. 옵션의 용어로, 옵션의 매입자를 종종 롱(long)이라 부르고, 그리고 옵션의 매도자를 **발행자**(writer) 혹은 **숏**(short)이라고 부른다.

옵션 보유자는 옵션을 행사하는 것이 불리하다면, 옵션은 의무가 아닌 권리이므로 옵션 보유자는 옵션을 행사하지 않아도 되므로 옵션을 보유하고자 하는 사람은

도표 7.4

2019년 9월물 유로선물계약 매입 및 매도포지션의 손익

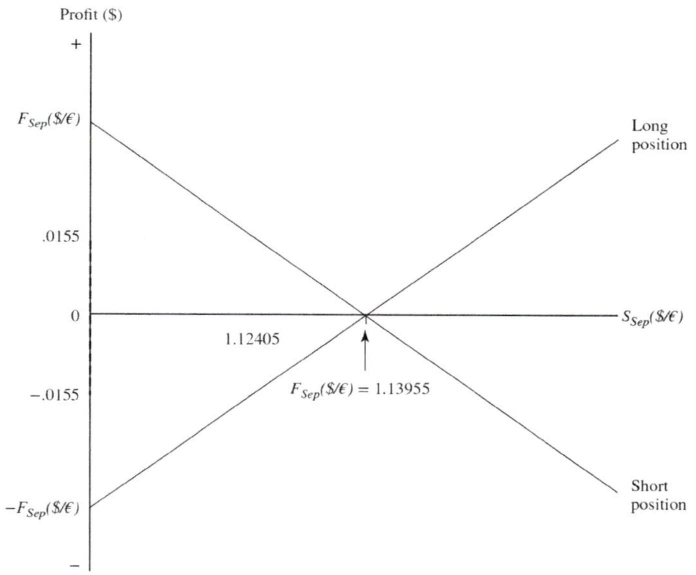

옵션 가격인 **프리미엄**(premium)을 지불해야 한다. 옵션은 2가지 형태가 있다. 바로 아메리칸 옵션과 유러피언 옵션이다. 이 이름들은 그들이 거래되는 지역을 뜻하는 것이 아니라 행사의 특징들을 말하는 것이다. **아메리칸 옵션**(American option)은 계약 기간 동안 언제든지 행사를 할 수가 있는 반면, **유러피언 옵션**(European option)은 계약의 만기일(maturity or expiration date)에만 행사할 수 있다. 그러므로 아메리칸 옵션의 보유자는 유러피언 옵션으로 할 수 있는 모든 것과, 더해서 조기 행사권을 갖는다.

통화옵션시장

1982년 이전에는 모든 통화옵션계약은 국제은행, 투자은행, 그리고 중개업자들에 의해 발행된 장외옵션이었다. 장외옵션은 만기, 행사가격, 그리고 기초통화의 계약 규모 등에 대해 구매자의 요구사항에 맞추어져 계약이 이루어지는 옵션이다. 일반

도표 7.5

PHLX 세계 통화 옵션(World Currency Options)의 세부사항

통화	계약 크기
호주 달러	AUD10,000
영국 파운드	GBP10,000
캐나다 달러	CAD10,000
유로	EUR10,000
일본 엔	JPY1,000,000
뉴질랜드 달러	NZD10,000
스위스 프랑	CHF10,000

적으로 이러한 계약들은 큰 금액, 적어도 $1,000,000에 달하는 통화를 기초자산으로 하여 발행된다. 옵션은 활발히 거래되지 않는 통화들에 대해서도 발행이 가능하지만, 주로 유로화, 영국 파운드화, 일본 엔화, 캐나다 달러, 그리고 스위스 프랑을 기초통화로 하여 종종 미국 달러에 대해 발행된다. 일반적으로 장외옵션은 유러피언형(European style)이다.

1982년 12월, 필라델피아 증권 거래소(PHLX: Philadelphia Stock Exchange)가 통화 옵션거래를 시작하였다. 2008년 PHLX는 NASDAQ OMX 그룹과 합병되었다. 현재 PHLX는 계약 세부사항을 보여주는 〈도표 7.5〉에서 알 수 있듯이 7개의 통화에 대해 세계통화옵션(World Currency Option)을 거래하고 있다. PHLX 통화옵션계약은 미 달러화로 현금으로 결제되는 계약이다. 계약은 3월, 6월, 9월, 그리고 12월 만기의 주기와 2개의 근월물을 더해 총 6개의 만기물 거래가 항상 이루어진다. 이러한 옵션들은 유러피언형으로 결제월의 최종 거래일인 세 번째 금요일의 다음 날인 토요일(만기일)에 현금으로 결제된다. 거래 시간은 미국 동부시간 기준으로 오전 9시 30분부터 오후 4시까지이다.

장외 통화옵션 거래량이 조직화된 거래소의 통화옵션 거래량보다 훨씬 많다. BIS에 따르면 2019년 평균 장외 거래량은 하루에 약 2,940억 달러이었던 반면에 거래소 통화 옵션의 거래량은 소량에 그쳤다. 장내 파생상품으로서, PHLX 옵션은 통화 선물처럼 도드-프랭크 법 하에서 "스왑"으로 간주되어 규제로부터 면제되는 반면, 장외 통화옵션은 면제되지 않는다.

통화선물옵션

CME Group은 그들이 제공하는 통화선물 계약들의 대부분을 기초자산으로 한 아메리칸 통화선물옵션을 거래한다(<도표 7.2> 참조). 이들 옵션의 기초자산은 통화현물 대신에 통화선물 계약이다. 하나의 통화선물 계약이 하나의 통화선물옵션 계약의 기초자산이 된다.

대부분의 CME 통화선물옵션은 기초 통화선물계약의 만기월 주기인 3월, 6월, 9월, 12월 주기의 만기를 갖는 옵션과, 3개의 비주기의 만기를 갖는 옵션들이 거래되고 있다. 예를 들어, 현재가 1월이라면 3월 만기의 선물을 기초자산으로 하여 1월, 2월, 3월에 만기가 되는 선물옵션이 거래되고, 6월 만기의 선물을 기초자산으로 하여 4월과 6월에 만기가 되는 선물옵션이 거래되고, 9월과 12월 만기의 선물을 기초자산으로 하여 각각에 상응하는 9월과 12월에 만기가 되는 선물옵션이 거래된다. 월별 옵션의 만기는 각 옵션계약의 만기월의 세 번째 수요일의 ~~어전~~ 2영업일 이전에 만기가 된다. 거래는 일요일부터 금요일까지 GLOBEX 시스템을 통해 시카고 표준시간으로 오후 5시부터 그 다음날 오후 4시에 걸쳐 이루어진다.

통화선물옵션은 현물통화옵션과 매우 비슷한 가격 움직임을 갖는다. 왜냐하면 선물가격은 선물계약이 만기일에 가까워질수록 현물환가격에 수렴하기 때문이다. 선물옵션이 행사되는 경우, 콜옵션 매입자나 풋옵션 매도자는 선물 매입 포지션을 취하게 되고, 풋옵션 매입자나 콜옵션 매도자는 선물 매도 포지션을 취하게 된다. 선물 포지션은 선물 만기일 이전에 반대매매를 행하지 않으면 기초통화의 인수도가 이루어져야 한다.

만기시 기본적 옵션가격결정 관계

동일한 행사가격을 가진 유러피언 옵션과 (만기 전에 행사가 이뤄지지 않은) 아메리칸 옵션은 동일한 만기가치를 갖는다. 콜옵션의 경우 만기 시점 T에서 외화 한 단위당 만기 가치는 다음과 같이 나타낼 수 있다.

$$C_{aT} = C_{eT} = Max[S_T - E, 0], \tag{7.2}$$

여기서 C_{aT}는 아메리칸 콜옵션의 만기 가치를 나타내고, C_{eT}는 유러피언 콜옵션의 만기 가치를 나타낸다. E는 외화 한 단위에 대한 행사가격이고, S_T는 만기에서의 현물가격을 나타내며, Max는 괄호 내의 값 중 최대치를 의미하는 함수이다. 만기에 $S_T > E$ $(E > S_T)$ 를 갖는 콜(풋)옵션은 **내가격**(in-the-money)으로 만료되었다고 하며, 그 경우 옵션은 행사될 것이다. 만약 만기에 $S_T = E$라면 옵션은 **등가격**(at-the-money)으로 만료되었다고 한다. 만일 만기에 $S_T < E$ $(E < S_T)$ 라면 콜(풋)옵션은 만기에 **외가격**(out-of-the-money)으로 만료되었다고 하며 그 경우 옵션은 행사되지 않을 것이다.

유사하게, 만기에 유러피언 풋옵션과 아메리칸 풋옵션은 동일한 가치를 갖는다. 대수적으로 만기가치는 아래와 같이 나타낼 수 있다.

$$P_{aT} = P_{eT} = MAX[E - S_T, 0] \tag{7.3}$$

P_T는 풋옵션의 만기가치를 나타낸다.

예제 7.3 **유러피언 콜옵션의 만기 가치**

식 (7.2)의 예시를 위해 〈도표 7.6〉의 PHLX 112 Sep EUR의 유러피언 콜옵션을 고려해보자. 이 옵션은 현재 EUR당 프리미엄(C_e)이 3.78센트이다. 행사가격은 EUR당 112센트이고, 2019년 9월 20일이 만기일이다. 만기일의 현물환율이 \$1.1625/EUR이라고 가정하면 콜옵션의 가치는 EUR10,000의 계약에 대해 EUR당 116.25－112＝4.25센트의 행사가치를 가지므로 계약 당 \$425의 행사가치를 갖는다. 즉, 콜옵션의 보유자는 현물시장에서 \$11,625(＝EUR10,000 × \$1.1625)의 가치를 갖는 EUR10,000을 \$11,200(＝EUR10,000 × \$1.12)에 매입할 수 있다. 반면에 만기의 현물환율이 1.1007/EUR이라면, 콜옵션의 행사가치는 음수가 되며, 유로당 110.07－112＝－1.93센트의 가치를 갖는다. 콜옵션 매입자는 이익을 볼 수 없는 불리한 경우 옵션을 행사해야 할 의무가 없다. 매입자는 옵션이 가치가 없어 옵션을 행사하지 않고 0의 가치를 가지도록 만료시키면 된다. 그렇게 되면, 그의 손실은 EUR당 지불했던 프리미엄 3.78센트, EUR 10,000의 계약에 대해서는 \$378[＝EUR10,000 × \$0.0378]이 되어, 손실이 옵션비용으로 한정된다.

〈도표 7.7A〉는 매입자의 입장에서, 〈도표 7.7B〉는 발행자의 입장에서 112 Sep EUR 콜옵션의 만기 성과를 보여주고 있다. 두 그래프는 상호 대칭이다(따라서 제로

섬게임이 된다). 콜 매입자는 옵션가격 이상의 손실을 보지 않으며, 이론적으로는 무한이익을 볼 가능성이 있다. 반면에 콜 발행자는 옵션가격 이상의 이익을 얻을 수 없으며, 이론적으로는 무한대의 손실을 볼 가능성이 있다. 콜 매입자와 발행자가 이익도 손해도 보지 않는 손익분기점은 만기 현물가격은 EUR당 $S_T = E + C_e = 112 + 3.78 = 115.78$센트가 된다.

〈도표 7.7〉로부터 콜옵션 매입포지션에 대한 투기 가능성을 확인할 수 있다. 투기거래자들은 S_T가 손익분기점을 넘어설 것으로 믿으면, 콜옵션 매입포지션을 취할 것이다. 이를 정확히 맞춘 투기거래자는 이익을 얻는다. 만약 투기거래자의 예측이 빗나간다면, 손실은 지급한 옵션가격에 한정된다. 반면에 투기거래자가 S_T가 손익분기점 이하로 내려간다고 믿는다면, 콜옵션 매도포지션을 취하면 이익을 취할 수 있을 것이며, 최대 이익은 콜옵션 매입자들로부터 미리 수취한 콜 가격만큼 얻게 된다. 만약 투기거래자의 예측이 틀려 S_T가 손익분기점을 훨씬 뛰어넘게 된다면, 큰 손실이 발생하게 된다.

도표 7.6

PHLX 통화옵션 가격 고시

NASDAQ OMX PHLX 옵션		콜	풋	
일본 엔				110.07
1,000,000 J.Yen-100ths of a cent per unit.				
109	6월	1.56	1.30	
110	6월	1.05	1.78	
111	6월	0.66	2.38	
112	6월	0.39	3.10	
109	9월	1.86	2.32	
110	9월	1.40	2.89	
111	9월	1.03	3.53	
112	9월	.074	4.24	
유로				113.14
10,000 Euro-cents per unit.				
111	6월	3.41	0.41	
111.5	6월	3.01	0.50	
112	6월	2.63	0.62	
112.5	6월	2.28	0.75	
113	6월	1.94	0.91	
111	9월	4.54	0.72	
112	9월	3.78	0.94	
113	9월	3.09	1.23	
114	9월	2.47	1.59	
115	9월	1.92	2.04	

자료: investing.com으로부터 가격 고시, www.investing.com, March 25, 2019.

도표 7.7A

PHLX 112 Sept EUR 콜옵션 매입자의 만기 손익

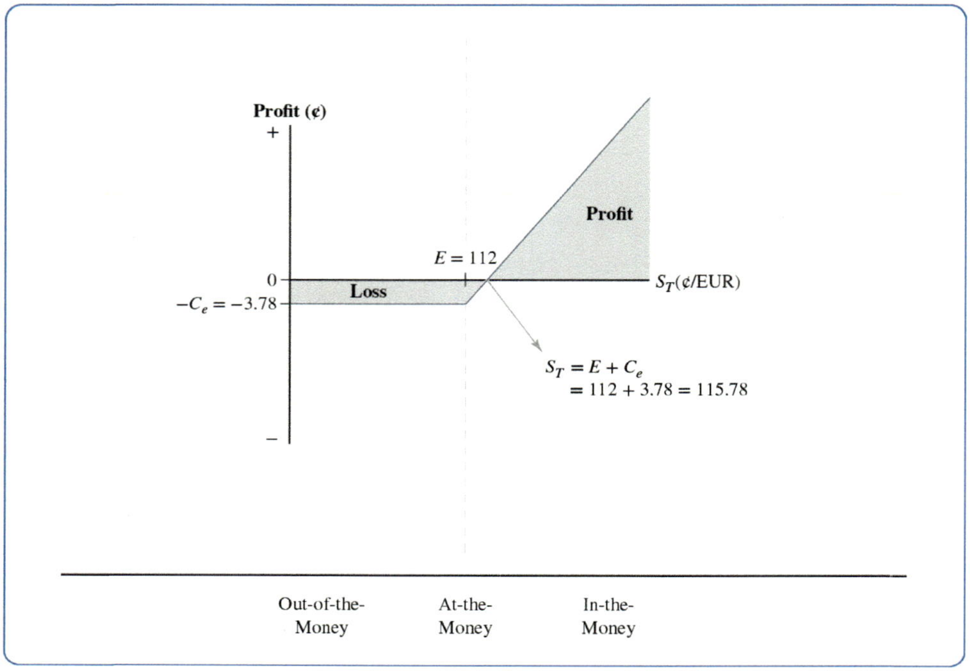

도표 7.7B

PHLX 112 Sept EUR 콜옵션 매도자의 만기 손익

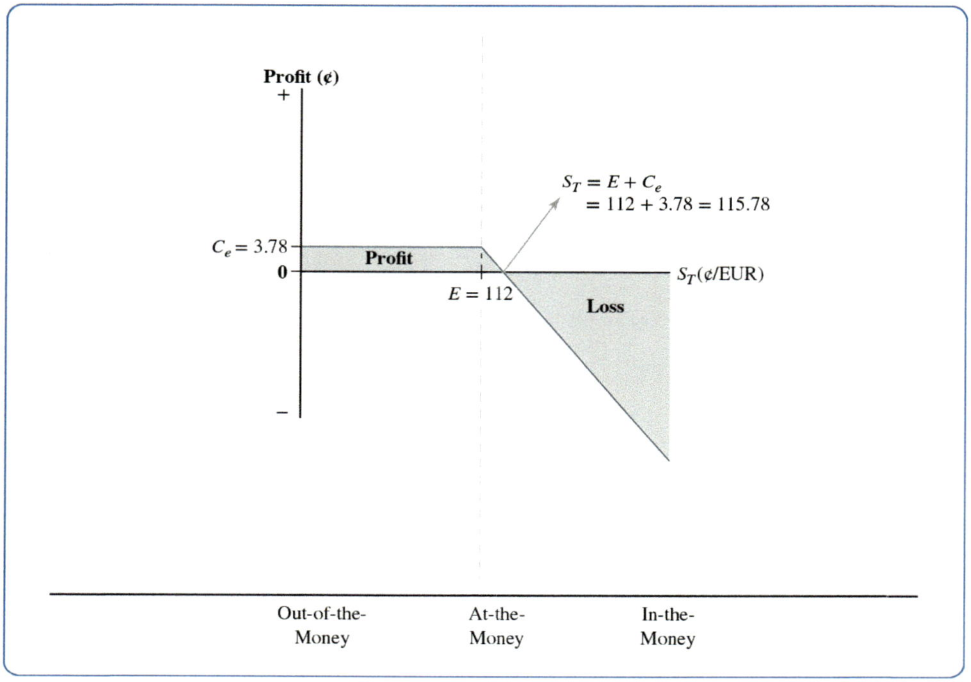

예 7.4 유러피언 풋옵션의 만기 가치

식 (7.3)의 예시를 위해 현재 프리미엄(P_e)이 EUR당 0.94센트인 112 Sep EUR 유러피언 풋옵션을 고려해 보자. 만기일의 현물환율(S_T)이 $1.1007/EUR이라고 가정하면 풋옵션 계약은 유로당 112－110.07＝1.93센트, 즉 EUR10,000 계약에 대해 $193의 행사가치를 갖는다. 즉, 풋옵션의 보유자는 현물시장에서 $11,007(＝EUR 10,000 × $1.1007)의 가치를 갖는 EUR10,000을 $11,200(＝EUR10,000 × $1.12)에 매도할 수 있다. 만약 S_T가 $1.1625/EUR라면 풋옵션의 행사가격은 EUR당 112－116.25＝－4.25센트가 된다. 풋옵션 매입자가 합리적이라면 풋옵션을 행사하지 않을 것이다; 다시 말해서, 매입자는 옵션이 가치가 없어 옵션을 행사하지 않고 0의 가치를 가지도록 만료시키면 된다. 그러면 그의 손실은 EUR당 지급했던 프리미엄 0.94센트, EUR10,000의 계약에 대해서는 $94[＝EUR10,000 × $0.094]이 되어, 손실이 옵션비용으로 한정된다.

〈도표 7.8A〉는 매입자의 입장에서, 〈도표 7.8B〉는 발행자의 입장에서 112 Sep EUR 풋옵션의 만기 성과를 도표로 보여주고 있다. 두 그래프는 상호 대칭이다(따라서 제로섬게임이 된다). 풋 매입자는 풋옵션 프리미엄 이상의 손실을 볼 수 없고, 풋옵션 발행자는 프리미엄 이상의 이익을 얻을 수 없다. 풋옵션 매입자의 최대 수익은 만기의 현물환율이 비현실적으로 $0/EUR이 된다면, EUR당 $E-P_e$＝112－0.94＝111.06센트가 된다. 또한, $S_T=E-P_e$＝111.06센트는 풋 매입자와 발행자 모두의 손익분기점이 되는 지점이다 : 즉, 그 누구도 이익도 손실도 보지 않는다.

〈도표 7.8〉로부터 풋옵션의 매입포지션에 대한 투기적 가능성을 확인할 수 있다. 투기거래자들은 S_T가 손익분기점을 이하로 떨어질 것으로 믿으면, 풋옵션에 대해 매입포지션을 취할 것이다. 이를 정확히 맞췄다면, 투기거래자는 이익을 올릴 수 있다. 하지만 투기거래자의 예측이 빗나간다면, 그의 손실은 이미 지급한 풋옵션 프리미엄에 한정될 것이다. 반대로, 투기거래자가 S_T가 손익분기점 이상으로 올라갈 것으로 믿는다면, 풋옵션의 매도포지션을 취한 투기거래자가 이익을 얻을 것이며, 최대 이익은 풋옵션 매입자들에게 수취한 풋 프리미엄만큼 얻게 된다. 만약 투기거래자의 예측이 틀려 S_T가 손익분기점보다 훨씬 작게 된다면, 큰 손실이 발생하게 된다.

도표 7.8A

PHLX 112 Sept EUR 풋옵션 매입자의 만기 손익

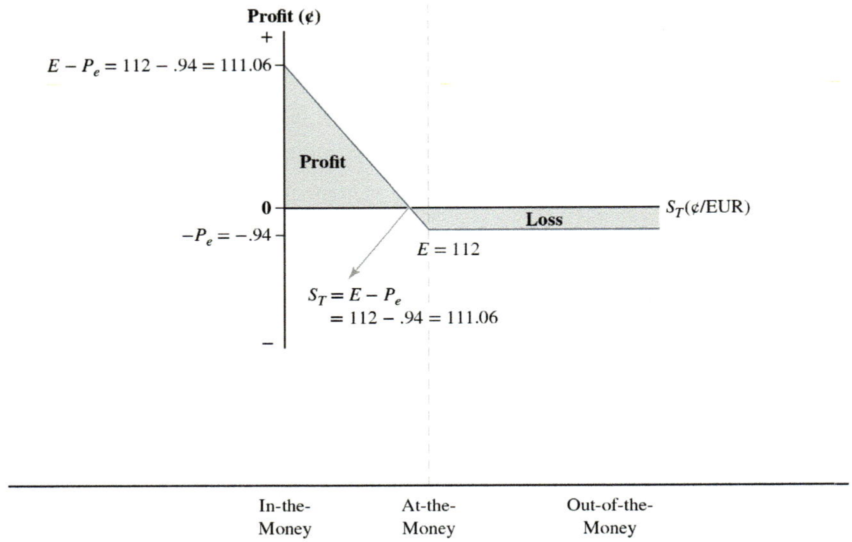

도표 7.8B

PHLX 112 Sept EUR 풋옵션 매도자의 만기 손익

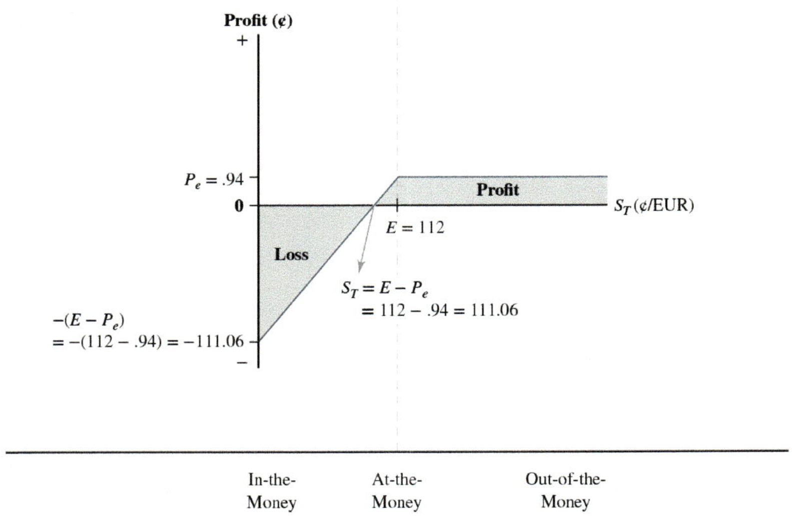

아메리칸 옵션가격결정 관계

아메리칸 콜옵션이나 풋옵션은 만기일 이전 언제라도 행사가 가능하다. 결과적으로 합리적인 시장에서 아메리칸 옵션은 만기일 이전의 t 시점에서 다음과 같은 가격결정 관계를 만족시킬 것이다.

$$C_a \geq Max[S_t - E, 0] \tag{7.4}$$

그리고

$$P_a \geq Max[E - S_t, 0] \tag{7.5}$$

말로 표현해 보자면, 이 식은 t 시점의 아메리칸 콜옵션과 풋옵션의 프리미엄은 콜 또는 풋옵션의 즉각적인 행사가치 또는 **내재가치**(intrinsic value)보다 크거나 같다는 것을 의미한다(하부첨자 t 는 간단히 표기하기 위해 콜과 풋 프리미엄으로부터 삭제한다). 만기가 오래 남은 아메리칸 옵션의 소유자는 만기가 얼마 남지 않은 옵션을 행사할 수 있는 어떤 시점에서도 옵션을 행사할 수 있고, 또한 만기가 짧은 옵션의 만기 이후에도 행사할 수도 있으므로, 다른 모든 것이 동일하다면 만기가 긴 아메리칸 옵션들 모두가 만기가 짧은 옵션보다 더 높은 시장가격을 가질 것이다.

만일 $S_t > E\,(E > S_t)$ 일 때 콜(풋)옵션은 내가격(in-the-money) 상태에서 거래되고 있다고 말한다. 만약 $S_t \cong E$ 일 경우에는 콜(풋)옵션은 등가격(at-the-money) 상태에서 거래되고 있다고 말한다. 만일 $S_t < E\,(E < S_t)$ 일 경우에는 콜(풋)옵션은 외가격(out-of-the-money) 상태에서 거래되고 있다고 말한다. 옵션 프리미엄과 옵션 내재가치의 차이는 항상 0보다 크며, 이를 **시간가치**(time value)라고 부른다. 예컨대 아메리칸 콜옵션의 시간가치는 $C_a - Max[S_t - E, 0]$ 이다. 시간가치가 존재한다는 것은 투자자가 현재의 행사가치보다 더 높은 가격에 옵션을 매입할 의사가 있다는 것을 의미하는 말인데, 그 이유는 시간이 흐르면 옵션이 보다 더 내가격 상태로 움직여 가치가 증가될 수 있기 때문이다. 〈도표 7.9〉에서 아메리칸 콜옵션의 내재가치와 시간가치를 나타낸다.

도표 7.9

아메리칸 콜옵션의 시장가치, 시간가치, 내재가치

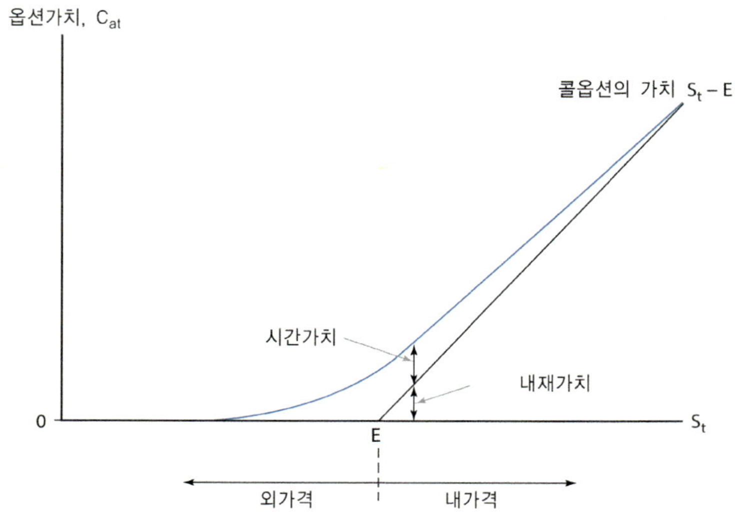

유러피언 옵션가격결정 관계

유러피안 풋과 콜옵션의 프리미엄의 가격결정의 경계는 보다 복잡한데, 그 이유는 단지 만기에만 행사가 가능하기 때문이다. 따라서 경계를 표시하는 데 있어 시간가치 요소가 있다. 〈도표 7.10〉은 유러피언 콜옵션 가격의 하방경계 관계를 도출하고 있다.

〈도표 7.10〉에서는 달러 투자자의 두 포트폴리오에 대한 비용과 손익을 비교하고 있다. 포트폴리오 A는 유러피언 콜옵션을 매입하고, 행사가격(=E)의 현재가치만큼을 투자기간에 상응하는 미국의 이자율($i_\$$)로 대출(투자)하는 것으로 구성된다. 이 투자의 비용은 $C_e + E/(1+i_\$)$ 이다. 만약 만기에 S_T가 E 보다 작거나 같게 된다면, 콜옵션은 음수의 행사가치를 갖게 되고, 투자자는 옵션을 행사하지 않고 만료시킬 것이다. 만약 만기에 S_T가 E 보다 크다면, 콜옵션 투자자는 콜옵션을 행사하여 이익을 얻을 것이다. 행사가치는 $S_T - E > 0$ 이다. 무위험 대출은 만기(=T)에 기초통화의 가격 S_T가 어떤 값을 갖든 E 라는 값을 갖는다.

도표 7-10

유러피언 콜옵션 가격의 하방경계

	현재 시점	만기 시점	
		$S_T \le E$	$S_T > E$
포트폴리오 A			
콜 매입	$-C_e$	0	$S_T - E$
미국에서 E의 현재가치 만큼 대출	$-E/(1+i_\$)$ $-C_e - E/(1+i_\$)$	E E	E S_T
포트폴리오 B			
통화 1단위의 현재가치 만큼 대출 i의 이자율(i_f)	$-S_t/(1+i_f)$	S_T	S_T

또한 달러 투자자들은 포트폴리오 B에 투자할 수 있다. 포트폴리오 B는 기초통화인 외화 f 한 단위의 현재가치를 투자 기간에 상응하는 외국의 이자율($=i_f$)로 대출해 주는 것이라고 하자. 달러 기준으로 투자비용은 $S_t/(1+i_f)$ 이다. 만기에 이 투자를 통해 한 단위의 외국 통화를 가지게 되며 이는 달러로 S_T의 가치가 된다.

〈도표 7.10〉에서 $S_T > E$ 일 경우, 포트폴리오 A와 B는 같은 성과(S_T)를 낸다. 하지만, 만약 $S_T \le E$ 가 된다면 포트폴리오 A의 성과가 포트폴리오 B의 성과보다 크다. 따라서 합리적인 시장에서는 포트폴리오 A가 적어도 포트폴리오 B보다는 더 높은 가격으로 팔릴 것이다. 즉, $C_e + E/(1+i_\$) \ge S_t/(1+i_f)$ 가 된다. 유러피언 콜옵션은 절대로 음의 가격으로 팔릴 수 없기 때문에, 아래의 식이 도출된다.

$$C_e \ \ge \ Max\left[\frac{S_t}{(1+r_i)} - \frac{E}{(1+r_\$)}, 0\right] \tag{7.6}$$

마찬가지로 유러피언 풋옵션 가격의 하방경계 관계를 아래와 같이 도출할 수 있다.

$$P_e \ \ge \ Max\left[\frac{E}{(1+i_\$)} - \frac{S_t}{(1+i_f)}, 0\right] \tag{7.7}$$

이 공식에 대한 증명은 독자들의 연습문제로 남겨 두었다(힌트: 포트폴리오 A는 풋옵션의 매입과 기초통화인 외화 f 한 단위의 현재가치를 투자 기간에 상응하는 외국의 이자율($=i_f$)로 대출하는 내용을 포함하고, 포트폴리오 B는 행사가격(=E)의 현재가치 만큼을 투자기간에 상응하는 미국의 이자율($i_\$$)로 대출(투자)하는 것으로 구성된다).

위 식들로부터 C_e와 P_e 모두 다음 5가지 변수만의 함수임을 주목하라. S_t, E, i_f, $i_\$$(그리고 식에는 나타나 있지 않으나 암묵적인) 만기까지 남은 기간(T−t). 식 (7.6)과 (7.7)로부터 여타 조건들이 일정할 때 아래와 같은 각각의 조건에서 콜옵션 프리미엄 C_e(풋옵션 프리미엄 P_e)이 증가함을 확인할 수 있다.

1. S_t가 클수록 (작을수록)
2. E가 작을수록 (클수록)
3. i_f가 작을수록 (클수록)
4. $i_\$$가 클수록 (작을수록)
5. i_f에 비해 $i_\$$가 클수록 (작을수록)

묵시적으로 $i_\$$와 i_f의 크기는 옵션의 만기까지 남은 기간이 길수록 더 커진다. $i_\$$와 i_f의 크기가 큰 차이가 나지 않는다면, 유러피언 통화 콜과 풋옵션의 가격은 해당 만기가 길어질수록 증가할 것이다. 그러나 $i_\$$가 i_f보다 훨씬 크다면, 옵션의 만기가 길어짐에 따라 유러피언 콜옵션의 프리미엄은 증가하게 되지만 풋옵션의 프리미엄은 감소할 것이다. i_f가 $i_\$$보다 훨씬 클 경우에는 반대의 상황이 적용된다.

이자율평가 이론(IRP)은 $F_T = S_t[(1+i_\$)/(1+i_f)]$식으로 나타나며, 또한 이로부터 $F_T/(1+i_\$) = S_t/(1+i_f)$을 이끌어 낼 수 있다. 그러므로 현물환에 대한 유러피언 콜과 풋옵션 가격에 대한 식 (7.6)과 (7.7)의 내용을 선물환율을 이용해 아래와 같이 달리 표현할 수 있다.[3)]

$$C_e \geq Max\left[\frac{(F_T - E)}{(1+i_\$)}, 0\right] \tag{7.8}$$

그리고

$$P_e \geq Max\left[\frac{(E - F_T)}{(1+i_\$)}, 0\right] \tag{7.9}$$

3) 아메리칸 옵션은 만기 이전 언제라도 행사가 가능하다. 만약 만기 이전에 행사하는 것이 유리하지 않다면, 옵션 보유자는 만기일에만 행사 가능한 유러피언 옵션을 보유한 것처럼 행동할 것이다. 식 (7.4), 식 (7.8)(콜옵션)과 식 (7.5), 식 (7.9)(풋옵션)으로부터 아래와 같은 아메리칸 콜과 풋옵션에 대한 더 엄격한 하방경계 관계가 도출된다.
$C_a \geq Max[S_t - E,\ (F-E)/(1+i_\$),\ 0]$, $P_a \geq Max[E - S_t,\ (E-F)/(1+i_\$),\ 0]$

예제 7.5 유러피언 옵션가격결정

식 (7.8)과 (7.9)가 실제로 112 Sep EUR 유러피언 콜과 풋옵션에 적용되는지 알아보자. 이 두 옵션은 2019년 9월 20일이 마지막 거래 일자이며, 옵션가격 고시일인 3월 25일로부터 그 날까지 남은 일수는 179일이다. 이 날의 6개월 만기 달러 이자율[4]은 2.673%였다. 그러므로 $(1+i_{\$})$는 [1+0.02673 (179/360)=1.0133이 된다. 우리는 F_T에 대해 2019년 3월 25일의 9월물 선물가격으로 $1.1487/EUR을 사용한다. 먼저 112 Sep EUR 콜옵션의 경우는 다음과 같다.

$$3.78 \geq Max[(114.87-112)/(1.0133),\ 0] = Max[2.83,\ 0] = 2.83$$

따라서 112 Sep EUR 유러피언 콜옵션 프리미엄의 하방경계 관계가 성립된다. 다음으로 112 Sep EUR 풋옵션의 경우는 다음과 같다.

$$0.94 \geq Max[(112-114.87)/(1.0133),\ 0] = Max[-.2.83,\ 0] = 0$$

따라서 112 Sep EUR 유러피언 풋옵션 프리미엄의 하방경계 관계가 또한 성립된다.

(심층학습) 이항옵션가격결정모형

지금까지 논의한 옵션가격 관계는 프리미엄에 대한 정확한 값을 표현하는 대신 콜옵션 프리미엄과 풋옵션 프리미엄의 하방경계에 초점을 두었다. 이항옵션가격결정모형(BOPM: Binomial Option Pricing Model)은 정확한 유러피언 콜과 풋 가격공식을 제공한다.[5]우리는 이항옵션모델의 가격결정 성격을 더욱 잘 이해하기 위해 단순한 단일기간 이항옵션가격결정모형의 경우만을 분석할 것이다. 이 경우, 이항모형은 옵션 기간 말에 기초 외환의 가격은 초기 가치로부터 한 단계 상승하거나 한 단계 하락한다고 가정한다.

4) 6개월 만기 달러 LIBOR 금리는 여기서 준거금리로 사용되었다. 2022년 이후로 LIBOR는 더 이상 미국에서 신규대출의 가격결정에 사용되지 않으며, 국채담보익일RP조달금리(SOFR)가 달러표시 증권의 벤치마크 금리로서LIBOR를 대체하고 있다. 이러한 이행은 2023년에 완성될 것으로 기대된다.

5) 이항옵션가격결정모형은 Sharpe(1978), Rendleman과 Bartter(1979), Cox, Ross와 Rubinstein(1979)에 의해 독립적으로 도출되었다.

〈도표 7.6〉에서 나온 PHLX 112 Sep EUR(유로화) 유러피언 콜옵션에 대한 가치를 산정하기 위해서 이항옵션가격결정모형을 사용하기로 하자. 도표에서 옵션프리미엄이 3.78센트로 고시된 것을 볼 수 있다. 미국식 표시법으로 EUR 현물가격은 S_0 =113.14센트이다. Investing.com 웹사이트 www.investing.com 자료를 기초로 옵션 변동성을 측정해 보면(현물환율 변화율의 연간 표준편차) σ =6.18퍼센트이다. 이 콜옵션은 179일 후인 2019년 9월 20일이 마지막 거래일이 되므로 T=179/365 =.4904년으로 계산된다. 단일기간 이항옵션은 계약기간의 만기에 유로는 $S_{uT} = S_0 \cdot u$ 로 상승하거나 $S_{dT} = S_0 \cdot d$ 로 하락한다고 가정한다. 이때 $u = e^{\sigma \cdot \sqrt{T}}$ 이고, $d = 1/u$이다. T 시점에서의 현물환율은 $u = e^{.09682\sqrt{.3260}}$ =1.0442이고, $d = 1/u$ =0.9576이므로 118.14=113.14(1.0442)이나 108.35 =113.14(0.9576)이 된다. 행사가격 E가 112이므로 유로가 절상되는 경우만 T 시점에만 옵션은 행사될 것이다; 이 경우 행사가치는 C_{uT}=6.14(=118.14−112)이다. 만약 유로가 절하된다면 옵션은 행사되지 않을 것이다. 이 경우 옵션의 가치는 $C_{dT} = 0$ 가 된다.

이항옵션가격결정모형은 단지 $u > 1 + i_\$ > d$ 일 때만 적용이 가능하다. 〈예제 7.5〉를 보면 $1 + i_\$$ =1.0133이다. 따라서 1.0442 > 1.0133 > 0.9576이 된다.

이항옵션가격결정모형은 기초자산의 가치 증가 및 감소에 대한 위험중립 확률에 의존한다. 유로의 절상에 대한 위험중립형 확률은 아래와 같이 계산된다.

$$q = (F_T - S_0 \cdot d)/\ S_0(u - d)$$

여기에서 F_T는 옵션의 만기와 동일한 기간에 대한 현재의 선물환(아니면 통화선물)가격을 나타낸다. 2019년 3월 25일의 9월물 유로 선물가격을 사용하면, F_T ($/$EUR$) = $1.1487이다. 따라서

$$q = (114.87 - 108.35)/(118.14 - 108.35) = 0.666$$

이로부터 유로화 가치 하락의 위험중립 확률은 $1 - q = 1 - 0.666 = 0.334$이다.

유러피언 콜옵션은 단지 만기(=T)에만 행사가 되기 때문에 이항 콜옵션프리미엄은 아래와 같이 결정된다.

$$C_0 = [qC_{uT} + (1 - q)C_{dT}]/(1 + r_\$)] \tag{7.10}$$

$$= [0.666(6.14) + 0.334(0)]/(1.0133)]$$

$$= 4.04\text{센트/EUR}$$

이러한 이항옵션가격결정의 도식과정은 〈도표 7.11〉에 제시되어 있다. 콜 이항옵션가격은 C_{uT} 가 양수라면 아래와 같이 위의 표현과는 다르게 제시될 수 있다.

$$C_0 = [F_T \cdot h - E((S_0 \cdot u/E)(h-1)+1)]/(1+i_\$)] \quad (7.11)$$

여기서 $h=(C_{uT} - C_{dT})/S_0(u-d)$이고, 이는 **헤지비율**(hedge ratio)이다. 이는 투자자가 T 시점에 기초자산 가치의 증가 및 감소에 상관없이 일정한 만기 성과를 얻을 수 있는 무위험 투자를 위해 발행(매입)해야 하는 옵션당 보유해야 할 기초자산의 매입(매도) 포지션 크기이다. 앞의 예에서는

$$h = (6.14-0)/(118.14-108.35) = 0.6272$$

그러므로 콜옵션 프리미엄은 다음과 같다.

$$C_0 = [114.87(0.6272) - 112((118.14/112)(0.6272-1)+1)]/(1.0133)$$
$$= 4.04 \text{센트/EUR}$$

식 (7.11)이 식 (7.8)처럼 일반적 형식이기 때문에 식 (7.10)보다는 보다 더 직관적이다. 유사한 방법으로 풋옵션의 이항옵션가격결정모형을 구할 수 있다. 그러나 위의 예제에서 콜옵션 이항가격모형을 통해 구한 가격은 실제 시장가격 3.78센트와 비

도표 7.11
이항옵션 가격결정의 도식과정

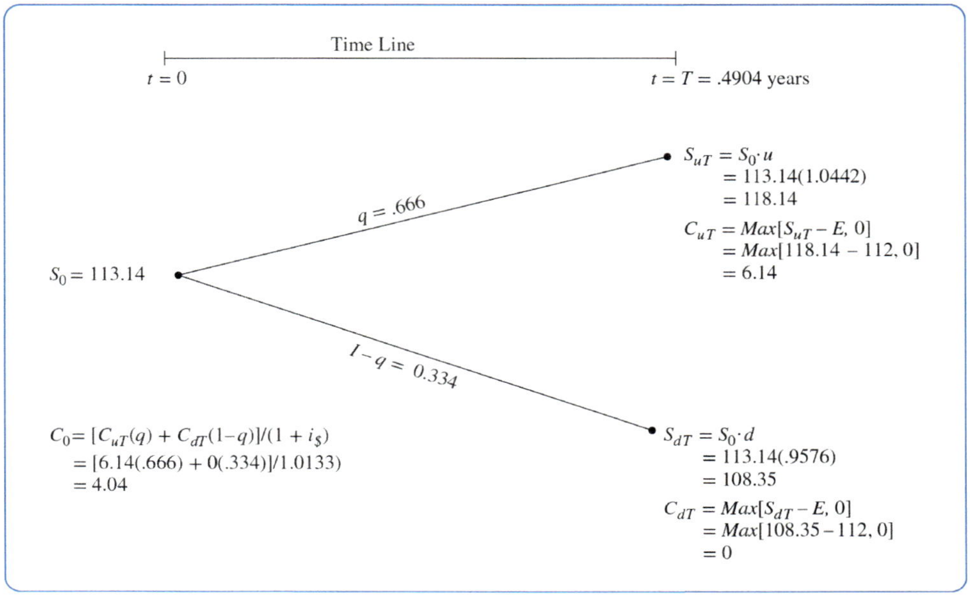

교해 보았을 때 큰 차이가 난다. 이는 단순한 모형을 사용한 결과 예상할 수 있는 차이이다. 다음은 좀 더 정교한 옵션가격결정모형을 다뤄보기로 하자.

(심층학습) 유러피언옵션 가격결정 공식

앞에서는 간단한 단일기간 이항옵션가격결정모형에 대해 검토하였다. 이번에는 단일기간 대신 주가가 옵션 기간 내 여러 하위 기간으로 세분화하고 곱셈형 이항과정을 따른다고 가정하자. 이 경우에 S_t와 C_t는 다른 값을 가질 수 있다, 하위 기간의 수가 무한대로 세분화될 때 이 절에서 제시하는 유럽피언 콜과 풋 가격결정공식을 얻어질 수 있다.

정확한 유러피언 콜 풋 가격결정공식은 다음과 같다.[6)]

$$C_e = S_0 e^{-r_i T} N(d_1) - E e^{-r_\$ T} N(d_2) \qquad (7.12)$$

$$P_e = E e^{-r_\$ T} N(-d_2) - S_0 e^{-r_i T} N(-d_1) \qquad (7.13)$$

이자율 r_i, $r_\$$은 앞에서 논의한 바와는 달리 연간 단위로 계산된 이자율이며 만기까지 변동하지 않고 일정하다고 보며, 만기까지 남은 기간(T)도 연간 단위로 제시된 것이다. 연속 복리 이자율을 적용한 IRP인 $F_T = S_0 e^{(r_\$ - r_i)T}$ 을 기초로 식 (7.12)와 식 (7.13)의 C_e, P_e를 다음과 같이 달리 표현할 수 있다.

$$C_e = [F_T N(d_1) - EN(d_2)]e^{-r_\$ T} \qquad (7.14)$$

$$P_e = [EN(-d_2) - F_T N(-d_1)]e^{-r_\$ T} \qquad (7.15)$$

이때

$$d_1 = \frac{\ln(F_T/E) + .5\sigma^2 T}{\sigma\sqrt{T}}$$

$$d_2 = d_1 - \sigma\sqrt{T}$$

6) 유러피언 옵션가격결정모형은 Biger과 Hull(1983), Garman과 Kohlhagen(1983)과 Grabbe(1983)에 의해 개발되었다. 이 모델의 발전은 Merton(1973)과 Black(1976)이 연구한 유러피언 옵션가격결정모형에 기원하고 있다.

$N(d)$는 표준정규밀도함수를 $-\infty$에서 d까지 누적한 면적을 뜻한다. σ는 연간 단위로 계산된 연속 환율 변화율 $\ln(S_{t+1}/S_t)$ 의 변동성이다. 식 (7.14)와 식 (7.15)에서 C_e와 P_e가 F_T, E, $i_\$$, T, σ 의 5개 변수만의 함수임을 알 수 있다. C_e와 P_e는 σ가 커질수록 증가하게 됨을 보일 수 있다.

$N(d)$는 Microsoft Excel의 NORMSDIST 함수를 이용하여 계산할 수 있다. 실제로 식 (7.14)와 식 (7.15)가 널리 사용되는데 특히 장외 옵션거래를 하는 국제은행들이 많이 활용한다. 〈도표 7.12〉는 〈예제 7.6〉에서 보여준 유러피언 옵션가격결정 모형을 이용한 112 Sep EUR 유러피언 콜(풋) 옵션에 대한 옵션가격을 계산하기 위해 교재의 스프레드시트 FXOPM.xls를 이용하여 산출한 결과를 보여준다.

예제 7.6 **유러피언 옵션가격결정 모형**

유러피언 옵션가격결정 모형을 이용하는 예로 PHLX 112 Sep EUR 유러피언 콜옵션을 고려해 보자. 이 옵션은 2019년 3월 25일에 유로 당 3.78센트의 프리미엄을 갖는다. 옵션의 마지막 거래일은 공시일로부터 179일 후인 2019년 9월 20일이다(T=179/365=.4904년). 우리는 추정치로서 $F_T(\$/EUR)$=\$1.1487, 2019년 3월 25일의 9월물 선물가격을 사용할 것이다. 이자율 은$i_\$$ 같은 날 6개월 만기 달러 LIBOR(연간 이자율) 2.673%로 추정한다. Investing.com에서 구한 자료를 기초로 측정된 변동성은 6.18%이다.

d_1와 d_2는

$$d_1 = \frac{\ln(114.87/112) + .5(.0618)^2(.4904)}{(.0618)\sqrt{.4904}} = 0.6063$$

$$d_2 = 0.6063 - (.0618)\sqrt{.4904} = .5630$$

결국 $N(.6063)=.7278$이고, $N(.5630)=.7133$이 된다.

이제 모형가격을 계산해 보도록 하자.

$$\begin{aligned} C_e &= [114.87(.7278) - 112(.7133)]e^{-(.02673)(.4904)} \\ &= [83.6024 - 79.8896](.9870) \\ &= 3.67\text{센트/EUR}(\text{실제 시장의 중간가격}=3.78\text{센트}) \end{aligned}$$

위를 통해 알 수 있듯이 모형은 EUR 콜옵션의 가치를 비교적 잘 산출한다.

도표 7.12
FXOPM.xls를 이용한 유러피언 통화옵션 가격결정모형 계산

	A	B	C	D	E	F	G
1							
2	Spot rate(D) =		113.14		Forward rate(D) =		114.87
3							
4	Spot rate(F) =		88.39		Forward rate(F) =		87.05
5							
6	U.S. interest rate =		2.6730		Foreign interest rate =		−.4400
7							
8	Exercise price =		112.00		Option volatility =		6.180%
9							
10	Days to expiration =		179		Years to expiration(T) =		0.4904
11							
12	d_1 =		0.6063		$N(d_1)$ =		0.7278
13							
14	d_2 =		0.5630		$N(d_2)$ =		0.7133
15							
16	Call option premium =		3.67		Put option premium =		0.84
17							

통화옵션 실증연구

Shastri와 Tandon(1985)는 PHLX 풋과 콜 자료를 이용하여, 이번 장에서 논의한 아메리칸옵션의 가격경계 관계들(식 7.4, 7.5, 7.6, 7.7, 7.8, 7.9)에 대해 실증분석을 하였다. 그들은 가격경계 관계들에 대한 많은 위반 사항들을 밝혀냈지만 대부분의 위반들은 비동시적 자료들 때문이라고 결론지었다. Bodurtha와 Courtadon(1986)은 아메리칸 풋옵션과 콜옵션에 대한 즉각적 행사와 관련된 가격경계 관계(식 7.4와 7.5)를 실증하였다. 그들도 또한 지난 일별 거래 자료를 사용하였을 때, 다양한 위반 사항들을 찾아냈다. 하지만 그들은 동시적 자료와 거래비용 정보를 포함했을 때, PHLX 아메리칸 통화 옵션의 가격은 효율적으로 결정되었다고 결론지었다. 그 이후 Hoque 등(2008)과 같은 검증들은 통화옵션 가격이 일반적으로 거래비용들을 포함할 때 풋-콜 패리티와 같은 조건들을 위반하지는 않는다고 확인했다.

Shastri와 Tandon(1986)도 또한 PHLX 아메리칸 풋과 콜 자료를 기초로 한 아메리칸 옵션가격결정모형을 실증하였다. 그들은 PHLX의 비회원이 그들이 검토한 헤지

전략으로부터 비정상적인 이익을 얻을 수 없다는 사실을 밝혀냈다. 이는 유러피언 옵션가격결정 모형이 아메리칸 통화옵션 가격결정에도 잘 적용된다는 것을 의미한다. Barone-Adesi와 Whaley(1987)도 유러피언 옵션가격결정모형이 등가격과 외가격의 아메리칸 통화옵션가격을 결정하는 데는 효과적이지만, 내가격 콜옵션과 풋옵션의 가격결정에는 적용하기 어렵다는 사실을 알아냈다. 내가격 옵션의 경우 그들의 근사적 아메리칸 옵션가격모형이 우월한 결과를 낳았다.

Poitras 등 (2009)은 동일한 행사가격과 만기까지의 기간을 가진 331개 쌍의 콜 및 풋 옵션들을 표본으로 사용하여 PHLX에서 거래되는 아메리칸통화옵션에 대한 조기 행사 프리미엄을 추정하기 위해 유러피언옵션 가격결정 모형을 사용했다. 조기 행사의 추정된 프리미엄은 풋옵션과 콜옵션에 대해 평균 각각 5.03%, 4.60%였다.

통화옵션 시장에서의 가격 발견을 분석하기 위해, Piccotti와 Schreiber (2015)는 이스라엘의 두 개의 병립 시장들로서 텔아비브증권거래소와 은행들의 장외시장에서 거래되는 이스라엘 쉐켈-미 달러 환율에 대한 옵션의 흥미있는 사례를 사용했다. 그들은 거래비용들과 거래자 유형(예를 들어, 정보 우위의 정교한 거래자)이 가격 발견에 큰 영향을 미친다는 것을 발견했다. Brenner 등(2001)도 통화옵션 가치에 미치는 비유동성의 효과를 분석하기 위해 이스라엘 외환시장의 독특한 양상들을 사용했다. 그들은 비유동적인 옵션들이 거래소에 거래되는 유사한 옵션들보다 (약 21%)낮게 가격이 결정됨을 보여주었다. 더욱이, Garman과 Kohlhagen (1983), Du (2013), Chen 등(2021)을 포함한, 벤치마크 옵션가격결정 모형들의 여러 수정판들이 여러 해에 걸쳐 통화옵션의 가치를 평가하기 위해 개발되었다.

요 약

이번 장은 통화 선물과 옵션에 대해 소개하였다. 이러한 상품들은 환율 변화에 대한 투기 및 헤지에 유용하다. 다음 장들에서는 어떻게 이러한 상품들이 헤지하는 데 사용되는지를 논의할 것이다.

01. 선물환, 선물, 그리고 옵션계약은 파생상품 또는 상태의존부청구증권이다. 그들의 가치는 이들의 기초자산의 가치에 의존하거나 도출된다.

02. 선물환과 선물계약은 비슷하면서도 다른 점이 존재한다. 두 계약 모두 미래에 특정 기초자산을 특정 가격에 정해진 일정량을 매입하거나 매도하기로 하는 계약이다. 그러나 선물계약은 거래소에서 거래되는 상품이고 맞춤화된 선물환계약과는 달리 표준화된 조건

들로 되어 있다. 두 가지의 주요 표준화된 조건은 계약규모와 만기이다.

03. 더구나 선물계약은 매일 새로운 정산가격을 통해 시가평가를 한다. 그러므로 전날의 선물 정산가격의 변화로부터 매일 발생하는 이익 또는 손실이 반영되어 선물 계좌를 가지고 있는 개인의 계약이행보증계정이 증가하거나 감소한다.

04. 선물시장은 투기거래자나 헤저가 효과적으로 활동하기를 요구한다. 헤저는 기초 자산의 가격변화 위험을 피하려 하고, 투기거래자들은 미래 가격변화의 방향을 예측함으로써 이익을 얻으려 한다.

05. CME Group과 NASDAQ OMX는 가장 큰 통화선물 거래소이다.

06. 선물환 가격결정에 사용되는 IRP 관계가 통화선물의 가격결정을 위해서도 사용된다.

07. 옵션은 일정 시간이 지난 후 정해진 가격으로 기초자산을 매입하거나 매도할 수 있는 의무가 아닌 권리이다. 콜옵션은 보유자에게 매입할 수 있는 권리를, 풋옵션은 보유자에게 매도할 수 있는 권리를 제공한다. 아메리칸 옵션은 계약기간 중 아무 때나 권리를 행사할 수 있지만, 유러피안 옵션은 만기일에만 행사가 가능하다.

08. 표준화된 특성을 가진 거래소 옵션은 두 개의 거래소에서 거래가 이루어진다. 현물환 옵션은 NASDAQ OMX PHLX에서 거래되고, 통화선물옵션은 CME에서 거래된다.

09. 풋옵션과 콜옵션 가격의 기본적인 경계 표시가 도출했으며, 실제 옵션가격 자료를 이용하여 검토해 보았다.

10. 풋옵션과 콜옵션에 대한 유러피언 옵션가격결정모형을 제시하고 실제 시장가격자료를 이용하여 설명하였다.

주요 용어

가격 수렴성	가격 발견	개시증거금
거래소 거래	계약규모	근월물
내가격	내재가치	등가격
만기일	매도	매입
미결제 약정계약 수	반대매매	발행자
상태의존부 청구증권	선물	수수료
시가평가	시간가치	아메리칸 옵션
옵션	외가격	유러피언 옵션

유지증거금 인도월 일일 가격제한폭
정산 정산가격 제로섬 게임
청산소 콜 투기거래자
파생상품 표준화 풋
프리미엄 행사가격 행사가격
헤저

연습문제

01. 선물환시장과 통화선물시장 간에 운영방법의 기본적 차이점들을 설명하라.

02. 파생상품시장을 효율적으로 운용하기 위해서 두 종류의 경제행위자 즉 헤저와 투기거래자가 필요하다. 이에 대해 설명하라.

03. 왜 대부분의 선물 포지션을 만기에 인도하지 않고 반대매매를 통해 마감하는가?

04. 가격발견을 위해 통화선물시장을 어떻게 이용할 수 있는가?

05. 옵션계약과 비교하여 선물 또는 선물환계약 매입자의 의무의 주요 차이점이 무엇인가?

06. 옵션이 내가격, 등가격, 외가격 상태에 있다는 용어들은 무엇을 의미하는가?

07. 통화 콜옵션 또는 풋옵션 가격 모델의 변수들을 설명하라. 콜과 풋 프리미엄이 설명한 변수들의 변화에 의해 어떻게 영향을 받는가?

계산문제

1. 오늘 CME의 EUR에 대한 선물계약의 정산 가격이 $1.3140/EUR이라고 가정하자. 당신은 한 단위의 계약에 대해 매도 포지션을 취하고 있다. 계약이행 보증계정에는 $1,700의 잔액이 남아 있다. 다음 3일 동안의 정산가격은 $1.3126, $1.3133, 그리고 $1.3049이다. 시가평가를 통해 계약이행보증계정의 일일 변화와 3일 후의 잔액을 계산하라.

2. 당신이 매입 포지션을 취했다고 가정하고, 문제 1번을 다시 풀어보라

3. <도표 7.3>에 있는 가격을 이용하여 2019년 9월물 스위스 프랑 선물 계약의 미결제약정수의 액면가치를 계산하라.

4. <도표 7.3>에 있는 가격을 이용하여, 2019년 6월물 멕시코 페소 선물계약의 가격은 페소당 $0.05143이다. 당신은 6월에 현물환율이 MXN당 $0.05795이 될 것이라고 믿는다.

그렇다면 당신의 믿음으로부터 이익을 얻기 위해 어떠한 투기적 포지션을 취해야 하는가? 3개의 계약을 맺는다고 가정하여, 예상되는 이익을 계산하라. 선물가격이 미래 현물가격의 불편 예측치로서 실제 그 값이 실현된다면, 이익(손실)의 크기는 어떻게 되겠는가?

5. 당신이 2019년 6월물 현물환 가격이 페소 당 $0.04491이 될 것이라 믿는다고 가정하고 문제 4번을 다시 풀어보라.

6. 당신은 $0.10/£의 프리미엄을 지급하고 $1.45/£의 행사가격을 가진 풋 옵션의 매입 포지션을 취했다고 가정하자. 만기일에 현물환율이 $1.60/£이 되었다. 당신은 이 옵션을 행사할 것인가? 풋 옵션은 만기시 내가격, 등가격, 아니면 외가격 상태인가? 만기일에 현물환율이 $1.40/£이 되었다면, 어떻게 될 것인가? 당신은 이 옵션을 행사할 것인가? 이 계약은 내가격, 등가격, 아니면 외가격 상태인가?

7. 당신은 유로에 대한 콜옵션을 행사가격 $1.10/€로 매입했다. 콜옵션 프리미엄은$0.08/€였다. 이 콜옵션은 만기시 현물환시장에서 유로가 $1.05/€로 거래되면 내가격 상태인가? 당신은 이 콜옵션을 행사할 것인가 아니면 만료되도록 내버려둘 것인가? 이에 대해 만기시 현물환율이 $1.20/€가 되면 당신은 이 옵션을 행사할 것인가?

8. 행사가격 $1.40/£이고 하나의 계약규모가 31,250£인 유러피언풋옵션이 현재 $0.15/£의 프리미엄으로 거래되고 있다.
   a. 당신이 이 계약을 매입하면, 만기시 현물환율이 얼마가 되어야 당신의 이익을 극대화할 것인가? 하나의 계약으로부터 최대 가능한 이익 금액은 얼마인가?
   b. 당신이 이 계약을 매입하면, 하나의 계약으로부터 최대 가능한 손실은 얼마인가?
   c. 당신이 이 계약을 매도하면, 하나의 계약으로부터 최대 가능한 이익은 얼마인가?
   d. 당신이 이 계약을 매도하면, 하나의 계약으로부터 최대 가능한 손실은 얼마인가? 만기시 현물환율이 얼마가 되어야 당신의 손실이 극대화할 것인가?
   e. 미래 현물환율이 얼마가 되면 이 계약의 매입자 및 매도자 모두 손익분기점이 될 것인가?

9. 호주 달러에 대한 콜옵션 계약이 행사가격 $0.75/AUD, 하나의 계약규모 AUD10,000으로 이용가능하다고 가정하자. 이 계약은 유러피언옵션이고 프리미엄은 $0.05/AUD이다.
   a. 당신이 이 계약의 매입포지셔을 취하면, 미래 만기시 현물환율이 얼마일 때 당신의 이익이 극대화될 것인가? 이 한 계약으로부터 최대 가능한 이익 금액은 얼마인가?
   b. 이 콜옵션의 매입자의 최대 가능한 손실은 얼마인가?

c. 콜옵션 발행자의 입장에서 이 계약으로부터 최대 가능한 이익은 얼마인가?

d. 콜 발행자의 최대 가능한 손실은 얼마인가?

e. 미래 현물환율이 얼마일 때, 콜 매입자와 매도자가 손익분기점이 되는가?

10. <도표 7.6>에 있는 시장자료를 이용하여 행사가격이 100엔당 110₵(센트)인 1개의 일본 엔화 유러피언콜옵션 계약의 매입포지션의 순 만기가치를 계산하라. 즉, 만기시 현물환율이 각각 101, 105, 110, 115, 119 ₵/엔일 때 순 만기가치를 계산하라.

11. <도표 7.6>에 있는 시장자료를 이용하여 행사가격이 100엔당 110₵(센트)인 1개의 일본 엔화 유러피언풋옵션 계약의 매입포지션의 순 만기가치를 계산하라. 즉, 만기시 현물환율이 각각 101, 105, 110, 115, 119 ₵/엔일 때 순 만기가치를 계산하라.

12. 일본 엔화의 현물환가격이 ₵92.04/100￥이라고 가정하자. 행사가격이 93인 아메리칸 콜(풋)옵션의 프리미엄은 2.10(2.20)₵이다. 콜옵션과 풋옵션의 내재가치와 시간가치를 계산하라.

13. 스위스 프랑의 현물환율은 $0.7000이고, 6개월물 선물환율은 $0.6950이라고 가정하자. 권리 행사가격이 $0.6800인 6개월물 아메리칸 콜옵션을 합리적인 시장에서 매도할 때 최소 가격은 얼마인가? 연율 기준 6개월 만기 유로달러 이자율은 3.5%라고 가정한다.

14. 문제 9번에서 아메리칸 콜옵션 대신에 풋옵션으로 가정하고 다시 풀어보라.

15. 본문에서 도출한 유러피언옵션가격결정모형을 사용하여 문제 13번의 콜 가치와 문제 14번의 풋 가치를 계산해 보아라. 스위스 프랑의 연간 변동성은 14.2%라고 가정하라. 이 문제는 FXOPM.xls 스프레드시트를 통해서 계산될 수 있다.

16. 이항옵션가격결정모형을 사용하여 문제 13번의 콜 가치를 계산하라. 스위스 프랑의 연간 변동성은 14.2%이다.

인터넷 연습문제

01. 통화 선물에 대한 정보는 CME 그룹 웹사이트 www.cme.group.com 에서 찾아볼 수 있다. 그 웹사이트에서 "연기된 고시(Delayed quotes)" 부분에 들어가서 현재 거래에서 어떤 통화선물계약의 가격이 상승하는지 혹은 하락하는지를 확인해라.

미니 케이스

옵션 투기거래자

Jane Lee와 Elijah Norton은 일리노이주 시카고에서 통화거래 사업을 하고 있다. 대학에서 함께 국제재무 과목을 수강한 두 사람은 그들이 통화거래에 대해 재능을 가지고 있는 것을 발견했다. 그들은 그들의 저축을 사용하여 거래를 시장했고, 그 과정에서 그들이 서로 다르지만 보완적인 견해를 가지고 있음을 깨닫고 힘을 합쳤다. 몇 년을 거래하고 인상적인 수익률을 올렸을 때, 그들은 투자자들을 그들의 사업에 끌어들일 수 있었고 직장을 그만두고 전업으로 거래를 하게 되었다.

그들의 사업의 관례상, 그들은 오늘 아침 제안된 거래들을 논의하고 있다. Jane은 일본 엔에 대한 3개월물 콜옵션을 매입할 것을 제안한다. 현재, 일본 엔은 100엔 당 95.28센트에 거래되고 있다. 시장은 90일 만기 선물환율이 100엔 당 95.71센트인 것에서 알 수 있듯이, 앞으로 3개월 동안 엔화 가치가 소폭 상승할 것으로 예상하고 있다. 그러나, Jane은 현재의 경제 상황을 분석하고 엔화 가치가 훨씬 더 상승하여 앞으로 3개월에 걸쳐 100엔 당 1달러에 달할 것으로 확신한다. 행사가격이 100엔 당 96센트인 일본 엔 콜옵션은 100엔 당 1.35센트의 프리미엄으로 거래되고 있다.

Jane은 500개의 콜옵션 계약을 67,500 달러에 매입할 것을 제안하고 Elijah에게 이 거래에서 약 200% 수익률을 얻을 수 있다고 얘기한다. 그러나 Elijah는 확신이 없고 엔화의 가치상승에 대해 Jane이 너무 낙관적일지도 모른다고 생각한다.

엔화가 Jane이 기대한 바대로 100엔 당 1달러로 상승하면, 이 거래로부터 Jane이 기대하는 이익과 수익률을 계산하라. Elijah가 맞아서 엔화가 선물환율까지만 상승하면 그들의 투자 이익 및 수익률은 얼마인가 보여주어라. 심지어 엔화가 상승을 하지 않으면 어떻게 될 것인가? 그런 경우 이 거래의 수익률은 얼마인가? 이 제안된 거래를 더 잘 이해하기 위해, Jane이 손익분기점이 되는 미래 현물환율을 결정하라.

참고문헌 및 추천도서

Barone-Adesi, Giovanni, and Robert Whaley. "Efficient Analytic Approximation of American Option Values." *Journal of Finance* 42 (1987), pp. 301 - 20.

Biger, Nahum, and John Hull. "The Valuation of Currency Options." *Financial Management* 12 (1983), pp. 24 - 28.

Black, Fischer. "The Pricing of Commodity Contracts." *Journal of Financial Economics* 3 (1976), pp. 167 - 79.

______and Myron Scholes. "The Pricing of Options and Corporate Liabilities." *Journal of Political Economy* 81 (1973), pp. 637 - 54.

Bodurtha, James, Jr., and George Courtadon. "Efficiency Tests of the Foreign Currency Options Market." *Journal of Finance* 41 (1986), pp. 151 - 62.

Brenner, Menachem, Rafi Eldor, and Shmuel Hauser. "The Price of Options Illiquidity." *Journal of Finance* 56 (2001), pp. 789 - 805.

Chen, Rongda, Hanxian Zhou, Lean Yu, Chenglu Jin, and Shuonan Zhang. "An Efficient Method for Pricing Foreign Currency Options." *Journal of International Financial Markets, Institutions & Money* 74 (2021), 101295.

Cox, John C., Jonathan E. Ingersoll, and Stephen A. Ross. "The Relation between Forward Prices and Futures Prices." *Journal of Financial Economics* 9 (1981), pp. 321 - 46.

Cox, John C., Stephen A. Ross, and Mark Rubinstein. "Option Pricing: A Simplified Approach." *Journal of Financial Economics* 7 (1979), pp. 229 - 63.

Du, Du. "General Equilibrium Pricing of Currency and Currency Options." *Journal of Financial Economics* 110 (2013), pp. 730 - 51.

Garman, Mark, and Steven Kohlhagen. "Foreign Currency Option Values." *Journal of International Money and Finance* 2 (1983), pp. 231 - 38.

Garman, Mark. B., and Steven W. Kohlhagen. "Foreign Currency Option Values." *Journal of International Money and Finance* 12 (1983), pp. 231 - 37.

Grabbe, J. Orlin. "The Pricing of Call and Put Options on Foreign Exchange." *Journal of International Money and Finance* 2 (1983), pp. 239 - 54.

______International Financial Markets, 3rd ed. Upper Saddle River, N.J.: Prentice Hall, 1996.

Hoque, Ariful, Felix Chan, and Meher Manzur. "Efficiency of the Foreign Currency Options Market." *Global Finance Journal* 19 (2008), pp. 157 - 70.

Merton, Robert. "Theory of Rational Option Pricing." *The Bell Journal of Economics and Management Science* 4 (1973), pp. 141 - 83.

Piccotti, Louis R., and Ben Z. Schreiber. "Information Shares of Two Parallel Currency Options Markets: Trading Costs Versus Transparency/Tradability." *Journal of Empirical Finance* 32 (2015), pp. 210 - 29.

Poitras, Geoffrey Poitras, Chris Veld, and Yuriy Zabolotnyuk. "European Put-Call Parity and the Early Exercise Premium for American Currency Options." *Multinational Finance Journal* 13 (2009), pp. 39 - 54.

Rendleman, Richard J., Jr., and Brit J. Bartter. "Two-State Option Pricing." *Journal of Finance* 34 (1979), pp. 1093 - 1110.

Sharpe, William F. "Chapter 14." *Investments*. Englewood Cliffs, N.J.: Prentice Hall, 1978.

Shastri, Kuldeep, and Kishore Tandon. "Arbitrage Tests of the Efficiency of the Foreign Currency Options Market." *Journal of International Money and Finance* 4 (1985), pp.

455 - 68.

______"Valuation of Foreign Currency Options: Some Empirical Tests." *Journal of Financial and Quantitative Analysis* 21 (1986), pp. 145 - 60.

INTERNATIONAL
FINANCE

PART 03

환노출과 관리

제3부는 거래적, 경제적 및 환산 환노출 관리를 각각 다루는 세 개의 장들로 구성되어 있다.

제8장〈거래적 환노출의 관리〉는 외화로 표시된 계약적인 의무들에서 발생하는 거래적 환노출의 관리를 다룬다. 이 노출을 헤지하기 위한 여러 방법들을 비교하고 대조를 해본다. 이 장은 또한 학계나 실무계에서 토의 대상이 되는 주제인, 다국적기업이 왜 헤지를 해야 하는지에 관한 논의를 포함한다.

제9장〈경제적 환노출의 관리〉는 경제적 환노출, 즉 기업의 가치가 환율의 기대되지 않은 변화에 의해 영향을 받는 정도를 다룬다. 이 장은 경제적 환노출을 측정하는 방법을 제시하고, 노출의 결정요인들을 논의하고, 경제적 환노출을 관리하고 헤지하는 방법들을 제시한다.

제10장〈환산 환노출의 관리〉는 환산 환노출 또는 때때로 회계적 환노출이라 불리는 것을 다룬다. 환산 환노출은 다국적기업의 연결재무제표에 환율 변화가 미치는 영향을 언급한다. 이 장은 외화로 표시된 재무제표를 환산하기 위한 여러 방법들을 논의하고, 비교하며 대조를 해본다. 그리고 자금 조정을 사용하여 환산 환노출을 관리하는 것에 대한 논의와, 대차대조표와 파생상품 헤지를 사용하는 데 있어 찬반 의견들을 살펴본다.

Chapter 08

거래적 환노출의 관리

CHAPTER OUTLINE

- 세 가지 유형의 노출
- 기업이 헤지를 해야 하는가?
- 외화표시 매출채권의 헤징
  - 선물환시장 헤지
  - 단기금융시장 헤지
  - 옵션시장 헤지
  - 헷징전략의 비교
- 외화표시 매입채무의 헤징
  - 선물환시장 헤지
  - 단기금융시장 헤지
  - 옵션시장 헤지
  - 헤징전략의 비교
- 소수(minor)통화의 환노출에 대한 교차헤징
- 우발적 노출의 헤징
- 스왑계약을 통한 반복적인 노출의 헤징
- 송장통화를 통한 헤징
- 리딩과 래깅을 통한 헤징
- 노출 상계
- 기업들은 어떠한 위험관리 상품을 사용하는가?
- 요약
- 주요 용어
- 연습문제
- 계산문제
- 인터넷 연습문제
- **미니 케이스:** 에어버스(Airbus)사의 달러 환노출
- **사례분석:** 리차드 메이의 옵션
- 참고문헌 및 추천도서

사업의 특성이 국제화됨에 따라 많은 기업들은 환율변동의 위험에 노출된다. 환율의 변화는 계약의 결제, 현금흐름 및 기업가치 평가에 영향을 미칠 수 있다. 이에 따라 재무관리자는 기업의 환노출(즉, "위험에 처해있는 것")을 인지하고 적절하게 이를 관리하는 것이 중요하다. 그럼으로써 경영자는 기업의 현금흐름을 안정시키고 기업가치를 제고할 수 있다.

세 가지 유형의 환노출

거래적 환노출의 관리 방법이라는 중요한 이슈에 들어가기 전에 우리는 간단하게 상이한 유형의 환노출에 대해 논의한다. 외환노출은 다음 세 가지 유형으로 구분하는 것이 일반적이다: 거래적 환노출, 경제적 환노출 및 환산 환노출.

거래적 환노출은 이 장에서 논의될 주제로서 기업의 외화표시로 된 계약상 현금흐름이 기대되지 않은 환율변화에 따라 "실현되는" 자국통화 표시 가치의 민감도라고 정의할 수 있다. 따라서, 거래적 환노출은 환율 변동으로 인해 기업이 외화로 빚지고 있는 금액이나 미래에 외화로 받을 것으로 예상되는 금액이 어떻게 변하는지에 대한 문제이며, 특히 수출입업자들을 포함한 다국적기업들이 직면하는 중대한 위험이다. 이러한 계약상 현금흐름의 결제가 기업의 자국통화 현금흐름에 영향을 미치기 때문에 거래적 환노출은 때로 단기적인 경제적 환노출로 간주된다. 거래적 환노출은 환율은 랜덤하게 변하는 세계에서 고정가격 계약으로부터 발생한다.

경제적 환노출은 9장에서 논의될 주제로서 기업가치가 기대되지 않은 환율변화에 의해 영향을 받을 정도라고 정의할 수 있다. 예상되는 어떠한 환율의 변화는 이미 기업가치에 할인되어 반영되어 있다. 나중에 논의되지만 환율의 변화는 세계시장에서 기업의 경쟁포지션, 따라서 기업의 현금흐름과 시장가치에 상당한 영향을 미칠 수 있다.

한편, 10장에서 논의될 환산 환노출은 기업의 연결재무제표가 환율 변동에 의해 영향을 받을 수 있는 가능성과 관련된다. 연결재무제표는 자회사의 재무제표를 현지 통화표시로부터 모국 통화 표시로의 환산을 포함한다. 미국의 다국적기업이 영국과 일본에 자회사들을 가지고 있다고 가정해 보자. 전세계적으로 재무제표들을 통합하기 위하여, 기업은 반드시 자회사의 재무제표를 현지 통화에서 모국 통화인 미 달러화로 환산해야 한다. 나중에 알 수 있듯이, 환산은 많은 논쟁적 이슈를 포함하고 있다. 그에 따른 환산 손익은 사후적으로 경제적 노출을 측정하고자 하는 회계 시스템의 시도를 나타낸다. 그것은 사전적인 경제적 환노출의 좋은 측정치를 제공해 주지는 못한다. 이 장의 나머지에서는, 경제적 환노출을 집중적으로 알아보도록 한다.

이전에 논의되었듯이 기업은 외화표시로 고정된 계약상의 현금흐름에 직면할 때 거래적 환노출을 가진다. 어느 미국 기업이 3개월 신용조건으로 독일의 고객에게 제품을 판매했고 1백만 유로의 송장을 가지고 있다고 가정하자. 미국 기업이 3개월후에 1백만 유로를 수취할 때 (헤지를 하지 않으면) 유로화를 사전에는 알 수 없는 만기일의 현물환율로 달러화로 바꾸어야 할 것이다. 그 결과, 이러한 해외 판매로부터의 달러화 수취액은 불확실하게 된다. 유로화가 달러화에 대해 가치가 상승(하락)하면, 달러화 수취액은 더 많을(적을) 것이다. 이러한 상황은 이 기업이 환노출에 대해 아무런 조치를 취하지 않으면 미래 환율 경로에 대해 투기를 하는 효과를 가져온다.

또 다른 거래적 환노출 예로서, 일본 기업이 스위스 은행과 1년 후에 1억 스위스 프랑의 원금과 이자를 상환해야 하는 대출계약을 체결한다고 가정하자. 엔/스위스 프랑 환율이 불확실한 정도로, 일본 기업은 1년 후에 1억 스위스 프랑을 매입하기 위해 엔화 금액이 얼마나 필요한지를 알지 못한다. 엔화가 스위스프랑화에 대해 가치가 상승(하락)하면, 스위스프랑화 표시 대출을 상환하기 위해 더 적은(많은) 금액의 엔화가 필요할 것이다.

이러한 예들은 기업이 외화표시 매출채권이나 매입채무를 보유하고 있을 때는 언제나 거래적 환노출을 가지게 되며 이들의 결제는 기업의 현금흐름 포지션에 영향을 미칠 수 있다. 더욱이 기업들이 이제 더 자주 외화표시의 상업적 및 재무적 계약을 맺는 사실에 비추어 볼 때, 적절한 거래적 환노출의 관리는 국제재무관리의 중요한 기능이 되었다.

경제적 환노출과 달리 거래적 환노출은 잘 정의된다. 거래적 환노출의 크기는 수취하거나 지급하게 될 외화 금액과 동일하다. 이에 따라 이 장의 초점은 여러 재무적 계약들과 운영적 기법들을 사용하여 거래적 환노출을 헤징하는 대안적인 방법들에 맞춰진다.

www.sec.gov/info/edgar.shtml
기업은 SEC에 파일을 등록하여 어떻게 그들이 환노출을 다루는지에 대해 보여준다.

- **재무적 계약들** : 선물환시장 헤지, 단기금융시장 헤지, 옵션시장 헤지, 스왑시장 헤지
- **운영적 기법들** : 결제통화의 선택, 리드/래그 전략, 환노출 상계

기업이 이러한 계약과 기법을 사용하여 환노출을 헤지하는 방법을 논의하기에 앞서, 우선 기업이 과연 헤지를 시도하는 것이 맞는지부터 논의해 보자.

기업이 헤지를 해야 하는가?

우리는 기업이 원하면 어떻게 환노출을 헤지할 수 있는지에 대해서 논의했다. 우리는 우선 기업이 헤지하는 것을 시도해야 하는지에 대해서는 논의하지 않았다. 일부는 기업 수준에서의 환노출 관리는 주주 자신이 노출을 관리할 때에는 중복적인 것이라고 주장할 것이다. 다른 사람들은 기업의 가치 평가에서 중요한 것은 단지 체계적 위험이라고 주장할 것이다. 기업의 위험관리는 단지 총위험만을 줄일 수 있을 것이다. 이러한 주장들은 기업의 노출관리가 기업가치를 반드시 증가시키지는 않는다는 것을 시사한다.

기업의 위험관리에 반대하는 위의 주장들은 "완전한" 자본시장에서는 유효할 지도 모르는 반면, 아래의 다양한 시장 불완전성들에 기초한 경우에는 찬성 주장들이 타당할 수도 있다.

1. **정보의 비대칭성** : 경영자들은 주주들보다 기업의 노출 포지션에 대해서 훨씬 더 잘 안다. 따라서 주주가 아니라 기업의 경영자가 환노출을 관리해야 한다.
2. **차별적인 거래비용** : 기업은 저비용 헤지를 획득할 수 있는 위치에 있다; 개인 주주들에 대한 거래비용은 상당할 수 있다. 또한 기업은 주주들이 이용할 수 없는 재송장 센터와 같은 헤지 수단을 가진다.
3. **채무불이행 비용** : 만약 채무불이행 비용이 상당하다면, 기업 헤징이 정당화될 것인데, 왜냐하면 채무불이행의 가능성이 줄어들기 때문이다. 줄어든 채무불이행 위험의 인식은 다시 더 높은 신용등급과 낮은 금융비용을 가져올 수 있다.

4. **누진적 법인세**: 누진적인 법인세율하에서 안정적인 세전이익은 동일한 평균을 가지지만 변동성이 높은 이익보다 낮은 법인세를 가져온다. 누진적 법인세하에서는 기업이 낮은 이익 기간에 절세하는 것보다 이익이 높은 기간에 더 많은 세금을 내기 때문에 이러한 일이 발생한다.

마지막 불완전성은 정교하게 살펴볼 만하다. 국가의 법인세 체계가 기업 이익의 처음 $1,000만에 20%의 세율을 적용하고, $1,000만을 초과하는 이익에는 40%를 적용한다고 가정하자. 기업들은 따라서 간단한 누진적인 세금구조에 직면했다. 지금 수출 기업은 달러 가치가 하락한다면 $1,500만 달러를 버는 것이 기대되고, 그러나 달러가 가치 상승한다면 단지 $500만 버는 것으로 기대한다고 고려하자. 달러가 가치 상승하거나 하락하는 것이 동일한 가능성을 갖는다고 가정하자. 이러한 경우에, 기업의 예상되는 세금은 $250만이다.

$$\text{예상 세금} = 1/2[(.20)(\$5,000,000)] + 1/2[(.20)(\$10,000,000) + (.40)(\$5,000,000)]$$
$$= \$2,500,000$$

이제 기업 A와는 달리 위험 노출을 공격적이고 성공적으로 헤지하고 이에 따라 기업 A의 기대 이익과 동일한 1천만 달러의 확실한 이익을 실현할 것으로 기대한다는 점을 제외하고는, 기업 A와 모든 면에서 동일한 기업인 또 다른 기업 B를 고려하자. 그러나 기업 B는 세금으로 단지 $200만을 지급할 것으로 기대한다. 분명히, 헤징의 결과로 $500,000의 세금을 절약했다. 〈도표 8.1〉은 이런 상황을 보여준다.

모든 기업들이 환노출을 헤징하지 않지만, 많은 기업들이 헤징 활동을 하는 것은, 기업의 위험관리는 기업가치 극대화와 관련이 있다는 것을 시사한다. 다양한 이유 때문에, 주주 자신들이 적절하게 환위험을 관리할 수 없는 한, 기업의 경영자들이 그들을 위해 환위험을 관리할 수 있으며, 기업가치에 기여한다. 그러나 일부 기업의 헤징 활동은 경영자의 목적에 의해서 동기부여될 수 있다. 경영자들은 그들의 인적 자본에 대한 위험을 감소시킬 목적으로 현금흐름을 안정화하기를 원할 수 있다.

Allayannis와 Weston(2001)의 연구는 헤징이 기업가치를 실제 증가시키는지의 중요한 이슈에 대한 직접적 증거를 제공한다. 구체적으로, 그들은 환노출을 가지고 있는 기업이, 선물환 그리고 옵션과 같은 외환 파생상품을 이용하여 기업가치를 증가시키는지를 조사했다. 저자들은 환위험을 가지고 그리고 헤징을 위해 외환 파생상품을 이용하는 미국 기업은, 평균적으로 외환 파생상품을 사용하지 않는 기업들보다

도표 8.1

환위험 노출 헤징의 절세

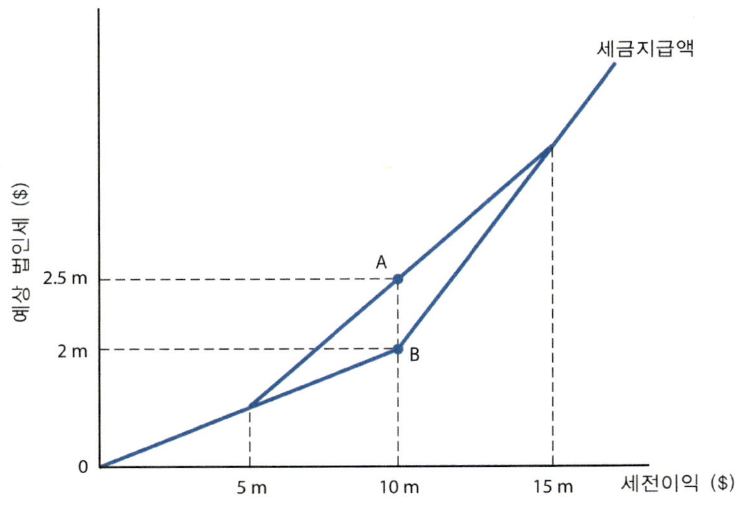

약 5% 더 높은 기업가치를 가지는 것을 발견했다. 직접적으로 해외직접투자를 수행하지 않지만 수출/수입 경쟁을 통해 환율 움직임에 노출될지도 모르는 기업들에 대해서는 헤징을 통한 작은 기업가치 프리미엄을 발견하였다. 추가적으로, 그들은 기업이 헤징을 그만두었을 때 지속적으로 헤징을 하는 기업과 비교하여 기업가치가 줄어드는 것을 발견하였다. Mackay와 Moeller(2007)는 제품가격에 대해 수익이 오목한 형태를 띠거나 요소가격에 대해 비용이 볼록할 경우 일반적으로 헤지가 기업가치의 2-3%를 증대시키는 것을 보였다. 이러한 연구들은 기업의 햇징이 기업 가치에 기여하는 것임을 분명히 보여주고 있다.

외화표시 매출채권의 헤징

거래적 환노출을 관리하는 방법에 대해 살펴볼 때 환노출을 가져오는 특정한 기업 상황을 소개하는 것이 유용하다. 보잉사가 영국항공에 보잉 747기를 수출하고 1년 후에 1천만 파운드의 매출채권이 발생했다고 가정하자. 단기금융시장 금리와 환율은 다음과 같다.

- 미국 이자율 : 연 6.10%
- 영국 이자율 : 연 9.00%
- 현물환율 : 1.50$/£
- 선물환율 : 1.46$/£ (1년 만기)

보잉사가 1년 후에 1,000만 유로를 받게 되면, 당시에 우세한 현물환율로 파운드를 달러로 환전할 것이다. 미래의 현물환율은 오늘 알 수 없기 때문에, 보잉사가 헤지하지 않는 한 이 해외매출로부터의 달러 수익은 불확실하다. 이제 이러한 거래적 환노출을 관리하기 위한 여러 기법들을 살펴보자.

선물환시장 헤지

아마도 거래적 환노출을 헤징하는 가장 직접적이고 흔한 방법은 선물환계약에 의한 것이다. 일반적으로 말해서 기업은 환위험 노출을 제거하기 위해 외화표시 매출채권(매입채무)을 매도(매입)할 수 있다. 위의 예에서 보잉사는 환노출을 헤지하기 위해 단순히 1천만 파운드의 매출채권을 1년 후에 달러화로 교환, 인도하기 위한 선물환을 매도할 수 있다. 계약의 만기일에 보잉사는 계약의 상대방인 은행에 대해 1천만 파운드를 인도하고 그 대가로 만기일의 현물환율에 상관없이 14.6백만 달러($1.46×1천만)의 달러화를 인도받을 것이다. 물론 보잉사는 선물환계약을 완료하기 위해 영국항공으로부터 수취할 1천만 파운드를 사용할 것이다. 보잉사의 파운드화 매출채권은 선물환계약에 의해 창출된 파운드화 매입채무를 정확히 상쇄하기 때문에 보잉사의 파운드화 순노출은 제로가 될 것이다.

보잉사는 선물환계약 상대방으로부터 14.6백만 달러의 수취가 확실하기 때문에 이러한 영국항공 매출로부터 달러 대금은 미래 환율변화에 의해 전혀 영향을 받지 않을 것이다. 이러한 점은 〈도표 8.2〉에서 예시할 수 있다. 보잉사가 일단 선물환계약을 체결하면 환율 불확실성은 보잉사에게 아무런 문제가 되지 않는다. 〈도표 8.2〉은 또한 환노출이 헤지되지 않을 때 미래 현물환율에 의해 영국항공 판매대금이 어떠한 영향을 받을 것임을 보여주고 있다. 그림은 미래 현물환율이 선물환율, 즉 1.46$/£보다 낮게 된다면 선물환 헤지로부터의 달러 대금이 헤지되지 않은 포지션으로부터의 대금보다 더 많을 것임을 보여주고 있다. 미래 현물환율이 선물환율보다 높아진다면 그 반대가 성립할 것이다. 후자의 경우 보잉사는 파운드화 강세로부터

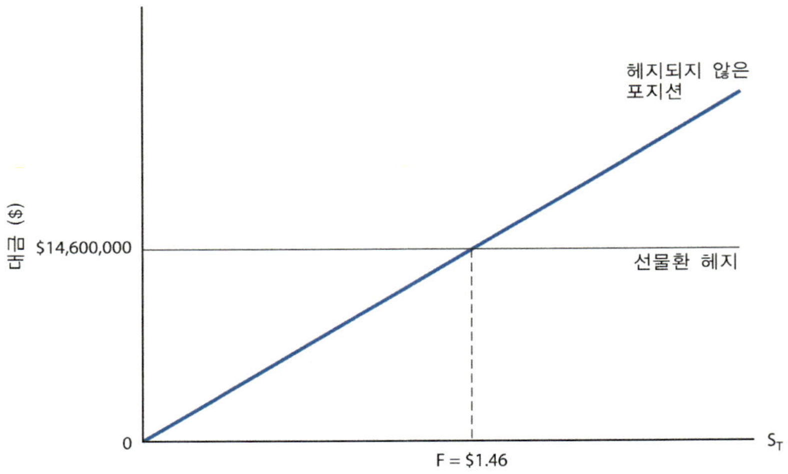

도표 8.2 영국 판매로부터의 달러 대금: 선물환 헤지 대 헤지되지 않은 포지션

효익을 얻을 기회를 포기한 것이다.

선물환의 만기일에 현물환율이 1.40$/£로서 선물환율 1.46$/£보다 낮게 된다고 가정하자. 이 경우에 보잉사는 선물환계약을 체결하지 않았더라면 14.6백만 달러 대신에 14백만 달러를 수취했을 것이다. 이에 따라 보잉사는 선물환 헤징으로부터 60만 달러의 이익을 얻었다고 할 수 있다. 말할 필요도 없이 보잉사가 항상 이렇게 이익을 얻지는 못할 것이다. 현물환율이 예컨대 1.50$/£이라면 보잉사는 헤지하지 않았다면 15백만 달러를 수취했을 것이다. 그러므로 선물환 헤징이 보잉사에게 40만 달러의 손실을 가져왔다고 사후적으로 이야기할 수 있다.

선물환 헤징으로부터의 손익은 〈도표 8.3〉와 〈도표 8.4〉에서 예시할 수 있다. 손익은 다음과 같이 계산된다.

$$\text{이익} = (F - S_T) \times £10\text{백만} \tag{8.1}$$

분명히 선물환율이 만기일의 현물환율보다 높다면, 즉 $F > S_T$이면, 이익은 양(+)의 값을 가지며, 그 반대의 경우에는 이익은 음(−)의 값으로 손실을 얻게 된다. 〈도표 8.4〉이 보여주듯이 보잉사는 이론적으로 파운드화가 가치가 없게 되면 14.6백만 달러까지의 이익을 볼 수 있다. 이런 경우는 물론 불가능하지만, 가능한 손실에도한계가 없다.

도표 8.3

선물환 헤지의 손익

만기일의 현물환율(S_T)	영국 판매로부터 수취액: 헤지되지 않은 포지션	영국 판매로부터 수취액: 선물환 헤지	헤지의 손익[b]
\$1.30	\$13,000,000	\$14,600,000	\$1,600,000
\$1.40	\$14,000,000	\$14,600,000	\$ 600,000
\$1.46[a]	\$14,600,000	\$14,600,000	0
\$1.50	\$15,000,000	\$14,600,000	−\$ 400,000
\$1.60	\$16,000,000	\$14,600,000	−\$1,400,000

[a] 선물환율(F)은 이 예에서 \$1.46/£이다.
[b] 손익은 만기일에 여러 다양한 현물환율로 선물환 헤지로부터의 수취대금에서 헤지되지 않은 포지션으로부터의 수취대금을 차감하여 계산된다.

도표 8.4

선물환 헤지로부터의 손익의 예시

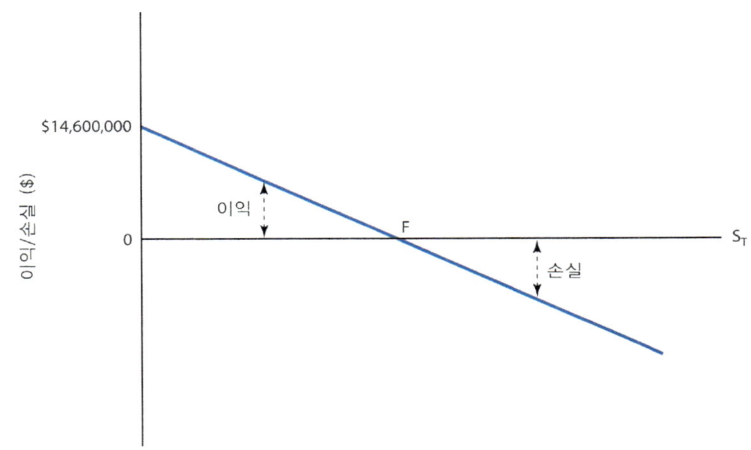

그러나 위의 분석의 성격이 사후적인 것이며, 미래 선물환율이 사전적으로 어떻게 될 것인지 확신할 수 없다는 점을 주목하는 것이 중요하다. 보잉사는 사전적으로 헤지를 할 것인지 안할 것인지 결정해야 한다. 결정을 돕기 위해 다음 세 가지 대안적 시나리오를 고려해야 한다.

1. $\overline{S_T} \fallingdotseq F$ 2. $\overline{S_T} < F$ 3. $\overline{S_T} > F$

여기서 $\overline{S_T}$는 만기일에 있어 기대되는 현물환율을 나타낸다.

첫 번째 시나리오에서 기업이 미래 기대하는 현물환율 $\overline{S_T}$가 선물환율과 거의 같다면, “기대되는” 손실은 대략 제로일 것이다. 그러나 선물환 헤징은 환노출을 제거한다. 달리 표현하면, 기업은 해외판매로부터의 기대되는 달러대금의 손실없이 환노출을 제거할 수 있다. 이러한 시나리오에서 기업은 위험의 회피를 원한다면 헤지를 하려고 한다. 이러한 시나리오는 선물환율이 미래 현물환율의 불편예측치일 때 유효하다는 것을 주목하라.[1)]

두 번째 시나리오에서 기업이 기대하는 미래 현물환율이 선물환율보다 낮을 때 기업은 선물환 헤징으로부터 양(+)의 이익을 기대한다. 기업은 환노출을 제거하는 동시에 달러 대금이 증가할 것으로 기대하기 때문에, 첫 번째 시나리오에서 보다 이 시나리오에서 더욱 헤지를 하고 싶어한다. 그러나 두 번째 시나리오는 선물환율에 반영된 미래 현물환율에 대한 시장의 합의된 예측치에 기업의 경영자가 동의하지 않고 있음을 시사한다.

한편 세 번째 시나리오에서는 기업이 기대하는 미래 현물환율이 선물환율보다 높은데, 기업은 해외판매로부터의 기대되는 달러 대금이 감소하는 대가를 치르고서만 선물환계약을 통해 환노출을 제거할 수 있다. 이에 따라 다른 조건이 동일하다면 기업은 이 시나리오에서 헤지를 덜하고 싶어한다. 그러나 더 낮게 기대되는 달러 대금에도 불구하고 결국 기업은 헤지를 하게 된다. 기업이 실제로 헤지를 하느냐 안 하느냐는 위험회피의 정도에 달려 있다. 기업이 더 위험회피적일수록 기업은 헤지할 가능성이 더 높다. 헤징 기업의 입장에서 기대되는 달러 대금의 감소는 환위험을 회피하기 위해 지불하는 “보험료” 로 묵시적으로 간주될 수 있다.

기업은 헤지하기 위해 선물환계약보다 통화선물 계약을 사용할 수 있다. 그러나 선물계약은 두 가지 이유로 헤지 목적으로 선물환계약만큼 적합하지 않다. 첫째, 기업의 특정한 필요에 대해 맞춤식으로 이루어진 선물환계약과는 달리 선물계약은 계약규모, 인도일 등의 측면에서 표준화된 상품이다. 그러므로 대부분의 경우 기업은 대략적으로만 헤지할 수 있다. 둘째, 일일결제 특성으로 인해 선물계약의 만기일 전에 발생하는 일시적인 현금흐름이 불확실한 이자율로 투자되어야 할 수 있다. 결과적으로 정확한 헤징은 어려울 것이다.

---

1) 제6장에서 언급되었듯이 선물환율은 외환시장이 정보적으로 효율적이고 위험프리미엄이 유의하지 않으면 미래 현물환율의 불편예측치이다. 실증적 증거는 위험프리미엄이 존재하더라도 일반적으로 매우 유의하지 않다는 것이다. 기업이 선물환율에 반영되지 않은 사적 정보를 가지고 있지 않으면 선물환율에 동의하지 않을 이유가 없을 것이다.

단기금융시장 헤지

거래적 환노출은 국내 및 외국 단기금융시장에서 대출과 차입을 통해서 또한 헤지될 수 있다. 일반적으로 기업은 외화 매출채권(매입채무)을 헤지하기 위해 외화로 차입(대출)할 수 있다. 그러므로 자산과 부채를 동일한 통화표시로 일치시킬 수 있다. 위에 제시된 동일한 예를 사용하면, 보잉사는 영국항공 판매로부터 발생하는 환노출을 다음과 같이 제거할 수 있다. 먼저 파운드화로 차입을 하고 이 차입대금을 달러화로 전환하고 다시 이를 달러 이자율로 투자할 수 있다. 대출의 만기일에 보잉사는 파운드화 대출을 상환하기 위해 파운드화 매출채권을 사용할 것이다. 보잉사가 이 대출의 만기 가치와 영국항공 판매로부터의 파운드화 매출채권을 정확히 일치하게 파운드 금액을 차입한다면, 보잉사의 파운드화 순노출은 제로로 감소되고 보잉사는 달러화 투자의 미래 만기 가치를 수취할 것이다.

단기금융시장 헤징의 첫 번째 중요한 단계는 차입할 파운드화 금액을 결정하는 것이다. 차입의 만기 가치는 파운드화 매출채권과 동일하기 때문에, 차입할 금액은 파운드화 매출채권의 할인된 현재가치로 계산될 수 있다. 즉, 1천만 파운드/(1.09)= 9,174,312파운드이다. 보잉사가 9,174,312파운드를 차입하면, 1년 후에 파운드화 매출채권에 상응하는 1천만 파운드를 상환해야 한다. 단기금융시장 헤징의 단계별 절차는 다음과 같이 예시할 수 있다.

1단계 : 영국에서 £9,174,312 차입

2단계 : 현재의 현물환율 $1.50/£에 £9,174,312를 $13,761,468로 교환

3단계 : 미국에서 $13,761,468를 투자

4단계 : 영국항공으로부터 £1천만을 수취하여 파운드화 대출을 상환하는 데 사용

5단계 : 달러화 투자의 만기 가치($14,600,918=$13,761,468×1.061)를 수취함. 이는 영국 판매로부터의 보증된 달러 대금임.

〈도표 8.5〉는 단기금융시장 헤징의 현금흐름 분석을 보여준다. 이 표는 현재시점의 순현금흐름이 제로이므로, 거래비용을 무시하면 **단기금융시장 헤지**(money market hedge)가 완전히 자체조달 가능함을 시사한다. 이 표는 또한 1천만 파운드의 매출채권이 1천만 파운드의 매입채무(차입에 의해 창출된)와 정확히 상쇄되고 만기일에는 $14,600,918의 순현금흐름이 남게 됨을 명확히 보여준다.[2)]

2) 기업이 파운드화 표시의 매입채무를 가지고 있는 경우, 단기금융시장 헤지는 달러화로 차입하여 파운드화

도표 8.5

단기금융시장 헤지의 현금흐름 분석

거래	현재 현금흐름	만기시 현금흐름
1. 파운드화 차입	£ 9,174,312	− £ 10,000,000
2. 파운드화로 달러화	$13,761,468	
현물환 매입	− £ 9,174,312	
3. 미국에 투자	−$13,761,468	$ 14,600,918
4. 파운드화 매출채권의 회수		£ 10,000,000
순현금흐름	0	$ 14,600,918

단기금융시장 헤지로부터의 달러화 투자의 만기 가치는 선물환 헤징으로부터의 달러 대금과 거의 일치하는 것으로 나타난다. 이러한 결과는 우연한 일이 아니다. 오히려 이는 이자율평가(interest rate parity: IRP) 조건이 우리의 예에서 거의 성립한다는 사실에 기인한다. IRP가 성립하지 않는다면 단기금융시장 헤징으로부터의 달러 대금은 선물환 헤징으로부터의 그것과 동일하지 않을 것이다. 결과적으로 하나의 헤징 방법은 다른 방법을 지배할 것이다. 그러나 경쟁적이고 효율적인 세계금융시장에서는 IRP로부터의 어떠한 이탈도 지속되지는 않을 것이다.

옵션시장 헤지

선물환시장과 단기금융시장 헤지의 하나의 가능한 단점은 이 방법들이 환노출을 완전히 제거한다는 것이다. 결과적으로, 기업은 유리한 환율변동으로부터의 이익을 얻을 기회를 포기해야 한다. 이 점을 명확히 하기 위해 선물환 계약의 만기일에 현물환율이 $1.60/£가 되었다고 가정하자. 이 경우에 선물환 헤징은 포기한 달러 수취액의 관점에서 기업에게 1.4백만 달러의 비용을 낳을 것이다(<도표 8.3> 참조). 보잉사가 사실상 선물환계약을 체결했다면, 그러한 결정을 후회할 것이다. 파운드화 매출채권으로 보잉사는 파운드화가 약세가 되는 경우에만 이상적으로 자신을 보호하기를 원할 것이다. 이에 대해 파운드화가 강세가 되면 이익을 얻을 기회를 유지하고자 할 것이다. 통화옵션은 환노출에 대해 유연한 "선택적인" 헤지를 제공한다. 일반적으로, 기업은 외화 매입채무(매출채권)을 헤지하기 위해 외화 콜(풋) 옵션을 매입할 수 있다. 7장에서 논의된 바와 같이, 통화 콜 옵션은 소지자에게 특정 환율로 특정량의 외화를 만기일 전 또는 만기일에 매입할 권리는 주지만, 의무는 주지 않는다. 반면에,

현물을 매입하고 파운드화 이자율로 투자하는 것이 필요하다.

통화 풋 옵션은 소지자에게 특정 환율로 다시 특정량의 외화를 만기일 전 또는 만기일에 매도할 권리는 주지만, 의무는 주지 않는다. 옵션 구매자가 지불해야 하는 콜 또는 풋 옵션의 가격을 프리미엄이라고 한다.

옵션 헤지가 어떻게 작동하는지 보여주기 위해, 장외시장에서 보잉사가 1년 만기의 행사가격 1.46달러인 1천만 파운드에 해당하는 풋옵션을 매입했다고 가정하자. 옵션프리미엄(가격)은 파운드당 0.02달러라고 가정하자. 따라서 보잉사는 이 옵션에 대해 200,000달러(=$0.02×1천만 파운드)를 지급했다. 이러한 거래는 보잉사에게 미래 현물환율에 관계없이 $1.46/£에 1천만 파운드까지를 매도할 수 있는 의무가 아닌 권리를 제공한다.

이제 현물환율이 만기일에 $1.30이 되었다고 가정하자. 보잉사는 $1.46에 파운드를 매도할 수 있는 권리를 가지고 있기 때문에, 파운드에 대한 풋옵션을 확실히 행사하여 1천만 파운드를 14.6백만 달러로 교환할 것이다. 옵션 헤징의 주요 이점은 기업이 만기일에 실현된 현물환율에 따라 옵션을 행사할지를 결정할 수 있다는 것이다. 보잉사는 옵션에 대해 200,000달러를 선불했다는 것을 기억하자. 화폐의 시간적 가치를 고려하면 이 선급비용은 만기일 현재 212,200달러(=$200,000×1.061)에 상응한다. 이는 옵션 헤지에서는 영국 판매로부터의 순달러대금이 $14,387,800임이 됨을 의미한다.

$$\$14,387,800 = \$14,600,000 - \$212,200$$

보잉사는 미래 현물환율이 $1.46의 행사환율 아래로 하락하면 언제나 파운드 풋옵션을 행사할 것이기 때문에 영국 판매로부터 "최소한" 14,387,800달러의 수취대금을 확보한다.

다음으로, 파운드화 가치가 달러화에 대해 상승하는 대안적 시나리오를 고려하자. 이 경우에 보잉사는 옵션을 행사할 유인이 없을 것이다. 오히려 옵션이 만료되게 내버려두고 현물환율에 1천만 파운드를 16백만 달러로 교환할 것이다. 옵션 비용으로 212,200달러를 차감한 순달러대금은 $15,787,800이 될 것이다. 이러한 시나리오들에 의해 제시된 바와 같이 옵션 헤지는 기업에게 상승 이익잠재력은 유지하는 한편, 하락 위험은 제한하게 한다. 그러나 기업은 옵션프리미엄으로써 이러한 유연성에 대한 대가를 지급해야 한다. 재무에서 공짜 점심은 거의 존재하지 않는다! 선물환 또는 단기금융시장 헤지는 어떠한 선급비용도 존재하지 않음을 주목하라.

〈도표 8.6〉는 다양한 미래 현물환율에 따른 옵션 헤징을 통한 영국 판매로부터의

도표 8.6

옵션 헤지로부터의 달러 대금

미래 현물환율(S_T)	행사결정	총달러대금	옵션비용	순 달러대금
\$1.30	행사	\$14,600,000	\$212,200	\$14,387,800
\$1.40	행사	\$14,600,000	\$212,200	\$14,387,800
\$1.46	중립	\$14,600,000	\$212,200	\$14,387,800
\$1.50	행사 안함	\$15,000,000	\$212,200	\$14,787,800
\$1.60	행사 안함	\$16,000,000	\$212,200	\$15,787,800

주: 행사 환율(E)은 이 예에서 \$1.460이다.

도표 8.7

영국 판매로부터의 달러 대금: 대안적 헤징전략들

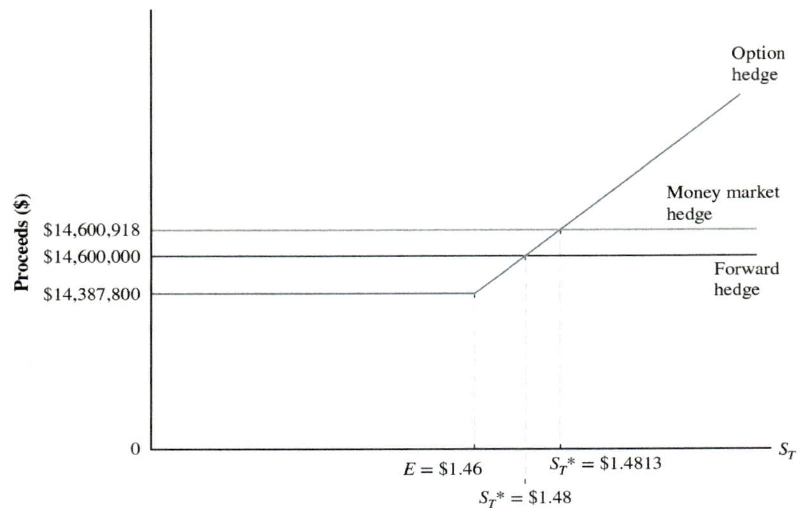

순달러대금을 보여준다. 〈도표 8.7〉에는 동일한 결과들이 예시되고 있다. 〈도표 8.7〉이 보여주듯이 옵션 헤지는 달러대금에 대한 "하한선(floor)"을 정한다. 미래 달러대금은 옵션 헤지하에서 \$14,387,800가 된다. 따라서 보잉사는 환위험에 대한 보험증권을 가지고 있다고 할 수 있다. 보잉사가 지급한 선급비용 200,000달러는 보험료라고 명시적으로 간주될 수 있다. 기업이 외화 표시로 매출채권이 아닌 매입채무를 가지고 있을 때, 외화 금액에 대한 콜옵션을 매입함으로써 외화 금액을 매입하는 데 필요한 미래 달러비용에 대한 "상한선(ceiling)"을 정한다고 할 수 있다. 다음 절에서 더 자세히 살펴볼 예정이다.

도표 8.8

보잉사의 헤징 전략 대안들의 요약

전 략	거 래	결 과
선물환시장 헤지	1. 지금 ￡10,000,000를 미 달러에 대해 매도한다. 2. 1년 후 영국 고객에게서 ￡10,000,000을 수취하여 선물환계약 상대방에게 인도한다.	1년 후 $14,600,000의 수취를 확보하고, 미래 현물환율은 무관하게 된다.
단기금융시장 헤지	1. 지금 ￡9,174,312를 차입하여 $13,761,468을 현물 매입한다. 2. 1년 후 ￡10,000,000를 영국 고객에게서 회수하여 이를 파운드 대출을 상환하는 데 사용한다.	지금 $13,761.468 또는 1년 후 $14,600,918의 수취를 확보하고, 미래 현물환율은 무관하게 된다.
옵션시장 헤지	1. $200,000의 선급비용에 ￡10,000,000에 대한 풋옵션을 매입한다. 2. 1년 후 그때의 현물환율을 관찰하고 옵션의 행사 여부를 결정한다.	적어도 $14,387,800 또는 미래 현물환율이 행사 환율을 초과하면 그 이상 대금을 수취할 것을 확신하고, 보잉사는 상방 잠재력을 유지하면서 하방 위험을 통제한다.

헤징 전략의 비교

〈도표 8.8〉에는 세 가지 대안적 헤징 전략이 요약되어 있으며, 〈도표 8.7〉은 이러한 전략들로부터의 달러 수익을 비교해준다. 〈도표 8.7〉에서 나타난 바와 같이, 단기금융시장 헤지를 활용한 영국항공 판매로부터 보장된 달러 수익($14,000,918)이 선물환 헤지를 통한 보장된 수익($14,600,000)보다 높기 때문에 단기금융시장 헤지가 선물환 헤지보다 우월하다고 할 수 있다. 보잉사는 수출업자로서 해외판매로부터의 달러 수익을 극대화하고자 할 것이다.

단기금융시장 헤지와 옵션시장 헤지를 비교해보면, 미래 현물환율이 $1.4813/£보다 높을 경우 옵션시장 헤지가 단기금융시장 헤지보다 우월하다. 이는 미래 현물 환율이 $1.4813/£보다 높을 때 옵션시장 헤지로부터의 달러 수익이 단기금융시장 헤지로부터의 달러 수익보다 클 것이기 때문이다. 반대로, 미래 현물환율이 $1.4813/£보다 낮을 경우 단기금융시장 헤지가 옵션시장 헤지 보다 우월할 것이다. 그리고 "손익분기점" 현물환율인 $1.4813/£에서 두 방법으로부터의 달러 수익이 같기 때문에 보잉사는 두 헤지 방법에 대해 무차별할 것이다.

헤지 방법을 선택하는 데 유용한 손익분기점 현물환율은 두 헤지 방법으로부터의 수익을 서로 같게 설정함으로써 결정될 수 있다. 옵션이 행사될 때의 옵션 프리미엄을 고려한 옵션시장 헤지로부터의 달러 수익이 식의 왼쪽에 나타나며, 단기금융시장 헤지로부터의 달러 수익은 아래와 같이 식의 오른쪽에 위치한다.

$$\$(10{,}000{,}000)S_T - \$212{,}200 = \$14{,}600{,}918$$

S_T에 대한 방정식을 풀음으로써 우리는 손익분기점 현물환율 $S_T{}^* = \$1.4813$을 얻는다. 손익분기점 분석은 기업이 기대하는 미래 현물환율이 손익분기점 환율보다 높으면(낮으면) 옵션(단기금융시장) 헤지가 선호될 수 있음을 나타낸다.

옵션 헤지와 선물환 헤지를 비교해보면, 옵션 헤지가 파운드당 \$1.48보다 미래 환율이 높을 때에는 선물환 헤지보다 우월한 반면, 그보다 낮을 때에는 반대로 선물환 헤지가 옵션 헤지보다 우월하다. 보잉사는 파운드당 \$1.48의 손익분기점 현물환율에서는 두 방법에 대해 무차별할 것이다.

손익분기점 현물환율은 다음과 같이 결정될 수 있다.

$$\$(10{,}000{,}000)S_T - \$212{,}200 = \$14{,}600{,}000$$

이 식으로부터 우리는 손익분기점 현물환율 $S_T{}^* = \$1.48$을 구할 수 있으며, 기업이 기대하는 미래 현물환율이 손익분기점 환율보다 높으면(낮으면) 옵션(선물환) 헤지가 선호될 것이다.

주어진 만기일에 대해 오직 하나의 선물환율을 갖는 선물환 계약과 달리, 옵션계약에서는 다양한 행사 환율(가격)이 있을 수 있다. 앞서 논의에서 \$1.46의 행사가격인 옵션을 예를 들었다. 보잉사가 파운드화 매출채권을 가진 것을 고려할 때 보잉사는 더 높은 행사가격의 풋옵션을 매입하는 것이 좋은 아이디어라고 생각하고 싶어 할 것이다. 그럼으로써 영국 판매로부터 최소 달러 수취대금을 증가시킬 수 있을 것이다. 그러나 보잉사는 이에 대해 더 높은 옵션프리미엄을 지급해야 한다는 것이 즉시 분명해진다.

역시 공짜 점심이 없다. 옵션 계약에 대한 행사가격의 선택은 기업이 환위험을 어느 정도 부담할 것인가에 궁극적으로 달려 있다. 예를 들어, 기업의 목표가 매우 불리한 환율변화(즉, 보잉사의 경우 파운드화의 상당한 가치 하락)를 회피하는 것뿐이라면, 낮은 행사가격을 지닌 외가격 풋옵션을 매입함으로써 옵션 비용을 절약하는 것을 고려할 만하다.

외화표시 매입채무의 헤징

지금까지 보잉사의 매출채권 예를 들어 외화표시 거래적 환노출을 헤지하는 방법을 논의했다. 이 절에서는 외화표시 "매입채무"를 헤지하는 방법을 논의하고자 한다. 보잉사가 1년 후 5백만 파운드에 달하는 롤스로이스(Rolls-Royce) 제트엔진을 수입한다고 가정하자. 시장상황은 다음과 같이 요약된다.

- 미국 이자율 : 6%(연율)
- 영국 이자율 : 6.5%(연율)
- 현물환율 : $1.80/£
- 선물환율 : $1.75/£(1년 만기)

환율 변동을 감안할 때, 보잉사는 이 구매로 인한 미래 달러 비용에 대해 우려하고 있다. 매입채무에 직면하여 보잉사는 이를 지불하는 데 드는 달러 비용을 최소화하려고 노력할 것이다. 외화표시 매입채무를 (1) 선물환계약 (2) 단기금융시장 상품, 그리고 (3) 통화옵션 계약을 사용하여 헤징하는 여러 대안적 방법들을 분석한다.

선물환시장 헤지

보잉사가 선물환계약을 이용하여 매입채무 환노출을 헤지하기로 결정한다면, 다음의 달러 금액에 대한 교환으로 5백만 파운드를 선물환 매입할 필요가 있다.

$$\$8,750,000 = (£5,000,000)(\$1.75/£)$$

선물환계약의 만기일에 보잉사는 £5,000,000을 계약 상대방으로부터 수취하고 교환으로 $8,750,000을 지급하면 될 것이다. 그리고 보잉사는 롤스로이스사에게 지급하기 위해 £5,000,000을 사용할 수 있다. 보잉사는 1년 후 현물환율에 상관없이 $8,750,000에 대한 교환으로 £5,000,000을 확실히 가질 것이기 때문에, 보잉사의 외화표시 매입채무는 완전히 헤지된다. 결과적으로, 롤스로이스로부터의 이 구매에 대한 포워드 헤지를 통한 보장된 달러 비용은 $8,750,000이다.

단기금융시장 헤지

기업이 파운드로 표시된 매입채무를 가지고 있는 경우, 단기금융시장 헤지는 달러를 빌리고, 현물환율로 파운드로 환전한 후 파운드 이자율로 투자할 것이다.

보잉사가 먼저 외화표시 매입채무의 현재가치를 계산해보면 £4,694,836=£5,000,000/1.065이고, 이를 즉시 영국 이자율 연율 6.5%에 투자하면, 1년 후에 £5,000,000을 확실히 가지게 된다. 그리고 보잉사는 이 투자의 만기 가치를 사용하여 파운드화 매입채무를 지급할 수 있다. 이러한 단기금융시장 헤징에서 보잉사는 투자에 필요한 현물파운드 금액을 매입하기 위해 오늘 다음의 달러금액을 지출해야 한다.

$$\$8,450,705 = (£4,694,836)(\$1.80/£)$$

필요한 파운드 금액을 매입하는 달러 비용의 미래가치는 다음과 같이 계산된다.

$$\$8,957,747 = (\$8,450,705)(1.06)$$

따라서, 단기금융시장 헤지를 사용한 해외구매의 보장된 달러 비용은 미래 현물환율에 관계없이 $8,957,747이다.

옵션시장 헤지

보잉사가 파운드 매입채무를 헤지하기 위해 통화옵션 계약을 사용하기로 결정한다면, 보잉사는 롤스로이스에 파운드를 지급해야하므로 £5,000,000에 대한 "콜(call)" 옵션을 매입이 필요하다. 보잉사는 또한 콜옵션에 대한 행사가격을 결정해야 할 것이다. 보잉사가 파운드당 $0.018의 프리미엄으로 $1.80/£를 행사가격으로 선택한다고 가정하자. (화폐의 시간적 가치를 고려하면) 만기일 현재 옵션의 총비용은 다음과 같이 계산된다.

$$\$95,400 = (\$0.018/£)(£5,000,000)(1.06)$$

영국 파운드화 가치가 달러화에 대해 옵션의 행사가격인 $1.80/£를 초과하면, 보잉사는 옵션 행사를 선택할 것이고 £5,000,000에 대해 $9,000,000(=£5,000,000×$1.80/£)를 지급할 것이다. 한편, 만기일의 현물환율이 행사가격보다 낮으면, 보잉사는 옵션을 만료시키고 현물환시장에서 파운드 금액을 매입할 것이다. 이에 따라 보잉사는 £5,000,000을 최대한 $9,095,400(=$9,000,000+$95,400) 또는 그 아래 비용으로 확보할 수 있을 것이다. 여기에서 외화 매입채무를 상환하는 데 드는 총 달러 비용을 계산하기 위해 옵션의 비용도 추가한다는 점을 유의해야 한다. 이전의 외화 매출채권 예제에서는 해외 판매로부터의 총 달러 수익을 계산하기 위해 옵션의 비용을 차감했다.

헤징 전략 비교

외화 매입채무에 대한 세 가지 대안적 헤지 전략은 〈도표 8.9〉에 요약되어 있다. 〈도표 8.10〉은 다양한 만기일 현물환율에서 세 가지 헤지 전략마다 £5,000,000를 확보하는 데 드는 달러 비용을 보여준다. 이 도표는 롤스로이스로부터 제트 엔진을 구매하는 데 단기금융시장 헤지를 사용할 때의 달러 비용이 선물환시장 헤지를 사용하여 £5,000,000를 확보하는 데 드는 달러 비용보다 크다는 것을 보여준다. 보잉사는 파운드 금액을 확보하기 위한 달러 비용을 최소화해야 할 것이기 때문에, 선물환 헤지가 단기금융시장 헤지보다 선호될 것이다.

이제 그럼 선물환 헤지와 옵션 헤지를 비교해보자. 〈도표 8.10〉으로부터 볼 수 있듯이, 옵션 헤지는 현물환율이 $1.731/£보다 낮아지면 옵션 헤지가 낮은 달러 비용을 수반하기 때문에 선호될 것이다. 이에 대해 현물환율이 $1.731/£보다 높아지면 선물환 헤지가 선호될 것이다. 손익분기점 현물환율, 즉 S_T*는 다음의 식으로 계산될 수 있다.

$$\$8,750,000=(5,000,000)S_T+\$95,400$$

이 식에서 선물환 헤지하에서 £5,000,000을 확보하는 달러 비용이 옵션 헤지하에서 비용과 동일하게 된다. S_T에 대해 위 식을 풀면 손익분기점 현물환율이 얻어진다.

소수(minor)통화의 환노출에 대한 교차헤징

기업이 영국 파운드, 유로, 일본 엔화와 같은 주요 통화표시로 매출채권이나 매입채무

도표 8.9

보잉사의 외화 매입채무에 대한 대안적 헤징 전략들의 요약

전 략	거 래	결 과
선물환시장 헤지	1. 지금 £5,000,000의 1년 만기 선물환을 미 달러에 대해 매입한다. 2. 1년 후 선물환계약 상대방에게 $8,750,000을 지급하고 £5,000,000를 수취하고, 롤스로이스에게 이 파운드금액을 인도한다.	1년 후 $8.750,000의 지급을 확보하고, 미래 현물환율은 무관하게 된다.
단기금융시장 헤지	1. 지금 $8,450,000를 차입하고, 이 달러로 £4,694,836을 매입한다. 이 파운드 금액을 영국 금리로 투자한다. 2. 1년 후 £5,000,000를 회수하여 롤스로이스에게 인도한다. $8,957,747의 달러 대출을 상환한다.	1녕 후 $8,957,747의 지급을 확보하고, 미래 현물환율은 무관하게 된다.
옵션시장 헤지	1. $90,000의 선급비용에 £5,000,000에 대한 콜옵션을 매입한다. 2. 1년 후 그 때의 현물환율을 관찰하고 옵션의 행사 여부를 결정한다.	기껏해야 $9,095,400 또는 미래 현물환율이 행사 환율을 밑돌면 그 이하의 대금을 지급할 것을 확보하고, 보잉사는 상방 잠재력을 유지하면서 하방 위험을 통제한다.

도표 8.10 파운드화 매입채무를 확보하는 달러 비용: 대안적 헤징 전략들

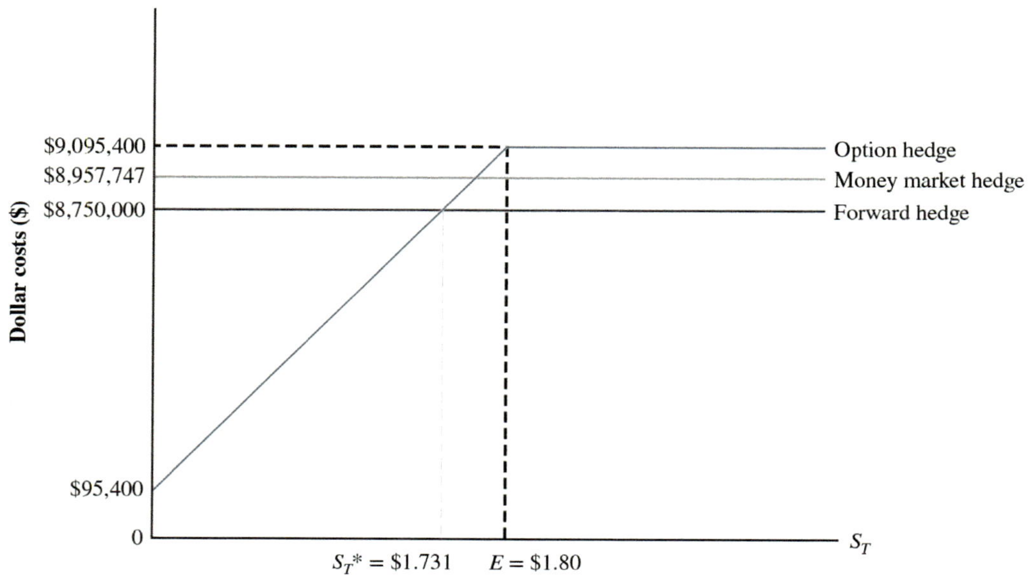

를 가지고 있으면, 환위험 노출을 관리하기 위해 선물환, 단기금융시장, 옵션계약들을 쉽게 이용할 수 있다. 이와 대조적으로 기업이 한국 원화, 태국 바트화, 체코 코루나화와 같은 유동성이 낮은 통화표시로 포지션을 보유하고 있으면, 이러한 통화들로 재무적 계약을 이용하는 것이 매우 비싸거나 불가능할 수 있다. 이는 개도국의 금융시장들이 상대적으로 발달되어 있지 않고 종종 규제가 심하기 때문이다. 이러한 상황에 직면하여 기업은 소수 통화의 환노출을 관리하기 위해 **교차헤징**(cross-hedging) 기법을 사용하는 것을 고려할 수 있다. 교차헤징은 어느 자산의 포지션을 또 다른 자산의 포지션을 취함으로써 헤징하는 것을 수반한다.

www.florin.com/v4/valore4.html
환위험 관리와 관련된 이슈들이 논의된다.

어느 미국 기업이 한국 원화로 매출채권을 가지고 있으며 이 원화 포지션을 헤지하고 싶어한다고 가정하자. 원화표시로 효율적인 선물환시장이 있다면 이 기업은 단순히 원화 매출채권을 선물환 매도할 것이다. 그러나 기업은 그렇게 하는 것이 불가능하다는 것을 알게 된다. 그러나 원달러 환율이 엔달러 환율과 매우 상관관계가 높기 때문에, 미국 기업은 원화 매출채권에 상응하는 엔화 금액을 달러화에 대해 선물환 매도할 수 있으며, 이에 따라 원화 환노출을 교차헤지하게 된다. 명확히, 교차헤지 기법의 유효성은 원/엔화의 상관관계의 안정성과 강도에 달려 있을 것이다. Aggarwal과 Demaskey(1997)의 연구는 일본엔화 파생상품이 인도네시아 루피아화, 한국 원화, 필리핀 페소화, 태국 바트화와 같은 소수 아시아통화들에 대한 환노출을 교차헤지하는 데 매우 효과적임을 보여주고 있다. 마찬가지로 유로화 파생상품은 체코 코루나화, 헝가리 포린트화, 루마니아 레우화 등 중부 및 동부유럽 통화들에 대한 환노출을 교차헤지하는 데 효과적일 수 있다.

Benet(1990)에 의한 또 다른 연구는 1차상품 선물 계약이 몇몇 소수 통화의 환노출을 관리하는 데 효과적으로 사용될 수 있음을 제시한다. 멕시코 페소화의 달러가격이 세계 원유가와 양(+)의 관계가 있다고 가정하자. 멕시코는 원유의 주요 수출국으로서 세계시장 점유율이 대략 5%를 차지한다. 이러한 상황을 고려하여 기업은 페소화 환노출을 관리하기 위해 원유선물 계약을 사용할 수 있다. 기업은 페소화표시 매출채권(매입채무)을 보유하고 있으면 원유선물을 매도(매입)할 수 있다. 동일하게, 대두(soybean)와 커피 선물 계약은 브라질 레알화 환노출을 교차헤지하기 위해 사용될 수 있다. 또한 이러한 교차헤징 기법의 유효성은 환율과 상품선물 가격간의 관계의 강도와 안정성에 달려 있을 것이다.

우발적 노출의 헤징

환노출에 대한 유연한 헤지를 제공하는 것에 덧붙여, 옵션 계약은 **우발적 노출**(contingent exposure)로 불리는 것에 대해서 효과적인 헤지를 제공할 수 있다. 우발적 노출은 기업이 환노출에 놓일지 아닐지 모르는 상황을 말한다. 제네랄 일렉트릭(GE)이 캐나다 퀘백주의 수력발전(hydroelectric) 프로젝트에 입찰에 참여하고 있다고 가정하자. 만약 3개월 후에 결과를 알게 되는 입찰이 성공하면, GE는 프로젝트에 착수하기 위해 1억 캐나다 달러를 수취할 예정이다. GE는 입찰이 성공하느냐에 따라서 환노출에 직면하거나 그렇지 않게 되기 때문에, 이 기업은 전형적인 우발적 노출 상황에 직면한다.[3)]

선물환계약과 같은 전통적인 헤징 수단을 사용하여 우발적 노출을 다루는 것은 어렵다. GE가 우발적 노출을 헤지하기 위해서 1억 캐나다 달러를 선물환 매도했다고 가정하자. 만약 GE의 입찰이 성공한다면, GE는 문제가 없을 것인데 왜냐하면 선물환 계약을 이행하기 위한 1억 캐나다 달러를 가질 것이기 때문이다. 그러나 만약 입찰이 실패한다면, GE는 캐나다 달러로 헤지되지 않은 매도 포지션에 직면하게 된다. 명백히 선물환 계약은 우발적 노출에 대해서 만족스러운 헤지를 제공하지 못한다. "아무것도 하지 않는" 정책도 만족스러운 결과를 보장하지 못한다. 이 정책이 가지는 문제는 만약 GE의 입찰이 성공하면, 이 기업은 캐나다 달러로 헤지되지 않은 매입 포지션을 가지게 된다는 것이다.

대안적인 접근법은 1억 캐나다 달러에 대한 3개월 만기 풋옵션을 매입하는 것이다. 이러한 경우에 4가지 가능한 결과가 있다.

1. 입찰이 성공하고 현물환율이 행사가격보다 낮게 형성된다. 이 경우에 기업은 간단히 풋옵션을 행사하고, 행사가격에 1억 캐나다 달러를 바꾸게 된다.
2. 입찰이 성공하고 현물환율이 행사가격보다 더 높게 형성된다. 이 경우에 기업은

3) 오늘날 수출업자가 수입업자에게 지급 통화를 선택하라고 하는 것이 일반적이다. 예를 들어, 보잉사는 영국항공에게 1천 5백만 달러 또는 1천만 파운드 중의 하나를 지급하는 것을 허용할 수 있다. 보잉사가 사전에 어느 통화를 수취하려고 하는지를 알지 못하는 한, 동사는 우발적 노출에 직면한다. 미래 현물환율이 주어지면 영국항공은 보다 싼 통화로 지급하려고 할 것이다. 이 예에서 보잉사는 영국항공에게 $1.50/£의 묵시적 행사가격에 파운드를 사용하여 1천 5백만 달러까지 매입할 수 있는 공짜 옵션(이는 달러화 대가로 파운드화를 매도하는 옵션과 동등함)을 제공했음에 주목할 만하다.

도표 8.11

우발적 환노출 관리: GE의 퀘벡 수력발전 프로젝트에 대한 입찰 사례

전략 대안	입찰 결과: 입찰 성공	입찰 결과: 입찰 실패
아무것도 하지 않는다	1억 캐나다 달러에 대한 헤지되지 않은 롱포지션	환노출 없음
캐나다 달러를 선물환 매도한다	환노출 없음	1억 캐나다 달러에 대한 헤지되지 않은 숏포지션
캐나다 달러에 대한 풋옵션을 매입한다[a]	미래 현물환율이 행사환율보다 낮게 되면 ($S_T < E$)	
	1억 캐나다 달러를 행사가격에 전환	옵션을 행사하고 이익을 취한다
	미래 현물환율이 행사환율보다 높게 되면 ($S_T > E$)	
	옵션을 만료되게 내버려 두고 1억 캐나다 달러를 현물환율에 전환	단순히 옵션을 만료되게 내버려 둔다

[a] 미래 현물환율이 행사가격과 동일하게 된다면, 즉 $S_T = E$ 라면, GE는 i) 옵션을 행사하는 것과, ii) 옵션을 만료되게 내버려두고 1억 캐나다 달러를 현물환율에 전환하는 것 사이에서 무차별할 것이다.

풋옵션을 만료되게 내버려 두고 현물환율로 1억 캐나다 달러를 바꾸게 된다.

3. 입찰이 실패하고 그리고 현물환율이 행사가격보다 낮게 형성된다. 이 경우에 비록 기업이 캐나다 달러를 가지지 못할지라도, 풋옵션을 행사할 것이고 이익을 얻을 것이다.
4. 입찰이 실패하고 현물환율은 행사가격보다 더 높게 형성된다. 이 경우에 기업은 단지 풋옵션이 만료되게 내버려 둘 것이다.

위의 시나리오는 풋옵션을 매입할 때 각각의 결과가 적절히 커버됨을 나타낸다. 기업은 헤지되지 않은 외환 포지션을 남기지 않을 것이다. 다시 말해, 기업이 옵션 프리미엄을 선불로 지급해야 함이 강조된다. 이러한 논의는 〈도표 8.11〉에서 요약된다.

스왑계약을 통한 반복적인 노출의 헤징

기업들은 종종 외국 통화 표시로 된 매입채무나 매출채권의 "연속적인(sequence)" 계정을 다루어야 한다. 외국 통화로 정기적으로 일어나는 현금흐름은 통화스왑 계약을 사용하여 헤지하는 것이 최선일 수 있는데, 통화스왑은 미래 연속된 날짜들에 미리 결정된 환율, 즉 스왑률로 한 통화를 다른 통화로 교환하기로 한 협약이다. 그러므로 스왑계약은 다른 만기를 가진 선물환계약들의 포트폴리오와 같다. 스왑은 금액과 만기에 대해서 매우 유연하다; 만기는 몇 개월에서 20년까지에 걸쳐 있다.

보잉사가 2024년에 시작하여, 5년 동안 매년 초에 British Airways에 항공기를 인도할 예정이라고 가정하자. 이에 대해 British Airways는 2024년부터 시작하여 5년 동안 매년 12월 1일에 보잉사에 1억 파운드를 지급할 예정이다. 이러한 경우에 보잉은 연속적인 환위험 노출에 직면한다. 이전에 언급한 바와 같이, 보잉은 5년 동안 매년 12월 1일에 계약 상대방에게 1천만 파운드를 인도하고 매년 미리 정해진 달러 금액의 인도를 받는 스왑 계약을 이용하여 이러한 유형의 노출을 헤지할 수 있다. 만약 협정된 스왑 환율이 $1.5/£라면, 미래 현물과 선물환율에 상관없이 보잉은 매년 1억 5천만 달러를 받게 될 것이고. 연속적인 5개 선물환 계약들은 동일한 환율, $1.5/£에 가격이 결정되지 않을 것이며, 선물환율은 다른 만기들에 대해 상이할 것이다. 추가적으로, 장기 선물환 계약은 쉽게 이용할 수 없다.

송장통화(invoice currency)를 통한 헤징

선물환, 단기금융시장 상품, 스왑, 그리고 옵션과 같은 재무적 헤징 상품은 잘 알려져 있고, 운영적인 기법인 송장통화의 선택을 통한 헤징은 많은 주목을 받지 못했다. 기업은 송장의 통화를 적절히 선택함으로써 환위험을 이전, 공유, 또는 분산할 수 있다. 예를 들어, 만약 보잉이 항공기 판매에 1억 파운드가 아닌 1억 5천만 달러로 송장을 작성하면, 보잉은 더 이상 환노출에 직면하지 않을 것이다. 그러나 환노출이 사라지지 않는다는 것을 주목하라. 환노출은 단지 영국 수입사인 British

Airways에 이동된다. British Airways는 이제 미 달러로 표시된 매입채무를 가지게 된다.

British Airways에 전적으로 환노출을 이동하는 대신에, 보잉은 예컨대 송장 금액의 절반을 미 달러로, 나머지 절반을 파운드로 표시함으로써, 즉7,500만 달러와 5,000만 파운드로 표시함으로써, British Airways와 환노출을 공유할 수 있다. 이러한 경우에, 보잉의 환노출의 크기는 절반으로 줄어들게 된다. 그러나 현실적인 문제로서 기업은 경쟁자들에게 매출을 잃을 수 있다는 두려움에 원하는 만큼 위험을 이동 또는 공유를 할 수 없을지도 모른다. 다만 상당한 시장지배력을 가진 수출업자는 이러한 접근법을 사용할 수 있다. 게다가 만약 수출업자와 수입업자의 양국 통화가 국제무역을 결제하는 데 적합하지 않으면, 양쪽 다 환노출을 다루기 위해 위험의 이동/공유를 이용할 수 없을 수도 있다.

기업은 송장통화로서 SDR과 같은 통화 바스킷 단위를 사용함으로써 어느 정도 환노출을 분산할 수 있다. 종종, 다국적기업과 국가 정부는 SDR 또는 유로화 도입에 앞서 SDR이나 ECU로 표시된 채권을 발행한 것으로 알려져 있다. 예를 들어, 이집트 정부는 SDR을 이용하여 수에즈 운하의 사용 비용을 받는다. 명백히, 이러한 통화 바스킷은 환노출을 줄이는 데 이용된다. 이전에 언급했듯이, SDR은 미 달러, 유로, 일본 엔, 그리고 영국 파운드의 4개 통화로 구성된다. SDR이 통화의 포트폴리오이기 때문에, 그 가치는 개별 구성요소 통화의 가치보다 상당히 더 안정적이다. 통화 바스킷 단위는 선물환 또는 옵션 계약이 쉽게 이용가능하지 않은 장기적 노출에 대해 특히 유용한 헤징 수단이 될 수 있다.

리딩(leading)과 래깅(lagging)을 통한 헤징

기업이 거래적 노출을 줄일 수 있는 또 다른 운영 기법으로 외국 통화의 수취나 지급을 빠르게 하거나 지연시키는 것이다. “리드(lead)”는 지급 또는 수금을 일찍 하는 것을 의미하고, 반대로 “래그(lag)”는 지급 또는 수금을 늦추는 것을 의미한다. 기업은 연화(soft currency)의 가치 하락으로부터의 손실을 피하고, 경화(hard currency)의 가치 상승으로부터 이익을 얻기 위해서 연화의 매출채권을 리드하고, 경화의 매출채권을 래그하기를 원할 것이다. 같은 이유로, 기업은 경화 표시 매입채무를 리드하거나 연화 표시 지급채무를 래그하기를 시도할 것이다.

기업이 효과적으로 **리딩/래깅 전략**(leading/lagging strategy)을 수행할 수 있는 정도까지, 기업이 직면한 거래적 노출을 줄일 수 있다. 그러나 주의를 요한다. 파운드의 가치하락 가능성에 대한 우려로 보잉이 British Airways에게 1억 파운드를 미리 지급하기를 원한다고 가정하자. 파운드 매출채권을 리드하려는 보잉의 시도는 어려움에 봉착할지도 모른다. 무엇보다도, British Airways는 연화(파운드)로 표시된 이 지급을 래그하고 싶어하고, 따라서 미리 지급하는 데 대한 보상으로 보잉사가 상당한 할인을 제공하지 않는다면 이럴 유인이 없다. 물론, 이것은 일찍 파운드 매출채권을 수취하는 이점들을 줄인다. 둘째, 미리 지급하도록 British Airways를 압박하는 것은 보잉의 미래 매출 노력에 방해가 될 수 있다. 셋째, 원래 송장 가격인 1천만 파운드가 파운드의 기대되는 가치 하락을 포함하고 있는 한, 보잉은 파운드의 가치하락에 대해서 이미 부분적으로 보호받고 있다.

리딩/래깅 전략은 동일한 다국적기업의 현지법인들 사이에 원료비, 렌트, 로열티, 이자, 그리고 배당과 같은 기업 내 매입채무와 매출채권을 다루는 데 더 효과적으로 이용될 수 있다. 동일한 기업의 다양한 현지법인들의 경영자들이 전체 기업을 위해 일을 하고 있다고 가정되기 때문에, 리딩/래깅 전략은 더 공격적으로 적용될 수 있다.

노출 상계

1984년 독일 항공사인 루프트한자(Lufthansa)는 보잉사로부터 30억 달러 어치의 항공기를 매입하는 계약에 서명하고 독일 마르크에 대해 미 달러의 가치가 상승할 것을 기대해서 이에 대한 헤징의 목적으로 15억 달러의 선물환을 매입하는 계약을 맺었다. 그러나 이러한 결정은 중요한 결점이 있었다. 루프트한자의 현금흐름의 상당 부분은 달러표시였다. 결과적으로 루프트한자의 환위험에 대한 순노출은 규모가 크지 않을 수 있었다. 루프트한자는 소위 "자연 헤지"를 가지고 있었다. 1985년 마르크에 대해 달러 가치가 상당히 하락하였으며, 결과적으로 루프트한자는 선물환계약의 결제로 중요한 환손실을 경험하게 되었다. 이 에피소드는 기업이 어떤 외국통화로 매출채권과 매입채무를 가지고 있을 때, 순노출만을 헤징하는 것을 고려해야 한다는 것을 보여준다.

지금까지 우리는 통화 대 통화 기준으로 노출관리를 논의했다. 실제로, 전형적인 다국적 기업은 통화 포지션들의 포트폴리오를 가지는 것과 같다. 예를 들어, 미국 기업은 유로로 매입채무 계정과 동시에 스위스 프랑으로 매출채권 계정을 가질 수 있다. 달러에 대해 유로와 프랑이 거의 동일하게 움직이는 것을 고려하고, 기업은 이 계정들이 만기가 될 때까지 단지 기다릴 수 있고 그리고 나서 프랑으로 유로 현물을 매입한다. 즉, 만약 기업이 통화 포지션들의 포트폴리오를 가지고 있다면, 각 통화 포지션을 따로 헤지하는 것보다는 오히려 잔여 노출을 헤지하는 것이 합당하다.

만약 기업이 공격적으로 **노출 상계**(exposure netting)를 적용하고 싶다면, 한 위치에서 기업의 환노출 관리 기능을 중앙집권화 하는 것이 도움이 된다. 많은 다국적기업은 노출 관리 기능을 집중시키기 위한 메커니즘으로서 금융 현지법인으로 **재송장 센터**(reinvoice center)를 이용하고 있다. 기업내 거래로부터 발생하는 모든 송장은 재송장 센터로 보내지고, 노출이 상계된다. 잔여 노출이 결정되고 나면, 센터의 외환 전문가는 최적 헤징 방법을 결정하고 이를 실행에 옮긴다.

기업들은 어떠한 위험관리 상품을 사용하는가?

Jesswein, Kwok, 및 Folks(1995)는 광범위한 설문조사에서 미국 기업들의 환위험 관리 상품들에 관한 지식과 이용 정도를 보고했다. 포춘 500대 기업의 서베이를 기초로 하여, 그들은 전통적인 선물환 계약이 가장 인기 있는 상품이라는 것을 알아냈다. 서베이 응답자의 93%가 선물환 계약을 사용한다고 밝혔다. 이 오래된 전통적인 상품은 최근 "화려한(fancy)" 혁신 상품들로 대체되지 않고 있다. 다음으로 흔히 사용되는 상품은 통화스왑(52.6%)이고 그리고 장외시장 통화옵션(48.8%)이다. 합성옵션(3.8%)과 룩백옵션(5.1%)과 같은 최근의 혁신 상품들은 최소로 광범위하게 사용되는 상품이다. 이러한 결과들은 대부분의 미국 기업들이 그들의 환위험 관리 필요성을 선물환, 스왑, 그리고 옵션 계약으로 충족시키고 있음을 가리키는 것처럼 보인다.

Jesswein, Kwok, 및 Folks의 설문조사는 또한 다양한 산업들 중에서, 금융/보험/부동산 산업이 환위험 관리 상품의 가장 빈번한 이용자로서 두드러지고 있음을 보여준다. 이러한 발견이 놀랄 만한 것은 아니다. 이러한 산업에는 파생상품 증권을 이용하는 데 능숙한 금융전문가가 있다. 추가적으로 이러한 산업은 환위험에 노출되는 경향이 있는 금융 자산들을 주로 다룬다. 설문조사는 더 나아가 환위험 관리 상품을 이용하는 기업은 기업의 국제화 정도와 양(+)의 상관관계가 있음을 보여준다. 이러한 발견 또한 놀랄 만한 것이 아니다. 기업이 국경간 무역과 투자를 통해 보다 국제화됨에 따라, 외국통화의 증가하는 금액을 다루게 될 것이고 이는 환위험 헤징을 위한 수요가 더 커지게 한다.

영국, 미국, 아시아(호주, 홍콩, 일본, 한국, 싱가포르)에 본부를 둔 약 180개 다국적기업들에 대한 유사한 설문조사에서 Marshall(2000)은 영국과 미국 기업들이 거래적 환노출을 관리하기 위해 여러 다양한 외환 파생상품 계약들을 사용하는 비교적 유사한 패턴을 보여주고 있다고 밝혔다. 그러나 아시아 기업들은 다소 다른 패턴을 보여준다. 〈도표 8.12〉에서 볼 수 있듯이 대부분의 다국적기업들은 국적에 상관없이 통화 선물환 계약을 사용한다.

도표 8.12

기업들의 환위험을 관리하기 위한 재무적 및 운영적 방법들의 사용: 설문조사 결과

패널 A. 재무적 방법	모든 기업 n=427	금융기업 n=180	비금융기업 n=240	북미 기업 n=140	외국기업 n=280
선물환계약	64%	62%	66%	55%	69%
교차 통화스왑	38%	54%	27%	36%	40%
통화선물 계약	32%	45%	23%	33%	32%
단기금융시장 예금/대출	31%	39%	25%	19%	37%
외화부채 자금조달	27%	29%	25%	27%	27%
거래소 옵션	17%	24%	13%	16%	18%
옵션 조합(예컨대 캡(caps), 칼러(collars))	17%	22%	13%	17%	17%
OTC 옵션	17%	26%	9%	9%	20%
차액결제 선물환(NDFs)	15%	22%	10%	9%	18%
패널 B. 운영적 방법	**모든 기업 n=332**	**금융기업 n=135**	**비금융기업 n=190**	**북미 기업 n=115**	**외국기업 n=232**
가격책정 전략	55%	44%	62%	59%	53%
외화부채	45%	56%	39%	44%	47%
제품 전략	25%	34%	19%	21%	27%
생산입지 이전	21%	14%	25%	32%	15%
생산성 증가	15%	6%	19%	13%	15%
기타	9%	9%	9%	9%	9%
촉진전략	8%	6%	8%	9%	7%

출처: Giambona, Erasmo, Graham, John, Harvey, Campbell, and Bodnar, Gordon. "The Theory and Practice of Corporate Risk Management: Evidence from the Field." Financial Management (2018).

이러한 결과는 Jesswein, Kwok, 및 Folks의 설문조사 결과와 일치한다. 그러나 통화 선물과 옵션의 사용은 영국 및 미국 다국적기업들보다 아시아 다국적기업들 특히 일본 및 싱가포르 기업들 사이에서 더 인기가 있다. 이 설문조사는 더 나아가 국적에 상관없이 다국적기업들은 거래적 환노출을 관리하기 위해 상계, 매칭, 리딩 및 래깅과 같은 운영적 기법들을 광범위하게 사용하고 있음을 보여준다. 이 조사는 많은 다국적기업들이 거래적 환노출을 다루기 위해 운영적 기법들과 재무적 계약들을 결합하여 사용하고 있음을 시사한다.

최근의 연구에서, Giambona, Graham, Harvey, 및 Bodnar(2018)는 전 세계의 1,100명 이상의 기업 위험 관리자들을 대상으로 광범위한 설문조사를 실시했다. 이 조사는 금리, 외환, 상품, 에너지, 신용위험, 그리고 지정학적 위험 등 6개 위험 영역에서의 그들의 위험관리 정책과 관행에 대한 것이었다. 여기서 우리의 초점은 환위험 관리에 있으므로, 중대한 환위험에 직면한 대상 기업들이 환위험을 관리하기 위해 어떻게 재무적 및 운영적 헤지 방법을 사용하는지에 대한 설문조사 결과를 요약한다. 〈도표 8.12〉의 패널 A는 재무적 헤지 방법 사용에 대한 설문결과를 요약해주며, 패널 B는 운영적 헤지 방법 사용에 대한 요약을 보여준다.

〈도표 8.12〉의 패널 A는 외환(FX) 선물환 계약이 설문에서 제시된 9가지 가능한 금융상품 중 가장 인기 있는 계약임을 보여준다. 구체적으로, 모든 기업의 64%가 직면한 환위험을 관리하기 위해 선물환 계약을 사용했으며, 이어서 교차 통화스왑(38%), 선물 계약(32%), 단기금융시장 예금/대출(31%), 외화 부채금융(27%)이 뒤를 이었다. 이외에도 거래소에서 거래되는 옵션, 옵션 조합(캡 및 칼라 등), OTC 옵션, 그리고 차액결제 선물환(NDFs)은 상대적으로 인기가 덜 하여 대상 기업의 20% 미만이 사용했다. 또한, 패널 A는 선물환 계약이 금융 대 비금융 기업들과 북미 대 외국기업들의 모든 하위 그룹에서 가장 인기 있는 헤지 방법임을 보여준다. 선물환 계약 외에, 금융기업들은 비금융 기업들보다 다른 모든 외환(FX) 계약들을 사용할 가능성이 거의 두 배 더 높다. 북미와 외국 기업들 사이의 차이는 크지 않았다. 금융계약을 사용하는 것 외에도, 기업들은 환위험에 대한 노출을 헤지하기 위해 다양한 운영 방법을 사용할 수 있다. 따라서, 기업들은 여섯 가지 일반적인 운영 방법의 사용 빈도를 표시하도록 요청받았다. 또한, 기업들은 다른 운영 헤지 방법에 대해서도 적도록 요청받았다. 설문조사 결과는 〈도표 8.12〉의 패널 B에 요약되어 있으며, 모든 기업을 통틀어, 가격책정 전략은 환위험을 다루는 데 가장 일반적으로 사용되는 운영

헤지 방법이었다(55%) 이어서 외화 부채(45%), 제품 전략(25%)이다. 제품 전략은 제품 조합을 변경하고 생산 위치를 이동하는 것을 포함한다. 그리고 생산성 증가(15%), "기타" 방법(9%), 그리고 촉진 전략(8%)이 뒤를 이었다. 기타 방법에는 주로 지리적 다양화와 수익 및 비용의 통화 매칭이 포함되었다. 인기있는 운영 헤지 방법의 종류는 금융 및 비금융 기업들 사이에서 상당히 다르게 나타났다. 예를 들어, 비금융 기업의 62%가 가격책정 전략을 사용하는 반면, 금융 기업은 44%가 이 방법을 사용했다.

한편, 금융 기업들은 비금융 기업들에 비해 외화 부채와 제품 전략을 더 많이 사용했다. 구체적으로, 외화 부채를 사용하는 비율은 금융 기업에서 56%, 비금융 기업에서는 39%였으며, 제품 전략을 사용하는 비율은 금융 기업에서 34%, 비금융 기업에서는 19%였다. 지리적인 측면에서, 북미 기업들과 외국 기업들 사이에서 운영적 헤지 방법은 대체로 유사했다. 다만, 생산 입지의 이전 방법은 유일한 예외였다.

요 약

01. 외화로 표시된 계약상의 현금흐름에 직면할 때 기업은 거래적 환노출에 놓여 있다. 거래적 환노출은 송장통화의 선택, 리딩/래깅 전략, 환노출 상계와 같은 운영적 기법들 뿐만 아니라 선물환, 단기금융시장 및 옵션 계약들과 같은 재무적 계약들에 의해서도 헤지될 수 있다.

02. 기업이 외화표시 매출채권(매입채무)를 가지고 있으면, 외화 매출채권(매입채무)를 선물환 매도(매입)함으로써 노출을 헤지할 수 있다. 이 기업은 선물환율이 미래 현물환율의 불편 예측치가 되는 한 비용 발생없이 환노출을 제거하기를 기대할 수 있다. 이 기업은 국내 및 해외 단기금융시장에서 대출과 차입을 함으로써 동등한 헤징 결과들을 달성할 수 있다.

03. 선물환 및 단기금융시장 헤지와 달리, 통화옵션은 환노출에 대해 유연한 헤지를 제공한다. 옵션 헤지로 기업은 상향 잠재 이익을 보존하면서 하향 손실 위험을 제한할 수 있다. 통화옵션은 또한 기업에게 우발적 노출에 대한 효과적인 헤지를 제공한다.

04. 기업은 송장통화를 적절히 선택함으로써 환노출을 이동, 공유, 분산할 수 있다. SDR과 ECU 같은 통화바스켓 단위들은 재무적 헤지가 쉽게 이용불가능한 장기적 노출을 부분적으로 헤지하기 위해 송장통화들로 사용될 수 있다.

05. 기업은 특히 자신의 계열사들과 외화 수취 및 지급을 리딩 및 래깅함으로써 거래적 환노출을 줄일 수 있다.

06. 기업이 외화 포지션들의 포트폴리오를 가지고 있을 때, 각 외화 포지션을 분리해서 헤지하는 것보다는 잔여 노출만을 헤지하는 것이 합리적이다. 재송장 센터는 노출 관리를 위한 포트폴리오 접근법을 실행하는 데 도움이 될 수 있다.

07. 주주들이 기업과 마찬가지로 환노출을 헤지할 수 있는 완전한 자본시장에서는 기업 수준의 환노출 관리를 정당화하는 것이 어렵다. 현실에서는 자본시장이 전혀 완전하지 않고, 기업은 종종 헤징 전략을 실행하는 데 주주들에 비해 우위에 있다. 그러므로 기업의 환노출 관리는 기업 가치에 기여할 수 있는 여지가 존재한다.

08. 기업들은 재무적 방법과 운영적 방법을 모두 사용하여 FX 위험 노출을 관리한다. 설문조사 연구에 따르면, 기업들은 선물환 계약, 통화 스왑, 가격 전략, 외화 부채등의 간단한 헤지 방법을 가장 많이 사용한다.

요 약

- 거래적 환노출
- 경제적 환노출
- 교차헤지
- 노출 상계
- 단기금융시장 헤지
- 리딩/래깅 전략
- 선물환 헤지
- 송장통화를 통한 헤징
- 옵션시장 헤지
- 우발적 노출
- 재송장 센터
- 환산 환노출

연습문제

01. 거래적 환노출을 당신은 어떻게 정의할 것인가? 경제적 환노출과 이는 어떻게 다른가?

02. 선물환 계약과 단기금융시장 상품을 이용한 거래적 환노출의 헤징을 논의하고 비교하라. 대안적 헤징 접근법들이 동일한 결과를 낳는가?

03. 선물환 및 옵션 계약들에 의한 헤징의 비용들을 논의하고 비교하라.

04. 선물환계약과 비교하여 헤징 수단으로서 통화옵션 계약의 장점들은 무엇인가?

05. 당신의 회사가 프랑스에 위치해 있고 일본 엔화로 표시된 매출채권과 관련한 환노출을 관리하기 위해 엔화에 대한 풋옵션을 매입했다고 가정하자. 이 경우 당신 회사는 매출채권에 대한 "보험" 증서를 가지고 있다고 말할 수 있다. 이것이 무슨 의미인지 설명하라.

06. 기업의 환위험 관리에 대한 최근 설문조사는 많은 기업들이 단지 헤지를 하지 않는다고

가리킨다. 당신은 이 결과를 어떻게 설명할 것인가?

07. 기업이 헤지를 해야 하는가? 왜 해야 하는가, 또는 왜 하지 않아야 하는가?

08. 예를 이용하여 기업의 세금 채무에 미치는 헤징의 가능한 영향을 논하라.

09. 우발적 노출을 설명하고, 이러한 유형의 환노출을 관리하기 위해 통화옵션을 사용하는 장점들을 논하라.

10. 교차헤지를 설명하고 이것의 유효성을 결정하는 요인들을 논하라.

계산문제

스프레드시트 TRNSEXP.xls는 문제 2, 3, 4, 6 부분들을 푸는 데 사용될 수 있다.

01. 미국의 Cray Research사는 독일의 Max Planck Institute에 슈퍼컴퓨터를 외상으로 판매하고 6개월 후에 15백만 유로의 결제를 받게 되어 있다. 현재, 6개월 만기 선물환율은 $1.10/€이고 Cray Research사의 외환 자문인은 현물환율이 6개월 후 $1.06/€이 될 것으로 예측한다.

a. 선물환 헤지로부터의 기대되는 이익/손실은 얼마인가?

b. 당신이 Cray Research사의 재무관리자라면, 이 유로 매출채권의 헤지를 권고할 것인가? 왜 권고할 것인가, 또는 왜 권고 안 할 것인가?

c. 외환 자문인은 미래 현물환율이 오늘 호가된 선물환율과 동일할 것이라고 예측한다. 이 경우 당신은 헤지를 권고할 것인가? 왜 권고할 것인가, 또는 왜 권고 안 할 것인가?

d. 현재 미래 현물환율이 $1.17/€이 될 것으로 예상된다고 가정하자. 헤지를 권고할 것인가? 왜 권고할 것인가, 또는 왜 권고 안 할 것인가?

02. IBM사는 일본의 전자회사 NEC로부터 컴퓨터 칩을 구입하고, 3개월 후 2억 5천만 엔의 매입채무가 발생했다. 현재 현물환율은 ¥105/$이고, 3개월 선물환율은 ¥100/$이다. 3개월 만기 단기금융시장 금리는 연율로 미국에서 8%, 일본에서 7%이다. IBM사의 경영진은 이러한 엔화 매입채무를 다루기 위해 단기금융시장 헤지를 사용하기로 결정했다.

a. 단기금융시장 헤지의 과정을 설명하고 엔화 채무를 상환하는 달러 비용을 계산하라.

b. 단기금융시장 헤지의 현금흐름 분석을 수행하라.

03. 당신은 3개월 후 국제경영 학회에 참석하기 위해 스위스 제네바를 방문하려고 계획한다. 당신은 체류기간 중 숙식 및 이동을 위해 5,000 스위스프랑의 총비용이 발생할 것으로 기대한다. 오늘 현재 현물환율은 $0.60/SFr이고 3개월 만기 선물환율은 $0.63/SFr이다. 당신은 3개월 만기 스위스프랑 콜옵션을 행사가격 $0.64/SFr에 1 프랑당 $0.05의

가격에 매입할 수 있다. 당신이 기대하는 미래 현물환율은 선물환율과 동일하다고 가정하자. 3개월 만기 금리는 연율로 미국에서 6%, 스위스에서 4%이다.

a. 당신이 스위스프랑 콜옵션으로 헤지를 선택하면 5,000 스위스프랑을 매입하는 데 기대되는 달러 비용을 계산하라.

b. 당신이 선물환 계약을 사용하여 헤지를 결정하면 이 스위스프랑 채무를 충족시키는 미래 달러 비용을 계산하라.

c. 미래 어떤 현물환율에서 당신은 선물환 및 옵션 시장 헤지간에 무차별이 될 것인가?

d. 옵션 및 선물환 시장 헤지하에서 미래 현물환율에 따라 스위스프랑 매입채무를 충족시키는 미래 달러 비용을 예시하라.

04. 보잉사는 방금 에어프랑스사에 보잉737 항공기를 판매하기로 계약을 맺었다. 에어프랑스사는 1년 후 2천만 유로의 매입채무를 결제해야 할 것이다. 현재 현물환율은 $1.05/€이며, 1년 만기 선물환율은 $1.10/€이다. 연 이자율은 미국에서 6%, 프랑스에서 5%이다. 보잉사는 달러와 유로간의 환율의 변동성에 우려를 하여 환노출을 헤지하고자 한다.

a. 보잉사는 두 가지 헤징 대안들을 고려하고 있다. 즉, 유로화 판매 대금을 선물환 매도를 하든지 유로 매출채권에 대해 Credit Lyonnaise사로부터 유로화를 차입할 수 있다. 당신은 어느 대안을 권고하겠는가? 왜?

b. 다른 조건이 동일하면 어떤 선물환율에서 보잉사는 두가지 헤징 방법 사이에 무차별적일 것인가?

05. Baltimore Machinery사가 스위스 회사에 천공기를 판매하고 이 스위스 고객에게 3개월 후에 $11,000 또는 SFr15,000 중에 하나를 지급할 선택권을 주었다고 가정하자.

a. 이 예에서 Baltimore Machinery사는 스위스 고객에게 스위스프랑을 사용하여 $11,000까지 매입할 수 있는 공짜 옵션을 효과적으로 주었다. "내재된" 행사 환율은 얼마인가?

b. 현물환율이 $0.62/SFr으로 나타나면 당신은 스위스 고객이 지급을 위해 어떤 통화를 선택할 것으로 생각하는가? 스위스 고객에게 이 공짜 옵션의 가치는 얼마인가?

c. Baltimore Machinery사가 환노출을 다루기 위한 가장 좋은 방법은 무엇인가?

06. Princess Cruise Company(PCC)사는 미쓰비시 중공업으로부터 1년 후 5억 엔의 매입채무로 배 1척을 구매했다. 현재 현물환율은 ¥124/$이고, 1년 만기 선물환율은 ¥110/$이다. 연 이자율은 일본에서 5%, 미국에서 8%이다. PCC사는 또한 1엔당 0.014 센트의 가격으로 엔당 $0.0081의 행사가격으로 1년 만기 엔화 콜옵션을 매입할 수 있다.

a. 단기금융시장 및 선물환 헤지를 사용하여 이 채무를 충족시키는 미래 달러 비용을

계산하라.

b. 선물환율이 미래 현물환율의 최적 예측치라고 가정하고 옵션 헤지가 사용될 때 이 채무를 종족시키는 기대되는 미래 달러 비용을 계산하라.

c. 미래 어떤 현물환율에서 PCC사는 옵션과 선물환 헤지 사이에 무차별적일 수 있다고 당신은 생각하는가?

CFA® PROBLEMS

07. 미국 회사가 스위스에 제품을 수출하는 것을 고려해 보자. 미국 회사는 3개월 후 제품 선적에 대해 대금을 수취할 예정이다. 스위스프랑화로 지급이 이루어지기 때문에 미국 회사는 향후 3개월에 걸쳐 스위스프랑화의 가치가 하락하는 것에 대해 헤지를 하고자 한다. 미국의 무위험이자율은 2%이고 스위스의 무위험이자율은 5%이다. 이자율이 향후 6개월간 변하지 않을 것으로 예상된다고 가정하자. 현재 현물환율은 $0.5974이다.

a. 미국 회사가 환위험을 헤지하기 위해 선물환 계약을 매입해야 하는지 또는 매도해야 하는지를 지적하라.

b. 미국 회사가 3개월 후 만기가 되는 선물환 계약을 체결할 수 있는 무차익거래 환율을 계산해라.

c. 이제 미국 회사가 선물환 계약을 체결한 지 30일이 되었다. 현물환율은 $0.55이다. 금리는 이전과 같다. 미국 회사의 선물환 포지션의 가치를 계산하라.

CFA® PROBLEMS

08. 당신이 영국으로부터 제품을 수입하는 미국의 수입업자라고 가정하자. 당신은 향후 30일에 걸쳐 달러화에 대해 파운드화 가치가 상승할 것으로 기대한다. 당신은 30일 후에 수입된 제품의 선적에 대해 대금을 지급할 것이고, 환노출을 헤지하고자 한다. 미국의 무위험이자율은 5.5%이고, 영국의 무위험이자율은 4.5%이다. 이 금리들은 다음 달까지 변동하지 않을 것으로 기대된다. 현재의 현물환율은 $1.50이다.

a. 당신이 환위험을 헤지하기 위해 선물환 계약을 매입할지 또는 매도할지를 지적하라.

b. 당신이 30일 후 만기가 되는 선물환 계약을 체결할 수 있는 무차익거래 환율을 계산해라.

c. 10일이 지났다. 현물환율은 $1.53이다. 금리는 변동하지 않았다. 당신의 선물환 포지션의 가치를 계산하라.

d. 스프래드시트 TRNSEXP를 사용하여, <도표8.10> 분석을 시행하라.

09. 당신은 미국에 기반을 둔 자전거 수입업자이며, 이탈리아로부터 경쟁 스타일의 자전거를 100,000유로에 구매했다. 1년 후에 이탈리아 공급업체에 100,000유로를 지불해야한다. 1년 후 이 구매를 위해 지불해야 할 달러 금액에 대해 우려하고 있다. 다음과 같은 상황을 가정하면,

- 현물환율 : $1.50/€
- 선물환율 : $1.25/€
- 미국 이자율 : 연 3.00%
- 유럽 이자율 : 연 4.00%
- 행사가격이 $1.30/€인 콜옵션의 프리미엄: $0.10/€
- 행사가격이 $1.30/€인 풋옵션의 프리미엄: $0.20/€

a. 헤지하지 않은 포지션: 아무 조치도 취하지 않기로 결정한 경우, 1년 후 현물 환율이 €1당 $1.50이 되었다고 가정해보자. 그러면 이 구매의 총 달러 비용은 얼마가 될까? 현물환율이 1년 후 €1당 $1.30이 되었다면 총 달러 비용은 얼마가 될까? 또는 €1당 $1.40이라면? 이 경우 환율위험에 노출이 되는가?

b. 선물환시장 헤지: 선물환 계약을 사용하여 이 구매의 정확한 달러 비용을 어떻게 확정할 수 있는가? 1년 후에 €100,000을 선물로 매수하거나 매도하기로 동의해야 하는가? 선물환 헤지를 사용한 이 구매의 총 달러 비용은 얼마가 될까? 이 경우 환율위험에 노출되는가?

c. 단기금융시장 헤지: 단기금융시장 헤지를 사용하여 어떻게 헤지할 수 있는가? 어디에서 얼마나 빌려야 할까? 이 구매의 총 달러 비용은 얼마인가? 이 경우 환율위험에 노출되는가?

d. 옵션 시장 헤지: 옵션을 사용하여 어떻게 헤지할 수 있는가? 유로에 대해 풋 옵션이나 콜 옵션을 구매해야 하는가? 오늘의 총 프리미엄은 얼마인가? 언제 옵션을 행사할 것이며, 행사할 경우 총 달러 비용은 얼마가 될까? 그리고 옵션을 행사하지 않을 때 총 달러 비용은 얼마가 될까?

e. 헤지 방법 비교: 헤지 방법 간의 손익분기점 환율은 무엇인가? 언제 어떤 헤지 방법을 선호할까?

10. 미국의 콩 수출업자인 당신은 영국으로부터 주문을 받았다. 오늘 영국의 구매자에게 콩을 인도하고 1년 후에 200,000유로의 지불을 받게 될 예정이다. 1년 후 이 해외판매로부터 받을 달러 수익에 대한 우려가 있다. 다음과 같은 상황을 가정하면,

- 선물환율 : $1.40/£
- 현물환율 : $1.35/£
- 미국 이자율 : 연 3.00%
- 영국 이자율 : 연 5.00%
- 행사가격이 $1.40/£인 콜옵션의 프리미엄: $0.08/£

- 행사가격이 $1.40/£인 풋옵션의 프리미엄: $0.10/£

a. 헤지하지 않은 포지션: 아무런 조치도 취하지 않고, 1년 후 현물환율이 £1당 $1.45가 되었다고 가정하자. 그럴 경우 이 판매로부터의 총 달러 수익은 얼마가 될까? 현물환율이 1년 후 £1당 $1.30이 되었다면 총 달러 수익은 얼마가 될까? 또는 £1당 $1.32라면? 헤지하지 않을 경우, 환율위험에 노출되는가?

b. 선물환 시장 헤지: 선물환 계약을 사용하여 이 판매로부터 정확한 달러 수익을 보장하는 방법은 무엇인가? 1년 후에 £200,000을 선물로 매수하거나 매도하기로 동의해야 하는가? 선물환 헤지를 사용한 이 판매의 총 달러 수익은 얼마가 될까? 이 경우 환율위험에 노출되는가?

c. 단기금융시장 헤지: 단기금융시장 헤지를 사용하여 이 판매로부터 보장된 달러 수익을 어떻게 확보할 수 있는가? 총 달러 수익은 얼마가 될까? 단기금융시장 헤지를 사용할 때 환율위험에 노출되는가?

d. 옵션 시장 헤지: 옵션을 사용하여 어떻게 헤지할 수 있는가? 파운드에 대한 콜 옵션 또는 풋 옵션을 구매해야 하는가? 오늘 지불해야 할 총 프리미엄은 얼마인가? 옵션을 행사할 경우 총 달러 수익은 얼마가 될까? 옵션을 행사하지 않을 때 총 달러 수익은 얼마가 될까?

e. 헤지 방법 비교: 다양한 헤지 방법 간의 손익분기점 환율은 무엇인가? 어떤 상황에서 어떤 헤지 방법을 선호하는가?

인터넷 연습문제

은행 관련 소프트웨어의 전문제조업체인 보스턴 소재 Bankware사는 운영 현대화를 꾀하는 Oslo Commerce Bank에 ATM기 소프트웨어를 수출했다. 유럽이 소프트웨어 판매업자들로부터의 경쟁에 직면하여 Bankware사는 고객 통화인 노르웨이 크로네 500,000어치를 판매하고 대금은 1년 후에 지급받기로 결정했다. 이 노르웨이 통화에 대한 활발한 선물환 시장이 없기 때문에, Bankware사는 교차헤지를 위해 유로화나 파운드화로 선물환을 매도하기를 고려한다. 노르웨이 통화에 대한 회사의 환노출을 커버하기 위해 유로화 또는 파운드화를 선물환 매도하는 헤징의 유효성을 평가하라. 이 문제를 풀기 위해 웹사이트 www.federal reserve.gov/release/H10/hist로부터 이용가능한 환율 데이터를 참조하라. 다른 웹사이트들도 참조할 수 있다.

미니 케이스

에어버스(Airbus)사의 달러 환노출

에어버스사는 미국의 델타항공에 A400 항공기를 판매하고 6개월 후 3천만 달러를 받기로 했다. 에어버스사는 국제 판매로부터의 유로화 대금에 대해 환위험을 통제하고 싶어한다. 현재 현물환율은 $1.05/€이고 6개월 만기 선물환율은 $1.10/€이다. 에어버스사는 1달러당 €0.02의 가격으로 €0.95/$의 행사가격에 6개월 만기 미 달러 풋옵션을 매입할 수 있다. 현재, 6개월 만기 이자율은 유로존에서 2.5%이고 미국에서 3.0%이다.

01. 에어버스사가 선물환 계약을 사용하여 헤지하기를 결정하면 미국 판매로부터 보장되는 유로화 대금을 계산하라.

02. 에어버스사가 단기금융시장 상품을 사용하여 헤지하기로 결정하면 에어버스사는 어떠한 행동을 취해야 하는가? 이 경우 미국 판매로부터 보장되는 유로화 대금을 계산하라.

03. 에어버스사가 미 달러 풋옵션을 사용하여 헤지하기로 결정하면 미국 판매로부터 "기대되는" 유로화 대금은 얼마인가? 에어버스사는 현재의 선물환율을 미래의 현물환율의 불편 예측치로 간주한다고 가정하자.

04. 미래 어떤 현물환율에서 당신은 에어버스사가 옵션 및 단기금융시장 헤지 사이에서 무차별적일 것이라고 생각하는가?

05. 현재의 선물환율이 미래 현물환율의 가장 좋은 예측치라고 믿는다면, 당신은 어떤 헤지 방법을 에어버스에게 추천하겠는가? 추천에 대해 정당화하라.

사례분석

리차드 메이의 옵션

오늘은 2월 14일 화요일 오후이다. American Digital Graphics(ADG)사의 Assistant Treasurer인 리차드 메이는 록펠러 광장의 서쪽을 주름잡는 빌딩 34층의 그의 사무실에 앉아 있다. 오늘은 발렌타인데이이다. 리차드와 그의 부인은 저녁 7시30분 발싸이저에서 다른 한 부부와 저녁 약속이 있다. 나는 반드시 헤지메모를 완성하고 나갈 것이라고 메이는 생각하였다. 외환옵션? 재무위원회(Finance Committee)의 누군가가 물어보기 전에 이 스토리를 이해하기 쉽게 만드는 게 낫다. 어디 한번 보자. 지금 옵션을 사용할 수 있는 두 가지의 방법이 있다. 하나는 ADG Germany로부터 9월15일에 지급될 배당금을 헤지하는 것이다. 다른 하나는 다가올 Matsumerda의 스프링 RAM 칩 계산서에 대한 지불금을 헤지하는 것이다. 엔화는 78이고 계속 상승할 것이니 아직까지 지불하지 않았다는 것은 정말 다행이지만 지금 나는 긴장되고 내 미래를 보호하고 싶다. 6월 10일에 엔화를 사는 옵션이 딱 맞는 것 같다.

리차드 메이의 생각에 대해 더 깊이 짚어보기 전에 ADG와 외환옵션에 대해 좀 더 알아보자. American Digtal Graphics는 마이크로프로세서 기반인 장비의 개발, 제조, 그리고 마케팅에 종사하여 120억 달러의 매출액을 창출하는 회사이다. 매출액의 30%가 해외에서 발생하지만, 독일, 캐나다, 브라질 3개 국가에만 완전한 생산 공장을 가지고 있다. 싱가포르에 있는 조립 공장은 주로 일본산 반도체 칩을 회로판에 납땜하고 미국, 캐나다, 그리고 독일로 선적하는 브라질산 박스에 회로판을 고정시키기 위해 존재한다. 독일 자회사는 매출액의 절반이 프랑스, 네덜란드, 그리고 영국에서 창출되고 유로화로 결제된다. ADG Germany는 현금 900,000유로, 오늘의 환율로 1,178,100달러를 축적하였다. Hamburg사무소는 자동으로 본국으로 300만 유로를 송금하는 허가를 받고 있지만, 9월 15일까지 추가로 100만 유로를 송금할 수 있는 허가를 구하도록 요구되었다. 이 회사는 6개월마다 개당 8,000엔의 가격으로 30만 개의 RAM 칩을 구매하기로 합의하였으며 6월 10일은 바로 대금을 지불해야 하는 날이다.

환위험을 헤지하는 관례적인 방법은 선물환 또는 통화선물 계약이다. 그렇지만 이것들은 확정적이고 어길 수 없는 계약이다. 많은 실무적인 경우, 외화 현금의 유입이나 유출이 실현될 수 있는지도 확실하지 않다. 이러한 경우, 정해진 가격(환율)으로 일정한 양의 외화를 사거나 팔 수 있는 의무가 아니라 권리가 필요하다. 이것은 바로 외환옵션이다.

외환옵션은 보유자에게 약정된 날짜까지 혹은 약정된 날에 정해진 환율로 일정한 양의 외화를 사거나 팔 수 있는 권리를 부여한다. 계약서의 종료일은 만기일이라고 불린다. 만기일 전에 권리를 행사하면 미국식 옵션(American Option)이라고 불리며 만기일에 권리를 행사하면 유럽식 옵션(European Option)이라고 불린다. 옵션을 보유하는 자는 옵션 구매자이고 옵션을 제공하는 자는 옵션 매도자이다. 옵션을 행사할 수 있는 환율을 행사가격(exercise price or strike price)이라고 한다. 옵션 매수자는 관련된 권리에 대해 옵션 가격 또는 프리미엄이라는 금액을 판매자에게 지불해야 한다.

옵션의 보유자에게 행사할 의무가 아니라 권리가 있다는 것은 외환옵션의 중요한 특징이다. 그는 통화가 유리한 방향으로 움직일 때만 권리를 행사할 것이다. 따라서 옵션으로 손실을 볼 리가 없다. 그러나 선물환계약인 경우에 약정한 조건으로 통화를 교환해야 하기 때문에 통화가 불리한 방향으로 움직일 때 손실을 입을 것이다.

선물환 계약이나 통화선물 계약에 비해 옵션 계약의 단점은 바로 옵션 가격을 지불해야 한다는 것이다. 그리고 어떤 옵션들의 경우 옵션 가격 또는 프리미엄은 상당히 높은 편이다. 옵션 계약은 제로섬(zero-sum) 게임이기 때문에 옵션의 가격이 높을수록 매도자에게 위험이 더 커지는 반면에 매수자에게 가치가 더 높아진다. 행사가격에 상대적으로 선물환율(forward rate)이 높으면 높을수록 콜옵션의 위험이 더 커지고 프리미엄도 더 높아진다. 결국, 누군가는 행사가격에 매수하고 선물환율에 매도하는 방법으로 항상 이익을 확정할 수 있다. 통화의 변동성이 크면 클수록 옵션 만기가 길면 길수록, 옵션이 이익을 남기고 행사될 가능성이 더 높아진다.

록펠러센터 사무실에 있는 리차드 메이를 돌아보면, 우리는 그가 회사의 블룸버그 단말기에서 현물환, 선물환 그리고 통화옵션, 통화선물 호가들을 프린트하는 것을 발견한다.

옵션 가격들은 유로당 미국 센트로 호가된다. 엔화는 센트의 백분의 일로 호가된다. 이 가격들을 보면서 리차드는 옵션이 가치가 있기 위해서는 유로화나 엔화가 얼마나 많이 변동해야 하는가를 깨닫는다. 리차드는 ADG가 유로커런시 시장에서 LIBOR +1%로 차입하고 LIBID로 대출할 수 있다는 것을 명심한다.

이 숫자들을 메모에 붙여야겠다고 리차드가 중얼거린다. 그러나 사실 그는 문제의 핵심을 아직 잡지 못하고 있다. 즉 환위험을 헤지하는 데에 있어서 구체적으로 언제 국제기업에게 전통적인 선물환 계약이나 통화선물 계약보다 통화옵션이 더 우수한 방법이라고 할 수 있는지를 이해해야 한다.

ADG의 재무위원회에 제출할 보고서를 위해 통화헤지 분석에 있어 메이씨에게 도움을 주자. 이를 위해 다음과 같이 하이라이트된 시장 호가들을 〈도표 8.13〉~〈도표 8.17〉에서 참조할 수 있다.

도표 8.13 **Spot Exchange Rates**

Currency Group									Key Cross Currency Rates – Majors		
02/14/12					Rate: Spot		Monitor: Last Price				Source: BGN
											Bloomberg BGN(NY)
	USD	EUR	JPY	GBP	CHF	CAD	AUD	NZD	HKD	NOK	SEK
SEK	6.7062	8.7768	.08545	10.500	7.2701	6.6934	7.1352	5.5546	.86496	1.1662	–
NOK	5.7505	7.5260	.07327	9.0038	6.2341	5.7396	6.1184	4.7631	.74170	–	.85749
HKD	7.7531	10.147	.09879	12.139	8.4052	7.7384	8.2492	6.4218	–	1.3483	1.1561
NZD	1.2073	1.5801	.01538	1.8903	1.3088	1.2050	1.2846	–	.15572	.20995	.18003
AUD	.93987	1.2301	.01198	1.4716	1.0189	.93809	–	.77848	.12122	.16344	.14015
CAD	1.0019	1.3113	.01277	1.5687	1.0862	–	1.0660	.82986	.12923	.17423	.14940
CHF	.92243	1.2072	.01175	1.4443	–	.92068	.98144	.76403	.11897	.16041	.13755
GBP	.63868	.83588	.00814	–	.69239	.63746	.67954	.52901	.08238	.11106	.09524
JPY	78.479	102.71	–	122.88	85.078	78.330	83.500	65.003	10.122	13.647	11.702
EUR	.76408	–	.00974	1.1963	.82834	.76263	.81296	.63288	.09855	.13287	.11394
USD	–	1.3088	.01274	1.5657	1.0841	.99810	1.0640	.82829	.12898	.17390	.14912

도표 8.14 **Forward Exchange Rates**

Currency Group									Key Cross Currency Rates – Majors		
02/14/12					Rate: 4 Month		Monitor: Outrights				Source: BGN
											Bloomberg BGN(NY)
	USD	EUR	JPY	GBP	CHF	CAD	AUD	NZD	HKD	NOK	SEK
SEK	6.7042	8.7760	.08542	10.497	7.2692	6.6924	7.1355	5.5526	.86471	1.1661	–
NOK	5.7494	7.5262	.07326	9.0022	6.2339	5.7393	6.1193	4.7618	.74156	–	.85758
HKD	7.7531	10.149	.09879	12.140	8.4065	7.7395	8.2520	6.4214	–	1.3485	1.1565
NZD	1.2074	1.5805	.01538	1.8905	1.3091	1.2053	1.2851	–	.15573	.21000	.18010
AUD	.93955	1.2299	.01197	1.4711	1.0187	.93790	–	.77816	.12118	.16342	.14014
CAD	1.0018	1.3113	.01276	1.5685	1.0862	–	1.0662	.82969	.12921	.17424	.14942
CHF	.92228	1.2073	.01175	1.4441	–	.92066	.98162	.76386	.11896	.16041	.13757
GBP	.63867	.83604	.00814	–	.69249	.63754	.67976	.52896	.08237	.11108	.09526
JPY	78.482	102.74	–	122.88	85.096	78.344	83.532	65.001	10.123	13.650	11.706
EUR	.76392	–	.00973	1.1961	.82830	.76258	.81307	.63270	.09853	.13287	.11395
USD	–	1.3090	.01274	1.5658	1.0843	.99824	1.0643	.82823	.12898	.17393	.14916

Currency Group									Key Cross Currency Rates – Majors		
02/14/12					Rate: 7 Month		Monitor: Outrights				Source: BGN
											Bloomberg BGN(NY)
	USD	EUR	JPY	GBP	CHF	CAD	AUD	NZD	HKD	NOK	SEK
SEK	6.7045	8.7761	.08543	10.497	7.2694	6.6926	7.1355	5.5528	.86472	1.1661	–
NOK	5.7495	7.5261	.07326	9.0021	6.2339	5.7394	6.1192	4.7619	.74155	–	.85757
HKD	7.7534	10.149	.09879	12.139	8.4066	7.7397	8.2518	6.4215	–	1.3485	1.1564
NZD	1.2074	1.5805	.01538	1.8904	1.3091	1.2053	1.2850	–	.15573	.21000	.18009
AUD	.93959	1.2299	.01197	1.4711	1.0188	.93794	–	.77820	.12119	.16342	.14014
CAD	1.0018	1.3113	.01276	1.5685	1.0862	–	1.0662	.82969	.12920	.17423	.14942
CHF	.92229	1.2073	.01175	1.4440	–	.92066	.98159	.76387	.11895	.16041	.13756
GBP	.63869	.83604	.00814	–	.69250	.63756	.67975	.52898	.08238	.11109	.09526
JPY	78.484	102.73	–	122.88	85.096	78.345	83.529	65.002	10.123	13.650	11.706
EUR	.76394	–	.00973	1.1961	.82831	.76260	.81306	.63272	.09853	.13287	.11395
USD	–	1.3090	.01274	1.5657	1.0843	.99824	1.0643	.82823	.12898	.17393	.14915

도표 8.15 Money Market Rates

EURO MONEY RATES								
SECURITY		TIME	BID	ASK	CHANGE	HIGH	LOW	PRV CLS
DEPOSIT RATES								
2) EUDR1T	–0/N	17:01	.1000	.3500	+.0750	.4500	.1450	.1500
3) EUDR2T	–T/N	13:59	.1500	.4000	—	.2800	.2250	.2750
4) EUDR3T	–S/N	20:00	.1500	.4000	+.0250	.3000	.1450	.2500
5) EUDR1Z	–1WK	12:32	.3200	.3700	+.0350	.4100	.3000	.3100
6) EUDR2Z	–2WK	20:00	.2500	.5000	—	.4450	.2200	.3750
7) EUDR3Z	–3WK	20:00	.3000	.5000	—	.5000	.2700	.4000
8) EUDRA	–1MO	16:23	.4500	.5700	–.0600	.7200	.5100	.5700
9) EUDRB	–2MO	20:00	.6000	.7200	—	.7100	.6550	.6600
10) EUDRC	–3MO	19:59	.9500	1.0000	—	1.1000	.9600	.9750
11) EUDRD	–4MO	19:59	1.0600	1.1100	–.0200	1.1550	1.0650	1.1050
12) EUDRE	–5MO	19:59	1.1800	1.2300	–.0100	1.3500	1.1700	1.2150
13) EUDRF	–6MO	19:59	1.2900	1.3400	–.0100	1.3700	1.3000	1.3250
14) EUDRG	–7MO	19:59	1.3500	1.4000	–.0100	1.4600	1.3650	1.3850
15) EUDRH	–8MO	19:59	1.4200	1.4700	–.0100	1.5250	1.4350	1.4550
16) EUDRI	–9MO	19:59	1.4800	1.5300	–.0100	1.6500	1.4900	1.5150
17) EUDRJ	–10MO	19:59	1.5400	1.5900	–.0100	1.6400	1.5650	1.5750
18) EUDRK	–11MO	19:59	1.5900	1.6500	–.0100	1.6950	1.5900	1.6300
19) EUDR1	–1YR	20:00	1.6500	1.7100	–.0100	1.8000	1.6500	1.6900

JAPANESE YEN MONEY RATES							
SECURITY		LAST	CHANGE	TIME	PREVIOUS	BID	ASK
DEPOSITS							
2)	O/N	.0010	—	6:01	.0010	.0010	.0010
3)	T/N	.0850	—	19:59	.0850	.0100	.1600
4)	S/N	.1550	—	7:28	.1550	.0800	.2300
5)	1 Week	.1050	—	19:59	.1050	.0300	.1800
6)	2 Week	.1050	—	19:59	.1050	.0300	.1800
7)	3 Week	.1300	—	19:58	.1300	.0800	.1800
8)	1 Month	.1050	—	19:59	.1050	.0600	.1500
9)	2 Month	.1300	—	19:59	.1300	.1000	.1600
10)	3 Month	.1700	—	19:59	.1700	.1400	.2000
11)	4 Month	.2100	—	19:59	.2100	.1800	.2400
12)	5 Month	.2600	—	19:59	.2600	.2300	.2900
13)	6 Month	.3100	—	19:59	.3100	.2800	.3400
14)	7 Month	.3600	—	19:59	.3600	.3300	.3900
15)	8 Month	.4000	—	19:59	.4000	.3700	.4300
16)	9 Month	.4500	—	19:59	.4500	.4200	.4800
17)	10 Month	.4800	—	19:59	.4800	.4500	.5100
18)	11 Month	.5000	—	19:59	.5000	.4700	.5300
19)	1 Year	.5300	—	19:59	.5300	.5000	.5600

(continued)

도표 8.15 **Money Market Rates *(continued)***

USD MONEY MARKET RATES							
SECURITY	TIME	BID	ASK	CHANGE	HIGH	LOW	PRV CLS
Fed Funds							
2) FDFD	15:49	.11000	.14000	—	.23000	.09000	.12000
Deposit Rates							
4) O/N	19:59	.0800	.1800	—	.2900	.1300	.1300
5) USD Depo T/N	14:23	.1300	.2000	−.0500	.2000	.1350	.2500
6) USD Depo S/N	20:00	.0800	.1800	—	.1600	.1300	.1300
7) USD Depo 1 WK	19:59	.1000	.2000	—	.2300	.1500	.1500
8) USD Depo 2 WK	20:00	.1200	.2200	—	.3000	.1690	.1700
9) USD Depo 3 WK	20:00	.1300	.2300	—	.2450	.1400	.1800
10) USD Depo 1 Mo	20:00	.1700	.2400	—	.3950	.2050	.2050
11) USD Depo 2 Mo	20:00	.3000	.3600	—	.8250	.2800	.3300
12) USD Depo 3 Mo	20:00	.4600	.5100	—	.8750	.3700	.4850
13) USD Depo 4 Mo	20:00	.5700	.6200	—	.7108	.5631	.5950
14) USD Depo 5 Mo	20:00	.6500	.7000	—	.7584	.6203	.6750
15) USD Depo 6 Mo	19:24	.7300	.7800	—	1.3550	.4550	.7550
16) USD Depo 7 Mo	20:03	.7800	.8300	−.0100	1.6300	.7351	1.6300
17) USD Depo 8 Mo	20:00	.8300	.8800	—	.9116	.7919	.8550
18) USD Depo 9 Mo	20:01	.8800	1.8300	−.3750	1.3550	.8548	1.7300
19) USD Depo 10 Mo	20:00	.9300	.9800	—	1.0771	.8706	.9550
20) USD Depo 11 Mo	20:00	.9900	1.0400	—	1.1213	.9222	1.0150

도표 8.16 **Currency Futures**

View: Futures | 1) Edit Columns | 2) Chart on CCRV | Contact Table
EURO FX CURR FUT | Pricing Date: 02/14/12 | Sort By: Expiration
Chicago Mercantile E | COMB
Delayed Futures | Contracts: 6/6 | Aggr Volume: 268379 | Aggr Open Int: 286579

Ticker		Last	Change	Time	Bid	Ask	Open Int	Volume	Previous
3) ECH2	Mar12	1.3090	−.0115	20:26	1.3089	1.3090	281213	267388	1.3205
4) ECM2	Jun 12	1.3096	−.0114	20:25	1.3095	1.3097	5261	973	1.3210
5) ECU2	Sep 12	1.3110 s	−.0107	20:10	1.3098	1.3107	81	12	1.3217
6) ECZ2	Dec 12	1.3121 s	−.0103	20:10	1.1800	–	16	6	1.3224
7) ECH3	Mar13	1.3132 s	−.0103	20:10	–	–	8	–	1.3235
8) ECM3	Jun 13	1.3141 s	−.0102	20:10	–	–	–	–	1.3243

View: Futures | 1) Edit Columns | 2) Chart on CCRV | Contact Table
JPN YEN CURR FUT | Pricing Date: 02/14/12 | Sort By: Expiration
Chicago Mercantile E | COMB | Display: Quoted Val.
Delayed Futures | Contracts: 6/6 | Aggr Volume: 106781 | Aggr Open Int: 162112

Ticker		Last	Change	Time	Bid	Ask	Open Int	Volume	Previous
3) JYH2	Mar 12	127.47	−1.39	20:27	127.46	127.47	160202	106024	128.86
4) JYM2	Jun 12	127.59	−1.40	20:24	127.59	127.62	1882	753	128.99
5) JYU2	Sep 12	127.79 s	−1.38	20:10	127.53	128.08	18	2	129.17
6) JYZ2	Dec 12	128.01 s	−1.38	20:10	125.30	–	10	2	129.39
7) JYH3	Mar 13	128.32 s	−1.39	20:10	–	–	–	–	129.71
8) JYM3	Jun 13	128.64 s	−1.39	20:10	–	–	–	–	130.03

도표 8.17 **Currency Options**

XEC Curncy　95) Templates　96) Actions　97) Expiry　Implied Vols (OMON)
ECU SPOT USD STD　↑131.08　-.80　-.61%　/　Hi 131.80　Lo 131.80　HV 10.21　91) News
Calc Mode　Center 131.00　Strike 5　Exch NASDAQ OM

Calls									Puts							
Ticker	Bid	Ask	Last	IVM	DM	Volm	QInt	Strike	Ticker	Bid	Ask	Last	IVM	DM	Volm	QInt
16 Jun 12 (123d); CSize 100; R 0.12							5		16 Jun 12 (123d): CSize 100; R 0.12							
11) XEM2C C	4.07	4.33	5.00y	12.03	.56	–	2	130	41) XEM2P C	3.10	3.27	3.10	12.25	-.44	10	953
12) XEM2C C	3.79	4.02	–	11.91	.54	–	–	130.5	42) XEM2P C	3.32	3.47	5.18y	12.15	-.46	–	18
13) XEM2C C	3.51	3.74	4.20y	11.83	.52	–	1	131	43) XEM2P C	3.55	3.69	3.56	12.06	-.48	1	346
14) XEM2C C	3.25	3.47	–	11.73	.49	–	–	131.5	44) XEM2P C	3.78	3.92	4.94y	11.95	-.50	–	8
15) XEM2C C	2.99	3.22	–	11.62	.47	–	–	135	45) XEM2P C	4.02	4.16	5.48y	11.85	-.53	–	7
22 Sep 12 (221d); CSize 100; R 0.12								5	22 Sep 12 (221d); CSize 100; R 0.12							
16) XEU2C C	6.10	6.44	–	12.76	.58	–	–	129	46) XEU2P C	4.03	4.28	–	12.75	-.42	–	–
17) XEU2C C	5.52	5.82	5.88y	12.58	.55	–	5	130	47) XEU2P C	4.44	4.67	4.69y	12.59	-.45	–	242
18) XEU2C C	4.97	5.25	–	12.43	.52	–	–	131	48) XEU2P C	4.89	5.09	5.04y	12.43	-.48	–	35
19) XEU2C C	4.45	4.73	–	12.31	.49	–	–	132	49) XEU2P C	5.35	5.56	7.00y	12.26	-.51	–	123
20) XEU2C C	3.94	4.21	–	12.11	.46	–	–	133	50) XEU2P C	5.84	6.06	–	12.09	-.54	–	–
22 Dec 12 (312d); CSize 100; R 0.12								5	22 Dec 12 (312d); CSize 100; R 0.12							
21) XEZ2C C	7.07	7.54	–	12.88	.58	–	–	129	51) XEZ2P C	4.95	5.44	–	12.97	-.42	–	–
22) XEZ2C C	6.50	6.95	–	12.74	.55	–	–	130	52) XEZ2P C	5.37	5,82	5.55y	12.81	-.45	–	10
23) XEZ2C C	5.96	6.38	–	12.62	.53	–	–	131	53) XEZ2P C	5.82	6.25	–	12.66	-.47	–	–
24) XEZ2C C	5.44	5.85	–	12.48	.50	–	–	132	54) XEZ2P C	6.28	6.71	8.07y	12.51	-.50	–	5
25) XEZ2C C	4.93	5.35	–	12.35	.47	–	–	133	55) XEZ2P C	6.76	7.20	–	12.37	-.53	–	–
18 Feb 12 (4d); CSize 100; R 0.12							5		18 Feb 12 (4d); CSize 100; R 0.12							
26) XEG2C C	1.94	2.12	2.22	7.38	.98	1	1	129	56) XEG2P C	.10	.20	.25y	14.28	-.15	–	15
27) XEG2C C	1.15	1.30	1.33	10.44	.76	1	5	130	57) XEG2P C	.25	.39	.21	13.18	-.20	1	162

XEC Curncy　95) Templates　96) Actions　97) Expiry　Implied Vols (OMON)
JAPAN ¥ SPOT USD STD　↑127.43　-1.48　-1.15%　/　Hi 128.20　Lo 127.33　HV 6.87　91) News
Calc Mode　Center 127.41　Strike 5　Exch NASDAQ OM

Calls									Puts							
Ticker	Bid	Ask	Last	IVM	DM	Volm	QInt	Strike	Ticker	Bid	Ask	Last	IVM	DM	Volm	QInt
16 Jun 12 (123d); CSize 100; R 0.12							5		16 Jun 12 (123d): CSize 100; R 0.12							
1) XNM2C C	3.09	3.40	–	9.31	.57	–	–	126.5	31) XNM2P C	2.02	2.25	–	8.78	-.43	–	–
2) XNM2C C	2.82	3.11	–	9.26	.54	–	–	127	32) XNM2P C	2.25	2.47	–	8.77	-.46	–	–
3) XEM2C C	2.57	2.84	–	9.23	.51	–	–	127.5	33) XNM2P C	2.48	2.71	–	8.73	-.49	1	–
4) XEM2C C	2.33	2.57	–	9.17	.48	–	–	128	34) XNM2P C	2.73	3.00	–	8.75	-.52	–	–
5) XEM2C C	2.10	2.35	–	9.16	.45	–	–	128.5	35) XNM2P C	3.00	3.28	–	8.74	-.55	–	–
22 Sep 12 (221d); CSize 100; R 0.12								5	22 Sep 12 (221d); CSize 100; R 0.12							
6) XNU2C C	5.22	5.74	–	10.51	.61	–	–	125	36) XNU2P C	2.47	2.85	3.10y	9.65	-.38	–	10
7) XNU2C C	4.66	5.12	–	10.42	.57	–	–	126	37) XNU2P C	2.89	3.26	2.59y	9.61	-.42	–	10
8) XNU2C C	4.14	4.55	–	10.36	.54	–	–	127	38) XNU2P C	3.35	3.69	–	9.54	-.46	–	–
9) XNU2C C	3.67	4.02	–	10.32	.50	–	–	128	39) XNU2P C	3.85	4.24	–	9.57	-.51	–	–
10) XNU2C C	3.20	3.58	–	10.30	.46	–	–	129	40) XNU2P C	4.40	4.80	–	9.57	-.55	–	–
22 Dec 12 (312d); CSize 100; R 0.12								5	22 Dec 12 (312d); CSize 100; R 0.12							
11) XNZ2C C	6.29	6.90	–	11.24	.60	–	–	125	41) XNZ2P C	3.30	3.04	–	10.17	-.40	–	–
12) XNZ2C C	5.73	6.29	–	11.17	.57	–	–	126	42) XNZ2P C	3.74	4,24	–	10.11	-.43	–	–
13) XNZ2C C	5.21	5.74	–	11.09	.54	–	–	127	43) XNZ2P C	4.20	4.70	–	10.06	-.46	–	–
14) XNZ2C C	4.74	5.24	–	11.08	.51	–	–	128	44) XNZ2P C	4.70	5.19	–	10.01	-.50	–	–
15) XNZ2C C	4.28	4.77	–	11.05	.48	–	–	129	45) XNZ2P C	5.23	5.73	–	9.98	-.53	–	–
18 Feb 12 (4d); CSize 100; R 0.12							5		18 Feb 12 (4d); CSize 100; R 0.12							
16) XNG2C C	2.34	2.60	–	12.79	.92	–	–	125	46) XNG2P C	–	.16	–	16.92	-.14	–	–
17) XNG2C C	1.42	1.66	–	10.97	.84	–	–	126	47) XNG2P C	.01	.25	–	11.02	-.17	–	–

참고문헌 및 추천도서

Aggarwal, R., and A. Demaskey. "Cross-Hedging Currency Risks in Asian Emerging Markets Using Derivatives in Major Currencies." *Journal of Portfolio Management, Spring* (1997), pp. 88 - 95.

Allayannis, George, and James Weston. "The Use of Foreign Currency Derivatives and Firm Market Value." *Review of Financial Studies* 14 (2001), pp. 243 - 76.

Benet, B. "Commodity Futures Cross-Hedging of Foreign Exchange Exposure." *Journal of Futures Markets, Fall* (1990), pp. 287 - 306.

Bodnar, Gordon, de Jong, Abe, and Macrae, Victor. "The Impact of Institutional Differences on Derivative Usage: A Comparative Study of US and Dutch Firms." *European Financial Management* 9 (2003), pp. 271 - 297.

Bodnar, Gordon, Gregory Hayt, and Richard Marston. "1998 Wharton Survey of Financial Risk Management by US Non-financial Firms." *Financial Management* 27 (1998), pp. 70 - 91.

Breeden, Douglas, and Viswanathan, S. "Why Do Firms Hedge? An Asymmetric Information Model." *Journal of Fixed Income* 25 (2016), pp. 1 - 19.

Campello, Murillo, Lin, Chen, Ma, Yue, and Zhou, Hong. "The Real and Financial Implications of Corporate Hedging." *Journal of Finance* 66 (2011), pp. 1615 - 1646.

Carnaggia, Jess. "Does Risk Management Matter? Evidence from the U.S. Agricultural Industry." *Journal of Financial Economics* 109 (2013), pp. 419 - 440.

E-Masry, Ahmed. "Derivatives Use and Risk Management Practices by UK Nonfinancial Companies." *Managerial Finance* 32 (2006), pp. 137 - 59.

El-Masry, Ahmed. "Derivative Use and Risk Management Practices by UK nonfinancial Companies." *Managerial Finance* 52 (2006), pp. 137 - 159.

Fatemi, Ali and Glaum, Martin. "Risk Management Practices of German Firms." *Managerial Finance* 26 (2000), pp. 1 - 17.

Géeczy, Christopher, Minton Bernadette, and Shrand, Catherine. "Why Firms Use Derivatives." *Journal of Finance* 52 (1997), pp. 1323 - 1354.

Giambona, Erasmo, Graham, John, Harvey, Campbell, and Bodnar, Gordon. "The Theory and Practice of Corporate Risk Management: Evidence from the Field." *Financial Management* (2018), pp. 783 - 832.

Graham, John, and Smith, Clifford. "Tax Incentives to Hedge." *Journal of Finance* 54 (1999), pp. 2241 - 2261.

Graham, John and Rogers, Daniel. "Do Firms Hedge in Response to Tax Incentives?" *Journal of Finance* 62 (2002), pp. 815 - 839.

Hentschel, Ludger, and Kothari, S. "Are Corporations Reducing or Taking Risks with Derivatives?" *Journal of Financial and Quantitative Analysis* 36 (2001), pp. 93 - 118.

Jesswein, Kurt, Chuck C. Y. Kwok, and William Folks, Jr. "Corporate Use of Innovative

Foreign Exchange Risk Management Products." *Columbia Journal of World Business, Fall* (1995), pp. 70 - 82.

Kim, Sungjae F., and Don M. Chance. "An Empirical Analysis of Corporate Currency Risk Management Policies and Practices." *Pacific-Basin Finance Journal* 47 (2018), pp. 109 - 128.

Larsen, Glen A., and Bruce Resnick. "On Comparing Foreign Exchange Hedging Alternatives." *Financial Decisions* 26 (2014), pp. 1 - 15.

Levi, Maurice. International Finance. New York: McGraw-Hill, 1990.

Mackay, Peter, and Sara B. Moeller. "The Value of Corporate Risk Management." *The Journal of Finance* 62 (2007), pp. 1379 - 1419.

Marshall, Andrew. "Foreign Exchange Risk Management in U.K., USA, and Asia Pacific Multinational Companies." *Journal of Multinational Financial Management* 10 (2000), pp. 185 - 211.

Purnanadam, Amiatosh. "Financial Distress and Corporate Risk Management." Journal of *Financial Economics* 87 (2008), pp. 706 - 739.

Servaes, Henri, Tamayo, Arie, and Tufano, Peter. "The Theory and Practice of Corporate Risk Management." *Journal of Applied Corporate Finance* 21 (2009), pp. 60 - 78.

Smith, Clifford, and Stulz, Rene. "The Determinants of Firm's Hedging Policies." *Journal of Financial and Quantitative Analysis* (1985), pp. 391 - 405.

INTERNATIONAL
FINANCE

Chapter 09

경제적 환노출의 관리

CHAPTER OUTLINE

- **경제적 환노출의 측정**
  - 자산 노출의 측정
  - 자산 노출의 헤징
- **운영 환노출의 정의**
- **운영 환노출: 예**
- **운영 환노출의 결정요인**
- **운영 환노출의 관리**
  - 저비용 생산입지의 선택
  - 유연한 조달정책
  - 시장 다각화
  - 연구개발 노력과 제품 차별화
  - 재무적 헤징
- **사례분석: Merck사의 환위험관리**
- **요약**
- **주요 용어**
- **연습문제**
- **계산문제**
- **인터넷 연습문제**
- **미니 케이스:** Albion Computers PLC의 경제적 환노출
- **참고문헌 및 추천도서**

글로벌화가 증가하면서, 점점 더 많은 기업들은 외환 노출에 세심한 주의를 기울이고, 적정한 헤징 전략을 설계하고 실행하는 것은 매우 필요하다고 깨달았다. 1980년대 이후로 주로 나타난 미 달러화가 일본 엔화에 대하여 상당히 가치가 하락한 상태를 예로 생각해보자. 이 같은 환율 변동은 미국과 일본 기업 모두에게 중요한 경제적 결과를 갖는다. 예를 들어, 이것은 미국 경쟁자들에 비하여 일본 자동차의 달러표시 가격이 더욱 많이 상승됨으로써, 경쟁력이 높은 미국 시장에서 일본 자동차 제조사의 경쟁력에 불리하게 영향을 미칠 수 있다. 즉, 미국 달러가 엔화에 대해 평가절하되면 일본 자동차 제조업체들이 손해를 봄과 동시에 미국 자동차 제조업체들이 경쟁적 우위를 가져가게 될 것이다. 반면에 엔화가 달러에 대해 평가절하되면 일본 자동차 제조업체들의 판매 및 이익은 증대될 것이다. 그러나, 환율이 똑같이 변할 경우 수입 경쟁을 하는 미국 자동차 제조업체들의 경쟁력이 약화되는 경향이 있다.

환율 변동은 국제 무역에 직접적으로 관여하고 있는 기업뿐만 아니라 순수 국내 기업에도 영향을 미칠 수 있다. 예를 들어, 미국 자전거 제조사가 회계장부에 외화표시 매출채권이나 매입채무가 전혀 없이, 오직 국내 시장에서 독점적으로 생산 및 판매하고 있다고 생각해 보자. 이렇게 겉으로는 순수한 미국 내수기업이 예를 들어 대만의 제조업체로부터 수입되는 제품과 경쟁하고 있는 경우, 환노출에 직면할 수 있다. 만약 대만 달러가 미국 달러 대비 가치가 하락하면 그로 인하여 대만으로부터 수입하는 자전거의 가격이 더 낮아질 것이다. 이것은 미국 내 대만 상품의 판매를 부추기고 미국 제조업자에게는 불리한 영향을 미친다.

환율 변동은 경쟁 포지션을 변화시킴으로써 기업의 영업현금흐름뿐만 아니라 기업의 자산과 부채에 대한 모국 통화표시 가치에도 영향을 미친다. 미국 기업이 스위스 프랑을 차입했다고 가정해 보자. 스위스 프랑 부채에 대해서 지급되어야 할 미국 달러의 양은 달러/프랑 환율에 의해 결정되기 때문에, 미국 기업은 미국 달러에 대한 스위스 프랑의 가치 하락 또는 상승에 따라 손실 또는 이익을 얻을 수 있다. 환노출에 직면한 위험의 대표적인 사례는 Sir Freddie Laker에 의해 설립되어, 대량판매와 저가 항공여행을 개척한 영국 기업인 Laker Airways이다. 이 기업은 항공기 취득 자금을 위하여 영국 파운드화로 나타난 수익이 반 이상에 해당되는 데도 불구하고 많은 양의 미국 달러화를 차입하였다. 1980년대의 전반기 동안 내내 영국 파운드 대비 미국 달러가 지속해서 가치가 상승함으로써, 달러 부채의 이자 지급 부담이 Laker Airways

기업을 압도하였고, 채무불이행으로까지 내몰았다.

앞의 사례는 환율 변동이 영업현금흐름뿐만 아니라 자산과 부채의 자국통화 가치에 영향을 미침으로써 기업의 가치에 체계적인 영향을 미칠 수 있음을 나타낸다. 미국 기업의 환노출에 대한 연구에서, Jorison(1990)은 주식수익률과 미국 달러 가치 사이의 중요한 관계에 대해서 분석하고 있다. Choi and Prasad(1995), Simkims and Laux(1996), Allayannis and Ofeck(2001)의 선행 연구에 따르면, 그들 또한 미국 주식수익률은 환율 변동에 민감하다고 밝히고 있다.

〈도표 9.1〉은 2000-2018년 기간 미국 산업의 시장 베타와 "외환" 베타의 추정치를 제공하고 있다. 시장과 외환의 베타는 미국 주식시장 지수와 달러 환율 지수를 각각 비교하여 산업 포트폴리오의 민감도를 측정한다. 〈도표 9.1〉에서 나타나듯이, 외환 베타는 산업 구분에 따라 석탄산업의 −1.738부터 보건의료산업의 0.306까지 매우 다양하다. 음의(양의) 외환 베타는 주식수익률이 달러의 가치 상승에 따라 낮아지는(높아지는) 경향을 의미한다. 연구대상 30개의 총 산업 가운데, 9개 산업은 환율 변동에 유의하게 노출되어 있음이 발견되었다.

이 장에서는 환위험에 대한 경제적 노출의 관리에 대하여 다룬다. 그러나 가장 먼저 경제적 노출을 어떻게 측정하는지에 대하여 논의할 필요가 있다. 거래적 환노출과 달리, 먼저 경제적 환노출을 추정해야 한다.

경제적 환노출의 측정

환율의 무작위한 변동에 해당하는 환위험 또는 불확실성은 "what is at risk"(위험에 노출되어 있는 상태)를 측정하는 환노출과 같지 않다. 기업이 어떠한 노출도 전혀 직면하지 않은 특정한 상태에서, 심지어 환율이 무작위로 변동하더라도, 그 무엇도 위험에 노출되어 있지 않다. 당신의 기업이 직원을 위해서 영국 시골지역에 별장을 가지고 있고, 그 별장의 현지 가격이 항상 미국 달러의 파운드화 표시 가격과 함께 변동한다고 가정해 보자. 결과적으로, 달러에 대해 파운드가 가치가 하락된 언제라도 별장의 현지 통화 가격은 같은 비율로 상승할 것이다. 이 경우, 당신의 기업은 파운드/달러 환율이 무작위로 변동되더라도, 환위험에 노출되지 않는다. 그 자산의

도표 9.1

미국 산업포트폴리오의 환노출[a]

산업	시장 베타[b]	외환 베타[c]
1. 항공, 선박, 철도 설비	1.015	0.030
2. 의류	0.971	−0.181
3. 자동차, 트럭	1.385	−0.229
4. 은행, 보험, 부동산 및 트레이딩	1.073	0.089
5. 맥주, 주류	0.351	−0.224
6. 사업 설비	1.513	0.133
7. 사업 공급품, 선적 컨테이너	0.883	−0.234
8. 화학	1.094	−0.413*
9. 석탄	1.082	−1.738*
10. 건설 및 건설 자재	1.161	−0.255
11. 소비자 제품	0.488	−0.058
12. 전기설비	1.275	−0.372*
13. 조립제품 및 기계류	1.382	−0.342*
14. 식품	0.446	−0.238*
15. 건강제품	0.644	0.306*
16. 곡물	0.717	0.087
17. 개인 및 사업 서비스	1.250	0.110
18. 석유 및 천연가스	0.792	−0.535*
19. 귀금속, 비금속 및 산업금속광업	0.894	−1.525*
20. 인쇄 및 출판		
21. 레크리에이션	1.076	−0.215
22. 레스토랑, 호텔 및 모텔	1.384	0.022
23. 철강 제품	0.863	0.228
24. 통신	1.675	−0.904*
25. 섬유	0.989	0.014
26. 담배제품	1.355	−0.357
27. 수송	0.491	−0.168
28. 공공사업	0.921	0.054
29. 도매	0.407	−0.241
30. 기타	0.881	0.016
	0.952	0.053

[a] 시장 및 외환 베타는 2000.1–2018.12 표본기간 동안 Fortune 500 기업들로 구성된 산업포트폴리오(월간) 수익률을 종속변수로, 미국 주식시장 지수수익률과 달러 환율지수의 변화율에 대해 회귀분석을 수행하여 구한다.

[b] 모든 산업포트폴리오에 대해 시장베타는 1% 수준에서 통계적으로 유의하다.

[c] 외환 베타는 일부 산업포트폴리오에 대해 유의하며, 다른 산업포트폴리오에 대해서는 유의하지 않다. 10% 또는 그 이상 수준에서 유의한 외환 베타는 *로 표시된다.

달러 가격을 환율 변동에 둔감하게 함으로써, 당신 기업이 보유한 영국 자산은 환위험에 대하여 내재된 헤지를 갖는 것이다.

당신 기업의 영국 자산의 현지 가격(파운드화 표시)이 거의 변하지 않는 대안적인

도표 9.2

경제적 환노출의 채널

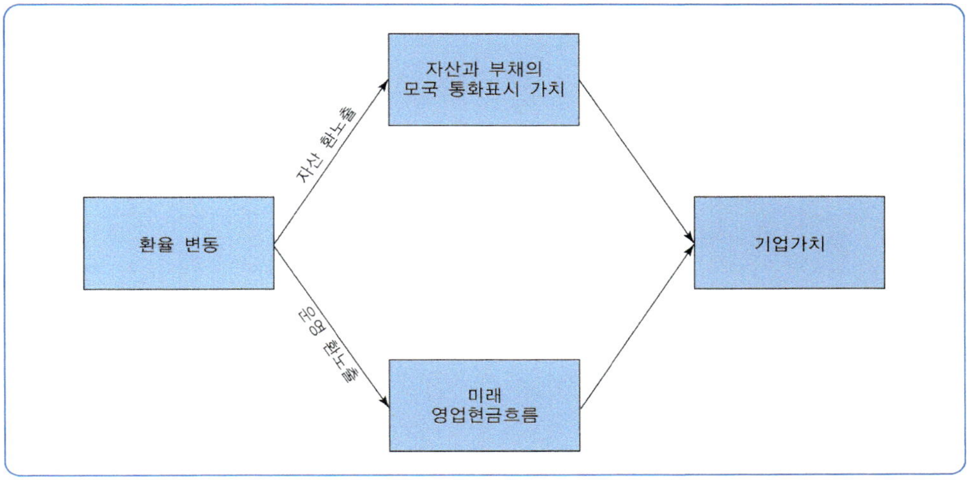

상황을 고려해 보자. 이 자산의 달러 가격은 환율에 따라 변동되기 때문에, 이 경우 전자는 후자에 매우 민감하게 될 것이다. 영국 자산의 달러 가격이 환율 변동에 대한 민감성을 보여주듯이, 당신 기업은 환위험에 노출된다. 마찬가지로, 만약 당신 기업의 영업현금흐름이 환율 변동에 민감하다면, 기업은 또 다시 환위험에 노출된다.

따라서 환위험에 대한 노출은 무작위적 환율 변동에 대한 (1) 기업의 자산과 부채에 대한 미래 모국 통화표시 가치 및 (2) 기업의 영업현금흐름의 민감도들에 의해서 적절히 측정될 수 있다. 〈도표 9.2〉에서 동일한 점이 예증된다. 자산은 유형자산(자산, 공장, 설비, 재고)뿐만 아니라 금융 자산을 포함한다.

자산 노출의 측정

자산 노출의 사례에 대해서 논의해 보자. 편리한 설명을 위해서 달러의 인플레이션은 무작위가 아닌 것으로 가정하자. 그 다음, 영국에 자산을 보유하고 있는 미국 기업의 관점에서, 노출은 달러/파운드 환율(S)를 설명변수로, 영국 자산의 달러 가치(P)를 종속변수로 한 회귀분석에서 회귀계수(b)로부터 측정될 수 있다.[1)]

$$P = a + b \times S + e \tag{9.1}$$

1) 이 절의 논의는 환노출의 개념을 명확히 한 Adler and Dumas(1984)를 따른다.

도표 9.3

환노출의 측정

상태	확률	P^*	S	$P\ (=SP^*)$	모수
A. Case 1					
1	1/3	£ 980	$1.40	$1,372	Cov(P,S)=34/3
2	1/3	£1,000	$1.50	$1,500	Var(S)=.02/3
3	1/3	£1,070	$1.60	$1,712	**b=£1,700**
평균			$1.50	$1,528	
B. Case 2					
1	1/3	£1,000	$1.40	$1,400	Cov(P,S)=0
2	1/3	£ 933	$1.50	$1,400	Var(S)=.02/3
3	1/3	£ 875	$1.60	$1,400	**b=0**
평균			$1.50	$1,400	
C. Case 3					
1	1/3	£1,000	$1.40	$1,400	Cov(P,S)=20/3
2	1/3	£1,000	$1.50	$1,500	Var(S)=.02/3
3	1/3	£1,000	$1.60	$1,600	**b=£1,000**
평균			$1.50	$1,500	

여기에서 a는 상수항이고 e는 평균이 0인 확률적 오차항이고, 즉 $E(e)=0$이다. $P=SP^*$, 여기에서 P^*는 자산의 현지 통화(파운드화)표시 가격이다.[2] 회귀계수 b가 자산(P)의 달러 가치가 환율(S)에 대한 민감도를 측정한다는 것이 위의 등식으로부터 명확하다. 만약 회귀계수가 0이라면, 자산의 달러 가치는 환율변동과 독립적이다. 노출이 없음을 의미한다. 아래의 분석에 기초하여, 우리는 노출은 회귀계수라고 말할 수 있다. 통계적으로 노출계수(exposure coefficient) b는 다음과 같이 정의된다.

$$b = \frac{Cov(P,S)}{Var(S)}$$

여기에서 Cov(P,S)는 자산의 달러 가치와 환율의 공분산이고 Var(S)는 환율의 분산이다.

다음으로 수치적인 예를 사용하여, 노출 측정 기술을 어떻게 적용하는지에 대해서 보도록 한다. 미국 기업이 영국에 현지 통화표시 가격이 무작위적인 자산을 가지고 있다고 가정하자. 단순함을 위하여 세계에는 3가지 가능한 상태가 있고 그 각각의 상태는 발생할 확률이 동일하다고 가정하자. 영국 자산의 미래 현지 통화 가격뿐만 아니라 미래 환율은 미래의 실현될 상태에 의존하여 결정될 것이다. 가장 먼저, 〈도표 9.3〉의 패널 A에 나타나 있는 Case 1을 생각해 보자. Case 1은 미국 달러에

2) 추가적으로 랜덤오차(잔차) 항과 환율 간의 공분산은 정의상 0, 즉 Cov(S, e) = 0이다.

도표 9.4

회귀계수의 계산: Case 1

1. 평균 계산

$$\bar{P} = \sum_i q_i P_i = \frac{1}{3}(1{,}372+1{,}500+1{,}712) = 1{,}528$$

$$\bar{S} = \sum_i q_i S_i = \frac{1}{3}(1.40+1.50+1.60) = 1.50$$

2. 분산 및 공분산 계산

$$\mathrm{Var}(S) = \sum_i q_i (S_i - \bar{S})^2$$
$$= \frac{1}{3}[(1.40-1.50)^2+(1.50-1.50)^2+(1.60-1.50)^2]$$
$$= 0.02/3$$

$$\mathrm{Cov}(P_i\ S) = \sum_i q_i (P_i - \bar{P})(S_i - \bar{S})$$
$$= \frac{1}{3}[(1{,}372-1{,}528)\ (1.40-1.50)+(1{,}500-1{,}528)\ (1.50-1.50)+(1{,}712-1{,}528)\ (1.60-1.50)]$$
$$= 34/3$$

3. 노출계수의 계산

$$b = \mathrm{Cov}(P,S)/\mathrm{Var}(S) = (34/3)/(0.02/3) = 1{,}700$$

자료: q_i는 i상태가 일어날 확률을 나타낸다.

대한 파운드의 평가 절하(평가 절상)가 자산의 현지 통화 가격의 하락(상승)과 연관이 있도록, 자산의 현지 통화 가격(P^*)과 파운드의 달러 가격(S)은 양(+)의 상관관계가 있음을 나타낸다. 미래(청산) 날짜에 자산의 달러 가격은 미래의 실현될 상태에 따라서 $1,372 또는 $1,500 또는 $1,712가 될 수 있다.

Case 1을 위한 모수 값을 계산하여, $\mathrm{Cov}(P,S)=34/3$, $\mathrm{Var}(S)=0.02/3$, 따라서 b=£1,700을 얻는다. 1,700파운드는 환율의 무작위적 변동에 대한 영국 자산의 미래 달러 가치의 민감도를 나타낸다. 이 같은 발견은 미국 기업이 상당한 환위험에 직면하였음을 의미한다. 노출의 규모는 영국 파운드로 표시됨에 주목해야한다. 예증을 위해 Case 1의 모수 값의 계산은 〈도표 9.4〉에서 보여준다.

다음으로, Case 2를 생각해 보자. 이 경우는 자산의 현지 통화 가치가 명확하게 영국 파운드의 달러 가격과 음(−)의 상관관계가 있음을 나타낸다. 사실상 환율 변동의 영향은 자산의 현지 통화 가격의 변동에 의해 정확히 상쇄된다. 그것은 자산의 달러 가격이 완전히(전적으로) 환율 변동에 민감하지 않음을 의미한다. 자산의 미래 달러 가격은 세 가지 상태에 있어 동일하게 $1,400일 것이다. 그러므로 영국 자산은 달러의 관점에서 효과적으로 표시되었다고 말할 수 있다. 비록 이 사례는 비현실적일지라도, 이것은 불확실한 환율 또는 환위험이 환노출로 여겨질 필요가 없음을 보여준다. 미래 환율이 불확실하다는 사실에도 불구하고, 이 사례에서 미국 기업은 전혀 위험에 노출되지 않는다. 기업은 노출에 직면하지 않기 때문에, 헤징은 필요하지 않다.

이제 자산의 현지 통화 가격이 1,000파운드로 고정되어 있는 Case 3으로 돌아오자. 이 사례에서 미국 기업은 파운드로 표시되는 "계약적" 현금흐름에 직면해 있다. 사실상 이것은 경제적 환노출의 특수한 경우인 거래적 환노출의 예를 의미한다. 직관적으로 1,000파운드가 위험에 노출되어 있다, 즉, 노출계수 b는 1,000파운드이다. 독자들은 〈도표 9.4〉에 나타나 있는 것과 동일한 등식을 통해서 이것을 확인할 수 있다. 거래적 환노출의 측정은 매우 간단하다. 노출계수 b는 외화 표시로 고정된, 계약적 현금흐름의 규모와 동일하다.

자산 노출의 헤징

노출 규모가 알려지면, 기업은 단지 노출을 선물환 매도함으로써 노출을 헤지할 수 있다. 자산의 가치가 현지 통화로 고정되어 있는 Case 3에서 보면, 1,000파운드를 선물환 매도함으로써 미래 달러 가격 자산의 변동성을 완벽하게 제거할 수 있을 것이다. 그러나 자산의 현지 통화 가격이 무작위적인 Case 1에서는, 1,700파운드를 선물환매도하는 것으로 미래 달러 가격의 변동성을 완전히 제거할 수 없다. 즉, 환율 변동으로부터 독립적인 잔여 변동성이 있을 수 있다.

(9.1) 회귀식에 기초하여 우리는 자산의 달러 가치 변동성 Var(P)를 분해할 수 있다. Var(P)는 두 가지 부분으로 나누어진다: 환율관련 변동성과 잔여 변동성. 구체적으로,

$$Var(P) = b^2\,Var(S) + Var(e) \qquad (9.2)$$

등식의 우변의 첫 번째 항, b^2Var(S)는 환율의 무작위적 변동과 관련된, 자산의 달러 가치 변동성의 일부를 나타낸다. 반면 두 번째 항, Var(e)는 환율 변동과 독립적인, 달러 가치의 잔여 변동성을 포착한다.

도표 9.5

환노출 헤징의 결과

미래 분위수	상태 1	상태 2	상태 3	분산
A. Case 1 (B_i =£1,700)				
현지통화 자산가격 (P *)	980	1,000	1,070	
환율 (S)	1.40	1.50	1.60	
달러가치 (P=SP *)	1,372	1,500	1,712	19,659
선물환계약으로부터 대금	170	0	−170	
헤지된 포지션의 달러가치(HP)	1,542	1,500	1,542	392
B. Case 3 (b=£1,000)				
현지통화 자산가격 (P *)	1,000	1,000	1,000	
환율 (S)	1.40	1.50	1.60	
달러가치 (P=SP *)	1,400	1,500	1,600	6,667
선물환계약으로부터 대금	100	0	−100	
헤지된 포지션의 달러가치(HP)	1,500	1,500	1,500	0

주: 두 사례에서 선물환율(F)은 $1.50/£이라고 가정된다. 선물환계약으로부터의 대금은 $\$b(F-S)$로 계산된다. 세 가지 상태들이 각각 동일한 확률로 발생한다. 즉, 각 상태에 대해 q_i=1/3이다.

선물환계약을 이용한 노출 헤징 결과는 〈도표 9.5〉에서 설명된다. 기업이 1,700파운드의 노출계수(b)에 직면한 Case 1을 생각해 보면, 기업이 계속해서 받게 될 달러는 다음과 같이 주어진다.

$$\$1{,}700(F-S)$$

여기서 F는 선물환율을 S는 만기에 실현된 현물환율이다. 매도된 각각의 파운드 선물환을 주목해 보면, 기업은 $(F-S)$와 동일한 양의 달러를 받게 될 것이다. 〈도표 9.5〉에서, 선물환율은 $1.50으로 추정된다. 그것은 기대되는 미래 현물환율과 동일하다. 그러므로 만약 미래 현물환율이 상태1 하에서 $1.40으로 변화하면, 선물환 계약에서 비롯되는 달러는 $170=1,700(1.50−1.40)일 것이다. 상태1에서 자산의 달러가치(P)가 $1,372이기 때문에, 헤지 포지션(HP)의 달러 가치는 $1,542(=$1,372+$170)이 될 것이다.

〈도표 9.5〉의 A부분에서 보이는 것처럼 헤지 포지션의 달러 가치의 분산은 오직 $392(\$)^2$이다. 반면, 헤지되지 않은 포지션의 분산은 $19{,}659(\$)^2$이다. 이 결과는 자산의 미래 달러 가치와 관련된 불확실성의 크기가 환율의 불확실성과 연관이 있음을 의미한다. 결과적으로 환노출이 헤지되면, 자산의 달러 가치 변동성의 대부분이 제거된다. 자산의 달러 가치 잔여 변동성은 환율 변동과 독립적이며, Var(e)는 $392(\$)^2$와 동일하다.

자산의 현지 통화 가격이 고정되어 있는, Case 3으로 돌아와 보자. 이 경우, 완전한 헤징은 잔여 변동성이 전혀 없는 특별한 경우에 가능하다. 〈도표 9.5〉의 B부분을 보면, 자산의 미래 달러 가치는 환율에 완전히 종속적인, $\$6,667(\$)^2$의 변동성을 지닌다. 기업이 1,000파운드 선물을 매도함으로써 노출을 헤지하면, 헤지 포지션(HP)의 달러 가치는 무작위적이 아니게 되고, 세 가지 상태에 걸쳐 $1,500이 된다. 자산은 현재 일정한 달러 가치를 갖기 때문에, 실효적으로 달러로 재표시된다.

운영 환노출의 정의

수많은 경영자들이 외환으로 표시된 기업의 자산과 부채의 달러 가치에 대한 무작위적 환율 변동의 효과를 잘 알고 있음에도 불구하고, 그들은 종종 영업현금흐름에 대한 불안한 환율의 영향에 대해 완벽하게 이해하지 못하곤 한다. 경제가 급격히 세계화됨으로써, 더 많은 기업이 국제적 경쟁의 대상이 되었다. 등락을 거듭하는 환율은 영업현금흐름에 영향을 미치며 국내와 국외 시장에서 기업의 상대적인 경쟁 포지션을 변화시킬 수 있다.

재무제표에 표시되는 자산과 부채의 노출과 달리, 영업현금흐름의 노출은 손쉽게 측정할 수 없는, 기업의 경쟁적 포지션에 대한 무작위적 환율 변동의 영향에 의존한다. 이 같은 어려움에도 불구하고, 이것은 기업들이 **운영 환노출**(operating exposure) 뿐만 아니라 **자산 환노출**(asset exposure)을 적절히 경영하는 있어 매우 중요하다. 많은 경우에서 운영 환노출은 계약적 환노출보다 기업의 총 노출의 넓은 부분을 설명하곤 한다. 일반적으로 운영 환노출은 환율의 무작위적 변화에 의해 영향을 받는 기업의 영업현금흐름의 규모로 정의될 수 있다.

운영 환노출: 예

무엇이 운영 환노출을 결정하고 어떻게 그것을 관리하는지에 대해 논의하기 전에, 간단한 예를 이용하여 환노출에 대해서 설명하는 것은 매우 유용하다. 미국 컴퓨터 회사가 영국 자회사를 완전히 소유하고 있다고 가정하자. (Albion Computers PLC, 영국 내에서 PC를 생산하고 판매하는 회사). Albion Computer는 개당 $512로 인텔에서 마이크로프로세서를 수입한다. 현행환율은 1파운드당 $1.60이고, 인텔 마이크로프로세서의 개당 가격은 320파운드이다. 또한 영국 노동자들을 고용하고 그 외 모든 다른 투입은 현지에서 조달한다. Albion은 영국 내 50%의 법인세에 직면하고 있다.

〈도표 9.6〉은 환율이 1파운드당 $1.60으로 유지될 것으로 가정한 상태에서, Albion의 예상된 운영활동을 요약하고 있다. 회사는 개당 1,000파운드의 가격으로 매년 50,000대의 PC를 판매할 것으로 예상하고 있다. 개당 변동비는 650파운드로, 수입 320파운드 현지조달 330파운드로 이뤄진다. 거듭 말할 필요도 없이, 수입재의 파운드 가격은 환율 변동에 따라 변화할 것이고, 그것은 차례차례 영국 시장 내 판매가격에 영향을 미칠 것이다. 매년 Albion은 임대료, 재산세 등 생산 수준에 관계없는 4백만 파운드의 고정 간접비가 발생한다. 표에서 보이듯이, 예상된 영업현금흐름은 7,250,000파운드로 1파운드당 $1.60달러의 현행환율에서 $11,600,000와 동일한 값이다.

이제 예상된 달러 영업현금흐름에 있어서 파운드 가치하락의 영향을 생각해 보자. 파운드가 $1.60에서 $1.40으로 가치가 하락하였다고 가정하자. 달러표시 영업현금흐름은 다음에 기인하여, 파운드 가치하락에 따라 변화시킬 것이다.

도표 9.6

Albion Computers사의 예상되는 운영활동 상황: 벤치마크 사례($1.60/£)

매출액(개당 £1,000에 50,000개)	£50,000,000
변동비용(개당 £650에 50,000개) [a]	32,500,000
고정 간접비용	4,000,000
감가상각비	1,000,000
세전 순이익	£12,500,000
소득세(50% 세율)	6,250,000
세후 이익	6,250,000
감가상각비 다시 더하기	1,000,000
파운드화 표시 영업현금흐름	£ 7,250,000
달러화 표시 영업현금흐름	$11,600,000

[a] 개당 변동비용 £650은 현지 조달의 투입요소비용 £330에 수입된 투입요소비용 £320을 더한 것이다. 후자는 달러화 표시 가격으로 $512이다. $1.60/£의 환율로 수입된 부품의 비용은 £320이다.

1. **경쟁적 효과**(competitive effect) : 파운드 가치하락은 시장 내 기업의 경쟁 포지션을 변화시킴으로써 파운드의 영업현금흐름에 영향을 미칠 것이다.
2. **전환 효과**(conversion effect) : 파운드 가치하락 이후, 주어진 파운드 영업현금흐름은 더 적은 양의 달러로 전환될 것이다.

어떻게 달러 영업현금흐름이 환율 변동에 따라 변화하는지에 대해 알아보기 위해서, 다양한 현실성의 정도에 따라 다음의 경우를 생각해 보자.

Case 1: 수입재의 가격을 제외한 변수의 변동이 없다.
Case 2: 판매가격뿐만 아니라 수입재의 가격은 변동하고, 다른 변수는 변동하지 않는다.
Case 3: 모든 변수가 변동한다.

〈도표 9.7〉에서 설명된 Case 1에서는, 다른 변동 없이 수입재의 개당 가격이 파운드 가치하락에 따라 366파운드로 상승하였다. 가치하락에 따라, 총 변동비용은 34.8백만 파운드가 되었고 기업의 법인세는 12.5백만 파운드(벤치마크 사례)에서 10.2백만 파운드로 낮아졌다. 기업이 50%의 법인세를 부담하는 경우, 파운드의 가치하락은 순 영업현금흐름을 7.25백만 파운드(벤치마크 사례)에서 6.1백만 파운드로 낮춘다. 달러 표시로는, 환율이 $1.60에서 $1.40으로 변화함에 따라 Albion의 예상된 순 영업현금흐름은 11.6백만 달러에서 8.54백만 달러로 변화한다. 현지 투입만을 사용하여 유사한 상품을 생산하는 영국 내 경쟁자가 존재하기 때문에 Albion은 파운드 판매가격을 올릴 수 없다. 판매가의 상승은 잠재적으로 판매량의 급격한 하락을 가져올 수 있기 때문이다. 이 같은 경쟁적 환경에서, Albion의 비용은 환율 변동에 즉각 반응하지만 판매가는 그렇지 않다. 이러한 불균형은 기업의 영업현금흐름을 환율 변동에 민감하게 만들고 영업 환노출을 증가시킨다.

〈도표 9.8〉에서 분석하고 있는 Case 2에서, 판매가격과 수입재 가격은 파운드 가치하락에 따라 상승한다. 이 경우에 Albion은 영국 시장 내에서 심각한 경쟁에 직면하지 않고 제품에 대한 매우 비탄력적인 수요를 접하게 된다. 그러므로 Albion은 판매가를 1,143유로까지 올릴 수 있고 여전히 판매량을 50,000대로 유지할 수 있다. 〈도표 9.8〉에 나타난 계산은 예상된 영업현금흐름이 실제로 ($13,545,000과 동일한) 9,675,000파운드로 상승되었음을 나타낸다. 벤치마크 사례와 비교해 볼 때, 달러 영업현금흐름은 파운드 가치하락의 상태에서 더 높다. 이것은 파운드 가치하락이 항상

도표 9.7

PAlbion Computers사의 예상되는 운영활동 상황: 사례 1($1.40/£)

매출액(개당 £1,000에 50,000개)	£50,000,000
변동비용(개당 £696에 50,000개)	34,800,000
고정 간접비용	4,000,000
감가상각비	1,000,000
세전 순이익	£10,200,000
소득세(50% 세율)	5,100,000
세후 이익	5,100,000
감가상각비 다시 더하기	1,000,000
파운드화 표시 영업현금흐름	£ 6,100,000
달러화 표시 영업현금흐름	$ 8,540,000

도표 9.8

Albion Computers사의 예상되는 운영활동 상황: 사례 2($1.40/£)

매출액(개당 £1,143에 50,000개)	£57,150,000
변동비용(개당 £696에 50,000개)	34,800,000
고정 간접비용	4,000,000
감가상각비	1,000,000
세전 순이익	£17,350,000
소득세(50% 세율)	8,675,000
세후이익	8,675,000
감가상각비 다시 더하기	1,000,000
파운드화 표시 영업현금흐름	£ 9,675,000
달러화 표시 영업현금흐름	$13,545,000

더 적은 달러 영업현금흐름으로 이끄는 것이 아님을 보여준다.

판매가, 판매량, 현지 및 수입 투입 가격이 파운드 가치하락에 따라 변화하는 Case 3으로 돌아오자. 특히 우리는 판매가와 현지 투입 가격이 영국의 기저 인플레이션율을 나타내는 8%만큼 상승한다고 가정하자. 결과적으로, 판매가격은 개당 1,080파운드가 될 것이고 현지 자원 투입의 개당 변동비는 356파운드가 될 것이다. 수입 자원의 가격이 366파운드이기 때문에, 결합된 개당 변동비는 722파운드가 된다. 제품에 대한 **탄력적 수요**(elastic demand)에 직면한 상태에서, 판매가 상승 이후 판매량은 매년 40,000개로 하락한다.

〈도표 9.9〉에서 볼 수 있듯이, Albion의 예상된 영업현금흐름은 7.924백만 달러와 동일한, 5.66백만 파운드이다. Case 3에서 예상된 달러 현금흐름은 벤치마크 사례의 3.676백만 달러보다 더 적다.

〈도표 9.10〉에서는 Albion에게 미치는 파운드 가치하락의 예상되는 운영 환노출 영향을 요약하고 있다. 설명을 목적으로, 여기에서는 환율의 변동이 기업의 영업현

도표 9.9

Albion Computers사의 예상되는 운영활동 상황: 사례 3($1.40/£)

매출액(개당 £1,080에 40,000개)	£43,200,000
변동비용(개당 £722에 40,000개)	28,880,000
고정 간접비용	4,000,000
감가상각비	1,000,000
세전 순이익	£ 9,320,000
소득세(50% 세율)	4,660,000
세후 이익	4,660,000
감가상각비 다시 더하기	1,000,000
파운드화 표시 영업현금흐름	£ 5,660,000
달러화 표시 영업현금흐름	$ 7,924,000

도표 9.10 Albion Computers사에 대한 파운드화 가치하락의 운영 환노출 효과의 요약

변수	벤치마크 사례	Case 1	Case 2	Case 3
환율 ($/£)	1.60	1.40	1.40	1.40
개당 변동비 (£)	650	696	696	722
개당 매출가격 (£)	1,000	1,000	1,143	1,080
매출량 (units)	50,000	50,000	50,000	40,000
연간 현금흐름 (£)	7,250,000	6,100,000	9,675,000	5,660,000
연간 현금흐름 ($)	11,600,000	8,540,000	13,545,000	7,924,000
4년 현재가치 ($) [a]	33,118,000	24,382,000	38,671,000	22,623,000
영업이익/손실 ($) [b]		−8,736,000	5,553,000	−10,495,000

[a] 달러표시 현금흐름의 할인된 현재가치는 15% 할인율을 사용하여 4년간에 대해 계산되었다. 4년의 각 년도 현금흐름은 동일하다고 가정한다.

[b] 영업이익/손실은 벤치마크 사례에 대비 파운화 가치하락으로 인한 현금흐름 변동분의 현재가치를 나타낸다.

금흐름에 4년간 영향을 준다고 가정하고 있다. 도표는 3가지 각각의 경우뿐만 아니라 벤치마크 사례의 영업현금흐름의 4년간 현재가치를 제공한다. Albion의 현금흐름을 위한 적절한 할인율은 15%로 가정한다. 또한 도표에서는 환율 변동에 기인하는 벤치마크 사례의 4년간 영업현금흐름의 현재가치 변화로서 계산된 영업 손익을 보여준다. 예를 들면, Case 3에서 기업은 파운드 가치하락으로 인해 10,495,000달러의 영업 손실을 겪을 것으로 예상하였다.

운영 환노출의 결정요인

기업의 재무제표에서 쉽게 확인할 수 있는 계약적(즉, 거래적) 노출과 달리, 운영 환노출은 같은 방법으로 결정될 수 없다. 기업의 운영 환노출은 (1) 기업이 노동력이나 원자재와 같은 투입요소를 조달하고 제품을 판매하는 시장의 구조 (2) 시장, 제품 믹스, 자원 등에 맞추어 환율 변동에 따른 영향을 완화시키는 기업의 능력에 의하여 결정된다.

운영 환노출의 결정에 있어서, 시장 구조의 중요성을 강조하기 위해서, 가상의 회사인 Ford의 자회사, Ford Mexicana를 생각해 보자. 이 기업이 모기업으로부터 자동차를 수입하고 멕시코에 판매한다고 가정하자. 만약 멕시코 페소당 미국 달러의 가치가 상승한다면, Ford Mexicana의 페소 표시의 비용은 상승할 것이다. Ford에 있어 이것이 운영 환노출을 발생시킬지 여부는 멕시코 자동차 시장의 구조에 의존한다. 예를 들면, Ford Mexicana가 페소 비용이 상승하지 않은 멕시코 자동차 시장에서 경쟁에 직면하고 있다면, 판매량의 대대적인 감소 없이는 수입된 Ford 자동차의 페소 가격을 올릴 수 없을 것이다. 매우 탄력적인 수요에 직면한 Ford Mexicana는 페소 가격에 대한 **환율전가**(exchange rate pass-through)를 감당하기가 어려울 것이다. 결과적으로 달러의 가치상승은 모기업을 높은 수준의 운영 환노출에 종속시키며, Ford Mexicana의 이익을 압박하게 될 것이다.

대조적으로, Ford Mexicana가 현지 생산자보다, General Motors and Chrysler와 같은 미국 자동차 제조사와의 경쟁에만 노출되어 있다고 생각해보자. 수입된 미국 자동차의 페소 가격은 동일한 방식으로 미국 달러의 가치상승에 대한 영향을 받을 것이기 때문에, Ford Mexicana의 경쟁적 포지션은 불리한 영향을 받지 않을 것이다. 이와 같은 시장 구조 하에서, 미국 달러 가치상승은 수입된 미국 자동차들의 페소 가격에 보다 신속하게 반영될 수 있다. 결과적으로 Ford는 주요한 운영노출에 대한 부담 없이 미국 달러표시 이익을 더 잘 유지할 수 있을 것이다.

일반적으로 말해서, 기업은 그들의 비용이나 가격이 환율에 민감할 경우, 높은 수준의 운영 노출을 부담하게 된다. 반면, 비용과 가격이 환율 변동에 민감하거나 민감하지 않은 경우, 기업은 중대한 운영 노출을 부담하지 않게 된다.

그러나 주어진 시장 구조에서, 기업이 운영노출에 직면하는 정도는 환율 변동에 따라 기업이 현금흐름을 안정화시킬 수 있는 능력에 의존한다. 예를 들어, Ford가 심지어 멕시코에서 현지 자동차 제조사와의 경쟁에 직면하고 있을 지라도, 그들은 달러 가치상승 이후, 달러 표시로 보다 저렴한 멕시코 내의 일부 공급자를 찾고 재료를 조달하기 시작함으로써 노출을 줄일 수 있다. 또한 Ford는 현지 노동자를 고용하고 현지 투입요소들을 조달함으로써 멕시코 내에서 자동차를 생산하기 시작할 수도 있다. 그렇게 함으로써, 페소 비용을 상대적으로 달러/페소 환율의 변동에 민감하지 않게 만들 수 있다. 다시 말해서 기업의 생산 지역, 공급자, 그리고 재무적 헤징 전략과 관련된 유연성은 환위험에 대한 운영노출을 결정하는 중요한 요소이다.

어떻게 운영노출을 헤지 하는지에 대해서 논의하기 전에, 명목 환율의 변화가 기업의 경쟁적 포지션에 항상 영향을 주는 것은 아니라는 것을 인식하는 것이 중요하다. 환율의 변동이 인플레이션 차이에 의해서 정확하게 상쇄되는 경우가 바로 그것이다. 이 점을 보이기 위해서, 우리는 현지 자동차 제조사와 경쟁하고 있는 Ford Mexicana의 사례를 다시 사용하도록 하자. 연간 인플레이션율은 미국은 4% 멕시코는 15%라고 가정하자. 편의를 위해서, 자동차 가격은 미국과 멕시코 모두에서 일반적인 국내 인플레이션율과 동일하게 증가한다고 가정한다. 이제 두 나라 사이의 인플레이션 차이를 상쇄시키는, 페소에 대한 11%의 달러 가치상승을 생각해보자. 이것은 물론 구매력 평가가 유지됨을 의미한다.

이 같은 상황에서, Ford의 자동차 페소 가격은 약 15% 상승한다. 4%는 자동차의 달러 가격의 상승에 따른 것이고, 11%는 구매력 평가가 유지됨을 의미한다. Ford와 현지 자동차 생산 업체 모두 페소 가격이 동일하게 15% 가량 상승하기 때문에, 11% 달러의 가치상승은 현지 기업에 대한 Ford의 경쟁적 포지션에 영향을 미치지 못할 것이다. 따라서 Ford는 운영노출을 부담하지 않는다.

그러나 만약 달러 가치상승이 페소에 대해 11% 이상이 된다면, Ford의 경쟁 포지션에 불리한 영향을 미치며, Ford 자동차는 현지 생산자보다 상대적으로 보다 비싸질 것이다. 따라서 Ford는 환위험에 노출되어 있다. 구매력평가가 잘 유지되지 않기 때문에, 특히 단기에서, 환율 변동은 다른 지역에서 자원을 조달하고 같은 시장에서 판매를 하는 기업의 경쟁 포지션에 영향을 미칠 수 있다.

다음으로 가기 전에, 환율 변동과 상품가격의 조정의 관계에 대해서 알아보는 것은 매우 유용하다. 환율 변동에 직면한 기업은 다음의 세 가지 가격 전략 중 하나를 선택할 것이다.

도표 9.11

미국 제조업들의 전가 계수

산업코드(SIC)	산 업	전가 계수
20	식품과 유사 제품	0.2485
22	직물제품	0.3124
23	의류	0.1068
24	목재 및 목재 제품	0.0812
25	가구 및 비품	0.3576
28	화학 및 관련 제품	0.5312
30	고무 및 플라스틱제품	0.5318
31	가죽제품	0.3144
32	석조, 유리, 콘크리트 제품	0.8843
33	1차금속 산업	0.2123
34	조립금속 제품	0.3138
35	기계류(전기 제외)	0.7559
36	전기 및 전자 기계	0.3914
37	운송장비	0.3583
38	측정도구	0.7256
39	기타 제조	0.2765
평균		0.4205

자료: Jiawen Yang, "Exchange Rate Pass-Through in U.S. Manufacturing Industries," *Review of Economics and Statistics* 79 (1997), pp.95-104.

(1) 비용 충격이 완전히 판매가에 전가됨(complete pass-through)

(2) 비용 충격을 충분히 흡수하여 판매가의 변동이 없음(no pass-through)

(3) 위에서 설명된 두 가지 전략의 결합으로 판매가에 일부 전가됨(partial pass-thorough)

미국 내 수입 가격은 판매가에 일부 전가(partial pass-through)되어 환율 변동을 완전히 반영하지 않는다.

Yang(1997)의 포괄적인 연구에 따르면, 1980~1991년 동안의 미국 제조 산업 표본에 대한 환율전가에 대해 조사했고 외국 수출 기업의 가격결정 행태는 일반적으로 일부 전가로 일정했음을 밝혔다. Yang(1997)의 연구를 토대로 구성된 〈도표 9.11〉은 상이한 미국 제조업들의 전가 계수를 제공하고 있다; 계수는 완전 전가 1, 무전가 0이다. 표에서 볼 수 있듯이, 전가 계수의 범위는 SIC24의 0.0812부터 SIC 32의 0.8843이다. 평균 계수는 0.4201로, 그것은 미국 달러의 가치 상승 또는 하락 1%에 대해 외국 상품 수입 가격의 변화는 평균 약 0.42%임을 의미한다. 외국 수출 기업이 환위험에 상당히 많이 노출되어 있음을 의미한다. 일부 전가가 일반적이지만 산업에 따라 다양하게 나타나는 것은 주목할 만하다. 제품 차별화 정도가 낮고, 높은 수요 탄력성을 갖는 산업에서, 수입가격은 환율 변동에 의해 상대적으로 작은 영향을 받는다. 반대로, 제품 차별화의 정도가 높고 낮은 수요 탄력성을 갖는 산업에서의 수입 가격은 환율 변동보다 더 변화하는 경향이 있어 환위험에 대한 노출을 제한하였다. 보다 최근의 연구에서 Gopinath와 Rigobon(2008)은 평균적인 전가 계수가 오직 0.22라는 것을 밝혔다. 감소된 전가 계수는 국제 무역이 보다 경쟁적이 되었고, 수출 기업의 가격 결정력을 약화시키고 있음을 의미한다.

운영 환노출의 관리

경제가 점차 글로벌화 됨으로써 많은 기업들이 수출, 국경간 아웃소싱, 외국 파트너와의 합작법인, 해외 생산 및 판매 법인의 설립과 같은 국제적 활동에 참여하고 있다. 이 같은 기업들의 현금흐름은 환율 변동에 매우 민감하다. 운영 환노출을 관리하는 목표는 등락을 거듭하는 환율 속에서, 현금흐름을 안정화시키는 것이다.

기업이 주로 환율 변동의 경쟁적 포지션에 대한 영향에 의해 환위험에 노출되기 때문에 기업의 장기 전략 계획에 있어 환노출 관리를 고려하는 것은 매우 중요하다. 예를 들어, 생산시설의 입지 결정이나 원자재 구매를 어디에서 할 것인지, 제품을 어디에 판매할 것인지와 같은 전략적 결정을 하는 데 있어서, 기업은 반드시 전반적인 미래 현금흐름에 대한 환율의 영향에 대해 고려해야 한다. 따라서 운영 환노출의 관리는 단기적인 전술적 이슈가 아니다. 기업은 운영 환노출 관리를 위하여 다음의 전략들을 사용할 수 있다.

1. 저비용 생산입지의 선택
2. 유연한 조달 정책
3. 시장 다각화
4. 제품 차별화와 연구개발 노력
5. 재무적 헤징

저비용 생산입지의 선택

국내 통화가 강세 또는 강세로 전망되어 기업의 경쟁 포지션을 약화시키는 경우, 기업은 저평가된 통화 또는 저가의 생산요소에 기인한 비용이 낮은 외국 국가에 생산시설을 위치시키는 방법을 선택할 수 있다. 최근 Nissan과 Toyota를 포함한 일본 자동차 제조사들은 점차 미국의 생산시설로 생산을 이동시키고 있다. 왜냐하면, 미국 내 판매에 대한 엔화 강세의 부정적 영향을 완화시키기 위해서이다. Benz와 BMW와 같은 독일 자동차 제조사들 역시 같은 이유로 미국 내 생산시설을 설립하고 있다.

또한 기업은 환율 변동 영향을 다루기 위해, 다국적 국가에 생산시설을 설립 및 유지시킬 수 있다. 미국과 멕시코 및 일본에 생산시설을 보유하고 있는 Nissan의 경우를 생각해 보자. 다국적 제조 기반은 Nissan이 주어진 일반적 환율에서, 어디서 생산하는지에 관련된 다양한 유연성을 제공한다. 최근 몇 년간 달러에 대해 엔이 상당히 가치가 상승한 반면, 멕시코 페소는 가치가 하락되어 왔다. 이런 종류의 환율 상황하에서, Nissan은 아마도 미국 시장 공급을 위하여, 미국과 특히 멕시코 내의 생산을 증대시킬 것이다. 사실상 이것이 최근 몇 년간 Nissan이 엔화 상승에 대해 대응한 방법이다. 다국적 생산 기반을 유지하는 것은 기업으로 하여금 생산비 상승을 초래하며, 규모의 경제의 이점을 누리지 못하게 한다. 그에 따른 높은 비용은 다국적 생산 기반을 유지하는 이점을 부분적으로 상쇄시킨다.

유연한 조달정책

비록 기업이 국내에만 생산시설을 가지고 있다고 하더라도, 이것은 투입 비용이 낮은 곳으로부터 자원을 조달함으로써, 상당히 환율 변동에 대한 영향을 줄일 수 있다. 1980년대 초반, 달러가 대부분의 주요 통화에 대해 상당히 강세였을 당시 미국의 다국적기업들은 시장에서의 가격경쟁에서 밀려나지 않기 위해, 종종 원자재를 저비용의 외국 공급자로부터 구매하였다.

최근 몇 년간 엔화 강세에 직면한 많은 일본 기업들은 같은 시도를 하고 있다. 특히 자동차와 가전제품 산업에서 태국, 말레이시아, 중국과 같은 저비용 국가에서의 부품 및 중간재 생산에 일본 제조기업들이 크게 의존하고 있다는 것은 잘 알려져 있다. **유연한 조달정책**(flexible sourcing policy)은 원자재와 부품에 국한시킬 필요가 없다. 기업은 또한 경쟁력을 갖추기 위하여, 높은 비용의 국내 노동자를 대신해 저비용의 노동자를 외국으로부터 고용할 수도 있다. 예를 들면, Japan Airlines은 엔화 강세에 직면한 국제노선의 경쟁력을 유지하기 위해서 외국 승무원들을 많이 고용하기로 유명하다.

최근 연구에서 Holberg와 Moon(2017)은 운영적인 헤지가 어떻게 해외 활동을 하는 기업들에게 특히 효과적일 수 있는지를 주장하였다. 미국 기업, 예를 들어, 보잉사가 일본에 보잉 787과 같은 제품을 판매하고 있다고 가정해 보자. 이런 경우에 보잉은 달러/엔 환율의 변동으로 인한 환위험에 노출되고 있다. 그렇지만 만약에 보잉이 일본으로부터 항공기용 랜딩기어, 기체와 같은 부품을 구입하고 일본에서 완성품을 판매하는 경우, 엔화로 표시된 매출채권을 달러로 환전할 필요가 없어지고 환노출을 회피할 수 있게 된다. 보잉사가 제품을 판매하는 지역에서 원자재를 조달함으로써 외화 지급의무와 외화수령액을 매칭할 경우 보잉사는 환율 위험에 대한 순노출을 최소화할 수 있다. 혹은 경기침체로 인해 일본이 보잉사 항공기에 대한 수요가 감소하는 경우, 보잉은 단순히 일본 부품 주문량을 감소시킴으로써 일본에서의 판매 감소에 잘 적응할 수 있을 것이다. 결과적으로는, 보잉은 환율 변동과 관련되는 가격 위험 뿐만 아니라 수요 변화와 관련된 수주량 위험으로부터 자사를 보호할 수 있을 것이다.

시장 다각화

환노출을 다루는 다른 방법으로는 가능한 한 최대한 많은 기업의 제품으로 시장을 다각화(diversification)하는 것이다. 멕시코와 독일 내 전력발전기를 판매하고 있는 GE를 생각해 보자. 페소에 대한 달러의 가치 상승으로 인한 멕시코 내 판매 감소는 유로화에 대한 달러의 가치 하락으로 인한 독인 내 판매 증대로 보상될 수 있다. 결과적으로 GE의 전반적인 현금흐름은 GE가 멕시코 또는 독일처럼, 하나의 외국 시장에서만 판매를 하는 경우보다 훨씬 안정적일 수 있다. 환율이 항상 같은 방향으로 이동하지 않는 한, 기업은 그들의 수출 시장을 다각화함으로써 영업현금흐름을 안정화시킬 수 있다.

기업은 때로 다양한 사업 라인들로 다각화함으로써 환노출을 감소시킬 수 있다고 때로 주장되기도 한다. 이 같은 아이디어는 비록 각각의 개별 사업이 환위험에 어느 정도 노출되어 있더라도, 기업은 전체적으로 주요한 노출에 직면하지 않을 수 있음을 의미한다. 그러나 기업이 오로지 환위험을 다각화시키기 위하여 새로운 사업에 진입할 수는 없음을 주목해야 한다. 왜냐하면 다각화 확장은 비효율성과 손실을 가져올 수도 있기 때문이다. 새로운 사업에 대한 확장은 그 자체만으로 정당화되어야 한다.

2015년 1월 15일에 스위스 중앙은행은 프랑화의 가치를 유로당 1.20프랑으로 제한하는 정책을 폐지하여 프랑화의 가치가 유로화에 대해 급등하였다. 이러한 갑작스러운 정책의 변화는 즉각적으로 유로존 고객에 대해 스위스산 상품이 거의 20%나 비싸졌고 유로존으로의 수출을 훼손하는 결과를 초래하였다. 그러나 동시에 미 달러의 가치가 스위스 프랑화를 포함한 대부분의 통화에 비해 상승하였다는 것은 스위스산 상품을 미국(그리고 그들의 통화가 달러에 연동되어 있는 국가들)에서 덜 비싸게 만들었고 유로존의 판매 감소로 인한 손실을 상쇄하는 데 도움이 되었다. 모든 주요 통화들이 스위스 프랑화에 대해 동시에 동일한 방향으로 움직이지 않으므로, 스위스산 상품들이 다각화된 시장을 가지고 있는 것은 확실히 도움이 된다. 또한 이러한 정책 변화에 따라 많은 스위스 기업들이 스위스 프랑화의 가치 상승의 역효과를 보다 완화하기 위해 그들의 운영 입지 일부를 특히 동유럽의 저비용 국가들에 이동시킨 것을 주목할 수 있다.

연구개발 노력과 제품 차별화

연구개발(R&D) 활동에 대한 투자는 불리한 환율 변동에 직면한 기업으로 하여금 그들의 경쟁 포지션을 유지하고 강화시킬 수 있게 한다. 성공적인 R&D 노력은 기업이 비용을 감축하고 생산성을 강화시킬 수 있게 한다. 더욱이 R&D 노력은 기업을 경쟁자가 유사한 대체재를 제공할 수 없는 새롭고 독특한 상품의 도입으로 인도할 수 있다. 독특한 상품에 대한 수요는 매우 비탄력적이기 때문에(즉, 가격에 민감하지 않기 때문에), 기업은 환위험에 덜 노출된다. 동시에, 기업은 경쟁자가 제공하는 것과는 확실히 차별적인 상품을 제공한다는 인식을 소비자들 사이에 만들기 위해 노력할 수 있다. 기업의 상품이 독특한 특성을 갖게 되면, 수요가 가격에 덜 민감하게 될 것이다.

스웨덴의 자동차 제조업체인 볼보를 좋은 예로 들 수 있다. 이 회사는 자동차 안전 기능을 강화시키는 데에 많은 투자를 하였고 안전한 자동차의 생산자로서의 평판을 성공적으로 얻었다. 'Volve for life' 라는 집중적인 마케팅 캠페인으로 강화된 이 평판은 경쟁이 치열한 세계 자동차 시장에서 안전 지향적인 고객들 사이에서 틈새시장을 확보하는 데 도움이 되었다.

재무적 헤징

위에서 논의한 장기적인 **운영적 헤징**(operational hedging) 방법에 대한 대안은 아니지만, **재무적 헤징**(financial hedging)은 기업의 현금흐름을 안정화시키는 데 사용될 수 있다. 예를 들어, 기업은 장기적으로 외환을 빌려주거나 대출할 수 있다. 또는 통화 선물환, 옵션 계약을 이용할 수 있고 필요에 따라 그것을 롤오버할 수도 있다. 현존하는 재무적 계약들은 실질 환율의 변화보다는 명목적인 환율의 변동에 대해 헤지하기 위해 고안되었음을 주목해야 한다. 기업의 경쟁적 포지션은 실질적인 환율의 변동에 영향을 받기 때문에, 재무적 계약은 기껏해야 기업의 운영 환노출에 대한 유사한 헤지를 제공할 수 있다. 그러나 만약 자원의 재배치를 포함하는 운영적 헤징에 많은 비용이 들거나 비현실적이라면, 재무적 계약은 기업에게 환노출을 다루는 유연하고 경제적인 방법을 제공할 수 있을 것이다. 〈현장의 국제재무〉 "BMW가 환율위험에 대처한 방법"은 독일의 자동차 기업 BMW가 미국, 중국, 인도 등의 주요 해외 시장에서 직접 제조공장을 설립함을 통해 환율위험에 대처한 실제 사례를 보여준다.

현장의 국제재무

사례연구: BMW가 환율위험에 대처한 방법

이야기.

BMW 그룹은 BMW, Mini, Rolls-Royce 브랜드를 소유하고 있으며, 1916년 창립 이래 뮌헨에 본사를 두고 있다. 그러나 2011년까지 독일에서 판매된 차량은 전체의 17%에 불과했다. 최근 몇 년간 중국은 BMW의 가장 빠르게 성장하는 시장이 되었으며, 2011년 BMW 전체 판매량의 14%를 차지했다. 인도, 러시아, 동유럽 역시 주요 시장으로 부상하였다.

챌린지.

판매 수익이 증가함에도 불구하고, BMW는 환율 변동으로 인해 종종 이익이 크게 감소하는 것을 인지했다. 회사의 연례 보고서에 따르면 2005년부터 2009년까지 환율 변동으로 인한 부정적 영향은 약 24억 유로에 달했다. BMW는 경쟁사인 포르쉐가 1980년대 말 미국에서 가격을 인상하여 판매가 급감한 것처럼 소비자에게 환율 비용을 전가하고 싶지 않았다.

전략.

BMW는 외환 노출을 관리하기 위해 두 가지 접근법을 사용했다. 하나는 '자연적 헤지'를 사용하는 것으로, 판매가 이루어지는 곳과 같은 통화로 비용을 지출함으로써 수익도 해당 지역 통화로 이루어질 수 있게 하는 전략이었다. 그러나 모든 노출을 이 방식으로 상쇄할 수는 없어, BMW는 정식 금융 헤지도 사용하기로 결정했다. 이를 위해 BMW는 미국, 영국, 싱가포르에 지역 재무 센터를 설립했다.

전략 적용 방법.

자연적인 헤지 전략은 두 가지 방식으로 구현되었다. 첫 번째는 제품을 판매하는 시장에 공장을 세우는 것이었고, 두 번째는 주요 시장의 통화로 더 많은 구매를 하는 것이었다. BMW는 현재 13개국에 자동차 및 부품 생산 시설을 갖추고 있다. 2000년에 해외 생산량은 전체의 20%를 차지했으나, 2011년에는 44%로 증가했다. 1990년대에 BMW는 미국 사우스캐롤라이나주 스파르탄버그에 공장을 설립한 최초의 해외 프리미엄 자동차 제조사 중 하나가 되었다. 2008년, BMW는 스파르탄버그 공장 확장을 위해 7억 5천만 달러를 투자한다고 발표했다. 이는 미국에서 5,000개의 일자리를 창출하고 독일에서 8,100개의 일자리를 줄이는 결과를 가져왔다. 이는 독일과 미국 시장 간의 공급망을 단축시키는 효과도 있었다. 회사는 일반적으로 미국 달러로의 구매를 증가시켰으며, 특히 북미 자유무역협정(NAFTA) 지역에서 그러했다. 멕시코시티 사무소는 2009년에 6억 1천 5백만 달러의 멕시코 자동차 부품을 구매했으며, 이는 향후 몇 년 동안 크게 증가할 것으로 예상됐다.

중국의 브릴리언스 자동차와의 합작 투자로 중국 선양에 설립된 공장에서는 현재 중국에서 판매되는 BMW 차량의 절반을 제조하고 있다. 이 자동차 제조사는 또한 중국에서 경쟁력 있는 공급업체를 선정하는 데 도움을 주기 위해 현지 사무소를 설립했다. 2009년 말까지, 현지 공급업체로부터 60억 위안 상당의 구매가 이루어졌다. 이는 또한 공급망을 단축시키고 고객 서비스를 개선하는 효과를 가져왔다. 2010년 말, BMW는 인도 첸나이의 생산 공장에 18억 루피를 투자하고 인도 내 생산 능력을 6,000대에서 10,000대로 증가시킬 계획이라고 발표했다. 또한 러시아 칼리닌그라드에서의 생산을 증가시킬 계획을 발표했다.

한편, 해외 지역 재무 센터는 주간 기준으로 그들 지역의 환율 노출을 검토하고 이를 뮌헨의 그룹 재무 운영 부문에 속한 그룹 재무 관리자에게 보고하도록 지시받았다. 그룹 재무 관리 팀은 그 후 전 세계적으로 위험 수치를 종합하고 외환 위험을 완화하기 위한 조치를 권고했다.

교훈.

해외 시장에서 생산을 이동함으로써, 회사는 외환 노출을 줄일 뿐만 아니라 고객에게 가까이 있는 것에서 이익을 얻는다. 또한 해외에서 부품을 조달함으로써, 곧 자신의 해외 시장에 더 가까이 있게 되어 공급망 위험을 다양화하는 데에도 도움이 된다.

출처: "사례 연구: BMW가 환율 위험을 어떻게 다뤘는가," 쉬빈과 류잉이 작성, *Financial Times*, 2012년 10월 29일. 사용 허가를 받아 인용함.

사례분석

Merck사의 환위험관리[3)]

기업들이 어떻게 실제로 환위험 노출을 관리하는지 더 자세히 알아보기 위해서, 미국의 주요 제약회사인 Merck & Co. Incorporated를 선정하였다. 그리고 전반적인 환노출 관리에 대한 그들의 접근법을 공부하도록 한다. Merck의 실제 헤징 결정은 그들이 소유한 특별한 사업 상황을 반영하고 있는 반면에, 환노출을 처리하는 기본적인 구조는 다른 기업들에게 유익한 정보가 될 수 있을 것이다.

Merck는 주로 건강관리용 약제(건강보조제)를 개발 · 생산 · 판매한다. 100개 이상의 국가에서 운영되고 있는 다국적기업으로, Merck는 1989년 66억 달러의 전 세계 매출을 기록하고 있으며 전 세계 약 4.7% 시장점유율을 차지하고 있다. Merck의 주요한 외국 경쟁자는 유럽의 기업들이고 일본의 신생기업들이다. Merck는 미국 제약기업 중에 가장 국제적인 회사이다. 그들은 총 자산 중 약 40%가 해외 자산이며, 대략 매출의 50%가 해외에서 발생하는 기업이다.

제약산업의 전형적인 형태로, Merck는 외국에 자회사들을 설립하였다. 자회사의 숫자는 약 70개이며 자회사들은 수입된 제품의 마무리와 현지 시장 마케팅을 담당하고 있다. 매출은 현지 통화로 표시되고 따라서 기업은 직접적으로 급변하는 환율의 영향을 받는다. 기초 제조나 연구의 일부 비용은 달러로 발생하고, 제품의 마무리, 마케팅, 유통 등에 대해서는 현지 통화 표시로 발생한다. Merck는 주로 연구, 제조, 본부 운영이 미국에 집중되어 있기 때문에, 비용과 수익이 개별적인 통화로 발생하고 서로 매치되지 않음을 발견하였다.

이와 같은 통화 불일치를 감소시키기 위해서 Merck는 먼저 달러 비용을 다른 통화들로 바꾸기 위해 자원을 재배치시키는 가능성을 먼저 고려하였다. 그러나 그들은 직원들과 제조 및 연구 기반을 재배치하는 것이 환노출을 다루는 데 있어 실용적이고 비용 효율적인 방법이 되지 않는다는 결정을 내렸다. 운영적 헤징은 적절하지 않다고 결정한 후, Merck는 대안으로 재무적 헤징을 고려하였다. Merck는 재무적 헤징을 위한 5가지 단계의 절차를 개발하였다.

3) 이 사례는 Lewent and Kearney(1990)으로부터 채택되었다.

단계 1: 환율 예측(Exchange Forecasting)

첫 번째 단계는 불리한 환율 변동의 가능성을 검토하는 것을 포함한다. 재무부서 직원들은 5년 계획 기간에 걸쳐 달러 강세 또는 약세의 범위 가능성을 측정한다. 그렇게 함으로써 환율에 영향을 미치는 것으로 예상되는 미국의 무역수지 적자, 자본 흐름, 미국의 재정 적자, 환율과 관련된 정부 정책과 같은 주요 요인들을 확인할 수 있다. 계획 기간에 걸친 달러에 대한 전망에 대해 또한 외부 예측기관들도 조사된다.

단계 2: 전략적 계획 영향 평가(Assessing Strategic Plan Impact)

미래 환율 범위가 결정되면, 달러 강세나 약세와 같은 대안적인 환율 시나리오 하에서 현금흐름과 이익이 예측되고 비교된다. 이러한 예측들은 매년 기준보다는 5년에 대해 누적적 기준으로 만들어진다. 왜냐하면 누적적 결과가 기업의 장기 계획과 관련된 환노출의 규모에 관한 보다 유용한 정보를 제공하기 때문이다.

단계 3: 헤지 여부의 결정(Deciding Whether to Hedge)

환노출을 헤지할 것인지 아닌지를 결정함에 있어서 Merck는 장기 현금흐름을 극대화하는 목표와, 환율 변동이 기업의 전략적 목표를 달성하게 하는 능력에 미치는 잠재적 영향에 대해 초점을 맞췄다. 이러한 초점은 궁극적으로 주주의 부를 극대화하고자 하는 것이다. Merck는 두 가지 주요 이유로 헤지하기로 결정하였다.

첫째, 비용의 상당한 부분이 달러로 발생하는 반면에, 기업의 수익 중 높은 비율이 해외에서 발생한다. 둘째, 변동성 있는 현금흐름은 특히 미래 성장의 기반을 형성하는 R&D 투자와 같은 전략적 계획을 실행하기 위한 기업의 능력에 불리한 영향을 미칠 수 있다. 매우 경쟁적인 산업 내에서 성공하기 위해서, 기업은 높은 수준의 연구용 자금조달을 위해 장기적인 확약을 할 필요성이 있다. 그러나 변동성이 높은 환율로 인해 발생하는 현금흐름의 불확실성은 높은 수준의 연구비 지출을 정당화하기 어렵게 만든다. 미래 현금흐름에 대한 불안정한 환율의 잠재적 영향을 줄이기 위해서 경영진은 헤지를 결정하였다.

단계 4: 헤징 수단의 선택(Selecting the Hedging Instruments)

기업의 위험 선호도에 부응하는 가장 비용 효율적인 헤징 수단을 선택하는 것이 목표였다. 선물환계약, 외화 차입, 외화 대출, 통화 옵션과 같은 다양한 헤징 도구 중에서, Merck는 통화 옵션을 선택했다. 왜냐하면 그것은 만약 외국 통화에 대해 달러화 가치가 하락하더라도, 잠재적 이익을 포기하지 않아도 되기 때문이다. Merck는 옵션 비용을 전략적 계획의 실행 능력을 유지하기 위해 고안된 보험 정책에 대한 프리미엄이라고 간주하였다.

단계 5: 헤징 프로그램의 구성(Constructing a Hedging Program)

주요한 헤징 수단으로서 통화 옵션을 선택한 기업은 여전히 헤지의 조건, 통화 옵션의 행사가격, 커버될 수익의 비율 등에 관한 실행 전략을 만들어내야 했다. 다양한 환율 시나리오 하에서 선택 가능한 실행 전략들의 결과를 모의실험해 본 뒤에, Merck는 다음을 결정하였다. (1) 기업의 전략적 현금흐름을 보호하기 위하여, 매년의 헤지보다는 다년의 기간 동안 장기 옵션 계약을 사용하여 헤지한다. (2) 비용을 절약하기 위하여 과도한 외가격 옵션을 사용하지 않는다. (3) 잔여 부분을 자가 보험 형태로 남겨두고, 일부 부분만을 헤지한다.

가장 비용 효율적인 헤징 프로그램을 구축하는 것을 돕기 위하여, Merck는 다양한 헤징 전략들의 효율성을 모의실험하기 위한 컴퓨터 기반의 모델을 개발해 냈다. 〈도표 9.12〉는 모의실험 결과를 제공하는데, 헤지된 그리고 헤지되지 않은 현금흐름의 분포를 비교한다. 명백하게 헤지된 현금흐름 분포는 헤지되지 않은 현금흐름 분포에 비하여 높은 평균과 낮은 표준편차를 갖는다. 제13장에서 논의할 것처럼, 헤징은 만약 감소된 위험이 기업의 자본비용과 조세채무를 낮춘다면, 비용을 절감시킬 뿐만 아니라 현금흐름을 증가시킬 것이다. 이러한 시나리오에서 헤징을 하는 것이 하지 않는 것보다 선호된다.

도표 9.12

헤지된 현금흐름과 헤지되지 않은 현금흐름

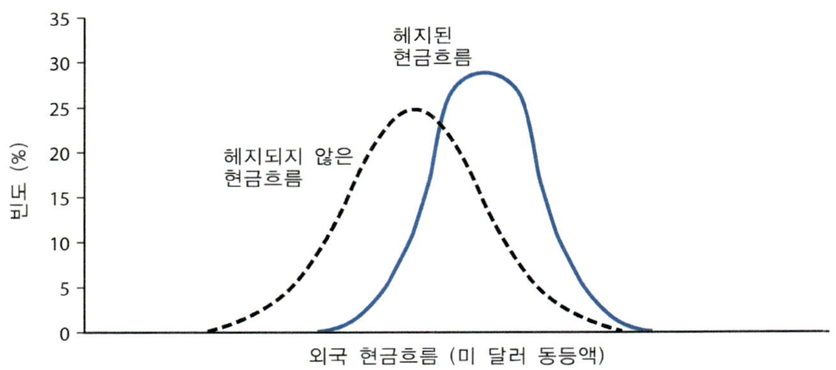

자료: J. Lewent and J. Kearney, "Identifying, Measuring, and Hedging Currency Risk at Merck." Reprinted with permission from the Bank of America *Journal of Applied Corporate Finance*, Winter 1990.

요약

이 장에서 우리는 어떻게 환위험에 대한 경제적 노출을 측정하고 관리하는지에 대하여 논의하였다. 또한 어떻게 기업들이 현실세계에서 환위험을 관리하는지 알아보았다.

01. 환율 변동은 기업의 영업현금흐름뿐만 아니라 그들의 자산과 부채의 자국 통화표시 가치에 영향을 미침으로써 기업의 가치에 체계적으로 영향을 미칠 수 있다.

02. 경제적 환노출은 거래적 환노출, 환산 환노출과 함께 세 가지 종류의 환노출 중 하나이다.

03. 경제적 환노출은 기업의 가치가 예상하지 못한 환율 변동에 의하여 영향을 받는 정도로 정의될 수 있다.

04. 만약 기업이 외국에 자산을 보유하고 있다면, 환위험에 대한 노출은 환율을 독립변수로, 외국 자산의 달러 가치를 종속변수로 한 회귀분석의 회귀계수로 적절하게 측정될 수 있다. 노출의 규모가 확인되면, 기업은 그 노출을 선물환 매도함으로써 간단하게 노출을 헤지할 수 있다.

05. 재무제표에 표시되어 있는 자산과 부채의 노출과 달리, 운영 환노출은 쉽게 측정할 수 없는 기업의 미래 현금흐름에 대한 무작위적 환율 변동의 영향에 의존한다. 이 같은 어려움에도 불구하고, 거래적 환노출보다 운영 환노출이 기업의 총 노출 중 많은 부분을 차지하고 있는 때문에, 운영 환노출을 적절하게 관리하는 것은 매우 중요하다.

06. 기업의 운영 환노출은 다음에 의해 결정된다. (a) 기업이 투입요소들을 조달하고 제품을 판매하는 시장의 구조 (b) 시장, 제품 믹스, 외부조달을 조정함으로써 경쟁적 포지션에 대한 환율 변동의 영향을 완화시키는 기업의 능력.

07. 기업은 주로 경쟁적 포지션에 대한 환율 변동의 영향을 통해 환위험에 노출되기 때문에 기업의 전반적인 장기 전략적 계획의 맥락에서 환노출 관리를 고려하는 것은 매우 중요하다. 환노출 관리의 목적은 변동하는 환율에 직면해서 현금흐름을 안정화시키는 것이다.

08. 운영 환노출을 관리하기 위하여, 기업은 다음과 같은 다양한 전략들을 사용할 수 있다. (a) 저비용 생산 입지 선택, (b) 유연한 조달 정책의 유지, (c) 시장의 다각화, (d) 제품 차별화, (e) 통화 옵션과 선물계약을 이용한 재무적 헤징.

09. 운영 및 재무 헤지방법 이외에도 기업이 시장에서 가격결정력을 갖고 있다면, 환율변동의 비용을 고객에게 전가할 수 있다.

주요 용어

경쟁적 효과 | 노출계수 | 운영 환노출
운영적 헤징 | 유연한 조달정책 | 자산노출
재무적 헤징 | 전환 효과 | 탄력적 수요
환율 전가

- 경쟁적 효과
- 노출계수
- 운영 환노출
- 운영적 헤징
- 유연한 조달정책
- 자산노출
- 재무적 헤징
- 전환 효과
- 탄력적 수요
- 환율 전가

연습문제

01. 환위험에 대한 경제적 환노출을 어떻게 정의할 수 있는가?

02. 다음을 설명해 보시오 : 노출은 회귀계수이다.

03. 당신의 회사가 프랑스 기업에 지분을 가지고 있다고 가정하자. 달러/유로 환율의 불확실성이 당신 회사의 환노출이 되는 상태에 대해서 논의해 보라.

04. 기업의 영업현금흐름에 대한 환율 변동의 경쟁적 효과와 전환 효과에 대하여 설명해 보라.

05. 운영 환노출의 결정 요인에 대하여 논하여라.

06. 운영 환노출에 대한 구매력 결정의 영향을 논하여라.

07. GM은 스페인에 자동차를 수출한다 하지만 유로에 대한 달러의 강세는 GM의 스페인 내 매출을 악화시킨다. 스페인 시장에서 유로 통화를 사용하는 Fiat와 Renault 같은 이탈리아와 프랑스 자동차 제조사들은 GM이 직면한 경쟁 상대이다. GM이 스페인 내 시장 점유율을 유지할 수 있기 위하여, 당신이 언급해 줄 만한 측정 종류는 무엇이 있는가?

08. 기업의 운영 환노출을 헤징하기 위한 재무적 헤징이 운영적 헤징(생산 기반의 재배치와 같은)과 비교하여 기업에게 주는 장점과 단점은 무엇인가?

09. 환율 노출에 대한 헤징으로서 다국적 생산 기반을 유지하는 것에 대한 장점과 단점에 대해 논하시오.

10. 다음을 평가하시오. "기업은 차별적 사업 라인에 걸쳐 다각화함으로써 환노출을 감소시킬 수 있다."

11. 환율의 불확실성이 반드시 기업이 환위험 노출에 직면함을 의미하는 것은 아니다. 왜 그러한지 설명하시오.

계산문제

01. 당신이 런던 시내에 작은 땅을 보유하고 있고 1년 안에 그것을 매각하길 원한다고 가정하자. 미국 거주자로서 당신은 땅의 달러 가치에 대해 관심이 있다. 만약 영국 경제가 미래에 호황이라면, 땅은 2,000파운드이고 1파운드는 $1.40의 가치가 있을 것이라고 가정하자. 반면에, 만약 영국 경제가 침체된다면 땅의 가치는 1,500파운드로 낮아질 것이나 $1.50/£로로 파운드는 강세가 될 것이다. 영국 경제는 60%의 확률로 호황을, 40%의 확률로 불황을 경험할 것이다.

a. 환율에 대한 노출(b)를 추정하시오.

b. 환율 불확실성에 기인하는, 당신 재산의 달러 가치의 변동성(분산)을 계산하시오.

c. 어떻게 당신의 환위험 노출을 헤지할 수 있는지 논의하고 헤지의 결과를 검토하시오.

02. 한 미국 기업이 프랑스에 자산을 보유하고 있고 다음과 같은 시나리오에 직면하고 있다. 표의 P*는 미국 기업이 보유하고 있는 자산의 유로 가격이고 P는 자산의 미국 달러 가격이다.

	상태 1	상태 2	상태 3	상태 4
확률	25%	25%	25%	25%
현물환율 ($/€)	$1.20/€	$1.10/€	$1.00/€	$0.90/€
P* (€)	€1,500	€1,400	€1,300	€1,200
P ($)	$1,800	$1,540	$1,300	$1,080

a. 미국 기업이 직면한 환노출을 계산하시오.

b. 만약 미국 기업이 이 노출에 대하여 헤지하지 않은 채로 두면, 이 자산의 미국 달러 가격의 분산은 어떻게 되는가?

c. 만약 미국 기업이 선물환 계약을 사용하여 노출을 헤지한다면, 헤지된 포지션의 미국 달러 가치의 분산은 얼마인가?

03. 당신이 실리콘밸리에 있는 신생 전자상거래 기업의 주요 지분을 보유하고 있는 영국의 벤처자본가라고 가정하자. 영국의 거주자로서 당신은 미국 지분포지션의 파운드화 가치에 관심이 있다. 미래에 미국 경제가 호황이 되면 당신의 지분은 $1,000,000의 가치가 될 것이고 환율은 $1.40/£이 될 것이라고 가정하자. 한편 미국 경제가 침체를 겪는다면 당신의 미국 지분가치는 $500,000이 될 것이고, 환율은 $1.60/£이 될 것이다. 당신은 미국 경제가 70%의 확률로 호황을, 30%의 확률로 침체를 겪을 것이라고 평가한다.

a. 환위험에 대한 당신의 노출을 추정하라.

b. 환율 불확실성에 기인하는 미국 지분포지션의 파운드화 가치의 분산을 계산하라.

c. 당신은 이러한 노출을 어떻게 헤지할 것인가? 당신이 헤지한다면 헤지된 포지션의 파운드화 가치의 분산은 얼마인가?

인터넷 연습문제

미국의 다국적기업으로 잘 알려진 코카콜라는 수익의 약 3/4 정도를 해외 시장에서 얻고 있다. 따라서 코카콜라는 환위험에 매우 노출되어 있다. 웹사이트 www.sec.gov/edgar.shtml에서 이용가능한, 미국의 SEC에 보관되어 있는 연간 보고서(10-K), 특히 FRM 절로부터 환위험관리 정책과 실행사례들을 조사하라. 코카콜라의 환위험관리에 대한 접근법에 대하여 당신은 어떻게 평가하는가?

미니 케이스

Albion Computers PLC의 경제적 환노출

이 장에서 논의되었던 Albion Computers PLC의 Case 3을 생각해 보자. 이제 파운드는 현재 $1.60에서 $1.50 수준으로 가치가 하락될 것으로 예상된다고 가정하자 이것은 수입재의 파운드 가격이 341파운드(=$512/$1.50)이 됨을 의미한다. 판매량과 영국 인플레이션율과 같은 다른 변수들은 Case 3과 동일하게 유지된다.

a. 예상된 연간 달러표시 현금흐름을 계산하시오
b. 〈도표 9.6〉의 벤치마크 사례로부터, 파운드 가치하락에 따른 현금흐름 변동의 할인된 현재가치로, 4년간의 예상된 영업 손익을 계산하시오.
c. 만약 Albion이 파운드 가치하락에 따른 예상된 영업 손실을 완화시키기 위해서 취할 수 있는 방안이 있다면, 그것은 무엇인가?

참고문헌 및 추천도서

Adler, Michael, and Bernard Dumas. "Exposure to Currency Risk: Definition and Measurement." *Financial Management*, Spring (1984), pp. 41-50.

Allayannis, George, and Eli Ofek. "Exchange Rate Exposure, Hedging, and the Use of Foreign Currency Derivatives." Journal of International Money and Finance 20 (2001), pp. 273-96.

Bartov, Eli, and Gordon Bodnar. "Firm Valuation, Earnings Expectations, and the Exchange-Rate Exposure Effect." *Journal of Finance* 49, 1994, pp. 1755-85.

Carnaggia, Jess, "Does Risk Management Matter? Evidence from the U.S. Agricultural Industry," *Journal of Financial Economics* 109 (2013), pp. 419-440.

Choi, Jongmoo, and Anita Prasad. "Exchange Rate Sensitivity and Its Determinants: A Firm and Industry Analysis of U.S. Multinationals." *Financial Management* 23 (1995), pp. 77-88.

Dornbusch, Rudiger "Exchange Rates and Prices." *American Economic Review* 77, 1987, pp. 93–106.

Dufey, Gunter, and S. L. Srinivasulu. "The Case for Corporate Management of Foreign Exchange Risk." *Financial Management*, Winter (1983), pp. 54–62.

Eaker, Mark. "The Numeraire Problem and Foreign Exchange Risk." *Journal of Finance*, May 1981, pp. 419–27.

Flood, Eugene, and Donald Lessard. "On the Measurement of Operating Exposure to Exchange Rates: A Conceptual Approach." *Financial Management* 15, Spring (1986), pp. 25–36.

Glaum, M., M. Brunner, and H. Himmel. "The DAX and the Dollar: The Economic Exchange Rate Exposure of German Corporations." Working Paper, Europa-Universitat Viadrina, 1998.

Gopinath, Gita, and Roberto Rigobon. "Sticky Borders." *Quarterly Journal of Economics* (2008), pp. 531–75.

Hekman, Christine R. "Don"t Blame Currency Values for Strategic Errors." *Midland Corporate Finance Journal*, Fall (1986), pp. 45–55.

Holberg, Gerard, and Katie Moon, "Offshore Activities and Financial vs. Operational Hedging," *Journal of Financial Economics* (2017), pp. 217-44.

Jacque, Laurent. "Management of Foreign Exchange Risk: A Review Article." *Journal of International Business Studies*, Spring (1981), pp. 81–100.

Jorion, Philippe. "The Exchange-Rate Exposure of U.S. Multinationals." *Journal of Business* 63 (1990), pp. 331–45.

Lessard, Donald, and S. B. Lightstone. "Volatile Exchange Rates Can Put Operations at Risk." *Harvard Business Review*, July/August 1986, pp. 107–14.

Lewent, Judy, and John Kearney. "Identifying, Measuring and Hedging Currency Risk at Merck." *Journal of Applied Corporate Finance*, Winter (1990), pp. 19–28.

Pringle, John, and Robert Connolly. "The Nature and Causes of Foreign Currency Exposure." *Journal of Applied Corporate Finance*, Fall (1993), pp. 61–72.

Purnanadam, Amietosh, "Financial Distress and Corporate Risk Management," *Journal of Financial Economics* 8 (2008), pp. 706-39.

Simkins, Berry, and Paul Laux. "Derivatives Use and the Exchange Rate Risk of Investing in Large U.S. Corporations." Case Western Reserve University Working Paper (1996).

Wihlborg, Clas. "Economics of Exposure Management of Foreign Subsidiaries of Multinational Corporations." *Journal of International Business Studies*, Winter (1980), pp. 9–18.

Williamson, Rohan. "Exchange Rate Exposure and Competition: Evidence from the Automotive Industry." *Journal of Financial Economics* 59 (2001), pp. 441–75.

Yang, Jiawen. "Exchange Rate Pass-through in U.S. Manufacturing Industries." *Review of Economics and Statistics* 79 (1997), pp. 95–104.

INTERNATIONAL
FINANCE

Chapter 10

환산 환노출의 관리

CHAPTER OUTLINE

- **환산 방법**
  - 유동성/비유동성 방식
  - 화폐성/비화폐성 방식
  - 속성 방식(temporal method)
  - 현행환율 방식
- **미국회계원칙(U.S. GAAP)**
  - FASB 8
  - FASB 52
  - FASB ASC 830
  - FASB ASC 830의 환산 과정의 역학
  - 높은 인플레이션을 겪는 경제
- **국제회계기준**
- **사례분석:** FASB ASC 830에 따른 계정들의 연결: The Centralia Corporation
- **환산 환노출의 관리**
  - 환산 환노출 대 거래적 환노출
  - 환산 환노출의 헤징
  - 대차대조표 헤지
  - 파생상품 헤지
  - 환산 환노출 대 운영 환노출
- **FASB 8에서 FASB 52로의 변화에 관한 실증분석**
- **요약**
- **주요 용어**
- **연습문제**
- **계산문제**
- **인터넷 연습문제**
- **미니 케이스:** Sundance Sporting Goods, Inc.
- **참고문헌 및 추천도서**

이 장은 환노출과 환노출 관리에 관한 논의를 마무리한다. 이 장에서 우리는 환산환노출을 논의한다. 종종 회계적 환노출이라 불리는 환산환노출은 환율의 예측 불가능한 변화가 다국적기업의 연결재무제표에 미치는 영향을 일컫는다. 환율이 변화할 때 모회사의 관점에서 볼 때 외국 통화로 표시된 해외 자회사의 자산과 부채의 가치도 변할 것이다. 이에 따라 다국적기업에게 있어 환율 변화를 논리적으로 처리하는 연결 프로세스를 다루는 기계적인 방법이 필수적이다.

이 장에서는 환산 조정을 처리하는 기본적인 방법을 소개한다. 다양한 환산 방법의 효과들을 비교하기 위해서 우리는 다른 환산 방법들을 사용하는 간단한 연결재무제표 사례를 제시한다. 미국 내 기업과 공인된 회계법인들에 대한 회계 정책을 규정하는 기구인 FASB(미국 재무회계 기준위원회)가 최근 규정한 방법들과 EU를 포함한 전 세계에서 사용되고 있는 International Financial Reporting Standards(IFRS; 국제회계기준)를 특히 고려한다.

우리는 한 응용 사례를 통해 환율 변동이 최근에 규정된 FASB에 따른 연결 프로세스에 미치는 영향을 상세히 탐구한다. 이어서 환산환노출과 경제적 환노출, 그리고 환산환노출과 거래적 환노출 간의 관계가 설명된다. 그 다음에, 환산환노출 관리의 필요성과 방법에 대해 검토한다. 마지막으로 환산 환노출 관리의 필요성과 방법들을 논의하는 것으로 끝을 맺는다.

환산 방법

외화 환산 과정은 주로 두 가지 주요 문제에 초점을 맞추고 있다. 첫째, 각 재무제표 항목을 환산할 때 사용해야 할 환율은 무엇인가 하는 것이며, 둘째, 그로 인한 환산 조정이 연결재무제표에서 어디에 보고되어야 하는가 하는 것이다.

외화 환산의 4가지 방식이 최근 몇 년간 사용되어 왔다. 즉, 유동성/비유동성 방식, 화폐성/비화폐성 방식, 속성(또는 시제) 방식, 현행환율 방식이 그것이다.

오늘날, 전 세계적으로 가장 널리 사용되는 방법은 유동성 방식과 속성 방식이다.

유동성/비유동성 방식

www.fasb.org
FASB의 웹사이트로서 FASB 및 FASB 공표들에 관한 정보를 여기서 제공받을 수 있다.

유동성/비유동성 방식(current/noncurrent method)은 1930년대부터 FASB 8이 시행되기 시작한 1975년까지 미국에서 일반적으로 용인되었다. 이 방식의 근본적인 원칙은 자산과 부채가 반드시 그 만기에 기초해서 환산되어야 한다는 것이다. 1년 또는 그 이하의 만기를 가지고 있는 유동 자산과 부채는 현행환율로 환산된다. 비유동 자산과 부채는 그 자산과 부채가 장부에 처음 기록되었던 당시의 역사적 환율로 환산된다. 이 방식에서 유동자산이 유동부채를 초과하는 외국 자회사는 만약 현지통화의 가치가 상승(하락)하면, 환산 이익(손실)을 초래할 것이다. 만약 외국 자회사가 현지통화로 부(−)의 순운전자본의 상태라면, 반대로 나타날 것이다.

이 방식에서는 대부분의 손익계산서 항목들은 회계 기간 동안의 평균 환율로 환산된다. 그러나 감가상각비와 같이 비유동 자산 및 부채와 관련이 있는 수익 및 비용 항목은 대차대조표 항목에 적용되는 역사적 환율로 환산된다.

화폐성/비화폐성 방식

화폐성/비화폐성 방식(monetary/nonmonetary method)에 따르면, 외국 자회사의 모든 화폐성 대차대조표 계정(예를 들면, 현금, 시장성 유가증권, 매출채권, 지급어음, 매입채무)은 현행환율로 환산된다. 주주지분을 포함하는 대차대조표의 다른 모든(비화폐성) 계정들은 그 계정이 장부에 처음 기록되었던 당시의 역사적 환율로 환산된다. 유동성/비유동성 방식과 비교해 볼 때, 이 방식은 재고자산, 장기 매출채권, 장기 부채와 같은 계정과 관련하여 많은 차이가 있다. 화폐성/비화폐성 방식의 근본적인 원칙은 화폐성 계정은 유사하다는 것이다. 왜냐하면 화폐성 계정의 가치는 환율이 변화할 때마다 환산 후에 통화 상응금액이 변하는 화폐금액을 나타내기 때문이다. 이 방식은 만기의 유사성보다는 속성의 유사성에 기초해서 계정을 분류한다.

이 방식에서는 대부분의 수익 계정은 해당 기간 동안의 평균 환율로 환산된다. 그러나 매출원가와 감가상각비와 같이 비화폐성 계정과 관련된 수익과 비용 항목은 대차대조표 계정과 관련된 역사적 환율로 환산된다.

속성 방식

속성 또는 시제 방식(temporal method)에서는 현금, 매출채권, 매입채무와 같은 화폐성 계정(유동성과 비유동성 모두)은 현행환율로 환산된다. 다른 대차대조표 계정들은 만약 그 계정들이 계속해서 현재가치로 장부에 기록되어 있다면, 현행환율로 환산된다. 그리고 만약 계정들이 역사적 원가로 장부에 기록되어 있다면, 그 항목들이 장부에 기록되었던 날의 환율로 환산된다.

고정자산과 재고자산은 일반적으로 역사적 원가로 기록되기 때문에, 속성 방식과 화폐성/비화폐성 방식은 전형적으로 동일한 환산을 제공한다. 그럼에도 불구하고 두 방식의 기본 원칙은 전적으로 다르다.

속성 방식에서는 대부분의 손익계산서 항목들이 회계기간 동안의 평균 환율로 환산된다. 그러나 만약 관련된 대차대조표가 역사적 원가로 기록되어 있다면, 감가상각비와 매출원가는 역사적 환율로 환산된다.

현행환율 방식

현행환율 방식(current rate method)에서는 주주 지분을 제외한 모든 대차대조표 자산들은 현행환율로 환산된다. 이것은 모든 환산 방법 중에서 적용하기에 가장 간단한 것이다. 보통주 계정과 어떠한 추가적인 납입자본금은 각각의 발행일 당시의 환율로 기록된다. 기말의 유보이익은 기초 유보이익에 1년 동안의 추가적인 이익을 더한 것과 동일하다. **누적 환산조정계정**(cumulative translation adjustment: CTA)으로 불리는 "plug" 자기자본 계정은 대차대조표의 균형을 맞추기 위해서 사용된다. 왜냐하면 이 방식에 따르면 환산 이익 또는 손실이 손익계산서에 고려되지 않기 때문이다.

현행환율 방식에서 손익계산서 항목들은 각 항목들이 인식된 날의 환율로 환산된다. 이는 일반적으로 비현실적이기 때문에 그 기간 동안 적절히 가중평균된 환율이 환산에 사용된다.

예제 10.1 환산 방법의 비교

〈도표 10.1A〉와 〈10.1B〉는 재무제표 준비에 미치는 상이한 환산 방법들의 영향들을 비교하기 위해 예들을 사용한다. 이 사례들은 스위스 프랑으로 장부를 기록하는 스위스 자회사의 대차대조표와 손익계산서가 다국적기업의 보고통화인 미 달러화로 환산되는 것을 가정한다.

〈도표 10.1A〉는 먼저 스위스 프랑으로 기록된 대차대조표와 손익계산서를 보여준다. 여기에서 추가적인 유보이익과 누적된 유보이익이 모두 SFr900,000임을 알 수 있다. (이 예는 자회사가 운영된 처음 연도임을 가정한다.) 역사적 환율은 SFr3.00/$1.00이다. 다음의 4개 행들은 SFr2.00/$1.00으로 스위스 프랑화 가치가 상승한 것을 가정한 후의, 환산된 재무제표를 보여준다. 그러므로 그 기간 동안의 평균 환율은 SFr2.50/$1.00이다. 도표에서 볼 수 있듯이, 총 자산은 손익계산서에 $550,000의 외화 환산 손실이 반영되는 화폐성/비화폐성 방식의 $2,550,000에서, $540,000의 실질적인 외환이익이 누적적 환산조정계정(CTA)에 기록되는 현행환율 방식에서의 $3,300,000까지 다양하다.

속성 방식에서 회사는 자신의 재고자산을 SFr1,500,000의 역사적 가치 대신에 SFr1,800,000의 현행 시장가치로 기록한다고 가정한다. 만약 자회사가 속성 방식에 따라 역사적 가치로 재고자산을 기록한다고 가정되면, 속성 방식과 화폐성/비화폐성 방식은 모두 재고자산을 $500,000의 가치로 환산할 것이다.

〈도표 10.1B〉 또한 SFr3.00/$1.00에서 SFr4.00/$1.00으로의 스위스 프랑화의 가치가 하락한다는 가정을 한 후의, 환산 대차대조표와 손익계산서를 보여준다. 그러므로 기간 동안의 평균 환율은 SFr3.50/$1.00이다. 도표에서 나타나듯이, 총 자산은 $257,000의 실질적인 외환손실을 누적 환산조정계정(CTA)에 기록하는 현행환율 방식의 $1,650,000에서, $361,000의 외환 이익을 갖는 화폐성/비화폐성 방식의 $2,025,000까지 다양하다.

도표 10.1A 스위스프랑화의 가치상승(1$ = SFr 3에서 SFr 2로)후 환산방법에 따른 재무제표에 미치는 영향의 비교(통화단위: 1,000)

	현지통화	유동성/비유동성	화폐성/비화폐성	속성법	현행환율법
대차대조표					
현금	SFr 2,100	$1,050	$1,050	$1,050	$1,050
재고자산(현행가치 = SFr1,800)	1,500	750	500	900	750
순고정자산	3,000	1,000	1,000	1,000	1,500
총자산	SFr 6,600	$2,800	$2,550	$2,950	$3,300
유동부채	SFr 1,200	$ 600	$ 600	$ 600	$ 600
장기부채	1,800	600	900	900	900
보통주	2,700	900	900	900	900
유보이익	900	700	150	550	360
누적환산조정계정(CTA)	—	—	—	—	540
총부채 및 자기자본	SFr 6,600	$2,800	$2,550	$2,950	$3,300
손익계산서					
매출액 수익	SFr 10,000	$4,000	$4,000	$4,000	$4,000
매출원가	7,500	3,000	2,500	3,000	3,000
감가상각비	1,000	333	333	333	400
순영업이익	1,500	667	1,167	667	600
법인세(40%)	600	267	467	267	240
세후 순이익	900	400	700	400	360
외환손익	—	300	(550)	150	—
순이익	900	700	150	550	360
배당	0	0	0	0	0
유보이익 증가	SFr 900	$ 700	$ 150	$ 550	$ 360

도표 10.1B 스위스프랑화의 가치하락(1$ = SFr 3에서 SFr 4로)후 환산방법에 따른 재무제표에 미치는 영향의 비교(통화단위: 1,000)

	현지통화	유동성/비유동성	화폐성/비화폐성	속성법	현행환율법
대차대조표					
현금	SFr 2,100	$ 525	$ 525	$ 525	$ 525
재고자산(현재가치 = SFr1,800)	1,500	375	500	450	375
순고정자산	3,000	1,000	1,000	1,000	750
총자산	SFr 6,600	$1,900	$2,025	$1,975	$ 1,650
유동부채	SFr 1,200	$ 300	$ 300	$ 300	$ 300
장기부채	1,800	600	450	450	450
보통주	2,700	900	900	900	900
유보이익	900	100	375	325	257
누적환산조정계정(CTA)	—	—	—	—	(257)
총부채 및 자기자본	SFr 6,600	$1,900	$2,025	$1,975	$1,650
손익계산서					
매출액 수익	SFr 10,000	$2,857	$2,857	$2,857	$2,857
매출원가	7,500	2,143	2,500	2,143	2,143
감가상각비	1,000	333	333	333	286
순영업이익	1,500	381	24	381	428
법인세(40%)	600	152	10	152	171
세후 순이익	900	229	14	229	257
외환손익	—	(129)	361	96	—
순이익	900	100	375	325	257
배당	0	0	0	0	0
유보이익 증가	SFr 900	$ 100	$ 375	$ 325	$ 257

FASB 8

1975년 이전에는 미국 내에서 환산 방법에 대한 일관적인 지침이 없었으며, 이로 인해 회사 간 비교가 불가능했다. 이러한 비교 불가능성을 해소하기 위해, FASB 8이 발표되어 1976년 1월 1일부터 시행되었다.

FASB 8의 목적은 일반적으로 인정된 회계 원칙(GAAP)에 따라 외화로 표시된 기업의 자산, 부채, 수익 또는 비용을 달러로 측정하는 것이었다. FASB 8은 사실상 이전에 정의했던 환산의 속성 방식이나 일부 미묘한 차이가 존재한다.

FASB 8은 시초부터 회계업계나 다국적기업들로부터의 수용 문제에 부딪쳤다. 속성 방식은 〈예제 10.1〉에서 보듯이, 외환 수익 또는 손실을 손익계산서에 반영하는 것을 필요로 한다. 이에 따라 보고 이익은 해마다 상당히 변동할 수 있고 또 변동함으로써 기업 경영자들을 자극하였다.

게다가 많은 다국적기업들은 대부분의 기업이 과거에 해왔고 지금도 하고 있는 것처럼 재고자산을 역사적 가치로 기록하는 경우, FASB 8이 요구하는 것처럼 재고자산을 역사적 환율로 환산하는 것을 반기지 않았다. 그들에게는 재고자산을 현행 환율로 환산하는 것이 훨씬 더 간단한 것으로 여겨졌다.

FASB 52

FASB 8을 둘러싼 논란으로 인해, 1979년 1월 FASB 8의 모든 특징들을 고려하기 위해 FASB의 의제로 하나의 제안이 상정되었다. 이어서 1979년 2월에 FASB, IASC(국제회계기준위원회, 현재의 국제회계기준이사회(IASB))와 캐나다와 영국의 회계기준 기구들의 대표들이 모여서 태스크포스가 구성되었다. 많은 회의와 공청회를 거친 이후, FASB 52가 1981년 12월 공표되었고 미국의 모든 다국적기업들은 회계 연도의 시작일 또는 1982년 12월 15일 이후 이 재무제표 양식을 채택하도록 요구되었다. FASB 52는 외화 환산과 관련하여 미국회계기준(U.S. GAAP)의 전면적인 개정을 나타낸다.

FASB ASC 830

2009년, FASB는 미국에서 일반적으로 인정된 회계원칙에 대한 사용자의 접근을 용이하게 하기 위해 회계 및 보고 기준을 대대적으로 개편했다. 그 결과, FASB ASC(회계기준 체계화)가 2009년 9월 15일에 발표되었으며, FASB 52는 외화 문제들을 포괄하는 FASB ASC 830으로 성문화되었다. ASC 830에서 FASB는 모회사와 긴밀하게 통합되어 있으며 대부분의 사업을 미국 달러로 수행하는 외국 자회사와 상대적으로 독립적이며 현지 경제와 통합되어 있고 주로 외화를 사용하여 운영하는 외국 자회사를 구분한다. 미국 내 모회사와 긴밀하게 통합된 첫 번째 유형의 외국 자회사의 경우, FASB는 미국 달러 관점이 여전히 적용된다고 판단하고 환산에는 속성 방식이 사용되어야 한다고 결정한 반면, 상대적으로 독립적인 두 번째 유형의 외국 자회사의 경우, FASB는 현지 통화 관점이 적용되며 현행 환율 방식이 사용되어야 한다고 결정했다.

FASB ASC 830의 환산 과정의 역학

FASB ASC 830은 일부 상황들에서는 현행환율 방식을, 다른 상황들에서는 속성 방식을 요구한다. FASB ASC 830은 외국 자회사가 모회사와 통합이 되었는지 아니면 자체적으로 운영되는지를 판단하여 어떤 환산 방법이 사용될지를 결정하는데, 이 때 외국 자회사가 사용하는 기능통화에 의존한다. **기능통화**(functional currency)란 "실체가 운영되고 있는 주요 경제적 환경의 통화"이다. 일반적으로, 기능통화는 대부분의 사업을 수행하는 국가의 현지 통화이다. 그러나 특정 환경에서 기능통화는 모기업의 모국 통화 또는 어떤 제3국의 통화일 수 있다. 〈도표 10.2〉는 기능통화를 결정하는 방법을 요약하고 있다.

보고통화(reporting currency)는 다국적기업이 연결재무제표를 작성하는 통화로 정의된다. 이 통화는 일반적으로 모기업이 장부를 작성하는 통화이며, 결과적으로 그것은 모기업이 위치하고 대부분의 사업을 수행하는 국가의 통화이다. 그러나 보고통화는 어떤 제3의 통화일 수도 있다. 이 장에서는 우리의 목적을 위해서, 보고통화와 모기업

도표 10.2

기능통화를 결정하는 핵심적인 경제적 요인들

현금흐름 지표
- 외국 통화: 외국 실체의 현금흐름은 주로 외국 통화로 표시되고, 그것은 모기업의 현금흐름에 직접적으로 영향을 미치지 않는다.
- 모기업의 통화: 외국 실체의 현금흐름은 모기업의 현금흐름에 직접적으로 영향을 미치고, 또한 모기업에 대한 송금을 위해 쉽게 이용가능하다.

매출가격 지표
- 외국 통화: 외국 실체의 제품의 매출 가격은 일반적으로 환율 변화에 대해 단기적으로 반응하지 않지만, 현지의 경쟁과 정부의 규제에 의해 더 반응하여 결정된다.
- 모기업 통화: 외국 실체의 제품의 매출 가격은 환율 변화에 대해 단기적으로 반응하며, 전 세계적인 경쟁에 의해 결정된다.

매출시장 지표
- 외국 통화: 외국 실체의 제품에 대한 활발한 현지 매출 시장이 있다.
- 모기업 통화: 매출 시장이 주로 모기업의 국가에 위치하고 있거나 매출 계약이 모기업의 통화로 표시되어 있다.

비용 지표
- 외국 통화: 외국 실체의 생산요소 비용들이 주로 현지 비용들이다.
- 모기업 통화: 외국 실체의 생산요소 비용들이 주로 그리고 지속적으로 모기업 국가로부터 획득된 요소들에 대한 비용들이다.

자금조달 지표
- 외국 통화: 외국 실체의 자금조달은 주로 외국 통화로 표시되며, 채무상환 의무는 통상적으로 외국 실체에 의해 처리된다.
- 모기업 통화: 외국 실체의 자금조달은 주로 모기업에 의해 이뤄지며, 채무상환 의무는 모기업에 의해 충족된다. 또는 외국 실체에 의해 발생된 채무상환 의무는 주로 모기업에 의해 이뤄진다.

기업간 거래와 협정 지표
- 외국 통화: 모기업과 외국 실체 사이에 기업간 거래 규모가 작으며 미미한 운영적인 상호관계가 있다. 그러나 외국 실체는 모기업의 특허나 상표와 같은 모기업의 경쟁우위로 인해 이익을 얻을 수 있다.
- 모기업 통화: 모기업과 외국 실체 사이의 기업간 거래 규모가 크며 광범위한 운영적인 상호관계가 있다. 더욱이 만약 외국 실체가 모기업 장부에 기록될 수 있는 계정들을 보유하는 껍데기(shell) 회사라면, 기능통화는 일반적으로 모기업의 통화가 된다.

통화라는 용어를 동의어로 사용할 것이며 또한 미국 달러화로 가정할 것이다.

FASB ASC 830에 의해 규정된 실제 환산 과정은 두 단계로 나뉜다. 첫 번째로, 해외 자회사가 어떤 통화로 장부를 작성할 것인지 결정하는 것이 필요하다. 대부분의 경우, 해외 자회사의 기록 및 기능 통화는 동일하다. 예를 들어, 미국 회사의 독일 자회사는 유로화로 장부를 관리하고 유로를 기능 통화로 사용한다. 이 경우, 독일 자회사의 재무제표는 기능 통화인 유로화에서 모회사의 통화인 미국 달러로 현행 환율 방식을 통해 환산한다.

만약 외국 실체가 장부를 기록하는 현지 통화가 기능통화가 아니면(그리고 <도표

도표 10.3

FASB 52 두 단계 환산과정[a]

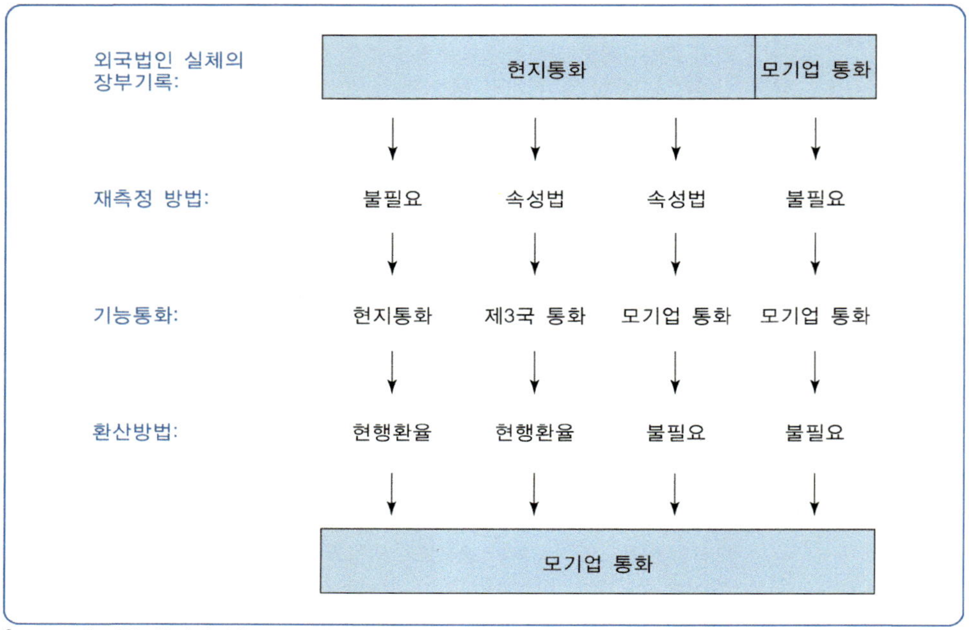

[a] FASB에 의한 환산방법은 두 단계 과정을 거친다. 첫째, 외국법인 실체가 장부를 기록하는 현지 통화가 기능통화가 아니면, 속성법에 의한 재측정이 필요하다. 둘째, 외국법인 실체의 기능통화가 모기업 통화와 동일하지 않을 때, 외국법인의 장부는 현행환율법을 사용하여 기능통화에서 보고통화로 환산된다. 외국법인이 인플레이션이 높은 경제에 존재하면, FASB 52는 현지 통화를 모기업의 통화로 재측정할 것을 요구한다.

자료: Derived from J. S. Arpan and L. H. Radenbaugh, International Accounting and Multinational Enterprises, 2nd ed. (New York: Wiley, 1985), Exhibit 5.2, p. 136, and Andrew A. Haried, Leroy F. Imdieke, and Ralph E. Smith, Advanced Accounting, 6th ed. (New York: Wiley, 1994), Illustration 15-3, p. 562.

10.3>에 보이듯이, 반드시 그럴 필요는 없는데), 기능통화로의 재측정이 요구된다. 재측정은 "마치 그 실체의 장부가 기능통화로 유지되어야 했었던 것처럼 동일한 결과를 낳기" 위함이다. 환산의 속성 방식은 재측정을 하기 위해서 사용된다. 예를 들어, 미국회사의 멕시코 자회사는 멕시코 페소로 장부를 관리하지만, 미국 달러를 기능통화로 사용할 수 있다. 이 경우, 멕시코 자회사의 재무제표는 속성 방식을 활용하여 멕시코 페소에서 미국 달러로 재측정된다.

높은 인플레이션을 겪는 경제

높은 인플레이션을 겪는 경제에서는, FASB ASC 830은 속성 방식을 사용하여, "마치 기능통화가 보고통화인 것처럼" 외국 실체의 재무제표가 현지 통화로부터 재측정 되도록 요구한다. 높은 인플레이션 경제는 "3년 동안의 누적 인플레이션이 거의 100% 또는 그 이상으로 나타나는 경제"로 정의된다. 과거 아르헨티나, 브라질, 멕시코, 터키, 베네수엘라, 짐바브웨 등의 국가들이 높은 인플레이션을 겪는 경제였다. FASB ASC 830은 중요한 대차대조표 계정을 역사적 가치로 유지함으로써, 현행환율을 보고통화로 환산할 때 그 가치가 현저히 감소하는 것을 방지하려는 데 있다. 상대적 구매력평가설에 따르면, 고인플레이션 경제의 통화는 두 국가의 인플레이션률 차이만큼 저인플레이션 경제의 통화 대비 절하될 것이다. 따라서 고인플레이션 경제에 속한 외국 법인의 고정자산 계정은 현지 통화로 장부에 기록되었을 때, 보고통화 대비 빠르게 가치가 감소하여, 그 진정한 장부 가치에 비해 상대적으로 무의미한 금액으로 환산될 수 있다. 이러한 "소멸하는 설비 문제"는 고인플레이션 국가에서 현행환율 방식을 적용할 때 자주 발생한다.

국제회계기준

국경을 넘는 투자와 자금조달이 증가함에 따라 시장이 더욱 통합되면서, 투자자들은 여러 국가에 설립된 기업들의 재무제표를 쉽게 비교할 수 있는 방법을 원하게 되었다. 지난 40년간 각국의 재무보고 관행 차이를 줄이고 공통의 회계 언어를 제공하기 위한 노력이 진행되어 왔다. 그 결과, 국제회계기준위원회(IASB)와 그 전신인 국제회계기준위원회(IASC)에 의해 국제재무보고기준(IFRS)이 개발되었다. 국제회계기준위원회(IASB)는 런던에 기반을 둔 다국적, 독립적인 표준 설정 기구로 미국재무회계기준위원회(FASB)와 마찬가지로 국제재무보고기준(IFRS)을 발표한다. 또한, 국제회계기준(IAS)이라는 국제회계기준위원회(IASC)의 성명서를 채택했다. IFRS의 미션은 전 세계 금융시장에 투명성, 책임성 및 효율성을 가져오는 기준·표준을 개발하는 것이다.

www.ifrs.org
IFRS 재단의 웹사이트로서 IASB는 이 재단의 독립적인 기준제정 기구이다. 이 조직과 목적에 관한 정보는 이 사이트에서 볼 수 있다.

오늘날, IFRS는 전 세계적으로 가장 널리 사용되는 회계기준이다. 현재 144개국이 상장된 거의 모든 기업에게 IFRS 사용을 요구하고 있다. 주목할 만한 IFRS 사용국으로는 유럽 연합의 27개 회원국과 전 회원국인 영국이 있다. 2005년 1월부터, 유럽연합(EU)에서 사업을 전개하는 모든 기업은 IFRS를 사용하여 연결재무제표를 작성해야 한다. 또한, 2007년 11월 15일 이후 회계연도부터 IFRS를 사용하는 외국 기업은 미국 SEC에 제출하는 연차보고서에서 미국 GAAP 정보를 제공할 필요가 없어졌다. 그러나 IFRS와 일치하지 않는 외국 국가 GAAP을 사용하는 외국 기업은 여전히 미국 GAAP 정보를 제공해야 한다.

미국 GAAP과 IFRS는 외화 재무제표 번역에 대해 유사한 규칙을 가지고 있다. IAS 21, "외환율 변동의 효과"는 외화 환산을 처리하는 IFRS 표준이다. IAS 21은 FASB ASC 830과 유사한 방식으로 기능통화에서 보고(모회사)통화로 외국 자회사의 재무제표를 환산하는 방법을 규정한다. 해당 규정에 대한 저자들의 해석에 따르면, IAS 21은 현행환율 방식의 환산과 가장 밀접하게 일치한다. 그러나 IAS 21과 FASB ASC 830 사이에는 기능통화를 결정하는 데 사용되는 요인의 위계구조와 고인플레이션 국가에 위치한 자회사의 외화 재무제표를 환산하는 방법에 대해 상당한 차이가 존재한다.

미국 외에도 중국은 IFRS를 사용하지 않는 대표적인 국가이다. 최근 수십 년 동안 중국은 회계시스템을 전면 개편하고 IFRS와 상당히 일치하는 기업 회계기준(Accounting Standards for Business Enterprises; ASBE)을 새롭게 개발했다. ASBE는 2007년부터 발효했으며, 홍콩 증권거래소에 상장된 중국 회사는 홍콩 GAAP 또는 IFRS 중 하나를 사용할 수 있다.

다양한 시장 참여자들에게 중요한 것은 양질의 국제적 회계기준을 개발하고 전 세계적으로 회계기준을 일치시키는 것이다. FASB와 IASB는 10년이 넘게 회계기준을 일치시키기 위해 노력해왔으며, 그 결과 두 기준은 상당히 유사해졌다. FASB와 IASB는 2016년까지만 공동 프로젝트를 진행했지만, 두 기준의 융합은 비공식적인 방식으로 계속될 것이다.

사례분석

FASB ASC 830에 따른 계정들의 연결: The Centralia Corporation

FASB ASC 830에 따른 다국적기업의 대차대조표 연결을 설명하기 위해서 적용 사례를 사용한다. 기본적인 정보는 〈도표 10.4〉에 제공되는데, 이는 미국 모기업인 Centralia사, 멕시코와 스페인에 위치한 두 개의 전액출자 현지법인들에 대한 연결되지 않은 대차대조표들을 보여준다. Centralia사는 미국 중서부의 소형 주방가전 기구제조회사이다. 멕시코의 제조법인은 NAFTA로 인해 빠른 성장이 기대되는 멕시코 시장을 충족시키기 위해서 설립되었다. 유사하게 스페인 제조법인은 유럽연합의 수요를 충족시키기 위해서 설립되었다. 멕시코 법인의 기능통화는 페소이고 스페인 법인의 기능통화는 유로이다. 보고통화는 미국 달러이다. 이 사례에서의 기초 환율은 $1.00=CAD1.3333=MXN10.00=€1.10=SFr1.50으로 가정한다.

비연결 대차대조표들과 주석들은, 모기업 장부에 기록되어 있는 $300,000의 매출채권에 대해 멕시코 법인은 모기업에 대해 MXN10.00/$1.00의 현행환율로 MXN 3,000,000의 부채를 지고 있는 것을 나타낸다. 더욱이 멕시코 법인에 대한 모기업의 $2,200,000 투자는 멕시코 법인의 장부에 자기자본 MXN22,000,000으로 환산된다. 유사하게, 스페인 법인에 대한 모기업의 $1,660,000의 투자는 스페인 법인의 장부에 자기자본 €1,826,000으로 환산된다. 또한 주석들은 모기업이 현금 계정에 $150,000으로 기록되어 있는, 캐나다 은행에 CAD200,000의 예금을 보유하고 있음을, 그리고

도표 10.4 Centralia사와 멕시코 및 스페인 현지법인들의 비연결 대차대조표, 2021년 12월 31일 현재(통화단위: 1,000)

	Centralia Corp. (모회사)	멕시코 자회사	스페인 자회사
자산			
현금	$ 950 [a]	MXN 6,000	€ 825
매출채권	1,750 [b]	9,000	1,045
재고자산	3,000	15,000	1,650
멕시코 현지법인 투자	2,200 [c]	–	–
스페인 현지법인 투자	1,660 [d]	–	–
순고정자산	9,000	46,000	4,400
총자산	$18,560	MXN 76,000	€7,920
부채 및 순자산			
매입채무	$ 1,800	MXN 10,000 [b]	€1,364
지급어음	2,200	17,000	1,210 [e]
장기부채	7,110	27,000	3,520
보통주	3,500	16,000 [c]	1,320 [d]
이익잉여금	3,950	6,000 [c]	506 [d]
총부채 및 순자산	$18,560	MXN 76,000	€7,920

[a] 모회사는 캐나다 은행에 CAD200,000 달러의 예금을 보유하고 있다. 이 금액은 모회사의 장부에 CAD1.3333/$1.00의 환율로 환산되어 $150,000으로 기록된다.

[b] 멕시코 자회사는 모회사에 대해 MXN3,000,000의 빚을 지고 있다. 이 금액은 모회사의 매출채권에 $300,000으로 포함된다. 모회사(멕시코 자회사)의 나머지 매출채권(매입채무)은 달러(페소화)로 표시된다.

[c] 멕시코 자회사는 모회사가 전액 출자한 회사이다. 이는 모회사의 장부에 $2,200,000으로 기록된다. 이는 멕시코 자회사의 장부에 MXN10.00/$1.00 환율로 환산되어 보통주(MXN16,000,000)와 이익잉여금(MXN6,000,000)의 합계를 나타낸다.

[d] 스페인 자회사는 모회사가 전액 출자한 회사이다. 이는 모회사의 장부에 $1,660,000으로 기록된다. 이는 스페인 자회사의 장부에 €1.10/$1.00 환율로 환산되어 보통주(€1,320,000)와 이익잉여금(€506,000)의 합계를 나타낸다.

[e] 스페인 자회사는 스위스 은행으로부터 지급어음 잔액 SFr375,000(÷SFr1.3636/€1.00=€275,000)을 가지고 있다. 이 대출은 스페인 자회사의 장부에 €1,210,000=€275,000+€935,000의 일부로서 기록된다.

도표 10.5 Centralia사와 멕시코 및 스페인 현지법인들의 연결 대차대조표, 2021년 12월 31일 현재, 환율변화 이전(통화단위: 1,000)

	Centralia Corp. (모회사)	멕시코 (자회사)	스페인 (자회사)	연결 대차대조표
자산				
현금	$ 950 [a]	$ 600	$ 750	$ 2,300
매출채권	1,450 [b]	900	950	3,300
재고자산	3,000	1,500	1,500	6,000
멕시코 현지법인 투자	— [c]	—	—	—
스페인 현지법인 투자	— [d]	—	—	—
순고정자산	9,000	4,600	4,000	17,600
총자산				$29,200
부채 및 순자산				
매입채무	$1,800	$ 700 [b]	$1,240	$ 3,740
지급어음	2,200	1,700	1,100 [e]	5,000
장기부채	7,110	2,700	3,200	13,010
보통주	3,500	— [c]	— [d]	3,500
이익잉여금	3,950	— [c]	— [d]	3,950
총부채 및 순자산				$29,200

[a] 이 금액은 모회사가 캐나다 은행에 예금으로 보유하고 있는 CAD200,000을 포함하며, 이는 장부에 $150,000(CAD200,000/(CAD1.3333/$1.0) = $150,000)로 기록된다.
[b] $1,750,000 − $300,000 (= MXN3,000,000/(MXN10.00/$1.00)) 기업내 대출 = $1,450,000.
[c,d] 계열사들에 대한 투자는 연결재무제표에서 계열사들의 순자산과 상쇄된다.
[e] 스페인 자회사는 스위스은행에 SFr375,000(÷SFr1.3636/€1.00 = €275,000)의 채무를 지고 있다. 이는 장부에 €1,210,000의 일부로 기록된다. €1,210,000 = €275,000 + €935,000. €1,210,000/(€1.10/$1.00) = $1,100,000.

스페인 법인은 스위스 은행으로부터 대출 잔액 SFr375,000을 보유하고 있는데 이는 SFr1.3636 / €1.00으로 환산되어 지급어음 €1,210,000 중 일부로서 €275,000으로 기록되어 있음을 보여준다.

〈도표 10.5〉는 Centralia사와 해외 법인들의 대차대조표 연결 과정을 보여준다. 여기에서 중요한 것은 기업 내 부채와 투자 모두가 연결 과정에서 상계(net out)되는 것을 주목해야 한다. 즉, 멕시코 법인의 모기업에 대한 부채 MXN3,000,000은 연결 매출채권이나 매입채무에 반영되지 않는다. 궁극적으로 이 부채가 상환될 때, 사실상 이것은 한 회사의 주머니에서 돈을 빼서 다른 회사의 주머니에 넣는 것과 같을 것이다. 유사한 맥락에서, 각 법인에 대한 모기업의 투자는 각 법인의 순자산과 상쇄된다. 모기업은 법인들을 소유하고 차례로 주주들의 투자는 모기업의 소유권를 나타낸다. 이런 방식으로, 주주들은 전체 다국적기업을 소유한다.

〈도표 10.5〉에 제시된 연결 대차대조표는 비교적 단순하다. 연결 대차대조표가 사실상 균형을 이루고 있다는 관점에서 이는 좋고 깔끔하다. 즉, 총자산은 총부채

와 순자산의 합과 같다. 이 사례가 내포하고 있는 것은 다음과 같다. 현행환율이 법인들이 처음으로 설립되었을 때 사용된 환율과 동일하다는 것이다. 즉, 그 때부터 변하지 않고 있다는 것이다. 그러므로 비록 사례가 FASB ASC 830 규정에 따른 연결 과정의 역학을 적절히 나타내고 있더라도, 이는 아주 현실적이지는 않다. 결국에는 환산 방식의 중점적인 목표는 환율 변동을 어떤 체계적인 방식으로 다루느냐이다.

환율 변동이 다국적기업의 연결 대차대조표에 미치는 영향을 결정하기 위해서, 환산 환노출 보고서를 준비하는 것이 유용하다. **환산 환노출 보고서**(translation exposure report)는 연결 대차대조표에 포함된 각 계정에 대해 다국적기업이 노출을 가지고 있는 각 외환에 대해 존재하는 환노출 금액을 보여준다. Centralia사와 법인들의 사례를 계속해서 살펴보면, 〈도표 10.4〉로부터 다국적기업이 멕시코 페소, 유로, 캐나다 달러, 그리고 스위스 프랑으로부터의 환산 환노출을 가지고 있음을 알 수 있다. 만약 해당 통화에 대한 순 환산 환노출이 존재한다면, 보고통화에 대한 이 중 어느 통화의 환율 변동은 연결 대차대조표에 영향을 미칠 것이다.

〈도표 10.6〉은 Centralia사의 환산 환노출 보고서를 나타낸다. 보고서는 각 노출 통화별로 그 통화로 표시된 노출된 자산과 부채의 금액, 그리고 그 차이 또는 순노출을 보여준다. 캐나다 달러에 대한 순 노출은 (+)CAD200,000, 멕시코 페소에 대해서 순 노출은 (+)MXN25,000,000, 유로에 대한 순 노출은 (+)€2,101,000, 스위스 프랑에 대한 순 노출은 (−)SFr375,000이다. 양(+)의 순 노출은 노출된 자산이 노출된 부채보다 많은 것을, 음(−)의 순 노출은 그 반대를 의미한다. 보고통화에 대해 노출 통화의 가치가 하락할 때, 만약 양(음)의 순 노출이 존재한다면, 노출된 자산의 환산 가치는 노출된 부채보다 더 크게(작게) 하락할 것이다. 마찬가지로, 보고통화에 대해 노출 통화의 가치가 상승하는 경우, 만약 음(양)의 순 노출이 존재한다면, 노출된 자산의 환산 가치는 노출된 부채보다 더 작게(크게) 하락할 것이다. 따라서 연결 과정은 환율 변동 후에 연결 대차대조표가 균형이 되는 결과를 가져오지는 않을 것이다.

환율 변동 후의 연결 과정에 미치는 영향을 보기 위해서, 한 번 더 〈도표 10.4〉로부터 비연결 대차대조표들의 연결을 해보도록 하자. 이번에는 환율이 $1.00=CAD1.3333=MXN10.00=€1.10=SFr1.50에서, $1.00=CAD1.3333=MXN10.00=€1.1786=SFr1.50으로 변동했다고 가정한다. 환율 변동의 영향을 더 잘 파악하기 위해 예를 단순하게 하기 위해 다른 모든 통화들에 대해 오직 유로화만 가치가 하락했다고 가

도표 10.6 Centralia사와 멕시코 및 스페인 현지법인의 환산 환노출 보고서, 2021.12.31(통화단위: 1,000)

	캐나다 달러	멕시코 페소	유로	스위스 프랑
자산				
현금	CAD200	MXN 6,000	€ 825	SFr 0
매출채권	0	9,000	1,045	0
재고자산	0	15,000	1,650	0
순고정자산	0	46,000	4,400	0
노출자산	CAD200	MXN 76,000	€7,920	SFr 0
부채				
매입채무	CAD 0	MXN 7,000	€1,364	SFr 0
지급어음	0	17,000	935	375
장기부채	0	27,000	3,520	0
노출부채	CAD 0	MXN 51,000	€5,819	SFr 375
순노출	CAD200	MXN 25,000	€2,101	(SFr375)

정한다.

환율 변동의 영향에 대한 개관을 얻고자, 〈도표 10.6〉에서 양(+)의 순 노출 €2,101,000을 다시 떠올려보자. 이것은 €1.10000/$1.00에서 €1.1786/$1.00으로 유로화 가치가 7.145% 하락한 후에, 유로로 표시된 노출된 자산의 환산 가치가 노출된 부채보다 $127,377 더 하락했음을 나타낸다. 이것은 다음과 같이 계산될 수 있다.

$$\frac{\text{순노출 통화 I}}{S_{new}[i/\text{보고통화}]} - \frac{\text{순노출 통화 I}}{S_{old}[i/\text{보고통화}]} = \text{보고통화의 불균형}$$

우리의 예에서,

$$\frac{€2{,}101{,}000}{€1.1786/\$1.00} - \frac{€2{,}101{,}000}{€1.1000/\$1.00} = -\$127{,}377$$

다시 말해서, 환율 €1.10000/$1.00의 환율로 환산될 때, €2,101,000의 순 환산 환노출은 달러로 $1,910,000이다. €1.1786/$1.00으로 유로화 가치가 7.145% 하락하는 경우 $127,377(=€2,101,000÷1.1786×0.7145)의 환산 손실을 초래한다.

〈도표 10.7〉은 유로화 가치가 하락한 후, Centralia사와 두 법인의 연결 과정과 연결 대차대조표를 보여준다. 각 계정의 값이 모기업과 멕시코 법인에 대해 〈도표 10.5〉에서와 같음을 주목해야 한다. 그러나 스페인 법인의 계정 값은 환율의 변동 때문에 다르게 나타난다. 연결 대차대조표의 새로운 균형을 위해서, −$127,377의 "plug" 자기자본 계정이 필요하다. 앞서와 같이, 누적 환산조정계정 또는 CTA 계정

도표 10.7 Centralia사와 멕시코 및 스페인 현지법인들의 연결 대차대조표, 2021년 12월 31일 현재, 환율변화 이후(통화단위: 1,000)

	Centralia Corp. (모회사)	멕시코 (자회사)	스페인 자회사	연결 대차대조표
자산				$ 2,250
현금	$ 950 [a]	$ 600	$ 700	3,237
매출채권	1,450 [b]	900	887	5,900
재고자산	3,000	1,500	1,400	—
멕시코 현지법인 투자	— [c]	—	—	—
스페인 현지법인 투자	— [d]	—	—	17,333
순고정자산	9,000	4,600	3,733	$ 28,720
총자산				
부채 및 순자산				
매입채무	$ 1,800	$ 700 [b]	$1,157	$ 3,657
지급어음	2,200	1,700	1,043 [e]	4,943
장기부채	7,110	2,700	2,987	12,797
보통주	3,500	— [c]	— [d]	3,500
이익잉여금	3,950	— [c]	— [d]	3,950
누적환산조정계정(CTA)	—	—	—	(127)
총부채 및 순자산				$ 28,720

[a] 이 금액은 모회사가 캐나다 은행에 예금으로 보유하고 있는 CAD200,000을 포함하며, 이는 장부에 $150,000(CAD200,000/(CAD1.3333/$1.0) = $150,000)로 기록된다.

[b] $1,750,000 − $300,000 (= MXN3,000,000/(MXN10.00/$1.00)) 기업내 대출 = $1,450,000.

[c,d] 계열사들에 대한 투자는 연결재무제표에서 계열사들의 순자산과 상쇄된다.

[e] 스페인 자회사는 스위스은행에 SFr375,000(÷SFr1.2727/€1.00 = €294,649)의 채무를 지고 있다. 이는 장부에 €1,229,649의 일부로 기록된다. €1,229,649 = €294,649 + €935,000. €1,229,649/(€1.1786/$1.00) = $1,043,313.

으로 이러한 특별 자기자본 계정을 나타낸다. 어는 시점에서도 이 계정의 잔액은 모든 과거 환산조정의 총 누적 값을 나타낸다. FASB ASC 830은 환율 변동의 영향을 순이익의 조정보다는 자기자본의 조정으로 다루고 있다. “왜냐하면 환율의 변동은 매각 또는 청산의 경우 실현될 수 있는 순투자에 대한 간접적인 영향을 미치기 때문이다. 그러나 … 매각이나 청산 이전에 이러한 효과는 매우 불확실하고 멀리 있어 현재 발생하고 있는 환산 조정이 기업 운영의 결과들의 일부로서 보고되어서는 아니 되기 때문이다.”

환산 환노출의 관리

환산 환노출 대 거래적 환노출

제8장에서 우리는 거래적 환노출과 그것의 관리 방법들에 대해서 논의했다. 거래적 환노출의 원천인 일부 항목들은 또한 환산 환노출의 원천이 되고 일부 항목들은 그렇지 않다는 것을 주목하는 것은 흥미롭다. 〈도표 10.8〉은 Centralia사와 두 계열사들의 거래적 환노출 보고서를 제시한다. 거래적 환노출을 발생시키는 항목들은 사업단위가 사업을 거래하는 통화가 아닌 다른 통화로 표시된 매출채권이나 매입채무, 또는 외화로 표시된 현금 보유이다. 도표를 보면, 모기업은 두 개의 거래적 환노출의 원천을 가지고 있음을 볼 수 있다. 하나는 캐나다 은행에 있는 CAD200,000 예금이다. 만약 캐나다 달러의 가치가 하락하면, 분명히 그 예금의 가치는 미 달러로 전환되는 경우 Centralia사에게 더 줄어들 것이다. 이전에 우리는 이 예금 또한 환산 환노출이었음을 주목하였다. 이것이 거래적 환노출인 것은 사실상 동일한 이유 때문이다. 모기업이 멕시코 계열사에 보유하고 있는 매출채권 MXN3,000,000 역시 거래적 환노출이지만, 기업 내의 매입채무와 매출채권이 상계되기 때문에 환산 환노출은 아니다. 스위스 은행에 대해 부채로 지고 있는 스페인 계열사의 지급어음 SFr375,000은 거래적 환노출이자 환산 환노출이다.

회사들이 외화 매출채권 또는 매입채무를 가질 때, FASB ASC 830과 IAS 21 모두 이러한 외화 거래에 대한 회계 처리 시 두 거래 관점을 사용하도록 요구한다. 두 거래 관점이란 외화 매출채권(매입채무)을 두 개의 별개의 거래로 취급하는 것이다: 외국 판매(구매)와 이어지는 외화 수령(지급). 즉, 회사는 두 가지 결정을 내리는데 (1) 외국 판매(구매)를 하고 (2) 외화로 신용을 제공(받음)하는 것이다. 그러나 외화

도표 10.8

Centralia사와 멕시코 및 스페인 현지법인들의 거래적 환노출 보고서, 2021년 12월 31일 현재

현지법인	금 액	계 정	거래적 환노출
모회사	CAD200,000	현금	예
모회사	MXN3,000,000	매출채권	아니오
스페인	SFr375,000	지급어음	예

거래 측정 개념은 외화 재무제표 환산 개념과는 별개라는 점을 유의해야 한다. 후자(외화 재무제표의 환산)가 이 장의 핵심내용이다.

일반적으로, 환산 환노출과 거래적 환노출을 모두 제거하는 것은 가능하지 않다. 일부 경우들에서, 하나의 환노출의 제거는 또한 다른 환노출을 제거하기도 할 것이다. 그러나 다른 경우들에서는, 하나의 환노출의 제거는 실제로 다른 환노출을 발생시키기도 한다. 거래적 환노출은 실제 현금흐름을 포함하기 때문에, 우리는 그것이 두 가지 환노출 중에 보다 중요하게 고려되어야 한다고 생각한다. 즉, 재무관리자는 환산 환노출의 최소화나 제거를 대가로 거래적 환노출을 합법적으로 발생시키는 것을 원치 않을 것이다. 이전에 주목했듯이, 환산 과정은 보고통화의 현금흐름에 직접적인 영향을 미치지 않고, 오직 자산의 매각 또는 청산시에 순투자에 대해 실현가능한 영향을 미칠 것이다.

실무자들은 거래적 환노출이 환산 환노출보다 더 중요하다는 데 동의하는 것으로 보인다. 최근 전 세계 1,100명의 위험 관리자를 대상으로 한 외환위험 관리관행에 대한 조사에서, Giambona et al.(2018)은 기업의 76%가 외화 매출채권 및 매입채무와 같은 약속으로부터 위험(거래적 환위험)을 관리하기 위해 외화 파생상품을 사용한다고 보고했다. 한편, 기업의 58%가 외국 자회사 재무제표 환산으로 인한 위험(환산 환위험)을 관리하기 위해 외화 파생상품을 사용한다고 보고했다.

Centralia사와 계열사들은 거래적 환노출을 감소시키는 동시에 환산 환노출도 감소시킬 수 있는 특정 조치들을 취할 수 있다. 모기업이 택할 수 있는 첫 번째 단계는 캐나다 달러 현금 예금을 미국 달러 예금으로 바꾸는 것이다. 두 번째, 모기업은 멕시코 계열사가 부채로 지고 있는 MXN3,000,000의 매출채권의 지급을 요청할 수 있다. 세 번째, 스페인 계열사는 스위스 은행의 대출 SFr375,000을 상환할 수 있는 충분한 현금을 보유하고 있다. 만약 이 세 가지 단계들이 이루어진다면, 이 다국적기업의 모든 거래적 환노출은 제거될 것이다. 더욱이 환산 환노출도 감소할 것이다. 이것은 〈도표 10.6〉의 수정본인 〈도표 10.9〉 Centralia사와 계열사의 환산 환노출 보고서에서 볼 수 있다. 〈도표 10.9〉는 캐나다 달러 또는 스위스 프랑과 관련된 환산 환노출은 더 이상 없음을 보여준다. 더욱이 이 도표는 순 노출이 페소에 대해 MXN25,000,000에서 MXN22,000,000으로, 유로에 대해 €2,101,000에서 €1,826,000으로 감소하는 것을 보여주고 있다.

도표 10.9

Centralia사와 멕시코 및 스페인 현지법인의 환산 환노출 수정보고서, 2021.12.31. (통화단위: 1,000)

	캐나다 달러	멕시코 페소	유로	스위스 프랑
자산				
현금	CAD 0	MXN 3,000	€ 550	SFr 0
매출채권	0	9,000	1,045	0
재고자산	0	15,000	1,650	0
순고정자산	0	46,000	4,400	0
노출자산	CAD 0	MXN 73,000	€7,645	SFr 0
부채				
매입채무	CAD 0	MXN 7,000	€1,364	SFr 0
지급어음	0	17,000	935	0
장기부채	0	27,000	3,520	0
노출부채	CAD 0	MXN 51,000	€5,819	SFr 0
순노출	CAD 0	MXN 22,000	€1,826	SFr 0

환산 환노출의 헤징

〈도표 10.9〉는 미국 달러에 대한 멕시코 페소와 유로화의 환율 변동과 관련하여, 여전히 상당한 환산 환노출이 있음을 나타낸다. 만약 누군가가 역사적 가치로 나타나는 순투자의 역사적 가치에서 회계상의 변동을 통제하고자 한다면, 여전히 남아 있는 이 환노출을 다루는 두 가지 방법이 있다. 그 방법은 바로 대차대조표 헤지 또는 파생상품 헤지이다.

대차대조표 헤지

환산 환노출은 기업 실체 특유의 것이 아니라 통화 특유의 것임에 주목해야 한다. 그것의 원천은 동일 통화로 표시된 순 자산과 순 부채의 불일치이다. **대차대조표 헤지**(balance sheet hedge)는 그러한 불일치를 제거한다. 유로를 예로 들면, 〈도표 10.9〉는 €1,826,000만큼 자산이 부채보다 더 노출되어 있음을 보여준다. 만약 스페인 계열사 또는 보다 현실적으로 모기업 또는 멕시코 계열사가 유로로 표시된 €1,826,000만큼 더 많은 부채 또는 더 적은 자산을 가지고 있다면, 유로와 관련된 그 어떤 환산 환노출도 존재하지 않을 것이다. 완벽한 대차대조표 헤지가 만들어졌을 것이다. 유로로 표시된 자산의 가치 변동은 유로로 표시된 부채의 가치 변동을 완벽하게 상쇄시키기 때문에, €/$의 환

예제 10.2 **선물환계약으로 환산 환노출의 헤지**

자기자본의 잠재적인 환산손실 $110,704를 헤지하기 위해 어떻게 선물환계약이 이용될 수 있는지를 보기 위해, 재무제표의 연결 날짜와 일치하는 선물환율이 €1.1393/$1.00이라고 가정하자. 연결 날짜의 기대되는 현물환율이 €1.1786/ $1.00으로 예측되면 €3,782,468 어치의 선물환매도가 그 위험을 "헤지"할 것이다.

$$\frac{\text{잠재적 환산손실}}{F(\text{보고통화/기능통화}) - \text{기대치}[S(\text{보고통화/기능통화})]}$$

$$= \text{기능통화에 대한 선물환계약 포지션}$$

$$\frac{\$110,704}{1/(€1.1393/\$1.00) - 1/(€1.1786/\$1.00)} = €3,782,468$$

€3,782,468 어치의 매입은 기대되는 현물환 가격으로 $3,209,289가 될 것이다. 선물환계약하에 €3,782,468의 인도는 $3,319,993을 가져오고 $110,704의 이익을 얻을 것이다. 모든 것이 기대된 바대로 되면 선물환 헤지로부터의 $110,704의 이익은 환산 조정으로부터의 자기자본 손실을 상쇄할 것이다. 그러나 선물환포지션의 규모는 미래 기대되는 현물환율에 달려 있기 때문에 헤지는 확실한 결과를 제공하지는 않을 것임을 주목하라. 이에 따라 유로화로 취한 선물환포지션은 실제로 투기포지션이다. 실현된 현물환율이 €1.1393/$1.00보다 낮으면 선물환포지션으로부터 손실을 낳을 것이다. 더욱이 헤징 절차는 선물환율이 시장에서 기대하는 미래 현물환율의 불편예측치라는 가설을 위반하는 것이다.

율 변동은 더 이상 연결 대차대조표에 어떤 영향도 미칠 수 없다. 그럼에도 불구하고, 만약 모기업 또는 멕시코 계열사가 대차대조표 헤지에 영향을 미치기 위해 그들의 부채를, 예컨대 유로화 표시의 차입을 통해 증가시키면, 그리고 이 새로운 부채가 스페인 계열사에 의해 창출되는 유로 현금흐름으로 커버되지 않는다면, 그것은 동시에 유로화로 거래적 환노출을 발생시킬 것이다.

파생상품 헤지

〈도표 10.6〉에 따르면, 유로의 환노출이 €2,101,000일 때, €1.10000/$1.00에서 €1.1786/$1.00으로의 유로화 가치 하락은 주주의 자기자본에 $127,377의 가공손실(장부상의 손실)을 발생시킨다. 〈도표 10.9〉에 제시된 수정 환산 환노출 보고서에 따

르면, 유로의 동일한 가치하락은 상당히 많은 금액인 $110,704의 자기자본 손실을 야기시킨다(이 금액의 계산은 독자를 위한 연습문제로 남겨둔다). 만약 어느 사람이 선물환 계약과 같은 파생상품을 원한다면, 그것은 잠재적 손실의 헤지를 시도하기 위해서 사용될 수 있다. 이어지는 예가 증명하듯이 환산 환노출을 통제하기 위해서 **파생상품 헤지**(derivatives hedge)를 사용하는 것은 실제로 환율 변동에 대한 투기를 포함하는 것이기 때문에 우리는 "시도(attempt)"라는 용어를 사용한다.

1998년 FASB 133이 공표되었다. 이 성명은 파생상품과 헤징 활동을 위한 회계와 보고 기준들을 확립한다. FASB 133에 따른 헤지 회계의 자격을 얻기 위해서, 기업은 반드시 환노출과 파생상품 사이의 명확한 관계를 확인해야 한다. FASB 133은 만약 헤지가 효과적이지 않다면, 어떠한 거래가 용인할 수 있는 헤지인지 그리고 어떻게 기대되지 않은 이익이나 손실을 다루는지를 명확히 하고 있다. FASB 133에 의하면, 기업은 반드시 헤지 거래의 효과를 문서화해야 한다. 비효과적인 헤징으로 인한 큰 이익이나 손실은 당기순이익에 기록되어야 하는 반면, 완전한(그러나 그럼에도 불구하고 효과적인) 헤징의 결여로 인한 작은 이익이나 손실은 대차대조표의 자기자본 계정인, 기타포괄손익(Other Comprehensive Income: OCI) 계정에 기록된다. FASB ASC 830 하에서, 그리고 FASB 133 이전에는, 부정확한 헤지를 한 기업은 비효과적인 환산 환노출 헤지의 모든 이익과 손실을 CTA 계정에 기록하도록 허용될 수 있었다. 그러나 FASB 133 하에서는 이러한 과정이 수정된다. 효과적인 헤지 결과들은 OCI 내에 CTA계정과 함께 연결되지만, 총 헤지 결과들과 헤지된 환산 환노출 사이의 차이(비효과적인 헤지 결과들)는 먼저 손익계산서상의 당기순이익에 기록된다. 이에 따라, 〈예제 10.2〉에서처럼 만약 모든 것이 기대대로 진행된다면, (즉, 헤지가 효과적 결과들을 창출하면) 파생상품 헤지로부터 얻은 이익은 완전하게 환산 손실을 상쇄시킬 것이고, 결과적으로 누적 환산환조정을 0으로 만들 것이다.

이후로도 FASB 133은 여러 차례 개정되었다. FASB는 헤지 활동과 관련한 회계처리를 개선하기 위해 2017년 8월 28일 회계기준업데이트(Accounting Standards Update; ASU) 2017-12를 발표했다. ASU 2017-12의 목적은 헤지회계를 조직의 재무제표 내 위험관리 활동과 더 일치시키고 헤지회계 지침의 적용을 단순화하는 것이었다. 새로운 헤지회계 지침에는 외화 매출채권 및 매입채무에 대한 선도 계약 헤지의 회계 및 보고를 수정하는 내용이 포함되었으며, 경영진은 외화 선도 계약을 지정할 시 공정가치 헤지를 포함한 세 가지 옵션을 가지고 있다.

환산 환노출 대 운영 환노출

주목한 대로, 유로화의 헤지되지 않은 가치하락은 자기자본 손실을 낳을 것이다. 그러나 그 같은 손실은 오직 장부상의 손실일 뿐이다. 그것은 보고통화의 현금흐름에 어떠한 직접적인 영향도 미치지 못한다. 게다가 그것은 만약 계열사의 자산이 매각되거나 청산될 때, 오직 다국적기업의 순투자에 실현가능한 영향을 미칠 뿐이다. 그러나 제12장에서 논의했던 것처럼, 현지 통화의 가치하락은 어떤 특정 상황에서 호의적인 운영상의 효과를 가질 수 있다. 예를 들어, 수입되는 경쟁 제품의 가격이 상대적으로 높아지기 때문에, 현지 통화의 가치가 하락하면 계열사가 매출 가격을 인상시키는 것을 허용한다. 만약 비용이 비례하여 오르지 않고 단위 수요가 동일하게 유지된다면, 계열사는 현지 통화 가치의 하락으로 인해 영업이익을 실현할 것이다. 경영자가 우려해야 하는 것은, 영업이익의 실현가능한 변화를 가져오는 실질적인 이슈들이다.

요 약

이 장에서 우리는 환산 환노출의 본질과 관리에 대해서 논의했다. 환산 과정은 기대되지 않은 환율 변화가 다국적기업의 연결 재무보고서에 미치는 영향과 관련이 되어 있다.

01. 다국적기업의 연결 재무보고서를 위한 4가지 환산 방식은 유동성/비유동성 방식, 화폐성/비화폐성 방식, 속성방식, 현행환율방식을 포함한다. 현재 현행환율 방식과 속성방식이 전 세계적으로 가장 많이 사용되고 있다.

02. 4가지 환산 방법들을 비교하고 대조하는 사례가 외환의 가치가 상승하고 하락한다는 가정하에서 제시되었다. 다른 3가지 환산방식들에서는 보고되는 현금흐름에 영향을 미치지만 현행환율 방식하에서는 환산 조정에 의한 손익이 보고되는 현금흐름에 영향을 미치지 않는다.

03. FASB 8부터 FASB 52, 그리고 FASB ASC 830까지 미국에서의 환산 방법에 대한 지침이 어떻게 발전되어왔는지 논의됐으며, 현재 규정된 과정이 설명되었다.

04. FASB ASC 830을 시행함에 있어서, 해외 자회사의 기능통화는 반드시 연결재무제표가 보고되는 보고통화로 환산되어야 한다. 해외 자회사의 현지 통화가 항상 기능통화인 것은 아니다. 만약 그것이 아니라면, 해외 자회사의 장부를 기능통화로 재측정하는 데 환산의 속성법이 사용된다. 현행환율법은 기능통화를 보고(모회사)통화로 환산하는 데 사용된다.

05. 유럽연합(EU)을 포함하여 전 세계적으로 널리 사용되는 회계기준인 IFRS가 논의되었으며, IFRS의 외화 환산 기준인 IAS 21이 FASB ASC 830과 비교되었다.

06. FASB ASC 830에 따라 모기업과 전액 출자된 두 개의 외국 계열사들의 대차대조표의 환산 과정을 설명하고 있는 적용 사례가 제시되었다. FASB ASC 830에서의 대차대조표의 연결 효과를 더 완전히 보여주기 위해서, 환율이 사업 시작 이후로 변동하지 않는 가정하에서의 사례와 그리고 시작 후에 환율이 변화하는 가정하에서의 사례를 제시하였다. 순환산노출이 존재하는 경우, 환율 변동 이후 연결 대차대조표의 균형을 맞추기 위해 누적 환산조정 계정이 필요하다.

07. 환산 위험을 통제하는 두 가지 방법이 제시되었다. 대차대조표 헤지와 파생상품 헤지이다. 환산 환노출은 영업현금흐름에 대해 즉시 직접적인 영향을 미치지 않기 때문에, 그것의 통제는 상대적으로 잠재적 실제 현금흐름의 손실을 포함하는 거래적 환노출보다 중요하지 않다. 환산 환노출과 거래적 환노출을 모두 제거하는 것은 일반적으로 가능하지 않기 때문에, 심지어 환산 환노출의 대가를 치르더라도, 거래적 환노출을 효과적으로 관리하는 것이 보다 논리적이다.

주요 용어

- 기능통화
- 보고통화
- 파생상품 헤지
- 환산 환노출
- 누적 환산조정계정(CTA)
- 속성 방식
- 현행환율 방식
- 환산 환노출 보고서
- 대차대조표 헤지
- 유동성/비유동성 방식
- 화폐성/비화폐성 방식

연습문제

01. 화폐성/비화폐성 방식과 속성법 사이의 환산 과정 차이를 설명하라.

02. 다른 세 가지 방식, 즉, 유동성/비유동성 방식, 화폐성/비화폐성 방식, 속성방식과 비교했을 때, 현행환율법에서는 어떻게 다르게 환산 이익과 손실을 다루고 있는가?

03. 외국 실체의 기능통화가 모기업의 통화와 같을 때, FASB ASC 830하에서의 몇 가지 사례들을 확인해 보라.

04. 사업을 하고 있는 국가의 현지 통화로 장부를 기록하고 있으며 보고통화와 기능통화가 다른, 전액 출자된 계열사의 FASB ASC 830에 따른 재측정과 환산 과정을 기술하라.

05. 일반적으로 완전하게 환산 환노출과 거래적 환노출을 제거하는 것은 불가능하다. 몇몇

경우에, 한 가지 노출의 제거는 또한 다른 노출을 제거시키기도 한다. 그러나 다른 경우들에서는, 한 가지 노출의 제거는 실제로 다른 노출을 발생시키기도 한다. 만약 두 가지 노출의 통제 사이에 갈등이 있는 경우, 어떤 환노출을 효과적으로 관리하는 것이 가장 중요하게 여겨지는지 논의해 보라. 또한 환산 환노출의 통제를 위한 일반적인 방법에 대해 논의하고 비평하라.

계산문제

01. FASB 8이 여전히 FASB ASC 830 대신 시행되고 있다고 가정하자. 즉 교재의 <도표 10.6>과 대응되는, Centralia 기업과 계열사의 환산 환노출 보고서를 구성하라. Centralia 기업과 계열사는 재고와 고정자산을 역사적 가치로 장부에 기록한다.

02. FASB 8이 여전히 FASB ASC 830 대신 시행되고 있다고 가정하자. 즉 교재의 <도표 10.7>과 대응되는, €1.10000/$1.00에서 €1.1786/$1.00으로의 유로화의 가치 하락 이후의, Centralia 기업과 계열사 연결 대차대조표를 작성하라. Centralia 기업과 계열사는 재고와 고정자산을 역사적 가치로 장부에 기록한다.

03. <예제 10.2>에서 선물환 계약은 유로화 가치가 €1.10000/$1.00에서 €1.1786/$1.00으로 하락하는 경우에, Centralia를 환산 손실로부터 보호하고자 하는 파생상품 헤지를 설정하는 데 사용되었다. 만약 행사가격 €1.1393/$1.00(또는 $0.8777/€1.00)의 장외시장 유로화 풋옵션이 $0.0088/€1.00에 매입 가능하다고 가정하자. 잠재적 환산 손실이 어떻게 옵션 계약에 의해 헤지될 수 있는지를 증명하라.

인터넷 연습문제

Ford Motor사는 전 세계에 자동차를 생산하고 판매한다. 그들의 전 세계적인 경영에도 불구하고, 그들은 모든 유형의 환위험에 노출되어 있다. 그들의 웹사이트는 www.ford.com이다. 이 웹사이트에 가서 2020년 사업 보고서에 접속하라. 그리고 86쪽에 있는 "시장위험에 관한 양적 및 질적 공시들"에 관한 절을 발견할 때까지 스크롤해보자. "자동차 시장과 거래상대방 위험"과 "외환위험"이라는 하위 절들에서 어떻게 Ford가 경제적 그리고 거래적 노출을 헤지할 수 있을까에 대한 논의가 있지만 환산 환노출에 관한 언급은 어디에도 나타나 있지 않다. 이 부분은, 환산 과정은 보고통화의 현금흐름에 직접적인 영향을 미치지 않고 오직 노출된 자산의 매각이나 청산의 경우 순투자에만 실현가능한 영향을 미칠 것이라고 언급한 이 장의 논의와 일치하고 있다.

미니 케이스

Sundance Sporting Goods, Inc.

Sundance Sporting Goods, Inc.은 미국의 고품질 스포츠 용품－주로 골프, 테니스, 다른 라켓 기구 그리고 크로켓이나 배드민턴과 같은 잔디 구장 스포츠－의 생산업체로 관리 사무실들과 제조 시설을 일리노이주 시카고에 두고 있다. Sundance는 전액출자된 생산 계열사를 두고 있는데, 하나는 멕시코에 다른 하나는 캐나다에 있다. 멕시코 계열사는 멕시코시티에 위치하고 모든 라틴 아메리카 전역에 공급하고 있다. 캐나다 계열사는 토론토에 위치하며 캐나다 전역에 서비스를 하고 있다. 각 계열사는 장부를 현지 통화로 작성하고 있으며 그것은 계열사의 기능통화와 동일하다. 현행환율은 $1.00＝CAD1.25＝MXN3.30＝A1.00＝￥105＝W800이다. Sundance와 두 계열사의 비연결 대차대조표는 아래 표에 나타나 있다.

당신은 지난 2년간의 MBA과정을 마치고 학위를 받은 뒤, 6개월 전 Sundance의 국제재무 부서에 입사했다. 기업회계 관리자는 당신에게 다국적기업으로 Sundance가 직면하고 있는 환산 환노출의 모든 측면들을 분석하는 보고서를 준비할 것을 요청했다. 그녀는 또한 기업의 환산 환노출과 거래적 환노출의 관계를 분석에서 다루어 주기를 요청했다. 미래 현물환율에 관한 예측을 행한 후, 어떤 합리적인 보고서가 작성될 수 있기 전에 당신은 다음을 반드시 해야 한다고 결정한다.

a. 현행환율과 Sundance와 그 계열사들의 비연결 대차대조표들을 이용하여 FASB ASC 830에 따른 다국적기업의 연결 대차대조표를 준비하라.

b. i) Sundance Sporting Goods, Inc.와 그 계열사들의 환산 환노출 보고서를 준비하라.
  ii) 준비한 환산 환노출 보고서를 이용하여, 어떤 보고통화 표시의 불균형이 환율 변화로부터 초래될 것인지 결정하라. 당신은 $1.00＝CAD1.25＝MXN3.30＝A1.00＝￥105＝W800에서 $1.00＝CAD1.30＝MXN3.30＝A1.03＝￥105＝W800으로 환율이 변화할 것으로 예측하고 있다.

c. 당신이 기대하는 미래의 환율을 이용하여, 다국적기업의 두 번째 연결 대차대조표를 준비하라. 어떻게 어떤 보고통화 표시의 불균형이 다국적기업의 새로운 연결 대차대조표에 영향을 미칠 것인지 결정하라.

d. i) Sundance와 그 계열사의 거래적 환노출 보고서를 작성하라. 그리고 어떤 거래적 환노출이 또한 환산 환노출이 되는지 결정하라.

ii) Sundace와 그 계열사들은 그들의 환산 환노출과 거래적 환노출을 통제하기 위해 무엇을 할 수 있는지 조사하라. 어떠한 환산 환노출이 반드시 헤지되어야 하는지 결정하라.

Sundance Sporting Goods Inc.사와 멕시코 및 캐나다 계열사들의 비연결 대차대조표, 2021년 12월 31일 현재(통화단위: 1,000)

	Sundance, Inc. (Parent)	Mexican Affiliate	Canadian Affiliate
자 산			
현 금	$ 1,500	MXN 1,420	CAD 1,200
매출채권	2,500 [a]	2,800 [e]	1,500 [f]
재고자산	5,000	6,200	2,500
멕시코 현지법인 투자	2,400 [b]	–	–
캐나다 현지법인 투자	3,600 [c]	–	–
순고정자산	12,000	11,200	5,600
총자산	$27,000	MXN 21,620	CAD 10,800
부채 및 순자산			
매입채무	$ 3,000	MXN 2,500 [a]	CAD 1,700
지급어음	4,000 [d]	4,200	2,300
장기부채	9,000	7,000	2,300
보통주	5,000	4,500 [b]	2,900 [c]
이익잉여금	6,000	3,420 [b]	1,600 [c]
총부채 및 순자산	$27,000	MXN 21,620	CAD 10,800

[a] 멕시코 자회사는 모회사에 대해 MXN1,320,000의 빚을 지고 있다. 이 금액은 MXN3.30/$1.00의 환율에 환산되어 모회사의 매출채권에 $400,000으로 포함된다. 모회사(멕시코 자회사)의 나머지 매출채권(매입채무)은 달러(페소화)로 표시된다.

[b] 멕시코 자회사는 모회사가 전액 출자한 회사이다. 이는 모회사의 장부에 $2,400,000으로 기록된다. 이는 멕시코 자회사의 장부에 MXN3.30/$1.00 환율로 환산되어 보통주(MXN4,500,000)과 이익잉여금(MXN3,420,000)의 합계를 나타낸다.

[c] 캐나다 자회사는 모회사가 전액 출자한 회사이다. 이는 모회사의 장부에 $3,600,000으로 기록된다. 이는 캐나다 자회사의 장부에 CAD1.25/$1.00 환율로 환산되어 보통주(CAD2,900,000)과 이익잉여금(CAD1,600,000)의 합계를 나타낸다.

[d] 모회사는 일본 은행에 상환해야 할 ¥126,000,000의 지급어음 잔액을 가지고 있다. 이 금액은 ¥105/$1.00의 환율로 환산되어 모회사의 장부에 $1,200,000으로 기록된다. 기타 지급어음은 미 달러화로 표시된다.

[e] 멕시코 자회사는 아르헨티나의 수입상에 A120,000의 상품을 외상으로 판매했다. 이 금액은 멕시코 자회사의 장부에 A1.00/MXN3.30의 환율로 환산되어 MXN396,000으로 기록된다. 기타 매출채권은 멕시코 페소화로 표시된다.

[f] 캐나다 자회사는 한국의 수입상에 ₩192,000,000의 상품을 외상으로 판매했다. 이 금액은 캐나다 자회사의 장부에 A800/CAD1.25의 환율로 환산되어 CAD300,000으로 기록된다. 기타 매출채권은 캐나다 달러화로 표시된다.

참고문헌 및 추천도서

Arpan, J. S., and L. H. Radenbaugh. *International Accounting and Multinational Enterprises*, 2nd ed. New York: Wiley, 1985.

Doupnik, Timothy, Mark Finn, Giorgio Gotti, and Hector Perera. *International Accounting*, 5th ed. McGraw Hill, 2020.

Financial Accounting Standards Board. *Accounting for the Translation of Foreign Currency Transactions and Foreign Currency Financial Statements, Statement of Financial Accounting Standards No. 8*. Stamford, CT: Financial Accounting Standards Board, October 1975.

Financial Accounting Standards Board. *Foreign Currency Translation, Statement of Financial Accounting Standards No. 52*. Stamford, Conn.: Financial Accounting Standards Board, December 1981.

Financial Accounting Standards Board. *FASB Accounting Standards Codification 830, Foreign Currency Matters*, www.fasb.org.

Giambona, Erasmo, John R. Graham, and Campbell R. Harvey, and Gordon M. Bodnar, "The Theory and Practice of Corporate Risk Management: Evidence from the Field," *Financial Management* 47 (2018), pp. 783-832.

Haried, Andrew A., Leroy F. Imdieke, and Ralph E. Smith. *Advanced Accounting*, 6th ed. New York: Wiley, 1994.

Hoyle, Joe Ben, Thomas Schaefer, and Timothy Doupnik. *Advanced Accouting*, 14th ed. McGraw Hill, 2021.

Kawaller, Ira G. "What Analysts Need to Know about Accounting for Derivatives." *Financial Analysts Journal* 60 (2004), pp. 24–30.

PART

04 국제자본시장과 기관

제4부는 국제금융기관, 자산, 및 시장들에 대한 철저한 논의를 제공하고, 환율 불확실성을 관리하기 위해 필요한 도구들을 전개한다.

제11장〈국제 은행 및 단기금융시장〉은 국제은행과 국내은행의 운영의 차이를 서술하고, 여러 유형의 국제은행 조직들의 제도적 차이점들을 조사한다. 국제은행과 그들의 고객은 유로커런시시장을 구성하고 국제단기금융시장의 핵심을 형성한다.

제12장〈국제채권시장〉은 국제채권시장을 함께 구성하고 있는 외국채권과 유로채권을 구분한다. 국내에서 자금을 조달하는 것과는 반대로 국제채권시장에서 자금을 조달할 때 얻을 수 있는 이점에 대해 논의한다. 국제채권시장의 주요 유형들에 대한 논의가 이 장에 포함된다.

제13장〈국제주식시장〉은 국제주식시장을 다룬다. 이 장은 선진국과 개도국의 주식시장의 규모를 통계적으로 기술함으로써 시작한다. 유통시장에서의 주식 거래를 위한 다양한 방법들이 논의된다. 추가로, 이 장은 1개 국가 이상에서 주식을 교차상장하는 것이 기업에 가져다주는 이점들에 대한 논의를 제공한다.

제14장〈금리 및 통화 스왑〉은 장기적인 금리 및 환위험을 헤징하는 데 이용한 수단으로서 금리 및 통화 스왑을 다룬다.

제15장〈국제포트폴리오 투자〉는 국제포트폴리오 투자를 다루며 포트폴리오를 국제적으로 분산하는 이유들, 국제 분산투자로부터의 여러 이익들, 그리고 국제포트폴리오투자에 대한 환율 변동의 영향을 포함한다. 이 장은 국제 분산투자로부터의 잠재적 이익들이 모든 국가의 투자자들에게 이용가능하다고 기술한다.

Chapter 11

국제 은행 및 단기금융시장

CHAPTER OUTLINE

- **국제은행 서비스**
  - 세계의 대형은행들
- **국제은행업의 이유**
- **국제은행 조직들의 유형**
  - 환거래은행
  - 대표 사무소
  - 해외 지점
  - 현지법인 은행과 계열 은행
  - 엣지법 은행
  - 역외금융센터
  - 미국 역외금융시장
- **자기자본적정성 기준**
- **국제 단기금융시장**
  - 유로커런시시장
  - 유로크레디트
  - 선물금리계약
  - 유로노트
  - 유로기업어음
  - CME SOFR 선물계약
- **국제 외채위기**
  - 역사
  - 대출금출자전환
  - 해결책: 브래디 채권
- **아시아 위기**
- **글로벌 금융위기**
  - 신용경색
  - 금융위기의 영향
- **요약**
- **주요 용어**
- **연습문제**
- **계산문제**
- **인터넷 연습문제**
- **미니 케이스:** Detroit Motors사의 라틴아메리카 확장
- **참고문헌 및 추천도서**
- **부록 11A:** 유로커런시의 창출
- **부록 11B: MBS, SIV, CDO와 CDS**

이 장에서는 세계금융시장과 기관들에 대한 논의를 시작한다. 우리는 네 개의 주요 주제를 다루는데, 즉 국제은행업, 은행이 주도적 참가자인 국제단기금융시장의 운영, 국제채무위기 및 글로벌금융위기를 다룬다. 이 장은 국제은행들이 그들의 고객들에게 제공하는 서비스에 관한 논의로부터 시작한다. 이는 적절한데 왜냐하면 국제은행들과 국내은행들이 제공하는 서비스들은 차이가 있기 때문이다. 세계의 대형 국제은행들의 규모, 재무적 능력을 보여주는 통계자료들은 다음에 제시된다. 이 장의 첫 번째 부분은 국제은행업을 포괄하는 다양한 유형의 은행 운영들에 관한 논의로 끝을 맺는다. 두 번째 부분은 유로커런시시장(Eurocurrency market), 국제은행들에 의한 유로커런시예금의 창출, 그리고 그들이 창출해 내는 유로커런시 대출에 관한 분석으로 시작한다. 이들은 국제단기금융시장의 토대를 형성한다. 유로노트(Euronote), 유로기업어음(Eurocommercial paper), 선물금리계약(forward rate agreements)은 또 다른 중요한 단기금융시장의 상품들로 논의된다. 이 장의 세 번째 부분은 불과 몇 년 전의 심각한 국제채무위기의 역사와 민간은행들의 국가정부에 대한 대출의 위험들을 제시한다. 이 장은 진행되고 있는 글로벌금융 위기에 관한 긴 논의로 끝을 맺는다.

국제은행 서비스

국제은행들은 국내은행들과 구별되게 제공하는 서비스들의 유형으로 특징지워 질 수 있다. 다른 무엇보다도, 국제은행은 무역금융을 주선함으로써 그들 고객의 수입과 수출을 가능하게 한다. 게다가 그들은 국경을 넘는 거래들을 영위하고 해외투자를 하는 데 필요한 외환을 주선하는 서비스를 고객들에게 제공한다. 외환거래를 영위하는 데 있어, 은행들은 선물과 옵션 계약을 통해 고객들이 외화표시 매출채권과 매입채무에 대한 환위험을 헤징하는 데 도움을 준다. 국제은행들이 외환거래를 위한 시설들을 가지고 있으므로, 또한 일반적으로 그들 자신의 계정으로 외환상품들을 거래한다.

국제은행들과 국내은행들을 구별하는 주요한 특징들은 그들이 수취하는 예금과 그들이 제공하는 대출과 투자의 유형이다. 대형 국제은행들은 유로커런시시장에서 차입을 하고 동시에 대출한다. 게다가, 그들은 빈번하게 국제은행대출단(loan syndicate)의 일원이 되고, 다른 국제은행들과 함께 프로젝트 파이낸싱을 필요로 하는 다국적기업들, 그리고 경제발전을 위해 자금을 필요로 하는 국가정부들에게 대규모 자금을 대출하는 데 참가하기도 한다. 더욱이, 국제은행이 어느 한 국가에서 운영되고 있는 경우 해당 국가의 규제들과 조직 유형에 따라, 국제은행은 아마 유로채와 외국채의 인수업무에 참가할 수도 있다. 오늘날 은행들은 종종 은행지주회사로서 구조화되어 이 장의 주제인 전통적인 상업은행 업무를 수행하는 동시에 투자은행 업무에 종사할 수도 있다.

국제은행들은 종종 그들의 고객에게 컨설팅 서비스와 자문 서비스를 제공한다. 국제은행들이 전형적으로 전문성을 갖고 있는 분야는 환위험헤징 전략, 금리 및 통화스왑 금융, 그리고 국제현금관리 서비스이다. 이러한 국제은행 서비스와 운영의 모든 측면들은 본 장과 다음 장들에서 세부적으로 다루어진다. 그러나 모든 국제은행들이 모든 서비스들을 제공하는 것은 아니다. 이러한 다수의 서비스들을 제공하는 은행들은 일반적으로 **겸업은행**(universal banks) 또는 **풀서비스 은행**(full service banks)라고 알려져 있다.

세계의 대형은행들

〈도표 11.1〉은 총자산으로 순위를 매긴 세계 30개 대형 은행들을 보여준다. 이 도표는 십억 달러 단위로 총자산, 순이익 그리고 시장가치를 보여주고 있다. 세계 30개 대형 은행 중 9개의 소속 국가는 중국이고, 5개는 미국, 4개는 캐나다이며, 프랑스, 인도, 일본 소속은 각각 2개이다. 그리고 호주, 브라질, 이탈리아, 러시아, 스위스, 영국 은행도 1개씩 있다.

〈도표 11.1〉로부터 세계의 주요 국제금융센터는 뉴욕, 도쿄, 파리와 함께 토론토, 베이징, 상하이가 떠오르고 있다는 사실을 추정할 수 있을 것이다. 그러나 런던, 뉴욕, 도쿄는 여전히 훨씬 더 중요한 국제금융센터이다. 그 이유는 상대적으로 그들 각 국가의 자유로운 은행업 규제, 규모의 경제, 그리고 국제거래에서의 그들 통화의 중요성 때문이다. 센터에서 활동하는 주요 은행들이 통상 완전한 범위의 서비스를 제공하기 때문에 이 세 금융센터들은 흔히 풀서비스 센터(full service centers)라고 불린다. 그러나 브렉시트와 이로 인해 향후 유럽연합 회원국 간의 상품, 서비스, 인력의 자유로운 이동이 불확실해짐에 따라 런던의 중요성이 감소한 것으로 보인다.

도표 11.1 세계 30대 은행(단위: 10억달러, 2021년 3월 기준)

순위	은행	국가	총자산	순이익	시장가치
1	ICBC	중국	4,914.7	45.8	249.5
2	China Construction Bank	중국	4,301.7	39.3	210.4
3	Agricultural Bank of China	중국	4,159.9	31.3	140.1
4	Bank of China	중국	3,731.4	27.9	116.7
5	Mitsubishi UFJ Financial	일본	3,406.5	5.2	69.7
6	BNP Paribas	프랑스	3,044.8	7.6	79.1
7	HSBC Holdings	영국	2,984.2	4.0	120.3
8	Bank of America	미국	2,832.2	17.9	336.3
9	Credit Agricole	프랑스	2,399.5	2.6	41.0
10	Sumitomo Mitsui Financial	일본	2,256.8	4.9	48.9
11	Wells Fargo	미국	1,959.5	7.4	181.5
12	Postal Savings Bank of China	중국	1,736.2	9.3	112.4
13	Bank of Communications	중국	1,635.8	11.1	47.9
14	TD Bank Group	캐나다	1,358.6	9.1	120.6
15	Royal Bank of Canada	캐나다	1,308.2	8.8	135.0
16	China Merchants Bank	중국	1,278.5	14.1	192.8
17	Intesa Sanpaolo	이탈리아	1,226.7	3.7	53.3
18	Shanghai Pudong Development	중국	1,215.7	8.5	47.4
19	Industrial Bank	중국	1,207.2	9.7	66.5
20	UBS	스위스	1,125.8	6.5	57.3
21	Bank of Nova Scotia	캐나다	911,2	5.1	75.3
22	Commonwealth Bank	호주	816.2	5.7	120.7
23	Bank of Montreal	캐나다	761.8	4.1	59.4
24	State Bank of India	인도	638.1	3.1	40.8
25	US Bancorp	미국	553.4	6.1	86.9
26	Truist Bank	미국	517.5	4.9	77.8
27	Sberbank	러시아	486.9	10.4	85.7
28	PNC Financial Services	미국	474.4	8.4	75.8
29	Itau Unibanco Holdings	브라질	389.7	3.7	48.5
30	HDFC Bank	인도	233.6	4.1	105.9

자료: Compiled from *The Global 2000*, www.forbes.com.

국제은행업의 이유

앞서 국제은행들이 제공하는 서비스에 대한 논의는 은행이 다국적 운영활동을 할 수 있는 이유들의 일부를 시사했다. Rugman과 Kamath(1987)는 더 공식적인 목록을 제공한다.

1. **낮은 한계비용** : 자국에서 개발된 경영 그리고 마케팅 지식은 해외에서 낮은 한계비용으로 이용될 수 있다.
2. **지식적 우위(knowledge advantage)** : 해외의 은행 자회사는 해외 시장에서 이용을 목적으로 개인적인 인맥과 신용분석에 관한 모은행의 지식을 끌어 쓸 수 있다.
3. **투자국(home country) 정보 서비스** : 현지 기업들은 자국은행으로부터 정보를 얻는 것에 비해 그들의 자회사가 진출한 투자국(home country)에 관한 무역 및 금융시장 정보를 그들 국가에서 활동하는 외국은행의 자회사로부터 더 완전하게 얻을 수 있을 것이다.
4. **명성(prestige)** : 거대한 다국적 은행은 해외 고객을 유치하는 데 이용될 수 있는 높은 명성, 유동성, 그리고 예금 안전성을 가지고 있다.
5. **규제 우위** : 다국적 은행은 종종 국내은행과 동일한 규제를 적용 받지 않는다. 충분한 재무 정보를 공표할 필요성의 감소, 외화표시 예금에 대해 요구되는 예금보험과 지급준비금의 결여, 영토적 규제의 부재가 있을 수 있다.
6. **도매거래의 방어 전략** : 은행이 그들의 다국적기업 고객을 해외에 따라 나가 해외 은행이 다국적기업의 자회사에게 서비스를 제공함으로써 생기는 고객 상실을 방지할 수 있다.
7. **소매거래의 방어 전략** : 다국적 은행 활동은 은행이 여행자 수표, 관광객, 그리고 해외 비즈니스 시장이 해외 은행 경쟁자에 의해 상실되는 것을 막는 데 도움이 된다.
8. **거래비용** : 해외 지점, 외화 잔액을 유지함으로써, 정부의 통제를 회피할 수 있다면 통화교환에 따른 거래비용과 환위험을 줄일 수 있다.
9. **성장** : 자국의 성장 전망은 자국 은행들이 제공한 서비스로 포화된 시장으로 인해 제한적일 수 있다.
10. **위험 감소** : 이익의 더 높은 안정성은 국제적 다각화를 통해 가능하다. 여러 국가들간에 경기사이클과 금융정책 사이클이 상쇄됨으로써 어느 한 국가의 국가 고유 위험을 감소시킨다.

국제은행 조직들의 유형

국제은행의 서비스들과 활동들은 은행이 활동하는 규제환경과, 기존에 확립된 은행업무 조직 유형의 함수이다. 다음은 국제은행 조직의 주요 유형을 논의하는데, 각 조직의 목적과 존재의 규제적 이유를 상세히 설명한다.[1)]

환거래은행

세계의 대형 은행들은 보편적으로, 그들 스스로 모든 주요 금융센터 내에서 은행 업무를 운영할 수 없는 경우 센터 내 다른 은행들과 환거래 계약을 맺는다. **환거래 내지 코레스은행 관계**(correspondent bank relationship)는 두 개의 은행이 서로 환거래은행 계정을 보유하고 있을 때 수립된다. 예를 들어, 한 뉴욕 소재 대형 은행이 런던 소재 은행에 환거래은행 계정을 가질 것이고, 런던 은행은 뉴욕 은행에 계정을 보유할 것이다.

환거래은행 시스템은 은행의 다국적기업(MNC) 고객이 그들의 현지 은행 또는 그 거래선을 통해서 전 세계적으로 비즈니스를 수행할 수 있도록 해준다. 환거래은행 서비스는 MNC가 수행하는 국제거래를 통하여 발생된 외환 교환을 중심으로 이루어진다. 그러나 환거래은행 서비스는 또한 신용장이나 환거래은행에 대한 환어음을 인수하는 것과 같은 무역금융 지원을 포함한다. 게다가 다국적기업이 해외에 있는 자회사에 대한 현지금융을 필요로 하는 경우, 자국 은행에 의존하여 해외의 환거래은행에 소개서를 제출해야 한다.

환거래은행 관계는 은행이 아주 낮은 원가로 다국적기업 고객에게 서비스를 제공할 수 있고, 여러 나라에 은행 직원이 직접 주재할 필요가 없기 때문에 유익하다. 단점은 은행의 고객이 환거래은행으로부터 얻는 서비스 수준이 그 은행이 고객 서비스를 위해 자체적으로 운영하는 해외 조직을 가지고 있을 때보다 높지 않을 수 있다는 것이다.

1) 이 절의 많은 논의는 Hultman(1990)을 따른다.

대표사무소

대표사무소(representative office)는 모은행 직원이 현지에 주재하는 소규모 서비스 조직으로서 모은행의 다국적기업 고객이 환거래은행과의 거래를 지원하기 위해 설립된다. 대표사무소를 설립함으로써 모은행의 다국적기업 고객은 환거래은행 관계만을 통해 얻을 수 있는 서비스보다 더 높은 수준의 서비스를 얻을 수 있다. 모은행은 여러 다국적기업 고객 또는 최소 하나의 중요한 고객이 있는 국가에 대표사무소를 설립할 수 있다. 대표사무소는 또한 다국적기업을 도와서 현지 비즈니스 관습과 경제 정보를 획득하고 다국적기업의 해외 현지 고객에 대한 신용평가를 제공한다.

해외 지점

해외 지점 은행(foreign branch bank)은 현지 은행처럼 운영되지만, 법적으로는 여전히 모은행의 일부분이다. 따라서 지점 은행은 모국과 소재국의 은행 규제를 동시에 받는다. 외국에 소재한 미국의 지점 은행은 미국의 연방준비법(Federal Reserve Act)과 연방준비규제 K: 국제은행업(Federal Reserve Regulation K: International Banking Operations)에 의해 규제를 받는다. 이런 법규들은 미국 은행이 외국에서 운영되거나 외국 은행이 미국 내에서 운영될 때 준수해야 할 대부분의 규제들을 포함한다.

모은행이 해외 지점 은행을 설립하는 이유들은 여러 가지가 있다. 가장 중요한 이유는 해외 지점 사무소를 설립함으로써 대표사무소보다 다국적기업 고객들에게 훨씬 더 완전한 범위의 서비스를 제공할 수 있다. 예를 들면, 지점 은행이 제공할 수 있는 대출금 한도는 지점 은행의 자본금이 아닌 모은행의 자본금에 의존한다. 따라서 지점 은행은 그의 고객에게 제공할 수 있는 대출 규모는 모은행이 현지법에 의해 설립하는 현지법인 은행보다 더 클 수 있다. 게다가, 해외 지점 은행의 장부는 모은행 장부의 일부분이다. 따라서 지점 은행의 시스템은 환거래은행의 네트워크보다 더 빠르게 고객에게 결제를 수행할 수 있게 한다. 왜냐하면, 차변 및 대변 계정 기입 절차가 모은행과 같은 동일한 내부조직 안에서 이루어지기 때문이다.

미국의 모은행이 해외 지점 은행을 설립하는 또 다른 이유는 현지국의 은행들과 현지에서 경쟁을 하기 위해서이다. 미국 은행의 지점들은 미국 지급준비금의 제약에 구속되지 않는다. 또한 연방예금보험공사(FDIC)에 예금보험금을 납부하지 않아도 된다. 따라서 지점 은행이 대출을 할 때 원가구조 면에서 현지 은행과 동일한 경쟁력을 가지고 있다.

지점 은행을 설립하는 것은 미국 은행이 해외확장을 하는 가장 보편적인 방식이다. 많은 지점 은행들이 유럽에 위치하여 있는데 특히 영국에 많이 있다. 많은 지점 은행들은 역외금융센터에서 "껍데기" 지점 형식으로 운영된다. 이 주제는 이 절의 뒷부분에서 설명될 것이다.

외국 은행들이 미국에서 운영하는 데 영향을 미치는 가장 중요한 법안은 1978년 국제은행업법(International Banking Act of 1978)이다. 일반적으로 이 법은 미국에서 운영하는 외국지점 은행들이 미국 은행들처럼 미국의 은행규제를 준수해야 한다고 규정한다. 특히 이 법은 외국 지점 은행이 예금에 대한 연방지급준비금 요건을 반드시 충족해야 하고, 고객 예금에 대해 FDIC 보험에 부보되어야 함을 규정하고 있다.

현지법인 은행과 계열 은행

현지법인 은행(subsidiary bank)은 외국 모은행에 의해 완전 소유되거나 또는 다수 지분 소유가 된 은행으로 현지국 법에 의해 설립된 은행이다. **계열은행**(affiliate banks)은 외국 모은행에 의해 부분적으로 소유되지만 통제를 받지 않는 은행이다. 현지법인 은행과 계열은행 둘 다 그들이 법인체로 설립된 국가의 은행법 하에서 운영이 된다. 미국 모은행은 증권을 인수하는 것이 허용되기 때문에 현지법인 은행과 계열은행이 바람직한 구조라고 생각한다.

미국에 있는 외국 소유의 현지법인 은행은 해외 모은행의 미국 내 지점과 같이 금융활동의 주요 센터인 주에 위치하는 경향이 있다. 미국에서 해외 은행 사무소들은 주로 뉴욕, 캘리포니아, 일리노이, 플로리다, 조지아, 텍사스 등의 인구가 많은 주에 위치하는 경향이 있다.[2)]

엣지법 은행

엣지법 은행(Edge Act banks)은 물리적으로 미국 내에 위치해 있고, 전 범위의 국제적 은행 활동이 허용되는 연방법으로 허가를 받은 미국 은행들의 자은행이다. 뉴

2) Goldberg and Grosse(1994)을 참조하시오.

저지 주 상원의원인 Walter E. Edge는 미국 은행이 그들의 고객들에게 서비스를 공급할 수 있었던 해외 은행과 경쟁하도록 하기 위해 연방은행법(Federal Reserve Act)의 조항 25에 대한 1919년 수정안을 후원했다. 연방은행규제 K는 엣지법 은행이 해외 예금을 수취하고, 무역금융을 제공하고, 해외프로젝트에 대한 금융을 제공하고, 외화를 거래하고, 해외증권을 포함한 미국 시민들과의 투자금융업에 종사할 수 있게 허용한다. 이와 같이 엣지법 은행은 미국 상업은행이 제공하는 서비스들과는 직접적으로 경쟁하지 못한다.

IBA는 미국에서 활동하는 외국 은행의 엣지법 은행 설립을 허가했다. 따라서 미국과 외국의 엣지법 은행은 동등한 경쟁적인 토대에서 운용된다. 엣지법 은행은 국내 상업은행과는 달리 기업에 대한 지분을 소유하는 것이 금지되어 있지 않다. 따라서 미국 모은행이 해외 현지법인과 해외 계열 은행의 지분을 소유하는 것은 엣지법을 통한 것이다. 그러나 1966년 이후 미국은행들은 해외 은행에 직접투자가 가능해졌고, 1970년 이후 미국은행 지주회사의 외국기업 투자가 허용되었다.

역외금융센터

대외 은행 업무의 상당 부분은 역외금융센터를 통해 일어난다. **역외금융센터**(offshore banking center)는 국가의 통상적인 경제적 활동을 넘어서 대외계정을 허가하기 위하여 은행 업무 시스템이 조직되어 있는 국가이다. 국제통화기금(IMF)은 바하마, 바레인, 케이먼 아일랜드, 홍콩, 파나마, 그리고 싱가포르를 주요 역외금융센터로 인정한다. 역외금융센터는 모은행의 지점 또는 자은행으로 운용된다. 역외금융센터의 설립을 위해 어느 국가를 매력적으로 만드는 주요 특징은 현지국 정부의 은행업 규제로부터의 사실상 전적인 자유이다. 예를 들어, 낮은 지급준비금, 무 예금보험, 낮은 세금, 국제 은행거래를 용이하게 하는 우호적인 시간대, 그리고 덜 중요하지만 엄격한 은행업무보안법 등이다. 진입은 대개 대형 은행과 평판이 좋은 은행에 국한시키므로 역외금융센터 현지국 정부가 취약한 금융관행을 용인하거나, 고무시킨다고 추론해서는 안 된다.

역외금융의 주요 활동들은 현지국 정부의 통화 외의 다른 통화로 예금을 수취하고 대출을 제공하는 것이다. 역외금융은 연방준비제도이사회가 미국 은행이 현지국의 우편박스에 불과한 "껍데기(shell)" 지점을 설립하는 것을 승인한 1960년대 후반에 생겨났다. 이 지점의 실질적인 금융거래는 모은행에 의해 수행되었다. 그 목적은 소규모의 미국 은행에게 주요 유럽 금융센터에서의 운영을 위한 설립 비용을 부담할 필요 없이 성장하는 유로달러시장에 참가할 수 있는 기회를 허용하기 위함이었다. 오늘날 수백 개의 역외금융 지점들과 현지법인들이 있는데, 이중 1/3이 미국 모은행들에 의해 운영된다.[3] 대부분의 역외금융센터는 껍데기 지점(shell branch)의 위치로서 역할을 지속하지만, 홍콩과 싱가포르는 완전한 서비스 금융센터로 발전하여 런던, 뉴욕, 도쿄와 필적하고 있다.

미국 역외금융시장

1981년 연방준비제도이사회는 **미국 역외금융시장**(International banking facilities: IBF)의 설립을 허가했다. IBF는 모은행의 회계장부에서 분리된 별도의 자산과 부채 계정의 집합이다. 그리고 독특한 물리적 또는 법적 실체는 아니다. 미국에서 허가된 예금취급 금융기관, 외국 은행의 미국 지점 또는 자회사 또는 엣지법 은행의 미국 사무소는 IBF를 운영할 수 있다. IBF는 미국 내의 외국 은행으로 운영된다. 그들은 예금에 대한 국내 지급준비금의 대상이 아니고, 예금에 대해 FDIC 보험이 요구되지도 않는다. IBF는 비미국 시민으로부터의 예금을 수취하고 오직 외국인들에게만 대출을 해줄 수 있다. 모든 비은행 예금들은 최소한 2 영업일의 만기와 최소한 $100,000 규모의 비양도성 정기예금들이다.

IBF는 주로 역외금융의 성공의 결과로 설립되었다. 연방준비제도이사회는 미국내 지점과 자은행의 예금과 대출 영업의 많은 부분이 미국으로 돌아오기를 원했다. IBF는 예전에 역외에서 이루어졌던 유로달러 관련 영업의 많은 부분을 점유하는 데 성공을 거두었다. 그러나 역외금융은 완전하게 제거되지 않을 것이다. 왜냐하면 역외 은행들은 그렇지 않은 반면, IBF는 미국 시민들에게 대출하는 것이 제한되어 있기 때문이다. 〈도표 11.2〉는 미국의 관점에서 국제은행 사무소들의 조직 구조와 특징을 요약하고 있다.

3) 역외금융 및 국제금융 퍼실러티의 발전과 관련한 훌륭한 논의는 Hultman(1990)의 제10장을 참조하시오.

도표 11.2 미국 관점의 국제은행 사무소 조직구조

은행 유형	물리적 위치	외국예금 수취	외국인에 대한 대출	연방준비은행 요건 제약	FDIC 예금보험	모은행과의 분리된 법적 실체
국내은행	미 국	아니오	아니오	예	예	아니오
환거래은행	해 외	N/A	N/A	아니오	아니오	N/A
대표사무소	해 외	아니오	아니오	예	예	아니오
외국지점	해 외	예	예	아니오	아니오	아니오
현지법인은행	해 외	예	예	아니오	아니오	예
계열은행	해 외	예	예	아니오	아니오	예
엣지법 은행	미 국	예	예	아니오	아니오	예
역외금융센터	기술적으로 해외	예	예	아니오	아니오	아니오
IBF	미 국	예	예	아니오	아니오	아니오

자기자본적정성 기준

전 세계의 은행 규제당국과 은행 예금자의 하나의 관심사는 은행 예금의 안전성이다. **은행 자기자본 적정성**(bank capital adequacy)은 은행 파산확률을 줄이기 위해 위험 자산에 대한 준비금으로 은행이 보유한 자기자본과 기타 증권들의 양을 나타낸다. **바젤협약**(Basel Accord)으로 알려진 1988년 협약에서 국제결제은행(BIS, 스위스 바젤에 본부를 두고 있다)은 G-10 국가들과 룩셈부르크의 은행들에 대한 자기자본 적정성을 측정하기 위한 체제를 설립하였다. BIS는 각국의 중앙은행들간의 거래를 결제하기 위한 중앙은행이며, 회원국들 사이에 국제은행업 협약들의 체결에 도달하는 데 있어 조력자의 역할을 한다.

www.bis.org
국제결제은행(BIS)의 공식 웹사이트이며, 상당히 광범위하다. 국제은행업 관련 정책들에 대한 많은 논문들과, 국제은행, 자보시장 및 파생증권 시장에 대한 통계들을 포함하는 보고서들을 다운로드할 수 있다. 또한 전 세계 대부분의 중앙은행들의 웹사이트로 연결된다.

바젤협약은 세계적으로 활동하는 은행들에 대해 위험가중자산의 8%를 최소 은행 자기자본적정 비율로 요구했다. 이 협약은 2개의 범주로 은행 자기자본을 나눈다. 즉, 주주지분과 유보이익으로 구성된 Tier I 핵심자본과 우선주와 후순위채와 같은 국제적으로 인식된 비자기자본 항목으로서 구성된 Tier II 보완자본이다. 보완자본은 총 은행 자기자본의 50%, 위험가중자산의 4%를 넘어서는 안 된다. 위험가중자산의 결정에서 위험 자산들의 4가지 범주들은 각기 가중치가 다르다. 더 위험적인 자산은 높은 가중치를 받는다. 정부 채무는 0%의 가중치를 받으며, 은행 간의 단기

자산은 20%의 가중치를 받고, 주택담보 대출은 50%, 그리고 다른 자산들은 100%의 가중치를 받는다. 따라서 4개의 자산 범주 각각을 1억 달러씩 가진 은행은 1억 7천만 달러에 상당하는 위험가중자산을 가진 것이다. 이 은행은 이러한 투자들에 대한 자기자본으로 1,360만 달러를 보유해야 하며, 이 중 절반인 680만 달러 미만으로 Tier II 자본을 가질 수 있다.

1988년 바젤 자본 협약은 예금 수취와 대출의 맥락에서 은행업을 주로 다뤘다. 따라서 이의 초점은 신용위험에 있다. 바젤협약은 각국의 은행 규제당국에 의해 세계 도처에서 채택되었다. 그럼에도 불구하고 이는 문제점들과 비판요소를 가지고 있다. 한 가지 주요 비판은 협약이 실행되는 것의 자의적 성격과 관련되었다. 위험가중자산에 할당된 8%의 최소 요구 자본은 경기사이클에 따라 신용위험의 정도가 변동하는 것, 은행이 선진국 또는 개도국에 위치하는지 아닌지, 그리고 은행이 결부되어 있는 위험들의 유형에 상관없이 변하지 않았다. 주식, 금리 그리고 환율관련 파생상품의 은행 거래는 1990년대에 걸쳐 확대되었다. 바젤 협약이 초안되었을 때, 이러한 상품들 중 많은 것이 심지어 존재도 하지 않았다. 그 결과, 전통적 신용위험으로부터 은행 예금자를 보호하는 데 만족스러움에도 불구하고, 은행 자기자본 규제는 파생거래로부터의 시장위험에 대비하는 데는 충분하지 못하였다. 예를 들어 부분적으로 부도덕한 파생상품 트레이더의 활동 때문에 1995년에 파산한 Baring Bank는 바젤 자기자본 기준에 의해 안전한 은행이라 간주되었다.

1988년 협약의 결점들 때문에 바젤위원회는 1990년대 초반에 자기자본 협약의 갱신이 필요하다고 결론을 내렸다. 1998년에 효력을 발휘한 1996년 개정안은 은행의 트레이딩 계정에 내재하는 시장위험을 커버하기 위해 8% 규칙 하에서 추가적인 자본을 확보하도록 요구했다. 이즈음에는 원 협약의 추가적인 단점들이 분명해졌다. 컴퓨터의 고장, 불완전한 서류, 사기 등을 포함하는 운영위험은 상당한 위험으로 명백해졌다. 위험에 대해 확대된 시각은 은행이 지금 영위하고 있는 사업의 유형, 은행이 운영되고 있는 사업 환경을 반영한다. 1999년, 바젤 위원회는 새로운 자본 협약을 제안하였다. 2004년 6월 광범위한 논의를 거친 후에, 바젤 II로 통상 언급되는 새로운 자기자본 적정성 체계가 G-10의 중앙은행 총재들과 은행 감독당국들에 의해 지지되었다.

바젤 II는 3개의 상호 보완적인 토대들(pillars)에 근거하고 있다. 최소 필요자본금, 감독상의 검토 과정, 그리고 시장 규율의 효과적인 이용이다. 새로운 체계는 다양한 은행 그룹의 지주회사 수준까지 확장되는 보다 위험에 민감한 최소 필요자본금을 채택하기 위한 세부사항들을 제시한다.

첫 번째 토대에 대하여, 은행 자본은 1988년 협약에 의해 정의된다. 그러나 최소 8% 자본 비율은 은행의 신용위험, 시장위험 그리고 운영위험의 합계에 대해 계산된다.

두 번째 토대는 위험들의 철저한 평가에 근거한 자기자본의 적정성을 적절히 평가하기 위해 각 은행이 건전한 내부 과정을 갖추는 것을 확인하기 위해 고안되었다. 예를 들어, 필요 자본금이 부정적인 경제 시나리오 안에서 증가할 수 있는 정도를 추정하기 위해 고안된 의미있는 스트레스 테스트(stress test)를 수행하기를 요구하고 있다. 은행과 감독당국들은 은행이 충분한 자본을 가지고 있는지를 확인하는 데 이 테스트의 결과를 이용하기도 하였다.

세 번째 토대는 다른 두 가지 특징을 보완하기 위해 고안되었다. 핵심 정보의 공시가 위험을 더 잘 관리하고 은행 안정성을 향상시키기 위해 더 큰 시장 규율을 은행과 감독당국에게 부담시킬 것이라고 믿어지고 있다.[4)]

2007년 중반에 시작된 글로벌금융위기 기간에 많은 은행들은 적정한 유동성을 유지하기 위해 몸부림쳤다. 이 위기는 얼마나 빠르고 심각하게 유동성이 얼어붙을 수 있고 자금조달의 원천이 증발될 수 있는지를 보여주었고, 자산의 평가와 자기자본 적정성과 관련한 우려를 악화시켰다. 금융위기의 시작 이전에, 은행들은 바젤 II의 필요 자본량에 충분히 반영되지 않은 부외거래의 시장위험에 대해 상당한 노출을 누적시켰다. 많은 은행 조직들은 큰 손실을 경험했고, 은행의 트레이딩 계정에 대부분 손실을 입었다. 이러한 손실은 실제 채무불이행에서 발생한 것이 아니라, 신용평가사에 의한 등급하향, 신용스프레드의 확대, 그리고 유동성의 손실로부터 기인하였다.

2009년 7월, 바젤은행감독 위원회는 국제적으로 활동하는 은행에 대한 규제와 감독을 강화하기 위하여 바젤 II에 대한 제안된 보강 패키지를 마무리 지었다. 이 보강된 패키지를 바젤 2.5라 한다. 토대 1에 대한 제안된 보강은 트레이딩 계정에서 자산유동화증권(ABS)과 부채담보부증권(CDO)과 같은 복합증권들, 그리고 부외계정 특수법인(off−balance sheet vehicles)에 대한 노출을 포함하는 비유동적인 신용상품을 커버하기 위한 최소 필요 자본금의 증가를 요구한다. 토대 2의 제안들은 더 엄격한 감독과 위험관리를 요구한다. 더 구체적으로, 이 제안들은 이사회와 최고경영층이 기

4) 이 절의 정보는 2004년 6월자 BIS의 "자기자본 측정과 기준의 국제적인 수렴: 수정된 체계"(International Convergence of Capital Measurement and Capital Standards: A Revised Framework)로부터 발췌되었다.

업 전체의 위험 노출을 이해하는 것에 대한 분명한 기대를 요구한다. 토대 3의 제안들은 시장 참여자들이 기업의 위험 노출을 더 잘 평가하도록 증권화와 부외거래 특수법인에 대한 강화된 공시 요건을 요구한다. 바젤 2.5는 2012년 1월 1일까지 시행될 예정이었고, 이 시기에 거의 모든 바젤위원회 회원국의 국가에서 채택되었다.

바젤 2.5가 제정되면서 2010년 9월 12일 바젤위원회는 세 번째 협약인 바젤 Ⅲ를 공표했다. 바젤 Ⅲ는 은행자본의 질적인 향상과 규제자본 체계를 더욱 강화할 수 있도록 고안되었다. 이 위원회의 개혁에 따라, Tier I 자본(핵심자본)은 보통주와 유보이익(즉, 비상환/비누적적우선주 제외)만으로 구성된다고 재정의되었다. 나아가 Tier I 자본 비율은 4%에서 6%로 상향되었다. 추가로 위원회는 재무적 곤경 기간에 인출 사용할 수 있는 2.5%의 완충자본을 도입했다. 2.5%의 완충자본은 Tier I 자본을 8.5% 그리고 총자본을 10.5%로 증가시킨다.

이러한 개혁은 2019년 1월 1일부터 시행되도록 계획되었다. 추가적으로, 체계적으로 중요한 글로벌 은행(Global Systematically Important Banks)들은 금융시스템에 미치는 영향이 훨씬 더 크므로, 이에 대비하며 더 높은 손실 흡수 능력을 갖추어야 한다.

국제 단기금융시장

유로커런시 시장

국제 단기금융시장의 핵심은 **유로커런시 시장**(eurocurrency market)이다. 유로커런시 시장은 통화를 발행한 국가로부터 다른 국가에 위치한 국제은행의 정기예금이다. 예를 들어 유로달러는 미국 밖에 위치한 은행들의 미달러 예금이고, 유로스털링은 영국 밖에 위치한 은행들의 영국 파운드화의 예금이다. 그리고 유로엔은 일본 밖에 위치한 은행들의 일본 엔의 예금이다. 예금수취 은행(depository bank)은 유럽, 캐리비안, 또는 아시아에 위치할 수도 있다. 이전 절에서 봤듯이, 유로달러 예금은 미국 모은행이 실제 미달러 예금을 가지고 있는 가운데 역외 껍데기 지점 또는 IBF에서 창출될 수 있다. 싱가포르에 본부를 둔 '아시아 달러' 시장이 존재하는데, 이것은 유로커런시 시장의 주요 부분으로 볼 수 있다.

유로커런시 시장의 기원은 이전 소련과 소련 연방 국가들이 경화(hard currency)를 조달하기 위하여 금과 원자재를 팔았던 1950년대와 1960년대 초로 거슬러 올라간다. 반 소련 정서 때문에, 그들의 예금이 동결될 것을 우려하여 이들 공산 국가들은 그들의 미 달러를 미국 은행에 예금하는 것을 꺼려했다. 대신에 그들은 그들의 달러를 텔렉스 주소가 EURO-BANK인 한 프랑스 은행에 예금하였다. 그 뒤, 미국 밖에서의 달러 예금은 유로달러로 불리었고, 유로커런시 예금을 수취한 은행은 **유로은행**(Eurobanks)으로 불리었다.[5)]

1999년 1월 1일, 유럽연합의 11개국이 경제 및 화폐 연합을 구성하며 공통된 유럽의 통화, 유로화를 도입함으로써 '유로커런시'가 공통의 화폐인 유로화를 나타내는지, 유로달러와 같은 또 다른 유로커런시를 의미하는지 사람들에게 혼동을 일으킬 수 있었다. 이로 인해, '유로커런시' 대신 '국제 통화'로, '유로은행' 대신 '우량 은행(prime banks)'이라고 지칭하는 것이 일반적인 관행이 되기 시작했다.

유로커런시 시장은 통화 발행국의 국내 은행 체계와 유사한 기능을 하는 역외(external) 은행 제도이다. 두 뱅킹 시스템들은 예금을 받고, 예금된 자금으로 고객들에게 대출을 해준다. 미국에서 은행은 미 연방준비규제 D의 제약을 받는데, 이에는 은행 정기예금에 대한 지급준비금이 명시되어 있다. 게다가, 미국 은행은 예금된 자금에 대한 보험료를 FDIC에 지불해야 하고, 반면 유로달러 예금들은 이러한 자의적인 지급준비금 또는 예금 보험의 제약을 받지 않는다. 따라서 운영비용은 더 적다. 감소된 비용 구조 때문에, 유로커런시 시장, 특히 유로달러 시장은 시작된 이래로 눈부시게 성장하였다.

유로커런시 시장은 은행간 혹는 도매거래 수준으로 운영된다. 대다수의 유로커런시 거래는 은행간 거래이며, 하나의 거래 규모는 100만 달러 또는 그 이상의 수준을 나타낸다. 잉여자금을 가지고 있으나 대출해 줄 소매고객들이 없는 유로은행들은 차입자가 있지만 대출가능 자금이 필요한 유로은행들에게 대출할 것이다. 잉여자금을 가진 은행이 부과하는 금리는 은행간 대출금리(interbank offered rate)라고 불린다. 그들은 은행간 예금금리(interbank bid rate)로 은행간 예금을 수취할 것이다. 일반적으로, 미국달러의 스프레드는 20 베이시스포인트이며, 다른 통화들은 10-30 베이시스포인트이다. 유로커런시 예금의 금리는 하루부터 몇 년까지 만기의 범위에

5) 유로커런시 시장의 역사적 기원에 대한 설명은 Rivera-Batiz and Rivera-Batiz(1994)를 참조하시오.

도표 11.3 유로커런시금리 호가: 2022. 1. 5

	단기	1개월	3개월	6개월	1년
유로	−0.65 to −0.35	−0.67 to −0.37	−0.74 to −0.44	−0.68 to −0.38	−0.65 to −0.35
영국 스털링		0.45 to 0.55	0.58 to 0.68	0.71 to 0.86	0.90 to 1.05
미국 달러	0.11 to 0.31	0.07 to 0.27	0.08 to 0.28	0.16 to 0.36	0.35 to 0.55
일본 엔	−0.10 to 0.00	−0.10 to 0.10	−0.10 to 0.10	−0.15 to 0.15	−0.15 to 0.15

자료: *The Financial Times*, 2022.1.6.

대해 호가된다. 그러나 보다 표준적인 만기들은 1, 3, 6, 9 그리고 12 개월이다. 〈도표 11.3〉은 유로커런시 금리의 표본을 보여주고 있다. 〈부록 11A〉는 유로커런시의 창출을 예시한다.

런던은 역사적으로 주요 유로커런시 금융센터였으며 지금도 그렇다. 그러므로, 대부분의 사람들은 유로커런시 예금에 대한 런던에서의 기준금리인 **London Interbank Offered Rate**(LIBOR)에 대해 들어보았을 것이다. 명확히 하면, 유로달러, 유로캐나다달러, 유로엔, 그리고 심지어 유로화에 대한 리보(LIBOR)가 있었다. 다른 금융센터들에서는 다른 기준금리가 사용되었다.

LIBOR는 "금융에서 가장 중요한 숫자"라고 불리우며, 전 세계 국제금융, 파생상품 및 자본시장에서 적어도 450조 달러에 달하는 금액에 대한 연이자를 정하는 기준으로 은행, 증권사 및 투자자들에 의해 사용되었다. 그러나 글로벌 금융위기 기간동안 LIBOR의 일일 벤치마크를 설정하는 과정에서 부정행위가 의심됨에 따라(이 장 나중에 논의될 예정), LIBOR의 산출국인 영국과 미국의 규제기관 및 관리자들은 다른 참고금리로 전환하기로 결정했다.

그리고 2022년 1월 1일부터, 다양한 유로통화에 대한 새로운 참고금리 시리즈인 대체 무위험 금리(Alternative Risk-Free Rates, RFRs)가 발효되었다. 이 금리들은 기존의 LIBOR와 달리 실제 시장거래를 기반으로 산출된다. 〈도표 11.4〉는 주요 유로커런시에 대한 새로운 무위험금리(RFR)들을 보여주고 있다.

이 RFR들은 익일물 내지 하루짜리 무담보부 혹은 담보부 환매조건부("리포(repo)") 도매거래를 기반으로 하기 때문에 무위험 금리 또는 거의 무위험 금리로 여겨진다. 반면에, 유로커런시 거래는 다양한 만기의 기간 구조 거래이다. USD 시장에서 LIBOR를 대체할 기준금리로 선택된 것은 국채담보익일물RP금리(Secured Overnight

도표 11.4
무위험금리

통화 (기호)	대체 무위험금리(RFR)
미 달러 (USD)	Overnight Financing Rate (SOFR)
파운드 스털링 (GBP)	Sterling Overnight Index Average (SONIA)
유로 (EUR)	Euro Short Term Rate (€STR)
스위스프랑 (CHF)	Swiss Average Overnight Rate (SARON)
일본 엔 (JPY)	Tokyo Overnight Average Rate (TONAR)

Financing Rate:이하 SOFR)이다. SOFR은 미국 국채를 담보로 하는 익일물 차입비용의 광범위한 측정치이다. 뉴욕연방준비은행은 매일 SOFR 데이터를 발표한다. 이 SOFR 데이터는 온전히 거래를 기반으로 산출된다.

이러한 RFR들은 과거에 기반한 금리인 반면, 유로커런시 거래는 유로커런시 예금의 만기에 적용될 수 있는 미래지향적 금리를 요구한다. 미 달러(USD)의 경우, CME 그룹은 CME SOFR 선물계약(이 장에서 자세히 논의될 예정)에 내재된 시장 기대를 기반으로 다양한 기간에 따른 SOFR의 미래 이자율 추정치들에 대한 매일의 집합을 제공하는 알고리즘을 개발했다. CME Term SOFR Reference Rates는 1, 3, 6, 및 12개월의 기간에 대해 제공되며, 시장 참가자들은 CME Term SOFR Reference Rates에 대한 라이센스를 받아서 현금시장 금융상품 및 기타 파생상품에서 사용할 수 있다. 추가적으로, 파운드에 대한 미래지향적인 기간SONIA 참고금리도 개발되었다.

유로커런시 거래는 무위험 거래가 아니므로 채무불이행 위험을 보상하기 위한 기간 프리미엄을 반영한 금리로 책정되어야 한다. 블룸버그는 과거 5년치 데이터를 분석하여 유로달러 시장에서 1개월 만기 CME Term SOFR 대비 +11 베이시스포인트(bps)가 은행의 신용위험을 반영하기 위한 적절한 추가 조정이라고 계산하였다. 3개월 기간에 대해서는 추가 조정이 26 bps였으며, 6개월에는 43 bps, 12개월에는 72 bps였다.

도매 단기금융시장에서, 유로은행들은 유로커런시 정기예금을 받아들이고, **양도성예금증서**(NCDs)를 발행한다. 사실, 예금들이 좀 더 긴 만기를 갖는 경향이 있고, 예금수취 금리(acquiring rate)가 은행간 금리보다 종종 약간 낮은 경향이 있으므로 유로은행이 대출 자금을 조달하는 데 선호하는 방법들이 있다. 액면가들은 최소 50만 달러이지만, 보다 전형적인 규모는 100만 달러 또는 그 이상이다.

〈도표 11.5〉는 2017년부터 2021년 2분기까지 국제은행들의 대외부채의 가치를 10억 달러 단위로 보여준다. 2021년 열을 보면 총 대외부채는 27조 2,670억 달러였으며, 이 중 은행간 부채는 16조 3,581억 달러였다. 반면에 비은행 예금은 10조 9,089

도표 11.5

국제은행 대외부채
(단위: 10억 달러)

	2017	2018	2019	2020	2021 2분기
부채 유형					
은행	14,337.4	14,150.6	14,638.6	16,074.5	16,358.1
비은행	8,765.5	8,987.2	9,159.8	10,625.4	10,308.9
합계	23,102.9	23,137.8	23,798.4	26,699,9	27,267.0

자료: International Banking and Financial Market Developments, Bank for International Settlements. 각호에서 발췌

억 달러였다. 종합적으로, 이 통계치들은 국제은행간 활동이 2017년 이래로 낮지만 꾸준한 성장을 해왔음을 시사하며, 이러한 부채들은 주로 미달러화, 유로화, 일본엔화, 그리고 영국파운드화로 되어있었다.

유로은행의 대외부채의 약 90%는 정기예금으로부터 온 것이고, 나머지는 NCD로부터 온 것이다. 정기예금으로부터 자금의 조기 인출에 대해서는 금리에 대한 벌금이 있다. 반면에 만약 예금자들이 갑작스럽게 그들의 자금을 만기 이전에 필요로 한다면, 양도가능한 NCD는 유통시장에서 매도될 수 있다. NCD 시장은 1967년 유로달러에 대해 런던에서 시작되었다. 미 달러 이외의 통화를 위한 NCD는 런던과 다른 금융 센터에서 공급되었다. 그러나 달러가 아닌 NCDs의 유통시장은 유동성이 높지 않다.

유로크레디트

유로크레디트(Eurocredits)는 기업, 국가 정부, 비우량 은행(nonprime bank), 국제기구에 대해 유로은행이 제공하는 유로커런시 단기 내지 중기 대출이다. 대출은 유로은행의 자국 통화 이외의 통화로 표시된다. 이들 대출은 단일 은행이 다루기에는 대규모 대출이기 때문에, 유로은행은 위험의 공유를 위해 **은행 신디케이트 내지 대출단**(syndicate)을 구성하여 함께 대출할 것이다.

이들 대출의 신용 위험은 은행간 시장에서 다른 은행에게 대출을 하는 것보다 더 크다. 따라서 유로크레디트의 금리는 추가된 신용위험에 대해 은행, 또는 은행 신디케이트에게 보상해야만 한다. 유로크레디트에 대한 기준 대출금리는 바로 특정 유로커런시 기간 RFR이다. 유로크레디트에 대한 총 대출금리는 기간 RFR+은행신용위험 프리미엄+X으로 계산되며, 여기서 X는 차입자의 신용도에 따라 부과되는 가

산금리이다. 게다가, 차환 롤오버(rollover) 가격결정은 그들이 대출로부터 얻는 수익보다 유로은행이 유로통화 정기예금에 대해 더 지급하는 결과가 없도록 유로크레디트에 대해 산출된다. 따라서 유로크레디트는 일련의 단기대출들로 간주할 수 있는데, 각 기간의 말에(보통 3개월 또는 6개월)대출이 차환되며 기준대출금리는 다음 대출 기간에 대한 현재 기간 SOFR 을 기준으로 재조정될 것이다.

〈도표 11.6〉은 USD와 관련하여 우리가 이번 절에서 논의한 다양한 금리들 사이의 관계를 보여주고 있다. 2022년 1월 5일, 미국 국내은행들은 6개월 만기 NCD에 대해서는 0.25%를 지급하였다. 그리고 은행의 가장 신용도가 높은 기업고객에게 부과되는 기준금리인 우량기업대출금리(prime lending rate)는 3.25%였다. 이것은 은행이 운영 비용을 커버하고 이익을 얻기 위해서 3.00%의 스프레드를 나타내는 것처럼 보인다. 또한, 1월 5일에 6개월 만기 CME Term SOFR은 0.20%였다.

따라서, 유로은행들이 6개월 만기 유로달러 정기예금, 예를 들어 유로달러 NCD를 0.43%(6개월 만기 CME Term SOFR 0.20% + 6개월 만기 은행 신용프리미엄 0.43% − 은행간 매매가격차 0.20%)의 매입률을 수락할 것이라고 생각하는게 합리적이다. 마찬가지로, 유로은행이 은행간 시장에서 6개월 만기 유로달러를 0.63%(6개월 만기 CME Term SOFR 0.20% + 6개월 만기 은행 신용프리미엄 0.43%)에 제공하는 것이 합리적일 것이다. 그에 반해, 유로은행은 기업 고객에게 0.63% + X%의 금리를 부과할 것이며, 대출마진이 2.62%(= 3.25%−0.63%) 미만인 경우 유로달러 대출이 우량기업 대출보다 매력적으로 보일 것이다. 대출마진은 일반적으로 0.25%에서 3% 사이(중간 금리는 0.50%에서 1.50% 사이)에 있으므로, 〈도표 11.6〉은 유로달러 대출시장에서 유럽은행가들의 좁은 차입-대출 스프레드를 보여준다. 이 분석은 차입자들이 유로달러 시장에서 다소 저렴하게 자금을 조달할 수 있음을 나타내는 것처럼 보인다. 그러나 최근 몇 년

도표 11.6

미국 대출 및 차입금리와 유로달러금리의 비교 (2022년 1월 5일)

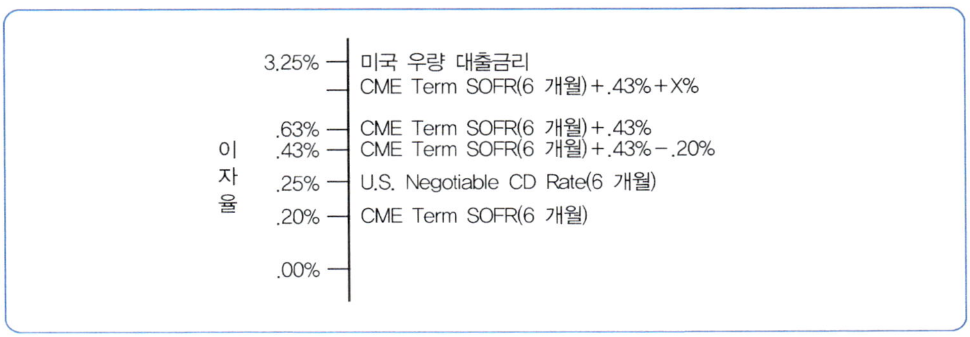

간의 국제 경쟁은 미국 상업은행들로 하여금 우량기업대출금리보다 낮은 금리로 국내에서 대출을 하도록 압박하고 있다.

예제 11.1 유로크레디트의 롤오버 가격결정

Teltrex International사는 런던의 Barclays으로부터 3개월마다 롤오버를 하면서 연율로 +0.75%의 대출마진으로 $3,000,000을 차입할 수 있다. 3개월 만기 CME Term SOFR은 현재 0.53%이며, 3개월 만기 은행 신용프리미엄은 26 bps라고 가정하자. 더 나아가 두 번째 3개월 기간 동안에 CME Term SOFR이 .42%로 하락했다고 가정하자. Teltrex는 유로달러 대출에 대해 6개월 기간 동안 Barclays에게 얼마나 많은 이자를 지급해야 하는가?

〈해답〉 \$3,000,000×(0.0053+0.0026+0.075)/4+
\$3,000,000×(0.0042+0.0026+0.0075)/4
=\$11,550+\$10,725=\$22,275

선물금리계약

유로은행이 유로예금을 수취하고, 유로크레디트를 제공하는 데 있어 직면하는 주요 위험은 예금과 대출의 만기 불일치로부터 기인하는 금리위험이다. 예를 들어, 만약 예금 만기가 대출 만기보다 길다면, 그리고 금리가 하락한다면, 대출 금리는 은행이 여전히 예금에 높은 금리를 지급하는 데도 불구하고 하향 조정될 것이다. 역으로, 만약 예금 만기가 대출 만기보다 짧고, 금리가 상승하는 상황에서는 예금 금리는 은행이 여전히 낮은 대출 금리를 수취하는 데도 불구하고 상향 조정될 것이다. 단지 예금과 대출 만기가 완전히 일치할 때에만, 유로크레디트의 롤오버 특징은 은행이 희망하는 예금-대출 금리 스프레드를 취할 수 있도록 허용할 것이다.

선물금리계약(Forward Rate Agreements: FRA)은 유로은행이 만기가 불일치된 예금과 대출에서의 금리위험을 헷지시키는 것을 허용하기 위한 은행간 거래이다. 이 시장의 규모는 거대하다. 2021년 6월, 잔존 FRA의 명목가치는 73조 6,260억 달러였다. FRA는 두 거래당사자, 매입자와 매도자를 포함한다.

1. 만약 이자율이 계약 이자율 이하로 하락하면, 매입자는 매도자에게 명목금액(notional amount)에 대해 증가한 이자비용을 지급하기로 동의한다.
2. 만약 이자율이 계약 이자율 이상으로 상승하면, 매도자는 매입자에게 명목금액에 대해 증가한 이자비용을 지급하기로 동의한다.

〈도표 11.7〉은 FRA의 손익(payoff) 양태를 그리고 있다. SR은 결제금리(settlement rate)를 나타내고 AR은 계약금리(agreement rate)를 나타낸다.

FRA는 유로 예금과 대출의 표준기간에서의 만기 불일치를 메우기 위하여 구조화된다. 예를 들어, FRA는 오늘부터 3개월 후에 시작해서 9개월 후에 끝나는 6개월 기간에 대한 6개월 만기 금리에 대해 체결될 수 있다. 이는 "9개월에 대한 3개월" FRA이다. 다음의 시간선이 이러한 FRA 예를 묘사한다.

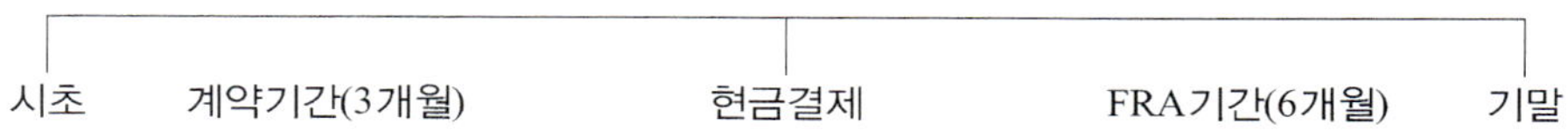

FRA 계약하에서 지급 금액은 다음의 절대값으로 계산된다.

$$\frac{Notional Amount \times (SR - AR) \times days/360}{1 + (SR \times days/360)}$$

여기서 $days$는 FRA 기간의 일수를 나타낸다.

FRA는 또한 투기적인 목적에 의해 사용될 수 있다. 만약 한 사람이 금리가 AR보다

도표 11.7

선물금리계약 손익 양태

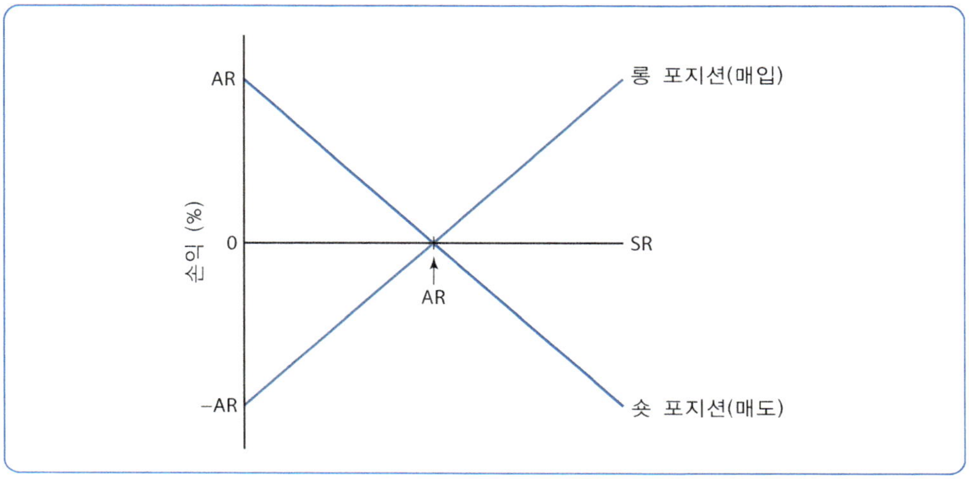

낮을 것이라고 믿는다면, FRA의 매도가 적절한 포지션일 것이다. 반대로 한 사람이 AR보다 금리가 높을 것이라 믿는다면, FRA의 매입이 적절한 포지션일 것이다.

예제 11.2 6개월에 대한 3개월 선물금리계약

금리 위험을 헤지하기 위해 FRA(선물금리계약)를 사용하는 예시로, 3개월 만기 유로달러 대출 $3,000,000를 6개월 만기 유로달러 예금과 맞춘 은행의 경우를 고려해 보자. 이 은행은 3개월 만기 CME Term SOFR이 기대치 이하로 하락함에 따라 유로크레디트가 새로운 낮은 기준금리로 재조정되어 6개월 만기 예금의 수익성을 우려할 것이다.[6] 이를 방어하기 위해 은행은 $3,000,000 규모의 "6개월에 대한 3개월" FRA를 매도할 수 있다. 이 FRA는 3개월 후의 예상되는 3개월 만기 달러 CME Term SOFR에 따라 가격이 책정될 것이다. 〈도표 11.7〉의 그래프에서 볼 수 있듯이, 은행이 설정한 단기 포지션은 금리가 AR(Agreement Rate)보다 낮아질 경우를 보호해 줄 것이다.

AR이 3%이고 3개월짜리 FRA 기간의 실제 일수가 91일이라고 가정하면, 은행은 유로달러 대출이 두 번째 3개월 기간으로 롤오버될 때 기본 이자로 $22,750(=$3,000,000×.03×91/360)를 받을 것으로 기대한다. 만약 SR(즉, 3개월 만기 CME Term SOFR)이 2.125%라면, 은행은 기본 이자로 $16,114.58만을 받게 되어 $6,635.42의 차액이 발생한다. SR이 AR보다 낮기 때문에, 은행은 매도한 FRA로부터 이익을 얻을 수 있다. 은행은 FRA 매입자로부터 3개월 후 91일 FRA 기간이 시작하는 시점에 구매자로부터 현금결제를 받게 되는데, 이는 $6,635.42[$3,000,000×(.02125－.03)×91/360]의 절대가치의 현재가치와 같을 것이다. 이 절대적 현재가치는 다음과 같이 계산된다:

$$\frac{\$3{,}000{,}000 \times |.02125 - .03)| \times 91/360}{1 + (.02125 \times 91/360)} = \frac{\$6{,}635.42}{1.0054} = \$6{,}599.78$$

---

6) 불편기대가설(UEH)과 일치하게 약정금리 AR은 FRA 기간 초에 기대되는 금리이다. 예를 들어, "3개월 대 6개월" FRA에서는 AR이 3개월 만기 CME Term SOFR과 6개월 만기 CME Term SOFR을 연계하는 선물금리로부터 계산될 수 있다:

$$([1 + (6mth\ SOFR)(T_2/360)]/(3mth\ \ SOFR)(T_1/360)]\ \ -1) \times 360/(T_2 - T_1)$$
$$= f \times 360/(T_2 - T_{1)} = AR$$

여기서 T_2와 T_1은 각각 6개월 및 3개월 유로커런시 기간의 만기까지의 실제 일수를 나타내며, f는 선물금리이다.

합계 금액 $6,599.78는 유로달러 예금에 대한 이자를 충족시키는 데 필요한 유로달러 대출 수익의 기대치로부터의 $6,635.42 부족분을 91일 FRA 기간 시점의 현재가치와 동일하다. SR이 AR보다 높았다면, 은행은 매입자에게 유로달러 대출을 롤오버하는 것으로부터 기대되는 것 이상으로의 이자 초과분의 현재가치를 지급해야 했을 것이다. 이런 경우 은행은 3개월 만기 유로달러 대출에 대한 계약 금리를 실효적으로 수취했을 것이고 이는 대출을 수익성이 있는 거래로 만들었을 것이다.

유로노트

유로노트(euronote)는 '퍼실러티(facility)'라 불리는 국제 상업은행이나 투자은행들의 그룹에 의해 인수 발행되는 단기 증권이다. 차입자 고객은 보통 3년에서 10년까지의 기간 동안 자신의 이름으로 유로노트를 발행하기 위해 퍼실러티와 협약을 맺는다. 유로노트는 액면가에서 할인된 가격으로 판매되며, 만기 시에는 액면가로 상환된다. 유로노트는 전형적으로 3개월에서 6개월까지의 만기를 갖는다. 차입자는 유로노트를 매력적인 수단이라 느끼는데 그 이유는 신디케이트 유로은행 대출과 비교하여 이자비용이 보통 조금 낮기 때문이다. 은행들은 증권의 인수로 소정의 수수료, 또는 자금 공급으로부터 이자 수익을 벌 수 있기 때문에 유로노트 발행을 매력적으로 생각한다.

유로기업어음

국내 기업어음과 같이 **유로기업어음**(eurocommercial paper)은 기업 또는 은행이 발행하여 딜러를 통해 직접적으로 투자를 하는 대중에게 판매되는 무담보의 단기 약속어음이다. 유로노트와 같이 유로기업어음은 액면가로부터 할인된 가격으로 판매된다. 만기는 전형적으로 1개월에서 6개월까지의 범위이다.

대다수의 유로기업어음은 유로화와 미 달러화로 표시된다. 그러나 미국과 유로기업어음 시장 간에는 많은 차이점이 있다. 유로기업어음의 만기는 미국 기업어음보다 약 2배만큼 긴 경향이 있다. 이런 이유로 유통시장은 미국 기업어음보다 유동성이 더 높다. 게다가 유로기업어음 발행자는 미국 기업어음 발행자보다 질적으로 훨씬 더 낮은 경향이 있다. 결과적으로 수익률은 더 높은 경향이 있다.[7)]

CME SOFR 선물계약

제7장에서는 외환에 대한 선물계약에 초점을 맞췄다. 그럼에도 불구하고, 선물계약은 많고 다양한 기초자산에 대해 거래된다. 특별히 중요한 두 가지 계약은 CME 그룹에서 거래되는 1개월 및 3개월 만기 SOFR 금리 선물계약이다. 이 두 계약의 특성은 매우 유사하기 때문에, 논의는 3개월 계약에 초점을 맞추겠다.

CME 3개월 만기 SOFR 선물계약은 가상의 무위험 분기/년 만기 달러예금에 대해 맺어진다. 즉, 이 선물계약은 3월, 6월, 9월, 12월 주기로 거래되며, 가상의 인도일은 인도월의 세 번째 수요일이고 마지막 거래일은 인도일 이전 영업일이다. 또한, 이 계약은 현금결제 계약으로, 달러예금의 실질적인 인도나 수취는 이루어지지 않는다. 대신에 최종 결제는 최종 거래일의 최종 결제가격을 토대로 한, 인도일에 있어 증거금 계정의 손익을 실현함으로써 이루어진다. 〈도표 11.8〉은 CME 3개월 만기 SOFR 선물계약 호가의 예시를 나타낸다. 계약은 미래 39분기에 이르는 기간에 대해 거래된다.[8)]

예제 11.3 3개월 만기 SOFR 선물계약의 호가를 읽는 법

3개월 SOFR 선물 가격은 3개월 만기 SOFR에 대한 지수로 명시되어 있으며, F=100－R로 계산된다. 여기서 R은 계약분기 기준 복리로 계산된 일일 SOFR 금리이다. 이 때, 이자의 연간 베이시스포인트는 계약당 $25에 해당한다. 주어진 계약에 대한 기준 분기는 인도 월의 세 번째 수요일을 포함하여 그 세 달 전의 세 번째 수요일부터 (포함하지는 않고) 인도 월의 세 번째 수요일까지의 기간이다. 〈도표 11.8〉의 2023년 3월 계약을 고려해보자. 이 계약의 기준 분기는 2023년 3월 15일 수요일부터 거래 마지막 날인 2023년 6월 20일 화요일까지, 총 97일의 기간을 포함한다. 인도일은 다음 날인 수요일이다. 이 계약은 마지막 거래일의 R의 최종 결제가치를 기준으로 인도일에 현금으로 정산된다. 2022년 1월 5일의 결제 가격 F는 98.895였으므로, 기준 분기 동안의 내재된 전방향 복리 일일 SOFR 이자율은 1.105% [= 100 - 98.895]이다. 최소 가격 변동은 1/2 베이시스포인트이며, 이는 지수 포인트당 $12.50의 가격 변동에 해당한다. 〈도표 11.8〉에 표시된 일련의 계약들의 정산 가격 패턴은 1월 5일 시장의 각각의 미래 3개월 기간 SOFR 금리에 대한 기대치를 나타낸다.

---

7) 미국 및 유로 CP 시장 간의 차이점들은 Dufey and Giddy(1994)를 참조하시오.

8) 용어 혼동을 피하기 위해, '3개월 CME Term SOFR'는 3개월 만기를 가진 SOFR에 대한 CME의 전방향 추정을 의미하는 반면, 'CME 3개월 SOFR 선물'은 가상의 3개월 예금에 대해 작성된 CME 선물 계약을 지칭한다는 점을 유의해야 한다.

도표 11.8

CME Group의 3개월 만기 SOFR 선물계약 호가

	종가	변동	미결제약정수	거래량
3개월 만기 SOFR(CME)－연율 1bp당 $25; 100 － 일 복리 SOFR				
Mar 22	99.715	−0.030	253,188	55,308
Jun	99.475	−0.055	187,925	53,678
Sep	99.280	−0.065	176,407	48,360
Dec	99.095	−0.075	228,929	61,510
Mar 23	98.895	−0.080	183,767	49,402
Jun	98.730	−0.080	149,413	36,813
Sep	98.590	−0.090	94,032	19,789
Dec	98.505	−0.080	69,529	21,692
Mar 24	98.460	−0.075	55,293	8,653
Jun	98.425	−0.065	38,030	7,268
Sep	98.385	−0.060	30,070	16,117
Dec	98.350	−0.050	26,146	7,309
Mar 25	98.350	−0.045	5,506	5,304
Jun	98.340	−0.045	6,637	1,794
Sep	98.330	−0.040	2,421	968
Dec	98.310	−0.030	3,452	797
Mar 26	98.290	−0.030	2,381	135
Jun	98.255	−0.030	1,807	397
Sep	98.230	−0.030	2,162	469
Dec	98.205	−0.030	2,708	62

자료: 2022년 1월 5일 종가, www.cmegroup.com

예제 11.4 SOFR 선물 헷지

이 계약이 어떻게 금리위험을 헷지하는 데 사용되는가에 대한 예시로, 다국적기업(MNC)의 재무관리자를 고려해 보자. 2023년 1월 5일 수요일, 그는 자사가 대량의 상품 판매로 2023년 3월 15일 수요일에 $20,000,000의 현금을 받을 것으로 예상한다. 그리고 이 돈이 2023년 6월 21일까지 사용되지 않을 것이라고 한다면, 재무관리자는 이 기간동안 유로달러 예금과 같은 단기금융시장 상품에 투자할 것이다.

재무관리자는 CME 그룹 웹사이트에서 현재 3개월 만기 CME Term SOFR이 0.0932%임을 확인했다. 2023년 3월 SOFR 선물계약에서의 내재된 3개월 만기 SOFR 금리는 훨씬 높은 1.105%이다. 또한, 재무관리자는 SOFR 선물가격 패턴을 분석하여 미래에 기대되는 3개월 만기 SOFR 금리가 2027년 3월까지 상승할 것으로 예상한다. 재무관리자는 1.105%의 3개월 수익률이 "확정(lock in)"하기에 적절한 금리라고 생각하여 2023년 3월, 낮은 3개월 만기 SOFR 금리에 대해 헤지하기로 결정한다.

헤징을 함으로써, 재무관리자는 MNC가 보유한 잉여자금 \$20,000,000에 대해 97일 기간 동안 총 \$59,547.22 [= \$20,000,000×0.01105×97/360]의 수익을 확정하게 된다. (3월 15일, 실제로 재무관리자는 그 날짜의 3개월 만기 유로달러 입찰 금리에 따라 잉여자금을 투자해야 한다.)

헤징을 완성하기 위해, 재무관리자는 2023년 3월 SOFR 선물계약을 매수하거나 롱 포지션을 취해야 한다. 처음에는 롱 포지션을 취하는 것이 이상해보일 수 있지만, 다시 생각해보면 내재된 3개월 만기 SOFR 수익률의 하락은 선물가격을 상승시킨다. 그러므로, 예금 \$20,000,000의 금리위험을 헤지하기 위해, 재무관리자는 2023년 3월물 계약 22개[≈ \$20,000,000×0.0001×97/360÷25달러]를 매수해야 한다.

2023년 6월 마지막 거래일에 최종 정산금리가 0.95%라고 가정해보자(간단히 하기 위해 3월 15일의 3개월 만기 CME Term SOFR도 0.95%라고 가정). 그렇다면, 재무관리자가 헷징을 선택한 것은 옳은 선택이었다. 0.95%로, \$20,000,000에 대한 97일 유로달러 예금은 \$51,194.44의 이자수익, 즉, 1.105%의 금리에서 보다 \$8,352.78 적게 발생시킬 것이다. 하지만 이 차액은 선물계약의 롱 포지션의 이익으로 만회된다. 0.95%의 금리로, 6월 20일의 최종 결산 가격은 99.05[= 100 − 95]이며, 선물 포지션에서 얻은 이익은 다음과 같다: (99.05−98.895)×100bp×2 half bps×\$12.50×22 계약=\$8,525.

이 금액은 다음 날 최종 정산에서 수취될 것이며, 실제 차액과 거의 일치한다.

국제 외채위기

몇몇 특정한 원칙들은 건전한 은행업 행태를 정의한다. "이러한 원칙들 중 최소한 5가지−즉, 단일 활동, 개인 또는 그룹에 대한 대출의 과도한 집중을 피하라, 익숙치 않은 활동에는 조심스럽게 확대하라, 거래 상대방을 알아라, 자산과 부채 사이의 불일치를 관리하라, 그리고 차입자를 약화시키는 충격에 당신의 담보가 취약하지 않은지 확인하라−는 초기와 같이 오늘날에도 적절한 원칙이다."[9] 그럼에도 불구하고, 세계에서 가장 큰 국제 은행들 중 일부에 의해 이들 원칙들 중 처음 두 원칙들의 위반은 **국제 외채위기**

9) 이 호가는 1993년 8월 IMF 발간 "국제자본시장: 2부, 국제금융의 제도적 이슈들"(International Capital Markets: Part II, Systematic Issues in International Finance) 2쪽에서 발췌된 것이다.

(international debt crisis)의 원인이 되었다. (때로 제3세계 외채위기라 불리는), 그리고 이것은 일부 **저개발국가**(less-developed countries: LDCs), 특히 지속가능한 개발에 있어 중대한 구조적 어려움에 직면한 저소득 국가의 정부에 대한 대출에 의해 야기되었다.

문제

국제 외채위기는 멕시코가 100여 개 미국과 외국 은행들에게 680억 달러 대출을 탕감해 달라고 요청한 1982년 8월 20일에 시작되었다. 곧 이어서 브라질, 아르헨티나, 그리고 20여개 기타 개도국들이 그들의 은행 대출에 대한 상환에 있어 유사한 문제들을 발표하였다. 위기가 최고조에 이르렀을 때 제3세계는 1조 2천억 달러의 채무를 지고 있었다!

수년 동안 이 위기가 세계의 가장 큰 은행들의 몰락을 가지고 오는 것처럼 보였다. 1989년 평균적으로 세계은행은 19개 LDC들이 부채 잔액이 그들 국가 GDP의 53.6%에 해당한다고 추정했다. 이자 지급액만도 수출 수익의 22.3%로 추정되었다. 국제 은행업계는 분명히 큰 충격을 받았다. 위기의 최고조에 LDC 대출에서 일부 은행들의 관여 규모에 대한 지표로서, 〈도표 11.9〉는 멕시코에만 대출을 해준 10대 미국 은행 대출자를 나열하였다.

국제 외채위기의 근원은 원유(oil)였다. 1970년대 초반, 석유수출국기구(OPEC)는 전 세계적으로 원유의 독점적인 공급자가 되었다. 이 기간 동안에 OPEC는 원유 가격을 급격하게 상승시켰다. 원유 가격인상으로 인한 결과로, OPEC는 엄청난 양의 미 달러를 축적하였다. 당시 원유 수입국으로부터의 지불수단은 보편적으로 달러였다.

OPEC는 유로달러 예금으로 수십억 달러를 예금하였다. 1976년까지 예금액은 약 1,000억 달러였다. 유로은행들은 예금에 대한 이자지급을 위해 이자 수익을 창출하기 위해 이들 자금을 대출하는 데 있어 큰 문제에 직면하게 되었다. 제3세계 국가들은 그들의 경제 발전과 원유 수입의 지급 수단으로 사용될 수 있는 유로달러 대출을 받아들이면서 유로은행들을 적극적으로 도와줬다. 대출 과정은 순환적이어서, **원유 달러의 환류**(petrodollar recycling)라 불리게 되었다. 유로달러 대출 대금은 새로운 원유 수입을 위한 지급 수단으로 사용되었다. 개발도상국과 LDC 국가들로부터 벌어들인 원유 수익 중 일부는 재예금되었고 예금들은 제3세계 차입자들에게 재대출되

도표 11.9

멕시코에 대한 10대 미국 대출은행 (1987.9.30 현재, 10억 달러 단위)

은행	대 멕시코 잔출잔액	개도국 대출에 대한 대손충당금
Citicorp	$2.900	$3.432
BankAmerica Corp.	2.407	1.808
Manufacturers Hanover Corp.	1.883	1.833*
Chemical New York Corp.	1.733	1.505*
Chase Manhattan Corp.	1.660	1.970
Bankers Trust New York Corp.	1.277	1.000
J. P. Morgan & Co.	1.137	1.317
First Chicago Corp.	0.898	0.930
First Interstate Bancorp.	0.689	0.500
Wells Fargo & Co.	0.587	0.760

*As of June 30, 1987.
자료: *The Wall Street Journal*, December 30, 1987.

었다. OPEC는 1970년대 후반에 원유 가격을 다시 인상하였다. 높은 원유 가격은 선진국들에서 높은 인플레이션과 높은 실업률이 동반되었다. 주요 선진국들에서 시행된 긴축 통화정책은 글로벌 경기침체와 원유와 같은 1차상품에 대한 수요 감소와 가격 하락을 가져왔다. 동일한 경제정책들은 높은 실질이자율을 가져와서 LDC의 차입 비용을 증가시켰다. 왜냐하면 대부분의 은행 차입이 미 달러로 표시되었고, 변동금리방식으로 이루어졌기 때문이다. 원자재 가격의 붕괴와 그 결과로 생긴 수익의 감소는 LDC들이 채무 상환을 하는 것을 불가능하게 하였다.

왜 국제은행들은 LDC 정부들에게 이렇게 위험한 대출을 해주었을까? 분명한 하나의 이유는 그들이 이자 수익을 취하기 위해 신속하게 대출이 필요한 유로달러 예금으로 막대한 돈을 보유하고 있었기 때문이다. 은행들은 친숙하지 않은 대출자에게 돈을 빌려주는 것을 그저 열심히만 하였고, 그것에 대한 위험을 분석하는 일에 많은 주의를 기울이지 않았다. 게다가 많은 미국 은행들은 그들이 제3세계 국가들의 경제 발전을 원조하도록 워싱턴으로부터 공식적인 협박과 강요(arm-twisting)를 받았다고 주장한다.

대출금출자전환

LDC 부채 위기 중에 LDC 부채에 대해 액면가로부터 상당히 할인된 가격으로 거래되는 유통시장이 발전하였다. 유통시장은 대략 50개의 채권은행(creditor bank), 투자

도표 11.10

대출금 출자전환 예시

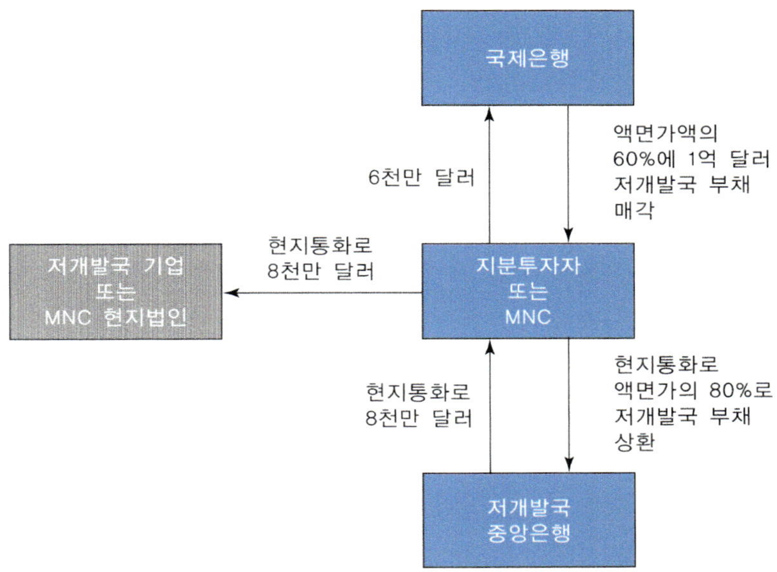

은행, 그리고 소규모 시장조성자들(boutique market makers)로 구성되어 있었다. LDC 부채는 **대출금출자전환**(debt-for-equity swap)의 사용을 위해서 매입되었다. 은행 대출단과 채무국, 채권은행들사이 채무구조재조정의 일부분으로서 그들의 대출을 액면가로부터 할인된 가격에 미 달러화로 MNC들에게 매각되었고, MNC는 LDC국가들에 현지법인 또는 현지기업들에 대한 지분 투자를 원하였다. LDC 중앙은행은 MNC가 지급한 것보다 더 적게 할인된 가격으로, 그러나 현지통화로 은행 부채를 매입하였다. MNC는 LDC와 국민들에게 경제적으로 또는 사회적으로 이익인 LDC에 대한 사전승인된 새로운 투자를 위하여 현지 통화를 사용하였다.

〈도표 11.10〉은 가상적인 대출금출자전환을 그리고 있다. 도표는 6,000만 달러를 주고 채권은행으로부터 멕시코의 부채 1억 달러를 매입한 MNC를 보여주고 있는데, (직접 또는 시장 조성자를 통해) 이 6,000만 달러는 액면가에서 40% 할인된 가격이다. 그리고 MNC는 현재 환율로 8,000만 달러에 해당하는 멕시코 페소화를 받고 멕시코 중앙은행으로부터 1억 달러 노트를 상환받는다. 멕시코 페소화는 MNC의 멕시코 자회사 또는 LDC 기업의 지분에 투자된다. MNC는 8,000만 달러의 멕시코 페소를 위하여 6,000만 달러를 지불한다.

LDC 채무 위기 동안에 라틴 아메리카의 부채는 대략 70%의 평균 할인된 가격으로 거래되었다. 1990년 9월 10일자 *Barron's*지에서 브라질 국가부채는 달러당 21.75 센트였고, 멕시코 부채는 43.12센트, 그리고 아르헨티나 부채는 단지 14.25 센트에 호가가 제공되었다.

실제 대출금출자전환의 예는 풍부하다. Chrysler는 56% 할인으로 매입한 멕시코 부채로부터 Chrysler de Mexico에 페소화로 1억 달러를 투자하였다. Volkswagen은 멕시코 부채 2억 8,300만 달러에 대해 1억 7,000만 달러를 지불하였다. 더욱 복합적인 거래에서, 시장 조성자로 CitiBank는 멕시코 부채 6,000만 달러에 대해 다른 은행에게 4,000만 달러를 지불하였다. 그리고 이것은 Banco de Mexico, 멕시코 중앙은행과 5,400만 달러에 해당하는 페소화와 교환되었다. 이는 다시 나중에 멕시코시티의 외각에 트럭 공장의 증설을 위해 Nissan이 사용하였다.

대출금출자전환으로부터 누가 이득을 얻을까? 모든 참가자들이 이득을 얻었다고 판단되며, 그렇지 않았으면 스왑은 발생하지 않았을 것이다. 채권은행은 회계장부로부터 비생산적인 대출을 떨어내서 적어도 원금의 일부를 상환받는다. 시장조성자는 할인된 대출금에 대한 매매가격차로부터 이득을 분명히 얻는다. LDC의 이득은 두 가지 경로가 있는데, 그 첫 번째 이득은 자국 통화로 상환할 수 없는 경화 대출(보통 액면가로부터 할인된)을 청산할 수 있었다는 것이다. 두 번째 이득은 경제 성장을 이룩하기 위해 계획된, 새로운 생산적인 투자로부터 나온다. 지분 투자자는 현재 환율로부터 할인으로 투자에 필요한 LDC 현지 통화를 매입함으로써 이득을 얻는다.

제3세계 국가들은 특정한 유형의 투자들에 대해서만 대출금출자전환을 허용하는데 개방적이었다. LDC는 경화 대출을 상환하기 위해 자국 화폐를 발행함으로써 자국 통화를 얻는다. 이는 분명히 해당 국가의 통화공급을 증가시키고, 인플레이션을 야기한다. 따라서 LDC들은 증가된 인플레이션으로부터 국가 경제에 야기되는 손해보다 새로운 지분투자의 효익이 더 클 경우에만 스왑을 허용하였다. 바람직한 유형의 투자들은 다음과 같다.

1. 경화를 벌어들일 자동차와 같은 수출지향 산업들
2. 보다 많은 수출을 증가시키고, 국가의 기술 근간을 향상시키고, 국민들의 기술을 발전시킬 하이테크 산업들
3. 경화를 벌어들일 관광과 관광객들을 증가시킬 리조트 호텔과 같은 관광산업
4. 일부 대중들의 삶의 표준을 향상시키는 저소득자를 위한 주택 개발

해결책: 브래디 채권

첫 번째 부시 행정부의 미 재무장관 Nicholas F. Brady는 문제 해결을 위하여 1989년 봄에 실행한 전략을 고안한 것으로 크게 인정을 받았다.

브래디의 해결책은 채권 은행들에게 세 가지 대안책 중 하나를 제공하는 것이었다. (1) 그들의 채무를 기존 대출액의 65%와 동일한 액면가로 시장성 있는 채권으로 전환하라, (2) 채무를 삭감된 6.5%의 이자율과 함께 담보부채권으로 전환해라, 또는 (3) 채무국이 다시 자립할 수 있도록 허용하기 위해 추가자금을 대출하라. 우리가 상상할 수 있듯이, 거의 대부분의 은행들은 세 번째 대안을 선택하지 않았다. 두 번째 대안은 채무 만기를 25년에서 30년까지 연장하고, 채권을 보증하고 시장성을 갖도록 해주기 위해 만기에 상응하는 제로쿠폰 재무성채권의 채무국 매입을 요구한다. 이들 채권을 **브래디 채권**(Brady bonds)이라 부르게 되었다. 1992년까지 브래디 채권 계약은 아르헨티나, 브라질, 멕시코, 우루과이, 베네수엘라, 그리고 필리핀을 포함하여 많은 나라들에게서 교섭되었다. 1992년 8월까지, 주요 채무국 16개국 중 12개국은 그들의 민간은행 부채의 92%에 대해 리파이너싱(refinancing) 계약에 도달하였다. 총 1,000억 달러의 은행 부채들이 브래디 채권들로 전환되었다.

아시아 위기

제2장에서 언급한 것과 같이 아시아 위기는 태국의 바트화가 평가절하된 1997년 중반에 시작되었다. 이어서 다른 아시아 국가들이 변동환율제를 도입함으로써 그들의 통화가치도 평가절하되었고, 미 달러화와의 페그제도 끝이 났다. LDC 채무 위기 이후로 국제금융시장이 그렇게 광범위한 혼란을 겪은 적은 없었다. 태국에서 시작된 위기는 곧 아시아 지역의 다른 나라들과 다른 지역들의 신흥 시장에도 영향을 끼쳤다.[10)]

10) 이 절의 논의는 1998년 9월 IMF 발간 "국제자본시장: 발전, 전망 및 주요 정책 이슈들"(International Capital Markets: Part II, Systematic Issues in International Finance) 1–6쪽 및 1999년 6월 BIS의 보고서 "아시아 위기로부터의 감독상의 교훈들"(Supervisory Lessons to Be Drawn from the Asian Crisis)에서 보고된 아시아위기에 대한 논의를 따른다.

흥미롭게도, 아시아 위기는 사상 최대의 민간자금 유입에 의해 자금이 조달된 경제 성장기를 뒤따라왔다. G-10국가의 은행들은 적극적으로 아시아에서 모든 종류의 금융상품과 서비스를 이 지역 기업들에게 제공함으로써 아시아의 성장기회에 대한 자금 공급을 시도하였다. 특히 부동산 분야에서의 동아시아의 가격 거품은 이러한 자금 유입으로부터 조성되었다. 동시에 금융시장의 자유화는 금융자산의 가격 거품에도 기여하였다. 게다가 아시아의 영리기업들과 금융기관들 사이에서 흔한 밀접한 상호관계는 잘못된 투자 의사결정을 초래하였다.

동아시아에서의 대출은행의 위험 노출은 주로 현지은행들과 상업기업들에 대한 것이었고, LDC 외채위기처럼 국가에 대해서는 없었다. 그러나 이것은 아마 정부가 금융 문제가 발생하면 그들의 민간 은행들을 구제해야 할 것이라는 가정을 함축하고 있었을 수 있다. 아시아 지역의 관리된 경제성장 역사는 적어도 경제와 금융시스템이 통합된 단위로서 경기 침체에서 관리될 수 있음을 암시했다. 이는 사실이 아닌 것으로 드러났다.

글로벌 금융위기

2008년 12월 1일, 미국 국립경제조사국(NBER)은 공식적으로 일 년 앞선 2007년 12월에 미국의 불경기가 시작되었다고 발표했다. 이 발표는 단지 몇 달 동안의 많은 사람들이 의구심을 품었던 것을 확인해 준 것이었다. 이전 한 달 동안 일본, 홍콩 그리고 유럽의 대부분의 국가들도 경기 침체에 들어섰다는 것을 발표했다. 2007년 여름 동안 최소한 징후적으로는 미국에서 신용경색(credit crunch)이 시작되었다. 이러한 신용경색은 미국에서 과거 공식적으로 43개월 동안 지속되었던 1929-1933년의 대공황과 필적할 만하다고 일부 사람들이 두려워한 글로벌 경기침체로 이어졌다. 이 저서를 쓰는 시점에(2010년 9월) 세계경제는 회복되고 있는 것으로 보였지만, 취약한 부분이 남아 있었다. 2009년 6월 경기의 저점을 기록하였으나, 이후로, 세계경제는 서서히 회복되어 왔다.

신용경색

금융위기에 대한 더 깊은 이해를 위해서, 이번 절은 신용경색과 이것이 어떻게 금융위기로 악화되었는지에 대한 논의로 시작할 것이다. 신용경색(credit crunch), 즉 차입자가 쉽게 대출을 얻을 수 없는 무능력의 상황은 2007년 여름 미국에서 시작되었다. 신용경색의 기원은 3가지 핵심 기여 요인들을 추적하여 거슬러 올라가야 한다. 그것은 은행업 및 증권업 규제의 자유화, 글로벌 과잉저축 그리고 이 10년간의 초기에 연방준비은행에 의해 조성된 낮은 이자율 환경 등이다.

은행업 및 증권업 규제의 자유화 미국의 1933년 Glass-Steagall 법은 상업은행업과 증권, 보험, 부동산과 같은 다른 금융서비스 기업들과의 분리를 규정했다. 이 법에 의해 상업은행은 신규 국채를 판매할 수는 있으나 투자은행으로 활동할 수 없어, 기업 증권의 인수 또는 중개 업무를 할 수는 없었다. 상업은행들이 투자은행 기능의 제한을 받지 않는 외국은행들과 비교하여 자신들이 약점이 있는 것으로 생각했기 때문에, 의회에 대한 본 법의 폐지 압박은 커져만 갔다. 여러 과정을 거쳐 1987년에 법의 기본 취지가 침식되기 시작하였고, 금융서비스 현대화 법안(Financial Services Modernization Act)의 처리와 함께 1999년 공식적으로 폐지되었다. Glass-Steagall 법의 폐지는 상업은행, 투자은행, 보험사, 그리고 부동산 모기지 은행 기업의 기능을 흐릿하게 만들었다.

단기금융시장펀드(MMF)는 금융회사들에게 대출해준 비보험 예금들을 흡수했고, 투자은행들은 상업은행의 기능을 수행하기 시작했으며 반대로 상업은행들은 투자은행의 업무를 수행하기 시작했으며, 이전에는 유동성이 없던 대출들에 유동성을 공급하기 위해 다양한 파생상품과 증권화된 상품이 이용가능하게 되었다. 결과적으로 운영이 불투명하며 부채비율이 높고 규제가 약한 **그림자금융시스템**(shadow banking system)이 규제되는 은행의 운영과 평행하게 발전했다. 이러한 진전은 신용경색에 기여하게 되었다.

전 세계적인 저축과잉(global saving glut) 제3장에서 논의되었듯이, 한 국가의 경상수지는 다른 전 세계 국가들과의 상품과 서비스의 수출과 수입의 합의 차이 이다. 한 국가의 경상수지가 적자일 때, 이는 외국인으로부터 수취한 것보다 더 많은 금액의 재무적인 청구권을 외국인에게 주게 된다. 경상수지가 흑자인 국가들은 경상수지가 적자인 국가들에게 그들의 잉여자금을 투자할 수 있다.

중국와 일본은 소비재 수출을 지향하는 경제로 인해 경상수지 흑자를 기록했다. OPEC회원국들은 세계 다른 나라들에 석유를 팔아 흑자를 창출하는데, 결제는 대개 미국 달러화 표시로 이루어진다.

중국인민은행과 일본은행, 이들 두 나라들의 중앙은행은 외환준비고(foreign currency reserve)로 거액을 보유하였다. 2008년 말, 중국의 외환준비고는 1조 9,550억 달러로 추정되었고, 70% 정도가 미 달러 표시였다. 이자 수익을 얻기 위하여 국가들은 전형적으로 미국 재무성증권 또는 미 정부기관 증권으로 그들의 미 달러 준비고를 보유하고 있었다. 2008년 6월 말의 추정액은 중국이 미국 증권으로 1조2,000억 달러를 보유하였다. OPEC 회원국들은 전형적으로 그들의 경상수지 흑자의 상당 부분을 국내 사회기반시설 투자에 사용하고 있었지만, 그들은 미국 증권에도 아주 많은 투자를 하고 있었고, 또한 국부펀드(sovereign wealth fund)를 통하여 많은 투자를 하고 있었다. 이러한 배경에서 전 세계가 최근 몇 년 동안 유동성이 넘쳐난 가운데, 많은 유동성이 미 달러화로 표시되어 투자를 기다리고 있었던 것이 분명하다. 이에 따라 미국이 더 높은 국내 저축(또는 소비 감소)을 요구함이 없이 상당한 국내투자를 유지해 올 수 있었으며, 미 재무성 증권과 정부기관 증권들에 대한 다른 나라들의 중앙은행들로 구성된 준비된 시장이 있어 미국 금리를 저금리로 유지할 수 있었다.

낮은 이자율 환경 연방자금(federal fund) 목표금리는 2000년 5월 16일 6.5%에서 2003년 6월 25일 1.0%까지 떨어졌고, 2005년 5월 3일까지 3.0% 미만으로 유지되었다. 이자율을 하락시키기 위해, 미국 연방준비제도이사회(Fed)는 시장에서 미국 재무성증권을 매입하였고, 따라서 은행 준비금이 증가하고, 이에 따라 경제 내에서 대출가능 자금의 공급이 증가하였다. 연방자금금리의 하락은 하이테크와 닷컴 붐이 끝남에 따라 2000년 주식시장 가격의 하락에 의해 야기된 금융 혼란에 대한 Fed의 대응이었다. 낮은 이자율은 처음 주택을 소유하는 사람들에게는 주택담보 대출을 이용하게 하는 수단이 되었고, 또한 기존 주택 보유자에게는 더 비싼 주택을 거래할 수 있게 하는 수단이 되었다. 낮은 이자율의 담보대출(mortgage)은 주택에 대한 초과 수요를 낳았고, 전국 대부분의 지역 특히 캘리포니아와 플로리다 주의 인기 있는 주택 지역들의 가격을 상당히 높였다. 주택가격이 상승하고 이자율이 하락하거나 낮은 수준에 머무름에 따라 많은 주택 보유자들은 차환을 하였고, 그들의 주택으로부터 지분을 인출하여 종종 소비재 상품을 구매하는 데 사용하였다. 많은 이런 소비재 제품들은 해외에서 생산된 것이었고, 따라서 미국의 경상수지 적자에 기여하였다.

이 기간 동안 많은 은행들과 주택담보(mortgage) 대출기관들은 새로운 주택 구매자들을 끌어들이기 위하여 대출 기준을 낮추었다. 이에 따라 주택 구매자들은 현재의 낮은 이자율로 모기지 이자를 지급할 여유가 있었다. 또한 그들은 초기 몇 년간은 금리가 낮은 수준으로 임시로 책정되지만 나중에는 더 높은 금리로 재조정될 가능성이 있는 소위 "미끼" 금리로 변동금리 주택담보대출을 받을 수 있었다. 이런 주택 구매자들의 다수가 이전의 엄격한 신용평가 하에서는 모기지 대출을 위한 자격을 갖고 있지 않았고, 종래의 전통적인 이자율에서 모기지 지급을 할 수 있는 형편도 안 되었다. 소위 서브프라임이라 불리던 모기지들은 전형적으로 원래의 대출 은행에 의해 보유되지 않았고, 대신에 투자자들에게 판매하기 위해 **주택담보부증권**(mortgage-backed securities : MBSs)으로 재포장되었다(주택담보부증권에 대한 논의는 부록 11B를 참조) 글로벌 저축과잉의 결과로, 투자자들은 이러한 MBS들을 매입할 준비가 되어 있었다. 대부분의 원래 대출은행들은 증서를 갖고 있는 것 대신에 모기지를 MBS로 변환시킨다는 사실과 함께, 이러한 유형의 증권들에 대한 과도한 수요는 느슨한 신용평가 기준과 서브프라임 모기지 시장의 성장을 위한 환경을 낳았다.

경제성장을 완화하기 위해서, 2003년 6월 25일 1.0%의 낮은 금리에서 2006년 6월 29일 5.25%까지, Fed는 연방공개시장위원회(FOMC)에서 점진적으로 연방자금 목표금리를 상승시켰다. 결국 모기지 금리는 상승하였고 주택가격의 상승은 멈추었다. 따라서 새로운 주택 건축은 교착상태에 빠졌고, 서류상의 자본이득을 실현하기 위한 모기지 차환은 불가능하게 되었다. 특히 그들의 변동금리 모기지가 높은 금리로 재조정되었을 때, 많은 서브프라임 차입자들은 이런 경제 여건 속에서 모기지 지급이 불가능하지는 않지만 어렵게 되었다. 이런 사실들이 밝혀지면서 **구조화투자기구**(structured investment vehicles: SIVs)와 **부채담보부채권**(collateralized debt obligations: CDOs) 내에 존재하는 서브프라임 MBS 부채의 금액이 얼마나 되며, 정확히 누가 그것을 소유하고 있는지가 기본적으로 알려지지 않았거나 또는 제대로 인식되지도 않았다는 것이 발견되었다(SIV와 CDO의 논의는 부록 11B를 참조). SIV와 CDO는 MBS 위험을 가장 잘 부담할 수 있는 투자자들에게 전 세계적으로 분산하기 위한 것으로 생각되었지만, 모기지 부채를 직접적으로 보유하지 않았던 많은 은행들은 그들이 지원한 SIV 내에 보유한 MBS를 통해 간접적으로 보유하고 있다는 사실이 판명되었다.

설상가상으로, 투자자들이 보유했던 MBSs, SIVs, 그리고 CDOs의 분산투자 효과는 단지 환상에 불과한 것이었다. 포트폴리오가 광범위한 자산클래스에 걸쳐 분산되어 있을 때, 신용위험의 분산효과가 있다. 그러나 MBSs, SIVs 그리고 CDOs는 단일 자산클래스로서 질이 낮은 주택담보부 대출에 분산되어 있는 것이었다! 서브프라임 채무자가 그들의 모기지에 대해 채무불이행을 시작하였을 때, 기업어음 투자자들은 SIV에 자금공급을 꺼려했고, 은행간 유로커런시 시장에서의 거래도 트레이더들이 가장 건전한 국제은행들에 대한 자금공급에 대해서조차도 거래상대방 위험을 우려하게 됨에 따라 실질적으로 중단되었다. 이로써 전 세계적으로 유동성이 말라갔다.

신용경색에서부터 금융위기까지 신용경색이 확대될수록 많은 CDO들은 다양한 트란쉐의 MBS 부채, 특히 가장 위험이 높은 트란쉐로 가득차게 되었다. 그러나 그들은 미국 전역에서 서브프라임 압류율이 증가함에 따라 MBS 부채 트란쉐를 아직 시장에 내놓지 못했거나 내놓을 수 없었다. 상업은행과 투자은행들은 수십억 달러의 서브프라임 부채를 대손상각하지 않을 수 없었다. 서브프라임 부채는 처음에는 규모가 크지만 관리가능한 금액으로 여겨진 2,850억 달러를 초과할 것이라고 예상되지 못하였다. 그러나 사태는 악화되기만 하였고 이러한 사태는 오래지 않아 서브프라임 모기지 시장을 넘어서 파급되기에 이르렀다.

미국 경제가 침체에 빠짐에 따라 은행들도 또한 부실화될 것이라고 우려되는 신용카드 부채와 다른 소비자대출들에 대해 수십억 달러의 충당금을 설정하기 시작했다. 다양한 트렌쉐들의 위험을 평가하기 위한 모델들이 잘못되었다는 인식을 한 후에 Moody's, S&P, 및 Fitch 등 신용평가 기업들은 많은 CDO에 대해 신용등급을 하향시켰다. 게다가 미국 전역에서 압류(foreclosure)가 증가되면서, 특히 그 서브프라임 모기지들을 포함하고 있는 많은 MBS들에 대해 신용평가사들은 등급을 하향했다. **신용디폴트스왑**(credit default swap: CDS)을 계약한 보험업자와 이 신용 보험을 매입한 은행들에게 지속불가능한 하나의 문제가 발생하였다(CDS 논의를 위해 부록 11B를 참조). 보험업자들이 SIV의 포트폴리오 내에 있는 MBS 부채가 디폴트됨에 따라 은행의 지원을 받는 SIV로부터의 청구권으로 손실을 보게 되자, 신용평가기관들은 보험업자가 CDO 계약상의 다른 쪽 당사자에게 더 많은 담보물을 올릴 것을 요구하였다. 보험업자는 이에 따라 그들의 자기자본 베이스에 타격을 받고 신용등급 하향이 촉진되었으며, 이는 또한 더 많은 마진 콜을 야기하였다. 만약 American International

Group(AIG)와 같은 거대 채권 보험업자가 실패했을 때, 보험의 보호에 의지하는 은행들은 훨씬 더 많은 모기지담보 부채를 상각 처리하지 않을 수 없으며, 이는 그들의 Tier 1 핵심자본 기반을 잠식할 것이다. 2008년 9월 즈음에는, 전 세계적인 안전자산 투자로의 도피(flight to quality), 주로 단기 미국 재무성 증권에 대한 투자가 이어졌다. 안전성에 대한 수요는 매우 커서, 2008년 11월 중에 어느 시점에서 1개월 만기 미국 재무성 증권은 오직 1 베이시스포인트의 수익률을 기록하였다. 투자자들은 근본적으로 자금을 묻어둘 안전한 곳을 위해 제로 수익률을 기꺼이 받아들였다. 그들은 은행과 기업이 생존을 위하여 필요한 기업어음을 매입할 의향이 없었다. 현대판 예금인출사태(bank run)가 대거 일어났고 많은 금융기관들이 생존할 수 없었다.

금융위기의 영향

금융위기는 세계경제에 지대한 영향을 끼쳤다. 결과적으로 금융서비스 산업, 자동차 산업 그리고 전 세계의 금융 시장에 극적인 변화들이 발생하였다. 사실상 사회전반에서 모든 경제주체가 침체를 경험하였다. 이러한 경험들로부터 많은 교훈을 습득하여야 한다. 한 가지 교훈은 은행들이 모기지를 원래 창출하는 역할을 하고, 그리고 MBS를 자신이 보유하기보다는 MBS 투자자에게 모기지를 전가할 때, 그들이 면밀하게 신용위험을 살피지 않는 것처럼 보인다는 것이다. 이러한 사실들이 판명됨에 따라 서브프라임 모기지 위기가 타격을 입혔을 때, 상업 및 투자은행들은 그들 자신들이 하나의 방식 또는 다른 방식으로 그들이 깨닫고 있는 것보다 더 많은 모기지 부채들에 노출되었다는 것을 알게 되었다. 이러한 결과는 부분적으로 상업은행이 투자은행 업무에 참여하는 것을 허용한 Glass-Steagall법의 폐지로부터 초래된 결과이다. 우리가 보았듯이, 시장은 성공가능한 비즈니스 모델로서 투자은행업에 대해 이야기했다. 최우량(bulge-bracket) 월스트리트 회사들은 더 이상 존재하지 않는다. 그러나 서브프라임 신용경색이 상업은행들에게 영속적인 교훈을 가르쳤는지의 여부는 의심스러운 것으로 남을 것이다. 1980년대 국제 외채위기 또는 1990년대 아시아 위기 동안 보여진 것처럼, 어떤 이유로 은행들이 항상 기꺼이 거대한 액수의 대출을 상환 능력이 제한된 차입자에게 해주는 것처럼 보인다. 은행들이 투자 또는 대출의 잠재적인 위험을 적절하게 평가하지 못한 것에 대한 변명은 존재하지 않는다. 국가 정부에 대출을 하거나, 세계의 먼 지역에 있는 민간 거래 상대방에게 대출을 하는 데 있어 그 위험들은 다양하며, 적절한 분석이 당연히 필요하다.

누구라도 예상할 수 있듯이, 은행업 운영과 금융시장 기능에 대한 보다 정치적이고 규제가 강화된 감독이 위기의 여파 속에서 사실상 확실히 필요하게 되었다. 이와 관련하여 이전에 언급되었듯이, 바젤 은행감독위원회가 국제시장에서 활동하는 은행들에 대한 규제와 감독을 강화하기 위해 새로운 협약인 바젤 III를 도입하였다.

2010년 7월 21일 미국에서 버락 오바마 대통령은 도드-프랑크 월스트리트 개혁 및 소비자보호법(Dodd-Frank Wall Street Reform and Consumer Protect Act)에 서명하였다. 이 법은 모든 금융의 측면들을 커버하는 규정들을 고쳐 쓰고 은행 및 금융시장에 걸친 정부의 권한을 확대하는, 새로운 광범위한 금융규제들을 도입하였다. 이러한 광범위한 새로운 규제는 대공황 이래로 볼 수 없었다. 규제기관들로 구성된 위원회인 금융안정성 감독위원회(Financial Stability Oversight Council)는 체계적 위험을 감시하고 이를 해결하기 위한 조치를 취하는 역할을 맡게 되었다. 구체적으로, 새로운 규제로 인해 FDIC는 곤경에 처한 대형 금융서비스 기업들을 몰수하고 해산할 수 있는 권한을 가진다. 이러한 기업들이 몰락하면 경제 전체에 시스템 위험을 가져올 수 있으며, 더 이상 은행들은 대마불사의 존재가 될 수 없을 것이다. 법안의 특별 조항 중 하나인 Volcker Rule(전 연방준비제도 이사회 의장 Paul Volcker의 이름을 따서 명명)은 상업은행의 자기계좌거래 및 헤지펀드와 사모펀드의 후원에 대한 제한을 두고 있다. 새로운 금융규제는 금융위기로 이어진 원인들을 해결하기 위해 신중하게 마련되었다. 일부는 여전히 금융규제의 유용성에 의문을 제기하며 금융위기를 예방할 수 없다고 말하지만, 우리는 금융규제가 금융 방식 · 행태를 지도할 수 있는 유용한 기준의 역할을 하고 적절한 행태를 확립해줄 것이라 믿는다. 어떠한 규정도 존재하지 않는다면, 어떤 일이든 발생할 수 있다. 그리고 새롭고 광범위한 법안이므로 추후 일부 개선은 당연히 필요할 것이다.

요 약

이 장에서는 국제은행업, 국제단기금융시장, 제3세계 외채위기, 그리고 최근 글로벌금융 위기의 주제들이 논의되었다. 이 장은 세계금융시장과 금융기관에 대한 일련의 5개의 장들을 시작하는 장이다.

01. 국제은행들은 그들이 제공하는 서비스의 유형으로 특징지워질 수 있다. 국제은행들은 무역금융을 주선함으로써 고객들의 수출입을 용이하게 한다. 그들은 또한 외화 환전을 주선하고, 환노출의 헷징을 도와주며, 자신의 계정으로 외환을 거래하고, 외환파생상품

들의 시장을 조성한다. 일부 국제은행들은 비거주자 은행 고객들을 위해 외화 예금을 수취하고 외화대출을 한다. 게다가, 만약 은행 규제에서 허가한다면, 일부 국제은행들은 아마 국제채의 인수에 참여할 수 있다.

02. 국제은행 조직의 다양한 유형으로는 환거래은행 관계, 대표 사무소, 외국 지점, 현지법인과 계열은행, 엣지법 은행, 역외금융센터, 그리고 IBF 등이 있다. 국제은행 조직의 다양한 유형들과 그들이 제공하는 서비스들은 상당히 다양하다.

03. 국제단기금융시장의 핵심은 유로커런시 시장이다. 유로커런시는 통화가 발행된 국가와는 상이한 다른 국가에 위치한 국제은행에 있는 정기예금이다. 예를 들어, 이 시장의 가장 큰 부분을 차지하는 유로달러는 미국 밖의 은행들에 있는 정기예금이다. 유로커런시 시장은 런던에 본부를 두고 있다. 유로은행은 유로커런시 예금을 수취하고 유로커런시 대출을 행하는 국제은행이다. 이 장에서는 유로커런시의 생성에 대해 설명했고, 유로크레디트, 즉 유로커런시 대출의 특성을 논의했다.

04. 다른 주요 국제단기금융시장 상품들로는 선도금리계약, 유로노트, 유로기업어음, 및 유로달러금리선물 등이 있다.

05. 자기자본 적정성은 은행 파산의 가능성을 감소시키기 위해 위험자산에 대한 준비금으로서 은행들이 보유하는 자기자본의 양과 기타 증권들을 나타낸다. 1988년 바젤 자본협약(Basel Capital Accord)은 국제적으로 활발한 활동을 하는 은행들에 대한 자기자본요건을 결정하기 위한 체계를 확립하였다. 바젤협약은 주로 예금의 수취와 대출의 맥락에서 은행업을 언급했다. 따라서 이 초점은 신용 위험에 있었다. 협약은 전 세계의 은행 규제 당국들에 의해 채택되었다. 주식, 금리 및 외환관련 파생상품들에 대한 은행의 트레이딩이 1990년대에 확대되었다. 기존의 자기자본비율 요건은 이러한 상품들에 대한 트레이딩으로부터의 시장위험에 대비하는 데 충분하지 않았다. 게다가, 컴퓨터 고장, 서류 미비, 사기와 같은 문제들을 포함하는 운영위험은 기존 협약에서는 커버하지 않았다. 2004년, 흔히 바젤 II로 불리는 새로운 자기자본 적정성 체계가 G-10 국가의 중앙은행 총재들과 은행 감독당국들에 의해 비준되었다. 2009년 7월에 바젤 위원회는 국제적인 활동을 하는 은행의 규제와 감독을 강화하기 위해 바젤 II에 대한 제안된 보강안들의 패키지를 완결했다. 그리고 2010년 9월, 위원회는 바젤 III라는 세 번째 협약을 선언했다. 바젤 III은 은행 자본 체계에 대한 규제를 강화하도록 제정되었다. 이 새로운 프로그램은 위기 기간에 인출할 수 있는 완충 자본을 증강하고, 과도한 차입을 억제하기 위해 레버리지 비율 요건을 도입하는 것을 목적으로 한다. 이러한 개혁안들은 2019년 1월 1일에 시행되었다.

06. 국제 외채위기는 국제은행들이 했어야 하는 것보다 더 많은 대출을 제 3세계 정부들에게 해줌으로써 야기되었다. 그 위기는 1970년대 동안에 시작되었는데, 이 시기에 OPEC 국가들은 엄청난 금액의 유로달러를 은행들에게 공급했으며, 은행들은 이 예금에 대한 지급 이자를 커버하기 위해 대출을 해야 했다. 원유 가격의 이어지는 붕괴, 높은 실업률 그리고 높은 인플레이션 때문에 많은 저개발 국가들은 그들의 대출에 대한 상환을 할 여유가 없었다. 대출한 돈의 거대한 규모는 특히 대부분의 대출을 했던 미국 은행들뿐만 아니라 전 세계의 일부 대형은행들을 위태롭게 하였다. 대출금의 출자전환은 일부 은행들에게 있어 제3세계 부실 부채들을 도려내기 위한 하나의 수단이 되었다. 그러나 주요 해결책은 저개발 국가들이 그들의 대출에 대한 상환액을 줄이고 만기를 먼 미래로 연장하게 한 담보부 브래디 채권이었다.

07. 1997년 중반에 아시아 위기는 시작되었다. 태국에서 시작된 이 문제들은 곧 지역 내의 다른 국가들 또는 다른 지역의 신흥시장에 영향을 미쳤다. LDC 부채 위기는 국제금융시장에 큰 격변을 가져오게 하였다. 그 위기는 기록적인 민간자본 유입으로부터 조달된 역내 경제성장 기간 이후에 이어졌다. 선진국 은행들은 성장 기회들에 대한 자금 공급을 적극적으로 추구하였다. 동아시아에서의 대출은행의 위험 노출은 주로 정부가 아닌, 지역 은행들과 기업들에 대해 나타났다. 그럼에도 불구하고 정치적 그리고 경제적 위험은 올바르게 평가되지 못하였다.

08. 글로벌 금융위기는 2007년 여름에 신용경색이 발생하거나 차입자들이 대출을 쉽게 얻을 수 없게 됨으로써 미국에서 시작되었다. 신용경색의 기원은 3가지 주요 기여 요인들로 거슬러 올라갈 수 있다. 은행 및 증권업 규제의 자유화, 글로벌 저축 과잉 그리고 지난 10년 동안 연방준비은행에 의해 조성된 낮은 이자율 환경 등이다. 낮은 이자율은 처음 주택을 소유하는 사람들에게는 주택담보 대출을 신청할 수단이 되었고, 기존 주택 보유자들에게는 더 비싼 주택을 거래할 수 있게 하는 수단이 되었다. 이 시기에 많은 은행들과 주택담보대출 기관들은 새로운 주택 구매자들을 끌어들이기 위해 대출 기준을 낮추었으며, 구매자들은 이 시기의 낮은 이자율로 인해 모기지 지급을 할 여유가 있었다. 소위 서브프라임 모기지들은 전형적으로 원래 대출을 한 은행들이 보유하지 않고, 대신 투자자들에게 판매하기 위한 주택담보부증권(MBS)으로 재포장되었다. 경기가 둔화됨에 따라, 특히 그들의 변동금리 모기지가 높은 금리로 재조정되었을 때, 이러한 경제 여건 속에서 많은 서브프라임 차입자들은 모기지 지급이 불가능하지는 않지만 어렵다는 것을 알게 되었다. 이러한 사실들이 밝혀지면서 이색적인 투자기구들이 실제 보유했던 서브프라임 부채의 금액이 기본적으로 잘 알려지지 않았음이 발견되었다. 서브프라임 채무자가 그들의 모기지에 대해 채무불이행을 하면서, 전 세계적으로 유동성은 메

말라 버렸다. 상업 및 투자은행들은 큰 손실에 고통스러워했고, 많은 은행들이 더 건정한 은행들과의 강제 합병되었거나 사업을 유지하기 위해 정부로부터 구제 금융을 받아야만 했다. 전 세계적으로 심각한 경기침체가 초래되었다. 이 시기에 사실상 모든 경제주체들이 경기침체를 경험하였다. 이 경험으로부터 많은 교훈을 배워야만 한다. 한 가지 교훈은 은행들이 모기지를 단지 원래 일으키는 역할만 하고 그 증권을 자신이 보유하기보다는 MBS 투자자에게 전가할 때에는, 면밀하게 신용위험을 살피지 않는다는 것이다. 현재 새로운 은행 규제들과 금융 규제들이 미래의 금융위기를 예방하기 위해 또는 완화하기 위해 시행되고 있다.

주요 용어

겸업은행	계열 은행	구조화투자기구(SIVs)
국가채무위기	국제 외채위기	국제은행업무 퍼실러티(IBF)
그림자금융시스템	대출금출자전환	대표사무소
런던은행간 대출금리(LIBOR)	모기지담보증권(MBS)	바젤협약
부채담보부증권(CDOs)	브래디채권	선물금리계약(FRA)
시스템적 위험	신용디폴트스왑(CDS)	양도성예금증서(NCD)
엣지법 은행	역외금융센터	유로기업어음
유로노트	유로은행	국채담보익일물RP금리(SOFR)
유로커런시	유로크레디트	은행자본적정성
저개발국(LDCs)	풀서비스은행	해외지점 은행
현지법인 은행	환거래은행 관계	

연습문제

01. 간략하게 국제은행이 그들 고객과 시장에 공급하는 서비스를 논하라

02. 간략하게 국제은행 조직의 다양한 유형을 논하라

03. 어떻게 미국 국내은행시스템에서 예대 금리간의 차이를 유로달러 시장에서의 예대 금리간의 차이와 비교할 것인가? 왜 그런가?

04. 유로노트 시장과 유로기업어음 시장간의 차이는 무엇인가?

05. 저개발 국가들이 관련된 국제은행 위기의 원인과 해결책(들)을 간략하게 논의하라.

06. 바젤 III 협약의 주요 특징들은 무엇인가?

07. 2007년에서 2008년까지의 신용경색을 유발한 규제적 및 거시경제적 요인들에 대해 논의하라.

08. 어떻게 신용경색이 글로벌 금융위기가 되었는가?

계산문제

01. 조지아 주의 Athens시의 Grecian Tile 제조회사는 런던은행으로부터 6개월 롤오버 기준으로 CME Term SOFR + 0.43%의 은행대출프리미엄과 연율 0.80%의 대출마진으로 $1,500,000를 차입한다. 만약 6개월 만기 CME Term SOFR이 첫 6개월 기간 동안에 2.5%이고 다음 6개월 동안은 3.375%일 때, Grecian Tile사는 첫 해 동안 이 유로달러 대출에 대해 얼마의 이자를 지급하여야 하는가?

02. 은행이 오늘부터 3개월 후에 시작하여 오늘부터 6개월 후에 끝나는 3개월 기간 동안 "3개월 대 6개월"의 $3,000,000 FRA를 매도하였다. FRA의 목적은 3개월 만기 유로달러 대출과 6개월 만기 유로달러 예금으로부터의 만기 불일치로 인해 유발되는 이자율 위험을 커버하는 것이다. 매입자와의 협약 금리는 5.5%이다. 3개월 FRA 기간에 실제 92일이 있다. 오늘로부터 3개월 후에 결제 금리가 4.875%라고 가정하자. FRA가 얼마나 가치 있고, 누가 누구에게 지급하는지(매입자가 매도자에게 지급 또는 매도자가 매입자에게 지급) 결정하라.

03. 문제 2번에서 결제 금리가 6.125%라 가정하자. 이제 해답은 어떻게 되는가?

04. "3개월 대 9개월" FRA는 4.75%의 협약 금리로 체결한다. 당신은 3개월 후에 6개월 만기 CME Term SOFR 금리가 5.125%가 될 것이라 믿고 있다. 당신은 명목 가치 $1,000,000의 FRA에 대해 투기적인 포지션을 취할 것을 결정한다. FRA 기간은 183일이다. 당신이 FRA를 매입할지 또는 매도할지 여부를 결정하고 6개월 만기 CME Term SOFR 금리에 관한 당신의 예측이 옳다면 당신의 기대 이익이 얼마인지 결정하라.

05. [예제 11.2]에서 제시된 FRA 문제에 이어서, 은행이 $3,000,000의 6개월 만기 유로달러 예금과 3개월 만기 CME Term SOFR에 맞춘 유로크레딧 롤오버 포지션 간의 만기 불일치로 인해 발생한 금리 위험을 헤지하기 위해 3개월 SOFR 선물계약을 대안으로 어떻게 사용할 수 있는지 보여라. 은행은 3개월 후에 만기되고 선물가격이 94.00인 3개월 SOFR 선물계약에 대한 포지션을 취할 수 있다고 가정하라.

CFA® PROBLEMS

06. 피셔효과(6장)는 각각의 인플레이션율 차이 때문에 명목금리가 국가들 사이에서 다르다고 제시한다. 피셔효과와 <도표 11.3>에 제시된 당신의 1년 만기 유로커런시 금리들의 분석에 따라서 2022년 1월 5일의 명목 금리들에 내재된 인플레이션 프리미엄의 크기를, 가장 낮은 국가에서 가장 높은 국가까지 4개의 국가들의 통화를 순서를 매겨라.

인터넷 연습문제

01. <도표 11.5>는 우량기업 차입금리와 6개월 만기 유로커런시 은행간 대출금리(6개월 만기 CME Term SOFR 금리와 43bp의 은행 신용위험프리미엄에 기반한)www.cmegroup.com/market-data/cme-group-benchmark-administration/term-sofr.html#웹사이트로 가서 현재의 스프레드와 1개월 및 3개월에 대한 스프레드를 계산하기 위한 투입요소를 찾아보라. 1개월 및 3개월 은행신용프리미엄은 각각 11 및 26bp이다.

02. 이 장에서 우리는 유니버설 은행들이 기업 고객들에게 여러 서비스를 제공함을 주목하였다. 세계에서 가장 대형 은행 중의 하나인 Wells Fargo는 유니버설 은행의 한 예이다. www.wellsfargo.com/biz/online-banking/international 웹사이트에 가서 이 은행이 제공하는 글로벌 서비스들을 찾아보라.

미니 케이스

Detroit Motors사의 라틴아메리카 확장

1990년 10월 미시간 주 디트로이트 시의 디트로이트 모터스 사는 새롭게 디자인한 다목적(utility) 자동차를 조립하는 공장을 라틴 아메리카에 설립할 것을 고려하고 있다. 자본적 지출의 비용은 $65,000,000으로 추정된다. 라틴 아메리카에는 판매시장이 많지 않다. 그리고 사실상 모든 생산량은 미국으로 수출될 것이다. 그럼에도 불구하고, 라틴 아메리카의 조립공장은 적어도 2가지 이유로 매력적이다. 첫 번째로 노동비용이 미국에서 노조 근로자들에게 지급해야 하는 것보다 반값의 비용이 든다. 조립공장이 새롭게 디자인된 자동차를 위하여 새로운 시설을 갖추기 때문에 디트로이트 모터스사는 라틴 아메리카에 설립하는 공장에서 미국의 노조로부터 어떠한 귀찮은 일들도 발생하지 않는다. 두 번째로 디트로이트 모터스의 CFO는 일부 주요 미국 은행들과의 정부 부채에 대해 상환 서비스를 충족시킬 수 없었던 라틴 아메리카의 국가들 중 적어도 한 국가와 대출금 출자전환이 주선될 수 있을 것이라고 믿고 있다.

1990년 10월 10일자 *Barron's*지에서 라틴 아메리카 은행 부채에 대한 가격(달러에 대한 센트)은 다음과 같이 나타났다.

브라질	21.75
멕시코	43.12
아르헨티나	14.25
베네수엘라	46.25
칠레	70.25

CFO는 브라질과 아르헨티나의 정치적 위험 수준을 편안하게 생각하지 않는다. 그리고 CFO는 고려 대상에서 이들 나라를 제외할 것이라 결정하였다. 멕시코, 베네수엘라, 칠레의 중앙은행들과 예비 토의 후에, CFO는 이 3개 국가 모두 디트로이트 모터스가 건설하는 설비의 유형, 공사 기간, 현지 고용 인원의 숫자, 매년 자동차 생산량 등에 관해 상세한 발표를 듣는 것에 흥미를 느끼고 있다는 것을 알게 되었다. 이러한 발표를 준비하고 발표를 하는 것이 시간소모가 크기 때문에, CFO는 먼저 가장 매력적인 국가 후보에 접근하는 것을 원했다. 그는 멕시코의 중앙은행이 출자전환에서 액면가의 80%로, 베네수엘라는 75%에, 칠레는 100%로 부채를 상환할 것이라는 알게 되었다. 첫 번째 단계로, CFO는 순수하게 재무적인 고려사항들에 토대를 둔 분석이 가장 적절한 후보가 어느 국가인지를 결정하는 데 필요하다고 결정한다.

당신은 이 분석에서 도움을 줄 것을 요구받는다. 당신은 어떠한 조언을 할 것인가?

참고문헌 및 추천도서

Bank for International Settlements. "Supervisory Lessons to Be Drawn from the Asian Crisis." Basel: Bank for International Settlements, June 1999.

Bank for International Settlements. *International Convergence of Capital Measurement and Capital Standards : A Revised Framework*. Basel: Bank for International Settlements, July 2004.

Dufey, Gunter, and Ian Giddy. *The International Money Market*, 2nd ed. Upper Saddle River, N.J.: Prentice Hall, 1994.

Goldberg, Lawrence G., and Robert Grosse. "Location Choice of Foreign Banks in the United States." *Journal of Economics and Business* 46 (1994), pp. 367–79.

Hultman, Charles W. *The Environment of International Banking*. Englewood Cliffs, N.J.: Prentice Hall, 1990.

International Monetary Fund. *International Capital Markets : Part II . Systemic Issues in International Finance*. Washington, D.C.: International Monetary Fund, August 1993.

International Monetary Fund. *International Capital Markets : Developments, Prospects, and Key Policy Issues*. Washington, D.C.: International Monetary Fund, September 1998.

McCauley, Robert, Patrick McGuire, and Philip Woolridge, "Seven Decades of International Banking," *Bank for International Settlements Quarterly Review*. Basel: Bank for International Settlements, September 2021, pp. 51-75.

Rivera-Batiz, Francisco L., and Luis Rivera-Batiz. *International Finance and Open Economy Macroeconomics*, 2nd ed. Upper Saddle River, N.J.: Prentice Hall, 1994.

Rugman, Alan M., and Shyan J. Kamath. "International Diversification and Multinational Banking." In Sarkis J. Khoury and Alo Ghosh, eds., *Recent Developments in International Banking and Finance*. Lexington, Mass.: Lexington Books, 1987.

부록 11A 유로커런시의 창출

하나의 예로서, 유로달러의 창출에 대한 간단한 다음의 예를 고려하자. 미국 수입업자는 독일 수출업자로부터 100달러의 물품을 구입한다. 그리고 그의 미국 당좌예금 계정(요구불예금)에 대해 100달러의 수표를 발행함으로써 구매대금을 지급한다고 가정하자. 또한 미래에 독일업자는 미국은행(실제 미국 상업은행 시스템을 대표하는)의 요구불예금에 판매대금으로 받은 100달러의 수표를 예금한다고 가정하자. 이 거래는 T계정에 의해 표시될 수 있으며, 자산 변화는 왼쪽에 그리고 부채 변화는 오른쪽에 다음과 같이 나타난다.

미국 상업은행

	요구불예금	
	미국 수입업자	− $100
	독일 수출업자	+ $100

이 시점에서 미국 은행시스템에서 변화가 된 것은 100달러 요구불예금의 소유권이 국내로부터 해외로 이전되었다는 것이다.

독일 수출업자는 이러한 유형의 계정에 대해 이자를 벌지 못하기 때문에, 오랫동안 요구불예금에 그의 예금을 남겨두지 않을 것이다. 만약 자금들이 사업의 운영을 위해 필요가 없다면, 독일 수출업자는 미국 외의 은행에 100달러를 정기예금을 하여 미국 정기예금에 예치하였던 것보다 더 많은 이자를 받을 것이다. 독일 수출업자가 미국은행에서 그의 요구불예금을 해지하고 런던 유로은행에 재예치를 한다고 가정해 보자, 런던 유로은행은 독일 수출업자에게 100달러 정기예금에 대해 대변에 기록하고, 미국 은행(은행시스템)의 환거래은행 계정(요구불예금)에 100달러를 예금할 것이다. 이러한 거래는 다음 T계정에서 나타난다.

미국 상업은행

	요구불예금	
	독일 수출업자	− $100
	런던 유로은행	+ $100

런던 유로은행

요구불예금		정기예금	
미국 은행	+ $100	독일 수출업자	+ $100

두 가지 요점은 이러한 거래들로부터 주목할 만하다. 첫 번째로 요구불예금 100달러의 소유권은 (독일 수출업자로부터 런던의 유로은행으로) 다시 이전된다. 그러나 100달러 전체는 미국 은행에 예금으로 남아 있다. 두 번째로 런던 유로은행에의 독일 수출업자의 100달러 정기예금은 유로달러의 창출을 나타낸다. 이 예금은 미국에 예치된 달러에 대한 부가물로 존재한다. 따라서 유로달러 창출에서 미국 은행시스템으로부터의 달러 유출은 없다.

런던 유로은행은 수익을 벌지 못하는 정기예금에 대해 이자를 지급할 여유가 없기 때문에 이 달러를 곧 대출해 줄 것이다. 런던 유로은행은 달러를 누구에게 대출해 줄 것인가? 대부분은 분명히 미 달러로 표시된 사업거래를 위해 달러를 필요로 하는 상대방에게 대출해 주거나 또는 미국에 투자하기를 희망하는 투자자에게 대출해 준다. 네덜란드 수입업자가 네덜란드에서의 재판매를 위해 미국 수출업자로부터 물품 구매를 목적으로 런던 유로은행으로부터 100달러를 차입한다고 가정하다. 이러한 거래를 나타내는 T계정은 다음과 같다.

런던 유로은행

요구불예금			
미국 은행	− $100		
대출			
네덜란드 수입업자	+ $100		

미국 상업은행

		요구불예금	
		런던 유로은행	− $100
		네덜란드 수입업자	+ $100

네덜란드 수입업자

요구불예금		대출	
미국 은행에	+ $100	런던 유로은행으로부터	+ $100

이 거래들로부터 런던 유로은행은 미국 상업은행에 예치된 요구불예금 100달러의 소유권을 100달러 대출을 위한 교환으로 네덜란드 수출업자에게 이전하였다.

네덜란드 수출업자는 물품 선적을 위하여 미국 수출업자에게 지급하기 위해 미국 은행에 있는 그의 요구불예금에 대해 수표를 발행할 것이다. 미국 수출업자는 그의 미국 은행의 요구불예금에 100달러를 예치시킬 것이다. 이러한 거래들은 다음과 같이 표시된다.

네덜란드 수입업자

요구불예금			
미국 은행에	− $100		
Inventory	+ $100		

미국 수출업자

Inventory	− $100		
요구불예금			
미국 은행에	+ $100		

미국 상업은행

		요구불예금	
		네덜란드 수입업자	− $100
		미국 수출업자	+ $100

T계정은 미국 은행에 예치된 요구불예금 100달러가 소유권이 네덜란드 수입업자로부터 미국 수출업자로−또는 외국으로부터 미국의 소유권으로−바뀜을 보여준다. 네덜란드 수입업자에서 미국 수출업자로부터 이동하거나, 외국으로부터 미국으로 이동하는 미국은행의 요구불예금 100달러의 소유권 이전을 보여주고 있다. 그러나 최초 100달러는 미국 은행시스템을 결코 떠나지 않았다.

연습문제

유로커런시가 어떻게 창출되는지를 설명하라.

부록 11B MBS, SIV, CDO와 CDS

파생상품은 그것의 가치가 어떤 다른 자산의 가치에서 파생하는 것이다. 자주 파생상품들은 기초자산들에 대한 위험한 포지션들을 헤지하거나, 또는 중화하기 위한 위험관리 도구로 이용된다. 그러나 파생상품들은 또한 투기적인 목적으로 이용되어 극단적으로 위험한 포지션을 낳을 수도 있다. 파생상품의 네 가지 유형들은 서브프라임 신용 위기에서 중요한 역할을 담당하였다: 주택담보부증권(MBS), 구조화투자특수목적법인(SIV), 부채담보부증권(CDO), 및 신용 디폴트스왑(CDS). 이 부록은 이런 파생상품들의 기본적인 특성들에 대해 논의할 것이다.

주택담보부증권(MBS)

주택담보부증권(MBS)는 그것의 가치가 그것의 담보가 되는 기초 모기지(자산)의 가치로부터 파생되기 때문에 파생상품이다. 개념상으로 MBS는 괜찮은 것처럼 보인다. 각 MBS는 모기지들의 포트폴리오를 나타내고 따라서 투자자가 보유한 신용위험을 분산시킨다. **구조화투자회사**(SIV)들은 MBS의 주요 투자자들이다. SIV는 가상의 은행이고, 주로 상업은행 또는 투자은행에 의해 운용되지만, 부외거래로 운영된다. 전형적으로 SIV는 MBS와 다른 자산담보부증권에 대한 보다 장기적인 투자를 위해 기업어음 시장에서 단기 자금을 조달한다. SIV는 종종 매우 높게 부채비율이 올라가서 조달한 주식자본에 대해 10에서 15배 비율로(일부 경우에는 더욱 높게) 부채를 조달한다. 수익률 곡선은 전형적으로 우상향하기 때문에, SIV는 정상적으로 보통 이를 통해 0.25%의 수익률을 올린다. 명백하게도 SIV는 역전된(inverted) 수익률곡선으로부터 금리위험에 노출된다. 즉, 단기금리가 장기금리보다 상승함으로써 MBS에서 벌어들인 금리를 초과한 단기금리로 MBS 투자를 위한 차환이 SIV에게 요구된다. 채무불이행은 SIV가 싸워야 할 또 다른 위험이다. 만약 기초 모기지 차입자가 그들의 주택 대출에 대해 채무불이행을 한다면, SIV는 투자가치를 잃을 것이다. 그럼에도 불구하고 SIV는 대부분 높은 등급의 Aaa/AAA MBS에만 투자한다. 다양한 MBS에 투자함으로써 SIV는 MBS 투자의 신용위험을 더 분산한다. SIV의 가치는 분명히 MBS 포트폴리오의 가치로부터 파생된다.

부채담보부증권(CDO)

부채담보부증권(CDO)는 MBS에 대한 또 다른 대규모 투자자였다. CDO는 담보로서 고정소득 자산의 포트폴리오를 보유하기 위해 구축된 기업 실체이다. 고정소득 자산의 포트폴리오는 다른 **트란쉐**(tranche)들로 분류되며, 각 트란쉐는 다른 위험클래스를 나타낸다: AAA, AA−BB, 또는 등급평가불가. CDO는 고정소득 증권을 위해 중요한 자금조달원으로서의 역할을 한다. CDO에 투자한 투자자는 직접적으로 고정소득 증권에 대해서가 아닌, 특정한 트란쉐의 현금흐름에 대해 포지션을 취한다. 투자는 트란쉐의 위험과 보상을 정의하기 위해 이용되는 측정치에 의존한다. 투자자들은 보험회사, 뮤추얼 펀드, 헤지펀드, 다른 CDO들, 그리고 심지어 SIV까지 포함한다. MBS들과 다른 자산담보부증권은 많은 CDO를 위한 담보 역할을 한다.

신용디폴트스왑(CDS)

신용디폴트스왑(CDS)은 가장 인기있는 신용파생상품이다. 이것은 준거 실체로 알려진 특정 기업 또는 국가정부의 채무불이행 위험에 대비하는 보험을 제공하는 계약이다. 채무불이행은 신용사건(credit event)으로 불린다. 스프레드로 알려진 연간 지급액에 대해 보험 매입자는 만약 신용사건이 발생한다면 CDS 계약조건하에 액면가 전액에 대해 준거 실체에 의해 발행된 채권을 보험 매도자에게 매각할 권리를 가진다. 매각될 수 있는 채권의 총 액면가는 CDS의 명목가치이다. 80베이시스포인트의 스프레드와 함께 1억 달러의 명목가치에 대한 5년 만기 CDS를 고려해 보자. 만약 신용사건이 발생하지 않는다면, 매입자들은 매도자에게 $800,000(=0.008×$1억 달러)을 연간 각각 지급해야 한다. 만약 신용사건이 발생한다면 매입자들은 매도자에게 채권을 물리적으로 인도하고 더 이상의 연간 지급을 하지 않게 된다. 일부 CDS들은 현금결제를 요구하는데 이 경우 매도자는 매입자에게 채무불이행의 경우 시장가치와 액면가 사이의 차액을 지급한다.

CDS는 매입자에게 위험한 채권을 무위험 채권으로 전환할 수 있는 능력을 허용한다. 유동성의 차이를 무시하면, 5년 만기 위험 채권의 장기 포지션+동일한 채권에 대한 5년 만기 CDS 포지션은 5년 만기 무위험 채권과 동일해야 한다. 따라서 CDS 스프레드가 5년 만기 위험 채권과 이에 상응하는 5년 만기 무위험 채권 사이의 수익률 스프레드 차이와 동일해야 한다는 것은 분명하다. 다양한 금융기관은 장외시장에서 CDS 시장을 조성하고, 계약의 한쪽 당사자가 된다. 이 예가 보여주듯이, CDS는 선물계약의 특성을 갖고 있다. 그러나 CDS는 장외시장에서 거래되기 때문에 CFTC의 규제를 받지 아니한다. 게다가 그들이 보험 계약 대신에 스왑으로 분류되기 때문에 보험 기업들이 보통 시장조성자임에도 불구하고 그들은 각 주의 보험위원회의 규제를 또한 받지 않는다. 본질적으로 몇 년 만에 사실상 무에서 58조 달러 시장으로 성장한 CDS 시장은 규제를 받지 아니하는 시장이다. CDS는 채권 투자자로부터 그들의 포트폴리오 채무 불이행 위험을 헷지하기 위하여 이용된다. 대안적으로 채권의 기초 포지션이 없는 투기자들은 특정한 준거 실체의 채무불이행 가능성에 대한 투기를 위해 CDS를 이용할 수 있다. 신중한 위험관리는 CDS 시장조성자가 위험 중립 포지션을 유지하도록 제시한다. 그러나 사실은 그렇지 않았다. 종종 보험회사들은 CDS의 순매도자였다.

연습문제

1. 주택담보부증권(MBS)이란 무엇인가?
2. 구조화투자회사(SIV)이란 무엇이며 신용 위기에 어떤 영향을 미쳤나?
3. 부채담보부증권(CDO)이란 무엇이며 신용 위기에 어떤 영향을 미쳤나?

INTERNATIONAL
FINANCE

Chapter 12

국제채권시장

CHAPTER OUTLINE

- **세계의 채권시장: 통계적 개관**
- **외국채와 유로본드**
  - 표시통화 분포, 국적 및 발행자의 유형
  - 무기명채권과 기명채권
  - 미국의 증권규정
  - 채권발행을 용이하게 한 증권규정
  - 글로벌 본드
- **발행증권의 유형**
  - 고정금리채권
  - 유로중기채권
  - 변동금리채권
  - 주식연계채권
  - 이중통화표시채권
- **국제채권시장 신용등급**
- **유로본드 시장의 구조와 관례들**
  - 발행시장
  - 유통시장
  - 결제 절차
- **국제채권시장 지수**
- **요약**
- **주요 용어**
- **연습문제**
- **계산문제**
- **인터넷 연습문제**
- **미니 케이스:** Sara Lee사의 유로채
- **참고문헌 및 추천도서**

이 장에서는 국제자본시장과 기관에 대한 논의를 계속하는 가운데, 국제채권시장에 초점을 두고자 한다. 이 장은 특히 국제채권시장에서 신규자본을 조달하는 데 관심이 있는 MNC의 재무관리자뿐만 아니라, 국제 고정수익증권에 관심이 있는 국제투자자들에게도 유용하다.

이 장은 세계채권시장 규모와 채권 액면표시의 주요 통화들에 대해 간략하게 통계적 개관으로 시작할 것이다. 그 다음 절은 국제채권시장이 정확하게 의미하는 것이 무엇인지를 정확히 서술하는 유용한 정의들을 제시한다. 이에 수반해서 국제채권시장의 주요 부분을 구별하는 특징들과 국제채권시장의 금융수단의 다양한 유형들이 논의될 것이다. 또한, 국제채권시장의 통화표시 분포와 차입자의 국적 및 유형에 대한 논의가 이어질 것이다. 유로본드 시장에서의 거래 관행에 대한 논의가 다음에 있을 것이다. 이 장은 포트폴리오성과 분석에 유용한 국제채권신용평가들과 국제채권시장 지수들을 논의하면서 끝을 맺는다.

세계의 채권시장: 통계적 개관

〈도표 12.1〉은 국제채권시장을 대해 개략적으로 설명하고 있으며, 연도별 국내 및 국제채권의 발행잔액을 보여준다. 국내채권은 해당 국가 내에 거주하는 차입자가 발행하고, 그 국가의 통화로 표시되며, 그 국가 내에서 거래된다. 반면에 국제채권은 외국채과 유로채를 포함하는데, 이는 다음 절에서 설명될 것이다. 〈도표 12.1〉에 따르면 2021년 6월 말 기준 전 세계에서 발행된 채권의 잔액은 액면가로 대략 141조 2,776억 달러이다. 그 중 국내채권이 113조 6,510억 달러로 가장 큰 부분인 80%를 차지하고, 나머지 20%는 국제채권으로 27조 6,266억 달러이다.

외국채와 유로본드

국제채권시장은 외국채와 유로본드라는 두 가지 기본적인 시장으로 구분된다. **외**

도표 12.1 국내 및 국제 채권 잔액(10억 달러 단위)

	2017	2018	2019	2020	2021(Q2)
국내채권	87,069.9	89,212.8	94,537.4	111,080.8	113,651.0
국제채권	23,480.6	23,791.8	24,823.3	26,959.3	27,626.6
합 계	11,550.5	113,004.5	119.360.7	138,040.1	141,277.6

자료: 2021년 11월 29일 BIS 글로벌부채증권시장

국채(foreign bond)는 한 국가의 국내 자본시장의 투자자들에게 외국인 차입자가 발행하며, 그 국가의 자국통화로 표시된다. 예컨대, 독일 MNC가 미국 투자자들에게 미 달러화로 표시된 채권을 발행하는 경우이다. **유로본드**(Eurobond) 발행은 특정 통화로 표시되지만, 표시 통화를 발행한 관할국의 밖에 있는 국가 자본시장의 투자자들에게 판매된다. 예컨대, 네덜란드의 차입자가 영국, 스위스, 그리고 네덜란드에 있는 투자자들에게 미 달러화로 표시된 채권을 발행하는 경우이다. 외국채와 유로본드를 위한 시장들은 국내자본시장과 병행하여 운용되며, 이 세 개의 시장 그룹들은 서로 경쟁한다.[1] “드래곤 본드” 시장은 일본을 제외한 아시아 발행자들이 아시아 채권단을 통해 대개 미 달러로 표시된 채권을 판매하는 시장이다. 이러한 시장은 유로본드 시장의 일부로 볼 수 있다.

어느 특정 연도든, 신규 국제채권 발행의 대략 80%가 외국채가 아니라 유로본드였다. 유로본드는 표시 통화별로 알 수 있는데, 예를 들어 미 달러 유로본드, 엔 유로본드 그리고 스위스프랑 유로본드, 또는 이와 상응하게 유로달러 본드, 유로엔 본드, 그리고 유로SF 본드이다. 이에 반해 외국채는 흔히 그들이 발행된 국가를 지칭하는 화려한 이름을 갖는데, 예를 들어 **양키본드**는 본래 미국 투자자에게 판매하기 위한 미 달러화 표시 외국채이다. **사무라이본드**는 일본에서 판매하기 위해 엔화로 표시된 외국채이며, **불독**(Bulldog)**본드**는 영국에서 판매하기 위해 영국 파운드화로 표시된 외국채이다. 〈현장의 국제재무〉 “사우디아라비아의 국제채권시장에 데뷔”에서는 사우디아라비아가 최초로 발행한 미달러화 및 유로화 채권에 대해 토의할 것이다.

1) 이 장에서 시장구분(market segment), 시장그룹(market group) 및 시장(market)의 용어들은 국제채권시장의 외국채와 유로채 부문들을 언급할 때 서로 호환해서 사용된다.

현장의 국제재무

사우디아라비아의 국제채권시장 데뷔

사우디아라비아는 다른 석유 부국들처럼 석유 가격에 크게 의존한다. 최근 몇 년간 석유 가격은 2008년 7월의 최고점인 배럴당 $145에서 2016년 초 $30 미만으로 급락했으며 이후 부분적으로만 회복되었다. 게다가 사우디아라비아는 경제를 다양화하려는 야심 찬 경제개혁 프로그램을 시작하였다. 이 다년간의 프로그램은 대규모 인프라 프로젝트, 새로운 산업의 촉진, 그리고 자본 시장의 현대화를 포함한다. 따라서, 사우디아라비아는 상당한 예산 적자를 맞이하고 있으며, 낮은 석유 가격 시기에 경제개혁 프로그램의 자금조달을 위해 2016년 10월에 첫 미 달러화화 표시 국채를 발행하며 국제 채권시장에 진입하였다. 이후로, 이 나라는 자주 국제 채권 시장을 이용해 빠르게 부채를 축적하고 신흥 시장 국가들 중에서 가장 큰 차입국 중 하나로 부상했다.

처음부터, 투자자들은 사우디 채권에 대해 강한 수요를 보였다. 2016년에 발행된 첫 미화 표시 채권은 175억달러를 조달하여 신흥 경제국 중 가장 큰 부채 발행으로 기록되었다. 해당 채권발행은 투자자들의 주문이 670억달러에 달하며 과다 청약되었다. 2019년 4월의 또 다른 거래에서 사우디아라비아의 국영 석유 회사이자 세계 최대의 석유 생산 회사인 사우디 아람코는 1,000억달러의 과다 청약을 받으며 120억달러의 채권을 발행했다. 월스트리트 저널에 따르면, 채권발행을 위한 마케팅 책자는 아람코가 애플과 같이 유명한 회사들을 능가하는 세계에서 가장 수익성이 높은 회사임을 밝혔다. 흥미롭게도, 일반적인 관례와 달리 아람코 채권은 사우디 정부 채권보다 낮은 수익률을 제공했다. 전체적으로, 사우디아라비아는 2018년 말까지 국제 채권시장에서 약 700억달러를 판매하여 신흥 국가들 중에서 가장 빠른 부채 축적 속도 중 하나를 기록했다. 2018년 말에 정부는 총 1,500억달러의 부채를 가지고 있었으며, 이 중 54%는 사우디 리얄로 표시된 지역 부채이고 46%는 달러로 표시되었다. 부채 대비 생산 비율은 2014년 1.4%에서 2018년 20%로 상승했다.

최근 국제 채권시장으로의 진출에서, 이 나라는 2019년 7월에 처음으로 유로화 표시 채권을 발행하여 30억 유로를 조달했다. 채권 주문은 145억 유로가 넘었다. 이것은 페르시아만 정부들 중 첫 유로 부채시장 진출이었으며 사우디아라비아는 투자자 기반을 더욱 다양화할 수 있었다. 로이터 통신에 따르면, 사우디 유로화 표시 채권은 두 가지로 나뉘었다: 8년 만기의 10억 유로 트렌치(tranche)는 쿠폰 0.75%, 수익률 0.782%로 책정되었고, 20년 만기의 20억 유로 노트는 쿠폰 2%, 수익률 2.042%로 책정되었다. 유럽 정부 채권이 낮은 수익률을 제공함에 따라, 유럽 투자자들은 이 문제에 대해 많은 관심을 보였으며, 그들은 실현 가능한 투자를 찾고 있었다. 이러한 정부 채권은 사우디 회사들이 유로와 달러로 자금을 조달하고 벤치마크로 활용할 수 있는 길을 열어줄 것이다.

현지에서는 개혁안 중 하나가 소매 투자자들에게 정부 채권시장을 개방하는 것을 포함했다. 사우디 관리들은 2019년 4월에 정부가 현지 통화 채권시장에 변화를 주고 있으며, 이제 채권이 일반적인 100만 사우디 리얄이 아닌 1,000 사우디 리얄 단위로 판매될 것이라고 발표했는데, 이는 소매 투자자들이 시장에 참여하기 쉽게 하기 위함이다. 일부 투자자들은 여전히 회의적이며, 이를 지속 불가능한 차입 행진으로 규정하고 있다. 그들은 여전히 에너지 의존도가 높은 사우디 경제, 제한된 공개 환경, 그리고 걸프 국가들이 2016년 초 이후에 1,500억 달러 이상의 외화 부채를 조달한 사실을 지적한다. 그러나 대부분의 투자자들은 이 국가의 방대한 석유 매장량, 비교적 낮은 부채 대비 생산 비율, 미국과의 긴밀한 동맹, 그리고 경제 개혁 계획으로 인해 사우디 채권이 상대적으로 안전하다고 느낀다.

최근에 많은 부채를 짊어졌음에도 불구하고, 이 나라의 부채 대비 경제 생산 비율은 20%로 여전히 낮은 편으로, 다른 걸프 국가들뿐만 아니라 물론 100%를 넘는 미국의 비율보다도 낮다. 또한, 이 나라는 5,000억 달러의 외환 보유고를 가지고 있다. 이러한 모든 요소들은 사우디아라비아를 유로본드 시장에서 꽤 인기 있는 국가로 만들며, 이는 과다 청약된 채권 발행으로 증명되고 있다. 이 국가는 가까운 미래에 더 많은 부채를 발행할 계획이다.

표시통화 분포, 국적 및 발행자의 유형

〈도표 12.2〉는 2017년부터 2021년까지 표시통화별 국제채권 발행 잔액의 분포를 보여주고 있다. 그리고 이 도표는 미달러, 유로, 파운드, 엔, 호주달러, 그리고 스위스 프랑이 가장 흔히 사용되는 발행표시 통화임을 보여주고 있다.

〈도표 12.3〉은 국제채권 발행자의 국적과 유형으로 두 개의 패널로 분류된다. 첫 번째 패널은 과거 몇 년간 미국, 독일, 영국, 프랑스, 그리고 네덜란드가 국제채권 발행자의 주요 국적임을 보여주고 있다. 발행자 유형의 관점에서, 〈도표 12.3〉의 아래 부분은 금융기관, 정부가 최근 몇 년간 가장 큰 규모의 국제채권 발행자임을 나타내고 있다.

무기명채권과 기명채권

유로본드는 보통 무기명식 채권이다. **무기명식 채권**(bearer bond)의 경우, 소지하고 있는 것이 소유권의 증거이다. 발행자는 누가 현재 채권의 소유자인지 기록하는 어떠한 문서도 보관할 필요가 없다. **기명식 채권**(registered bonds)의 경우에는, 소유자의 이름이 채권에 명시되고, 이것은 또한 발행자에 의해 기록되거나, 아니면 소유자의 이름이 채권의 일련번호에 할당된다. 기명식 채권이 판매될 때, 새로운 채권증서가 새로운 소유자의 이름으로 발행되거나, 새로운 소유자의 이름이 채권의 일련번호에 할당된다.

도표 12.2

국제채권 발행잔액의 통화분포 (10억 달러 단위)

통화	2017	2018	2019	2020	2021(Q2)
미국 달러	10,600.8	11,060.6	11,599.6	12,149.6	12,911.7
유로	9,164.7	9,123.4	9,386.9	10,794.9	10,725.0
파운드 스털링	1,940.8	1,884.3	2,044.4	2,131.5	2,166.7
엔	425.3	443.4	450.4	448.1	410.1
호주 달러	285.3	257.8	259.2	278.6	261.3
스위스 프랑	209.5	191.3	189.5	203.1	192.9
기타	854.7	831.4	893.8	954.1	977.2
합 계	23,481.0	23,792.2	24,823.8	26,959.8	27,644.8

자료: Bank for International Settlements Statistics Warehouse

도표 12.3

발행자 국적 및 유형별 국제채권 발행잔액
(10억 달러 단위)

통화	2017	2018	2019	2020	2021(Q2)
국가					
호주	652.3	648.2	636.2	619.1	602.2
캐나다	891.4	915.4	965.0	1,019.4	1,069.4
중국	893.2	1,040.1	1,157.8	1,246.1	1,268.1
프랑스	1,638.7	1,597.7	1,632.4	1,775.6	1,728.3
독일	1,875.3	1,825.2	1,857.0	1,954.8	1,925.9
일본	569.1	614.4	668.7	713.2	750.5
네덜란드	1,264.4	1,233.7	1,249.1	1,368.3	1,363.3
영국	2,579.7	2,580.5	2,691.1	2,852.0	2,870.1
미국	3,613.8	3,884.3	4,190.0	4,488.3	4,787.0
기타 선진국	4,728.4	4,598.4	4,628.1	5,155.3	5,096.5
기타개발도상국	2,694.7	2,763.6	2,984.7	3,269.7	3,472.4
역외센터	429.1	469.5	522.2	601.6	659.7
국제기구	1,651.0	1,621.3	1,641.4	1,896.3	2,051.3
합 계	23,481,0	23,792.2	24,823.8	26,959.8	27,644.8
유형					
금융기관	16,392.7	16,667.4	17,384.9	18,402.4	18,712.6
정부	1,797.2	1,837.2	1,922.7	2,290.6	2,410.8
국제기구	1,651.0	1,621.3	1,641.5	1,896.6	2,052.8
기업	3,640.1	3,666.3	3,874.7	4,370.2	4,468.6
합 계	23,481.0	23,792.2	24,823.8	26,959.8	27,644.8

자료: Bank for International Settlements Statistics Warehouse.

미국의 증권 규정은 미국 시민에게 판매되는 양키본드와 미국 회사채는 기명식 채권으로 등록되는 것을 요구한다. 무기명식 채권은 익명성이나 프라이버시를 원하는 투자자에게 아주 매력적이다. 이러한 이유 중 하나는 세금회피가 가능하기 때문이다. 결과적으로 투자자들은 동일한 발행조건들의 경우 기명식 채권보다 무기명식 채권에 대해 더 낮은 수익률을 대체로 받아들인다.

미국의 증권규정

외국채는 발행되는 국가의 증권규정을 따라야 한다. 이것은 시장에서 거래되는 양키본드는 미국 국내 채권에 대한 규정과 동일한 규정을 충족시켜야만 한다는 것을 의미한다. 1933년 미국 증권법은 증권 발행과 관련된 적정한 정보의 충분한 공시를 요구한다. 1934년 미국 증권거래법은 1933년 미국 증권법을 집행(관리)하기 위하여 미국증권거래위원회(SEC)를 설립하였다. 1933년 법에 따라서, 미국 내에서 일반 투자자들에게 판매된 증권은 미국증권거래위원회에 등록되어야만 하고, 발행자에 관한 자세한 재무적 정보가 공시된 투자설명서가 반드시 제공되어야 하고, 잠재적 투자자들이 열람 가능하도록 해야 한다. 등록과정의 비용, 시장에서 신규발행을 하는 데 걸리는 지연 시간(추가적인 4주), 그리고 많은 외국 차입자들이 사적으로 간주하는 정보의 공개는, 외국 차입자들에게 있어 1993년 법에 의거 등록을 하지 않아도 되는 유로본드 시장에서 미 달러화 자금을 조달하는 것이 더 바람직한 대안이 되게 하였다. 양키본드 자금조달과 비교하여, 차입자가 유로달러 자금 조달에 지급하는 낮은 이자율과 함께, 시장에서 유로달러 채권 발행에 걸리는 단기간의 시간이, 왜 국제채권시장에서 유로본드 시장의 규모가 외국채 시장 규모의 4배가량이 되는지 주요한 두 가지 이유이다. 유로본드는 각국의 증권 규정을 충족시킬 필요가 없기 때문에 발행자의 인지도는 국제자본시장에서 자금을 조달하기 위한 매우 중요한 요인이 된다.

거래제한 규정은 유로본드가 유통시장에서 거래가 충분히 되기 위한 40일 기간 제한 동안 미국 투자자에게 유로본드의 발행과 판매를 금지시키고 있다. 제한 기간의 목적은, 무기명식 특징에 의해 세금회피나 탈세를 용이하게 하는 무기명식 채권에 미국 투자자들이 투자하는 것을 막기 위한 것보다는, 시장이 유로본드를 평가할 기회를 가질 때까지 거의 투자정보가 알려지지 않은 무기명식 채권에 미국 투자자들이 투자하는 것을 막기 위한 것이다.

채권발행을 용이하게 한 증권규정

국제채권시장에 대해 다른 두 개의 미국 증권규정이 영향을 미치게 되었다. 그 중 하나는 '룰(Rule) 415'인데, 이는 1982년에 SEC가 일괄등록제도를 허용하기 위해 도입하였다. **일괄등록제도**(shelf registration)는 발행자가 증권발행을 예비등록 하도록 허용한다. 그리고 나서 자금조달이 확실히 필요할 때까지 증권발행을 보류한다. 일괄등록제도는 미국 시장에서 외국채 발행에 대한 시간 지연을 없애주었다. 그러나 이것은 많은 외국인 차입자가 너무 비싸거나 부당하다고 생각하는 정보공시 요건을 제거시켜 주지는 못했다. 1990년, SEC는 룰(Rule) 144a를 도입했고, 이는 미국 내 적격기관투자자들(QIBs)이 공모발행 채권에 대한 엄격한 정보공개를 충족시키지 않아도 되는 사모발행 채권을 거래할 수 있도록 허용하였다. 룰 144a는 유로본드 시장과 함께 미국 자본시장이 보다 경쟁력을 갖추도록 설계되었다. 룰 144a을 통해 발행된 채권들은 등록하지 않아도 되며, 아마도 적격기관투자자들 사이에서만 거래될 수 있다. 144a 시장의 많은 부분은 양키본드로 구성된다.

글로벌 본드

글로벌 본드 발행은 1989년에 처음으로 이루어졌다. **글로벌 본드**(global bond) 발행은 세계의 어느 한 지역 또는 어느 한 국가에게 판매하기 어려운 매우 큰 규모의 채권 발행이다. 이에 따라 전 세계 주요 시장에서 동시에 판매되고 이어서 거래가 이루어진다. 글로벌 본드는 제약 없이 모든 시장에서 동일한 상품이 거래되기 때문에 완전히 대체가능한 채권이다. 글로벌 본드의 평균 발행 규모는 약 10억 달러 수준이다. 그리고 대부분 미 달러화로 표시된다. 미국에서 미국(외국) 차입자에 의해 판매된 미 달러화표시 글로벌 본드 부분은 국내채권(양키본드)로, 그밖의 다른 지역들에서 판매된 부분은 유로본드로 분류된다. 만약 많은 발행 규모와 글로벌 본드 발행의 전 세계적인 시장성이 이들의 유동성을 향상시킨다면, 다른 조건이 동일한 경우 투자자들은 보다 작은 규모의 국내채권, 외국채 또는 유로본드 발행 시 요구하는 수익률보다 더 낮은 수익률을 받아들일 것이다.

그러나 이건 사실이 아닌 것 같다. 최근 연구들 중 Resnick(2012)에 따르면, 다른 조건들이 동일하다면 투자자들은 달러화로 표시된 국내채권, 양키본드, 유로달러 채권, 그리고 글로벌 본드 모두에서 동등한 수익률을 요구한다. 이런 이유로, 국제 채권 투자자들은 다른 채권시장과 비교하여 경쟁적인 수익률을 요구한다. 한편, Resnick(2012)은 다른 조건들이 동일할 경우 채권 발행비용의 일반적인 지표인 총 언더라이팅 스프레드가 국내, 양키, 유로달러 채권 발행에 비해 글로벌 발행에서 낮다는 것을 발견했다.

이러한 비용 절감은 글로벌 발행이 대규모이고, 이에 따른 규모의 경제에서 기인한다. Miller and Puthenpurackal(2005)도 글로벌 본드 발행으로 인한 비용 절감을 제시했다. 현재까지 가장 큰 기업의 글로벌 본드 발행은 2013년 9월 Verizon Communications가 발행한 490억 달러이다.

이 채권발행은 2016년 만기 42억 5천만 달러 규모의 2.500% 채권, 2016년 만기

22억 5천만 달러의 변동금리 채권, 2018년 만기 47억 5천만 달러의 3.650% 채권, 2018년 만기 17억 5천만 달러의 변동금리 채권, 2020년 만기 40억 달러의 4.500% 채권, 2023년 만기 110억 달러의 5.150% 채권, 2033년 만기 60억 달러의 6.400% 채권, 그리고 2043년 만기 150억 달러의 6.550% 채권으로 구성되어있다. 또 다른 대규모 글로벌 본드 발행은 2000년 6월 Deutsche Telekom이 다중통화(multicurrency)로 발행한 146억 달러이다. 이 발행에는 5년, 10년, 30년 만기인 총 95억 달러의 3개의 미국 달러 트란쉐(tranches), 5년 및 10년 만기인 총 30억 유로의 2개의 유로 트랜치, 5년 및 30년 만기인 총 9억 5천만 파운드의 2개의 영국 파운드 스털링 트랜치, 그리고 5년 만기인 900억 엔의 일본 엔 트랜치가 포함되어 있다. 2018년 1월 아르헨티나는 17억 5천만 달러의 4.625% 채권(2023년 만기), 42억 5천만 달러의 5.875% 채권(2028년 만기), 그리고 30억 달러의 6.875% 채권(2048년 만기)으로 구성된 글로벌 본드 패키지를 발행했으며, 이는 정부가 발행한 글로벌 본드 중 가장 큰 규모였다.

SEC 룰(Rule) 415와 룰 144a는 글로벌 본드 발행을 촉진하였고, 미래에도 더 많은 글로벌 본드 발행이 기대될 수 있다.

발행증권의 유형

국제채권시장은 투자자에게 발행되는 금융상품의 유형 측면에서 국내채권시장보다 훨씬 더 혁신적이다. 본 절에서는 국제채권의 주요 유형에 대해 검토하고자 한다. 우리는 보다 표준적인 금융상품 유형으로부터 논의를 시작하고, 최근 몇 년간에 나타난 보다 이색적인 혁신상품들에 대한 논의로 마무리를 짓겠다.

고정금리채

고정금리채(straight fixed-rate bond)는 만기가 지정되어 만기일에 채권 발행의 원금이 상환될 것이 약속된다. 채권이 만기가 될 때까지, 액면가의 일정 퍼센트인 고정쿠폰이자 지급이 채권 소유자에게 이자로 지급된다. 반년마다 쿠폰이자 지급을 하는 많은 국내채권들과는 대조적으로 유로본드들은 전형적으로 1년마다 쿠폰이 지급된다. 그 이유는 유로본드는 대개 무기명채권이기 때문이다. 그리고 1년마다의 쿠폰 상환은 채권 소유자에게 더 편리하고, 채권 소유자들이 지리적으로 분산되어 있기 때문에 채권 발행자의 입장에서는 비용이 절감된다. 〈도표 12.4〉는 어느 한 해에 발행된 신규 국제채권의 대다수가 고정금리채라는 것을 보여준다. 유로화, 미 달러화, 영국 파운드화, 그리고 일본 엔화는 최근 몇 년간에 발행된 고정금리채의 주요 표시통화들이다.

유로중기노트

유로중기노트(Euro-medium-term notes: Euro-MTNs)는 (전형적으로) 만기가 1년 미만에서 약 10년에 이르며, 기업들에 의해 발행된다. 고정금리채권(fixed-rate bonds)과 같이, 유로중기채권은 고정 만기를 가지며, 주기적인 일자에 쿠폰이자를 지급한다. 전액 발행이 한 번에 시장에서 판매되는 일반적인 채권 발행과는 달리, 유로중기노트 발행은 전형적으로 차입자들이 유연하게 오직 필요할 때 자금을 조달할 수 있도록 발행프로그램을 통해서 계속적으로 부분 판매된다. 이러한 특징은 발행자에게 매우 매력적이다. 유로중기노트는 1986년 처음으로 소개된 이후로, 중기 자금의 조달을 위한 매우 인기 있는 수단이 되었다. 본 장의 모든 통계적인 도표들은 중기노트의 발행잔액을 포함하고 있다. 고정금리부 유로중기노트의 한 예는 2013년 1월 만기, 5.15% 금리, 6억 달러 규모로 2007년 12월에 영국의 BT Group Plc가 발행한 것이다.

변동금리채권

첫 번째 변동금리채권은 1970년에 도입되었다. **변동금리채권**(floating rate note: FRN)은 쿠폰이자가 어떤 기준금리(reference rate)에 연동되는 전형적인 중기 채권이다. 일반적인 기준금리는 3개월 혹은 6개월 만기의 SOFR로 이 전의 벤치마크였던 LIBOR를 대체했다. FRN의 쿠폰이자 지급은 보통 분기별, 또는 반년마다이고, 기준금리와 일치한다. 예를 들어, 5년 만기 FRN이 연 2회 6개월 만기 미 달러화 리보

금리에 연동되어 쿠폰이 지급된다고 하자. 매 6개월 기간의 시초에, 다음 반년의 쿠폰이자 지급액은 액면가의 0.5×(SOFR+X%)로 다시 설정되며, 여기서 X는 SOFR을 초과하는 발행자의 채무불이행위험 프리미엄으로서 발행자의 신용도에 근거한다. 예를 들면, 만약 X가 0.60%와 같고, 현재 6개월 만기 CME Term SOFR이 6.6%라면, FRN의 다음 기간 액면가 1000달러에 대한 쿠폰이자는 0.5×(0.066+0.0060)×$1,000 =$36이다. 만약 다음 6개월 만기 CME Term SOFR이 5.7%라면, 다가오는 반년 쿠폰이자는 $31.50으로 계산될 것이다.

분명히 FRN은 고정금리채권보다 이자율위험에 대해 다르게 반응한다. 모든 채권들은 시장이자율이 변화할 때, 가격이 역으로 변하는 것을 경험한다. 따라서, 만약 이자율이 극단적으로 변동할 때, 고정금리채권들의 가격은 아마 상당히 변동할 수 있다. 반면에 FRN은 다음 기간의 쿠폰이자가 고정되는, 재설정된 일자들 사이에서 단지 미세한 가격 변동만을 경험한다(물론, 기준금리가 발행자에게 적절한 시장금리와 일치한다고 가정할 때). 재설정 일자에, 다음 기간의 쿠폰 지급액이 새로운 기준금리에 맞게 설정되었을 때 채권의 시장가치는 액면가에 가까워질 것이다. 또한 이후의 쿠폰 지급액은 미래 기준금리에 대한 시장에 예측에 따라 가격이 조정된다(실제 FRN 시장가격은 아마도 쿠폰이자율의 디폴트 프리미엄 부분이 발행 시에 고정되기 때문에 정확한 액면가로부터 약간 벗어날 것이다, 반면 차입자의 신용등급은 아마로 시간에 따라 변할 것이다).

FRN은 투자자들에게 그들이 채권 만기 이전에 투자를 청산하고자 하는 경우 투자의 원금 보존의 강한 필요를 가지면서 매력적인 투자로 받아들여진다. 〈도표 12.4〉에서 FRN은 국제채권 발행에 있어 두 번째로 보편적인 유형으로 나타나고 있다. 유로화와 미 달러화가 주요한 FRN의 액면표시 통화이다.

고정금리/FRN의 한 예로, 2021년 4월 Goldman Sachs는 2032년 만기인 37.5억 달러 규모의 채권을 발행했으며, 이 채권은 처음 10년간 2.615%의 고정금리로 쿠폰이자가 지급되고, 이후로는 복리로 SOFR+1.281%를 지급한다.

주식연계채권

주식연계채권(equity-related bonds)에는 두 가지 유형이 존재한다. 전환사채와 신주인수권부사채이다. **전환사채**(convertible bond) 발행은 투자자가 발행자의 미리 정

도표 12.4

주요 상품별 국제채권 잔액 (10억 달러 단위)

	2017	2018	2019	2020	2021(Q2)
채권 상품					
고정금리채	17,742.7	17,752.5	18,605.3	20,532.8	21,078.4
기타	5,738.3	6,039.6	6,218.4	6,427.0	6,566.5
합 계	23,481.0	23,792.2	24,823.8	26,959.8	27,644.8

자료: Bank for International Settlements Statistics Warehouse.

한 주식의 수로 바꾸는 것을 허용한다. 전환사채의 하한가치(floor-value)는 고정금리채권의 가치이다. 전환사채는 보통 보통사채와 전환가치 중 더 높은 가치에 대해 프리미엄으로 판매된다. 게다가, 투자자들은 보통 주식 전환이라는 특징이 매력적으로 다가오기 때문에 기꺼이 유사한 조건의 고정금리채권의 쿠폰이자율보다 낮은 이자율을 받아들인다. **신주인수권부사채**(bonds with equity warrants)는 콜옵션(또는 워런트)이 추가된 고정금리채권으로 간주될 수 있다. 신주인수권은 채권보유자가 정해진 기간 동안 일정한 가격으로 일정한 수의 발행자의 주식을 매입할 수 있는 자격을 부여한다.

이중통화표시채권

이중통화표시채권(dual currency bond)은 1980년대 중반에 인기를 누리게 되었다. 이중통화표시채권는 어느 한 통화, 예를 들면 스위스프랑화로 발행되어 쿠폰이자도 동일 통화인 스위스프랑화로 지급되는 고정금리채권이다. 만기에 원금은 또 다른 통화, 예를 들면 미 달러화로 지급된다. 쿠폰이자율은 종종 유사한 조건의 고정금리채와 비교하여 이자율이 더 높다. 만기에 미 달러화표시 원금 상환액은 시초에 확정된다. 종종 상환액은 강세 통화의 환율에 따라 가치가 상승하는 것을 허용한다. 투자자의 관점에서 이중통화표시채는 장기 선물환 계약을 포함한다. 만약 미 달러화 가치가 채권의 만기까지 상승이 된다면, 원금상환액은 스위스 프랑화 표시의 원금 상환액보다 더 가치가 있을 것이다. 스위스 프랑화 표시 이중통화표시채의 시장가치는 스위스시장금리로 할인된 스위스 프랑화 표시 쿠폰이자들의 현재가치의 합과 미래에 기대되는 환율로 전환된 미 달러화표시 원금상환액의 스위스프랑화 상환액을 스위스시장금리로 할인한 현재가치를 더한 것이 된다.

도표 12.5

국제채권시장 상품의 전형적 특징

채권상품	이자지급 횟수	쿠폰이자 지급규모	만기시 손익
고정금리채	매년	고정	발행통화
변동금리채권	분기 또는 반년	변동	발행통화
전환사채	매년	고정	발행통화 또는 주식으로 전환
신주인수권부 고정금리채	매년	고정	발행통화+신주인수권 행사로부터의 주식들
이중통화표시채	매년	고정	이중통화

일본 기업들은 이중통화표시채를 발행하는 거대한 발행자이다. 이 채권들은 미 달러화로 원금 상환과 함께 엔화로 발행되고 쿠폰이자 지급이 되었다. 엔/달러 이중통화표시채는 미국에 자회사 설립이나 확장을 희망하는 일본 MNCs에게 매력적인 자금조달 방법일 수 있었다. 엔화 대금은 미국 내에서 자본투자 재원으로서 달러로 전환될 수 있고, 쿠폰이자는 최초 몇 년간은 엔화로 모기업이 지급할 수 있다. 만기에는 달러 원금 상환은 자회사로부터 얻은 이익으로 이루어질 수 있다. 〈도표 12.5〉은 본 절에서 토의된 전형적인 국제채권시장 금융상품들의 특징을 요약하고 있다.

국제채권시장 신용등급

www.fitchratings.com
위 사이트는 국제 채권 평가사인 Fitch Ratings사의 웹사이트로 Fitch와 제공하는 서비스에 대해 확인할 수 있다.

Fitch Rating, Moody's Investors Service, Standard & Poor's(S&P)는 국내 및 국제 채권과 그들 발행자에 대한 신용등급을 수년간 제공해 왔다. 이 세 신용등급기관은 채권 발행자들을 차입자의 신용도를 토대로 분류한다. 등급은 채무불이행 가능성, 구체적인 부채 의무의 특성에 관한 현재 정보에 대한 분석을 바탕으로 한다. 등급은 신용도와 환율 불확실성을 반영하고 있다.

www.moodys.com
위 사이트는 국제 채권 평가사인 Moody's Corporation의 웹사이트로 Moody's 투자서비스가 제공하는 채권신용도에 대한 정보를 확인할 수 있다.

Moody's는 9개의 범주로 채권발행 (발행자) 등급을 책정하는데, Aaa, Aa, A, Baa, 그리고 Ba 이하의 c까지. Aaa부터 Baa의 등급은 **투자적격등급**(investment grade ratings)로 알려져 있다. 이 채권들은 투기적 요소들을 포함하지 않고 있다고 판단된다. 그리고 이자 지급과 원금 안전성이 현재로서 충분한 상태임을 나타낸다. 낮은

www.standardandpoors.com
채권신용등급과 같은 투자 정보를 제공하는 Standard and Poor's사의 웹사이트로서, S&P에 관한 정보를 발견할 수 있다.

등급의 채권들의 미래 전망은 보장될 수 없다. Aa부터 Caa까지의 범주 내에서 Moody's는 3개의 숫자 수식어 1, 2, 3을 통해 각 범주의 상, 중, 하를 표시한다.

S&P는 채권발행(발행자)을 10개의 범주로 등급을 구분한다. 채권 발행자에 대해, 범주는 AAA, AA, A, BBB에서 CC 그리고 R, SD, D이다. 범주 AAA와 BBB까지는 투자적격등급이다. 채무자 등급인 R은 이것의 재무적 상태 때문에 규제당국의 감독하에 있다. 채무자 등급 SD나 D는 도래한 재무적 의무의 하나 또는 그 이상의 지급에 실패한 것이다. AA부터 CCC까지 범주의 등급은 범주 안에서 다른 이의 발행의 상대적인 위치를 반영하여 양(+), 또는 음(−)이 부가되어 수정될 것이다. Fitch는 S&P와 유사하게 등급 상징과 정의를 이용한다.

유로본드는 상당한 발행이 국내 채권과 외국채와 비교하여 높은 신용 등급을 갖고 있음이 주목된다. 예를 들어, Claes, Deceuster 및 Polfliet(2002)는 대략 유로본드 발행의 40%가 AAA로 등급이 매겨지고, 30%가 AA 등급을 받았다고 보고한다. 여기에 대한 한 가지 설명은 신용등급이 낮은 발행자는 판권을 언급하며, 발행 이전에 취소했다는 것이다. Kim과 Stulz(1988)는 가능성이 더 있는 또 다른 의견을 제시하였다. 즉, 유로본드 시장은 우선적으로 오직 좋은 신용등급과 인지도가 좋은 기업들만 접근가능하다는 것이다. 따라서 그들은 높은 등급 평가를 받는다. 이에 상관없이 국제채권 발행에 부여되는 Fitch, Moody's, S&P의 신용등급에 관해 아는 것은 유용하다.

Gande와 Parsley(2005)는 해외에서의 국가신용등급 변경 사건과 관련하여 외국 정부의 미 달러화표시 국채수익률 스프레드(즉, 유사한 조건의 미국 국채수익률을 초과하는 국채수익률 부분)의 변화를 분석함으로써 국가간 금융시장의 연계성을 연구하였다. 그들은 비대칭적인 관계를 발견했다. 그들은 한 국가의 신용등급에 영향을 줄 수 있는 호재는 다른 나라의 국가 스프레드에 아무런 영향이 없지만, 신용등급에 영향을 미칠 수 있는 악재는 상당한 스프레드 확대와 관련이 있다는 것을 발견하였다. 평균적으로, 국채의 한 단계 신용등급의 평가절하는 다른 국가 국채의 스프레드 안에서 12 베이시스 포인트 증가와 관련이 있다. 그들은 국가간 영향이 큰 이유가 높은 양의 상관관계에 있는 자본과 교역의 흐름에 있다고 분석했다.

〈도표 12.6〉은 국가, 지자체, 기업, 공공사업, 그리고 초국가 들을 위한 S&P의 장기 신용 평가 가이드 이다. 〈도표 12.3〉에서 기록된 것처럼, 국채 발행은 국제 채권에서 상당한 부분을 차지한다. 정부의 등급 평가에서, 9개 요인의 검증에 관한 S&P

도표 12.6 장기 발행자 신용등급 정의

Standard & Poor's의 발행자 신용등급은 재무적 채무 상환을 위한 채무자의 전반적인 재무 능력(채무자의 신용도)에 관한 미래지향적인 의견이다. 이 의견은 만기가 다가옴에 따라 재무적 약속을 충족시키는 채무자의 상환능력과 의지에 초점이 맞춰져 있다. 이것은 채무의 본질과 조항들을 고려하지 않기 때문에 어떤 구체적인 재무적 채무에 적용되지는 않는다. 게다가 채무에 대한 보증인, 보험회사 또는 다른 형태들의 신용보강에 관한 신용도를 고려하지 않는다.

기업신용평가 서비스(Corporate Credit Rating Service, 이전에는 신용평가서비스로 불림)하에서 할당되는 신용등급인 거래상대방 신용등급(Counter-party credit ratings)과 국가 신용등급은 모든 형태의 발행자 신용등급이다.

발행자 신용등급은 장기 또는 단기일 수 있다. 단기 발행자 신용등급은 단기간에 걸친 채무자의 신용도를 반영한다.

장기 발행자 신용등급

- **AAA**: AAA로 등급이 매겨진 채무자는 재무적 약속을 충족시키기에 극단적으로 강력한 능력을 가지고 있다. AAA는 S&P's에 의해 할당되는 가장 높은 발행자 신용등급이다.
- **AA**: AA 등급의 채무자는 재무적 약속을 충족시키는 매우 강한 능력을 가지고 있다. 그것은 오직 가장 높은 등급의 채무자와 약간의 차이가 있을 뿐이다.
- **A**: A 등급의 채무자는 재무적 약속을 충족시키는 강한 능력이 있다. 그러나 더 높은 등급의 채무자보다 상황과 경제적 여건의 변화가 미치는 불리한 영향들에 대해 좀 더 취약하다.
- **BBB**: BBB 등급의 채무자는 재무적 약속을 충족시키는 충분한 능력이 있다. 그러나 불리한 경제적 여건 또는 상환의 변화가 재무적 약속을 충족시키는 채무자의 능력을 약화시킬 가능성이 더 있다.
- **BB, B, CCC, CC**: BB, B, CCC, and CC 등급의 채무자들은 상당히 투기적인 특성들을 지닌다고 간주된다. BB는 최소한의 투기적 정도를, CC는 최대의 투기적 정도를 나타낸다. 이러한 채무자들은 일부 자질과 보호적인 특성들을 가질 수 있지만, 이것들이 큰 불확실성 또는 불리한 여건에 대한 주요 노출에 의해 압도될 것이다.
- **BB**: BB 등급의 채무자는 단기적으로는 더 낮은 등급의 다른 채무자들보다 덜 취약하다. 그러나 이 채무자는 중요한 진행중인 불확실성 또는 불리한 사업, 재무, 또는 경제적 여건들에 직면하며, 이는 채무자의 재무적 약속을 충족시키기에 불충분한 능력을 야기할 수 있다.
- **B**: B 등급의 채무자는 BB 등급의 채무자보다 더 취약하다. 그러나 이 채무자는 현재는 재무적 약속을 이행할 수 있는 능력을 가지고 있다. 불리한 사업, 재무, 또는 경제적 여건들은 채무자의 재무적 약속을 이행하는 능력 또는 의지에 타격을 줄 수 있을 것이다.
- **CCC**: CCC 등급의 채무자는 현재 취약하다. 그리고 이 채무자는 재무적 약속을 충족시키기 위해 우호적인 사업, 재무, 경제적 여건들에 의존한다.
- **CC**: CC 등급의 채무자는 현재 매우 취약한 상태이다.
- **플러스(+) 또는 마이너스(−)**: AA부터 CCC까지의 등급은 주요 등급 범주 내에서 상대적인 위치를 보여주기 위해 플러스 또는 마이너스 기호가 추가되어 수정될 수 있다.
- **R**: R 등급의 채무자는 재무적 여건 때문에 규제당국의 감독하에 있다. 규제당국의 감독 결정이 날 때까지, 규제당국은 다른 등급의 채무보다 어떤 한 등급의 채무를 선호하는, 또는 어떤 채무는 지급하고 다른 채무는 지급하지 않는 권한을 가질 것이다. 특정 채권들 또는 채무의 등급들에 대한 규제당국의 감독이 미치는 효과들에 대한 보다 상세한 기술은 S&P's의 발행자 신용등급을 참조하시오.
- **SD 그리고 D**: SD(선택적인 채무불이행) 등급의 채무자는 만기가 도래했을 때, 하나 또는 그 이상의 재무적 채무(등급이 매겨진 또는 안 매겨진)를 상환하는 데 실패하였다. S&P's가 채무불이행이 보편적인 채무불이행이고, 만기가 도래한 채무를 모두 또는 상당 부분 상환할 수 없을 것이라고 믿을 때, D 등급이 할당된다. SD 등급은 채무자가 규제 자본의 자격을 가진 채무들은 제외하고 특정한 채권 또는 채무 등급에 대해 선택적으로 채무불이행을 했지만, 시기적절하게 다른 채권들이나 채무 등급들에 대한 상환은 계속 할 것이라고 S&P's가 믿을 때 할당된다. 선택적 채무불이행은 부실교환오퍼(distressed exchange offer)의 완성을 포함하는데, 이 오퍼는 하나 또는 그 이상의 재무적 채무가 현금으로 환매되거나, 또는 액면가보다 낮은 총가치를 지닌 다른 상품들에 의해 대체되는 것이다.
- **NR**: NR 등급의 발행자는 등급이 매겨지지 않는다.

자국통화 및 외국통화 신용등급

S&P Global Ratings의 발행자 신용등급은 외국통화 표시 신용등급과 자국통화 표시 신용등급을 구별한다. 자국통화나 외국통화로 표시된 부채에 대한 상환 능력에 따라 채권 발행자의 외국통화 표시 등급과 자국통화 표시 부채 등급이 다를 것이다.

자료: www.standardandpoors.com, October 31, 2018.

도표 12.7

S&P의 국가신용등급 결정체계

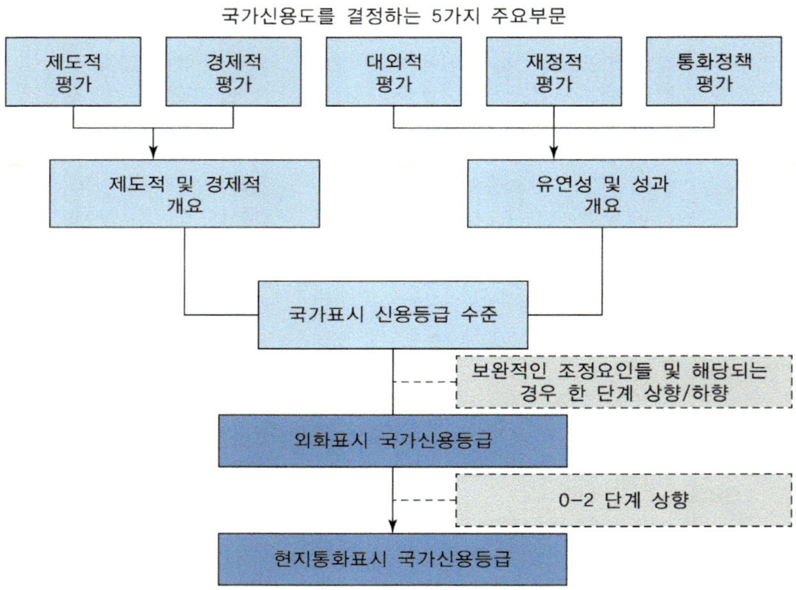

국가신용등급을 평가하는 다섯 가지 주요 요인

다섯 가지 주요 요인의 각각에 대한 분석은 양적 및 질적 요소들로 구성된다. 정치제도와 같은 몇몇 요인들은 기본적으로 질적 요소인 반면 실물경제, 부채 및 대외 유동성과 관련된 것과 같은 기타 요인들은 대부분 양적 지표이다.

1. 제도적 평가

제도적 평가는 정부의 제도들과 정책결정이 지속가능한 국가재정, 균형잡힌 경제성장을 촉진하고 경제적 또는 정치적 충격에 대응함으로써 국가신용에 어떤 영향을 미치는지를 분석한다.

2. 경제적 평가

국가 채무불이행에 관한 역사를 살펴보면 부유하고, 다각적이고, 탄력적이고, 시장 지향적이며 적응력이 높은 경제-지속적인 경제성장의 역사가 수반되는-가 강력한 세입 기반을 제공하며, 재정 및 통화정책의 유연성을 제고하고, 결국 부채 부담능력을 높여준다는 점을 시사한다. 시장지향적인 경제는 더 높은 수준의 부를 창출하는 경향이 있는데, 이는 이러한 경제체제는 지속가능하고 장기적인 경제 성장을 촉진하기 위해 자원의 보다 효율적인 분배가 가능하기 때문이다.
국가의 경제적 평가에 대한 주요 요인은 다음과 같다:

- 소득수준
- 성장 전망 및
- 경제의 다양성과 변동성.

이들 세 가지 요인의 결합이 국가의 경제적 평가를 결정짓는다. 기준은 기초 평가에서 비롯되는데 1인당 국내총생산으로 측정된 국가의 소득수준에 근거한다. 그 다음 기초평가는 경제 성장 전망과 잠재적인 집중도 또는 변동성에 기반한 두 가지 범주에 따라 긍정적 또는 부정적 조정을 받는다.

3. 대외적 평가
대외적 평가는 한 국가의 공공부문과 민간부문에서 비거주자에 대한 채무를 이행하는 데 필요한 자금을 해외에서 조달할 수 있는 능력을 반영한다. 대외적 평가는 비거주자에 대한 모든 거주자(공공부문과 민간부문의 경제주체)의 거래와 포지션을 말한다. 왜냐하면 이러한 유량과 저량은 한 나라의 경쟁력, 환율의 움직임, 외국인 투자심리, 그리고 궁극적으로 그 나라의 국제적인 구매력 및 상환능력에 영향을 미치기 때문이다.

4. 재정적 평가
재정적 평가는 국가의 적자와 부채 부담의 지속가능성을 반영한다. 이 지표는 재정적 유연성, 장기적인 재정 동향 및 취약성, 부채 구조와 자금조달 능력, 그리고 우발적 부채로 인한 잠재적 위험을 고려한다.

5. 통화정책 평가
국가의 통화정책 평가는 통화 당국이 지속가능한 경제성장을 지원하고 중대한 경제 및 금융 충격을 완화하면서 그 권한을 어느 정도 완수할 수 있는지를 반영한다. 통화정책은 경제성장이 잠재력보다 낮을 때 신용상황을 완화하고 경기가 과열될 때 신용상황을 긴축하는 데 도움이 되는 국가의 중요한 안정화 수단이 될 수 있다. 따라서 유연한 통화정책은 위기의 기간에 국가 신용도의 악화를 둔화시키거나 예방하는 중요한 요인이 될 수 있다

자료: From S&P Global Ratings, *Sovereign Rating Methodology*, June 7, 2016, www.standardandpoors.com.

의 분석센터들이 〈도표 12.7〉에 작성되어 있다. 국가에 할당된 등급은 특히 중요하다. 이는 신용등급의 상한을 제시하기 때문에 S&P는 해당 국가에 거주하는 주체에 대한 의무를 부과할 것이다. 기업이 국가에 비해 더 높은 등급을 가지고 있는 경우 일반적으로 기껏해야 한 단계를 넘지 않는다.

유로본드 시장의 구조와 관례들

어느 한 해에 국제채권시장에서 유로본드 부분은 신규발행의 약 80%를 차지하는 가운데, 유로본드의 구조와 관례를 배우는 것은 유익할 것이다.

발행시장(primary market)

일반 투자자들에게 발행된 유로채를 통해 자금조달을 원하는 차입자는 투자은행과 접촉할 것이다. 그리고 시장에 대한 채권 발행을 제공할 증권인수단(underwriting syndicate)의 **주간사**(lead manager)로서 역할을 요구할 것이다. **증권인수단**(underwriting syndicate)은 투자은행, 종합금융회사와 공모발행의 특정 단계에 전문적인 종합금융회사의 지점으로 구성된 집단이다. 주간사는 종종 대출자와의 조건 협상과 시장상황 조사, 그리고 발행 업무 관리를 목적으로 매니저 그룹 형성을 위해 공동 매니저를 초대하기도 한다.

〈도표 12.8〉은 월스트리트 저널이 선정한 국제채권과 다른 부채상품의 2021년 최상위 국제 채권 인수회사들을 열거하고 있다.

다른 은행들과 함께, **간사단**(managing group)은 채권 발행의 인수자로의 역할을 제공할 것이다.

그것은, 그들이 발행가격으로부터의 할인에서, 대출자로부터의 발행 매수를 위해 그들 소유의 자본에 헌신할 것이라는 것이다. 할인 또는 **인수 스프레드**(underwriting spread)는 전형적으로 2에서 2.5%의 범위이다. 그에 비해, 스프레드는 국내 발행의 약 1%의 평균이 된다. 다른 은행들과 함께, 대부분의 인수업자들은 일반 투자자에게 채권을 판매하는 **판매단**(selling group)의 일부분이 될 것이다.

증권인수단의 다양한 구성원들은 그들이 수행하는 기능의 유형과 횟수에 따라 스프레드의 몫을 받는다. 주간사는 명백하게 충분한 스프레드를 받을 것이다. 그러나

도표 12.8

글로벌 부채 및 자본시장 사무간사회사 랭킹, 2021

사무간사(Bookrunner)	거래(deal) 가치 (10억 달러)	거래 수
JPMorgan	668.1	2,726
Bank of America Securities	531.6	2,092
Citi	517.8	2,130
Goldman Sachs	399.6	1,386
Morgan Stanley	395.5	1,874
Barclays	346.6	1,505
Deutsche Bank	303.3	1,323
BNP Paribas	279.4	1,227
Wells Fargo Securities	252.2	1,518
Credit Suisse	251.6	1,016

자료: http://graphics.wsj.com/investment-banking-scorecard/ 2022년 1월 29일

오직 판매 그룹의 구성원으로 일하는 은행은 작은 몫(보수)를 받을 것이다. 채권 발행을 위한 대출자의 결정일(decision date)로부터 유로본드를 발행하여 채권 판매로 회수된 순자금을 받기까지 총 경과시간은 대개 5주에서 6주로 고정되어 있다.

유통시장(secondary market)

판매단인 금융기관으로부터 **발행시장**(primary market)에서 최초로 매입한 유로본드는 유통시장에서 만기 이전에 다른 투자자에게 다시 판매될 수 있다. 유로본드를 위한 **유통시장**(secondary market)은 런던에서 거래를 원칙으로 하는 점두시장(장외시장)이다. 그러나 중요한 거래는 또한 취리히, 룩셈부르크, 프랑크푸르트, 싱가포르 같은 다른 주요 금융센터에서 행해진다.

유통시장은 시장조성자들과 전자통신 장비의 집합으로 연결되어 있는 브로커로 구성된다.

시장조성자(market makers)는 매입, 매도가격 두 가지 방향으로 호가를 제시함으로써 자신 소유의 계좌에 대해 매입하거나 매도할 준비를 하고 있다. 시장조성자는 브로커를 통해, 또는 소매 고객과 함께 서로 직접적으로 거래를 한다. 매입-매도 스프레드는 그들의 순이익을 나타낸다. 부과되는 다른 수수료는 없다. 그러나 새로운 전자거래 플랫폼은 자산관리자들이 시장조성자 없이 서로 직접 거래할 수 있게 만들었다.

www.icmagroup.org
국제자본시장협회의 웹사이트이다. 금융시장의 온라인 강좌들에 대해 이 사이트의 교육 부분을 참조하시오.

유로본드 시장조성자와 딜러는 국제자본시장협회(International Capital Market Association: ICMA)의 구성원이며, 취리히에 자체규제조직이 있다. 시장조성자는 보통 투자은행, 종합금융회사, 그리고 인수과정에서 주간사로 역할을 하는 상업은행들과 같다.

반면에, **브로커**(brokers)들은 시장 조성자들로부터 매입-매도 주문을 접수한다. 그리고 나서 거래의 상대방을 찾아나선다. 그리고 그들은 아마 그들 자신의 계좌를 위해 거래를 할 것이다. 브로커는 그들과 관계를 맺고 있는 시장조성자에게 그들 서비스에 대한 작은 수수료를 부과한다. 그들은 소매 고객과 직접적으로 거래하지는 않는다.

결제 절차

본래 유로본드 투자자들은 무기명의 지위 및 익명성이 매력적임을 발견했다 (아마 소득세를 회피하거나 탈세의 수단으로). 그리고 유로본드 투자자들은 유사한 위험의 국내 또는 외국채권과 비교하여 낮은 수익률을 기꺼이 받아들였다. 그러나 최근 몇 년간 기관투자자가 소유한 유로본드의 증대는 유로본드, 국내채권 및 외국채권 시장의 점진적인 통합에 기인하며, 이는 무기명채권의 익명성이라는 특징의 가치를 떨어뜨리고 있다. 기관투자자들은 가치가 결여된 특징에 대한 프리미엄을 기꺼이 지불할 용의가 없다.

유통시장에서의 유로본드 거래(특히 기관 거래)는 어느 한 거래상대방에서 또 다른 거래상대방으로 소유권의 이전과 지급을 위한 시스템을 요구한다. 유로클리어(Euroclear), 클리어스트림 인터내셔널(Clearstream International)의 두 개의 주요 결제시스템은 대부분의 유로본드 거래들을 처리하기 위해 설립되었다. 유로클리어는 브뤼셀에 위치하고 있고, 유로클리어은행(Euroclear Bank)에 의해 운영되고 있다. 클리어스트림(Clearstream)은 룩셈부르크에 위치하고 있으며, 2000년에 두 개의 다른 결제회사인 Deutsche Borse Clearing과 Cedel International의 합병을 통해 설립되었다.

이 두 개의 결제시스템은 유사한 방식으로 운영된다. 각 결제시스템은 채권증서 실물을 보관하는 예탁은행들(depository bank)의 그룹을 가지고 있다. 이 시스템의 구성원들은 현금과 채권 계좌를 보유하고 있다. 거래가 성사될 때, 전자 장부기입은 매도자에서 매수자에게로 채권증서의 소유권을 이전하고, 매수자의 현금 계좌에서 매도자의 현금 계좌로 자금을 이동시킨다. 채권 실물의 이전은 거의 일어나지 않는다.

유로클리어(Euroclear)와 클리어스트림(Clearstream)은 유로본드 시장의 효율적 운영과 관련된 다른 기능들을 수행한다.

(1) 결제시스템은 유로본드 시장조성자가 시스템 내에 예치한 재고(inventory)의 90%까지 자금을 제공할 것이다.

(2) 결제시스템은 새로운 채권 발행의 유통을 도울 것이다. 결제시스템은 예탁기관에 있는 새로 발행된 채권 증서의 실물을 보유하고, 매수자로부터 청약대금을 걷고, 채권의 소유자를 기록할 것이다.

(3) 결제시스템은 또한 쿠폰이자 지급을 분배하기도 한다. 차입자는 예탁기관에 보관된 채권 발행분에 대해 도래하는 쿠폰이자를 결제시스템에 지급한다.

국제채권시장 지수

여러 국제시장지수(international market indexes)들이 있다. 잘 알려진 것 중 일부는 J.P. Morgan에 의해 만들어진 지수들이다. 그중 선진국시장 지수들은 J.P Morgan Government Bond Index series와 Economic and Monetary Union(EMU) Government Bond Index를 포함한다. 이 지수들은 높은 소득의 국가로부터 고정수익(fixed-income)채권을 추적한다. 그들은 또한 신흥시장 국가들의 채권을 추적하는 Government Bond Index-Emerging Markets과 Corporate Emerging Markets Bond Index를 만들었다. J.P. Morgan Global Aggregate Bond Index U.S.는 약 50개의 선진국 및 신흥국들에 의해 발행된 3,200여 개의 고정수익채권을 추적하고 9개의 자산 등급을 포괄하는 미 달러화로 표시된 투자적격등급의 채권 지수이다. Global Aggregate 지수는 이 미국 지수를 확장하기 위해 25여 개국 통화로 표시된 60여개의 국가들로부터 5,500여 개 금융수단들을 포함한다.

도표 12.9 글로벌 정부채: 수익률 매핑

Yields and spreads over or under U.S. Treasurys on benchmark two-year and 10-year government bonds in selected other countries; arrows indicate whether the yield rose (▲) or fell (▼) in the latest session

Coupon (%)	Country/ Maturity, in years	Yield (%) Latest (●)	Previous	Month ago	Year ago	Spread Under/Over U.S. Treasurys, in basis points Latest	Prev	Year ago
0.875	**U.S.** 2	**1.154** ▼	1.165	0.730	0.115			
1.375	10	**1.765** ▼	1.799	1.496	1.105			
2.750	**Australia** 2	**0.887** ▼	0.891	0.603	0.122	**−27.1**	**−27.8**	**0.9**
1.000	10	**1.907** ▲	1.892	1.681	1.165	**14.0**	**10.0**	**6.4**
0.000	**France** 2	**−0.630** ▼	−0.627	−0.665	−0.612	**−178.8**	**−179.6**	**−72.6**
0.000	10	**0.446** ▼	0.450	0.205	−0.251	**−132.0**	**−134.2**	**−135.2**
0.000	**Germany** 2	**−0.511** ▲	−0.521	−0.628	−0.711	**−166.9**	**−169.0**	**−82.5**
0.000	10	**0.042** ▲	0.037	−0.177	−0.487	**−172.4**	**−175.5**	**−158.8**
0.000	**Italy** 2	**−0.024** ▲	−0.037	−0.062	−0.315	**−118.1**	**−120.6**	**−42.8**
0.950	10	**1.416** ▲	1.349	1.175	0.651	**−35.1**	**−44.3**	**−45.0**
0.005	**Japan** 2	**−0.053** ▼	−0.049	−0.097	−0.120	**−121.0**	**−121.8**	**−23.3**
0.100	10	**0.179** ▼	0.183	0.072	0.056	**−158.8**	**−161.0**	**−104.5**
0.000	**Spain** 2	**−0.450** ▼	−0.443	−0.612	−0.521	**−160.7**	**−161.2**	**−63.4**
0.500	10	**0.792** ▲	0.783	0.570	0.123	**−97.4**	**−101.0**	**−97.8**
0.125	**U.K.** 2	**1.036** ▼	1.061	0.677	−0.087	**−12.1**	**−10.8**	**−20.0**
4.750	10	**1.259** ▼	1.305	0.971	0.353	**−50.7**	**−48.7**	**−74.8**

자료: *The Wall Street Journal*, May 17, 2016, p. C6.

도표 12.10 일일 국제 국채 시장 자료(*Financial Times*지 제공)

	BENCHMARK GOVERNMENT BONDS							
	상환일	쿠폰금리	호가	호가수익률	일간수익률 변동	주간수익률 변동	월간수익률 변동	연간수익률 변동
Australia	04/24	2.75	104.07	0.89	−0.01	−0.04	0.29	0.77
	05/32	1.25	93.86	1.91	0.01	−0.04	0.23	0.67
Austria	05/34	2.40	124.21	0.38	0.03	0.11	0.17	0.57
	02/47	1.50	118.88	0.68	0.03	0.08	0.12	0.55
Belgium	10/23	0.20	101.26	−0.53	0.01	0.11	0.07	0.16
Canada								
	03/24	2.25	101.85	1.34	0.02	0.03	0.33	1.11
Denmark								
	11/23	1.50	103.52	−0.46	0.03	0.11	0.10	0.15
Finland	04/23	1.50	102.50	−0.58	−0.01	0.06	0.09	0.13
	04/31	0.75	104.82	0.22	0.02	0.12	0.20	0.56
France	05/23	1.75	103.10	−0.61	0.00	0.05	0.02	0.07
	05/27	1.00	105.48	−0.03	0.02	0.16	0.25	0.50
Germany						—		
	08/23	2.00	104.05	−0.63	0.01	0.09	0.11	0.14
	08/27	0.50	104.01	−0.22	0.02	0.15	0.21	0.48
	08/50	0.00	92.38	0.28	0.03	0.08	0.13	0.35
Greece	01/28	3.75	115.95	0.99	0.04	0.11	0.30	0.57
Ireland								
	03/24	3.40	108.12	−0.41	0.02	0.15	0.16	0.21
Italy	07/24	1.75	104.02	0.80	0.05	0.07	0.06	0.25
	08/27	2.05	107.26	0.70	0.06	0.09	0.15	0.47
	05/31	6.00	142.18	1.17	0.05	0.06	0.18	0.54
	03/48	3.45	127.96	2.06	0.04	0.03	0.14	0.63
Japan	04/23	0.05	99.99	0.06	0.00	−0.04	−0.05	−0.02
	02/28	0.05	98.91	0.31	0.01	0.05	0.10	
	12/34	1.20	110.98	0.33	0.01	0.07	0.11	0.08
	12/49	0.40	90.61	0.78	0.01	0.07	0.10	0.11
Netherlands	07/23	1.75	103.38	−0.57	0.01	0.13	0.12	0.15
	07/27	0.75	104.85	−0.14	0.02	0.15	0.23	0.48
New Zealand	04/27	4.50	109.90	2.46	−0.01	0.03	0.24	1.82
	05/31	1.50	91.07	2.59	−0.02	0.03	0.28	1.45
	05/31	1.50	91.07	2.59	−0.02	0.03	0.28	1.45
Norway								
Portugal	10/23	4.95	109.46	−0.50	0.03	0.10	0.15	0.12
	04/27	4.13	121.17	0.04	0.04	0.15	0.18	0.36
Spain								
	10/23	4.40	108.33	−0.36	0.03	0.13	0.20	0.18
Sweden	11/23	1.50	102.78	−0.06	0.01	0.08	0.13	0.30
	12/27	0.13	123.03	−1.86	0.04	0.12	0.26	−0.20
	06/30	0.13	121.54	−1.79	0.04	0.12	0.27	−0.14
Switzerland								
	06/24	1.25	103.95	−0.41	0.01	0.09	0.18	0.32
United Kingdom								
	07/23	0.75	99.71	0.95	0.02	0.17	0.44	1.04
	07/27	1.25	100.76	1.11	0.00	0.15	0.34	1.00
	07/47	1.50	100.38	1.48	−0.02	0.15	0.31	0.60
United States	03/23	0.50	99.63	0.84	0.00	0.16	0.37	0.72
	03/27	0.63	95.04	1.63	0.00	0.04	0.36	1.01
	04/32	3.38	143.82					
	02/50	0.25	109.42					

자료: *Financial Times*, 2022. 2. 3일자 p. 11

〈도표 12.9〉는 월스트리트저널(Wall Street Journal)이 발표한 2년과 10년 잔존만기의 미국, 호주, 프랑스, 독일, 이탈리아, 일본, 스페인, 영국 국채의 만기수익률의 일일 수치를 보여준다. 이 자료들은 이 주요 선진국들 상호간에 이자율기간구조를 비교할 수 있게 한다. 국제 채권 자료의 다른 원천은 파이낸셜타임즈(Financial Times)사의 '벤치마크 정부채권'이라는 일일 표에서 제시된 쿠폰이자율, 가격, 만기수익률이다. 〈도표 12.10〉은 예를 보여준다.

요 약

이 장은 국제채권시장을 소개하며 토의한다. 이 장은 채권시장에 대한 통계적 관점을 제시하면서, 시장의 규모, 시장 부분들의 분석, 발행된 상품의 유형, 국제채의 주요 표시 통화, 국적 및 유형별 주요 차입자를 주목한다. 유로본드 시장의 거래관행이 분석되고, 국제채권의 신용등급과 국제채권시장 지수들이 분석된다.

01. 2021년 6월 기준, 미국 국내채권 발행잔액은 113.7조 달러이고, 국제채권 발행잔액은 약 27.6조 달러이다. 채권의 액면 표시 주요 4개 통화는 유로, 미 달러, 영국 파운드화, 일본 엔이다.

02. 외국채권 발행은 한 국가의 자본시장에서 외국 차입자가 발행하고 그 국가의 통화로 표시되는 발행이다. 유로본드 발행은 특정 통화로 표시되는데, 표시 통화를 발행하는 국가 이외의 국가들의 자본시장에서 투자자들에게 판매된다.

03. 국제채권시장에서의 유로본드 부문은 그 규모가 외국채 부분의 대략 4배 정도가 된다. 이에 대한 두 가지 주요 이유는 미 달러화가 국채채권을 통한 자금조달에서 가장 빈번하게 수요가 많은 통화라는 사실로부터 기인한다. 첫째, 유로달러 채권은 미국 투자자에게 발행되지 않고, 따라서 엄격한 SEC 등록 요건들을 충족시킬 필요가 없기 때문에 양키본드보다 더 신속하게 시장에서 발행될 수 있다. 둘째, 유로채는 전형적으로 소유자에게 익명성을 제공하는 무기명 채권이므로, 수취 이자에 대한 세금을 회피하기 위한 수단을 허용한다. 이 특성 때문에 투자자들은 유사한 조건의 소유자가 등록되는 양키본드와 비교하여 유로달러 채권의 낮은 수익률을 기꺼이 받아들인다. 차입자에 대해 더 낮은 수익률은 부채 상환비용이 더 낮다는 것을 의미한다.

04. 순수 고정금리채권은 국제채권 발행의 가장 빈번한 유형이다. 그리고 변동금리채권은 그 다음이다. 국제채권 시장에서 찾아볼 수 있는 발행의 다른 유형은 전환사채, 신주인수권부사채, 이중통화채이다.

05. Fitch Ratings, Moody's Investors Service, 그리고 Standard & Poor's는 대부분의 국제 채권 발행에 대한 신용등급을 제공한다. 상당히 불균형적인 유로채 비중이 높은 신용등급을 가지는 것이 주목된다. 이 증거는 이에 대한 논리적 이유가 유로채 시장은 우선적으로 좋은 신용등급을 가진 기업만이 접근가능하다는 점을 시사한다. 기업 실체의 신용등급은 보통 그 실체가 거주하는 특정 국가의 정부에게 할당된 신용등급보다 결코 더 높지 않다. 국가 정부에 관한 S&P's 분석은 정치적 위험 및 경제적 위험의 분석을 포함한다.

06. 새로운 유로채 발행은 채권을 시장에 내놓기 위해 차입자에 의해 고용된 인수단(underwriting syndicate)을 통하여 발행시장에 공급된다. 유로채의 유통시장은 주로 런던에서 거래되고 장외시장 방식이다.

07. J.P. Morgan 같은 투자은행은 성과 평가를 위해 종종 이용되는 최상의 국제채권시장 지수들의 일부를 제공한다. J.P. Morgan은 개도국 시장지수, 신흥시장 지수, 글로벌 전체 채권지수를 발표한다.

주요 용어

- 간사단
- 글로벌본드
- 기명채권
- 매도가격
- 매입가격
- 무기명채권
- 발행시장
- 변동금리부채권(FRNs)
- 고정금리채
- 브로커
- 시장조성자
- 신주인수권부 채권
- 외국채
- 유로본드
- 유로중기노트(Euro-MTNs)
- 유통시장
- 이중통화 표시채
- 인수단
- 인수스프레드
- 인수자
- 일괄등록제도
- 전환사채
- 주간사
- 주식연계채
- 판매단

연습문제

01. 외국채와 유로본드의 차이점에 대해 설명하라. 또한 왜 유로본드가 국제채권 시장에서 가장 큰 부분을 차지하는지를 논하라.

02. 국제채권 시장 상품들의 차별화되는 특징을 주목하면서 주요 유형을 간략히 정의하라.

03. 왜 대부분의 국제채권은 Moody's 또는 S&P's의 높은 신용등급을 가지고 있는가?

04. 국가 정부에게 부여하는 신용등급을 결정하는 데 있어 S&P's가 분석하는 요인들은 무엇인가?

05. 시장에서 새로운 국제채권이 발행되는 과정에 대해 논의하라.

06. 당신은 새로운 국제채권 발행을 고려하고 있는 유로은행에 대해 조언을 해주는 투자은행가이다. 발행대금은 은행 고객에 대한 유로달러 대출을 위한 자금으로 사용될 것이다. 당신이 추천하고자 하는 채권 상품의 유형은 무엇인가? 그리고 그 이유는?

07. 이중통화채를 발행하기 전에 차입자들은 무엇을 고려해야만 하는가? 그리고 투자자들은 이중통화채에 투자하기 전에 무엇을 고려해야 하는가?

계산문제

01. 당신의 회사는 6개월 만기 미 달러표시 SOFR+0.70%에 연동된 5년 만기의 변동금리부 채권을 발행하였다. 만약 6개월 CME Term SOFR가 현재 7.2%라면, 당신 회사가 액면가 1,000 달러당 첫 번째 쿠폰이자로 지급해야 하는 금액은 얼마인가?

02. 만기에 SF 액면가 1,000 스위스 프랑당 666.67 달러를 지급하는 8.5% 쿠폰이자율의 스위스 프랑/미 달러 이중통화채를 고려해 보자. 이 채권은 액면가로 판매된다. 만기시 SF/$의 내재된 환율은 얼마인가? 만약 실제 SF/$의 환율이 SF1.35/$1.00이라면, 투자자는 만기시 이익인가 손해인가?

03. 5년 만기, 4% 쿠폰이자율의 유로엔 채권이 액면가로 판매된다. 유사한 위험의 5년 만기, 5.5% 쿠폰이자율의 엔/달러 이중통화채는 만기에 $833.44를 지급한다. 이 채권은 ￥110,000에 판매된다. 만기시 내재된 ￥/$ 환율은 얼마인가?
힌트: 이중통화 표시채는 ￥100,000의 명목가치에 대해 5.5%를 지급하는 반면, 채권의 액면가는 반드시 ￥100,000와 동일할 필요는 없다.

인터넷 연습문제

유럽금융시장협회(AFME)는 세계채권시장을 대표하는 단체이다. 이 협회의 뉴스레터를 웹사이트에서 볼 수 있다. www.afme.eu 웹사이트에 가서 현재 유럽금융시장에서 관심의 대상이 되는 사건들이 무엇인지 알아보자.

미니 케이스

Alpha Gen Technologies: 판다 혹은 딤섬 본드?

2022년 3월의 바쁜 아침, 미아 싱은 텍사스 주 달라스에 위치한 그녀의 기업 사무실에 앉아 있다. 그녀는 알파 제너레이션 테크놀로지스의 CFO로, 통합 회로에 사용되는 부품을 설계하고 생산하는데 전문화된 신생 기업이다. 이 회사는 최근 중국 안후이 성 지방 정부와 협약을 체결하고, 중국과 외국의 통합 회로 생산자에게 공급할 목적으로 그 지방에 제조 공장을 건설하기로 했다. 통합 회로와 안후이 성은 모두 중국 국가발전개혁위원회와 상무부가 발표한 투자 권장 산업 및 지역 목록에 포함되어 있으므로, 회사는 수입 장비에 대한 관세 면제 및 양도적 법인소득세율과 같은 유리한 조건을 확보할 수 있었다. 제조 공장 건설에는 약 7억 위안(약 1억 1천만 달러 상당)의 투자가 필요하며, 공장은 1년 내에 가동될 예정이다. 중국 발행자들의 최근 고위험 디폴트와 쿠폰 지급 실패에 대한 우려에도 불구하고, 알파 제너레이션 테크놀로지스는 외환 위험을 피하기 위해 5년 만기의 위안화 표시 채권을 발행하여 자본을 조달할 계획이다. 미아 싱과 그녀의 팀은 현재 중국 본토에서 발행되는 위안화 표시 채권(일명 판다 본드)과 홍콩에서 발행되는 해외 위안화 표시 채권(일명 딤섬 본드) 중 어느 것을 발행할지를 고민하고 있다.

중국은 위안화를 세계적인 주요 통화로 만들기 위한 노력의 일환으로, 국내외 채권 시장의 발전을 촉진하고 있다. 결과적으로, 중국 국내 채권 시장은 현재 미국에 이어 세계에서 두 번째로 큰 채권 시장이다. 국내 발행자들이 국내 시장을 지배하고 있지만, 2021년 8월 기준으로 64개의 해외 발행자들이 중국 은행간 채권 시장에서 판다 본드를 발행하고 총 3,700억 위안을 조달했다고 중국 금융시장기관투자자협회는 밝혔다. 이러한 외국 발행자에는 아시아개발은행과 캐나다 국립은행과 같은 금융 기관과 다임러, BMW와 같은 기업들이 포함된다. 예를 들어, 다임러 AG는 2014년에 판다 본드의 첫 해외 기업 발행자였으며, 그 이후로 총 30회의 발행을 통해 국내 채권 장에서 가장 큰 총 발행 규모를 가진 국제 발행자가 되었다.

외환 위험에 대한 노출을 제거하는 것 외에도, 판다 본드는 기업들이 중국 시장에서 브랜드 인지도와 홍보를 구축하고 투자자 기반을 다양화하는 데 도움이 될 수 있다. 동일 위험 수준의 판다 본드와 딤섬 본드의 수익률은 시장 유동성, 통화 조건을 포함한 다양한 수요와 공급 조건으로 인해 다를 수 있다. 예를 들어, KPMG는 2016-2017년 동안 실행된 채권 거래를 분석하고 판다 본드의 자금 조달 비용이 딤섬 본드보다 낮다는 것을 발견했다. 그러나 중국은 강력한 자본 통제로 알려져 있으며, 자금 흐름은 심각하게 제한될 수 있다. 발행 과정은 때때로 신청 및 공시 과정을 포함해 까다로울 수 있다. 모호한 지침과 규정으로 인해 규제 불확실성이 생겼지만, 당국은 최근 몇 년 동안 지침과 규칙을 늘려왔다. 앞서 언급한 문제들로 인해 판다 본드는 5년 이하의 짧은 만기를 가지는 경향이 있다.

위안화 표시 채권의 가장 큰 해외 시장은 홍콩이다. 딤섬 본드 시장은 중국 당국이 해외 채권 시장에 대한 초기 규제를 완화한 2010년부터 시작하여 성장했다. 결과적으로, 이 시장은 2007년 5건의 발행에서 2014년 218건의 발행으로 성장했다고 Fung 등(2016)이 보고했다. 캐터필러, 테스코, 맥도날드와 같은 국제 기업들이 딤섬 본드를 발행했다. 중국의 느린 경제 성장, 통화 변동, 국내 시장의 성장으로 인해 2015년부터 딤섬 시장이 다소 둔화되었다. 그러나 South China Morning Post에 따르면, 딤섬 시장에서의 발행 건수는 2021년 상반기에 전년 동기 대비 증가했다.

해외 시장에서의 발행 과정은 덜 까다롭고 더 투명할 수 있으며, 발행자가 다른 시장에서 마주칠 수 있는 것과 유사하다. 가장 중요하게, 알파 제너레이션 테크놀로지스는 해외 채권 시장을 활용할 경우 동일한 자본 통제를 받지 않을 것이다. 그러나 딤섬 본드에 대한 수요는 예상 통화 움직임에 크게 의존하는 경향이 있다. 투자자들이 지속적인 위안화 강세를 예상할 때, 그들은 본드 수익과 위안화 강세로 인한 이익을 포함하는 투자 수익을 얻기 위해 딤섬 본드로 몰린다. 이는 변동성을 초래하며, 현재 위안화에 대한 합의는 불분명하다.

국내 및 해외 채권 시장 조건을 바탕으로, 알파 제너레이션 테크놀로지스는 판다 본드나 딤섬 본드 중 어느 것을 발행해야 할까?

참고문헌 및 추천도서

Claes, A., Marc J. K. DeCeuster, and R. Polfliet. "Anatomy of the Eurobond Market." *European Financial Management* 8, no. 3 (2002).

Fung, Hung-Gay, Glenn Ko, Teresa Ling, and Jot Yau. "The Offshore Renminbi Bonds: The Dim Sum and Formosa Bonds." *The Chinese Economy* 49 (2016), pp. 287 – 299.

Gande, Amar, and David C. Parsley. "News Spillovers in the Sovereign Debt Market." *Journal of Financial Economics* 75 (2005), pp. 691 – 734.

Kim, Yong Cheol, and Rene M. Stultz. "The Eurobond Market and Corporate Financial Policy: A Test of the Clientele Hypothesis." *Journal of Financial Economics* 22 (1988), pp. 189 – 205.

KPMG. "Panda Bonds — A New Landscape in China's Bond Market: An Issuer Guide for Funding Diversification." 2018.

Lee, Georgina. "Yuan's Steady Gains Whet Appetite for China's Offshore Dim Sum Bonds in Hong Kong." *South China Morning Post*, July 15, 2021.

Miller, Darius P., and John J. Puthenpurackal. "Security Fungibility and the Cost of Capital: Evidence from Global Bonds." *Journal of Financial and Quantitative Analysis* 40 (2005), pp. 849 - 72.

National Association of Financial Market Institutional Investors. "Panda Bonds: Raising Finance in China's Bond Market — Case Studies." September 2021.

Resnick, Bruce G. "Investor Yield and Gross Underwriting Spread Comparisons among U.S. Dollar, Yankee, Eurodollar, and Global Bonds." *Journal of International Money and Finance* 31 (2012), pp. 445 - 63.

Chapter 13

국제주식시장

CHAPTER OUTLINE

- **세계의 주식시장: 통계적 개관**
  - 시가총액
  - 시장 유동성
  - 시장 집중도
- **시장구조, 거래관행 및 비용**
  - 시장 통합 및 합병
- **국제주식의 거래**
  - 주식의 교차상장
  - 양키(Yankee) 주식 공모
  - 미국 주식예탁증서
  - 글로벌 등록주식
  - 교차상장 및 ADR에 대한 실증연구 결과
- **국제주식시장 벤치마크 지수**
- **iShares MSCI**
- **국제주식수익률에 영향을 미치는 요인들**
  - 거시경제요인
  - 환율
  - 산업요인
  - 시장요인
- **요약**
- **주요 용어**
- **연습문제**
- **계산문제**
- **인터넷 연습문제**
- **미니 케이스:** San Pico의 새로운 증권거래소
- **참고문헌 및 추천도서**

이 장에서는 주식시장 또는 공개된 회사의 소유권이 전 세계적으로 어떻게 거래되고 있는지에 초점을 맞출 것이다. 기업이 발행시장(primary markets)에서 어떻게 신규 보통주를 최초 투자자에게 판매하는지 그리고 유통시장(secondary markets)에서 이전에 발행된 보통주가 투자자간에 어떻게 거래되는지에 대하여 논의할 것이다. 이 장은 어떻게 기업들이 새로운 주식자본을 조달하는지를 이해하는 데 유용할 것이고, 그들의 포트폴리오를 세계적으로 분산투자하는 데 관심이 있는 투자자들에게 유용한 제도적인 정보를 제공한다.

이 장은 먼저 세계주식시장에 대한 개관을 할 것이다. 여기서 제시된 통계자료는 선진국과 개도국의 여러 주식 유통시장들의 상대적 규모 및 유동성을 보여준다. 그리고 다음으로 시장구조의 차이점들을 조사한다. 그리고 나서 한 기업의 주식이 여러 국가의 증권거래소에 상장하는 복수상장의 이점들에 대해 논의할 것이다. 또한 자국시장보다 더 많은 발행시장 투자자들로부터 새로운 주식자본을 조달하는 것과 관련한 이슈들을 분석할 것이다. 다음으로 다양한 국제주식 벤치마크 지수들이 제시된다. 이 장은 주식가치 평가에 영향을 미치는 요인들에 대한 논의로 끝을 맺는다. 역사적인 시장 성과들과 외국 주식시장들에 투자하는 위험들에 대한 분석은 여기서 제시되지 않고 제15장에서 다룬다. 제15장에서는 투자펀드들의 국제 분산투자에 대한 강력한 옹호론들이 펼쳐진다.

세계의 주식시장: 통계적 개관

국제주식시장에 관해 지적으로 토의하기 전에, 주요 국가의 주식시장들의 지리적 분포, 상대적인 규모들에 관한 정보, 그리고 거래와 소유권에 대한 기회들을 이해하는 것이 도움이 될 것이다. 이 절은 이러한 배경자료를 제공하고, 또한 미국, 아시아 태평양 지역, 유럽-아프리카-중동 지역의 주식시장들에 대한 통계적인 요약을 제공한다.

도표 13.1

시가총액
(단위: 10억 달러)

지역 또는 국가	2017	2018	2019	2020	2021
미대륙					
B3 – Brasil Bolsa Balcãao	955	917	1,187	988	890
Barbados Stock Exchange	3	3	4	3	3
Bermuda Stock Exchange	3	2	3	0	0
Bolsa de Comercio de Santiago	295	251	204	185	152
Bolsa de Valores de Colombia	121	104	132	106	91
Bolsa de Valores de Lima	99	93	99	87	78
Bolsa Electronica de Chile	na	2	204	185	107
Bolsa Mexicana de Valores	417	385	414	400	460
Bolsa Nacional de Valores	3	2	2	2	2
Bolsa y Mercados Argentinos	109	46	39	32	42
Canadian Securities Exchange	0	0	na	33	na
Cayman Island Stock Exchange	na	0	0	1	na
Jamaica Stock Exchange	9	12	16	12	12
Latin American Stock Exchange (Latinex)	15	16	17	14	15
Nasdaq - US	10,039	9,757	13,002	19,060	24,557
NYSE	22,081	20,679	21,084	22,509	27,687
TMX Group	2,367	1,938	2,409	2,608	3,264
Total Region	**36,517**	**34,209**	**38,816**	**46,226**	**57,361**
아시아–태평양					
Armenia Securities Exchange	na	0	0	0	0
ASX Australian Securities Exchange	1,508	1,263	1,488	1,721	1,887
Baku Stock Exchange	na	na	2	1	2
BSE India Limited	2,332	2,083	na	na	na
Bursa Malaysia	456	398	404	437	414
Chittagong Stock Exchange	42	38	31	44	53
Colombo Stock Exchange	19	16	16	16	27
Dhaka Stock Exchange	44	40	33	46	56
Hanoi Stock Exchange	10	8	8	9	22
Hochiminh Stock Exchange	117	124	142	177	256
Hong Kong Exchanges and Clearing	4,351	3,819	4,899	6,130	5,434
Indonesia Stock Exchange	521	487	523	496	579
Japan Exchange Group	6,223	5,297	6,191	6,718	6,544
Korea Exchange	1,772	1,414	1,485	2,176	2,219
National Equities Exchange and Quotations	na	na	54	62	63
National Stock Exchange of India	2,351	2,056	2,163	2,552	3,548
NZX Limited	92	86	108	132	123
Pakistan Stock Exchange	na	56	51	50	43
Philippine Stock Exchange	290	258	275	273	285
Port Moresby Stock Exchange	2	na	na	na	na
Shanghai Stock Exchange	5,090	3,919	5,106	6,976	8,155
Shenzhen Stock Exchange	3,622	2,405	3,410	5,238	6,220
Singapore Exchange	787	687	697	653	663
Sydney Stock Exchange	0	na	na	na	na

(계속)

도표 13.1

시가총액 (계속)
(단위: 10억 달러)

지역 또는 국가	2017	2018	2019	2020	2021
Taipei Exchange	112	92	115	155	208
Taiwan Stock Exchange	1,073	959	1,217	1,599	2,029
The Stock Exchange of Thailand	549	501	569	543	599
Total Region	**31,361**	**26,007**	**28,987**	**36,205**	**39,430**
유럽-아프리카-중동					
Abu Dhabi Securities Exchange	125	138	145	202	443
Amman Stock Exchange	24	23	21	18	22
Astana International Exchange				0	0
Athens Stock Exchange	51	38	54	51	59
Bahrain Bourse	22	22	27	25	29
Beirut Stock Exchange	11	10	8	7	11
Belarusian Currency and Stock Exchange	0	0	0	0	3
BME Spanish Exchanges	889	724	797	759	776
Borsa Istanbul	228	149	185	237	138
Botswana Stock Exchange	4	4	4	3	3
Boursa Kuwait	na	na	118	106	137
Bourse de Casablanca	67	61	65	66	75
BRVM	12	8	8	7	11
Bucharest Stock Exchange	24	21	26	26	32
Budapest Stock Exchange	32	29	33	28	32
Bulgarian SE	na	16	16	18	17
Cyprus Stock Exchange	3	3	4	5	6
Dar Es Salaam Stock Exchange	na	na	7	6	7
Deutsche Boerse AG	2,262	1,755	2,098	2,284	2,503
Dubai Financial Market	108	94	102	93	112
Euronext	4,393	3,730	4,702	5,444	7,334
Euronext Dublin	147	110			
Euronext Oslo	287	267	296		
Ghana Stock Exchange	na	na	10	9	10
Iran Fara Bourse Securities Exchange	18	27	68	321	247
Johannesburg Stock Exchange	1,231	865	1,056	1,052	1,143
Kazakhstan Stock Exchange	46	37	45	38	66
Ljubljana Stock Exchange	6	7	8	8	11
London Stock Exchange Group	4,455	3,638	4,183	4,046	3,799
Luxembourg Stock Exchange	69	49	44	52	61
Malta Stock Exchange	5	5	5	5	5
MERJ Exchange Limited	0	0	1	1	1
Moscow Exchange	623	576	792	695	842
Muscat Stock Exchange	21	19	17	16	19
Nairobi Securities Exchange	24	na	25	21	23
Namibian Stock Exchange	3	2	3	2	2
Nasdaq Nordic and Baltics	1,533	1,323	1,613	2,110	2,557
Palestine Exchange	4	4	4	3	4
Prague Stock Exchange	na	27	26	27	37
Qatar Stock Exchange	131	163	160	165	168

(계속)

도표 13.1

시가총액 (계속)
(단위: 10억 달러)

지역 또는 국가	2017	2018	2019	2020	2021
유럽-아프리카-중동 (계속)					
Rwanda Stock Exchange	na	3	3	3	4
Saudi Exchange (Tadawul)	451	496	2,407	2,429	2,671
SIX Swiss Exchange	1,686	1,441	1,834	2,002	2,328
Stock Exchange of Mauritius	10	10	9	6	9
Tehran Stock Exchange	106	144	321	1,218	1,261
Tel-Aviv Stock Exchange	231	187	237	262	362
The Egyptian Exchange	47	42	44	41	49
Tunis Stock Exchange	9	8	9	9	8
Ukrainian Exchange	5	4	na	na	na
Vienna Stock Exchange	151	117	133	132	163
Warsaw Stock Exchange	201	160	152	178	329
Zagreb Stock Exchange	23	21	22	22	21
Total Region	**19,815**	**16,611**	**21,991**	**24,316**	**28,034**
WFE Total	**87,693**	**76,827**	**89,793**	**106,747**	**124,826**

자료: World Federation of Exchanges Statistics Database.

시가총액(Market Capitalization)

2021년 말, 세계거래소연맹(World Federation of Exchanges, WFE)이 추적하는 100개의 증권거래소의 시가총액은 124조 8,260억 달러에 달했다. 〈도표 13.1〉은 2017년~2021년간 주식시장 시가총액을 보여준다.

이 도표에 따르면, 2021년 말 세계에서 가장 큰 5개의 증권 거래소는 뉴욕증권거래소(NYSE), 나스닥, 상하이 증권거래소, 유로넥스트, 그리고 도쿄 증권거래소이다. 상하이 증권거래소의 주식시장 시가총액은 2020년 일본을 추월하며 세계에서 3번째로 큰 규모가 되었다. 또한, 모든 거래소의 총 시가총액은 2017년부터 2021년까지 42%가량 상승했다. 그러나 시가총액의 변화는 지역별로 다소 다르게 나타났다. 예를 들어, 5년간 미주지역의 시가총액은 57% 상승한 반면 아시아-태평양 지역은 26% 상승하였다. 같은 기간 유럽-아프리카-중동지역의 시가총액은 41% 증가했다.

그리고 주식시장의 시가총액 대비 국가의 GDP 비율은 종종 국가의 금융시장의 발전도와 깊이를 나타내는 지표로 사용된다. 예를 들어, NYSE와 나스닥의 시가총액은 2021년 미국 GDP의 약 218%에 해당한다. 전반적으로, 상장된 국내 회사의 시가총액 대비 GDP 비율은 2020년 고소득 국가의 경우 171%인 반면 중소득 국가는 78%였다.[1)]

시장 유동성(Market Liquidity)

유동적인 주식시장이란 투자자들이 현재 호가된 가격에 아주 근접한 가격으로 신속하게 주식 매매를 할 수 있는 시장이다. 주식시장의 유동성에 대한 한 측정치는 회전율이다. 즉, 일정 기간 동안의 주식시장 거래량(금액)을 주식시장의 규모 또는 시가총액으로 나눈 비율이다. 일반적으로 회전율이 높으면, 주식 유통시장의 유동성이 더 높고, 이는 거래가 쉬움을 의미한다.

〈도표 13.2〉는 2021년을 시작으로 〈도표 13.1〉에 제공되는 78개의 증권거래소의 5년 동안의 회전율을 제시한다. 이 표는 많은 국가의 주식시장이 매우 높은 회전율을 보이면서 거래소들의 30% 가량이 평균 회전율 30%를 초과하고 있다.

〈도표 13.2〉는 개도국들 간에 회전율 차이가 상당함을 보여준다. 각 지역의 많은 소규모 주식시장(예컨대, 아르헨티나, 페루, 크로아티아, 레바논, 나이지리아, 슬로베니아)은 상대적으로 회전율이 낮아서 현재 유동성이 낮다는 것을 나타낸다. 그럼에도 불구하고 비교적 규모가 더 큰 신흥주식시장(중국, 인도 및 대만)은 매우 높은 유동성을 보인다.

시장 집중도(Market Concentration)

투자자들은 소수의 대형기업이 지배하는 주식시장에서 투자를 다양화하는 데 어려움을 겪을 것이다. 또한, 이러한 금융시장은 기업들이 주식시장에 접근하는 데 있어 불리한 상황을 나타낸다. 주식시장 집중도의 일반적인 측정 방법은 가장 큰 10개 회사의 시가총액을 전체 시가총액으로 나눈 비율이다. 〈도표 13.2〉는 WFE 거래소 중 데이터가 존재하는 일부의 시장 집중도를 보여주며, 사우디 거래소와 같은 일부 거래소는 매우 집중도가 높다. 사우디 거래소에서 가장 큰 10개 회사는 증권거래소의 전체 시가총액의 무려 87.81%를 차지했다. 따라서 사우디아라비아 주식시장에 관심이 있는 투자자들이 이 10개 회사 외에 투자를 다양화하는 것은 실제로 어려울 것이다. 반면, 도쿄 증권거래소는 훨씬 낮은 17.82%의 집중도를 가지고 있었다.

---

1) World Development Indicators, 세계은행. 2022년 2월 11일 접속

도표 13.2 주식회전율과 집중도, 2021

거래소	국내 주식의 회전율(%)	상위 10개사의 시가총액 집중도(%)
미대륙		
Bermuda Stock Exchange	9.24	
Bolsa de Comercio de Santiago	26.41	45.44*
Bolsa de Valores de Colombia	7.92	
Bolsa de Valores de Lima	2.71	61.00*
Bolsa Electronica de Chile	1.58	
Bolsa Mexicana de Valores	19.64	
Bolsa Nacional de Valores	1.58	
Bolsa y Mercados Argentinos	6.27	
Latin American Stock Exchange (Latinex)	4.42	94.00
아시아-태평양		
Armenia Securities Exchange	1.27	
ASX Australian Securities Exchange	56.60	
Baku Stock Exchange	1.12	92.34
Bursa Malaysia	49.22	33.95
Chittagong Stock Exchange	3.23	
Colombo Stock Exchange	19.49	44.71
Dhaka Stock Exchange	71.10	
Hochiminh Stock Exchange	172.70	
Hong Kong Exchanges and Clearing	74.86	34.22
Indonesia Stock Exchange	35.04	
Japan Exchange Group	96.93	17.82
Korea Exchange	252.41	
National Equities Exchange and Quotations	10.92	8.23
National Stock Exchange of India	64.82	
NZX Limited	16.74	54.00*
Pakistan Stock Exchange	48.40	
Philippine Stock Exchange	12.56	45.28*
Shanghai Stock Exchange	218.64	
Shenzhen Stock Exchange	362.12	16.80*
Taipei Exchange	342.18	30.89
Taiwan Stock Exchange	157.19	44.62
The Stock Exchange of Thailand	99.84	30.27
유럽-아프리카-중동		
Abu Dhabi Securities Exchange	22.71	
Amman Stock Exchange	12.33	67.79
Athens Stock Exchange	27.83	60.39
Bahrain Bourse	1.95	
Beirut Stock Exchange	3.34	
Belarusian Currency and Stock Exchange	0.30	
BME Spanish Exchanges	51.37	57.67
Borsa Istanbul	388.88	34.81
Botswana Stock Exchange	4.86	78.40

(계속)

도표 13.2

주식회전율과 집중도, 2021 (계속)

거래소	국내 주식의 회전율(%)	상위 10개사의 시가총액 집중도(%)
Boursa Kuwait	29.07	
Bourse de Casablanca	5.88	
BRVM	2.17	
Bucharest Stock Exchange	6.72	
Budapest Stock Exchange	27.40	
Bulgarian SE	1.70	
Cyprus Stock Exchange	0.51	53.00
Dar Es Salaam Stock Exchange	0.32	
Deutsche Boerse AG	60.19	38.56
Dubai Financial Market	17.03	
Euronext	37.72	
Ghana Stock Exchange	0.24	33.20*
Iran Fara Bourse Securities Exchange	40.14	
Johannesburg Stock Exchange	29.37	
Kazakhstan Stock Exchange	1.39	88.31*
Ljubljana Stock Exchange	3.35	
LSE Group London Stock Exchange	30.75	
Luxembourg Stock Exchange	0.10	
Malta Stock Exchange	0.76	
MERJ Exchange Limited	0.21	
Moscow Exchange	38.82	
Muscat Stock Exchange	8.86	
Nairobi Securities Exchange	2.30	
Namibian Stock Exchange	1.18	
Nasdaq Nordic and Baltics	41.23	
Nigerian Exchange	2.08	
Palestine Exchange	9.50	
Prague Stock Exchange	13.38	
Rwanda Stock Exchange	0.16	
Saudi Exchange (Tadawul)	22.21	87.81
SIX Swiss Exchange	36.67	
Stock Exchange of Mauritius	3.43	51.00
Tehran Stock Exchange	18.71	38.40
Tel-Aviv Stock Exchange	29.35	
The Egyptian Exchange	43.07	45.00
Tunis Stock Exchange	5.85	
Vienna Stock Exchange	21.64	
Zagreb Stock Exchange	1.25	72.86

주: 2021년 데이터가 없을 경우 2020년 데이터를 사용

자료: World Federation of Exchanges Statistics Database.

시장구조, 거래관행 및 거래비용

세계의 주식유통시장은 두 가지 주요 목적들에 기여한다.[2] 시장성(marketability)과 주식가치평가(share valuation)를 제공한다. **발행시장**(primary market)에서 발행 기업으로부터 주식을 매수하는 투자자나 거래자들은 주식을 무한정 보유하고자 하지 않을 것이다. **유통시장**(secondary market)은 주식 보유자들이 원치 않는 주식의 보유를 감소시키고 매수자가 그 주식을 매수할 수 있게 해준다. 유통시장을 통해 제공되는 시장성이 없이는 기업들은 발행시장에서 매수자들을 유인하는 데 많은 어려움을 겪게 된다. 더욱이 유통시장에서 매매자들 사이에 경쟁적인 거래가 이루어짐으로써 기존 주식의 공정한 시장가격을 확립하게 한다.

유통시장에서 거래를 함에 있어서, 일반 대중인 매입자와 매도자는 **브로커**(broker)로 알려진 대리인에 의해 대표된다. 브로커에게 제출된 주문은 **시장가 주문**(market order)이거나 **지정가 주문**(limit order)일 수 있다. 시장가 주문은 브로커가 주문을 받은 당시의 시장가격에서 가능한 가장 좋은 가격에 주문이 실행되는 것이다. 지정가주문은 시장가격에서 벗어난 주문으로, 지정가주문 장부에 유지되어 있다가 원하는 가격에 주문이 체결된다.

매매쌍방의 효율적인 주식거래를 위한 많은 상이한 유통시장의 구조들이 존재한다. 그러나 일반적으로 유통시장은 딜러시장이나 대리인시장으로 구성된다. **딜러시장**(dealer market)에서 브로커는 딜러를 통해서 주식거래를 하고, 딜러는 거래당사자로서 자신의 계정으로 주식을 매매함으로써 거래에 참여한다. 일반 대중 거래자들은 딜러시장에서 서로 간에 직접적으로 거래를 하지 않는다. **대리인시장**(agency market)에서 브로커는 대리인을 통해 고객의 주문을 받고, 대리인은 이 주문을 다른 대중의 주문과 매치한다. 즉, 대리인은 브로커의 브로커로 간주될 수 있다. 따라서 대리인은 공식브로커(official broker) 및 중앙브로커(central broker)라고 불리기도 한다.

www.nasdaq.com
NASDAQ 증권거래소의 공식 웹사이트로서, 이 거래소, 주식 화면 소프트웨어 및 가격 호가에 관한 정보를 제공한다.

미국에는 딜러와 대리인 구조가 동시에 존재한다. **장외거래**(over-the-counter: OTC)시장은 딜러시장에 속한다. OTC 주식은 일반적으로 비상장 주식이다. 미국 전국증권딜러협회의 자동호가시스템(National Association of Security Dealers Automated Quotation System: NASDAQ)은 컴퓨터로 링크된 시스템으로서 어느 주식에 대한 모든

2) 이 절의 많은 논의는 Schwartz(1988)의 제2장을 따른다.

딜러들의 매도가(ask prices)와 매입가(bid prices)를 보여준다. 그러나, NASDAQ은 일반적으로 장외시장으로 분류되지 않고 상장증권거래소로 분류된다.

www.nyse.com
뉴욕증권거래소(NYSE)의 웹사이트로서, NYSE와 그 운영, 회원제 및 상장기업에 관한 정보가 제공된다. 미국 주가의 호가는 이 사이트에서 이용가능하다.

미국에서 기업이 자사의 주식을 조직화된 증권거래소에서 거래시키기 위해서는 반드시 일정한 상장 요건들을 충족시켜야 한다. 미국에서 가장 규모가 큰 두 개의 거래소는 뉴욕증권거래소(NYSE)와 아메리칸증권거래소(AMEX)이며, 이 두 거래소는 전국거래소로서 투자자들이 관심이 있는 대기업들의 주식이 거래된다. 지역적 관심을 갖는 기업들의 주식은 몇몇 지역거래소들에서 거래된다. 최근 몇 년간 이러한 거래소들 사이에서 일어난 통합과 합병에 대한 논의는 다음 절에서 다루어진다.

미국의 거래소 시장은 대리인/경매시장이다. 각 거래소에서 거래되는 주식은 **스페셜리스트**(specialist)에 의해 대표된다. 그는 주식의 재고를 보유함으로써 시장을 조성한다. 각 스페셜리스트는 거래소의 거래 플로어에 지정석(데스크)을 가지고 있으며, 그곳에서 고객을 위한 주식거래를 수행한다. 장내(플로어) 브로커는 어느 한 주식에 대한 대중들의 시장가 주문의 흐름을 주문 체결을 위해 스페셜리스트의 데스크에 전달한다. 딜러로서 스페셜리스트는 자신이 책임지는 주식의 매입가와 매도가를 제시해야 하는 의무가 있고, 또한 자신의 계정으로 이 가격에 주식을 매입 또는 매도할 준비가 되어 있다. 경매를 통하여 장내브로커 "군(crowd)"은 고객을 위해 스페셜리스트가 제시하는 매입가와 매도가의 사이에서 더 유리한 시장가에 도달할 수 있으며 그들 자신끼리 서로 거래를 할 수 있다. 2017년 기준, 뉴욕증권거래소(NYSE)의 152개 회원사 중 거래중개인은 205명이 있다.[3)]

스페셜리스트 도 지정가 주문 장부를 보유하고 있다. 이 주문을 체결하기 위해, 스페셜리스트는 대리인의 역할을 한다. 지정가 주문가가 스페셜리스트가 제시하는 가격보다 더 유리하다면 주식의 매입가와 매도가를 확정할 때, 지정가 주문가에 우선순위가 있다. 그리고 가능하다면, 스페셜리스트는 자신의 계정으로 거래하기 전에 일반 대중의 주문 흐름으로부터 지정가 주문을 먼저 실행해야 한다. 미국의 장외거래 시장과 거래소 시장은 **연속형 시장**(continuous markets)이며, 시장가 주문과 지정가 주문이 영업시간 동안 언제든지 실행될 수 있다.

www.tmx.com
토론토증권거래소를 운영하는 TMX Group의 웹사이트이다. 이 거래소와 그 운영, 회원제 및 상장기업에 관한 정보가 제공된다. 캐나다 주가 및 뮤추얼펀드 가격이 이 사이트에서 이용가능하다.

최근 몇 년간, 대부분의 국가 주식시장들은 거래되는 주식들의 적어도 일부에 대해 자동화가 되어 왔다. 처음으로 자동화된 주식시장은 토론토증권거래소(TME)이다. 그곳에서는 1977년 컴퓨터지원형거래시스템(CATS)을 도입했다. 자동거래시스

3) https://www.nyse.com/markets/nyse/trading-info

템은 전자적으로 연속적인 대중의 주문을 저장하고 보여주며, 이를 통해 대중 거래자들이 거래소 직원의 도움 없이도 상호간에 주문을 교차하고 거래를 성사시킨다. 대체로 주문이 더 신속하게 체결되고 거래소 직원이 덜 필요하기 때문에 자동거래 시스템은 성공적이다. 게다가 실제로 스페셜리스트의 시스템을 우회하는 자동화거래는 현재 뉴욕증권거래소 거래량의 대부분을 차지하고 있다. 몇몇 국가들에서는 거래소의 플로어가 완전히 제거되었다.

모든 주식시장 시스템이 연속형 거래를 제공하지는 않는다. 예를 들어, 파리거래소(Paris Bourse)는 전통적으로 콜 시장이었다. 콜 시장에서는 거래소의 대리인이 일정 기간 동안 주문들을 일괄적으로 모아서, 이러한 주문 묶음이 문서나 구두로 거래일 내내 주기적으로 체결된다. 시장가 주문과 지정가 주문 모두 이러한 방식으로 다루어진다. 콜 시장의 주요 단점은 거래자들이 자신의 주문이 거래될 특정 가격을 확신하지 못한다는 것이다 왜냐하면 매입가와 매도가 호가가 콜 이전에는 이용불가능하기 때문이다. 2000년 9월 22일, 파리거래소는 브뤼셀 및 암스테르담 거래소들과 합병하여 유로넥스트(Euronext)가 되었고, 이는 이 장의 나중 절에서 논의될 것이다.

비연속형 거래소 거래시스템의 두 번째 유형은 **군집거래**(crowd trading)이다. 전형적으로, 군집거래는 다음과 같이 조직화된다. 객장에서 거래소의 대리인은 주기적으로 어느 주식의 이름을 부른다. 이 시점에서 트레이더들은 이 주식에 대한 자신들의 매입가와 매도가를 발표하고, 거래의 상대방을 찾는다. 거래상대방들 사이에 협상을 하고 거래가 체결된다. 모든 거래들에 공통의 가격이 있는 콜 시장과 달리, 몇몇 쌍방거래들은 서로 다른 가격들에 발생할 수 있다. 군집거래는 한 때 취리히증권거래소(Zurich Stock Exchange)의 거래 시스템이었지만, 1996년 8월 이 스위스거래소는 자동화 시스템으로 전환하였다. 군집거래는 또한 마드리드증권거래소(Madrid Stock Exchange)에서 시행되었다.

연속형 거래시스템은 활발히 거래되는 주식들에 대해 바람직한 반면, 콜 시장과 군집거래는 단기간에 걸친 희박한 주문 흐름의 가능성을 완화하기 때문에 얇게 거래되는 주식들에 대해 장점을 제공한다. 〈도표 13.3〉은 전세계 주요 주식거래시스템을 요약하고 있다.

도표 13.3

주요 주식거래 시스템의 특징

주식거래 시스템	시장 특징		
	공개 주문	주문 흐름	실례
딜러	딜러와의 거래	연속형	나스닥/장외시장
대리인	대리인이 공개 주문 매칭을 중개	연속형 또는 주기적	NYSE 스페셜리스트 시스템*(연속형) 구 파리거래소(비연속형)
완전 자동화	공개 주문의 전자 매칭	연속형	토론토증권거래소

* 본문에 보듯이 스페셜리스트는 때로는 딜러로서 역할을 할 수 있다.

시장 통합 및 합병

서유럽과 동유럽은 한 때 20여 개의 국가 주식시장이 있었고 적어도 15개의 다른 언어들이 사용되었다. 오늘날 전 세계의 주식시장들은 언제 어디서든 더 빠른 속도의 주식거래를 위해 서로 간에 결합하거나 지분을 매입하도록 고객들로부터 압력을 받고 있다. 투자자들의 요구를 만족시키기 위해서 몇몇 주식시장의 결합과 거래협정들이 맺어졌다.

www.euronext.com
Euronext의 공식 웹사이트이다.

가장 유망한 협정들 중의 하나는 유로넥스트(Euronext)이다. 유로넥스트는 암스테르담거래소, 브뤼셀거래소 및 파리거래소가 2000년 9월 22일 합병되어 탄생했다. 2001년 6월에는 리스본증권거래소가 유로넥스트와 합병을 했다. 2018년 3월에는 유로넥스트가 아일랜드 증권거래소를 인수함에 따라 더블린도 함께 하게 되었으며, 2019년에는 노르웨이 증권거래소도 인수되었다. 유로넥스트는 각각의 계열 거래소들에 속한 모든 회원사들을 지원하는 단일 거래플랫폼을 설치하였다(예: 유로넥스트 암스테르담, 유로넥스트 더블린). 모든 주식과 상품에 대한 접근이 제공된다. 더욱이 단일 주문 장부가 각 주식에 대해 존재하며 이는 투명성과 유동성을 고려한 것이다. 단일 청산소와 지급 및 인도시스템도 거래를 용이하게 한다.

www.nadaqomx.com
NASDAQ OMX의 공식 웹사이트이다.

유사하게, 런던 증권거래소와 밀라노 증권거래소(즉, 보르사 이탈리아나)는 2007년 10월에 합병하여 런던 증권거래소 그룹을 창설했다. 2021년에는 유로넥스트가 런던 증권거래소 그룹으로부터 보르사 이탈리아나 그룹을 인수했다.또 다른 주목할 만한 유럽의 거래협정은 Norex이다. Norex는 덴마크, 에스토니아, 핀란드, 라트비아, 리투아니아, 스웨덴(모두가 북유럽의 가장 대규모 통합증권시장인 OMX에 의해 소유되고 운영된), 그리고 아이슬란드, 노르웨이에 있는 북유럽 및 발트해 거래소들의 제휴이다. Norex 거래소에서의 거래는 1초당 2,000개의 거래주문을 처리할 수 있는 최신식 컴퓨터화된 전자거래시스템을 채택한 스톡홀름자동거래소(SAXESS)를 통해 실행된다. 2008년 2월 27일 NASDAQ은 OMX를 인수하여 NASDAQ OMX를 설립했고, 2008년 7월 24일, NASDAQ OMX는 필라델피아증권거래소(Philadelphia Stock Exchange)를 인수했다. 2022년 2월 기준 총 1,380개의 회사가 소규모 회사들을 위한 대안적인 증권거래소 계열사인 나스닥 노르딕 및 발트 거래소와 나스닥 퍼스트 노스에 상장되어 있다. 시간이 지남에 따라 유럽 증권거래소의 탄생도 가능할 것으로 생각되지만 유럽연합 국가들 사이에서조차 공통된 증권 규제가 없는 것이 이를 방해하고 있다.

2007년 4월 4일에 유로넥스트와 뉴욕 증권 거래소가 합병하여 NYSE 유로넥스트를 형성함으로써 미래의 국제 거래 체계를 만들 가능성이 생겼다. 추가적으로, 2008년 10월 1일에 NYSE 유로넥스트는 아메리칸 증권거래소를 인수하여 NYSE 아메리칸을 창설했다. 2013년 11월 13일에는 12년차인 에너지 및 상품 선물 거래소인 인터컨티넨탈거래소(ICE)가 110억 달러에 NYSE 유로넥스트를 인수하고, 이후 2014년 3월 20일에 120억 달러의 IPO로 유로넥스트를 분리했다.

게다가, 규제 금지를 포함한 다양한 이유로 인해 제안되었던 다른 거래소 간 합병들이 철회되었다. 예를 들어, 런던 증권거래소와 도이체 뵈르제는 2000년, 2005년, 그리고 2016년에 세 번에 걸쳐 합병을 제안했지만 모두 중단되었다.

국제주식의 거래

1980년대 동안 세계자본시장의 추세는 보다 큰 글로벌 통합이었다. 이러한 움직임을 가져온 몇몇 요인들은 다음과 같다. 첫째, 투자자들이 국제포트폴리오 분산의 이점들을 인식하게 되었다. 둘째, 고정 중개수수료 폐지, 정부 규제의 감소 및 유럽연합에 의한 자본시장 통합 조치들을 통해 주요 자본시장들이 보다 자유화되었다. 셋째, 새로운 컴퓨터 및 통신 기술은 주문 전송 및 실행, 정보의 전파, 청산 및 결제를 통한 효율적이고 공정한 증권거래를 용이하게 했다. 넷째, 다국적기업이 국제적으로 신규자본을 조달하는 것의 이점들을 인식했다. 이 절에서 우리는 더 큰 글로벌 통합이 세계 주식시장에 미치는 중요한 영향들의 일부를 조사한다. 우선 주식의 교차상장을 분석한다.

주식의 교차상장

교차상장(cross-listing)은 기업이 모국의 증권거래소뿐만 아니라 한 개 이상의 외국 증권거래소에도 주식을 상장하는 것을 일컫는다. 교차상장은 새로운 개념이 아니지만 세계 증권시장의 글로벌화 증가에 따라 교차상장 금액은 최근 몇 년 동안 크게 증가하였다. 특히 다국적기업들이 종종 교차상장하고, 비다국적기업들도 교차상장을 하고 있다.

〈도표 13.4〉는 2021년 전 세계 각국의 증권거래소들에 상장된 기업의 총수와, 국내 및 외국 기업의 상장 분류를 보여준다. 이 도표는 일부 외국기업들이 선진국의 거의 모든 증권거래소들에 상장되어 있음을 보여준다. 몇몇 거래소에서는 외국기업의 상장이 더 높은 비율을 차지하고 있다. 사실상 룩셈부르크증권거래소에 상장된 외국주식은 그 나라의 주식보다 더 많고, 싱가포르증권거래소와 뉴욕 증권거래소에 상장된 외국주식은 각각 전체의 34%와 24%이다. 또한, 중국 본토의 기업들은 홍콩증권거래소에 집중되어 있으며, 기술 기업들은 미국의 나스닥과 뉴욕 증권거래소에, 그리고 광산 및 자원 기업들은 런던 및 토론토 증권 거래소에 집중되어 있다. 예를 들어, 2022년 1월 20일 기준 캐나다 밖에 본사를 둔 46개의 회사를 포함한 총 203개의 광산 회사가 토론토 증권거래소와 TSX 벤처 거래소에 상장되어 있었다. 토론토 증권거래소에 따르면, 이들 회사는 전 세계 상장된 광산 회사의 43%를 차지한다.

기업이 교차상장을 결정하는 이유는 다양하다:

1. 교차상장은 해당 기업의 주식에 대한 투자자 기반을 확대하기 위한 수단을 제공하고 이를 통해 그 주식의 수요를 잠재적으로 증가시킨다. 기업 주식의 수요 증가는 그 기업 주식의 시장가격을 시키고 자본비용을 낮춰준다. 게다가, 더 큰 시장수요와 더 넓은 투자자 기반은 주식의 가격유동성을 높인다.
2. 교차상장은 새로운 자본시장에서 기업의 지명도를 확립하고, 이에 따라 수요가 좌우하는 대로 현지 투자자들로부터 새로운 주식 또는 부채 자본을 조달할 수 있는 길을 열어준다. 자본시장 규모가 제한된 신흥시장의 기업들이 자본시장 접근성이 향상된 선진국 거래소들에 그들의 주식을 상장하는 가장 중요한 이유이다.
3. 교차상장은 기업의 이름을 더 많은 투자자와 소비자 그룹들에게 알리게 한다. 만약 기업의 주식(제품들)이 현지 국가에서 구매 가능하다면, 현지 소비자들(투자자들)은 기업 주식(제품들)의 투자자들(소비자들)이 될 가능성이 더 높을 수 있다. 투

도표 13.4

2021년 주요 국가 증권거래소의 국내, 외국 및 총 상장기업 수

거래소	상장기업 수			신규 상장기업		
	합계	국내	외국	합계	국내	외국
미대륙						
B3 – Brasil Bolsa Balcãao	349	345	4	20	16	4
Barbados Stock Exchange	19	15	4	0	0	0
Bermuda Stock Exchange	45	11	34	0	0	0
Bolsa de Comercio de Santiago	299	194	105			
Bolsa de Valores de Colombia	65	64	1	0	0	0
Bolsa de Valores de Lima	204	189	15	0	0	0
Bolsa Electronica de Chile	292	208	84			
Bolsa Mexicana de Valores	144	138	6	0	0	0
Bolsa Nacional de Valores	10	10	0	0	0	0
Bolsa y Mercados Argentinos	92	91	1	0	0	0
Jamaica Stock Exchange	95	90	5	12	8	4
Latin American Stock Exchange (Latinex)	38	36	2	1	1	0
Nasdaq – US	3,678	2,880	798	319	243	76
NYSE	2,525	1,925	600	433	336	97
TMX Group	3,504	3,455	49	157	145	12
Total Region	**11,359**	**9,651**	**1,708**	**942**	**749**	**193**
아시아-태평양						
Armenia Securities Exchange	10	10	0	0	0	0
ASX Australian Securities Exchange	2,136	1,977	159	206	187	19
Baku Stock Exchange	28	28	0	1	1	0
Bursa Malaysia	947	940	7	29	29	0
Chittagong Stock Exchange	315	315	0	11	11	0
Colombo Stock Exchange	296	296	0	14	14	0
Dhaka Stock Exchange	345	345	0	0	0	0
Hanoi Stock Exchange	345	345	0	6	6	0
Hochiminh Stock Exchange	404	404	0	15	15	0
Hong Kong Exchanges and Clearing	2,572	2,388	184	98	97	1
Indonesia Stock Exchange	766	766	0	54	54	0
Japan Exchange Group	3,824	3,818	6	160	158	2
Korea Exchange	2,406	2,383	23	79	77	2
National Equities Exchange and Quotations	7,014	7,014	0	91	91	0
National Stock Exchange of India	2,053	2,053	0	155	155	0
NZX Limited	138	127	11	11	8	3
Pakistan Stock Exchange	455	455	0	3	3	0
Philippine Stock Exchange	276	273	3	8	8	0
Shanghai Stock Exchange	2,037	2,037	0	2,015	2,015	0
Shenzhen Stock Exchange	2,578	2,578	0	232	232	0
Singapore Exchange	673	442	231	6	2	4
Taipei Exchange	788	756	32	13	12	1
Taiwan Stock Exchange	970	881	89	19	16	3
The Stock Exchange of Thailand	776	776	0	38	38	0
Total Region	**32,152**	**31,407**	**745**	**3,264**	**3,229**	**35**
유럽-아프리카-중동						
Abu Dhabi Securities Exchange	82	79	3			
Amman Stock Exchange	172	172	0	2	2	0
Astana International Exchange	10	9	1	0	0	0
Athens Stock Exchange	160	155	5	3	3	0

(계속)

도표 13.4

2021년 주요 국가 증권거래소의 국내, 외국 및 총 상장기업 수 (계속)

거래소	상장기업 수			신규 상장기업		
	합계	국내	외국	합계	국내	외국
Bahrain Bourse	42	41	1	0	0	0
Beirut Stock Exchange	10	10	0	0	0	0
Belarusian Currency and Stock Exchange	14	14	0			
BME Spanish Exchanges	2,585	2,558	27	25	24	1
Borsa Istanbul	380	379	1	53	53	0
Botswana Stock Exchange	30	23	7	0	0	0
Boursa Kuwait	167	159	8	3	3	0
Bourse de Casablanca	76	75	1	1	1	0
BRVM	46	46	0			
Bucharest Stock Exchange	82	80	2	2	2	0
Budapest Stock Exchange	50	50	0	5	5	0
Bulgarian SE	387	206	181	190	9	181
Cyprus Stock Exchange	108	92	16	0	0	0
Dar Es Salaam Stock Exchange	28	22	6	0	0	0
Deutsche Boerse AG	493	443	50	13	8	5
Dubai Financial Market	63	63	0	0	0	0
Euronext	1,995	1,740	255	203	170	33
Ghana Stock Exchange	36	30	6	0	0	0
Iran Fara Bourse Securities Exchange	154	154	0	14	14	0
Johannesburg Stock Exchange	324	252	72	9	4	5
Kazakhstan Stock Exchange	147	90	57			
Ljubljana Stock Exchange	25	25	0	0	0	0
LSE Group London Stock Exchange	1,998	1,646	352	174	146	28
Luxembourg Stock Exchange	130	27	103	2	0	2
Malta Stock Exchange	30	30	0	2	2	0
MERJ Exchange Limited	50	47	3	9	9	0
Moscow Exchange	719	210	509	1	1	0
Muscat Stock Exchange	110	110	0	0	0	0
Nairobi Securities Exchange	61	59	2	0	0	0
Namibian Stock Exchange	40	14	26	1	1	0
Nasdaq Nordic and Baltics	1,236	1,194	42	206	202	4
Nigerian Exchange	174	174	0	0	0	0
Palestine Exchange	47	47	0	0	0	0
Prague Stock Exchange	55	21	34	3	2	1
Qatar Stock Exchange	47			1		
Rwanda Stock Exchange	10	5	5	1	1	0
Saudi Exchange (Tadawul)	224	224	0	20	20	0
SIX Swiss Exchange	232	220	12	1	1	0
Stock Exchange of Mauritius	95	91	4	3	3	0
Tehran Stock Exchange	380	380	0	7	7	0
Tel-Aviv Stock Exchange	541	512	29	98	94	4
The Egyptian Exchange	242	241	1	3	3	0
Tunis Stock Exchange	80	80	0	1	1	0
Vienna Stock Exchange	873	69	804	72	1	71
Warsaw Stock Exchange	810	759	51	48	45	3
Zagreb Stock Exchange	98	98	0	4	4	0
Total Region	**15,948**	**13,225**	**2,676**	**1,180**	**841**	**338**
WFE Total	**59,459**	**54,283**	**5,129**	**5,386**	**4,819**	**566**

주: Brasil Bolsa Balcao, Barbados Stock Exchange, Bolsa y Mercados Argentinos, Astana International Exchange, and Qatar Stock Exchange의 상장기업 수는 2020년 기준

자료: World Federation of Exchanges Statistics Database

자자들이 그들 자신의 증권거래소에서 증권을 거래할 수 있다면, 투자자들에 대해 국제포트폴리오 분산투자를 용이하게 된다.

4. 엄격한 증권 규제와 정보공시 요건을 가진 선진국 자본시장에의 교차상장은 투자자들에게 기업지배구조가 개선될 것이라는 신호로 받아들여질 수 있다.
5. 교차상장은 기업 주식에 대해 더 광범위한 투자자 기반을 창출함으로써 기업의 적대적인 인수가능성을 줄일 수 있다.

최근 몇 년간, 중국 기업들의 교차 상장은 상당한 관심을 끌었다. 특히 미국에서 중국 회사들의 상장은 다소 격동적인 방식으로 파도처럼 일어났다. 중국 기업들은 중국 내 민영화가 증가함에 따라 1990년대 미국에서 상장하기 시작했다. 이후에 더 많은 국유 기업들과 일부 큰 민간 기업들이 이를 따랐다. 앞서 언급된 자본시장에 대한 더 나은 접근성과 자본비용의 감소는 교차상장의 이유 중 하나였다. 다음 파동에는 더 작은 중국 기업들이 포함되었지만, 일련의 회계 스캔들이 이들 기업을 괴롭혔다. 그 결과, 2011년과 2012년에 100개 이상의 중국 회사들이 뉴욕 증권거래소에서 상장 폐지되거나 거래 정지되었다. 2014년 당시 사상 최대 규모의 공개 상장이었던 뉴욕 증권거래소 알리바바의 IPO(최초 공모상장)는 흐름을 바꾸는 듯했으며, 중국에서의 교차상장을 다시 활성화시켰다. 〈현장의 국제재무〉 "알리바바, NYSE 데뷔로 IPO 기록을 세우다"는 알리바바 그룹의 이 역사적인 IPO에 대해 논의한다.

미 증권 거래위원회(SEC)에 따르면, 2021년 5월 기준 나스닥, 뉴욕 증권거래소 및 NYSE 아메리칸에는 중국기업 248개가 상장되어 있으며, 총 시가총액은 2.1조 달러에 달했다. 2021년 상반기에 중국기업들은 미국에서 128억 달러를 조달했으며, 더 많은 기업들이 공개를 앞두고 있었다. 그러나 이 모든 것은 최근 또 다른 변화로 인해 중단되었다. 계기는 2021년 6월 뉴욕 증권거래소에서의 중국 차량 호출회사 디디 글로벌(Didi Global)의 44억 달러 규모의 IPO였다. 이것은 알리바바의 데뷔 이후 미국에서 가장 큰 중국기업의 IPO였다. 그러나 IPO 후 며칠 후 디디 글로벌은 중국 규제 당국의 강력한 조사를 받게 되었고, 이로 인해 주가가 폭락하며 회사는 2021년 말 뉴욕 증권거래소에서 상장폐지가 결정되었다. 디디의 IPO 이후, 중국은 해외상장 중국기업에 대한 규제를 강화했고, 이로 인해 기업들은 계획했던 교차상장을 취소하게 되었다. 2022년 초까지는 일부 중국기업들이 이러한 어려움에도 불구하고 미국에서의 IPO 계획을 부활시키려고 시도하고 있었다.

기업 주식의 교차상장은 그 기업에게 모국의 증권 규제뿐만 아니라 교차상장 국

현장의 국제재무

알리바바, NYSE 데뷔로 IPO 기록을 세우다

2014년 9월 19일 Jack Ma 회장이 Alibaba 그룹의 기업공개(IPO)를 위해 뉴욕증권거래소(NYSE)에 등장했을 때, 그의 아웃핏은 실망스러웠다. Jack Ma는 1999년 거대한 중국 전자 상거래 제국인 Alibaba를 창립한 이래로 이색적인 쇼맨으로 명성을 쌓았다. 그는 펑크 록커로 드레스업하여 회사 행사에 나타나기도 했고, 작년에는 CEO에서 물러나는 것을 기념하여 4만 명의 알리바바 직원들을 위한 파티를 열고 "I Love You, China"라는 팝 히트곡을 열창했다. 6월에는 광저우 에버그란데 축구 클럽의 지분 50%를 인수함과 동시에 "나는 축구에 대해 아무것도 모른다"는 아이러닉한 말을 했다.

하지만 2014년 9월 19일 50세인 마회장에게 극적인 연출은 필요하지 않았다. IPO 딜 규모 그 자체로 말해주었다: 최근 역사에서 가장 기대되는 IPO였으며, 은행가에서 이른바 'green shoe'를 행사하여 상장된 첫날 추가적인 4천 8백만 주를 거래하면서 사상 최대 규모의 기업공개를 기록했다. Alibaba의 IPO 규모인 250억 달러는 2010년 홍콩과 상하이에서 상장한 중국농업은행이 기록한 221억 달러 뛰어넘었다. 2013년 말의 Qunar과 58.com, 그리고 지난 5월 JD.com의 소규모 미국상장 이후, 그리고 100여 개의 중국 회사들이 사기 및 회계 부정으로 뉴욕 증권 거래소에서 상장 폐지된 지 3년 만에 Alibaba의 IPO는 해외 상장을 추진하는 중국 기반 기업들의 부활을 나타냈다. 국제적인 야망을 가진 소비자 인터넷 기업들은 이제 미국 주식시장으로 가는 길을 확실히 다지고 있다. 2013년 말부터 2014년까지 홍콩 증권 거래소, 나스닥 증권시장, 그리고 뉴욕 증권 거래소는 항저우에 본사를 둔 Alibaba를 자신의 거래소에 상장시키기 위해 치열하게 경쟁했다. 홍콩은 주주 보호 이슈로 Alibaba의 독특한 기업 지배구조(28명의 파트너가 주식의 단 10%만을 통제하면서도 이사회의 과반수를 임명할 권리를 가짐)를 허용하지 않았다. 나스닥의 제안은 2012년 Facebook의 상장실패 사례로 거절당했다.

이로써 Alibaba는 나스닥과 홍콩 증권 거래소 대신 뉴욕증권거래소를 선택했다. Alibaba 상장의 성공은 뉴욕증권거래소의 독특한 경매 프로세스 덕분이었다. Wall Street의 관습에서 벗어나, Citigroup, Credit Suisse, Deutsche Bank, Goldman Sachs Group, JPMorgan Chase & Co.와 Morgan Stanley 등 여섯 개의 은행들이 주식 할당의 주도권을 가진 딜러 없이 동등한 파트너로 참여했다. 이 IPO는 또한 주관 수수료 측면에서도 기록을 세웠다. Alibaba는 은행가에 3억 달러를 지급했으며, Morgan Stanley와 Credit Suisse는 각각 5천만 달러 이상을 챙겼다. 그러나 총 공모액에 비하면 이 수수료 비율은 Wall Street의 관례적 비율을 훨씬 못미쳤다.

상장 첫날 green shoe의 행사는 이 회사에 대한 엄청난 수요를 증명했으며, IPO 후 빠른 매각보다는 Alibaba의 장기 성장 스토리에 관심 있는 투자자들이 몰렸다. 주가는 상장 초 $92.70에서 11월 6일 $110 이상으로 꾸준히 상승했다. 몇 달만에 시가총액이 2,710억 달러를 넘어서면서, Alibaba는 General Electric Co., Procter & Gamble (P&G) Co., Chevron Corp.와 Facebook보다 큰 회사가 되었다.

IPO 이후 마회장이 제시한 Alibaba의 확장 전략은 수수께끼 같고 애매하다. 그는 미국에서의 성장을 도모함과 동시에 Amazon.com과 eBay와 같은 현지 경쟁자들과의 파트너십을 추진하고 있다. 그러나 그는 여전히 자신이 넘쳐보인다. 그의 순자산이 이제 240억 달러를 넘어서는 것을 감안하면 놀랄 일은 아니다. 그는 11월 중국 우전에서 열린 세계 인터넷 컨퍼런스에서 "나는 내 모델이 좋다고 말할 것이고, 아마존은 그들의 모델이 좋다고 말할 것"이라고 말했다. 우리는 20년 후에 누가 살아남아 있을지 지켜봐야할 것이다.

가의 규제를 준수하도록 요구한다. 미국에의 교차상장은 기업이 미국 SEC의 보고 및 공시 요건들을 충족시켜야 함을 의미한다. **구속이론**(bonding theory)에 따르면, 미국에의 교차상장은 교차상장 기업의 내부자들이 사적인 이익을 향유하는 능력에 제약을 가하고, 또한 보다 유리한 조건으로 새로운 성장기회를 위한 자금을 조달하도록 함으로써 기업에 공적으로 이익을 준다. 재무제표를 미국 기준에 맞추는 것은 힘든 과정일 수 있고, 일부 외국 기업들은 감춰진 준비금을 공시하는 것을 꺼린다. 거래소에 상장하는 것보다는 대규모 기관투자자들 사이에서만 주식거래를 원하는 외국 기업들에게 있어, 덜 엄격한 회계 및 공시 요건들이 SEC Rule 144A 규정하에서 적용된다. 144A 규정하에서 주식 판매는 기밀성이나 세금의 이유로 보다 느슨한 회계 기준에서 기업 운영을 하는 가족소유 기업들에게만 종종 용인된다.

양키(Yankee) 주식 공모

이 절의 도입 부분에서 최근 몇 년간 미국 투자자들이 대량으로 외국주식을 매매하고 있음을 보였다. 1990년대 초부터 많은 외국기업 특히 라틴아메리카의 기업들이 미국증권거래소에 상장되었다. 이는 향후 미국시장에서 **양키주식**(Yankee stock)을 공모 발행하기 위한—즉 새로운 주식자본을 미국에 있는 일반 대중 투자자들에게 직접 판매를 하기 위한—기반을 다지기 위함이었다. 이는 전형적으로 대규모 투자자들에게 제한된 144A 주식 판매를 하였던 라틴아메리카 기업들에게 있어 과거로부터의 단절이었다. 양키주식의 판매를 추진하는 세 가지 요인은 다음과 같다 첫째, 여러 라틴아메리카 및 동유럽 국유기업의 민영화에 대한 압력, 둘째, 개도국 경제의 빠른 성장, 셋째, 북미자유무역협정(North American Free Trade Agreement)의 비준에 이은 멕시코 기업들의 새로운 자본에 대한 대규모 수요이다.

미국 주식예탁증서

외국 주식은 한 국가의 주식시장에서 직접적으로 거래될 수 있지만, 종종 주식예탁증서의 형태로 거래되기도 한다. 예를 들어, 양키주식은 종종 미국의 거래소들에서 **미국 주식예탁증서**(America Depository Receipt: ADR)로 거래된다. 미국 주식예탁증서는 발행자의 자국 시장 내에서 미국 예탁은행의 원주 보관은행에 맡겨진 외국 원주를 나타내는 일종의 증서이다. 예탁은행은 미국 주식예탁증서의 이전 대리인으로 역할을 하고, 미국 주식예탁증서는 미국의 상장거래소 또는 장외시장에서 거래된다. 첫 번째 미국 주식예탁증서는 1927년에 거래되기 시작했으며, 실제 주식을 거래할 때 발생하는 위험, 지연, 불편 및 비용들의 일부를 없애는 수단이 되었다. 2021년 5월 31일 기준, 45개국에서 온 수백 개의 외국기업들이 뉴욕 증권 거래소(NYSE)와 NYSE 아메리칸에 상장되어 있다. 이 기업들 중 절반은 ADR(미국 예탁증권)로 상장되어 있다. 예를 들어, 알리바바는 NYSE에서 ADR로 거래된다. 수백 개의 추가 ADR들은 미국의 장외(OTC)시장에서 거래된다. 미 증권 거래위원회에 따르면, 현재 미국에서는 70개국 이상의 총 2,000개 이상의 회사들이 ADR로 거래되고 있다. JPMorgan과 BNY Mellon은 ADR 시장에서 가장 활발하게 관여하는 두 은행이다. 이와 유사하게 싱가포르 주식예탁증서(Singapore Depository Receipts: SDR)는 싱가포르 증권거래소에서 거래된다. 글로벌 주식예탁증서(Global Depository Receipts: GDR)는 한 외국기업이 여러 나라의 증권거래소들에서 교차상장을 가능하게 한다. 많은 GDR이 런던이나 룩셈부르크 증권거래소들에서 거래된다. 몇 년 동안 주식예탁증서 시장은 상당한 성장을 이뤄냈다. BNY Mellon에 의한 DR 시장조사에 따르면, 2020년에만 143개의 DR을 통해 총 518억 달러가 조달되었다. 또한, 전 세계 금융기관들이 관리하는 DR자산은 23% 증가하여 2020년에 1.3조 달러에 이르렀다. 〈도표 13.5〉는 글로벌 예탁증권(GDR)에 대한 묘석(tombstone)광고를 보여준다.

ADR은 미국 투자자에게 외국거래소들에서 원주를 직접 거래하는 것보다 많은 이점들을 제공한다. 미국 투자자가 아니더라도 ADR에 투자할 수 있을 뿐만 아니라 투자 이점으로 인해 원주에 투자하는 대신 종종 ADR에 투자한다. ADR의 장점들은 아래와 같다.

1. ADR은 미 달러화로 표시되고 미국 증권거래소들에서 거래되며, 투자자의 정규 브로커를 통해 매수할 수 있다. 이와 대조적으로 원주를 거래하기 위해서 투자자는 다음의 사항이 요구된다. 주식을 발행한 기업이 소재한 국가의 브로커에게 계좌를 만든다. 환전을 한다. 그리고 주식 증서의 선적이나 주식 보관 계좌를 준비한다.
2. 원주에 대한 배당은 원주 보관은행에 의해 모아져서 달러로 전환되며 ADR 투자자에게 지급된다. 이에 대해 원주에 투자하면 투자자가 외국의 배당금을

도표 13.5

글로벌주식예탁증서(GDR)의 묘석 광고

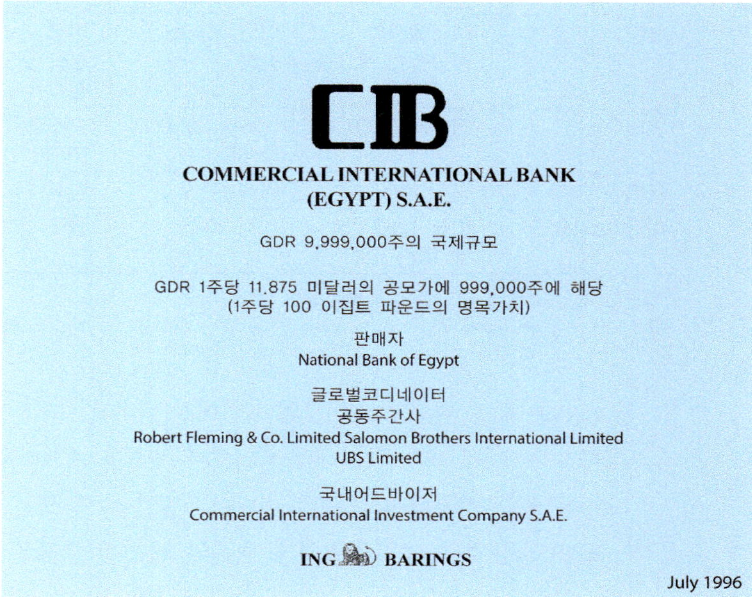

자료: "Global Depository Receipt Tombstone," Euromoney, October 1998, p.127. All rights reserved. Used with permission.

받아야 하고 환전을 해야 한다. 더욱이 미국과 일부 국가들간의 이중과세방지 협정은 비거주자 투자자들이 지급하는 배당세율을 낮춘다. 결과적으로 원주에 투자하는 미국 투자자들은 원천징수된 세금 차이에 대해 환급 신청을 해야 한다. 그러나 ADR 투자자는 적용되는 세금을 공제한 후 배당금을 동등한 금액으로 전액 달러로 받는다.

3. ADR 거래는 미국 주식거래처럼 3영업일에 결제가 되는 데 대해, 원주의 결제 관행은 외국 국가들마다 상이하다.
4. ADR(144A 규정하에 발행된 것은 제외하고)은 소유권에 대한 보호가 가능한 등록주식인 데 대해, 대부분의 원주는 무기명주식(bearer securities)이다. 〈도표 13.6〉은 여러 유형의 ADR 프로그램을 기술한다.
5. ADR은 미국 주식시장에서 또 다른 투자자에게 매도 거래될 수 있거나, 원주가 외국 현지주식시장에서 매도될 수도 있다. 이런 경우 ADR은 예탁은행에 소각을 위해 인도되고 은행은 원주를 매수자에게 인도한다. 〈도표 13.7〉은 ADR의 발행과 소각과정을 그리고 있다.

도표 13.6

ADR의 유형

	레벨 I	레벨 II	레벨 III	Rule 144A
설명	미국에서의 비상장 프로그램	미국 거래소 상장	미국 거래소에 공모 발행 및 상장	적격기관투자자(QIB)에 대해 사모 발행
거래	장외시장(OTC)	나스닥, AMEX, NYSE	나스닥, AMEX, NYSE	미국 사모
등록	양식 F-6	양식 F-6	양식 F-1과 F-6	없음
미국 보고요건	Rule 12g3-2(b)에 따라 면제	양식 20-F*	양식 20-F*	Rule 12g3-2(b)에 따라 면제

* 재무제표는 U.S. GAAP를 일부 준수해야 한다.
자료: Excerpted from www.adr.com and the U.S. Securities and Exchange Commission.

6. ADR은 종종 원주와 1 대 1의 교환이 아니라 원주의 배수를 나타내며, 이는 미국 투자자들에게 관행적인 가격 범위에서 ADR을 거래하게 하기 위함이다. ADR 한 주는 원주 가치에 따라 원주 1주보다 많을 수도 또는 적을 수도 있다.
7. ADR 소유자는 예탁은행에게 원주와 관련된 투표권을 행사하는 방법에 대해 지시할 수 있다. ADR 소유자의 구체적인 지시가 없을 경우 예탁은행은 투표권을 행사하지 않는다.

미국 주식예탁증서는 담보형, 무담보형의 두 가지 유형이 있다. 담보형(sponsored) 예탁주식은 은행이 원주를 발행한 외국기업의 요청에 따라 발행되는 것이다. 담보은행은 종종 ADR의 소유자에게 투자 정보, 일부 연간보고서의 영문 번역 등 각종 서비스를 제공한다. 담보형 ADR은 미국 증권거래소에 상장될 수 있는 유일한 예탁증서이다. 새로운 ADR 프로그램은 반드시 담보형이어야 한다. 무담보형(unsponsored) ADR은 – 1980년 이전에 발행된 일부가 아직 존재하지만 – 외국 발행기업이 직접 관여하지 않고 미국 투자은행의 요청에 따라 보통 발행되었다. 따라서 외국기업은 정기적으로 또는 적시에 예탁은행에게 투자정보 또는 재무제표를 제공하지 않을 수 있다. 담보형 ADR의 예탁수수료는 대부분 외국기업이 지급한다. ADR의 투자자는 무담보형 ADR에 대해서 예탁수수료를 지급한다. 무담보형 ADR은 몇몇 발행은행이 있을 수 있지만 은행의 발행조건은 상이할 수 있다. 일반적으로 담보형 ADR만 주요 증권거래소들에서 거래된다.

미국 증권거래위원회는 2008년 10월에 무담보형 ADR 프로그램의 창출을 단순화하는 요건을 개정함으로써 이러한 ADR의 상당한 증가를 이끌었다. 예를 들어, BNY Mellon은 2019년 5월에만 칠레의 Antofagasta plc, 네덜란드의 유로넥스트 NV, 태국

도표 13.7 ADR의 발행과 소각의 과정

브로커-딜러는 미국에서 기존의 ADR을 구매하거나 발행자의 모국 시장에서 원주를 구매할 수 있다. 그리고 예탁은행에 의해 새로운 ADR이 창출되거나 발행될 수 있다. 투자 가능한 ADR의 풀이 계속 변화하는 사이에, 브로커-딜러는 투자가능성, 가격결정, 미국의 시장상황 및 발행자의 모국 시장 등과 같은 요인들에 의존하여 기존의 ADR을 구매할지 새로운 ADR을 발행할지를 결정한다.

새로운 ADR을 창출하기 위해서 원주가 발행자의 모국 시장에 위치한 원주보관은행에 맡겨져야 한다. 그리고 나서 예탁은행은 이 원주들을 대표하는 ADR을 발행한다. ADR을 소각하는 과정은 발행 과정과 유사하지만, 그 단계들이 역전된다. 다음의 도표와 기술은 관련 당사자들과 단계들을 포함하여 더 상세한 설명을 제공한다.

ADR의 구매와 발행 과정: 두 가지 시나리오

기존 ADR

A1 투자자는 미국의 브로커에 주문을 낸다.

A2 미국의 브로커는 해당 시장에서 ADR을 매입한다.

A3 ADR의 결제와 인도(장부 기입 또는 증명서 양식으로)

새로운 ADR

B1 투자자는 미국의 브로커에 주문을 낸다.

B2 미국의 브로커는 동등한 원주에 대해 (미국 밖의) 현지 브로커에 주문을 낸다.

B3 현지 브로커는 현지 시장에서 원주를 매입한다.

B4 현지 원주는 예탁은행과 관계가 있는 원주보관은행에 맡겨진다.

B5 예탁은행은 원주 보관에 대한 확인을 수취한다.

B6 예탁은행은 새로운 ADR을 발행하고 이를 미국 브로커에 인도한다.

B7 ADR의 결제와 인도(장부 기입 또는 증명서 양식으로)

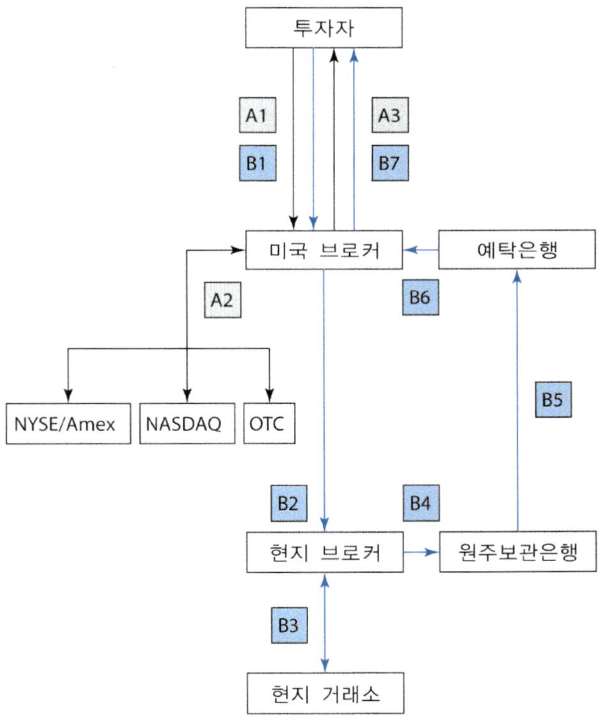

자료: www.adr.com에서 발췌.

의 Krungtha Card PLC, 그리고 독일의 Uniper SE에 대한 무담보형 ADR 프로그램을 만들었다.

ADR은 〈도표 13.6〉에 나타난 바와 같이 일반적으로 세 가지 레벨로 분류된다. 최근 몇 년 동안 미국 증권거래소에서 상장폐지된 많은 기업들은 장외(OTC)에서 거래되는 레벨 I ADR 프로그램으로 예탁증권을 전환하여 투자자들에게 계속 제공하고 있다. 상장폐지 후, 교차상장된 회사는 미국 SEC에 자사 증권의 등록 취소를 신청하고 1934년 증권거래법에 따른 모든 보고 요구사항의 종료를 신청할 수 있다. 상장폐지는 2007년 3월 21일 SEC가 증권거래법 규칙 12h-6을 채택함으로써 용이하게 되었는데, 이는 외국 회사들이 등록을 취소하기 더 쉽게 만들었다. 외국 상장 회사들이 미국에서의 교차상장에서 더 이상 이점을 보지 못해서인지 아니면 2002년 사베인-옥슬리 법(SOX)과 같은 규제로 인해 미국 시장이 경쟁력을 잃어서인지, 상장폐지 급증의 원인이 논의되고 있다. SOX는 상장된 기업들의 기업 지배구조에 대한 광범위한 개혁을 도입했다. SOX의 준수가 특히 부담스럽고 비용이 많이 든다는 입증되지 않은 많은 증거들이 있다. 레벨 1 ADR로서 미국에서 거래되는 교차상장 기업은 1934년 증권거래법의 보고 요건들과 SOX 하에서 책임 요건들에서 면제된다. 따라서 최근 몇 년간 미국거래소에서 상장폐지된 대다수 기업들이 계속해서 미국 장외시장에서 거래되는 것을 보면, 미국의 규제를 준수하는 부담이 힘들고 비싸지만 그럼에도 불구하고 미국을 교차상장을 위한 좋은 장소로 평가한다는 것을 시사한다.

예제 13.1 UNILEVER

UNILEVER(유니레버)는 400개가 넘는 브랜드를 자랑하는 다국적 소비재 회사로, 영국에 등록된 유니레버 PLC와 네덜란드에 등록된 유니레버 N.V.라는 두 개의 별도 법적 주체로 구성되어 있으며, 일련의 계약을 통해 단일 기업으로 운영된다. 유니레버 PLC의 주식은 런던 증권거래소(기호 ULVR)와 뉴욕 증권 거래소의 ADR(기호 UL)에서 모두 거래된다. 각 ADR은 1개의 기본 유니레버 PLC 주식을 대표한다.

2022년 2월 16일, 유니레버 PLC는 런던 증권거래소에서 주당 £38.35의 가격으로 마감했다. 같은 날, 유니레버 PLC ADR은 뉴욕 증권거래소에서 주당 $51.88로 마감했다. 두 시장 간의 차익거래를 방지하기 위해, 환율로 조정했을 때 증권이 같은 가격에 거래되어야 한다. 실제로 이것이 사실인 것을 확인할 수 있다. 2022년 2월 16일의 $/£ 환율은 $1.3541/£였다. 따라서 런던의 달러 마감 가격, £38.35 × $1.3541/£ = $51.93은 뉴욕의 마감 가격 $51.88과 매우 근접하다. 이 차이는 뉴욕 시장이 런던 시장보다 몇 시간 늦게 마감되므로 시장 가격이 약간 변했다는 사실로 쉽게 설명될 수 있다.

예제 13.2 RIO TINTO

리오 틴토는 세계에서 가장 큰 광산 회사 중 하나로, 영국과 웨일즈에 등록된 리오 틴토 PLC와 호주에 등록된 리오 틴토 리미티드로 구성되어 있다. 리오 틴토의 주식은 세 개의 다른 거래소에서 거래된다. 리오 틴토 PLC의 주식은 런던 증권 거래소(기호 RIO.L)에서 거래되며, 거래소의 FTSE 100 지수에 포함되어 있다. 리오 틴토 리미티드의 주식은 호주 증권 거래소(기호 RIO.AX)에서 거래되며, S&P/ASX 200 지수에 포함되어 있다. 또한, 리오 틴토 PLC는 JPMorgan을 통해 담보형 레벨 III ADR을 가지고 있으며, 이는 뉴욕 증권 거래소(기호 RIO)에서 거래된다. 각 ADR은 하나의 기본 리오 틴토 PLC 주식을 대표한다. 2022년 2월 16일, 리오 틴토는 미국에서 $78.56, 영국에서 £57.08에 마감했다. 2022년 2월 16일의 환율은 $1.3541/£였다. 따라서 영국에서의 달러 마감 가격은 £57.08×$1.3541/£ = $77.29였으며, 이는 미국의 마감 가격 $78.56과 근접하다. 다시 한번, 시장 가격의 차이는 시장 간의 시차 때문이며, 이로 인해 그날 런던에서 주가는 1.10% 증가하여 £57.08로 마감했고, 뉴욕에서는 1.85% 증가하여 $78.56으로 마감했다.

예제 13.3 도요타(TOYOTA)

세계에서 가장 큰 자동차 제조업체 중 하나인 도요타의 주식은 일본, 런던, 그리고 미국의 증권거래소에서 거래된다. 도요타의 주식은 런던과 도쿄 증권거래소에서 각각 TYT와 7203의 기호로 거래된다. 또한, 뉴욕 증권거래소에서 TM이라는 티커 기호로 ADR로 상장되어 있다. 각 ADR은 10개의 기본 주식을 대표한다. 2022년 2월 16일, 도요타 주식은 도쿄 증권 거래소에서 2,192.50엔, 뉴욕 증권거래소에서는 $190.30에 마감했다. 같은 날의 엔/$ 환율은 115.38엔/$였다.

따라서 도쿄에서의 달러 마감 가격은 주당 2,192.50엔 ÷ (115.38엔/$) = $19.00이었다. 각 ADR이 도요타의 10주를 대표하므로, 그때의 ADR 가격은 $19.00×10 = $190.00이다. TSE와 NYSE 간의 달러 가격 차이는 시장 가격이 이 기간 동안 약간 변동할 수 있으므로 시장 간의 시차를 반영한다.

글로벌 등록주식

다임러벤츠 주식회사(Daimler Benz AG)와 크라이슬러(Chrysler Corporation)사는 1998년 11월에 합병하여 다임러-크라이슬러사라는 독일 기업을 탄생시켰다. 이 합병은 글로벌등록주식(Global Registered Shares, GRSs)으로 불리는 새로운 유형의 주식을 창출했기 때문에, 글로벌주식시장에서의 획기적인 사건으로 칭송되었다. ADR과 달리 GRS는 전 세계적으로 거래되고, 모국시장 주식의 은행 예치에 대한 증서로서 외국시장들에서 거래된다. 다임러-크라이슬러사 GRS 주요 거래소는 프랑크푸르트 증권거래소와 뉴욕증권거래소였다. 그러나 이 주식은 전 세계 20개 거래소들에서 거래가 되었다. GRS는 완전히 대체가능한데, 한 거래소에서 매입한 GRS는 또 다른 거래소에서도 매도될 수 있다. 다임러-크라이슬러사의 GRS는 달러 및 유로화로 거래된다. 미국과 독일의 이전 대리인 및 등록기관을 연계하는 글로벌주식 등록기관이 결제를 용이하게 했다. 2007년 10월 이 기업은 크라이슬러사를 분사했을 때 다임러AG로 이름을 변경했다. 다임러AG는 계속하여 GRS로 거래되었다. 2010년 5월 다임러AG는 뉴욕증권거래소로부터의 상장폐지를 결정하고, 미국 증권거래위원회(SEC)에서 이러한 취지의 요청을 제출했다. 2010년 6월 7일에 상장폐지가 효력을 발휘하고, 다임러AG의 GRS는 장외시장에서 거래되기 시작했다. 결과적으로, 다임러AG는 1934년 증권거래법에 따라 보고 요건이나 2002년의 SOX에 따라 책임 요건에 더 이상 제약받지 않았다. 따라서 다임러AG는 해마다 수백만 유로화의 경비를 절약하게 되었다. 다임러AG사는 충분한 거래량 플랫폼을 가진 오늘날의 글로벌시장에서 많은 거래소들에 교차장상하는 것은 더 이상 합리적이지 않다고 생각했다. 2010년 9월 23일 다임러AG사는 미국 장외시장에서 레벨 1 ADR 프로그램을 만들어서, 하나의 ADR은 하나의 GRS와 동일하게 되었다. ADR에 비해 GRS의 주요 장점은 모든 주주의 지위가 같고 직접 투표권을 가진다는 것처럼 보인다. 주요 단점은 글로벌등록기관과 결제기관을 설립하기 위한 비용이 더 많은 것처럼 보인다. 최근에 GRS는 제한적인 성공을 거두었다. GRS를 고려했던 많은 회사들은 ADR을 선택했다.[4] 도이치뱅크(Deutsche Bank)와 UBS도 GRS로 거래된다.

---

4) 이 절의 많은 정보는 G. Andrew Karolyi의 2003년 시험적 연구로부터 나왔다.

교차상장에 대한 실증연구 결과

몇몇 실증연구들이 일반적인 교차상장 및 특정한 ADR에 대해 중요한 결과들을 보고하고 있다.

Ammer 등(2012)은 미 재무부 관리들이 사용한 모든 미국 투자자들의 외국 주식 보유에 관한 기밀 보안 수준 데이터를 활용하여 미국 투자자들이 외국기업 주식에 투자하는 데 있어 가장 중요한 결정 요인을 분석했다. 그들은 미국 투자자들이 외국 기업에 투자하는 금액의 가장 중요한 결정 요인으로 해당 기업의 미국 증권거래소 교차상장 여부라는 것을 확인했다. 저자들에 따르면, 미국 증권거래소에 교차상장한 외국기업에 대한 평균 미국 투자액은 교차상장하지 않았을 때보다 두세 배 높았다. 미국 투자자들은 특히 회계 관행이 불량한 국가의 기업들이 교차상장을 통해 정보의 투명성이 높아진 경우 교차상장한 기업들에 더 많이 투자했다. 흥미롭게도, 미국 투자자들에 대한 교차상장의 영향은 미국 상장 주식이 미국 투자자들에게 더 접근성이 높다는 사실에 완전히 의존하지는 않았다. 실제로, 교차상장한 기업에 대한 미국 대부분의 투자는 미국 시장(예: ADR을 통해)이 아닌 외국기업의 본토시장에서 이루어졌다.

Sarkissian과 Schill(2016)은 1950년부터 2006년까지 57년간 73개 본국 시장에서 33개 투자유치국 내지 호스트 시장(host markets)에 걸쳐 3,500개 이상의 외환 거래소 상장을 포함하는 포괄적인 표본을 연구했고, 호스트 시장, 본국 시장 및 산업 수준에서 교차상장이 파도처럼 일어난다는 것을 밝혔다. 그들은 상장 결정에 시장 타이밍이 중요한 역할을 한다는 것을 확인했고, 교차상장의 이익이 특히 강한 시기에 외국 상장이 급증할 가능성이 높다는 것을 보였다.

Jayaraman, Shastri 및 Tandon(1993)은 ADR 상장이 기초주식(underlying stock)의 위험과 수익률에 미치는 영향을 분석했다. 그들은 최초 상장일에 원주의 양(+)의 초과수익률(즉, 기대되는 균형수익률을 초과하는 수익률)을 발견했다. 그들은 이 결과를 ADR 상장이 발행기업에게 새로운 자금조달 원천을 제공한다는 증거로 해석했다. 게다가 그들은 원주 수익률의 변동성(즉, 변화)이 증가하는 것을 발견하였다. 그들은 이 결과를 ADR과 원주 사이에서의 정보 비대칭성으로부터 유발되는 가격 차이를 이용함으로써, 독점적인 정보를 지닌 거래자들이 이익실현을 할 것이라는 이론과 일치하는 것이라고 해석하였다. Doidge, Karolyi 및 Stulz(2004) 역시 미국 증권거래소에 교차상장된 기업들에 대해 더 높은 가치 프리미엄을 확인하였다. 이러한 연구들은 미국

증권 거래소에 교차상장된 기업들이 상대적으로 높은 시장가치를 가질 수 있음을 시사한다.

Berkman과 Nguyen(2010)은 1996년~2005년 기간에 30개 국가의 277개 기업을 표본으로 미국에의 교차상장이 국내 유동성에 미치는 영향을 분석하였다. 그들은 취약한 기업지배구조 및 회계기준을 가진 국가로부터 기업이 교차상장 후 첫 2년 동안 국내 유동성이 개선되지만 그 이후부터 낮아지는 경향이 있다는 결과를 도출하였다. Ghosh와 He(2015)의 연구에 따르면, 교차상장된 기업들은 자본 지출 및 합병과 인수 활동을 증가시킬 뿐만 아니라 연구개발에 더 많은 투자를 하고, 더 나은 인수 결정을 내리며, 현금을 더 효율적으로 활용하고, 비교적 높은 수익성을 달성하는 것으로 나타났다. 이러한 개선은 특히 미국 증권거래소에 교차상장된 기업들과 투자자 보호 법규가 약한 국가의 기업들에서 더욱 두드러졌다. 또한, Boubakri 등(2016)은 교차상장의 효과가 기업의 사회적 책임(CSR)에까지 미친다는 것을 보여주었다. 자세히 말하자면, 교차상장된 기업들은 비교차상장된 국내 기업들보다 더 나은 CSR 성과를 보였으며, 미국 시장에 교차상장된 후(미국 시장에서 상장 폐지된 후) CSR은 상당히 증가(감소)했다. 이 연구들은 교차상장이 기업의 경영 성과 및 사회적 책임 부문에서 긍정적인 영향을 미칠 수 있음을 나타낸다.

Gagnon과 Karolyi(2004)는 39개국의 581개 기업에 대해 환율 조정 후에, 모국 시장 가격과 상대적으로 ADR과 미국 시장에 교차상장된 주식의 다른 유형들의 동시적인 일중 가격을 비교했다. 그들은 대부분의 주식에 대해 교차상장 주식이 모국의 원주가격의 20~80베이시스포인트 내에 있으므로, 거래비용을 차감한 후의 차익거래의 기회를 제한한다고 밝혔다. 그러나, 차익거래를 제한하는 제도적인 장벽이 존재할 때, 가격은 66% 할증에서 87% 할인까지 벗어날 수 있다. 큰 편차는 거의 하루 이상 존재하지 않는다. 그들은 또한 미국시장에서의 거래가 상대적으로 더(덜) 많을 때, 미국의 교차상장 주식이 모국시장보다 미국시장 지수와 더(덜) 상관관계가 높음을 발견하였다. Herrman, Kang 및 Yoo(2015)는 미국에 교차상장된 후 외국기업들이 경험하는 정보 환경의 개선이 공개정보의 개선 또는 분석가들의 향상된 사적 정보 탐색 노력에 기인하는지에 대해 연구했다. 그들은 이러한 개선이 대부분 교차상장된 기업들에 대한 정보를 발견하기 위해 분석가들이 더 많은 노력을 기울이는 데에서 비롯된 것임을 확인했다. 이는 교차상장이 분석가들에게 해당 기업들에 대한 더 깊은 정보 탐색을 유도하고, 결과적으로 더 나은 정보 환경을 조성한다는 것을 시사한다.

Doidge, Karolyi 및 Stulz(2010)는 왜 교차상장한 외국기업들이 미국 증권거래소에서 상장폐지하는지를 연구했다. 미국 SEC가 2007년 3월 21일 채택한 증권거래법 12h-6호 규정에 따라 외국회사들은 미국 증권거래소에서 상장폐지를 쉽게 할 수 있게 되었다. 2개의 이론들이 왜 기업이 상장폐지를 선택할 수 있는지에 대한 예측을 제시한다. 취약한 경영성과를 보이고 새로운 외부자금조달의 필요가 없는 성장기회가 빈약한 기업이 상장폐지를 신청할 가능성이 있다고 자기구속이론은 예측한다. 경쟁력상실이론(loss of competitiveness theory)은 SOX 하에서의 준법 비용들과 가능한 다른 규제적인 진전이 미국 상장의 순 이점들을 줄임에 따라 일부 기업들에게는 교차상장의 가치가 음(−)이 되었다는 것을 예측한다. 그들이 발견한 가장 강한 증거는, 미국 시장에서 상장폐지하고 떠나는(즉, 미국 장외시장에서 이후 거래되지 않는) 기업들은 새로운 외부자금이 필요할 것이라 예측하지 않기 때문에 그렇게 하는 것이라고 결론 내렸다. 그들은 SOX가 미국 시장을 떠나겠다는 결정을 한 주요 요인이라는 것을 발견하지 못했다. 그러나 Ghosh와 He(2017)는 교차상장된 기업들이 여전히 비교차 상장된 기업들보다 상당한 프리미엄을 갖고 있음에도 불구하고, 해당 규칙이 교차상장 프리미엄의 감소를 초래했다고 주장했다.

국제주식시장 벤치마크 지수

한 국가의 주식시장의 활동과 성과에 대한 벤치마크 지수로서, 그 국가의 유통시장 거래소에서 거래되는 주식들의 지수가 사용된다. 여러 국가들의 주식시장 지수들은 투자자들에 의해 사용가능하다.

www.mscibarra.com
이 웹사이트는 MSCI 국제주식시장 지수들의 구성에 관한 상세한 정보를 제공한다.

MSCI에 의해 구성되고 공개되는 MSCI 지수들은 국가 주식시장 성과의 훌륭한 자료원이다. MSCI는 23개 선진국, 25개 신흥시장국, 전통적인 선진국 및 신흥 시장을 넘어 투자기회들을 포함하는 28개 프런티어시장(frontier market) 국가들의 주식시장 수익률과 가격 자료를 제공한다. 이 지수들을 구성하는 데 있어, MSCI는 각국 내에서 최소한 그 나라 시가총액의 85%를 대표하는 주식들을 포함하고자 시도한다. 각국의 지수 내에서 주식들은 시장가치로 가중치가 주어진다. 즉 한 주식이 대표하는

지수 내 비중은 지수 내 모든 주식들의 시가총액 대비 해당 주식의 시가총액 비중에 의해 결정된다. 추가적으로, MSCI는 23개 국가 지수들로 구성되는 시가총액 가중치의 세계지수를 발간한다. 이 세계지수는 전 세계 약 2,600개 주요 기업들의 주식을 포함한다. MSCI는 또한 몇몇 지역 지수들도 발간한다. 유럽, 오스트랄라시아, 극동(EAFE) 지수는 21개 국가의 약 1,000여개 주식들로 구성되며, 북미 지수는 미국과 캐나다 주식들로 구성되고, 극동 지수(3개국), 몇몇 유럽지수들(포함된 구성국가들에 달려 있는), 북유럽지수(4개 국가 포함), 태평양 지수(5개 국가 포함). 신흥시장지수(23개 국가 포함). EAFE지수는 널리 사용되고 있고 북미 주식시장 성과를 제외한 세계지수를 대표하고 있다. MSCI는 또한 수십 개의 산업지수들도 발간하는데, 각 산업지수는 MSCI가 추적하는 국가들의 각 산업에 속한 주식들을 포함한다. 가장 최근에 두 개의 새로운 지수들을 도입했다. 즉, 전 세계 모든 국가의 투자가능한 시장지수(ACW)와 미국을 제외한 전 세계 모든 국가의 투자가능한 시장지수(ACW ex US)는 주식시장을 더 잘 대표하는 지수이다. MSCI ACW 지수는 23개의 선진국과 25개의 신흥시장국에서 2,900개 이상의 주식들을 포함한다.

*Financial Times*지는 각국의 거래소들 또는 세계 여러 국가의 시장들의 주요 주식시장 지수들을 현지통화 표시로 지수 수치를 보고한다. 이 많은 지수들은 주식시장 자체적으로 또는 잘 알려진 투자자문사들이 준비한다. 〈도표 13.8〉은 *Financial Times*에서 매일 제공하는 지수들의 목록을 제시한다.

S&P's도 S&P ADR지수를 발간하는데, 이 지수는 미국 증권거래소들에서 거래되는 국제주식의 성과를 벤치마크하는 데 투자자가 이용하는 투자가능한 주식 지수이다. S&P ADR지수는 레벨 2 또는 레벨 3 ADR, 글로벌주식 또는 캐나다 주식의 경우 보통주로서 거래되는 S&P Global 1200 지수의 구성종목들인 외국기업들을 포함한다. 이 지수는 시가총액 가중치로 계산되고 25개 국가의 약 146개 증권을 포함한다.

iShares MSCI

국제투자관리회사인 BlackRock사는 국가, 지역 및 세계 펀드들에 대한 투자를 용이하게 하기 위한 수단으로서 iShares MSCI를 운영한다. iShares MSCI는 다양한

도표 13.8 주요 국가의 주식시장 지수

국가	지수	국가	지수	국가	지수
Argentina	Merval	Italy	FTSE Italia Mid Cap	Turkey	BIST 100
Australia	All Ordinaries		FTSE MIB	UAE	Abu Dhabi General Index
	S&P/ASX 200	Japan	2nd Section	UK	FT 30
	S&P/ASX 200 Res		Nikkei 225		FTSE 100
Austria	ATX		S&P Topix 150		FTSE 4Good UK
Belgium	BEL 20		Topix		FTSE All Share
	BEL Mid	Jordan	Amman SE		FTSE techMARK 100
Brazil	IBovespa	Kenya	NSE 20	USA	DJ Composite
Canada	S&P/TSX 60	Kuwait	KSX Market Index		DJ Industrial
	S&P/TSX Comp	Latvia	OMX Riga		DJ Transport
	S&P/TSX Div Met & Min	Lithuania	OMX Vilnius		DJ Utilities
Chile	S&P/CLX IGPA Gen	Luxembourg	LuxX		Nasdaq 100
China	FTSE A200	Malaysia	FTSE Bursa KLCI		Nasdaq Cmp
	FTSE B35	Mexico	IPC		NYSE Comp
	Shanghai A	Morocco	MASI		S&P 500
	Shanghai B	Netherlands	AEX		Wilshire 5000
	Shanghai Comp		AEX All Share	Venezuela	IBC
	Shenzhen A	New Zealand	NZX 50	Vietnam	VNI
	Shenzhen B	Nigeria	SE All Share	Cross-Border	DJ Global Titans ($)
Colombia	COLCAP	Norway	Oslo All Share		Euro Stoxx 50 (€)
Croatia	CROBEX	Pakistan	KSE 100		Euronext 100 ID
Cyprus	CSE M&P Gen	Philippines	Manila Comp		FTSE 4Good Global ($)
Czech Republic	PX	Poland	Wig		FTSE All World ($)
Denmark	OMXC Copenhagen 20	Portugal	PSI 20		FTSE E300
Egypt	EGX 30		PSI General		FTSE Eurotop 100
Estonia	OMX Tallinn	Romania	BET Index		FTSE Global 100 ($)
Finland	OMX Helsinki General	Russia	Micex Index		FTSE Gold Min ($)
France	CAC 40		RTX		FTSE Latibex Top (€)
	SBF 120	Saudi-Arabia	TADAWUL All Share Index		FTSE Multinationals ($)
Germany	M-DAX	Singapore	FTSE Straits Times		FTSE World ($)
	TecDAX	Slovakia	SAX		FTSEurofirst 100 (€)
	XETRA Dax	Slovenia	SBI TOP		FTSEurofirst 80 (€)
Greece	Athens Gen	South Africa	FTSE/JSE All Share		MSCI ACWI Fr ($)
	FTSE/ASE 20		FTSE/JSE Res 20		MSCI All World ($)
Hong Kong	Hang Seng		FTSE/JSE Top 40		MSCI Europe (€)
	HS China Enterprise	South Korea	Kospi		MSCI Pacific ($)
	HSCC Red Chip		Kospi 200		S&P Euro (€)
Hungary	Bux	Spain	IBEX 35		S&P Europe 350 (€)
India	BSE Sensex	Sri Lanka	CSE All Share		S&P Global 1200 ($)
	Nifty 500	Sweden	OMX Stockholm 30		Stoxx 50 (€)
Indonesia	Jakarta Comp		OMX Stockholm AS		
Ireland	ISEQ Overall	Switzerland	SMI Index		
Israel	Tel Aviv 125	Taiwan	Weighted Pr		
Italy	FTSE Italia All-Share	Thailand	Bangkok SET		

자료: *Financial Times*, February 16, 2022, p. 14

MSCI 주식 지수들을 복제하기 위해 디자인된 주식들의 바스켓(baskets of stocks)이다. 현재 총 58개의 iShares MSCI가 있는데, 이중 31개는 국가별 펀드이고, 나머지 27개는 세계, EAFE 및 신흥시장 지수와 같은 기타 MSCI 주식지수를 복사하는 것이다. iShares MSCI는 상장지수펀드(ETF)이고 대부분이 NYSE AMEX에서 거래된다.

www.ishares.com
이 웹사이트는 BlackRock사가 운영하는 iShares MSCI를 설명한다.

미국 거래소들에서 거래되는 iShares는 미국 SEC 및 국세청(IRS)의 분산요건들에 제약을 받는다. 이 요건들은 5개 또는 그 이하의 증권에 총투자자금의 50% 이상 투자를, 또는 1개의 증권에 대한 투자는 총투자자금의 25% 이상 투자를 금지한다. 따라서 일부 펀드들은 그들 각각의 MSCI 지수를 완벽하게 복제하지 못할 것이다. 그럼에도 불구하고, iShares는 투자자들이 다양한 국가들에 분산투자를 하기 위한 저비용의 편리한 방법이다.

국제주식수익률에 영향을 미치는 요인들

이 장을 마무리하기 전에, 증권시장 수익률에 미치는 요소들에 대한 실증연구 결과를 살펴보면 큰 도움이 된다. 결국에는, 효과적으로 분산된 국제주식포트폴리오를 구성하기 위해서 투자자는 이 투자포트폴리오에서 각 주식의 예상 수익률을 추산해야 되고 이 포트폴리오에 들어가는 각 주식간의 상관성도 분석해야 한다. 만약 주식의 수익률이 오직 한 가지의 요소에 영향을 받는 다고 하면 투자자는 더 정확하게 이를 추산할 수 있다. 이런 요인은: 주식발행사 경영활동에 영향을 미치는 전체 경제의 거시경제변수; 주식발행기업의 소재국과 그 기업의 공급업체, 바이어, 투자자 소재국의 환율의 변수; 기업경영 소재국의 산업구조와 특정 기업특성에 기반한 시장 요인들이다.

거시경제요인

다양한 거시경제 변수가 주식 수익률에 미치는 영향을 검증한 많은 연구가 있다. 초기 연구들 중 Solnik(1984)은 국제 통화 변수가 예상 인플레이션과 같은 국내 변수들에 비해 주식 수익률에 미치는 영향이 약하다는 것을 발견했다. 이 시기의 다른 연구들, 예를 들어 Asprem(1989), King 등(1994), 그리고 Karolyi와 Stulz(1996) 또한 거시경제 요인들이 국제 주식 수익률에 미치는 영향이 제한적임을 입증했다.

그러나 최근 연구들은 더 광범위하거나 높은 빈도의 데이터를 활용하여 거시경제 변수의 예측력에 대해 더 깊이 분석하려고 시도한다. 예를 들어, Hjalmarson(2010)은 40개국(24개 선진국 및 16개 신흥 경제국)에서 20,000건 이상의 월별 관측치를 사용하여 글로벌 주식 수익률을 예측하는 변수를 구분해냈다. 그는 선진국 시장에서 금리가 주식 수익률을 예측할 수 있다는 것을 보였다. Bauer와 Vega(2008)는 월별 또는 일일 수익률 대신에 반시간 간격의 거래 데이터를 사용했다. 그들은 일부 시장 참가자들이 미래의 미국 금리와 총 시장 수익률에 대한 우월한 정보를 가지고 있으며, 그들의 거래가 국제 주식의 일일 및 주간 수익률에 영향을 미친다는 것을 발견했다. Zhang(2021)은 주식 수익률과 거시경제 변수 사이의 불일치의 원인으로 제한된 주식시장 참여를 제시했다. 반세기 이상의 데이터를 사용한 Atanasov(2021)는 실업률 추세 대비 상승이 미국 및 기타 선진국 시장에서 주식 수익률을 예측한다는 것을 발견했다.

환 율

초기의 연구 중 Eun과 Resnick(1988)은 주요 주식시장 및 외환시장 간의 상호 상관관계가 상대적으로 낮지만 긍정적이라는 것을 발견했다. 이 결과는 특정 국가에서의 환율변동이 해당 국가의 주식시장 움직임뿐만 아니라 검토된 다른 국가들의 주식시장에도 강화효과를 준다는 것을 시사했다. Gupta와 Finnerty(1992)는 5개국 각각의 30개 주식에 대한 15년간의 월별 데이터에 주성분 분석을 활용하여, 일반적으로 환위험은 가격에 반영되지 않는다는 결론을 내렸다.

최근 연구들은 환율이 주식 수익률에 미치는 영향이 다른 요인들에 따라 조건적일 수 있다는 것을 강조하였다. 예를 들어, Bartram과 Bodnar(2012)는 37개국의 비금융 기업들의 수익률을 조사하고, 환율이 국가별 기업 수익률에 미치는 영향에 뚜렷한 차이가 있음을 보였다. 신흥경제국 시장의 기업들은 선진국 시장의 기업들보다 외환 환율 위험의 영향을 더 크게 받았다. 현지 통화 가치 하락의 효과도 현지 통화 가치 상승보다 더 중요했다. Bredin과 Hyde(2011)는 업종별 포트폴리오의 수익률을 분석하고, 개방 시장의 업종 수익률이 외환 노출에 더 민감하다는 것을 발견했다.

유사하게, Patro 등(2014)은 현지 증시가 중앙은행의 통화 절하를 예상하면서, 특히 개발도상국에서 주식 수익률에 부정적인 영향을 미치는 것을 확인했다.

최근 몇 년간 더 높은 빈도의 데이터가 활용됨에 따라 환율과 주식 수익률 간의 관계를 이해하는 데 도움이 되고 있다. 예를 들어, Dunne 등(2010)은 미국의 S&P100과 프랑스의 CAC40 지수에 대한 일일 주문 흐름 데이터를 8억 건의 개별 주식 거래로부터 집계하여 조사했다. 그들은 환율이 거시경제적 주문 흐름과 함께 S&P 수익률의 일일 변동의 약 60%, CAC40 수익률 변동의 약 40%를 설명할 수 있다는 것을 발견했다. 많은 기존 연구가 미국 달러와 유로와 같은 주요 통화의 환율이 글로벌 주식 수익률에 미치는 영향을 조사하는 반면, Carrieri 등(2006)은 1976년부터 2003년까지 10개 선진국과 12개 신흥국의 데이터를 활용하여 신흥시장 환위험이 선진국과 신흥국 모두의 주식 수익률에 영향을 미친다는 것을 확인했다.

산업요인

Eun과 Resnick(1984), Roll(1992), Heston과 Rouwenhorst(1994), 그리고 Griffin과 Karolyi(1998)의 연구는 산업구조가 외국 주식 수익률에 미치는 영향에 대한 광범위한 연구를 촉발시켰다. 이 광범위한 연구들의 많은 부분은 국가 대 산업요인들의 설명력을 비교하고 있다. 예를 들어, Rouwenhorst(1999)와 Beckers(1999)는 모두 유럽통화연합(EMU)이 유럽 주식시장에 미치는 영향을 분석하고 서로 다른 결론을 내렸다. Rouwenhorst는 1982년부터 서유럽에서 주식 수익률의 국가 효과가 산업 효과보다 컸으며, 이 상황은 이자율이 수렴되고 재정 및 통화 정책이 EMU 가입 국가들에서 조화되는 1993년부터 1998년까지 계속되었다고 결론지었다. 반면, Beckers는 재정, 통화 및 경제 정책의 유럽 통합으로 인해 시장 간 및 서로 다른 시장의 동일 부문 간 상관관계가 증가했다고 발견했다. 그는 이러한 국가들 간 쌍별 상관관계의 증가가 유로존에서 국가 다각화의 이점을 감소시킨다고 결론지었다.

일반적으로, 연구들은 최근 몇 년간 산업 요인들이 더 중요해졌다는 것을 시사한다. Phylaktis와 Xia(2006)는 1992년부터 2001년까지 34개국의 50개 산업 그룹을 다루는 데이터베이스를 사용하여 국가 및 산업 효과의 진화하는 역할을 국제 주식 수익률에 대해 조사했다. 그들의 주요 결과는 1999년부터 산업 효과로의 전환이 있었다는 것이다. 이 전환의 정도는 지역에 따라 다르며 유럽과 북미에서 더 두드러지는 반면, 아시아-태평양 및 라틴 아메리카에서는 국가 효과가 우세하다. Bai와 Green(2010)과 같은 다른 연구들은 선진국 시장뿐만 아니라 신흥 경제국에서 기업들의 수익률에 대한 산업요인의 중요성이 증가하고 있음을 보고한다.

시장요인

미국에서 수행된 광범위한 연구는 기업 특성에 기반한 특정 요인들이 주식 수익률을 설명하는 데 도움이 된다는 것을 보여주었다. 예를 들어, 시가총액이 낮은 주식들은 시가총액이 높은 주식들보다 높은 평균 수익률을 가진다는 것이 일반적으로 알려져 있다. 이 효과는 흔히 '규모 요인'으로 불린다. 마찬가지로, 가치주는 성장주보다 높은 평균 수익률을 보여주었다(즉, 가치 요인). 또한, 지난해 성과가 좋았던 주식들은 계속해서 잘 나가는 경향이 있다(즉, 모멘텀 요인). Eugene Fama와 Kenneth French(1992, 1993, 1996) 및 Jegadeesh와 Titman(1993)의 일련의 연구들은 이러한 요인들을 대중화시켰으며, Fama-French 3-요인 모델은 주식 수익률을 추정하는 데 자주 사용된다.

이후 많은 연구들이 이러한 시장 요인들이 전 세계 주식 수익률을 설명하는 능력을 분석했다. 예를 들어, Fama와 French(2012)는 1989년부터 2011년까지 네 지역의 23개 선진국 시장에서 평균 주식 수익률을 조사했다. 그들은 모든 네 지역에서 강한 가치 프리미엄과 일본을 제외한 모든 지역에서 강한 모멘텀 수익률을 발견했다. Karolyi와 Wu(2018)는 20년에 걸쳐 46개 선진국 및 신흥 시장 경제에서 37,000개 이상의 주식에 대한 월별 수익률을 사용하여 자본 시장의 부분적 분절을 고려한 다요인 모델을 검증했다. 그들은 규모, 가치 및 모멘텀 요인과 관련하여 국제 주식 수익률에서 공통적인 변동을 발견했다. Chaieb 등(2021)은 1985년부터 2018년까지 47개국의 주식 수익률을 분석하고 시장, 규모, 가치, 모멘텀, 그리고 수익성과 같은 요인들이 더 높은 평균 수익률을 가진다는 것을 발견했다. 그러나 그들은 세계적 또는 전 세계적 요인이 아닌 지역 통합 요인들이 여전히 중요하다고 강조했다.

국가, 산업, 세계시장 및 환위험 요인들이 국제 주식 수익률에 대한 상대적 중요성은 Eiling 등(2012)에 의해 연구되었다. 그들은 분석에서 시간에 따라 변하는 평균과 (공)분산을 허용하고 산업 및 통화 위험 요인들이 주로 국제 주식 수익률을 주도한다는 것을 발견했다. 그들은 상대적으로 높은 시장 통합 정도로 인해 산업 요인들이 국가 요인들을 지배한다고 설명한다. 최근 몇 년 동안 연구자들은 국가 문화와 같은 다른 유형의 요인들이 국제 주식 수익률을 설명할 수 있는지에 대한 탐색을 시작하였다. 예를 들어 Eun 등(2015)은 국가 문화가 국제 주식 수익률에 어떻게 영향을 미칠 수 있는지를 보여주었다.

요 약

이 장은 국제주식시장에 대한 개관을 제공한다. 이 장의 내용은 다국적기업들이 그들 자신의 국내 발행시장 밖에서 어떻게 새로운 자본을 조달하는지에 대한 이해와 국제적으로 포트폴리오를 분산하는 데 관심이 있는 투자자들에게 유용한 제도적인 정보를 제공한다.

01. 이 장은 선진국의 주요 주식시장과 개도국들의 신흥 주식시장에 대한 통계적 관점으로 시작했다. 시가총액과 회전율 수치들이 각 시장들에 대해 제공되었다. <도표 13.1>은 선진국들에서 대부분의 각국 주식시장의 시가총액은 글로벌금융위기 2011년부터 2015년까지를 극복한 결과 증가하였음을 보여준다. 게다가, 많은 신흥 시장들에서 회전율은 낮게 유지되었고, 시장집중도는 높게 유지되어, 이 시장들에서의 투자기회들은 개선되지 않았음을 나타낸다.

02. 논의의 상당한 부분을 주식 유통시장 구조의 차이점들에 할애하였다. 유통시장은 역사적으로 딜러와 대리인(agency) 시장으로 구성된다. 이러한 시장구조의 두 가지 유형들은 연속적인 시장 거래를 제공하지만, 비연속형 시장은 대리인 시장인 경향이 있다. 장외시장 거래, 스페셜리스트 시장 및 자동화된 시장은 연속적 시장거래를 가능하게 한다. 콜 시장과 군집거래는 비연속형 거래 시장시스템의 각 유형이다. 대부분의 국가 주식시장들은 이제는 거래 주식들의 적어도 일부에 대해서는 자동화되어 있다는 점을 언급하였다.

03. 외국 거래소들에 대한 기업 주식의 교차상장이 광범위하게 논의되었다. 기업은 다음의 목적을 위해 주식을 교차상장할 수 있다. 자사 주식에 대한 더 광범위한 투자자 기반을 확립하고, 외국 자본시장에서 지명도를 확립하며, 이들 시장의 투자자들로부터 새로운 자기자본과 부채 자본을 조달하는 통로를 연다. 양키주식 공모 또는 미국 투자자들에 대한 외국 주식의 판매에 대해 또한 토의가 있었다. 미국시장에서 양키주식은 미국 주식예탁증서(ADR)로 거래되고 있으며, ADR은 외국은행에 보관된 외국 주식들의 배수를 대표하는 은행 증서이다. ADR은 실제 해외주식들을 거래하는 경우의 위험들, 지연들, 불편 및 비용들의 일부를 제거한다.

04. 다양한 국제주식 벤치마크들이 또한 제시되었다. 주식시장 성과 비교 자료를 어디서 찾을 것인가에 대한 지식이 유용하다. 특히, S&P's와 MSCI Barra 지수들이 논의되었다. 또한, 각국의 거래소들 또는 투자자문서비스사들이 준비하는 주요 국가의 주식시장 지수들의 목록이 제시되었다.

05. 국제 주식 수익률에 영향을 미치는 요인들은 실증 연구들의 결과를 바탕으로 논의되었다. 이러한 요인들에는 거시경제 변수, 환율, 산업 및 시장 요인들이 포함된다. 이러한 요인들의 상대적 중요성은 시간이 지남에 따라 그리고 국가에 따라 국제 주식 수익률을 설명하는 데 있어 변화한다. 이는 국제 주식 시장의 복잡성과 다양성을 강조하며, 투자자들에게 광범위한 관점에서 시장을 이해하고 분석할 필요성을 강조한다.

주요 용어

교차상장	대리인시장	딜러시장
매도가격	매입 가격	미국예탁증권발행시장
브로커	시장주문	양키주식
연속시장	유동성	유통시장
자기구속이론	장외거래전문상	지정가주문
지정가주문부	집단거래	콜 시장

연습문제

01. <도표 13.8>은 *Financial Times*지에 매일 게재되는 주요 국가의 주식시장 지수들의 목록을 제시한다. www.ft.com 웹사이트에서 이 지수들의 과거 일간, 월간, 연간 성과를 보여주는 온라인 추적을 볼 수 있다. 이 웹사이트에 가서 세계 여러 지역들로부터의 몇몇 주식시장 지수들의 성과를 비교하라. 어떻게 성과들이 비교되는가? 무엇이 이런 차이들을 설명한다고 생각하는가?

02. 한 투자자로서 당신은 개도국의 신흥주식시장에 투자하기 전에 어떤 요인들을 고려할 것인가?

03. 다양한 유형의 유통시장 거래구조들을 비교하고 차이점을 설명하라.

04. 어느 기업이 (a) 하나 이상의 국가의 증권거래소에 주식을 교차상장하고, (b) 국내외의

투자자들로부터 새로운 자기자본을 조달함으로써 당신이 생각할 수 있는 어떠한 이점들을 논하라.

05. 국제적으로 그의 포트폴리오를 분산시키기를 원하는 어느 투자자가 왜 기업의 실물 주식보다는 주식예탁증서를 매입하는 것이 더 쉬울 수 있는가?

계산문제

01. 도쿄증권거래소에서 혼다 자동차 주식의 2016년 6월 6일(월요일)의 종가는 주당 2,907엔이였다. 혼다는 미국예탁증서의 형식으로 뉴욕증권거래소(NYSE)에서 거래된다. 하나의 초기 혼다 주식은 하나의 미국예탁증권에 해당된다. 2016년 6월 6일 엔화 대 달러의 환율은 ￥107.57/$1.00이다.

a. 이 환율 하에 ADR 하나에 대한 비차익거래의 달러가격은 얼마인가?

b. 그에 비해 혼다 미국예탁증서는 $27.18에 거래된다. 당신은 차익거래의 기회가 존재할 것이라 생각하는가?

02. 만약 혼다의 ADR이 미국에서 주당 $31에 거래되고 도쿄증권거래소에서 기초주식의 주당 거래 값은 ￥2,907이다. 어떻게 하면 거래이익을 생길 수 있을까? 문제 1에 있는 정보로 계산하고 거래비용은 무시한다.

인터넷 연습문제

01. 블룸버그는 웹사이트 www.bloomberg.com에서 <도표 13.8>에 제시된 많은 국제주식지수들의 현재 수치를 제공한다. 이 웹사이트를 방문하여 어느 국가의 주식시장이 금일 더 높고 낮게 거래되는지를 결정하라. 여러 국가 시장들이 오늘 거래되는 현상에 영향을 줄 수 있는 어떤 뉴스 사건이 현재 있는가?

02. J.P Morgan의 웹사이트 www.adr.com은 ADR 거래의 온라인 자료를 제공한다. 이 웹사이트에 가서 금일 ADR의 총거래량과 올해 현재까지의 총거래량을 검토하라. 거래량이 가장 많은 Top 10 ADR은 무엇인가? Top 10 ADR이 대표하는(텔레콤과 같은) 산업의 유사성이 있는 것처럼 보이는가, 또는 다양한 산업들에서 이들이 나오는가? 이 장에서 국제주식 수익률에 미치는 산업구조의 영향이 아직 해결되지 않은 주제라는 것을 상기하라.

미니
케이스

San Pico의 새로운 증권거래소

San Pico는 라틴아메리카의 고속 성장하는 개도국이다. 축복받은 이 나라의 해변은 수 마일에 걸쳐 아름다워서 최근 몇 년간 수천 명의 관광객들을 새로운 리조트 호텔로 끌어들였다. 리조트 호텔들은 San Pico의 기업인들과 중동, 일본, 미국의 금융가들이 합작법인으로 자금을 조달하여 건설한 것이다. 그밖에 San Pico는 훌륭한 천연의 항구를 가지고 있어서 외국 상품을 수입하거나 San Pico와 그 주변에 항구가 없는 나라들이 생산한 상품을 수출하는 데 도움이 된다. 이런 우위들 때문에 San Pico에서는 새로운 기업들이 많이 생겨나고 있다.

현재, 주식은 San Pico의 수도인 La Cobijio시의 한 비좁은 건물에서 거래된다. 인정하건데, San Pico 증권거래소 시스템은 아주 오래되었다. 하루에 두 번 거래소의 한 관리가 거래소에서 거래되는 43개 기업의 이름을 부른다. 그런 다음 그들의 고객을 위해 주식을 매매하기를 원하는 브로커들이 또 다른 브로커와 거래를 성사시키고자 노력한다. 이러한 군집거래 시스템(crowd trading system)은 100여 년 동안 순조롭게 운영되었지만 San Pico 정부는 이 오래된 시스템을, 각 기업의 주식을 더 많이, 더 자주 거래할 기회를 허용하고 또한 유통시장에서 거래가 기대되는 많은 새로운 신설 기업들의 주식을 거래할 수 있는 현대화된 새로운 시스템으로 교체하기를 원하고 있다. 게다가, San Pico 정부는 많은 국유기업의 민영화를 추진함으로써 그 효율성을 제고하고 이 매각으로부터 외환을 취득하고 국가를 보다 자본주의적 경제로 전환시키고자 시도하고 있다. San Pico 정부는 새로이 민영화된 기업들의 주식이 궁극적으로 거래될 현대적인 주식거래 설비를 갖춘다면 민영화를 더욱 빠르게 진행하고 보다 매력적인 가격으로 매각할 수 있을 것이라고 믿고 있다.

당신은 주식 유통시장 운영의 전문가이고, 주식시장의 현대화에 대한 당신의 전문성을 제공하기 위해 San Pico 증권거래소에 대한 컨설턴트의 지위를 유지하고 있다. 당신은 어떤 조언들을 할 것인가?

참고문헌 및 추천도서

Abdallah, Abed Al-Nasser, and Christos Ioannidis. "Why Do Firms Cross-List? Evidence from the U.S. Market." *Quarterly Review of Economics and Finance* 50 (2010), pp. 202 - 13.

Atanasov, Victoria. "Unemployment and Aggregate Stock Returns." *Journal of Banking and Finance* 129 (2021), 106159.

Ammer, John, Sara B. Holland, David C. Smith, and Francis E. Warnock. "U.S. International Equity Investment." *Journal of Accounting Research* 50 (2012), pp. 1109 - 39.

Bartram, Söohnke and Gordon M. Bodnar. "Crossing the Lines: The Conditional Relation Between Exchange Rate Exposure and Stock Returns in Emerging and Developed Markets." *Journal of International Money and Finance* 31 (2012), pp. 766 - 792.

Bauer, Gregory H., and Clara Vega. "The Monetary Origins of Asymmetric Information in International Equity Markets." *Journal of International Money and Finance* 27 (2008), pp. 1029 - 1055.

Bredin, Don, and Stuart Hyde. "Investigating Sources of Unanticipated Exposure in Industry Stock Returns." *Journal of Banking and Finance* 25 (2011), pp. 1128 - 1142.

Beckers, Stan. "Investment Implications of a Single European Capital Market." *Journal of Portfolio Management*, Spring (1999), pp. 9 - 17.

Berkman, Henk, and Nhut H. Nguyen. "Domestic Liquidity and Cross-Listing in the United States." *Journal of Banking and Finance* 34 (2010), pp. 1139 - 51.

BNY Mellon. "The 2018 Depositary Receipt Market Review."

Boubakri, Narjess, Sadok El Ghoul, He Wang, Omrane Guedhami, and Chuck C. Y. Kwok. "CrossListing and Corporate Social Responsibility." *Journal of Corporate Finance* 41 (2016), pp. 123 - 38.

Carrieri, Francesca, Vihang Errunza, and Basma Majerbi. "Does Emerging Market Exchange Risk Affect Global Equity Prices?" *Journal of Financial and Quantitative Analysis* 41 (2006), pp. 511 - 540.

Cogman, David, and Gordon Orr. "How They Fell: The Collapse of Chinese Cross-Border Listings." *McKinsey on Finance* 49 (Winter 2014), pp. 25 - 32.

Doidge, Craig, G. Andrew Karolyi, and Rene M. Stulz. "Why Do Foreign Firms Leave U.S. Equity Markets?" *Journal of Finance* 65 (2010), pp. 1507 - 53.

Doidge, Craig, Andrew G. Karolyi, and Rene M. Stulz. "Why Are Foreign Firms Listed in the US Worth More?" *Journal of Financial Economics* 71 (2004), pp. 205 - 38.

Dunne, Peter, Harald Hau, and Michael Moore. "International Order Flows: Explaining Equity and Exchange Rate Returns." *Journal of International Money and Finance* 29 (2010), pp. 358 - 386.

Eun, Cheol S., and Bruce G. Resnick. "Estimating the Correlation Structure of International Share Prices." *Journal of Finance* 39 (1984), pp. 1311 - 24.

Eun, Cheol S., and Bruce G. Resnick. "Exchange Rate Uncertainty, Forward Contracts, and International Portfolio Selection." *Journal of Finance* 43 (1988), pp. 197 – 215.

Eun, Cheol S., Lingling Wang, and Steven C. Xiao. "Culture and R2." *Journal of Financial Economics* 115 (2015), pp. 283 – 303.

Gagnon, Louis, and G. Andrew Karolyi. "Multi-Market Trading and Arbitrage." *Ohio State University working paper* (July 2004).

Ghosh, Chinmoy, and Fan He. "Investor Protection, Investment Efficiency and Value: The Case of Cross-Listed Firms." *Financial Management* (2015), pp. 499 – 546.

Griffin, John M., and G. Andrew Karolyi. "Another Look at the Role of the Industrial Structure of Markets for International Diversification Strategies." *Journal of Financial Economics* 50 (1998), pp. 351 – 73.

Gupta, Manoj, and Joseph E. Finnerty. "The Currency Risk Factor in International Equity Pricing." *Review of Quantitative Finance and Account* 2 (1992), pp. 245 – 57.

Herrmann, Don, Tony Kang, and Yong Keun Yoo. "The Impact of Cross-Listing in the United States on the Precision of Public and Private Information." *Journal of International Business Studies* 46 (2015), pp. 87 – 103.

Heston, Steven L., and K. Geert Rouwenhorst. "Does Industrial Structure Explain the Benefits of International Diversification?" *Journal of Financial Economics* 36 (1994), pp. 3 – 27.

Hjalmarsson, Erik. "Predicting Global Stock Returns." *Journal of Financial and Quantitative Analysis* 45 (2010), pp. 49 – 80.

Jayaraman, Narayanan, Kuldeep Shastri, and Kishore Tandon. "The Impact of International Cross- Listings on Risk and Return: The Evidence from American Depository Receipts." *Journal of Banking and Finance* 17 (1993), pp. 91 – 103.

Karolyi, G. Andrew. "DaimlerChrysler AG, The First Truly Global Share." *Journal of Corporate Finance* 9 (2003), pp. 409 – 30.

Karolyi, G. Andrew, and Rene Stulz. "Why Do Markets Move Together? An Investigation of U.S.- Japan Stock Return Comovements." *Journal of Finance* 51 (1996), pp. 951 – 986.

Miller, Darius P. "The Market Reaction to International Cross-Listings: Evidence from Depository Receipts." *Journal of Financial Economics* 51 (1999), pp. 103 – 23.

Phylaktis, Kate, and Lichuan Xia. "The Changing Roles of Industry and Country Effects in the Global Equity Markets." *European Journal of Finance* 12 (2006), pp. 627 – 48.

Patro, Dilip K. Patro, John K. Wald, and Yangru Wu. "Currency Devaluation and Stock Market Response: An Empirical Analysis." *Journal of International Money and Finance* 40 (2014), pp. 79 – 94.

Roll, Richard. "Industrial Structure and the Comparative Behavior of International Stock Market Indexes." *Journal of Finance* 47 (1992), pp. 3 – 42.

Rouwenhorst, K. Geert. "European Equity Markets and the EMU." *Financial Analysts Journal*,

May/ June (1999), pp. 57 - 64.

Sarkissian, Sergei, and Michael J. Schill. "Cross-Listing Waves." *Journal of Financial and Quantitative Analysis* 51 (2016), pp. 259 - 306.

Schwartz, Robert A. Equity Markets. New York: Harper and Row, 1988.

Solnik, Bruno. "Capital Markets and International Monetary Variables." *Financial Analysts Journal* 40 (1984), pp. 69 - 73.

_____. "The Diminishing Benefits of U.S. Cross-Listing: Economic Consequences of SEC Rule 12h-6." *Journal of Financial and Quantitative Analysis* 52 (2017), pp. 1143 - 81.

Zhang, Shaojun. "Limited Risk Sharing and International Equity Returns." *Journal of Finance* 76 (2021), pp. 893 - 932.

Chapter 14

금리 및 통화 스왑

CHAPTER OUTLINE

- 스왑의 유형
- 스왑시장의 규모
- 스왑은행
- 스왑시장 호가
- 금리스왑
  - 기본적 금리스왑
  - 기본적 금리스왑의 가격결정
- 통화스왑
  - 기본적 통화스왑
  - 통화스왑 부채상환 채무의 동등성
  - 기본적 통화스왑의 가격결정
  - 기본적 통화스왑의 재조명
- 기본적 금리 및 통화스왑의 변형들
- 금리 및 통화스왑의 위험들
- 스왑시장은 효율적인가?
- 요약
- 주요 용어
- 연습문제
- 계산문제
- 인터넷 연습문제
- 미니 케이스: Centralia사의 통화스왑

제5장에서는 환위험을 헤징하는 수단으로 선물환계약을 소개했다. 제7장은 외환 노출을 헤징하기 위한 대체 수단으로 외환에 대한 선물과 옵션 계약을 소개했다. 그러나 이러한 유형의 헤징수단들은 거의 만기가 수 년보다 더 길지는 않다. 7장에서는 또한 단기 미국달러 표시 금리위험을 헤지하는 유로달러 선물에 대해서도 논의하였다. 이 장에서는 장기적 금리위험과 환위험을 헤징하기 위한 기법들로서 단일통화 및 이종통화표시 금리스왑을 조사한다.

본 장은 금리스왑과 통화스왑을 정의하고 구별하는 몇몇 유용한 정의들로 시작한다. 그리고 금리 및 통화스왑 시장의 규모에 관한 자료를 제시한다. 다음으로 스왑은행의 기능과 스왑은행이 스왑금리를 호가하는 방법에 관해 논의한다. 그 다음 절은 금리스왑의 유용성에 대해 설명한다. 또 그 다음 절은 통화스왑의 구조를 설명한다. 본 장은 또한 스왑의 가격 결정과 금리 및 통화스왑의 포트폴리오를 유지하는데 있어 스왑딜러가 직면하는 위험들에 대해 설명한다.

스왑의 유형

금리스왑 자금조달에 있어서 "Counterparties"라고 불리는 두 거래상대방은 주기적으로 현금흐름을 교환하기 위한 계약을 체결한다. 두 가지 유형의 금리스왑이 존재한다. 먼저 **단일통화표시 금리스왑**(single-currency interest rate swap)이다. 이 유형은 보통 단축하여 금리스왑이라고 부른다. 또 다른 유형은 **이종통화표시 금리스왑**(cross-currency interest rate swap)이라고 불릴 수 있다. 이 유형은 보통 **통화스왑**(currency swap)이라고 부른다.

기본적인(플레인 바닐라, plain-vanilla) 고정 대 변동금리 간 금리스왑에서 한 거래상대방은 다른 거래상대방과 변동금리부채 채무의 이자지급과 고정금리부채 채무의 이자 지급을 교환한다. 양 부채 채무는 동일한 통화로 표시된다. 금리스왑을 사용하는 몇몇 이유들은 현금유입과 유출을 더 잘 대응(매치)시키려는 것과 비용절감을 달성하는 것이다. 기본적 스왑에서 많은 변형들이 존재하며 이에 대해 아래에서 논의한다.

통화스왑에서는 한 거래상대방이 다른 거래상대방과 어느 한 통화표시의 부채지

현장의 국제재무

세계은행의 첫 번째 통화스왑 (The World Bank's First Currency Swap)

세계은행은 종종 전 세계의 여러 국가의 자본시장들과 유로채 시장에서 차입한다. 세계은행은 (이전의) 독일 마르크화 및 스위스 프랑화처럼 낮은 명목금리의 통화로 차입하는 것을 선호한다. 1981년에 세계은행은 이러한 통화들로 공식적인 차입의 한계에 다다랐지만 더 많이 차입하기를 원했다. 우연의 일치로 IBM은 수 년 전에 차입한 독일 마르크 및 스위스 프랑 부채를 많이 가지고 있었다. 이러한 차입 대금은 기업의 사용을 위해 달러로 전환되었다. Salomon Brothers사는 세계은행에 대해 IBM과의 통화스왑을 체결하기 위해 IBM의 부채와 매치가 되는 만기로 유로달러 부채를 발행하도록 확신시켰다. IBM은 세계은행의 부채 상환(이자 및 원금)을 지급하는 데 동의했고, 이에 대해 세계은행은 IBM의 독일 마르크 및 스위스 프랑 부채의 원리금 상환을 하는 데 동의했다. 스왑의 세부사항은 공개되지 않았지만, 양 거래상대방은 다른 방식보다 더 낮은 총비용(all-in-cost; 이자비용, 거래비용, 서비스 비용)을 통해 이익을 얻었다. 게다가 세계은행은 독일과 스위스 자본시장에 직접 가지 않고도 원하는 통화들을 얻을 수 있는 간접적인 방식을 개발함으로써 이익을 얻었다.

급 채무와 다른 통화표시의 부채지급 채무를 교환한다. 기본적인 통화스왑은 고정 대 고정금리 부채지급의 교환을 포함한다. 통화스왑을 사용하는 몇몇 이유들은 부채 자금조달에 있어서 비용절감을 위한 통화표시 교환을 하는 것과 장기적인 환위험을 헤지하는 것이다. 〈현장의 국제재무〉의 "세계은행의 첫 번째 통화스왑"은 첫 번째 통화스왑 사례를 논의한다.

스왑시장의 규모

www.isda.org
국제스왑파생상품협회(ISDA)의 웹사이트로서 ISDA의 활동을 설명하고, 금리 및 통화스왑, 기타 장외시장(OTC) 금리 및 외환 파생상품 및 위험관리 활동에 관한 교육적인 정보를 제공한다. 스왑시장의 규모에 관한 시장조사 자료가 또한 이 사이트에서 제공된다.

〈현장의 국제재무〉에서 제시된 것처럼 통화스왑 시장이 먼저 발달했다. 그러나 오늘날에는 금리스왑 시장이 더 크다. 〈도표 14.1〉은 금리 및 통화스왑 장외시장의 규모와 성장에 관한 통계자료를 제공한다. 규모는 **명목원금**(notional principal)에 의해 측정되는데 이는 이자지급액을 결정하는 데 필요한 기준 원금 액수이다. 도표에 나타난 금리스왑 시장은 2009년과 2021년 사이에 규모가 축소되었다가 반등하였다. 금리스왑 잔고의 명목원금은 2013년 최고치인 456.7조 달러에서 2015년 288.6조 달러로 줄었다가 다시 2021년에는 372.4조 달러로 증가하였다. 이러한 규모 축소는 다음 절에서 논의될 새로운 규제강화와, 장외시장 금리스왑 시장의 경쟁자로서 새로운 거래소 상품으로서 금리선물계약의 출현에 따른 것이었다. BIS에 따르면, 장외시장에서의 금리파생상품 거래의 반등은 관련 당사자 간 거래 증가, 기술 진보에 따른 거래비용 감소, 및 미국에서 단기금리에 대한 기대 변화에 기인하였다.[1] 통화스왑의 총 잔액은 2009년 말 16.5조 달러에서 2021년 말 28.7조 달러로 74% 증가하였다.

〈도표 14.1〉에서 나타나 있지는 않지만 금리 및 통화 스왑의 가장 흔한 5개의 표시통화는 미 달러화, 유로화, 일본 엔화, 영국 파운드화 및 캐나다 달러화이다.

스왑은행

스왑은행(swap bank)은 두 거래상대방 사이에 스왑 거래를 용이하게 하는 금융기관을 표시하는 일반적인 용어이다. 스왑은행은 국제적인 상업은행, 투자은행, 머천

도표 14.1

금리 및 통화 스왑시장의 규모: 총 명목원금 잔액 (단위: 십억 달러)

연도	금리스왑	통화스왑
2009	249,236	16,509
2010	364,377	19,271
2011	402,611	22,791
2012	710,002	25,420
2013	456,725	25,448
2014	381,129	24,042
2015	288,634	22,750
2016	289,103	22,971
2017	318,870	25,535
2018	326,690	24,858
2019	341,292	26,288
2020	355,791	27,810
2021	372,376	28,748

* 명목원금은 이자지급액을 결정하는 데 있어 이자율이 적용되기 위한 준거 지표로만 사용된다.
자료: Interest rate swap notional values are compiled from various issues of *International Banking and Financial Market Developments*, Bank for International Settlements.

1) Ehlers, Torsten, and Bryan Hardy, "The Evolution of the OTC Interest Rate Derivatives Market," BIS Quarterly Review, December 2019.

트뱅크 또는 독립적인 기관일 수 있다. 스왑은행은 **스왑브로커**(swap broker) 또는 **스왑딜러**(swap dealer)로 활동한다. 브로커로서, 스왑은행은 거래상대방들을 중개하지만 스왑계약의 어떠한 위험도 부담하지는 않는다. 스왑브로커는 이러한 서비스의 대가로서 수수료를 받는다. 오늘날 대부분의 스왑은행들은 딜러 또는 시장조성자로서 역할을 수행한다. 시장조성자로서 스왑은행은 통화스왑의 어느 한쪽으로부터 거래를 접수할 준비가 되어 있으며, 이후 그것을 취소하거나 다른 상대방을 찾아 그것을 매치시킨다. 이러한 능력으로 스왑은행은 스왑의 한 포지션을 취하고 그러므로 일정한 위험을 감수한다. 딜러의 능력은 분명히 더 위험한 것이며, 스왑은행은 위험감수의 보상으로 그를 통해 전달되는 현금흐름의 일부를 수취한다.

글로벌 금융위기 동안 집중 조명을 받았던 장외 파생상품 시장이 직면한 문제들은 금융시장의 거래 안정성을 높이기 위한 새로운 규제를 가져왔다. 금리스왑과 통화스왑 거래에 관한 두 가지 새로운 규제는 분명한 충격을 주었다. 미국에서는 상품선물거래위원회가 도드프랑크(Dodd-Frank)법에 의해 개정된 상품거래소법에 따라 새로운 권한을 갖게 되었다. 이 법에 따르면 스왑 딜러와 주요 스왑거래자들에게 스왑계약에 관해 적절한 시기의 정확한 확인, 조정, 요약과 서류작업과 관련한 표준들을 규정하고 있다. 유럽연합에서는 유럽증권시장위원회가 새로운 유럽시장 인프라규제를 채택해서, 중앙청산소(CCP)와 거래기록소로 하여금 거래상대방들이 적절한 절차와 협약을 통해 금리스왑의 운영위험과 거래상대방 신용위험을 측정하고 감시하며 완화할 것을 요구하였다. 현재 통화스왑에 대해서는 중앙결제는 필요하지 않다. 덧붙여 개시증거금의 형태로 담보는 예치되어야 한다. 이러한 변화들과 함께, 스왑시장은 7장에서 설명한 선물시장과 비슷하게 현재 운영되고 있다.

스왑시장 호가

스왑은행은 고객들의 요구에 맞게 금리 및 통화스왑의 조건들을 조율할 것이다. 그들은 또한 일반적인 "플레인 바닐라"스왑이 시장을 조성하고, Aa 또는 Aaa 신용등급의 거래상대방에게 적용할 수 있는 현재 시장의 호가를 제공한다. 미달러화표시 고정 대 변동금리의 기본적 금리스왑을 고려해 보자. 2022년 1월 1일 전까지 이

www.bis.org
국제결제은행(BIS)의 웹사이트로서 BIS의 활동과 목적을 기술한다. 외환 및 장외시장 파생상품들에 관한 많은 온라인 간행물들이 이 사이트에서 제공된다.

런 유형의 금리스왑은 보통 미달러화 표시(USD) LIBOR를 기준금리로 사용하였다 스왑은행은 3개월 또는 6개월 만기 LIBOR 플랫(즉, 신용위험프리미엄이 없는)에 대해 고정금리표시 매매가격차(반년 또는 연간으로)를 호가했다. 6개월 만기 LIBOR 플랫에 대해 반년마다 이자지급이 이루어지는 5년 만기 스왑의 호가를 8.50−8.60%로 했다고 가정하자. 이는 스왑은행이 6개월 만기 LIBOR 달러화표시 이자를 수취하는 데 대해 8.5%의 달러화표시 고정금리 이자를 반년마다 지급하는 것을 의미한다. 또는 6개월 만기 LIBOR를 지급하는 데 대해, 반년마다 8.6%의 고정금리를 수취하는 것을 의미한다.

제11장에서 논의된 바와 같이, 2022년 1월 1일부터 유로커런시 시장은 LIBOR에서 대체 무위험 금리(RFRs)로 전환되었다. 이 RFR들은 무담보 또는 담보부 환매조건부(“리포”) 거래에 기반한 익일(overnight) 도매거래로 이루어진다. 따라서, 그들은 무위험 금리 또는 거의 무위험 금리를 대표한다. LIBOR은 무위험 금리가 아니었다. 유로커런시가 은행간 시장에서 거래되므로 LIBOR는 은행 신용위험프리미엄을 포함했다.

그러므로, LIBOR와 비견되기 위해선 대체의 RFR에는 은행 신용위험프리미엄이 보완되어야 하지만 이는 금리스왑 시장의 운영을 복잡하게 만든다. 이어서, 우리는 (이 글을 쓰는 시점 기준) 대체 RFR을 기반으로 한 금리스왑 시장의 논리적 운영 체제를 제시할 것이다.

스왑은행이 동일통화 표시로 현지 기준금리에 대해 금리스왑 금리를 호가하는 것과 미 달러화 표시 참고금리에 대해 통화스왑 금리를 호가하는 것은 관례이다. 제11장에서 언급된 바와 같이, SOFR은 USD LIBOR을 대체하는 대체 RFR이다. 그리고 11장에서 6개월 만기 CME Term SOFR에 43 베이시스포인트의 은행 신용위험 프리미엄을 추가해야 6개월 만기 USD LIBOR와 비교가능했었다. 예를 들어, 영국 파운드스털링화(GBP) 표시 반년 이자 지급의 5년 만기 통화스왑에 대해 매매 호가가 6개월 만기 CME Term SOFR+0.43%에 대해 6.60−6.70%라고 가정해보자. 이는 스왑은행이 6개월 만기 CME Term SOFR+0.43%를 받는 대가로 고정금리 6.60%로 6개월마다 영국 파운드화 이자를 지급을 하거나, 6개월 만기 CME Term SOFR+0.43%를 지급하는 대가로 고정금리 6.70%로 6개월마다 영국 파운드화 이자를 받는 것을 의미한다. 금리스왑에서는 스왑은행이 6개월 만기 Term SONIA + 영국 은행 신용위험프리미엄을 받는 대가로 고정금리 6.60%로 6개월마다 영국 파운드

도표 14.2 금리스왑 호가

	유로(Euro-€)		파운드(£)		스위스프랑(SFr)		달러(US$)		엔(Yen)	
	매입금리	매도금리	매입금리	매도금리	매입금리	매도금리	매입금리	매도금리	매입금리	매도금리
1년	0.200	0.215	1.825	1.831	−.0.275	−.0.253	2.148	2.156	−.0.016	−.0.006
2년	0.888	0.904	2.174	2.183	0.254	0.286	2.626	2.636	0.039	0.046
3년	1.156	1.172	2.167	2.175	0.516	0.534	2.693	2.704	0.077	0.086
4년	1.292	1.312	2.118	2.123	0.675	0.691	2.674	2.682	0.108	0.116
5년	1.376	1.396	2.065	2.070	0.798	0.817	2.647	2.655	0.145	0.153
6년	1.439	1.457	2.011	2.016	0.911	0.929	2.635	2.639	0.187	0.195
7년	1.503	1.524	1.965	1.970	1.013	1.032	2.627	2.632	0.232	0.239
8년	1.561	1.581	1.933	1.938	1.103	1.122	2.622	2.627	0.274	0.282
9년	1.614	1.630	1.912	1.917	1.183	1.202	2.618	2.622	0.314	0.323
10년	1.671	1.691	1.900	1.904	1.250	1.270	2.620	2.627	0.353	0.362
12년	1.750	1.766	1.870	1.876	1.349	1.377	2.627	2.633	0.421	0.431
15년	1.802	1.818	1.826	1.832	1.451	1.479	2.629	2.635	0.516	0.524
20년	1.723	1.761	1.745	1.759	1.464	1.491	2.588	2.594	0.643	0.652
25년	1.583	1.617	1.705	1.711	1.403	1.452	2.497	2.503	0.731	0.741
30년	1.449	1.479	1.660	1.666	1.345	1.395	2.404	2.412	0.791	0.804

자료: *Bloomberg*, April 28, 2022.

화 이자를 지급하거나, 6개월 만기 Term SONIA + 영국 파운드화 표시 은행 신용위험 프리미엄을 지급하는 대가로 고정금리 6.70%로 6개월마다 영국 파운드화 이자를 받는다. SONIA는 영국 파운드화(GBP) LIBOR를 대체하는 대체 RFR이다. 통화스왑에서 각각의 지급은 두 통화에 대한 등가의 명목원금에 기반한다.

다음으로 스왑은행이 6개월 만기 CME Term SOFR에 대해 달러로 8.50−8.60%를 호가하고, 영국 파운드로 6.60−6.70%를 호가하면, 통화스왑 계약에서는 6.70%로 고정금리 영국 파운드 이자를 반년마다 수취하는 데 대해 8.50%의 고정금리 달러 이자를 지급하게 된다. 혹은 6.60%로 고정금리 영국 파운드 이자를 지급하는 데 대해 8.60%의 달러 이자를 수취하게 된다. 〈도표 14.2〉는 금리스왑 호가의 예시를 보여준다.

금리스왑

기본적 금리스왑

기본적인, 종종 "플레인 바닐라"로 불리는 금리스왑의 예로서, 고정 대 변동금리 스왑의 다음 예를 고려해 보자. 은행 A는 영국에 소재하는 AAA 신용등급의 국제은행이다. 이 은행은 고객들에 대한 변동금리 유로달러 대출의 자금조달을 위해 1천만 달러가 필요하다. 이 은행은 12개월 만기 CME Term SOFR에 연동된 5년 만기 변동금리채(FRN)를 발행할 것을 고려하고 있다. 이에 대한 대안으로, 이 은행은 10%의 고정금리로 5년 만기 유로달러채권을 발행할 수 있다. FRN은 은행 A가 변동금리 자산에 대한 자금조달을 위해 변동금리 부채를 사용하기 때문에 가장 적절한 방안이다. 이런 방법으로 이 은행은 고정금리채 발행과 관련된 금리위험을 회피한다. 이러한 헤지가 없이는 SOFR이 상당히 하락한다면 이 은행은 대출에서 수취하는 이자보다 더 높은 이자를 지급하게 된다.

기업 B는 BBB 신용등급의 미국 기업이다. 이 기업은 5년의 경제적 수명을 가진 자본적 지출의 자금조달을 위해 1천만 달러가 필요하다. 이 기업은 미국 채권시장에서 11.25%의 고정금리채권을 발행할 수 있다. 대안으로 12개월 만기 CME Term SOFR+1.22%의 금리로 5년 만기 FRN을 발행할 수 있다. 고정금리부채가 기업 B의 자금조달비용을 확정하기 때문에 가장 적절하다. FRN 대안은 SOFR이 FRN의 만기까지 상당히 상승한다면 매우 현명치 못한 것으로 판명될 수 있으며, 아마도 프로젝트의 수익성이 없는 결과를 초래할 수 있다.

은행 A와 기업 B의 자금조달 요구를 잘 아는 스왑은행은 각 상대방과 스왑은행에 유리한 고정 대 변동 금리스왑을 창출할 기회를 가진다. 스왑은행이 12개월 만기 CME Term SOFR+0.72%에 대해 10.375−10.50%로 5년 만기 미달러화표시 금리스왑을 호가한다고 가정하자. 스왑을 창출하는 주요 또는 필요조건은 **등급스프레드차이**(quality spread differential: QSD)가 존재하는 것이다. QSD는 고정금리부채에 대한 채무불이행 위험의 프리미엄 차이와 변동금리부채에 대한 채무불이행 위험의 프리미엄 차이 간의 차이이다. 일반적으로 전자가 후자보다 크다. 그 이유는 낮은 등급의 부채에 대한 수익률곡선이 높은 등급의 부채에 대한 수익률곡선보다 기울기가

도표 14.3

등급스프레드차이(QSD)의 계산

	B 기업	A 은행	차이
고정금리	11.25%	10.00%	1.25%
변동금리	SOFR + 1.22%	SOFR + 0.72%	0.50%
			QSD = 0.75%

더 가파른 경향이 있기 때문이다. 재무이론가들은 이러한 현상에 대한 다양한 설명을 내놓았으나 어느 것도 완전히 만족스러운 것은 아니다. 〈도표 14.3〉은 QSD의 계산을 예시한다.

QSD가 존재한다는 가정하에 각 거래상대방이 자신의 자금조달 요구에 대해 좀 더 유리한 부채를 발행하는 것이 가능하다. 그렇다면 스왑이자 지급액도 각 상대방이 스스로 조달하는 것보다 총비용이 더 낮은 자신이 바라는 이자지급 유형을 가져올 수 있다. 〈도표 14.4〉는 스왑은행이 두 거래상대방을 위해 주선할 수 있는 가능한 시나리오를 보여준다. 〈도표 14.4〉에 사용된 금리들은 1천만 달러의 명목원금에 대한 연율로 지급되는 백분율을 나타낸다.

〈도표 14.4〉로부터 우리는 스왑은행이 기업 B에게 보다 적절한 11.25%의 고정금리 부채보다 SOFR+1.22%의 FRN을 발행하도록 소개한 것을 안다. 기업 B는 스왑은행에게 (명목원금 1천만 달러에 대해) 10.50%의 금리를 전달하고 이에 대해 12개월 만기 CME Term SOFR+0.72%를 수취한다. 전체로서 기업 B는 (스왑은행에게) 10.50%, 더해서 (변동금리채권 보유자들에게) 12개월 만기 CME Term SOFR+1.22%를 지급하고, (스왑은행으로부터) 12개월 만기 CME Term SOFR+0.72%를 수취하며, 이에 따라 **총비용**(이자비용, 거래비용 및 서비스비용)은 11.0%가 된다. 그러므로 스왑을 통해 기업 B는 변동금리부채를 고정금리부채로 전환시키고 총비용은 자신이 스스로 조달할 수 있는 11.25% 고정금리보다 0.25% 포인트 더 낮아진다.

마찬가지로 은행 A는 보다 적절한 FRN보다 10% 고정금리부채를 발행하도록 유도되었다. 은행 A는 스왑은행에게 12개월 만기 CME Term SOFR+0.72%를 전달하고 10.375%를 수취한다. 전체로서 은행 A는 (고정금리 유로달러채권 보유자들에게) 10%, 더해서 (스왑은행에게) 12개월 만기 CME Term SOFR+0.72%를 지급하고, (스왑은행으로부터) 10.375%를 수취하며, 이에 따라 총비용은 SOFR+0.345%가 된다. 스왑을 통해 은행 A는 고정금리부채를 변동금리부채로 전환시키고, 총비용은 스스로 조달할 수 있는 12개월 만기 CME Term SOFR+0.72% 변동금리보다 0.375% 포인트 더 낮게 된다.

도표 14.4

고정 대 변동금리 스왑

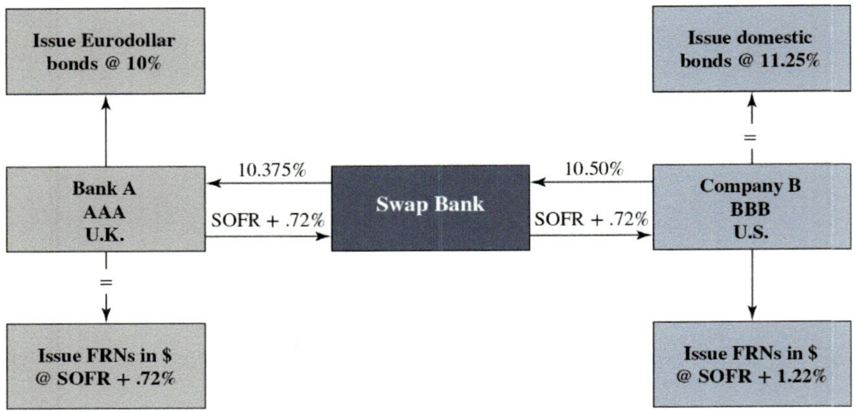

Net Cash Outflows

	Bank A	Swap Bank	Company B
Pays	SOFR + .72%	10.375%	10.50%
	10%	SOFR + .72%	SOFR + 1.22%
Receives	–10.375%	–10.50%	–(SOFR + .72%)
		–(SOFR + .72%)	
Net	SOFR + .345%	–.125%	11%
Savings/earnings	.375%	.125%	.25%

* 부채이자 상환은 1천만 달러의 명목원금에 대한 백분율로 표시됨.

스왑은행은 다른 상대방에게 각 상대방으로부터 수취하는 것보다 덜 지급하기 때문에 또한 유리하다. 〈도표 14.4〉로부터 스왑은행은 (기업 B로부터) 10.50%, 더해서 (은행 A로부터) SOFR+0.72%를 수취하고, (은행 A에게) 10.375%, 더해서 (기업 B에게) SOFR+0.72%를 지급한다. 스왑은행에 대한 순유입은 1천만 달러의 명목원금에 대해 연율로 0.125%이다. 합해서 은행 A는 0.375%를 절감했고, 기업 B는 0.25%를 절감했으며, 스왑은행은 0.125%를 벌었다. 이들의 합계는 0.75%이며 이는 QSD와 동일하다. 그러므로 QSD가 존재하면 이는 어떤 식으로 스왑 당사자들 간에 배분되며 거래상대방들에게 총비용을 낮추게 한다.

금리스왑에서 두 거래상대방이 조달하는 원금의 합은 두 거래상대방이 동일한 통화로 차입했기 때문에 교환되지 않는다. 교환되는 이자지급액은 명목원금에 기초하는데, 이 원금은 각 상대방이 실제 차입한 정확한 금액과 동일하지 않을 수 있다. 더욱이 〈도표 14.4〉는 명목원금에 기초한 이자지급액의 총 교환을 보여주지만, 실제로는 관례적으로 단지 순 차액만 교환된다. 예를 들어, 기업 B는 스왑은행에 대해 1천만 달러의 명목가치에 대해 10.50%와 12개월 만기 SOFR+0.72% 간의 순 차액을 지급한다.

(심층학습) 기본적 금리스왑의 가격결정

금리스왑의 체결 이후, 한 거래상대방 또는 다른 거래상대방은 스왑을 해지하거나 거꾸로 하기를 원하게 될 수 있다. 한 상대방에 대한 금리스왑의 가치는 그가 명목원금에 대해 향후 수취하고 지급할 지급흐름의 현재가치들의 차이가 된다. 예를 들어, 이전의 예에서 기업 B를 고려해 보자. 기업 B는 스왑은행에게 명목원금 1천만 달러에 대해 10.50%를 지급하고 SOFR+0.72%를 수취한다. 이 기업은 FRN을 SOFR+1.22%에 발행했기 때문에 11.0%의 총비용을 갖는다.

1년 후에 스왑은행이 4년 만기 달러 스왑을 SOFR+0.72% 대 9.00−9.125%로 호가하고 있다고 가정하자. 이는 또한 FRN의 이자 재결정 날짜이다. 어떠한 이자 재결정 날짜에 명목원금에 대한 미래 변동금리 지급액 또는 SOFR 수취액의 현재가치는 항상 1천만 달러일 것이다. 1천만 달러 가상 채권에 대한, 새로운 스왑 매입률 9%로 4개의 남아 있는 10.50% 쿠폰이자 지급액들의 현재가치는 $\$10,485,958 = \$1,050,000 \times PVIFA_{9\%,4} + \$10,000,000 \times PVIF_{9\%,4}$이다. 스왑의 가치는 $\$10,000,000 - \$10,485,958 = -\$485,958$이다. 이에 따라 기업 B는 원래 스왑을 해지하거나 거꾸로 하기 위해 스왑은행에게 \$485,958를 지급할 용의가 있을 것이다. 요컨대, 스왑의 시장가치는 1천만 달러 명목원금에 대해 10.50%를 지급하고 9%를 수취하는 것의 차이를, 새로운 스왑 매입률 9%에 할인한 현재가치이다. 즉, $-\$150,000 \times PVIF_{9\%,4} = -\$485,958$이다.

통화스왑

기본적 통화스왑

기본적인 통화스왑의 예로서, 다음 예를 고려해 보자. 어느 미국 다국적기업이 독일 현지법인의 자본적 지출을 위한 자금조달을 원한다. 프로젝트는 5년의 경제적 수명을 가진다. 프로젝트 비용은 4천만 유로이다. 현재 환율 1유로당 1.30달러로 모회사는 8%로 5년 만기 채권을 발행함으로써 미국 자본시장에서 5천 2백만 달러를 조달할 수 있다. 그 다음 모회사는 달러를 유로로 전환해서 프로젝트 비용을 지급한다. 독일 현지법인은 매년 달러부채 이자상환과 5년 후 원금상환을 충족시킬 수 있도록 프로젝트로부터 충분한 현금흐름을 벌 수 있다고 기대된다. 이 상황에서 유일한 문제는 장기적인 거래적 환노출이 발생한다는 것이다. 대출 기간 중에 미달러화 가치가 유로화에 대해 상당히 상승한다면 독일 현지법인이 달러화 대출에 대해 원리금상환을 하는 데 충분한 유로 현금흐름을 버는 것이 어려울 수 있다.

하나의 대안은 미국 모회사가 유로화 표시 유로채를 발행함으로써 국제채권시장에서 4천만 유로를 조달하는 것이다. (대신에 미국 모회사는 독일 자본시장에서 유로화 표시 외국채를 발행할 수 있다.) 그러나 미국 다국적기업이 잘 알려지지 않았다면 유리한 금리로 차입하는 것이 힘들 것이다. 미국 모회사가 7% 고정금리로 5년 만기로 4천만 유로를 차입할 수 있다고 가정하자. 동등한 신용도의 잘 알려진 기업의 현재 통상 차입금리는 6%이다.

동등한 신용도의 독일 다국적기업이 대칭되는 자금조달 요구를 가지고 있다고 가정하자. 미국 현지법인은 5년의 경제적 수명을 가진 자본적 지출의 자금조달을 위해 5천 2백만 달러를 필요로 한다. 독일 모회사는 6% 고정금리로 독일 채권시장에서 4천만 유로를 조달해서 이 자금을 자본적 지출을 위한 달러 자금으로 전환할 수 있다. 그러나 유로화 가치가 달러화에 대해 상당히 상승한다면 거래적 환노출이 발생할 수 있다. 이 경우 미국 현지법인은 원리금 상환에 필요한 충분한 달러화 현금을 확보하기 어려울 수 있다. 독일 모회사는 유로달러 채권을(또는 대안으로 미국자본시장에서 양키채를) 발행할 수 있다. 그러나 잘 알려지지 않은 기업이라서 차입비용이 고정금리로 9%가 될 수 있다.

이 두 다국적기업의 자금조달 요구를 잘 아는 스왑은행은 각 다국적기업의 이중

도표 14.5

비교우위에 따른 이자 절감액

	미국 MNC	독일 MNC	차이
차입원가($)	8%	9%	−1%
차입원가(€)	7%	6%	1%
합계(절약/수익)			−2%

문제, 즉 장기적 거래적 환노출 또는 불리한 금리로 차입하는 문제에 봉착한 것을 풀 수 있는 통화스왑을 주선할 수 있다(불필요하게 이 예를 복잡하게 하지 않기 위해서 스왑은행이 호가하는 매입 및 매도 스왑금리들은 동일하다고 가정한다. 즉, 매매가격차는 없다. 이 가정은 나중의 예에서는 완화된다). 스왑은행은 각 모회사에게 자신이 잘 알려져 있고 명성이나 브랜드 인지도로 인해 비교우위(comparative advantage)가 있는 각자의 국내자본시장에서 자금을 조달하라고 지시할 것이다.[2)]

〈도표 14.5〉는 그렇게 할 경우 통화 스왑을 통해 총 2%를 절약 또는 벌 수 있음을 보여준다. 달러 액면 금액에 대해서는 1%, 유로 상당 액면 가치에 대해서는 1%가 해당된다. 처음에 원금 총액이 스왑은행을 통해 교환될 것이다. 매년, 독일 현지법인은 미국 모회사에게 €2,400,000(€40,000,000의 6%) 이자를 송금하고, 이는 스왑은행을 통해 유로부채 상환을 위해 독일 다국적기업에게 전달될 것이다. 독일 다국적기업의 미국 현지법인은 매년 $4,160,000($52,000,000의 8%) 이자를 송금하고, 이는 스왑은행을 통해 달러부채 상환을 위해 미국 다국적기업에게 전달될 것이다.

부채의 원금상환일에는 현지법인들이 원금 총액을 그들 각자의 모회사에게 전달하고, 이는 스왑은행을 통해 국내자본시장에서 발행된 채권의 상환을 위해 교환될 것이다. 이러한 통화스왑의 구조는 〈도표 14.6〉에 그려져 있다.

〈도표 14.6〉는 각 거래상대방이 각자의 국내자본시장에서의 비교우위로 인해 비용절감이 있음을 보여준다. 미국 다국적기업은 유로채 시장에서 지급해야 할 7% 대신에 통화스왑을 통해 6%의 총비용(all-in-cost: AIC)으로 유로를 차입한다. 독일 다국적기업은 유로채 시장에서 지급해야 할 9% 대신에 스왑을 통해 8%의 총비용으로 달러를 차입한다. 통화스왑은 또한 각 거래상대방의 부채상환 채무에 대해 일련의 미래 환율들을 확정시키는 계약으로서 역할을 한다. 시초에는 원금총액이 $1.30/

2) 개념적인 관점에서, 이는 두 상대방이 동등한 신용도를 가지고 있음에도 불구하고, 각 상대방이 외국에서 회사 이름이나 브랜드 인지도가 부족함에 따른 시장 불완전성으로 인해 동일한 통화로 자금을 조달할 때 두 상대방 간에 이자율 차이가 발생한다는 것을 의미한다.

도표 14.6 $/€ 통화스왑*

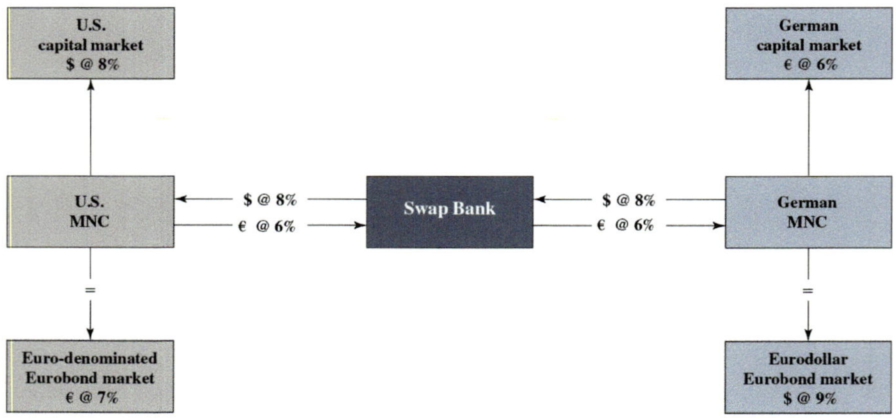

Net Cash Outflows

	U.S MNC	**Swap Bank**	**German MNC**
Pays	8%($)	8%($)	8%($)
	6%(€)	6%(€)	6%(€)
Receives	−8%($)	−8%($)	
		−6%(€)	−6%(€)
Net	6%(€)	0%	8%($)
Savings/earnings	7%(€) − 6%(€) = 1%(€)	0%	9%($) − 8%($) = 1%($)

* 달러화(유로화)로 부채 상환은 $52,000,000(€40,000,000)의 명목원금에 대한 백분율로 표시됨.

€1.00의 현재 환율로 $52,000,000과 €40,000,000이 교환된다. 부채 상환 이전에 매년 스왑계약은 거래상대방들이 유로 부채에 대한 €2,400,000의 이자와 달러 부채에 대한 $4,160,000의 이자를 교환하도록 한다. 이는 $1.7333/€1.00의 계약 환율이다. 만기일에는 최종 이자 지급액과 원금 총액의 재교환을 포함하는 $56,160,000과 €42,400,000의 최종 교환이 발생한다. 5년째 말의 계약 환율이 그러므로 $1.3245/€1.00이다. 분명히, 스왑은 각 상대방에게 스왑 기간에 걸쳐 부채상환 채무를 충족시키기 위해 환율들을 확정시킨다.

(심층학습) 통화스왑 부채상환 채무의 동등성

달러－유로 통화스왑 예를 계속 이어가면 피상적으로는 독일 상대방이 미국 상대방만큼 통화스왑에서 좋은 거래를 얻지 못한 것처럼 보인다. 그 이유는 독일 상대방은 6%의 금리(매년 €2,400,000)로 차입하지만 8%의 금리($4,160,000)를 지급하고 있기 때문이다. 미국 상대방은 $4,160,000을 수취하고 €2,400,000을 지급한다. 이러한 논리는 〈도표 14.7〉에서 보여주듯이 국제평가관계들에 대해 잘못되게 알고 있는 데서 점철된 것이다. 요컨대 이 도표는 6%로 유로를 차입하는 것은 8%로 달러를 차입하는 것과 동등한 것임을 보여준다.

〈도표 14.7〉은 첫 번째 줄은 백만 유로 단위의 유로부채의 현금흐름을 보여준다. 두 번째 줄은 백만 달러 단위의 달러부채 현금흐름을 보여준다. 각 현금흐름의 총비용은 또한 각 통화에 대해 나타난다. 세 번째 줄은 스왑계약에 의해 확정되는 두 거래상대방 사이의 계약 환율들을 보여준다. 네 번째 줄은 6% 유로 금리와 8% 달러 금리 사이에 금리평가(IRP)가 성립한다고 가정하면, 각 거래상대방과 시장이 커버된 금리평가와 기대되는 현물환율의 불편예측치로서 선물환율에 토대하여 기대하는 환율을 보여준다. 이들 금리는 각 거래상대방이 자국의 시장에서 잘 알려져 있고, 그들에게 있어 가장 최선의 금리들이기 때문에 이는 합리적인 것처럼 보인다. 이러한 평가관계에 따르면 $\overline{S_t}(\$/€) = S_0[1.08/1.06]^t$. 예를 들어, 도표로부터 $1.350/€1.00=$1.30[1.08/1.06]^{2}이다.

다섯 번째 줄은 6% 금리로 €40,000,000의 현재가치를 지닌 동등한 유로화표시 현금흐름을 보여준다. 통화스왑이 없다면 독일 다국적기업은 유로부채 상환을 위해 달러를 유로로 전환해야 할 것이다. 매년 전환이 일어나는 경우 기대되는 환율은 네 번째 줄의 내재된 환율에 의해 주어진다. 다섯 번째 줄은 두 번째 줄의 현금흐름을 네 번째 줄의 내재된 환율에 의해 전환된 것으로 볼 수 있다. 즉, 첫 해에는 $4,160,000이 기대되는 환율 $1.325/€1.00에 따른 €3,140,000의 기대가치를 가진다. 둘째 해에는 $4,160,000이 환율 $1.350/€1.00에 따른 €3,080,000의 기대가치를 가진다. 내재된 환율들에 의한 전환은 8% 현금흐름을 6% 현금흐름으로 전환시키고 있음을 주목하라.

€40,000,000의 대출자는 차입자로부터 첫 번째 줄의 현금흐름을 수취하는 것과, 다섯 번째 줄의 현금흐름을 수취하는 것 사이에 무차별하다. 그러나 차입자의 관점에서 첫 번째 줄의 현금흐름은 통화스왑으로 인해 환위험에서 자유롭지만, 다섯 번

도표 14.7 통화스왑 현금흐름의 동등성

	현금흐름 발생시점						
	0	1	2	3	4	5	AIC
1. 유로화 부채 현금흐름	40	−2.40	−2.40	2.40	−2.40	−42.40	6%
2. 달러화 부채 현금흐름	52	−4.16	−4.16	4.16	−4.16	−56.16	8%
3. 계약 환율	1.300	1.7333	1.7333	1.7333	1.7333	1.3245	NA
4. 내재된 환율	1.300	1.325	1.350	1.375	1.401	1.427	NA
5. 무차별 유로화 현금흐름	40	−3.14	−3.08	−3.03	−2.97	−39.35	6%
6. 무차별 달러화 현금흐름	52	−3.18	−3.24	−3.30	−3.36	−60.50	8%

주: 첫 번째 줄과 다섯 번째 줄은 6% 할인율에 €40,000,000의 현재가치를 가지는 대체 유로화 현금흐름을 나타낸다. 첫 번째 줄의 현금흐름은 스왑이 체결되면 환위험이 없지만, 다섯 번째 줄의 내재된 현금흐름은 스왑이 포기되면 환위험이 발생한다. 확실한 현금흐름이 선호될 것이다. 다섯 번째 줄의 불확실한 유로화 현금흐름은 두 번째 줄의 달러화 현금흐름을 네 번째 줄의 해당되는 내재된 환율에 의해 나눔으로써 구한다. 마찬가지로 두 번째 및 여섯 번째 줄은 8% 할인율에 $52,000,000의 현재가치를 가지는 대체 달러화 현금흐름을 나타낸다. 두 번째 줄의 현금흐름은 스왑이 체결되면 환위험이 없지만, 여섯 번째 줄의 내재된 현금흐름은 스왑이 포기되면 환위험이 발생한다. 확실한 현금흐름이 선호될 것이다. 여섯 번째 줄의 불확실한 달러화 현금흐름은 첫 번째 줄의 유로화 현금흐름을 네 번째 줄의 해당되는 내재된 환율로 곱함으로써 구한다.

째 줄의 현금흐름은 그렇지 못하다. 그러므로 이러한 동등성에 상관없이 스왑의 확실성을 선호한다.

여섯 번째 줄은 $52,000,000의 현재가치를 가지는, 네 번째 줄의 내포된 환율들을 토대로 한 달러표시 현금흐름을 보여준다. 여섯 번째 줄은 이러한 기대되는 환율들에 의해 첫 번째 줄의 6% 현금흐름을 여섯 번째 줄의 8% 현금흐름으로 전환한 것으로 볼 수 있다. 대출자는 이러한 현금흐름과 두 번째 줄의 현금흐름 사이에 무차별하다. 그러나 차입자는 환위험으로부터 자유롭기 때문에 두 번째 줄의 현금흐름을 선호할 것이다.

(심층학습) 기본적 통화스왑의 가격결정

미달러−유로 스왑이 체결되고 1년이 지난 후에 금리가 미국에서는 8%에서 6.75%로, 유로존에서는 6%에서 5%로 하락하였다고 가정하자. 더 나아가, 미국 금리가 유로존 금리에 비해 비례적으로 더 하락했기 때문에 달러화 가치가 유로화에 대해 상승했다고 가정하자. $1.325/€1.00가 기대되는 대신에 $1.310/€1.00이 기대된다. 한쪽 또는 양쪽 상대방은 보다 낮은 새로운 금리로 자금을 재조달하기 위해 스왑딜러에게 그들의 스왑포지션을 매도하려고 할 수 있다.

미달러 부채의 시장가치는 $54,214,170이다. 이는 4개의 남아 있는 $4,160,000 쿠폰 이자 지급액과 $52,000,000이 원금을 6.75%에 할인한 현재가치이다. 마찬가지로, 새로운 5%의 금리로 유로 부채의 시장가치는 €41,418,380이다. 미국 상대방은 통화스왑에 대한 지분을 $43,908($54,214,170 − €41,418,380×1.310 = −$43,908)에 매입할 의사가 있을 것이다. 즉, 미국 상대방은 유로 현금흐름을 지급해야 할 필요가 없는 대신에 스왑계약 하에서 수취할 달러 현금흐름을 포기하기 위해 $43,908을 지급할 용의가 있을 것이다. 그런 다음 미국 다국적기업은 $52,000,000 8% 금리의 부채를 6.75%로 재조달하는 것이 자유로워지고 아마도 새로운 통화스왑을 체결할 것이다.

독일 상대방의 관점에서 스왑은 €33,517(€41,418,380 − $54,214,170/1.310)의 가치를 가진다. 독일 상대방은 스왑을 매도하기 위해 €33,517을 받아들일 용의가 있을 것이다. 즉 달러 현금흐름을 지급할 필요가 없는 대신에 유로 현금흐름을 포기할 것이다. 그런 다음 독일 다국적기업은 €40,000,000 6% 금리 부채를 새로운 5% 금리에 재조달할 수 있다. 독일 기업도 또한 새로운 통화스왑을 체결할 수 있다.

(심층학습) 기본적 통화스왑의 재조명

기본적 통화스왑의 보다 현실적인 예로서, 스왑은행이 통화스왑 시장을 조성하는 데 징수하는 수수료로서 매매가격차를 인식할 필요가 있다. 앞서의 예를 확장하기 위해, 스왑은행이 5년 만기 달러(유로) 통화스왑을 8.00 − 8.15(6.00 − 6.10)% 대 달러 12개월 만기 CME Term SOFR + 0.72%로 호가한다고 가정하자. 덧붙여서 보다 현실적으로, 스왑은행은 미국 다국적기업과 독일 다국적기업에 대해 분리해서 스왑 거래를 할 수 있다고 가정하자.

그런 다음 미국 다국적기업이 자국 자본시장에서 조달한 원금총액($52,000,000)과 독일 다국적기업이 자국 자본시장에서 조달한 원금총액(€40,000,000)을 스왑은행에 현재의 현물환율 $1.30/€1.00에 매도하여, 각자 원하는 통화로 미국 다국적기업은 €40,000,000을, 독일 다국적기업은 $52,000,000을 얻는다. 독일 현지법인은 매년 €2,440,000(€40,000,000에 대한 6.10%)을 이자로 스왑은행을 통해 미국 모회사에 송금한다. 스왑은행은 이에 따라 매년 €2,400,000(€40,000,00에 대한 6%)을 유로 부채 상환을 위해 독일 다국적기업에게 송금할 것이다. 미국 현지법인은 매년 $4,238,000($52,000,000에 대한 8.15%)을 이자로 스왑은행을 통해 독일 모회사에 송

도표 14.8 매매가격차가 있는 경우의 $/€ 통화스왑*

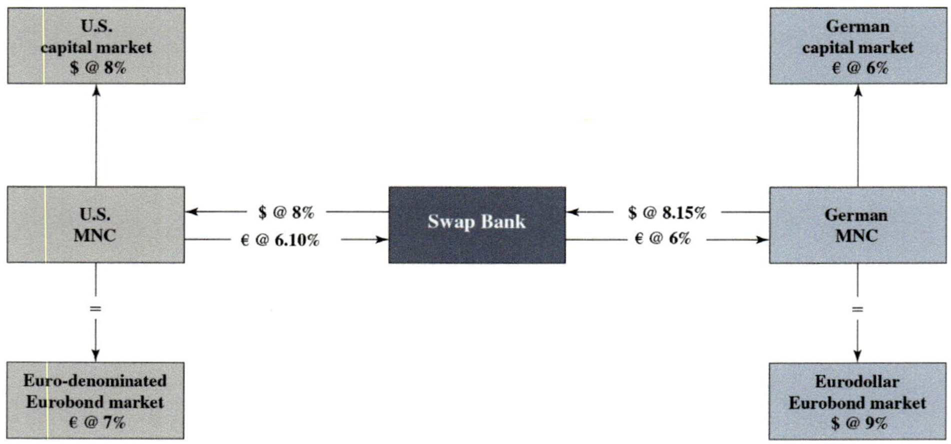

Net Cash Outflows

	U.S MNC	Swap Bank	German MNC
Pays	8%($)	8%($)	8.15%($)
	6.10%(€)	6%(€)	6%(€)
Receives	–8%($)	–8.15%($)	
		–6.10%(€)	–6%(€)
Net	6.10%(€)	–(.10%(€) + .15%($))	8.15%($)
Savings/earnings	7%(€) – 6.10%(€) = .90%(€)	.10%(€) + .15%($)	9%($) – 8.15%($) = .85%($)

* 달러화(유로화)로 부채 상환은 $52,000,000(€40,000,000)의 명목원금에 대한 백분율로 표시됨.

금할 것이다. 스왑은행은 이에 따라 매년 $4,160,000($52,000,000에 대한 8%)을 달러 부채 상환을 위해 미국 다국적기업에게 송금할 것이다. 부채의 원금 상환일에는 현지법인들이 추가로 그들 각자의 모회사들에게 원금 총액(독일 다국적기업의 미국 현지법인으로부터 달러와 미국 다국적기업의 독일 현지법인으로부터 유로를)을 송금할 것이고, 이는 스왑은행에 의해 교환되어 각국 자본시장에서 채권 발행에 대한 상환을 할 것이다.

순 결과는 미국 다국적기업은 유로채 시장에서 지급해야 할 7% 대신에 통화스왑을 통해 6.10%의 총비용으로 유로를 차입하게 되는 것이다. 독일 다국적기업은 유로채 시장에서 지급해야 할 9% 대신에 통화스왑을 통해 8.15%의 총비용으로 달러를

도표 14.9 교차통화스왑 분석기, CURSWAP.xls 결과물

	A	B	C	D	E	F	G
1							
2							
3			FC 채권	FC	$	실제	
4			현금흐름	수취	지급	$ 현금흐름	
5							
6		0	40,000,000	−40,000,000	30,769,231	30,769,231	
7		1	−2,400,000	2,400,000	−2,507,692	−2,507,692	
8		2	−2,400,000	2,400,000	−2,507,692	−2,507,692	
9		3	−2,400,000	2,400,000	−2,507,692	−2,507,692	
10		4	−2,400,000	2,400,000	−2,507,692	−2,507,692	
11		5	−42,400,000	42,400,000	−33,276,923	−33,276,923	
12							
13		총비용	6.00%	6.00%	8.15%	8.15%	
14							
15		액면가:	40,000,000				
16						매입율	매도율
17		구폰 이자율:	6.000%		현물환율:	1.30000	1.30000
18							
19		액면가의 % 발행가격:	100.000%		FC 스왑 금리:	6.00%	6.10%
20							
21		인수 수수료:	0.000%		$ 스왑 금리:	8.00%	8.15%

차입하게 되며 0.85%를 절약할 수 있다. 이러한 서비스를 제공함으로써, 스왑은행은 유로 액면가의 .10%와 달러 액면가의 .15%를 벌 것이다. 〈도표 14.8〉은 이러한 스왑을 보여준다. 〈도표 14.5〉에서 보여진 바와 같이, 두 거래 상대방과 스왑은행에 의해 총 2%의 절약/수익이 실현된다는 점에 유의하자.

〈도표 14.9〉는 독일 다국적기업의 입장에서 총비용을 계산하기 위해 스프레드시트 CURSWAP을 사용한 결과를 프린트한 것을 보여준다. 이 스프레드시트는 독일 다국적기업이 스왑에 따라 총비용 8.15%로 실제 지급한 달러 현금흐름과 6%로 수취한 유로 현금흐름을 보여준다(단순화를 위해 유로채에 대한 쿠폰이자율은 스왑은행의 5년 만기 유로 통화스왑의 매입율과 동일하고, 외환 환율은 유럽 기준 0.76923 = 1/1.30으로 재표시되며, 유로화에 대한 외환의 매매가격차는 무시하고, 인수수수료도 없으며 유로채는 액면가로 매각된다고 가정하고 있음을 주목하라).

기본적 금리 및 통화스왑의 변형들

우리가 논의한 기본적 금리 및 통화스왑의 여러 변형들이 존재한다. 예를 들어, 고정 대 변동 금리스왑은 고정금리 쿠폰채권을 필요로 하지 않는다. 이의 변형은 제로쿠폰 대 변동금리 스왑으로서 변동금리 지급자는 스왑 기간 동안 주기적으로 변동금리 이자를 지급하지만, 고정금리 지급자는 스왑의 만기에 단일 지급만을 한다. 또 다른 변형은 변동 대 변동 금리스왑이다. 이 스왑에서는 각 측이 다른 변동금리지수(예컨대, SOFR과 미국 단기재무성증권(T-Bill)), 또는 동일한 지수의 다른 만기(예컨대, 3개월 만기와 6개월 만기 SOFR)에 연계된다. 스왑이 가능하기 위해서는 QSD가 여전히 존재해야 한다. 추가로, 금리스왑이 감가상각 기준으로 체결될 수 있으며, 이 경우 부채상환 교환액은 가상의 명목원금이 감가상각됨에 따라 시간이 지남에 따라 주기적으로 하락한다. 통화스왑은 고정금리부채의 스왑을 포함할 필요는 없다. 고정 대 변동과 변동 대 변동 통화스왑도 또한 종종 주선된다. 추가로, 감가상각 통화스왑은 주기적으로 명목원금의 감가상각 부분이 재교환되는 감가상각 특성을 포함한다.

금리 및 통화스왑의 위험들

스왑딜러가 직면하는 주요 위험들의 일부가 여기서 논의된다.

금리위험(interest-rate risk)은 스왑은행이 어느 한 거래상대방과 체결된 금리스왑의 다른 쪽을 다른 거래상대방에 대해 정리하기 이전에 금리가 불리하게 변동할 위험을 일컫는다. 예로서 〈도표 14.4〉에서 다룬 금리스왑을 다시 고려해 보자. 재론하면 그 예에서 스왑은행은 0.125%의 스프레드를 번다. 기업 B는 스왑은행에게 연율 10.50%($10,000,000의 명목원금에 대해)를 전달하고 대가로 SOFR+0.72% 금리를 수취한다. 은행 A는 스왑은행에게 SOFR+0.72% 금리를 전달하고 대가로 10.375%를 수취한다. 스왑은행이 먼저 기업 B와 포지션 계약을 체결했다고 가정하자. 고정금리가 상당히, 예컨대 0.50% 포인트 상승한다면, 은행 A는 예컨대 10.875%를 수취하지 않으면 스왑 반대 쪽에 서기를 원치 않을 것이다. 이는 이 스왑을 스왑은행에게 있어 수익성이 없게 만들 것이다.

베이시스위험(basis risk)은 두 거래상대방의 변동금리들이 동일한 지수에 연계되어 있지 않은 상황을 일컫는다. 지수들 간의 어떠한 차이는 베이시스로 불린다. 예를 들어, 한 거래상대방이 SOFR에 연동된 FRN을 가지는 반면, 다른 거래상대방은 미국 T-Bill 금리에 연동된 FRN을 가진다. 이 경우에 지수들은 완전히 양(+)의 상관관계를 가지지 않으며 스왑은 스왑은행에게 있어 주기적으로 수익성이 없을 수 있다. 우리의 예에서 T-Bill 금리가 SOFR보다 상당히 높고, 스왑은행이 한 상대방으로부터 SOFR를 수취하고 다른 상대방에게 T-Bill 금리를 지급하면 이러한 경우가 발생할 수 있다.

환위험(exchange-rate risk)은 스왑은행이 한 거래상대방과 체결한 스왑을 다른 거래상대방과 정리하는 데 있어 걸리는 시간 동안 환율의 변동으로부터 직면하는 위험을 일컫는다.

신용위험(credit risk)은 스왑딜러가 직면하는 주요 위험이다. 이 위험은 한 거래상대방이 채무불이행을 할 확률을 나타낸다. 두 거래상대방 사이에 서 있는 스왑은행은 채무불이행을 하는 상대방에게는 의무가 없고 단지 채무불이행을 하지 않는 상대방에게만 채무를 진다. 스왑은행과 각 거래상대방 간에는 분리된 계약이 존재한다.

불일치위험(mismatch risk)은 스왑은행이 취하기로 한 스왑계약에 대해 정확한 반대쪽 상대방을 찾는 것에 대한 어려움을 일컫는다. 이러한 불일치는 거래상대방이 필요로 하는 원금 총액의 규모, 각 부채발행의 만기일 또는 원리금 상환일과 관련될 수 있다. 교과서의 예시는 이러한 실제적인 문제들을 무시한다.

국가위험(sovereign risk)은 한 국가가 스왑과 관련한 통화에 대해 외환규제를 부과할 확률을 일컫는다. 이는 한 거래상대방이 딜러가 의무를 이행하는 것을 매우 비용이 많이 들게 또는 불가능하게 할 수 있다. 이 경우에 스왑을 마감할 수 있는 조항이 존재하고, 스왑은행에게는 수익의 손실을 초래한다.

스왑시장은 효율적인가?

거래상대방의 통화스왑을 이용하는 두 가지 주요 목적은 각 거래상대방이 자신의 국내자본시장에서의 비교우위를 통해 이자비용을 낮춰서 스왑되는 통화로 부채 자금조달을 하는 것과 장기적 환노출을 헤징하는 효익을 얻는 것이다. 이러한 이유들은 단순하고 반박하기 어렵다. 특히 기업 인지도는 국제채권시장에서 자금을 조달하는 데 정말로 중요하기 때문에 그렇다.

금리들을 스왑하는 두 가지 주요 이유는 자산 및 부채의 만기를 더 잘 일치시키는 것과 QSD를 통해 비용절감을 얻는 것이다. 자본흐름의 장벽이 없는 효율적 시장에서는 QSD를 통한 비용절감 주장이 받아들이기 어렵다. 이는 다양한 형태의 부채수단들에 대해 채무불이행 위험프리미엄의 가격결정 오류가 있기 때문에 차익거래 기회가 존재함을 시사한다. QSD가 금리스왑의 존재에 대한 주요 이유라면 시간이 지남에 따라 차익거래가 그 차이를 제거하고 스왑시장의 성장은 줄어들 것이라고 기대된다. 〈도표 14.1〉이 보여주듯이 정반대의 경우가 일어났다. 금리스왑의 성장은 최근 몇 년 동안 엄청나다. 그러므로 차익거래 주장이 매우 설득력이 있는 것 같지 않다. 결과적으로 금리스왑의 존재와 성장에 대해 **시장완전성**(market completeness)의 주장에 의존해야 한다. 즉, 모든 유형의 부채수단들이 모든 차입자들에게 정규적으로 이용가능하지 않다. 그러므로 금리스왑 시장은 어느 특정 차입자가 원하는 유형에 자금조달을 맞추는 것을 돕는다. 양 거래상대방들은 그들의 자산만기 구조에 보다 적합한 자금조달을 통해(또한 스왑딜러도) 이익을 얻을 수 있다.

요 약

이 장은 통화 및 금리스왑을 설명한다. 스왑이 어떻게 이용되는지와 각 스왑에 관련된 위험들을 상세히 논의한다.

01. 이 장은 금리스왑과 통화스왑의 정의로부터 시작했다. 기본적인 금리스왑은 한 거래상대방이 고정금리 부채의 이자 지급과 다른 거래상대방의 변동금리 부채의 이자 지급을 교환하는 고정 대 변동금리 스왑이다. 양 부채들은 동일한 통화로 표시된다. 통화스왑에서 한 거래상대방은 어느 한 통화로 표시된 부채의 원리금상환 채무와 다른 거래상대방의 또 다른 통화표시 부채의 원리금상환 채무를 교환한다.

02. 스왑은행의 기능이 논의되었다. 스왑은행은 거래상대방들 사이의 스왑을 용이하게 하는 금융기관을 묘사하는 일반적인 용어이다. 스왑은행은 브로커 또는 딜러 역할을 한다. 브로커 역할을 할 때에는 스왑은행은 거래상대방들을 매치시키지만, 스왑의 어떤 위험도 떠맡지 않는다. 딜러로 역할을 할 때에는 스왑은행은 통화스왑의 거래상대방의 어느 한쪽을 맡을 준비가 항상 되어 있다.

03. 기본적 금리스왑의 예가 제시되었다. 스왑이 가능한 필요조건은 양 거래상대방의 고정금리 및 변동금리에 대한 채무불이행 위험 프리미엄들 간의 등급 스프레드 차이의 존재임을 주목했다. 게다가 금리스왑에서 양 거래상대방의 원금 교환이 없는 것은 부채가 동일한 통화로 표시되기 때문이라는 것에 주목되었다. 금리의 교환은 명목원금에 토대를 두었다.

04. 체결 이후 금리스왑의 가격결정이 예시되었다. 체결 이후 한 거래상대방에 대한 금리스왑의 가치는 명목원금에 대해 수취하고 지급할 금액의 연속적인 흐름의 현재가치들의 차이라는 것이 보여졌다.

05. 기본적 통화스왑의 상세한 예가 제시되었다. 통화스왑 거래상대방들의 부채상환 채무는 비용면에서 서로 상대방에게 효과적으로 동등하다는 것이 보여졌다. 명목적 차이들은 국제평가관계들의 집합에 의해 설명될 수 있다.

06. 체결 이후 통화스왑의 가격결정이 예시되었다. 체결 이후 한 거래상대방에 대한 통화스왑의 가치는 한 통화로 수취하고 다른 통화로 지급할 금액들을 한 통화 또는 다른 통화 표시로 전환한 금액 흐름의 현재가치들의 차이라는 것이 보여졌다.

07. 고정 대 변동 금리스왑과 고정 대 고정 통화스왑에 추가하여, 다른 많은 변종들이 존재한다. 하나의 변종은 명목원금의 상각을 포함하는 원금감소형 스왑이다. 또 다른 변종은 제로쿠폰 대 변동금리 스왑으로서 변동금리 지급자는 스왑 기간에 걸쳐 표준적인 주기적 변동금리 지급을 하지만, 고정금리 지급자는 스왑 만기에 단 하나의 지급만을 하는 것이다. 또 다른 것은 변동 대 변동 금리스왑이다. 이 유형의 스왑에서는 각 상대방이 상이한 변동금리 지수 또는 동일한 지수의 상이한 빈도에 연계된다.

08. 스왑시장의 발전과 성장의 이유들이 중요하게 분석되었다. 금리스왑의 존재와 성장에 대해 시장완전성의 주장에 의존해야 한다고 주장되었다. 즉, 금리스왑 시장은 모든 유형의 부채 상품들이 모든 차입자들에게 주기적으로 이용불가능할 때 어느 특정 차입자가 원하는 유형으로 자금조달을 맞추는 것을 도와준다.

주요 용어

거래상대방	단일통화표시 금리스왑	등급스프레드차이(QSD)
명목원금	비교우위	스왑딜러
스왑브로커	스왑은행	시장완전성
이종통화표시 금리스왑	총비용	통화스왑

연습문제

01. 스왑 브로커와 딜러간의 차이점을 기술하라.

02. 고정 대 변동 금리스왑이 가능하기 위한 필요조건은 무엇인가?

03. 거래상대방이 통화스왑을 체결하는 기본적 동기들을 논하라.

04. 비교우위 이론이 어떻게 통화스왑 시장과 관계되는가?

05. 금리 및 통화스왑 딜러가 직면하는 위험들을 논하라.

06. 이 장에서 도표화된 기본적 금리 및 통화스왑의 몇몇 변종들을 간략히 논하라.

07. 금리스왑의 비용 이점이 경쟁적 시장에서 차익거래로 인해 사라질 가능성이 있다면, 금리스왑 시장의 급속한 발전을 설명하기 위한 다른 설명들이 있는가?

08. Morgan Guaranty사가 스왑금리를 다음과 같이 호가하고 있다고 가정하자. 달러화에 대해 연율로 7.75－8.10% 대 6개월 만기 달러 SOFR+0.43%, 그리고 파운드화에 대해 연율 11.25－11.65% 대 6개월 만기 파운드 SOFR+0.43%. 어떤 금리들로 이 회사는 $/£ 통화스왑을 체결할 것인가?

CFA® PROBLEMS

09. 한 미국 회사는 5천만 유로를 조달할 필요가 있다. 이 회사는 이 자금을 달러표시 채권을 발행하고, 통화스왑을 이용하여 달러를 유로로 전환함으로써 조달하고자 계획한다. 이 회사는 미국과 유로존의 금리가 하락할 것으로 기대한다.
   a. 이 스왑은 고정 또는 변동금리로 지급되는 이자로 구조화되어야 하는가?
   b. 이 스왑은 고정 또는 변동금리로 수취되는 이자로 구조화되어야 하는가?

10. 어느 통화스왑 거래에서 유사한 신용위험의 두 거래상대방이 각자 이용가능한 최상의 금리로 차입하지만 한 상대방의 명목금리가 다른 상대방의 명목금리보다 높다고 가정하자. 스왑 협정에서 최초 원금 교환 이후에 더 높은 명목금리로 이자를 지급해야 하는 상대방은 다른 상대방에 비해 재무적으로 불리한 위치에 있는가? 자신의 의견을 언급하라.

계산문제

01. Alpha와 Beta사는 다음 금리로 5년 기간 동안 차입할 수 있다.

	Alpha	Beta
Moody's 신용등급	Aa	Baa
고정금리 차입비용	10.5%	12.0%
변동금리 차입비용	SOFR+0.72%	SOFR+1.72%

a. 등급스프레드차이(QSD)를 계산하라.

b. Alpha와 Beta사가 그들의 차입비용에서 동일한 비용 절감을 가지기 위한 금리스왑을 개발하라. Alpha사는 변동금리 부채를 원하고, Beta사는 고정금리 부채를 원하다고 가정하자. 이 거래에 스왑은행은 관여하지 않는다.

02. 1번 문제로 돌아가서, 이번에는 보다 현실적으로 스왑은행이 중개인으로 관여한다고 가정하자. 스왑은행이 SOFR+0.72%에 대해 5년 만기 달러 금리스왑을 10.7～10.8%에 호가한다고 가정하자.

03. A사는 AAA 신용등급의 회사로서 5년 만기 FRN을 발행하고자 한다. 이 회사는 6개월 만기 CME Term SOFR+0.600% 또는 3개월 만기 CME Term SOFR+0.600%로 FRN을 발행할 수 있다는 것을 알고 있다. 주어진 자산구조 하에 3개월 만기 LIBOR가 선호되는 지수이다. B사는 A 등급의 회사로서 또한 5년 만기 FRN을 발행하고자 한다. 이 회사는 6개월 만기 CME Term SOFR+1.475% 또는 3개월 만기 CME Term SOFR+1.100%로 FRN을 발행할 수 있다는 것을 알고 있다. 주어진 자산구조하에 6개월 만기 SOFR가 선호되는 지수이다. 명목원금이 1천 5백만 달러라고 가정하자. QSD를 결정하고 스왑은행이 0.125%를 수취하고 두 거래상대방이 동등하게 나머지 절감분을 공유하는 변동 대 변동 금리스왑을 설계하라.

04. 어느 기업이 스왑은행과 5년 만기 금리스왑을 체결하고, 스왑은행에 명목원금 1천 5백만 유로에 대해 매년 9.75%의 고정금리를 지급하고 6개월 만기 CME Term SOFR+0.5%를 수취하기로 하였다. 두 번째 금리 재결정일 현재, 스왑의 고정금리 쪽이 10.25%로 상승하였다고 가정하고 기업의 관점에서 스왑 가격을 결정하라.

05. DVR사는 2.75%의 쿠폰이자율로 5년 동안 달러를 차입할 수 있다. 이의 대안으로 0.85% 이자율로 5년 동안 엔을 차입할 수 있다. 5년 만기 엔 스왑금리는 0.64－0.70%이고 달러 스왑 그리는 2.41－2.44%이다. 현재 ¥/$ 환율은 87.5750이다. DVR사가 17억 5천만 엔을 차입하고 부채 상환을 달러로 스왑하는 통화스왑하에서 지급해야 하는 달러 AIC와 달러 현금흐름을 결정하라. 이 문제는 엑셀 스프레드시트인 CURSWAP.xls를 사용하여 풀 수 있다.

CFA® PROBLEMS

06. Magnus Capital Management사의 채권 매니저인 Karla Ferris는 현재 우상향 미 재무성 채권 수익률곡선이 상향 평행이동하리라고 기대한다.

Ferris는 1999년 6월 15일에 만기가 되는 두 개의 1백만 달러 회사채를 가지고 있는데, 하나는 6개월 만기 CME Term SOFR에 기준한 변동금리 채권이고, 다른 하나는 고정금리채이다. 양 채권 모두 유사한 미국 재무성채권 시장수익률보다 50베이시스포인트 높게 수익률이 형성되고 매우 유사한 신용등급을 가지고 있으며 이자는 반년마다 지급한다.

Ferris는 수익률곡선의 이동에 대한 그녀의 기대를 이용하여 스왑을 실행하고자 하며, SOFR과 미국 재무성채권 시장수익률 간의 신용스프레드의 차이는 일정하게 남아 있을 것이라 믿는다.

a. Ferris에게 그녀의 기대를 이용하게 하는 6개월 만기 SOFR 기준 스왑을 기술하라. Ferris의 기대가 정확하다고 가정하고 스왑의 가치 변화와 그 변화가 그녀의 포트폴리오 가치에 어떠한 영향을 미칠 것인지 논하라. [a 부분을 대답하는 데 아무런 계산이 요구되지 않는다]

a 부분에서 기술된 스왑 대신에, Ferris는 동일한 결과를 가져오기 위해 다음의 대안적인 파생상품 전략을 사용할 것이다.

b. Ferris의 기대가 정확하다는 가정하에 어떻게 다음의 전략이 수익률곡선 이동에 대응하여 동일한 결과를 달성할지를 설명하라. [b 부분을 대답하는 데 아무런 계산이 요구되지 않는다]

결제일	유로달러선물 계약의 명목가치
2015.12.15	$1,000,000
2016.03.15	$1,000,000
2016.06.15	$1,000,000
2016.09.15	$1,000,000
2016.12.15	$1,000,000
2017.03.15	$1,000,000

c. 이러한 두 가지 파생상품 전략이 왜 동일한 결과를 제공하는지 하나의 이유를 논하라.

CFA® PROBLEMS

07. Rone사는 재무분석가인 Paula Scott에게 자사의 재무위험을 관리할 유연한 방식을 권고해달라고 요청한다. 2년 전에 Rone사는 2천 5백만 달러의 5년 만기 FRN을 발행했다. 이 FRN은 1년 만기 SOFR＋75bps와 동일한 연간 쿠폰이자를 지급한다. FRN은 수의상환되지 않으며 만기에 액면가로 상환될 것이다.

Scott은 금리가 상승할 것으로 기대하고, Rone사가 고정금리 지급의 스왑을 사용함으로써 금리 상승에 대한 보호를 받을 수 있음을 인식한다. 그러나 Rone사의 이사회는 증권의 공매도와 스왑 거래를 둘 다 금지한다. Scott은 자본시장 상품들을 결합해서 고정금리 지급의 스왑을 복제하려고 결정한다.

a. Scott이 고정금리 지급의 스왑을 복제하기 위해 필요한 상품들을 확인하고, 필요한 거래들을 기술하라.

b. 어떻게 a 부분의 거래들이 고정금리 지급의 스왑에 상응하는지를 설명하라.

CFA® PROBLEMS

08. 영국에 위치한 회사가 이태리 현지법인을 가지고 있다. 이 법인은 매년 2천 5백만 유로의 매출을 창출하고, 반년마다 동일하게 12.5백만 유로의 분할 지급을 수취한다. 이 영국회사는 유로 현금흐름을 1년에 두 번 파운드화로 전환하고자 한다. 유로를 파운드로 전환할 수 있는 환율을 확정하기 위해 통화스왑 체결을 계획한다. 현재 환율은 € 1.5/£이다. 파운드 플레인 바닐라 통화스왑 고정금리는 연 7.5%이고 유로 플레인 바닐라 통화스왑 고정금리는 연 6.5%이다.

a. 이 목적을 달성하기 위해 도움이 될, 반년마다 지급이 교환되는 스왑의 유로 및 파운드 표시 명목원금들을 결정하라.

b. 이 스왑으로부터의 반년마다의 현금흐름을 결정하라.

CFA® PROBLEMS

09. Ashton Bishop은 World Telephone사의 부채 관리자이며, 이 회사는 운영 자금조달을 위해 33.3억 유로의 자금을 필요로 한다. Bishop은 유로화 표시 부채, 또는 금리 및 통화스왑을 결합한 미 달러표시 부채의 발행 중 하나의 선택을 고려하고 있다.

a. 금리 및 통화스왑을 결합한 계약을 체결함으로써 World사가 떠안을 하나의 위험을 설명하라.

Bishop은 미달러 부채를 발행하고 스왑계약을 체결하는 것이 World사의 부채비용을 45 베이시스포인트 낮출 수 있다고 믿는다. 부채 발행을 한 후 즉각적으로 World사는 부채의 만기에 걸쳐 미달러 지급액을 유로 지급액으로 스왑할 것이다. 그녀는 스왑 기간동안 환율이 일정하다고 가정한다.

<도표 1>은 두 개의 부채 발행 대안들에 대한 상세한 사항을 보여준다. <도표 2>는 현물 환율, 3년 만기 유로/달러 금리 및 통화스왑에 관한 현재의 정보를 제공한다.

도표 1

World Telephone 부채 세부사항

특 징	유로 부채	달러 부채
액 면 가	€33.3억	$30억
만 기	3년	3년
고정금리	6.25%	7.75%
이자지급	연 지급	연 지급

도표 2
환율 및 스왑 정보

현물환율	$0.09/€1.00
3년 만기 유로/달러 고정금리	유로 5.80%/달러 7.30%

b. 금리 및 통화스왑을 결합한 데에 대한 명목원금과 이자 지급 현금흐름을 보여라.

주: 당신의 대답은 각 현금흐름에 대한 정확한 통화($ 또는 €)와 금액을 둘 다 보여줘야 한다.

문제 b를 위한 형식

스왑의 현금흐름				
World사 지급				
명목원금				
이자 지급				
World사 수취				
명목원금				
이자 지급				

c. World사가 금리 및 통화스왑을 결합한 미달러표시 부채를 발행함으로써 차입비용을 감축시킬 것인지 설명하라. 하나의 이유로 당신의 대답을 정당화하라.

인터넷 연습문제

웹사이트 www.finpipe.com/interest-rate-swaps은 금리스왑에 대한 간략한 기술을 제공한다. 스크린 하단의 링크들은 통화스왑과 당신이 흥미로워할 다른 유형의 스왑들을 포함한 파생상품들에 대한 다른 기술들로 이어진다. 미래 참고를 위해 이 사이트를 북마크하는 것이 좋을 것이다. 이제 이것을 사용하여 당신이 얼마나 금리 및 통화 스왑을 이해하고 있는지를 보여라. 논의들을 따라갈 수 없다면 제14장을 다시 읽어보라.

미니 케이스

Centralia사의 통화스왑

Centralia사는 소형 부엌 전자제품의 미국 제조사이다. 이 회사는 유럽연합에서 전자오븐을 생산 판매하기 위해 스페인의 Zaragoza에 전액출자의 제조설비를 건설하기로 결정했다. 이 공장은 5,500,000유로의 비용이 들고 완공까지 약 1년이 걸릴 것으로 보인다. 이 공장은 8년의 수명주기에 걸쳐 자금조달될 예정이다. 이러한 자본적 지출에 의해 창출된 차입능력은 2,900,000달러이다. 나머지 건설비용은 자기자본에 의해 조달될 것이다. Centralia사는 스페인 또는 국제채권시장에서 잘 알려져 있지 않다. 이에 따라 유로화를 차입하기 위해 연 7%의 금리를 지급해야 하는 반면, 유로존에서 동등한 위험의 잘 알려진 기업들에 대한 차입금리는 통상 6%이다. 대안으로 Centralia사는 미국에서 8% 금리로 달러를 차입할 수 있다.

질문

01. 스페인 다국적기업이 정반대의 상황을 가지고 있어서 미국 현지법인의 자본적 지출을 조달하기 위해 2,900,000달러가 필요하다. 이 기업은 미국에서 달러 차입을 위한 고정금리는 9%를 지급해야 하는 반면, 유로화 차입금리는 6%이다. 환율은 1년 후 $1.33/€1.00으로 예측되었다. 양 거래상대방에게 모두 이익을 가져다 줄 통화스왑을 구성하라.

02. Centralia사와 스페인 다국적기업 간에 통화스왑이 체결된 1년 후에 미 달러 고정금리가 8%에서 6%로 하락하고 유로존의 유로화 고정금리는 6%에서 5.5%로 하락하였다. 달러 및 유로화 표시로, 환율이 $1.3343/€1.00이 되면 스왑의 시장가치를 결정하라.

INTERNATIONAL
FINANCE

Chapter 15

국제포트폴리오 투자

CHAPTER OUTLINE

- **국제 상관관계 구조와 위험분산**
- **최적 국제포트폴리오의 선택**
- **환율 변동이 미치는 영향**
- **국제 채권 투자**
- **본국에서의 국제분산투자**
  - 국제 뮤추얼펀드를 활용한 국제분산투자
  - 컨트리펀드를 활용한 국제분산투자
  - ETF를 활용한 국제분산투자
  - 미국 주식예탁증서(ADR)를 활용한 국제분산투자
  - 헤지펀드를 활용한 국제분산투자
  - 산업, 스타일, 요인 펀드를 활용한 국제분산투자
- **포트폴리오 보유의 모국 편의(Home Bias)**
- **요약**
- **주요 용어**
- **연습문제**
- **계산문제**
- **인터넷 연습문제**
- **미니 케이스: 국제** 최적포트폴리오 구하기
- **참고문헌 및 추천도서**
- **부록 15A:** 환위험 헤지와 국제 투자
- **부록 15B:** 최적포트폴리오 구하기

최근 몇 년간 개인이나 기관투자자들이 국제 주식, 채권 및 기타 금융 증권에 대한 포트폴리오 투자는 엄청난 속도로 성장하면서 달러 금액으로 표시하면 기업의 해외직접투자를 초과하였다. 3장에서 논의된 바와 같이, 포트폴리오 투자는 외국기업의 의사결정에 대한 통제권을 갖지 않는 반면, 해외직접투자는 자회사의 설립, 인수·합병 또는 합작 투자를 통해 외국기업에 대한 통제권 이전을 포함한다.

예를 들어, 〈도표 15.1〉에서 보듯이 미국 투자자들이 해외주식(ADR과 현지주식)에 투자한 달러가치는 1980년대 초반 다소 미미한 수준에서 1990년에 2천억 달러 그리고 2021년 말에는 12조 달러로 성장하였다. 또한 미국 투자자들의 포트폴리오 부에서 차지하는 외국주식의 비중은 1980년대 초반 무시할 정도의 수준에서 2021년 약 23%로 상승하였음을 〈도표 15.1〉을 통해 알 수 있다. 미국 주식이 세계 주식시장 시가총액의 약 40%를 차지하고 있음을 고려한다면, 해외 투자는 향후 더 늘어날 것이다. 글로벌 금융위기로 인해 국제 포트폴리오 투자가 2008년에 일시적으로 하락했음이 주목된다.

최근 몇 년 동안의 국제포트폴리오 투자의 급격한 성장은 금융시장의 글로벌화를 반영한다. 글로벌화된 금융시장의 원동력은 1970년대 후반에 외환 및 자본 시장의 규제를 완화한 주요국 정부들에서 온 것이다. 예를 들면 영국은 1979년에 투자성 달러에 대한 수수료 체제를 폐지하였고 일본은 외환시장의 자유화를 실현하였고 본국 거주민이 외국 증권에 자유롭게 투자를 할 수 있도록 허락하였다.[1] 심지어 브라질, 중국, 인도, 한국 및 멕시코 등 개도국들도 컨트리펀드를 발행하거나 국제 증권거래소에 자국 주식을 상장하여 외국 투자자들이 자국 자본시장에 투자할 수 있도록 조치를 강구하였다. 또한 최근 통신 및 컴퓨터 기술의 발전도 국경간 거래와 국경을 넘어서 정보의 신속한 전달을 촉진함으로써 투자의 세계화에 기여하였다.

본 장에서는 다음 문제에 중점을 둘 것이다.

(1) 왜 투자자는 자신의 포트폴리오를 국제적으로 분산시키는가?
(2) 투자자는 국제적 포트폴리오 분산을 통해 얼마만큼의 이익을 얻을 수 있는가?
(3) 환율의 변동은 국제포트폴리오 투자에 어떤 영향을 미치는가?
(4) 투자자는 본국에서 어떻게 국제분산투자를 할 수 있는가?

1) 투자달러 프리미엄 시스템 하에서 영국 거주자들은 외국증권에 투자하기 위해 외환을 매입할 때 시장 환율에 대해 프리미엄을 지급해야 했다. 이 프리미엄은 국제포트폴리오 투자의 비용을 증가시켰기 때문에 영국 투자자들은 해외 투자를 단념하게 되었다.

도표 15.1 미국의 해외주식 투자

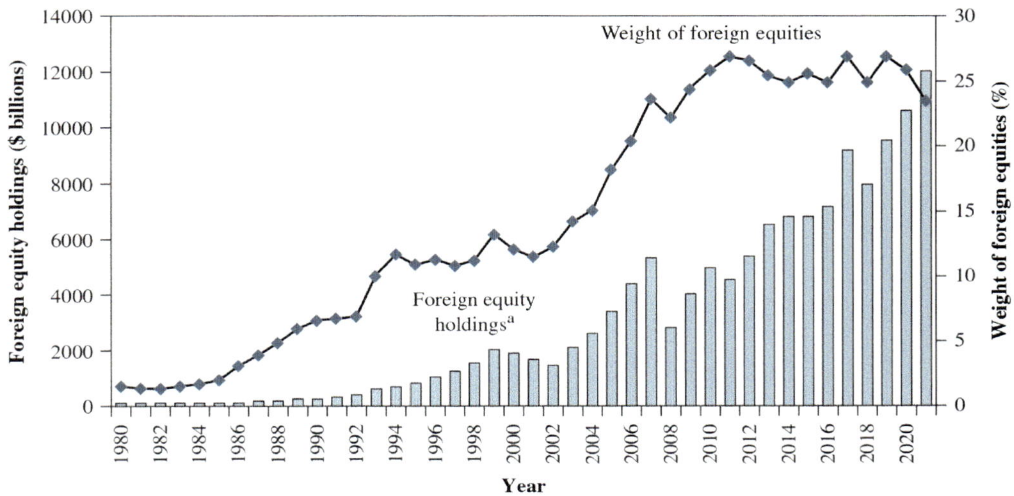

[a] 미국 내 거주자가 보유한 해외발행 주식 보유액, ADR 포함.
자료: The Federal Reserve Board, *The Financial Accounts of the United States*.

(5) 실제 보유하고 있는 포트폴리오 중 "모국편의(home bias)"가 일어나게 하는 원인은 무엇인가?

본 장에서는 국제포트폴리오 투자에 대해 체계적인 논의를 제공할 것인데, 포트폴리오 투자이론에 대한 사전 지식이 없다는 것을 가정하고 진행할 것이다.

국제 상관관계 구조와 위험 분산

오래된 속담 "한 바구니에 모든 달걀을 담지 말라"가 제시한 것처럼 대부분 사람들은 위험을 싫어하고 그 위험을 최대한 분산하고 싶어 한다. 투자자는 작은 상관관계를 가진 증권을 보유함으로써 포트폴리오의 위험을 줄일 수 있다. 실제로 포트폴리오 증권의 상관관계가 작을수록 포트폴리오에 미치는 위험도 작다. 투자자들이 국제 분산투자를 하는 이유는 국내 분산투자와 마찬가지로 최대한 위험을 줄이기 위한 것이다. 서로 다른 나라의 증권 가격은 항상 함께 움직이지 않다는 것을 쉽게 관찰할 수 있다. 이것은 투자자가 국내적으로 분산투자할 때보다 국제적으로 분산투자할 때 더 작은 위험을 감수하면서 일정한 투자수익률을 얻을 수 있다는 것을 알려준다.

국제적 분산은 **포트폴리오 위험 분산**(portfolio risk diversification)에 대해 특별한 차원이 있는데 즉 서로 다른 나라의 주식의 수익률 상관관계는 국내 주식의 수익률 상관관계보다 작다. 직관적으로 이것은 수익률에 미치는 경제적, 정치적, 제도적, 심지어 심리적 영향이 나라마다 크게 다르기 때문이다. 따라서 국제 주식간의 상관관계가 상대적으로 낮다. 예를 들면 중국 대륙의 정치 경제 뉴스는 홍콩의 대다수 주식의 수익률에 영향을 미칠 수 있지만 핀란드 주식 수익률에 대한 영향은 아주 미미하다. 다른 한편으로 러시아의 뉴스는 (지리적 근접성 및 양국 경제 관계에 의해) 핀란드의 주식 수익률에 영향을 미칠 수 있지만 홍콩의 주식에는 거의 영향을 미치지 못한다. 또한 서로 상이한 각국의 비즈니스 사이클도 국제적 상관관계를 낮춘다.

상대적으로 낮은 국제적 상관관계는 투자자들이 국내 분산보다 국제적 분산을 취할 때 더욱 효과적으로 포트폴리오 위험을 줄일 수 있다는 것을 시사하고 있다. 위험회피의 관점에서 국제포트폴리오 분산으로부터 얻을 수 이익은 **국제 상관관계 구조**(international correlation structure)에 의존하고 있기에 국제 상관관계 구조에 대해 실증적으로 검증하는 것이 유용하다.

〈도표 15.2〉는 국제 상관관계 구조의 역사적 데이터를 제공하였다. 구체적으로 이 그림 중 대각선 항목은 각 국내 주식수익률 간의 평균 상관관계, 비대각선 항목은 국가간 주식 수익률의 평균 상관관계를 나타낸다. 이 상관계수는 달러를 기준으로 하였고 1973년에서 1982년까지 주별 수익률 데이터를 사용하여 계산한 것이다. 도표에서 알 수 있다시피 독일 국내 평균 상관계수는 0.653, 일본 국내의 평균 상관계수는 0.416, 영국 국내의 평균 상관계수는 0.698, 미국 국내의 평균 상관계수는 0.439. 이와는 대조적으로 미국과 독일의 평균 상관계수는 0.170, 미국과 일본의 평균 상관계수는 0.299, 미국과 일본의 상관 계수는 0.209이다. 따라서 주식 수익률의 국제적 상관관계는 국내 상관관계보다 작다.

〈도표 15.2〉에서의 국제적 상관관계 구조는 국제적 분산이 위험을 현격히 줄일 수 있다는 것을 시사하고 있다. Solnik(1974)의 연구도 이 이론을 증명하였다. 〈도표 15.2〉는 Solnik의 연구에서 발췌한 것인데 이 도표는 우선 포트폴리오에 포함되는 주식의 종류가 많으면 많을수록 포트폴리오의 위험은 점점 작아지면서 **체계적 위험**

도표 15.2 국제주식수익률간 상관관계(미 달러화 기준)

주식시장	AU	FR	GM	JP	NL	SW	UK	US
호 주 (AU)	0.586							
프 랑 스 (FR)	0.286	0.576						
독 일 (GM)	0.183	0.312	0.653					
일 본 (JP)	0.152	0.238	0.300	0.416				
네덜란드 (NL)	0.241	0.344	0.509	0.282	0.624			
스 위 스 (SW)	0.358	0.368	0.475	0.281	0.517	0.664		
영 국 (UK)	0.315	0.378	0.299	0.209	0.393	0.431	0.698	
미 국 (US)	0.304	0.225	0.170	0.137	0.271	0.272	0.279	0.439

주: 도표는 대각선 셀에서 각 국가 내 개별기업 주식수익률들의 평균 상관관계를, 비대각선 셀에서는 국가간 평균 상관관계를 보여준다. 상관관계는 1973-1982년 기간의 주간 수익률을 사용하여 계산되었다.
자료: C. Eun and B. Resnick, "Estimating the Correlation Structure of International Share Prices," *Journal of Finance*, December 1984, p.1314.

(systematic risk)(분산이 불가능한)까지 수렴한다는 것을 설명한다. 체계적 위험은 투자자들이 포트폴리오를 완전히 분산하더라도 여전히 존재하는 위험을 말한다. 〈도표 15.2〉는 충분히 분산된 미국 국내포트폴리오의 위험은 단일 주식의 27%이지만 충분히 분산된 국제포트폴리오의 위험은 단일 주식의 12%에 불과하여 충분히 분산된 경우에 국제포트폴리오의 위험은 단일 미국 국내 주식의 절반보다 작아질 수 있다는 것을 의미한다.

〈도표 15.3〉는 스위스의 관점에서 이 상황을 설명한 것이다. 이 도표는 충분히 분산된 스위스 국제포트폴리오의 위험은 단일 주식의 44%에 불과하다는 것을 보여준다. 하지만 스위스 포트폴리오의 위험은 충분히 분산된 국제포트폴리오의 3배에 가깝다. 국제적인 투자의 관점에서 스위스의 체계적 위험은 실제로 대부분이 비체계적위험(또는 분산가능한 위험)이라는 것을 의미한다. 또한 미국 투자자에 비해 스위스의 투자자는 국제적 분산으로부터 더 많은 이익을 얻을 수 있다. 어쨌든 간에 〈도표 15.3〉는 국제적 분산투자가 순수 국내 분산투자보다 유리하다는 강력한 증거를 제공하였다.[2)]

이제 최근의 데이터를 바탕으로 국제적인 상관관계 구조를 살펴보자. 〈도표 15.4〉는 1980년부터 2021년 사이에 12개 주요 주식시장의 월별 수익률(달러표시)에

2) Solnik의 연구에서 국제포트폴리오는 환위험에 대해 완전 헤지되었고, 그 결과 미국 및 스위스 투자자 모두 국제포트폴리오에서 동일한 위험에 직면했다. 이 위험은 사실상 현지주식시장 위험에 의해 결정되었다. Solnik의 연구는 또한 국가간 국제분산투자와 산업간 국제분산투자를 비교하였고 전자가 더 나은 전략임을 밝혔다.

도표 15.3 위험 감소: 국내 대 국제 분산투자

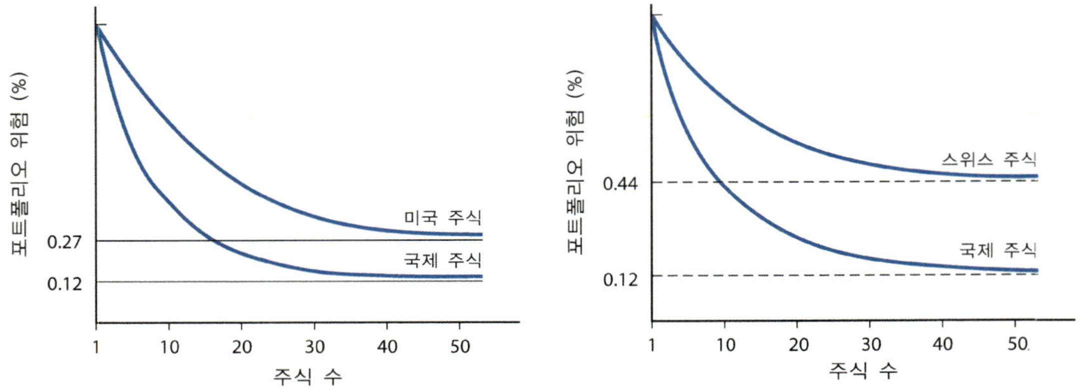

주: 포트폴리오 위험(%)은 포트폴리오 수익률의 분산을 전형적인 개별 주식의 분산으로 나눈 것을 나타낸다.
자료: *Financial Analysts Journal*, July/August 1974.

대한 요약 통계와 상관계수를 보여준다.[3] 미국 주식시장과 외국 시장 간의 상관계수는 일본과의 0.41부터 캐나다와의 0.77까지 다양하게 분포되어있다. 캐나다를 제외하고, 네덜란드와 영국의 주식시장은 각각 0.73과 0.69로 모두 미국 시장과 상대적으로 높은 상관관계를 가지고 있다. 실제로, 네덜란드 시장은 다른 많은 시장들과 상대적으로 높은 상관관계를 가지고 있는데, 예를 들어 독일과는 0.81, 프랑스와 0.79, 그리고 영국과 0.77이다. 이는 아마도 네덜란드 경제의 높은 국제화 수준 때문일 것이다. 반면에, 이탈리아와 일본 시장은 다른 시장들과 상대적으로 낮은 상관관계를 가지는 경향이 있다. 일반적으로, 캐나다와 미국, 독일과 네덜란드와 같이 이웃 국가들은 높은 경제적 상호 의존도로 인해 가장 높은 쌍(pairwise) 상관관계를 나타내는 경향이 있다.

그러나 여기서 국제적인 상관관계에 대해 주의해야 할 두 가지 사실이 있다. 첫째, Solnik과 Roulet(2000), Billio 등(2017), Frijns, Verschoor 및 Zwinkels(2017) 등의 여러 연구들은 국제 주식시장, 특히 선진국 시장 간의 상관관계가 증가했다고 주장한다. 이는 〈도표 15.5〉의 역사적 기간에 따른 12개 주요 국제 주식시장 간 평균 수익률의 상관관계에서도 나타나고 있다. 도표를 보면, 국제 주식시장 지수의 수익률 간 평균 상관계수는 1990년대 중반까지 평균 0.36 주위에서 변동을 거듭했으나

3) 〈도표 15.4〉의 모든 통계들은 개별 주식들보다는 Morgan Stanley Capital International(MSCI)의 주식시장 지수들에 대한 수익률을 사용하여 계산되었다.

도표 15.4 12개 주요 주식시장의 월간수익률의 요약 통계(1980.1-2021.12; 미 달러화 기준)

주식시장	상관계수											평균 (%)	표준편차 (%)	β [a]	SHP [b]	(순위)
	AU	CN	FR	GM	HK	IT	JP	NL	SD	SW	UK					
호주(AU)												1.	6.64	1.07	0.105	(8)
캐나다(CN)	0.70											0.89	5.69	1.04	0.099	(9)
프랑스(FR)	0.55	0.60										0.98	6.14	1.13	0.106	(7)
독일(GM)	0.54	0.58	0.81									0.95	6.46	1.15	0.095	(10)
홍콩(HK)	0.54	0.54	0.42	0.45								1.20	7.95	1.03	0.109	(5)
이탈리아(IT)	0.45	0.51	0.68	0.63	0.39							0.93	7.31	1.10	0.082	(11)
일본(JP)	0.42	0.42	0.48	0.42	0.34	0.44						0.75	5.90	0.95	0.071	(12)
네덜란드(NL)	0.59	0.66	0.79	0.81	0.52	0.63	0.47					1.16	5.51	1.07	0.151	(3)
스웨덴(SD)	0.58	0.60	0.66	0.70	0.48	0.59	0.45	0.69				1.39	7.00	1.21	0.152	(2)
스위스(SW)	0.52	0.55	0.71	0.74	0.43	0.52	0.47	0.75	0.62			1.01	4.96	0.85	0.138	(4)
영국(UK)	0.66	0.68	0.72	0.67	0.55	0.58	0.49	0.77	0.65	0.68		0.89	5.25	1.00	0.107	(6)
미국(US)	0.60	0.77	0.66	0.65	0.49	0.49	0.41	0.73	0.64	0.62	0.69	1.07	4.35	0.90	0.170	(1)

[a] β는 세계 주식시장 지수에 대해 측정된 어느 국가의 주식시장 지수의 체계적 위험(베타)를 나타낸다.

[b] SHP는 샤프(Sharpe) 성과 측정치로서 $(R_i - R_f)/\sigma_i$이며, R_i와 σ_i는 각각 i시장의 수익률의 평균과 표준편차이다. 샤프측정치 기준의 각 시장의 순위는 괄호안에 있다. 월간 무위험이자율 R_f, 0.3302%는 표본 기간 동안의 평균 1개월 만기 미국 단기국채 (T-Bill) 수익률이다. 평균 무위험이자율은 여기서 표본 기간 동안의 역사적인 주식시장 성과를 평가하는 데 도움이 되기 위해 사용된다.

자료: MSCI 국제 주식시장 지수들로부터의 수익률은 *Bloomberg*의 자료.

도표 15.5 1981–2021[a]년 간 12개 주요 국제 주식시장들 간 평균 수익률 상관관계

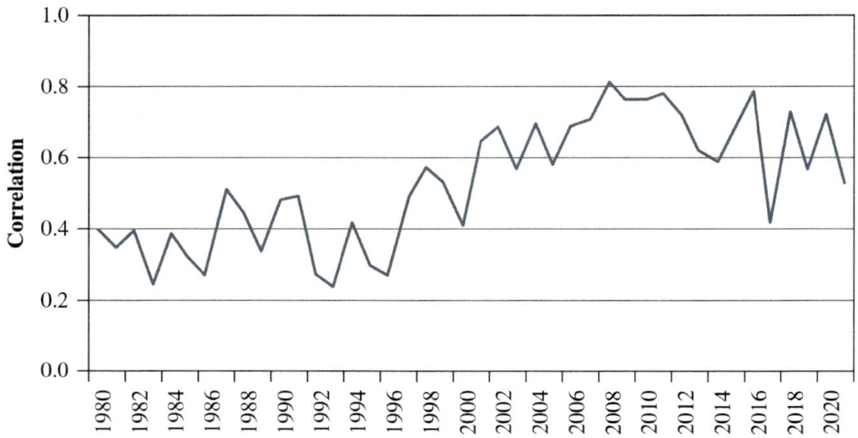

[a] 12개 시장들은 호주, 캐나다, 프랑스, 독일, 홍콩, 이태리, 일본, 네덜란드, 스웨덴, 스위스, 영국 및 미국이다. 미 달러 기준 주간 주식시장 지수 수익률이 연구기간의 각 연도의 상관관계를 계산하기 위해 사용된다.
자료: *Bloomberg*.

그 이후로는 전반적으로 증가했다. 최근 몇 년간 국제 상관관계의 증가 추세로 많은 투자자들이 투자의 국제적 다각화(분산투자)의 편익과 타당성에 대해 의심하기 시작했다. 그러나 이러한 상관관계는 개별주식 레벨이 아닌 총 주식시장 레벨에서 계산되며 국제시장 간의 상관관계는 최근 몇 년 사이에 크게 증가하였지만 국가간의 증권의 상관관계는 여전히 국내보다 작다. 또한, 투자자들은 이 장 후반부에 설명된 산업, 요인, 스타일 펀드를 사용함으로써 국제적 다각화의 편익을 증대시킬 수 있다.

둘째로, Roll(1988)과 Longin과 Solnik(1995) 등의 실증 연구들에 따르면, 시장 변동성이 높을수록 국제 주식시장은 함께 움직이는 경향이 있다는 사실이다. 1987년 10월 시장 붕괴, 2007~2008년 금융위기, 그리고 다른 시장혼란 사건에서 관찰되었듯이, 대부분의 선진국 시장들은 함께 하락했다. 〈도표 15.5〉에 따르면, 글로벌 금융위기가 정점에 달했던 2008년에 평균 상관계수는 0.81에 도달했다. 마찬가지로, 상관관계가 전반적으로 훨씬 낮았던 1987년에도 평균 상관계수가 0.52까지 증가했다. 투자자들이 위험 다각화를 가장 필요로 할 때가 바로 시장이 혼란스러울 때란 점을 고려하면, 이러한 연구결과들은 국제 다각화의 편익에 대한 의구심을 제기한다. 그러나 일부 학자들은 투자자들이 혼란스러운 기간 동안에 자신의 포트폴리오를 청산하지만 않는다면, 여전히 국제적 위험다각화로부터 이득을 볼 수 있다고 주장한다.

Christoffersen 등(2012)도 시장 하락 기간에 신흥시장이 여전히 다각화의 이점을 제공한다는 것을 보였다.

최적 국제포트폴리오의 선택

www.msci.com/equity/index.html
전 세계의 주요 주식시장 지수들의 역사적인 시계열들을 포함한 세계주식시장들에 관한 광범위한 커버리지를 제공한다.

합리적인 투자자는 포트폴리오를 선택할 때 수익률뿐만 아니라 위험도 고려하게 된다. 투자자들은 충분히 높은 기대 수익이 보상되는 경우 추가적인 위험도 기꺼이 감수한다. 따라서 우리는 위험과 수익률을 분석대상으로 할 것인데 우선 국제 주요 주식 시장의 위험-수익률 특성을 검토한 후 **최적의 국제포트폴리오**(optimal international portfolios)를 보유함으로써 얻을 수 있는 잠재적 이익을 평가할 것이다.

〈도표 15.4〉는 또한 각 시장의 월 수익률의 평균과 표준편차(standard deviation: SD) 및 **세계 베타**(world beta)를 제공하였는데 세계 베타는 국제 시장에 대한 한 나라의 민감도를 측정하는 수치이다.[4] 국가 주식시장은 서로 다른 위험-수익률 특성을 가진다. 월평균수익률의 경우 일본의 0.75%(연 수익률 9%)에서 스웨덴의 1.39%(연 수익률 16.68%)까지 분포하고 표준편차는 미국의 4.35%에서 홍콩의 7.95%까지 분포한다. 스위스는 가장 낮은 세계 베타 0.85를 기록한 반면 스웨덴은 최고의 세계 베타 1.21을 기록하였다. 이것은 스웨덴 주식 시장이 세계 시장의 움직임에 가장 민감하고 스위스는 가장 민감하지 않다는 것을 의미한다.

마지막으로 〈도표 15.4〉는 각 국 주식시장의 역사적 성과를 나타내는 공식을 제시하였는데 즉,

$$SHP = \frac{\overline{R_i} - R_f}{\sigma_i} \tag{15.1}$$

위 식 중에 $\overline{R_i}$와 σ_i는 각각 수익률의 평균치와 표준편차이고 R_f는 무위험 이자율인데 위 표현식을 **샤프성과지표**(Sharpe performance measure: SHP)라고 하고 "위험을 조정한" 성과를 측정하는 것이다. 샤프성과지표는 표준편차 한 단위 당 초과

4) 공식적으로 세계 베타는 $\beta_i = \sigma_{iw}/\sigma_w^2$로 정의되며 σ_{iw}는 시장 i와 세계시장지수 수익률들 간의 공분산이며, σ_w^2은 세계시장수익률의 분산이다. 예를 들어, 어느 시장의 세계 베타가 1.2이라면 이는 세계시장이 상하 1% 움직일 때 이 시장은 상하 1.2% 움직임을 나타낸다.

수익(무위험이자율을 초과한 부분)을 나타낸다. <도표 15.4>에서 샤프성과지표는 미국 재무부증권의 월별 수익률을 무위험이자율의 근사치로 계산한 것이다.

표본 기간 1980년부터 2021년에 걸쳐 계산한 샤프성과지표는 일본의 0.071에서 미국의 0.170까지 분포한다. 미국 시장은 가장 높은 성과를 기록하였고 그 다음은 스웨덴과 네덜란드이다. 미국 시장은 낮은 위험으로 인해 좋은 성과를 기록한 반면, 낮은 성과를 기록한 일본은 낮은 수익률로 인한 것이다. 여기서 샤프비율을 계산하는 데 있어, 우리는 표본기간 동안 주식시장의 역사적 성과를 평가하기 위해 월 "평균" 무위험이자율을 사용한다. 홍콩은 표본 시장들 가운데 2번째로 높은 수익률을 기록했지만 높은 위험으로 인해 샤프지수는 5위에 그쳤다.

우리는 미국(또는 미국 달러 기준) 투자자들의 관점에서 〈도표 15.4〉의 과거 실적 데이터를 사용하여 최적 국제포트폴리오를 구성할 수 있다. 최적의 국제 포트폴리오(OIP)는 가능한 가장 높은 샤프비율(SHP)를 가진다. 따라서, OIP는 포트폴리오 가중치에 대해 샤프비율, SHP$=[E(R_p)-R_f]/\sigma_p$을 최대화함으로써 찾아낼 수 있다. 〈도표 15.6〉은 1980년부터 2021년까지의 연구기간 동안 계산된 주식시장 모수들과 평균 무위험이자율을 사용하여 다른 국가에 거주하는 투자자들의 관점에서의 OIP의 구성을 제시한다.[5)]

도표의 마지막에서 두 번째 열을 보면, 미국 투자자의 OIP는 홍콩, 네덜란드, 스웨덴, 스위스 및 미국 시장에 대한 투자들로 구성된다. OIP에서 미국의 투자자들은 자국시장에 가장 많은 자금(62.23%)을 배분하였고, 다음으로는 스위스(18.38%), 스웨덴(11.49%), 네덜란드(4.21%), 그리고 홍콩(3.69%) 순이다. 그 외 다른 시장들은 미국 투자자의 OIP에 포함되지 않았다. 결과적인 미국 투자자의 OIP는 1.12%의 월 평균 수익률, 4.22%의 표준편차와 0.188의 샤프비율을 갖고 있다. 〈도표 15.7〉은 OIP의 선택지를 보여주고 있다. 게다가, 이 도표는 모든 위험 포트폴리오들 중에서 위험이 가장 낮은 최소분산포트폴리오(Minimum Variance Portfolio; MVP) 또한 나타내고 있다.[6)]

마찬가지로, 우리는 각국 투자자들의 관점에서 최적의 국제 포트폴리오를 구성할

5) 〈도표 15.6〉에서 공매도는 허용되지 않으며, 최적의 국제 포트폴리오는 역사적(ex post) 모수 값에 기반하여 구성된다. 포트폴리오 분석을 통해 국제 포트폴리오 다각화의 "잠재적 이익"을 추정하고, 미래 특정기간 동안 보유할 "사전(ex ante)"적인 최적 국제 포트폴리오를 구성하고자 할 때, 추정된(예측된) 모수값을 사용한다는 점을 주목해야한다. 자세한 논의는 부록 15B를 참조하라.

6) 1980-2021년 기간 중 미국 투자자들의 MVP는 일본(18.01%), 스위스(19.79%), 영국(1.50%), 및 미국(60.69%)로 구성된다.

수 있다. 국제주식시장의 위험-수익률 특성은 수익률을 측정하는 기준 통화가 다름에 따라 변화할 수 있기에 각국의 투자자들이 서로 다른 기준 통화를 사용하여 계산한 최적 국제 포트폴리오의 구성도 다를 것이다. 〈도표 15.6〉의 최적 국제 포트폴리오의 구성은 각국 투자자들이 거주하는 나라의 통화를 사용하여 계산한 것이다.

예를 들어, 영국(또는 파운드화 기반의) 투자자의 최적 국제포트폴리오는 미국(34.57%), 스웨덴(27.86%), 네덜란드(19.32%), 스위스(14.86%), 그리고 홍콩(3.38%)으로 구성된다. 〈도표 15.6〉에서 볼 수 있듯이 네 개의 시장(즉, 홍콩, 스웨덴, 스위스와 미국)은 모든 국가의 국제 투자자의 최적 포트폴리오에 포함된다. 네덜란드 시장 또한 마찬가지로 모든 국가 투자자의 최적 포트폴리오에 포함되지만, 유일하게 홍콩 투자자의 포트폴리오에서만 제외된다. 대조적으로 캐나다, 프랑스, 독일, 이탈리아, 일본과 영국 시장은 해당 국가 내의 투자자를 포함하여 어떠한 최적 포트폴리오에도 포함되지 않는다. 호주 시장은 유일하게 호주의 최적포트폴리오에만 포함되어 있음이 주목할 만하다.

〈도표 15.6〉의 마지막 열은 환율 변동을 무시한 경우 현지 통화(local currency: LC)로 계산한 최적포트폴리오의 구성이다. 이 수치는 환율이 변동하지 않은 가정하에 구성된 최적포트폴리오이다. 사실 이것을 통해 우리는 환율변동이 국제포트폴리오의 구성에 영향을 미칠 수 있다는 것을 알 수 있다.

LC 최적 국제 포트폴리오는 미국(42.54%), 스웨덴(37.72%), 호주(9.99%), 홍콩(5.42%), 네덜란드(4.32%)로 구성된다. 흥미로운 사실은 호주가 LC 최적 포트폴리오에 포함되어 있으나 호주 외 국가의 투자자의 최적 국제포트폴리오에는 포함되지 않았다는 것인데 이는 호주달러가 모든 주요통화 대비 호주약세이기 때문으로 해석된다. 정반대로, 스위스는 LC 최적 국제포트폴리오에는 포함되지 않지만, 모든 국가의 투자자들의 최적 포트폴리오에는 포함된다. 이러한 포함은 스위스 주식시장보다는 스위스 프랑의 좋은 성과 때문일 것이다.

최적포트폴리오를 구성하고 우리는 이런 국제포트폴리오와 순수 국내포트폴리오의 이익을 평가할 수 있다. 우리는 두 가지 방법으로 국제포트폴리오의 이익을 측정할 수 있다. (1) 샤프성과지표의 증가 (2) 국내 투자와 동등한 위험 하에 포트폴리오 수익률의 증가이다. 샤프성과지표의 증가는 최적 국제포트폴리오(OIP)와 국내포트폴리오(DP)의 샤프 비율의 차이와 같다.

도표 15.6 투자자 국적별 최적 국제포트폴리오의 구성(보유기간: 1980.1–2021.12)

주식시장	각국 투자자의 관점												
	AU	CN	FR	GM	HK	IT	JP	NL	SD	SW	UK	US	LC[a]
호주(AU)	0.1133												0.0999
캐나다(CN)													
프랑스(FR)													
독일(GM)													
홍콩(HK)	0.0660	0.0552	0.0158	0.0033	0.0733	0.190	0.0640	0.0043	0.0501	0.0567	0.0338	0.0369	0.0542
이탈리아(IT)													
일본(JP)													
네덜란드(NL)	0.0831	0.1033	0.2178	0.2396		0.2132	0.1332	0.2394	0.1528	0.0660	0.1932	0.0421	0.0432
스웨덴(SD)	0.3005	0.2028	0.2124	0.2002	0.1464	0.2833	0.2826	0.2043	0.2264	0.1919	0.2786	0.1838	0.3772
스위스(SW)	0.0504	0.0653	0.2791	0.2866	0.1913	0.1824	0.1555	0.2769	0.2981	0.2619	0.1486	0.1149	
영국(UK)													
미국(US)	0.3868	0.5734	0.2749	0.2703	0.5890	0.3021	0.3647	0.2751	0.2725	0.4235	0.3457	0.6223	0.4254
합계	1.0000	1.0000	1.0000	1.0000	1.0000	1.0000	1.0000	1.0000	1.0000	1.0000	1.0000	1.0000	1.0000
무위험이자율(%)[b]	0.5850	0.4337	0.3988	0.2954	0.2811	0.5484	0.1578	0.3191	0.3608	0.1642	0.4833	0.3302	0.3302

[a] LC 열은 환율을 고려하지 않은 최적 국제포트폴리오의 구성을 제시한다.

[b] 무위험이자율은 1980–2021년 보유기간 중 해당 국가에 거주하는 투자자들이 직면한 평균 무위험이자율을 나타낸다. 무위험이자율은 1개월 만기 T-Bill 수익률 또는 유로커런시 이자율로 대용된다.

자료: MSCI 주식시장 지수 수익률, 무위험이자율 및 환율은 Bloomberg 자료임.

도표 15.7 최적 국제포트폴리오의 선택

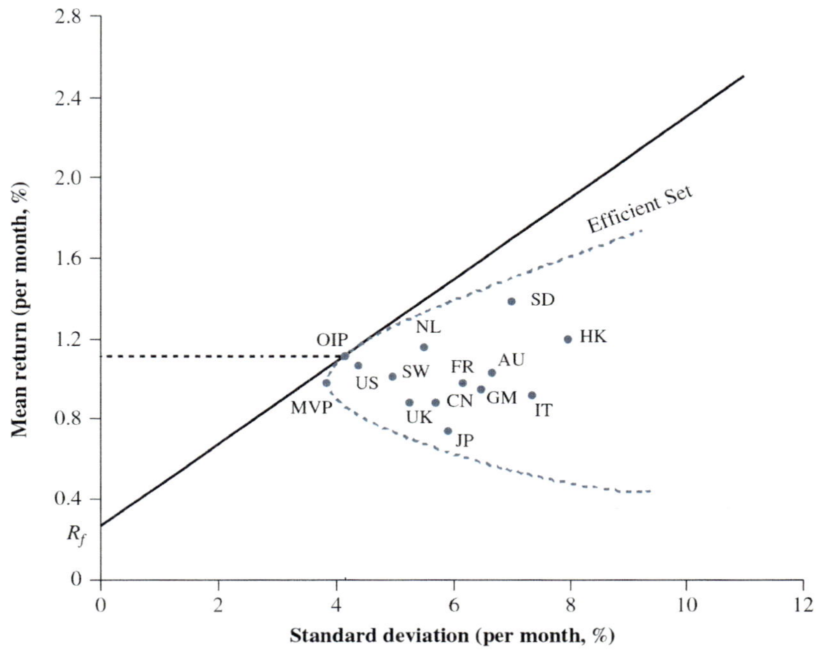

$$\Delta SHP = SHP(OIP) - SHP(OP) \tag{15.2}$$

ΔSHP는 표준편차 위험 한 단위당 국제 투자로부터 발생하는 초과수익률을 나타낸다. 한편 '국내 투자와 동일한' 위험하에 포트폴리오 수익률의 증가는 동등한 위험하의 국제포트폴리오(IP)와 국내포트폴리오(DP)의 수익률의 차이로 계산할 수 있다. 이 초과수익 ΔR은 ΔSHP에 국내포트폴리오의 표준편차를 곱하여 얻을 수도 있다. 즉,

$$\Delta R = (\Delta SHP)(\sigma_{DP}) \tag{15.3}$$

〈도표 15.8〉은 각국 투자자의 관점에서 국제 투자 수익의 두 그룹 측정치를 나타냈다. 미국 투자자의 경우를 살펴보면 이 표의 마지막 행에서 최적 국제 포트폴리오의 월 수익률은 평균 1.12%이고 표준편차는 4.22%이다. 미국 국내 포트폴리오의 월 수익률은 평균 1.07%이고 표준편차는 4.35%이다. 최적 국제 포트폴리오의 수익률은

도표 15.8 투자자 국적별 국제분산투자의 이익(월간 수익률: 1980–2021)

투자자 국적	국내포트폴리오			최적 국제포트폴리오			국제투자의 이익			
	Mean(%)	SD(%)	SHP	Mean(%)	SD(%)	SHP(%)	ΔSHP	(Δ%)[a]	ΔR(%)[b]	(%p.a.)[c]
호주(AU)	1.03	6.64	0.105	1.22	4.10	0.155	0.049	46.7	0.33	3.92
캐나다(CN)	0.89	5.69	0.099	1.13	3.84	0.182	0.083	84.3	0.48	5.70
프랑스(FR)	0.98	6.14	0.106	1.21	4.41	0.183	0.077	72.6	0.47	5.67
독일(GM)	0.95	6.46	0.095	1.13	4.38	0.190	0.095	100.4	0.62	7.39
홍콩(HK)	1.20	7.95	0.109	1.20	4.20	0.220	0.111	101.5	0.88	10.55
이탈리아(IT)	0.93	7.31	0.082	1.31	4.58	0.168	0.086	104.3	0.63	7.50
일본(JP)	0.75	5.90	0.071	1.06	5.31	0.170	0.099	139.5	0.58	7.01
네덜란드(NL)	1.16	5.51	0.151	1.13	4.38	0.186	0.035	23.3	0.19	2.32
스웨덴(SD)	1.39	7.00	0.152	1.28	4.20	0.219	0.067	44.3	0.47	5.66
스위스(SW)	1.01	4.96	0.138	1.03	4.61	0.188	0.050	36.2	0.25	2.97
영국(UK)	0.89	5.25	0.107	1.27	4.65	0.170	0.063	58.5	0.33	3.95
미국(US)	1.07	4.35	0.170	1.12	4.22	0.188	0.018	10.6	0.08	0.94

[a] 괄호안의 수치는 국내 포트폴리오의 그것에 대비한 샤프 성과지표의 백분율 증가를 나타낸다. 즉, [△SHP/SHP(DP)] x 100, 여기서 △SHP는 국제 최적포트폴리오와 국내 포트폴리오 간에 샤프비율의 차이를 나타낸다.

[b] 이 열은 국내의 동등한 위험 수준에서 최적 국제포트폴리오에 발생하는 초과수익률(△R)을 제시한다. 이 초과수익률은 △SHP/SHP(DP)와 같다.

[c] 이 열은 최적 국제포트폴리오에 발생하는 연율 기준 초과수익률을 제시한다.

자료: *Bloomberg*.

국내 포트폴리오보다 조금 높지만 위험은 국내 포트폴리오보다 다소 낮다. 결과적으로 샤프성과지표는 0.170에서 0.188로 10.6% 증가하였다. 또 다른 대안으로, 국내 투자와 동등한 위험, 즉 4.35%의 표준편차 하에서 미국 투자자들은 보유한 국제포트폴리오에서 매월 0.08%의 초과수익률을 얻을 수 있거나 매년 0.94%의 초과수익률을 얻을 수 있다. 동일한 표본기간 동안, 미국 투자자들이 얻을 수 있는 이익은 다소 크지 않다.

캐나다, 프랑스, 이탈리아, 독일, 홍콩과 일본의 투자자들이 국제 포트폴리오 분산을 통해 얻을 수 있는 이익이 특히 크다. 이런 나라의 투자자들은 샤프비율을 50%이상 증가시킬 수 있다. 예를 들어, 일본 투자자의 경우 샤프비율을 139.5% 증가시켰고 투자자들은 국제포트폴리오를 보유함으로써 일본과 동등 수준의 위험 하에 연간 7.01%의 초과 수익률을 얻을 수 있다. 마찬가지로 독일투자자는 샤프비율을 100.4% 증가시킬 수 있고 또는 독일과 동등한 위험수준 하에서 연간 7.39%의 초과 수익을 얻을 수 있다. 〈도표 15.8〉은 네덜란드와 미국 투자자들은 국제 포트폴리오 분산투자에서 상대적으로 낮은 이익을 얻었음을 보여준다. 전반적으로 〈도표 15.8〉에 제시된 자료는 현지 통화이든 기준 통화이든 상관없이, 투자자들은 모두 국제 포트폴리오 분산을 통해 어느 정도의 잠재적 이익을 얻을 수 있다는 것을 시사한다.[7)]

환율 변동이 미치는 영향

미국 투자자들이 해외 시장에서 실현하는 실제 미 달러 수익률은 해외시장의 수익 상황뿐만 아니라 달러와 현지 통화간의 환율 변동 상황에 의존한다. 이처럼 해외투자의 성공은 해외 증권시장과 외환의 성과들에 좌우된다.

공식으로 $R_{i\$}$를 i번째 해외시장에서 얻는 미 달러 표시 투자수익률을 하면

7) 국제투자로부터의 이득을 분석하는 데 있어 투자자들은 환위험을 완전히 감수한다고 묵시적으로 가정되었다. 나중에 논의되듯이 투자자들은 예를 들어 선물환계약을 사용함으로써 환위험을 헤지하고 이에 따라 이득을 제고할 수 있다. 또한 앞선 분석들은 증권의 위험-수익률 특징이 투자자들에게 알려져 있다고 가정하기 때문에 엄밀히 "사후적"인 것임을 지적한다. 현실적으로 물론 투자자들은 이러한 특징들을 추정해야 할 것이고 추정 오차들은 펀드의 비효율적인 배분을 가져올 수 있다.

$$R_{i\$} = (1+R_{i})(1+e_i) - 1 \\ = R_i + e_i + R_i e_i \quad (15.4)$$

이 식 중에 R_i는 i번째 해외시장의 현지 통화표시 수익률이고, e_i는 현지 통화와 달러의 환율 변화율이다. 현지 통화당 달러 가치가 상승(하락)하였다면 e_i는 양의(음의) 값을 가진다. 어느 미국 투자자가 1년 전에 매입한 British Petroleum(BP)의 주식을 매각할 경우 주식의 파운드 표시 가치는 15% 상승하였고 (즉 R_i=0.15), 파운드당 달러 가치가 1년 사이에 5% 하락(즉 e_i=−0.05)하였다고 가정하면 $R_{i\$}$=(1+0.15)(1−0.05)−1=0.0925이다. 즉 이 투자의 달러 표시 수익률은 9.25%이다.

식 (15.4)는 미국(또는 미 달러 기준) 투자자에 대해 환율 변동은 해외투자 위험에 다음과 같이 영향을 미친다는 것을 시사한다.

$$Var(R_{i\$}) = Var(R_i) + Var(e_i) + 2Cov(R_i, e_i) + \Delta Var \quad (15.5)$$

ΔVar는 해외투자 위험에 대한 교차항 ($R_i e_i$)의 기여도를 나타낸다. 환율이 일정할 때 방정식 우변에는 Var(R_i)만 남는다. 식 (15.5)는 환율의 변동이 3개의 채널을 통해 해외 투자 위험에 영향을 미친다는 것을 보여준다.

1. 환율 자체의 변동성 Var(e_i)
2. 환율의 현지시장 수익률과의 공분산 Cov(R_i,e_i)
3. 교차항의 기여, ΔVar

〈도표 15.9〉는 1990년부터 2018년까지의 기간 동안 호주, 캐나다, 독일, 일본, 스위스, 영국 등 6개의 주요 외국의 채권과 주식 시장 각각의 달러표시 수익률의 분산에 대한 분석이다.

먼저 채권시장을 보면 해외 채권과 관련한 투자 위험은 대부분이 환율의 불확실성에서 발생하다는 것을 알 수 있다. 독일 채권에 투자하는 경우를 보면 표에서 현지 통화 표시 독일의 채권 수익률의 분산은 $2.71\%^2$에 불과하지만 달러표시 수익률 분산은 $11.16\%^2$로 상승하였다. 이런 변동성의 증가는 바로 두 가지 요인, 즉 환율의 변화 Var(e_i)=8.71 및 환율 변화와 현지 채권시장 수익률의 공분산 $2Cov(R_i,e_i)$= −0.39 때문인 것이다. 예상대로 교차항의 기여는 아주 미미하다. 스위스 채권에 투자하는 경우에는 현지 채권시장의 수익률의 분산은 달러 표시 수익률 변동성을 16.52$에 불과하다. 이것은 스위스의 채권에 투자하는 것은 스위스 통화에 투자하는

도표 15.9 미 달러화 기준 국제증권수익률 분산의 분해(월간 자료: 1990.1–2011.8)

	$VAR(R_{i\$})$	분산($VAR(R_{i\$})^a$)의 구성요소							
		$VAR(R_i)$		$VAR(e_i)$		$2Cov(R_i, e_i)$		ΔVar	
채권									
호주	12.25	4.48	(36.60%)	10.42	(85.10%)	−2.84	(−23.15%)	0.18	(1.44%)
캐나다	7.78	3.63	(46.63%)	4.95	(63.64%)	−0.84	(−10.78%)	0.04	(0.51%)
독일	11.16	2.71	(24.30%)	8.71	(78.02%)	−0.39	(−3.52%)	0.13	(1.20%)
일본	12.17	1.88	(15.44%)	9.46	(77.73%)	0.71	(5.83%)	0.12	(1.00%)
스위스	11.95	1.97	(16.52%)	10.44	(87.39%)	−0.59	(−4.90%)	0.12	(0.98%)
영국	9.37	3.82	(40.81%)	7.46	(79.63%)	−2.03	(−21.69%)	0.12	(1.25%)
미국	4.45	4.45	(100.00%)	0	(n.a.)	0	(n.a.)	0	(n.a.)
주식									
호주	36.66	17.25	(47.06%)	10.42	(28.44%)	8.21	(22.39%)	0.77	(2.11%)
캐나다	35.06	21.04	(60.02%)	4.95	(14.13%)	8.71	(24.84%)	0.35	(1.01%)
독일	45.31	39.10	(86.31%)	8.71	(19.22%)	−1.56	(−3.45%)	−0.94	(−2.08%)
일본	37.29	35.56	(95.36%)	9.46	(25.36%)	−9.34	(−25.04%)	1.61	(4.31%)
스위스	25.86	25.86	(90.95%)	10.44	(40.40%)	−7.45	(−28.80%)	−0.66	(−2.55%)
영국	25.28	18.81	(74.38%)	7.46	(29.51%)	−0.94	(−3.73%)	−0.04	(−0.17%)
미국	20.96	20.96	(100.00%)	0	(n.a.)	0	(n.a.)	0	(n.a.)

[a] 총 위험에 대한 각 구성요소의 상대적 기여도는 괄호 안에 나타난다.

자료: 월간 주식 및 채권수익률 자료는 *Datastream* 데이터베이스에서 획득한 것으로, 구체적으로는 MSCI 주식시장 지수와 *Datastream* 벤치마크 10년 만기 정부채권 지수가 사용된다.

것과 별로 다르지 않다는 것을 의미한다.

예외 없이, 환율의 변동성은 채권시장의 변동성보다 훨씬 크다. 환율변화는 현지 채권시장의 수익률과의 공분산은 양의 값일 수도 있고 음의 값일 수도 있다. 채권시장의 실증연구에서는 환위험에 대해 통제하면 국제채권 포트폴리오의 효율성을 향상할 수 있다는 것이 제시되었다.

채권시장과 비교할 때 해외 주식시장에 투자하는 위험 중 환율 불확실성에 기인하는 것은 상대적으로 작다. 독일 시장의 경우를 다시 보면 독일 주식시장의 현지통화 표시의 분산은 $39.10\%^2$이지만 달러로 표시하면 $45.31\%^2$이 된다. 독일 현지시장의 수익률의 변동성은 달러 표시 주식시장 수익률 변동성의 86.31%이다. 반대로 환율의 변동성이 달러표시 수익률 분산의 19.22%를 차지하는데 이것 또한 상당한 수치다. 재미있는 부분은 현지 주식시장의 수익률은 환율과 음의 상관관계를 가지기에 환율 변동성의 영향이 어느 정도 상쇄되었다. 스위스 주식시장에 투자하는 경우 현지 주식 시장의 분산은 23.52로서 달러 수익률의 분산 25.86보다 약간 작다. 다시 말하면 스위스 주식시장에 투자하는 경우 미국 투자자와 스위스 투자자가 직면하는 위험은 거의 같다. 이 결과는 환율의 변동성은 주로 현지시장 수익률과 환율변동 사이의 현저한 음의 상관관계로 인해 상쇄되었기 때문이다. 호주 주식시장의 경우, 환율은 자체 변동성을 통해서 뿐만 아니라 현지 주식시장 수익률과 강한 양(+)의 동조화로 인해 달러표시 수익률의 분산에 기여한다. 캐나다 주식시장에 대해서도 대체로 동일하게 성립된다.

국제 채권 투자

시장가치의 측면에서 세계 채권시장은 세계 주식시장과 거의 비슷하지만 지금까지 세계 채권시장은 국제 투자 분야에서 주목을 받지 못하였다. 이것을 통해 알 수 있는 것은 환율 위험이 존재하기에 사람들은 국제 채권 분산투자에서 현저한 이익을 실현할 수 있다는 것을 인식하지 못했음을 알 수 있다. 따라서 우리는 이 문제를 탐구하고 이러한 인식은 장점이 있는지를 판단할 가치가 있다.

〈도표 15.10〉은 호주, 캐나다, 독일, 일본, 스위스, 영국, 미국 등 7개 주요국의 장기 국채 지수를 미국 달러화 기준으로 월별 수익률에 대한 요약 통계표이다. 또한 이 도표에서는 미국(또는 달러를 기준으로 한) 투자자들의 최적 국제포트폴리오의 구성을 보여준다. 유의할 것은 유럽 채권시장은 서로 비교적 높은 상관관계를 가지고 있다. 예를 들면 독일의 채권시장은 스위스 채권시장과의 상관계수가 0.82이고 영국 채권시장과의 상관계수는 0.71이다. 이러한 높은 상관관계는 이러한 유럽 통화들이 하나의 그룹으로서 미 달러화에 대해 같이 움직이는 경향이 있음을 반영한다. 마찬가지로 호주 채권과 캐나다 채권, 이 두 "1차상품 화폐"(commodity currency)의 채권들은 0.67의 높은 상관계수를 보여준다. 반대로 일본 채권과 기타 채권의 상관계수는 상대적으로 낮다. 예를 들면 일본채권과 호주채권과의 상관계수는 0.27, 캐나다 채권과는 0.21, 미국 채권과의 상관계수는 0.41이다. 나아가 〈도표 15.10〉를 통해 1990~2018년 기간 동안 평균수익률 범위가 일본의 0.49%에서 호주는 0.75%까지 분포해 있음을 알 수 있다. 반면에 수익률의 표준편차의 범위는 미국의 2.11%에서 호주가 3.50%까지 분포해 있다. 호주의 샤프성과지수가 가장 높고(0.150), 다음으로 캐

도표 15-10 7개 주요국의 장기 국채 지수를 미국 달러화 기준으로 월별 수익률(1990년-2018년)

채권시장	상관계수						Mean(%)	SD(%)	SHP	최적국제 포트폴리오[a] (가중치)
	AU	CN	GM	JP	SW	UK				
호주(AU)							0.75	3.50	0.150	0.4042
캐나다(CN)	0.67						0.58	2.79	0.126	−0.0052
독일(GM)	0.46	0.46					0.58	3.35	0.106	−0.3211
일본(JP)	0.27	0.21	0.47				0.49	3.49	0.075	−0.0055
스위스(SW)	0.36	0.36	0.82	0.49			0.61	3.46	0.111	0.2820
영국(UK)	0.42	0.52	0.71	0.32	0.60		0.60	3.07	0.122	0.2361
미국(US)	0.35	0.46	0.50	0.41	0.39	0.44	0.49	2.11	0.124	0.4095
최적 국제 포트폴리오							0.62	2.31	0.173	

[a] 최적 국제포트폴리오는 공매도를허용하고 미국 단기국채 수익률을 월간 무위험이자율로 사용하여 도출된다. 표본 기간 동안 평균 무위험이자율은 .2252%이다. 벤치마크 10년 만기 Datastream 정부채권 지수들이 사용된다.
자료: 채권수익률 자료는 *Datastream*으로부터 획득됨.

나다(0.126), 미국(0.124), 그리고 영국(0.122)이 그 뒤를 잇는다.

미국 투자자들을 위한 최적의 국제포트폴리오에서, 연구기간 중 미국 채권이 가장 높은 비중(40.95%)을 차지하였고, 다음으로 호주(40.42%), 스위스(28.20%) 그리고 영국(23.61%)이다. 반대로 캐나다, 독일과 일본 채권의 비중은 음(−)의 값으로 미국 투자자들이 캐나다, 독일과 일본의 통화는 차입했어야 함을 시사한다. 최적 포트폴리오의 월평균 수익률은 0.62%, 표준편차는 2.31%이고, 샤프성과지수는 0.173이다. 미국채권의 평균수익률 0.43%, 표준편차 2.11%, 샤프지수 0.124임을 고려하면 미국 투자자는 최적의 국제채권 포트폴리오를 보유함으로써 실질적인 혜택을 얻을 수 있었을 것이다.

해외 채권 투자 중 환위험이 가장 중요한데 투자자들이 환위험을 적절하게 통제하여 국제 채권 분산을 통해 이익을 증가시킬 수 있다. 기존 연구는 실제로 투자자가 통화선물을 사용하여 환위험을 통제하여 국제 채권 포트폴리오의 효율성을 높일 수 있다는 것을 보여주었다. 예를 들어 Eun과 Resnick(1994)은 환위험을 헤지한 경우 국제 위험-수익률의 관점에서 보면 국제 채권 포트폴리오는 국제 주식 포트폴리오보다 더 우월하다는 것을 보여주었다.[8)]

유럽의 단일 통화인 유로화의 출현은 시장의 위험-수익률 특성을 바꿀 가능성이 높다. 예를 들어 유로화가 출현하기 전에 이탈리아와 독일의 채권 시장은 완전히

8) 환위험 헤징의 추가적인 논의를 위해 부록 15A를 참조하시오.

다른 특성을 가지고 있는데 이탈리아 채권 시장은 고위험 고수익률 투자이고 독일 채권 시장은 저 위험과 저 수익률을 실현하는 시장이다. 이것은 독일 마르크의 강세와 이탈리아 리라의 약세에 기인한다. 그러나 유로화가 유통되면 독일과 이탈리아(및 기타 모든 유로존 지역)의 국채는 모두 통일된 통화로 가격을 제시하고 거래를 하게 된다. 유로존의 채권은 신용위험 측면에서 많이 다르지만 위험-수익률 특성은 어느 정도 수렴하게 된다. 이것은 (영국 국채와 같은) 비유로화 채권이 자신의 위험-수익률 특성을 유지하는 동시에 국제 채권 분산투자 전략 중 중요한 역할을 할 수 있다는 것을 의미한다.

본국에서의 국제분산투자

국제 뮤추얼펀드를 활용한 국제분산투자

투자자들은 외국 국가의 증권에 직접적으로나 간접적으로 투자할 수 있다. 외국 거래소에서 외국 주식을 직접 구매하는 것은 외국 중개인에게 연락하고 주식이 거래되는 외국 화폐를 구매해야 하기 때문에 상당한 거래 비용을 수반할 수 있다. 다행히도, 덜 번거로운 여러 가지 국제 다각화 방법이 있다. 현재 미국 투자자들은 최근 수십 년간 늘어난 미국 기반의 국제 뮤추얼펀드 내지 상호기금에 투자함으로써 국내에서 국제 다각화를 달성할 수 있다. "글로벌"과 "국제"라는 용어는 상호 기금을 설명하는 데 종종 교환 가능하게 사용되지만, 글로벌 상호기금은 일반적으로 투자자가 거주하는 국가를 포함한 전 세계의 증권을 포함한다. 반면에, 국제 상호기금은 투자자의 본국을 제외한 국가들의 증권에 투자한다. 국제 상호 기금에 투자함으로써, 투자자들은 (i) 외국 시장에 직접 투자하려고 할 때 발생할 수 있는 추가 거래 및/또는 정보 비용을 절약하고, (ii) 외국 시장에서의 직접 포트폴리오 투자에 대한 많은 법적 및 제도적 장벽을 우회하며, (iii) 전문 펀드매니저의 전문 지식으로부터 이익을 얻을 수 있다. 국제 상호 기금의 이러한 장점들은 국제적으로 다각화하고자 하지만 필요한 전문 지식이나 외국 시장에 대한 직접 접근이 없는 소규모 개인 투자자들에게 특히 매력적일 것이다.

대부분의 국제 펀드는 개방형 상호기금(open-end fund)이다. 개방형 펀드는 거래소에서 거래되지 않으며, 기초 순자산 가치에 기반하여 매일 가격이 책정되는 무제한의 주식을 발행할 수 있다. 2020년 말 기준으로, 규제된 개방형 펀드에 투자된 전 세계 자산 총액은, 상호 기금과 거래소 거래 펀드(ETF)와 같은 규제 펀드를 대표하는 업계의 협회인 Investment Company Institute에 따르면 약 63.1조 달러에 달했다. 미국에서는 2020년에 9,000개 이상의 펀드가 약 23.9조 달러에 달하는 순자산을 관리했다. 가계는 미국 상호 기금 순자산의 89%를 보유했다: 2020년에 약 1억 250만 명의 미국인이 5,870만 가구에서 상호기금을 소유하고 있었다. 이러한 상호기금 중 약 1,450개의 펀드는 세계 주식 펀드였으며, 이는 미국과 비미국 주식에 모두 투자하는 펀드(즉, 글로벌 주식 펀드)와 비미국 주식에만 투자하는 펀드(즉, 국제 주식 펀드)를 포함하여 총 순자산이 3.2조 달러였다. 다른 상호기금에 주로 투자하는 펀드에 대한 데이터는 이 추정치에서 제외되었다.[9)]

컨트리펀드를 활용한 국제분산투자

컨트리펀드는 미국뿐만 아니라 다른 선진국에서도 가장 인기 있는 국제투자 수단의 하나이다. 이름에서 알 수 있다시피 컨트리펀드는 한 나라의 주식에만 투자하는 것이다. 컨트리펀드를 통해 투자자들은

1. 최소의 비용으로 단일 해외 시장에 투기를 할 수 있다.
2. 컨트리펀드를 사용하여 자신의 개인 국제포트폴리오를 구축할 수 있다.
3. 다른 수단으로 실제 진입하지 못하는 신흥시장에 진입할 수 있다.

인도, 중국, 러시아 등 많은 신흥시장은 여전히 분리된 상태이다. 따라서 컨트리펀드는 국제 투자자들이 이러한 시장에서 국제 분산투자를 실현할 수 있는 유일하지는 않지만 가장 실용적인 수단을 제공한다.

하지만 현재 대부분 컨트리펀드는 여전히 폐쇄형이다. 기타 폐쇄형펀드와 같이 **폐쇄형 컨트리펀드**(closed-end country fund: CECF)도 일정 수의 주식을 발행하고 개별 주식처럼 증권거래소에서 거래할 수 있다. 뮤추얼펀드와 달리 폐쇄형 컨트리펀드는 국내 시장에서 설정한 순자산 가액으로 상환할 수 없다. Investment Company

9) Investment Company Institute, Investment Company Factbook 2021.

도표 15.11 폐쇄형 컨트리펀드의 미국 및 본국시장 베타와 순자산가치

국가	평균 펀드 프리미엄(%)	펀드 주가 β_{US}	펀드 주가 β_{HM}	펀드 주가 R^2	순자산가치 β_{US}	순자산가치 β_{HM}	순자산가치 R^2	표본기간
호주	−14.77	0.62	0.48	0.13	0.25	0.81	0.60	1986.1−90.12
브라질	−24.72	0.11	0.16	0.02	0.32	0.65	0.60	1988.4−90.12
캐나다	−6.29	0.04	0.47	0.03	−0.19	0.29	0.11	1986.6−90.12
독일	1.80	0.73	0.53	0.11	0.15	0.69	0.40	1986.7−90.12
인도	−2.66	0.87	0.26	0.04	−0.27	0.66	0.40	1988.8−90.12
이탈리아	−12.49	0.89	0.68	0.21	0.13	0.57	0.28	1986.3−90.12
한국	63.17	1.00	0.63	0.19	0.24	0.76	0.62	1985.1−90.12
말레이시아	−0.36	1.34	0.60	0.24	0.58	0.68	0.79	1987.6−90.12
멕시코	−21.14	0.99	0.53	0.13	0.33	0.75	0.62	1985.1−90.12
스페인	−1.57	1.56	0.28	0.14	0.39	0.75	0.65	1988.7−90.12
남아프리카	12.16	0.00	0.35	0.13	0.08	0.85	0.59	1985.1−90.12
스위스	−7.65	0.79	0.47	0.25	0.33	0.65	0.75	1987.8−90.12
대만	37.89	1.46	0.39	0.26	0.19	0.40	0.13	1987.2−90.12
태국	−6.86	1.20	0.44	0.14	0.63	0.85	0.75	1988.2−90.12
영국	−16.55	1.04	0.62	0.36	0.55	0.73	0.37	1987.8−90.12
평균		0.84	0.46	0.16	0.25	0.67	0.51	

자료: E. Chang, C. Eun, and R. Kolodny, "International Diversification through Closed-End Country Funds," *Journal of Banking and Finance*(October 1995). Reprinted with permission of Elsevier Science.

Institute에 따르면, 미국의 국제 주식 및 채권에 초점을 맞춘 폐쇄형 펀드는 2020년 말 기준으로 총 자산이 110억 달러와 80억 달러를 보유했다.

미국 기준 펀드의 주가는 미국 증권거래소에서 결정되기 때문에 그것은 펀드의 국내 시장에서 설정한 기본 순자산가치(net asset value: NAV)와 차이가 난다. 펀드의 가격이 NAV를 초과하는 경우에는 그 차이를 프리미엄(premium)이라고 하고 반대의 경우에는 할인(discount)이라고 한다. CECF의 한 예로는 템플턴 드래곤 펀드가 있다. 이 펀드는 주로 중국 기업의 주식에 투자함으로써 장기적인 자본 가치 상승을 추구한다. 이 펀드는 2022년 5월 기준으로 총 순자산이 5억 390만 달러이며, 33,804,143주의 발행 주식을 가지고 있었다. 이는 NYSE에 상장되어 있으며, 2022년 5월에는 11.22%의 할인율로 거래되었다.

〈도표 15.11〉에서는 폐쇄형 컨트리펀드의 프리미엄/할인의 크기를 제공하였는데 각 펀드의 평균 프리미엄은 한국 펀드의 63.17%에서 브라질 펀드의 −24% 사이에 분포한다. 한국 펀드와 마찬가지로 대만과 스페인의 펀드도 높은 프리미엄을 가지는데 각각 37.89%와 21.57%이다. 브라질펀드와 멕시코펀드는 크게 할인되어 평균 −21.14%로

거래되었다. 또한 시계열로도 프리미엄/할인이 크게 변동한다는 것을 관찰할 수 있다. 예를 들어 대만 펀드의 프리미엄은 −25.27%에서 205.39% 사이에서 변화하였다. 대부분의 펀드는 처음부터 프리미엄과 할인으로 거래되고 있었다.[10] 펀드의 이러한 프리미엄/할인 현상은 CECF의 위험−수익률 특성이 그 기초자산의 NAV와 상당히 다를 수 있다는 것을 의미한다.

미국에 근거한 CECFs의 현금흐름은 미국 밖에 보유한 기초자산에 의해 생성된다. 하지만 CECFs의 시장가치는 미국에서 결정되기 때문에 종종 NAV와 상이할 수 있다. CECFs의 이러한 "혼합(hybrid)" 특성은 모국의 증권과 일부 유사하게 움직일 수 있고, 또한 거래되는 국가의 증권과 일부 유사하게 움직일 수 있다.

ETF를 활용한 국제분산투자

www.ishares.com
WEBS를 포함한 상장지수펀드(ETF)의 광범위한 커버리지를 제공한다.

지난 수 십 년간 투자영역에 영향을 미친 주요 변화 중 하나는 적극적 운용펀드(이하 액티브펀드)에서 패시브투자 방식으로의 광범위한 전환일 것이다. 특히, **상장지수펀드(ETF)**는 2013년부터 2018년까지 단 다섯 해 동안 그 총 순자산이 두 배로 증가하는 놀라운 성장을 경험했다. ETF는 특정 지수, 특히 주가지수의 성과에 연동된 투자 수단이다. 첫 ETF인 SPDR(일명 "스파이더")는 S&P 500에 연동되도록 설계된 상장지수 펀드로 1993년에 도입되었다. 이후 전 세계의 주식시장 지수의 성과를 연동하는 다양한 ETF들이 만들어졌다. 미국은 세계에서 가장 큰 ETF 시장을 가지고 있다. 2020년 말 기준, 미국 기반의 ETF는 2,204개였으며 총 순자산은 5.4조 달러였다. 이 중 637개의 ETF는 세계적이며 국제적인 펀드로, 2020년 말 기준 총 순자산은 약 1조 달러였다.

뮤추얼펀드, 폐쇄형 컨트리펀드, 그리고 상장지수펀드 모두 집합 투자기금이긴 하지만 본질적으로 다르다. 예를 들어, ETF는 NYSE와 같은 주식 거래소에서 주식처럼 거래된다. 따라서 ETF는 높은 유동성을 가지며 쉽게 사고 팔 수 있다. 또한, 투자자는 주식처럼 ETF 주식을 공매도하고, 주식을 빌리고, 마진 구매를 할 수 있다. 대부분의 ETF는 수동적이지만 활발하게 관리되는 상호 기금과 유사한 일부 활동적인

10) Bonser−Neal, Brauer, Neal 및 Wheatley(1990)의 연구는 컨트리펀드의 프리미엄/디스카운트가 펀드의 모국에 대한 직접적인 포트폴리오 투자에 대한 장벽을 반영한다고 제시한다. 그들은 이러한 장벽이 낮아질 때마다 펀드 프리미엄이 하락함을 밝혔다.

ETF도 있다. 수동적인 ETF 구조는 활발하게 관리되는 상호 기금보다 낮은 수수료와 투자 전략이 사전에 명시되어 있기 때문에 더 큰 투명성을 의미한다. 또한, ETF는 대부분의 활발하게 관리되는 기금보다 덜 자주 거래되므로 일부 세금 혜택이 있을 수 있다. 전반적으로, 이러한 특징들 - 저비용, 세금 효율성, 유동성, 그리고 투명성은 국제 다각화의 편리한 방식을 제공하며, 광범위한 주식 시장 지수에 대한 저비용 노출을 제공한다.

현재, BlackRock사가 관리하는 iShares로 불리는 ETF 가족군은 42개 국가에 걸쳐 66개 펀드를 가진 광범위함 컨트리 ETF를 가지고 있다. 예를 들어, iShares MSCI United Kingdom ETF와 iShares JPX-Nikkei 400 ETF는 영국과 일본의 주식시장 지수들의 성과를 추적하는 것을 추구한다. Miffre(2007)와 같은 최근의 일부 연구들은 컨트리 ETF가 글로벌 자산배분 전략들의 성과를 향상시킴을 보여주었다. Harper, Madura 및 Schnusenberg(2006)는 14개 국가의 29개 CECF를 사용하여 컨트리 ETF와 CECF의 위험 및 수익률 성과를 비교하고, ETF가 외국 폐쇄형 펀드보다 더 높은 평균 수익률과 더 높은 샤프비율을 나타냄을 발견했다. ETF는 또한 매일 가격이 결정되고 환매 메카니즘은 ETF 시장가격과 순자산가치(NAV)를 비슷하게 유지시킨다고 생각된다. 이러한 구조가 있음에도 불구하고, Petajisto(2017)는 ETF, 특히 국제 또는 비유동적인 증권들을 보유한 ETF가 NAV로부터 이탈할 수 있고 그 이탈은 전형적으로 대략 100－200 베이시스포인트가 된다는 것을 보고했다.

미국 주식예탁증서(ADR)를 활용한 국제분산투자

www.adr.com
J.P. Morgan사가 관리하는 이 웹사이트는 미국 주식예탁증서에 관한 포괄적인 정보원이다.

미국 투자자는 컨트리펀드를 사용하는 것처럼 미국 주식예탁증서(ADR)를 통해 본국에서 국제 분산을 실현할 수 있다. 13장에서 설명했듯이 ADR은 미국(예탁)은행의 해외 지점 또는 수탁인이 보유하고 있는 외국주식의 증서이다. 폐쇄형 컨트리펀드와 마찬가지로 미국 주식예탁증서도 미국 증권거래소에서 미국 증권처럼 거래되고 있다. 그 결과 미국의 투자자들은 거래비용을 절감할 수 있고 신속하고 신뢰성이 높은 공개, 결산 및 예탁 서비스의 혜택을 누릴 수 있다. 영국과 유럽의 투자자들도 미국의 투자자처럼 글로벌 주식예탁증서(GDRs)를 사용하여 본국에서 국제 분산을 실현할 수 있는데 글로벌 주식예탁증서는 런던 증권거래소에 상장되어 있는 외국주식의 소유권을 나타내는 증서이다.

일부 연구에서는 미국 주식예탁증서를 이용하여 국제 분산투자를 할 때 얻을 수 있는 잠재적 이익에 대해 분석했다. Officer와 Hoffmeister(1987), 그리고 Wahab와 Khandwala(1993)에 따르면, 국내포트폴리오에 단 4~7개의 미국 주식예탁증서(ADR) 들을 추가하면 예상수익률은 그대로 유지함과 동시에 수익률의 표준편차는 크게 줄어들어 상당한 위험감소 혜택을 누릴 수 있다고 주장했다. 더 최근에 Kabir, Hassan 및 Maroney (2011)는 ADR을 통한 투자의 다각화 혜택이 국가와 시간에 따라 다양하다는 것을 확인했다. 예를 들어, 상대적으로 짧은 기간 동안 아시아 ADR에 투자하는 것은 더 높은 다각화 혜택을 가져왔다.

대부분의 미국 주식예탁증서가 호주, 일본, 영국 등 선진국에서 온 것을 고려하면 미국 투자자들이 미국 예탁증서에 대한 투자를 통해 신흥시장에서 분산을 실현하는 것은 제한적이다. 하지만 멕시코 등 소수 신흥시장에 대해 투자자들은 여러 미국 주식예탁증서들에서 선택을 할 수 있다. 이런 경우 미국 예탁증서와 폐쇄형 컨트리펀드 이 두 가지 국제 분산투자 수단에 대해 투자자들은 자세히 그 장점과 단점을 고려해야 한다. 미국 주식예탁증서와 비교할 때 컨트리펀드는 더 완전한 포트폴리오 분산을 제공할 수 있다. 그러나 앞에서 설명한 바와 같이 폐쇄형 컨트리펀드에 투자하여 얻는 잠재 이익은 프리미엄/할인에 의해 줄어들 수 있다.

헤지펀드를 활용한 국제분산투자

사적으로 풀링된 투자펀드인 헤지펀드는 최근 엄청난 성장을 경험하였다. 헤지펀드의 이러한 성장은 주로 시장이 상승 또는 하락 여부에 관계없이 양(+)의 또는 절대 수익률을 달성하기 위해 연금펀드, 기금, 민간재단 등 기관투자자의 욕구에 의해 주도되고 있다. 일반적으로 전통적인 뮤추얼펀드의 "매입보유"의 투자전략을 취하는 것과 달리 헤지펀드는 투자목적을 달성하기 위해 유연하고, 동태적인 거래전략을 사용하고 종종 공격적으로 레버리지, 공매도, 파생상품계약을 이용할 수 있다. 이러한 펀드는 통화, 국내외 채권과 주식, 상품, 부동산 등 폭넓은 유가증권에 투자할 수 있다. 많은 헤지펀드의 목적은 시장 상황에 관계없이 양의 수익률을 실현하는 것이다.

법률적으로 헤지펀드는 민간투자 파트너십이다. 따라서 이 펀드는 일반적으로 투자회사로 등록되지 않고 어떠한 보고 및 공개 요건에도 제약받지 않는다. 그 결과,

많은 헤지펀드는 오히려 불투명한 환경에서 운영된다. 펀드의 경영자는 보통 펀드 자산가치의 1−2%를 보상으로 또 상승한 자산가치의 20−25%의 비율로 성과급을 수취한다. 투자자는 특정 잠금(lock-up)기간 동안에 투자를 청산하는 것이 금지된다. 미국에서는 기관투자자와 부유층만 헤지펀드에 투자하도록 규정되어 있다. 하지만 유럽 국가에서는 개인 투자자들도 이러한 펀드에 투자할 수 있다.

헤지펀드와 각종 주식시장 지수간의 상관관계는 상대적으로 낮기 때문에 투자자들은 헤지펀드를 통해 포트폴리오 위험을 분산할 수 있다. 또한 헤지펀드는 투자자가 쉽게 접근할 수 없는 외국 시장에 접근할 수 있게 한다. 예를 들어 JP 모건은 투자자들에게 Jayhawk 중국 펀드에 투자할 수 있는 기회를 제공하였는데 이 펀드는 미국시장에서 쉽게 이용불가능한 중국 주식에 투자한다. 사실 많은 헤지펀드는 "글로벌/거시" 펀드로 분류되어 있다. 글로벌/거시 펀드의 예로는 조지 소로스의 Quantum Fund, 줄리안 로버트슨의 Jaguar Fund, 그리고 베이컨의 Moore Global Fund이다. 일부 펀드는 1992년 영국의 파운드화 위기와 1997년 아시아 금융위기 동안에 적극적이었다. 잘 알려진 대로 조지 소로스는 파운드화가 유럽통화제도(EMS)에서 탈퇴를 하는 것을 정확히 예측하고 파운드가 탈퇴를 하면 약세가 될 것이라는 데 베팅을 하였다. 그의 펀드는 영국 파운드화에 대해 100억 달러의 숏포지션(short position)을 취한 것으로 보도된 가운데 1992년 9월에 약 10억 달러의 이익을 얻었다. 소로스 펀드는 또한 1997년의 아시아 금융위기 때에 타이 바트와 말레이시아 링깃을 공매하였다. 따라서 헤지펀드가 위환위기에 대해 책임이 있었는지 여부에 대해 말레이시아 총리 마하티르 모하마드와 조지 소로스 사이에 신랄한 일련의 논쟁을 낳았다.

투자자들은 헤지펀드에서 이익을 얻을 수 있지만 그들은 또한 관련 위험을 인식해야 한다. 헤지펀드는 향후 사건에 대해 또는 잘못된 모델의 예측으로 잘못된 베팅을 할 수 있다. 롱텀 캐피털 매니지먼트(LTCM)의 실패는 헤지펀드 투자 관련 위험의 예를 보여주었다. 존메리웨더는 살로먼 브라더스의 전 채권 트레이더인데 그는 경험있는 월가 트레이더와 두 명의 노벨상 수상자 마이런 숄즈와 로버트 머튼과 팀을 조성하여 LTCM을 설립하였다. LTCM은 투자 영역에서 튼튼한 신뢰와 존중을 쌓았다. 그 좋은 명성을 이용하여 LTCM은 높은 레버리지를 통한 채권 차익거래 전략을 추구하였다. 특히 LTCM은 자금을 많이 차입하여 높은 등급과 낮은 등급의 부채에 대한 국제 이자율이 수렴할 것이라는 데에 베팅을 하였다. 예를 들어 LTCM은 이탈리아 국채를 매입하고 독일 채권선물을 매도하였다. 초기에 LTCM은 자기자본에 대해 약 40%의 연간 수익률을 실현하였지만 아시아와 러시아 외환위기 이후 이자율이 점차적인 수렴에서 극적인 양극화로 변모하였다. 그 결과 LTCM의 부채가 증가하고 자본 기반이 고갈되어 결국 몰락으로 이어졌고 투자자들도 거액의 손실을 입었다.

산업, 스타일, 요인 포트폴리오를 활용한 국제분산투자

최근 몇 년 동안, 세계 자본시장이 통합되어감에 따라 주식시장 지수의 수익률 간 국제 상관관계가 증가하였다. 국제 상관관계의 증가는 실제로 〈도표 15.5〉에서 묘사되어있으며 본 장의 앞부분에서도 논의되었다. 주식시장들의 공동적인 움직임 증가는 국가 시장지수를 기반으로 한 국제 다각화의 혜택을 감소시키며, 투자자들로 하여금 광범위한 시장지수를 넘어서는 새롭고 더 효과적인 국제 다각화 전략을 찾도록 만들었다.

투자자들의 국제 분산투자에서는, 잘 알려진 대형주 종목들이 자금 배분에서 압도적인 비중을 차지하고 있으며, 대형주 종목들 또한 공동 움직임 경향이 있다. 즉, 국제 투자에서 "대형주 편의"가 존재한다는 것은 의심의 여지가 없으며, 이는 여러 면에서 "친밀감이 투자를 야기한다"라는 명제와 일치한다.

일련의 연구들은 국가뿐만 아니라 산업 전반에 걸쳐 투자함으로써 더 큰 다각화 이득이 있다는 것을 시사했다. 예를 들어, Fletcher와 Marshall(2005)은 1985년부터 2000년까지의 기간 동안 영국 투자자들의 국제 다각화 이득을 분석하고 글로벌 산업 또는 국가 주식 포트폴리오를 사용할 때 포트폴리오 성과가 뚜렷하게 개선되었다는 것을 발견했다. 반면에, Hiraki, Liu 및 Wang(2015)은 1993년부터 2009년까지의 기간 동안 389개의 국제 주식 펀드를 연구하고, 국가 및 산업 차원에서 집중된 펀드가 다각화된 대조군보다 비용 차감 후 순수익에서 각각 월 0.16%와 0.30%의 초과성과를 냈다고 주장했다. 추가적인 분석에서 집중된 펀드의 우수한 성과는 국가 집중도보다는 주로 산업 집중도에 의한 것이란 사실을 확인했다. 따라서, 일반적인 다각화 접근 방식은 산업 수준에서 국제적으로 다각화하는 것이다.

국제 다각화는 요인 및 스타일 투자를 활용함으로써 더욱 향상될 수 있다. 스타일 투자란 대형주, 가치주와 같은 공통 특성, 스타일을 바탕으로 투자자산을 분류하는 것을 말한다. Eun, Huang 및 Lai(2008)의 연구는 소형주를 사용한 이러한 스타일 투자 접근법의 예를 보여준다. 국제 투자자들 사이에서 잘 알려진 대형주는 대부분 많은 해외 고객 및 투자자를 보유한 다국적 기업일 가능성이 높은 반면, 소형주는 국제적 노출이 적은 지역 중심의 기업들일 가능성이 높다. 따라서, 대형주의 수익률은 주로 "글로벌 요인"에 의해 크게 좌우될 것이며, 소형주의 수익률은 주로 "지역 요인"에 의해 좌우될 것이다. 즉, 지역 중심의 소형주가 국제 다각화에 효과적인 수단이 될 수 있음을 시사한다. Eun, Huang 및 Lai(2008)는 이러한 주장을 실제로 확인했다.

〈도표 15.12〉는 앞서 언급된 연구를 기반으로 하여, 1980년~1999년의 기간 동안 10개 주요 시장의 대형주 펀드 대비 소형주 펀드의 위험-수익률 특성을 요약해주고 있다. 도표는 각 펀드에 대해 연간 평균 수익률(Mean), 수익률의 표준편차(SD), 샤프 성과지표(SHP), 그리고 미국 주ㅏ 지수와의 상관관계[Cor(US)]를 제시한다. 도표의 마지막 행에서 볼 수 있듯이, 평균적으로 소형주 펀드의 수익률(21.1%)이 대형주 펀드(16.6%)보다 훨씬 더 높게 나타났다. 이는 네덜란드와 미국을 제외한 대부분의 국가에서 소위 "소형주 프리미엄"이 존재한다는 것을 방증한다. 예상대로, 수익률의 표준편차는 평균적으로 소형주 펀드(25.3%)가 대형주 펀드(22.3%)보다 높다. 샤프 성과지표에 따르면, 네덜란드와 미국을 제외한 각 국가에서 소형주 펀드가 대형주 펀드보다 우수한 성과를 나타냈다.

중요한 것은 분석에 포함된 10개국 모두에서 예외없이 소형주 펀드는 대형주 펀드보다 미국 주가지수와의 상관관계가 훨씬 낮게 나타났다는 사실이다. 예를 들어, 네덜란드 소형주(대형주) 펀드와 미국 시장지수와의 상관관계는 0.20(0.61)이다. 도표에는 표기되지 않았지만, 소형주 펀드는 대형주 펀드뿐만 아니라 서로 간에도 낮은 상관관계를 가진다. 또 다른 예로, 네덜란드 소형주 펀드와 미국 소형주 펀드와의 상관관계는 0.17인 반면, 대형주 펀드는 서로 상대적으로 높은 상관관계를 갖는다. 즉, 대형주들은 다른 국가이더라도 글로벌 요인에 대해 공통적으로 노출된 것이다. 따라서 소형주는 국제 다각화를 위한 매우 효과적인 수단이 될 수 있다.

이러한 이유로 최근 투자회사들은 많은 소형주 중심의 국제 뮤추얼펀드를 도입했으며, 이를 통해 투자자들은 과도한 거래비용 없이 외국 소형주를 활용하여 다각화할 수 있게 되었다. Fidelity, ING, Lazard, Merrill Lynch, Morgan Stanley, Oppenheimer, Templeton을 포함한 투자회사들은 현재 다양한 소형주 중심의 국제 펀드를 제공하고 있다. 지리적인 측면에서, 일부 펀드는 Templeton Global Smaller Companies Fund 및

도표 15.12 대형주 대 소형주 펀드: 위험-수익률 특성

국가	대형주 펀드				소형주 펀드			
	평균	표준편차	SHP	상관계수 (미국과의)	평균	표준편차	SHP	상관계수 (미국과의)
호주	14.9%	25.7%	0.32	0.45	24.9%	33.1%	0.55	0.22
캐나다	10.9%	17.9%	0.24	0.71	24.6%	22.5%	0.80	0.45
프랑스	15.3%	21.9%	0.40	0.46	17.2%	21.9%	0.48	0.27
독일	14.4%	20.1%	0.39	0.41	14.6%	16.5%	0.48	0.19
홍콩	22.1%	34.3%	0.45	0.38	27.6%	39.7%	0.53	0.26
이탈리아	20.0%	27.7%	0.48	0.26	23.2%	27.2%	0.61	0.21
일본	15.6%	24.2%	0.37	0.22	23.1%	27.8%	0.59	0.13
네덜란드	18.4%	16.2%	0.73	0.61	16.3%	18.4%	0.52	0.20
영국	17.3%	19.1%	0.56	0.54	24.0%	23.7%	0.73	0.31
미국	17.4%	15.1%	0.71	0.99	15.9%	21.7%	0.43	0.55
평균	16.6%	22.2%	0.46	0.50	21.1%	25.3%	0.57	0.28

자료: Cheol Eun, Victor Huang, and Sandy Lai, "International Diversification with Large- and Small-Cap Stocks," *Journal of Financial and Quantitative Analysis* 43(2008), pp.489–524.

Fidelity International Small Cap Fund과 같이 세계적이며 국제적이고, 다른 일부는 AIM Europe Small Company Fund 및 DFA Japanese Small Company Fund과 같이 지역적이며 국가적이다.

마찬가지로, 요인 펀드를 활용하여 국제 다각화를 더욱 향상시킬 수 있다. 특히, 규모, Book-to-Market(시장가치 대비 장부가치), 그리고 모멘텀 세 가지 요인은 주식수익률을 설명하기 위해 자산 가격 모델에서 널리 사용되고 있다. 1981년부터 2008년까지 10개의 선진국 데이터를 활용한 Eun 등(2010)에 따르면, 지역 요인 펀드(즉, 요인 포트폴리오)를 포함하여 보완된 최적 포트폴리오가 벤치마크로 사용된 국가 시장지수를 포함한 최적 포트폴리오보다 더 좋은 성과를 나타냈다. 세 가지 요인 포트폴리오 중에서는 Book-to-Market 요인 포트폴리오가 효율성 향상에 가장 크게 기여했다. 또한, 지역 중심의 요인 포트폴리오가 글로벌 요인 포트폴리오보다 더 높은 성과를 보였다. 결론적으로, 투자자들은 산업, 소형주 또는 요인 펀드를 포트폴리오에 추가함으로써 국제 투자에서의 이득을 확실히 증대시킬 수 있다.

포트폴리오 보유의 모국편의(Home Bias)

이전에 설명한 바와 같이 투자자들은 국제 분산을 통해 잠재적인 이익을 얻을 수 있다. 하지만 투자자들이 실제로 보유하고 있는 포트폴리오와 국제포트폴리오 투자 이론에 의해 예측한 것과는 상당히 다르다. 최근 French와 Poterba(1991), Cooper와 Kaplanis(1994), Tesar와 Werner(1993), Glassman과 Riddick(1993), 그리고 Chan, Covrig 및 Ng(2005)을 비롯한 다양한 연구에서 포트폴리오 투자는 국내 주식에 집중되고 있다는 것을 발견하였다. 이렇듯 투자자가 국내 증권에 과도한 투자를 하는 현상을 **모국편의**(Home Bias)라고 부른다. 예를 들어, 13장에서 논의된 바와 같이, 미국 주식시장은 2021년 세계 주식시장 자본화의 약 42%를 차지했다. 그러나 이 장의 앞부분에서 언급했듯이, 미국 투자자들은 2021년에 자국 주식에 포트폴리오의 약 77%를 할당하고 나머지 23%를 외국 주식에 할당했다.

〈도표 15.13〉은 투자자 **포트폴리오 보유 중 모국편의**의 정도를 보여주는 Lau, Ng 및 Zhang(2010)의 연구결과이다. 예를 들어 미국의 뮤추얼펀드들은 1998~2007년의 기간 동안 펀드의 평균 87%를 국내 주식에 투자하였고, 이 기간 미국 주식시장은 세계시장 시가총액의 약 45%를 차지하였다. 상대적으로 독일 뮤추얼펀드는 보다 국제적인 투자를 하는 것으로 보이는데 그들은 해외주식에 71%, 국내 주식에 29%를 투자하였다. 그러나 독일 주식이 세계시장 가치 중 3.2%만 차지한다는 것을 감안하면 독일 펀드들도 포트폴리오 보유에 있어 상당한 정도의 모국편의를 보여주었다. 브라질 뮤추얼펀드들은 국내 주식에만 투자했다는 점이 주목할 만한데, 아마도 규제 제한들 때문일 것이다.

최근 수십 년 동안, 글로벌 금융시장의 통합과 거래비용의 감소와 같은 여러 요인으로 인해 투자자들은 외국 증권에 본격적으로 투자하기 시작했다. 그러나 대부분의 투자자들은 여전히 포트폴리오에서 강한 모국편의를 보이고 있다. 실제 포트폴리오 보유에서의 이러한 모국편의는 국제 다각화에 대한 이론적 및 실증적 결과와 명백히 모순된다. 이어서, 우리는 포트폴리오 보유에서의 모국편의에 대한 이유들을 살펴볼 것이다.

첫째, 국내 증권이 외국 증권보다 국가별 특정 위험에 대한 헤지로서 더 잘 작동할 수 있다. 예를 들어, 구매력평가설이 위배됨에 따라 투자자들이 국가별 인플레이

도표 15.13

주식포트폴리오의 모국편의: 1998–2007

국가	세계 시가총액 점유율(%)	포트폴리오 내 국내 주식 비중(%)
호주	1.70	78.91
브라질	0.71	100.00
캐나다	2.67	28.67
프랑스	4.13	55.48
독일	3.21	29.35
일본	9.29	98.50
스웨덴	1.00	48.56
영국	7.64	42.95
미국	44.86	86.88

자료: Adopted from S.T. Lau et al., "The World Price of Home Bias," *Journal of Financial Economics* 97 (2010), pp. 191-217.

션 위험에 직면할 가능성을 고려해보고, 국내 주식이 국내 인플레이션 위험에 대한 헷징 서비스를 제공할 수 있다고 가정해보자. 이 경우, 국내 인플레이션 위험을 헤지하고자 투자자들은 투자자금의 대부분을 국내 주식에 할당할 수 있으며, 이는 모국편의로 이어질 수 있다. 그러나, 이는 가능성이 낮은 시나리오이다. 인플레이션 위험을 헤지하고자 하는 투자자들은 국내 주식보다는 국내 무위험 채권에 투자할 가능성이 높다. 현재까지, 국내 주식이 국내 위험을 헤지할 수 있다고 주장한 연구들은 모국편의 현상을 완전히 설명하지 못했다.

둘째, 외국 증권 투자 시 장벽이 존재하여 투자자들이 국제 다각화에서의 이득을 실현하지 못할 수 있다. 외국 투자에 대한 제도적 및 법적 제한에는 외국 투자에 대한 제한과 자본통제가 포함될 수 있다. 예를 들어, 많은 국가들은 국내 기업에 대한 외국인의 소유 지분을 제한했다. 핀란드에서는 외국인이 특정 핀란드 기업의 발행 주식의 최대 30%를 소유할 수 있다. 한국에서는 외국인의 한국기업 지분 소유비율이 20%로 제한되어있다. 즉, 외국인은 현지 주식에 프리미엄을 지불해야하며, 이는 투자 이익을 감소시킬 수 있다. 동시에, 일부 기관 투자자들은 소위 신중한 남성 룰에 따라 자금의 일정 비율 이상을 해외에 투자하지 않을 수도 있다. 예를 들어, 일본의 보험회사와 스페인의 연금펀드는 자금의 최대 30%까지만 외국 증권에 투자할 수 있다. 이러한 유입 및 유출 제한은 실제 포트폴리오 보유에서의 모국편의에 기여할 수 있다.

셋째, 외국 증권에 대한 높은 거래 및 정보비용은 국경 간 투자를 억제하여 모국편의를 유발할 수 있다. 예를 들어, 투자자들은 종종 외국 증권으로부터의 배당금에 대해 원천징수 세금을 지불해야 하며, 이에 대해 자국에서 세액공제를 받을 수도 있고 받지 못할 수도 있다. 외국 증권은 많은 외국 시장이 상대적으로 유동성이 적고 비효율적이기 때문에, 그리고 외국 증권에 대한 투자가 종종 외환시장에서의 거래를 포함하기 때문에 거래비용이 더 높을 수 있다. 게다가, 국내와 외국 투자자 간에 정보 비대칭이 존재할 수 있다. 국내 투자자들이 국내 주식에 대해 더 나은 정보를 가지고 있다면 국내 주식에 투자할 가능성이 더 높다. 그러나, 거래비용과 외국 투자에 대한 장벽은 특히 선진국에서 최근 몇 년 동안 상당히 감소하였으며, 금융 세계화를 강화시켰다. 그럼에도 불구하고 모국편의는 여전히 존재한다.

마지막으로, 모국편의의 원인은 행동학적일 수 있다. 예를 들어, Merton(1987)이 주장했듯이, 투자자들은 자신이 익숙하지 않은 증권을 보유하지 않는 경향이 있다. 투자자들이 국내 증권에는 익숙하지만 외국 증권에는 그렇지 않다고 느낄 경우, 그들은 국내 증권에는 자금을 할당하지만 외국 증권에는 그렇지 않을 것이다. 친근성 편의과 일관되게, Chan, Covrig 및 Ng(2005)은 어떤 국가가 다른 국가들로부터 더 멀고 흔하지 않은 언어를 사용할 때, 국내(외국) 투자자들이 그 국가의 시장에 더 많이(적게) 투자하는 경향이 있다는 것을 확인했다. 유사하게, 문화, 애국심, 그리고 손실 회피와 같은 다른 행동학적 편의들이 모국편의를 설명하는 데 사용되었다. 심지어 일부 투자자들은 국제 투자에서의 잠재적 이득을 완전히 인식하지 못할 수도 있다. Bailey, Kumar 및 Ng(2004)은 투자자들 사이에서 모국편의의 정도가 다양하다는 것을 발견했다. 수만 명의 미국 개인 투자자들의 중개 기록을 활용하여, 미국에 상장된 외국 주식 및 폐쇄형 컨트리펀드의 지분과 거래를 분석했다. 저자들은 부유하고, 경험이 많으며, 전문적인 투자자들이 외국 증권에 투자할 가능성이 더 높다는 결과를 제시했다. 또한, Bose, MacDonald 및 Tsoukas(2015)는 2001년부터 2010년까지 38개국의 데이터를 분석하여 대학 교육, 수학적 수리력, 그리고 재정적 기술이 모국편의를 줄이는 데 도움이 된다는 것을 발견했다.

자산 보유에서 관찰된 모국편의는 위의 요인들 중 일부의 조합일 가능성이 높다는 것을 알 수 있다. 적극적인 금융혁신과 새로운 금융상품의 도입과 더불어 국제금융시장이 지속적으로 통합됨에 따라 모국편의도 가까운 미래에 상당부분 완화될 수 있다.

요 약

이 장에서는 국제포트폴리오의 분산을 통해 얻을 수 있는 이익에 대해 설명하였는데, 이는 1980년대에 나타난 주요 국제투자 형식인데 기업들에 의한 해외직접투자와 경쟁상대이다.

01. 최근 국제포트폴리오 투자(IPI)는 신속하게 발전하였는데 그 이유들은 아래와 같다. 1) 금융시장의 규제가 완화되었다. 2) 국제뮤추얼펀드, 컨트리펀드, 국제 교차상장 주식 등 투자수단의 출현은 투자자들이 추가 비용 없이도 국제 분산투자를 할 수 있도록 하였다.

02. 투자자들이 위험을 줄이기 위해 분산투자를 하는데 분산투자를 통해 감소된 위험의 정도는 증권 투자시 각종 증권 간의 공분산에 의거한다. 국가간 중권수익률의 상관성은 국내 증권간 수익률의 상관성보다 낮다. 따라서 투자자들은 국제 분산투자는 국내 투자보다 증권투자의 위험을 감소할 수 있다.

03. 충분한 위험-수익률 분석을 통해 투자자들은 "국내와 동등한" 위험 수준에서 국제 분산을 통해 "추가" 수익률을 얻을 수 있다. 실증분석의 증거는 수익률을 측정하는 데 사용하는 본국 통화 또는 기축통화에 상관없이 투자자들은 최적 국제포트폴리오를 보유함으로써 추가 수익률을 얻을 수 있다는 것을 보여주었다.

04. 환율의 불확실성이 그것 자체의 변동성뿐만 아니라 현지 시장수익률과의 공분산을 통해 해외투자의 위험에 기여한다. 일반적으로 환율 변동성은 본질적으로 채권시장 수익률의 변동성보다 크지만 주식시장 수익률의 변동성보다는 작다. 예컨대 이는 투자자들이 선물환계약을 통해 환위험을 헤지할 때 특히 채권투자의 경우 국제 분산투자로부터의 이익을 제고할 수 있다는 것을 시사한다.

05. 투자자가 실제로 보유한 미국에 기반한 국제뮤추얼펀드는 분명히 효과적으로 투자자의 국제투자 위험을 분산시킨다. 폐쇄형 컨트리펀드도 미국 투자자가 본국에서도 국제 분산투자를 할 수 있는 기회를 제공하였다. 또한, 상장지수펀드(ETF)에 대한 수요는 최근 들어 굉장히 증가했다. 산업, 소형주 또는 요인 펀드의 활용을 통해 국제 분산투자의 이익은 더욱 강화될 것이다.

06. 국제 분산투자의 잠재적 이익이 큼에도 불구하고 많은 투자자들은 자금의 대부분을 국내 증권에 투자하여 모국편의 현상이 일어난다. 모국편의는 국제금융시장의 불완전성 즉, 과도한 거래비용과 정보비용, 외국인에 대한 차별적 세금, 국제투자의 법적/제도적 장벽, 행동학적 이유들이 존재하다는 것을 반영할 수 있다.

주요 용어

국제 분산을 통한 이익	국제상관성구조	상장지수펀드(ETFs)
샤프성과지표(SHP)	세계 베타	세계벤치마크주식(WEBS)
체계적위험	최적 국제포트폴리오(OIPs)	폐쇄형 컨트리펀드(CECF)
포트폴리오 보유의 모국편의	포트폴리오 위험분산	

연습문제

01. 최근 국제포트폴리오 투자가 급증하는 이유는 무엇인가?

02. 왜 국가들 간의 증권 수익률의 상관성이 단일 국가 내 증권들 간의 상관성보다 작은가?

03. 증권의 세계 베타 값의 개념을 설명하라.

04. 샤프성과지표의 개념을 설명하라.

05. 환율변동이 어떻게 달러 기준으로의 외국시장 수익률에 영향을 미치는지 설명하라. 환율의 불확실성이 해외 투자위험에 대한 영향에 대해 실증적인 증거에 대해 논의하라.

06. 환율변화는 항상 해외 투자위험을 증가시키는가? 어떤 조건에서 환율변동이 실제로 해외투자 위험을 줄일 수 있는 조건들을 논의하라.

07. 국제 분산투자의 관점에서 국내의 다국적기업을 평가하라.

08. 국제 분산투자의 수단으로서의 폐쇄형 컨트리펀드(CECFs)는 미국 주식예탁증서(ADRs)와 비교할 때 그 장점과 단점이 무엇인지 토론하라.

09. 왜 폐쇄형 컨트리펀드가 종종 프리미엄으로 할인되어 거래되는지 생각해보라.

10. 왜 투자자들은 그들의 자금의 대부분을 국내 증권에 투자하는가?

11. 국제 뮤추얼펀드를 통한 투자의 장점은 무엇인가?

계산문제

01. 당신은 유로화를 기반으로 하는 투자자이며, 6개월 전 매입한 마이크로소프트사의 주식을 매도했다고 가정하자. 당신은 마이크로소프트 주식을 주당 \$120에 사기 위해 1만 유로를 투자했었고, 환율은 \$1.15/€였다. 당신은 주당 \$135에 주식을 매도했고 달러 매도대금을 \$1.06/€의 환율에 유로화로 바꾸었다. 첫째, 이 투자를 통해 유로화 기준으로 이익을 얻었는지 판단하라. 둘째, 유로화를 기준으로 이 투자의 수익률은 얼마인지 계산하라. 환율 변동으로 인해 얻은 수익률 부분은 어느 정도인가?

02. 적극적인 국제투자자 Mr. James K. Silber는 방금 네슬레라는 스위스 기업의 주식을 SF 5,080에 팔았다. 이 주식은 1년 전에 SF4,600에 매입한 것인데 1년 전의 환율은 달러당 SF1.78이었고 현재는 달러당 SF1.60이다. 또한 당신은 이 주식을 팔기 전에 금방 SF120의 현금 배당을 받았다. 미국 달러 기준으로 이 투자의 수익률을 계산하라.

03. <문제 2>에서 당신이 달러당 SF1.62의 선물환율로 당신의 원금 투자 금액 SF4,600를 선물환매도했다고 가정하자. 이것은 어떻게 당신의 스위스 주식투자에 대해 달러화표시 수익률에 영향을 미칠까? 돌이켜 보면, Mr. Silber는 스위스 프랑 금액을 선물환매도했어야 하는가, 아닌가? 그 이유는 무엇인가?

04. 유로를 기반으로 한 이탈리아 투자자가 있다고 가정하자. 이 투자자는 €10,000을 투자하여 영국회사의 주식을 주당 £50에 구입하려고 하고, 환율은 €1.25/£이라고 한다. 이 주식은 1년 후에 £1의 배당금을 지급하며, 투자자는 주식을 £55에 판매할 것이다. 판매시의 환율은 €1.30/£로 변동된다면, 이 투자의 파운드 환산 수익률과 유로/파운드(€/£) 환율의 변화율, 그리고 유로 환산 수익률을 구하시오. 만약 처음에 €1.32/£의 환율로 £8,000의 선도계약을 매도하기로 합의했다면, 이 투자의 유로 환산 수익률은 어떻게 되는가?

05. 일본생명보험회사(Japan Life Insurance Company)는 1995년 5월에 1천만 달러로 미국 순수할인채를 매입하였는데 당시 환율은 달러당 80엔이였다. 이 회사는 1년 후 1,065만 달러로 이 투자를 청산하였는데 환율이 달러당 110엔이다. 일본생명이 이 투자에서 실현한 엔화표시 투자수익률은 얼마인가?

06. 1996년 초 미국의 연 이자율은 6%, 일본은 2.8%이었고 환율은 달러당 95엔이었다. Jorus는 버뮤다 섬의 헤지펀드 매니저인데 그는 일본에 투자하는 것에 비해 미국에 투자하는데 따른 상당한 이자율 이점이 달러 대 엔화 환율의 하락에 의해 상쇄될 가능성이 없다고 생각하였다. 따라서 그는 일본에서 차입을 하고 미국에 투자해야 한다고 결론 내렸다. 실제로 그는 1996년 초에 1년 만기 10억 엔을 빌려 미국에 투자하였다. 그리고 1996년 말 환율이 105엔/달러로 상승하였다. Jorus는 달러 기준으로 얼마의 이익을 벌었는가?

07. 우리가 달러 기준으로 다음 데이터를 얻었다고 가정하자.

주식시장	수익률(평균)	위험(표준편차)
미국	월 1.26%	4.43%
영국	월 1.23%	5.55%

이 두 시장간의 상관계수는 0.58이다. 당신이 이 두 시장에 각각 50%, 즉 균등하게 투자

하였다고 가정하자. 이 국제포트폴리오의 기대수익률과 표준편차 위험을 계산하라. 이 문제는 스프레드시트 MPTSolver.xls를 사용하여 해결할 수 있다.

08. 당신이 호주, 캐나다, 프랑스 , 독일, 일본 , 스위스 , 영국 등 7개 나라의 주식 시장에 투자하는 것에 관심을 가지고 있다고 가정하자. 7개 나라는 구체적으로 <도표 15.10>을 참고하라. 당신은 이 7개 나라의 주식의 최적(접선)포트폴리오를 계산하고 싶은데 <도표 15.4>에서 제공된 데이터(즉, 상관계수, 평균치, 표준편차 등)를 사용할 수 있다. 월 기준 무위험이자율이 0.3%이고 당신은 모든 주식시장에서 공매 포지션을 취할 수 있다고 가정하면, 7개 주식시장 각각에 대한 최적 비중은 어떻게 되는가? 이 문제는 스프레드시트 MPTSolver.xls를 이용하여 해결할 수 있다.

CFA® PROBLEMS

09. HFS 신탁회사는 국제적인 주식 배분의 위험과 수익률에 대해 3명의 컨설턴트로부터 의견을 요청하고 있다. 그 중 두 명은 이런 행위를 좋아하지만 세 번째 컨설턴트는 아래와 같은 의견을 표시하였다. "국제투자의 위험 감소 효과는 크게 과장되었다. 최근 서로 다른 시장 국면들에서 주식수익률의 국가간 상관성구조에 대한 연구에서는 국제 투자가 위험을 감소시킬 수 있는지에 대해 의혹을 제기하였는데 특히 위험을 가장 줄여야 할 때 더 그렇다."

a. 이 컨설턴트가 언급한 주식수익률의 국가간 상관관계를 설명하라. 그리고 단기적으로 볼 때 그런 행동이 어떻게 국제투자가 위험을 감소시키는 능력을 저하시키는지에 대해 해석하라. 이 컨설턴트의 주장이 옳다고 가정한다.

b. 장기적으로 볼 때 국제투자가 순수 국내 투자보다 위험/수익률 관점에서 효율성이 여전히 더 높은 이유에 대해 설명하라.

HFS신탁회사는 미국 이외의 주식 시장에 투자하기로 결정하고 이 결정을 실행하기 위해 Jacob Hind라는 스페셜리스트 매니저를 고용하였다. 그는 일본시장의 헤지되지 않은 주식을 보유하라고 권유하였고 아래 코멘트와 테이블 데이터를 제공하여 그의 의견을 설명하였다. "외화의 가치 상승은 미국의 달러 투자자의 수익률을 증가시킬 수 있다. 엔화 대 달러의 환율이 100엔/달러에서 98엔/달러로 상승한다고 예측한다면 보유하고 있는 일본 주식을 헤지할 필요가 없다."

시장금리와 Hind의 예상

	미국	일본
현물환율(미 달러당 엔)	n/a	100
Hind의 12개월 환율 예측(미 달러당 엔)	n/a	98
1년 만기 유로커런시 이자율(% 연율)	6.00	0.80
Hind의 1년 인플레이션 예측치(% 연율)	3.00	0.50

투자기간이 1년이고 환헤지 관련 비용이 존재하지 않다고 가정한다.

c. Hind의 권유(헤지가 필요없다는)의 타당성 여부 및 그 이유를 설명하라. 또한 필요한 계산과정을 보여줘라.

CFA® PROBLEMS

10. 레베카 테일러는 국제주식 포트폴리오 매니저인데 그녀는 최적 국가별 배분전략과 최적 통화전략을 결합하면 최적포트폴리오 성과를 얻을 수 있다고 생각한다. 그녀는 전략을 구체적으로 설명하기 위해 다음 도표에서 3개 국가의 기대수익률의 데이터와 그녀가 투자하고자 하는 3가지 통화에 대한 데이터를 제공한다. 또한 이 도표에서는 그녀가 세운 시장 전략(국가별 배분)과 통화전략(통화 배분)에 필요한 정보가 포함되어 있다.

미국 기준 투자자의 기대수익률

국가	현지통화 주식수익률	환율 수익률	현지통화 유로예금 수익률
일본	7.0%	1.0%	5.0%
영국	10.5	−3.0	11.0
미국	8.4	0.0	7.5

a. 주식시장의 기대수익률 프리미엄의 관점에서 볼 때 이 세 나라의 순위를 정하고 그 계산과정을 써보라.

b. 미국 투자자의 관점에서 기대 통화수익률 프리미엄의 정도에 따라 이 세 나라의 순위를 정하고 그 계산과정을 써보라.

c. 기대 시장프리미엄과 기대 통화프리미엄을 계산하는 것을 통해 포트폴리오 매니저가 글로벌 투자전략을 수립하는 데 있어서의 하나의 이점을 설명해 보라.

CFA® PROBLEMS

11. Glover Scholastic 원조재단은 그리스 기증자로부터 2천만 유로의 글로벌 국채포트폴리오를 받았다. 이 채권 포트폴리오는 유로화로 표시되어 있고 Glover Scholastic의 기존 달러화 표시 자산과 별도로 관리한다. 이 채권포트폴리오는 현재 헤지되어 있지 않지만 포트폴리오 매니저 Raine Sophia는 이 포트폴리오의 환위험을 헤지하기 위한 다양한 대안들을 검토하고 있다. 채권포트폴리오의 현재 배분비율과 해당 나라의 성과 데이터는 아래 <표 1>과 <표 2>에 나와 있다. <표 3>에서는 소피아가 검토하고 있는 통화들의 역사적 상관성이다. 소피아는 미래의 수익률과 상관성은 <표 1>과 <표 2>에서 보여준 데이터와 동일할 것이라고 예상하고 있다.

〈표 1〉 Glover Scholastic 원조재단의 현재 배분 글로벌 정부채 포트폴리오

국가	할당(%)	만기(년)
그리스	25	5
A	40	5
B	10	10
C	10	5
D	15	10

〈표 2〉 국가별 성과 자료(현지통화 표시)

국가	현금 수익률 (%)	5년간 초과 채권수익률 (%)	10년간 초과 채권수익률 (%)	헤지되지 않은 통화수익률 (%)	90일 만기 선물환계약의 유동성
그리스	2.0	1.5	2.0	–	Good
A	1.0	2.0	3.0	−4.0	Good
B	4.0	0.5	1.0	2.0	Fair
C	3.0	1.0	2.0	−2.0	Fair
D	2.6	1.4	2.4	−3.0	Good

〈표 3〉 역사적인 통화간 상관관계(1998-2003, 주간 관측치)

통화	€(그리스)	A	B	C	D
€(그리스)	1.00	−0.77	0.45	−0.57	0.77
A	–	1.00	−0.61	0.56	−0.70
B	–	–	1.00	−0.79	0.88
C	–	–	–	1.00	−0.59
D	–	–	–	–	1.00

a. 소피아가 환위험을 헤지하지 않아도 된다고 결정한다면 현재 이 채권포트폴리오의 기대 연 총수익률(유로화 기준)이 얼마인지 계산하고 그 계산과정도 써보라.

b. 환노출 및 선물환율과 관련하여 소피아가 사용하는 통화 선물환계약이 어느 특정 통화에 대한 채권포트폴리오의 노출을 헤지하는 상황에 대해 설명하라.

c. 소피아가 검토하고 있는 어느 통화가 B국 국채를 가장 잘 헤지할 수 있는지에 대해 결정하고 이를 정당화하는 두 가지 이유를 설명하라.

벤치마크－분산된 국제채권지수－와 비교할 때 소피아는 현재의 채권포트폴리오의 낮은 수익률에 대해 크게 실망하여 포트폴리오의 수익률을 증가시킬 수 있는 새로운 전략을 모색하고 있다. 그녀는 이미 두 가지 전략을 찾아냈는데 지속적인 관리와 벤치마크 지표 이외의 시장에 투자하는 것이다.

d. (듀레이션 관리와 벤치마크지수 외의 시장들에 투자하는 이 두 가지 전략을 제외한) 다른 3가지의 일반적인 전략을 찾아내어 소피아의 현재 포트폴리오의 수익률을 증가시켜라. 또한 각 전략에 대해 현재의 포트폴리오에 대한 구체적인 잠재적 이점을 설명하라.

인터넷 연습문제

01. 당신이 멕시코 주식시장에 투자하고자 멕시코에 투자하는 두 대안을 검토하고 있다. (1) 뉴욕증권거래소에서 거래되고 있는 멕시코 폐쇄형 컨트리펀드 (2) 미국 증권거래소에서 거래되고 있는 멕시코 WEBS. 그 웹사이트는 다음과 같다.

www.themexicofund.com

http://us.ishares.com/product_info/fund/overview/EWW.htm

웹 사이트에서 관련 모든 정보를 연구하고 당신이 멕시코에 대해 투자를 하는데 이 2개의 증권의 상대적인 장점과 단점을 평가하라. 당신은 어느 쪽을 더 선호하는가?

미니 케이스

최적포트폴리오 구하기

당신이 금융 컨설턴트이고 현재 오직 미국 주식시장에만 투자해 왔던 고객이 있는데 그는 최근 영국 주식시장에 투자하고 싶다고 가정한다. 현재 영국 주식시장에 투자하는 데 있어 특별한 장벽이나 제한이 없다. 당신의 고객은 이렇게 함으로써 어떤 이익을 얻을 수 있는지에 대해 알고 싶어한다. <문제 6>의 데이터를 사용하여 다음과 같은 문제를 해결하라.

1. 그림을 그려 영국과 미국의 주식시장에 다른 비율로 투자함으로써 생기는 포트폴리오 위험과 수익률을 설명하라. 두 가지 극단적인 비율은 (1) 자금을 모두 미국시장에 투자하고 영국시장에 아무 투자도 안 한다. (2) 자금을 모두 영국시장에 투자하고 미국시장에 아무런 투자도 하지 않는다.

2. 영국과 미국시장으로 구성된 최적포트폴리오를 구하라. 무위험이자율이 0.5%이고 투자자는 두 시장에서 모두 공매도(음의) 포지션을 취할 수 있다고 가정한다. 이 문제는 스프레드시트 MPTSolver.xls를 이용하여 해결할 수 있다.

3. 미국 시장과 동일한 위험 수준하에 미국 투자자가 기대할 수 있는 추가 수익률은 얼마인가? 또한 효율적 집합 곡선을 그려라. 〈부록 15B〉는 그 예를 제공한다.

참고문헌 및 추천도서

Bailey, Warren, Alok Kumar, and David Ng. "Venturing Abroad: Foreign Investments of U.S. Individual Investors." *Working Paper* (2004).

Billio, M., Donadelli, A. Paradiso, and M. Riedel. "Which Market Integration Measure?" *Journal of Banking & Finance* 76 (2017), pp. 150 – 74.

Bonser-Neal, C., G. Brauer, R. Neal, and S. Wheatley. "International Investment Restriction and Closed-End Country Fund Prices." *Journal of Finance* 45 (1990), pp. 523 – 47.

Bose, Udichibarna, Ronald MacDonald, and Serafeim Tsoukas. "Education and the Local Equity Bias around the World." *Journal of International Financial Markets, Institutions & Money* 39 (2015), pp. 65 – 88.

Chan, Kalok, Vicentiu Covrig, and Lilian Ng. "What Determines the Domestic Bias and Foreign Bias? Evidence from Mutual Fund Equity Allocations Worldwide." *Journal of Finance* 60 (2005), pp. 1495 – 534.

Chang, Eric, Cheol Eun, and Richard Kolodny. "International Diversification through Closed-End Country Funds." *Journal of Banking and Finance* 19 (1995), pp. 1237 – 63.

Christoffersen, Peter, Vihang Errunza, Kris Jacobs, and Hugues Langlois. "Is the Potential for International Diversification Disappearing? A Dynamic Copula Approach." *The Review of Financial Studies* 25 (2012), pp. 3711 – 51.

Cooper, Ian, and Evi Kaplanis. "Home Bias in Equity Portfolios, Inflation Hedging, and International Capital Market Equilibrium." *Review of Financial Studies* 7 (1994), pp. 45 – 60.

Errunza, Vihang, Ked Hogan, and Mao-Wei Hung. "Can the Gains from International Diversification Be Achieved without Trading Abroad?" *Journal of Finance* (1999), pp. 2075 – 107.

Eun, Cheol S., Sandy Lai, Frans A. de Roon, and Zhe Zhang. "International Diversification with Factor Funds." *Management Science* 56 (September 2010), pp. 1500 – 18.

Eun, Cheol, and Bruce Resnick. "Exchange Rate Uncertainty, Forward Contracts and International Portfolio Selection." *Journal of Finance* 43 (1988), pp. 197 – 215.

_____. "International Diversification of Investment Portfolios: U.S. and Japanese Perspectives." *Management Science* 40 (1994), pp. 140 – 61.

_____. "International Equity Investments with Selective Hedging Strategies." *Journal of International Financial Markets, Institutions and Money* 7 (1997), pp. 21 – 42.

Eun, Cheol, Victor Huang, and Sandy Lai. "International Diversification with Large- and Small-Cap Stocks." *Journal of Financial and Quantitative Analysis* 43 (2008), pp. 489 – 524.

Fama, Eugene, and W. G. Schwert. "Asset Returns and Inflation." *Journal of Financial Economics* 5 (1975), pp. 115 – 46.

Fletcher, Jonathan, and Andrew Marshall. "An Empirical Examination of the Benefits of

International Diversification." *Journal of International Financial Markets, Institutions & Money* 15 (2005), pp. 455 - 68.

French, K., and J. Poterba. "Investor Diversification and International Equity Markets." *American Economic Review* 81 (1991), pp. 222 - 26.

Frijns, Bart, Willem F. C. Verschoor, and Remco C. J. Zwinkels. "Excess Stock Return Comovements and the Role of Investor Sentiment." *Journal of International Financial Markets, Institutions & Money* 49 (2017), pp. 74 - 87.

Glassman, Debra, and Leigh Riddick. "Why Empirical Portfolio Models Fail: Evidence That Model Misspecification Creates Home Asset Bias." *Unpublished manuscript*, 1993.

Grubel, H. G. "Internationally Diversified Portfolios." *American Economic Review* 58 (1968), pp. 1299 - 1314.

Harper, Joel T., Jeff Madura, and Oliver Schnusenberg. "Performance Comparison Between Exchange-Traded Funds and Closed-End Country Funds." *Journal of International Financial Markets, Institutions & Money* 16 (2006), pp. 104 - 22.

Hiraki, Takato, Ming Liu, and Xue Wang. "Country and Industry Concentration and the Performance of International Mutual Funds." *Journal of Banking & Finance* 59 (2015), pp. 297 - 310.

Huberman, G. "Familiarity Breeds Investment." *Review of Financial Studies* 14 (2001), pp. 659 - 80.

Jorion, Philippe. "Asset Allocation with Hedged and Unhedged Foreign Stocks and Bonds." *Journal of Portfolio Management* 15 (Summer 1989), pp. 49 - 54.

Kabir, M. Humayun, M. Kabir Hassan, and Neal Maroney. "International Diversification with American Depository Receipts (ADRs)." *Pacific-Basin Finance Journal* 19 (2011), pp. 98 - 114.

Larsen, Glen, Jr., and Bruce Resnick. "Universal Currency Hedging for International Equity Portfolios under Parameter Uncertainty." *International Journal of Business* 4 (1999), pp. 1 - 17.

Lau, Sie Ting, Lilian Ng, and Bohio Zhang. "The World Price of Home Bias." *Journal of Financial Economics* 97 (2010), pp. 191 - 217.

_____. "The Optimal Construction of Internationally Diversified Equity Portfolios Hedged against Exchange Rate Uncertainty." *European Financial Management* 6 (2000), pp. 479 - 514.

Lessard, D. "World, Country and Industry Relationship in Equity Returns: Implications for Risk Reduction through International Diversification." *Financial Analyst Journal* 32 (1976), pp. 22 - 28.

Leuz, C., Karl Lins, and Francis Warnock. "Do Foreigners Invest Less in Poorly Governed Firms?" *Review of Financial Studies* 22 (2009), pp. 3245 - 85.

Levy, H., and L. Sarnat. "International Diversification of Investment Portfolios." *American Economic Review* 60 (1970), pp. 668 - 75.

Longin, Francois, and Bruneo Solnik. "Is the Correlation in International Equity Returns Constant?: 1960 - 1990." *Journal of International Money and Finance* 14 (1995), pp. 3 - 26.

Merton, R. "A Simple Model of Capital Market Equilibrium with Incomplete Information." *Journal of Finance* 42 (1987), pp. 483 - 510.

Miffre, Joelle. "Country-Specific ETFs: An Efficient Approach to Global Asset Allocation." *Journal of Asset Management* 8 (2007), pp. 112 - 22.

Officer, Dennis, and Ronald Hoffmeister. "ADRs: A Substitute for the Real Thing?" *Journal of Portfolio Managemen*t (Winter 1987), pp. 61 - 65.

Petajisto, Antti. "Inefficiencies in the Pricing of Exchange-Traded Funds." *Financial Analysts Journal* 73 (2017), pp. 24 - 54.

Roll, Richard. "The International Crash of 1987." *Financial Analyst Journal* 44 (1988), pp. 19 - 35.

Sharpe, W. "Mutual Fund Performance." *Journal of Business, A Supplement*, No. 1, Part 2 (1966), pp. 119 - 38.

Solnik, Bruno. "Why Not Diversify Internationally?" *Financial Analyst Journal* 20 (1974), pp. 48 - 54.

Solnik, Bruno, and J. Roulet. "Dispersion as Cross-sectional, Correlation." *Financial Analyst Journal* 56 (2000), pp. 54 - 61.

Wahab, Mahmood, and Amit Khandwala. "Why Not Diversify Internationally with ADRs?" *Journal of Portfolio Management* (Winter 1993), pp. 75 - 82.

부록 15A 환위험 헤지와 국제 투자

이 부록에서는 국제포트폴리오 중 환위험의 헤지가 어떻게 국제적으로 분산된 포트폴리오의 위험-수익률의 효율성을 높이는지에 대해 보여준다. 우선 본문 중의 식 (15.4)와 (15.5)를 살펴보면 미국의 달러기준 투자자들이 단일 외국의 주식 i에 투자할 때 얻는 수익률과 분산은

$$R_{i\$} = (1+R_i)(1+e_i) - 1 \tag{15A.1a}$$

$$= R_i + e_i + R_i e_i \tag{15A.1b}$$

$$= R_i + e_i \tag{15A.1c}$$

식 (15A.1c)에서 우리는 외적항 $R_i e_i$는 토의 목적상 일반적으로 작기 때문에 무시한다. 이에 따라 미국 투자자들이 외국 주식 i에 대한 기대수익률은 다음과 근사하게 계산될 수 있다.

$$\overline{R_{i\$}} \approx \overline{R_i} + \overline{e_i} \tag{15A.2}$$

또한 우리는 다음과 같이 외국 증권 i의 달러 수익률의 분산을 다음과 같이 표현할 수 있다.

$$Var(R_{i\$}) = Var(R_i) + Var(e_i) + 2\,Cov(R_i, e_i) \tag{15A.3}$$

마찬가지로, 우리는 다음과 같이 두 개의 상이한 외국증권들의 달러 수익률 간의 공분산을 다음과 같이 표시할 수 있다.

$$Cov(R_{i\$}, R_{j\$}) = Cov(R_i, R_j) + Cov(e_i, e_j) + Cov(R_i, e_j) + Cov(R_j, e_i) \tag{15A.4}$$

이제 간단한 환위험 헤지전략을 생각해 보자. 즉 미국 투자자가 외국통화의 기대수익에 대해 선물환계약을 매도한다. 달러로 표시하면 이것은 '불확실'한 달러 수익, $(1+\overline{R_i})(1+e_i)-1$을 확실한 달러 수익, $(1+\overline{R_i})(1+f_i)-1$으로 전환하는 것이다. 여기서 $f_i = (F_i - S_i)/S_i$는 증권 i를 표시하는 통화의 선물환할증이다. 기대되는 외

국투자 수익은 이미 알려진 선물환율로 달러 전환될 것이다. 하지만 기대되지 않은 외국투자 수익은 미래에 불확실한 환율로 달러 전환될 것이다. 따라서 이 헤지전략(H)에 따른 달러 수익률은 다음과 같이 표시할 수 있다.

$$\overline{R}_{i\$H} = [1+\overline{R}_i](1+f_i)+[R_i-\overline{R}_i](1+e_i)-1 \qquad (15A.5a)$$

$$= R_i + f_i + R_i e_i + \overline{R}_i(f_i - e_i) \qquad (15A.5b)$$

식 (15A.5b)의 세 번째 항과 네 번째 항의 값은 매우 작을 가능성이 있기 때문에 달러 투자자의 기대 헤지수익률은 다음과 근사하게 계산될 수 있다.

$$\overline{R}_{i\$H} \approx \overline{R}_i + f_i \qquad (15A.6)$$

제6장에서의 선물환 기대 패러티 토의를 돌이켜 보면 $\overline{e}_i$는 f_i의 불편추정치, 즉 $f_i = \overline{e}_i$이다. 따라서 식 (15A.1c)과 (15A.6)를 비교하면 달러 투자자가 환위험에 대해 헤지를 하는지에 상관없이 그 기대수익률은 거의 비슷하다.

투자자들이 환위험 헤지를 통해 환율의 불확실성을 제거할 수 있을 경우 식 (15A.3)에서 Var(e_i), Cov(R_i,e_i)는 모두 0에 가깝다. 마찬가지로 식 (15A.4) 중의 Cov(e_i,e_j), Cov(R_i,e_j), Cov(R_j,e_i)도 0에 가깝다. 따라서 f_i가 상수이기에 다음 식이 성립된다.

$$Var(R_{i\$H}) < Var(R_{i\$}),\ \text{그리고}$$

$$Cov(R_{i\$H}, R_{j\$H}) < Cov(R_{i\$}, R_{j\$})$$

〈도표 15.8〉의 실증결과는 대체적으로 이러한 관계를 지지한다. 따라서 국제투자를 할 때 투자자가 환위험에 대해 헤지를 하면 위험－수익률의 효율성이 더 우월할 수 있다.

부록 15B 최적포트폴리오 구하기

우리는 여기서 확실한 무위험이자율 R_f를 지급하는 무위험자산이 존재할 때 위험 증권의 최적포트폴리오를 어떻게 구하는지에 대해 토론할 것이다. 투자자가 위험회피적이고 적은 부보다 많은 부를 선호하는 것을 가정하면, 우리는 샤프비율(SHPp)을 최대화하여 최적포트폴리오를 구할 수 있다. 샤프성과지표는 단위 표준편차 위험당 포트폴리오의 초과수익률이다. 즉,

$$Max\ SHP_p = [\overline{R_p} - R_f]/\sigma_p \quad (15B.1)$$

여기서 $\overline{R_p}$는 포트폴리오의 기대수익률이고 σ_p는 포트폴리오 수익률의 표준편차이다.

포트폴리오의 기대수익률 $\overline{R_p}$는 포트폴리오 중 각 개별자산의 기대수익률 $\overline{R_i}$에 그 자산이 포트폴리오에서 차지하는 가중치를 곱하여 구할 수 있다. 즉,

$$\overline{R_p} = \sum_i x_i \overline{R_i} \quad (15B.2)$$

여기서 x_i는 i번째 단일 자산에 투자한 자산의 비중이다. 모든 자산의 투자비중의 합은 1이다. 즉 $\sum_i x_i = 1$이다. 한편, 포트폴리오 위험, σ_p는 개별 자산의 수익률의 분산과 그들 사이의 공분산과 관련된다. 즉,

$$\sigma_p = [\sum_i \sum_j x_i x_j \sigma_{ij}]^{1/2} \quad (15B.3)$$

여기서 σ_{ij}는 i번째 자산과 j번째 자산의 수익률 간의 공분산이다. 괄호 안의 값은 포트폴리오 수익률의 분산이다.

이제 우리는 포트폴리오에 두 개의 위험자산 A와 B만 있다고 가정하면 포트폴리오의 수익률과 위험은 다음과 같다. 이 경우, 포트폴리오의 위험과 수익률은 다음과 같이 결정될 것이다.

$$\overline{R_p} = x_A \overline{R_A} + x_B \overline{R_B} \quad (15B.4)$$

$$\sigma_p = [x_A^2 \sigma_A^2 + x_B^2 \sigma_B^2 + 2x_A x_B \sigma_{AB}]^{1/2} \quad (15B.5)$$

우리가 이 두 자산의 최적포트폴리오를 구해야 한다고 가정하면 식 (15B.4)와 (15B.5)를 식 (15B.1)에 대입한다. 포트폴리오에서 x의 비중과 관련하여 샤프비율 SHP_p을 최대화하면 다음 식을 통해 (자산이 포트폴리오 중의) 비중을 구할 수 있다.

$$x_A = \frac{[\overline{R_A} - R_f]\sigma_B^2 - [\overline{R_B} - R_f]\sigma_{AB}}{[\overline{R_A} - R_f]\sigma_B^2 + [\overline{R_B} - R_f]\sigma_A^2 - [\overline{R_A} - R_f + \overline{R_B} - R_f]\sigma_{AB}}$$

$$x_B = 1 - x_A \quad (15B.6)$$

예제

우리가 미국과 네덜란드 주식시장 지수를 사용하여 최적 국제포트폴리오를 구축하려고 한다고 가정하자. 기간 1980년 1월에서 2012년 12월까지 우리는 두 주식시장에서 다음과 같은 데이터(월간 백분율로)를 얻을 수 있다.

$$\overline{R}_{US} = 0.647; \qquad \sigma_{US}{}^2 = 21.07$$
$$\overline{R}_{NL} = 0.635; \qquad \sigma_{NL}{}^2 = 35.64$$
$$\sigma_{US,NL} = \sigma_{US}\sigma_{NL}\rho_{US,NL} = (4.59)(5.97)(0.73) = 20.00$$

무위험이자율 월 0.023%를 사용하여 식 (15B.6)에 대입하면 다음 식을 얻을 수 있다.

$$x_{US} = \frac{(.647-.023)(35.64)-(.635-.023)(20.0)}{(.647-.023)(35.64)+(.635-.023)(21.07)-(.647-.023+.635-.023)(20.0)}$$
$$= 0.9606$$

$$x_{NL} = 1 - x_{US} = 1 - 0.9606 = 0.0394$$

따라서 최적포트폴리오의 96.06%의 미국시장 투자와 3.96%의 네덜란드 시장의 투자로 구성되고 그 기대수익률과 위험은 각각 다음과 같다:

$$\overline{R}_{OP} = (0.9606)(0.647) + (0.0396)(0.635) = 0.647\%$$
$$\sigma_{OP} = [(0.9606)^2(21.07) + (0.0394)^2(35.64) + 2(0.9606)(0.0394)(20.0)]^{1/2}$$
$$= 4.58\%$$

INTERNATIONAL
FINANCE

PART 05

다국적기업의 재무관리

제5부는 다국적기업의 재무관리 실무 관련 주제를 다룬다.

제16장〈해외직접투자 및 국제 기업인수〉는 다국적기업이 국내에서 생산하여 해외시장에 수출하는 대신에 해외에 생산시설을 확보하기 위해 자본적 지출을 해야 하는 이유, 즉 해외직접투자에 대해 논의한다.

제17장〈국제자본구조와 자본비용〉은 다국적기업의 국제자본구조와 자본비용 문제를 다룬다. 주된 논의는 기업이 자사 주식을 국제적으로 상장·유통하고 부채(타인자본)를 국제적으로 조달하면 그 자본비용이 낮아질 수 있다는 것이다.

제18장〈국제자본예산〉은 모기업의 해외투자안의 평가에 유용한 Donald Lessard의 조정순현재가치(APV)법을 설명한다.

제19장〈다국적기업의 현금관리〉는 다국적기업의 현금관리 관련 주제들을 다룬다. 이 장의 골자는 다국적기업이 다면적인 현금관리본부 조직을 설치하여 관리하게 되면 그룹 차원의 국제현금거래 수가 줄어들게 되고 관리비용과 효율성을 높일 수 있다는 것이다.

제20장〈국제무역금융〉은 무역금융과 상계무역에 대해 소개한다. 일반적인 무역거래에서 무역금융이 일어나려면 신용장, 기한부환어음, 선하증권의 세 가지 무역서류가 구비되어야 한다.

제21장〈국제 조세환경 및 이전가격〉은 조세이론에 대해 검토하면서 시작한다. 다음에 여러 가지 조세방법을 살펴보고, 각국의 소득세율을 비교·검토한다. 이 장의 말미에서는 다국적기업의 조세부담 경감을 위한 이전가격 전략 문제를 논의한다.

Chapter 16

해외직접투자 및 국제 기업인수

CHAPTER OUTLINE

- **해외직접투자의 최근 동향**
- **기업의 해외투자 동기**
  - 무역장벽
  - 노동시장의 불완전성
  - 무형자산
  - 수직적 통합
  - 제품수명주기이론
  - 주주에 대한 분산투자 효과 제공
- **국제 인수·합병**
- **정치적 위험과 FDI**
- **요약**
- **주요 용어**
- **연습문제**
- **인터넷 연습문제**
- **미니 케이스:** 엔론사와 인도 봄베이 정치인들
- **참고문헌 및 추천도서**

1980년대 초에 일본 자동차회사인 혼다는 오하이오 주 내시빌 시에 자동차조립공장을 건설하여 북미시장에 판매할 자동차를 현지 생산하기 시작했다. 여기서 생산된 차들은 일본에서 수입할 차를 대체하는 것이었다. 오하이오 공장의 생산능력이 확장되면서 혼다는 미국에서 생산된 자동차를 일본시장을 포함한 다른 나라의 시장에 수출하기 시작했다. 다음 몇 가지 요인들이 혼다의 미국 투자 결정을 불가피하게 만들었다. 첫째, 1981년의 수출자율규제 협정 하에서 일본 자동차회사들은 대미수출을 증대할 수 없었으며, 혼다는 이 무역장벽을 회피하고 싶어 했다. 둘째, 혼다의 대미 직접투자는 국내 경쟁사인 토요타, 닛산 등과의 경쟁에서 우위를 확보하기 위한 전반적인 기업전략의 일환이었다. 혼다의 주도적 전략을 추종하여 토요타와 닛산도 대미 직접투자에 나서게 되었다.

일본정부가 자국 자동차회사들에게 대미 직접투자를 촉구했던 것은 주목할 만하다. 1980년대 초에 일본은 미국으로부터 약 2만 대의 자동차를 수입하고, 수출은 약 2백만 대를 하고 있었다. 일본 정부는 이전에도 미국이 일본산 TV 수입에 대해 쿼터 설정 등 보호주의 정책을 취했을 때 적절한 대응조치를 취하고 싶어 했다. 1977년 TV 수입쿼터제가 도입되었을 때 거의 모든 일본 TV제조업자들은 미국에 현지 공장을 건설했다.

혼다가 오하이오 주에 공장을 건설하기로 한 결정에 대해 전미자동차노조(UAW)는 이 공장 건설로 취업기회가 늘어날 것을 기대하며 환영하였다. 혼다 역시 오하이오 주로부터 많은 지원을 받게 되었다. 예컨대, 공장부지 주변의 인프라 확충, 오하이오 주립대학 수송연구센터의 자문, 재산세 경감, 특별 자유무역지대를 설치하여 혼다가 낮은 관세율로 자동차부품을 수입할 수 있게 하는 것 등이었다.

http://unctadstat.unctad.org 에서는 해외직접투자 자료를 쌍방향 형식으로 제공하고 있음.

기업은 **해외직접투자**(FDI)를 통해 다국적 기업으로 성장하게 된다. 해외직접투자는 혼다의 오하이오 공장 신설과 같이 새로운 생산시설을 건설하면서 일어날 수도 있고, 기존의 해외 기업을 인수 또는 합병하면서 일어날 수도 있다. 포드 자동차 사가 일본 마즈다 자동차 사의 통제권을 확보함으로써 일본에 진출하였던 것을 하나의 사례로 거론할 수 있을 것이다. 해외직접투자는 **신설투자**(greenfield investment: 새로운 생산시설 건설)이거나 기존 기업들의 **국제 인수・합병**(cross-border merger and acquisition)이거나 결국 다국적기업(MNC)의 (해외자회사에 대한) 통제권 확보 수단이 된다. 그러므로 해외직접투자는 다국적기업의 조직 확장의 수단이 된다.

1982년부터 2020년까지 세계 해외직접투자(FDI)는 연평균 11.8%로 성장하여, 세계 상품 및 서비스의 수출 증가율인 연평균 6.6%보다 거의 두 배나 빠른 속도로 증가하였다. 같은 기간 동안 세계 GDP는 연평균 2.9%의 비율로 성장하였다.[1] 다국적기업에 의한 해외직접투자는 각국의 국민경제를 통합시키면서 현재 진행되고 있는 글로벌화의 성격을 규정짓고 있다고 해도 과언이 아니다. GE, 토요타, BP, 아이비엠, 지엠, 코카콜라, 맥도날드, 폭스바겐, 지멘스, 네슬레 등의 다국적기업은 전 세계적으로 직접투자를 시행하면서 그들의 존재를 부각시키게 되었고, 자사의 이름을 전 세계적으로 널리 알리게 되었다. 이들은 이윤 증대와 경쟁우위 확보를 위해 자사의 유·무형 자산을 국경을 넘어 전개하고 있다.

이 장에서 우리는 왜 기업이 해외직접투자를 해야 하는가를 이해하기 위해 여러 가지 해외직접투자 이론을 공부하게 될 것이다. 이에 더하여 최근 들어 점증하고 있는 국제 인수·합병에 대해 자세히 살펴보게 될 것이다. 그리고 국내 투자에서는 특별히 문제가 될 것이 없지만 해외직접투자에서는 심각할 수도 있는 정치적 위험의 측정과 관리 방안에 대해 논의할 것이다. 여기서 논의하게 될 정치적 위험에 대한 분석은 대부분 해외간접투자에도 적용할 수 있을 것이다. 다국적기업이 일단 해외에 생산시설을 확보하여 영업활동을 하게 되면 현지국 정부가 강제하는 현지 "규칙"에 따르지 않을 수 없을 것이다. 정치적 위험은 (예상치 못한) 해외 영업이익의 송금 제한에서부터 해외 현지 자산의 몰수에 이르기까지 다양하다. 정치적 위험을 효과적으로 관리하는 것이 다국적기업의 생존과 발전에 필수적이라는 것은 재론할 필요도 없을 것이다. 논의의 편의상 이들 문제에 대해 살펴보기 전에 우선 해외직접투자의 최근 동향을 간단히 살펴보기로 한다.

해외직접투자의 최근 동향

〈도표 16.1〉은 해외직접투자(FDI) 유량(flows)의 장기적 추세를 보여준다. FDI 유량이란 기존 FDI 저량(stocks)에 새로 추가되거나 빠져나가는 양을 뜻한다. 〈도표 16.1〉이 보여주듯이, 글로벌 FDI 유출량(outflows)은 1980년대부터 눈에 띄게 증가하기 시작하여 지난 몇 십 년 동안 여러 차례의 급성장을 했다. 개발도상국에서의 FDI

1) 자료: UNCTAD와 World Bank 데이터베이스

도표 16.1

해외직접투자의 유출(단위: 10억 미달러)

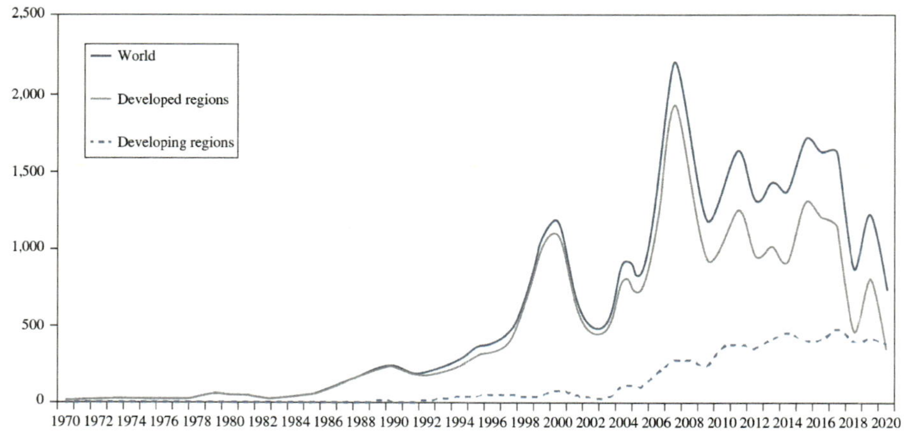

유출량은 2000년대 중반부터 뚜렷하게 증가하기 시작하여 2020년에 처음으로 선진국에서의 FDI 유출량을 넘어섰다. 글로벌 FDI 유입량(inflows) 역시 급성장 기간을 가진 유사한 패턴을 보인다. 개발도상국으로의 FDI 유입량도 지난 몇 십 년간 지속적으로 증가하여 2020년에는 선진국으로의 FDI 유입량을 초과했다.

FDI 유량의 최근 동향 자료는 〈도표 16.2〉와 〈도표 16.3〉에 제시되어 있다. 상기 표에서 보듯이 2015~2020년의 6년간 전 세계 FDI 유출량은 연평균 약 1조 2,920억 달러에 달한다. 해당 기간 일본, 중국, 미국이 세계 FDI 총 유출량의 대부분을 차지하고 있다. 상기 6년간 일본은 매년 평균 약 1,570억 달러를 투자하였고, 그 다음에 중국이 매년 평균 약 1,520억 달러를 투자하였다. 미국은 세 번째로 큰 해외직접투자 유출국이었으며, 상기 6년간 연평균 1,450억 달러를 투자하였다. 이 세 개의 국가 다음으로는 독일(850억 달러), 캐나다(660억 달러), 프랑스(570억 달러), 네덜란드(530억 달러), 스위스(490억 달러), 스페인(370억 달러), 한국(320억 달러) 등의 국가들이 뒤를 잇고 있다. 이상의 10개국이 상기 6년간의 전 세계 FDI 유출량의 약 64% 정도를 차지했다. 이는 이들 10개 국가의 기업들이 해외직접투자 사업 면에서 경쟁우위를 갖고 있었다는 것을 시사한다. 여기서 주목할 점은 중국이 주요 FDI 유출국 중 하나로 부상하였다는 것이다. 그리고 한때 주요 FDI 유출국이었던 영국은 최근 몇 년간의 매각 활동으로 인해 10위 밖으로 밀려났다.

〈도표 16.2〉와 〈도표 16.3〉은 또한 국가별 FDI 유입량 통계도 보여주고 있다.

2015~2020년의 6년 간 미국은 매년 평균 약 3,110억 달러의 FDI를 받아들여 전 세계 모든 나라 중에서 가장 많은 FDI 유입 실적을 기록하였으며, 그 뒤를 이어 중국은 1,390억 달러, 영국은 870억 달러, 브라질 530억 달러, 인도 480억 달러, 네덜란드 440억 달러, 호주 420억 달러, 독일 410억 달러, 캐나다 350억 달러, 멕시코 330억 달러 등의 실적을 기록하였다. 이들 10개국이 전 세계 FDI 총유입량의 약51%를 점유함으로써 이들이 다른 나라들에 비해 FDI에 대한 입지상 우위를 갖고 있는 것으로 이해할 수 있다. 일본은 FDI 유출국으로서는 상당히 큰 비중을 차지하고 있지만 FDI 유입 측면에서는 상기 6년간에 연평균 약 11억 달러를 기록하는데 그치며 상대적으로 낮은 비중을 차지함으로써 일본이 해외투자에 대해 여러 가지 법적, 경제적, 문화적 장벽을 갖고 있다는 것을 알 수 있다.

FDI 유출 뿐만 아니라, 최근 들어 중국으로의 FDI 유입 또한 급증하고 있는 것은 주목할 만하다. 1990년의 대중국 FDI 유입 실적은 35억 달러에 불과하였으나 2020년에는 1,490억 달러에 달하였으며, 이로써 중국은 2012년부터 미국에 뒤이어 전 세계에서 두 번째로 큰 FDI 유입국이 되었다. 2020년 미국과 중국의 FDI 유입량은 각각 1,560억 달러와 1,490억 달러로 매우 비슷한 수준이다. 다국적기업들은 중국의 낮은 인건비와 효율적인 제조업 기반시설을 추구하여 중국에 투자할 뿐만 아니라 잠재력이 큰 중국시장에서 경쟁사보다 선점효과를 누리기 위해 대중 투자를 서두르고 있는 것으로 보인다.

개도국 중에서는 브라질, 인도, 및 멕시코가 상당한 FDI 유입량을 나타냈다. 예를 들어, 멕시코는 연평균 330억 달러의 FDI 유입 실적을 기록했다. 다국적기업들은 멕시코 국내시장뿐만 아니라 북미시장 전체를 겨냥하여 생산원가가 낮은 멕시코를 선택하는 것으로 알려져 있다. 중국의 임금수준이 최근 급상승하고 있는 것을 감안하면 미래에는 멕시코뿐만 아니라 인도네시아나 베트남 같은 개도국들도 더 많은 해외직접투자를 유치할 수 있을 것이다. 그리고 스페인에 대한 다국적기업들의 투자도 상당하여 연평균 260억 달러에 달하였으며, 프랑스나 독일 등 다른 유럽국가들보다 스페인의 생산원가가 상대적으로 더 낮은 것이 주목할만한다. 아마도 스페인에 투자하는 다국적기업들은 유럽연합(EU)의 거대한 단일 시장 진출을 위한 교두보로서 EU 회원국인 스페인을 선택하는 것으로 보인다.

또한, 전 세계 FDI 유출입액은 2008~2009년 글로벌 경기 침체와 2020년 COVID-19 팬데믹 등의 기간들로 인해 상당히 감소했다.

도표 16.2 해외직접투자 유출(입)액 (단위: 10억 미 달러)

국가	2015	2016	2017	2018	2019	2020	연 평균
호주	−9.3	2.3	6.4	7.8	9.3	9.2	4.3
	(29.6)	(48.4)	(45.2)	(68.5)	(39.2)	(20.1)	(41.8)
브라질	−11.6	−5.9	19.0	−16.3	19.0	−25.8	−3.6
	(50.0)	(53.7)	(66.6)	(59.8)	(65.4)	(24.8)	(53.4)
캐나다	67.4	69.5	76.2	57.4	78.9	48.7	66.4
	(43.8)	(36.1)	(22.8)	(38.2)	(47.8)	(23.8)	(35.4)
중국	145.7	196.1	158.3	143.0	136.9	132.9	152.2
	(135.6)	(133.7)	(136.3)	(138.3)	(141.2)	(149.3)	(139.1)
프랑스	53.2	64.8	36.0	105.6	38.7	44.2	57.1
	(45.4)	(23.1)	(24.8)	(38.2)	(34.0)	(17.9)	(30.6)
독일	99.0	63.7	86.5	86.2	139.3	34.9	84.9
	(30.5)	(15.6)	(48.6)	(62.1)	(54.1)	(35.7)	(41.1)
인도	7.6	5.1	11.1	11.4	13.1	11.6	10.0
	(44.1)	(44.5)	(39.9)	(42.2)	(50.6)	(64.1)	(47.5)
이탈리아	21.6	16.2	24.5	32.8	19.8	10.4	20.9
	(19.6)	(28.5)	(24.0)	(37.7)	(18.1)	(−0.4)	(21.3)
일본	136.2	155.9	164.6	143.1	226.6	115.7	157.0
	(3.0)	(19.4)	(9.4)	(9.3)	(14.6)	(10.3)	(11.0)
한국	23.7	29.9	34.1	38.2	35.2	32.5	32.3
	(4.1)	(12.1)	(17.9)	(12.2)	(9.6)	(9.2)	(10.9)
멕시코	10.7	0.2	4.0	8.4	11.0	6.5	6.8
	(35.4)	(31.1)	(34.2)	(33.7)	(34.1)	(29.1)	(32.9)
네덜란드	233.6	185.2	19.1	−45.4	84.9	−161.1	52.7
	(163.9)	(59.7)	(16.6)	(87.7)	(49.0)	(−115.3)	(43.6)
러시아	27.1	27.0	34.2	35.8	22.0	6.3	25.4
	(11.9)	(37.2)	(26.0)	(13.2)	(32.1)	(9.7)	(21.7)
스페인	41.9	43.9	56.0	37.7	19.7	(21.4	36.8
	(8.6)	(31.6)	(42.0)	(53.5)	(8.5)	(8.9)	(25.5)
스위스	91.5	166.9	19.5	43.5	−43.7	16.8	49.1
	(84.3)	(150.5)	(110.7)	(−68.3)	(−79.1)	(−47.2)	(25.2)
영국	−66.8	−37.6	142.4	41.4	−6.1	−33.4	6.6
	(39.2)	(258.7)	(96.4)	(65.3)	(45.5)	(19.7)	(87.5)
미국	264.4	284.5	327.8	−194.4	93.6	92.8	144.8
	(467.6)	(459.4)	(295.3)	(223.4)	(261.4)	(156.3)	(310.6)
세계	1,698.2	1,616.1	1,604.7	870.7	1,220.4	739.9	1,291.7
	(2,032.3)	(2,065.2)	(1,647.3)	(1,436.7)	(1,530.2)	(998.9)	(1,618.4)

주: 음(−)의 해외직접투자 실적은 FDI의 세 가지 방식(자기자본 투자, 내부유보이익 재투자, 기업내부 대출) 중 적어도 하나가 음(−)의 값을 갖고 나머지 양의 값을 갖는 요소들이 이보다 작다는 것을 의미하며, 투자철수나 역투자가 예가 된다.
자료: UNCTAD.

도표 16.3

연평균 해외직접투자액 (2015–2020)
(단위: 10억 미달러)

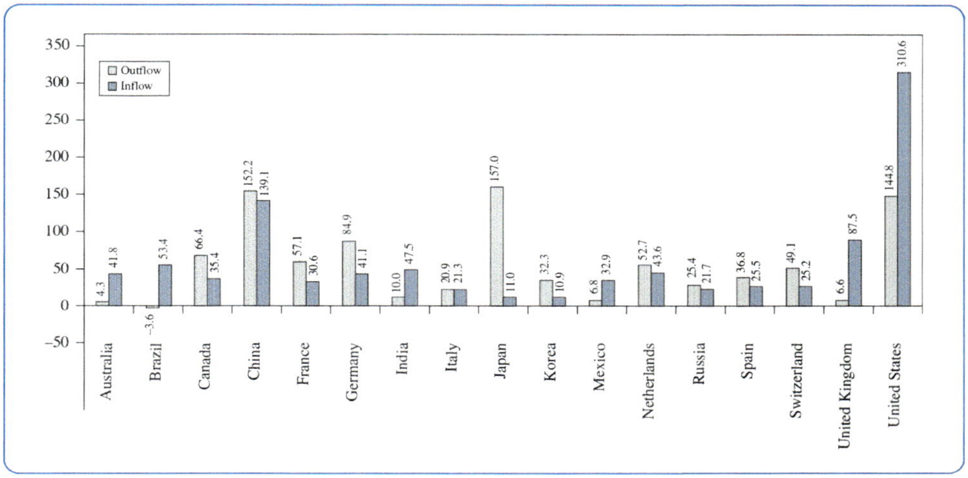

자료: UNCTAD.

이제 이전의 FDI 유량 누적액인 **FDI 저량(stocks)**에 대해 살펴보기로 하자. 다국적기업들의 전반적인 해외 생산활동은 이 FDI 재고량 통계로 잘 파악할 수 있다. 〈도표 16.4〉는 국가별로 FDI 유출 및 유입 저량을 요약해서 보여주고 있다. 표에서 보듯이 전 세계 FDI 저량은 1980년에 5,140억 달러였던 것이 2000년에는 약 7조 4,000억 달러로, 그리고 2020년에는 39조 달러로 증대되었다. 미국의 경우 FDI 유출 저량은 1980년의 2,220억 달러에서 2020년에는 8조 1,280억 달러로 늘어났다. 2020년 기준 미국, 네덜란드, 중국, 영국, 일본, 독일, 캐나다, 프랑스, 스위스 등의 나라가 FDI 유출 저량의 대부분을 차지하고 있다. 반면에 해외직접투자 유입 저량 면에서는 미국, 네덜란드, 영국, 중국, 스위스, 캐나다, 독일 등이 가장 큰 투자유치국들이다.

기업의 해외투자 동기

왜 기업은 국내에서 생산하여 수출을 하거나 투자유치국 현지 기업에 라이선싱을 하는 대신에 외국에 기업을 설립하는가? 환언하면, 왜 기업은 다국적화하면서 해외까지 기업 통제권을 확장하려고 드는가? 국제무역이론이나 해외간접투자이론과는 달리 해외직접투자(FDI)에 대해서는 포괄적이고 정치(精緻)한 이론이 개발되어 있지

도표 16.4

해외직접투자 유출(입) 저량 (단위: 10억 미달러)

국가	1995	2000	2005	2010	2015	2020
호주	60.5	92.5	205.4	449.7	416.6	627.3
	(111.3)	(121.7)	(247.7)	(527.7)	(566.4)	(790.7)
브라질	44.5	NA	75.8	149.3	184.9	277.5
	(47.9)	NA	(177.9)	(640.3)	(429.8)	(608.1)
캐나다	118.1	442.6	692.3	983.9	1,156.0	1,964.4
	(123.2)	(325.0)	(638.7)	(983.9)	(806.3)	(1,099.9)
중국	17.8	27.8	57.2	317.2	1,097.9	2,351.8
	(101.1)	(193.3)	(272.1)	(586.9)	(1,219.9)	(1,918.8)
프랑스	373.1	365.9	633.5	1,173.0	1,268.2	1,721.8
	(233.1)	(184.2)	(379.4)	(630.7)	(687.4)	(968.1)
독일	505.7	483.9	794.2	1,364.6	1,369.2	1,977.2
	(312.6)	(470.9)	(640.1)	(955.9)	(781.7)	(1,059.3)
인도	0.5	1.7	9.7	96.9	139.0	191.3
	(5.6)	(16.3)	(43.2)	(205.6)	(282.6)	(480.3)
이탈리아	106.3	170.0	244.6	491.2	456.6	596.2
	(65.3)	(122.5)	(237.5)	(328.1)	(340.5)	(485.8)
일본	238.5	278.4	386.6	831.1	1,228.8	1,982.1
	(33.5)	(50.3)	(100.9)	(214.9)	(174.1)	(243.0)
한국	13.3	21.5	38.7	144.0	285.9	500.9
	(18.2)	(43.7)	(104.9)	(135.5)	(179.5)	(264.9)
멕시코	4.2	8.3	58.3	120.0	143.7	178.9
	(41.1)	(121.7)	(248.2)	(355.5)	(430.6)	(596.8)
네덜란드	164.9	305.5	637.1	968.1	1,666.0	3,797.6
	(110.8)	(243.7)	(479.4)	(588.1)	(1,269.6)	(2,890.6)
러시아	3.3	19.2	139.2	336.4	290.1	379.6
	(5.6)	(29.7)	(178.6)	(464.2)	(262.7)	(446.7)
스페인	35.0	129.2	305.4	653.2	513.0	624.8
	(105.7)	(156.3)	(384.5)	(628.3)	(561.6)	(853.3)
스위스	142.5	232.2	432.5	1,043.2	1,137.3	1,628.9
	(57.1)	(101.6)	(192.3)	(648.1)	(982.4)	(1,536.3)
영국	304.9	940.2	1,239.3	1,686.3	1,605.4	2,055.4
	(199.8)	(439.5)	(788.1)	(1,068.2)	(1,530.6)	(2,206.2)
미국	1,363.8	2,694.0	3,638.0	4,809.6	6,059.3	8,128.5
	(1,005.7)	(2,783.2)	(2,818.0)	(3,422.3)	(5,731.4)	(10,802.6)
세계	3,993.3	7,408.9	12,000.5	20,468.1	26,209.5	39,246.2
	(3,564.4)	(7,377.4)	(11,525.3)	(19,898.9)	(26,523.7)	(41,354.2)

자료: UNCTAD.

않다. 하지만 FDI 현상의 특정 측면을 잘 설명해 주는 여러 이론들이 개발되어 있다. 예컨대, Kindleberger(1969), Hymer(1976) 등의 이론은 시장의 불완전성, 즉 제품 및 생산요소 그리고 자본 시장 등의 불완전성을 FDI의 핵심적 추동 요인으로 강조하고 있다.

이하에서 기업의 해외투자 결정에서 중요한 역할을 하는 다음과 같은 주요 변수들을 살펴보기로 한다.

- 무역장벽
- 노동시장의 불완전성
- 무형자산
- 수직적 통합
- 제품수명주기
- 주주에 대한 다각화 서비스 제공

무역장벽

국제 상품 및 서비스 시장은 정부개입으로 불완전해진다. 정부는 관세, 쿼터 그리고 기타의 규제를 상품 및 서비스 무역에 대해 부과함으로써 국가 간 자유 무역을 저해할 수 있다. 때로는 정부가 특정 상품에 대한 국제무역을 완전히 금지할 수도 있다. 정부가 이처럼 국제무역을 규제하는 것은 재정수입을 늘리거나, 국내 산업을 보호하기 위해서 또는 다른 기타의 경제정책 목표를 달성하기 위함이다.

해외시장에 대한 수출 장벽에 직면한 기업은 이 무역장벽을 회피하기 위한 수단으로써 외국에 생산시설을 설립하는 의사결정을 할 수 있다. 이러한 무역장벽 회피를 위한 FDI의 전형적인 예가 바로 혼다의 미국 오하이오 주 진출이다. 오하오이 주에서 생산된 차는 미국의 관세나 쿼터 부과의 대상이 아니기 때문이다. 즉, 혼다는 미국 내에 생산시설을 설립함으로써 무역장벽을 회피할 수 있었다. 최근 멕시코와 스페인에 대한 FDI가 급증하는 것은 최소한 부분적으로라도 NAFTA와 EU의 역외 무역장벽을 회피하기 위한 다국적기업의 우회 전략에 기인하는 것으로 볼 수 있다.

무역장벽은 자연적으로 운송비용에 의해 발생할 수도 있다. 예컨대 광산물이나 시멘트 등의 제품은 경제적 가치에 비교해서 운송비의 상대적 비중이 너무 커서 국제운송을 하게 되면 이윤폭이 너무 낮아져 수출입에는 적합하지 않을 수 있다. 이 경우 운송비용을 경감시키기 위한 FDI가 행해질 수 있다.

노동시장의 불완전성

한국의 재벌 삼성이 자사의 소비재 전자제품에 대한 북미시장을 겨냥해서 생산시설을 현지에 설립하려는 경우를 생각해 보자. 만약에 삼성이 NAFTA에 의해 부과되는 역외 무역장벽을 우회하는 데에만 관심이 있다면 당사는 북미지역 어느 곳에나 생산시설을 입지시킬 수 있다. 하지만 삼성은 캐나다나 미국 대신에 멕시코의 낮은 인건비를 활용하기 위해 멕시코 북부에 생산 공장을 설립하였다.

노동 서비스의 특성상 어떤 한 나라의 노동자가 고임금을 쫓아서 자유로이 국경을 넘나들 수 없기 때문에 임금이 생산성에 비해 상대적으로 아주 저렴한 나라가 있을 수 있다. 생산요소 시장 중에서 노동시장은 가장 불완전하다. 이러한 노동시장의 불완전성으로 인해 국가 간 임금 차이는 여전히 큰 경향이 있다. 〈도표 16.5〉는 2020년 기준 여러 나라의 제조업 부문의 시간당 임금을 보여주고 있다. 스페인 공장 노동자의 시급은 덴마크에 비교해서 약 27달러나 낮다. 멕시코의 시급은 3.70달러에 불과한데 미국은 29.08달러나 된다. 표에서 보면 시간당 임금이 덴마크의 54.46달러에서 인도의 80센트(!)까지 너무 큰 격차가 존재한다.

이민 장벽으로 인해 노동자들의 해외 이주가 어렵기 때문에 기업은 스스로 낮은 노무비를 추구하여 저임금 노동자를 찾아 해외로 이동한다. 이것이 다국적기업이 그 생산성에 비해 임금이 낮은 멕시코, 중국, 인도와 태국, 말레이시아, 인도네시아 등 동남아 국가들에 FDI를 행하는 주된 이유 중의 하나이다. 최근 일본과 한국 대만 기업들의 대중국 투자가 급증하는 것도 중국의 고생산성–저임금 노동력을 활용하기 위한 전략에 기인하고 있다. 하지만 중국의 노동비용이 상승하기 시작하면서 중국에 설립했던 제조시설 중 일부를 노동비용이 더 저렴한 방글라데시, 캄보디아, 베트남 등지로 옮겨가는 추세가 나타나고 있다.

무형자산

코카콜라(Coca-Cola)는 현지 기업에 콜라를 생산할 수 있는 기술수출(라이선싱)을 해주는 대신에 전 세계에 (원료희석) 입병(bottling)공장을 건설하여 제품을 생산하고 있다. 당사가 이처럼 FDI를 해외시장 진입방식으로 선택하는 데는 명백한 이유가 있다. 즉, 자사의 유명한 소프트 드링크 제품의 생산비법을 보호하려는 것이다. 만

도표 16.5

세계 여러 나라의 노동 비용(2020)

국 가	평균 시간당 비용 ($)
덴마크	54.46
벨기에	50.49
독 일	47.52
스웨덴	46.91
프랑스	45.23
필란드	42.15
아일랜드	37.46
이스라엘	36.44
이탈리아	33.47
캐나다	33.22
미 국	29.08
스페인	27.76
한 국	22.14
뉴질랜드	20.87
일 본	18.57
포르투갈	14.16
폴란드	11.28
불가리아	6.18
중 국	5.77
카자스탄	4.71
멕시코	3.70
브라질	3.25
몰도바	3.22
베트남	1.82
인도네시아	1.10
인도	0.80

자료: 국제노동기구(ILO), 미국 노동통계국 및 www.tradingeconomics.com에서 제공하는 데이터를 기반으로 편집 및 추정

약에 현지기업에 라이선스를 해주면 생산비법이 유출되지 않으리라는 보장이 없다. 이 비법이 한 번 유출되고 나면 현지기업들이 유사제품을 생산해낼 것이고 그렇게 되면 코카콜라 사의 매출에 영향을 미치게 될 것이다. 이 가능성은 부메랑 효과로 알려져 있다. 1960년대에 인도에 진출했던 코카콜라 사는 인도 정부로부터 인도에서 계속 사업을 하려면 생산비법을 공개하라는 압력을 받았다. 당사는 그 비법을 공개하는 대신에 인도에서 철수하였다.[2)]

다국적기업들은 현지기업들이 여러 가지 홈그라운드 이점을 누리고 있을 외국이

2) 코카콜라 사는 인도 경제가 점진적으로 자유화되고 해외투자 분위기가 개선되면서 인도에 재진출하였다.

지만 그곳에 투자하여 사업거점을 확보하려는 시도를 할 수 있다. 이것은 다국적기업들이 현지기업에 비하여 뭔가 차별화할 수 있는 우위요소를 확보하고 있다는 것을 시사한다. 이들은 종종 자사가 보유한 특별한 **무형자산**으로 인해 상대적 우위를 확보하게 된다. 예를 들면 기술적, 관리적, 그리고 마케팅 노하우(know-how)와 우월한 연구개발능력, 브랜드 네임 등이다. 이들 무형자산은 외국에 판매할 수 있는 형태로 전환되기 어려우며, 또한 이들 무형자산에 대한 지적 재산권 보호도 이와 관련된 법률적 장치가 허술한 외국에서는 보호하기 어려울 수 있다. 그래서 기업들은 외국에 자회사를 설립하여 이들 무형자산에 대한 거래를 내부화하는 것이 더 많은 이윤을 확보하는 방법이라고 판단할 수도 있다. 내부화이론은 (현지기업이 아니라) 다국적기업이 외국에 기업을 설립하는 것을 이와 같은 맥락에서 설명하고 있다.

Caves(1982)와 Magee(1977) 등 일련의 논문들은 FDI를 설명하면서 이 무형자산 시장의 불완전성을 특별히 강조하고 있다. FDI에 대한 **내부화이론**에 따르면 공공재 성격의 무형자산을 보유한 기업들은 이들 무형자산의 활용도를 높이고, 또 시장메커니즘을 통해 이들 무형자산을 거래하게 될 때 입게 될 손실을 회피하기 위하여 외국에 직접투자하는 경향이 있다.[3)]

수직적 통합

로얄 더치 셸(Royal Dutch Shell)은 유전을 소유하고 있는 사우디 석유회사가 생산한 원유의 많은 부분을 정유를 위해 수입하고 있다. 이러한 상황에서 당사는 여러 가지 문제에 직면할 수 있다. 예를 들어 전방기업인 로얄 더치 셸은 원유가격을 낮추고 싶어 하지만 후방기업인 사우디 석유기업은 원유가격을 올리고 싶어 한다. 만약에 사우디기업의 협상력이 더 강하다면 원유가격은 올라갈 수 있고, 로얄 더치 셸의 이윤은 내려가게 될 것이다. 또한 전반적인 정유 제품에 대한 수요가 변동하면 두 기업 중 하나는 이 가격변동 위험을 부담해야 한다. 하지만 두 전방, 후방 기업이 수직적 통합을 하게 되면 이러한 갈등은 해소된다. 예컨대, 로얄 더치 셸이 유전을 통제한다면 그러한 문제는 사라지게 될 것이 분명하다. 최근에 중국 기업들이 적극적으로 광업 및 자원 산업분야에서 국제 인수합병을 통한 수직적 통합을 추진하고

3) 공공재의 예로는 공원, 등대, 라디오/TV 방송서비스 등이 있다. 일단 이들 공공재 성격의 제품이 생산되고 나면 유료건 무료건 공중이 이들 제품을 사용하지 못하게 하는 것이 어렵다.

있는 것을 볼 수 있다. 예를 들어 산동철강 그룹은 2010년에 15억 달러를 투자하여 시에라 리옹 아프리카광물 사의 지배주주가 되었다. 그리고 중국알루미늄 사(Chinalco)는 합리적 가격에 자원 공급을 확보하기 위하여 최근 14억 달러를 투자하여 호주의 메이저 광산기업 리오 틴토(Rio Tinto) 사의 지분 9%를 확보하였다. 중국의 해외 M&A는 자원이 풍부한 나라, 예컨대 호주, 브라질, 캐나다, 몽골, 시에라 리옹, 기니아, 인도네시아 등에 집중되어 있다.

일반적으로 다국적기업의 해외직접투자는 투입재의 공급을 안정적인 가격으로 확보할 수 있는 나라에 행해지고 있다. 한 걸음 더 나아가서 다국적기업이 그 원자재 시장을 독점적/과점적으로 확보할 수 있다면 이것이 당해 산업의 진입장벽으로 작용할 수도 있다. 많은 다국적기업들이 이런 이유로 광물/자연 자원 산업분야에서 유전, 광산, 산림 등을 직접 소유하려는 시도를 하고 있다. 또한 다국적기업들은 운송비를 절약하기 위하여 자연자원 원료생산지 인근에 제조/가공 공장을 건설하고 있다. 보크사이트 원석을 자국으로 운반하여 알루미늄을 가공한다면 생산원가가 높아질 수밖에 없을 것이다.

대부분의 수직적 FDI가 후방지향적, 즉 다국적기업 제품생산 원료 지향적인 것이지만, 다국적기업 제품의 해외 판매를 지향하는 전방지향적인 것일 수도 있다. 이와 관련하여 잘 알려진 예가 바로 미국 자동차 기업들의 일본 진출이다. 일본 자동차 딜러의 대부분은 일본 자동차 회사와 깊은 유대관계를 유지해 오고 있기 때문에 외국수입차 취급을 꺼린다. 이 문제를 극복하려면 미국 자동차 회사들은 자사 자동차를 판매해 줄 딜러 망을 스스로 구축할 수밖에 없었다. 이것이 전방지향적 수직적 FDI의 예이다.

제품수명주기이론

Raymond Vernon(1966)에 따르면 기업은 자사 제품 수명주기상의 특정 단계에서 FDI를 수행하게 된다. 그는 20세기 전반에 걸쳐 컴퓨터, 텔레비전, 대량생산방식의 자동차 등 신제품의 태반을 미국기업에서 개발하고 미국에서 시판하였다는 것을 관찰하였다. 그의 **제품수명주기이론**(product life-cycle theory)에 따르면 미국기업이 신제품을 처음 개발하면 그 생산시설을 고객이 있는 미국에 설립한다. 제품수명주기상의 초기단계에서는 신제품에 대한 수요가 가격에 대해 상대적으로 비탄력적이어서 이 신제품 개발 기업은 상대적으로 높은 가격을 부과할 수 있다. 동시에 국내 고객들로부터의 제품에 대한 평가를 바탕으로 계속적으로 품질을 개선해 나갈 수 있다.

이 신제품에 대한 수요가 해외에서도 개발되면서 그 미국기업은 외국에 수출을 하게 된다. 그리고 당해 제품에 대한 해외 수요가 지속적으로 증가하면서 미국기업뿐만 아니라 외국의 현지기업도 이 제품의 생산을 시작하게 된다. 제품이 표준화되면서 성숙단계로 접어들면 경쟁력 유지를 위해서는 생산원가를 낮추는 것이 긴요해진다. 생산원가가 낮은 국가의 생산자는 이 단계에서 미국에 수출을 시작할 수도 있다. 동시에 미국기업은 원가절감을 위해 생산원가가 낮은 외국에 생산시설을 설립하고 거기에서 생산한 제품을 미국으로 역수출하게 된다. 환언하면, FDI는 제품의 성숙단계에서 기업의 원가절감을 위한 수단으로서 발생하는 것이다. 그러므로 FDI는 국내외 경쟁사들에 대해 경쟁우위를 유지하기 위한 기업의 방어적 전략으로 해석할수 있다. 〈현장의 국제재무〉 "싱어 사의 국제 제조 및 영업망 구축"은 제품수명주기이론에 따라 FDI가 일어나는 흥미 있는 역사적 사례를 소개하고 있다.

제품수명주기이론은 신제품을 개발한 미국이 시간이 경과하면서 수출국에서 수입국으로 역전된다고 설명한다. 이러한 동태적 무역패턴의 변화는 〈도표 16.6〉에 잘 나타나 있다. 우리는 여러 제품의 동태적 변화패턴에서 이 이론에 부합하는 사례들을 관찰할 수 있다. 예를 들어 개인용 컴퓨터(PC)는 미국기업(IBM, 애플 등)에서 개발하여 해외시장에 수출되었다. 하지만 이 제품이 표준화 단계에 접어들면서 미국은 일본, 한국, 대만 등의 외국기업과 미국기업의 해외자회사가 생산한 PC의 순수입국이 되었다.

단, 이 이론은 미국이 제품개발과 혁신에서 의심할 여지가 없는 선두주자였던 1960년대에 개발된 이론이라는 것을 지적하지 않을 수 없다. 미국 이외의 나라에서 제품혁신이 일어나는 사례가 점증하면서 신제품은 여러 선진국들에 동시에 도입되는 추세를 보여주고 있다. 그래서 신제품 도입초기 단계에서부터 생산설비를 여러 나라에 설립할 수 있게 되었다. 국제생산시스템은 단순한 제품수명주기이론만으로 설명하기에는 너무 복잡해져 버렸다.

현장의 국제재무

싱어 사의 국제 제조 및 영업망 구축

싱어(Singer) 사는 미국 기업이 최초로 국제화를 시작할 때 이를 주도한 기업들 중 하나였다. 이 회사의 창업자 I. M. 싱어는 1850년에 재봉틀을 발명하였고, 1851년에 미국 내에 재봉틀을 제조하여 판매하기 위하여 뉴욕에 싱어 사를 설립하였다. 이 혁신적인 제품의 기술보호를 위해 싱어는 미국과 몇몇 외국에 특허를 출원하여 1851년에 특허권을 획득하였다. 1855년까지 이 회사는 국내시장 영업에 주력하였다.

국제화를 향한 첫걸음은 동사가 프랑스에서 특허 출원했던 단사재봉기계 특허를 프랑스 상인에게 계약총액지급과 로열티 지급 조건으로 1855년 매도하면서 시작되었다. 하지만 동사는 이 거래에서 프랑스 상인의 로열티 지급 태만, 경쟁회사 제품 취급 등으로 분쟁에 휘말리게 되어 동사로 하여금 해외 특허를 외국 기업에 매도하는 것에 대해 주저하게 만드는 좋지 않은 경험을 하게 되었다. 그 경험으로 인해 싱어 사는 1856년에 국내시장에서 독립된 유통상에게 지역별 독점판매권을 부여하던 것을 중지하고 자사의 판매점을 설립하기 시작했다. 독립된 대리점들은 구매자에게 사용법 설명을 해주지 않고 A/S도 해주지 않았다. 그리고 이들은 할부판매를 기피했고, 재고 유지에 의해 자금이 묶이는 것을 싫어했다.

국내에서의 이런 경험에서 동사는 프랜차이즈 대리점 방식으로 해외에 진입하는 전략을 채택하였다. 즉, 해외에서도 직접 광고를 하고 판매를 하는 방식을 취했다. 1858년 동사는 해외 대리점으로 리오데자네이로와 다른 곳에 독립된 유통상을 지정하였다. 1860년 9월과 1861년 5월 사이에 동사는 캐나다, 쿠바, 쿠라사우, 독일, 멕시코, 페루, 푸에르토리코, 우루과이, 베네수엘라 등에 127대를 수출하였다. 국내시장에서 동사는 이처럼 프랜차이즈 대리점 방식과 자사의 유통망을 동시에 활용하는 수직적 판매망 구축을 가속화하였다.

동사는 또한 이러한 경영정책을 해외시장에서 판매망을 구축하는 데에도 그대로 적용하였다. 1861년에 동사는 글라스고와 런던에 자사 직원이 운영하는 판매특약점을 개설하였다. 그리고 영국의 다른 지역에 수수료지급 방식의 지점도 개설하였다. 1862년 동사는 모조품 제조기업과의 경쟁에 직면하였다. 동사의 제품은 미국 달러화의 저평가로 해외시장에서 국내시장보다 더 싼 가격으로 판매되었다. 1863년에 동사는 독일 함부르크와 스웨덴에 판매사무소를 개설하였다. 1866년에 이르러 유럽 시장에서 싱어 사 제품에 대한 수요는 공급을 능가하였고, 경쟁사들은 싱어 사의 공급능력 부족을 활용하여 이익을 보고 있었다. 남북전쟁 후 미국 달러화의 가치가 절상되었고 동시에 미국의 임금수준도 상승하여 제조원가가 올라가 기업의 국제경쟁력에 악영향을 미치게 되었다. 이러한 결과로 미국기업들 몇몇은 해외에 공장을 설립하기 시작하였다.

1868년 동사는 글라스고에 미국에서 수입한 부품을 조립생산하는 공장을 설립하였다. 이 사업이 성공을 거두게 되자 동사는 1869년에는 글라스고에서 모든 부품을 생산하여 제품을 생산하기로 결정하였다. 1874년에 이르러 동사는 국내시장의 경기침체 등으로 총매출의 절반 이상을 해외에서 달성하게 되었다. 이 무렵에 동사는 국내의 독립된 유통상들을 정리하고 자사 직원이면서 수수료를 받는 대리인 형태로 전환하였다. 1879년 런던에 위치한 유럽지역본부는 영국에 26개의 지점과 파리, 마드리드, 부르셀, 밀란, 바젤, 케이프타운, 봄베이 그리고 오클랜드 등에 각각 한 곳씩의 지점을 보유하게 되었다.

1880년에 동사는 강력한 해외 판매조직을 구축하게 되었으며, 런던에 있는 해외지역본부가 호주, 아시아, 아프리카, 남미의 남부지역, 영국과 유럽대륙의 대부분 지역에 대한 판매책임을 지고 있었다. 함부르크 지사는 북중유럽을 담당하고, 뉴욕 지사는 카리브해 연안지역, 멕시코, 남미의 북부, 캐나다 등지를 담당하였다. 1881년에 이르러 글라스고에 입지한 세 공장의 생산능력은 수요에 미치지 못하였다. 그래서 1882년에 동사는 글라스고 인근의 킬보위에 미국에 설립한 최신 공장과 동일한 생산능력을 갖춘 현대적 공장을 설립하였다. 그리고 동사는 1883년에 캐나다와 호주에도 제조공장을 설립하였다. 이러한 일련의 경험을 통해 동사는 미국보다는 스코틀랜드에서 유럽 등의 외국에 판매할 제품을 더 저렴하게 생산할 수 있다는 것을 알게 되었다.

출처: World Investment Report 1996, UNCTAD, p. 77.

주주에 대한 분산투자 효과 제공

만약에 투자자들이 국제자본이동에 대한 규제로 인해 자신들의 국제 포트폴리오를 효과적으로 분산시킬 수 없다면 기업이 대신 외국에 직접투자를 행함으로써 간접적인 분산투자 효과를 주주들에게 제공해 줄 수 있다. 기업이 여러 나라에 자산을 보유하게 되면 기업의 현금흐름은 국제적으로 분산될 수 있다. 그리하여 이 기업의 주주들은 자신들 스스로 외국의 주식을 보유하지 않더라도 국제분산투자 효과를 간접적으로 달성할 수 있게 된다. 그러므로 자본시장의 불완전성이 기업의 FDI를 촉진할 수 있다.

다국적기업의 주주들이 기업의 국제적 분산투자 효과를 간접적으로 향유할 수 있다는 것을 인정하더라도 기업들이 주주들에게 이 서비스를 제공하기 위해 FDI를 행할 것인가는 분명치 않다. 최근 들어 해외간접투자의 다양한 장벽들이 제거되면서 투자자들 스스로 국제분산투자를 할 수 있게 된 상황을 감안하면 자본시장의 불완전성이 FDI의 동기 요인이 된다는 설명은 점점 더 설득력을 잃어가고 있다.

국제 인수 · 합병

앞에서 언급한 바 있듯이 FDI는 외국에 자사의 생산설비를 새로 설립하는 방식의

도표 16.6
제품수명주기 이론

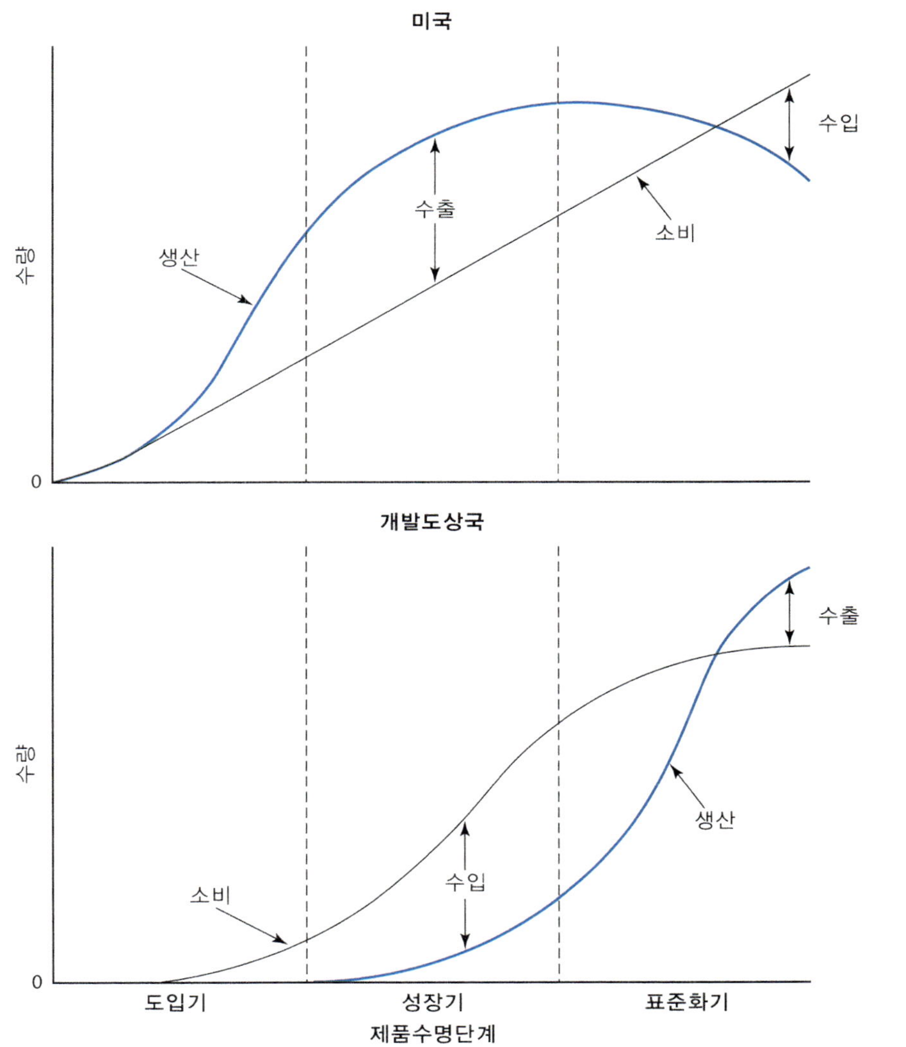

신설투자(greenfield investments)를 통해서 일어날 수도 있고, 기존의 외국 기업을 인수하거나 합병하는 방식의 국제 인수·합병(cross-border M&A)을 통해서 일어날 수도 있다. 최근 들어 국제 인수·합병 형태의 FDI의 비중이 점증하고 있으며 금액 기준으로 50% 이상을 차지하게 되었다. 예를 들어 1998년에 영국의 BP는 480억 달러에 미국의 아모코(Amoco) 석유회사를 매수하였다. 2000년에는 프랑스의 비벤디

(Vivendi) 사가 캐나다의 유수기업 중의 하나인 시그램(Seagram) 사를 404억 달러에 인수하였다. 그리고 독일의 유명한 제약회사인 획스트(Hoechst)는 프랑스 생명과학 기업인 론-플랑(Rhone-Poulenc SA) 사에 219억 달러에 인수되었다. 2008년에 미국의 정보서비스 기업인 톰슨(Thomson) 사는 영국 뉴스 미디어 사인 로이터(Reuters)를 176억 달러에 인수하였다. 2009년 스위스의 제약회사인 로체(Roche)는 467억 달러를 지불하고 미국의 생명공학 기업인 제네테크(Genetech) 사를 인수하였다. 2001년에는 미국의 크라프트 푸드(Kraft Foods) 사가 영국의 제과회사인 캐드베리(Cadbury)사를 188억 달러에 매수하였다. 가장 큰 규모의 인수합병 사례로는 영국 통신산업의 거인 보다폰(Vodafone)이 2000년에 독일의 대기업 만네스만(Mannesmann)을 2,030억 달러에 인수한 사례일 것이다. 〈도표 16.7〉은 1998년~2020년 기간에 일어난 대규모 국제 인수·합병 사례를 보여주고 있다. 이처럼 국제 인수·합병이 급증하는 것은 자본시장의 자유화와 세계경제의 통합이 진전되는 추세에 기인하고 있다.[4]

기업이 국제 M&A를 하게 되는 동기는 다른 기업이 보유한 특수 자산을 확보하거나 자사의 자산을 더 큰 규모로 활용하여 세계시장에서 경쟁력을 강화하려는 데서 찾을 수 있다. FDI를 통한 시장진입 전략으로서의 국제 M&A는 신설투자에 비해 다음 두 가지 유리한 점을 갖고 있다. 즉, 신속성과 전유자산의 확보가 그것이다.

일반적으로 국제 M&A는 자사의 핵심역량에서 벗어난 사업영역을 매각하고 경쟁력 향상에 보탬이 될 수 있는 전략적 자산을 확보함으로써 자사의 국제경쟁력을 보호, 강화, 신장시키기 위한 통상적인 수단이 된다. 국제 M&A를 하는 기업은 다른 기업이 보유한 기술역량, 상표권, 공급 및 유통 네트워크 등의 "소유권적" 자산을 확보하여 자사의 국제적 생산망을 보다 효율적인 것으로 개선함으로써 세계 여러 나라의 고객들을 더 많이 확보하고, 시장점유율을 높이고, 이윤을 증대시키고, 기업의 경쟁력을 강화할 수 있다.

최근에 중국기업들은 상표력과 기술력을 확보하는 수단으로써 적극적으로 국제 인수·합병 전략을 활용하기 시작했다. 예를 들어 2010년에 중국 자동차 제조사 저지앙지리지주회사(Zhejiang Geely Holding Group)는 포드자동차로부터 13억 달러에 주행안전관련 기술이 뛰어난 것으로 알려진 스웨덴의 볼보사를 인수하였다. 이를 통해 당사는 볼보사의 상표력과 기술, 그리고 유통망을 즉시로 확보할 수 있었다. 2015년에는 중국국영화학회사인 켐차이나(ChemChina)사가 이탈리아 타이어 회사 피렐리

4) UNCTAD에서는 동일 국가 또는 경제 내 인수·합병 거래일지라도 궁극적으로 인수·합병 당사자들의 국가가 상이하다면 국제 인수·합병으로 간주할 수 있다는 점에 주목할 필요가 있다.

(Pirelli)사를 79억 달러에 인수하였고, 스위스 농화학회사인 신젠타(Syngenta)사를 480억 달러에 인수하는 제안을 하였다. 개방된 자본시장이 기업들로 하여금 인수대상 기업의 상표력과 기술 및 관리 노우하우 확보를 위한 전략으로써 국제 인수·합병 수단을 활용하게 유도하고 있는 것이 분명하다.

국제 M&A가 언제나 기대하는 효과를 가져다주는 것은 아니다. 다임러-크라이슬러(Daimler-Chrysler) 합병 사례가 그 좋은 예가 될 것이다. 합병을 시도하면서 두 기업은 합병을 통해 매년 30억 달러 정도의 원가절감, 그리고 기존의 제품 갭과 지리적 갭을 메워줄 것으로 기대하였다. 이러한 시너지 효과를 기대하면서 405억 달러에 달하는 두 기업의 합병 발표에 두 기업 주가는 급등하였다. 그러나 기대했던 원가절감, 기술적 시너지 효과, 그리고 시장력 강화는 현실화되지 못하였다. 지속적인 이윤감소로 크라이슬러사는 2007년 5월에 74억 달러에 개인투자회사인 서버러스(Cerberus)에 매도되면서 9년간의 대서양을 건넌 합병은 실패로 끝이 났다. 이 실패 사례는 국제 인수·합병이 언제나 의도한 대로의 효과를 가져다주는 것만은 아니라는 것을 여실히 보여주고 있다.

국제적인 기업 인수·합병은 대부분의 국가들이 자국기업에 의한 국내기업 통제권 확보를 선호하기 때문에 정치적으로 민감한 사안일 수 있다. 그래서 신설투자는 투자 증가와 고용기회 창출로 간주되어 환영할지라도 외국기업이 국내기업을 인수하려는 시도에 대해서는 반감을 갖게 된다. 그러므로 국제 인수·합병이 어느 정도의 **시너지 효과**를 가져올 수 있으며, 그 효과를 인수기업과 피인수기업 간에 어떻게 배분하느냐 하는 것이 주주의 부의 증대 및 공공정책적 관점에서 중요해진다. 여기서 시너지 효과란 결합기업의 가치가 결합되기 전 개별기업(인수기업과 피인수기업) 가치의 합보다 더 커지는 것을 의미한다. 시너지 효과는 결합기업이 인수·합병을 통해 생산, 마케팅, 분배, 그리고 R&D 비용을 경감시킬 수 있고, 결합된 자산을 부가가치가 더 큰 사업에 재투입함으로써 나타난다. 국제 M&A가 시너지 효과를 달성할 수 있고 인수기업과 피인수기업의 주주 모두에게 부의 증대를 가져다준다면 국제 M&A는 국민경제나 세계경제 발전을 위해 유익할 것이므로 오히려 장려해야 한다고 주장할 수 있다.

국제 M&A로부터의 시너지 효과의 유무는 인수기업의 동기에 따라 달라진다. 일반적으로 인수기업이 앞에서 언급한 시장의 불완전성을 극복하기 위해 이를 활용하는 경우 시너지 효과는 커진다. 환언하면, 기업이 생산요소의 시장가격이 왜곡되어

도표 16.7 1998-2020년 기간의 40대 국제 인수·합병 사례

번호	연도	거래가치 ($10억)	매수회사	국적	매수회사 산업	매수된 회사	국적	매수된 회사의 산업
1	2000	202.8	Vodafone Air Touch PLC	영국	Radiotelephone communications	Mannesmann AG	독일	Radiotelephone communications
2	2014	130.3	Verizon Communications Inc	미국	Telephone communications, except radiotelephone	Verizon Wireless Inc	미국	Radiotelephone communications
3	2016	101.5	Anheuser-Busch Inbev	벨기에	Malt beverages	SABMiller PLC	영국	Malt beverages
4	2007	98.2	RFS Holdings BV	영국	Investors, nec	ABN-AMRO Holding NV	네덜란드	Investors, nec
5	1999	74.3	Royal Dutch Petroleum Co	네덜란드	Crude petroleum natural gas	Shell Transport & Trading Co	영국	Crude petroleum natural gas
6	2016	69.4	Royal Dutch Shell	네덜란드	Petroleum refining	BG Group PLC	영국	Crude petroleum
7	2015	68.4	Actavis PLC	아일랜드	Pharmaceutical preparations	Allergan Inc	미국	Pharmaceutical preparations
8	1998	60.3	Vodafone Group PLC	영국	Telecommunications	Air Touch Communications	미국	Telecommunications
9	2019	60.0	Takeda Pharmaceutical	일본	Drugs	Shire PLC	아일랜드	Drugs
10	2018	56.5	Bayer AG	독일	Chemicals and allied products	Monsanto Co	미국	Chemicals and allied products
11	2008	52.2	InBev NV	벨기에	Malt beverages	Anheuser-Busch Cos Inc	미국	Beverages and packaging
12	2017	49.0	British American Tobacco PLC	영국	Tobacco products	Reynolds American Inc	미국	United Kingdom
13	1998	48.2	British Petroleum Co PLC (BP)	영국	Oil and gas; petroleum refining	Amoco Corp	미국	Oil and gas; petroleum refining
14	2009	46.7	Roche Holding AG	스위스	Pharmaceutical preparations	Genentech Inc	미국	Biological products, except diagnostic substances
15	2000	46.0	France Telecom SA	프랑스	Telephone communications, except radiotelephone	Orange PLC (Mannesmann AG)	영국	Telephone communications, except radiotelephone
16	2015	42.7	Medtronic Inc	미국	Electromedical and electrotherapeutic apparatus	Covidien PLC	아일랜드	Surgical and medical instruments and apparatus
17	2014	42.2	CITIC Pacific Ltd	홍콩	Steel works, blast furnaces, and	CITIC Ltd	중국	Investment advice
18	2017	41.8	CNAC Saturn (NL) BV	네덜란드	rolling mills	Syngenta AG	스위스	Chemicals and allied products
19	1999	40.5	Daimler-Benz AG	독일	Chemicals and allied products	Chrysler Corp	미국	Transportation equipment
20	1999	40.4	Vivendi SA	프랑스	Transportation equipment Water supply	Seagram Co ltd	캐나다	Motion picture and video tape production
21	2018	39.9	Comcast Corp	미국	Radio and television broadcasting stations	Sky PLC	영국	Radio and television broadcasting stations
22	2016	38.7	Teva Pharm Inds Ltd	이스라엘	Drugs	Allergan PLC-Generic Drug Bus	미국	Drugs
23	2007	37.6	Rio Tinto PLC	영국	Gold ores	Alcan Inc	캐나다	Aluminum, alumina producer
24	1999	34.6	Zeneca Group PLC	영국	Drugs	Astra AB	스웨덴	Drugs
25	1999	32.6	Mannesmann AG	독일	Metal and metal products	Orange PLC (Mannesmann AG)	영국	Metal and metal products
26	2018	32.3	Praxair Inc	미국	Chemicals and allied products	Linde AG	독일	Chemicals and allied products
27	2006	32.2	Mittal Steel Co NV	네덜란드	Steel works, blast furnaces, and rolling mills	Arcelor SA	룩셈부르크	Steel works, blast furnaces, and rolling mills
28	2016	31.8	Softbank Group Corp	일본	Telecommunications	ARM Holdings PLC	영국	Electronic and electrical equipment

번호	연도	거래가치 ($10억)	매수회사	국적	매수회사 산업	매수된 회사	국적	매수된 회사의 산업
29	2006	31.7	Telefonica SA	스페인	Telephone communications, except radiotelephone	O2 PLC	영국	Radiotelephone communications
30	2016	30.9	Shire PLC	아일랜드	Drugs	Baxalta Inc	미국	Drugs
31	2017	29.5	Janssen Holding GmbH	스위스	Investment and commodity firms, dealers exchanges	Actelion Ltd	스위스	Drugs
32	2001	29.4	VoiceStream Wireless Corp	미국	Radiotelephone communications	Deutsche Telekom AG	독일	Radiotelephone communications
33	2016	28.5	ACE Ltd	스위스	Insurance	Chubb Corp	미국	Insurance
34	2017	28.2	Enbridge Inc	캐나다	Oil and gas; petroleum refining	Spectra Energy Corp	미국	Electric, gas, and water distribution
35	2000	27.2	BP Amoco PLC	영국	Petroleum refining	ARCO	미국	Petroleum refining
36	2013	27.0	OAO Neftyanaya Kompaniya Rosneft	러시아	Crude petroleum and natural gas	TNK-BP Ltd	영국령 버진아일랜드	Crude petroleum and natural gas
37	2007	26.4	Investor Group	이탈리아	Investors, nec	Endesa SA	스페인	Public utility
38	2000	25.1	Unilever PLC	영국	Creamery butter	Bestfoods	미국	Dried fruits, vegetables, and soup mixes
39	2011	25.1	International Power PLC	영국	Electric services	GDF Suez Energy Europe & International	벨기에	Natural gas transmission
40	2008	23.1	Government of the Netherlands	네덜란드	National government	Fortis Bank Nederland(Holding) NV	벨기에/네덜란드	Banking

자료: UNCTAD의 *World Investment Report* 각호 및 SDC 데이터베이스에서 발췌. UNCTAD는 최종적인 투자유치국이 최종적인 본국 경제와 다른 한, 한 국가 내의 일부 M&A 거래도 국제 거래로 열거한다.

있을 때, 그리고 무역장벽이 존재할 때 이를 회피하기 위해 외국기업을 인수한다면 시너지 효과가 커진다는 것이다.

앞에서 언급한 바 있듯이, 노동시장의 불완전성은 국제 M&A의 주요 결정 요인이 될 수 있다. Alimov(2015), Levin 등(2019), Liang 등(2020)과 같은 실증 연구들은 1991년부터 2017년 사이에 완료된 다양한 국제 M&A 거래들을 분석했다. 이 연구들은 노동 규제와 고용 정책이 실제로 인수기업이 목표 기업을 선택하는 방식에 영향을 주고, 더 나아가 M&A 발표가 인수 기업의 주가에도 영향을 끼치는 것을 발견했다. 예를 들어, Levin 등 (2019)은 인수 기업의 주된 동기가 노동비용 감축일 때, 상대적으로 노동 규제가 약한 국가에서 목표기업을 선정할 가능성이 더 높다고 밝혔다. 무형자산 시장의 불완전성은 외국기업 인수의 중요한 동기가 될 수 있다. 내부화이론에 따르면 기술이나 비법(know-how) 등 공공재적 성격의 무형자산을 보유한 기업은 그 자산을 보다 광범위하게 활용하는 수단으로써, 동시에 시장 메커니즘을 통해 외국시장에서 그 자산을 거래할 때 발생할 수 있는 문제점들을 회피하기 위해 외국기업을 인수하게 된다. 물론 인수기업이 피인수기업의 무형자산을 흡수하여 내부화하기 위해 국제 인수·합병을 원하는 경우도 있을 것이다. 이러한 후방내부화(backward-internalization)의 경우는 인수기업이 피인수기업의 자산을 확보한 후 세계적으로 이를 활용함으로써 규모의 경제효과에 따른 수익창출을 도모하는 것이다. 따라서 내부화의 방향은 인수기업의 자산을 (외국시장에 대해) 전방적으로 활용하기 위한 경우와 피인수기업의 자산을 (인수기업이) 후방적으로 활용하기 위한 경우로 나눠질 수 있다. 실증 연구들은 국가 및 기업 수준에서의 혁신과 지적 재산권이 국제 M&A의 규모와 이익에 영향을 미친다는 것을 보여준다.[5)]

FDI의 수단으로서 국제 인수·합병이 활용되는 비중이 증대되는 것을 반영하여 그 경제적 효과에 대한 연구도 활발해졌다.

Morck과 Yeung(1992)은 국제 인수가 미국기업의 주가에 미치는 영향에 대해 분석하였다. 이들은 미국 인수기업이 정보·지식형 무형자산에 의해 국제 인수를 하는 경우 의미 있는 주가 상승을 보여주었다는 결론을 내리고 있다. 이러한 분석 결과는 이들의 이전 연구(1991)의 결과, 즉 기업의 시장가치는 기업의 R&D 능력 등 공공재 성격의 무형자산에 기반을 둔 다국적성(multinationality)과 정의 상관을 보여준다는 것과 상통하는 것이었다. 단, 다국적성 그 자체만으로는 기업의 가치를 높이는데 기여하지 못하며, 이들의 실

5) Alimov와 Officer(2017)과 Hsu 등(2021)의 연구를 참조

도표 16.8 국제기업인수의 평균 부의 증가: 외국기업의 미국기업 인수의 경우

인수기업 국적	건수	R&D/매출액 (%)		부의 증가(평균) (단위: 백만달러)		
		인수기업	피인수기업	인수기업(A)	피인수기업(B)	A+B
캐나다	10	0.21	0.65	14.93	85.59	100.53
일본	15	5.08	4.81	227.83	170.66	398.49
영국	46	1.11	2.18	−122.91	94.55	−28.36
기타	32	1.63	2.80	−47.46	89.48	42.02
All	103	1.66	2.54	−35.01	103.19	68.18

자료: *Journal of Banking and Finance* 20(Eun et. al. (1996). pp. 1559−82) 전재 허가를 득함.

증분석은 (전방)내부화 이론을 지지하고 있다.

한편 Eun, Kolodny와 Scheraga(1996)의 연구는 1979-90년 기간에 발생한 외국기업의 미국기업 인수 사례를 대상으로 국제기업인수가 가져오는 주주 이익의 증대 크기를 직접적으로 측정하고 있다. 이 연구 결과가 〈도표 16.8〉에 요약되어 있다. 첫째, 표에서 보듯이 미국 피인수기업의 주주들은 인수기업의 국적을 불문하고 평균 1억 3백만 달러의 부의 증가를 경험하였다. 둘째, 인수하는 외국기업의 주주들의 부의 증대는 인수기업의 국적에 따라 크게 달라졌다. 셋째, 국제기업인수는 보통의 경우 시너지를 창출하는 경영활동이라는 것이다. 분석대상 표본의 미국 피인수기업과 외국 인수기업 "쌍"의 두 기업 주주들은 평균 6천8백만 달러의 부의 증가를 경험하였다. 하지만 시너지 효과는 인수기업의 국적에 따라 크게 달라졌다. 인수기업이 일본 국적인 경우 평균 3억 9천8백만 달러의 이익증대가 실현되었으며, 이것이 피인수기업 주주에게 43%, 인수기업 주주에게 57% 정도 배분되었다.[6] 인수기업이 영국국적인 경우 두 기업을 합쳐서 평균 2천8백만 달러의 부의 감소를 가져왔으며 인수기업에서 피인수기업으로의 부의 이전이 발생하였다.

Eun, Kolodny와 Scheraga는 일본 인수기업이 인수하는 미국 피인수기업의 R&D 능력이 다른 나라 인수기업의 피인수기업의 경우보다 평균적으로 높아서 성공적인 내부화가 일어났기 때문이라고 주장하고 있다. 따라서 미국 피인수기업의 무형자산을 "후방" 내부화하는 것이 일본인수기업의 미국기업 인수의 중요한 동기라고 주장할 수 있을 것이다. 이러한 연구결과는 후방 내부화 가설을 지지하는 것이다.[7] 영국

6) 이 결과는 시너지 효과의 태반을 피인수기업 주주들이 차지하게 되는 국내 인수에 대한 연구결과와 대비된다.

7) 일본 인수기업도 R&D 강도가 높다. 이것은 일본기업의 미국기업 인수로 기술적 시너지가 발생할 수 있다는 것을 의미하며, 일본기업은 미국기업의 기술적 노하우를 활용하기 위해 미국기업을 인수한다는 것을 알 수 있다.

기업의 미국기업 인수의 경우 평균적으로 두 기업의 결합 후 주주의 부는 감소하였으며, 인수기업의 주주들이 큰 폭의 부의 감소를 경험하였다. 이는 영국기업의 경영자들이 미국기업을 인수했을 때 순현재가치가 음(−)인 투자안도 종종 선택하기 때문으로 풀이된다. 기업 인수가 주주들의 이해관계를 떠나 경영자의 성장과 다각화 추구에 의해 추동된다는 것은 잘 알려져 있는 사실이다. Jensen(1986)이 지적한 바 있듯이 경영자들은 기업규모가 주주의 부를 극대화해 줄 수 있는 최적 수준을 넘어서더라도 기업규모를 더 키우고 싶어 하는 여러 가지 유인을 갖고 있다.[8)]

최신 연구들은 국제 M&A에서 얻는 이익의 정도가 인수기업과 대상기업의 산업 전문화, 기관 투자자의 존재 여부, 각국의 기업지배구조와 같은 다양한 요인에 따라 달라진다는 것을 보인다. 예를 들어, Frésard, Hege와 Phillips(2017)는 1990년부터 2012년까지 46개국에서 완료된 80,000건이 넘는 거래를 조사하고, 전문화된 인수자가 덜 전문화된 산업의 대상기업을 인수했을 때 국제 M&A의 경제적 이익이 더 컸음을 확인했다.

국내 M&A 거래와 달리, 국제 M&A 거래는 대부분 서로 다른 국가 문화를 가진 기업들일 가능성이 높다. 문화가 의사결정에 영향을 미치는 것을 고려할 때, 국제 M&A 거래의 성공은 서로 다른 문화적 가치를 가진 사람들이 시너지 효과를 실현하기 위해 서로 운영을 조율할 수 있는지 여부에 크게 의존할 것이다. Daimler-hrysler의 합병 사례에서 독일과 미국 기업 간의 문화적 차이는 효과적인 조율을 방해하는 주요 장애물로 입증되었으며, 결국 합병의 실패로 이어졌다. Ahern, Daminelli와 Fracassi(2015)는 국제 M&A에 대한 광범위한 연구를 진행했으며, 실제로 국가의 문화적 차이가 합병이 일어나는 장소(국가), 합병 후 이익의 크기를 포함한 합병의 여러 측면에 지대한 영향을 끼친다는 것을 확인했다. 구체적으로, 합병하는 기업들 간의 문화적 거리가 클수록 성공적인 합병의 가능성은 줄어드는 경향이 나타났다. 두 합병 기업들이 서로 다른 문화권(예: 개인주의 문화와 집단 지향적 문화의 기업)에서 왔다면, 직원들은 서로를 잘 이해하지 못하고 운영을 효과적으로 조율하지 못할 수 있으며, 결과적으로 합병 기업은 시너지 효과를 창출하지 못할 수 있다는 것이다. 또한, 이 연구는 두 국가의 국경 간 활동이 적을수록 문화적 거리가 크다는 것을 발견했다. 이러한 결과는 문화적 차이가 기업 운영에 있어서 높은 비용의 마찰을 초래하여, 합병 거래가 더 적게 발생하게 한다는 것을 시사한다.

8) 예를 들어 경영자 보수는 이윤이 아니라 기업의 자산규모에 비례하는 경우가 많다.

정치적 위험과 FDI

모기업은 외국의 투자기회를 평가할 때 '외국에다 투자한다'는 사실에서 비롯되는 여러 위험을 고려해야 한다. 주권국가는 다국적기업의 이해관계에 부정적인 영향을 미칠 수 있는 여러 가지 조치를 취할 수 있다. 이 절에서는 **정치적 위험**(political risk)을 어떻게 측정하고 관리할 것인가에 대해 논의한다. 여기서 정치적 위험이란 투자유치국의 불리한 정치적 상황으로 모기업이 손해를 보게 될 가능성을 의미한다. 정치적 위험은 정부가 외국 기업의 자산을 몰수하는 것에서부터 조세법을 개정하여 수익성이 달라지는 경우까지 다양하다.

기업이 직면하는 정치적 위험은 정치적 사건이 기업에 미치는 영향의 형태와 범위 등에서 다양할 수 있다. 그 범위에 따라 정치적 위험은 다음 두 가지 유형으로 구분된다.

1. 거시 (정치적) 위험 : 투자유치국의 불리한 정치적 상황으로 모든 외국 기업이 다 영향을 받게 되는 경우의 정치적 위험
2. 미시 (정치적) 위험 : 일부 산업의 외국기업이나 특정 기업에 대해서만 영향을 받게 되는 경우의 정치적 위험

1949년 중국 공산당의 승리는 거시 위험의 예이며, 이 장 말미의 미니 케이스에서 다루게 될 앤론 사가 인도에서 경험한 곤경은 미시 위험의 예가 될 것이다.

그리고 기업이 정치적으로 영향을 받는 형태에 따라 정치적 위험은 다음 세 가지로 분류된다.[9)]

1. 이전 위험(transfer risk) : 자본, 대금, 노하우 등이 국경을 넘어 이동하는 것과 관련된 불확실성
2. 운영 위험(operational risk) : 다국적기업의 현지 영업활동에 영향을 미치는 유치국 정부의 정책적 불확실성
3. 통제 위험(control risk) : 기업의 소유권이나 통제권과 관련된 유치국 정부의 정책적 불확실성

9) Kobrin(1979), Root(1972) 등을 참조함.

이전 위험의 예로서 예상치 못한 정부의 자본 유출입에 대한 규제, 배당과 이자지급에 대한 원천징수세 부과 등을 들 수 있다. 운영 위험에 대한 예로서는 예상치 못한 정부의 환경정책 변경, 내국산비율의 변경, 최저임금법의 개정, 국내여신에 대한 제한 등이다. 그리고 통제 위험의 예로서는 외국인 지분 소유 상한 규제, 특정기간 경과 후 기업 소유권 이전(점진적 소유권 이전(fade-out) 요구), 다국적기업의 현지 자회사를 국유화하는 조치 등이다.

역사적으로 다국적기업이 정치적 위험에 직면한 사례는 너무나 많다. 1949년 중국에서 마오쩌뚱이 정권을 장악하면서 그의 공산당 정부는 외국자산을 몰수하여 국유화하였다. 이와 비슷한 사태가 1960년 쿠바에서 카스트로가 집권하면서 발생하였다. 공산국가가 아닌 경우에도 민족주의 성향이 강한 정부가 들어서면 외국 자산의 몰수가 행해질 수 있다. 예컨대, 1950년대 초 이집트에서 나세르가 대통령이 되었을 때 그의 정부는 영국과 프랑스가 통제하던 수에즈 운하를 국유화하였다. 이 조치는 당시 아랍국가들로부터 엄청난 지지를 얻었다.

1970년대에 외국인 소유자산의 몰수는 다시 한 번 정점을 찍었으며, 매년 최대 30개국이 몰수를 실행했다. 그러나 그 이후로는 몰수가 거의 없어졌다고 해도 좋을 만큼 사라지게 되었다. 이러한 변화는 민영화의 열기를 반영하는 것이었으며, 국영기업이 전반적으로 몰락하고 정부 재정부채가 누증된 것에 기인하였다. 〈도표 16.9〉가 보여주듯이, 몰수는 2000년대 중반 다시 속도를 냈다. Hajzler와 Rosborough (2016)는 1990-2014년 동안 44개국에서 총 162건의 몰수 행위가 발생했으며, 이 중 44%가 광업과 같은 자원 기반 산업에서 일어났다고 보고했다. 이 중 25%는 베네수엘라에서 발생했으며, 일례로 2007년 베네수엘라에서 Conoco-Philip's의 석유 생산 사업이 국유화가 되었다.

정치적 위험의 또 다른 유명한 사례로는 엔론(Enron)이 있다. 1992년 휴스턴에 본사를 두고 있는 에너지 기업 엔론 사의 자회사인 엔론개발(주)는 인도에 총 28억 달러를 투자하여 사상 최대 규모의 발전소를 건설하는 계약에 서명을 하였다. 심각한 전력난은 인도의 경제성장을 가로막는 장애 요인 중의 하나였다. 엔론 사가 거의 3억 달러를 투자한 시점에서 발전소가 건설될 마하라슈트라 주의 힌두 민족주의 정치인들은 이 프로젝트를 취소해 버렸다. 그리고 원 계약에 대한 재협상을 요구했다. 엔론 사가 재협상을 받아들이게 되면 그 프로젝트의 수익성은 떨어질 수밖에 없었다. 이 엔론의 대실패 사례에서 보듯이 외국을 상대로 계약 이행을 (법적으로) 보장

도표 16.9

외국인소유자산의 몰수 빈도(1990–2014)

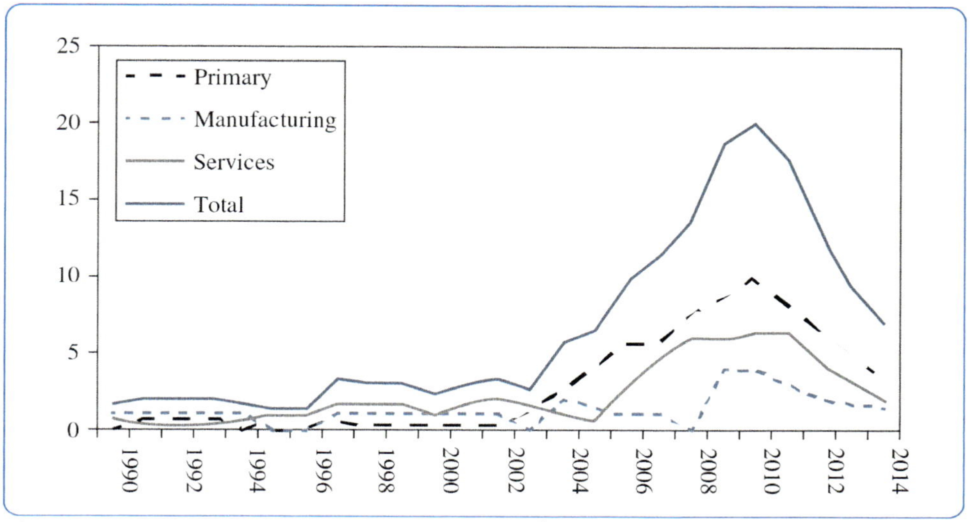

자료: Hajzler, Christopher, and Jonathan Rosborough. "Government Corruption and Foreign Direct Investment Under the Threat of Expropriation." *Bank of Canada Staff Working Paper* 2016–13, 2016.

받을 수단이 없다는 것이 FDI와 관련된 정치적 위험의 주요한 원천이 된다.

정치적 위험은 측정하기 어렵다. 엔론 사가 인도에 발전소를 건설하기로 계약을 체결했을 당시 장차 힌두 민족주의 정당이 승리하리라는 예상을 할 수 없었다. 홍콩에 입지한 여러 기업들은 1997년 이후에 북경의 정부가 어떻게 나올 것인지 불안할 수밖에 없었다. 어렵다고 하더라도 다국적기업은 검토 중인 외국 투자안과 관련된 정치적 위험을 측정해 보지 않을 수 없다. 정치적 위험 분석 전문가들은 주관적으로라도 다음과 같은 변수들을 평가한다.[10)]

- **투자유치국의 정부 및 정치 시스템:** 투자유치국이 효과적이고 효율적인 정치적 의사결정을 내릴 수 있는 정치 및 행정 인프라를 갖추고 있는가 하는 것이 정치적 위험의 측정에서 아주 중요하다. 어떤 나라에서 너무 많은 정당이 난립하고 정권 교체가 빈번하면(예컨대 이탈리아처럼) 정부 정책에 일관성과 연속성을 기대할 수 없어 정치적 위험이 커지게 된다.
- **정당의 과거 노선과 상대적 지지도:** 정당의 이념적 성향과 과거의 노선을 검토해 보면 그 정당이 집권했을 때 어떤 방식으로 경제를 운영할지 짐작할 수 있다. 어떤 정당이 민족주의적 또는 사회주의적 정강을 갖고 있다면 외국 기업에

10) 이 논의는 모건 스탠리(Morgan Stanley)의 정치적 위험 평가시스템을 참조함.

대해 우호적인 정책을 채택하지 않을 가능성이 높다. 반대로 자유시장경제 지향적 정강을 유지하는 정당은 외국 기업에 해가 되는 조치를 취하지 않을 가능성이 높다. 전자가 후자보다 더 지지도가 높고 차기 총선에서 승리할 것으로 예상된다면 다국적기업은 더 큰 정치적 위험을 감수하지 않을 수 없다.

- **세계시스템에의 통합도**: 어떤 나라가 정치적으로나 경제적으로 고립되어 있고 세계 여러 나라와 단절되어 있다면 그 나라는 국제적 표준을 준수하지 않을 개연성이 높다. 북한, 이라크, 리비아, 쿠바 등을 예로 들 수 있다. 어떤 나라가 EU, OECD, WTO 등 주요 국제기구의 회원국이라면 국제적 표준을 준수할 것이고 그 나라의 정치적 위험은 낮을 것이다. 이런 맥락에서 중국이 WTO에 가입함으로써 중국에서 사업을 하는 다국적기업들의 정치적 위험이 낮아질 것이라고 언급할 수 있다.
- **투자유치국의 인종적, 종교적 안정성**: 보스니아의 내전에서 보듯이 국내의 인종적, 종교적 갈등이 평화를 파괴하고 외국 기업에는 정치적 위험으로 나타날 수 있다. 나이지리아, 르완다, 북아일랜드, 터키, 이스라엘, 스리랑카, 퀘벡 등도 비슷한 사례로 볼 수 있다.
- **지역 안보**: 주변국들의 실제적 또는 잠재적 침략 가능성은 분명히 정치적 위험의 주요 원천이 된다. 쿠웨이트가 그 예라고 할 것이다. 한국과 대만도 동아시아의 정치적 상황 전개에 따라서는 동일한 위험에 처할 수도 있다. 이스라엘과 주변 아랍국가들도 마찬가지 위험에 노출되어 있다.
- **주요 경제지표**: 경제문제로 정치적 상황이 종종 악화된다. 그러므로 정치적 위험은 경제적 위험과 밀접하게 연관되어 있다. 예를 들어 지속적인 무역적자가 나타나게 되면 투자유치국 정부는 외국 채권자에 대한 이자지급을 중단하거나, 무역장벽을 세우거나, 외환통제를 하게 되어 다국적기업을 곤란하게 만들 수 있다. (중남미의 여러 나라에서 나타나는) 심각한 소득 불균형, (소련연방 붕괴 후의 러시아에서처럼) 생활수준의 급락 등은 정치적 불안을 초래할 수 있다. 아르헨티나에서는 장기적 경기침체와 달러화(dollarization) 통화정책의 실패로 은행예금 동결, 폭동, 그리고 2002년에는 수개월 만에 대통령이 세 번이나 교체되는 등의 불안정한 사태가 나타났다.

다국적기업은 사내 전문가로 정치적 위험을 분석하게 할 수 있다. 하지만 대부분의 다국적기업들은 다른 나라의 정치적 위험을 전문적으로 평가할 수 있는 외부전

도표 16.10 베트남에 대한 국가신인도 평가

무디스: Ba3; S&P: BB; 전망: 부정적

정치적 강점:
- 1975년 내전의 종식으로 공산당 정부 집권에 따른 정치적 안정성
- 공산당의 공산주의 이념이 시간의 경과로 희석되고 있음.

경제적 강점:
- 1980년대 후반 시장경제체제로 전환
- 외국인투자 증대로 높은 경제성장률 시현
- 교육수준이 높고 저렴한 노동력
- 상당한 천연자원과 유리한 입지 조건
- Membership in TPP trade agreement

정치적 약점:
- 일관성 없고 심해지는 규제
- 신뢰성 없는 법률시스템과 부정부패
- 2011년 총선에서 보수정권이 집권하게 되면 경기 후퇴의 위험

경제적 약점:
- 대규모 재정 및 무역 적자, 취약한 금융시스템
- 국영기업의 비중이 너무 높고 다각화가 미흡함
- 산업 및 금융 정책이 국영기업 편향적 성향
- Lack of infrastructure

정치 및 정부 지표:
- 세계은행, 사업환경 평가순위: 190개국 중 68번째
- 프리덤 하우스, 정치적 자유 및 인권: 자유롭지 못함
- 투명성 지표 순위, 부정부패 인식도: 180개국 중 117위
- OECD 국별 위험 평가 점수: 5점
  (7점 척도; 0점: 가장 낮은 위험, 7점: 가장 높은 위험)

경제 지표:

GDP(10억 US$)	241
1인당 GDP(US$)	2,482
실질 GDP 증가율(15년 평균, %)	6.8
재정수지(대 GDP, %)	−4.7
공적 채무(대 GDP, %)	57.8
해외직접투자 유입(10억 US$)	7.3
경상수지(대 GDP, %)	2.2
대외채무(대 GDP, %)	49.7
외환보유고(대 GDP, %)	26.3

자료: http://www.efic.gov.au; World Bank와 IMF, 2018년 수치

〈베트남〉

1980년대 말 소련연방이 붕괴되면서 베트남은 계획경제 및 자급자족 체제를 시장경제 및 국제경제 체제로 전환하기 시작하였다. 이러한 시도는 전반적으로 성공적이었다. 해외 투자를 바탕으로 매년 약 8%의 경제성장률을 달성했다. 1인당 소득도 1990년 100달러에서 2018년 2,482달러로 상승했다. 베트남은 다음과 같은 몇 가지 경제적 강점을 갖고 있다. 인구수가 많고, 젊은 인구 비중이 높고, 인구증가율이 높음. 상대적으로 교육수준이 높고 저렴한 노동력. 상당한 천연자원 보유 및 유리한 입지조건. 높은 정치적, 사회적 안정성. 베트남은 적극적인 경기부양정책과 재정지출 정책으로 2008년의 글로벌 금융위기를 잘 극복하였다. 그러나 재정적자 규모가 GDP의 6%에 육박하게 되었고, 이것이 인플레 압력으로 작용하고 있으며, 금융시스템 불안정 요인이 되고 있다. 한편으로, 베트남은 글로벌 가치사슬의 통합 증가로 인해 혜택을 얻고 있기도 하다. S&P는 베트남의 외화부채 규모를 BB 등급으로 평가하고 있으며, 부정적인 전망을 제시하고 있다. 무디스 사의 신용평가도 비슷한 B1 수준이다. 공적 채무도 GDP의 58% 수준이며, 은행 및 국영기업에 대한 국가보증 채무 규모도 크다.

베트남 공산당은 1975년 말 내란 종식 후부터 집권해 오고 있다. 이 당은 확실하게 권력을 장악하고 있으며, 이것이 높은 정치적 안정성을 담보하고 있다. 비록 이 당의 공산주의 이념이 시간이 경과하면서 희석되고 있지만 산업 전 분야에 걸쳐 국영기업 비중이 높고 국영기업이 GDP 생산의 40% 정도를 차지하고 있다. 외국 투자자들이 직면하고 있는 몇 가지 난관이 있다. 일관성 없고 심해지는 규제, 신뢰할 수 없는 법률시스템, 취약한 금융시스템, 부정부패, 국영기업 편향적 산업 및 여신 정책 등이다.

도표 16.11 터키에 대한 정치적 위험 분석

국가신인도 평가: 무디스: Ba2; S&P: BB; 전망: 긍정적

정치적 강점:
- 1970년대 말 민주체제로의 전환
- EU가입 결정으로 상당한 자유화 진전 및 안정성 확보
- Rapid decline in poverty incidence

경제적 강점:
- 주요 경제 지표에서 중동구 유럽 국가들과 비슷한 실적
- 최근의 글로벌 경제 위기를 피해감
- 터키 채권에 대한 해외투자자 선호도 높음
- 건전한 성장 전망

정치적 약점:
- 군과 민간정부 간의 갈등으로 빚어진 불안정
- 종교적 보수층과 세속적 개혁주의자 간 불화
- Proximity to war-torn Syria

경제적 약점:
- 정부재정수지 악화와 해외 자본에 대한 의존도 증대
- 경상수지 적자폭 확대, 통화 공급 팽창과 인플레 압력 증대
- 경기진폭이 크고 환위험이 큼
- 터키 리라화는 불안정한 신흥시장경제국 통화

정치 및 정부 지표:
- 세계은행, 사업환경 평가순위: 190개국 중 43번째
- 프리덤 하우스, 정치적 자유 및 인권: 부분적으로 자유로움
- 투명성 지표 순위, 부정부패 인식도: 180개국 중 78위
- OECD 국별 위험 평가 점수: 5점
  (7점 척도; 0점: 가장 낮은 위험, 7점: 가장 높은 위험)

경제 지표:

GDP(10억 US$)	769
1인당 GDP(단위: US$)	9,445
실질 GDP 증가율(15년 평균, %)	2.6
재정수지(대 GDP, %)	−1.9
공적 채무(대 GDP, %)	30.4
해외직접투자 유입(10억 US$)	1.7
경상수지(대 GDP, %)	−5.7
대외채무(대 GDP, %)	56.7
외환보유고(대 GDP, %)	12.0

자료: http://www.efic.gov.au, World Bank와 IMF, 2018년 수치

〈터키〉

1970년대 말 터키는 계엄령 하의 강한 보호주의, 세 자리 수의 인플레, 금융위기 등으로 어려운 상황에 처해 있었다. 그 후 EU 가입을 목표로 민주화, 자유화를 추진하면서 안정성을 확보하게 되었다. 1980년대에 전 대통령 터긋 오잘(Turgut Ozal)이 추진한 무역자유화 정책으로 경제의 대외개방이 진전되었다. 터키는 1인당 소득, 사업환경, 신인도, 성장률 등 주요 경제 지표에서 다른 중·동부 유럽 국가들과 비슷한 실적을 보여주고 있다. 이 나라의 성장 잠재력은 2002년에 시작된 IMF 주도의 경제안정화 프로그램의 시행으로 현재화하였다. 즉, 연평균 70%에 달하던 인플레는 한 자리 수로 수속되었고, 재정 건전성도 회복되었으며, 2002−2007년 기간에 매년 약 7%에 달하는 경제성장률을 달성하게 되었다. 터키는 글로벌 금융위기를 효과적으로 극복해 나갈 수 있었다. 터키의 채권은 해외투자자들이 선호하는 투자대상이 되어 있다. 터키의 국제신용도 평가 등급은 기준 이하지만(S&P: B+; 피치:BB; 무디스: Ba3), 터키 국채에 대한 할증 이자율은 러시아(BBB−)나 브라질(BB) 등 다른 신흥시장경제국들과 비슷한 수준이다.

이런 모든 상황 진전에도 불구하고 터키경제는 여전히 상당한 취약성을 안고 있다. 재정적자 규모가 눈덩이처럼 커지고 있고 이를 해외 자본에 의존하고 있는 것이 가장 큰 문제이다. 또한 경상수지 적자폭이 확대되고, 통화팽창에 따른 인플레 압력이 커지고 있는 것도 해결해야 할 과제다. 터키의 해외 자본조달 규모 또한 상당하기 때문에 국내외 위기에 취약하다. 정치적으로는 군과 민간정부 간의 갈등, 종교적 보수주의자와 세속적 개혁주의자 간의 갈등 등으로 정국이 불안정해질 수 있는 개연성이 높다. 터키의 수출기업과 투자자는 진폭이 큰 경기 사이클, 환율 변동 등에 직면해 있다. 최근에 터키 GDP 성장률은 급락과 반등을 보여주었으며, 리라화는 불안정한 개도국 통화 중 하나이다.

문가를 활용한다. 예를 들어 모건 스탠리 사는 정부와 민간 부문의 발간자료, 국제기구가 제공하는 통계자료, 신문기사, 정부 관료나 민간인으로부터 현장에서 발굴한 자료 등 다양한 자료를 바탕으로 국가별 정치적 위험에 대한 심층적인 분석 자료를 제공하고 있다. 그리고 정부의 정보기관에서도 기업과 투자자에게 유익한 외국의 정치적 위험에 대한 분석 자료를 제공하고 있다. 〈도표 16.10〉과 〈도표 16.11〉은 호주 정부기관이 베트남과 터키 두 나라에 대해 분석한 자료를 요약해서 보여주고 있다. 이를 통해 정치적 위험에 대한 분석이 어떤 방식으로 행해지는지 알 수 있을 것이다. 벨기에 수출신용기관인 Credendo는 몰수 및 정부 조치 위험을 포함한 국가위험 등급을 발표한다.

이제 세계적인 민간단체인 국제투명성기구(Transparency International)에서 매년 작성하는 부패식인식지수(CPI)에 대해 살펴보기로 하자. 이 지수는 세계은행, EIU(경제정보조사), 세계경제포럼(WEF) 등 많은 경제 기구들에 의해 조사 · 평가된 각국 공공부문의 인지된 부패도에 대한 종합 척도이다. 특정 국가의 인지된 부패도는 다국적기업이나 국제 투자자들이 그 나라에서 직면하게 될 정치적 위험이나 법에 의한 규제로부터의 일탈 가능성 등에 대한 적절한 지표가 될 수 있을 것이다. 〈도표 16.12〉에 제시된 부패인식지수(CPI)는 2020년 자료이다. 이 지수는 0 (고도 부패)에서 100 (고도 투명)까지의 값으로 제시된다. 180개 국가를 조사한 CPI 2020에 따르면, 덴마크와 뉴질랜드가 가장 투명한 국가들이며, 다음으로 핀란드, 싱가폴, 스웨덴, 스위스, 노르웨이, 네덜란드, 독일, 그리고 룩셈부르크가 뒤를 잇는다. 호주, 캐나다, 홍콩, 그리고 영국은 공동 11위였다. 미국은 25위로 일본(19위)과 프랑스(23위)보다 낮았으며, 대만은 28위, 카타르 30위, 보츠와나는 35위에 위치했다. 대부분의 개발도상국들은 하위를 차지하고 있으며, 말레이시아 57위, 남아프리카공화국 69위, 중국 78위, 인도와 터키는 86위, 브라질 94위, 인도네시아 102위, 멕시코 124위, 러시아 129위, 나이지리아 149위 등이다. 그리고 투명성이 가장 낮은 나라는 소말리아, 시리아, 남수단 등이다.

이제 정치적 위험을 어떻게 관리할 것인가에 대해 생각해 보기로 하자. 우선 다국적기업은 정치적 위험에 직면했을 때 외국 투자안에 대해 보수적으로 접근할 필요가 있다. 외국 투자안이 정치적 위험에 노출되어 있다면 다국적기업은 이 정치적 위험을 자본예산과정(투자안 평가과정)에 적절하게 반영하여 그 투자안의 순현재가치를 조정해야 한다. 그 방법은 기대 현금 흐름을 감소시키거나 자본비용을 실제보다

도표 16.12 2020년 부패인식지수(CPI)

순위	국가/지역	점수	순위	국가/지역	점수	순위	국가/지역	점수
1	Denmark	88	60	Jordan	49	117	Ukraine	33
1	New Zealand	88	60	Slovakia	49	117	Zambia	33
3	Finland	85	63	Belarus	47	123	Niger	32
3	Singapore	85	63	Croatia	47	124	Bolivia	31
3	Sweden	85	63	Cuba	47	124	Kenya	31
3	Switzerland	85	63	Sao Tome and Principe	47	124	Kyrgyzstan	31
7	Norway	84	67	Montenegro	45	124	Mexico	31
8	Netherlands	82	67	Senegal	45	124	Pakistan	31
9	Germany	80	69	Bulgaria	44	129	Azerbaijan	30
9	Luxembourg	80	69	Hungary	44	129	Gabon	30
11	Australia	77	69	Jamaica	44	129	Malawi	30
11	Canada	77	69	Romania	44	129	Mali	30
11	Hong Kong	77	69	South Africa	44	129	Russia	30
11	United Kingdom	77	69	Tunisia	44	134	Laos	29
15	Austria	76	75	Ghana	43	134	Mauritania	29
15	Belgium	76	75	Maldives	43	134	Togo	29
17	Estonia	75	75	Vanuatu	43	137	Dominican Republic	28
17	Iceland	75	78	Argentina	42	137	Guinea	28
19	Japan	74	78	Bahrain	42	137	Liberia	28
20	Ireland	72	78	China	42	137	Myanmar	28
21	United Arab Emirates	71	78	Kuwait	42	137	Paraguay	28
21	Uruguay	71	78	Solomon Islands	42	142	Angola	27
23	France	69	83	Benin	41	142	Djibouti	27
24	Bhutan	68	83	Guyana	41	142	Papua New Guinea	27
25	Chile	67	83	Lesotho	41	142	Uganda	27
25	United States of America	67	86	Burkina Faso	40	146	Bangladesh	26
27	Seychelles	66	86	India	40	146	Central African Republic	26
28	Taiwan	65	86	Morocco	40	146	Uzbekistan	26
29	Barbados	64	86	Timor-Leste	40	149	Cameroon	25
30	Bahamas	63	86	Trinidad and Tobago	40	149	Guatemala	25
30	Qatar	63	86	Turkey	40	149	Iran	25
32	Spain	62	92	Colombia	39	149	Lebanon	25
33	Korea, South	61	92	Ecuador	39	149	Madagascar	25
33	Portugal	61	94	Brazil	38	149	Mozambique	25
35	Botswana	60	94	Ethiopia	38	149	Nigeria	25
35	Brunei Darussalam	60	94	Kazakhstan	38	149	Tajikistan	25
35	Israel	60	94	Peru	38	157	Honduras	24
35	Lithuania	60	94	Serbia	38	157	Zimbabwe	24
35	Slovenia	60	94	Sri Lanka	38	159	Nicaragua	22
40	Saint Vincent and the Grenadines	59	94	Suriname	38	160	Cambodia	21
41	Cabo Verde	58	94	Tanzania	38	160	Chad	21
42	Costa Rica	57	102	Gambia	37	160	Comoros	21
42	Cyprus	57	102	Indonesia	37	160	Eritrea	21
42	Latvia	57	104	Albania	36	160	Iraq	21
45	Georgia	56	104	Algeria	36	165	Afghanistan	19
45	Poland	56	104	Côote d' Ivoire	36	165	Burundi	19
45	Saint Lucia	56	104	El Salvador	36	165	Congo	19
48	Dominica	55	104	Kosovo	36	165	Guinea Bissau	19
49	Czechia	54	104	Thailand	36	165	Turkmenistan	19
49	Oman	54	104	Vietnam	36	170	Democratic Republic of the Congo	18
49	Rwanda	54	111	Bosnia and Herzegovina	35	170	Haiti	18
52	Grenada	53	111	Mongolia	35	170	Korea, North	18
52	Italy	53	111	North Macedonia	35	173	Libya	17
52	Malta	53	111	Panama	35	174	Equatorial Guinea	16
52	Mauritius	53	115	Moldova	34	174	Sudan	16
52	Saudi Arabia	53	115	Philippines	34	176	Venezuela	15
57	Malaysia	51	117	Egypt	33	176	Yemen	15
57	Namibia	51	117	Eswatini	33	178	Syria	14
59	Greece	50	117	Nepal	33	179	Somalia	12
60	Armenia	49	117	Sierra Leone	33	179	South Sudan	12

자료: Transparency International.

더 높게 반영하는 것이다. 다국적기업은 이렇게 조정 계산한 외국투자안의 순현재가치가 영보다 클 때 이를 채택하게 된다. 여기서 하나 강조할 것은 정치적 위험도 어느 정도까지는 분산시킬 수 있다는 것이다. 예를 들어 어떤 다국적기업이 30여 개 국가에 자산을 보유하고 있다고 해보자. 여러 나라의 정치적 위험은 서로 정의 상관관계를 갖고 있지 않을 것이기 때문에 (여러 나라에 투자함으로써) 어떤 한 나라의 정치적 위험은 어느 정도까지 분산시킬 수 있다. 그리고 그렇게 분산시킬 수 있는 여지가 있는 투자안 평가의 경우라면 순현재가치 계산에서 너무 많은 조정을 할 필요는 없을 것이다. 이는 다국적기업이 지리적 분산투자를 하는 것이 정치적 위험을 경감시키는 수단이 될 수도 있다는 것을 의미한다. 그러니 '한 바스켓에 너무 많은 달걀을 담지 말라'는 분산투자의 격언을 생각해 볼 일이다.

두 번째로 일단 외국 투자안을 채택하기로 하였다면 정치적 위험 노출을 최소화할 수 있는 다양한 대책을 강구해야 한다. 예를 들어 현지기업과의 합작투자를 고려해 볼 수도 있다. 현지기업과 합작한 경우 외국정부가 몰수 등의 조치를 취할 때 다국적기업뿐만 아니라 국내기업도 다치게 되므로 상당히 소극적일 수밖에 없을 것이다. 다국적기업은 외국 투자를 할 때 여러 나라의 기업이 참여하는 컨소시엄 방식을 택할 수도 있다. 이 경우 다국적기업은 정치적 위험에 대한 노출을 줄이고, 동시에 몰수 등의 조치를 취하는 것이 투자유치국 정부에 더 큰 부담이 되게 만들 수 있다. 즉, 투자유치국 정부가 여러 나라로부터 집단적 반감을 불러일으킬 조치를 취하는 것이 어려워진다는 것이다. 또한 다국적기업은 현지에서 부채를 조달하는 방법도 있다. 만약에 투자유치국 정부가 다국적기업에 불리한 조치를 취하면 부채상환을 하지 않을 수도 있다는 것이다.

세 번째로 다국적기업은 정치적 위험에 대한 보험을 이용할 수도 있다. 이러한 보험계약은 많은 선진국들에서 가용하며 정치적 위험을 스스로 관리하기 어려운 소규모 기업에 특별히 더 유용하다. 미국에서는 연방정부 기관인 **해외민간투자공사**(OPIC)가 다음과 같은 손해에 대한 보험을 제공하고 있다. (1) 외환 통제에 따른 태환불가, (2) 해외 미국 자산의 몰수, (3) 외국에서의 전쟁, 혁명, 기타 폭력적 정치 사태로 인한 미국 자산의 파괴, (4) 정치 폭력에 따른 기업 수입의 손해 등. 이 공사의 설립 목적은 개발도상국에 대한 미국 기업의 투자를 촉진하는 데 있다. 이 외에 다국적기업은 로이드보험회사 등 민간보험회사와 맞춤형 보험계약을 체결할 수도 있다.

다국적기업이 직면하는 정치적 위험에 대해 보험계약으로 충분히 보장받을 수 있다면 해외 프로젝트의 순현재가치를 계산할 때 이 보험료를 기대현금흐름에서 차감할 수 있다. 그렇게 되면 이 다국적기업은 국내 투자안을 평가할 때 사용하는 통상적 자본비용을 해외 투자안의 현금흐름에 대한 현재가치 할인율로 사용할 수 있을 것이다. 마지막으로 많은 나라들이 양국 간 또는 다자간 투자보장협정을 체결하여 정치적 위험을 효과적으로 제거할 수 있는 제도적 장치를 마련해 두고 있다는 것을 지적해 둔다. 그러므로 피투자국과 모국 간에 투자보장협정이 체결되어 있다면 정치적 위험에 대해 지나치게 염려할 필요는 없다. Bhagwat, Brogaard와 Julio(2021)는 139개 국가들이 수십 년에 걸쳐 체결한 1,000개 이상의 양자투자협정을 연구했으며, 두 국가가 협정을 체결한 후 M&A 거래량이 유의미하게 증가했다는 것을 확인했다. 그러나 이 협정들의 효과는 정치적 위험과 같은 요인들로 인해 국가 및 거래별로 차이가 존재했다.

다국적기업과 투자자들은 외국 정부 공직자들의 부정부패라는 특수한 형태의 정치적 위험에 직면하게 된다. 투자자들은 계약 체결 또는 신속한 행정 수속 등에 대해 정치인이나 정부관료로부터 뇌물을 요구받을 수 있다. 기업이 이 **윤할유 처리**를 거절한다면 사업기회를 잃을지도 모르고, 행정적으로 규제를 받을 수도 있다. 반대로 이를 하게 되면 법을 위반하는 것이 되고 이것이 발각되어 언론에 보도가 되면 곤경에 처할 수도 있다. 부정부패는 세계 어느 나라에나 다 있다. 하지만 민간부문보다 정부부문이 크고, 민주적 제도가 취약하고, 언론이 통제되는 개도국과 체제전환국에서 훨씬 더 심각한 실정이다. 미국기업은 외국부정방지법(FCPA)에 의해 외국의 관료에게 뇌물을 제공하는 것이 법적으로 금지되어 있다. 1997년에는 OECD가 기업의 뇌물 제공을 범법으로 규정하는 협약을 채택하였다. 그러므로 대부분의 선진국에서 기업의 뇌물 제공은 도덕적으로, 그리고 법적으로 잘못된 것이다. 기업이 직면하는 또 다른 특수한 위험이 마피아 같은 범죄단체로부터의 금품강요 등이다. 예를 들어 러시아의 기업들은 대부분 금품제공을 강요당하는 것으로 알려져 있다. 이런 상황을 타개하기 위해서는 현지 영업환경에 정통한 사람을 고용하여 기업에 대한 공중의 지지를 확보하고, 물리적 보안조치를 강화할 필요가 있다.

요 약

이 장은 급속도로 진행되는 글로벌화를 주도하고 있는 다국적기업의 FDI와 관련된 여러 주제들에 대해 논의하고 있다.

01. 기업은 FDI를 통해서 다국적화한다. FDI는 외국에 새로운 생산설비를 설립하는 방식 또는 기존의 외국 사업체를 인수하는 방식으로 전개된다.

02. 지난 2015~2020년의 6년 간 전 세계 FDI 유출총액은 연평균 약 1조 2,920억 달러에 달했다. 미국은 세계 최대의 FDI 유출국이면서 동시에 유입국이다. 최근의 주요 FDI 유출 국가는 미국, 일본, 중국인 반면 주요 FDI 유입국은 미국, 영국, 중국, 브라질, 인도, 네덜란드 등이다.

03. 대부분의 FDI 이론은 시장의 불완전전성을 가장 중요한 결정변수로 설명한다. 즉, 제품, 생산요소, 자본 시장의 불완전성이 FDI를 추동하는 주요한 요인이라는 것이다.

04. FDI의 내부화이론은 공공재성 무형자산을 보유한 기업이 이들 자산을 외국에서도 활용하려고 할 때 (외부)시장 메커니즘을 통한 외국시장거래에서 발생할 수 있는 불이익을 회피하기 위해 외국에 직접투자를 행하는 것으로 설명한다.

05. 레이먼드 버논(Raymond Vernon)의 제품수명주기 이론에 따르면 기업이 신제품을 시장에 처음 도입할 때는 익숙한 고객의 국내시장을 먼저 선택하게 되며, 제품이 표준화되고 성숙단계에 도달하게 되면 경쟁력을 유지하기 위해 생산비를 낮춰야 할 압력에 직면하게 되고, 이 단계에서 기업은 생산비가 낮은 외국에 생산설비를 확보하게 된다.

06. 최근 M&A 형태의 FDI 비중이 점증하고 있으며, 투자기업이 M&A를 통해 시장의 불완전성을 극복할 수 있을 때 시너지 효과를 기대할 수 있게 된다.

07. R&D 능력과 같은 무형자산 시장의 불완전성은 국제 M&A를 촉진하는 중요한 동기요인이 될 수 있다. 이때 인수기업의 무형자산을 전방(통합)적으로(forward) 활용하기 위한 내부화가 일어날 수 있고 피인수기업의 무형자산을 후방(통합)적으로(backward) 활용하기 위한 내부화가 진행될 수 있다.

08. 정치적 위험을 평가할 때 전문가들은 유치국의 정치/정부 시스템, 정당의 역사와 상대적 영향력, 유치국의 정치/경제 시스템의 개방도, 유치국의 인종적/종교적 안정성, 지역 안보, 주요 경제지표 등의 변수들을 중시한다.

09. 해외투자안을 평가할 때 다국적기업은 유치국이 주권국가로서 게임의 규칙을 변경해 버릴 수 있으므로 정치적 위험에 대해 신중하게 고려하지 않으면 안 된다. 그래서 다국적기업은 자본비용을 크게 인식하거나 기대현금흐름을 낮추는 방식으로 해외투자안에 대한 평가를 조정해야 한다. 그게 아니라면 정치적 위험에 대한 보험에 가입해야 한다.

주요 용어

국가 위험(country risk)
내부화 이론(internalization theory)
시너지 효과(synergistic gains)
FDI 유량(flows)
정치적 위험(political risk)
해외민간투자공사(OPIC)
국제 인수합병(cross-border M&A)
무형자산(intangible assets)
신설투자(greenfield investment)
FDI 저량(stocks)
제품수명주기이론(PLC theory)
해외직접투자(FDI)

연습문제

01. 최근 선진국과 개도국의 많은 외국기업들이 미국의 첨단기술산업 분야의 기업들을 인수하고 있다. 그 동기가 무엇이라고 생각하는가?

02. 일본 다국적기업들, 예컨대 토요타, 도시바, 마쓰시타 등은 태국, 말레이시아, 인도네시아 등 동남아국가들에 광범위한 투자를 하고 있다. 이 지역에 대한 이들의 진출 동기는 무엇이라고 생각하는가?

03. 북미자유무역협정 NAFTA가 체결된 이후 동남아국가 기업들 특히 일본과 한국기업들이 멕시코에 많은 투자를 하고 있다. 이들 아시아국가 기업들이 멕시코에 생산설비를 건설하는 이유는 무엇이라고 생각하는가?

04. 최근 중국이 세계 최대의 FDI 유입국이 되었는데 이를 어떻게 설명할 수 있겠는가?

05. FDI 내부화이론을 설명하라. 이 이론의 강점과 약점은 무엇인가?

06. 버논(Vernon)의 해외직접투자 제품수명주기이론을 설명하라. 이 이론의 강점과 약점은 무엇인가?

07. 유치국이 신설투자보다 인수합병투자에 더 거부반응을 보이는 이유는 무엇이라고 생각하는가?

08. 해외투자안의 평가에서 정치적 위험을 어떤 방식으로 고려해 줄 수 있겠는가?

09. 전방/후방 내부화를 비교 설명하라.

10. 영국기업이 미국기업을 인수할 때 역(negative)시너지가 나타난다면 그 이유는 무엇일까?

11. 국가 위험을 정의하라. 이것이 정치적 위험과는 어떻게 다른가?

12. 라이선싱과 비교하여 FDI의 유리한 점과 불리한 점은 무엇인가?

13. 해외투자안과 관련된 정치적 위험을 극소화할 수 있는 영업적 및 재무적 대책은 무엇인가?

14. 앤론의 인도에서의 경험 사례를 읽고 이 사례에서 정치적 위험을 관리하기 위해 무엇을 배워야 할지 논의하라.

15. 유치국의 정치적 사태가 다국적기업의 현지 경영에 미칠 수 있는 여러 가지 영향에 대해 생각해 보라.

16. FDI 결정을 위한 정치적 위험의 평가에서 중요한 변수들은 무엇인가?

17. 독일 자동차회사 다임러(Daimler)는 1998년에 미국에서 세 번째로 큰 크라이슬러(Chysler) 사를 405억 달러에 인수하였다. 인수 후 이윤 감소와 노사문제 등에 시달리던 다임러 사는 2007년에 74억 달러를 받고 미국 민간투자회사인 서버러스(Cerberus) 사에 크라이슬러 사를 매각하였다. 그 실패 사례를 읽어보고, 이 국제 인수합병이 실패로 돌아가게 된 이유를 찾아보라.

18. 방글라데시의 아주 낮은 노동비용에 매혹되어 많은 패스트패션(fast-fashion)산업의 다국적기업들, 예컨대 H&M, 인디텍스 (인기있는 자라상표의 모기업), 마크&스펜서, 갭(Gap) 등의 대(對)방글라데시 아웃소싱 규모가 크게 증대되기에 이르렀다. 이로 인해 방글라데시의 의류산업은 이 나라의 고용 및 소득 면에서 큰 비중을 차지하게 되었다. 하지만 이 산업은 최근 들어 큰 재앙에 직면하게 되었다. 즉, 2012년 9월에 이 나라 수도인 다카 시 교외에 입지한 타진(Tazeen) 의류공장의 화재로 110명이 사망했고, 2013년 4월에는 다카 시의 레나 플라즈 빌딩이 붕괴하면서 1,100여 명의 근로자들이 매몰되어 버렸다. (1) 이러한 큰 재앙의 원인이 무엇이라고 생각하며, (2) 앞으로 이러한 사고를 막기 위한 대책은 무엇이라고 생각하는지 논의하시오.

인터넷 연습문제

01. GM은 브라질, 중국, 폴란드 3국에 자동차 공장 건설을 검토하고 있다. 귀하가 당사의 정치분야 자문역이라고 가정하고 세 나라 중 한 나라를 선정하여 그 나라의 정치적 위험을 평가해 보라. 그 과정에서 http://www.cia.gov/library/publications/the-world-factbook 또는 다른 관련 웹사이트 자료를 참조할 수 있을 것이다. <도표 16.10>의 형식을 활용하여 GM에 제출할 최종보고서를 작성해 보라.

미니 케이스

엔론 사와 인도 봄베이 정치인들

1995년 8월 3일 인도의 마하라슈트라 주정부는 인도 산업의 중심지역이라고 할 수 있는 봄베이 남쪽 다홀 지역에 입지한 앤론 사의 29억 달러짜리 발전소 건설 프로젝트를 갑자기 중단시켜 버렸다. 당시 이 주정부는 우익 민족주의 성향의 BJP(바라티야 자나타 당)가 새로 집권하였다. 이 사태는 엔론 사의 국제발전사업부 회장 레베카 P. 마크에게 큰 타격을 가하게 되었다. 그는 휴스턴에 본사를 둔 엔론 사의 해외투자사업을 진두지휘하고 있었다. 이 뉴스가 보도되자 엔론 사의 주가는 10% 정도 하락하여 33.5달러가 되었다. 마크 회장은 마하라슈트라 주정부와 양여를 약속하면서 사업을 원상회복시키기 위해 즉각 조치를 취하였다. 하지만 이러한 그의 노력은 BJP 정치인들로부터 비웃음만 사고 말았다. 다홀 지역에서의 참사로 인해 당시 아시아, 남미, 중동 등지에 걸쳐 발전소와 파이프라인 건설 등 100억 달러에 달하던 엔론 사의 공격적인 글로벌 전략은 심각한 회의론에 휘말려들게 되었다.

엔론 사가 1992년 인도에 진출할 당시는 수상 나라심하 라오가 이끌던 개혁주의적 성향의 의회당이 집권하고 있었으며, 이때는 사회간접자본 건설을 위한 해외직접투자 유치에 적극적이었다. 그해 5월 휴스턴을 방문한 인도 정부의 관료들을 접견하고 나서 엔론 사는 고위 경영자들을 인도로 파견하였고, 이후 10일 만에 2,015메가와트 급 다홀 발전소 건설 프로젝트의 "양해각서"에 합의하였다. 인도 정부는 이 사업에 대해 신속처리 절차를 적용하였고, 엔론 사에 경쟁입찰 없이 사업권을 부여하였다. 뒤이어 마하라슈트라 주 전기위원회(MSEB)는 이 다홀 발전소가 생산하는 전력의 90%를 구매하는 데 합의하였다. 또한 엔론 사 외에 두 미국 기업, GE와 벡텔이 이 다홀 프로젝트에 공동 참여하기로 합의하였다.

이 사업을 진행하면서 엔론 사는 심각한 정치적 오산을 하게 되었다. 즉, BJP가 주도하는 야당연합의 해외직접투자에 대한 거부 반응을 전혀 감안하지 않았다. 1995년 초 의회 선거전에서 BJP는 엔론 프로젝트에 대한 재검토를 요구하였다. 이 당의 경제 자문역이었던 제이 두바시는 기존의 모든 해외직접투자에 대해 검토하고 "인도가 철수를 요청할 수밖에 없는 경우라면 철수를 요청할 것"이라고 공언하였다. 선거결과를 기다리는 대신에 엔론 사는 서둘러 계약을 성사시키고 건설 사업을 시작하였다. 공사가 착공된 뒤라면 신정부에서도 어쩔 수 없을 것이라는 심산이었던 셈이다. 앤론 사는 현지의 정치 분위기에 별로 관심을 두지 않았다. 앤론 사는 계약서를 공개하지 않으려고 노력했지만 봄베이 소비자 단체는 소송을 통해 계약서의 세부 내용을 공개하도록

압력을 가했다. 그에 따르면 앤론 사는 MSEB로부터 킬로와트-시(kWh)당 7.4센트를 받는 것으로 되어 있었으며, 이는 인도 정부가 다른 해외투자사업에 보장하던 16%의 자본수익률보다 더 높은 23%의 수익률에 해당하는 것이었다. 반대론자들은 이 사실을 엔론 사가 프로젝트의 비용을 부풀리고, 이 사업에 부정이 개입한 증거라고 주장하였다.

1995년 선거에서 BJP 당이 승리하였고, 승리 후 이 당은 자신들의 공약을 이행하였다. 새로 선출된 마하라슈트라 주지사인 마하노르 조시는 선거 유세 과정에서 프로젝트 비용이 부풀려졌고, 전기료가 너무 비싸므로 "엔론 사를 바다로 내몰고, 이 프로젝트를 즉시 취소하겠다"는 공약을 하였다. 이 공약은 영국 식민시대 이후 외국기업에 대해 정서적으로 불신이 컸던 인도 유권자들에게 먹혀 들어갔다(이들은 선거유세 중에 인도가 처음에는 동인도회사라는 외국기업에 의해 식민지화되었다는 사실을 부각시켰다). 이 프로젝트가 취소될 시점에 앤론 사는 이미 약 3억 달러를 투자한 상태였다. 의회당의 관료들은 이 사업을 시작하긴 하였지만 이 사태를 해결하는 데 적극적으로 나서지 않았다. BJP에서는 의회당이 경제개혁을 하면서 너무 많은 부정부패를 저질렀고 기업의 비위만 맞추려 들었다고 비난하였다. 엔론 사는 마하라슈트라 주가 이 취소 결정을 번복시키도록 압력을 가하기 위해 "악착같이" 노력하여 미국 에너지부로 하여금 1995년 6월에 엔론 프로젝트가 취소되면 다른 발전소 건설 프로젝트도 영향을 받게 될 것이라는 성명을 발표하게 했다. 하지만 이 성명은 상황을 더 악화시켰다. BJP 정치인들은 즉시 이 성명에 대해 미국이 인도의 주권을 침해하는 것이라고 맹공하였다.

수개월의 공방과 법정 투쟁 끝에 엔론과 마하라슈트라 주 중재인들은 다홀 프로젝트를 수정하여 재개하는 데 합의하였다. 새 투자안에 따르면 프로젝트 비용은 29억 달러에서 25억 달러로 삭감되고, 전기료도 인하하고, 인도 국영전기회사가 30%의 지분을 갖고 참여하게 되었다. 이 결과에 대해 조시 지사는 "마하라슈트라 주가 이로써 엄청난 이득을 보게 되었다"고 만족하였다. 앤론 사는 자사의 글로벌 전력 프로젝트를 추진하기 위해 많은 것을 양보해야 했고, 새로운 사업안을 수용하면서 다홀 프로젝트 취소에 대한 5억 달러 손해배상 소송을 취하하게 되었다.

토론 포인트

01. 엔론 사가 인도에서 범한 중요한 실수는 무엇이었는가?

02. 엔론 사가 인도에서 이 곤경을 피하려면 어떻게 했어야 하는가?

참고문헌 및 추천도서

Aharoni, Yair. *The Foreign Investment Decision Process*. Cambridge, MA: Harvard Business School, 1966.

Ahern, K., D. Daminelli, and C. Fracassi. "Lost in Translation? The Effect of Cultural Values in Mergers around the World." *Journal of Financial Economics*, 2015, pp. 165 - 89.

Alimov, Azizjon. "Labor Market Regulations and Cross-Border Mergers and Acquisitions." *Journal of International Business Studies* 46 (2015), pp. 984 - 1009.

Alimov, Azizjon, and Micah S. Officer. "Intellectual Property Rights and Cross-Border Mergers and Acquisitions." *Journal of Corporate Finance* 45 (2017), pp. 360 - 77.

Bhagwat, Vineet, Jonathan Brogaard, and Brandon Julio. "A BIT Goes a Long Way: Bilateral Investment Treaties and Cross-Border Mergers." *Journal of Financial Economics* 140 (2021), pp. 514 - 38.

Caves, Richard. *Multinational Enterprise and Economic Analysis*. Cambridge, MA: Harvard University Press, 1982.

Doukas, John, and Nicholas Travlos. "The Effect of Corporate Multinationalism on Shareholders' Wealth: Evidence from International Acquisitions." *Journal of Finance* 43 (1988), pp. 1161 - 75.

Eun, C., R. Kolody, and C. Scheraga. "Cross-Border Acquisitions and Shareholder Wealth: Tests of Synergy and Internalization Hypotheses." *Journal of Banking and Finance* 20 (1996), pp. 1559 - 82.

Fréesard, Laurent, Ulrich Hege, and Gordon Phillips. "Extending Industry Specialization through Cross-Border Acquisitions." *The Review of Financial Studies* 30 (2017), pp. 1539 - 1582.

Hajzler, Christopher, and Jonathan Rosborough. "Government Corruption and Foreign Direct Investment Under the Threat of Expropriation," *Bank of Canada Staff Working Paper* 2016-13 (2016).

Harris, Robert, and David Ravenscraft. "The Role of Acquisitions in Foreign Direct Investment: Evidence from the U.S. Stock Market." *Journal of Finance* 46 (1991), pp. 825 - 44.

Hsu, Po-Hsuan, Peng Huang, Mark Humphery-Jenner, and Ronan Powell. "Cross-Border Mergers and Acquisitions for Innovation." *Journal of International Money and Finance* 112 (2021), 102320.

Hymer, Stephen. *The International Operations of National Firms: A Study of Direct Foreign Investment*. Cambridge, MA: MIT Press, 1976.

Jensen, Michael. "The Takeover Controversy: Analysis and Evidence." *Midland Corporate Finance Journal* 5 (1986), pp. 1 - 27.

Kang, Jun-Koo. "The International Market for Corporate Control: Mergers and Acquisitions of U.S. Firms by Japanese Firms." *Journal of Financial Economics* 35 (1993), pp. 345 - 71.

Kindleberger, Charles. *American Business Abroad.* New Haven, CT: Yale University Press, 1969.

Kobrin, Stephen. "Political Risk: A Review and Reconsideration." *Journal of International Business Studies* 10 (1979), pp. 67 - 80.

Levine, Ross, Chen Lin, and Beibei Shen. "Cross-Border Acquisitions: Do Labor Regulations Affect Acquirer Returns?" *Journal of International Business Studies* 51 (2019), pp. 194 - 217.

Liang, Hao, Luc Renneboog, and Cara Vansteenkiste. "Cross-Border Acquisitions and Employment Policies." *Journal of Corporate Finance* 62 (2020), 101575.

Mandel, Robert. "The Overseas Private Investment Corporation and International Investment." *Columbia Journal of World Business* 19 (1984), pp. 89 - 95.

Magee, Stephen. "Information and the Multinational Corporation: An Appropriability Theory of Direct Foreign Investment." In Jagdish N. Bhagwati (ed.), *The New International Economic Order*. Cambridge, MA: MIT Press, 1977.

Morck, Randall, and Bernard Yeung. "Why Investors Value Multinationality." *Journal of Business* 64 (1991), pp. 165 - 87.

———. "Internalization: An Event Study Test." *Journal of International Economics* 33 (1992), pp. 41 - 56.

Ragazzione, Giorgio. "Theories of Determinants of Direct Foreign Investment." *IMF Staff Papers* 20 (1973), pp. 471 - 98.

Root, Franklin. "Analyzing Political Risks in International Business." *In The Multinational Enterprise in Transition*, ed. A. Kapoor and Philip Grub. Princeton: Darwin Press, 1972, pp. 354 - 65.

Rugman, Alan. "Internalization Is Still a General Theory of Foreign Direct Investment." *Weltwirtschaftliche Archiv*. 121 (1985), pp. 570 - 76.

Rummel, R. J., and David Heenan. "How Multinationals Analyze Political Risk." *Harvard Business Review* 56 (1978), pp. 67 - 76.

Vernon, Raymond. "International Investment and International Trade in the Product Cycle." *Quarterly Journal of Economics* 80 (1966), pp. 190 - 207.

———. "The Product Cycle Hypothesis in a New International Environment." *Oxford Bulletin of Economics and Statistics* 41 (1979), pp. 255 - 67.

Chapter 17

국제자본구조와 자본비용

CHAPTER OUTLINE

- 자본비용
- 분리된 시장과 통합된 시장의 자본비용
- 국가 간 자본비용의 차이가 있는가?
- 사례분석: 노보 인더스트리(Novo Industri)
- 주식의 교차상장
- 교차상장에 따른 자본자산가격결정
- 외국인투자자의 주식소유 제한의 효과: 이중가격 현상
- 사례분석: 네슬레(Nestlé): 외국인 소유 제한 하의 자산가격결정
- 해외자회사의 자본구조
- 요약
- 주요 용어
- 연습문제
- 계산문제
- 인터넷 연습문제
- 참고문헌 및 추천도서
- 부록 17A: 국제거래불능자산 가격결정: 계산사례

최근 들어 많은 기업이 국내뿐만 아니라 해외에서도 자금을 조달함으로써 자본구조가 국제화되었다. 그 결과로 이들 기업들은 경영활동에서뿐만 아니라 **자본구조**에서도 국제화되고 있다. 이러한 추세는 국제적 자본조달을 통해 자본비용을 저감하려는 기업의 의식적 노력이 증대된 것뿐만 아니라 국제금융시장의 자유화와 탈규제화가 진전되면서 기업들의 국제금융시장에 대한 접근이 용이해 진 것을 반영하고 있다.

만약에 국제금융시장이 완전하게 통합되어 있다면 기업의 국내 자본조달비용과 해외자본조달비용은 큰 차이가 없이 비슷할 것이다. 이와는 반대로 만약에 국제금융시장이 완전하게 통합되어 있다고 볼 수 없다면 기업은 국내금융시장에서뿐만 아니라 해외에서 증권을 발행함으로써 주주들의 부를 증대시킬 수 있게 된다.

제13장에서 논의한 바 있듯이 분리된 자본시장 하에서 기업의 해외증권시장에 대한 교차상장은 분리된 자본시장의 부정적 영향을 경감하면서 기업의 자본구조를 국제화할 수 있는 수단이 된다[1]. 예를 들어 IBM, 혼다자동차, BP 등은 뉴욕, 런던, 토쿄 증권시장에 모두 (교차) 상장되어 있다. 기업의 지분구조(ownership structure)를 국제화하면 일반적으로 주가는 올라가고, 자본비용은 내려간다.

이 장에서 우리는 자본구조의 국제화가 기업의 자본비용 및 기업가치에 미치는 영향을 다각적으로 분석한다. 그리고 국내기업에 대한 외국인 투자자의 지분(상한) 규제와 그것이 기업의 자본비용에 미치는 영향에 대해 검토한다. 우리의 궁극적 관심은 다국적기업이 그 자본비용을 최소화함으로써 더 많은 투자안을 채택할 수 있게 되어 주주들의 부를 극대화할 수 있게 해주는 방안을 모색하는 데 있다. 이 장은 우선 자본비용 개념과 자본자산가격결정 이론을 검토하는 것으로 시작한다.

자본비용: 개관

자본비용(cost of capital)이란 투자안의 금융비용을 커버하기 위해 필요한 최소 수익률로 정의할 수 있다. 만약에 투자안의 수익률이 자본비용과 같다면 그 프로젝트를 채택할 때 기업가치는 영향을 받지 않게 된다. 따라서 자본비용을 능가하는 수익

1) Stapleton과 Subramanyam(1977)은 해외직접투자가 자본시장 분리의 부정적 영향을 완화시킬 수 있는 대안이 될 수 있다고 주장한다.

률을 창출할 수 있는 투자안을 발굴하는 것이 기업가치를 증대시킬 수 있는 방안이 된다. 그래서 자본비용의 최소화가 기업가치 극대화의 관건이 된다.

기업이 자기자본과 타인자본을 동원하는 경우 그 자본구조 하의 자본비용은 각각의 비중을 가중치로 한 **가중평균 자본비용**(weighted average cost of capital)이 된다. 이를 계산하는 공식은 기업의 자본구조에서 자기자본과 타인자본이 점하는 비중을 가중치로 하여 세후 (타인자본) 차입비용과 자기자본 비용을 가중평균하는 것으로서 다음과 같다.

$$K = (1-\lambda)K_l + \lambda(1-\tau)i \tag{17.1}$$

K: 가중평균 자본비용
K_l: 타인자본 사용 기업의 자기자본 비용
i: 세전 타인자본(차입) 비용
τ: 한계법인세율
λ: 타인자본/기업가치 비율(타인자본비중)

일반적으로 K_l과 i는 기업의 자본구조에서 타인자본 비중이 증가하는 것에 비례해서 상승한다.[2] 하지만 부채와 자기자본 조달 비중이 최적화될 때 가중평균 자본비용(K)은 최소화된다. 기업은 이자지급에 따른 세금절감 효과 때문에 부채 자본조달을 선호할 수 있다. 대부분의 국가에서 이자지급에 대해서는 배당과 달리 세금감면을 해주고 있다. 하지만 고부채와 관련된 기대 도산 비용의 증가를 고려하여 그 적정 수준을 고려해야 한다. 그러므로 부채의 절세효과와 도산위험 증가 간의 상쇄효과를 고려하는 것이 최적 자본구조 결정의 핵심이 된다.

최적 자본구조 규범(norm)은 나라마다 그 법률적 환경과 제도적 특성 등에 기인하여 아주 상이하다. 〈도표 17.1〉에서 보듯이 Fan, Titman과 Twite(2012)의 연구에 따르면 평균부채비율(중위수 기준)은 한국의 0.50에서 호주의 0.099에 이르기까지 아주 다양하다. 독일, 영국, 스웨덴, 미국, 캐나다 등 선진국들은 0.20 이하의 비교적 낮은 부채비율을 보여주고 있으며, 반면에 한국, 인도네시아, 브라질, 인도 등 많은 개발도상국들은 아주 높은 부채비율을 보여주고 있다. 상기 표에서 알 수 있듯이 부채에 대한 세금 절감 효과가 큰 나라에서는 더 많은 부채를 사용하고 있다. 그리고 법률시스템이 취약하고 정부의 부정부패가 심한 나라일수록 부채비율이 높다는 것을 알

2) 제18장에서는 타인자본 사용기업의 자기자본 비용 K_l과 타인자본을 사용하지 않는 기업의 자기자본 비용 K_u를 구분한다.

도표 17.1 국가별 평균(중위수 기준) 부채비율

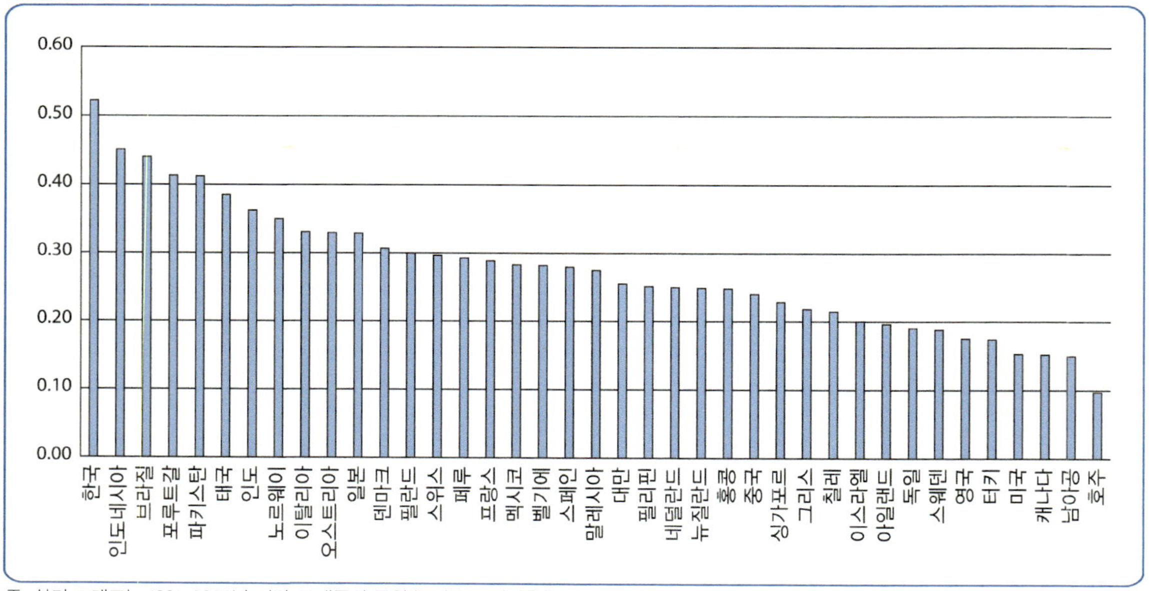

주: 상기 그래프는 1991–2006년 기간 39개국의 중위수 기준 부채비율을 보여준다. 부채비율은 (총부채/시장가치)로 측정한다. 총부채는 이자 지급부 장단기 부채 장부가격으로 정의한다. 기업의 시장가치는 보통주와 우선주의 시장가치에 총부채를 합한 금액으로 정의한다.
자료: Fan, Titman과 Twite(2012)가 제공한 자료를 토대로 계산.

수 있으며, 그런 나라에서는 채권보유자 보다는 소액주주의 수입을 탈취(expropriate)하는 것이 보다 더 용이하기 때문으로 풀이된다.

기업은 주주 부의 극대화를 위해 마지막 투하자본 한 단위의 한계수익과 마지막 조달자본 한 단위의 가중한계비용이 동일해지는 수준까지 자본지출을 할 것이므로 최적 자본구조의 달성이 중요하다. 따라서 제한된 신투자기회를 갖는 기업으로서는 자본비용을 낮추는 것이 투자수익률을 높이는 수단이 되고, 그로써 주주의 부를 증대시키게 된다. 기업의 자본조달을 국제화하는 것이 그 하나의 수단이 될 수 있다.

〈도표 17.2〉는 이를 잘 보여주고 있다. 기업가치를 극대화하기 위해 투자안을 선택해야 하는 기업은 투자안의 내부수익률(IRR)이 자본비용을 초과하는 한 그 투자안을 수용해야 한다. 고려 중인 투자안들을 내부수익률이 높은 순으로 정렬하면 이 도표에서 보는 것과 같은 우하향의 IRR 곡선을 보여줄 것이다. 그리고 기업의 최적 자본구조는 이 곡선과 자본비용선이 만나는 교점에서 결정될 것이다.

이제 기업의 자본비용이 국내자본구조 하의 K^l에서 국제자본구조 하의 K^g로 낮아진다고 가정해 보자. 그렇게 되면 그림에서 보듯이 기업의 투자 규모는 I^l에서 I^g

도표 17.2
기업의 투자 의사결정과 자본비용

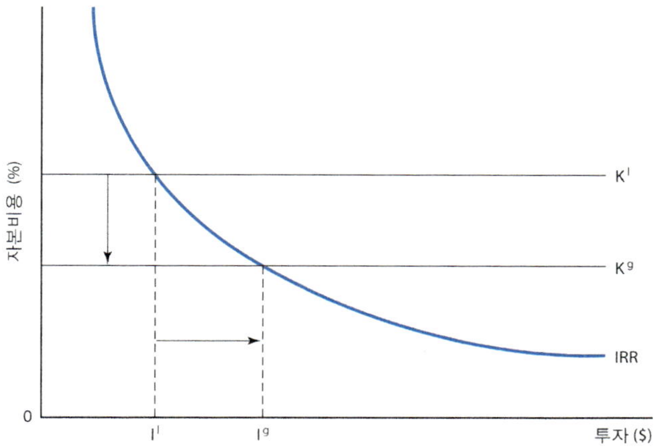

자료: K^l, K^g은 각각 국내 및 국제 자본비용을 의미함. IRR은 투자안의 내부수익률을 말하고, I^l, I^g는 각각 국내, 국제 자본비용 하에서의 최적 투자규모를 나타냄.

로 증대되고 그만큼 기업가치도 상승하게 될 것이다. 여기서 지적해둬야 할 것은 자본비용의 인하로 인해 투자규모가 증대되어 기업가치가 상승할 뿐만 아니라 기존 투자안의 현금흐름에 대한 할인율의 인하를 통해서도 기업가치 상승이 일어날 수 있다는 것이다.

분리된 시장과 통합된 시장의 자본비용

기업의 자본조달 비용을 계산할 때 문제가 되는 것은 기업의 자기자본 비용(K_e) 산정과 관련되어 있다. 자기자본 비용이란 이 기업에 대해 주식투자자들이 요구하는 기대수익률이다. 이 수익률은 보통 **자본자산가격결정 모형**(Capital Asset Pricing Model: CAPM)에 따라 추정된다. 이 모형에서는 주식(또는 일반적 증권)의 균형 기대수익률이 그 증권에 내재한 체계적 위험의 선형함수라고 정의한다. 구체적으로 이 모형 하의 i 증권의 수익률은 다음과 같이 주어진다.

$$\overline{R}_i = R_f + (\overline{R}_m - R_f)\beta_i \qquad (17.2)$$

여기서 R_f는 무위험 이자율이고, $\overline{R}_m$은 모든 자산의 시장가치를 가중치로 한 **시장 포트폴리오**(market portfolio)의 기대수익률이다. 베타(β_i)는 i증권의 체계적 위험 척도이다. **체계적 위험**(systematic risk)이란 개별 자산에 내재된 (포트폴리오 투자로 분산시킬 수 없는) 시장위험을 말한다. 이 CAPM 방정식에 따르면 증권 i의 기대수익률 $\overline{R}_i$는 시장위험 β_i가 클수록 커야 한다. 베타는 $Cov(R_i,R_m)/Var(R_m)$ 공식으로 계산한다. 분자인 $Cov(R_i,R_m)$은 증권 i 및 시장포트폴리오의 미래(또는 기대) 수익률 간의 공분산을 의미하며, 분모인 $Var(R_m)$은 시장포트폴리오 기대수익률의 분산을 의미한다.

이제 국제금융시장이 분리되어 있어 투자자들이 국내금융시장에서만 분산투자를 할 수 있다고 가정해 보자. 이 경우 CAPM 공식의 시장포트폴리오(M)는 미국이라면 S&P500이 대체변수가 되는 국내 시장포트폴리오를 말하게 된다. 각국 시장 자산가격결정에서 관건이 되는 베타는 각국 국내시장포트폴리오 (대체변수)에 대해 측정한 값이다. 분리된 자본시장 하에서라면 동일한 미래현금흐름도 나라마다 상이하게 평가될 것이며, 이는 나라마다 상이한 체계적 위험이 존재하는 것을 의미한다.

반면에 국제금융시장이 충분히 통합되어 있고, 그 결과로 투자자들이 국제적으로 분산투자를 할 수 있는 경우, CAPM 공식의 시장포트폴리오는 세계의 모든 자산이 포괄적으로 포함되는 "세계" 시장포트폴리오일 것이다. 그러므로 (이 경우의) 상대적 위험 척도인 베타는 이 세계 시장포트폴리오의 분산으로 측정해야 한다. 통합된 국제금융시장 하에서라면 동일한 현금흐름은 세계 어디에서나 동일하게 평가될 것이다. 투자자들은 통합된 시장 하에서 분리된 시장 하에서보다 위험을 더 잘 분산시킬 수 있을 것이므로 평균적으로 더 낮은 기대수익률을 각 증권에 대해 요구하게 될 것이다.[3)]

예제 17.1 **계산 사례**

미국 IBM 사의 국내 베타가 1.0이라고 가정해 보자. 즉, $\beta_{\text{IBM}}^{\text{U.S}}=1.0$이고, 이는 평균 베타 위험 수준이다. 그리고 미국 시장포트폴리오의 기대수익률은 12%라고 가정해 보자. 즉, $\overline{R}_{\text{U.S}}=12\%$이다. 또 무위험수익률은 미국 재정증권이자율을 대체변수로 하여 6%로 가정하자. 미국 자본시장이 여타 세계의 자본시장과 분리되어 있

3) 통합 시장 / 분리 시장 하의 자본비용에 대한 심층적 분석은 Cohn과 Pringle(1973), Stulz(1995)를 참조할 수 있다.

다면 IBM 주식에 대한 기대수익률은 다음과 같이 계산될 수 있다.

$$\overline{R}_{\text{IBM}} = R_f + (\overline{R}_{\text{U.S.}} - R_f)\beta_{\text{IBM}}^{\text{U.S.}} = 6 + (12 - 6)(1.0) = 12(\%)$$

이는 IBM의 국내 베타위험을 고려하여 투자자들이 IBM 주식에 대한 투자에서 12%의 수익률을 요구한다는 것이다.

이제 미국 자본시장이 여타 세계의 자본시장과 통합되어 있으며, IBM 주식의 세계시장 베타 위험은 0.8이라고 가정해 보자. 즉, $\beta_{\text{IBM}}^{\text{W}} = 0.8$이다. 그리고 무위험수익률이 6%이고 세계시장포트폴리오 수익률이 12%라고 가정해 보자. 즉, $R_f = 6\%$, $\overline{R}_{\text{W}} = 12\%$일 때 IBM 주식에 대한 기대수익률은 다음과 같이 계산할 수 있다.

$$\overline{R}_{\text{IBM}} = R_f + (\overline{R}_{\text{W}} - R_f)\beta_{\text{IBM}}^{\text{W}} = 6 + (12 - 6)\ 0.8 = 10.8\ (\%)$$

통합된 시장 하에서는 세계시장 베타가 0.8로 상대적으로 낮아지기 때문에 투자자들은 IBM 주식에 대해 분리된 시장 하에서보다는 낮은 기대수익률을 요구하게 된다는 것을 알 수 있다.

국제금융시장의 분리 또는 통합은 이론적으로 보면 분명하게 기업의 자본구조 결정에 큰 영향을 미치게 된다. 하지만 이에 대한 실증분석 결과는 그렇게 분명하지 않다. Harvey(1991), Chan, Karolyi와 Stulz(1992) 등의 연구는 국제 CAPM의 유의성을 부인할 수 없으므로 국제금융시장이 분리되어 있다기보다 통합되어 있다는 것을 의미한다고 주장한다. 하지만 French와 Poterba(1991) 등을 위시한 또 다른 일단의 연구자들은 투자자들이 제한된 범위에서 국제적으로 분산투자를 실천하고 있으므로 국제금융시장이 통합되어 있다기보다 분리되어 있다고 봐야 한다는 주장을 하고 있다. 한편 미국과 캐나다 주식시장의 통합 정도를 분석한 Mittoo(1992)의 연구에 따르면 미국 증권거래소에도 교차상장된 캐나다 주식들은 통합된 시장 하에서 주가결정이 이루어지는 것처럼 보였고, 그렇지 않은 캐나다 주식들은 분리된 시장 하에서 주가결정이 이루어지는 것처럼 보였다고 한다. Pukthuanthong과 Roll(2009)의 광범위한 연구에 따르면, 주식시장은 시간이 지남에 따라 더욱 통합되어 가고 있으며, 이는 신흥국 시장보다는 선진국 시장에서 더욱 그러하다고 밝혔다.

이들 연구결과를 종합해 보면 국제금융시장이 이제 더 이상 확실하게 분리되어 있다고 주장할 수는 없지만 그렇다고 완전히 통합되어 있다고 볼 수도 없다는 것을 알 수 있다. 국제금융시장이 완전히 통합되어 있는 것이 아니라면 당연히 국별로 체계적 자본비용이 서로 다를 수 있다고 언급할 수 있다.

국가 간 자본비용의 차이가 있는가?

국별 자본비용은 각국의 금융시장 통합 정도, 기업지배구조의 질적 수준, 거시경제 여건, 기타 요인 등에 의해 달라진다. 최근 Lau, Ng과 Zhang(2010) 등의 연구는 실제로 각국의 자기자본 비용에 상당한 차이가 있다는 것을 보여주고 있다. 예를 들어, 선진국들의 추정 자본비용은 일본 7.4%, 미국 8.5%, 영국 8.9% 등으로 비교적 낮으나 개발도상국들의 경우는 인도 13.1%, 남아프리카 14.5%, 브라질 16.8% 등으로 아주 높게 나타난다. 이들은 다른 요인보다 투자포트폴리오에서 국내 비중이 높을수록, 즉 국내 금융시장의 통합 정도가 낮을수록, 자본비용이 높아진다는 것을 밝히고 있다.

이들은 금융시장 분리도(모국 편의: home bias)에 대한 척도로서 국내 투자신탁회사의 국내증권 보유비율과 각국의 자본시장 시가총액이 세계자본시장 시가총액에서 차지하는 비중 간의 차이라는 변수를 제시하고 있다. 예를 들어 어떤 나라의 자본시장 시가총액이 세계자본시장 시가총액에서 차지하는 비중이 6%인데 국내 투자신탁회사의 국내증권 투자 비중이 6%보다 높다면 이 나라는 국내금융시장의 분리도(모국 편의 또는 국내시장 편향도)가 높다는 것이다. 그리고 이들은 소위 내재자본비용(implicit cost of capital: ICOC)을 계산하고 이를 각국 자본비용의 대체변수로 간주하고 있다. 이들은 특정 국가의 어떤 한 기업의 내재자본비용은 당해 기업의 현행 주가와 수익 예측 등에서 추정할 수 있는 네 가지 추정치의 평균을 취한 값으로 구하고, 이 나라 전체의 내재자본비용은 표본 내의 각 기업의 시가총액 비중을 가중치로 한 전체 표본기업의 내재자본비용의 가중평균을 그 나라의 내재자본비용으로 사용하고 있다.[4)]

〈도표 17.3〉은 38개 표본국가의 국내시장 편향도와 내재자본비용을 보여주고 있다. 이 표에 나타나 있는 국내시장 편향도는 사실 국내 뮤추얼펀드의 국내증권 보유비율을 전세계 시장 시가총액에서 해당국가가 차지하는 비중으로 나눠서 자연대수(natural log)를 취한 값이다. 이 표에서 보듯이 각국의 편향도는 미국의 0.70에서 페루의 7.56까지 다양하다. 미국은 가장 낮은 편향도를 보여줄 뿐만 아니라 가장 낮은

4) 내재자본비용을 계산하면서 Lau 등(2010)은 이전에 Hail과 Leuz(2006)의 방법을 활용하고 있다. 내재자본비용 방법의 기본 전제는 내재자본비용이 현재의 주가와 미래 기대수익의 미래 흐름(steam을 stream으로 고쳐 읽음: 역자 주)에 대한 기대 현재가치를 동일하게 해주는 내부수익률이라는 것이다.

도표 17.3

국별 자본비용

국가	전세계 시가총액에서 각국의 비중 (%)	국내 뮤추얼펀드의 국내증권투자비중 (%)	국내시장 편향도	내재자본비용
아르헨티나	0.16	60.46	6.02	0.133
호주	1.70	78.91	3.96	0.087
오스트리아	0.15	22.91	4.91	0.096
벨기에	0.63	17.71	3.31	0.088
브라질	0.71	100.00	4.95	0.168
캐나다	2.67	28.67	2.27	0.095
칠레	0.23	55.31	5.52	0.106
중국	1.84	99.40	3.99	0.106
체코	0.06	58.59	7.08	0.110
덴마크	0.37	23.69	4.11	0.085
핀란드	0.55	66.20	4.43	0.111
프랑스	4.13	55.48	2.65	0.089
독일	3.21	29.35	2.17	0.086
그리스	0.33	91.94	5.63	0.096
홍콩	2.08	22.51	2.34	0.101
인도	0.71	99.51	4.98	0.131
아일랜드	0.26	2.51	2.20	0.103
이탈리아	1.96	40.76	3.03	0.087
일본	9.29	98.50	2.36	0.074
룩셈부르크	0.12	12.21	4.54	0.077
말레이시아	0.43	99.90	5.44	0.100
멕시코	0.44	77.73	5.19	0.115
네덜란드	1.57	31.18	2.91	0.092
뉴질랜드	0.09	61.38	6.52	0.093
노르웨이	0.29	52.27	5.29	0.112
페루	0.05	89.01	7.56	0.165
필리핀	0.12	99.52	6.71	0.098
폴란드	0.12	82.46	6.69	0.119
포르투갈	0.18	42.95	5.49	0.089
싱가포르	0.51	20.00	3.52	0.100
남아프리카공화국	0.80	79.92	4.54	0.145
스페인	2.09	38.89	2.94	0.095
스웨덴	1.00	48.36	3.93	0.090
스위스	2.24	21.08	2.17	0.084
대만	1.10	100.00	4.51	0.113
태국	0.23	100.00	6.09	0.138
영국	7.64	42.95	1.71	0.089
미국	44.86	86.88	0.70	0.085

주: 이 연구의 표본기간은 1998–2007임.
자료: S. T. Lau et. al.(2010), "The World Price of Home Bias," *Journal of Financial Economics*, 97, pp. 191–217.

도표 17.4
국내시장편향도와 자본비용

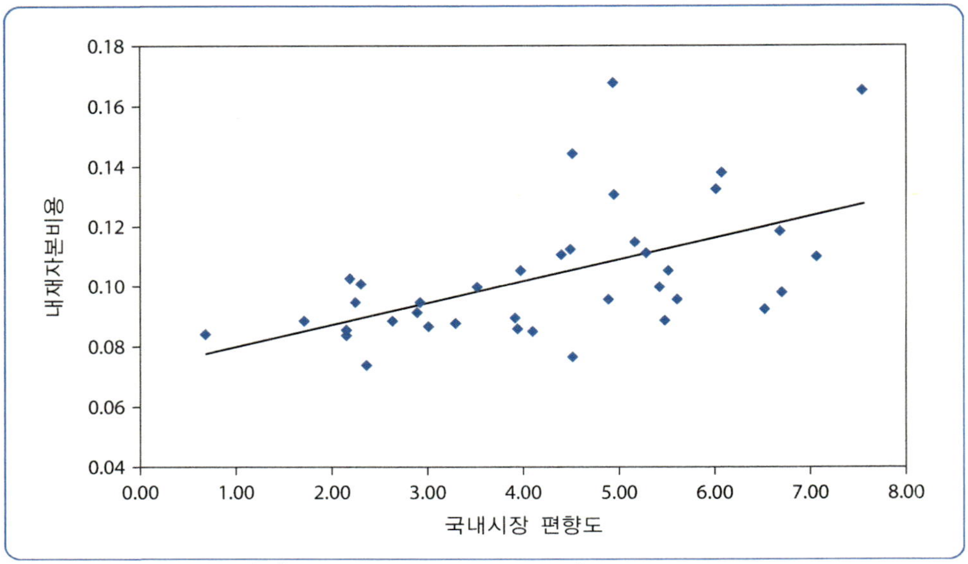

자료: S. T. Lau et. al.(2010), "The World Price of Home Bias," *Journal of Financial Economics*, 97, pp. 191–217.

자본비용 8.5%를 보여주고 있는데 반해 페루는 가장 높은 편향도를 보여주면서 동시에 브라질 16.8% 다음으로 높은 16.5%의 자본비용을 나타내고 있다. 〈도표 17.4〉는 각국의 국내시장 편향도와 내재자본비용을 하나의 평면 위에 도시하고 있으며 두 변수가 양(+)의 상관관계에 있다는 것을 보여준다. 즉, 국내시장 편향도가 높을수록 자본비용도 높아진다는 것이다. 5)

페루처럼 국내시장 편향도*가 높으면 세계적인 위험분산이 어려워지고 그 나라의 자본비용을 상승시키게 된다. Lau 등(2010)은 국내시장 편향도가 낮아지게 되면 글로벌 위험분산이 커져서 자본비용이 낮아지게 된다고 주장한다. 그들은 또한 회계 투명성도 자본비용 하락에 도움을 준다고 주장한다.

완전경쟁시장 하에서라면 기업은 국내시장에서 자본을 조달하는 것과 해외에서 조달하는 것에 대해 무차별적이다. 하지만 시장이 불완전하다면 국제적 자본조달이 기업의 자본조달 비용을 낮춰줄 수 있다. 예를 들어 우리가 제12장에서 살펴보았듯이 유로본드 시장에서 자본을 조달하는 것이 국내 채권시장에서 타인자본을 조달하는 것보다 더 유리하다. 우리는 이 장에서도 이와 같은 관점에서 기업의 소유구조를 국제화함으로써 기업의 자기자본 조달비용을 낮출 수 있는 방안을 모색해 나갈 것

* 역자 주: 모국편의(母國 偏倚)로 번역되어 사용되기도 함.

이다. 이제 Stonehill과 Dullum(1982)가 예로 든 Novo Industri 라는 기업의 역사적 경험을 하나의 사례로 살펴보기로 한다.[5)]

사례분석: 노보 인더스트리(Novo Industri)

노보 인더스트리 사는 세계 산업용 효소 생산의 50% 정도를 차지하는 덴마크의 다국적기업이다. 이 기업은 인슐린을 포함한 다른 제품도 생산하고 있다. 1981년 7월 8일에 이 기업은 뉴욕증권거래소에 자사 주식을 복수 상장하였으며, 북구 여러 나라 기업 중에서는 최초로 미국에서 자기자본을 직접 조달하는 기업이 되었다.

1970년대 말에 노보 사는 기업의 계획된 미래 성장을 도모하기 위해 필요한 자본을 조달하려면 국제자본시장을 활용해야 한다는 결론에 도달하였다. 당사는 상대적으로 작고 유동성이 낮은 덴마크 국내 주식시장만 활용해서는 필요한 모든 자금을 조달할 수 없다는 것을 알게 되었던 것이다. 나아가 당사의 최고경영층은 자사의 자본비용이 경쟁사인 엘리 릴리나 마일즈 랩 등보다 더 높으며, 그 이유는 자사가 분리된 덴마크 주식시장만 활용하기 때문이라는 것을 알게 되었다.

그래서 당사는 국제자본 조달 원천에 접근하기 위해, 동시에 자본비용을 낮추기 위해 자사의 자본구조를 국제화해야 한다는 결정을 내렸다. 우선 당사는 기업경영에 대한 공시 수준을 제고하여 1978년에 유로채를 발행하고, 런던증권거래소에 상장도 하였다. 한 걸음 더 나아가 당사의 최고경영층은 ADR(American Depository Receipt) 발행을 추진하여 미국의 투자자들이 덴마크 크로네가 아니라 미국 달러화로 자사 주식에 투자할 수 있는 길을 열었다. 즉, 1981년 4월에 모건 게런티 사가 당사의 ADR 주식을 발행하여 점두(over-the-counter: OTC)시장을 통해 거래를 시작하였다. 그리고 1981년 8월에는 당사가 180만 주의 ADR을 발행하여 4억 5천만 DKR의 자본을 조달하고 동시에 이 ADR 주식을 뉴욕증권거래소에 상장하였다. 이와 관련된 주요 일정이 〈도표 17.5〉에 제시되어 있다.

5) Stonehill과 Dullum(1982)은 이 사례에 대해 자세한 분석을 하고 있다.

도표 17.5

노보 인더스트리 사의 자본구조 국제화

연 도	내 용
1977년	동사는 자국뿐만 아니라 영국 기준에도 부합하는 금융 및 기술적 기업공개 요건을 갖춤. 영국 증권회사인 Grieveson, Grant & Co.가 이 주식의 동향에 대한 분석을 행하고 처음으로 영어로 된 전문적 주식분석보고서를 발행함. 당시 노보 사의 주가는 Dkr200-225.
1978년	동사는 Morgan Grenfell 사를 인수회사로 하여 2천만 달러의 유로전환사채 발행, 그리고 런던증권거래소에 복수 상장.
1980년 4월	노보 사는 자사 주식에 대한 투자 촉진을 위해 뉴욕에서 설명회 개최.
1980년 12월	동사의 주가 Dkr600 수준에 도달. 주가/수익배율(P/E)가 16으로 치솟음.
1981년 4월	노보 사의 ADR(5 ADR = 1주)이 NASDAQ에 상장됨. Morgan Guaranty Trust & Co.가 예탁은행으로 지정됨.
1981년 7월	동사 주식을 뉴욕증권거래소에 상장. 동사의 주가는 Dkr1400 수준에 도달. 동사의 발행주식에 대한 외국인 보유 비중이 50%을 상회함. 미국 기관투자가들이 동사의 주식을 보유하기 시작함.

자료: Stonehill Arthur & Kare Dullum, *Internationalizing the Cost of Capital*, N.Y.: John Wiley & Sons, 1982.

도표 17.6

노보 B-주식 가격과 주가지수 변동 추이

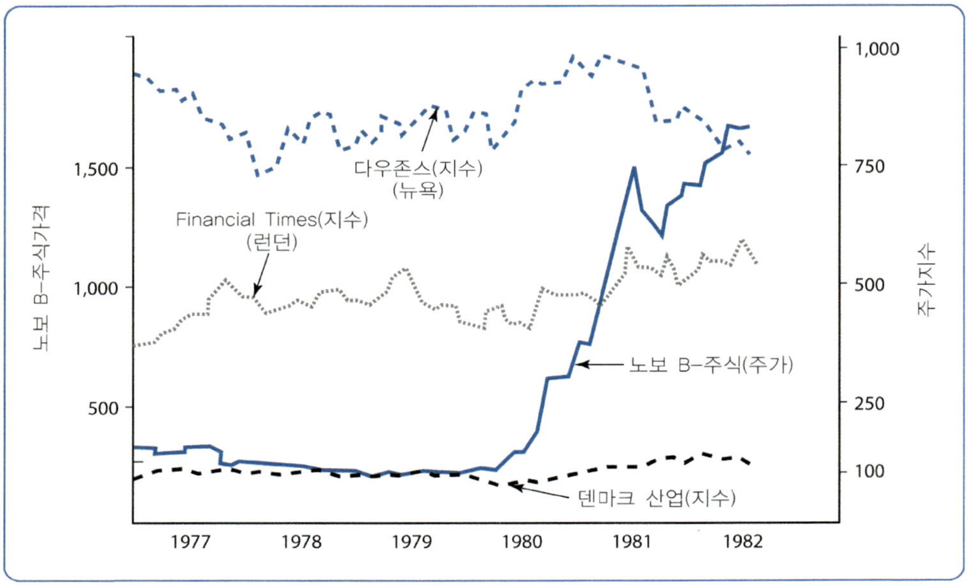

자료: Arthur Stonehill & Kare Dullum, *Internationalizing the Cost of Capital : The Novo Experience and National Policy Implications*(N.Y.: John Wiley & Sons, 1982), p.73. (전재허가를 득함)

* Novo-A 주식은 Novo 재단이 보유하고 있는 비유통주식임.

〈도표 17.6〉에서 보듯이 노보 사의 주가는 미국시장 상장에 매우 긍정적으로 반응하였다.[6] 다른 덴마크 기업들의 주식 가격은 노보 사의 주가와 같은 상승을 보여주지 않았다. 노보 사의 주가가 급등한 것은 이 주식의 미국 상장으로 국제적 자본화가 이루어진 것을 의미한다. 이것은 또한 덴마크 주식시장이 다른 세계시장과 분리되어 있다는 것을 시사하는 것이기도 하다. 노보 사의 경험으로부터 우리는 다음과 같은 교훈을 배울 수 있다. 즉, 작고 분리된 국내자본시장에서 활동하는 기업은 크고 유동성이 높은 뉴욕이나 런던 등의 자본시장에 상장함으로써 새로운 자본조달원에 접근할 수 있고 자본비용을 낮출 수 있다.

주식의 교차상장

www.adrbnymellon.com/indices/composite-dr-index/overview
주식예탁증서 관련 일반 정보를 제공하고 있다.

앞의 노보 인더스트리의 사례에서 보듯이 기업은 교차상장을 함으로써 많은 이득을 얻을 수도 있다. 그래서 교차상장이 아주 성행하고 있다. 〈도표 17.7〉은 Sarkissian과 Schill(2004)이 교차상장에 대한 지리적 분포를 분석한 연구에서 제시한 국별 교차상장 빈도를 인용하여 제시하고 있다. 이들이 연구한 1998년 현재 교차상장 건수는 2,251건에 달한다. 〈도표 17.7〉의 하단에서 보듯이 미국과 영국의 증권거래소가 아마도 이들의 유동성과 신뢰성을 반영하여 가장 많은 교차상장 거래소로 나타나고 있다. 이외에 중요한 교차상장 거래소는 벨기에, 프랑스, 독일, 룩셈부르크, 네덜란드, 스위스 등의 거래소가 각각 100건 이상의 교차상장을 유치하고 있다. 이 표를 잘 살펴보면 기업은 인접 거래소에 상장하는 걸 선호한다는 것을 알 수 있다. 266건의 캐나다 기업 해외 상장 중 211건이 미국 거래소에 이루어졌다. 뉴질랜드와 호주 기업은 서로 교차상장을 선호하고 있다. 이와 비슷하게 벨기에와 네덜란드 기업도 서로 교차상장을 아주 많이 하고 있다. 이에 대해 Sarkissian과 Schill(2004)은 투자포트폴리오 구성에서 "국내 편향"이 일어나게 만드는 인접선호(proximity preference) 성향이 교차상장에서도 나타나는 것으로 해석하고 있다.

〈도표 17.8〉은 뉴욕증권거래소에 교차상장된 해외 주식의 목록 중 일부를 보여주

6) 노보 사는 이중 주식을 발행하였으며, A-주식은 노보재단이 보유하여 시장거래가 불가하고, B-주식만 시장거래가 가능하다.

도표 17.7 국별 해외 상장 분포표

본사 국가	교차상장 국가																								
	호주	오스트리아	벨기에	브라질	캐나다	덴마크	프랑스	독일	홍콩	아일랜드	이탈리아	일본	룩셈부르크	말레이시아	네덜란드	뉴질랜드	노르웨이	페루	싱가포르	남아공	스페인	스웨덴	스위스	영국	미국
아르헨티나				1									3										2	1	12
호주					4			2				4	1			45			3				2	10	26
오스트리아			1				2	8							1										
벨기에							7	3					4		7		1						4		1
브라질													5											1	21
캐나다	4		8				6	2				1			4				1	1			8	20	211
칠레																									22
콜롬비아													3												1
체코																								5	
덴마크																	1					1	1	3	3
핀란드							1	2														3		2	4
프랑스			11		1			7			1	2	2		7						1	3	5	6	23
독일		17	7				13				2	9	6		12				1		2	1	26	11	11
그리스													1		1									4	2
홍콩	3											1					1		9					1	4
헝가리		1											5											4	1
인도													48											17	
인도네시아													1											2	4
아일랜드																								58	14
이스라엘			2																					4	59
이탈리아			2				4	5							1						1				14
일본		1	5		1		30	52					21		19				6				14	29	28
한국													12											14	3
룩셈부르크			5				3	1							2							1	1	6	3
말레이시아												1							1					5	
멕시코																									30
네덜란드		4	11				9	20			1	1	6						1			1	12	13	26
뉴질랜드	17																								5
노르웨이						1	1	2							1							2	1	5	6
페루																									3
필리핀													5						1						1
폴란드													1											7	
포르투갈								1																1	5
싱가포르	2												2												1
남아공			9				15	5					4										4	40	11
스페인							4	4				4			1								2	4	5
스웨덴		1	1			5	3	3				2					2		2				4	12	12
스위스		1	1			1	5	10				4			1									1	5
대만													14						1					10	2
태국													2						1						
터키													1											6	
영국	6		8		4	1	13	10	1	13		8	1	3	12		2		7	1			4		77
미국	8		31		27		32	42				23	1		71		3	2				5	67	104	
베네수엘라													1												3
합계	40	25	106	1	37	8	148	179	1	13	4	60	150	3	140	45	10	2	34	2	4	17	157	406	659

자료: Sarkissian & Schill(2004), "The Overseas Listing Decisions: New Evidence of Proximity Preference," *Review of Financial Studies* 17 (2004).

도표 17.8

뉴욕증권거래소에 상장된 해외 기업 (일부 발췌)

국별	기 업
호 주	BHP Group, James Hardie Industries, Westpac Banking
브 라 질	Banco Bradesco, Embraer, Petrobras, Telebras, Vale
캐 나 다	Barrick Gold, Canadian Pacific Railways, Domtar, IMAX, RBC, Thomson Reuters, Toronto Dominion Bank, Enbridge, RBC
칠 레	Banco de Chile, Enel Americas, Enersis Chile
중 국	China Eastern Airlines, China Life Insurance, Huaneng Power, Petro China, TAL Education, Tencent Music
핀 란 드	Nokia Corp
프 랑 스	Constellium, Orange, Schlumberger, Sequans Communications, Total
독 일	Deutsche Bank, Orion Engineered Carbons, SAP, Via Optronics
인 도	ICICI Bank, Infosys, Tata Motors, Wipro
이스라엘	Cellcom Israel, Israel Chemicals, Teva Pharmaceutical
이탈리아	ENI, Ferrari, Natuzzi, CNH Industrials
일 본	Canon, Orix, Sony, Toyota Motors, Takeda Pharma
한 국	Korea Electric Power, Korea Telecom, Pohang Iron & Steel, SK Telecom, KB Financial, Coupang, LG Display
멕 시 코	Cemex, Grupo Simec, Grupo Televisa, America Mobil
네덜란드	Aegon, ING Group, Core Laboratories
노르웨이	DHT Hldgs, Borr Drilling, Frontline
남 아 공	Anglo Gold Ashanti, Gold Fields, Sasol, Jumia Technologies
스 페 인	Banco Santander, Telefonica
스 위 스	ABB, Credit Suisse, Novartis, Union Bank of Switzerland
영 국	Barclays, British Petroleum, Diageo, GlaxoSmithKline, HSBC, Lloyds, Prudential, Royal Bank of Scotland, Royal Dutch Shell, Unilever

자료: The New York Stock Exchange.

고 있다.

국제적으로 유명한 BHP, 노키아, 도이체방크, 혼다자동차, 인포시스, ING, 유니레버, BP, 차이나 모바일 등은 모두 뉴욕증권거래소에 교차상장되어 있다. 런던증권거래소는 교차상장으로 유명한 또 다른 하나의 거래소이다. 〈도표 17.9〉는 런던증권거래소에 상장되어 있는 해외 주식의 목록을 보여주고 있다. 영국령이었던 호주, 캐나다 그리고 인도 등의 여러 기업들이 여기에 많이 교차상장하고 있다. 유럽 자금조달시장의 핵심인 런던증권거래소의 전통을 반영하여 유럽대륙의 프랑스, 독일, 네덜란드, 폴란드 그리고 러시아 등의 나라 기업들도 이곳에 많은 수가 교차상장하고 있다.

도표 17.9

런던증권거래소에 상장된 해외 기업 (일부 발췌)

국별	기　　　업
호　　주	Base Resources, South32, Atlantic Lithium, BHP Group
캐 나 다	Canadian General Investments, Cornish Metals, Falcon Oil & Gas, Galantas Gold
중　　국	Air China, China Petroleum & Chemical, Datang Intl Power Generation, Zhejiang Expressway, SDIC Power
이 집 트	Commercial International Bank, Orascom Investment Holding, Telecom Egypt, EZZ Steel
프 랑 스	Compagnie De Saint-Gobain, Novacyt, Total
인　　도	Mahindra & Mahindra, Reliance Industries, State Bank of India, Steel Authority of India, Tata Power, Dish TV India
아일랜드	Bank of Ireland, Kingspan Group, EQtec
이스라엘	Ethernity Networks, MTI Wireless Edge, Windward
일　　본	ANA, Mitsubishi Electric, Ricoh, Toyota Motors, Konami Holdings
한　　국	Hyundai Motor, LG Electronics, Samsung Electronics, SK Telecom
네덜란드	European Asset Trust, Plaza Centers, Rhi Magnesita, X5 Retail
파키스탄	Lucky Cement, Oil and Gas Development, United Bank
폴 란 드	Bank Pekao, Work Service
러 시 아	Lukoil, Sberbank, Rosneft, Pao Novatek, Sistema
싱가포르	Global Invacom, Simec Atlantis Energy, XP Power
남 아 공	Aeci, Old Mutual, Thungela Resources
싱가포르	Global Invacom, Simec
아틀란티스	Energy, XP Power
스 페 인	Banco Santander, International Consolidated Airlines
대　　만	Acer, Hon Hai Precision Industry, Powerchip Technology
미　　국	Vaalco Energy, General Electric, Honeywell, IBM, Marsh & McLennan, Unisys

자료: The London Stock Exchange.

그리고 미국의 유수기업들, 예컨대 BOA, 보잉, GM, GE, IBM, 화이저 등도 런던증권거래소에 교차상장하고 있다. 세계의 많은 거래소들이 교차상장 유치를 위해 경쟁하고 있으며, 국제주식 거래를 활성화하려고 노력하고 있다.

일반적으로 기업이 교차상장에서 얻을 수 있는 이득은 다음과 같다.

1. 기업은 잠재적 투자자 층을 두껍게 할 수 있으며, 이를 통해 자사 주가가 올라갈 수 있고, 자본비용을 낮출 수 있다.
2. 교차상장은 기업 주식에 대한 추가적 시장을 창출함으로써 해외시장에서의 자본조달을 용이하게 할 수 있다.[7)]

7) Chaplinsky와 Ramchand(1995)에 따르면 기업이 국내에만 상장하는 것에 비해 해외에도 교차상장하면 더

3. 교차상장으로 기업 주식에 대한 유동성이 증대될 수 있다.
4. 교차상장으로 기업의 지명도가 높아지고 자사 제품에 대한 해외시장에서의 인지도가 높아질 수 있다.
5. 교차상장을 통해 해외 기업을 인수하기 위한 "인수 자금"을 동원할 수 있다.
6. 교차상장으로 기업의 지배구조와 투명성이 개선될 수 있다.

위의 여섯 번째에 대해서는 좀 더 자세한 논의가 필요하다. 주주 권리가 적절히 보호되지 않는 어떤 나라의 기업에서 지배주주(창업가와 대주주 등)가 기업통제에 따른 이득, 예컨대 임원진에 대한 특전이나 과다한 봉급과 보너스, 그리고 어느 경우엔 이윤착복 등을 누리고 있다고 해보자. 이 기업이 일단 엄격한 공시 및 상장 조건을 충족시켜야 하는 뉴욕증권거래소나 런던증권거래소 또는 다른 외국의 거래소에 교차상장을 하게 되면 지배주주가 사리를 채우려고 기업 자원을 빼돌릴 수 없을 것이다. Doidge, Karolyi와 Stulz(2001)에 따르면 더 큰 공공감시와 투명성 강화와 관련된 해외상장의 "불편함"에도 불구하고 지배주주는 수익성이 높은 투자를 위한 자금조달을 위해서(그리고 이를 통해 주가를 끌어올리기 위해) 결국 스스로 "선량한 행동"을 하도록 구속당하는 길, 즉 기업의 주식을 해외에 교차상장하는 대안을 선택하게 된다고 한다. 환언하면, 외국기업이 자금동원의 필요성이 없다면 미국거래소에 상장하는 대안을 선택하지 않을 것이며, 지배주주들은 기업으로부터 사리를 착복하는 일을 이전처럼 계속하려든다는 것이다. 이 연구결과에 따르면 미국 거래소에 상장한 외국기업의 주가는, 다른 조건은 동일한 다른 기업군에 비해, 미국 거래소에 상장하는 것에 부수하는 기업지배구조의 강화에 대한 투자자의 인식이 제고되면서 평균 17% 더 높게 평가되었다. 런던증권거래소도 엄격한 공시 및 상장 조건을 부과하고 있기 때문에 이 거래소에 상장한 외국기업도 기업지배구조의 강화 효과로 긍정적인 주가 상승을 경험하였을 것이다.[8)]

Lang, Lins와 Miller(2003)의 연구에 따르면 교차상장으로 기업의 전반적인 정보환경이 개선되어 기업가치가 상승할 수 있다고 한다. 구체적으로 미국거래소에 교차상장한 외국기업은 그렇지 않은 기업에 비해 더 자주 증권분석가들의 분석대상이

유리한 조건으로 자본을 조달할 수 있게 해주고, 신주발행의 주가하락 영향도 해외발행분이 병행되면 완화된다고 한다.

8) Dahya, McConnell과 Travlos(2002)이 지적하고 있듯이 영국에서는 기업의 이사회에 최소한 세 명의 사외이사가 포함되어야 하고, 회장과 사장을 동일인이 겸직하지 못하게 한 1992년의 캐드배리권고안(Code of Best Practice)의 제정으로 기업지배구조 표준이 한층 강화되었다.

되고, 미래수익에 대한 예측 정확성도 높아진다고 한다. 이상의 연구 결과는 교차상장한 기업들이 더 낮은 자본비용과 더 나은 기업지배구조로 득을 보게 된다는 다른 연구들의 결론과 상통하고 있다.

해외 상장에는 이러한 잠재적 이득이 있지만 다음과 같은 비용 증가요인도 고려하지 않을 수 없다.

1. 외국 거래소와 규제당국의 공시 및 상장 요건을 충족시키는 데 큰 비용이 들 수 있다.
2. 기업이 일단 해외 거래소에 상장되면 지배주주 입장에서는 사적 이득을 취하기가 어려워진다.
3. 기업 주식이 해외 시장에서 거래되기 시작하면 해외 시장의 가변성이 주가변동에 영향을 미칠 수 있다.
4. 기업 주식을 외국인이 보유할 수 있게 되면 이들이 기업의 통제권에 관심을 가질 수도 있고 그로 인해 기업의 통제권이 흔들릴 수 있다.

여러 조사 결과에 따르면 해외상장에서 가장 큰 걸림돌이 되는 것은 공시요건이다. 예를 들어 미국 증권거래위원회(SEC)가 요구하는 회계원칙을 따르는 것이 뉴욕증권거래소에 교차상장하려는 외국기업에 가장 어려운 장벽이 되고 있다. Glaum과 Mandler(1996)에 따르면 조사대상 독일기업 중 3분의 1이 미국거래소 상장에 관심이 있지만 미국의 일반회계원칙(US-GAAP)에 따른 재무제표 작성이 가장 큰 장애 요인이 되어 있었다. 뉴욕증권거래소에 교차상장한 독일 기업인 다이믈러는 미국 일반회계원칙과 독일 회계법에 따른 각각 다른 크기의 이익을 보여주는 두 가지 연결재무제표를 제출하고 있다.[9] 〈도표 17.10〉에서 보듯이 1993, 1994년의 경우 이 기업은 독일 회계기준 하에서는 당기 순이익이었지만 미국 회계기준 하에서는 당기 순손실이었다. 해외 상장의 비용/수익 측면에서 볼 때 해외상장은 그 순현재가치(NPV)가 영보다 커서 기업가치를 증대할 수 있어야 하는 하나의 투자안으로 간주되어야 한다.

기업의 교차상장 의사결정에 대해 연구한 논문들을 종합적으로 분석한 Karolyi (1996)의 결론은 다음과 같다. (1) 주가는 교차상장에 대해 긍정적으로 반응한다. (2)

9) 미국 회계원칙과 달리 독일의 회계규칙은 조세 및 채권자보호가 주안점이 되어 있다. 이런 이유로 진실성, 공정성 관점보다 성실성(rule of prudence) 관점이 우세하다. 독일의 경영자들은 회계원칙 적용상의 재량권이 인정되고 있으며, 회계기간별 이윤 진폭을 줄이려는 노력을 하고 있다.

도표 17.10

독일 및 미국 회계기준에 따른 다이믈러 사의 손익(단위: 10억 독일마르크)

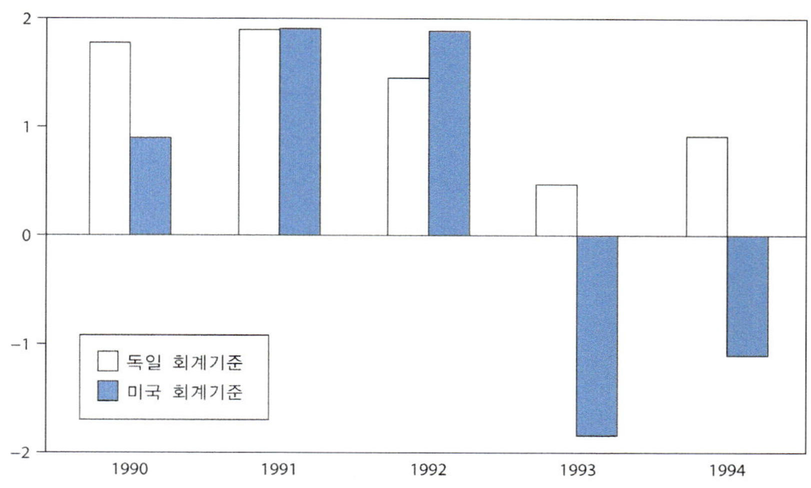

자료: *The Economist*, 1995년 5월 20일자.

교차상장 후의 전반적인 거래량은 평균적으로 상승하며, 많은 경우에 국내 거래량도 증가한다. (3) 주식거래상의 유동성도 전반적으로 증대된다. (4) 국내 시장에 대한 위험 노출은 유의하게 감소하지만 교차상장에 따른 글로벌 시장위험 노출은 크지 않다. (5) 교차상장으로 기업의 자기자본 비용은 평균 114베이시스포인트(1.14%) 순감되었다. (6) 엄격한 공시요건이 교차상장의 가장 큰 걸림돌이었다. 그리고 Miller (1999)의 연구도 교차상장이 국제자본이동의 장애를 제거하여 주가 상승 및 그에 따른 자기자본 비용의 하락을 가져온다는 것을 확인하였다. 이상의 연구결과를 종합해 볼 때 교차상장은 평균적으로 순현재가치가 양(+)인 프로젝트인 것으로 보인다.

(심층학습) 교차상장에 따른 자본자산가격결정[10)]

국제 교차상장의 효과를 온전히 이해하기 위해서는 어떤 자산이 다른 대안적 자본시장제도 하에서는 어떻게 평가되는지를 이해할 필요가 있다. 이 절에서 우리는 일부 자산은 국제적으로 거래가 가능하고 다른 자산은 거래가 될 수 없는 경우를

10) 이 절의 이론적 검토 부분은 읽지 않고 다음의 실제 계수 사례로 넘어가도 별 문제는 없을 것이다.

전제로 한 **국제자산가격결정모형**(International Asset Pricing Model: IAPM)에 대해 살펴보기로 한다. 논의를 단순화하기 위해 교차상장된 주식은 **국제적으로 거래가능한 자산**이고 다른 기타 자산은 **국제적으로 거래불가능한 자산**으로 간주한다.

CAPM 공식은 우리의 의도에 맞게 다음과 같이 변형될 수 있다. CAPM 공식에서 베타의 정의를 고려하면 식 (17.2)는 다음과 같이 고쳐 쓸 수 있다.

$$\overline{R_i} = R_f + [(\overline{R_M} - R_f)/Var(R_M)] * Cov(R_i, R_M) \tag{17.3}$$

그리고 논의의 전개를 위해$(\overline{R_M} - R_f)/Var(R_M)$는 $A^M M$으로 재정의한다. 여기서 A^M은 투자자의 전반적 위험회피 성향 척도이며, M은 시장포트폴리오의 총가치를 의미한다.[11] 이렇게 정의하면 식 (17.3)은 다음과 같이 변형된다.

$$\overline{R_i} = R_f + A^M M\ Cov(R_i, R_M) \tag{17.4}$$

식 (17.4)는 주어진 투자자의 전반적 위험회피 척도 하에서 어떤 자산에 대한 기대수익률은 그 자산의 시장포트폴리오와의 공분산이 커질수록 높아진다는 것을 의미한다.

교차상장에 따른 IAPM(international asset pricing model: 국제자산가격결정모형)을 논하기 전에 우선 완전 분리 시장과 완전 통합 시장 하에서의 자산가격결정 메커니즘을 살펴보기로 하자. 이 세계엔 국내와 국외에 (한 나라씩) 두 나라만 있다고 가정해 보자. 어떤 자산도 국제적으로 거래가 일어날 수 없는 **완전분리시장** 하에서 이들 자산은 각국의 국별 **체계적 위험**에 따라 가격이 결정될 것이다. 국내 자산은 다음 (17.5)의 공식에 따라 자산의 기대수익률이 결정된다.

$$\overline{R_i} = R_f + A^D D\ Cov(R_i, R_D) \tag{17.5}$$

그리고 해외 자산은 다음과 같이 기대수익률이 결정된다.

$$\overline{R_g} = R_f + A^F F\ Cov(R_g, R_F) \tag{17.6}$$

위의 두 식에서 $\overline{R_i}(\overline{R_g})$는 i번째 국내 자산, (g번째 해외 자산)에 대한 현재의 균형 기대수익률이며, R_f는 국내와 해외 모두 동일한 것으로 간주하는 무위험수익률이다. 그리고 $A^D(A^F)$는 국내(해외) 투자자의 위험회피성향에 대한 척도이고, $D(F)$는 국내(해외) 시장포트폴리오의 총가치이다. $Cov(R_i, R_D)$, $Cov(R_g, R_F)$는 각각 i번

11) 여기서 투자자 위험회피 성향은 상수로 간주한다.

째 자산과 **국내시장포트폴리오**, 그리고 g번째 자산과 **해외시장포트폴리오** 기대수익률 간의 공분산을 의미한다.

다음에 모든 자산이 국제적으로 거래가 되는 **완전 통합된 세계자본시장**을 가정하면 각 자산의 가격은 **세계의 (단일) 체계적 위험**에 따라 결정될 것이다. 즉, 국내·해외 자산 모두 다음 공식에 따라 평가된다.

$$\overline{R_i} = R_f + A^W W \ Cov(R_i, R_W) \tag{17.7}$$

여기서 A^W는 전 세계 투자자의 위험회피성향에 대한 척도이며, W는 국내와 해외 시장 포트폴리오를 포괄하는 **세계시장포트폴리오**의 시장가치 총합이다. 그리고 $Cov(R_i, R_W)$는 i번째 증권과 세계시장포트폴리오 기대수익률 간의 공분산이다.

나중에 살펴보겠지만 일부는 교차상장된 주식처럼 국제적으로 거래가 되고 다른 일부는 국제거래가 불가한 **부분적으로 통합된 국제금융시장** 하에서는 문제가 더 복잡해진다.

결론부터 얘기하면 국제적으로 거래가 가능한 자산은 세계금융시장이 완전통합된 경우와 마찬가지로 가격이 결정된다. 어느 나라 증권인가를 불문하고 국제적으로 거래가 가능한 자산은 식 (17.7)에 기술된 단일 체계적 위험에 따라 가격이 결정된다. 반면에 국제적으로 거래가 불가능한 자산은 국별 체계적 위험에 의해서도 평가가 될 뿐만 아니라 국제적 거래가 가능한 자산의 가격결정에 영향을 받아 세계 체계적 위험에 의해서도 평가가 된다. **가격결정 상의 파급효과**(pricing spillover effect)로 인해 국제거래가 불가능한 자산도 국제금융시장이 완전 분리되어 있는 경우처럼 가격결정이 이루어지지 않는다는 것이다.

국내의 국제거래 불가능 자산에 대한 가격결정은 다음 공식에 의해 이루어진다.

$$\overline{R_i} = R_f + A^W W Cov^*(R_i, R_W) + A^D D[Cov(R_i, R_D) - Cov^*(R_i, R_D)] \tag{17.8}$$

여기서 $Cov^*(R_i, R_D)$는 국제적 거래가 가능한 자산의 파급적 영향으로 나타나는 국제거래 불가능한 자산과 국내시장 포트폴리오 수익률 간의 간접적 공분산이다. 구체적으로 살펴보면, $Cov^*(R_i, R_D)$는 다음과 같다.

$$Cov^*(R_i, R_D) = \sigma_i \sigma_D \rho_{iT} \rho_{TD} \tag{17.9}$$

여기서 σ_i, σ_D는 각각 i번째 자산과 국내 시장포트폴리오의 기대수익률의 표준편차이며, ρ_{iT}는 i번째 자산과 국제거래가 가능한 자산 포트폴리오(T) 기대수익률 간의 공분산이고, ρ_{TD}는 포트폴리오 T와 국내 시장포트폴리오 D의 기대수익률 간의 공분산이다. 그리고 $Cov^*(R_i, R_W)$는 i번째 국제거래 불가능 자산과 세계시장포트폴리오 기대수익률 간의 간접적 공분산이다. 외국의 경우에도 이와 비슷하게 국제거래 불가능 자산이 평가될 것이다. 따라서 관심의 초점은 국내의 국제거래 불가능 자산에 대한 가격결정이 된다.

식 (17.8)을 살펴보면 국제거래 불가능 자산의 가격은 다음 두 요인에 의해 결정된다. (1) **간접적 세계체계적위험**, $Cov^*(R_i, R_W)$, (2) 순수한 국내 체계적 위험과 $[Cov(R_i, R_D) - Cov^*(R_i, R_D)]$로 이 두 요소는 국제거래 가능한 자산의 존재로 유발된 국내 체계적 위험 감소 효과를 의미한다. 국제적으로 거래가 불가능한 자산은 국내에서만 거래가 되지만 국별 체계적 위험뿐만이 아니라 간접적 세계 체계적 위험에 의해서도 영향을 받게 된다. 이와 같은 국제거래 불가능 자산에 대한 가격결정에도 국제적인 영향이 미치는 것은 국제거래가 가능한 자산의 가격결정 파급효과에 기인한다(이러한 자산가격결정상의 파급효과는 Alexander, Eun과 Janakiramanan(1987)이 처음 주장하였다).

국제거래 불가능 자산은 전적으로 국내 투자자에 의해서만 보유되지만 국제거래 가능 자산의 파급효과로 인해 부분적으로(간접적으로) 국제적 평가가 이루어진다. 식 (17.8)에서 유추할 수 있듯이 국제적 거래가 불가능한 자산은 국제적 거래가능 자산과 전혀 연관되어 있지 않을 때만 그 파급효과와 무관할 수 있다. 그런 경우는 물론 아주 드물 것이다. 그리고 이 모델에 따르면 국내 및 해외 시장포트폴리오가 국제거래가능 자산을 활용하여 똑같이 복제(replicated)될 수만 있다면 모든 국제거래불가능 자산도 국제거래가능 자산처럼 세계금융시장이 완전히 통합되어 있는 경우와 마찬가지로 가격이 결정될 수 있다는 것을 시사한다.[12)]

12) 비거래 가능 자산 i가 거래가능한 자산의 포트폴리오 T와 전혀 상관관계가 없을 때, 식 17.9는 자산 i와 포트폴리오 D 사이의 간접 공분산 0이 될 것임을 보여준다. 따라서 자산 i와 포트폴리오 F 사이의 간접 공분산도 마찬가지로 0이 될 것이다. 이를 확장하면, 자산 i와 세계 시장포트폴리오 W 사이의 간접 공분산 또한 0이 될 것이다. 그렇다면 식 17.8에 의해 설명된 비거래 가능 자산의 가격 모델은 식 17.5로 간소화되어, 비거래 가능 자산이 마치 시장이 완전히 분할되어 있는 것처럼 가격이 매겨질 것을 의미한다. 식 17.9는 또한 투자자가 국내 시장포트폴리오 D를 "완벽하게 모방"할 수 있는 거래 가능한 자산의 포트폴리오를 보유할 수 있다면, 간접 공분산이 통상적인 직접 공분산과 동일해질 것을 제시한다. 결과적으로, 투자자가 국내 및 외국 시장포트폴리오를 완벽하게 복제할 수 있는 거래 가능 포트폴리오를 보유할 수 있다면, 비거래 가능 자산의 가격 모델, 즉 식 17.8은 식 17.7로 간소화되어, 모든 비거래 가능 자산이 마치 시장이 완전히 통합된 것처럼 가격이 매겨지게 될 것을 제시하며, 이는 놀라운 이론적 결과이다.

국제자산가격결정모형은 몇 가지 흥미 있는 시사점을 제시한다. 첫째, 자산의 국제상장으로 국제적 거래가 가능해지면서 분리된 국제 금융시장은 하나의 시장으로 통합된다. 둘째, 국제 거래가 불가능한 자산을 보유한 기업은 국제상장과 관련된 비용을 부담하지 않으면서도 국제거래가 가능한 자산의 파급효과로 인해 국제자본시장이 통합되면서 자본비용의 하락과 자산가격의 상승이라는 효과를 **공짜로**(free ride) 누리게 된다. 이 장의 〈부록 17A〉에서는 계산 실례를 들어 이를 확인할 것이다.

국제거래가 불가능한 자산을 가정한 국제자산가격결정모형은 자본시장의 부분적 통합으로 경제 전반에 긍정적 파급효과가 미칠 수 있다는 것을 입증한다. 따라서 이 파급효과는 중요한 정책적 시사점을 갖게 된다. 즉, 자본시장의 부분적 통합을 최대한 활용하기 위해서는 국내 시장포트폴리오와 가장 상관관계가 높은 자산을 선택하여 교차상장을 하도록 유도해야 한다는 것이다.

이상의 이론적 분석 내용에 어긋나지 않게 많은 기업들이 해외 주식시장에 자사주식을 교차상장함으로써 자본비용이 실제로 하락하는 것을 경험하고 있다. 미국 증권거래소에 교차상장한 해외주식을 대상으로 한 Alexander, Eun과 Janakiramanan(1987)의 연구에서도 호주 일본 등의 해외 기업들의 자본비용이 상당히 하락하였다는 것을 입증하였다. 하지만 캐나다 기업들의 미국 증권거래소 교차상장에 따른 자본비용 하락은 그다지 크지 않았는데 그것은 아마도 캐나다 주식시장의 미국 주식시장과의 통합 정도가 높았기 때문일 것으로 풀이할 수 있다.

외국인투자자의 주식소유 제한의 효과

기업이 자본비용을 낮추고 기업의 시장가치를 증대시키기 위해 기업의 소유구조를 국제화할 유인이 분명히 존재하지만 다른 한편으로 외국인에게 기업지배권이 넘어가는 문제에도 관심을 기울이지 않을 수 없다. 그 결과 선진국이나 개발도상국 모두 국내기업에 대한 해외투자자의 소유지분 상한을 설정하고 있다. 인도, 멕시코, 태국 등의 국가에서는 외국인이 국내 기업 발행 주식의 49% 이상을 보유하지 못하도록 규정하고 있다. 즉, 이들 국가는 국내 기업에 대한 외국인의 과반수 이상의 주식보유를 허용하지 않고 있다는 것이다. 프랑스와 스웨덴 등의 국가는 한때 20%를

도표 17.11

외국인에 대한 소유지분 제한의 역사적 사례

국가	외국인에 대한 제한
호주	은행에 대해서는 10%, 방송 20%, 광산개발 50%
캐나다	방송 20%, 은행/보험 25%
중국	외국인은 B주식만 보유, 내국인은 A주식 보유
프랑스	20%로 제한
인도	49%로 제한
인도네시아	49%로 제한
멕시코	49%로 제한
일본	주요 산업에 대해서는 25−50%로 제한, 단일 기업에 대해 10%이상 인수할 때는 재무성의 허가를 요함
한국	20%로 제한
말레이시아	은행 20%, 천연자원 30%
노르웨이	펄프, 종이, 광업 0%, 은행 10%, 제조업 및 석유 20%, 해운 50%
스페인	국방 및 언론 0%, 기타 산업 50%
스웨덴	보통주 20%, 전체 자기자본의 40%
스위스	외국인에 대해서는 무기명주식만 보유 가능
영국	외국인의 영국 기업 인수에 대해 정부가 거부권 행사 가능

자료: 프라이스 워터하우스(Price Waterhouse)의 여러 발간물.

상한으로 규정한 적도 있다. 한국은 최근까지 외국인의 국내기업에 대한 주식 보유 한도를 20%까지만 허용하는 규정을 유지하고 있다.

스위스에서는 국내기업이 무기명 주식과 기명 주식, 두 가지 종류의 주식을 발행할 수 있다. 그리고 외국인에 대해서는 무기명 주식만 살 수 있도록 규정하고 있다. 이와 비슷하게 중국 기업들도 A주식과 B주식 두 가지 종류의 주식을 발행할 수 있으며 외국인은 B주식만 보유할 수 있다.[13] 〈도표 17.11〉은 여러 나라의 국내기업에 대한 외국인 소유지분 제한 규정의 역사적 사례를 보여주고 있다. 이러한 제한 규정은 국내기업에 대한 자국 통제권 확보를 위한 수단일 것이 분명하며, 이렇게 하는 것이 국익 관점에서 전략적으로 중요하다고 판단하기 때문일 것이다.[14]

13) 최근에는 중국이 외국인들에게도 A주를 보유할 수 있도록 점진적으로 허용했으나, 총 발행주식 수의 최대 30%까지만 가능하다.

14) Stulz와 Wasserfallen(1995)는 기업의 시장가치를 극대화할 수 있는 외국인 소유지분 제한 한도를 이론적으로 규명할 수 있다는 주장을 하고 있다. 즉, 이들은 국내 및 해외 투자자들이 기업 주식에 대해 상이한 수요함수를 갖고 있다면 기업이 국내 및 해외 투자자 각각을 차별화함으로써 기업의 시장가치를 극대화시킬 수 있다고 주장한다.

이중가격 현상

(외국인에 대한 소유지분 제한으로 인해 국내외시장 간에 주가 차이가 나타나게 된다.: 역자 추가) 예를 들어 외국인 투자자들이 한국 기업에 대해 자기자본의 30%까지 투자를 하고 싶으나 외국인에 대한 제한 규정으로 20%까지밖에 투자하지 못한다고 해보자. 이 제한 규정은 외국인의 지분 한계를 설정한 것이기 때문에 국내외 투자자들은 국내외 시장별로 상이한 주가가 나타나는 것을 보게 된다. 환언하면, 외국인에 대한 법적 규제로 이중가격 또는 **시장별 차별가격**(pricing-to-market: PTM) 현상이 나타나게 된다.

사례분석: 네슬레(Nestlé)[15)]

www.nestle.com
네슬레사의 홈페이지. 당사의 기본정보를 제공하고 있다..

스위스 공개기업 대부분은 세 가지 종류의 보통주를 발행할 수 있다. 기명주식, 투표권부 무기명 주식, 무투표권부 무기명 주식 등이다. 최근까지 외국인은 기명 주식을 살 수 없고 단지 무기명 주식만 살 수 있었다. 즉, 기명 주식은 스위스인에게만 매입이 허용되었다는 것이다.

세계적으로 유명한 스위스 다국적기업 네슬레는 해외시장에서 95% 이상의 수익을 올리고 있으며, 발행 주식 총수 중에서 기명 주식이 약 68%를 차지하고 있다. 이는 외국인이 이 기업의 지배권을 확보하는 것이 사실상 불가능하다는 것을 의미한다. 하지만 1988년 11월 17일에 네슬레는 외국인의 기명 주식 보유를 허용한다고 발표했다. 이 발표는 취리히 증권거래소가 폐장된 직후에 나왔다.

네슬레의 이사회는 이러한 조치의 배경을 다음과 같이 설명했다. 첫째, 당사의 경영활동은 고도로 글로벌화되어 있음에도 불구하고 그 지배구조는 지극히 국수주의적이었다. 동시에 네슬레는 영국의 로운츄리(Rowntree) 사, 미국의 카네이션(Carnation) 사 등을 인수합병하면서 세계적으로 이목을 집중시켰다. 이 과정에서 네슬레의 경영관행에 대해 자유시장 원리에 배치되는 것으로 비판이 제기되었다. 당사는 이에 대해 전향적인 조치를 취할 필요가 컸다. 둘째, 네슬레는 외국인의 기명 주식 보

15) 네슬레 사례는 제1장에서 간략하게 언급한 바 있다. 여기서 좀 더 심층적인 사례분석 내용을 제시한다.

도표 17.12

네슬레의 기명 및 무기명 주식의 가격 차이

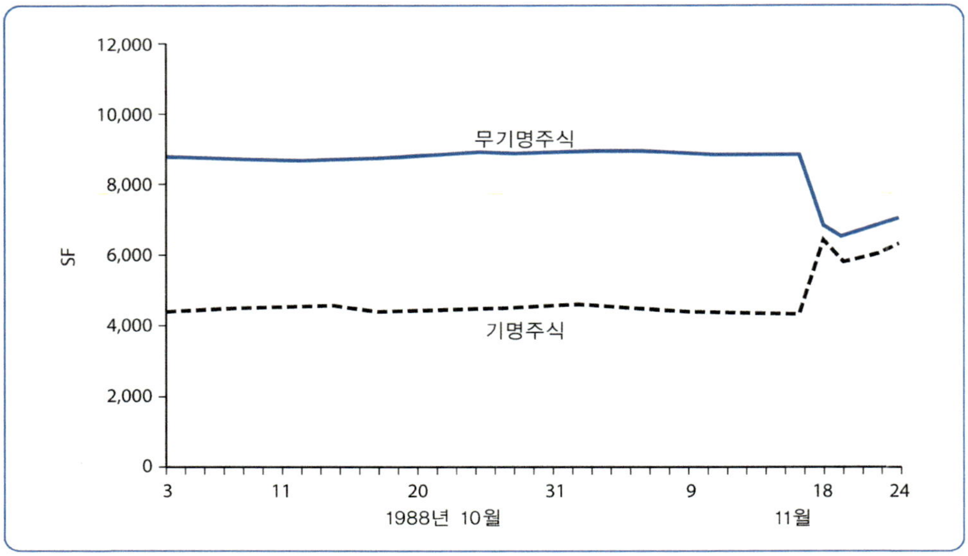

자료: *Financial Times*, 1988년 11월 26일자

유 금지로 당사의 자본비용이 상승하는 결과를 초래하여 당사의 경쟁력 향상에 장애가 되고 있다는 것을 알게 되었다. 〈도표 17.12〉에서 외국인에 대한 규제를 풀기 전에는 투표권부 무기명 주식의 가격은 기명 주식의 가격보다 거의 두 배나 높았다는 것을 알 수 있다. 이러한 가격차는 규제가 없었다면 외국인들이 이 기업의 주식을 더 많이 보유하고 싶어했다는 것을 의미한다. 하지만 규제가 해제되었을 때 두 종류의 주식 가격은 즉시 유사해졌으며, (투표권부) 무기명 주식의 가격은 25% 정도 하락하였고 반면에 기명 주식의 가격은 35% 정도 상승하였다. 기명 주식이 투표권부 주식의 약 2/3를 차지하였으므로 네슬레의 총시장가치는 소유구조의 완전 국제화로 상당히 상승하였다. 이는 또한 네슬레의 자기자본 비용이 상당히 하락하였다는 것을 의미한다.

(심층학습) 외국인 소유 제한 하의 자산가격결정[16)]

여기서 우리는 외국인에 대한 국내 기업 소유지분 한도가 설정되어 있는 경우에 어떻게 균형 자산가격이 결정되는지 고찰해 보려고 한다. 앞에서처럼 우리는 이 세계에 두 나라, 즉 자국과 외국만 존재한다고 가정한다. 논의를 단순화하기 위해 외국이 국내 투자자에 대해 소유지분 한도를 설정하여 규제를 하는 반면에 자국은 외국의 투자자들에게 어떤 제한도 가하지 않는 것으로 가정한다. 따라서 국내 투자자들은 어떤 외국기업에 대해서건 발행주식의 일정 비율만을 보유할 수 있는데 반해 외국의 투자자들은 국내 기업에 대해 투자하는 데 어떤 제약도 없다.

우리가 국내주식에 대해서는 어떤 투자상의 제약도 없다고 가정하기 때문에 국내 투자자나 해외투자자 모두 국내 자산에 대해서는 동일한 가격으로 거래를 하게 되며, 이때의 가격은 완전 통합 자본시장 하의 가격이 된다. 그러므로 국내 자산에 대해서는 일물일가의 법칙이 지배하게 된다. 하지만 외국 자산은 시장별차별가격이 나타나게 된다.

구체적으로 국내 자산의 가격결정은 식 (17.7)에 따를 것이고, 완전통합 세계자본시장 하의 IAPM 모형이 적용될 것이다. 하지만 외국 자산은 투자자가 내국인이냐 외국인이냐에 따라 상이하게 가격결정이 이루어질 것이다. 국내 투자자들은 규제가 없는 완전통합시장 가격보다 더 높은 할증가격을 지불해야 할 것이며, 외국의 투자자들은 이보다 낮은 할인가격을 지불할 것이다. 이것은 국내 투자자들의 외국자산 투자수익률이 외국 투자자의 그것보다 낮아지게 된다는 것을 의미한다.

Eun과 Janakiramanan(1986)은 외국의 i자산에 대한 국내 투자자와 외국 투자자의 균형 투자수익률을 다음과 같이 제시하고 있다.

$$\overline{R_i^d} = R_f + A^W W Cov(R_i, R_W) - (A^W W - \delta A^D D)[Cov(R_i, R_F) - Cov(R_i, R_S)] \tag{17.10}$$

$$\overline{R_i^f} = R_f + A^W W Cov(R_i, R_W) + [(1-\delta) A^D D - A^W W)][Cov(R_i, R_F) - Cov(R_i, R_S)] \tag{17.11}$$

16) 이 부분은 생략하고 계산문제 해제로 넘어가도 무방할 것이다.

여기서 δ는 i번째 외국기업 주식에 대해 국내투자자들에게 보유가 허용된 지분 비율을 의미한다. 그리고 포트폴리오 S는 **대체포트폴리오**(substitution portfolio)를 나타내며, 이는 외국의 시장포트폴리오 F와 가장 높은 상관관계를 갖는 국내 자산 포트폴리오를 의미한다. 그러므로 포트폴리오 S는 국내 투자자들이 스스로 만들어 낸 외국의 시장포트폴리오 F의 대체포트폴리오로 볼 수 있다.

위의 모형에 따르면 균형 투자수익률은 주로 다음 두 가지 요인에 의해 결정된다. (1) 소유지분 제한 비율 δ, (2) 국내 투자자들이 국내자산을 이용하여 외국의 시장포트폴리오와 똑같은 포트폴리오를 복제할 수 있는 능력. 이것은 위의 공식에서 $Cov(R_i, R_F) - Cov(R_i, R_S)$로 측정되며 **순수해외시장위험**(pure foreign market risk)이다. 특수한 경우에 포트폴리오 S가 외국의 시장포트폴리오에 대한 완벽한 대체포트폴리오가 되는 경우 $Cov(R_i, R_F) = Cov(R_i, R_S)$가 된다. 이 경우 해외 자산은 외국인 소유지분에 대한 규제가 있더라도 국내외 투자자의 입장에서 모두 세계 자본시장이 완전통합되어 있을 때처럼 가격결정이 이루어진다. 하지만 일반적인 경우에는 국내 투자자들은 외국의 자산에 대해 할증된 가격을 지불해야 하며 이는 완전통합자본시장 하에서 보다 더 낮은 투자수익률을 수용하는 것을 의미한다. 그 차이는 국내 투자자들이 국내자산을 활용하여 외국의 시장포트폴리오를 얼마만큼 정확하게 복사해 내느냐에 달려 있다. 반면에 외국의 투자자들은 할인된 자산가격, 즉 완전통합 자본시장 하에서보다 더 높은 수익률을 누리게 된다.

예제 17.2 **계산 사례**

기업의 자기자본 비용에 대한 외국인 소유지분제한의 효과를 설명하기 위해 다음 〈도표 17.13〉와 같은 이론적 세계를 상정하고 계수적 의태 실험을 해보기로 한다.

이 표에서는 이 이론적 세계의 표준편차와 상관계수 행렬을 보여준다. 기업 D1에서 D4까지는 국내기업이고 기업 F1에서 F4까지는 외국기업이다. 논의의 단순화를 위해 국내기업자산 수익률 간의 상관계수는 두 나라 기업 간의 그것보다 높다고 가정하며, 각각의 상관계수는 국내기업간의 경우 모두 0.5이고 두 나라 기업 간의 경우 모두 0.15로 가정한다. 그리고 국내외 투자자들의 위험회피성향은 동일하고 무위험수익률도 모두 9%라고 가정한다.

〈도표 17.14〉는 외국이 (외국인투자자에 대해) 20% 소유지분제한 규제(δ_F=20%)를 하고, 국내에서는 아무런 제한을 두지 않는 것으로 가정한 경우의 계산실례이다. 이 경우

국내기업의 자산은 자본시장이 완전히 통합되어 있는 것처럼 가격결정이 이루어진다. 하지만 외국의 경우는 시장별로 상이하게 가격결정이 이루어진다.

표에서 보면 기업의 자기자본비용은 완전통합 자본시장의 경우보다 20% 소유지분제한 규제 하에서 더 높게 나타난다. 이것은 외국인에 대한 소유지분제한이 기업의 자기자본비용에 부정적 영향을 미치게 된다는 것을 의미한다. 비교를 위해서 우리는 완전분리와 완전통합을 가정하고 그 결과를 제시한다. 구체적으로 외국기업 F1을 살펴보자. 표에서 20%의 소유지분제한으로 기업의 자기자본비용은 22.40%에 달하며, 이는 국내외 투자자들의 이 기업 F1에 대한 요구수익률을 가중 평균한 값이다. 그러한 규제가 없는 경우라면 이 기업의 자기자본비용은 그보다 낮은 19.03%가 될 것이다. 또한 이 예에서 시장별 차별가격 결정 현상이 나타나고 있다는 것을 알 수 있다. 즉, 기업의 자본비용이 국내외 어느 투자자에 의해 자본공급이 일어나느냐에 따라 달라진다는 것이다. 마지막으로 이 표는 두 나라 모두 20%의 소유지분제한을 두고 있는 경우를 가정하여 그 결과를 제시하고 있다. 이에 대한 해석은 독자의 몫으로 남긴다.

도표 17.13

이론적 경제세계

기업	기대주가 ($)	표준편차 ($)	상관계수 행렬						
			D2	D3	D4	F1	F2	F3	F4
D1	100	16	.50	.50	.50	.15	.15	.15	.15
D2	100	20		.50	.50	.15	.15	.15	.15
D3	100	24			.50	.15	.15	.15	.15
D4	100	28				.15	.15	.15	.15
F1	100	18					.50	.50	.50
F2	100	22						.50	.50
F3	100	26							.50
F4	100	30							

주: 기업 D1에서 D4까지는 국내기업이고, F1에서 F4까지는 외국기업이다. 무위험수익률은 9%를 가정한다. 국내외 투자자들은 모두 동일한 위험회피성향을 갖고 있는 것으로 가정한다.

도표 17.14

국제자본시장 균형: 외국인 소유지분제한의 효과

자산	완전 분리 시장	σ-constraint $\delta_D=20\%$ $\delta_F=20\%$	σ-constraint $\delta_F=20\%$	완전 통합 시장
A. 균형자산가격 ($)*				
D1	81.57	83.04/87.45	85.25	85.25
D2	78.53	80.45/86.22	83.34	83.34
D3	75.30	77.75/85.07	81.41	81.41
D4	71.88	74.86/83.82	79.34	79.34
F1	79.19	86.91/81.12	87.86/80.16	84.01
F2	75.87	85.66/78.31	86.87/77.11	81.99
F3	72.34	84.50/75.38	85.92/73.96	79.94
F4	68.62	83.24/72.28	84.90/70.62	77.76
B. 자기자본비용 (%)				
D1	22.59	19.15	17.30	17.30
D2	27.34	22.54	19.99	19.99
D3	32.80	26.24	22.84	22.84
D4	39.12	30.46	26.04	26.04
F1	26.28	21.54	22.40	19.03
F2	31.80	25.34	26.48	21.97
F3	38.24	39.96	32.82	25.09
F4	45.73	47.95	38.85	28.60

주*: 한 칸의 두 숫자는 각각 국내외 투자자의 자산가격을 나타낸다.

해외자회사의 자본구조

다국적기업 재무관리자가 직면하는 문제들 중의 하나로 해외 자회사의 자본구조 결정 문제가 있다. Lessard와 Shapiro(1984)에 따르면 자회사의 자본구조를 결정함에 있어 다음과 같은 세 가지 상이한 접근방법이 있다.

1. 모기업의 방침을 따르는 방법
2. 자회사가 입지하고 있는 현지국의 규범을 따르는 방법
3. 조세부담의 경감, 금융비용 및 위험의 경감, 여러 가지 시장불완전성에 따른 기회 활용 등의 가능성을 탐색하는 방법

이 세 가지 방법 중 어느 것을 선택하는가는 모기업이 자회사의 금융채무에 대해 책임을 져야 하는가, 그리고 어느 정도까지 책임을 져야 하는가에 달려 있다. 모기업이 자회사의 채무에 대해 완전 책임을 져야 한다면 독립된 자회사 자본구조는 논외의 문제가 된다. 즉, 모기업의 전반적인 자본구조에 자회사의 자본구조를 종속시켜야 한다. 모기업이 자회사의 채무에 대해 법적으로 도덕적으로 책임을 져야 하는 경우라면 (자회사에 대한) 잠재 채권자들은 모기업의 전반적인 자본구조에만 관심을 둘 것이다.

하지만 모기업이 자회사의 파산을 용인할 수 있거나 자회사의 채무에 대한 모기업의 보증을 국제적으로 강제하기가 어려운 경우라면 자회사의 자본구조 문제가 관심의 대상이 될 수 있다. 이 경우 자회사에 대한 잠재 채권자들은 자회사의 부도위험을 평가하기 위해 그 자본구조를 면밀히 검토하지 않을 수 없을 것이다. 그러므로 자회사는 부도위험을 낮춰 금융비용을 경감하기 위해 독자적 자본구조를 궁구해야 한다.

현실적으로 보면 모기업이 자회사의 부도사태를 백안시할 수는 없을 것이다. 자회사의 부도로 모기업에게는 우선 그 명성에 흠집을 남기게 되고, 자본비용이 증대될 수도 있고, 그 부도가 난 나라에서 신규투자를 하기도 어려워질 것이기 때문이다. Robert Stobaugh의 조사를 포함하여 많은 조사 자료들이 다국적기업인 모기업이 어떤 상황에서건 자회사의 부도를 방치하려 들지 않는다는 것을 입증하고 있다.

자회사의 채무변제에 대한 모기업의 법적, 도덕적 의무가 있다는 것은 곧 모기업이 자회사의 재무상태를 관리해야 하고 자회사의 자본구조로 인해 기업 전반의 재무상태가 부정적인 영향을 받지 않도록 통제해야 한다는 것을 의미한다. 여기서 관심의 초점은 자회사의 재무구조가 모기업의 세계적 자본구조에 미칠 한계적 영향이다. 이는 자회사의 재무구조가 모기업의 전반적 자본비용을 극소화할 수 있는 방향으로 설계되어야 한다는 것을 시사한다.

이상의 논의에 비추어 첫 번째와 두 번째의 접근방법은 자회사 자본구조 결정에 적합하지 않은 것으로 볼 수 있다. 첫 번째의 모기업 자본구조를 복사하는 방법은 다국적기업 전반의 자본비용을 극소화한다는 기본 논리에 부합하지 않을 수 있다. 예컨대 자회사가 외국인 투자를 유치하려는 현지국 정부의 유인정책으로 현지에서 낮은 금리로 자본을 조달할 수 있다고 해보자. 이러한 상황에서는 설혹 자회사의 부채비율이 모기업의 방침을 넘어서더라도 이 자회사는 현지에서 낮은 금리로 자본을 조달해야 할 것이다. 이 때문에 모기업의 부채비율을 낮춰야 한다면 그렇게 해야 옳을 것이다. 부연하면 낮은 정책금리를 이용할 수 있다면 모기업과 자회사 간의 부채 비중을 조정해서라도 그렇게 해야 한다는 것이다. 또한 자회사가 그 재무구조를 규제하는 나라에 진출했다면 자회사가 모기업의 재무구조를 복사하는 것이 바람직하더라도 그렇게 할 수 없을 것이 분명하다.

두 번째의 접근방법은 Stonhill과 Stitzel(1969)이 제안한 것으로 현지의 자본조달 규범을 준수하라는 것이다. 이 접근방법의 본질은 바로 "로마에서는 로마인들이 하는 대로 하라"는 격언을 따르는 것이다. 현지 규범을 따름으로써 비난의 대상이 되는 것을 피할 수 있을 것이다. 이 접근방법은 모기업이 자회사의 부채에 대해 책임을 지지 않아도 되고, 자본시장의 분리로 인해 현지 금융에 의존해야만 하는 경우에 합리적 대안이 될 수 있다. 그렇지 않다면 별 의미가 없을 것이다. 각 나라에 입지한 자회사들이 모두 현지국의 문화적, 경제적, 제도적 환경을 고려하여 현지의 자본조달 규범을 따른다고 해보자. 그렇게 되면 모기업의 자본구조는 결국 "수동적으로 귀결되는"(residual) 그런 방식이 될 수밖에 없을 것이다. 그리고 그렇게 결정된 자본구조는 모기업의 전반적 자본비용을 최소화해 주는 최적 자본구조가 될 수 없을 것이다. 예를 들어 현지의 자본시장이 성숙되지 않은 경우에 글로벌 자본시장을 활용할 수 있는 다국적기업의 자회사가 무조건적으로 현지 자본조달 규범을 따르는 것은 옳지 않다. 그렇게 하는 것은 다국적기업이 낮은 자본비용의 자본조달을 포기하는 것을 의미한다.

그러므로 세 번째의 접근방법이 가장 합리적이고, 기업의 전반적 자본비용 최소화 목표달성에 부합하는 대안이라고 얘기할 수 있다. 자회사는 낮은 정책금리로 자금조달이 가능한 경우 언제나 적극적으로 이를 활용하여야 한다. 그리고 모국보다 현지국의 법인세율이 더 높고 해외 세액공제가 불가한 경우 모기업의 자본구조 지침에 위배되더라도 이자지급에 대한 세금절약 효과를 활용하기 위해 타인자본 조달 비중을 높여야 할 것이다.

세금 문제와는 별도로 정치적 위험도 자회사의 재무구조결정에서 고려해야 할 또 다른 요인이다. 정치적 위험으로 인해 모기업은 일반적으로 직접 조달보다 현지 조달을 더 선호한다. 모기업은 자회사의 자산이 몰수되는 사태가 발생하였을 때 자회사의 현지 조달 부채를 책임지지 않아도 된다. 자회사가 현지 채권자와 주주로부터 자본을 조달하게 되면 자산 몰수 가능성은 낮아지게 된다. 자회사가 개발도상국에 진출했을 때 세계은행이나 국제금융공사 등으로부터 공적자금을 조달하게 되면 그만큼 정치적 위험이 낮아질 수 있다. 그리고 정치적 위험이 높다면 타인자본 조달이냐 자기자본 조달이냐를 놓고 선택을 할 때 전자를 선호해야 한다. 이것은 현지국 정부가 배당 형태보다는 이자 형태로 과실송금이 일어나는 것을 훨씬 더 선호하는 때문이기도 하다.

요약컨대 모기업은 해외자회사의 금융채무에 대해 법적으로건 도덕적으로건 책임을 져야하기 때문에 해외자회사의 재무구조가 기업전반의 자본구조에 미치게 될 영향을 고려하면서 해외자회사의 재무구조를 결정해야 한다. 하지만 해외자회사에 대해 현지국에서 활용할 수 있는 유리한 조건의 자본조달 기회를 적극 활용하도록 허용해야 하며, 그것이 모기업의 전반적인 자본비용 최소화 목표 달성에 기여하게 될 것이다. 그리고 다국적기업 전체의 최적 자본구조 달성을 위해 필요하다면 모기업 자신의 자본구조를 조정해 나갈 수도 있을 것이다.

요 약

이 장에서 우리는 다국적기업의 자본비용 문제를 논의하였다. 국제금융시장의 탈규제화와 자유화 추세를 반영하여 세계 유수의 기업들은 외국인의 자사 주식 및 채권 투자를 허용함으로써 자본구조를 국제화하고 있다.

01. 주요국의 자본비용을 비교해 보면 최근 들어 주요국들 간에 동일화 추세가 나타나고 있지만 국제금융시장은 아직 완전 통합되었다고 할 수 없는 상황이다. 이는 기업들이 해외에서 자본을 조달하면서 자사의 시장가치를 상승시킬 수 있다는 것을 의미한다.

02. 기업이 분리된 자본시장 하에서 경영하고 있다면 자사 주식을 해외 주식시장에 교차상장하여 국제적으로 거래가 이루어지게 함으로써 그 부정적 영향을 경감할 수 있다.

03. 기업은 국제적 교차상장을 통하여 (a) 자본비용을 낮추고 주가를 높일 수 있으며, (b) 새로운 자본조달원에 접근할 수 있고 (c) 기업지배구조 또한 개선할 수 있다.

04. 국제자본시장이 분리되어 있는 상황에서 기업의 주식이 해외 증권거래소에 교차상장되면 국제자본시장이 완전 통합되어 있는 경우처럼 세계시장의 체계적 위험 하에서 가격결정이 이루어진다. 국제적으로 거래가 불가능한 자산의 경우 국제적 거래가능자산 가격결정의 파급효과로 인해 국별 체계적 위험의 직접적 영향과 세계시장의 체계적 위험의 간접적 영향에 의해 가격결정이 이루어진다.

05. 전반적 추세는 세계금융시장의 자유화로 경도되어 있지만 많은 나라들이 외국인에 대한 투자를 제한하는 규제를 행하고 있으며, 국내기업에 대한 외국인 소유지분 제한이 가장 두드러진 조치이다. 소유지분 제한 규제 하에서 국내외 투자자별로 상이한 주가에 직면하게 되는 시장별차별가격현상(PTM)이 나타나고, PTM 하에서는 기업의 전반적 자본비용이 상승하게 된다.

06. 모기업은 기업의 전반적 자본비용을 최소화할 수 있는 방향으로 해외자회사의 자본조달 방법을 모색해야 한다. 모기업의 자회사 금융채무에 대한 책임의 정도에 따라 자회사 자본구조와 기업가치 간의 관련성이 달라진다.

주요 용어

가격결정 간접효과	가중평균자본비용	간접적 세계 체계적 위험
국별 체계적 위험	국제거래가능자산	국제거래불능자산
국제자산가격결정모형(IAPM)	대체포트폴리오	무임승차
베타	불완전 통합세계자본시장	세계시장 체계적 위험
세계시장포트폴리오	순수해외시장위험	시장별차별가격(PTM)
시장포트폴리오	완전분리자본시장	완전통합세계자본시장
위험회피성향 척도	자본구조	자본비용
자산가격결정모형(CAPM)	전반적 위험회피성향척도	체계적 위험

연습문제

01. 귀사가 분리된 국제 자본시장 하에서 경영을 하고 있다고 가정하고 그 부정적 영향을 경감시키기 위해 어떤 조치를 취할 수 있는지 논하시오.

02. 기업의 주식을 해외 증권거래소에 교차상장하게 되면 그 자본비용이 하락하게 되는 이유를 설명하시오.

03. 자산가격결정상의 파급효과에 대해 설명하시오.

04. 국제거래불능 자산 보유 기업이 국제거래가능 자산 보유 기업으로부터 무임승차 효과를 볼 수 있다는 것은 무엇을 의미하는가?

05. 간접적인 세계의 체계적위험을 정의하고 논하시오.

06. 분리된 시장과 통합된 시장에서 자본비용이 어떻게 결정되는지 논하시오.

07. 국제거래가능자산 포트폴리오 T와 정의 완전상관관계에 있는 국제거래불능자산 포트폴리오가 있을 때 이 포트폴리오의 가격결정에 대해 논하시오.

08. 노보 사가 미국 증권거래소에 교차상장을 추구하게 된 동기에 대해 살펴보고 노보 사의 이 경험에서 우리가 배울 수 있는 교훈은 무엇인지 생각해 보시오.

09. 외국인에 대한 소유지분 제한의 효과를 논하시오. 국가가 이러한 규제를 해야 하는 이유를 생각해 보시오.

10. 시장별차별가격(PTM) 현상에 대해 설명하시오.

11. 어떤 자산이 시장별로 상이한 할증 또는 할인 가격결정이 이루어지는 것에 대해 설명하시오. 외국인에 대한 투자 제한 규제가 이루어져도 일물일가의 법칙이 성립할 수 있는 조건은 무엇인지 설명하시오.

12. 해외자회사의 재무구조가 모기업의 시장가치와 유관해지는 경우를 논하시오.

13. 어떤 상황에서 해외자회사가 현지국의 재무구조 규범에 따르도록 해야 하는가?

계산문제

다음 표에 제시된 주식시장 자료를 보고 문제 1, 2, 3에 답하시오.

	상관계수				
	텔멕스	멕시코	세계	SD(%)	$\bar{R}$(%)
텔멕스	1.00	0.90	0.60	18	?
멕시코		1.00	0.75	15	11
세계			1.00	10	9

위 표에서 멕시코의 전화통신회사 텔멕스의 주가, 멕시코 주식시장 주가지수, 그리고 세계주식시장 지수 간의 상관계수, 각각의 표준편차(SD)와 기대수익률($\bar{R}$)를 보여주고 있다. 무위험수익률은 5%이다.

01. 텔멕스의 국내시장 베타와 세계시장 베타를 구하고 이들을 비교설명하시오.

02. 멕시코 주식시장이 세계시장과 분리되어 있다고 가정하고 텔멕스의 자기자본비용을 CAPM 모형 하에서 계산해 보시오.

03. 텔멕스가 뉴욕 증권거래소에 자사 주식을 교차상장하여 국제적으로 거래가능하게 만드

는 경우를 가정하고 당사의 자기자본비용을 CAPM 모형 하에서 계산해 보시오. 이 주식의 국제적 가격결정 효과를 자사 주가에 대한 영향과 투자의사결정에 대한 것으로 나누어 설명하시오.

인터넷 연습문제

01. 당신은 대만의 성장잠재력이 높은 드래곤 새미콘의 지배주주이다. 그리고 회사의 미래 성장전략의 추진에 필요한 자본조달을 위해 뉴욕이나 런던 증권거래소에 교차상장하는 문제를 검토하고 있다. 두 거래소의 웹사이트 www.nyse.com, www.londonstockexchange.com 을 방문하고 이 두 거래소의 외국기업 교차상장 기본조건과 공시요건을 비교해서 설명하시오.

참고문헌 및 추천도서

Adler, Michael. "The Cost of Capital and Valuation of a Two-Country Firm." *Journal of Finance* 29 (1974), pp. 119 - 32.

Alexander, Gordon, Cheol Eun, and S. Janakiramanan. "Asset Pricing and Dual Listing on Foreign Capital Markets: A Note." *Journal of Finance* 42 (1987), pp. 151 - 58.

———. "International Listings and Stock Returns: Some Empirical Evidence." *Journal of Financial and Quantitative Analysis* 23 (1988), pp. 135 - 51.

Bailey, Warren, and Julapa Jagtiani. "Foreign Ownership Restrictions and Stock Prices in the Thai Market." *Journal of Financial Economics* 36 (1994), pp. 57 - 87.

Black, Fisher. "International Capital Market Equilibrium with Investment Barriers." *Journal of Financial Economics* 1 (1974), pp. 337 - 52.

Bodie, Zvi, Alex Kane, and Alan J. Marcus. *Investments*, 2nd ed. Burr Ridge, IL.: Irwin, 1993.

Chan, K. C., Andrew Karolyi, and Rene Stulz. "Global Financial Markets and the Risk Premium on U.S. Equity." *Journal of Financial Economics* 32 (1992), pp. 137 - 67.

Chaplinsky, Susan, and Latha Ramchand. "The Rationale for Global Equity Offerings." *University of Virginia Working Paper*, 1995.

Cohn, Richard, and John Pringle. "Imperfections in International Financial Markets: Implications for Risk Premia and the Cost of Capital to Firms." *Journal of Finance* 28 (1973), pp. 59 - 66.

Dahya, J., J. McConnell, and N. Travlos. "The Cadbury Committee, Corporate Performance, and Top Management Turnover." *Journal of Finance* 57 (2002), pp. 461 - 83.

Doidge, Craig, Andrew Karolyi, and Rene Stulz. "Why Are Foreign Firms Listed in the U.S. Worth More?" *Journal of Financial Economics* 71 (2004), pp. 205 - 238.

Errunza, Vihang, and Etienne Losq. "International Asset Pricing under Mild Segmentation:

Theory and Test." *Journal of Finance* 40 (1985), pp. 105 - 24.

Eun, Cheol, and S. Janakiramanan. "A Model of International Asset Pricing with a Constraint on the Foreign Equity Ownership." *Journal of Finance* 41 (1986), pp. 897 - 914.

Fan, Joseph, Sheridan Titman, and Garry Twite. "An International Comparison of Capital Structure and Debt Maturity Choice." *Journal of Financial and Quantitative Analysis* 47 (2012), pp. 23 - 56.

French, K., and J. Poterba. "Investor Diversification and International Equity Markets." *American Economic Review* 81 (1991), pp. 222 - 26.

Gande, Amar, and Darius Miller. "Why Do U.S. Securities Laws Matter to Non-U.S. Firms? Evidence from Private Class-Action Lawsuits" (2012). Southern Methodist University, Working Paper.

Glaum, Martin, and Udo Mandler. "Global Accounting Harmonization from a German Perspective: Bridging the GAAP." Europa-Universitaet Viadrina Working Paper, 1996.

Hail, Luzi, and Christian Leuz. "International Differences in the Cost of Capital: Do Legal Institutions and Securities Regulation Matter?" *Journal of Accounting Research* 44 (2006), pp. 485 - 531.

Harvey, Campbell. "The World Price of Covariance Risk." *Journal of Finance* 46 (1991), pp. 111 - 57.

Hietala, Pekka. "Asset Pricing in Partially Segmented Markets: Evidence from the Finnish Markets." *Journal of Finance* 44 (1989), pp. 697 - 718.

Jayaraman, N., K. Shastri, and K. Tandon. "The Impact of International Cross Listings on Risk and Return: The Evidence from American Depository Receipts." *Journal of Banking and Finance* 17 (1993), pp. 91 - 103.

Karolyi, G. Andrew. "What Happens to Stocks That List Shares Abroad? A Survey of the Evidence and its Managerial Implications." University of Western Ontario Working Paper, 1996.

Lang, Mark, Karl Lins, and Darius Miller. "ADRs, Analysts, and Accuracy: Does Cross Listing in the United States Improve a Firm's Information Environment and Increase Market Value?" *Journal of Accounting Research* 41 (2003), pp. 317 - 45.

Lau, Sie T., Lilian Ng, and Bohui Zhang. "The World Price of Home Bias." *Journal of Financial Economics* 97 (2010), pp. 191 - 217.

Lee, Kwang Chul, and Chuck C. Y. Kwok. "Multinational Corporations vs. Domestic Corporations: International Environmental Factors and Determinants of Capital Structure." *Journal of International Business Studies* 19 (1988), pp. 195 - 217.

Lessard, D., and A. Shapiro. "Guidelines for Global Financing Choices." *Midland Corporate Finance Journal* 3 (1984), pp. 68 - 80.

Loderer, Claudio, and Andreas Jacobs. "The Nestlée Crash." *Journal of Financial Economics* 37 (1995), pp. 315 - 39.

McCauley, Robert, and Steven Zimmer. "Exchange Rates and International Differences in the Cost of Capital." In Y. Amihud and R. Levich (eds.), *Exchange Rates and Corporate Performance*. Burr Ridge, IL: Irwin, 1994, pp. 119 - 48.

Miller, Darius. "The Market Reaction to International Cross-listing: Evidence from Depository Receipts." *Journal of Financial Economics* 51 (1999), pp. 103 - 23.

Mittoo, Usha. "Additional Evidence on Integration in the Canadian Stock Market." *Journal of Finance* 47 (1992), pp. 2035 - 54.

Pukthuanthong, Kuntara, and Richard Roll. "Global Market Integration: An Alternative Measure and Its Application. *Journal of Financial Economics* 94 (2009), pp. 214 - 32.

Ross, Stephen A., Randolph W. Westerfield, and Jeffrey F. Jaffee. *Corporate Finance*, 3rd ed. Burr Ridge, IL.: Irwin, 1987.

Sarkissian, Sergei, and Michael Schill. "The Overseas Listing Decision: New Evidence of Proximity Preference." *Review of Financial Studies* 17 (2004), pp. 769 - 809.

Stapleton, Richard, and Marti Subrahmanyan. "Market Imperfections, Capital Market Equilibrium and Corporation Finance." *Journal of Finance* 32 (1977), pp. 307 - 21.

———. *Capital Market Equilibrium and Corporate Financial Decisions*. Greenwich, Conn.: JAI Press, 1980.

Stobaugh, Robert. "Financing Foreign Subsidiaries of U.S.-Controlled Multinational Enterprises." *Journal of International Business Studies* (1970), pp. 43 - 64.

Stonehill, Arthur, and Kare Dullum. *Internationalizing the Cost of Capital*. New York: John Wiley and Sons, 1982.

Stonehill, Arthur, and Thomas Stitzel. "Financial Structure and Multinational Corporations." *California Management Review* (1969), pp. 91 - 96.

Stulz, Rene. "On the Effect of Barriers to International Investment." *Journal of Finance* 36 (1981), pp. 923 - 34.

———. "Pricing Capital Assets in an International Setting: An Introduction." *Journal of International Business Studies* 16 (1985), pp. 55 - 74.

———. "The Cost of Capital in Internationally Integrated Markets: The Case of Nestlée." *European Financial Management* 1 (1995), pp. 11 - 22.

———. "Does the Cost of Capital Differ across Countries? An Agency Perspective." *European Financial Management* 2 (1996), pp. 11 - 22.

Stulz, Rene, and Walter Wasserfallen. "Foreign Equity Investment Restrictions, Capital Flight, and Shareholder Wealth Maximization: Theory and Evidence." *Review of Financial Studies* 8 (1995), pp. 1019 - 57.

Subrahmanyam, Marti. "On the Optimality of International Capital Market Integration." *Journal of Financial Economics* 2 (1975), pp. 3 - 28.

부록 17A 국제거래불능자산 가격결정: 계산사례

이 장에서 설명한 이론적 분석을 더 명료하게 이해하기 위하여 앞의 〈도표 17.13〉에서와 같이 2국－8기업 전제 하에서 계수적 실례를 들어 국제자본시장 구조가 달라질 때의 균형 주가, 기대수익률, 또는 자기자본 비용을 계산해 보기로 한다.

다음 〈도표 17A.1〉는 앞에서 설명한 자산가격결정 모형에 따라서 계산한 여덟 개 기업 각각의 자기자본 비용과 균형자산가격을 제시하고 있다. 표에서 보듯이 D1의 국내자산을 해외거래소에 교차상장함으로써 균형자기자본비용이 분리된 자본시장 조건 하에서라면 22.59%였을 것이 교차상장으로 17.30%로 인하되었음을 알 수 있다. 즉, 자산의 국제거래로 인해 확실히 자본비용이 하락함을 확인할 수 있을 것이다.

D1이 일단 교차상장되면 그 주가는 $85.25로 올라가고, 이것은 자본시장이 완전통합되었을 때의 기대수익률과 동일하게 해주는 자산가격이다. 더구나 국내자산이 교차상장되면 국제적으로 거래가 되지 않는 국내기업자산의 경우에도 자기자본비용이 하락하는 방향으로 영향을 받게 된다. 예를 들어 D2자산을 보면 원래의 분리된 자본시장 여건 하에서는 자기자본비용이 27.34%였는데 D1자산의 교차상장의 영향으로 23.72%로 떨어지고 있다. 이것은 D1자산이 국제적으로 거래가능해지면서 나타나는 파급효과이다. 그리고 〈도표 17A.1〉에서 보면 외국 자산 F1이 국내에 교차상장될 때 당해기업의 자기자본비용도 낮추지만 다른 외국기업의 그것도 함께 낮추는 것을 알 수 있다. 즉, 표에서 F1이 교차상장되면 그 자기자본비용은 26.28%에서 자본시장이 완전통합되어 있을 때와 같은 19.03%로 하락한다. 더구나 국제적으로 거래불가능한 상태로 남아 있는 다른 외국 자산들도 F1의 교차상장에 따른 파급효과로 자기자본비용이 하락하고 있다는 것을 알 수 있다.

도표 17A.1

국제자본시장의 균형: 교차상장의 효과

자산	완전 분리시장	교차상장자산 D1	교차상장자산 D1, F1	완전 통합시장
A. 균형자산가격 ($)				
D1	81.57	85.25	85.25	85.25
D2	78.53	80.83	80.37	83.34
D3	75.30	78.06	77.51	81.41
D4	71.88	75.10	74.45	79.34
F1	79.19	78.57	84.01	84.01
F2	75.87	75.11	78.36	81.99
F3	72.34	71.45	75.29	79.94
F4	68.62	67.59	72.02	77.76
B. 자기자본비용 (%)				
D1	22.59	17.30	17.30	17.30
D2	27.34	23.72	24.42	19.99
D3	32.80	28.11	29.02	22.84
D4	39.12	33.16	34.32	26.04
F1	26.28	27.28	19.03	19.03
F2	31.80	33.14	27.62	21.97
F3	38.24	39.96	30.97	25.09
F4	45.73	47.95	36.10	28.60

Chapter 18

국제자본예산

CHAPTER OUTLINE

- 국내 자본예산: 개관
- 조정현재가치(APV) 모델
- 모기업 관점에서의 자본예산
    - APV 모델의 일반성
    - 미래기대환율의 추정
- 사례분석: 센트랄리아 사(The Centralia Corporation)의 사례
- 자본예산에서의 위험도 조정
- 민감도 분석
- 구매력평가 가정
- 실물투자 옵션
- 요약
- 주요 용어
- 연습문제
- 계산문제
- 인터넷 연습문제
- 미니 케이스1: 도체스터 사(Dorchester, Ltd.)
- 미니 케이스2: 스트릭-잇-리치 광업사(Strik-it-Rich Gold Mining Company)
- 미니 케이스3: 예스퍼 테크(Jesper Tech)
- 참고문헌 및 추천도서

이 교재에서는 재무관리자의 목표가 주주 부의 극대화라고 전제한다. 주주의 부는 기업이 투자를 통해 현재가치 기준에서 투자비용보다 더 큰 수익을 창출할 때 증대된다. 재무관리자의 가장 중요한 의사결정은 아마 투자안의 선택과 그에 따른 자본적 지출일 것이다. 자본적 지출을 수반하는 투자는 그 성격상 기업의 생산능력을 좌우하는 자본적 자산에 대한 투자가 된다. 이 투자는 기업의 총가치에 비교하여 상당히 큰 규모에 달하며, 이에 의해 기업이 판매할 제품 생산의 효율성과 기업의 수익성이 좌우될 수밖에 없다. 결국 이들 의사결정에 따라 기업의 경쟁우위가 결정되고 또 기업의 장기 생존이 결정된다. 따라서 이와 관련된 효과적인 분석을 도와주는 이론이 개발되어야 한다. 현대 재무관리에서는 이 문제에 대해 미래의 기대현금흐름 할인 모델인 순현재가치(net present value: NPV)법을 일반적으로 적용하고 있다.

제16장에서 우리는 왜 다국적기업이 해외에 직접투자를 행해야 하는가에 대해 논의한 바 있다. 그리고 제17장에서는 다국적기업의 자본비용에 대해 논의하였다. 우리는 기업이 국내에서뿐만이 아니라 해외에서도 자본을 조달할 수 있을 때 자본조달 기회의 확장으로 인해 자본비용이 낮아지게 된다는 것을 알았다. 다국적기업의 자본비용이 낮아지게 된다는 것은 더 많은 투자안들이 정의 순현재가치를 갖게 된다는 것을 의미한다. 이 장에서 우리가 학습해야 할 것은 다국적기업의 해외투자안을 분석할 수 있는 방법론의 정치화이다. 그 대강은 Donald Lessard(1985)가 개발한 분석 틀을 따른다. 조정현재가치(adjusted present value: APV)법은 국내의 자본적 지출을 분석할 때 활용되는 순현재가치법을 확장한 것이다. 이 조정현재가치법은 국제자본지출에 고유한 변수들을 고려한 특수 현금흐름 분석법이라고 볼 수 있을 것이다.

아마 대부분의 독자들은 이미 순현재가치법을 알고 있으며, 이 방법이 주주 부를 극대화하기 위한 재무관리자의 의사결정 분석에서 다른 분석방법들보다 훨씬 더 우월하다는 것을 이해하고 있을 것이다. 그래서 이 장에서는 순현재가치법에 따른 기본적 자본예산 기법에 대해 간략하게만 살펴보려고 한다. 그 다음에 이 순현재가치법을 확장하기 위해 타인자본도 활용하는 기업의 시장가치를 분석하는 모딜리아니-밀러(M-M)의 공식을 원용하여 개발한 조정현재가치법을 소개한다. 그리고 이 조정현재가치법을 다국적기업의 해외 자본투자 분석에 적합하도록 확장하는 문제를 논의한다. 또한 이 조정현재가치법을 실제로 적용하는 방법을 이해하기 위한 사례분석도 하게 된다.

국내 자본예산: 개관

기본적인 **순현재가치**(NPV) 자본예산 공식은 다음과 같이 제시될 수 있다.

$$NPV = \sum_{t=1}^{T} \frac{CF_t}{(1+K)^t} + \frac{TV_T}{(1+K)^T} - C_0 \tag{18.1}$$

$CF_t =$ t년도의 기대세후현금흐름
$TV_T =$ 운전자본의 회수를 포함한 기대세후청산가치
$C_0 =$ 최초 투자액
$K =$ 가중평균자본비용
$T =$ 투자안의 존속 연수

순현재가치란 투자안의 (최종 청산가치를 포함한) 모든 현금유입의 총현재가치에서 모든 현금유출의 총현재가치를 차감한 값을 말한다. 순현재가치법(NPV rule)이란 이렇게 계산한 어떤 투자안의 순현재가치가 0 이상이면(NPV ≥ 0) 이를 수용하고, 0보다 작으면(NPV < 0) 기각하는 것이다.

내부수익률(IRR)법, 회수기간법(payback period method), 수익성지수법(profitability index method) 등은 자본적 지출 분석을 위한 부가적 세 방법이라고 할 수 있다. 내부수익률법이란 이 투자안의 순현재가치를 영(0)으로 만들어주는 할인율을 내부수익률이라 하고 이 내부수익률이 기업의 요구수익률(또는 이자율)보다 높을 때(IRR ≥ K)만 그 투자안을 선택하는 것이다. 보통의 경우 내부수익률은 하나로 주어지지만 특수한 경우엔 복수로 주어질 수도 있으며 이 경우 의사결정에 혼란을 불러올 수도 있다. 회수기간법이란 투자총액을 투자안으로부터의 현금유입으로 모두 회수하는데 소요되는 기간(년수)를 "회수기간"이라 하고 이 기간이 짧을수록 더 나은 투자안이라고 평가하는 분석기법이다. 하지만 이 방법에서는 현금흐름의 시간가치를 무시하고 또 회수기간 이후의 현금흐름의 가치를 고려하지 않는 단점이 있다. 수익성지수법은 현금유입의 총현재가치를 현금유출의 총현재가치로 나누어 그 값이 클수록 더 나은 투자안으로 평가하는 방법이다. 이 방법은 복수의 투자안들이 서로 배타적일 때 투자수익규모를 고려하지 않게 됨으로써 순현재가치법과 상이한 결론을 제시할 수도 있다. 이 경우 기업이 자본조달상에 제약이 없다면 (자본할당 문제가 개입되지 않는다면) 수익성지수법이 아니라 순현재가치법을 적용해야 이론적으로 타

당하다. 일반적으로 순현재가치법이 자본적 지출 분석을 위한 가장 합리적인 방법으로 평가되고 있다.

이 순현재가치법의 실제 적용을 위해서는 약간의 공식수정이 필요해진다. 우선 연도별 현금흐름에 대한 세부고찰이 필요하다. 자본예산에서 우리의 주된 관심은 자본적 지출에 따른 기업의 총현금유입의 변화(증가)라고 할 수 있다. 즉, 위의 공식에서 CF_t란 투자안을 선택했을 때 그로부터 유발되는 t년도의 현금유입 증분을 의미한다.[1] 이를 수식화하면 다음과 같다.

$$CF_t = (R_t - OC_t - D_t - I_t)(1-\tau) + D_t + I_t(1-\tau) \qquad (18.2a)$$

$$= NI_t + D_t + I_t(1-\tau) \qquad (18.2b)$$

식 (18.2a)는 이 방법을 실제 적용하기 위해 이해해야 할 **증분현금흐름**에 대한 세부 내용을 잘 보여주고 있다. 여기서 우리는 CF_t가 세 가지 상이한 현금흐름으로 분해될 수 있다는 것을 알 수 있다. 첫 번째 항목은 식 (18.2b)가 요약해서 보여주듯이 기대수입(NI_t)으로서 기업의 주주에게 돌아갈 몫이다. 이 기대수입의 증분NI_t는 투자안 선택에 따른 기업의 매출 증가 R_t에서 영업비용 OC_t을 차감하고 또 투자안의 감가상각 D_t와 이자비용 I_t을 차감하여 세후가치 기준($(1-\tau)$를 곱함)으로 계산한다(이 장의 뒤에서 논의하겠지만 여기서의 이자지급은 기업의 최적 자본구조에 부합하는 타인자본 조달을 전제로 한 이자지급을 의미한다). 두 번째 항목은 감가상각으로서 실제로는 현금유출이 수반되지 않는 항목이지만 조세평가 목적으로 NI_t 계산을 위해 차감해 주는 것이다. 그 조세평가가 끝난 다음에 t년도 실제현금흐름을 고려하여 다시 더해준다. 말하자면 D_t는 투자안의 총지출액 중 당해연도에 귀속되어야 할 투자지출할당액이라고 해석할 수 있다. 그리고 세 번째 항복은 채권자에 대한 세후 기준 이지지급액을 의미한다.

$$CF_t = (R_t - OC_t - D_t)(1-\tau) + D_t \qquad (18.2c)$$

$$= NOI_t(1-\tau) + D_t \qquad (18.2d)$$

식 (18.2c)는 식 (18.2a)에서 세후 이자지급 부분($I_t(1-\tau)$)이 차감되었다가 다시 더해지는 것을 생략하게 되어 CF_t 계산이 더 단순화된 것이다. 식 (18.2c)의 첫 번째 항목은 식 (18.2d)에서 보듯이 세후 순영업이익, $NOI_t(1-\tau)$에 해당한다. 이 식은 다

1) 논의를 단순화하기 위하여 투자지출 이후에 추가적 자본지출이나 운전자본 투입이 불필요한 것으로 가정한다.

음과 같이 더 단순화된다.

$$CF_t = (R_t - OC_t)(1-\tau) + \tau D_t \quad (18.2e)$$

$$= (OCF_t(1-\tau)) + \tau D_t \quad (18.2f)$$

$$= \text{t년도 세후 명목 증분현금흐름}$$

식 (18.2e)는 더 단순화된 형태로 CF_t를 계산할 수 있게 해준다. 이는 식 (18.2c)의 괄호를 풀어서 다시 정리한 것으로, 감가상각의 조세절감 효과를 현금유입증가로 평가해 준 것을 보여준다. 즉, D_t는 세금감면이 가능한 지출로서 조세절감 효과가 τD_t만큼 나타나는 것을 고려해 준 것이다. 식 (18.2f)의 첫 번째 항목은 세후 영업현금흐름의 증분($OCF_t(1-\tau)$)을 나타내며, 두 번째 항목은 감가상각 비용의 세금경감 효과이다.[2)]

조정현재가치(APV) 모델

우리의 논의를 진전시키기 위해서는 순현재가치법의 확장이 필요하다. 이를 위해 식 (18.1)에다 식 (18.2f)를 대입시킨다. 그러면 우리는 다음과 같은 순현재가치 계산 공식을 얻게 된다.

$$NPV = \sum_{t=1}^{T} \frac{OCF_t(1-\tau)}{(1+K)^t} + \sum_{t=1}^{T} \frac{\tau D_t}{(1+K)^t} + \frac{TV_T}{(1+K)^T} - C_0 \quad (18.3)$$

유명한 모딜리아니와 밀러(M-M, 1963)는 타인자본이 있는 기업의 시장가치(V_l)와 타인자본이 없는 기업의 시장가치(V_u)를 이론적으로 계산하는 다음과 같은 공식을 유도하였다.

$$V_l = V_u + \tau \text{Debt} \quad (18.4a)$$

계속기업을 전제하고 타인자본 유치 기업이 영구채를 발행하여 필요한 투자자본

2) 매년도 현금흐름에서 운전자본 지출 증가도 발생할 수 있으나 이 역시 무시한다.

을 조달한 것으로 가정하면 식 (18.4a)는 다음과 같이 확장된다.

$$\frac{NOI(1-\tau)}{K} = \frac{NOI(1-\tau)}{K_u} + \frac{\tau I}{i} \tag{18.4b}$$

여기서 i는 타인자본 유치 기업의 조달 금리이며, I는 이자지급액(iDebt)이며, K_u는 타인자본을 전혀 유치하지 않은 자기자본 기업의 자기자본 비용(100% 자기자본기업의 자기자본비용)이다.

그리고 17장에서 가중평균자본비용은 다음과 같이 주어지는 것을 알았다.

$$K = (1-\lambda)K_l + \lambda i(1-\tau) \tag{18.5a}$$

여기서 K_l은 타인자본 유치 기업의 자기자본 비용이고, λ는 최적 부채비율이다. M-M은 자신들의 논문에서 K를 다음과 같이 정의하고 있다.[3]

$$K = K_u(1-\tau\lambda) \tag{18.5b}$$

그리고 식 (18.2a)는 식 (18.2d)와 같이 단순화될 수 있다는 것을 생각해 보면 기업이 어떤 방식으로 자본을 조달하건 그 수익 NOI는 같다는 것을 이해할 수 있다. 식 (18.5b)에서 λ가 영이면 100% 자기자본 기업이며, $K=K_u$이고, 이자지급액이 없어 식 (18.4a)에서 $V_l = V_u$가 된다. 그렇지만 $\lambda \geq 0$이면, 즉 타인자본도 유치한 기업이면 $K_u > K$이고 $I > 0$이며, 따라서 $V_l > V_u$가 된다. 식 (18.4b)에서 양변이 같아지려면 타인자본 유치 기업의 이자지급에 대한 조세감면 효과의 순현재가치가 (100% 자기자본 기업가치에) 더해져야 한다. M-M이론의 핵심은 NOI가 동일한 경우 타인자본 유치 기업의 가치가 100% 자기자본기업의 가치보다 더 크다는 것이며, 이는 타인자본 유치 기업의 경우 이자지급에 대한 세금 감면으로 그 (감면세금)만큼이 절약될 수 있기 때문이다. 다음 예제는 부채에 대한 이자지급으로 나타나는 세금감면효과를 명료하게 이해할 수 있도록 도와줄 것이다.

---

3) 식 (18.5b)를 유도하기 위해서는 $K_l = K_u + ((1-\tau)(K_u - i))$(부채/자기자본)임을 알아야 한다.

예제 18.1 이자지급에 따른 세금절약 효과

〈도표 18.1〉은 이자지급에 따른 세금절약효과를 보여준다. 표에서 보면 부채차입 기업과 무차입 자기자본 기업의 매출수익과 영업비용이 각각 100달러, 50달러 씩 동일함을 알 수 있다. 차입 기업의 이자지급액은 10달러이고, 따라서 세전이익은 40달러가 된다. 타인자본을 사용하지 않은 무차입 기업은 이자지급이 없으므로 세전이익은 50달러가 된다. 법인세가 40%라면 차입 기업은 세금이 16달러이고, 무차입 기업의 세금은 20달러가 된다. 세후기준으로 보면 차입 기업은 24달러가, 무차입 기업은 30달러가 주주의 몫으로 남는다. 하지만 차입 기업의 경우 주주에게 24달러, 채권자에게 10달러가 지급되어 총 34달러가 투자자 몫으로 돌아가는 셈이지만 무차입 기업의 경우 주주에게만 30달러가 지급된다. 즉, 차입 기업의 투자자들이 4달러만큼 더 현금을 받는 셈이고, 이것은 10달러의 이자지급에 대한 세금절약 효과인 4달러에 기인한다.

도표 18.1

투자자가 이용가능한 현금흐름 비교

	차입 기업	무차입 기업
수익	100	100
영업비용	−50	−50
순영업이익	50	50
이자비용	−10	−0
세전이익	40	50
법인세(40%)	−16	−20
순이익	34	30
투자자에 대한 현금흐름	\$24 + 10 = \$34	\$30

타인자본 불사용 기업에 대한 모딜리아니-밀러(M-M) 식을 대입하여 식 (18.3)의 순현재가치법을 **조정현재가치법**(APV)으로 확장할 수 있다.

$$\text{APV} = \sum_{t=1}^{T} \frac{OCF_t(1-\tau)}{(1+K_u)^t} + \sum_{t=1}^{T} \frac{\tau D_t}{(1+i)^t} + \sum_{t=1}^{T} \frac{\tau I_t}{(1+i)^t} + \frac{TV_T}{(1+K_u)^T} - C_0 \quad (18.6)$$

이 APV 모델은 자본예산에 대한 **가치가산**(value-additivity) 접근법이다. 즉, 가치 창출의 원천인 각 현금흐름을 개별적으로 고려해 주자는 것이다. 이 모델에서 각 현금흐름의 현재가치 할인율은 각 현금흐름에 내재해 있는 자체 위험 요인을 기준으로 한다. 위의 식에서 OCF_t와 TV_T는 K_u로 할인된다. 투자안으로부터의 이들 현금흐름은 그 기업의 타인자본 사용 유무와 상관없이 주어질 것이다. 이자지급에 대한 조세 경감 τI_t는 식 (18.4b)에서처럼 세전차입이자율 i로 할인된다. 그리고 감가상각에 따른 조세 경감 τD_t 역시 동일한 i로 할인되는데 이는 투자안의 잔존기간 내에는 세법이 급격하게 개정되지 않는다면 감가상각에 따른 현금흐름의 위험이 다른 영업현금흐름보다 낮을 수 있기 때문이다.[4)]

APV법은 국내 투자안을 분석하는 국내 기업에도 유용할 수 있다. 만약 APV ≥ 0이면 그 투자안은 수용되어야 하고, 반대로 APV < 0이면 그 투자안은 기각되어야 한다. 그러므로 이 모델은 다국적기업의 국내 자본적 지출 분석에 유용하고, 또 다국적기업 해외자회사 스스로의 관점에서 주어진 자본적 지출을 분석할 때도 유용할 수 있다.

모기업 관점에서의 자본예산

식 (18.6)에서 정의된 APV법은 다국적기업이 해외자회사의 현지 자본적 지출을 모기업 또는 다국적기업의 관점에서 분석하는 데는 유용하지 않다. 실제로 어떤 투자안은 자회사의 관점에서는 APV가 양(+)의 값을 가질 수 있지만 모기업의 관점에서는 부의 값을 가질 수 있다. 이런 결과는 예를 들어 투자유치국 정부가 특정 현금흐름에 대해 법적으로 간섭하거나 외환송금에 대해 추가적인 과세를 하게 될 때 나타날 수 있다. 그리고 다국적기업이 자회사를 소유하고 있지만 국내 투자자는 모기업 주식만 보유하고 있는 경우 모기업의 국내통화로 현금흐름을 전환해서 투자안을 평가할 필요가 있다. 다국적기업은 주주의 부를 극대화하는 것을 목표로 투자하며, 주주의 부는 그 자국통화로 표시되기 때문이다[5)].

Donald Lessard(1985)는 다국적기업이 해외 투자안을 평가하는 데 활용할 수 있는

4) Booth(1982)는 어떤 조건 하에서 NPV와 APV가 동일해지는가를 규명하고 있다.

5) 모기업의 NPV와 자회사의 NPV가 모두 양(+)인 경우 자본적 지출에 대한 의사결정은 명백해진다. 물론 그 반대의 경우도 자명하다. 하지만 모기업 NPV는 양(+)이고 자회사 NPV는 음(−)이라면 이 두 순현재가치를 계산할 때의 기본 가정을 재검토하여 투자의사결정 분석 상의 논리적 일관성을 확보해야 한다.

조정된 APV 모델을 개발하였다. 이 모델은 해외투자안의 현금흐름이 외국통화로 표시되지만 모기업의 기능통화로 전환되어 평가되어야 한다는 점을 고려하고 있다. 그리고 이 모델은 해외 투자안에서 자주 나타나는 특수한 현금흐름도 포함하여 평가할 수 있게 해준다. 앞에서 제시된 APV모델의 기본 골격을 활용하여 레서드의 모델을 제시하면 다음과 같다.

$$\text{APV} = \sum_{t=1}^{T} \frac{\overline{S_t}\, OCF_t(1-\tau)}{(1+K_{ud})^t} + \sum_{t=1}^{T} \frac{\overline{S_t}\,\tau D_t}{(1+i_d)^t} + \sum_{t=1}^{T} \frac{\overline{S_t}\,\tau I_t}{(1+i_d)^t} + \frac{\overline{S_T}\, TV_T}{(1+K_{ud})^T}$$
$$-S_0C_0 + S_0RF_0 + S_0CL_0 - \sum_{t=1}^{T} \frac{\overline{S_t}\, LP_t}{(1+i_d)^t} \tag{18.7}$$

상기 식 (18.7)에서 여러 가지 중요한 사항을 이해할 수 있다. 첫째, 현금흐름은 외국통화로 일어나며, t년도의 기대현물환율 $\overline{S_t}$를 이용하여 모기업의 기능통화로 전환되어야 한다. 그리고 한계세율 τ는 해외자회사가 설립된 국가의 세율을 의미한다. 이 모델은 모기업의 본국 조세당국이 해외에서 발생한 소득에 대해 100%의 배당금 면제를 허용하는 속지세금체계를 따른다고 가정한다. 따라서, 만약 모기업의 세율이 해외 현지국가의 세율보다 높다면, 해당 소득이 본국으로 송금될 때 추가적인 세금은 발생하지 않는다.[6] 또한 위의 공식에서 할인율에 d라는 첨자가 붙어 있는 것(K_{ud}, i_d)에 유의해야 한다. 이는 외국에서 발생한 현금흐름이 모기업의 국내통화로 전환되면 적용해야 할 할인율은 모기업의 국내 할인율이 되어야 함을 의미한다.

식 (18.7)에서 OCF_t는 모기업에 법적으로 송금할 수 있는 영업현금흐름의 일부만을 대표한다. 해외기업에서 발생한 현금흐름이지만 현지국 정부가 송금을 허용하지 않는 것이라면 모기업의 주주에게는 아무 도움이 되지 않는 것이고 투자안 평가와는 무관해야 한다. 그리고 규제를 회피해서 송금되는 현금흐름도 포함될 수 없을 것이 자명하다.

국내 투자안 평가의 경우와 마찬가지로 OCF_t를 계산할 때 영업이익과 영업비용에 증분하는 현금흐름만 포함해야 한다. 예를 들어 설명하면 이해하기 쉬울 것이다.

6) 이것은 자회사의 모든 순영업현금흐름은 즉시 모기업으로 송금되는 것으로 가정하는 것이다. 21장에서 국제조세 문제, 그리고 원천징수세와 해외조세경감 등의 세부적 문제에 대해 논의하게 될 것이며, 레서드의 기본모형에 이러한 문제들을 감안한 확장모형의 개발에 대해 논의하게 될 것이다. 그리고 이전가격을 통해 고세율 국가에서 저세율 국가로 과세대상 소득을 이동시키는 문제도 검토하게 될 것이다.

어떤 다국적기업이 해외에 판매자회사를 운영하고 있는데 여기서는 모기업이 생산한 제품이나 제3국에서 생산한 제품을 판매만 한다고 가정해 보자. 이곳에 현지 수요를 충족시키기 위해 생산설비를 새로 가동하는 경우 판매자회사만 운영할 때보다는 현지 시장 수요 동향을 더 잘 파악하여 대응할 수 있게 됨으로써 매출이 늘어날 수 있다. 하지만 이전에 이곳에 제품을 공급하던 다른 제조시설은 해외에 새로 생산시설이 설립됨으로써 그만큼 **매출이 감소**될 것이다. 즉, 신 프로젝트가 구 프로젝트를 일부 *희생*시키고 운영되는 셈이다. 그러므로 증분 수익은 신제조설비의 매출액 총액이 아니라 총액에서 기존설비의 매출액 감소분을 제외한 것이 되어야 한다. 물론 신제조설비를 가동시키지 않았더라도 현지 경쟁기업의 등장 등으로 그만큼의 매출액 상실이 불가피했었다면 신제조설비의 가동에 따른 매출총액이 매출액 증가 (또는 증분수익)으로 인식되어야 할 것이다.

식 (18.7)에는 해외 투자안에서 자주 나타나는 현금흐름을 대표하는 항목이 포함되어 있다. S_0RF_0가 그것으로서 이 항목은 현지의 기존 사업에서 발생하였지만 송금이 제한되었던 **억류자금**(restricted funds) 총액인데 신규 프로젝트의 시행으로 비로소 가용해진 자금총액의 국내통화 표시 현재가치를 나타낸다. 이 자금은 신규 프로젝트의 시행으로 가용해졌기 때문에, 그리고 이로 인해 신규 투자액을 충당하는데 가용해졌기 때문에 이 식에 포함된다. 이러한 성격의 자금에 대한 예를 들면 외환통제로 묶여 있던 자금,[7] 국내송금이 되면 모기업에 추가적인 세금 부담이 생겼을 자금 등이다. RF_0는 이들 자금의 액면금액에서 이들 자금을 차선 대안에 투입할 때의 총현재가치를 차감하여 계산한다. 이 장의 말미에 소개한 사례를 공부하면 이 항목의 의미를 더 잘 이해할 수 있게 될 것이다.

그리고 $(S_0\,CL_0 - \sum_{t=1}^{T} \frac{\overline{S}_t\,LP_t}{(1+i_d)^t})$ 항목은 해외에서 시장이자율보다 낮은 금리로 조달한 자금으로부터의 혜택을 모기업 기능통화 표시 금액으로 환산하여 현재가치를 계산하는 것이다. 특수한 경우엔 시장이자율보다 낮은 금리의 **특혜대출**(concessionary loan)(CL_0 총액)이, 이를 해외투자안에 투입하는 경우, 모기업에 대해 이루어질 수도 있다. 투자유치국 정부가 이런 자금 공급을 하는 것은 이를 통해 해외투자가 유입되면 경제발전과 자국민의 고용 증대에 기여할 수 있다고 판단하기 때문일 것이다. 다국적기업에 돌아가는 혜택은 위의 공식으로 계산되며, 여기에서 보면 자국통화 표

www.worldbank.org 세계은행 웹사이트로 개도국의 금융수단 정보를 포함하여 개도국에서의 경영 관련 정보를 제공하고 있다.

7) Lessard(1985), p.577.

시 특혜대출 총액에서 특혜대출 최종상환액과 이자지급액을 자국통화 표시로 전환한 금액의 총 현재가치를 차감한 금액이 된다. 그리고 이 현재가치 계산의 할인율은 정상적인 차입이자율이 되어야 한다. 이 대출로부터 일어나는 현금유출의 총현재가치는 정상이자율로 할인되기 때문에 특혜대출의 액면가보다 더 작아져야 한다. 이 차액이 투자가 이루어질 때 투자유치국 정부가 다국적기업에 제공하려는 보조금 규모가 된다. 이 특혜대출에 부수하는 현금유출 총액의 현재가치를 정상적인 차입이자율로 할인하여 계산할 때는 이 특혜대출과 동일한 규모 및 상환조건의 차입에 적용되는 정상이자율을 적용해야 당연할 것이라는 점을 지적해 둔다.

기업의 가중평균자본비용을 계산할 때는 기업의 최적 자본구조를 알아야 한다. 자본예산을 고려할 때 기업이 자본을 조달하는 기존 방식을 무시해 버리고 투자안을 평가하는 것은 적절하지 못하다. 투자안도 기업의 일부분이 되기 때문이다. 자본적 지출로 자산 규모가 늘어나게 되면 기업은 그 자본구조의 기본골격을 유지하면서 타인자본을 늘릴 수 있다. 즉, 기업의 차입 여력이 그 자본적 지출로 인해 커진 것이다. 하지만 투자와 자금조달은 별개의 문제다. 기업엔 최적 자본구조가 주어져 있고, 이것이 주어지면 자본조달 비용을 알 수 있게 되며, 이로써 투자안의 채택 여부를 결정한다. 물론 각각의 매 투자안이 모두 최적 자본구조를 좇아서 행해질 수는 없다. 오히려 어떤 투자안은 타인자본으로만, 또 어떤 투자안은 자기자본으로만 조달될 수 있고, 그것이 최적 자본구조와는 부합하지 않을 수도 있다. 중요한 것은 장기적으로 기업의 자본조달 행태가 최적 자본구조로부터 너무 많이 이탈하여 자본비용이 극소화되는 방향을 이탈해버리지 않도록 하는 것이다. 그래서 APV 모델에서는 이자의 세금감면 효과 $S_t \tau I_t$ 항목으로 투자자금 조달 방식에 불문하고 투자안의 선택으로 창출되는 **차입능력**(borrowing capacity)의 세금감면효과를 고려해 주고 있다. 세금감면 효과를 다른 방식으로 감안해 주는 것은 해당 프로젝트 자금조달에서 부채로 조달되는 부분이 큰가 작은가에 따라 각각 유리하게 또는 불리하게 조정현재가치(APV)를 왜곡시키게 될 것이다. 이 점은 특혜대출이 왕왕 큰 비중을 차지하게 되는 국제자본예산 분석에서 아주 중요하다. 특혜대출 효과는 투자를 행하는 모기업과 연관되며, 독립된 항목으로 고려해야 한다.[8)]

8) Booth(1982)는 특혜대출이자율을 사용하여 계산한 조세감면효과도 이론적으로 하자가 없다는 것을 보여주고 있다.

APV 모델의 일반성

Lessard의 APV 모델은 국제자본예산 분석에서 빈번하게 나타나는 여러 현금흐름을 포함하고 있다. 하지만 식 (18.7)로 대표되는 이 모델에 모든 가능한 요소들이 모두 다 포괄된 것은 아니다. 그렇다고 해도 이 기본 모델을 잘 이해하게 되면 특정 투자안의 분석에서 나타나는 특수 성격의 현금흐름을 어떻게 처리해야 할지 알 수 있을 것이다.

예를 들어 다국적 경영으로 인해 나타나는 조세감면이나 조세이연이나(tax savings or tax deferrals)를 선택하는 문제에 대해 생각해 보자. 즉, 다국적기업은 세금부담을 경감하는 방향으로 수익과 비용을 자회사 간에 배분할 수 있으며, 다국적기업 전반의 세금부담이 최소화될 수 있도록 자회사의 이윤(profits or affiliates를 of affiliates로 고쳐서 읽음: 역자 주)을 세율의 고저에 따라 적절하게 재결합할 수도 있다. 조세이연은 저세율 국가의 신규프로젝트에 이윤을 재투자함으로써 가능해진다.

이에 더하여 모기업은 자회사 간 이전가격 전략, 라이선싱 계약, 기술료 계약, 기타 방법을 동원하여 투자유치국 정부가 봉쇄하거나 규제하는 자금 흐름을 우회적으로 회피할 수도 있다.[9] 이들 현금흐름은 규제되지 않는 영업현금 흐름과 대립되는 개념으로 볼 수 있다. 조세 감면 또는 이연에 부수하는 현금흐름을 감안하면 이들 현금흐름의 크기나 지속기간을 계산하기가 쉽지 않다는 것을 이해할 수 있을 것이다. 이들 현금흐름의 현재가치 계산은 이들이 기업의 자금조달 방식과 무관하므로 100% 자기자본 기업의 자본비용을 전제로 한 할인율을 적용해야 한다.

이 APV 모델의 장점 중의 하나는 조세 감면이나 이연, 억류자금(restricted funds)의 활용 등 어려운 현금흐름을 쉽게 처리할 수 있게 해준다는 것이다. 즉, 자본적 지출을 분석할 때 일단 이들 현금흐름은 존재하지 않는 것으로 간주할 수 있다. APV가 음(−)의 값이 아니라면 이들 현금흐름을 고려할 필요가 없기 때문이다. 만약에 APV가 음(−)의 값을 나타내면 다른 부수적 현금흐름의 크기를 감안하여 이들로 인해 APV가 양(+)의 값을 갖게 되는지를 분석하면 되는 것이다.

---

9) 제19장에서 다국적기업이 투자유치국 정부가 규제하는 자금의 송금을 우회하는 방법으로서 자회사 간 이전가격 전략, 라이선싱 계약, 기술사용료 계약 등을 다룬다.

미래기대환율의 추정

APV 모델을 실제 적용하기 위해서는 미래기대환율 $\overline{S_t}$를 추정해야 한다. 제6장에서 환율예측의 여러 가지 방법을 소개한 바 있다. 그 중 한 가지 손쉬운 방법은 구매력 평가이론에 따른 다음 공식을 적용하는 것이다. 즉, t년도의 미래기대환율은 다음과 같다.

$$\overline{S_t} = S_0(1+\overline{\pi}_d)^t/(1 + \overline{\pi}_f)^t \tag{18.8}$$

여기서 $\overline{\pi}_d$는 다국적기업의 국내 장기 연평균 기대인플레이션율이고, $\overline{\pi}_f$는 외국의 그것이다.

제6장에서 언급한 바 있듯이 현실에서 구매력 평가이론이 정확하게 성립하는 것은 아니다. 하지만 미래 기대환율을 예측함에 있어 체계적인 고평가 또는 저평가 편의가 존재하지 않는다면 구매력평가 이론을 적용하는 것이 무방할 것이다. 이의 대안으로 장기 선물환율(forward rates)이 주어진다면 이를 활용할 수도 있고, 이자율평가이론에 따른 예측치를 활용할 수도 있을 것이다.

사례분석: 센트랄리아 사(The Centralia Corporation)의 사례

센트랄리아 사는 미국 중서부의 부엌용 전자제품을 생산하는 중소 제조업체이다. 당사는 중저가 제품을 표적 세분시장으로 하고 있다. 특화 제품 라인은 소형주택, 아파트, 사무실 커피라운지 등에 적합한 소형이나 중소형의 전자오븐이다. 최근에 당사는 이 제품류를 스페인에 수출하게 되었으며, 마드리드에 판매자회사를 설립하였다. 유럽 여러 나라의 상이한 전기 표준 때문에 스페인 시장을 겨냥하여 생산한 당사의 전자오븐은 다른 유럽 국가에서는 변압기가 없이는 사용할 수가 없었다. 그러하니 마케팅활동을 스페인에 국한할 수밖에 없었다. 현재 연간 매출 수량은 약 9,600대 정도이고, 매년 5% 정도 증가하고 있다.

센트랄리아 사의 마케팅 관리자는 유럽연합의 통합 정도가 높아지고 있는 추세를 중시하고 있다. 유럽연합 회원국 간의 상품, 서비스, 인력, 자본 이동상의 장애는 제거되고 있으며, 앞으로 회원국 간에 철도 규격뿐만 아니라 전화 및 전기 기계, 기타 여러 가지 품목의 규격들도 동일해질 전망이다. 이러한 상황 변화로 당사의 마케팅 관리자는 당사의 제품이 유럽 전역으로 판매될 수 있을 것으로 예측하고 있으며, 생산 공장의 신설 문제도 적극 고려할 필요가 있다는 생각을 하고 있다.

당사의 마케팅 관리자와 생산 관리자는 마드리드에서 북동쪽으로 약 325킬로 떨어져 있는 사라고사에 단독으로 생산 자회사를 설립하는 투자안을 공동으로 검토하고 있다. 사라고사는 스페인 인구밀집 지역과도 충분히 근접해 있을 뿐만 아니라 프랑스 국경에서 100~200킬로밖에 떨어져 있지 않아서 이곳에서 다른 유럽연합 국가들로 제품을 운송하는 면에서도 적지라고 판단한 것이다. 하지만 다른 무엇보다도 사라고사를 생산공장 설립 적지로 고려하게 만든 것은 이 지역에 공장을 입지시키면 공장건설에 필요한 자금의 대부분을 아주 낮은 금리로 조달할 수 있게 해주겠다는 스페인 정부의 약속이었다. 스페인의 현재 실업률은 19%를 넘어서고 있어서 고용사정을 개선시켜 줄 수 있는 어떤 산업에도 특혜를 주고 있는 것이다. 당사의 경영진에서는 재무관리자에게 이 투자안의 경제성을 평가해 보라고 지시하였다. 당사가 이곳에 생산공장을 설립하게 되면 유럽으로의 수출은 불필요해진다. 관련된 정보는 다음과 같다.

현재 대당 수출가격은 180달러이고 이중 35달러가 이윤이다. 그리고 EU 국가에 대한 매출 수량은 첫해에 25,000대이고 매년 12% 정도 증가할 것으로 전망하고 있다. 모든 판매는 유로화로 표시되어야 하고, 공장 가동 첫해의 매출 단가는 200유로가 될 것으로 보고 있다. 현재의 추정 생산 단가는 160유로이다. 매출 및 생산 단가는 전반적 인플레이션 상황에 따라 인상될 것이며, 가까운 미래엔 연평균 2.1% 상승할 것으로 예측하고 있다. 한편 미국의 장기 인플레이션율은 3%로 예측되고 있으며, 현행 환율은 $1.32/€이다.

생산공장 신설 비용은 550만 유로로 예상하고 있다. 이 금액의 투자지출로 인해 창출되는 차입능력은 $2,904,000이다. 마드리드 판매자회사는 75만 유로를 유보이윤으로 확보하고 있으며, 공장 건설 자금으로 이를 활용할 수 있다. 스페인과 미국의 한계법인세율은 35%이다. 이 유보 자금은 판매자회사 설립 초기에 특별세금감면을 받아 마련된 것이며, 이때 적용된 특별 한계법인세율은 20%였다. 이 자금이 미국으로 송금된다면 35%의 법인세율이 적용될 것이다. 물론 스페인에 특별세율로 이미 납부한 세액은 공제될 것이다.

스페인 정부는 신설 공장에 대해 감가상각기간을 8년으로 허용해 줄 것이다. 이 기간에 추가 투자는 거의 없을 것이다. 8년 경과 후 이 공장의 잔존시장가치는 추정하기 아주 어렵다. 하지만 그때 가서도 공장은 충분히 가동이 가능하고 따라서 상당한 시장가치가 있을 것으로 보고 있다. 신설 공장으로부터 얻게 되는 모든 세후 영업현금흐름은 즉시 미국으로 송금할 수 있다.

이 투자안의 강점은 스페인 정부가 주선하는 특별저리융자이다. 즉, 사라고사에 공장을 신설하면 연리 5%의 저리로 400만 유로의 대출을 주선해 준다는 것이다. 정상적인 차입이자율은 미국의 경우 8%이고, EU에서는 7%이다. 이 특혜대출은 8년 균등 분할 상환하는 조건이다. 당사의 **100% 자기자본비용**은 달러기준으로 12%이다.

이상을 요약하면 다음과 같다.

직접고시 환율이 현재 $S_0 = \$1.32/€$이다.

$$\bar{\pi}_f = 2.1\%$$

$$\bar{\pi}_d = 3\%$$

미국달러화 표시 최초투자액:

$$S_0 C_0 = \$1.32 \times €5{,}500{,}000 = \$7{,}260{,}000$$

논의의 단순화를 위하여 PPP 이론이 성립하는 것으로 가정하고, 이를 활용하여 미래 기대환율을 예측한다.

$$\bar{S}_t = 1.32(1.03)^t/(1.021)^t$$

단위당 세전 증분영업현금흐름은 t=1에 €200−€160=€40이고, t년도 명목 공헌 이폭은 $€40(1.021)^{t-1}$과 같다.

t년도 (판매자회사) 매출수량 감소(평가)액(기회비용)은 $9{,}600(1.05)^t$와 같다.

(판매자회사)매출수량 감소에 따른 단위당 이폭 감소는 $\$35(1.03)^t$와 같다.

한계법인세율 τ는 스페인과 미국 모두 35%이다.

공장의 상각기간 후 잔존가치는 없는 것으로 가정하고 분석을 시작한다.

도표 18.2 세후 영업현금흐름의 현재가치 계산

연도 (t)	환율($\bar{S}_t$)	수량	$\bar{S}_t \times$ 수량 $\times€40 \times 1.021^{(t-1)}$ (a) $	판매자회사 매출수량 감소분	판매자회사 매출수량 감소분 $\times\$35.00 \times 1.03^t$ (b) $	$\bar{S}_t OCF_t$ (a+b) $	$\frac{\bar{S}_t OCF_t(1-\tau)}{(1+K_{ud})^t}$ $
1	1.3316	25,000	1,331,636	(10,080)	(363,384)	968,252	561,932
2	1.3432	28,000	1,536,175	(10,584)	(393,000)	1,143,175	592,366
3	1.3552	31,360	1,772,131	(11,113)	(425,029)	1,347,102	623,246
4	1.3672	35,123	2,044,331	(11,669)	(459,669)	1,584,662	654,603
5	1.3792	39,338	2,358,340	(12,252)	(497,132)	1,861,208	686,465
6	1.3914	44,059	2,720,581	(12,865)	(537,648)	2,182,932	718,862
7	1.4036	49,346	3,138,462	(13,508)	(581,467)	2,556,995	751,826
8	1.4160	55,267	3,620,530	(14,184)	(628,856)	2,991,674	785,386
							5,374,685

정액상각을 하는 것으로 가정하면 매년 상각액은 다음과 같다.

$$D_t = €687,500 = €5,000,000/8\text{년}$$

$$K_{ud} = 12\% \qquad i_c = 5\% \qquad i_d = 8\%$$

이상의 자료를 바탕으로 〈도표 18.2〉에 센트랄리아 사가 스페인에 제조공장을 신설하는 이 프로젝트의 기대 세후 영업현금흐름의 현재가치 계산 과정이 제시되어 있

다. 네 번째의 (a)열은 신제조설비 가동에 따른 달러표시의 연매출수입 기대치다. 이것은 우선 매년 판매대수 예측치에 대당 증분 영업현금흐름 €40를 곱하고, 여기에다 유로존의 인플레이션 기대치 2.1%를 곱한 것이다. 예를 들어 2차년도의 인플레이션 팩터는 다음과 같이 계산된다. $1.021^{(2-1)} = 1.021$. 유로화 표시 매출액 예측치는 기대현물환율을 곱하여 달러화 표시로 전환된다. (b)열은 신제조시설이 건설되어 모기업이 (판매자회사를 통해) 스페인에 대한 수출을 더 이상 하지 못하게 됨으로써 매년매출액이 상실되는 금액을 달러로 환산하여 제시한 자료이다. 이 계산은 우선 수출 예측수량에 대당 공헌이폭 $35를 곱하고, 여기에 미국의 인플레이션율 3%를 곱해준 것이다. 증분영업현금흐름은 이 두 (a)열, (b)열의 합으로 구해진다. 이 합을 달러로 전환하고, K_{ud}의 할인율을 적용하여 현재가치를 구한다. 그 총합이 $5,374,685이다.

도표 18.3

감가상각 조세감면효과의 순현재가치 계산

연도 (t)	환율($\bar{S}_t$)	감가상각액(D_t) €	$\frac{\bar{S}_t \tau D_t}{(1+i_d)^t}$ $
1	1.3316	687,500	296,690
2	1.3434	687,500	277,134
3	1.3552	687,500	258,868
4	1.3672	687,500	241,805
5	1.3792	687,500	225,867
6	1.3914	687,500	210,980
7	1.4036	687,500	197,074
8	1.4160	687,500	184,084
			1,892,502

감가상각의 세금감면효과 τD_t의 현재가치를 계산하기 위한 과정이 〈도표 18.3〉에 제시되어 있다. 매년 정률 상각액 €687,500의 세금감면액이 미래의 기대 환율로 달러로 전환되어 국내이자율 8%로 할인되어 현재가치 $1,892,502가 구해진다.

특혜대출 혜택의 현재가치가 〈도표 18.4〉, 〈도표 18.5〉에서 계산된다. 〈도표 18.4〉는 이 특혜대출에 따른 현금유출의 현재가치를 제시하고 있다. 400만 유로에 대한 원금상환이 매년 동일하게 이루어지기 때문에, 대출잔액은 매년 감소하고 이에 대한 이자지급도 매년 감소하게 된다. 예를 들어 대출 첫해에는 €4,000,000× 0.05 =€200,000의 이자를 지급해야 한다. 두 번째 해에는 50만 유로가 상환되고 나머지에 대해 이자가 지급될 것이므로 이자는 €175,000(=€3,500,000×.05)가 된다. 이런 방식으로 매년 이지지급과 원금상환이 이루어진다. 이를 미래기대환율로 달러표시금액으로 전환하고, 국내차입이자율 8%로 할인하여 현재가치를 계산한 것이 $4,887,311이다. 이 현재가치 금액은 스페인 정부가 제공하는 특혜대출과 동일한 조건으로 국내에서 달러표시로, 그리고 정상적인 이자율로 차입할 때의 원리금 상환의 그것과 동일하다.

다음 〈도표 18.5〉는 이 특혜대출 효과 분석을 마무리하고 있다. 여기에서 보듯이 특혜대출 전제 하의 달러표시 총현재가치에서 〈도표 18.4〉에서 계산한 정상적 달러대출 전제 하의 총현재가치를 차감한 금액이 $392,689이다. 이는 특혜대출이 정상적인 시장이자율보다 낮게 제공되어 나타나는 총혜택의 현재가치를 나타낸다.

이자지급의 세금감면 효과를 계산하기 위한 과정이 〈도표 18.6〉에 제시되어 있다. 〈도표 18.6〉의 (b)열의 이자지급은 〈도표 18.4〉의 (c)열에서 계산된 것이다. 즉,

도표 18.4

특혜대출 원리금상환의 현재가치 계산

연도 (t)	환율($\overline{S}_t$) (a)	원금상환 (b) €	이자(I_t) (c) €	$\overline{S}_t LP_t$ (a)×(b+c) $	$\frac{\overline{S}_t LP_t}{(1+i_d)^t}$ $
1	1.3316	500,000	200,000	932,145	863,097
2	1.3434	500,000	175,000	906,777	777,415
3	1.3552	500,000	150,000	880,890	699,279
4	1.3672	500,000	125,000	854,476	628,065
5	1.3792	500,000	100,000	827,528	563,202
6	1.3914	500,000	75,000	800,038	504,160
7	1.4036	500,000	50,000	771,999	450,454
8	1.4160	500,000	25,000	743,404	401,638
		4,000,000			4,887,311

도표 18.5

특혜대출 혜택의 현재가치 계산

$$S_0 CL_0 - \sum_{t=1}^{T} \frac{\overline{S}_t LP_t}{(1+i_d)^t}$$
$$= \$1.32 \times €4,000,000 - \$4,887,311 = \$392,689$$

도표 18.6

이자지급에 따른 세금감면 효과 계산

연도 (t)	환율($\overline{S}_t$) (a)	이자(I_t) (b) €	모기업 최적 부채비율λ(40%) / 총투자 대비 특혜대출 비중(72.73%) (c)	$\overline{S}_t \tau(.55) I_t$ (a×b×c×τ) $	$\frac{\overline{S}_t \tau(.55) I_t}{(1+i_d)^t}$ $
1	1.3316	200,000	0.55	51,268	47,470
2	1.3434	175,000	0.55	45,255	38,799
3	1.3552	150,000	0.55	39,132	31,064
4	1.3672	125,000	0.55	32,897	24,181
5	1.3792	100,000	0.55	26,550	18,069
6	1.3914	75,000	0.55	20,088	12,659
7	1.4036	50,000	0.55	13,510	7,883
8	1.4160	25,000	0.55	6,815	3,682
					183,807

특혜대출이자율 5%를 적용함으로써 이 문제에 대해 보수적으로 접근하고 있는 것이다. 400만 유로의 특혜대출은 이 프로젝트 총투자규모 550만 유로의 72.73%에 상당하는 금액이다. 이 프로젝트 시행으로 당해 기업의 차입능력은 $2,904,000만큼 증대된다. 모기업의 최적 타인자본 비율 λ가 40%이므로 총투자규모의 달러환산액

$7,260,000의 40%에 해당하는 금액이 $2,904,000라는 것이다. 그래서 특혜대출 총이자지급의 55.0%(=40.0%/72.73% ×100)만 이자지급 세금감면효과 계산의 대상이 된다. 국내이자율 8%로 할인하면 이 세금감면의 총현재가치는 $183,807가 된다.

송금이 제한되었던 유보이윤에 대한 현재가치 계산을 위해서는 먼저 순액으로 계상된 75만 유로의 총 세후가치를 계산해야 한다. 마드리드의 판매자회사는 20%의 저세율로 납세하면서 이 금액을 유보할 수 있었던 것이다. 따라서 세전 금액은 €937,500(=€750,000/(1−.20))가 된다. 이 금액을 현행환율을 적용하여 달러로 환산하면 $1,237,500가 된다. 센트랄리아 사가 스페인에 제조공장을 신설하지 않기로 결정한다면 이 €750,000은 모기업으로 송금되어야 할 것이다. 그리고 미국에서 추가 세금을 납부해야 할 것이다. 그 세금액은 (.35−.20) × $1,237,500= $185,625가 될 것이다. 하지만 제조공장이 신설되는 경우 이 유보이윤 75만 유로는 모기업으로 송금될 수 없다. 그리고 이 투자안의 자기자본 투입으로 활용될 것이다.[10)]

이제 APV는 다음과 같이 계산된다.

$$\begin{aligned} APV &= \$5,374,685 + 1,892,502 + 392,689 + 183,807 + 185,625 - 7,260,000 \\ &= \$769,308 \end{aligned}$$

이 결과는 센트랄리아 사가 사라고사에 신규 제조공장을 신설하는 투자안이 의심할 여지없이 경제성이 있다는 것을 나타낸다. 이 APV가 영(0)보다 작았거나 영(0)에 근접하였다면 이 투자안의 잔존가치의 세후 현재가치를 추가로 고려하게 만들었을 것이다. 이 잔존가치가 얼마가 될지 계산하기 어려운 상황이었기 때문에 이를 고려하지 않아도 의사결정을 할 수 있는 근거가 제시될 수 있어서 다행이었다고 할 수 있다.

자본예산에서의 위험도 조정

이 장에서 소개한 APV 모델은 기업 전반의 평균적 위험도와 비슷한 자본적 지출

10) 청산 시점에서는 모든 유보자금이 모기업으로 송금된다. 물론 이때는 추가세금을 납부해야 한다. 이들은 모두 총 잔존가치 TV_t에 포함되어 있다.

에 대해 분석하는데 유용하다. 하지만 어떤 프로젝트는 평균보다 더 위험하거나 덜 위험할 수 있다. 이런 상황을 처리하는 방법이 **위험조정할인율법**이다. 이 방법은 기업 전반의 위험도와 비교한 프로젝트 고유의 체계적 위험의 정도에 따라 할인율을 올리거나 내림으로써 프로젝트 평가에 위험도를 반영한다.

앞에 제시된 식 (18.7)의 APV 모델은 모든 현금흐름에 대해 기업의 체계적 위험 K_{ud}로 할인하였다. 그러므로 기업 전반의 평균위험도와 다른 프로젝트의 평가에서는 이 K_{ud}만 조정하면 된다.[11)]

APV 모델에서 위험 요소에 대해 조정하는 두 번째 방법은 **확실성 등가법**이다. 이 방법은 기대현금흐름에서 위험 할증 요인을 축출하여 무위험 현금흐름과 동등한 것으로 전환하고 이를 무위험 이자율로 할인하는 것이다. 확실성 등가계수(factor)는 위험도에 따라 1 또는 그 이하가 되고 이를 곱하여 무위험 현금흐름을 얻을 수 있다. 현금흐름의 위험도가 높을수록 확실성 등가 계수는 작아진다. 일반적으로 현금흐름의 발생 시점이 현재에서 미래로 더 멀어질수록 위험도가 높아진다. 위험조정할인율법이 확실성 등가법보다 더 선호되는 이유는 후자에서 적절한 확실성 등가 계수를 추정하는 것이 전자의 할인율을 조정하는 것보다 더 어렵기 때문이다.[12)]

민감도 분석

앞의 센트랄리아 사의 스페인 제조공장 설립 사례 분석에서는 관련된 현금흐름의 기대치를 사용하여 APV의 점 추정치를 얻었다. 이를 계산하기 위해 활용된 기대치란 재무관리자가 이 투자안을 분석할 시점에서 가용한 정보에 기초하여 추정한 자료이다. 하지만 이들 현금흐름은 제각각의 확률 분포를 갖고 있다. 따라서 특정 기대 현금흐름에서 발생한 실제 현금흐름은 그 기대치와 다를 수 있다. 이러한 가능성을 검토하기 위하여 보통 감수성 분석을 행하게 된다. **민감도 분석**(sensitivity analysis)에서는 APV 계산에 필요한 환율 예측, 인플레이션율 예측, 원가와 가격 추정 등에 대

11) 프로젝트의 체계적 위험에 대한 할인율 조정과 자본예산에 대해서는 Ross, Westerfield와 Jaffe(2019, 13장)를 참조하라.

12) 확실성 등가법의 더 자세한 내용에 대해서는 Brealey, Myers와 Allen(2017, 9장)을 참조하라.

해 여러 가지 상이한 방법으로 접근하여 각각의 기대치를 계산하여 그 결과를 대입하면서 APV를 검토해 보게 된다. 본질적으로 감수성 분석은 재무관리자로 하여금 투자안과 관련된 경영위험, 경제적 노출, 환율 불확실성, 정치적 위험 등을 분석할 수 있는 수단을 제공해 준다는 데 의의가 있다. 이를 통해 계획된 자본적 지출의 다각적인 측면을 심층적으로 이해할 수 있게 된다. 그리고 투자안이 계획대로 진행되지 않을 때 취해야 할 대안적 행동을 미리 강구할 수 있게 해준다. 크리스탈 볼(Crystal Ball)과 같은 엑셀 프로그램을 활용하여 다양한 확률 가정 하에 난수를 발생시키면서 의태(모의)실험(Monte Carlo simulation)을 해볼 수도 있다.

구매력평가 가정

앞에서 설명한 APV 방법은 구매력평가가 성립한다는 가정을 전제로 미래 기대환율을 예측하여 APV 계산에 활용하였다. 앞에서도 언급한 바 있지만 구매력평가 가정은 실무적으로나 이론적으로 미래 환율을 예측하는 적절한 방법으로 받아들여지고 있다. 한계세율이 동일하고, 구매력평가가 성립하고, 외국에서 발생한 모든 현금흐름을 국내 모기업으로 송금하는 데 법적으로 문제가 없다고 가정하면 모기업의 입장에서 자본예산 분석을 행하거나 해외자회사의 입장에서 행하거나 차이가 없다. 이를 확인하기 위하여 간단한 예를 들어보자.

예제 18.2 해외자본예산 분석에서의 구매력평가 가정

미국 다국적기업의 해외자회사에서 현지통화 단위 기준 FC30을 투자하면 1년 후에 FC80의 현금흐름이 기대되는 투자안을 검토하고 있다. 외국의 인플레이션은 연 4%이고, 미국의 그것은 2%로 예측되고 있다. 미국 모기업의 자본비용이 7.88%이고, 피셔등식(Fisher equation)이 성립한다면 해외 자회사의 적정 자본비용은 10% (1.0788×1.04/1.02)가 된다. 그러므로 이 프로젝트의 현지통화기준 순현재가치는 다음과 같다. NPV_{FC}=FC80/1.10−FC30=FC42.73.

현행 환율이 FC2.0/$이면, 1년 후 구매력평가기준 기대환율은 $\overline{S_1}$(FC/$)=2.00(1.04/1.02)=2.0392이 된다. 미국 달러 기준 순현재가치는 다음과 같다. $NPV_{\$}$=

(FC80/2.0392)/1.0788－FC30/2.00＝$21.37. 그리고 일물일가의 법칙에 따르면 NPV_{FC}/S_0(FC/$)＝$NPV_\$$＝FC42.73/2.00＝$21.37이 된다. 이것은 환율예측과 할인율 전환에서 동일한 기대 인플레이션율 차를 적용한 결과이다. 그렇지만 만일에 기대환율이 실제로는 FC5.00/$가 된다면, 즉 FC가 달러에 대해 평가절하된다면 $NPV_\$$＝－$0.17이 되고 이 결과는 미국 모기업 입장에서는 이 프로젝트를 기각해야 한다는 것을 의미한다.

실물투자 옵션(증권투자 옵션 가격결정이론의 응용)

이 장의 전반에 걸쳐 실물 자산에 대한 자본적 지출 분석에서 APV 방법을 중심으로 설명하였다. 이 방법은 매출액, 영업비용, 환율 등에 대해 이런저런 가정을 하면서 결론을 유도하게 된다. 그리고 위험에 대해서는 할인율로 조정을 한다. 적정 할인율로 평가를 해서 APV가 양(＋)의 값을 갖게 되면 그 프로젝트를 수용하고 음(－)의 값을 나타내면 기각한다. 단, 모든 미래의 경영 의사결정이 최적일 것이라는 가정 하에 그 프로젝트를 수용하게 된다는 것을 염두에 두어야 한다. 하지만 기업의 경영관리층에서 프로젝트를 시작하면서 그와 관련된 완벽한 정보를 갖고 있지 못하기 때문에 미래에 어떤 파생적 의사결정을 해야 할 것인지 알 수가 없다. 따라서 경영관리층에서는 새로운 정보가 주어질 때 다른 대안이나 옵션을 고려하지 않을 수 없다는 것이다. 옵션가격결정이론은 제7장에서 논의한 환율 등 금융자산 투자에서뿐만이 아니라 실물자산 투자기회에 대한 평가에도 활용할 수 있다. 실물자산 투자의 평가에 옵션가격결정이론을 적용하는 것이 **실물(투자) 옵션**(real options)이다.

기업은 자본자산 투자의 전기간에 걸쳐 여러 가지 형태로 실물 옵션의 상황에 직면할 수 있다. 예를 들어 언제 투자를 할 것인가와 관련하여 **타이밍 옵션**(timing option)에, 그리고 투자 규모의 증대와 관련하여 **성장 옵션**(growth option)에, 그리고 일시적 생산 중단과 관련하여 **정지 옵션**(suspension option)에, 조기 투자철수와 관련하여 **포기 옵션**(abandonment option)에 직면할 수도 있다. 이러한 상황들은 모두 실물 옵션이론으로 평가할 수 있다.

국제자본지출에서 다국적기업은 해외에서 사업을 하면서 정치적 위험에 직면하게 된다.[13] 예를 들어 해외 투자 초기의 안정적 환경은 다른 정당이 선거에 승리하거나 쿠데타가 일어나거나 하면 역전되어 불리해질 수 있다. 더구나 투자유치국 정부의 예상치 못한 금융정책 변경으로 모기업 기능통화에 대한 그 나라 통화의 환율이 평가절하되면 모기업 주주들에게 불리한 영향을 미치게 된다. 이런저런 정치적 위험은 국제자본지출 평가에 실물투자 옵션 이론을 적용하도록 유도하고 있다. 하지만 실물투자 옵션 이론을 적용하는 것은 현금흐름에 대한 할인분석 방법의 연장선상에 있는 것으로 이해해야지 그것을 대체하는 방법으로 이해해서는 안 된다. 다음의 예를 보면 이를 잘 이해할 수 있을 것이다.

예제 18.3 **센트랄리아 사의 타이밍 옵션**

위의 센트랄리아 사 투자 사례에서 초년도의 매출이 25,000대가 아니라 22,000대라고 해보자. 이렇게 되면 APV는 −$55,358가 될 것이고, 센트랄리아 사가 이 경우에도 스페인에 생산공장 설립을 강행했을지 의문이다. 그리고 유럽중앙은행이 구주연합의 경기를 팽창 또는 수축시키는 정책을 채택하게 되면 유로화 환율이 $1.32/€가 아니라 $1.45/€로 평가절상되거나 또는 $1.20/€로 평가절하될 수도 있다. 전자의 경우라면 APV는 $86,674가 되겠지만 후자의 경우라면 −$186,464가 된다.

센트랄리아 사는 일 년 후면 유럽중앙은행의 금융정책 변화를 알 수 있을 것으로 믿고 있다. 그래서 일 년간 이 프로젝트의 시행을 유보하기로 결정할 수 있다. 이 경우 이 회사는 사라고사의 공장부지에 대해 일 년 후 매입할 수 있는 권리를 €5,000나 $6,600를 땅 주인에게 주고 확보할 수 있다.

위에 기술한 사례는 투자지출 분석에 실물 옵션 이론을 적용하는 것이 아주 적절한 경우라고 할 수 있다. 이 경우 €5,000를 주고 매입권을 사는 것은 실물투자 옵션 프리미엄에 해당하고, 실제 €5,500,000를 주고 투자를 하면 옵션 행사가격대로 매입하는 것에 해당한다. 센트랄리아 사는 유럽중앙은행이 긴축적 금융정책을 채택하여 유로화 환율이 평가절상되어 APV가 $86,674가 될 때만 이 실물 옵션을 행사하게 될 것이다. €5,000는 센트랄리아 사가 더 확실한 정보 하에서 투자를 할 수 있게

13) 제16장의 정치적 위험에 대한 논의를 참조하면 도움이 될 것이다.

되는 것에 비하면 큰 액수라고 할 수 없을 것이다. 다음 사례는 이항(binomial) 옵션 가격결정모형을 타이밍 옵션의 평가에 적용해 본 것이다.

예제 18.4 센트랄리아 사 타이밍 옵션의 프리미엄 평가

여기서는 제7장에서 설명한 이항옵션가격결정 모형을 위의 사례에서 설명한 타이밍 옵션의 프리미엄 평가에 적용해 보기로 한다. 센트랄리아 사의 차입이자율은 앞의 사례에서 가정한 무위험 이자율로서 달러 표시의 경우 8%, 유로화 표시의 경우 7%라고 하자. 유럽중앙은행의 정책에 따라 유로화는 기준시점의 $1.32/€에서 10% 평가절상되어 $1.45/€가 될 수도 있고, 9% 평가절하되어 $1.20/€가 될 수도 있다. 그렇게 되면 $u=1.10$이고, $d=1/1.10=.91$이 된다. 그리고 평가절상의 위험중립적 확률 $q = [(1+i_d)/(1+i_f)-d]/(u-d) = [(1.08)/(1.07)-.91]/(1.10-.91) = .52$가 되고 평가절하의 그것은 .48이 된다. 타이밍 옵션은 APV가 정일 때만 행사될 것이므로 이 옵션 프리미엄 $C=.52(\$86,674)/(1.08)=\$41,732$이다. 이 금액은 부지 매입옵션에 대한 비용 $6,600보다 더 크다. 그러므로 센트랄리아 사는 이 금액을 지급하고 일 년간 유럽중앙은행의 정책 결정을 기다렸다가 의사결정을 하는 것, 즉 타이밍 옵션을 활용하는 것이 합리적이다.

요 약

이 장은 순현재가치법의 복습에서 시작하여 다국적기업의 해외투자안의 분석에 적합한 APV 모형으로 진행하였다.

01. 국내투자를 전제로 한 순현재가치법 자본예산 분석방법을 우선 이해해야 한다. 순현재가치란 현금 유입의 현재가치에서 현금 유출의 현재가치를 뺀 차액을 말한다. 순현재가치가 정이면 그 투자안을 채택해야 한다.

02. 연간 세후 현금흐름 공식에 대해 여러 가지 관점에서 검토가 이루어졌으며, 이는 순현재가치법을 조정현재가치법(APV)으로 확장하기 위해 필요한 수순이었다.

03. 자본예산의 APV 모델은 타인자본 사용 기업 가치분석을 위한 M-M이론을 응용한 것으로 볼 수 있다. 이 모델에서는 영업현금 흐름과 자본조달에 따른 현금흐름을 구분한다.

그리고 각각의 현금흐름은 그에 내재한 고유 위험 수준에 따라 상이한 할인율이 적용되어 현재가치가 계산된다.

04. 이 APV 모델은 다국적기업이 해외자회사의 투자안을 평가하는 데에 활용할 수 있도록 확장시킬 수 있다. 해외 투자안의 현금흐름은 모기업의 기능통화로 전환되어 평가되어야 하며, 국제투자안의 평가에서 자주 등장하는 현금흐름을 다루기 위해 모델에 추가적인 항목들이 더해져야 했다.

05. 마지막으로 이 APV 모형을 실제 적용하는 사례 분석이 제시되어 있다.

주요 용어

가치가산성	무부채기업의 자기자본 비용	무부채기업의 자본비용
실물옵션	억류자금(restricted funds)	조정현재가치(APV)
증분현금흐름	차입능력	특혜대출
희생매출		

연습문제

01. 왜 자본예산 분석이 그처럼 중요한 의미를 갖는가?

02. 순현재가치법의 기본 논리는 무엇인가?

03. 투자안 분석에서 *증분* 현금흐름이란 무엇을 의미하는가?

04. 본문의 식 (18.2a)와 (18.2f)의 성격을 비교 설명해 보자.

05. 조정현재가치법이 해외투자안 분석에서 유용할 수 있는 이유는 무엇인가?

06. 희생 매출(신규 프로젝트 채택으로 기존 사업의 매출이 감소하는 부분) 개념으로 증분 현금흐름 개념을 정의하라.

07. 자본예산 분석에서 투자안이 창출하는 *차입능력* 대신에 프로젝트 채무만을 고려하는 것은 어떤 문제가 있는가?

08. 특혜대출의 성격과 이를 APV 모델에서 처리하는 방법에 대해 논하라.

09. APV 모델에서 각각의 현금흐름에 대해 상이한 할인율을 적용하는 기본논리는 무엇인가?

10. M–M 이론에서 타인자본 사용 기업의 가치가 그에 상응하는 무부채기업의 가치보다 더 큰 이유는 무엇인가?

11. 자본예산을 모기업의 관점에서 행하는 것과 자회사의 관점에서 행하는 것의 차이에 대해 논하라.

12. 실물옵션의 개념을 정의하라. 기업이 투자안을 검토할 때 직면하게 되는 실물옵션 적용 상황을 논의해 보라.

13. 해외자회사의 관점에서는 순현재가치가 정(positive)이어도 모기업의 입장에서는 부(unprofitable)인 경우가 나타날 수 있는 조건을 검토해 보라.

계산문제

01. 알파 기업은 헝가리에 패션 손목시계를 제조하여 판매할 자회사 설립을 검토하고 있다. 이 기업의 총자산은 7천만 달러이고, 그 중 4천5백만 달러는 자기자본이고 나머지는 타인자본이다. 이 기업은 현재의 자본구조가 최적이라고 평가하고 있다. 헝가리 투자안의 규모는 헝가리 포린트로 총 24억 HUF로 추정되며 이중에서 18억 HUF는 헝가리 정부에서 제공하는 저리 융자 조건의 차입이 가능하다. 이 기업의 자본예산분석에서 이자지급에 대한 세금효과를 고려하면 이 기업은 얼마 정도의 부채를 활용해야 하겠는가?

02. 현재 HUF의 현물 환율은 HUF250/$ 이다. 헝가리의 장기 인플레이션율 예측치는 연 10%이고, 미국은 연 3%로 추정되고 있다. 구매력 평가이론이 양국 간에 성립한다면 5년 후의 현물환율은 얼마일까?

03. 베타기업의 최적 부채비율은 40%이다. 자기자본 비용은 14%이고, 세전 차입이자율은 8%이다. 한계세율이 35%이라고 가정하고 (a)가중평균 자본비용을 계산해 보라. (b)동일 규모의 무부채기업의 자기자본 비용을 계산해 보라.

04. 미국 다국적기업 제다는 덴마크에 직접투자하는 안을 검토하고 있다. 이에 대해 덴마크 정부는 연율 4%로 DKK15,000,000을 특혜대출해 주는 것을 제안했다. 정상적인 대출이라면 달러로는 연 6%, 덴마크 크로네로는 5.5%이다. 부채상환은 원금에 대해 3년간 균등분할상환하는 조건이다. 이 특혜대출로 인한 이득의 현재가치는 얼마인가? 현행 환율은 DKK5.60/$이고 기대인플레율은 미국이 3%, 덴마크가 2.5%이다.

05. 미국 다국적기업 델타기업은 남아공에 자본적 지출을 계획하고 있다. 투자안의 초기비용은 ZAR10,000이다. 이 투자안의 존속기간인 5년간의 매년 현금흐름은 각각 3,000,

4,0000, 5,000, 6,000, 7,000 ZAR이다. 모기업의 자본비용은 달러 기준 9.5%이다. 장기 기대 인플레이션율은 미국이 3%, 남아공이 7%로 주어져 있다. 현행 환율은 ZAR3.75/$이다. 이 프로젝트의 달러 기준 순현재가치는 얼마인가?

a. 국제피셔효과가 성립한다고 가정하고 ZAR기준 자본비용을 활용하여 ZAR 기준 순현재가치를 계산하고 현행환율을 이용하여 미국달러기준으로 전환하라.

b. 모든 현금흐름을 구매력평가 환율로 전환하여 달러 기준 자본비용으로 순현재가치를 계산해 보라.

c. 이 두 달러 기준 순현재가치를 비교하고 차이가 있다면 그 이유를 설명해 보라.

d. 실제의 환율이 다음과 같이 주어진다면 순현재가치는 얼마인가? S(0)＝3.75, S(1)＝5.7, S(2)＝6.7, S(3)＝7.2, S(4)＝7.7, S(5)＝8.2.

06. 이 장에서 설명한 센트랄리아 사의 사례에서 APV는 －$60,000이었다. 세후 잔존가치가 얼마가 되어야 이 값이 정이 되는가? 이 경우 당사는 이 프로젝트를 채택할 것인가?

07. 이 장의 센트랄리아 사례에서 다음과 같은 조건이라면 APV는 어떻게 변하는가?

a. $\overline{\pi}_d$, $\overline{\pi}_f$에 대한 예측이 틀린 경우라면?

b. 감가상각 현금흐름에 대한 할인율이 i_d가 아니라 K_{ud}이면?

c. 투자유치국 정부가 특혜대출을 제공치 않는다면?

인터넷 연습문제

01. 인터넷에서 'concessionary financing'이라는 검색어로 인터넷 검색을 해보고 관련 자료들로 이 주제에 대해 공부해 보라.

미니 케이스1

도체스터 사(Dorchester, Ltd.)

도체스터 사는 고급 초콜릿에 특화한 전통과자류 기업이다. 당사는 영국에 있는 제조시설을 활용하여 서구지역과 북미지역(미국과 캐나다)에 공급을 하고 있다. 그런데 현재의 생산설비로는 미국시장에 연간 22만5천 파운드밖에 공급할 수 없다. 보스턴에 위치한 당사의 미국 판매자회사는 이 공급물량으로 서(西)로는 세인트루이스까지, 그리고 남으로는 애틀랜타까지만 커버할 수 있었다. 도체스터 사는 미국에 새로운 생산설비를 도입하게 되면 미국과 캐나다 시장 전역을 커버할 수 있을 것으로 판단하고 있다. (현재 6만5천 파운드밖에 공급하지 못하고 있는) 미국과 캐나다 시장의 초기 수요는 39만 파운드에 달하고, 매년 5%씩 증가할 것으로 예측하고 있다. 이 공장이 신설되면 현재 미국에 수출되는 물량이 사라질 것이다. 하지만 이것은 단기적인 문제이고 동구 여러 나라의 경제성장으로 5년 이내에 미국에 수출하던 물량 정도가 이 지역으로 수출될 수 있을 것으로 보고 있다.

당사는 북미 지역 수출로 파운드당 £3의 수입을 올리고 있다. 미국에 새 공장이 들어서면 파운드당 $7.7를 받을 수 있는 제품을 생산할 수 있을 것으로 예상하고 있다. 그렇게 되면 영업이익은 파운드당 $4.40 정도가 될 것으로 추산하고 있다. 물론 판매가격과 영업비용은 미국에서의 판매 수준에 따라 달라질 수 있을 것이다. 미국의 물가상승률은 앞으로의 수년간 약 3%로 예측되고 있으며, 영국은 예측기관에 따라 4%에서 5%까지로 예측되고 있다. 현행 현물환율은 $1.5/£이다. 당사는 구매력 평가이론이 미래환율예측의 가장 적합한 수단이라고 믿고 있다.

이 제조시설의 건립에는 7백만 달러가 소요될 것으로 예상하고 있다. 당사는 이 자금을 일부는 자기자본으로 그리고 일부는 타인자본으로 조달할 생각을 하고 있다. 이 공장신설로 당사의 차입여력은 2백만 파운드 정도 늘어나게 되고 그만큼 차입을 할 계획이다. 당사가 신공장을 설립하기로 결정한 현지 지방정부는 연리 7.75%로 7년간 150만 달러를 대출받게 해줄 것이다. 원금은 7년간 균등분할 상환되는 조건이다. 나머지 부채에 대해 국내에서 채권을 발행하여 조달할 것인지 아니면 유로달러본드를 발행하여 조달할 것인지 검토 중이다. 파운드표시 채권은 연리 10.75%로, 달러표시라면 9.5%로 발행할 수 있을 것이다. 그리고 자기자본 조달 비용은 15%로 추정하고 있다.

미국 조세법은 당사가 7년간 정액 감가상각하는 것을 허용하고 있다. 그 상각기간이 경과되어도 제과시설은 상당한 시장가치를 여전히 갖고 있을 것으로 본다. 당사는 더 이상의 세제상 혜택은 없을 것으로 예상하고 있다. 그리고 두 나라의 법인세율이 35%로 동일하기 때문에 이전가격 전략 등은 의미가 없을 것으로 보고 있다.

도체스터 사가 미국에 제조공장을 신설하는 것이 타당한가?

미니 케이스2 스트릭-잇-리치 광업사(Strik-it-Rich Gold Mining Company)

당사는 현재 사업 확장을 검토하고 있다. 그래서 지질학자들이 금 매장이 확실할 것으로 예상하고 있는 토지를 매입하려는 것이다. 스트릭-잇-리치 광업사의 경영진은 이로써 당사의 금 생산량이 연간 2천 트로이온스 늘어날 것으로 보고 있다. 이 사업확장에 토지매입 대금을 포함하여 250만 달러 정도가 소요될 것이다. 현재의 금 시세는 온스당 1,400달러이며, 1년물 금선물 시세는 1,484달러(1,400×1.06)이다. 금 채광 비용은 온스당 1,050달러이다. 당사의 자본비용은 10%이다. 현행 금 시세를 기준으로 하면 이 프로젝트는 경제성이 있다. 즉, NPV(순현재가치)=($1,400−$1,050)×2,000/.10−$2,500,000=$4,500,000이다. 하지만 러시아와 영국이 자국 금보유량을 대량으로 매각하게 되면 금값이 수년 내에 온스당 $1,100로 하락할 수 있다는 우려를 하고 있다. 다른 한편으로 국제통화시스템이 금보유량을 선호하는 방식으로 전환될 수도 있다는 예측이 제기되어 있다. 그렇게 되면 금값은 온스당 $1,600가 될 것이다. 금값의 향방은 아마 일 년 내로 결정될 전망이다. 그래서 당사는 사업확장을 일 년간 늦추고 대신에 25만 달러의 옵션 프레미엄을 지불하고 당해 토지 매입권을 확보하는 방안을 신중하게 검토하게 되었다.

당사의 경영진은 어떻게 해야 하는가?

미니 케이스3 예스퍼 테크(Jesper Tech)

예스퍼 와신은 언제나 열정적이며 뛰어난 골퍼였다. 아마추어 시절 그의 핸디캡은 3이었다. 예스퍼는 금융학에서 학사 학위를, 컴퓨터 과학에서 석사 학위를 갖고 있었다. 그는 일년 내내 자신의 열정을 즐기기 위해 2012년에 플로리다 주 주피터로 이사하여 실내 골프 시뮬레이터를 전문으로 하는 예스퍼 테크를 창업했다. 주피터는 팜비치 카운티의 가장 북쪽에 위치한 도시이며 프로 골프의 진원지다. 수십 명의 PGA 투어 및 LIV 골프 리그 선수들이 주피터에 거주한다. 또한, 주피터는 북부 주와 캐나다에서 온 9,000명 이상의 "스노우버드"들의 겨울철 본거지다. 이들은 추운 겨울 날씨와 눈을 피해 매년 겨울 남쪽으로 내려온다. 캐나다 스노우버드는 전 주에 걸쳐 약 백만 명에 달한다.

예스퍼 테크의 실내 골프 시뮬레이터는 플레이어가 기후 조절된 공간에서 골프공을 치는 화면에 대고 연습하고 시뮬레이션 라운드를 플레이할 수 있게 해준다. 이 화면은 골프 코스의 다양한 홀을 묘사한다. 시뮬레이터에서는 여러 유명한 코스에 대한 컴퓨터 프로그램을 구매하여 사용할 수 있다. 시뮬레이터는 골퍼의 점수를 추적하고 플레이어의 성능을 자세히 설명하는 여러 유용한 통계를 표시한다. 예를 들어, 스윙 속도, 공의 속도, 거리, 퍼트 수 등이다. 예스퍼 테크는 시뮬레이터의 두 가지 버전을 제공했다. 하나는 주로 골프 매장에서 골프 레슨을 제공하기 위해 구입하는 전문가용 모델이고, 다른 하나는 가정에 설치할 수 있는 덜 비싼 모델이다. 가격은 가장 저렴한 가정용 모델의 경우 4,500달러부터 시작하여 가장 비싼 전문가용 모델의 경우 50,000달러를 초과한다.

예스퍼의 초기 추정을 초과하는 판매량을 기록하며, 그는 예스퍼 테크를 시작한 결정에 만족했다. 남부 플로리다의 온화한 겨울 날씨로 인해 일년 내내 골프를 칠 수 있음에도 불구하고, 이 시뮬레이터들은 제공하는 진단 기능 때문에 인기가 있었다.

시뮬레이터에 대한 긍정적인 피드백을 받은 결과, 예스퍼는 북미 여름 동안 집에 있는 동안 시뮬레이터를 갖고 싶어 할 수 있는 캐나다 스노우버드들을 대상으로 캐나다로 확장할 기회가 있다고 믿었다. 그는 또한 캐나다의 연중 거주자들 사이에서도 시장을 개발할 수 있을 것이라고 믿었다. 캐나다 스노우버드들은 주로 온타리오와 퀘벡, 캐나다에서 가장 큰 두 개의 주에서 왔다. 인구 통계와 인구 성장률에 대한 연구를 마친 후, 예스퍼는 오타와에 전적으로 소유한 자회사를 설립하는 것이 운영을 시작하기에 논리적인 위치라고 결론지었다.

예스퍼는 캐나다로의 확장이 경제적으로 타당한지 확인하기 위해 NPV 분석이 필요하다고 결정했다. 그는 오타와의 실물 플랜트에 건물과 장비를 위해 4,600,000캐나다 달러의 초기 지출이 필요하다고 판단했다. 이 투자는 잔존 가치 없이 5년간 직선 감가상각될 수 있으나, 예스퍼는 5년 끝에 375,000캐나다 달러에 판매할 수 있을 것으로 믿었고, 이는 전액 과세될 것이다.

예스퍼는 첫 해에 950대의 판매를 예상하며, 연간 성장률을 8%로 설정했다. 그는 단위당 평균 판매 가격으로 7,800캐나다 달러를 사용했다. 그는 운영 비용을 총수입의 73%로 추정했다. 그는 판매 수익과 비용이 모두 인플레이션을 따라갈 것으로 예상했다. 그는 캐나다의 장기 인플레이션을 매년 2%, 미국의 인플레이션을 매년 3%로 예측했다.

그는 NPV를 미국 달러 기준으로, 즉 모기업의 관점에서 평가해야 한다는 것을 알고 있었다. 하지만, 캐나다 비용의 자본을 할인하여 캐나다 달러 NPV를 현재 환율 USD 0.7888/CAD로 미국 달러로 전환해야 하는지, 아니면 모든 예측된 캐나다 달러 현금 흐름을 미리 미국 달러로 전환한 후에 미국 달러에 상응하는 자본 비용으로 할인해야 하는지 확실하지 않았다. 그는 두 가지 방법 모두로 분석을 수행하고 방법이 결정에 영향을 미치는지 결정하기로 했다. 그는 구매력 평가(PPP)를 사용하여 미래의 USD/CAD 현물 환율을 추정할 계획이었다. 그는 자본 비용으로 8%를 사용했다.

캐나다의 법인세율은 15%이며, 미국 모기업에 지급된 배당금에 대해 5%의 세금이 원천징수되어, 실질적인 세율은 19.25%(=[15 + 05 - (15 x .05)] x 100)가 된다. 미국의 법인세율은 21%이다. 미국이 영토적 세금 체계를 따르기 때문에, 예스퍼는 배당금이 본국으로 송금되면 추가 세금이 발생하지 않을 것이므로 19.25% 세율이 그의 분석에 적합한 세율이라는 것을 알고 있었다.

당신이 예스퍼를 조언한다면, 그가 자본지출을 하도록 권할 것인가?

참고문헌 및 추천도서

Ang, James S., and Tsong-Yue Lai. "A Simple Rule for Multinational Capital Budgeting." *The Global Finance Journal* 1 (1989), pp. 71–75.

Booth, Lawrence D. "Capital Budgeting Frameworks for the Multinational Corporation." *Journal of International Business Studies* (Fall 1982), pp. 113–23.

Brealey, Richard A., Stewart C. Myers, and Franklin Allen. *Principles of Corporate Finance*, 9th ed. New York: McGraw-Hill/Irwin, 2008.

Endleson, Michael E. "Real Options: Valuing Managerial Flexibility (A)." *Harvard Business School Note* (March 31, 1994).

Holland, John. "Capital Budgeting for International Business: A Framework for Analysis." *Managerial Finance* 16 (1990), pp. 1–6.

Lessard, Donald R. "Evaluating International Projects: An Adjusted Present Value Approach." In Donald R. Lessard (ed.), *International Financial Management: Theory and Application*, 2nd ed. New York: Wiley, 1985, pp. 570–84.

Luehrman, Timothy A. "Capital Projects as Real Options: An Introduction." *Harvard Business School Note* (March 22, 1995).

Luehrman, Timothy A. "Investment Opportunities as Real Options: Getting Started on the

Numbers." *Harvard Business Review* (July–August 1998), pp. 51–67.

Luenberger, David G. "Evaluating Real Investment Opportunities." In Chapter 12, "Basic Options Theory," in *Investment Science*. New York: Oxford University Press, 1998, pp. 337–43.

Modigliani, Franco, and Merton H. Miller. "Corporate Income Taxes and the Cost of Capital: A Correction." *American Economic Review* 53 (1963), pp. 433–43.

Ross, Stephen A., Randolph W. Westerfield, and Jeffrey F. Jaffe. *Corporate Finance*, 8th ed. New York: McGraw-Hill/Irwin, 2008.

Shapiro, Alan C. "Capital Budgeting for the Multinational Corporation." *Financial Management* (Spring 1978), pp. 7–16.

Chapter 19

다국적기업의 현금관리

CHAPTER OUTLINE

- 국제현금보유고 관리
- 사례분석: 텔트렉스(Teltrex) 사의 현금관리시스템
- 기업 내외부 순현금흐름 상계 시스템
- 예비적 현금보유고 감축
- 실제의 현금관리시스템
- 요약
- 주요 용어
- 연습문제
- 계산문제
- 인터넷 연습문제
- 미니 케이스1: 트렌디 디자인(Trendy Designs Company) 사의 효율적 자금관리
- 미니 케이스2: 트렌디 디자인 사의 신참 MBA
- 참고문헌 및 추천도서

이 장의 주제는 다국적기업의 효율적 현금관리이다. 주된 관심은 현금보유고 총량, 그 표시통화별 보유고, 그리고 자회사 간 현금보유고의 배분 등이다. 효율적 현금관리를 하게 되면 다국적기업은 예비적 동기의 현금보유고를 줄일 수 있고, 불필요한 외환거래를 회피할 수 있으며, 그에 따른 제비용을 경감할 수 있고, 여유 현금이 발생했을 때 가장 높은 수익률을 올릴 수 있다. 이에 더하여 효율적 현금관리기법을 통해 일시적 현금 부족 시에는 가장 낮은 이자율로 차입을 할 수 있게 된다. 이 장은 우선 다국적기업의 집중화된 현금관리시스템 개발 사례를 소개한다. 이 시스템은 자회사 간 대차정산(상계) 및 집중화된 현금보유고 관리를 포함하고 있다. 이를 통해 우리는 집중화된 시스템의 장점에 대해 자세히 살펴보게 될 것이다.

국제현금보유고 관리

현금관리(cash management)란 현금예산 기간 중에 발생할 자금유출에 충당할 **거래적 동기의 현금보유고**(transaction balances) 및 예비적 동기의 현금보유고를 최적화하는 것이다. **예비적 동기의 현금보유고**(precautionary cash balances)는 거래적 동기의 현금보유고가 낮게 산정되었을 때 필요하게 된다. 우량한 현금관리는 현금과 부족을 잘 관리하는 것이며 잉여현금을 가장 유리한 조건으로 투자하고, 일시적으로 부족한 현금을 가장 낮은 금리로 조달할 수 있게 하는 것이다.

효과적 현금관리수단의 대부분은 기업이 국내에서만 영업을 하거나 국제적으로 영업을 하거나 거의 동일하게 적용될 수 있다. 예를 들어 국내기업의 현금관리자도 국제적으로 가장 낮은 금리로 자금을 조달해야 하고, 여유자금을 가장 높은 수익률로 운용해야 한다. 하지만 다국적 활동을 하는 기업의 경우 여러 나라의 통화를 사용해야 하고, 이로 인해 외환거래 비용 관리문제가 효율적 현금관리의 관건이 된다. 또한 다국적기업의 경우 현금관리를 본사(또는 다른 부서)에 집중화할 것인가 아니면 각 자회사가 독자적으로 관리하게 할 것인가에 대해 결정해야 한다. 이 장에서는 집중화된 현금관리를 중심으로 논의한다.

도표 19.1 텔트렉스 사의 현금 수취 및 지출 행렬(단위: $1,000)

수취(Receipts)	지출(Disbursements) 미국	캐나다	독일	영국	사외	사내 총계	총지출
미국	–	30	35	60	140	125	265
캐나다	20	–	10	40	135	70	205
독일	10	25	–	30	125	65	190
영국	40	30	20	–	130	90	220
사외	120	165	50	155	–	–	490[a]
사내 총계	70	85	65	130	–	350	–
총수취	190	250	115	285	530[b]	–	1,370[c]

[a] 미국 모기업과 자회사 모두가 사외로 지출한 금액
[b] 미국 모기업과 자회사 모두가 사외로부터 수취한 총액
[c] 입·출금 총계(행·열 합계 일치여부 확인 숫자)
주: 이 주에 35만 달러가 자회사 간에 수수되었고, 현금잔고가 4만 달러(=$530,000 수취－$490,000 지급) 증가되었다.

사례분석: 텔트렉스(Teltrex) 사의 현금관리시스템

우리는 집중환된 현금관리시스템이 어떤 방식으로 작동하는지 설명하기 위해 텔트렉스 사의 사례를 들어보려고 한다. 당사는 미국 캘리포니아의 실리콘 밸리에 입지한 미국의 다국적기업이다. 이 회사는 저가형 정밀전자시계를 생산하여 북미와 유럽에 공급하고 있다. 당사는 캘리포니아에 생산시설을 두고 캐나다, 독일, 영국의 세 곳에 판매자회사를 두고 있다

어떤 현금관리 시스템이건 그 기초는 현금예산이다. **현금예산**(cash budget)이란 기대 현금 입·출금의 시기와 크기에 대한 상세계획이다. 텔트렉스 사는 회계연도별로 사전 현금예산을 입안하고 있으며, 매년 이를 경신하고 있다. 〈도표 19.1〉은 당사의 현금예산 기간 내의 특정 주간 결제 행렬을 보여주고 있다. 표에서는 당사의 본사와 자회사간 현금 수도결제뿐만 아니라 당사가 거래하고 있는 외부 기업과의 현금 수도결제도 나타나 있다. 〈도표 19.1〉은 본사의 보고통화인 미국달러화로 표시되어 있다. 하지만 각 자회사의 기능통화는 현지 각국의 통화이다.

이 표에서 보면 미국 본사는 캐나다 자회사로부터 3만 미국달러 상당의 캐나다달러 현금을, 그리고 독일 자회사로부터는 3만 5천 미국달러 상당의 유로화 현금을,

영국 자회사로부터는 6만 미국달러 상당의 영국파운드화 현금을 수령하게 되어 있다. 이 합계가 12만 5천 미국달러이다. 그리고 미국본사는 미국 내 판매 등을 통하여 사외로부터 14만 미국달러를 받게 되어 있다. 그러므로 해당 주에 이 회사는 총 26만 5천 미국달러를 수취할 것이다. 지출 측면에서 미국본사는 캐나다 자회사에 미국달러로 2만, 독일 자회사에 1만, 영국 자회사에 4만을 지급해 주어야 한다. 그리고 부품 및 영업 경비로 12만 미국달러를 지출하게 되어 있다. 이와 유사한 현금흐름이 자회사에서도 발생할 것이다.

상기 표에서 보면 35만 미국달러 상당의 사내 현금흐름이 본사와 세 자회사 간, 그리고 자회사 간에 발생할 것으로 기대된다. 자회사 간 거래로 인해 다국적기업의 현금보유고가 증가하지 않는다는 것에 유의해야 한다. 자회사 간 거래는 사실 한 호주머니에서 돈을 빼서 다른 호주머니에 집어넣는 것과 다름없다. 하지만 당사는 외부 거래선으로부터 53만 미국달러를 받고, 49만 미국달러를 지급하게 되어 있다. 이 사외 거래로 인해 해당 주에 (자회사들에) 4만 미국달러의 현금 순증이 기대된다.

상계 시스템

먼저 〈도표 19.1〉에 나타나 있는 자회사 간 거래를 검토해 보자. 그 다음에 텔트렉스 사의 사외 거래에 대해 살펴보기로 한다. 〈도표 19.2〉는 〈도표 19.1〉에서 자회사 간 현금흐름 자료만을 발췌한 것이다.

그러므로 〈도표 19.2〉는 각 자회사가 다른 자회사에 지급 또는 수취할 금액을 보여준다. 상계시스템이 도입되지 않는다면 네 개의 모·자회사 간에 12회의 외환거래가 일어나야 한다. 이를 일반화시켜 보면 N개의 모·자회사가 존재할 때 $N(N-1)$

도표 19.2 텔트렉스 사의 자회사 간 현금 수취 및 지출 행렬(단위: $1,000)

	지출(Disbursements)					
수취(Receipts)	미국	캐나다	독일	영국	총수취	순 입·출금[a]
미국	–	30	35	60	125	55
캐나다	20	–	10	40	70	(15)
독일	10	25	–	30	65	0
영국	40	30	20	–	90	(40)
총지출	70	85	65	130	350	0

[a] 각 자회사의 총 입·출금 차액

도표 19.3

상계를 하지 않는 경우 자회사 간 외환거래 (단위: 천 달러)

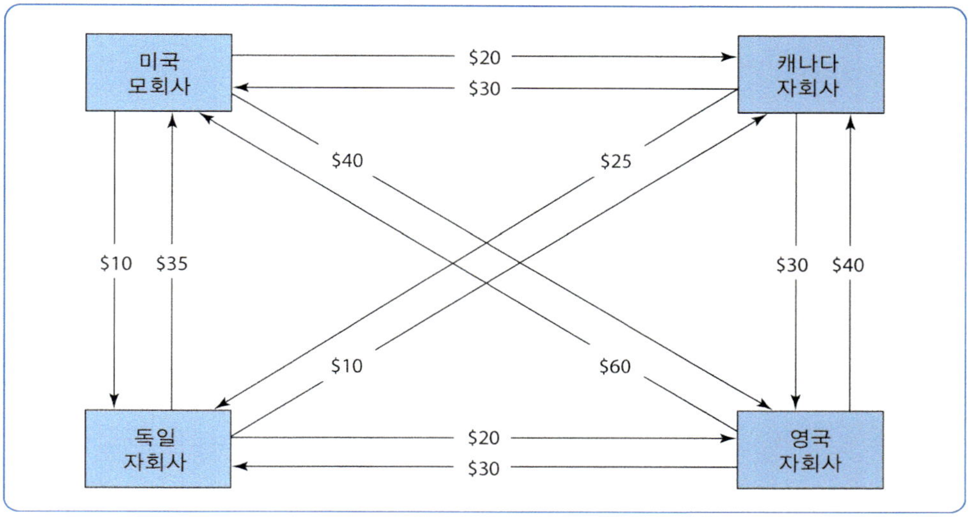

회의 외환거래가 일어날 수 있다. 우리의 예에서 네 개의 모・자회사가 존재하므로 4(4−1)은 12회의 거래가 발생하게 된다. 〈도표 19.3〉은 이 12개의 거래를 도시한 것이다.

〈도표 19.3〉에서 보면 네 개의 모・자회사 간에 12회의 외환거래에서 35만 미국달러 상당액이 수도결제되고 있는 것을 알 수 있다. 이들 거래를 준비하고 실행하는 데 불필요한 돈과 시간이 낭비되고 있다. 국제 자금 이동에는 거래마다 .25%에서 1.5%까지의 비용이 수반되며, 이는 거래수수료 비용과 자회사 간 현금이동에 묶인 자금의 기회비용을 감안한 것이다. 이 비용을 .5%로 간주하더라도 35만 미국달러를 이동시키는 데는 매주 $1,750의 이전비용이 발생하는 셈이다.

이 12회의 거래는 상계시스템을 도입하면 최소한 절반으로 줄어들 수 있다. 이 **상계**(bilateral netting) 시스템 하에서는 두 자회사가 상호간의 순지급액을 계산하여 그 순액만을 이전시키게 된다. 예를 들어 본사와 캐나다 자회사 간에는 3만 미국달러와 2만 미국달러를 수도해야 하는데 이를 상계하면 단 1회의 거래가 발생하게 되고, 캐나다 자회사가 1만 미국달러 상당액을 본사에 송금하는 것으로 끝나게 된다. 〈도표 19.4〉는 네 개의 모・자회사 간의 상계 결과를 보여준다.

〈도표 19.4〉에서 보듯이 텔트렉스 사의 네 개의 모・자회사 간에는 6회의 거래만 일어나고 총 9만 미국달러 상당액만이 결제되는 것을 알 수 있다. 상계시스템의 도입으로 모・자회사 간 외환거래 수는 $N(N-1)/2$ 또는 그 이하로 줄어들 수 있다. 이

도표 19.4

텔트렉스 자회사 간 외환거래의 상계 (단위: 천 달러)

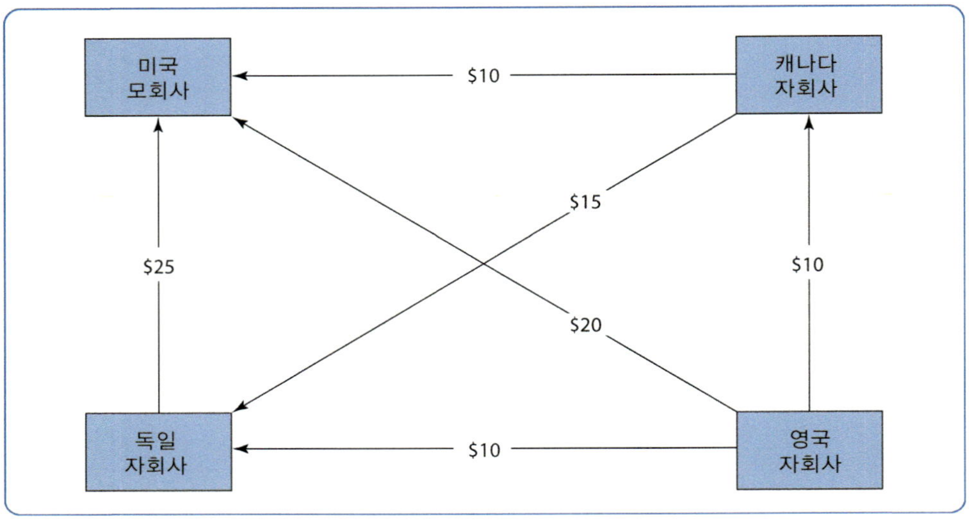

예에서라면 상계시스템의 도입으로 26만 미국달러 상당액의 외환거래가 줄어들게 된다. 자회사간 상계 비용이 단위당 .5%라고 가정하면 $450의 비용이 발생하는 셈이고, 결국 전체적으로 보면 상계시스템을 도입하지 않았을 때보다 $1,300(=$1,750−$450)의 비용절감이 가능해진 것이다.

〈도표 19.2〉에서 유추할 수 있는 것은 자회산 간 자금이동에 필요한 외환거래 수는 최대 (N−1)회까지 감소될 수 있다는 것이다. 하지만 두 자회사 간 상계에 그치지 않고 다각적 상계시스템을 도입하게 되면 그 가능성은 더 커지게 된다. 이 **다중 상계시스템**(multilateral netting system)에서 각 자회사는 모든 현금 입·출금을 상계처리하게 된다. 즉, 각 자회사는 순입금, 순출금에 따라 각각의 순잔고만을 수도결제하게 된다. 〈도표 19.1〉에 보면 각 모·자회사 간 총수도결제액은 항상 같게 되어 있다. 따라서 다중 상계시스템 하에서 각 자회사의 입·출금 순액도 같아진다.

〈도표 19.5〉는 텔트렉스 사의 다중 상계시스템 도입 결과를 보여준다. 여기서 보면 독일 자회사의 순 수취액이 영(0)이기 때문에 단 2회의 외환거래만 필요해진다. 즉, 캐나다 자회사와 영국의 자회사가 각각 1만 5천 미국달러 상당액과 4만 미국달러 상당액을 본사에 지급하면 된다. 단위당 .5%의 상계비용을 가정하면 5만5천 미국달러 상당액의 자금을 이전하는 데 주당 $275가 필요하고, 다중 상계시스템의 도입으로 $1,475(=$1,750−$275)의 비용절감이 가능해진다는 것을 알 수 있다. 더구나 이 다중 상계시스템 도입으로 외환거래 필요성이 감소하면서 환위험도 경감될 수

도표 19.5

텔트렉스 자회사 간 외환거래의 다각적 상계 (단위: 천 달러)

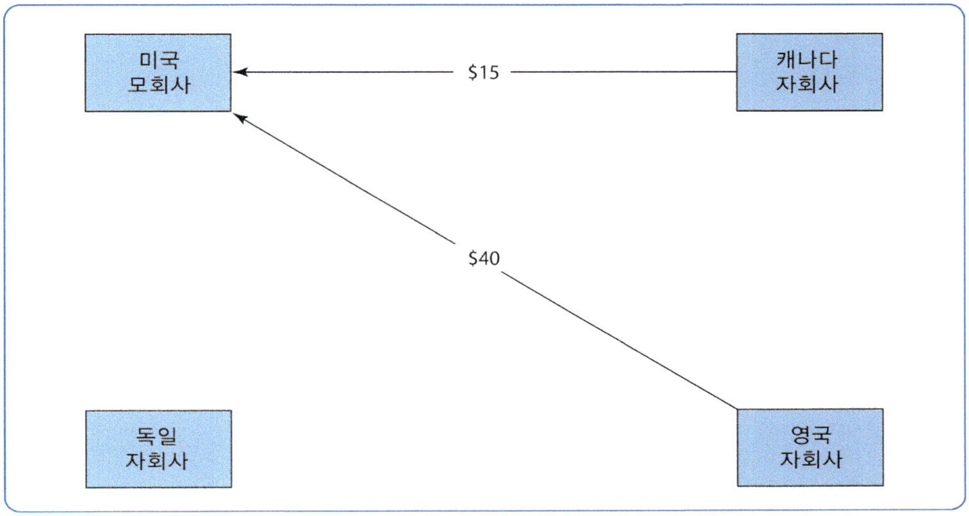

있다. 보통의 경우에 이 다중 상계시스템의 도입으로 외환거래량과 비용이 70%까지 감소된다.

현금보유고의 집중화

다중 상계시스템의 도입을 위해서는 조직구조의 정비가 필요하다. 최소한 현금예산시스템 하에서 자회사 간 현금흐름을 관리할 수 있는 상계에 대한 책임관리자가 있어야 한다. **상계센터**(netting center)의 관리자는 어느 자회사가 얼마의 순지급 또는 순수령을 할 것인지 결정하게 된다. 하지만 상계센터가 있다고 해서 모든 다국적기업이 집중화된 현금관리부서를 설치해야 한다는 것은 아니다. 실제로 〈도표 19.5〉의 다중 상계시스템이 시사하는 것은 각 자회사가 각각의 현금 관리자를 두어 그로 하여금 잉여 현금 투자와 일시적 부족 현금의 차입에 대해 책임을 지도록 하고 있다는 것이다. 아마 절반 정도의 상계시스템의 운영이 이런 정도의 국제적 현금관리시스템의 수준을 벗어나지 않을 것으로 추정할 수 있다.

〈도표 19.6〉은 집중화된 현금관리센터를 도입한 경우의 다각적 상계시스템을 보여주고 있다. 이 집중화된 현금관리시스템 하에서는 특별한 경우가 아니면 모든 현금거래는 이 **현금관리센터**를 통해 일어나게 된다.

도표 19.6

현금관리센터가 있는 경우 자회사 간 다중 상계시스템 (단위: 천 달러)

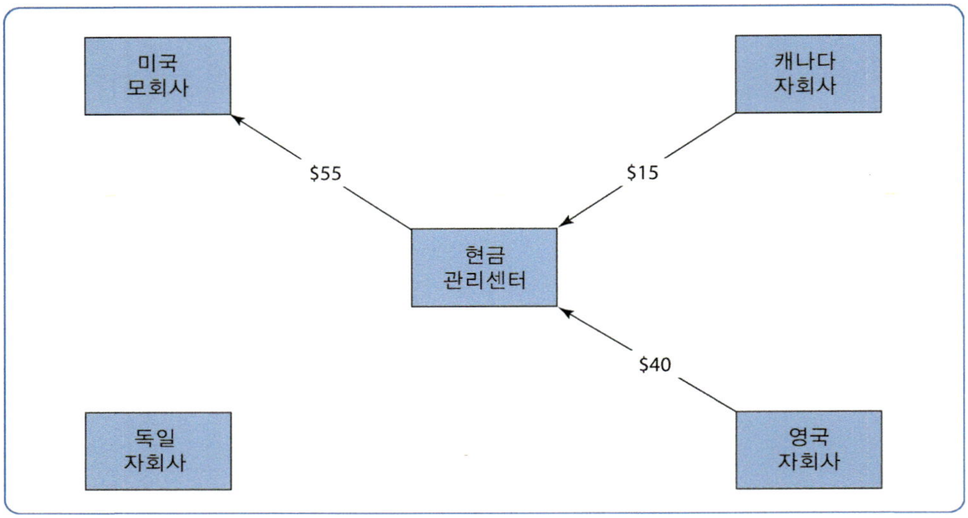

〈도표 19.6〉에서 보듯이, 캐나다 자회사는 1만 5천 미국달러 상당액을, 그리고 영국 자회사는 4만 미국달러 상당액을 현금관리센터에 송금하게 된다. 혹 이렇게 해야 하는 이유가 궁금할 수도 있다. 〈도표 19.5〉에서는 5만 5천 미국달러 상당액의 외환거래만 필요했는데 〈도표 19.6〉에서는 그 2배인 11만 미국달러 상당액의 외환거래가 필요한 것처럼 보인다. 그러나 이것은 외관상의 문제일 뿐이다. 즉, 캐나다 자회사와 영국 자회사는 모두 미국달러로 송금이 지시될 수 있다. 또는 대안으로 현금관리센터가 캐나다달러와 영국파운드로 송금을 받아 미국달러로 교환하여 본사에는 미국달러로 송금할 수 있다. (하지만 이 경우 별도의 전신환송금비용이 소요된다.)

현금관리센터를 두게 되면 자회사의 사외 거래에서 발생하는 현금의 입·출금에만 송금을 하도록 제한할 수 있다는 장점이 있다. 〈도표 19.7〉은 텔트렉스 사의 각 자회사의 사외거래 순 입·출금액을 주별로 보여주고 있다. 이 자료는 〈도표 19.1〉에 원래 제시되어 있었다.

〈도표 19.7〉에서 보면 미국 본사는 이 주말에 순액기준 2만 미국달러를 수취하게 된다. 그리고 독일 자회사는 미국달러로 7만 5천 달러를 받게 되어 있다. 캐나다 자회사와 영국 자회사는 각각 3만 미국달러 상당액과 2만 5천 미국달러 상당액의 현금이 순유출되어야 한다. 그리고 다국적기업 전체적으로는 총액기준 4만 미국달러 상당액이 순유입될 것이다.

현금관리센터를 도입함으로써 각 자회사에서 여유자금이 발생하면 이리로 송금하

도표 19.7

텔트렉스 사의 사외 현금 순 입·출금 기대치

자회사	입금	출금	순입 · 출금
미국	$140,000	$120,000	$20,000
캐나다	135,000	165,000	(30,000)
독일	125,000	50,000	75,000
영국	130,000	155,000	(25,000)
			$40,000

도표 19.8

현금관리센터를 통한 텔트렉스 사의 사외 거래로부터의 순현금수취의 흐름 (단위: 천 달러)

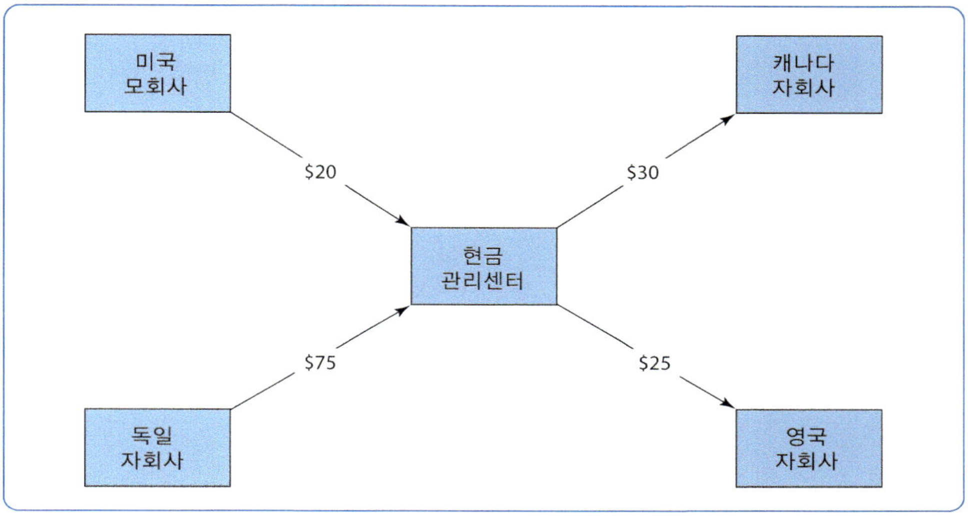

www.treasury-management.com:
이 웹사이트는 온라인 잡지, *Treasury Management International*(TMI)의 것으로 이 잡지에는 실무가들이 기고한 국제현금관리와 관련된 기사들이 많이 게재되어 있다.

여 자금 풀(pool)을 만들 수 있다. 물론 각 자회사에서 일시적 현금 부족이 발생하면 이곳에서 적시에 보충해 줄 수도 있다. 이 현금관리센터의 관리자는 여러 나라에 나가 있는 각 자회사의 현금과부족 상황을 살피면서 이를 조정해 나가야 한다. 그 결과로 자금이 지역별로 잘못 배분될 가능성은 줄어들게 되고, 이것은 다국적기업 보유현금의 표시통화 구성이 적절하게 될 수 있다는 것을 의미한다. 나아가 그의 관리책임상 이 관리자는 어디에다 여유자금을 활용하고 어디에서 부족자금을 빌려와야 할지 잘 알게 된다. 이 집중화된 시스템의 도입으로 자금의 이동성이 촉진되어 여유자금이 가장 높은 수익률로 투자되고, 부족자금이 가장 낮은 이자율로 조달될 수 있게 된다. 이 시스템이 도입되지 않으면 어떤 자회사는 현지에서 부족자금을 높은 이자율로 조달하고 있는데 다른 여유자금이 있는 자회사는 현지에서 낮은 수익률로 이를 활용하는데 그치고 있을 수 있다. 〈도표 19.8〉은 〈도표 19.7〉에 제시되어 있는 현금관리센터를 통한 자회사 간 현금흐름을 도시한 것이다.

〈도표 19.8〉에서 보면 텔트렉스 사의 본사는 사외거래에서 발생한 여유 현금 2만

미국달러를 현금관리센터에 송금하고, 독일 자회사도 이와 유사하게 7만 5천 미국달러 상당액을 여기로 송금하고 있다. 그리고 캐나다와 영국의 자회사는 각각의 부족한 현금 3만 미국달러 상당액과 2만 5천 미국달러 상당액을 현금관리센터로부터 송금받게 된다. 그리고 다국적기업 전체적으로 보면 이 주에 4만 달러의 현금보유고 순증이 기대된다. 현금관리센터를 기준으로 보면 총 15만 달러의 현금 입·출금이 기대되고, 유출이 9만 5천, 유입이 5만 5천 달러로 되어 있다.

(심층분석) 사내외 순현금흐름의 통합 상계

여기까지 우리는 현금관리센터를 통한 자회사간 현금흐름의 다중상계(<도표 19.6>)와 사외거래의 순현금흐름(<도표 19.8>)을 처리하는 문제에 대해 각각을 분리시켜 논의하였다. 이렇게 하는 것이 개념을 이해하는 데는 쉬울지 모르지만 실제로 업무를 처리할 때는 비효율적이고 비실용적이어서 그럴 필요가 없을 것이다. 대신에 이 두 부류의 현금흐름을 서로 상계시켜 그 잔액만을 현금관리센터에 송금하는 방식이면 족할 것이다. 이로써 다국적기업의 외환거래 빈도와 규모, 그리고 비용이 더욱 절감될 수 있을 것이다. 〈도표 19.9〉는 이 방식을 따를 때의 텔트렉스 사 자회사의 현금관리센터와의 순 송금액을 재산정한 것이다.

〈도표 19.9〉는 자회사 간 거래 결과로 다중상계를 통해 현금관리센터에 순송금해야 할 금액과 사외거래 결과로 현금관리센터에 순 송금해야 할 금액을 대비하여 최종적 순 송금액을 산정하는 과정을 보여준다. 여기서 보면 미국 본사는 3만 5천 달러를 센터로부터 단 한 번 송금 받게 되고, 캐나다 자회사는 1만 5천 달러를 받게 되어 있다. 그리고 독일 자회사와 영국 자회사는 각각 7만 5천 달러와 1만 5천 달러를 송금하게 된다. 전체적으로 보면 현금센터는 9만 달러를 송금 받고 5만 달러를 송금해 주어 이 주에 4만 달러의 현금보유고 증가를 실현하게 된다. 두 개의 분리된 현금흐름으로 처리할 때는 자회사 간 다중상계로 5만 5천 달러, 사외 거래 결과로 15만 달러가 입·출금되었지만 이렇게 통합처리하면 14만 달러만 입·출금된다. 이 결과 이 주에 6만 5천 달러의 외환거래가 불필요해진다. 〈도표 19.10〉은 〈도표 19.9〉의 현금흐름표를 바탕으로 14만 달러가 어떻게 처리되는가를 도시한 것이다.

도표 19.9

현금관리센터를 통한 텔트렉스 자회사 간 순현금흐름 통합 (단위: 천 달러)

자회사	다중상계센터로부터 순입금[a] (a)	사외거래에 따른 순 초과현금[b] (b)	순증[c] (a−b)
미국	$55,000	$20,000	$35,000
캐나다	($15,000)	($30,000)	$15,000
독일	0	$75,000	($75,000)
영국	($40,000)	($25,000)	($15,000)
			($40,000)

[a] 〈도표 19.6〉에서 다중상계센터로부터 각 자회사에 순입금된 금액.
[b] 〈도표 19.7〉에서 다중상계센터가 처리해 준 현금 초과(부족)액.
[c] 양(+)의 금액은 다중상계센터가 자회사에 지급해 준 것이고, 음(−)의 금액은 반대이다.

도표 19.10

현금관리센터를 통한 다중상계 및 사외거래 순현금흐름 도시 (단위: 천 달러)

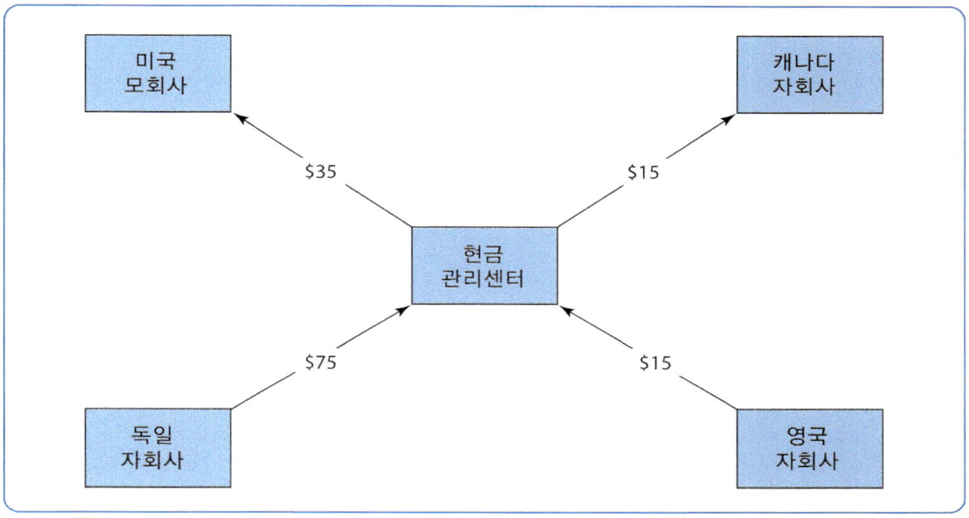

예비적 현금보유고 감축

다국적기업이 현금관리센터를 운용하는 추가적 장점 중의 하나는 예측하지 못한 경비 지출을 감당할 수 있는 능력을 상실하지 않으면서도 예비적 현금보유고를 상당히 감축할 수 있다는 것이다. 이것이 실제로 어떻게 가능해지는지 텔트렉스 사 자회사의 사외거래 현금 입·출금 예를 가지고 살펴보기로 한다. 단순화를 위해 각 자회사는 다른 사외 거래의 현금 입금이 없이 사전에 모든 계획된 출금을 해주는 것으로 가정한다. 예를 들어 〈도표 19.7〉에서 캐나다 자회사는 사외로부터 13만 5천 미국달러 상당액을 받기 전에 16만 5천 미국달러 상당액을 사외에 지급하는 것으로 가정한다. 그렇게 되면 거래의 결제를 위해 16만 5천 미국달러 상당액의 현금잔고가 필요해지는 셈이다.

앞에서 언급한 바 있듯이 기업은 예산기간 내의 예기치 못한 현금 지출에 대비하여 예비적 현금 보유고를 필요로 한다. 이 보유고의 수준은 기업이 얼마만큼 확실하게 예기치 못한 거래에 대응할 능력을 확보하려는가에 따라 달라진다. 쉽게 말하자면 예비적 현금보유가 클수록 예기치 못한 자금수요에 더 잘 대응할 수 있고, 작으면 재무적 곤경과 신용 상실 위험에 더 크게 노출된다. 이제 현금 수요가 정규분포를 따르고 한 자회사의 현금 수요는 다른 자회사와 독립되어 있다고 가정해 보자. 만약에 텔트렉스 사가 보수적인 정책을 채택한다면 계획기간 내의 기대 현금 출급액에 더하여 예비적 동기의 현금을 표준편차의 3배(3시그마(σ)) 범위까지 확보하려고 할 것이다. 그렇게 되면 텔트렉스 사가 현금 부족에 빠질 확률은 1%의 .13밖에 되지 않는다. 즉, 동사는 99.87%의 시간에 대해 거래를 충분히 커버할 수 있는 현금을 가지게 될 것이다.

분권화된 현금관리 시스템 하에서는 각 자회사는 스스로의 거래적 현금 보유 및 예비적 현금 보유를 해야 할 것이다. 〈도표 19.11〉은 각 자회사, 그리고 텔트렉스 사 전체의 거래적 및 예비적 목적의 현금보유를 보여주고 있다.

이 표에서 알 수 있듯이 텔트렉스 사는 49만 미국달러 상당의 거래적 현금 보유 및 61만 5천 미국달러 상당의 예비적 현금 보유가 필요하며, 따라서 총 110만 5천 미국달러 상당의 현금보유가 필요하다. 현금관리센터를 설치 운영함으로써 예비적 동기의 현금보유 수준을 크게 낮출 수 있다. 이 시스템 하에서 다국적기업이 보유한 현금은 일종의 포트폴리오로 간주된다. 각 자회사에서는 거래적 동기의 현금만 보유하고 예비적 동기의 현금은 현금관리센터의 관리자에 의해 통제된다. 어느 한 자회사에서 현금 부족 사태가 나타나게 되는 경우 현금관리센터에서 보유한 자금이 즉시 송금된다.

포트폴리오 이론에 따르면 N개 자회사가 있을 때 현금관리센터의 현금보유량의 표준편차는 다음 공식으로 계산된다.[1)]

1) 이 표준편차 계산공식은 자회사 간 현금흐름의 상관계수가 영(0)이라고 가정한 것이다.

도표 19.11

분권화된 현금관리 시스템 하에서의 텔트렉스 사 자회사별 거래적 및 예비적 동기의 현금보유액

자회사	거래적 동기 현금보유 기대치 (a)	표준편차 (b)	총현금보유 수준 (a+3b)
미국	$120,000	$50,000	$ 270,000
캐나다	165,000	70,000	375,000
독일	50,000	20,000	110,000
영국	155,000	65,000	350,000
합계	$490,000		$1,105,000

$$\text{포트폴리오 표준편차}(\sigma) = \sqrt{(\text{자회사1의 표준편차})^2 + ... + (\text{자회사}N\text{의 표준편차})^2}$$

우리의 예에서 이를 계산해 보면 다음과 같다.

$$\text{포트폴리오 표준편차} = \sqrt{(\$50,000)^2 + (\$70,000)^2 + (\$20,000)^2 + (\$65,000)^2} = \$109,659$$

따라서 현금관리센터 하에서 텔트렉스 사는 $328,977(=3×$109,659)를 적정 예비적 현금보유고 수준으로 유지하면 된다. 따라서 총 $818,977(=$490,000+$328,977)가 보유되어야 하는 셈이다. 여기서 현금관리센터를 운영함으로써 $286,023(=$1,105, 000−$818,977)의 예비적 동기의 현금보유가 감축될 수 있으며, 이 자금을 잠재적 안전망으로 묶어두는 대신에 더 수익성 있는 다른 곳에 활용할 수 있다는 것을 알 수 있다.

실제의 현금관리시스템

다중 상계방식은 자회사 간 외환거래를 처리하는 효율적이고 효과적인 수단이 된다. 하지만 다국적기업이 이 방식을 채택하는 것을 금지하는 나라도 없지 않다. 즉, 어떤 나라에서는 자회사 간 거래에 대해 총량 단위로만 회계처리하도록 규정하고 있다. 환언하면, 회계처리 기간 내의 모든 입・출금이 각각 하나의 총수령액, 총지급액으로 합산되어 처리되

도록 규정하고 있다는 것이다. 이렇게 하는 이유는 다국적기업이 상계방식을 선호하는 이유와 정반대이다. 즉, 상계를 제한함으로써 불필요한 외환거래를 발생시켜 이를 처리하는 국내은행이 수입을 올리도록 하려는 의도인 것이다.

Collins와 Frankle(1985)은 포춘(Fortune) 1,000대기업의 현금관리 실태를 조사하였다. 이들의 설문조사에 대한 응답률은 22%였다. 응답기업 중 163개 기업은 국제경영 활동을 하고 있었다. 이들 중 35%는 상계방식을 활용하고 있었고, 23%는 현금관리센터를 운영하고 있었다.

Srinivasan과 Kim(1986)은 다국적기업의 결제 상계 시 계산효율이 높은 네트워크 최적화 방법을 제시했다. 저자들은 결제 상계시스템이 이상적으로는 다국적기업의 국제 현금관리시스템과 통합되어야 한다고 결론지었다. 현금관리시스템을 고려하지 않은 결제 상계시스템은 최적이 아닌 상계 결정을 초래할 수 있다.

그리고 Bokos와 Clinkard(1983)는 다중 상계방식의 이점을 다음과 같이 정리하고 있다.

1. 자금이체 비용의 절감. 국제적 대규모 외환 이체의 경우 그 비용이 1,000달러를 상회할 수도 있다.
2. 외환거래 빈도의 감축. 외환거래 회수를 줄이고 대량거래를 함으로써 비용을 절감할 수 있다.
3. 사내 부동자금의 감축. 전신환거래라 하더라도 5일 정도 부동화될 수도 있다.
4. 현금관리 시간의 감축(기업 전체의 현금관리에 소요되는 시간 총량이 줄어든다: 역자 추가)
5. 공식적 현금관리정보시스템 도입의 편익. 거래적 노출 관리의 제도적 기반이 조성되고, 여유자금의 투자가 가능해진다.

www.euronetting.com: 온라인 상계서비스를 제공하는 유로네팅의 웹사이트다. 이 회사는 전 세계적으로 기업간 상계 관리가 가능하도록 웹기반서비스를 제공해 준다.

국제현금관리 서비스를 제공하는 여러 다중상계서비스 네트워크가 개발되어 있다. 예를 들어 유로네팅(EuroNetting)은 상계센터와 참여기업 모두를 위한 100% 웹기반시스템이다. 현재 유로네팅은 전 세계 120개 이상의 기업들에게 자회사간 조정 및 상계방식의 서비스를 제공하고 있다. 즉, 유로네팅은 어느 나라의 통화로든 가입기업 및 자회사간의 잔액 및 송장 단위의 상계 결제를 도와주고 있다. 또한 헤징 서비스를 포함하여 가장 자주 활용하는 은행 간 결제시스템과의 연계 서비스, 재무관리 서비스센터 기능 등도 포괄적으로 제공하고 있다. ION Treasury의 Treasura는 기업이 전 세계의 모든 은행과 연결하여 글로벌 현금 가시성을 확보하고, 현금 및 유동성을 매일 조정할 수 있도록 돕는 국제 현금관리시스템이다. 이 시스템은 일일, 주간, 월간 현금보유량의 예측치를 제공하고, 계열사 간 대출을 용이하게 하며, 외환거래 또한 제공한다. 유사하게, Bank of America Merrill Lynch의 CashPro Accelerate는 회계장부와 통합되는 현금관리 시스템으로 전 세계 여러 은행 계좌에서의 현금보유량 보고를 간소화하고, 일일 환율을 시스템에 내장하여 다양한 통화의 현금 잔액을 실시간으로 확인할 수 있게 해준다.

요 약

이 장은 다국적기업의 현금관리문제를 다루고 있다. 그 초점은 다중 상계방식의 활용이었다. 현금관리센터 활용의 이점을 설명하기 위해 사례분석을 활용하였다.

01. 다중 상계방식은 자회사 간의 외환거래 빈도를 줄이고, 외환거래 관련 비용을 감축시켜준다.

02. 집중화된 현금 풀 관리방식은 현금의 적시 및 적소 활용을 촉진시켜 준다. 현금관리센터의 관리자는 글로벌 관점에서 가장 유리한 차입이자율 및 투자수익률을 달성하게 된다.

03. 현금 풀을 확보한 현금관리센터를 운영하게 되면 다국적기업의 예비적 동기 자금보유 수준을 낮출 수 있다.

주요 용어

거래적 동기의 현금보유 다중상계 상계
상계센터 예비적 동기의 현금보유 집중화된 현금성 예금
현금관리 현금예산

연습문제

01. 기업의 효과적 현금관리에 기여하는 주요 요소들은 무엇인가? 왜 다국적기업의 현금관리는 더 어려운가?

02. 다국적기업이 모든 자회사의 투자와 차입을 현금관리센터에서 집중관리하는 것과 각 자회사가 독립적으로 이를 관리하는 것의 장단점을 논하라.

계산문제

01. 자회사 간 현금흐름이 상호 독립되어 있다고 가정하고, 다음 표의 각 자회사 현금흐름에 대한 현금관리센터 현금포트폴리오의 표준편차를 계산하라.

자회사	거래적 동기 현금보유 기대치	표준편차
미국	$100,000	$40,000
캐나다	$150,000	$60,000
멕시코	$175,000	$30,000
칠레	$200,000	$70,000

인터넷 연습문제

01. 유로네팅은 온라인 상계 회사로서 기업이 인터넷을 통해 효율적으로 상계거래를 할 수 있도록 다중 상계 서비스를 제공하고 있다. 이 회사의 웹사이트 www.euronetting.com 을 방문하여 이들의 서비스 제품을 확인해 보라. 유로네팅은 전 세계적으로 약 120여 개 기업들에게 상계 서비스를 제공하고 있으며, 고객 리스트는 전 세계적으로 잘 알려진 대기업들을 일부 포함한다.

02. 국제 현금관리 분야에서 전문적인 호칭의 자격증에 관심있는 학생들은 기업재무관리자 협회(the Assocation of Corporate Treasurers: ACT)의 웹사이트 www.treasurers.org 를 통해 이용가능한 온라인 프로그램을 살펴볼 수 있다. ACT는 점진적으로 고급화된 4개의 온라인 프로그램을 제공하고, 각 프로그램을 통해 자격증을 취득하게 된다.

미니 케이스1

트렌디 디자인(Trendy Designs Company) 사의 효율적 자금관리

당사는 패션 보석류를 생산하는 싱가포르 제조업체로 홍콩, 영국, 미국에 판매자회사를 갖고 있다. 최근월에 다음 표와 같은 싱가포르달러 표시 자회사 간 현금흐름이 예상된다. 이 회사가 자회사 간 필요한 현금결제를 다하면서도 외환거래 수를 최소화할 수 있는 다중상계 방법을 제시하라. 외환거래 수수료 비용이 0.5%라면 상계를 통한 비용절감은 얼마나 되는가?

트렌디 디자인 사의 결제 행렬(단위: 천S$)

	출금				
입금	싱가포르	홍콩	영국	미국	총입금
싱가포르	–	40	75	55	170
홍콩	8	–	–	22	30
영국	15	–	–	17	32
미국	11	25	9	–	45
총출금	34	65	84	94	277

미니 케이스2

트렌디 디자인 사의 신참 MBA

당사는 현재 각 자회사가 자사의 필요한 거래적 및 예비적 동기의 현금을 따로 관리하는 분리된 현금관리시스템을 운용하고 있다. 당사는 모기업과 자회사의 현금 수요가 모두 정규분포를 따르고 있으며 상호 독립적이라고 믿고 있다. 그리고 당사는 정책적으로 평균보다 2.5σ 많게 예비적 동기의 현금을 보유하고 있다. 이 정도의 현금부유 수준이면 자회사가 현금부족 사태에 빠질 가능성은 0.63%에 불과하다.

이 회사에 MBA 출신이 신입하여 당사의 예비적 동기의 현금보유 수준이 과도히 높으며, 현금관리센터를 도입하면 이를 상당히 감축할 수 있다고 주장하였다. 다음 표에 나타나 있는 당월의 각 자회사 현금 거래 규모에 관한 자료를 바탕으로 분리된 현금관리시스템 하에서의 적정 현금보유 수준을 계산하고, 그의 주장대로 현금관리센터가 도입되었을 때의 적정 현금보유수준도 계산하여 상호 비교하고 그의 주장이 옳은지 평가해 보라.

자회사	거래적 동기 현금보유 기대치	표준편차
싱가포르	S$125,000	S$40,000
홍콩	60,000	25,000
영국	95,000	40,000
미국	70,000	35,000

참고문헌 및 추천도서

Bokos, W. J., and Anne P. Clinkard. "Multilateral Netting." *Journal of Cash Management* 3 (1983), pp. 24–34.

Collins, J. Markham, and Alan W. Frankle. "International Cash Management Practices of Large U.S. Firms." *Journal of Cash Management* 5 (1985), pp. 42–48.

Srinivasan, Venkat, and Yong H. Kim, "Payments Netting in International Cash Management: A Network Optimization Approach," *Journal of International Business Studies* 17 (1986), pp. 1-20.

Chapter 20

국제무역금융

CHAPTER OUTLINE

- 글로벌 무역금융 시장
- 전형적 외국무역거래
- 포페이팅(Forfaiting)
- 정부의 수출지원
  - 수출입은행과 유관기관
- 연계무역
  - 연계무역의 유형
  - 연계무역의 일반적 특성
- 요약
- 주요 용어
- 연습문제
- 계산문제
- 인터넷 연습문제
- 미니 케이스: 아메리칸 기계공구(주)
- 참고문헌 및 추천도서

현대는 어떤 한 나라가 자국민들이 필요로 하고 수요하는 모든 것을 다 국내생산한다는 것이 거의 불가능한 시대이다. 설령 그것이 가능하더라도 모든 품목을 다른 나라의 생산자들보다 더 효율적으로 국내에서 생산할 수는 없을 것이 자명하다. 국제무역이 없이는 희소한 자원의 최적 활용이 불가능하다.

하지만 국제무역은 국내무역보다 더 어렵고 위험하다. 외국무역에서 수출업자는 수입업자를 잘 모를 수 있고, 그래서 신용위험에 노출될 수 있다. 상품을 수입한 수입업자가 대금을 지급하지 않는 경우 법적인 강제가 거의 불가능하거나 어려울 수 있다. 그리고 어떤 나라의 경우 정치적 불안정으로 인해 대금결제가 어려울 수도 있다. 수입업자의 입장에서도 상품 입수가 보장되기 전에 상품 대금을 선급하는 것이 위험할 수 있다.

이 장에서 우리는 이상의 문제와 기타 이와 연관된 문제들을 다룰 것이다. 우선 전형적인 무역거래의 예를 들어 설명을 시작한다. 그리고 우리가 앞에서 언급한 위험들에 대응하기 위하여 개발된 제도적 장치들을 개략적으로 설명하면서 국제무역의 기본적 틀을 논의한다. 다음에 국제무역거래에서 기본적으로 필요한 세 가지 서류, 즉 신용장과 환어음, 선하증권에 대해 살펴볼 것이다. 나아가 어떻게 기한부 환어음이 은행의 인수 하에 유통가능한 유가증권이 되는지 설명할 것이다.

이 장의 두 번째 파트에서는 독립된 미국정부기구인 수출입은행의 역할에 대해 살펴볼 것이다. 수출입은행은 미국 수출업자들에게 무역보험과 금융, 신용보증 서비스를 제공하고 있다. 유사한 기능을 담당하고 있는 전 세계의 수출신용기구들에 대해서도 알아볼 것이다. 그리고 여러 가지 형태의 연계무역에 대해 살펴보면서 이 장을 마무리하게 될 것이다. 연계무역은 보통 수출업자가 상품과 서비스를 수출하면서 그에 상응하는 만큼의 상품과 서비스를 수입업자로부터 수입하는 방식의 거래를 의미한다.

글로벌 무역금융 시장

국제결제은행(BIS)에 따르면, 무역금융이란 은행 및 금융기관이 제공하는 제품과 서비스로 기업들이 (i) 국제 무역 거래를 지원하기 위한 운전자본을 확보하고 (ii) 국제 결제 위험을 관리하는 데 도움을 주는 것이다. 국제 무역금융 시장의 규모에 대한 포괄적인 추정치를 제공하는 출처는 하나가 아니다. BIS는 무역금융이 국제 무역의 약 1/3을 지원한다고 추정하고 있으며, 다른 출처에서는 20%에서 40% 사이라고 예상한다.[1] 지역별로도 차이가 존재하며, 무역 파트너와의 거리 등 여러 요인으로 인해 아시아 태평양 지역에 무역금융 거래량이 높게 집중되어 있다. BIS에 따르면 2011년 중국의 상품 무역거래의 47%가 무역금융을 이용한 반면 브라질은 24%에 그쳤다.

금융기관이 무역금융을 제공하는 역량은 글로벌금융위기와 COVID-19 팬데믹과 같은 경제 및 재정상황에 종종 영향을 받는다. 2021년 아시아개발은행이 43개국의 79개 은행과 72개국의 469개 기업을 대상으로 진행한 설문조사에 따르면, COVID-19 팬데믹 기간 동안 무역금융 부족이 증가했다. 2020년 국제 무역금융의 가용성 격차는 2018년의 1.5조 달러에서 15% 증가한 1.7조 달러로 추정되었다.

또한, 공급망 금융과 같은 새로운 무역금융 방법이 성장하고 있다. 이 방법은 청산계정 무역금융으로도 불리우며, 청산계좌 무역 신용은 전통적으로 기업 간 무역 신용에 사용되었다. 국제 무역과 공급망이 점점 더 복잡해짐에 따라, 무역금융 및 관련된 서류 작업도 복잡해지고 있으며, 특히 중소기업에 대한 무역금융 범위가 확대될 가능성이 존재한다. 무역의 디지털화가 잠재적인 해결책으로 제시되고 있지만, 높은 기술도입 비용, 전문지식의 부족, 국제적인 기준 수립 등과 같은 주요 장애물들이 먼저 다뤄져야할 것이다.

전형적 외국무역거래

외국무역거래의 기본 메커니즘을 이해하기 위해 전형적 예를 들어 설명을 해보자. 자동차 딜러인 미국의 수입업자가 일본의 자동차 제조업자로부터 자동차를 구매하려고 한다. 양 당사자는 서로를 모르고 수만 리나 멀리 떨어져 있다. 일본의 자동차 제조업자는 미국 자동차 수입업자의 신용을 잘 모르기 때문에 할 수만 있으면

1) "Trade Finance: Developments and Issues," 2014년 1월 글로벌 금융 시스템 위원회 보고서 50호, 국제결제은행(BIS)

미국 수입업자가 선급을 해주길 바랄 것이다.

미국 자동차 딜러도 할 수만 있으면 대금결제 전에 일본 자동차 제조업자가 차를 선적해 주길 바랄 것이다. 위탁판매 방식의 거래에서는 수출상이 선적된 물품의 소유권을 갖게 된다. 수입업자는 수입물품을 판매한 후에 대금을 지급하면 된다. 이 방식에서는 수출상이 모든 신용위험을 부담하게 되는 셈이다. 수입상에게 두 번째로 좋은 방식은 선급이 아니라 후급 조건으로 차를 수령하고 그 수입차를 판매한 다음 그 대금으로 결제를 해주는 것이다.

수출상과 수입상이 모두 다 만족할 수 있는 외국무역거래를 하려면 어떤 타협안이 필요하다는 것을 알 수 있다. 다행히 이 자동차 딜러와 제조업자는 이러한 딜레마에 처음 직면한 것이 아니다. 오랜 세월에 걸쳐 이러한 외국무역거래의 애로요인을 제거하기 위해 하나의 절차가 등장하게 되었다. 〈도표 20.1〉은 외국무역거래에서 나타나는 전형적인 절차를 보여준다. 이 도표를 따라 설명을 하게 되면 외국무역거래의 전형적인 거래절차를 이해하게 되고, 여기에 필요한 세 가지 서류에 대해서도 이해하게 될 것이다.

〈도표 20.1〉은 미국의 수입상인 자동차 딜러가 일본의 자동차 제조업자인 수출상에게 신용장 조건 하에서 자동차를 선적해 줄 것을 주문하는 것에서 시작한다(1). 일본의 수입상이 이 조건에 동의하게 되면 미국 수입상에게 가격과 신용조건을 포함한 다른 거래조건을 제시할 것이다. 논의를 위해 신용기간이 60일이라고 해보자. 미국 수입상은 이 제안을 받고 자기의 거래은행에 거래조건을 통보하면서 자동차 수입에 필요한 신용장 개설을 신청할 것이다(2).

신용장(letter of credit: L/C)이란 수입상의 거래은행이 고객인 수입상을 대신하여 수출상에게 그가 신용장에서 요구하는 서류들을 신용장 조건과 일치하게 구비하여 제시하면 대금을 지급해 주겠다고 보증해 주는 서장이다. 본질적으로 수입상의 은행이 미지의 수입상 신용을 자신의 신용으로 대체하는 것이다.

신용장은 수입상의 거래은행이 발행하여 수출상의 거래은행을 통해 전달하게 된다(3). 신용장이 접수되면 수출상의 거래은행은 수출상에게 이를 통지하게 된다(4). 그러면 일본 수출상은 자동차를 선적하게 된다(5).

자동차를 선적한 뒤 일본 수출상은 신용장에서 지시한 대로 선하증권, 그리고 송장과 포장명세서 등 요구된 서류를 첨부하여 일람 후 (60일) 출급 환어음을 발행하여 자기의 거래은행에 제시하게 된다(6). **기한부환어음**(time draft)이란 수입상 또는 그 대리인인 수입상의 거래은행에 대하여 환어음 상의 특정일(즉, 외국무역의 신용 기간의 말일)에 명기된 금액을 지급하라고 지시하는 서류이다. **선하증권**(bill of lading: B/L)이란 해운회사가 당해 상품을 선적하였다는 것을 입증하기 위해 발행한 서류로서 이 서류의 소지인이 상품의 소유권을 보유하게 된다. 수출상의 거래은행은 선적서류와 기한부환어음을 수입상 거래은행에 송부하여 제시하게 된다(7). 선하증권을 입수하면서 상품의 소유권을 확보하게 된 수입상의 거래은행은 이 기한부환어음을 인수하게 되고, 이로써 **은행인수환어음**(banker's acceptance: B/A)이 발행되는 셈이고, 이 유가증권(통화증권)은 유통시장에서 투자대상이 되어 거래가 된다. 수입상의 거래은행은 인수 수수료를 받게 되고, 이 수수료는 최종 결제 단계에서 차감 결제될 것이다. 인수 수수료는 기한부어음의 만기까지의 기간과 수입상의 신용도에 따라 차등 적용된다.

은행인수환어음은 다음과 같은 여러 가지 방식 중 하나로 처리된다. 우선 일본 수출상에게 전달되어 그가 60일간 이 환어음을 보지한 다음 만기에 수입상의 거래은행에 제시할 수 있다. 만기 전에 수출상이 자금이 필요하여 이를 유동화시키고 싶어 한다면 이 은행인수환어음은 유통시장에서 할인매도될 것이다. 이 어음의 위험도는 은행의 예금증서의 그것과 비슷하므로 할인율도 이와 유사할 것이다. 이것이 아니라면 일본의 수출상은 자기의 거래은행에 대하여 수입상거래은행이 인수한 이 환어음을 할인매입의뢰하고(8) 그 대금을 수취할 수 있다(9). 이 경우 수출상의 거래은행은 이 환어음을 매입하여 만기까지 보유하는 투자를 하는 셈이며, 수출상에게는 할인된 금액만 지급하게 된다.

미국의 수입상은 은행인수환어음 권면금액과 동일한 액수, 그리고 동일한 만기의(60일) 약속어음을 발행한다(10). 이를 받고 수입상의 거래은행은 수입상에게 해운회사로부터 자동차를 인수할 수 있는 선적서류를 제공한다(11).

은행인수환어음을 일본 수출상 또는 그 거래은행이 보유하지 않으면 수입상의 거래은행이 만기까지 60일간 수입상의 약속어음을 받고 그 액면금액을 추심하게 될 때까지 보유할 수도 있다. 아니면 〈도표 20.1〉에서 보듯이 수입상의 거래은행이 이 은행인수환어음을 단기금융시장에서 투자자에게 매도할 수도 있다(12). 물론 이때는 액면가로부터 할인되어 매도될 것이다(13). 만기에 수입상의 거래은행은 은행인수환어음의 권면금액을 수입상의 약속어음 지급으로 추심할 수 있고(14), 단기금융시장 투자자는 수입상의 거래은행에 이 은행인수환어음을 제시하고(15), 수입상 거래은행은 이에 대해 은행인수환어음 권면금액을 지급하게 될 것이다(16). 미국 수

도표 20-1 전형적 외국무역거래 절차

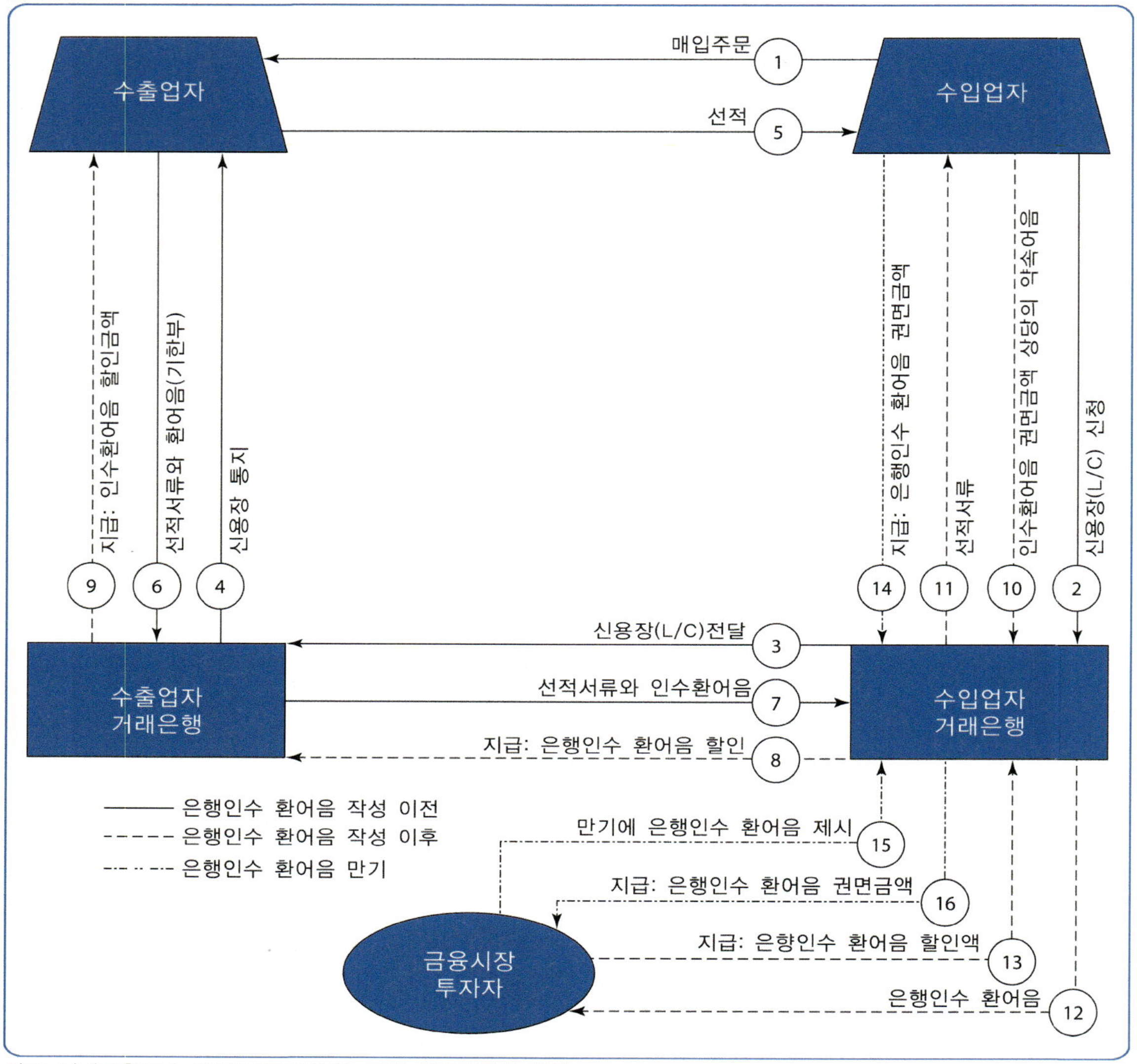

자료: 단기금융증권, 리치먼드연방은행, 1986. 전재허가를 득함.

입상이 부도가 나는 경우 수입상 거래은행은 수입상에 대하여 대금상환 반환청구를 할 수 있다. 은행인수환어음의 만기는 보통 30일에서 180일까지이며, 단기 무역금융 수단이 된다.

예제 20.1 은행인수환어음 원가분석

앞의 전형적 외국무역거래 절차를 설명하면서 언급한 바 있지만 수출업자는 이 은행인수환어음을 만기까지 보유한 다음 그때 가서 추심을 할 수도 있다. 그렇지 않으면 수입상의 거래은행에 할인매입을 의뢰할 수도 있고, 단기금융시장 투자자에게 할인하여 매도할 수도 있다.

약속어음의 권면금액이 1백만 달러이고 수입상 거래은행이 (연율) 1.5%의 인수 수수료를 부과한다고 해보자. 이 어음의 만기가 60일이므로 수출상이 이를 만기까지 보유하기로 결정하면 그는 $997,500 = $1,000,000×[1−(.015×60/360)]를 만기에 받게 되는 셈이다. 그러면 인수 수수료는 $2,500가 된다.

만약 60일물 은행인수환어음 할인율이 5.25%이고 수출상이 이를 수입상 거래은행에 할인매입의뢰하는 경우 그는 $988,750 = $1,000,000×[1−{.0525+.0150}×60/360]를 받게 된다. 그러면 수입상 거래은행은 이 투자에서 6.75%(5.25%+1.50%)의 수익률을 올리는 셈이다. 만기에 이 수입상 거래은행은 수입상으로부터 $1,000,000를 받게 된다. 연간 채권수익률로 환산해 보면 (이때는 1년이 통상적으로 적용되는 360일이 아니라 365일이 적용된다.) 이 투자수익률은 6.92%가 된다. (.0692=($1,000,000/$988,750−1)×365/60.

수출상은 이 은행인수환어음을 만기까지 보유하거나 할인매도하거나 인수 수수료를 지불해야 한다. 그러므로 수수료는 논외가 된다. 은행인수환어음을 할인매도하는 경우의 채권수익률 환산 수익률은 5.38%가 된다. 즉, .0538=($997,500/ 988,750−1)×365/60이 된다. 수출상의 자본조달 기회비용이 2개월 복리 연율로 5.38%(단리 연율로 환산하면 5.5%)보다 크다면 할인하는 것이 의미가 있다. 그렇지 않으면 수출상은 만기까지 보유해야 합리적 결정을 하는 셈이 된다.

포페이팅(Forfaiting)

www.tradeandforfaiting.com 이 무역포페이팅협회의 웹사이트를 방문하면 수출입업자와 금융기관에 대한 포페이팅 정보를 얻을 수 있다.

포페이팅은 자본재 수출에 필요한 중기 금융수단 중의 하나이다. 포페이팅은 수출업자가 자신의 해외 매출채권을 상환청구권 없이 할인 판매함으로써 대금을 받을 수 있게 해준다. 포페이팅은 수입상이 수출상에게 발행한 약속어음의 매도가 중심이 된다. 포페이터는 보통 은행이며, 수출상으로부터 (수입상이 발행해 준) 약속어음을 할인된 금액으로 매입해 준다. 이리하여 수출상은 수출대금을 신속하게 지급받을 수 있게 되는 셈이다. 포페이팅에서는 수입상이 부도가 나더라도 수출상에게 대금상환 반환청구를 할 수 없다. 약속어음은 보통 3년에서 7년의 기간에 걸쳐 매 6개월마다 만기가 돌아오게 구조화 된다. 그리고 포페이팅 거래는 자본재 무역결제를 위해 활용되므로 거래규모가 50만 달러 이상이 보통이다.

정부의 수출지원

www.export.gov
이 웹사이트는 미국정부가 운영하며, 수출업자에 대한 정부의 상담, 지원, 금융, 보험 등의 정보를 제공한다.

국제무역의 성공은 한 나라에게 근본적으로 중요하다. 수출의 성공은 자국 제품에 대한 외국 수요가 있다는 것을 시사하고, 이로써 고용이 증가하고 또 기술발전에 기여하는 방향으로 자원이 활용된다는 것을 시사한다. 한 나라의 국제무역이 성공적이려면 자국의 수출지향적 기업의 영업력이 높아야 한다. 즉, 기업의 제품의 질과 촉진활동, 가격, 인도 능력, 서비스 등 여러 면에서 국제경쟁력이 높아야 한다. 그러나 마찬가지로 중요한 것은, 수입업자에게 신용을 공여하는 면에서도 경쟁력이 높아야 할 것이다.

수출의 국민경제적 효익이 크기 때문에 대부분의 선진국 정부는 (자국 제품을 수입하는 외국의) 수입업자에게 제공할 수 있는 신용을 보조하는 형태로 자국 수출업자의 경쟁력 향상에 진력하고 있다. 그리고 민간금융기관이 제공하는 수출금융에 대해 정부가 보증하는 형태의 신용보험 프로그램을 대부분 운영하고 있다. 이 절에서 우리는 미국 정부의 수출지원에 대해 살펴본 후 전 세계에서 유사한 수출신용지원을 제공하는 기관들에 대해 배워볼 것이다.

수출입은행과 유관기관

www.exim.gov
미국수출입은행 웹사이트로서 수출입은행의 조직과 업무에 대해 많은 정보를 얻을 수 있다.

미국 **수출입은행**(Ex-Im Bank)은 1934년에 설립되었다. 그리고 1945년 미국 수출무역 진흥과 금융을 위한 독립된 정부기구로 재편되었다. 수출입은행의 설립 목적은 다음과 같은 이유로 민간 금융기관이 수출금융을 제공할 수 없을 때 이를 대신하는 것이다. (1) 만기가 너무 장기인 경우, (2) 금액이 너무 큰 경우, (3) 대출 위험이 너무 큰 경우, (4) 수입기업이 대금결제에 필요한 국제통화를 입수하기 어려운 경우 등이다.

이러한 설립목적을 달성하기 위하여 수출입은행은 다양한 프로그램을 운영하고 있다. 이들 중 가장 중요한 것은 운전자금 보증, 해외 차입자에 대한 직접대출, 대출 보증, 신용 보험 등이다.[2)]

운전자금 보증 프로그램을 통하여 수출입은행은 금융기관들이 미국 수출업자들에게 운전자금 대출을 원활하게 제공하도록 독려하고 있다. 수출입은행의 대출보증은 대출원금과 이자의 90%를 커버하며, 미국정부가 정부신용으로 대출을 보증하는 셈이 된다.

www.eximbankindia.com
인도수출입은행 웹사이트이다. 인도수출입은행은 1981년에 인도의 국제무역에 대한 금융 및 촉진 서비스 제공을 위해 설립되었다. 미국수출입은행과 유사한 기능을 수행한다. 각국의 수출입은행 웹사이트를 방문해보면 관련 자료를 많이 얻을 수 있다.

그리고 중장기대출 프로그램은 미국 수출품을 수입하는 외국의 수입업자에 대한 직접대출을 촉진하기 위해 마련된 것이다. 이를 통해 대금은 미국수출업자에게 돌아가고 상품은 수입업자에게 인도되는 셈이다. 장기대출 프로그램은 상환기간이 7년 초과이고, 대출금액이 1천만 달러 초과인 경우를 위해 개발된 것이다. 중기대출 프로그램은 상환기간이 7년 이하이고 대출금액이 1천만 달러 이하인 경우를 위해 개발된 것이다. 이 두 프로그램 모두 계약금액의 85%까지 대출해 주는 조건이다. 민간수출자금(주)(PEFCO)는 1970년에 여러 상업은행과 일반기업이 공동으로 설립하였으며, 수출입은행이 대출을 위해 발행하는 어음의 매입을 통해 유동성을 제공함으로써 이들 프로그램 운영에 협조하고 있다.

중장기대출보증 프로그램을 통해 수출입은행은 민간 금융기관이 외국의 수입업자에게 제공하는 대출에 대한 보증을 해주고 있다. 이 대출에는 보통 변동이자율이 적용되고 있다. 미국정부 보증으로 보증을 하는 이 프로그램은 수출계약금액의 85%까지 커버한다. 그리고 정치적 위험으로 야기되는 대출원금 및 이자 손실에 대해서는 100%까지 보증한다. 그리고 정치적 위험만을 커버하는 보증도 가용하다.

그리고 수출신용보험 프로그램은 수출입은행이 외국의 수입업자나 기타의 채무자가 정치적 또는 상업적 이유로 지급불능이 되어 미국 수출업자에게 손실이 발생했을 때 이를 보상함으로써 미국 수출을 촉진하기 위해 마련된 제도이다. 보험계약은 포괄적 조건으로 체결될 수도 있고, 특정 정치적 위험에 대해서만 커버하는 조건으로 체결될 수도 있다.

www.ecgd.gov.uk
영국수출신용보증부의 공식 웹사이트이다.

2021년 9월 말 기준, 수출입은행은 163개국에서 총 413억 달러의 포트폴리오 를 보유하고 있다. 포트폴리오는 지역별로 비교적 고르게 분포되어 있으며, 모잠비크,

2) 이 절의 내용 대부분은 수출입은행 웹사이트 www.exim.gov 자료를 활용한 것임.

사우디아라비아, 멕시코, 중국, 터키 등 다섯 국가가 전체 포트폴리오의 38.4%를 차지했다. 산업별로는 항공기 산업이 37.6%로 가장 큰 비중을 차지했으며, 이어서 석유 및 가스 산업이 26.2%였다.[3)]

〈현장의 국제재무〉 "수출입은행의 불확실한 상황"에서는 최근 정치적 이유로 은행의 운영이 제한되었음을 논의할 것이다.

현장의 국제재무

수출입은행의 불확실한 상황

미국 수출입은행은 미국 제조업체와 외국 구매자 간의 수출 거래를 지원하는 독립적인 연방 기관으로, 대출, 보증, 보험 프로그램을 통해 자금을 지원한다. 이 은행은 지난 89년의 역사 동안 미국 기업들이 전 세계에 자사의 상품과 서비스를 판매하는 데 도움을 주었다. Marshall Plan 하에서 제2차 세계대전 후 유럽 재건을 위한 자금 지원, 유럽에서 가장 큰 현수교 건설, 아시아 금융위기 동안 한국으로의 수출 지원 등이 대표적이다.

그러나 이 은행은 2015년 7월부터 4년간 이사회의 정원 미달(정족수 부족)으로 1000만달러를 초과하는 중장기 거래는 승인할 수 없는 정치적 부재에 빠졌다. 은행의 헌장(정관)에 따르면 이사회 정원 5명 중 최소 3명이 임명되어야 1000만 달러를 초과하는 거래의 자금지원을 승인할 수 있으며, 대통령이 이사회 임원을 지명하고 미국 상원의회의 동의를 받아 임명된다. 당시 트럼프 대통령이 이사회 임원을 지명했지만, 상원의회에서 거부하며 5명의 이사회 구성을 막아 사실상 정상적인 운영을 동결시켰다. 결국 수출입은행은 2018 회계연도에 33억 달러(주로 단기 수출 신용 및 운영 자본 보증)만을 승인했으며, 이는 2014 회계연도의 205억 달러와 비교된다. 2018 회계연도 연차 보고서에 따르면, 연말까지 미국에서 240,000개의 일자리를 지원할 수 있는 400억 달러 상당의 거래가 보류되었다. 2015년 7월 역사상 처음으로 의회가 수출입은행 자체를 재승인하지 않음으로써 은행의 거래 승인 권한은 중단되었다. 다행히도 5개월 후 수출입은행의 권한은 재승인되었으며, 2019년 9월까지 연장되었다.

비평가들은 수출입은행이 중소기업이 아닌 Boeing, Caterpillar와 같은 소수의 대기업에게만 큰 혜택을 주며 납세자들을 위험에 빠트리고 있다고 주장하며, 수출입은행의 정실 자본주의와 대기업 특혜를 비판했다. 그러나 지지자들은 일자리 창출과 경제 부양에 있어 수출 지원이 매우 중요하다고 주장하며, 외국 기업들도 자국 정부로부터 수출 신용 지원을 받고 있으므로 유사한 지원 없이는 미국 기업이 외국 기업과 경쟁하기 어렵다고 강조했다.

결과적으로 수출입은행 이사회의 부재로 인해 미국기업들은 많은 수출거래와 기회를 놓치게 되었다. 대중 매체에서는 보잉에서 주문한 비행기에 대한 대금지불에 어려움을 겪는 에티오피아 항공, 미국 대신

3) Annual Management Report for the Year Ended September 30, 2021 and September 30, 2020, Export–Import Bank of the United States.

캐나다와 유럽에서 장비를 조달하는 이집트 카본 홀딩스 등 영향을 받은 대기업과 중소기업의 상황을 보도했다. 미국기업들은 자국의 지원이 부족함에 따라 다른 곳에서 수출 지원을 받기 위해 해외로 이전해야만 했다. 전 세계의 수출신용기구들은 일반적으로 그들이 자금을 조달하는 거래에 대해 생산 및 일자리가 자국 내에 위치하도록 요구하기 때문이다. 즉, 해외로 이전이 어려운 미국의 중소기업들의 경우 큰 타격을 입었다.

또한, 이사회의 부재로 인해 발생한 수출입은행의 손실을 메꾸기 위해 세금이 사용되었다. 수출입은행은 1992년부터 96억 달러의 수익을 창출했으며, 2008 회계연도부터 2017 회계연도까지 매년 자체적으로 재정을 운영할 수 있었다. 수출입은행의 주요 수익원은 대형 거래였으므로, 1000만 달러 이상의 거래를 승인할 수 없게 된 것은 수익에 치명적이었다. 운영 권한의 만료와 이사회 정원 미달로 인한 미국 수출입은행의 제한된 운영으로 수천 개의 기업에 신용 지원을 제공할 수 없는 상태에 빠졌다.

다행히도 2019년 12월, 의회는 수출입은행을 2026년 12월 31일까지 전면적으로 재승인했으며, 수출입은행의 개정된 정관(헌장)에는 중국에서의 새로운 프로그램, 중소기업에 대한 지원 증대, 이사회 정족수 부족 시 대체 절차 등이 포함되었다. 2020년이 되어서야 수출입은행이 완전히 정상화가 된 것이다.

출처: 미국 수출입은행 다양한 연례 보고서.

전 세계 수출신용기구

2020년 말 기준, 전 세계적으로 116개의 공식 수출신용기관(Export Credit Agency; ECA)이 존재한다고 수출입은행은 밝혔다. 예를 들어, 영국에서는 수출신용보증부(Exports Credits Guarantee Department; ECGD)가 수출입은행과 유사한 기능을 수행한다. 1919년에 설립된 ECGD는 상업적 및 정치적 위험으로 인한 수입업자의 미지급에 대비한 직접 보험 보장과 외국 차용자에 대한 은행 대출 보증을 통해 수출업자를 지원한다. 중국에서는 중국수출입은행(China EXIM)과 중국 수출신용보험공사(Sinosure)가 유사한 수출신용 지원을 제공하고 있다. 수출입은행의 최신 연간 경쟁력 보고서에 따르면, 2020년에 전 세계 수출신용기관들은 공식적으로 약 2,000억 달러의 중장기 수출 및 무역 관련 금융을 제공한 것으로 추정된다. COVID-19 팬데믹의 영향으로 2019년 대비 수출신용 규모가 30% 감소했다. 제공된 2,000억 달러의 수출신용 중 약 30%는 경제협력개발기구(OECD)의 공식 수출신용 지원 협정에 의해 규제되었고, 나머지는 규제되지 않았다. 〈도표 20.2〉는 수출입은행이 발표한 1억 달러 이상의 수출신용을 제공한 25개국을 보여준다. 비록 중국의 공식 수출신용 추정치가 2019년 330억 달러에서 2020년 180억 달러로 크게 감소했지만, 중국은 여전히 가장 많은 수출신용을 제공했다.[4]

연계무역

연계무역(Countertrade)은 "수출상이 수입상에게 상품과 용역을 수출하는 대신에 수입상으로부터 비슷한 금액만큼의 상품과 용역을 수입하기로 계약하는 방식의 다양한 거래"를 총칭하는 용어이다.[5] 이 연계무역에는 외국환 결제가 개입할 수도 있고 안 할 수도 있다. 외국환결제가 개입하지 않으면 이른바 물물교환(barter) 방식이 된다. 어찌되었든 이 연계무역 방식에서는 양방향의 상품 이동이 수반된다. 이러한 방식은 전통적인 결제 수단이 어렵거나 존재하지 않을 때 해결책이 될 수 있다.

www.globaloffset.org 글로벌 상쇄무역 및 대응구매 협회(GOCA)의 공식웹사이트이다. 이 협회는 연계무역 방식으로 거래를 하는 기업들에게 정보공유의 장을 제공하고, 연계무역과 상쇄무역의 가능성을 탐구하는 기업들에게 자료를 제공하고 있다.

연계무역 방식의 기원은 선사 시대 이전으로 거슬러 올라가며, 화폐가 희소한 곳에서는 어디에서나 지속적으로 활용되어 왔다. 냉전 시대에는 소비에트 연방과 같은 공산주의 국가들의 통화는 보통 환전이 불가능했다. 그 결과, 이러한 국가들은 자주 연계무역 협정을 사용했다. 1980년대에는 제3세계 부채 위기로 인해 채무국들이 정상적인 상업 활동을 지속할 수 있는 충분한 외환보유고나 은행 신용한도를 갖지 못하면서 연계무역 활동이 급증했다.[6] 연계무역 거래의 경우 공식적인 무역통계에 포함되지 않기 때문에 연계무역의 정확한 규모는 알기 어렵다. 지난 수년 간의 추정치에 의하면, 연계무역은 세계 무역의 5%에서 40% 사이 어딘가라고 한다. 어떻든지 연계무역은 세계적으로 널리 퍼져 있다.

연계무역의 유형

연계무역은 여러 활동으로 발전하여 물물교환(구상무역, barter), 청산계정방식, 스위치

4) Report to the U.S. Congress on Global Export Credit Competition, Export-Import Bank of the United States, June 2021.

5) Hennart(1989)의 정의.

6) 제3세계 채무위기의 심각성과 크기에 대한 논의는 제11장을 참조.

무역(switch trade), 제품환매(buy-back), 대응구매(counterpurchase), 상쇄(offset)방식 등 여섯 가지 범주로 분류될 수 있다.[7] 첫 3가지는 화폐의 사용이 수반되지 않는 반면 뒤의 3가지는 화폐의 사용이 수반된다.

물물교환(무환 구상무역)은 양 당사자가 직접 상품을 교환하는 방식이다. 환이 꼭 개입해야 하는 것은 아니지만 거래 성사를 위해 특정 통화로 거래금액이 표시되는 것이 일반적이다. 이처럼 환가가 필요한 것은 회계, 조세, 보험 등의 처리를 위한 목적일 수 있다.

Hammond(1990)는 물물교환을 "원시형태의 거래방식으로서 중상주의 시대의 제국주의적 정책 하에서 식민지 시장 확보와 원자재 공급원 장악을 위한 방편으로 활용되었으며, 이후 쌍방 간의 균형무역을 촉진하는 수단으로 발전하게 되었다"고 설명하고 있다. 그는 물물교환 방식이 브레튼우즈 체제에서 통화 간 태환성이 확립되고 자유무역이 활성화되기 이전인 2차 세계대전 직후까지 성행했었다고 주장한다.

오늘날 물물교환 방식은 상황이 허락하는 경우에 보통 일회적 거래로 이루어진다. 예를 들어, 최근의 정치적 및 경제적 불확실성과 신용 부족으로 인해 많은 브라질의 농촌 생산자들이 농작물을 위해 종자와 장비를 물물교환하는 상황에 직면하고 있다. 또 다른 예로 2008년 중국과 콩고민주공화국(DRC) 간의 대규모 딜로, DRC는 중국에게서 인프라와 구리 광산에 대한 90억 달러 투자를 받고, 이는 구리와 코발트 수출로 지급할 예정이다. 거래조건에 따르면, 최종적으로 DRC는 전반적인 인프라 개발에 필요한 도로, 철도, 병원, 보건 센터, 대학교 등을 받게 되며, 대신 중국은 구리와 코발트를 공급받게 된다.[8]

청산계정 방식(쌍방 청산계약으로도 일컬어짐)은 물물교환의 한 형태로 볼 수 있으며, 여기서는 양 당사자(가끔 정부)가 상호간 일정 금액의 상품과 서비스를 구매하기로 계약을 체결하고, 각자가 상대방으로부터 수령할 대금의 예치계정을 설정한 다음 상대방 국가로부터 수입을 할 때만 이 계정금액을 활용하기로 합의한다. 일정기간이 경과한 후에 계정 잔액이 남아 있는 경우는 이를 현금으로 결제하거나 해당 금액만큼의 상품으로 청산을 하게 된다. 이 방식은 물물교환에 유환 결제방식을 결합한 것으로 거래는 즉시 일어나지만 결제는 즉시 일어나지 않을 수도 있다는 것을 알 수 있다. 결제 잔고는 정기적으로 확인되고, 잔고에 대해서는 합의된 통화로 결제된

7) Hill (2022)와 Hennart (1989)를 참조

8) "China Strikes Biggest Barter Deal," Trade Finance 11, No. 4 (2008년 5월), 23쪽 참조

다. Anyane-Ntow와 Harvey(1995)는 이 방식이 제3세계 국가와 동구권국가들 사이에 주로 활용되고 있다고 설명한다. 이들에 따르면 1994년 중국과 사우디아라비아는 이 방식의 무역거래 규모를 10억 달러까지 늘리기로 합의한 바 있다고 한다.

스위치무역은 두 원 청산계정 당사국에 대하여 국제통화 포지션 상으로 불균형 상태에 있는 제3의 국가가 재매도자로서 개입하는 방식이다. 이 재매도자는 원청산계정방식 거래의 대금을 수취할 계정잔고를 갖고 있는 당사자에게 수출하게 된다. Anyane-Ntow와 Harvey(1995)는 루마니아－파키스탄 청산계정 방식 거래에 기초하여 미국이 파키스탄에 비료를 수출하게 된 것을 스위치무역의 예로서 들고 있다.

제품환매 거래는 제조공장설비 수출을 통한 기술이전을 포함한다. 즉, 제품환매는 플랜트 매도자는 공장이 설립되어 제품이 생산되면 그 중 일부를 수입해주기로 합의하는 거래방식이다. Hennart(1989)는 이 거래의 자금거래가 두 가지 형태로 이루어질 수 있다고 설명한다. 우선 플랜트 구매자는 자본시장에서 필요한 자금을 조달한다. 그리고 플랜트 수출업자는 공장 가동 후 일정기간 그 공장의 생산제품을 매입해 줌으로서 플랜트 매입자가 공장 건설을 위해 차입한 자금을 상환할 수 있도록 해준다. 제품환매 거래는 플랜트 수입 국가 입장에서는 일종의 직접투자 도입으로 볼 수도 있다. 이 제품환매에 대한 예로서 일본의 반도체회사가 대만, 싱가포르, 한국에 반도체 생산공장을 수출하고 그 반도체 생산량의 일정비율을 수입해 주기로 한 계약을 들 수 있다.[9)]

대응구매는 제품환매 거래방식과 유사한 상호구매 협약이지만 현저한 차이가 있다. 우선 유사한 점은 계약이 보통 서구의 기술수출국과 동아시아의 수입업자 간에 이루어진다는 것이다. 차이점은 서구의 구매자 측이 수입해야하는 제품이 자신이 수출한 플랜트와는 무관한 제품이라는 것이다. 즉, 대응구매 방식에서는 수출을 할 때 수입업자가 제시하는 제품목록 중의 품목을 수입업자가 제시하는 가격으로 수입을 해주기로 합의하고 수출을 하는 셈이다. 그리고 이 제품목록의 제품은 보통 구매자가 취급하지 않는 제품군에 속하는 경우가 많다. 예를 들어, 이탈리아 산업 장비와 인도네시아 고무를 교환하기 위한 대응구매 협약이 설정된 적이 있다.[10)]

상쇄(offset)방식은 우주/국방산업 분야의 대응구매 방식이라고 할 수 있다. 이 방식은 선진국과 국방/우주산업 개발국 간의 상호주의 무역이라고 볼 수 있다. 2021년

9) Anyane–Ntow와 Harvey (1995), 48쪽 참조.

10) Anyane–Ntow와 Harvey(1995)

미국 상무부 보고서에 따르면, 미국 방위산업 계약자들은 11개국과 31개, 총 82억 달러 상당의 새로운 상쇄계약을 체결했다. 또한, 25개국과의 기존 상쇄계약 의무를 이행하기 위해 52억 달러에 달하는 419개의 상쇄거래를 진행했다.[11]

〈현장의 국제재무〉 "총기와 설탕: 방위산업"은 개발도상국들 사이에서 상쇄거래가 증가하고 있음을 논의한다.

현장의 국제재무

총기와 설탕: 방위산업

브라질에서 아이폰을 판매하기 위해선 애플이 예상되는 수익의 20%를 현지 기술 회사에 투자해야 한다고 상상해보자. 터무니없어 보일 수 있지만, 정부가 외국회사로부터 무기를 구입할 때 실제로 일어나는 일이다. 즉, 주요 거래 외에도 공개되지 않는 "오프셋"이라는 부수적인 계약을 맺는 것이 일반적이다. 거래입찰을 받은 외국회사는 현지 프로젝트에 추가적인 투자를 해야하며 그렇지 않을 경우 벌금을 내야 하는 내용 또한 명시되어 있다. 이러한 관행은 꾸준히 확대되어 현재 120개국에서 사용되고 있다.

오프셋 계약에는 직접적인 오프셋과 간접적인 오프셋 두 가지 유형이 있다. 직접 오프셋은 현지 방위 산업체와의 투자나 파트너십을 요구하며, 자주적인 개발을 목표로 한다. 간접(비방위) 오프셋은 새로운 기술이나 상업지구 개발, 호텔 건설, 대학 기부에 이르기까지 경제적 또는 사회적 목표를 달성하기 위한 모든 투자를 말하며, 두 유형의 오프셋 모두 논란의 대상이다. 경제학자들은 오프셋을 시장 왜곡으로 보고, 반부패 단체들은 이를 뇌물 지급의 한 방법으로 본다. 일부 선진 경제국에서는 이 관행이 우려의 대상이다. 개발도상국에서는, 방위 지출이 일반적으로 증가하고 있으며, 오프셋 계약 또한 활성화되고 있다. 오프셋 계약의 장점 중 하나는 외국 직접 투자로 기록되어, 정부의 경제 관리 능력을 향상시킬 수 있다는 점이다.

걸프 지역에서 가장 큰 무기 수요국인 사우디아라비아와 아랍에미리트는 오래되고 복잡한 오프셋 프로그램을 갖고 있다. 이러한 성장은 수십 개의 소규모 중개업자들로 이루어진오프셋 산업을 촉진하고 있는데, 이들은 한쪽에서 오프셋 프로젝트 아이디어를 내고, 다른 한쪽에서는 복잡한 거래를 구조화하여 자금을 조달하는 정교한 팀들을 만든다.

그러나 이러한 오프셋 계약들은 일부 계약회사들을 힘들게 하고 있다. 예로, 2006년 Raytheon이라는 레이더 시스템 및 미사일제조업체의 지원으로 사우디아라비아에 설립된 새우 농장이 있다. 처음에는 모범 오프셋 사례로 불리었지만, 사우디아라비아의 고온 환경에서 새우 농장을 운영하는 데 어려움을 겪으며 결국 파산했다고 알려졌다. 또한 오프셋에 관한 학술 연구들에서는 오프셋에 따른 혜택은 지속되기 어렵다고 주장한다. 기술 이전과 관련한 성공 사례가 일부 존재하지만, 연구에 따르면 이러한 오프셋 계약은 일반적으로 직접적인 무기 구매보다 더 많은 비용이 발생하며 새롭고 안정적인 일자리 창출 또한 거의 없

11) "Offsets in Defense Trade: Twenty-Fifth Study." U.S. Department of Commerce's Bureau of Industry and Security, 2021

다고 한다. 오프셋과 관련한 정확한 성과평가는 데이터의 한계로 어렵다.

국제 반부패 단체인 Transparency International이 발표한 2월 연구에 따르면, 오프셋을 사용하는 정부의 1/3은 감사를 진행하지 않으며 계약자에게 실사 요건 또한 부과하지 않는다. 더욱이, 회계 규칙 제정자들은 오프셋계약 채무를 공개하는 데 대한 어떠한 요구도 하지 않는다. 따라서 기업들은 대차대조표에서 오프셋계약을 어떻게 처리할지 마음대로 정할 수 있다.

이러한 모호함 때문에 오프셋 계약의 비용을 실제로 부담하는 주체가 누구인지 파악하기 어렵다. 겉보기에는 방위 산업 회사들이 부담하는 것처럼 보이지만 벨기에의 한 연구에 따르면, 오프셋을 고려할 때 해당 국가가 군사장비에 대해 20-30% 더 많은 비용을 지불한 것으로 나타났다. 만약 이러한 비용을 해당국의 납세자가 부담한다면, 혜택은 정부에 의해 선택된 개인 및 기업에게 돌아간다. 실제로, 많은 오프셋 거래에서 부정부패가 드러났거나 의심받고 있다. 예를 들어, 이탈리아 방위 회사인 Finmeccanica의 계열사인 Agusta Westland 는 2010년 인도에 헬리콥터 12대를 판매하기 위해 뇌물을 지급했는지 검찰이 조사하고 있다.

미국과 유럽에서 엄격한 뇌물수수금지법이 존재하며 집행되고 있지만, 오프셋의 복잡성으로 인해 방위산업 거래의 실제 비용은 측정하기가 어렵다. 또한, 정부가 유익하다고 여겨지는 프로젝트에 대해서는 관대한 잣대, "승수"를 적용할 수도 있다. 결과적으로, 방위 사업자들은 종종 계약으로 인한 채무가 명목상의 의무보다 훨씬 적다는 것을 발견할 수 있다. 예를 들어, 50억 달러 규모의 군사 장비 판매가 40억 달러의 총 오프셋 요구사항을 수반할 수 있지만, 승수를 적용한 후에는 이행 비용이 5억 달러에 불과할 수 있다는 것이다.

따라서 가장 큰 계약업체는 입찰에서 우위를 점하기 위해 수십 명의 오프셋 전문가를 고용한다. 예를 들어, 미국의 계약업체인 Lockheed는 약 40명의 오프셋 전문가를 고용하고 있다. 물론, 상대 국가와의 거래가 실망스러울 수 있다. 그리고 회사의 오프셋 채무가 실제로는 계약서에 적힌 것보다 작을지라도 여전히 걱정거리가 될 수 있다. 또한, 이러한 채무는 구매 국가들이 과거에는 쉽게 연기되었던 비이행 벌금을 더 엄격하게 적용함에 따라 증가할 수도 있다(과거에는 비이행에 대한 벌금이 쉽게 연기되었지만, 앞으로는 이러한 벌금이 회사에 큰 부담으로 작용할 가능성이 있다).

출처: "총과 설탕: 방위 산업" The Economist, 2013년 5월 25일, 64페이지(미국).

연계무역의 일반적 특성

연계무역은 1980년대와 90년대에 국제무역의 신장에 크게 기여하였다. 연계무역 거래가 급증하는 것에 대해 찬반양론이 제기되어 있다. Hammond(1990)는 연계무역의 긍정적 측면과 부정적인 측면을 다음과 같이 설명하고 있다. 부정적 측면이란 어떤 나라나 기업이 연계무역을 선호하든지 선호하지 않든지 이 방식의 거래를 강요당하게 될 수 있다는 것이다. 이렇게 하는 이유는 현금 또는 경화의 유출 방지,

무역수지 불균형 해소, 수출가격의 유지 등일 것이다. 긍정적 측면은 국가나 기업의 입장에서 모두 이 방식의 거래를 적극 수용하는 근거로서 경제개발 촉진, 고용 증대, 기술이전 증진, 시장 확대, 수익성 증대, 저비용의 조달, 잉여재고의 감축, 마케팅 기법의 고도화 등이다.

연계무역 거래의 부정적 측면은 이 방식의 거래가 자유시장 경제 질서를 훼손할 수 있고, 그로써 비효율적 자원배분이 일어날 수 있다는 것이 주된 골자가 된다. 그리고 거래비용이 증대될 수 있고, 다자간 무역보다는 양자 간 무역을 조장하며, 나아가 외환결제가 개입되지 않는 거래라서 경제시스템 발전을 역행하는 방식이라는 비판도 제기되어 있다.

Hennart(1989)와, Marin과 Schnitzer(1995) 등의 기존 연구들은 특정 유형의 국가들이 특정 종류의 연계무역 거래에 참여하는 경향이 있다는 것을 발견했다. 예를 들어, 석유수출국기구(OPEC) 회원국과 중간 소득 국가들은 더 많은 대응구매를 한 반면 선진국과 중간 소득 국가들은 더 많은 상쇄거래를 활용했다. 물물교환은 주로 두 중간 소득 국가 간, 그리고 선진국과 중간 소득 국가 간에 많이 사용됐다. 많은 개발도상국이 수입대금을 지불하기 위해 필요한 외화를 조달하는 데 어려움을 겪기 때문에, 연계무역은 이러한 국가들에서 수출거래에 필요한 자금을 조달하는 유일한 방법일 수 있다. 연계무역이 글로벌 경제에 득(得)이 되든 해(害)가 되든 세계무역이 지속적으로 성장함에 따라 앞으로도 이러한 방식의 거래는 증가할 가능성이 높다.

요 약

이 장에서는 수출입거래와 무역금융에 대해 살펴보았다.

01. 국제무역거래는 일반적으로 국내거래보다 더 어려운 점이 많다. 무역금융은 기업들이 국제 무역거래를 위한 운전자본을 조달하고 국제 결제위험을 관리할 수 있도록 은행 및 금융기관이 제공하는 서비스다.

02. 외국무역 거래는 통상적으로 세 가지 기본 서류를 구비해야 한다. 신용장, 환어음, 그리고 선하증권이 그것이다. 기한부환어음은 은행인수환어음인 경우 유통가능한 금융상품이 된다.

03. 포페이팅은 수출업자에게 수입업자가 발행한 일련의 약속어음을 은행이 할인매입하는 것으로 중기 무역금융 수단이 된다.

04. 수출입은행은 미국 수출업자를 위해 외국수입업자에게 신용을 제공하거나 대출보증을 해주거나, 수출업자에 대한 무역보험을 제공한다. 전 세계 100개 이상의 수출신용기관이 유사한 기능을 수행한다.

05. 연계무역 방식의 거래는 국제무역 거래의 새로운 유형으로 급부상하고 있다. 연계무역에는 여러 형태가 있으며, 일부 방식에서만 환이 개입한다. 각 유형의 공통점은 매도측이 상품과 서비스를 매입 측에 판매하고 대신에 이에 상응하는 만큼의 상품과 서비스를 매입해 준다는 것이다.

주요 용어

기한부어음(time or usance draft)
미국수출입은행
연계무역
선하증권(B/L)
신용장(L/C)
은행인수환어음(B/A)
포페이팅(forfaiting)

연습문제

01. 수출상 입장에서 국제무역 거래가 국내거래보다 더 어렵고 위험한 이유에 대해 논하라.

02. 외국 무역거래를 위해 필요한 세 가지 기본 서류는 무엇인가? 각각의 용도에 대해 간략하게 설명하라.

03. 기한부어음이 어떻게 은행인수환어음이 되는가?

04. 수입상의 거래은행이 수출상의 기한부어음을 인수했을 때 수출상이 수출대금을 회수할 수 있는 여러 가지 방법에 대해 논하라.

05. 포페이팅거래란 무엇인가?

06. 수출입은행의 설립목적은 무엇인가?

07. 어떤 나라의 정부가 민간기업의 국제무역거래에 대해 직접 대출이나 대출보증, 또는 신용보험 등으로 지원을 하는 것이 타당한 일이라고 생각하는가?

08. 연계무역의 여러 형태에 대해 논하라.

09. 국가와 기업의 입장에서 연계무역의 장단점을 논하라.

10. 제품환매와 대응구매의 차이점을 살펴보라.

계산문제

01. 2백만 달러 짜리 90일물 은행인수환어음이 있다. 인수은행의 인수 수수료가 1.25%이고, 90일물 은행인수환어음에 대한 시장 할인율이 7%라고 해보자. 수출상이 만기까지 이 환어음을 보유할 때 수령액이 얼마일 것인가? 그리고 이 환어음을 수입상 거래은행에 할인매입 의뢰하는 경우엔 얼마를 받을 수 있는가?

02. 100만 달러짜리 120일물 은행인수환어음이 있다. 은행의 인수 수수료는 1.75%이고, 120일물 은행인수환어음 시장 할인율은 5.75%이다. 이 환어음을 만기까지 보유하면 얼마를 받을 수 있는가? 은행이 수출상의 할인매입의뢰에 응하는 경우 은행의 채권수익률에 상응하는 수익률은 얼마가 되는가? 수출상의 자본조달 기회비용이 11%인 경우 수출상은 이 환어음을 만기까지 보유해야 하는가 아니면 할인매입 의뢰해야 하는가?

인터넷 연습문제

01. 은행인수환어음은 단기금융시장 투자상품이 된다. 이 상품을 투자대상에 포함하고 싶어 하는 경우를 가정해 보자. FAFSG (Fiscal Agents Savings and Investment Centre)사는 포트폴리오 구성을 도와주는 투자자문서비스 전문업체이다. 이 업체의 웹사이트 www.fiscalagents.com 을 방문하여 은행인수환어음에 투자하는 것에 대해 자문을 받아 보라.

미니 케이스

아메리칸 기계공구(주)

아메리칸 기계공구 사는 미국 중서부에 위치한 공구와 염색장비 제조회사이다. 당사는 최근 몰도바 정부 대리인으로부터 5백만 달러 상당의 기계 수출 조건에 대한 조회를 받았다. 이 건의 담당자는 몰도바 정부가 이 거래대금을 결제할 충분한 외환을 보유하고 있는지 의문을 품고 있다. 미국 경제가 전반적으로 호황을 누리고 있음에도 당사의 실적은 그리 좋지 않았다. 어떤 변화가 없다면 정리해고도 불가피한 실정이다. 그러므로 이 5백만 달러 수출 건은 분명히 반전의 계기가 될 수도 있다.

이 회사가 몰도바에 기계 공구를 판매할 수 있는 방법에 대해 숙고해 보라.

참고문헌 및 추천도서

Bokos, W. J., and Anne P. Clinkard. "Multilateral Netting." *Journal of Cash Management* 3 (1983), pp. 24 - 34.

Collins, J. M., and Alan W. Frankle. "International Cash Management Practices of Large U.S. Firms." *Journal of Cash Management* 5 (1985), pp. 42 - 48.

Srinivasan, Venkat, and Yong H. Kim. "Payments Netting in International Cash Management: A Network Optimization Approach." *Journal of International Business Studies* 17 (1986), pp. 1 - 20. .

Chapter 21

국제 조세환경 및 이전가격

CHAPTER OUTLINE

- **과세의 목표**
  - 조세 중립성
  - 조세 형평성
- **과세의 유형**
  - 소득세
  - 원천징수세
  - 부가가치세
- **국별 조세환경**
  - 거주지 과세
  - 원천지 과세
  - 외국납부세액 공제
- **조직구조**
  - 지점과 자회사 소득
  - 조세피난처
  - 통제해외법인
- **이전가격 및 관련 이슈**
- **사례분석:** 민텔의 이전가격 전략
  - 이전가격의 원가요인별 분해
  - 기타 요인
  - 사전합의가격제
- **봉쇄 자금**
- **요약**
- **주요 용어**
- **연습문제**
- **계산문제**
- **인터넷 연습문제**
- **미니 케이스1: 시그마** 사의 입지선정
- **미니 케이스2: 동방무역회사의** 최적 이전가격 전략
- **참고문헌 및 추천도서**

이 장의 첫 번째 목적은 국제 조세환경에 대해 개괄적으로 살펴봄으로써 다국적기업이 조세전략을 수립하는데 도움을 주고, 투자자들에게 국제금융자산 투자의 세금 문제를 처리하는데 도움을 주는 데 있다. 조세 규제는 국내에서도 복잡한 주제이다. 국제 차원이 되면 이 문제가 한층 더 복잡해질 것이 분명하다. 그러므로 이 장의 내용은 개론 차원에 불과하다고 봐야 할 것이다.

이 장은 과세의 두 가지 목표, 즉 조세 중립성과 형평성에 대해 논의하면서 시작한다. 이 이론적 기초 위에서 과세의 여러 형태에 대해 논의한다. 다음에 전 세계적으로 세금이 어떤 방식으로 부과되고 있는지에 대해 살펴보고 외국인 특별 조세의 목적과 국가 간 조세협약에 대해 고찰한다. 국가마다 조세 환경이 다르므로 특정 국가의 납세자 입장이 전제되어야 하는 경우 미국 납세자 입장을 전제로 하였다.

어떤 과세 관련 이슈는 이전 장들에서 관련 주제를 철저하게 논의하기 위해 이미 설명한 경우도 있다. 예를 들어 제18장의 국제자본예산을 다룰 때 해외 소득에 대한 국별 조세 문제와 다국적기업의 국내 조세와 대비되는 외국인 특별 조세 문제 등을 설명한 바 있다. 이 장에서는 이들 문제를 통합적으로 이해할 수 있도록 좀 더 자세히 살펴볼 것이다.

이 장의 두 번째 목적은 이전가격 전략의 수립과 연관되어 있다. 이와 관련하여 먼저 사례적용을 통해 이전가격 전략을 설명하고, 자회사 간 현금 배분의 합리화와 특정 환경 하에서 법인소득세 부담을 최소화하기 위한 이전가격 전략의 실제를 설명한다. 마지막으로 투자유치국 정부가 외환송금을 규제하면서 나타나는 봉쇄자금(blocked funds)의 처리 문제를 논의하면서 이 장을 마무리하게 될 것이다.

과세의 목표

국제 조세환경에 대해 논의하기 전에 우선 두 가지 과세의 목표, 즉 조세 중립성과 형평성에 대해 살펴보기로 한다.

조세 중립성

조세 중립성(tax neutrality)은 경제적 효율성과 공정성을 확보하기 위해 필요한 원칙이다. 이 원칙은 세 가지 기준에 의해 확보된다. 우선 **자본수출 중립성**(capital-export neutrality)은 조세로 인해 정부의 재정수입을 효과적으로 확충하면서도 이것이 납세자의 경제적 의사결정에 부정적 영향을 미치지 않도록 해야 한다는 것이다. 즉, 좋은 조세란 정부의 세입을 확충하는 데 효율적인 동시에 경제적 자원이 세계 어느 곳에서건 가장 높은 효율성을 달성할 수 있도록 배분되는 것을 저해하지 않아야 한다는 것이다. 그러므로 자본수출 중립성이란 전 세계적 경제적 효율성 확보와 연계된 개념이다.

두 번째 중립성 기준은 **국적 중립성**(national neutrality)이다. 즉, 납세자 국적의 조세 당국은 과세대상 소득에 대해 그 소득이 어디에서 발생한 것인지를 불문하고 무차별적으로 징세해야 한다는 것이다. 이론적으로는 이 국적 중립성이 조세 형평성의 원칙에 입각해 있기 때문에 합리적 목표로 볼 수 있지만 실무적으로는 실행하기 어려운 요구일 수 있다. 예를 들어 미국에서는 외국 소득도 국내 소득과 동일한 세율로 과세되며, 외국에 납부한 세금에 대해서는 이중과세가 부과되지 않는다. 하지만 외국납부세금에 대한 면제는 한도가 있으며, 외국 소득에 대한 세액이지만 미국 내에서 그 외국 소득만큼이 발생하였다면 부과되었을 세액에 한정된다. 그러므로 외국 소득 납부세율이 미국의 세율보다 높아 더 많은 세금을 납부하였다면 그 차액은 면제에서 제외된다. 그 이유는 만일 이렇게 제한을 두지 않으면 미국 조세 당국이 미국 다국적기업의 해외소득에 대한 조세 부담을 미국 납세자의 세금으로 보조해 주는 결과가 될 것이기 때문이다.

세 번째의 중립성 기준은 **자본수입 중립성**(capital-import neutrality)이다. 이 기준은 다국적기업의 해외자회사에 대해 부과하는 조세 부담은 그 다국적기업이 어느 나라 기업이건 불문하고 동일해야 하며 동시에 국내기업과도 동일해야 한다는 것이다. 이를 실행하는 차원에서 보면 만일 미국 다국적기업의 자회사가 입지한 국가의 세율이 미국보다 낮다면 미국은 이 자회사소득에 대해 외국 정부가 부과한 세금 외에 추가적인 세금을 부과할 수 없다는 것이다. 이 자본수입 중립성은 국적 중립성과 마찬가지로 형평성의 원칙에 입각해 있으며 조세 측면에서만이라도 단일 시장을 전제로 동일한 경쟁규칙을 적용해 줘야 한다는 논리에 기초한 것이다. 하지만 이 중립성을 실행함으로써 한 주권국가의 정부가 자국의 시민인 다국적기업의 해외 소득에 대해 외국 조세당국의 조세 정책을 추종한다는 것을 의미하고 결국 국내 납세자들이 더 많은 세금을 부담하게 되는 결과가 나타나게 된다. 즉, 이 세 가지 중립성 기준이 언제나 상호 일관성을 확보하고 있는 것은 아니라는 것을 알아야 한다.

조세 형평성

조세 형평성(tax equity) 원칙의 기저에는 모든 유사한 조건의 납세자들은 동일한 규칙에 따라 정부 운영비용을 분담해야 한다는 논리가 전제되어 있다. 실제 적용 차원에서 이 원칙이 의미하는 것은 다국적기업 자회사의 과세 대상 소득이 어느 나라에서 발생했건 그에 대해 동일한 세율, 동일한 납부 기한이 적용되어야 한다는 것이다. 환언하면, 다국적기업의 해외자회사가 벌어들인 1달러나 국내 자회사가 벌어들인 1달러나 동일한 규칙 하에서 과세되어야 한다는 것이다. 하지만 이 조세 형평성 원칙은 준수하기가 쉽지 않다. 다음 절에서 살펴보겠지만 다국적기업의 조직 형태가 조세 부담의 시기를 다르게 만들 수 있기 때문이다.

과세의 유형

이 절에서는 세계의 모든 정부가 세입을 위해 부과하는 세 가지 기본 형태의 세금, 즉 소득세, 원천징수세, 부가가치세에 대해 논의한다.

소득세

세계의 많은 나라들이 개인과 기업의 소득에 대해 **소득세**(income tax)를 부과함으로써 세수의 상당 부분을 확보하고 있다. 소득세란 **직접세**(direct tax)이며, 직접세란 세금이 부과되는 납세자가 직접 납부해야 하는 세금이다. 이 세금은 **사업소득**(active income)에 부과되는 것이다. 사업소득(적극적 소득)이란 기업과 개인의 생산활동의 결과로 발생하는 소득 또는 서비스 제공으로부터 발생하는 소득을 말한다.

세계 여러 나라의 법인세 규제와 관련된 가장 좋은 참고문헌 중의 하나로 프라이스워터하우스쿠퍼스(PriceWaterhouseCoopers)의 『세계각국 법인세 총람(Corporate Taxes: Worldwide Summaries)』이 있다. 〈도표 21.1〉은 이 총람에서 발췌 정리한 것이다. 여기에는 2022년 기준 152여 개 국가의 국내 비금융기업에 대한 정상적, 표준적 또는 대표적 한계법인세율 중 최상위 계층에 대한 세율을 보여주고 있다. 이 표를 보면 국별 세율은 바레인, 케이만군도 등 조세피난처의 제로 % (영) 세율에서부터 몇몇 국가의 35%가 넘는 경우까지 아주 다양하다. 미국의 현행 한계법인세율은 21%로 여러 주요국들 중에서 중간 세율 국가군에 속해 있다는 것을 알 수 있다.

원천징수세

원천징수세(withholding tax)는 보통 다른 나라의 조세권역 내에서 어떤 나라의 개인이나 법인이 벌어들인 소극적 소득에 대해 부과되는 세금을 일컫는다. **소극적**(비사업) **소득**(passive income)이란 배당이나 이자 소득, 그리고 법인이 납세자에게 지급하는 로열티, 특허사용료, 저작권사용료 등의 소득이다. 원천징수세는 **간접세**(indirect tax)이다. 즉, 소득을 직접 발생시키지 않은 자가 납세자가 되어 부담하는 세금이다. 이 세금은 법인이 관련 소득을 소득자(납세자)에게 지급할 때 세금 부분을 원천징수한 후 납세자를 대신하여 조세당국에 납부하게 된다. 원천징수세는 조세당국이 그 조세관할권 내에서 발생하는 소극적 소득에 대한 세금을 확실하게 징세할 수 있게 해준다.

www.taxsites.com/international.html
www.worldwide-tax.com
이들 웹사이트는 국별로 회계 및 조세 관련 정보를 제공하고 있다.

많은 나라들이 여러 가지 유형의 소극적 소득에 대한 원천징수세율을 명기하여 상호간에 **조세협약**(tax treaties)을 체결하고 있다. 〈도표 21.2〉는 2013년 기준 미국이 조세협약을 통하여 다른 나라에 부과하고 있는 원천징수세 기본 세율을 보여주고 있다. 어떤 유형의 소극적 소득에 대한 세율은 이 표에 제시된 것과 상이할 수도 있다.[1] 조세협약을 통한 원천징수세 부과는 쌍무적이다. 즉, 두 나라가 협상을 통하여 어떤 유형의 소극적 소득에 대해 어느 세율을 적용할 것인지 합의해야 한다.

〈도표 21.2〉에 보면 원천징수세율이 소극적 소득의 유형 범주에 따라 0에서 30%까지 다양한 것을 알 수 있다. 그리고 국별 소득 수준 범주에 따라 원천징수세율에

1) 미국 국세청 웹사이트 www.irs.gov를 방문하면 원천징수기본세율을 확인할 수 있다.

도표 21.1 주요국의 법인세율 현황[a]

국가	세율	국가	세율	국가	세율	국가	세율
알바니아	15	이집트	22.5	라트비아	20	카타르	10
알제리아	26	엘살바도르	30	레바논	17	루마니아	16
앙골라	25	적도기니	35	리비아	24	러시아	20
아르헨티나	35	에스토니아	20	리히텐슈타인	12.5	르완다	30
아르메니아	18	에스와티니	27.5	리투아니아	15	세인트루시아	30
호주	30	피지	20	룩셈부르크	24.94	사우디아라비아	20
오스트리아	25	핀란드	520	마카오	12	세네갈	30
아제르바이잔	20	프랑스	31	마다가스카르	20	세르비아	15
바렌인	0	가봉	30	말라위	30	싱가포르	17
바베이도스	5.5	조지아	15	말레이시아	24	슬로바키아	21
벨라루스	18	독일	≤33	몰디브	15	슬로베니아	19
벨기에	25	가나	25	말타	35	남아프리카	28
버뮤다	0	지브롤터	12.5	모리타니	25	스페인	25
볼리비아	25	그리스	22	모리셔스	15	스리랑카	24
보스니아 헤르체고비나	10	그린랜드	26.5	멕시코	30	스웨덴	20.6
보츠와나	22	과테말라	25	몰도바	12	스위스	11.9–21.6
브라질	34	가이아나	25	몽고	25	대만	20
불가리아	10	온두라스	26.25	몬테네그로	9	타지키스탄	23
카보베르데	22.44	홍콩	16.5	모로코	31	탄자니아	30
캄보디아	20	헝가리	9	모잠비크	32	태국	20
카메룬	33	아이슬란드	20	미안마	25	동티모르	10
캐나다	15	인도	29.12	나미비아	32	트리니다드 토바고	30
케이만 군도	0	인도네시아	20	네덜란드	25.8	튀니지	15
차드	35	이라크	15	뉴질랜드	28	터키	23
채널 군도, 권지	0	아일랜드	12.5	니카라과	30	투르크메니스탄	8
채널 군도, 저지	0	맨섬	0	나이지리아	30	우간다	30
칠레	25 or 27	이스라엘	23	북마케도니아	10	우크라이나	18
중국	25	이탈리아	24	노르웨이	22	아랍에미리트	≤55
콜롬비아	35	아이보리 코스트	25	오만	15	영국	19
콩고 민주공화국	30	자메이카	33	파키스탄	29	미국	21
콩고 공화국	28	일본	23.2	팔레스타인 지구	15	우르과이	25
코스타리카	30	요르단	20	파나마	25	우즈베키스탄	15
크로아티아	18	카자흐스탄	20	파푸아뉴기니	30	베네수엘라	34
키프로스	12.5	케냐	30	파라과이	10	베트남	20
체코 공화국	19	한국	25	페루	29.5	잠비아	35
덴마크	22	코소보	10	필리핀	30	짐바브웨	24.72
도미나카 연방	25	쿠웨이트	15	폴란드	19		
도미니카 공화국	27	카자흐스탄	10	포르투갈	21		
에콰도르	28	라오스	20	푸에토리코	37.5		

[a] 비금융기업의 정상, 표준, 대표적 최고 한계법인세율

자료: 프라이스워터하우스쿠퍼스(PriceWaterhouseCoopers), 세계 각국 법인세총람(Corporate Taxes: Worldwide Summaries), www.pwc.com, 2022.

도표 21.2

미국의 조세협약국별 원천징수세율[a]

국가	미국 채무자(일반)가 지급한 이자	배당[b]		특허 및 노하우 사용료[c]
		미국기업이 지급한 일반적 배당	소유권에 따른 배당	
미협약 국가	30	30	30	30
호주	10	15	5	5
오스트리아	0	15	5	0
방글라데시	10	15	10	10
바베이도스	5	15	5	5
벨기에	0	15	5	0
불가리아	5	10	5	5
캐나다	0	15	5	0
중국	10	10	10	10
독립국가연합	0	30	30	0
사이프러스	10	15	5	0
채코	0	15	5	10
덴마크	0	15	5	0
이집트	15	15	5	30/15
에스토니아	10	15	5	10
핀란드	0	15	5	0
프랑스	0	15	5	0
독일	0	15	5	0
그리스	0	30	30	0
헝가리	0	15	5	0
아이슬란드	0	15	5	5/0
인도	15	25	15	15
인도네시아	10	15	10	10
아일랜드	0	15	5	0
이스라엘	17.5	25	12.5	15
이탈리아	10	15	5	8
자메이카	12.5	15	10	10
일본	0	10	5	0
카자흐스탄	10	15	5	10
한국	12	15	10	15
라트비아	10	15	5	10
리투아니아	10	15	5	10
룩셈부르크	0	15	5	0
말타	10	15	5	10
멕시코	15	10	5	10
모로코	15	15	10	10
네덜란드	0	15	5 5	0
뉴질랜드	10	15	5	5
노르웨이	10	15	15	0
파키스탄	30	30	15	0
필리핀	15	25	20	15
폴란드	0	15	5	10
포르투갈	10	15	5	10
루마니아	10	10	10	15
러시아	0	10	5	0
슬로바키아	0	15	5	10
슬로베니아	5	15	5	5
남아프리카	0	15	5	0
스페인	0	15	10	10
스리랑카	10	15	15	10
스웨덴	0	15	5	0
스위스	0	15	5	0
태국	15	15	10	15
트리니다드 토바고	30	30	30	15
튀니지	15	20	14	15
터키	15	20	15	10
우크라이나	0	15	5	10
영국	0	15	5	0
베네수엘라	10	15	5	10

[a] 이 표는 원천징수협약 기본세율을 보여주며, 예외적 세율이나 특수 상황에 대한 세율은 자료원을 참조할 것.
[b] 배당을 공시하기 전 3년간에 총소득의 80%를 외국기업으로부터 받은 미국기업이 지급한 배당에 대해서는 세금을 부과하지 않음.
[c] 영화 TV 기타의 저작권료에 대해서는 이와 다름. 이집트와 아이슬란드의 경우 노하우와 특허 사용료가 상이함.
자료: 미국국세청 웹사이트 www.irs.gov, 2019년 2월.

상당히 큰 차이가 나고 있다는 것을 알 수 있다. 예를 들어 미국은 대부분의 서구 여러 나라에 거주하고 있는 납세자의 이자 소득에 대해 영세율을 적용하고 있는데 반해 파키스탄에 거주하고 있는 납세자의 이자 소득에 대해서는 30%의 원천징수세율을 적용하고 있다. 그리고 미국은 원천징수세 관련 조세협약을 체결하지 않은 나라에 거주하는 납세자에 대해서는 30%의 세율을 적용하고 있다. 또한 이 표를 보면 원천징수세협약을 체결한 나라의 경우 미국기업에 대한 외국인 간접투자자에게 지급한 배당에 대한 일반세율이 특정(substantial) 소유권 지분을 보유한 외국인 직접투자자에게 지급한 배당에 대한 직접배당세율보다 더 높다는 것도 알 수 있다.

부가가치세

http://ec.europa.eu/taxation_customs/business/vat/vat-e-commerce_en
유럽연합의 부가가치세 실무와 관련된 자료를 찾을 수 있다.

제품이나 서비스는 여러 생산단계를 거치는 과정에서 가치가 부가되는데, **부가가치세**(value-added tax: VAT)는 이 생산단계별로 부가되는 가치에 대해 부과되는 국세이다. 이 부가가치세를 징구하는 방법에는 여러 가지가 있다. 실무에서 가장 많이 사용되는 것이 "차감법"이다.

예제 21.1 **부가가치세 계산**

부가가치세를 계산하는 차감법의 실례로서 3단계의 생산과정을 거치는 소비재에 대해 15%의 부가가치세를 부과하는 경우를 예로 들어보자. 제1단계에서는 단위당 €100의 원재료를 제조업자에게 판매한다. 제2단계에서는 제품을 생산하여 개당 €300에 소매상에 선적한다. 제3단계는 소비자에게 개당 €380에 판매한다. 1단계에서는 €100의 가치가 부가되었고 부가가치세는 €15이다. 2단계에서는 €300의 15%로 계산하여 €45인데, 1단계에서 부과된 €15가 공제된다. 3단계에서는 소매상이 부가시킨 €80에 대해 €12의 추가적인 부가세가 부과된다. 그러므로 최종소비자 가격이 €380이므로 실제 이 최종소비자가 지급하는 부가가치세는 €57(=€15+€30+€12)이다. 그리고 이것은 €380의 15%와 같다. 이 부가가치세는 국가가 판매세를 부과하는 것과 같다. 〈도표 21.3〉은 이 부가가치세 계산과정을 요약해서 보여주고 있다.

도표 21.3

부가가치세 계산

생산단계	판매가격	부가가치	부가가치세
1	€100	€100	€15
2	€300	€200	€30
3	€380	€80	€12
		총부가가치세	€57

많은 유럽 국가들(특히 유럽연합)과 중남미 국가들에서는 부가가치세가 일반시민에 대한 과세의 대부분을 점하고 있다. 많은 경제학자들은 부가가치세를 소득세보다 더 좋은 과세방법으로 여기고 있다. 그 이유는 후자의 경우 근로의욕을 떨어뜨리는 데 반해 전자는 불필요한 소비를 억제해 주기 때문이다. 부가가치세는 국민저축을 장려하게 되지만 소득세는 저축소득에 대해 세금을 부과하기 때문에 오히려 저축을 저해하게 된다. 나아가 세무당국은 부가가치세의 경우 소득세의 경우보다 탈세가 어려워 징세가 더 쉽다는 것을 알고 있다. 부가가치세제 하에서는 생산과정의 각 단계에서 더 많은 세액공제를 받기 위해 이전 단계에서 납부한 납세증명을 발급받으려고 노력하게 된다. 물론 부가가치세제 하에서 이러한 납세기록 유지비용이 중소기업에 부담이 된다는 주장을 할 수도 있다.

부가가치세의 문제점은, 특히 유럽연합에서 모든 나라가 동일한 부가가치세율을 적용하지 않는다는 것이다. 예를 들어 덴마크에서는 부가가치세율이 25%인데 독일에서는 19%이다. 이 경우, 고부가가치세율 국가에 사는 소비자는 저부가가치세율 국가에 가면 더 싼 값으로 물건을 살 수 있게 된다. 월스트리트저널의 보도에 따르면 실제로 덴마크 소비자들은 독일과 같이 낮은 부가가치세율을 적용하라고 *요구하고* 있다.[2] 이 문제는 유럽연합 국가들이 회원국 내의 표준 부가가치세율을 19%로 조정하게 되면 완전히 해결될 수 있을 것이 분명하다.

2) Horwitz(1993) 참조.

국별 조세환경

다국적기업이나 국제투자자가 직면하는 국제 조세환경은 다국적기업이 영업을 하고 있거나 투자자가 금융자산을 보유하고 있는 그 나라에서 제정한 조세관련 법률과 직결되어 있다고 할 수 있다. 조세 관련 입법 정책에는 기본적으로 원천지(territorial or source) 과세 및 거주지(worldwide or residential) 과세의 두 가지 유형이 있다. 이 두 가지 유형을 동시에 적용하게 되면 모든 나라가 이중과세를 하게 되는 것을 피할 수 없고, 따라서 이를 막기 위한 장치가 마련되어야 한다.

거주지 과세

거주지 과세(worldwide or residential)라 함은 국가의 조세 관할권 선언과 관련된 개념이며, 어떤 나라가 자국의 거주자가 세계 어디에서 올린 소득이건 전부 과세하는 것을 말한다. 이 방법은 조세 당국이 자국의 사람과 기업에 대해 조세관할권을 선언하는 것으로 볼 수 있다. 여러 해외자회사를 거느린 다국적기업의 경우라면 국내 소득과 해외자회사의 해외 소득 모두에 대해 모국에서 과세를 하는 것을 의미한다. 이때 다국적기업의 해외자회사가 입지한 투자유치국 정부가 자국 영토 내에서 발생한 소득에 대해 조세를 부과하면 이중과세의 문제가 발생하게 되고 이를 방지하기 위한 장치가 마련되어야 한다.

원천지 과세

조세 관할권 선언과 관련하여 **원천지 과세**(territorial or source) 방식은 국가가 내국인이건 외국인이건 그 나라의 영토 내에서 얻은 모든 소득에 대해 세금을 부과하겠다는 것을 의미한다. 그러므로 납세자의 국적에 불문하고 어떤 나라의 영토 안에서 발생한 소득에 대해서는 그 나라가 세금을 부과하게 된다. 이 방법에 따르면 어떤 나라의 조세 당국이 자국 내에서 이루어진 모든 거래에 대해 조세관할권을 선언하는 셈이 된다. 그 결과 국내 기업이나 다국적기업의 자회사나 동일하게 그 소득 발생 국가에 의해 과세된다. 이 경우 자회사의 모기업이 입지한 모국이 거주지 과세를 하게 되면 이중과세의 문제가 발생할 수 있고 이를 방지하기 위한 대책이 강구되어야 한다. 2017년 12월 제정된 미국의 '세금 감면 및 일자리 창출 법안(Tax Cuts and Jobs Act; TCJA)'으로 인해 미국은 거주지 과세 체제에서 해외 출처 배당금에 대해 100% 세금면제를 해주는 원천지 과세 체제로 바뀌었다. 이 법안은 2017년 12월 31일 이후부터 적용되었으며, 국내 C법인(즉, 소유주와 별도로 과세되는 법인)이 지정된 10% 이상 소유한 외국 법인으로부터 받는 해외 출처의 배당금에 해당한다. 일반적으로, 지정된 10% 이상 소유한 외국 법인은 국내 법인이 미국 주주인 모든 외국 법인을 의미한다.

외국납부세액 공제(Foreign Tax Credit)

이중과세를 방지하는 전형적인 방법은 국내거주자의 해외원천소득에 대해 해외에서 과세하는 경우 이에 대해 국내에서 과세를 하지 않는 것이다. 미국은 그 대안적 방법을 채택하고 있는데 그것은 해외원천소득에 대해 해외의 조세 당국에 납부한 세금에 대해서는 미국 모기업이 미국에 납부할 세금에 대해 **외국납부세액 공제**를 해주는 것이다. 일반적으로 외국납부세액 공제에는 직접・간접의 두 가지 유형이 있다. 외국납부세액 직접 공제는 미국 다국적기업의 해외지점의 해외원천의 사업 소득에 대해, 또는 해외자회사가 미국 모기업에 분배한 소극적 소득에 대해 원천징수한 원천징수세에 대해 행해진다. 미국 다국적기업의 해외자회사에 대해서는 그 자회사가 납부한 것으로 간주되는 법인세에 대해 해외 조세 간접 공제가 이루어진다. 여기서 "납부한 것으로 간주되는" 세금의 공제액은 미국 모기업의 소득에 속한 해외자회사 소득에 대한 외국소득세와 같다. 그러나 속지세금체계 하에서 새로운 100% 배당금 공제를 받을 수 있는 금액에 대해 납부된 외국 세금은 세액 공제가 허용되지 않는다.

과세연도별로 외국납부세액 공제에는 한도가 설정된다. 즉, 공제 상한은 해당 해외원천소득이 미국에서 발생한 경우를 전제할 때 부과될 수 있는 세금액에 한정된다. 이 상한선은 해외원천소득의 국적을 불문하고 합산하여 계산된다. 그러므로 한 나라에서 손실을 본 것이 있으면 이로써 다른 나라의 이익을 상계할 수 있다. 어떤 과세연도에 이 공제 상한선을 초과하는 경우 이 부분을 1년 전으로 소급시킬 수 있고, 10년 후까지로 이연시킬 수도 있다. 미국 기업의 해외 지점이나 해외자회사에 대해 해외 조세 공제액을 계산하는 실례가 다음 절에 소개된다. 부가가치세 납부액은 이 해외 조세 공제 계산에서 제외되지만 이 부가가치세는 제품이나 서비스의 원가의 일부가 되어 간접적으로 그 계산 대상이 된다고 할 수 있다.

조직구조

지점과 자회사 소득

미국 다국적기업의 해외 조직은 지점 또는 자회사 형태로 조직화될 수 있다. **해외지점**(foreign branch)은 모기업과 독립된 법인기업은 아니다. 모기업 조직의 해외 확장으로 보는 것이다. 그러므로 해외지점의 적극적, 소극적 해외 소득은 모두 —이들이 모기업에 송금되었건 아니건 간에— 모기업의 국내 소득에 합산되어 과세 대상이 되어야 한다. **해외자회사**(foreign subsidiary)란 미국 다국적기업이 투표권이 있는 보통주식의 10% 이상을 보유하고 있는 외국법인으로서 외국에서 모기업과 독립적으로 설립된 법인 조직이다. 외국 자회사 중 지분이 10% 이상 50% 미만인 경우는 소수지분 자회사 또는 미통제 외국법인(uncontrolled foreign corporation)으로 분류된다. 소수지분해외자회사로부터 발생한 소득에 대해서는 배당을 통해 모기업에 송금될 때만 과세한다. 미국 다국적기업이 50% 이상의 지분을 보유하고 있는 경우 이를 통제외국법인(controlled foreign corporation)이라고 분류한다. 일반적으로 통제외국법인으로부터의 해외원천소득은 배당형태로 모기업에 송금되는 소극적 소득이 된다. 2017년 세금 감면 및 일자리 창출 법안(TCJA)의 일부로 제정된 100% 배당 소득 공제에 따르면, 10%의 지분을 보유한 해외법인(자회사)이 해외원천소득을 미국 모기업으로 송금할 때 모기업 C 법인에 대한 미국에서의 조세채무는 면제된다.

그러나, 특정 유형의 해외자회사 미분배 소득은 미국 모기업으로 송금되지 않았더라도 미국에서 발생한 것처럼 과세된다. 이 부분에 대한 자세한 설명은 이 절의 뒷부분에서 다루어질 예정이다.

예제 21.2 해외조세감면 계산

〈도표 21.4〉는 미국 다국적기업이 핀란드와 파키스탄에 소유하고 있는 단독투자 해외자회사에 대한 조세감면 계산 사례를 보여주고 있다. 이 계산 사례에서는 〈도표 21.1〉에 제시되어 있는 실제의 법인세율을 적용하고 있으며 미국의 양국에 대한 원천징수세협약의 내용에 따르고 있다. 표에서 보면 외국에서 과세대상이 되는 $100에 대해 해외 조세 초과공제가 있는 경우와 없는 경우로 나누어 각각에 대해 총과세금액을 계산하고 있다. 세법에 따르면 초과공제는 1년 후 행할 수 있고 10년간 이연될 수도 있다. 이 예에서는 송금할 수 있는 모든 세후 해외원천 소득은 즉시 미국 모기업으로 송금되는 것으로 가정하고 있다.

〈도표 21.4〉에 따르면 미국 모기업이 초과공제 전액을 다 사용하는 경우 핀란드와 파키스탄 자회사의 경우 해외 과세대상 소득 100달러에 대해 21달러의 세금 또는 21%의 세금이 부과되며, 이는 미국에서 발생한 과세대상 소득 100달러에 대한 세금과 동일한 것이다. 이것은 해외자회사의 국적에 불문하고 동일하며, 현지의 법인세율과 원천세율 크기에 불문하고 동일하다. 해외 조세 공제를 받는 다국적기업은 법이 허용하는 기간 내에 이를 다 소진하지 못하는 것이 일반적이며, 따라서 해외 조세공제 한도를 다 사용하지 못하는 것이 더 일반적이라고 말할 수 있다.

해외자회사에 대한 초과 공제를 다 활용하지 못한다면 해외자회사 소득에 대한 과세액은 그에 상응하는 미국 발생 소득에 대한 과세액보다 더 크다고 할 수 있다. 즉, [해외법인세율+원천징수세율−(해외법인세율×원천징수세율)]이 미국의 법인세율 21%보다 더 크다는 것이다. 예컨대 파키스탄에 있는 자회사의 경우 해외조세 감면 혜택을 다 소진시킬 수 없으므로 과세액은 35.21%(=.29+.0875−(.29×.0875)=.3521)가 되어 미국의 21%보다 커지게 된다.

요즈음 많은 국가들은 다국적기업의 해외 지점의 과세대상 소득에 대해 소득세뿐만 아니라 원천징수세도 부과하고 있다. 그러므로 다국적기업이 해외지점을 설치하나 단독투자 자회사를 설립하나 조세 측면에서는 거의 차이가 없다고 할 수 있다.

도표 21.4

해외자회사 소득에 대한 세액 결정 계산 사례 (단위: $)

	핀란드	파키스탄
해외 법인세율	20%	29%
원천징수세율	0%	8.75%
과세대상소득	100	100
해외 법인세	−20	−29
송금 가능액	80	71
원천징수세*	−0	−6
모기업 송금 순액	80	65
법인세 과세액	20	29
원천징수세액	0	6
미국 과세대상소득	100	100
미국 법인세율 21%	21	21
해외 조세 공제:		
법인세	−20	−29
원천징수세	0	−6
미국 순 과세액(초과공제)	1	(14)
총과세액(초과공제 사용)	21	21
총과세액(초과공제 미사용)	21	35

* 예시들은 미국의 모기업이 해외 고세율 예외가 적용되는지와 관계없이 모든 해외원천소득을 포함한다고 가정한다.

조세피난처

조세피난처(tax havens)는 법인세율이 낮고 소극적 소득에 대한 원천징수세가 낮은 국가를 지칭하는 말이다. 법인소득세율이 낮은 주요 조세피난처로서 〈도표 21.1〉에 보면 바레인, 버뮤다, 케이만군도, 채널군도(건지와 저지), 만섬(the Isle of Man) 등이 있다. 추가적으로 홍콩에서는 해외원천 소득에 대한 과세가 면제되며, 파나마에서는 해외원천 소득에 기인한 배당소득에 대해서는 5%의 낮은 세율이 적용된다.

조세피난처는 한때 다국적기업이 서류상의 100% 지분소유 해외자회사를 이곳에 설립하고 이 "페이퍼 컴퍼니(서류상 자회사)"가 다국적기업의 실제 영업 자회사를 소유케 하는 방식으로 활용되기도 하였다. 즉, 다국적기업의 모국보다 자회사 현지국의 세율이 더 낮은 경우 다국적기업은 자회사 배당을 일단 조세피난처의 자회사에 송금하고 그 배당에 대한 모국에서의 세금은 조세피난처 자회사가 이를 신고할 때까지 이연시킨다.

오늘날 미국 다국적기업이 조세피난처에 설립한 서류상 자회사 수는 급감하였으며 그 이유는 다음과 같다. 첫째, 현재 미국의 법인세율은 조세피난처 이외의 여타 국가들에 비교해서 그다지 높지 않아서 이를 통한 조세 이연의 필요성이 사라지게 되었다. 둘째, 과반 지분 소유 해외 법인과 관련된 규정(이에 대해서는 뒤에 논의할 것임)이 조세피난처에 설립한 해외자회사의 소극적 소득을 이연시킬 수 없게 효과적으로 방지해 버렸기 때문이다.

통제해외법인

미국조세개혁법(1986)은 **통제해외법인**(controlled foreign corporation)이라는 새로운 유형의 해외자회사 개념을 도입하였다. 이 개혁의 목적은 조세피난처에서의 특정 소득에 대한 조세 이연을 방지하는 것이었다. 통제해외법인이란 미국인 주주들이 50% 이상의 지분을 소유한 해외자회사를 말한다. 여기서의 미국인 주주란 미국 시민, 거주자, 법인, 트러스트, 재단, 조합 등이면서 통제해외법인의 투표권부 주식 10% 이상을 소유한 자를 의미한다. 따라서 통제해외법인으로 지정받기 위해서는 각각 정확히 10%의 투표권부 주식을 보유하고 있는 여섯 명의 미국인 주주들이 필요한 셈이다. 물론 미국 다국적기업의 100% 지분 소유 해외자회사도 통제해외법인에 속하게 된다.

통제해외법인의 경우 F 부류 소득으로 분류되는 미배분 소득에 대해서도 즉각적인 세금부과가 이루어진다. 2006년에 의회는 이 F 부류 소득에 대해 재정의하는 조세인상방지 및 조정법(TIPRA, 2005)을 통과시켰다. 이 법에서 규정한 **F 부류 소득**으로는 다음과 같은 것이 있다. 즉, 보험소득, 해외기반 기업소득(즉, 소극적 소득, 판매, 해운, 석유 관련 소득), 국제적 불매운동 대상 국가로부터의 소득, 불법적 뇌물 · 리베이트 또는 이와 유사한 사례금, 미국이 외교단절을 한 국가로부터의 소득 등이다. 추가적으로, 2017년의 세금 감면 및 일자리 창출 법안(TCJA)은 F 부류 소득의 종류를 확대한다. 그러나, 특정 소득을 F 부류 소득의 정의에서 제외시키는 다수의 예외들이 존재하며, 일례로 고세율 소득과 관련된 예외가 있다. 유의해야할 점은 외국에서 부과된 실질적인 세율이 18.9%(즉, 최대 미국 세율인 21%의 90%)를 초과하는 외국기반 회사의 소득은 F 부류 소득에서 제외될 수 있다는 것이다. 미국 주주들의 F 부류 소득에 대해 부과된 외국 세금에 대해서는 외국 납부세액 공제가 허용된다. 외국 납부세액 공제를 계산하는 일반화된 예시는 〈예제 21.2〉에서 확인할 수 있다.

이전가격 및 관련 이슈

대기업 내에는 여러 단위 조직이 존재하고 상품과 서비스가 한 단위 조직에서 다른 단위 조직으로 빈번하게 이전하게 된다. 이 과정에서 단위 조직 간 이동하는 상품과 서비스에 대해 회계목적상 **이전가격**(transfer price)을 부여해야 하는지에 대한 의문이 제기될 수 있다. 이전가격이 높을수록 이전해 주는 단위 조직의 총이윤은 이전받는 부서의 그것보다 더 클 것이 분명하다. 국내기업 내에서도 이전가격을 결정하는 것이 쉽지 않다. 다국적기업의 경우에는 자회사가 입지한 현지국의 외환 규제, 양국 간 세율 차이, 수입 관세와 쿼터 등의 요인으로 이것이 한층 더 복잡해질 수밖에 없다. 다음 사례를 살펴보면서 이전가격 문제와 관련된 여러 측면을 검토해 보기로 한다.

사례분석: 민텔의 이전가격 전략

저마진 대 고마진 가격정책

민텔 사는 제조업체로서 미국과 해외에 제품을 판매하고 있다. 완제품은 모기업으로부터 해외 단독투자 판매자회사로 선적되어 현지 판매된다. 민텔의 재무관리자 힐러리 반 커크는 해외자회사에 대한 경영 평가의 일환으로 현재의 이전가격 전략을 재검토하기로 결정하였다. 그리고 반 커크는 저마진 대 고마진 가격정책을 대비하여 분석하기로 결정하였다. 이 분석은 미국달러를 기준으로 행해져야 한다. 그녀는 모기업과 자회사에 대한 세율이 공히 40%이고 생산원가 중 변동비가 단위당 1,500달러, 최종소비자에 대한 판매자회사의 소매가격은 단위당 3,000 달러라는 것을 알고 있다. 우선 기초 분석 자료로 〈도표 21.5〉를 정리하였다. 이 표의 상단은 저마진 가격정책에 대한 분석자료이며, 이때 이전가격은 단위당 2,000달러가 적용된다. 표의 하단은 고마진 가격정책을 전제로 한 것이며, 이때 이전가격은 단위당 2,400달러이다.

이 표를 보면서 반 커크는 저마진 가격정책 하에서 (현지국 기준으로) 더 큰 세전소

도표 21.5

동일한 법인세율 하의 저마진 대 고마진 가격 정책의 효과

	제조 모기업	판매자회사	결합손익
저마진 정책			
매출액	$2,000 →	$3,000	$3,000
매출원가	1,500	→ 2,000	1,500
영업이익	500	1,000	1,500
영업비용	200	200	400
과세대상소득	300	800	1,100
법인세 (40%)	120	320	440
순이익	180	480	660
고마진 정책			
매출액	$2,400 →	$3,000	$3,000
매출원가	1,500	→ 2,400	1,500
영업이익	900	600	1,500
영업비용	200	200	400
과세대상소득	700	400	1,100
법인세 (40%)	280	160	440
순이익	420	240	660

득, 더 많은 단위당 순이익을 얻을 수 있다는 것을 파악한다. 다른 한편으로 고마진 가격정책 하에서는 반대되는 결과, 즉 모기업 입장에서 더 높은 과세대상소득과 법인세, 그리고 더 많은 단위당 순이익을 기대할 수 있다는 것을 알게 된다. 또한 법인세율이 양국에서 동일하므로 모기업이 고마진 가격정책을 채택하든 저마진 정책을 채택하든 결합손익은 동일한 결과를 가져온다는 것을 안다.

외환통제

그녀는 이 결과를 놓고 민텔 사가 고·저마진 하에서 결합손익은 동일하므로 이를 무차별적인 것으로 간주할 것인지를 검토한다. 만약에 자회사가 입지한 현지국 정부가 이윤 송금을 제한하거나 금지하는 외환통제를 하는 경우를 가정하게 된다면 본사 입장에서 이 두 가격정책에 대해 더 이상 무차별적이지 못할 것이라고 생각할 수 있다. 그리고 당연히 고마진 가격정책을 선호할 수밖에 없다는 것을 이해할 수 있다. 〈도표 21.5〉에 따르면 고마진 가격정책 하에서라면 단위당 240달러가 순이익으로 송금되어야 하는데 이것이 막힐 수 있다는 것이다. 이 금액은 고마진 하에서 400달러가 과세대상 소득이고 이에 대해 본국에서 160달러의 추가 세금을 납부한

도표 21.6

상이한 법인세율 하에서의 가격정책 효과

	제조 모기업	판매자회사	결합손익
저마진 정책			
매출액	$2,000	$3,000	$3,000
매출원가	1,500	2,000	1,500
영업이익	500	1,000	1,500
영업비용	200	200	400
과세대상소득	300	800	1,100
법인세 (25%/40%)	75	320	395
순이익	225	480	705
고마진 정책			
매출액	$2,400	$3,000	$3,000
매출원가	1,500	2,400	1,500
영업이익	900	600	1,500
영업비용	200	200	400
과세대상소득	700	400	1,100
법인세 (25%/40%)	175	160	335
순이익	525	240	765

결과이다.

반 커크는 고마진 정책이 투자유치국 입장에서는 불리하다는 결론에 도달한다. 이전가격 정책을 저마진에서 고마진으로 전환함으로써 자회사의 이윤을 감소시켜 외환통제 대상이 될 수 있는 금액을 축소시킬 수 있지만 투자유치국의 세수는 줄어들게 된다. 투자유치국의 세무당국이 이를 안다면 당사의 이전가격 정책에 대해 간섭할 수 있다. 그래서 그녀는 이 문제에 대해 추가적인 검토를 해보고, 제조 및 판매법인에 대한 법인세율이 상이한 경우라면 어떤 결과가 나올 것인가를 분석해 보기로 결정한다.

상이한 법인세율 하에서의 이전가격정책 효과

두 번째 단계에서 반 커크는 〈도표 21.6〉을 만들었다. 이 표에서 보면 이전하는 국가의 법인세율은 25%로 이전받는 국가의 그것(40%)보다 15%포인트 낮다.

그녀는 이 표에서 고마진 정책 하에서나 저마진 정책 하에서 모두 두 법인을 결합한 과세대상 소득은 1,100달러로 동일하다는 것을 안다. 하지만 두 나라의 법인세율이 상이하다면 본사 입장에서 이 두 가격정책에 대해 무차별적일 수 없다는 것이

자명하다. 이전가격에 대해 정부의 규제가 없고, 본국의 세율이 현지국보다 더 낮은 경우 이 다국적기업은 고마진 가격정책을 선호할 수밖에 없다. 민텔의 결합 세후 순이익은 고마진 정책 하에서 저마진 정책 하에서보다 단위당 60달러(=$765−$705) 더 많다. 즉, 고마진 정책 하에서 단위당 400달러($2,400−$2,000) 만큼이 저세율의 본국에서 더 과세되기 때문이다. 그 결과 두 법인을 결합한 법인세액이 단위당 $395(저마진 정책 하의 결합 법인세)에서 $335(고마진 정책 하의 결합법인세)로 줄어든다.

이전받는 국가의 법인세율이 이전하는 국가의 그것보다 더 낮다면 저마진 가격정책이 더 유리할 것인가에 대해서는 단정할 수 없다. 반 커크는 미국이 다국적기업의 전 세계 모든 소득에 대해 과세한다는 것을 안다. 따라서 미국본사로 송금된 모든 저세율 국가로부터의 수익은 미국에서 납부해야 할 세액을 재산정하기 위해 해외에서의 과세 전 수익을 총합하는 과정을 거치게 된다. 외국에서 납부한 세금은 미국에서 납부해야 할 총세금에서 공제되는 방식인 셈이다. 그러므로 저마진 정책을 추구하여 세율이 낮은 외국에서 세금을 적게 내더라도 본사 입장에서 세금 절약이 될 수 있을지 알 수 없다.

이전가격 관련 정부 규제

www.ustransferpricing.com
이 웹사이트는 국제조세전문가들에게 미국의 이전가격 관련 뉴스와 자료를 제공한다.

투자유치국 정부당국은 다국적기업이 이전가격 책략을 통해 봉쇄된 자금을 송금하거나 세금 부담을 경감하고 싶어한다는 것을 잘 알고 있다고 반 커크는 전제한다. 사전조사를 통해 그녀는 대부분의 국가가 이전가격을 통제하는 규제책을 시행하고 있다는 것을 알게 되었다. 미국에서는 내국세법의 '납세자 간 소득배분 및 감면'과 관련된 482항에서 이전가격은 제3자에 대한 가격(arm's-length price)을 반영해야 한다고 규정하고 있다. 즉, 자회사에 판매하는 가격은 제3자 관계의 고객에게 상품과 서비스를 판매할 때의 가격과 같아야 한다는 것이다. 그리고 세무당국은 "탈세를 방지하기 위해서나 그러한 조직들의 정확한 소득을 파악하기 위하여 필요한 경우 그러한 조직 간에 또는 조직 내에서 총소득, 감면, 공제, 양여 등을 배분, 분배, 할당할 수 있다"고 규정하고 있다. 나아가 문제가 발생하는 경우 거증책임은 납세자에게 있으며, 납세자가 세무당국이 부당하게 이전가격을 적용하여 과세대상 소득을 결정하였다는 것을 증명해야 한다고 규정하고 있다.

미국 국세청이 인정하고 국제적으로도 인정하는 유형재에 대한 공정가격을 결정하는 세 가지 방법이 있다. 첫 번째 방법은 제3자 관계의 기업 간 거래에 통용되는 **비교가능한 자율 가격**이 기본적으로 가장 좋은 대안이라고 전제한다. 이 방법이 합리적이고 이론적으로도 하자가 없어 보이지만 기업 간 거래에서 상품과 서비스에 대한 가격을 결정할 때는 많은 요소들이 개입하기 때문에 실무적으로 이 방법을 적용할 때는 어려움이 많을 수 있다. 세법에서도 판매조건, 판매수량, 품질조건, 판매일자 등의 차이로 인해 여러 고객들에 대한 실제 매도가격이 달라질 수 있다는 것을 인정하고 약간의 조정을 허용하고 있다. 따라서 한 고객에게 합리적인 가격은 다른 고객에게는 그렇지 않을 수 있다. 차선의 방법은 **재판매 가격**을 기준으로 하는 것이다. 이 방법은 기본적으로 다른 비교할 만한 자율 거래가격이 존재하지 않을 때 활용될 수 있다. 이 방법 하에서 판매 자회사에 의해 재판매되는 가격은 간접비를 충당하고 적정한 이윤을 추가한 금액에 한정된다. 하지만 이 판매자회사에 의해 부가된 가치를 결정하기는 쉽지가 않다. 세 번째 방법은 **코스트 플러스 방식**이며, 이는 원가에 적정 마진을 추가해 주는 것으로 제조회사의 원가에 적정 이윤을 더하여 판매가격으로 인정하는 방식이다. 이 방법은 제조원가가 정확하게 주어져 있을 때 합리적 대안이 될 수 있다.

이들 세 가지 방법이 모두 적용 불가한 경우에는 제4의 방법이라고 불리는 몇 가지 공정가격 산정방법들이 있다. 이 제4의 방법은 재무경제 이론 및 계량경제 모델에 기초해 있다. 실무적으로 무형재의 공정가격 결정에는 첫 번째의 비교가능한 자율가격 방법과 제4의 방법이 활용되며, 서비스에 대한 공정가격 결정에는 원가기준 방식이 활용된다.

OECD의 기본조세협약에서는 미국세법과 동일한 방법을 규정하고 회원국들에게 이를 활용하도록 권고하고 있다. 반 커크는 모든 방법에는 기업의 운용상 나름대로 애로요인이 있으며 세무당국도 적정한 평가법을 찾아내기 어렵다는 결론에 도달한다. 그러므로 이전가격 조작은 완벽하게 통제될 수 없으며, 이 때문에 다국적기업이 이를 활용하여 자금의 국내외 배분을 조정하고 조세 부담을 경감시킬 수 있는 가능성이 남아 있게 된다.

〈현장의 국제재무〉 "정부가 다국적기업에 과세하는 방식은 오래전부터 변경이 시급하다"는 이 장에서 논의된 두 가지 밀접히 관련된 주제[3]에 대해 여러 시각으로 바라본다. 2021년 10월, G-20 국가들과 OECD의 지도자들은 로마에서 열린 회의에

3) 다국적기업들이 이전가격 전략을 통해 과세소득을 고세율 국가에서 조세피난처로 옮기는 것

도표 21.7

상이한 법인세율 및 5% 수입 관세 하에서의 고저 마진 이전가격 정책 효과

	제조 모기업	판매자회사	결합손익
저마진 정책			
매출액	$2,000 →	$3,000	$3,000
매출원가	1,500	2,000	1,500
수입관세 (5%)	–	100	100
영업이익	500	900	1,400
영업비용	200	200	400
과세대상소득	300	700	1,000
법인세 (25%/40%)	75	280	355
순이익	225	420	645
고마진 정책			
매출액	$2,400 →	$3,000	$3,000
매출원가	1,500	2,400	1,500
수입관세 (5%)	–	120	120
영업이익	900	480	1,380
영업비용	200	200	400
과세대상소득	700	280	980
법인세 (25%/40%)	175	112	287
순이익	525	168	693

서 이러한 전략을 사용하는 다국적기업들을 중단시키기 위해 법인세에 대한 글로벌 협정을 공식적으로 승인했다. 국가 간 이윤 이전을 통한 세원 잠식(Base Erosion and Profit Sharing; BEPS)에 대한 포괄적 체계 협정은 연간 매출이 7억 5천만 유로(또는 8억 6천5백만 달러)를 초과하는 기업에 대해 최소 15%의 세율을 설정하며, 연간 매출이 20억 유로(또는 23억 달러)이고 수익률이 10%를 초과하는 다국적기업은 판매 수익을 실현하는 국가에서 세금을 납부하도록 요구한다. 공동 체제에 참여하는 OECD/G-20 회원국 139개국 중 136개국이 이 제안을 지지한다. G-20 지도자들은 이 협정을 2023년부터 시행할 계획이다.

그럼에도 불구하고, 〈도표 21.1〉에서 나라별 세율을 검토해 볼 때 15%의 최소 세율이 그다지 높지 않다는 점은 주목해야할 것이다.

수입 관세

여러 가지를 숙고한 후에 반 커크는 수입 관세 문제도 검토하지 않으면 안 된다고 결론지었다. 수입국이 수입품에 대해 종가세(ad valorem duties)를 부과하게 되면 이 수입관세로 인해 수입국에서의 판매가격은 상승하게 된다. 종가세란 수입상품의 평

현장의 국제재무

정부가 다국적기업에 과세하는 방식은 오래전부터 변경이 시급하다

최근 <Economist>의 기사에 따르면, 정부가 기업에 지나치게 많은 세금을 부과하면 성장이 저하될 것이라고 지적한다.* 한편으로 세금을 지나치게 적게 부과할 경우 불만이 증가할 수 있다. 오늘날 서방 국가에서는 다국적기업(MNC)의 세율이 지나치게 낮다는 견해가 우세하다. 실제로 40개 이상의 국가들이 실리콘밸리 기술 기업들에 대해 어떻게 하면 더 높은 세금을 부과할 수 있을지 다투고 있다.

이론적으로, 다국적기업들은 본사와 이익을 창출한 국가에 기반하여 세금을 지불한다. 모기업의 계열사는 별도로 과세되는 것이 보통이며, 계열사 간의 이전가격은 자유시장에서 발생한 것처럼 기록된다. 현실에서, 기업들은 보고한 이익을 영업이 진행되는 국가들과 분리함으로써 세금의 총량을 줄이고, 이는 무형 자산의 증가로 인해 더 쉬워졌다. <Economist>에 따르면, 2000년 이후 미국의 다국적기업들은 조세 피난처 국가에서 기록된 이익이 두 배로 증가하여 2018년에는 전체 이익의 63%를 차지했다고 추정한다. 반면 이러한 국가에는 직원 중 단 5%만이 거주하고 있다.

조세 피난처 국가·지역은 낮은 세율을 부과하는건 그들의 주권 권리라고 주장하지만 경제협력개발기구(OECD)는 다국적기업들이 이전가격을 통해 국가별 이익을 자신들에게 유리하게 조작하여 전 세계 국고에서 매년 최대 2,400억 달러의 손해가 발생하고 있다고 추산한다. 또한, LinkedIn에 따르면 이전가격 업무에 종사하는 사람은 33만 명에 이른다.

전 세계에서 공통적으로 최저 세율을 도입한다면 이러한 다국적기업들의 부적절한 행동을 막을 수 있을 것이다. 더욱이, 다국적기업들이 국가·지역별로가 나뉘지않고 기업 전체로 과세된다면, 그들이 고용하는 세금 자문가들의 비용도 줄일 수 있을 것이다. 또한, 세금이 기업이 실제로 사업을 하는 곳에 따라 부과된다면, 다국적기업들이 시스템을 악용하는 사례도 줄어들 것이다.

OECD 국가들은 회담을 통해 이러한 방법들을 논의 중이며, 글로벌 최저 세율과 과세권의 재분배 등이 고려되고 있다. 예로, 미국은 21%의 글로벌 최저 세율을 주장하고 있다. 하지만 더 혁신적인 개혁이 필요할 것으로 생각된다. 조세당국은 무형 자본이 이전가격을 통해 정확하게 책정될 수 있다는 믿음을 버리고 대신 기업의 매출이 발생하는 지역과 직원들이 위치한 곳을 특정해내야할 것이다. 시간이 많지 않다. 현 시스템 개혁을 실패하면 시장의 왜곡과 불균형만 더욱 심화될 것이다.

* "Time to Fix the Way Governments Tax MNCs," The Economist, Leaders, 2021년 5월 13일.

가 가액에 대해 그 일정비율로 세관에서 부과하는 조세이다. 그녀는 수입 관세가 다국적기업의 이전가격 전략에 영향을 미칠 수 있다고 생각한다. 물론 법인세율 만큼 세후 결합 순이익에 큰 영향을 미치지는 않을 것이지만 말이다. 수입 관세가 민텔의 수익에 미치는 영향을 고려하기 위하여 그녀는 〈도표 21.7〉을 만들었다. 이 표는 〈도표 21.6〉의 고・저마진 이전가격 정책 효과에다 현지국에서 5%의 수입 관세를 부과할 때의 추가적 효과를 분석하기 위한 것이다.

〈도표 21.6〉과 〈도표 21.7〉을 대비해서 살펴보면 저마진 가격정책 하에서 자회사 현지국이 5%의 수입 관세를 부과하면 민텔은 단위당 60달러(= $645 − $705) 적게 받는다. 이 60달러는 단위당 이전가격이 2,000달러인 제품에 대해 100달러의 수입 관세가 부과되고, 이에 대한 세금효과를 감안한 결과이다. 하지만 민텔은 여전히 고마진 정책을 선호하게 되어 있다. 이 정책 하에서 단위당 순이익은 (저마진정책 시의) $645에서 $693로 증대되기 때문이다. 그리고 5%의 수입 관세를 부과하기 전에는 두 가격정책의 순이익 차가 $60였지만 부과 후에는 $48로 축소된다. 이 $12 차이는 이전가격이 단위당 $2,000이 아니라 $2,400이 되면서 단위당 수입 관세가 $120 더 부과되고, 이에 대해 세후 순이익을 계산하면서 $8만큼 보전되기 때문이다.

이전가격의 원가요인별 분해

반 커크가 숙지하고 있듯이 어느 나라 정부나 다국적기업이 이전가격 정책을 통해 세금을 절약하고 외환 통제를 우회하려고 시도할 수 있다는 것을 잘 알고 있다. 그녀는 해외자회사가 입지하고 있는 현지국 정부 당국에 대해 해외 투자로부터의 정당한 소득을 송금하는 것에 대해 불필요한 오해나 그로 인한 행정적 마찰을 피할 수 있는 길이 없을까 고민하고 있다. 그녀는 이전가격 전략 및 관련 이슈에 대해 좀 더 자세히 공부를 할 필요성을 느끼고 이 주제에 대한 한 세미나에 참석하기로 결정한다. 이 하루 세미나는 참가등록비가 $1,500였다.

이 세미나에 참석한 후 그녀는 그 돈이 제값을 했다고 생각하게 되었다. 이 세미나는 다른 회사의 재무관리자와 교류할 수 있는 기회가 되었을 뿐만 아니라 이 세미나에서 아주 중요한 정보도 얻게 되었다. 즉, 다국적기업이 단일의 이전가격에 모든 원가를 다 반영하기보다는 본사가 자회사에 공급하는 물적 상품의 원가를 생산비와 서비스로 분해하여 이전가격을 책정하는 것이 더 바람직하다는 것을 알게 되었다. 환언하면, 이전가격의 원가요인을 세분화하여 제시함으로써 현지국의 세무당국에 대하여 그 가격이 합당한 것이고 확실한 근거가 있다는 것을 쉽게 납득시킬 수 있다는 것이다. 예를 들어 본사는 물적 상품의 원가를 이전가격에 반영하는 외에 자회사 직원에 대한 기술연수비, 국제광고비 분담, 기타의 기업 간접비, 상표권・특허・기

도표 21.8

상이한 법인세율 하에서 저 이전가격에 로열티를 추가하는 전략의 효과

	제조 모기업	판매자회사	결합손익
저마진 정책			
매출액	$2,000	$3,000	$3,000
매출원가	1,500	2,000	1,500
영업이익	500	1,000	1,500
영업비용	200	200	400
과세대상소득	300	800	1,100
법인세 (25%/40%)	75	320	395
순이익	225	480	705
고마진 정책			
매출액	$2,400	$3,000	$3,000
매출원가	1,500	2,400	1,500
영업이익	900	600	1,500
영업비용	200	200	400
과세대상소득	700	400	1,100
법인세 (25%/40%)	175	160	335
순이익	525	240	765
저마진 정책과 로열티(분리)			
매출액	$2,000	$3,000	$3,000
로열티 및 수수료 수입	400	—	
매출원가	1,500	2,400	1,500
영업이익	900	600	1,500
영업비용	200	200	400
과세대상소득	700	400	1,100
법인세 (25%/40%)	175	160	335
순이익	525	240	765

술에 대한 기술료나 라이선싱 비용 등을 추가적으로 부과할 수 있다. 기술료나 라이선싱 비용 등은 제품의 품질 향상을 위해 모기업이 지출했던 연구개발비용 등(매몰비용)을 비례적으로 회수하는 것일 수 있다.

마지막 단계의 분석으로 반 커크는 〈도표 21.8〉과 같이 정리하였다. 여기에서 〈도표 21.6〉과 마찬가지로 상이한 법인세율 하에서 고・저마진 가격정책의 효과를 살펴보고 있으며, 이에 더하여 단위당 $2,000의 이전가격에 $400의 로열티를 추가하였을 때의 결합 순이익은 이전가격을 단위당 $2,400로 하였을 때와 동일하게 $765가 됨을 제시하고 있다. 하지만 저마진 이전가격 정책의 경우 결합 순이익은 단위당 $705가 됨을 알 수 있다. 이렇게 된 것은 판매국에서의 세율이 더 높기 때문이며, 판매자회사의 순이익 $480가 배당으로서 제조사에 송금되느냐 되지 않느냐의 여부를 불문한 결과이다. 그녀가 세미나에서 알게 된 것처럼 이전상품에 대해 $2,400의

이전가격을 책정하는 것이 제3자에 대한 공정가격보다 더 높아 보여 이 고마진 이전가격정책을 현지국 정부가 수용해 주지 않더라도, 이전가격에 특정 서비스에 대한 비용을 추가하는 것은 용인될 수도 있다.

기타 요인

이전가격 전략은 현지국 정부가 특정 상품을 수입하는데 사용할 수 있는 외환 규모를 제한할 때도 유용할 수 있다. 이 경우 낮은 이전가격을 책정하면 동일 수입 쿼터 하에서도 수입수량을 늘릴 수 있게 된다. 이것은 만약 수입 상품이 조립을 위해 필요한 부품이거나 제조 본사가 생산량을 증대해야 할 입장이라면 단순한 조세 절약보다 더 중요한 전략적 고려요인이라 할 수 있다.

이전가격은 또한 다국적기업의 해외 조직이 현지에서 어떻게 인식되느냐를 좌우할 수도 있다. 고마진 이전가격 정책을 따르게 되면 자회사의 회계장부엔 순이익이 너무 작게 나타난다. 만일에 모기업이 해외자회사의 부족한 단기자금을 현지에서 스스로 조달할 수 있기를 바란다면 그런 회계장부로는 용이치 않을 수 있다. 반면에 저마진 이전가격 정책을 취하게 되면 적어도 외관상으로라도 모기업이 아니라 그 자회사가 결합 순이익 증대에 더 많이 기여하는 것처럼 보이게 만들 것이다. (하지만 이 경우) 금융시장이 비효율적인 정도에 따라서 또는 증권분석가들이 어떤 이전가격 정책이 구사되는지 이해하지 못할수록 다국적기업의 시장가치는 정상적인 경우보다 더 낮아질 수 있다는 점에 유의해야 한다.

이전가격 정책은 분명히 국제자본지출 분석에서 중요한 위치를 점하고 있다. 아주 낮은 (또는 높은) 이전가격은 자회사 자본지출의 현재가치를 실제보다 더 크게 (또는 더 낮게) 보이게 만들 수 있다. 그러므로 자본지출 분석에서는 실제의 이전가격 정책에 불문하고 제3자 가격을 전제로 조정현재가치법을 적용하여 세후영업이익을 계산해야 할 것이다. 필요하다면 조정현재가치법 분석을 할 때 별도로 이전가격 전략의 세금절약 효과를 살펴보는 방식이 현명할 것이다. 이에 대해 제17장에서 자세히 설명한 바 있다.

사전합의가격제

사전합의가격제(advance pricing agreement: APA)란 미국세청과 다국적기업 간에 체결된 계약으로서 커버된 거래(covered transactions: 계약조건 내 포함 거래)라는 일정 부류의 거래에 대해 미국세청이 내국세법 482항의 이전가격 조정(adjustment) 규정을 적용하지 않겠다는 내용이 골자를 이룬다. 이 프로그램은 이전가격 관련 문제가 감사에서 불거지기 전에 해소하는 하나의 수단이 된다. 즉, 이 프로그램은 납세자가 세무당국에 이전가격 관련 분석을 할 수 있는 모든 관련 자료를 제공함으로써 세무행정의 효율성을 제고하기 위해 마련된 것이다. 납세자에게는 이전가격 정책과 관련된 여러 불확실성을 제거할 수 있는 이점이 있다. 특정 이전가격 방법을 커버하는 이 프로그램의 합의 기간은 최장 5년까지 상호간에 협상될 수 있다.

이 사전합의가격제는 일방적이거나 양방적이거나 다자적일 수 있다. 일방적 합의가격제란 납세자와 미국세청 간에 미국 국세 산정을 목적으로 특정 이전가격 방법을 협상하는 것을 주된 내용으로 한다. 외국세무당국과 조세 분쟁이 발생하게 되면 양국 간에 조세협약이 체결되어 있는 경우 납세자는 미국세청에 외국세무당국과 상호합의절차를 개시해주도록 요청할 수 있다. 하지만 양국의 관계 당국이 이 문제를 적절하게 해결할 수 없다면 그 책임은 납세자에게 돌아간다. 양방적 또는 다자적 사전합의가격제란 납세자와 하나 또는 다수 외국세무당국 간에 조세협약에 명시된 상호합의절차에 따라 체결된 계약이다. 이로써 납세자는 어느 세무당국으로부터건 커버된 거래와 관련된 소득에 대해서는 이중과세를 당하지 않을 것이라는 보장을 받게 된다. 그래서 이 프로그램은 납세자에게 아주 유익한 것이라고 할 수 있다. 2007년 1월에 월마트를 당사자로 하는 양방적 APA가 미국과 중국 간에 체결되었다. 이것이 앞으로 두 나라 간에 체결될 APA의 모범사례가 되어줄 것으로 기대된다.

봉쇄 자금(송금 제한)

어떤 이유에서건 일국의 외환보유고가 부족하게 되면 그 나라 정부는 더 이상의 외환보유고 감소를 막으려고 자국 통화와 외국 통화 간의 태환을 규제하게 된다.

일국이 외환통제를 하게 되면 자회사의 이윤을 모기업으로 송금하는 것이 봉쇄된다. 이 봉쇄는 일시적일 수도 있지만 상당 기간 지속될 수도 있다. 장기간의 봉쇄는 다국적기업에 문제가 될 수 있다. 해외자회사로부터 이윤이 송금되지 않으면 다국적기업은 주주들에게 배당을 제대로 할 수 없게 되고 그렇게 되면 투자 자금조달이 어려워질 수도 있다.

해외자회사에 자본투자를 결정하기 전에 모기업은 현지 정부의 자금 봉쇄 가능성을 검토해 볼 필요가 있다. 이에 대해서는 제17장 자본지출 분석에서 개략적으로 설명을 한 바 있다. 17장에서는 조정현재가치법의 틀 안에서 기대 영업이익(현금흐름)에 대한 송금 문제만을 고려하였다.

하지만 투자가 행해진 후 예상치 못한 자금 봉쇄가 일어나는 것이 정치적 위험이며 다국적기업은 이러한 상황에 대해서도 대비를 해야 한다. 환언하면 주주의 이익을 보호하기 위해 자금 봉쇄에 대응할 수 있는 수단을 강구해야 한다는 것이다. 봉쇄 자금을 이동시키는 여러 가지 방법에 대해서 이 장과 다른 장에서 논의한 바 있다. 예를 들어 이전가격 전략과 서비스 원가를 가격에 반영하는 방법 등은 자금 봉쇄에 대응하는 수단이 될 수 있다. 그리고 이들에 대해서는 이 장의 바로 앞 사례에서 다루었다. 그리고 제13장에서는 대금 결제의 리딩과 레깅(leading and lagging) 등으로 거래 환노출을 관리하는 방법에 대해 설명하였다. 하지만 리딩과 레깅은 다국적기업 내부에서 자금 유출입 시기만을 조절할 수 있을 뿐이다. 이들 외에 자금 봉쇄에 대한 전략으로 수출 창출(export creation) 및 직접 협상(direct negotiation) 등이 있다.

수출 창출은 해외자회사 자금을 봉쇄한 그 나라에서 모기업이나 다른 자회사에 유익한 수출을 하는데 그 봉쇄 자금이 활용되도록 하는 방법이다. 그렇게 되면 자금을 송금하는 대신에 다국적기업에 필요한 상품이나 서비스를 구매하는데 그 봉쇄 자금을 활용하는 셈이 된다. 예를 들면 다음과 같다. 모국의 자문회사가 아니라 자금을 봉쇄한 현지국에 있는 자문회사로부터 필요한 자문을 받는데 이 자금을 활용할 수 있다. 기업 본사에서 간부를 자회사에 파견하여 현지에서 봉쇄 자금으로 봉급을 받게 한다. 해외자회사가 입지한 현지 항공사를 통하여 다국적기업 직원들의 해외 항공여행을 예약하고 해외자회사가 그 항공여비를 부담하게 한다. 자금 봉쇄국에서 국제 회의를 개최하고 그 비용을 해외자회사가 부담하게 한다. 이런 모든 방법들은 다국적기업이 필요한 상품과 서비스를 조달할 수 있기 때문에 다국적기업에 유익할 뿐만 아니라 현지국에도 수출 증대 효과가 다각적으로 나타날 수 있다.

투자유치국은 자국의 경제발전과 자국민들의 기술 발전에 크게 기여할 수 있는 산업을 해외로부터 유치하고 싶어한다. 예컨대 자동차라든지 전자장비 등 수출품을 생산하는 산업, 그리고 관광객을 끌어들일 수 있는 호텔 산업 등이 투자유치국 입장에서는 가장 바람직하다. 이런 유형의 투자는 고용을 창출하고, 취업자들의 기술과 기능을 향상시켜 주고, 외환을 소모하기보다 외환 공급원이 되어준다. 그런데 적정한 수익이 기대되지 않는다면 다국적기업이 자국에 투자하지 않을 것이라는 점을 투자유치국 정부도 잘 알고 있다. 그러므로 투자유치국 정부가 바라는 직접투자인 경우 다국적기업은 직접 협상을 통해 자금 봉쇄가 쌍방 모두에게 해가 된다는 것을 납득시킬 수 있을 것이다.

요 약

이 장은 다국적기업과 국제금융자산 투자자들이 직면하고 있는 국제조세환경에 대해 소개하는 것으로부터 시작하였다. 그리고 이전가격과 관련된 이슈들을 사례분석 방법으로 설명하였다.

01. 조세 행정의 두 가지 목표는 조세 중립성과 조세 형평성이다. 전자는 경제적 효율성과 공정성 원칙의 기초가 된다. 후자는 비슷한 처지의 납세자들은 동일한 규칙 하에서 정부 운영비용을 분담해야 한다는 원칙이다.

02. 조세의 세 가지 기본 형태는 소득세, 원천징수세, 부가가치세이다. 세계 여러 나라의 법인소득세율에 대해 살펴보았다. 그리고 미국이 조세협정을 체결하고 있는 경우 여러 유형의 외국 원천 소득에 대한 특정 국가의 원천징수세율에 대해서도 살펴보았다.

03. 국가는 국내거주 납세자의 외국으로부터의 모든 소득에 대해서 그리고 외국 납세자의 국내에서의 모든 소득에 대해서도 과세하는 것이 보통이다. 국가가 이처럼 양방향에서 과세를 하는 경우 적절한 조치가 취해지지 않으면 이중과세의 문제가 발생하게 된다. 이 이중과세 문제를 해결하기 위해 도입된 개념이 해외조세 공제이다. 이 장에서는 사례분석 방법을 동원하여 상이한 법인세율 하의 세 나라에 지점과 자회사를 거느린 다국적기업 입장에서 해외조세 공제를 계산하는 법을 설명하였다.

04. 다국적기업 해외자회사의 상이한 조직구조를 설명하였다. 이전가격 전략, 그리고 조세피난처에 설립한 자회사, 외국통제법인, 해외판매법인 등을 정의하고 각각의 운영에 대해 살펴보았다.

05. 이전가격 전략은 다국적기업 조직 내부의 자금 배분을 합리화하고, 전반적인 조세 부담을 경감하고, 현지국 정부의 외환통제에 따른 자금 봉쇄에 대한 대응방안 등을 모색하는 방법이다.

06. 현지국 정부의 외환통제에 따른 자금 봉쇄에 대한 대응방안은 이전 자금 내역의 세분화, 수출 창출, 직접 협상 등이다.

주요 용어

간접세	국적 중립성(national neutrality)	
능동적 소득	거주지 과세(worldwide or residential taxation)	
봉쇄자금(blocked funds)	부가가치세	사전합의가격제
소득세	수동적 소득	F부류
소득	외국납부세액 공제	원천 과세
원천지(territorial or source) 과세		원천징수세
이전가격	자본수입중립성	자본수출 중립성
조세 중립성	조세협약	조세 형평성
조세피난처	직접세	통제해외법인
해외자회사	해외지점	

연습문제

01. 조세 행정의 두 가지 목표에 대해 주요 개념을 중심으로 논하라.

02. 주권국 정부가 자국의 조세관할권 내에서 부과하는 세 가지 조세 유형을 비교 설명하라.

03. 만약에 모든 나라가 자국 거주자의 외국 소득과 국내 소득에 대해 과세하게 되면 이중과세 문제가 발생하게 됨에 대해 토론하라.

04. 이중과세 문제를 해결하기 위해 세무당국이 취하는 방법에 대해 살펴보라.

05. 다국적기업은 이전가격 전략을 어떻게 활용하는가? 수입관세가 이전가격정책에 어떤 영향을 미치는가?

06. 세무당국은 이전가격이 합리적인가의 여부를 무엇으로 결정하는가?

07. 다국적기업은 봉쇄자금 문제에 어떻게 대응할 수 있는지 설명하라.

계산문제

01. 피요르드 스키제조사는 스키 생산은 3단계의 생산과정을 거치며 소매가격은 NOK2,300이다. 다음 표의 공란을 채우면서 각 생산과정의 증분가치를 계산하고 노르웨이의 부가가치세율이 25%라고 할 때 총부가가치를 계산하라.

생산단계	판매가격	증분가치	부가가치세
1	NOK450		
2	NOK1,900		
3	NOK2,300		
합계			총부가가치세:

02. 미국 노스케롤라이나주 애쉬빌에 입지한 도켓 사는 뉴질랜드 남섬(south island)에 자회사를 설립하는 안을 검토하고 있다. 이 자회사의 법인격을 지점으로 해야 할지 완전소유자회사로 해야 할지 아직 결정하지 못하고 있다. 뉴질랜드의 소득세는 법인이나 지점에 대해 모두 단일세제(flat)로 28%이다. 그리고 국내에 설립된 법인이 배당을 지급하게 되면, 10% 이상의 지분을 보유한 주주에게는 5%의 원천징수세를, 그리고 80% 이상의 지분을 보유하고 다른 부대조건을 충족하는 주주에게는 0%의 원천징수세를, 그 외의 경우엔 15%를 부과한다. 뉴질랜드는 지점 소득에 대해서는 원천징수세를 부과하지 않는다. 미국은 세계 어느 나라에서 번 소득이건 35%의 소득세율을 적용하고 있으며 다른 나라에 납부한 세액에 대해서는 공제해 주고 있다. 이러한 자료를 바탕으로 지점 형태 또는 법인자회사 형태 중 어느 것이 더 유리할지 논의해 보라.

03. 자회사 X는 자회사 Y에게 매년 2만 단위를 판매한다. X와 Y의 한계세율은 각각 20%와 30%이다. 이전가격은 현재 1,000달러이지만 1,250달러까지 높여 책정할 수 있다. 만약 이전가격을 현재의 1,000에서 1,250으로 인상하게 되면 세후 순이익은 매년 얼마나 증대되는가?

04. 자회사 A는 자회사 B에게 매년 5,000단위를 판매한다. A와 B의 한계세율은 각각 25%, 40%이다. 현행 이전가격은 2,000달러이지만 2,000달러에서 2,400달러 사이에서 임의로 책정할 수 있다. 최적 이전가격을 계산하여 세후 순익 기준으로 현행보다 연간 얼마가 더 증대되는지 계산하라.

05. 자회사 A는 자회사 B에게 연간 5,000단위를 판매한다. A와 B의 한계세율은 각각 25%, 40%이다. 그리고 자회사 B는 관세 환급이 되는 5% 관세를 수입 시에 지급한다. 현행 이전가격은 2,000달러이지만 2,000달러에서 2,400달러 사이에서 임의로 책정할 수 있다. 다음을 계산하라. a) 자회사 B의 실효 한계세율을 계산하는 공식을 제시하라. b) 최적 이전가격을 책정함으로써 증대되는 연간 세후 순익을 계산하는 공식을 제시하라.

인터넷 연습문제

01. International Tax Institute 사는 국제조세 관련 분야에 도움을 주기 위해 조세 전문가들이 운영하는 비영리 조직이다. 이 조직은 국제조세 법규의 현안 주제들에 대하여 맨해턴 중간지구에서 매달 세미나 또는 웨비나를 연다. 향후 열리는 세미나의 날짜 및 주제에 관한 정보는 웹사이트 www.internationaltaxinstitute.org 에서 볼 수 있다.

02. TPA Global은 60개국 이상에서 회원 및 동맹 파트너십 네트워크를 통해 전 세계 고객에게 서비스를 제공하는 독립적인 전문 서비스 및 솔루션 파트너이다. 다양한 세금 관련 서비스를 제공한다. 동사가 제공하는 이전가격 서비스에 대한 상세한 정보를 웹사이트 tpa-global.com를 참고하라.

미니 케이스 1

시그마 (Sigma) 사의 입지선정

보스턴에 있는 당사는 지중해 지역에 완전소유 자회사를 설립하는 문제를 검토하고 있다. 잠정적으로 스페인과 키프로스가 물망 대상으로 올라 있다. 당사는 모든 해외의 세후 소득을 미국으로 송금할 계획이다. 미국의 법인세율은 21%이다. 키프로스의 한계법인세율은 12.5%이며, 스페인의 법인세율은 25%이다. 배당소득에 대한 세율은 미국과의 원천징수세 협약에 따르면 키프로스는 없고, 스페인은 5%이다.

당사의 재무관리자는 이런 상황에서 두 나라 중 어디가 더 좋은 입지인지 알기를 원한다. 관건은 두 나라 중 어디가 더 조세부담이 적은가 하는 것이다.

미니 케이스 2

동방무역회사의 최적 이전가격 전략

당사는 싱가포르의 향료 가공 업체로서 홍콩, 미국, 영국 등에 판매자회사를 두고 영업을 하고 있다. 당사는 홍콩이 중국에 반환되는 경우 파생될 수 있는 문제들을 염려하고 있다. 그래서 현행 이전가격 정책을 재검토하여 싱가포르 본사와 홍콩 자회사 간의 수익 배분을 조정하기로 결정하였다. 다음 표는 현행의 운송포장 단위당 이전가격을 보여주고 있다.

다음 표를 보고 당사의 최적 이전가격 정책을 제시하라.

동방무역회사의 홍콩 자회사에 대한 현행 이전가격

	싱가포르 본사	홍콩 자회사	결합손익
매출액	S$300	S$500	S$500
원가	200	300	200
매출이익	100	200	300
영업비용	50	50	100
과세대상소득	50	150	200
법인세(20%/17.5%)	10	26	36
순이익	40	124	164

참고문헌 및 추천도서

Bischel, Jon E., and Robert Feinscheiber. *Fundamentals of International Taxation*, 2nd ed. New York: Practicing Law Institute, 1985.

Horwitz, Tony. "Continental Shift: Europe's Borders Fade and People and Goods Can Move Freely." *The Wall Street Journal*, May 18, 1993.

Isenberg, Joseph. *International Taxation: U.S. Taxation of Foreign Taxpayers and Foreign Income*, Vols. I and II. Boston: Little, Brown, 1990.

Kaplan, Richard L. *Federal Taxation of International Transactions: Principles, Planning and Policy*. St. Paul, Minn.: West, 1988.

Kuntz, Joel D., and Robert J. Peroni. U.S. *International Taxation*, Vols. I and II. Boston: Warren, Gorham and Lamont, 1994.

Metcalf, Gilbert E. "Value-Added Taxation: A Tax Whose Time Has Come?" *Journal of Economic Perspectives* 9(1995), pp. 121-40.

주요 용어 해설(Glossary)

[A]

Active Income 사업소득 개인이나 법인이 제품이나 서비스를 제공하여 얻은 소득. (또는 적극적 소득: 역자 주)

Adjusted Present Value (APV) Method (위험율)조정현재가치법 현금흐름의 위험도에 따라 상이한 율로 할인하여 순현재가치를 계산하는 방법.

Agency Market 대리인 시장 중개인이 대리인을 통해 고객의 주문을 받아 거래를 성사시키는 시장.

Agency Problem 대리인 문제 주주를 위해 일하라고 고용된 경영관리자들이 주주의 이익에 반하여 자신의 이익을 추구할 수 있는데 이로써 양자 간의 이해갈등이 불가피하게 야기되는 것. 이 대리인 문제는 주식 소유의 분산이 고도화될수록 심각해질 수 있음.

All-Equity Cost of Capital 무부채(100%자기자본)기업의 자본비용 부채를 사용하지 않는 기업의 주주가 요구하는 수익률.

All-in-Cost 총스왑비용 스왑거래의 총비용으로 이자, 거래비용, (중개)수수료 등을 포함.

American Depository Receipt(ADR) (미국)주식예탁증서 미국은행에 예치된 외국기업의 주식을 담보로 발행된 파생증권으로서 은행에 예치된 주식에 대한 일종의 소유권 증명서. 이 증서를 미국의 증권거래소나 점두시장에서 거래할 수 있게 만든 것임.

American Option 미국식 옵션 옵션계약기간 내 어느 때라도 옵션을 행사할 수 있는 조건의 옵션.

Appreciate 일국의 통화가치 상승 외국통화 기준 자국통화 표시 환율, 즉 직접표시법(예컨대, ₩/$)의 경우 환율이 내려가면(반대로 간접표시법의 경우 환율이 올라가면), 자국통화(원화) 가치가 외국통화(달러화)에 대해 상대적으로 올라가는 것을 의미함.

Arbitrage 재정거래(또는 차익거래) 확실한 차익을 실현하기 위해 동일한 상품 또는 동등한 상품을 동시에 매매하는 거래방식(위험부담 없는 차익을 실현할 수 있게 해주는 거래).

Ask Price 매도호가(Offer Price) 딜러가 금융상품을 매도하겠다고 제시한 가격.

[B]

Balance of Payments 국제수지 복식부기원리에 따라 한 나라의 국제거래를 체계적으로 기록하여 대외 균형을 파악하기 위해 작성한 통계(표).

Balance Sheet Hedge 대차대조표 헤지 환산환노출 경감을 위해 동일 외국통화 표시의 노출자산과 부채간의 불균형을 제거하는 여러 수단을 포괄적으로 지칭하는 용어.

Bank Capital Adequacy 은행자기자본충실도 은행의 부도를 예방하기 위해 은행의 위험자산에 대비한 자기자본의 비율을 일정 수준(e.g. 8%) 이상으로 유지해야 한다는 국제결제은행이 제시한 표준.

Banker's Acceptance(B/A) 은행인수환어음 수입상의 거래은행이 기한부어음을 인수하였을 때 이것이 단기금융시장에서 유통가능한 투자대상 유가증권이 됨. 환어음의 만기에 은행이 투자자에게 권면금액을 지불해 주게 됨.

Basel Accord 바젤협정 1988년 국제결제은행 주도로 선진 100개국과 룩셈부르크 은행의 자본충실도 측정을 위한 기본틀을 확립한 국제협정.(은행의 자기자본충실도 규제를 축으로 은행의 국제적 안전성을 도모키 위해 확립된 일종의 국제표준).

Bearer Bond 무기명채권 채권의 보유자가 그 소유권자가 되는 채권.

Bid Price 매입호가 딜러가 금융상품을 매입하겠다고 제시한 가격.

Bilateral Netting 쌍방상계 두 자회사가 상호간의 대차잔액만 송금·결제하는 방식.

Bill of Lading(B/L) 선하증권 수출상의 수출상품 선적을 증명하는 서류로서 해상운송계약서이자 상품에 대한 소유권 증서.

Bimetallism 복본위제도 금과 은이 모두 통화가치결정의 기준(본위)가 되는 통화제도.

Brady Bonds 브래디본드 1980년대 개도국 채무상환위기시에 이를 해결하기 위해 당시 미국 재무성장관 니콜라스 브래디의 이름을 따서 작명한 채권으로 개도국의 채무를 담보부채권으로 전환하여 채무 상환을 유예시켜 주기 위해 동원된 수단이었음.

Bretton Woods System 브레튼우즈시스템 1944년에 성립한 국제통화제도로서 전후 각국의 환율 안정 및 국제통화정책의 조정을 도모하기 위해 금환본위제도를 채택하였음. (1971년 닉슨 대통령의 금태환정지 선언으로 종결됨.)

Brexit 영국유럽연합탈퇴 영국은 2016년 국민투표로 유럽연합을 탈퇴하기로 의결하였음. (British Exit의 준말로 볼 수 있음: 역자 주)

[C]

Cadbury Code 캐드배리권고안 영국정부가 임명한 기업지배구조 개혁을 위한 캐드배리위원회에서 권고한 안으로서 3명 이상의 사외이사 선임, 그리고 최고경영자와 이사회의장 겸임 금지를 골자로 함.

Call Market 콜마켓(간헐거래시장) 매일 정해진 시간 간격으로 지정가 주문(limit order)에 대해 계약이 체결되는 방식의 시장. (일중연속거래시장(continuous market)과 대비됨)

Call Option 콜옵션 기저자산을 약정된 가격에 "매입"할 수 있는 옵션.

Capital Account 자본계정 국제수지표에서 자본이전 및 비생산 비금융 자산(예: 천연자원 및 마케팅 자산)의 국제거래가 집계되어 자본수지가 계산되는 항목.

Capital-Export Neutrality 자본수출 중립성 세금이 정부 세입을 확보하는 데 효과적이고 동시에 경제적 자원이 가장 효율적으로 활용될 수 있게 배분되는 것을 저해하지도 아니해야 한다는 이상적 조세 원칙 중의 하나.

Capital-Import Neutrality 자본수입 중립성 다국적기업의 자회사에 세금을 부과하는 현지국 정부의 조세가 다국적기업의 국적에 불문하고 일률적이어야 하고, 국내기업과도 무차별적이어야 한다는 이상적 조세 원칙 중의 하나.

Carry Trade 캐리 트레이드 헷징없이 금리가 낮은 통화로 차입하여 금리가 높은 통화에 투자함으로써 수익을 내는 거래.

Cash Budget 현금예산 현금관리에서 현금의 기대 입・출금에 대한 상세 계획.

Cash Management 현금관리 기업이 보유한 거래동기의 현금잔고의 관리, 예비적 동기의 보유 현금잔고 관리, 여유자금의 최적 투자, 그리고 일시적 부족 현금의 최적 조달 등을 대상으로 하는 관리 활동.

Central Bank Digital Currency 중앙은행 디지털 화폐 현재 세계의 많은 중앙은행들이 고려 중이며, 중앙은행이 블록체인 등 분산원장기술을 활용하여 전자 형태로 발행하는 법정 화폐.

Centralized Cash Depository 현금예금 집중화 다국적기업에서 자회사의 여유현금을 집중시켜 현금 풀(pool)을 만들고, 이를 투자에 활용하거나 현금부족 발생 시에 효과적으로 활용하는 현금관리 방식.

Closed-End Country Fund(CECF) 편방 국가펀드 국가펀드(어떤 한 나라의 증권에만 전적으로 투자된 자금)의 일종. 개별기업의 주식처럼 현지국 거래소에 상장될 펀드의 주식수가 정해져 있고, 현지국 국내시장에서의 기저자산 순가치와 다르게 환급되는 투자펀드. (또는 폐쇄형 국가펀드: 역자 주)

Comparative Advantage 비교우위 데이비드 리카도(David Ricardo)가 국제자유무역의 발생 근거로 제시한 개념으로서 각국마다 재화와 용역을 다른 나라에 비해 상대적으로 더 효율적으로 생산할 수 있는 산업이 다르며, 각국은 이 비교우위 산업에 전문화하여 생산을 하고, 자유무역을 함으로써 두 나라 다 잘 살 수 있게 된다는 주장의 중심 개념이 됨.

Competitive Effect (환율의) 경쟁력 효과 환율 변동이 기업의 경쟁우위에 영향을 미치고 이것이 기업의 영업현금흐름에 변화를 가져오는 효과.

Complete Contract 완전계약 계약 당사자들이 미래의 모든 가능한 상황에서 행해야 할 모든 내용을 망라적으로 명시한 계약.

Concessionary Loan 호혜적 대출 해외직접투자 유치국 정부가 다국적기업의 해외직접투자 유치를 촉지하기 위해 시장 이자율보다 낮은 이자율로 대출을 주선해 주는 경우의 대출.

Contingent Claim Security 파생증권(Derivative Security) 항목 참조.

Contingent Exposure 상황적 노출 미래 상황변화에 따라 환위험에 노출될 수도 있고 그렇지 않을 수도 있는 유형의 가변적 노출.

Continuous Market (일중)연속거래시장 영업시간 내에는 어느 때나 주문이 계약으로 체결될 수 있는 시장(콜 마켓(간헐거래시장)과 대비되는 시장).

Controlled Foreign Corporation(CFC) 해외지배자회사(해외통제지분자회사) 미국 주주들이 투표권부 주식의 50%를 초과하여 보유하고 있는 해외 자회사.

Conversion Effect (외화)환산효과 해외 영업에서 발생한 외화표시 현금흐름을 달러(보고통화)로 환산할 때 환율변동으로 인해 그 크기가 달라지는 정도를 말함.

Convertible Bond 전환사채 발행기업의 주식으로 교환할 수 있는 권리가 부여된 사채.

Corporate Governance 기업지배구조 기업통제권과 자금흐름에 대한 배분권이 주주와 경영자, 기타 이해관계자 사이에 합리적으로 배분되게 하는 경제적, 법적, 제도적 틀.

Counterparty 상대방 일정 조건으로 현금흐름을 교환하기로 합의한 금융계약 당사자들 중의 일방.

Countertrade 연계무역 상품이나 서비스를 맞교환하는 방식의 무역거래. 외환의 개입이 없으면 물물교환방식이 됨.

Country Risk 국가위험 국제대출 및 투자에서 어떤 나라의 예상치 못한 사태로 그 부채상환능력이나 배당 송금능력이 저해될 가능성을 말하며, 정치적 위험과 신용 위험이 있음.

Covered Interest Arbitrage (환위험)카버금리재정거래 국제금리평가관계가 성립하지 않을 때 국가 간 금리차익 거래와 선도환(forward exchange)거래를 결합하여 위험부담이 전혀 없이 국가 간 금리차에 따른 차익을 사전에 확정할 수 있게 해주는 재정거래. (차익거래: 역자 주)

Cross-Currency Interest Rate Swap 이종통화금리스왑 보통 "통화스왑"으로 칭하며, 계약 당사자 일방의 특정 통화 표시 채권의 부채상환 의무를 그와는 상이한 통화로 표시된 타방의 부채상환 의무와 맞교환하는 스왑계약의 일종(이자율 차가 존재할 수 있음).

Cross-Exchange Rate 교차환율 (국제외환시장에서) 미국달러 이외 통화 간의 환율.

Cross-Hedging 교차헤징 어느 한 통화표시 자산의 포지션에 대해 그와 상이한 종류의 자산으로 반대 포지션을 취하여 헤징을 하는 방법.

Cross-Listing 교차상장 자사 주식을 해외증권거래소에 직접 상장하는 것. 해외 증권거래소에서 요구하는 상장 조건과 공시 표준에 부합해야 가능함. (복수상장으로 번역해야 할 때도 있음: 역자 주)

Cryptocurrency 암호화폐 정부나 중앙은행의 개입 없이 분산된 컴퓨터 네트워크를 통해 암호화 기술을 사용하여 거래 데이터의 공개 기록을 유지하는 디지털 화폐.

Cumulative Translation Adjustment(CTA) 환산손익조정이연계정 현행환율법으로 해외자회사의 재무제표를 환산할 때 환산손익을 합리적으로 회계기간별로 배분하기 위해 도입하는 이연계정.

Currency Board 통화위원회제도 고정환율제도의 극단적 형태 중의 하나로 미국달러나 특정 외환의 보유량에 따라 국내통화량이 결정되는 외환제도(홍콩 등이 채택).

Currency Swap 통화스왑 계약 당사자 일방의 특정통화로 표시된 채권의 부채상환 의무를 그와는 상이한 통화로 표시된 타방의 부채상환 의무와 맞교환하는 방식의 스왑계약(단, 이자율 차이는 없는 것이 보통임).

Current Account 경상수지 (경상적 국제거래 항목을 집계한 수지로서) 상품무역수지, 서비스무역수지, 이전수지가 결합된 국제수지 항목.

Current/Noncurrent Method 유동성/비유동성법 외화환산에 있어 유동자산과 부채는 현행환율로, 비유동성(고정) 자산과 부채에 대해서는 역사적 환율을 적용하여 환산을 하는 환산방법.

Current Rate Method 현행환율법 외화환산을 할 때 자기자본에 대해서만 주식발행일의 환율을 적용하고 나머지 대차대조표 항목 모두에 대해서는 현행환율을 적용하여 환산하는 방법.

[D]

Dealer Market 딜러 시장 딜러가 본인으로서 거래에 참여하면서 중개인이 딜러를 통해 거래를 하는 시장.

Debt-for-Equity Swap 채무-주식스왑 미국달러 표시 국가채무불이행 사태에 직면하여 이를 해결하기 위해 채권자가 채무국의 주식으로 채무를 전환하여 주는 방식.

Depreciate 일국의 통화가치 하락 외국통화 기준 자국통화 표시 환율, 즉 직접표시법(예컨대, ₩/$)의 경우 환율이 올라가면(반대로 간접표시법의 경우 환율이 내려가면), 자국통화(원화) 가치가 외국통화(달러화)에 대해 상대적으로 내려가는 것을 의미함.

Derivative Security 파생증권 기저증권의 가치변동에 연계되어 파생적으로 가치가 결정되도록 디자인된 금융상품. 선물, 선도, 옵션 계약 상품 등을 예로 들 수 있음.

Direct Tax 직접세 세금이 부과된 당사자(납세자)가 직접 납부해야 하는 세금.

Diversification of the Market 시장다변화 영업노출을 관리하기 위한 전략 중의 하나로서 기업이 자사 제품을 판매하는 시장을 다각화하는 것을 말함. 그렇게 함으로써 한 나라의 환율 변동의 영향이 다른 나라의 그와 반대되는 환율변동에 의해 상쇄될 수 있다는 논리임.

Dodd-Frank Act 도드-프랭크법 도드-프랭크 월스트리트 개혁 및 소비자보호법(2010)을 말하며, 월스트리트와 거대은행에 대한 규제를 통해 금융시스템의 체계적 위험을 경감시키는 것을 목적으로 입안된 법.

Draft(Bill of Exchange) 환어음 수출상이 수입상이나 그 대리인에게 특정일까지 수출대금의 지급을 지시하는 문언이 기재된 화폐증권.

Dual-Currency Bond 이중채 고정이자율의 이표채로서 이자는 특정 통화로 지급하되 원금 상환은 그와는 상이한 통화로 이루어지는 국제채.

[E]

Economic Exposure 경제적 노출 기대치 못한 환율변동으로 인해 기업의 현금흐름과 기업가치가 영향을 받게 될 가능성.

Edge Act Bank 에지법은행 국제은행업무 전반을 다룰 수 있도록 연방정부가 인허한 미국은행의 자회사로서 미국 내에 설립됨(에지법에 의해 설립가능해짐).

Efficient Market Hypothesis 효율적 시장 가설 현재의 자산 가격은 모든 가용한 관련 정보를 모두 반영하고 있다는 의미에서 (금융)시장이 정보 면에서 효율적이라는 가설.

Elasticity of Demand 수요 탄력성 제품에 대한 수요의 가격변동에 대한 민감도를 측정하는 척도.

ESG funds 이에스쥐 펀드 환경, 사회, 그리고 지배구조 측면에서 높은 점수를 받은 회사들의 주식이나 채권에 주로 투자하는 펀드로, 경제와 지구의 지속 가능성에 기여한다는 목적을 가짐.

EURIBOR 유리보(EU은행간예금이자율) EU 가맹국 주요 은행 간 그리고 비가맹국 주요은행과 가맹국 주요 은행 간의 유로예금에 대한 금리.

Euro 유로 유럽통화연합을 결성한 유럽연합의 11개 국가가 1999년에 처음 채택한 공동통화단위.

Eurobond 유로채 또는 유로본드 특정 통화표시 채권이 해당 통화 발행국 이외 국가의 자본시장에서 투자자들에게 판매되는 경우의 국제채.

Eurocurrency 유로통화 특정 통화가 발행국 이외의 나라에 위치한 국제은행에 정기예금으로 예치되어 있는 경우를 말함. 예: 유로 달러, 유로 유로 등.

European Central Bank(ECB) 유럽중앙은행 유럽연합(EU)의 중앙은행으로서 통화정책을 통해 물가안정을 도모함.

European Currency Unit(ECU) 유럽통화단위 유로화가 도입되기 전에 채택되었던 유럽연합의 통화단위. 12회원국 통화의 가중평균으로 가치가 결정되는 일종의 통화바스켓이었음.

European Monetary System(EMS) 유럽통화제도 1979년 유럽 각국의 통화가치를 안정시키고 유럽연합의 경제적 정치적 통합을 촉진하기 위해 도입한 통화제도로서 이전의 공동환율변동폭합의(스네이크)제도를 대체함.

European Monetary Union(EMU) 유럽통화동맹 공동의 유로화를 채택함으로써 불변고정환율제도를 채택한 유럽 11개국의 통화동맹.

European Option 유럽식옵션 계약 만기에만 권리 행사 여부를 결정할 수 있는 조건의 옵션계약.

European Union(EU) 유럽연합 서구 15개국의 지역경제통합체로서 상품, 자본, 노동력의 국가 간 이동에 대한 제한을 철폐하고 단일통화를 채택함. (회원국 수는 가변적임.)

Eurosystem 유럽금융시스템 유럽중앙은행 그리고 유로존 국가들의 중앙은행으로 구성된 통화당국을 말하며, 역내 공동 통화정책 시행에 대한 책임을 지고 있음.

Exchange Rate Mechanism(ERM) 유럽환율조정메커니즘 유로화 도입 전에 유럽통화연합의 국가들이 집단적으로 환율안정을 도모하기 위해 도입했던 환율제도로서 국가간 평가(平價) 환율을 중심으로 관리하는 시스템이었음.

Exchange Rate Pass-through 환율변동위험전가 국제거래 상품의 환율변동에 따른 매매가격 조정 패턴.

Exchange-Traded Funds(ETF) 거래소주식투자펀드 증권거래소에 상장되어 있는 주식들만을 투자대상으로 하는 투자기금.

Exercise Price 행사가격 옵션을 행사할 때 적용되는 (옵션계약시점에서 합의되어 있는) 사전 가격.

Export Credit Agency 수출신용기관 중장기 수출 및 무역 관련 금융을 제공하고, 대표적으로 미국 수출입은행, 중국 수출신용보험공사, 영국 수출신용보증부 등이 있음.

Export-Import Bank(Ex-Im Bank) of the United States 미국수출입은행 1945년 설립된 미국의 독립적 행정기구로서 민간 금융기관이 제공할 수 없거나 꺼리는 수출금융을 제공하여 미국수출을 촉진하기 위해 설립됨.

Exposure Coefficient 노출(회귀)계수 해당 자산의 국내통화표시 가치에 대한 환율변동의 영향을 회귀분석하였을 때 얻는 회귀계수로서 기업가치의 환위험에 대한 민감도를 측정하는 척도가 됨.

Exposure Netting 노출상계 외화표시 지급어음과 받을어음이 있을 때 이를 상계하여 순노출을 계산하고 이 순노출만 헤징하는 것.

[F]

Financial Account 금융계정 국제수지표에서 금융자산, 부동산, 법인 등에 대한 국제거래가 집계되는 항목.

Financial Derivatives Hedging 파생금융상품헤징 선도환이나 옵션 계약 등을 이용하여 환위험노출을 헤징하는 방법.

Fisher Effect 피셔효과 명목이자율은 실질이자율과 기대 인플레이션율의 합이라는 이론으로 피셔가 정리한 평가이론.

Flexible Sourcing Policy 유연소싱전략 투입재의 가격이 낮은 나라에서 조달하는 것을 기본으로 하는 영업노출 관리 전략.

Floating-Rate Note(FRN) 변동금리채 3개월물 유로달러 리보 등에 연계된 변동금리부 중기채.

Foreign Bond 외국채 미국기업이 일본에서 엔표시채를 일본투자자를 대상으로 발행하는 경우처럼 외국통화표시 채권을 그 통화국가의 투자자를 대상으로 발행한 채권을 말함.

Foreign Branch 해외지점 해외에서 독립된 법인으로 설립된 것이 아니라 다국적기업 조직의 일부로 설치된 일종의 해외 영업부서.

Foreign Direct Investment(FDI) 해외직접투자 다국적기업이 해외 기업의 통제권을 확보하게 해주는 투자.

Foreign Exchange(FX) Markets 외환시장 한 통화의 구매력이 다른 통화의 구매력으로 전환되는 시장. 외화예금, 현물환, 선도환, 통화선물, 스왑, 옵션 계약 등의 거래로 구성.

Foreign Exchange Risk 환위험 미래환율 변동의 불확실성.

Foreign Subsidiary 해외자회사 외국에서 독립된 법인으로 설립되었지만 다국적기업의 통제권 하에 있는 자회사.

Foreign Tax Credit 해외조세감면 해외자회사의 세금부담에 대해 모기업이 이중으로 부담하지 않도록 자회사의 해외소득에 대한 외국 조세당국의 과세에 대해 본국의 조세당국이 일정범위 내에서 면제해주는 것.

Forfaiting 포페이팅 수출상이 은행에 약속어음을 발행하여 할인 매도하는 방식으로 수출대금을 회수하게 해주는 중기수출금융 방식.

Forward Expectations Parity 선도환평가 선도환 할증이나 할인이 양국 간 미래 환율의 불편추정치라는 국제평가관계 이론의 하나.

Forward Market 선도환시장 오늘 외환거래를 하지만 3영업일 이상의 미래 특정시점에서 현재의 현물환율과 다른 (선도)환율로 수도결제하기로 계약을 하는 시장. (현재 선물환시장으로 번역되어 사용되고 있음: 역자 주)

Forward Market Hedge 선도환시장헤지 선도환을 현물환 포지션과 반대로 매매하면서 환위험을 헤징하는 방법.

Forward Premium/Discount 선도환할증(인) 직접고시 환율의 경우 선도환율이 현물환율보다 높으면 할증, 낮으면 할인. 그 크기를 연율로 환산하여 표시할 때도 있음.

Forward Rate Agreement 선도금리계약 예금과 차입금의 규모가 다를 때 이자율 위험을 헤지하기 위해 활용하는 계약으로서 파생금융상품의 일종.

Free Cash Flow 여유현금흐름 정의 순현재가치를 갖는 투자안을 모두 채택하고서도 남아도는 기업 내부 유보자금.

Functional Currency 기능통화 다국적기업의 해외 자회사가 현지에서 일차적으로 운용해야 하는 통화. 보통 현지 영업에서 주로 사용하는 현지국 통화가 됨.

Futures 선물(先物) 상이한 미래 시차부 상품으로서 계약이 표준화되어 있고, 중앙집중화된 거래소에서 청산거래가 이루어짐.

[G]

General Agreement on Tariffs and Trade(GATT) 관세 및 무역에 관한 일반협정 국제무역을 촉진하기 위한 회원국 간의 다자간 국제협정. 2차대전 후 성립되어 국제무역장벽 해소에 핵심적 역할을 함.

Gold-Exchange Standard 금환본위제 미국은 금본위제를 채택하고, 여타국은 금태환이 보장된 미국달러와의 고정환율을 유지하는 것을 골자로 한 국제통화제도.

Gold Standard 금본위제 각국 통화는 단위당 금 함량을 공시하고, 통화발행량은 금보유량에 따라 결정되며, 국가 간 환율은 각국통화의 금 함량 비율에 따라 결정되는 방식의 국제통화제도.

Gresham's Law 그레샴의 법칙 복본위제 하에서 두 금속 간의 공식 교환비율이 정해져 있을 때 상대적으로 희소한 금속의 화폐는 (가치가 높아) 퇴장되고, 공급이 상대적으로 풍부한 금속의 화폐만 (가치가 낮아져) 시장에서 유통된다는 것을 강조한 경제 공리.

[H]

Hedger 헤저 자신이 보유한 자산 가격의 불리한 변동 위험을 제거하기 위해 보통 파생금융상품으로 현물 포지션에 반대되는 상쇄포지션을 취하는 자.

Hedging through Invoice Currency 송장 표시통화 헤징 환위험을 헤징하기 위해 송장의 표시통화를 자국통화로, 또는 받을어음의 경우 강세통화로, 지급어음의 경우 약세통화로 선택하는 방법.

Home Bias 모국편의(국내시장편향도) 투자포트폴리오 구성에서 자국증권 보유비중이 최적 위험 분산비율보다 더 높아지는 경향.

[I]

Income Tax 소득세 개인이나 법인의 (사업)소득에 대해 부과되는 직접세.

Indirect Tax 간접세 납세자가 직접 발생시킨 소득이 아닌 납세자의 소극적 소득에 대해 부과되는 세금.

Initial Performance Bond 시초이행증거금 자산 포지션을 창출하기 위해 필요한 즉, 거래를 시작하기 위해 필요한 담보 예금.

Interest Rate Parity(IRP) 이자율평가 두 나라의 이자율 차이가 선도환율의 할증이나 할인과 같아야 재정거래 기회가 발생하지 않는 균형상태가 된다는 국제평가이론 중의 하나.

International Banking Facility(IBF) 미국역외금융센터 미국 은행이지만 미국 내에서 외국은행처럼 자본준비금이나 연방예금보험공사(FDIC)가 요구하는 예금보험요구 등의 규제를 받지 않고 금융활동을 할 수 있도록 법으로 보장된 제도적 장치로서 비거주자 예금을 유치하여 외국인에게만 대출을 해줄 수 있게 제한하고 있음.

International Fisher Effect 국제피셔효과 두 나라 통화 간 현물환율의 변화는 두 나라 명목이자율 차이에 의해 결정된다는 국제평가이론 중의 하나.

International Monetary System 국제통화제도 국제결제가 이루어지게 하고, 국제자본이동이 원활해지게 하고, 통화 간 환율이 결정되게 하는 제도적 틀.

Intrinsic Value 내재가치 미국옵션의 현 시점 행사가치.

iShares 아이셰어즈 현재 블랙록이 운용하는 상장지수펀드로, 국가별 주식 시장 지수를 포함한 특정 지수를 밀접하게 추적하도록 설계됨.

[J]

Jamaica Agreement 자마이카협정 1976년 1월 변동환율제를 채택하고 금의 태환준비자산으로서의 기능을 폐기하기로 합의한 국제통화협정.

J-curve Effect J-커브효과 어떤 나라의 통화가치가 하락하여 직접고시 환율이 올라갈 때 이 나라의 무역수지가 처음에는 오히려 더 악화되었다가 시간이 경과하면서 개선되는 현상을 말함.

[L]

Law of One Price 일물일가의 법칙 동일 또는 유사 상품이나 증권은 동일 또는 유사한 가격으로 거래가 되어야 한다는 경제 법칙.

Lead/Lag Strategy 리드/래그 전략 외화표시 받을어음이나 지급어음의 결제시기를 당해 외환의 강세 또는 약세에 따라 앞당기거나(리드) 늦춤으로써(래그) 거래노출을 경감시키는 환위험관리 전략.

Letter of Credit(L/C) 신용장 수입상의 거래은행이 수출상에게 모든 선적서류가 제대로 구비되어 제출되면 수입상을 대리하여 수출대금을 지급해주겠다는 확약을 해주는 일종의 지급보증 서장.

Limit Order 지정가 주문 원하는 가격으로 계약이 될 때까지 보지되는 시장가격과 다른 가격의 주문.

Liquidity (증권)유동성 어떤 증권이 현재의 시장가격으로 손쉽게 빨리 매매될 수 있는 정도를 말함.

London Interbank Offered Rate(LIBOR) 런던은행간대출금리(리보) 런던 국제금융시장에서 은행이 은행간유로통화예금에 대해 적용하는 이자율. 이 이자율에 신용도에 따른 가산금리가 부가되어 유로통화 대출금리가 결정됨.

Louvre Accord 루브르협약 1987년 미국달러 가치 급락에 대응하여 G-7 국가들이 환율안정을 위해 상호 적극 협력하고, 거시경제정책을 조율하기로 합의한 협정.

[M]

Maastricht Treaty 마아스트리히트 조약 1991년 12월에 유럽연합 국가들이 1999년 1월까지 각국 통화를 포기하고 단일통화도입에 의한 영구적 고정환율제를 채택하기로 합의한 조약.

Maintenance Performance Bond 유지증거금(이행채) 자산 포지션을 유지하기 위해 증거금으로 저당된 채권.

Managed-Float System 관리변동환환율제도 1987년 루브르 협약에 의해 G-7국가들이 저평가 또는 고평가 통화의 환율 문제를 해결하기 위해 외환시장에 공동 개입하기로 결의함으로써 변동환율제의 원래 성격이 달라지게 된 것을 빗대어 표현하는 국제통화제도.

Marked-to-Market 일일정산제 선물시장에서 매일매일 선물계약의 결제가격으로 그날의 손익을 계산하여 정산하는 절차 또는 방식.

Market Completeness 시장완전성 시장가격이 경제상황을 정확히 반영할 수 있는 시장효율성.

Market Imperfections 시장불완전성 거래비용이나 법적 규제 등의 마찰적 요인으로 인해 시장완전성이 제한을 받고 있는 경우를 말함.

Market Order 시가주문 주문을 낼 때 현 시장 상황에서 가장 좋은 가격, 즉 시가로 매매하겠다는 의도의 주문.

Merchant Bank 종합금융은행(머천트 뱅크) 전통적 상업금융 외에 투자은행 업무도 병행하는 은행.

Monetary/Nonmonetary Method 화폐성/비화폐성법 대차대조표 환산방법 중의 하나로 받을어음 등 화폐성 계정은 현행환율을 적용하여 환산하고, 자기자본 등 비화폐성 계정은 역사적 환율을 적용하여 환산하는 방식.

Money Market Hedge 금융시장 헤지 거래적 노출을 국내외 단기 금융시장에서 차입과 대출을 함으로써 헤징하는 방법.

Multilateral Netting 다중상계 모든 자회사들이 상호간의 입・출금을 각각 상계하고 순잔고에 대해서만 만 송금하거나 수령하는 방식.

Multinational Corporation(MNC) 다국적기업 여러 나라의 국적을 갖고 있는 자회사들을 지배하고 있는 기업.

[N]

National Neutrality 국적 중립성 과세대상 소득에 대한 이상적 과세는 그 소득이 세계 어느 나라에서 발생한 것이건 세무당국이 동일한 방식으로 과세해야 한다는 과세원칙 중의 하나.

Negotiable Certificate of Deposit(NCD) 양도성예금증서 양도가 가능한 정기예금.

Net Present Value(NPV) Method 순현재가치법 자본예산을 위한 투자안의 경제성 평가 방법 중의 하나로 미래기대현금유입의 현재가치에서 현금유출의 현재가치를 차감하여 계산함.

Netting Center 상계본부 다중상계의 관리본부로서 주로 각 자회사의 순입・출금액을 결정해주는 역할을 함.

North American Free Trade Agreement(NAFTA) 북미자유무역협정 1994년에 창설된 미국, 캐나다, 멕시코 3국의 북미자유무역협정을 말함. 창설 후 15년에 걸쳐 관세와 수입쿼터제를 철폐하기로 합의함.

Notional Principal 명목원금 여러 가지 파생금융상품거래에서 결제지급액을 결정하는데 활용되는 명목상의 원금.

[O]

Offer Price 매도가격 딜러가 금융상품을 매도하겠다고 제시한 가격.

Offshore Banking Center 역외금융센터 은행에 대해 정상적인 국내영업활동 외에 국내통화 이외의 외화예금과 대출을 할 수 있도록 허용하고 있는 나라나 일국 내의 특정 경제구역.

Open Interest 미결제약정(수) 파생상품 시장에서 특정 인도월에 대한 아직 청산되지 않은 롱이나 숏 선물계약 총수.

Operating Exposure 영업 (환)노출 환율변동으로 인해 기업의 영업현금흐름이 영향을 받게 되는 정도.

Operational Hedging 영업헤징 환노출관리에서 시장을 다변화하거나 아웃소싱을 활용하는 등의 영업활동을 통해 장기적으로 접근하는 방법.

Optimum Currency Area 최적통화지역 역내 생산요소 이동이 고도화되어 공동통화를 채택하는 것이 적합한 국가군의 지리적 영역.

Option 옵션 미래의 특정 시점에서 특정 가격으로 주어진 수량의 자산을 매매할 수 있는 권리를 부여하는 계약. (매매할 의무는 없음.)

Options Market Hedge 옵션시장헤지 거래적 노출에 대해 하방위험 손실은 풋이나 콜 옵션 계약으로 옵션프레미엄 범위내로 한정시키고 이익기회는 유지하는 헤징 수단. 옵션 프레미엄은 그러한 헤징기회 제공에 대한 대가.

Over-the-Counter(OTC) Market 점두(OTC)시장 중앙집중화된 거래소가 없는 거래시장으로서 매매 쌍방이 전화나 텔렉스, 컴퓨터 네트워크 기반 자동 거래시스템 등을 통해 거래를 성사시키게 됨. (또는 장외시장: 역자 주)

[P]

Par Value 액면가 주식이나 채권의 명목 또는 액면 금액.

Paris Climate Agreement 파리 기후협정 2015년 12월 파리에서 열린 U.N. 기후변화 회의에서 채택한 국제 조약으로, 온실가스 배출을 줄이고 기후변화에 대한 회복력을 강화하는 것을 목표로 함. 협약의 핵심 요소는 산업화 이전 시대 평균 대비 글로벌 온도 상승을 섭씨 2.0도 이하로 제한하는 것임.

Passive Income 소극적 소득(비사업소득) vs. active income(사업소득) 이자 수입, 로얄티 수입, 저작권 수입 등 개인이나 기업이 직접 발생시키지 않은 소득.

Plaza Accord 플라자협정 1985년에 G-5국가 간에 체결된 협정으로서 미국의 무역적자를 해소하기 위해 달러의 평가절하가 바람직하다는 데 합의함.

Political Risk 정치적 위험 투자유치국의 불리한 정치상황으로 인해 모기업이 손실을 당하게 될 가능성.

Portfolio Risk Diversification 포트폴리오위험분산 서로 상관관계가 낮은 여러 증권에 분산투자함으로써 투자자산 집합의 총위험이 최소화될 수 있음.

Precautionary Cash Balance 예비적 현금보유고 거래적 동

기의 현금보유고를 낮게 유지하여 현금부족이 발생하는 긴급상황에 대비하여 유지하는 현금보유고.

Price-Specie-Flow Mechanism 물가-지금흐름 메커니즘 금본위제 하에서의 국제수지 자동조정 메커니즘이며, 어떤 나라의 수출 증대로 금 유입량이 많아지면 통화량이 증대되어 물가가 올라가 수출경쟁력이 떨어지고 결국 수입이 늘어나 금유출이 늘어나면서 국제수지가 자동 조정된다는 논리에 기초함.

Primary Market 발행시장 증권이 최초 발행되어 투자자에게 매도되는 시장으로서 투자은행이 인수자나 중개자 역할을 할 수 있음.

Privatization 민영화 국가가 소유권을 갖는 기업을 민간에 매각하거나 공기업경영에 자유시장시스템 방식을 도입하는 정책.

Product Differentiation 제품차별화 경쟁사가 제공하는 제품과 상이한 품질의 제품이라는 인식을 소비자에게 줌으로써 자사 제품에 대한 수요의 가격탄력성을 낮추는 전략.

Purchasing Power Parity(PPP) 구매력평가이론 두 나라 통화 간 환율변동은 두 나라 인플레이션율의 차이에 의해 결정된다는 이론.

Put 풋옵션 정해진 가격으로 기저자산을 매도할 권리가 주어진 옵션계약.

[Q]

Quality Spread Differential(QSD) 등급별 스프레드차(금리비교우위효과) 신용도가 다른 두 스왑 당사자의 변동금리부 이자율 차이와 고정금리부 이자율 차이의 격차로서 이것이 (두 당사자의 각 시장 선호를 전제로) 정의 값을 가져야 스왑계약을 통해 두 당사자가 이익을 공유할 수 있게 됨.

Quantity Theory of Money 통화수량설 통화공급량과 유통속도의 적이 물가수준과 실질생산의 적(경상 GDP)과 같아야 한다는 등식으로 표현되는 통화이론. (MV=PQ)

[R]

Random Walk Hypothesis 임의보행 가설(효율적 시장 가설) 효율적 시장에서 자산 가격은 무작위적으로 또는 임의보행식으로, 과거의 추세와는 독립적으로, 변화한다는 의미의 가설. 이에 따르면 미래의 기대환율은 현행 환율과 같아야 함.

RCEP 역내 포괄적 경제동반자 협정 2022년 1월에 발효된 세계 최대의 자유무역협정으로, 10개의 ASEAN 국가와 호주, 중국, 일본, 뉴질랜드, 그리고 한국 등 다섯 개의 다른 국가들로 구성됨.

Real Exchange Rate 실질환율 구매력평가관계가 기초(期初)에 성립했다고 가정하고 그 기간이 경과한 후 구매력평가환율로부터 이탈의 정도를 측정하는 척도.

Real Option 실물옵션 실물 투자에 부수하는 투자옵션 가치 평가에 대해 옵션가격결정이론을 적용하는 것.

Registered Bond 기명채권 채권발행인의 명부에 채권매입자의 이름이 기록되어 그 소유권을 증명할 수 있게 하는 채권. (vs. 무기명채권)

Reinvoice Center 송장표시통화관리센터 다국적기업의 재무관리본부로서 기업내 거래적 노출을 상계하고 순노출에 대해서만 적절한 조치를 취함.

Reporting Currency 보고통화 다국적기업이 결합재무제표를 작성할 때의 기준 통화. 보통 모기업 회계장부 작성 통화와 일치함.

Residential Taxation 거주지과세 무국적조세(Worldwide Taxation) 항목 참조.

Residual Control Rights 약관외사항 처리권한 계약에 규정되지 않은 사항에 대해 자의적 의사결정을 행할 수 있는 권한.

Reversing Trade 반대매매 선물이나 선도 거래에서 포지션을 청산하기 위해 기존 포지션과 반대의 거래를 하는 것.

[S]

Sarbanes-Oxley Act 사베인즈-옥슬리법 미국 의회가 기업지배구조를 강화하기 위해 제정한 법률. 이 법은 공인회계사 감시기구 설립, 그리고 기업의 CEO와 CFO가 기업의 재무제표에 서명할 것을 요구하고 있음.

Secondary Market 유통시장 투자자가 다른 투자자에게 증권을 매매하는 시장. 원 증권발행자는 이 거래에서 배제됨. 이 시장에서 증권의 환금성이 보장되고, 증권에 대한 가치평가가 이루어지게 됨.

Secured Overnight Financing Rate(SOFR) 미국 무위험지표금리 USD LIBOR을 대체할 벤치마크로 선택된 대체 무위험 금리로, SOFR은 미국 국채로 담보된 당일 현금 대출 비용의 광범위한 지표임. 뉴욕 연방준비은행이 매일 SOFR 데이터를 발행하며, 전적으로 거래에 기반함.

Shareholder Wealth Maximization 주주 부의 극대화 기업경영의 목표가 주주의 부의 극대화에 있다는 것을 의미하며, 경영자는 중요한 의사결정을 할 때 이것을 유념해야 함. 기업 가치 극대화가 주주 부의 극대화와 상통함.

Sharpe Performance Measure(SHP) 샤프비율 또는 샤프(실적)척도 포트폴리오의 표준편차 단위당 수익률이 무위험수익율을 초과하는 비율로서 포트폴리오의 위험조정 실적을 측정하는 척도로 개발한 것임.

Single-Currency Interest Rate Swap 금리스왑 단일 통화 표시 채무에 대한 이자지급을 상호 교환함으로써 이자부담을 경감하는 계약 방식. 다양한 변형 계약이 가능함.

Smithsonian Agreement 스미소니언협정 1971년 12월 G-10국가들이 브레튼우즈체제를 구하기 위해 금에 대한 미국달러의 평가절하 및 주요 통화에 대한 미국달러의 평가절하를 합의한 협정.

Snake 사행(蛇行)환율제도 브레튼우즈시스템이 붕괴되면서 구주동맹국들이 채택한 일종의 고정환율제도로서 회원국 간의 환율 변동폭이 합의・고정됨.

Source Taxation 원천지(소득발생지)과세 영토과세(Territorial Tax) 항목 참조.

Special Drawing Rights(SDRs) 특별인출권(SDR) IMF가 인위적으로 창출한 대외지불준비자산으로서 회원국에게 필요한 경우 일정한도 내에서 경화를 인출할 수 있는 권리를 부여함. 통화단위로서의 SDR은 현재 4개 주요 통화의 바스켓으로 가치가 결정됨.

Specialist 스페셜리스트(증권거래조성자) 미국 거래소 시장에서 각 증권 재고를 보유하면서 거래를 조성하는 해당 증권 대표자.

Speculator 투기자 어떤 자산 가격이 불확실하지만 자신에게 유리하게 변동할 것을 기대하여 포지션을 취하는 자.

Spot (Exchange) Rate 현물환율 매매계약 후 2영업일 이내에 수도 결제되는 외환거래 시세.

Straight Fixed-Rate Bond 단순고정금리채 특정 만기의 고정이표채.

Striking Price 행사가격 Exercise Price 항목 참조.

Stripped Bond 이자분할채권 투자은행이 특정 이표채에서 이표를 별도 판매하여 무이표채를 만들어내거나 원금상환권을 분리해 낸 채권. 미국재정증권 등을 활용하여 만든 파생(합성)금융상품임.

Subpart F Income 조세이연 예외소득(해외통제지분자회사 소득) 미국은 해외 통제지분자회사에 대한 소득을 즉시 과세함. 그것을 규정한 세법의 관련항목이 Subpart F임. 이 조항 대상 소득은 외국에서 저세율이 적용되고, 국가 간 송금이 자유스러운 유형의 소득을 포함함.

Swap Bank 스왑은행 통화 및 금리 스왑계약에서 계약 성립을 가능하게 만들어주는 금융기관.

Swap Broker 스왑브로커 스왑은행과 같은 역할을 수행하지만 스왑위험은 전혀 부담하지 않으면서 중개수수료를 받고 스왑계약을 성사시켜 주는 역할을 하는 자.

Swap Dealer 스왑딜러 스왑은행과 같은 역할을 수행하면서 통화 또는 금리스왑 계약의 일 당사자가 되는 자를 말함.

Swap Transaction 현・선스왑거래 현물환을 매도(입)하는 만큼 선도환을 매입(도)하여 환위험을 제거하는 헤징 거래.

Syndicate 신디케이트(대출은행단) 유로신용대출 위험을 분산시키기 위해 여러 유로은행이 공동으로 대출에 참여할 때의 대출은행단을 말함.

Systemic Risk 체계적 위험 금융시장(시스템) 전반에 내재되어 있다고 간주되는 위험.

[T]

Tax Equity 형평과세 모든 납세자들이 공평하게 동일한 규칙에 따라 정부 운영 비용을 분담하게 해야 한다는 조세원칙.

Tax Haven 조세피난처 낮은 법인세율과 원천징수세율을 적용하는 나라.

Tax Inversion 세금(조세)전도 (미국 기업이) 저세율 국가에 설립된 경쟁사를 인수・합병하여 절세효과를 위해서 해외로 본사를 옮겨가는 행태.

Tax Neutrality 조세 중립성 조세로 인해 납세자의 경제적 의사결정에 부정적 영향을 미치지 않아야 한다는 조세원칙.

Technical Analysis 기술적 분석 자산가격의 과거 패턴을 분석하여 미래의 기대치를 예측하려는 분석기법.

Temporal Method 시제법 외화환산에서 대차대조표 항목의 시제가 현재형이면 현행환율을 적용하고, 과거형이면 역사적 환율을 적용하여 환산하는 방법. (또는 속성법: 역자 주)

Territorial Taxation 영토과세 내국인이든 외국인이든 국적을 불문하고 국내에서 발생한 소득에 대해서는 자국이 조세 관할권을 행사하는 방식의 과세.

Theory of Comparative Advantage 비교우위이론 자유무역을 해야 하는 근거가 되는 이론으로서 각국은 상대적으로 생산비가 낮은 산업(비교우위 산업)에 완전 특화하여 자유무역을 하는 것이 국부 증대의 길이 된다고 주장함.

Time Draft 기한부환어음 무역결제에 사용되는 환어음이 일람후정기출급 조건일 때를 말함.

Tobin Tax 토빈세 국제적 단기 투기성 자금의 폐해를 막기 위해서는 투기성 자금의 이자소득에 대해 세금을 부과하여 이를 억제해야 한다는 토빈 교수의 주장에 입각한 세금.

TPP 환태평양 경제동반자 협정 2018년 3월에 발효된 미국, 일본, 캐나다, 호주 등 11개의 태평양 연안 국가들이 서명한 자유무역협정.

Trade Finance 무역금융 은행 및 금융기관이 제공하는 제품 및 서비스로, 기업이 국제 무역거래를 지원하고 국제 결제위험을 관리하기 위한 운영 자본을 얻을 수 있도록 도움.

Transaction Balance 거래잔고 기업이 현금예산기간 말의 예상 지출을 충당하기 위해 보유하고 있는 자금.

Transaction Exposure 거래적 (환)노출 국제계약의 체결과 결제 과정에서 환율변동이 기업가치에 영향을 미칠 수 있는 잠재적 가능성.

Transfer Price 이전가격 기업내부 단위조직 간에 상품과 서비스를 매매할 때 이를 회계처리 하기 위해 적용하는 가격으로서 '제3자에 대한 가격(arm's length price)'과 대비되는 개념.

Translation Exposure 환산 (환)노출 다국적기업이 연결재무제표를 작성할 때 인식하게 되는 예기치 못한 환율변동의 영향.

Triangular Arbitrage 삼각재정거래 세 통화 간 환율이 균형을 이루지 못할 때 저평가된 외환을 사고 고평가된 외환을 파는 과정을 통해 위험부담 없는 차익거래가 이루어지는 것을 말함.

Triffin Paradox 트리핀 역설 금환본위제 하에서 기축통화국은 국제수지가 만성적으로 적자가 되어야 국제유동성이 증대될 수 있는데 이렇게 되면 기축통화의 가치가 하락하여 금환본위제 자체가 붕괴될 수밖에 없다는 금환본위제의 본질적 한계를 지적한 트리핀 교수의 주장.

[U]

Uncovered Interest Rate Parity 환위험부금리평가(국제피셔효과) 두 나라의 금리 차만큼 현물환율이 변화해야 한다는 국제피셔효과의 별칭으로서 국제피셔효과가 성립하지 않으면 환위험이 커버되지 않은 금리재정거래가 가능해 진다는 의미에서 붙여진 이름.

Universal Bank 유니버설 뱅크 금융 보험 투자 산업의 경영을 통합적으로 결합한 대규모 은행 조직을 말함.

USMCA 미국·멕시코·캐나다 협정 북미자유무역협정(NAFTA)을 대체한 미국-멕시코-캐나다 협정. NAFTA를 참고.

[V]

Value-Added Tax(VAT) 부가가치세 상품이나 서비스의 생산과정에서 단계별로 부가가치가 창출될 때 이 부가가치에 대해 부과하는 간접세.

[W]

Withholding Tax 원천징수세 한 나라의 개인이나 법인이 (다른 나라 조세관할권역에서) 얻은 비사업(소극적)소득에 대해 부과하는 간접세.

World Beta 세계 베타 세계시장의 체계적 위험에 대한 척도.

World Trade Organization(WTO) 세계무역기구 우루과이 라운드 결과로 GATT 체제를 대체한 영구적 국제기구. 법적 성실성을 확보하고 자유무역의 신장을 위한 국제무역규범의 발전을 도모하는 것을 설립 목적으로 함.

Worldwide Taxation 무국적조세 자국 거주자 소득이 세계 어느 곳에서 발생한 것이든 그 소득에 대해 과세관할권이 자국에 있다고 선언하는 방식의 세금부과 원칙.

[Y]

Yankee Bond(Stock) 양키 본드 외국기업이 달러표시 채권을 미국 투자자에게 판매한 경우의 국제채.

[Z]

Zero-Coupon Bond 무이표채 이자를 지급하지 않고 만기에 할인발행 채권의 액면금액을 상환하는 채권.

찾아보기(Index)

ㄱ

가중평균 자본비용(weighted average cost of capital) 683, 731
가치가산(value-additivity) 접근법 727
간사단 508
간접세(indirect tax) 795
간접적 세계 체계적 위험 702
감사위원회 172
감수성 분석(sensitivity analysis) 740
개시 이행보증금(initial performance bond) 293
개연성(smell test) 판단 161
거래 환노출 817
거래소 거래 293
거래적 동기 754
거시 (정치적) 위험 663
겸업은행(universal banks) 441
경영자 책임 172
경쟁우위 722
경쟁적 효과(competitive effect) 388
계약규모(contract size) 293
계열은행(affiliate banks) 446
계획경제 667
고정금리채(straight fixed-rate bond) 499
골든 크로스(golden cross) 275
공동의사결정(codetermination) 149
공적기업 141
공적자금 713
공정가격 809
관습법 159
교차 보유 163
교차상장(cross-listing) 156, 532
교차헤징(cross-hedging) 349
교차환율(cross-exchange rate) 206
구매력평가 가설 741
구속이론(bonding theory) 537
구조화투자회사(SIV) 487
국가위험(sovereign risk) 581
국내시장편향도 688
국내시장포트폴리오 701
국별 체계적 위험 702
국부펀드(sovereign wealth fund) 472
국적 중립성(national neutrality) 793
국제 상관관계 구조(international correlation structure) 594
국제 외채위기(international debt crisis) 464
국제 인수·합병(cross-border M&A) 655
국제 조세환경 792
국제 포트폴리오 652
국제간접투자 641
국제결제은행(BIS) 449
국제경제체제 667
국제금융센터 441
국제시장지수(international market indexes) 511
국제은행 440
국제은행대출단(loan syndicate) 440
국제은행업법(International Banking Act of 1978) 446
국제자본구조와 자본비용 638
국제자본이동 654
국제자산가격결정모형(International Asset Pricing Model: IAPM) 700
국제통화기금(IMF) 447
국제피셔효과(IFE: international Fisher effect) 269
국채담보익일물RP금리(Secured Overnight Financing Rate: SOFR 455
군집거래(crowd trading) 529
규모의 경제효과 660
그림자금융시스템 471
근월물(nearby contract) 298
금융계정 117, 826
글로벌 금융위기 470
글로벌 본드(global bond) 498
금리위험(interest-rate risk) 580
기능통화(functional currency) 416
기능통화 755
기대 도산 비용 683
기대현금흐름 722

기명식 채권(registered bonds) 495
기업 통제권 140
기업지배구조 개혁 170
기업지배구조 140
기업지배권 703
기한부환어음(time draft) 774
껍데기 지점(shell branch) 448

ㄴ

내가격(in-the-money) 305
내부수익률(IRR) 684
내부수익률(IRR)법 723
내부통제 평가 172
내부화이론 650
내재가치(intrinsic value) 311
내재자본비용(implicit cost of capital: ICOC) 688
노동시장의 불완전성 647
노출 상계(exposure netting) 357
노출계수(exposure coefficient) 382
누적 환산조정계정(cumulative translation adjustment: CTA) 412

ㄷ

다국적기업(MNC) 444
다국적기업의 조세부담 638
다국적기업의 현금관리 638
다국적성(multinationality) 660
다중 상계시스템(multilateral netting system) 758
단기금융시장 헤지(money market hedge) 341
단일통화표시 금리스왑(single-currency interest rate swap) 562
대금상환반환청구 776
대리인 문제(agency problem) 144
대리인시장(agency market) 527
대응구매 784
대차대조표 헤지(balance sheet hedge) 428
대체포트폴리오(substitution portfolio) 708
대출금출자전환(debt equity swap) 467
대표사무소(representative office) 445
데드 크로스(death cross) 275
도드-프랑크 월스트리트 개혁 및 소비자보호법(Dodd-Frank Wall Street Reform and Consumer Protect Act) 476
도드-프랭크(Dodd-Frank) 법 175
독점판매권 653
동태적 무역패턴의 변화 652
등급스프레드차이(quality spread differential: QSD) 568
딜러시장(dealer market) 527

ㄹ

랜덤워크가설(random walk hypothesis) 272
런던은행간 대출금리(London Interbank Offered Rate: LIBOR) 454
룰(Rule) 144a 497
룰(Rule) 415 497
리딩/래깅 전략(leading/lagging strategy) 355
리딩과 레깅(leading and lagging) 817
리보(LIBOR) 454

ㅁ

마케팅 노하우(know-how) 650
만기일(maturity date) 293
매도 포지션(short position) 294
매도가격(offer or ask price) 209
매수가격(bid price) 209
매입 포지션(long position) 294
명목원금(notional principal) 563
무기명식 채권(bearer bond) 495
무역금융 776
무역금융과 상계무역 638
무역보험 772
무역장벽 647
무차익 포트폴리오(no arbitrage portfolio) 244
무형자산 647, 650
미 연방준비규제 D 453
미결제 약정계약수(open interests) 298
미국 무위험지표금리(Secured Overnight Financing Rate, SOFR 830
미국 · 멕시코 · 캐나다 협정(USMCA) 23, 131, 832
미국 역외금융시장(International banking facilities: IBF) 448
미국 주식예탁증서(America Depository Receipt: ADR) 537
미국식표시법(American term) 206
미시 (정치적) 위험 663

미통제 외국법인(uncontrolled foreign corporation) 802

ㅂ

바젤 II 450
바젤 III 452
바젤협약(Basel Accord) 449
발행시장(primary market) 508, 527
뱅크 런(bank run) 475
베이시스위험(basis risk) 581
변동금리채권(floating rate note: FRN) 500
보고통화(reporting currency) 416
복수상장 693
볼커 규칙 176
봉쇄 자금 816
부가가치세(value-added tax: VAT) 798
부채담보부증권(CDO) 451, 488
부채담보부채권(collateralized debt obligations: CDOs) 473
부채의 조세효과 683
분산투자 효과 654
불독(Bulldog)본드 493
불일치위험(mismatch risk) 581
브래디 채권(brady bonds) 469
브렉시트(Brexit) 29
브로커(broker) 527
비교우위(comparative advantage) 573

ㅅ

사무라이본드 493
사베인-옥슬리 법(Sarbanes-Oxley Act) 172
사전합의가격제(advance pricing agreement: APA) 816
사프성과지표(Sharpe performance measure: SHP) 599
삼각차익거래(triangle arbitrage) 214
삼봉형(HAS: head-and-shoulders)패턴 274
상계무역 772
상계센터(netting center) 759
상쇄(offset)방식 783, 784
상태의존부청구증권(contingent claim security) 293
선도금리계약(Forward Rate Agreements: FRA) 4585
선물환 헤지 337
선물환시장(forward FX market) 221
선물환율 예상 패리티(FEP: forward expectations parity) 270
선하증권(bill of lading: B/L) 658, 772, 775
성문법 159
성숙단계 652
성장 옵션(growth option) 742
세계 베타(world beta) 659
세계 시장포트리오 686, 701
소극적 소득(passive income) 795
소득세(income tax) 794
소수 지분 자회사 802
소유권의 집중 162
소유권의 집중화(concentrated ownership) 150
소유와 경영의 분리 141
속성 또는 시제 방식(temporal method) 412
송장통화(invoice currency)를 통한 헤지 354
수익성지수법(profitability index method) 723
수직적 통합 647
수출신용기관(Export Credit Agency; ECA) 781, 826
수출입은행(Ex-Im Bank) 778
순수해외시장위험(pure foreign market risk) 708
순현재가치(net present value: NPV)법 722
스왑거래(swap transaction) 227
스왑딜러(swap dealer) 565
스왑브로커(swap broker) 565
스왑은행(swap bank) 564
스위치무역(switch trade) 782
스페셜리스트(specialist) 528
시가평가(marked-to-market) 294
시너지 효과 157, 657
시장 베타 379
시장 포트폴리오(market portfolio) 686
시장가 주문(market order) 527
시장경제 667
시장별차별가격(pricing-to-market: PTM) 705
시장완전성(market completeness) 582
신설투자(greenfield investments) 640, 655
신용경색(credit crunch) 471
신용등급 503
신용디폴트스왑(credit default swap: CDS) 474, 488
신용위험(credit risk) 581, 772
신용장(letter of credit: L/C) 638, 772, 774

신주인수권부사채(Bonds with equity warrants) 502
실물 옵션 742
실물투자 옵션 742
실수요 고객 시장(client market) 197
실질실효환율(real effective exchange rate) 263
실질환율(real exchange rate) 262

ㅇ

아메리칸 옵션(American option) 303
암호화폐(Cryptocurrencies) 72
양도성예금증서(NCDs) 456
양키본드 493, 496
양키주식(Yankee stock) 537
억류자금(restricted funds) 730
엣지법 은행(Edge Act banks) 446
엣지법 448
여유 현금 145
역내 포괄적 경제동반자 협정(RCEP) 23, 830
역외금융센터(offshore banking center) 447
역외선물환 계약 226
연계무역(Countertrade) 782
연방예금보험공사(FDIC) 445
연방준비규제 K 445
연속형 시장(continuous markets) 528
영국유럽연합탈퇴(Brexit) 824
영업 위험(operational risk) 663
영토 과세 800
예비적 동기 754
옵션가격결정이론 742
옵션시장 헤지 342
외가격(out-of-the-money) 305
외국납부세액 공제(Foreign Tax Credit) 801
외국부정방지법(FCPA) 672
외국채(foreign bond) 492
외환 베타 379
외환(foreign exchange) 192
외환시장(FX market: foreign exchange market) 192
외환준비고(foreign currency reserve) 472
외환통제 807
우발적 노출(contingent exposure) 351
운영 환노출(operating exposure) 386
운영적 헤징(operational hedging) 398
원유달러의 환류(petrodollar recycling) 465
원천징수세(withholding tax) 795
위험조정할인율법 740
유동성/비유동성 방식(current/noncurrent method) 411
유러피언 옵션(European option) 303
유럽식표시법(European term) 205
유로기업어음(eurocommercial paper) 461
유로넥스트(Euronext) 530
유로노트(euronote) 461
유로달러 금리선물계약 462
유로본드(Eurobond) 493, 507
유로은행(euro bank) 453
유로은행간 대출금리(Euro Interbank Offered Rate: EURIBOR) 454
유로중기노트(Euro-medium-term notes: Euro-MTNs) 500
유로커런시 시장(eurocurrency market) 452
유로커런시 484
유로크레디트(euro credit) 456
유로클리어(Euroclear) 510
유연한 조달정책(flexible sourcing policy) 396
유지증거금(maintenance performance bond) 293
유통시장(secondary market) 509, 520, 527
은행 간 시장(interbank market) 197
은행 대출단(syndicate) 456
은행 자기자본 적정성(bank capital adequacy) 449
은행간 대출금리 453
은행인수환어음(banker's acceptance: B/A) 775
의태실험(Monte Carlo simulation) 741
이동평균교차(moving average crossover)규칙 274
이에스쥐 펀드(ESG funds) 826
이자율 평가이론(IRP: interest rate parity) 242
이전 위험(transfer risk) 663
이전가격 전략 638
이전가격(transfer price) 144, 806
이종통화표시 금리스왑(cross-currency interest rate swap) 562
이중가격 705
이중통화표시채(dual currency bond) 502
이항옵션가격결정모형(BOPM: Binomial Option Pricing

Model) 315
인도월(delivery month) 293
인센티브 계약(incentive contracts) 150
인수 스프레드 508
인접선호(proximity preference) 693
일괄등록제도(shelf registration) 497
일물일가의 법칙 243, 707
일방적 선물환거래(outright forward transaction) 227
일일 가격제한폭(daily price limit) 296

ㅈ
자국통화표시법(direct term) 204
자금 배분권 140
자급자족체제 667
자본계정(Capital Account) 110, 117, 824
자본수입 중립성(capital-import neutrality) 793
자본예산 731
자본자산 가격결정 모형(Capital Asset Pricing Model: CAPM) 685
자본적 지출 638, 722
자산 환노출(asset exposure) 386
자산가격결정모형 703
자산유동화증권(ABS) 451
자율 가격 810
자회사의 자본구조결정 710
장외거래(over-the-counter: OTC) 527
장외시장(OTC: over-the-counter market) 194
재량적 판결 161
재무적 헤징(financial hedging) 398
재송장 센터(reinvoice center) 357
재판매 가격 810
적대적 기업인수 157
전방지향적 651
전환 효과(conversion effect) 388
전환사채(convertible bond) 501
정산(settled-up) 294
정지 옵션(suspension option) 742
정치적 위험(political risk) 641, 663, 712
제로섬 게임(zero-sum game) 294
제품수명주기 647
제품수명주기이론(product life-cycle theory) 651
제품환매 거래 784
조세 감면 732
조세 중립성 793
조세 중립성과 형평성 792
조세 형평성(tax equity) 794
조세전략 792
조세피난처(tax havens) 804
조세협약(tax treaties) 795
조정 순현재가치(APV)법 638
조정현재가치(adjusted present value: APV)법 722, 727
종가세(ad valorem duties) 811
죄형법정주의 162
주간사 508
주거 과세 800
주식연계채(equity-related bonds) 501
주주권 관렵법 시행 지수 161
주주권리 지수 159
주주배당권 168
주주에 대한 다각화 서비스 제공 647
주주의 권리 140
주주통제권 168
주택담보부증권(mortgage-backed securities: MBSs) 473, 487
중앙은행 디지털 화폐 75
증권인수단 508
증분현금흐름 724
지정가 주문(limit order) 527
직접투자 722

ㅊ
차액결제선물환 계약 226
차익거래(arbitrage) 242
차입능력 731
참여연대 172
청산계정방식(유환 구상무역, clearing arrangement) 782
청산소(clearing house) 296
체계적 위험(systematic risk) 594, 686
최적 국제포트폴리오(optimal international portfolios) 599
최적 자본구조 713, 731
추심 777

ㅋ

캐드베리(Cadbury) 권고안 174
커버되지 않은 이자율 평가(uncovered interest rate parity) 251
커버된 이자 차익거래(CIA: covered interest arbitrage) 245
컨트리펀드 611
코레스 은행관계들(correspondent banking relationships) 201
코스트 플러스 방식 810
클리어스트림(Clearstream) 510

ㅌ

타국통화표시법(indirect term) 204
타이밍 옵션(timing option) 742
탄력적 수요(elastic demand) 389
통제 위험(control risk) 663
통제권 640
통제권의 사적 효익 166
통제해외법인(controlled foreign corporation) 805
통화 대 통화(currency against currency)거래 212
통화 캐리 트레이드(currency carry trade) 252
통화스왑(currency swap) 562
투자보장협정 672
투자자 권리 보호 162
투자적격등급(investment grade ratings) 503
트란쉐(tranche) 488
특혜대출(concessionary loan) 730

ㅍ

파리 기후협정(Paris Climate Agreement) 829
파생상품 헤지(derivatives hedge) 429
파생상품(derivative) 293
판매단 508
퍼실러티(facility) 461
폐쇄형 컨트리펀드(closed-end country fund: CECF) 611
포기 옵션(abandonment option) 742
포트폴리오 보유 중 모국편의 620
포트폴리오 위험 분산(portfolio risk diversification) 594
풀서비스 센터(full service centers) 441
풀서비스 은행(full service banks) 441
프랜차이즈 653
피라미드식 소유구조(pyramidal ownership) 163
피셔효과(Fisher effect) 269

ㅎ

할인매입 777
합작투자 671
해외민간투자공사(OPIC) 671
해외자회사(foreign subsidiary) 802
해외지점(foreign branch) 802
해외직접투자 유량 641
해외직접투자 638
행사가격(exercise or striking price) 302
헤지비율(hedge ratio) 317
헤징 440
현금관리(cash management) 754
현금관리센터 759
현금관리시스템 754
현금보유고(transaction balances) 754
현금예산(cash budget) 755
현물환시장(spot FX market) 203
현지법인 은행(subsidiary bank) 446
현행환율 방식(current rate method) 412
화폐성/비화폐성 방식(monetary/nonmonetary method) 411
화폐수량설(quantity theory of money) 289
확실성 등가계수 740
확실성 등가법 740
환거래은행 관계(correspondent bank relationship) 444
환거래은행 444
환산 환노출 보고서(translation exposure report) 423
환어음 772
환위험(exchange-rate risk) 581
환율전가(exchange rate pass-through) 391
환태평양 경제동반자 협정(TPP) 23, 831
회계 규제 172
회계 투명성 153
회계 표준 152
회계산업 개혁 171
회수기간법(payback period method) 723
효율적 시장가설(EMH: efficient market hypothesis) 271
후방내부화(backward-internalization) 660
후방지향적 651

* * * * *
100% 자기자본비용 735
FASB 133 430
FASB 52 415
FDI 재량(stocks) 642
Glass-Steagall법 472, 475
iShares 828
iShares MSCI 548
MSCI 지수 547
Norex 530
SIBOR 454
TIBOR 454

저자 소개

은철수

Georgia Institute of Technology

은철수 교수(뉴욕대학교 박사)는 조지아 공과대학교 셸러 비즈니스 칼리지에서 재무학 명예교수이자 토마스 R. 윌리엄스 석좌교수(은퇴)를 역임하였다. 조지아 공대에 합류하기 전에는 미네소타 대학교와 메릴랜드 대학교에서 강의하였다. 또한 펜실베니아대학교 와튼 스쿨, 서울대학교, 한국과학기술원(KAIST), 싱가포르 경영대학교, 그리고 독일 에슬링겐 공과대학교에서 방문 교수로 강의하였다. 그는 *Journal of Finance, Journal of Financial Economics, JFQA, Journal of Banking and Finance, Journal of International Money and Finance, Management Science, Oxford Economic Papers* 등 주요 저널에 국제재무 이슈에 대해 광범위하게 논문을 발표하였다. 또한 *Journal of Banking and Finance, Journal of Financial Research, Journal of International Business Studies, European Financial Management*의 편집위원회에서 활동하였다. 그의 연구는 미국뿐만 아니라 해외의 다양한 학술 논문과 교과서에 널리 인용되고 참조된다.

은 박사는 국제재무에 대한 연구를 촉진하고 학계, 실무자, 국제재무의 중요한 현재 이슈에 관심이 있는 규제자들 간의 상호작용을 위한 포럼을 제공하기 위한 목적으로 Fortis/조지아 공대 국제재무 회의의 창립 의장이었다.

은 박사는 학부, 대학원, 그리고 경영자 수준에서 다양한 과정을 가르쳤으며, 메릴랜드 대학교에서 Krowe 교육 우수상을 수상하였다. 또한 세계은행, Apex Capital, 한국개발연구원 등 많은 국내외 조직의 컨설턴트로서 자본시장 자유화, 글로벌 자본조달, 국제투자, 환위험 관리와 관련된 문제에 대해 자문하였다. 또한 그는 전 세계에서 열린 학술 및 전문가 회의에서 자주 발표자로 활동하였다.

브루스 G. 레스닉

Wake Forest University

브루스 G. 레즈닉 교수는 노스캐롤라이나 윈스턴-세일럼에 위치한 웨이크포레스트 대학교 경영대학의 재무학 명예교수이다. 은퇴하기 전에는 조셉 M. 브라이언 주니어 은행 및 금융학 석좌교수였다. 그는 인디애나 대학교에서 재무학으로 D.B.A.를, 콜로라도 대학교에서 M.B.A.를, 그리고 위스콘신-오슈코시 대학교에서 B.B.A.를 받았다. 웨이크포레스트에 합류하기 전에, 그는 10년 동안 인디애나 대학교에서, 5년 동안 미네소타 대학교에서, 그리고 2년 동안 캘리포니아 주립대학교 치코에서 가르쳤다. 그는 호주 퀸즐랜드 골드코스트에 위치한 본드 대학교와 핀란드 헬싱키 경제 및 경영 대학교에서 방문 교수로 활동했다. 또한, 그는 네덜란드 마스트리흐트 대학교의 유럽연구센터에서 인디애나 대학교 거주 국장으로, 싱가포르 폴리텍닉의 경영학과의 외부 조사관으로, 그리고 웨이크포레스트 대학교의 일본, 중국, 홍콩으로의 학습 여행에서 학과 지도 교수로 활동했다.

레즈닉 박사는 투자, 포트폴리오 관리, 국제재무 관리 분야에서 M.B.A. 및 학부 과정을 가르쳤다. 그의 연구 관심사는 시장효율성 연구와 자산가격결정 모델의 실증적 분석을 포함한다. 주요 관심사 중 하나는 매개변수 불확실성 및 환율 위험을 통제하기 위해 최적으로 설계된 국제적으로 다양화된 포트폴리오였다. 최근에는 유로커런시 이자율에 내재된 정보 내용과 국내 및 국제 채권의 수익률 스프레드 비교에 관해 연구하는 데 집중하였다. 그의 연구 논문은 재무 분야의 대부분의 주요 학술 저널에 게재되었다. 그의 연구는 다른 연구자들과 교과서 저자들에 의해 널리 인용되었다. 그는 여러 해 동안 *Emerging Markets Review, Journal of Multinational Financial Management, Journal of Economics and Business, Journal of Financial Research*의 부편집장으로 활동했다.

투기 추룬

Loyola University Maryland

투기 추룬 교수는 로욜라 대학교 메릴랜드의 셀링거 비즈니스 스쿨에서 Travelers 학자이자 재무학 부교수이다. 그녀는 조지아 공과대학교에서 재무학 박사 학위를, 오하이오 대학교에서 재무경제학 석사 학위와 경제학 학사 학위를 받았다. 그녀의 연구 분야는 국제재무, 기업재무, 행동재무를 포함한다. 추룬 박사는 *Journal of Banking and Finance, Financial Management, Journal of Corporate Finance, Journal of Economic Behavior and Organization, Small Business Economics 등의 저널에 연구를 발표했다. 그녀의 연구는 The Economist와 Forbes Mongolia*와 같은 잡지에도 소개되었다. 추룬 박사는 로욜라 대학교 메릴랜드, 조지아 공과대학교, 그리고 웨스트버지니아 대학교-파커스버그에서 국제재무, 기업재무, 투자론, 미시경제학, 거시경제학 등의 학부 및 대학원 과정을 가르쳤으며, 종종 혁신적인 교육 방법을 도입하였다. 로욜라 대학교 메릴랜드에서는 ELMBA 프로그램의 올해의 뛰어난 교수로 선정되었고, 셀링거 스쿨 STAR 상을 연구 부문에서 수상했다. 또한, Financial Management Association의 우수한 교수 지도상을 수상했다.

추룬 박사는 국제재무분석사(CFA) 자격증을 보유하고 있다. 그녀는 투자 전문가들을 위한 메릴랜드 최대 회원 조직인 CFA 소사이어티 볼티모어의 전 회장이며, 2013년부터 소사이어티 이사회에서 활동해왔다. 또한, 그녀는 “알파와 성 다양성 볼티모어 컨퍼런스 2018”의 공동 의장을 맡았는데, 이는 어떻게 성 다양성이 투자 전문가들과 광범위한 금융산업에 경쟁 우위를 창출하는 방법에 대한 협력적 논의를 촉진하는 행사였다. 추룬 박사는 브루킹스 연구소의 방문 학자였으며 국제 컨설팅 경험도 있다.

역자 소개

김동순

중앙대학교 경영학부 명예교수
The University of Michigan, Ann Arbor 경영학박사
저서: 국제재무관리론, 국제금융론, 국제경영학 등
논문: Closed-End Country Funds and U.S. Market Sentiment 등
경력: 한국증권학회(KSA) 회장, 한국국제경영학회(KAIB) 회장, 한국금융연구원(KIF) 연구위원

김현도

강남대학교 글로벌경영학부 교수
한국과학기술원(KAIST) 경영공학 박사
The University of Michigan, Ann Arbor
Industrial and Operations Engineering 학사 summa cum laude 졸업
논문: Impact of Environmental Disaster Movies on Corporate Environmental and Financial Performance 등
경력: 우리금융경영연구소 선임연구원

임윤수

충남대학교 경영대학원 명예교수
고려대학교 경영학박사
저서: 국제금융, 재무관리, 투자론, 파생금융상품론 등
논문: 실물옵션을 이용한 특허권 가치평가에 관한 사례연구 등
경력: 공인회계사 및 사법고시 출제위원

국제재무 제10판

저　자　Cheol Eun, Bruce Resnick, Tuugi Chuluun
역　자　김동순 · 김현도 · 임윤수
발행자　한 헌 주
발행처　도서출판 **경문사**
서울특별시 서대문구 독립문로 21-9
전화 738-7035　FAX. 722-4678
E-mail : kmsp@korea.com
홈페이지 : http://www.kmsp.co.kr
등　록　1995년 11월 9일 제300-1995-138호
2024년 2월 23일 초판인쇄
2024년 2월 28일 초판발행

■ **정가 45,000원**

ISBN 978-89-420-0947-3 93320